Röhling/Stein
Recht der Investitionskontrolle

Recht der Investitionskontrolle

AWV, AWG, EU Screening-VO, BSI-KritisV

Recht der Direktinvestitionen in deutsche Unternehmen

Kommentar

Herausgegeben von

Dr. Frank Röhling
Rechtsanwalt

Dr. Roland M. Stein
LL.M. Eur., Rechtsanwalt

bearbeitet von

Dr. Tobias Ackermann
Rechtsanwalt

Dr. Pascal Friton
LL.M., Rechtsanwalt

Stephan Groscurth
Vorsitzender Richter am VG

Vanessa Kassem
LL.M., Wirtschaftsjuristin

Prof. Dr. Thomas Lübbig
Rechtsanwalt

Dr. Frank Röhling
Rechtsanwalt

Dr. Uwe Salaschek
LL.M., Rechtsanwalt

Dr. Roland M. Stein
LL.M. Eur., Rechtsanwalt

2024

C.H.BECK

Zitiervorschlag
Röhling/Stein/Bearbeiter AWG § 55 Rn. 1

www.beck.de

ISBN 978 3 406 79572 5

© 2024 Verlag C.H. Beck oHG
Wilhelmstraße 9, 80801 München

Druck und Bindung: Beltz Grafische Betriebe GmbH
Am Fliegerhorst 8, 99947 Bad Langensalza

Satz: Meta Systems Publishing & Printservices GmbH, Wustermark
Umschlag: Druckerei C.H. Beck Nördlingen

Vorwort

Der vorliegende Kommentar „Recht der Investitionskontrolle" behandelt die nationale Ausgestaltung des Investitionskontrollrechts in Deutschland, welches vor dem Hintergrund sich verändernder geopolitischer Interessen und ineinander verwobener Konflikte zunehmend an Bedeutung gewinnt. Erstmals werden die relevanten Vorschriften des Außenwirtschaftsgesetzes (AWG) und der Außenwirtschaftsverordnung (AWV) mit einem spezifischen Blick auf das nationale Investitionskontrollrecht kommentiert. Außerdem wird ausführlich auf die primär- und sekundärrechtlichen Grundlagen des Investitionskontrollrechts eingegangen – insbesondere auf die VO (EU) 2019/452 des Europäischen Parlaments und des Rates vom 19. März 2019 zur Schaffung eines Rahmens für die Überprüfung ausländischer Direktinvestitionen in der Union (Screening-VO).

Das deutsche Investitionskontrollrecht unterliegt seit vielen Jahren einer stetigen Veränderung und Ausgestaltung durch Gesetzgeber und ministerielle Praxis. Insbesondere die Screening-VO machte eine Anpassung der Regelungen des AWG und der AWV an den nunmehr verpflichtenden Regelungsrahmen auf EU-Ebene notwendig. Im Zuge dessen wurde das Investitionskontrollrecht – wie bereits im Rahmen der 9. AWV-Novelle im Jahr 2017 – nochmals verschärft und die Kompetenzen des Bundesministeriums für Wirtschaft und Klimaschutz (BMWK) erneut ausgeweitet. Auch die COVID-19-Pandemie führte europaweit und auch in Deutschland zu einer weiteren Verschärfung des Investitionskontrollrechts.

Ausländische Investitionen in inländische Unternehmen fallen nunmehr häufiger in den Anwendungsbereich der Investitionskontrolle, was beinahe zu einer Verdopplung der Prüffälle zwischen den Jahren 2020 und 2021 führte. Im Jahr 2022 blieb die Zahl der Prüfungsfälle auf diesem hohen Niveau. Zuletzt erlangten mehrere Investitionskontrollverfahren betreffend Beteiligungsvorhaben chinesischer Investoren an deutschen Unternehmen die breite politische und öffentliche Aufmerksamkeit. Vor diesem Hintergrund ist zu erwarten, dass auch in Zukunft weitere Verschärfungen der Regelungsmaterie erfolgen werden. So sollen im Laufe des Jahres 2023 die 17. AWV-Novelle sowie die 1. AWG-Novelle evaluiert werden und die Ergebnisse in die Bewertung der Screening-VO einfließen, die die Europäische Kommission im Herbst 2023 durchführen wird. Außerdem sollen die Ergebnisse Grundlage für die Ausarbeitung eines neuen Investitionsprüfungsgesetzes sein, dessen Einführung die Bundesregierung im Jahr 2024 plant.

Die Herausgeber möchten mit dem Werk einen Leitfaden für Unternehmen, Fachwelt, Behördenmitarbeiter sowie Justiz schaffen, der die Rechtsgrundlagen einer immer bedeutsameren Rechtsmaterie beleuchtet und auf diese Weise einen Beitrag zu mehr Klarheit und Rechtssicherheit zu leisten versucht.

Das Werk gibt den Stand des Gesetzes zum Zeitpunkt des Erscheinens wieder; Rechtsprechung und Literatur wurden überwiegend bis Oktober 2023 berücksichtigt.

Berlin, im Oktober 2023

Dr. Frank Röhling
Dr. Roland M. Stein

Geleitwort

Prof. Dr. Dominik Schnichels[1]

Liebe Leserinnen und Leser,

das Thema Investitionsprüfung ist relevanter und aktueller denn je und gewinnt weltweit stetig an Bedeutung. Die Gründe dafür sind mannigfaltig: a) eine sich stärker vernetzende Weltwirtschaft, in der grenzüberschreitende Investitionen immer wichtiger werden, b) eine globale Sicherheitslage, die in den letzten Jahren volatiler geworden ist, sowie c) gestiegene wirtschaftliche Abhängigkeiten (Rohstoffe, Energie, Technologie) und die nationale und europäische Reaktion hierauf.

Deutschland ist eine der größten Volkswirtschaften der Welt und die größte in der EU. Die deutsche Wirtschaft ist gekennzeichnet durch Innovation und ein breites Spektrum von kleinen, mittleren und großen Unternehmen. Eine zentrale Stärke der deutschen Volkswirtschaft ist und bleibt der Außenhandel. Offene und gute Handelsbeziehungen mit anderen Staaten sind für Deutschlands Wohlstand von elementarer Bedeutung. Zugleich ist Deutschland – nicht zuletzt aufgrund seiner Innovations- und Technologiekraft – ein attraktives Ziel für ausländische Investitionen. Es liegt auf der Hand, dass von ausländischen Direktinvestitionen neben den unmittelbar positiven Effekten für Wachstum, Beschäftigung und Wohlstand auch Risiken für die öffentliche Ordnung oder Sicherheit Deutschlands ausgehen können, zum Beispiel beim Erwerb kritischer Infrastruktur oder von Unternehmen, die sicherheitsrelevante Technologien entwickelt haben.

Um diesen Risiken angemessen begegnen zu können, verfügt die Bundesregierung mit der deutschen Investitionsprüfung und anderen Instrumenten wie der Exportkontrolle über effektive Regulierungsinstrumente. Mit diesen Instrumenten kann der notwendige Schutz deutscher und europäischer Sicherheitsinteressen gewährleistet werden, ohne dass Deutschlands Offenheit für ausländische Investitionen in Frage gestellt wird.

Um die richtige Balance zwischen Offenheit und Sicherheit zu wahren, wurde in den letzten Jahren der Rechtsrahmen der deutschen Investitionsprüfung kontinuierlich an neue Herausforderungen angepasst. So wurden im Außenwirtschaftsgesetz und in der Außenwirtschaftsverordnung unter anderem die Schwellenwerte abgesenkt und Fallgruppen eingeführt, verbunden mit Meldepflichten und Vollzugsverboten insbesondere für Investitionen im Bereich der besonders sicherheitssensiblen kritischen Infrastruktur, in Hoch- und Zukunftstechnologiesektoren sowie im Gesundheitssektor.

Auch auf EU-Ebene wird das Thema Investitionsprüfung immer wichtiger. Ein zentraler Meilenstein war die Einführung der EU-Screening-Verordnung im Jahre 2019. Sie bildet einen Rahmen für die Investitionsprüfungsregime der Mitgliedstaaten und etabliert einen Kooperationsmechanismus, der eine unionsweite Zusammenarbeit bei der Überprüfung ausländischer Direktinvestitionen ausgelöst

---

[1] Der Autor leitet die Abteilung für Außenwirtschaftspolitik im Bundesministerium für Wirtschaft und Klimaschutz. Dieses Geleitwort gibt seine persönliche Auffassung wieder und bindet seinen Arbeitgeber nicht.

Geleitwort

hat. Mitgliedstaaten und EU-Kommission können auf dieser Basis Kommentare und Stellungnahmen abgeben, die der prüfende Mitgliedstaat bei seiner nationalen Entscheidung berücksichtigt. So können mögliche Gefahren einzelner Investitionen besser erkannt und umfassender adressiert werden. Im Zuge der nationalen Umsetzung erlaubt es das deutsche Investitionsprüfungsrecht, ausländische Direktinvestitionen nicht nur mit Blick auf voraussichtliche Beeinträchtigungen der öffentlichen Ordnung oder Sicherheit der Bundesrepublik Deutschland, sondern auch eines anderen Mitgliedstaates der Europäischen Union oder in Bezug auf bestimmte Projekte oder Programme von Unionsinteresse zu prüfen.

Es ist daher zu begrüßen, dass der Investitionsprüfung mit diesem Werk erstmalig ein eigenständiger Kommentar gewidmet wird, der sich detailliert mit den rechtlichen Grundlagen und Rahmenbedingungen der Investitionsprüfung auseinandersetzt und eine detaillierte Analyse der relevanten Gesetze und Verordnungen auf deutscher und europäischer Ebene bietet. Darüber hinaus werden auch praktische Aspekte der Investitionsprüfung behandelt, wie zum Beispiel die Rolle der verschiedenen Akteure, die Verfahrensabläufe und die möglichen Rechtsfolgen. Dies ermöglicht es den Lesern, ein tieferes Verständnis für die Herausforderungen und Chancen der Investitionsprüfung zu entwickeln.

Der Kommentar richtet sich gleichermaßen an Rechtsanwaltschaft, Unternehmen, Behörden, Richterschaft sowie Wissenschaft und alle Interessierten, die sich mit Investitionsprüfungen vertieft auseinandersetzen möchten. Er gibt eine fundierte und praxisnahe Darstellung der relevanten Rechtsnormen und ihrer Anwendung. Dabei werden auch aktuelle Entwicklungen und Herausforderungen im Bereich der Investitionsprüfung berücksichtigt. Somit bietet der Kommentar auch eine exzellente Grundlage für die Weiterentwicklung des Investitionsprüfungsrechts.

Das Investitionsprüfungsrecht ist und bleibt ein dynamisches Rechtsgebiet. Auf nationaler Ebene gibt es derzeit Bestrebungen, den Rechtsrahmen an die veränderte Sicherheitslage, aber auch an die umfangreichen Erfahrungen aus der Prüfpraxis anzupassen. Auf EU-Ebene haben die Europäische Kommission und der Europäische Auswärtige Dienst in ihrer im Juni 2023 veröffentlichten Mitteilung zur Strategie für wirtschaftliche Sicherheit der Investitionsprüfung einen wichtigen Stellenwert beigemessen und angekündigt, die EU-Screening-Verordnung zu evaluieren und anschließend zu überarbeiten. Auch hierfür wird der Kommentar einen wichtigen Beitrag leisten.

Ich wünsche viel Freude bei der Lektüre dieses Kommentars und hoffe, dass er Ihnen wertvolle Einblicke in das spannende Thema der Investitionsprüfung bietet.

Bearbeiterverzeichnis

Röhling/Stein	Einleitung	
Röhling/Salaschek	AWV	Vorb. zu §§ 55 ff.
Röhling/Salaschek	AWV	§§ 55–59a
Stein/Kassem	AWV	§§ 60–62a
Friton/Ackermann	AWG	§§ 1–5, 6, 8, 11–13
Groscurth	AWG	§ 14
Friton/Ackermann	AWG	§§ 14a, 15, 18, 19, 20–23, 26, 28, 31, 32
Röhling/Salaschek	BSI-KritisV	
Lübbig/Salaschek	Screening-VO und primär-rechtliche Grundlagen	

Inhaltsverzeichnis

1. Teil Deutsches Recht

I. AWV – Außenwirtschaftsverordnung
– Auszug –

Kapitel 6 Beschränkungen des Kapitalverkehrs

Abschnitt 2 Prüfung von Unternehmenserwerben

Unterabschnitt 1 Sektorübergreifende Prüfung von Unternehmenserwerben

Unterabschnitt 2 Sektorspezifische Prüfung von Unternehmenserwerben

Unterabschnitt 3 Verfahrensübergreifende Vorschriften

II. AWG – Außenwirtschaftsgesetz
– Auszug –

Teil 1 Rechtsgeschäfte und Handlungen

Inhaltsverzeichnis

Inhaltsverzeichnis

Verzeichnis der Abkürzungen und der abgekürzt zitierten Literatur

Die in diesem Werk zitierte Literatur wird idR abgekürzt zitiert. Im ZITIERPORTAL des Verlags C.H.BECK – zitierportal.beck.de – finden Sie ein vollständiges Verzeichnis der verwendeten Werkabkürzungen, ebenso wie ein vollständiges Abkürzungsverzeichnis und weitere redaktionelle Hinweise des Verlags.

aA	andere Ansicht
aF	alte Fassung
ABl.	Amtsblatt der Europäischen Union, Reihe L und C
Abs.	Absatz
AEUV	Vertrag über die Arbeitsweise der Europäischen Union
Alt.	Alternative
Anh.	Anhang
Art.	Artikel
Aufl.	Auflage
Az.	Aktenzeichen
BAFA	Bundesamt für Wirtschaft und Ausfuhrkontrolle
BeckFormB M&A	Seibt, Beck'sches Formularbuch Mergers & Acquisitions, 3. Aufl. 2018
BeckM&A-HdB	Meyer-Sparenberg/Jäckle, Beck'sches M&A-Handbuch, 2. Aufl. 2022
BeckOGK	Gsell/Krüger/Lorenz/Reymann, Beck-Online Großkommentar zum BGB
BeckOK AußenWirtschaftsR	Niestedt, BeckOK Außenwirtschaftsrecht, 8. Ed. 2023
BeckOK BGB	Hau/Poseck, BeckOK BGB, 66. Ed. 2023
BeckOK GG	Epping/Hillgruber, BeckOK Grundgesetz, 55. Ed. 2023
BeckOK VwGO	Posser/Wolff/Decker, BeckOK VwGO, 65. Ed. 2023
BeckOK VwVfG	Bader/Ronellenfitsch, BeckOK VwVfG, 59. Ed. 2023
BGB	Bürgerliches Gesetzbuch
BGBl.	Bundesgesetzblatt (Teil, Jahr, Seite)
BGH	Bundesgerichtshof
BMWK	Bundesministerium für Wirtschaft und Klimaschutz
BMWKBGebKAIV	Besondere Gebührenverordnung des Bundesministeriums für Wirtschaft und Klimaschutz für individuell zurechenbare öffentliche Leistungen in seinem sowie dem Zuständigkeitsbereich des Bundesamts für Wirtschaft und Ausfuhrkontrolle für die Kriegswaffenkontrolle, Ausfuhrkontrolle und Investitionsprüfung
bspw.	beispielsweise
BT-Drs.	Bundestags-Drucksache
Bungenberg/Reinhold InvKR	Bungenberg/Reinhold, Investitionskontrollrecht, 2023
bzgl.	bezüglich
bzw.	beziehungsweise
Calliess/Ruffert	Calliess/Ruffert, EUV/AEUV, 6. Aufl. 2022
dh	das heißt
Dorsch	Dorsch, Zollrecht, 218. EL 2023
EL	Ergänzungslieferung

XV

Abk.- und Lit.verzeichnis

Abk.- und Lit.verzeichnis

Einleitung

Übersicht

A. Entwicklung der Investitionskontrolle in Deutschland und weltweit

I. Die Entwicklung der Investitionskontrolle in Deutschland

1. Geschichte und Schwerpunkte der Investitionskontrolle in Deutsch- **1**
land. Das Außenwirtschaftsrecht der Bundesrepublik Deutschland war zur Zeit ihrer Gründung zunächst durch Besatzungsrecht geprägt.[1] Das Militärregierungsgesetz Nr. 53[2] aus dem Jahr 1949 untersagte Deutschland als Kriegsverlierer jedweden Außenwirtschaftsverkehr, um deutsches Vermögen zu Reparationszwecken im Inland zu bewahren.[3] Eine Genehmigung durch die Militärregierung war jedoch möglich, sodass durch die Genehmigungspraxis sukzessiv eine Liberalisierung der deutschen Außenwirtschaft stattfand – jedoch ohne sich auch gesetzlich niederzuschlagen.[4] Nachdem Deutschland mit Abschluss des sog. „Deutschlandvertrages"[5] 1954 die alleinige Hoheit über den Außenwirtschaftsverkehr erhielt, wurde das sog. Devisenbewirtschaftungsgesetz allerdings noch nicht aufgegeben.[6] Dies geschah erst mit dem vermehrten Aufkommen verfassungsrechtlicher Bedenken hinsichtlich der fortbestehenden besatzungsrechtlichen Rechtsgrundlage für

---

[1] Dehne, Investitionskontrolle in Deutschland, 2022, S. 194 f.
[2] Gesetz Nr. 53 (Neufassung) Devisenbewirtschaftung und Kontrolle des Güterverkehrs, Brit. ABl. 1949 Teil 5B, 14.
[3] BT-Drs. 3/1285, 229.
[4] BT-Drs. 3/1285, 229.
[5] BGBl. II 1955 301.
[6] Becker, Investitionskontrolle im Außenwirtschaftsrecht, 2022, S. 34.

den Außenwirtschaftsverkehr, die letztlich in die Einführung des AWG[7] im Jahr 1961 mündeten.[8] § 1 AWG erklärte den „Wirtschaftsverkehr mit fremden Wirtschaftsgebieten" für „grundsätzlich frei" (→ Rn. 58). § 1 AWG normierte nun, dass Geschäfte mit dem Ausland zulässig sind, falls sie nicht ausdrücklichen Beschränkungen unterliegen,[9] und markiert damit auch die Wende von dem zuvor herrschenden Verbotsprinzip mit Erlaubnisvorbehalt hin zu dem heute noch geltenden Grundsatz der Außenwirtschaftsfreiheit mit Beschränkungsvorbehalt (→ Rn. 59).[10]

2   In Deutschland wurde bereits im Zuge der Ölkrise in den 1970er- und 1980er-Jahren und nach verstärkten Investitionen der erdölexportierenden Staaten (OPEC) über die Einführung einer Investitionskontrolle diskutiert. Dennoch dauerte es noch einige Jahre, bis es zu einer Verschärfung des Außenwirtschaftsrechts kam. Die Kodifikation der Investitionskontrolle erfolgte erst durch die **11. AWG-Novelle** im Jahr 2004.[11] Zuvor hatte die Übernahme der Kieler Howaldtswerke-Deutsche Werft AG durch den US-amerikanischen Finanzinvestor One Equity Partners im Jahr 2002 den Diskurs über die Notwendigkeit einer Investitionskontrolle angefacht.[12] In den Debatten zur Einführung einer Investitionskontrolle in Deutschland wurde stets auch die Rechtslage in den USA als Vergleichsmaßstab herangezogen. Dabei wurde vonseiten der damaligen deutschen Bundesregierung (SPD/Grüne) unter Bundeskanzler Gerhard Schröder betont, dass die USA, verglichen mit den damals geplanten Regelungen im AWG, noch umfangreichere Kontrollmöglichkeiten hätten und trotzdem attraktive Rahmenbedingungen für ausländische Investoren böten.[13] Letztlich galt das US-amerikanische Modell als Vorbild bei der Einführung der sektorübergreifenden Kontrolle in Deutschland 2009[14] (→ Rn. 29, 30). Zunächst erfolgte jedoch die Umsetzung der Investitionskontrolle in Form der sektorspezifischen Kontrolle, die sich zu Beginn allein auf die militärische Sicherheitsvorsorge bezog (→ Rn. 3, 50) und damit die Kernfähigkeiten der deutschen wehrtechnischen Industrie erhalten sollte.[15] Inhaltlich betraf dies unter anderem Kriegswaffen, Motoren für Kampfpanzer oder auch besondere Produkte für die IT-Sicherheit (vgl. § 5 Abs. 1 und 3 AWG iVm § 60 Abs. 1 AWV). Geschützt sind dadurch die wesentlichen Sicherheitsinteressen der Bundesrepublik (vgl. § 4 Abs. 1 Nr. 1 AWG).

3   Insgesamt standen bis Mitte der 2000er-Jahre die **Verteidigungs- und Rüstungsindustrie** im Vordergrund der politischen Bemühungen (zur sektorspezifischen Kontrolle → Rn. 50, 69). Damit fügte sich die Bundesrepublik in die Reihe der Nationen ein, die ebenfalls zunächst eine klassische Investitionskontrolle im Verteidigungssektor durchführten (→ Rn. 19 ff.). In der AWV wird die Verteidi-

---

[7] BGBl. 1961 I 481 (494).

[8] Dazu Erbs/Kohlhaas/Diemer AWG Vor § 1 Rn. 1 f.

[9] BT-Drs. 3/1285, 229.

[10] BT-Drs. 3/1285, 229 f.

[11] BGBl. 2004 I 1859.

[12] Dehne, Investitionskontrolle in Deutschland, 2022, S. 208 mwN.

[13] Siehe die Plenardebatte zum Elften Gesetzes zur Änderung des Außenwirtschaftsgesetzes (AWG) und der Außenwirtschaftsverordnung (AWV) im Jahr 2004, BT-Plenarprotokoll 15/94, 8471; siehe auch die Plenardebatte zum Dreizehnten Gesetz zur Änderung des Außenwirtschaftsgesetzes und der Außenwirtschaftsverordnung im Jahr 2009, BT-Plenarprotokoll 16/206, 22340.

[14] Martini DÖV 2008, 314 (317).

[15] Becker, Investitionskontrolle im Außenwirtschaftsrecht, 2022, S. 37.

gungsindustrie jetzt in Form der sektorspezifischen Kontrolle in § 4 Abs. 1 Nr. 1 AWG und § 60 AWV erfasst.[16]

Ab dem Ende der 2000er Jahre wurden im Rahmen der sektorübergreifenden **4** Kontrolle zunehmend Transaktionen im Bereich der **Informations- und Kommunikationstechnologie** geprüft. Als zu dieser Zeit verschiedene Staaten – insbesondere China – ankündigten, Staatsfonds verstärkt für Auslandsinvestitionen nutzen zu wollen, entbrannte die Debatte um die Investitionskontrolle von Neuem. Angesichts dieser Entwicklung wollte der deutsche Gesetzgeber die sektorübergreifende – und damit über den Bereich der Rüstungswirtschaft hinausgehende – Prüfung ausländischer Investitionen in deutsche Unternehmen ermöglichen.[17] In der Folge führte die **13. AWG-Novelle**[18] im Jahr 2009 eine solche sektorenübergreifende Überprüfung ein, die zudem den Erwerb ziviler kritischer Infrastruktur umfasst (→ AWV § 55 Rn. 6), wie zB die nunmehr retrospektiv folgenschwere Übernahme der deutschen Gasspeicher des Versorgers Wintershall durch Gazprom im Jahr 2015.[19] Auf diesem Weg wurde dem damaligen Bundesministerium für Wirtschaft und Technologie (BMWi)[20] die Möglichkeit eingeräumt, Investitionen ausländischer Erwerber sektorübergreifend zu überprüfen, um die öffentliche Ordnung und Sicherheit der Bundesrepublik Deutschland durch entsprechende Beschränkungen zu gewährleisten.

Auch im Jahr 2017 kam es durch die **9. Novelle der AWV** zu einer erheblichen **5** Erweiterung der Befugnisse des BMWK hinsichtlich der Investitionskontrolle (→ AWV § 55 Rn. 8).[21] Der Verordnungsgeber führte eine Anmeldepflicht ein, wenn das Zielunternehmen den Sektoren Energie, Informationstechnik und Telekommunikation, Transport und Verkehr, Gesundheit, Wasser, Ernährung sowie Finanz- und Versicherungswesen (sog. „**Kritische Infrastruktur**") angehört oder Anbieter von Software im Bereich der Kritischen Infrastruktur sowie von Cloud-Computing Diensten, Telekommunikationsüberwachung oder Telematikinfrastruktur ist.[22]

In neuerer Zeit rückte zudem die **Medienbranche** in den Fokus, um ausländische Desinformationskampagnen im inländischen Willensbildungsprozess zu verhindern.[23] So warnte die Bundesregierung vor „unlauteren Absichten" mancher Investoren.[24] Auf diese Bedenken reagierte der Verordnungsgeber im Jahr 2018, als auch Unternehmen der Medienwirtschaft, welche zur öffentlichen Meinungsbildung beitragen und sich durch besondere Aktualität und Breitenwirkung auszeichnen, in den Katalog der sektorübergreifenden Prüfung aufgenommen wurden (§ 55a Abs. 1 Nr. 6 AWV; → AWV § 55 Rn. 9). In der Verordnungsbegründung wurde insbesondere der erhöhte Druck auf die Unabhängigkeit der Medien

---

[16] Vgl. Dehne, Investitionskontrolle in Deutschland, 2022, S. 208 ff.

[17] Marquardt/Pluskat DStR 2009, 1314.

[18] BGBl. 2009 I 770.

[19] Handelsblatt vom 6.9.2015, abrufbar unter: https://www.handelsblatt.com/unternehmen/energie/basf-tochter-wintershall-und-gazprom-besiegeln-deal-mit-signalwirkung-/12283278.html (zuletzt abgerufen am 24.8.2023).

[20] Heute bezeichnet als Bundesministerium für Wirtschaft und Klimaschutz (BMWK).

[21] BAnz AT 17.7.2017 V1.

[22] Vgl. Änderung des § 55 Abs. 1 AWV im Rahmen der 9. AWV-Novelle, BAnz AT 17.7.2017 V1.

[23] Lehmann/Kretzschmar, Investitionskontrolle in Europa, 2020, S. 6.

[24] BT-Plenarprotokoll 19/166, 20676 (B).

durch ausländische Beeinflussung und die daraus folgenden negativen Auswirkungen auf die Gesellschaft und die demokratische Grundordnung betont.[25]

7 Der Gesetzgeber erweiterte den Umfang der Investitionskontrolle dann im Jahr 2020 mit dem Ersten Gesetz zur Änderung des Außenwirtschaftsgesetzes[26] und der 15. AWV-Novelle erneut (→ § 55 Rn. 10).[27] Die Screening-VO,[28] die erstmals eine europarechtliche Grundlage für die nationalen Investitionsregime entwickelte, hatte auch Änderungen in Deutschland zur Folge (→ Rn. 15). Der Prüfungsmaßstab für Maßnahmen im Bereich der sektorübergreifenden Prüfung wurde auf eine „voraussichtliche Beeinträchtigung" der öffentlichen Ordnung oder Sicherheit konkretisiert.[29] Außerdem führte der Gesetzgeber neue Verbotstatbestände in § 15 AWG ein.[30] Des Weiteren erfolgte eine Ausweitung des Gefährdungsbegriff in § 4 Abs. 1 Nr. 4, 4a AWG auf andere EU-Mitgliedstaaten sowie auf Projekte oder Programme von Unionsinteresse.[31]

8 Mit der 17. AWV-Novelle 2021[32] wurden schließlich auch **Zukunfts- und Hochtechnologie-Sektoren** wie Künstliche Intelligenz, autonomes Fahren, Halbleiter, Optoelektronik oder Quantentechnologie in den Katalog des § 55a AWV aufgenommen. Daneben gelten auch Robotix, bestimmte sicherheitsrelevante IT-Produkte und Datennetze als kritische Technologien. Denn nach Auffassung der Bundesregierung sind insbesondere diese Branchen für weitere Industrien in Deutschland und in der EU sowie die Zukunfts- und Widerstandsfähigkeit der deutschen Wirtschaft insgesamt von herausragender Bedeutung (→ AWV § 55 Rn. 11).[33] Die zum Zeitpunkt des Redaktionsschlusses neueste, 20. AWV-Novelle 2023[34] sieht im Investitionskontrollrecht nur geringe Änderungen vor. Insbesondere wurde in § 3 Abs. 3 AWV die Einrichtung eines Online-Portals vorgesehen, über das in Zukunft Anträge und Anmeldungen eingereicht werden sollen. Der Start für dieses Portal wurde für den 1.12.2023 angekündigt.

9 **2. Aktuelle Entwicklungen in Deutschland.** In Deutschland hält seit einigen Jahren ein Trend zur Ausweitung der Investitionskontrolle an. Dies betrifft sowohl den gesetzlichen Rahmen als auch die praktische Anwendung durch das BMWK[35] (→ Rn. 71 ff.). Zentral ist dabei der **Umgang mit Investoren aus China**, der im Zentrum der Öffentlichkeit und der medialen Berichterstattung steht. Insbesondere der Kauf von Anteilen an der HHLA-Tochtergesellschaft Container Terminal Tollerort GmbH, der Betreiberin eines Container-Terminals am Hamburger Hafen, durch die chinesische Reederei Cosco war monatelang Gegenstand der öffentlichen Debatten.[36] So wurde vielfach gefordert, chinesische Inves-

---

[25] BT-Drs. 19/7139, 66.

[26] BGBl. 2020 I 1637.

[27] BAnz AT 2.6.2020 V1.

[28] ABl. 2019 L 79 I, 1.

[29] Vgl. neu eingefügten § 55a AWV, BAnz AT 30.4.2021 V1, 2 ff.

[30] BGBl. 2020 I 1637 (1639).

[31] BGBl. 2020 I 1637.

[32] BAnz AT 30.4.2021 V1.

[33] BT-Drs. 19/29216, 28.

[34] BGBl. 2023 I Nr. 264.

[35] Vgl. steigende Fallzahlen der vergangenen Jahre, BMWK Investitionsprüfung in Deutschland: Zahlen und Fakten, 9.1.2023, unter II.1.

[36] Siehe etwa Handelsblatt vom 26.10.2022, abrufbar unter: https://www.handelsblatt.com/unternehmen/handel-konsumgueter/cosco-einstieg-hamburger-hafenlogistiker-hhla-

titionen in Deutschland strenger zu reglementieren.[37] Insbesondere die Industriestrategie „Made in China 2025" und die Infrastrukturstrategie „Belt and Road Initiative" („Neue Seidenstraße") schürten die Sorge vor einer zunehmenden Einflussnahme Chinas, auf die Deutschland eine adäquate Antwort finden müsse.[38] Aus der Opposition ließ sich sogar die Forderung eines vorübergehenden vollständigen Verbots chinesischer Investitionen in Deutschland vernehmen.[39] Vor diesem Hintergrund versprach die Bundesregierung 2022 im Koalitionsvertrag die Ausarbeitung einer China-Strategie, die übermäßige wirtschaftliche Abhängigkeiten verringern und klare Rahmenbedingungen für den Umgang mit der Volksrepublik schaffen sollte, die von der EU als „Partner, Wettbewerber und systemischer Rivale" definiert wird.[40] Diese wurde im Juli 2023 vorgestellt und betont die Bedeutung der Investitionskontrolle zum Schutz der Unabhängigkeit in sicherheitskritischen und für die Versorgung der Bevölkerung relevanten Bereichen, der Verteidigungsfähigkeit und der technologischen Souveränität Deutschlands und der EU.[41]

Die erhöhte Aufmerksamkeit im Hinblick auf China ließ sich auch in der **10** **Untersagungspraxis** feststellen.[42] 2022 gab es drei Untersagungen auf Basis der AWV; eine Transaktion wurde ferner aufgrund von Bedenken des BMWK abgebrochen, eine weitere, da das hierfür vorgesehene Zeitfenster abgelaufen war. Die betroffenen Unternehmen waren Siltronic,[43] Heyer Medical,[44] HHLA,[45] Elmos[46]

---

[37] will-zeitnah-mit-cosco-ueber-vereinbarung-sprechen-/28769984.html (zuletzt abgerufen am 24.8.2023); Handelsblatt vom 12.4.2023, abrufbar unter: https://www.handelsblatt.com/politik/deutschland/hhla-und-cosco-einstieg-chinesischer-staatsreederei-am-hamburger-hafen-koennte-doch-noch-scheitern/29089152.html (zuletzt abgerufen am 24.8.2023); Handelsblatt vom 10.5.2023, abrufbar unter: https://www.handelsblatt.com/politik/deutschland/haefen-chinesische-reederei-cosco-darf-sich-an-hamburger-terminal-beteiligen/29144238. html (zuletzt abgerufen am 24.8.2023).

[37] BT-Plenarprotokoll 19/61, 6902 (B).

[38] BT-Plenarprotokoll 19/61, 6902 (B).

[39] Handelsblatt vom 29.10.2022, abrufbar unter: https://www.handelsblatt.com/politik/deutschland/aussenpolitik-sicherheitspolitischer-wahnsinn-union-bringt-befristetes-verbot-von-china-beteiligungen-ins-spiel/28776786.html (zuletzt abgerufen am 24.8.2023).

[40] BT-Drs. 20/4441, 1.

[41] China-Strategie der Bundesregierung, 2023, S. 40, abrufbar unter: https://www.auswaertiges-amt.de/blob/2608578/2b2effbc0886ef7ae0b22aaeacf199be/china-strategie-data. pdf (zuletzt abgerufen am 24.8.2023).

[42] Vgl. auch Bungenberg/Reinhold InvKR, S. 9 ff. zu in der Öffentlichkeit diskutierten Fallbeispielen.

[43] Handelsblatt, 1.2.2022, abrufbar unter: https://www.handelsblatt.com/technik/it-internet/deutsches-mikrochip-unternehmen-uebernahme-krimi-um-siltronic-habecks-wirtschaftsministerium-laesst-deal-platzen/28024790.html (zuletzt abgerufen am 24.8.2023).

[44] Handelsblatt, 27.4.2022, abrufbar unter: https://www.handelsblatt.com/politik/deutschland/heyer-medical-regierung-untersagt-chinesische-uebernahme-von-beatmungsgeraetehersteller/28281882.html (zuletzt abgerufen am 24.8.2023).

[45] Pressemitteilung des BMWK am 26.10.2022, abrufbar unter: https://www.bmwk. de/Redaktion/DE/Pressemitteilungen/2022/10/20221026-bundeskabinett-verabschiedet-teiluntersagung-im-investitionsprufverfahren-hamburger-hafen.html (zuletzt abgerufen am 24.8.2023).

[46] Pressemitteilung des BMWK am 9.11.2022, abrufbar unter: https://www.bmwk.de/Redaktion/DE/Pressemitteilungen/2022/11/20221109-chipfabrik-elmos-darf-nicht-an-chinesischen-investor-verkauft-werden.html (zuletzt abgerufen am 24.8.2023).

sowie ERS Electronic.[47] Vier der potenziellen Erwerber kamen dabei aus der Volksrepublik China; im Fall von Siltronic war der Investor das taiwanesische Unternehmen Globalwafers.[48] Wirtschaftsminister Habeck betonte bei der Untersagung im Fall Elmos, dass die technologische und wirtschaftliche Souveränität Deutschlands und Europas geschützt werden müsse und Deutschland auch als offener Investitionsstandort nicht naiv sei.[49] Im Jahr 2023 gab es bis Redaktionsschluss im Oktober nur eine neue Untersagung: Die Bundesregierung untersagte es dem chinesischen Unternehmen SSST, das bereits 53 % an dem deutschen Satelliten-Hersteller Kleo-Connect besaß, die restlichen Anteile an dem Unternehmen im Wege der Einziehung der Gesellschaftsanteile des deutschen Minderheitseigners Eighty Leo zu übernehmen. Die Bundesregierung intervenierte damit in einem Streit zwischen den beiden Anteilseignern, die beide (jeweils erfolglos) versucht hatten, die Anteile des anderen einzuziehen.[50] Es handelt sich um das erste Mal, dass die Bundesregierung den Erwerb weiterer Anteile an einem bereits beherrschten Unternehmen verbot.

11   Im Laufe des Jahres 2023 wurden die 15., 16. und 17. AWV-Novelle[51] sowie die 1. AWG-Novelle[52] zusammen evaluiert. Im September 2023 legte das BMWK einen entsprechenden Bericht vor (→ AWG § 32 Rn. 1 ff.).[53] Die Ergebnisse der **Evaluation** sollen auch in die Bewertung der Screening-VO[54] eingebracht werden, die die Europäische Kommission („Kommission") bis zum 12.10.2023 durchführt.[55] Zudem sollen die Ergebnisse der Evaluierung die Grundlage für die **Ausarbeitung eines neuen Investitionskontrollgesetzes** sein, dessen Einführung die Bundesregierung für 2024 anvisiert. Dieses Gesetz soll die bisher in AWG und AWV verstreuten Regelungen der Investitionskontrolle zusammenführen und – mit Blick auf die Wesentlichkeitstheorie des BVerfG – vollständig gesetzlich verankern. Dies ist zu begrüßen und wird in der Praxis wahrscheinlich zu einer besseren Handhabbarkeit und Rechtssicherheit führen. In diesem Rahmen sollen die Fallgruppen des § 55a AWV in ein eigenes Prüfverfahren ausgegliedert werden, das als drittes Prüfverfahren neben der sektorübergreifenden und der sektorspezifischen Prüfung stehen würde. Geplant ist außerdem in bestimmten Bereichen (zB Quantentechnologie, hochent-

---

[47] Handelsblatt, 9.11.2022, abrufbar unter: https://www.handelsblatt.com/politik/deutsch land/china-deal-bundesregierung-stoppt-weitere-chinesische-uebernahme-von-deutscher-halbleiterfirma/28797432.html (zuletzt abgerufen am 24.8.2023).

[48] Handelsblatt, 1.2.2022, abrufbar unter: https://www.handelsblatt.com/technik/it-in ternet/deutsches-mikrochip-unternehmen-uebernahme-krimi-um-siltronic-habecks-wirt schaftsministerium-laesst-deal-platzen/28024790.html (zuletzt abgerufen am 24.8.2023).

[49] Pressemitteilung des BMWK am 9.11.2022, abrufbar unter: https://www.bmwk.de/Redaktion/DE/Pressemitteilungen/2022/11/20221109-chipfabrik-elmos-darf-nicht-an-chinesischen-investor-verkauft-werden.html (zuletzt abgerufen am 24.8.2023).

[50] Ströder, Wie ein Münchner Satelliten-Joint-Venture zum geopolitischen Zankapfel wird, abrufbar unter: https://www.juve.de/verfahren/wie-einmuenchner-satelliten-jointven ture-zum-geopolitischenzankapfel-wird/ (zuletzt abgerufen am 9.10.2023).

[51] BAnz AT 2.6.2020 V1; BAnz AT 28.10.2020 V1; BAnz AT 30.4.2021 V1.

[52] BGBl. 2020 I 1637.

[53] BMWK, Evaluierung des Ersten Gesetzes zur Änderung des Außenwirtschaftsgesetzes und der 15.–17. Verordnung zur Änderung der Außenwirtschaftsverordnung (2023), abrufbar unter: https://www.bmwk.de/Redaktion/DE/Publikationen/Aussenwirtschaft/evaluierung-gesetze-aenderung-aussenwirtschaftsgesetze-verordnung.pdf (zuletzt abgerufen am 19.10.2023).

[54] ABl. 2019 L 79 I, 1.

[55] BT-Drs. 19/29216, Anlage 2, 44.

wickelte Halbleiter und künstliche Intelligenz) eine materielle Beweislastumkehr einzuführen, falls der Investor von einem ausländischen Staat beherrscht wird oder in der Vergangenheit an Aktivitäten beteiligt war, die nachteilige Auswirkungen auf die Schutzgüter der Investitionskontrolle hatten. Dies wäre eine radikale erhebliche Abkehr vom Grundsatz, der Freiheit des Wirtschaftsverkehrs mit dem Ausland, welcher bisher das Außenwirtschaftsrecht prägte. Geplant sind außerdem die Ausweitung des Anwendungsbereichs der Investitionskontrolle, insbesondere auf bestimmte Immaterialgüterrechte, Greenfield-Investitionen und Forschungskooperationen sowie eine Erweiterung der Fallgruppen des § 55a AWV; umgekehrt sind Einschränkungen geplant durch Ausnahmen für Bankenrettungen und weitergehend als bisher für konzerninterne Umstrukturierungen. Auch das Verfahren soll verschiedentlich verändert werden; besonders beachtenswert ist dabei, dass das BMWK die Möglichkeit erhalten soll, vertrauliche Informationen der Parteien mit deren Zustimmung mit den Behörden von Drittstaaten zu teilen.

Im Rahmen dieser grundlegenden Reform gibt es zudem Überlegungen, auch **12** eine Prüfung bestimmter Investitionen deutscher Unternehmen im Ausland (sog. **Outbound Investment Screening**) einzuführen. Grund dafür ist vor allem die Sorge vor Technologieabfluss ins Ausland. Das Outbound Investment Screening dient damit einem ähnlichen Zweck wie die Exportkontrolle, würde aber darauf abzielen, dass deutsche Unternehmen den Aufbau von technologischen Fähigkeiten im Ausland auch nicht mehr durch lokale Investitionen unterstützen könnten. Derartige gesetzgeberische Bestrebungen bestehen ebenso in den USA, die die Debatte in Deutschland und Europa prägen (→ Rn. 38). Die EU und die USA sind dabei, sich bezüglich der Einführung eines Outbound Investment Screenings abzustimmen.[56] So hat die Kommission in ihrem Arbeitspapier für 2023 angekündigt, die Einführung eines Outbound Investment Screenings zu prüfen (→ Screening-VO Rn. 199).[57] In einer Grundsatzrede zu den europäisch-chinesischen Beziehungen im März 2023 betonte Kommissionspräsidentin Ursula von der Leyen grundlegend die Wichtigkeit staatlicher Kontrollen von Investitionen europäischer Unternehmen in China.[58] Die EU müsse verhindern, dass Kapital und Expertise europäischer Unternehmen dazu beitrügen, militärische und nachrichtendienstliche Fähigkeiten von Systemkonkurrenten zu verbessern.[59] Die Bundesregierung hat in ihrer China-Strategie das Outbound-Investment-Screening als eine wichtige Ergänzung bestehender Instrumente anerkannt und angekündigt, sich konstruktiv in den Prozess auf der EU-Ebene einzubringen und eigene Analysen durchzuführen.[60] Zudem

---

[56] Joint Statement by President Biden and President von der Leyen, vom 10.3.23, abrufbar unter: https://www.whitehouse.gov/briefing-room/statements-releases/2023/03/10/joint-statement-by-president-biden-and-president-von-der-leyen-2/(zuletzt abgerufen am 24.8.2023); vgl. auch das Kommuniqué des G7-Gipfles 2023, der von Exportkontrollen für Technologie spricht: https://www.whitehouse.gov/briefing-room/statements-releases/2023/05/20/g7-hiroshima-leaders-communique/(zuletzt abgerufen am 24.8.2023).

[57] COM(2022) 548 final, 8.

[58] Speech by President von der Leyen on EU-China relations to the Mercator Institute for China Studies and the European Policy Centre, 30.3.2023, abrufbar unter: https://ec.europa.eu/commission/presscorner/detail/en/speech_23_2063 (zuletzt abgerufen am 24.8.2023).

[59] Handelsblatt vom 30.3.2023, abrufbar unter: https://www.handelsblatt.com/politik/international/china-politik-von-der-leyen-will-europaeische-investitionen-in-china-beschraenken/29068542.html (zuletzt abgerufen am 24.8.2023).

[60] China-Strategie der Bundesregierung, 2023, S. 40 f., abrufbar unter: https://www.auswaertiges-amt.de/blob/2608578/2b2effbc0886ef7ae0b22aaeacf199be/china-strategie-data.pdf (zuletzt abgerufen am 24.8.2023).

wird diskutiert, diese Prüfung etwa auch auf die Einhaltung der Lieferkettensorg-
faltspflicht und damit deutlich über den Prüfungsumfang der derzeit bestehenden
inländischen Investitionskontrolle hinaus auszuweiten.[61]

13   Weiterhin wird diskutiert, ob zukünftig auch **Greenfield-Investitionen** von
der Kontrolle erfasst sein sollen (vgl. → AWV § 55 Rn. 23). Bei den sogenannten
Investitionen „auf der grünen Wiese" handelt es sich um die Gründung neuer
Unternehmen bzw. Investitionen etwa zur Errichtung neuer Fabriken. Derzeit werden Greenfield-Investitionen nicht von der Investitionskontrolle des BMWK
erfasst,[62] denn bei diesen Investitionen wird kein Einfluss auf eine bestehende Versorgung genommen und somit zumindest die aktuelle Versorgungssicherheit nicht
gefährdet. Die hauptsächliche Gefahr liegt in einem möglichen Transfer von Know-
how, etwa im Rahmen von Gemeinschaftsunternehmen sowie in der langfristigen
Entstehung von Abhängigkeiten. Die Organisation für wirtschaftliche Zusammenarbeit und Entwicklung (OECD) geht davon aus, dass solche Investitionen die
öffentliche Sicherheit und Ordnung in ähnlicher Weise wie die Übernahme bestehender Unternehmen gefährden können. Schließlich seien auch bei neu gegründeten Unternehmen Spionage oder die Weitergabe sensibler Informationen wie Kun-
dendaten oder technologische Fortschritte möglich.[63] In der Praxis lässt sich ein
Anstieg von chinesischen Greenfield-Investitionen in Europa beobachten, die im
Jahr 2022 erstmals die Mehrheit der chinesischen Direktinvestitionen in Deutschland
ausmachten.[64] Allerdings lässt sich diese Entwicklung vor allem durch den Rückgang der chinesischen M&A-Tätigkeit in Deutschland sowie durch umfangreiche
Investitionen in den Aufbau von Batteriefabriken in Deutschland erklären.[65]

14   Auch in der Debatte um eine **Überprüfung von Greenfield-Investitionen**
können deren Befürworter auf die USA verweisen, welche eine solche Kontrolle
seit 2019 in beschränktem Umfang ermöglichen (→ Rn. 34). In der EU werden
Greenfield-Investitionen von den meisten Mitgliedstaaten nicht investitionskontrollrechtlich überprüft,[66] fallen aber in den Anwendungsbereich der Screening-VO.[67]

---

[61] Herrmann/Ellemann, Weder Festung Europa, noch Gefängnis Europa, 29.11.2022,
abrufbar unter: https://verfassungsblog.de/weder-festung-europa-noch-gefangnis-europa/
(zuletzt abgerufen am 24.8.2023).

[62] BMWK „FAQ", Häufige Fragen zu Investitionsprüfungen nach dem Außenwirtschaftsgesetz (AWG) und der Außenwirtschaftsverordnung (AWV), Stand 1.5.2022, A.4.

[63] OECD „Framework for Screening Foreign Direct Investment into the EU", S. 56,
abrufbar unter: https://www.oecd.org/investment/investment-policy/oecd-eu-fdi-screening
-assessment.pdf (zuletzt abgerufen am 24.8.2023).

[64] MERCIS/Rhodium: EV Battery Investments cushion drop to decade low. Chinese in
FDI in Europe: 2022 Update, S. 5, abrufbar unter: https://merics.org/sites/default/files/2023
-05/merics-rhodium-group-chinese-fdi-in-europe-2022%20%281%29.pdf (zuletzt abgerufen am 24.8.2023).

[65] MERCIS/Rhodium: EV Battery Investments cushion drop to decade low. Chinese in FDI
in Europe: 2022 Update, S. 5 f. Abrufbar unter: https://merics.org/sites/default/files/2023-05/
merics-rhodium-group-chinese-fdi-in-europe-2022%20%281%29.pdf (zuletzt abgerufen am
24.8.2023).

[66] Nur in der Tschechischen Republik, Dänemark, Litauen und Malta ist dies der Fall,
OECD „Framework for Screening Foreign Direct Investment into the EU", S. 56, Fn. 76,
abrufbar unter: https://www.oecd.org/investment/investment-policy/oecd-eu-fdi-screening
-assessment.pdf (zuletzt abgerufen am 24.8.2023).

[67] FAQ der Kommission zur Screening-VO, Juni 2021, S. 6, abrufbar unter: https://
circabc.europa.eu/ui/group/be8b568f-73f3-409c-b4a4-30acfcec5283/library/7c76619a-
2fcd-48a4-8138-63a813182df2/details (zuletzt abgerufen am 24.8.2023).

Zudem können Greenfield-Investitionen teilweise, jedenfalls sofern sie Subventionen aus Drittstaaten beinhalten, nunmehr auch auf Grundlage der FSR[68] überprüft werden.[69]

II. Die Entwicklung der Investitionskontrolle in Europa

Auf Ebene der **Europäischen Union** gab es bis zum Erlass der Screening-VO **15** im Jahr 2019 keine Regelungen zur Investitionskontrolle. Weder gab es eine eigene Prüfungskompetenz für die Kommission noch Regelungen für die Investitionskontrolle durch die Mitgliedstaaten (zur Einführung der Screening-VO → Screening-VO Rn. 2). Die Screening-VO wurde vor dem Hintergrund wachsender Bedenken einiger Mitgliedstaaten vor politisch motivierten Übernahmen durch drittstaatliche Investoren[70] und insbesondere auf Initiative von Deutschland, Frankreich und Italien eingeführt.[71] Kompetenzgrundlage ist die ausschließliche Zuständigkeit der EU im Bereich der gemeinsamen Handelspolitik gemäß Art. 3 Abs. 1 lit. e AEUV und Art. 207 Abs. 2 AEUV,[72] die nach einem Gutachten des EuGH auch den Bereich der ausländischen Direktinvestitionen umfasst (→ Screening-VO Rn. 19).[73]

Auch auf Ebene der **EU-Mitgliedstaaten** war in den letzten Jahren ein erheblicher **16** Zuwachs an Gesetzesvorhaben und -verschärfungen zu beobachten. Dies ist nicht zuletzt auf die Screening-VO zurückzuführen, die zwar die Einführung eines Investitionskontrollregimes nicht zwingend vorschreibt, aber das Bewusstsein für die Bedeutung der Investitionskontrolle gestärkt und einen Mechanismus der Zusammenarbeit zwischen den Mitgliedstaaten geschaffen hat. Auch hat die Kommission die Mitgliedstaaten mehrfach zur Einführung von Investitionskontrollregimen aufgefordert, insbesondere aus Anlass der COVID-19-Pandemie und der militärischen Aggression Russlands gegen die Ukraine (→ Screening-VO Rn. 55 ff.).[74] Allein im Jahr 2022 haben acht Mitgliedstaaten (Frankreich, Italien, Lettland, Litauen, Österreich, Polen, Spanien, Ungarn) ihre bestehenden Prüfungsmechanismen verschärft und ein Mitgliedstaat (Slowakei) einen neuen Überprüfungsmechanismus verabschiedet. 2023 haben Belgien (zum 1.7.), Estland und Luxemburg (je zum 1.9.) und Schweden (zum 1.12.) einen neuen Überprüfungsmechanismus eingeführt.[75] Die meisten Gesetzesänderungen befassten sich dabei mit einer Ausweitung des Anwendungsbereichs der Investitionskontrolle und der Kompetenzen der zuständigen Behörden.[76] Ab Dezember 2023 werden 22 Mitgliedstaaten einen Überprüfungs-

---

[68] ABl. 2022 L 330 I, 1.

[69] Art. 3 Abs. 1 FSR, Art. 2 Nr. 1 FSR, Art. 9 ff. FSR.

[70] De Kok E.L. Rev. 2019, 44(1), 24 f.

[71] Zypries/Sapin/Calenda, Brief an die Europäische Kommission, Februar 2017, abrufbar unter: https://www.bmwi.de/Redaktion/DE/Downloads/S-T/schreiben-de-fr-it-an-malmstroem.pdf?__blob=publicationFile&v=5 (zuletzt abgerufen am 24.8.2023).

[72] Erwägungsgrund 6 Screening-VO.

[73] EuGH Gutachten 2/15 vom 16.5.2017, Freihandelsabkommen zwischen der Europäischen Union und der Republik Singapur, ECLI:EU:C:2017:376, Rn. 81 ff.

[74] Mitt. d. Komm. v. 26.3.2020, C 99 I/1 und Mitt. d. Komm. v. 6.4.2022, C 151 I/1.

[75] Kommission, Dritter Jahresbericht über die Überprüfung ausländischer Direktinvestitionen in der Union, COM(2023) 590 final, 10.

[76] Die Kommission nennt dies eine „Verbesserung" der Überprüfungsverfahren, vgl. Kommission, Dritter Jahresbericht über die Überprüfung ausländischer Direktinvestitionen in der Union, COM(2023) 590 final, 10.

mechanismus haben. Die übrigen Mitgliedstaaten haben die Einführung eines Über-
prüfungsmechanimus schon beschlossen oder planen die Einführung.[77]

17   Viele Mitgliedstaaten folgen dem Vorschlag der EU dazu, welche Sektoren der
Investitionskontrolle unterliegen sollen. Dies hat zu einer gewissen Annäherung
der nationalen Überprüfungsmechanismen geführt, eine Entwicklung die aus
Sicht der Praxis grundsätzlich zu begrüßen ist.[78] Jedoch unterscheiden sich die
in der EU existierenden Prüfungsregime weiter auf vielfältige Weise.[79] In manchen
Staaten erfolgt eine ex ante-Prüfung von ausländischen Direktinvestitionen, in
anderen eine Prüfung ex post.[80] In vielen Mitgliedstaaten, wie zB Deutschland,
gibt es beide Prüfungsarten, eine verpflichtende ex ante-Kontrolle für die kritischen Sektoren und eine mögliche ex post-Prüfung für alle anderen Sektoren.
Außerdem ist in manchen Mitgliedstaaten, wie zB Deutschland, Frankreich und
Italien auch eine Kontrolle von unionsansässigen Investoren möglich, während in
anderen Jurisdiktionen nur eine Überprüfung von Investoren aus Drittstaaten in
Betracht kommt.[81] Nicht in allen Ländern, die auch Investitionen unionsansässiger
Käufer prüfen, ist dabei die Unterscheidung der Prüfregime so klar geregelt wie
in Deutschland (→ AWV § 55 Rn. 1 ff.).[82] Direktinvestitionen aus Russland und
Belarus werden seit 2022 besonders kritisch gesehen und sollen nach dem Willen
der Kommission genau untersucht werden. Zudem erließ die EU auch gesonderte
Leitlinien angesichts der militärischen Aggression gegen die Ukraine.[83]

18   Im Laufe der Liberalisierungs- und Privatisierungswelle der 90er-Jahre stellten
sog. **Golden Shares** ein wichtiges Instrument dar, mit dessen Hilfe viele EG-
Mitgliedstaaten die Übernahme ehemals staatlicher Unternehmen durch ausländische Unternehmen, selbst aus dem Gemeinschaftsgebiet, verhindern wollten.
Gegen derartige Regelungen strengte die Kommission ab dem Jahr 1999 eine
Vielzahl von Vertragsverletzungsverfahren an und der EuGH kippte fast alle, da
sie nicht gerechtfertigte Einschränkungen der Niederlassungs- und/oder Kapitalverkehrsfreiheit darstellten. Einzig bestehen ließ der EuGH eine belgische Regelung, die der Sicherstellung der Energieversorgung im Krisenfall diente, nicht das
Erfordernis einer Genehmigung, sondern einer (nachträglichen) Widerspruchsre-
gelung zum Gegenstand hatte, an strenge Fristen gebunden und auf bestimmte,
die Energieversorgungsnetze betreffende Entscheidungen reduziert war.[84] Eine
portugiesische Regelung hingegen, die es ausländischen Unternehmen untersagte,
an privatisierten Unternehmen mehr als 25 % zu halten und den Erwerb von
mehr als 10 % der Anteile von einer Genehmigung durch den Finanzminister

---

[77] Kommission, Dritter Jahresbericht über die Überprüfung ausländischer Direktinvestitionen in der Union, COM(2023) 590 final, 10.

[78] Röhling/Salaschek, The Law Reviews: European Union, abrufbar unter: https://thela
wreviews.co.uk/title/the-foreign-investment-regulation-review/eu-overview (zuletzt abgerufen am 24.8.2023).

[79] Salaschek BB 2022, 1609.

[80] Dehne, Investitionskontrolle in Deutschland, 2022, S. 69 Fn. 149.

[81] So zB in Österreich, Belgien, Tschechien, Estland, Luxemburg, Malta und Rumänien,
vgl. OECD, Framework for Screening Foreign Direct Investment into the EU, 53 ff., abrufbar
unter: https://www.oecd.org/investment/investment-policy/oecd-eu-fdi-screening-assess
ment.pdf (zuletzt abgerufen am 24.8.2023).

[82] Foreign investment monitor, Issue 4, S. 10, abrufbar unter http://ssl.freshfields.com/
noindex/documents/Foreign-investment-q4-2022.pdf (zuletzt abgerufen am 24.8.2023).

[83] Vgl. ABl. 2022 C 151, I/1.

[84] EuGH BeckRS 2002, 70273.

abhängig machte, war nicht mit den Grundfreiheiten vereinbar.[85] Ähnliche Urteile ergingen gegen Spanien, das Vereinigte Königreich, Italien, die Niederlande, Deutschland, Frankreich und Griechenland.[86] Kritisiert wurden insbesondere der weite Ermessensspielraum der Behörden sowie das Erfordernis eines vorherigen Genehmigungsverfahrens anstelle einer allein nachträglichen Kontrolle (vgl. dazu → Screening-VO Rn. 27).

Frankreich führte 1966 im Code monétaire et financier einen Prüfungsmechanismus ein, welcher alle ausländischen Investitionen unter eine Meldepflicht stellte und zusätzlich eine Erlaubnis durch den französischen Wirtschaftsminister vorschrieb, wenn eine Gefährdung der öffentlichen Ordnung oder Sicherheit in Betracht kam.[87] Nach einem Urteil des EuGH, das einen Verstoß gegen die Bestimmungen des EG-Vertrags über den freien Kapitalverkehr feststellte,[88] musste das Regime 2005 grundlegend überarbeitet werden.[89] Der EuGH kritisierte insbesondere, dass jede ausländische Investition, die eine Gefahr für die öffentliche Sicherheit darstellen könnte, einer Vorabgenehmigung bedurfte.[90] Nach der Neuregelung im Jahr 2005 waren ausländische Direktinvestitionen grundsätzlich unbeschränkt möglich; nur unter bestimmten Ausnahmen konnte die Regierung bei einer Beeinträchtigung der nationalen Sicherheit eingreifen.[91] Kurz darauf löste die versuchte Übernahme der französischen Lebensmittelgruppe Danone durch die US-amerikanische PepsiCo-Gruppe starke Diskussionen aus und führte 2006 zu einer Verschärfung des Regimes. Mit dieser Gesetzesänderung verfolgte die französische Regierung das Ziel, feindliche und spekulativ motivierte Übernahmeangebote zu verhindern; zudem wurden elf neue Sektoren, unter anderem auch Casinos (aufgrund ihrer potentiellen Verbindung zur Geldwäsche) und Militärtechnologien, in den Anwendungsbereich der Investitionskontrolle aufgenommen.[92] 2014 erließ das französische Wirtschaftsministerium ein Dekret, mit dem die Liste der zu überprüfenden ausländischen Investitionen wiederum erweitert wurde. Dieses umfasste alle Tätigkeiten, die für die Wahrung der nationalen Interessen in den Bereichen öffentliche Ordnung, öffentliche Sicherheit und Landesverteidigung als wesentlich angesehen werden.[93] Damit umfasste der Code monétaire et financier unter anderem die Sektoren Verteidigung, Informationstechnologie, Gesundheit, Energie und Medien.[94]

19

---

[85] EuGH BeckRS 2004,76788.

[86] EuGH BeckRS 2004, 77374; 2004, 77944; 2005, 70404; 2006, 143307; 2006, 143307; 2009, 70334; 2010, 90868; 2010, 91307; 2011, 81606; 2012, 82371; 2020, 22876; 2002, 70272; 2020, 22876.

[87] Loi n° 66–1008 du 28 décembre 1966 relative aux relations financières avec l'étranger.

[88] EuGH BeckRS 2004, 77551.

[89] Décret n° 2005–1739 du 30 décembre 2005 réglementant les relations financières avec l'étranger et portant application de l'article L. 151–3 du code monétaire et financier.

[90] EuGH BeckRS 2004, 77551.

[91] Décret n° 2005–1739 du 30 décembre 2005 réglementant les relations financières avec l'étranger et portant application de l'article L. 151–3 du code monétaire et financier; siehe auch United States Government Accountability Office, S. 54, abrufbar unter: https://www.gao.gov/assets/gao-08-320.pdf (zuletzt abgerufen am 24.8.2023).

[92] Lenihan, Balancing Power without Weapons: State Intervention into Cross-Border Mergers and Acquisitions, 2018, S. 100 ff.; Décret n° 2006–387 du 31 marche 31 2006 relative aux offres publiques d'acquisition.

[93] Décret n° 2014–479 du 14 mai 2014 relatif aux investissements étrangers soumis à autorisation préalable.

[94] Article R 151–3 du code monétaire et financier.

20   2020 wurden in Frankreich die Sektoren, die einer Prüfung unterliegen, nochmals erheblich erweitert. Seitdem gehören u.a. auch Forschung und Entwicklung von Technologien für die Stromerzeugung aus erneuerbaren Energien zu den kritischen Technologien. Dies führte zu einem stetigen Anstieg der überprüften Transaktionen, von 216 (in 2019)[95] auf 325 (in 2022).[96] In der Kontrollpraxis standen 2022 insbesondere Transaktionen im Zusammenhang mit der öffentlichen Gesundheit und der Lebensmittelsicherheit im Fokus. Auch Investitionen in verteidigungsbezogene Aktivitäten und in bestimmte französische Schlüsselindustrien wie die Nuklearindustrie werden in Frankreich weiterhin genau überwacht.[97] Zudem erließ das französische Wirtschaftsminister:um 2022 veränderte Leitlinien zur Investitionskontrolle, welche mehr Klarheit über die französischen Prüfungsmechanismen schaffen sollen.[98]

21   Maßnahmen der Investitionskontrolle richten sich dabei in Frankreich auch gegen Verbündete. Im Dezember 2020 untersagte die französische Regierung die Übernahme des französischen Unternehmens Photonis durch das US-Unternehmen Teledyne, das Nachtsichtkameras für die französischen Streitkräfte herstellt. Dies war das erste Mal, dass die französischen Regierung eine geplante US-Übernahme öffentlich verhinderte.[99] Im Januar 2021 verhinderte die französische Regierung die geplante Übernahme von Carrefour, das 20 % des französischen Lebensmittelmarktes kontrolliert, durch das kanadische Unternehmen Couche-Tard.[100] Im Mai 2023 kündigte der französische Verteidigungsminister ein Veto gegen die Übernahme des Atom-U-Boot-Zulieferers Segault durch den US-amerikanischen Industriemaschinenriesen Flowserve an.[101]

22   In **Italien** ermächtigt das als „Golden-Power"-Regime bekannte Investitionskontrollregime die Regierung, Transaktionen in Bezug auf strategische Geschäftstätigkeiten oder Vermögenswerte zu überprüfen.[102] Die Kompetenz zur Überprü-

---

[95] Philippe, The Law Reviews: France, abrufbar unter: https://thelawreviews.co.uk/title/the-foreign-investment-regulation-review/france (zuletzt abgerufen am 28.8.2023).

[96] Publication du rapport annuel sur le contrôle IEF en 2022, 9.5.2023, abrufbar unter: https://www.tresor.economie.gouv.fr/Articles/2023/04/12/publication-du-rapport-annuel-sur-le-controle-ief-en-2022 (zuletzt abgerufen am 24.8.2023).

[97] Berg, Foreign direct investment reviews 2023 France, 20.3.2023, abrufbar unter: https://www.whitecase.com/insight-our-thinking/foreign-direct-investment-reviews-2023-France (zuletzt abgerufen am 24.8.2023).

[98] Lignes directrices relatives au contrôle des investissements étrangers en France, 8.9.2022.

[99] Ministère Des Armées, Communiqués Souveraineté des entreprises statégiques: Florence Parly annonce que L'Etat travaille à une solution alternative de reprise de Photonis, 18.12.2020, abrufbar unter: https://www.concurrences.com/IMG/pdf/communique_s_sou verainete_des_entreprises_strate_giques___florence_parly_annonce_que_l_e_tat_travaille_a_une_solution_alternative_de_reprise_de_photonis.pdf?65819/ 13348e83457264b5a2f706f7a6 98f6ee46cdae49890851d10cb23687ada8bf87 (zuletzt abgerufen am 28.8.2023).

[100] Handelsblatt vom 16.1.2021, abrufbar unter: https://www.handelsblatt.com/unter nehmen/handel-konsumgueter/uebernahmeplaene-handelskonzern-couche-tard-verzich tet-laut-insidern-auf-milliardenschweren-carrefour-kauf/26823310.html (zuletzt abgerufen am 24.8.2023).

[101] Politico vom 24.5.2023, abrufbar unter: https://www.politico.eu/article/french-de fense-ministry-to-block-american-takeover-of-nuclear-firm/(zuletzt   abgerufen   am 24.8.2023).

[102] Zampa/Spinelli, The Law Reviews: Italy, abrufbar unter: https://thelawreviews.co.uk/title/the-foreign-investment-regulation-review/italy (zuletzt abgerufen am 28.8.2023).

fung liegt beim Ministerrat, dem die Ministerpräsidentin vorsteht, und kann in Gestalt eines Vetos oder einer bedingten Zustimmung ausgeübt werden. Vorläufer der heutigen Investitionskontrolle war von 1994 bis 2012 das „Golden-Share"-Regime, mit dem staatliche Interessen auch bei voranschreitender Privatisierung sichergestellt werden sollten.[103] So behielt sich der italienische Staat für bestimmte Unternehmen, etwa im Bereich der Telekommunikation und Energiegewinnung, auch nach deren Privatisierung Sonderbefugnisse vor, die ihm unter anderem Vetorechte gegen bestimmte Unternehmensbeschlüsse einräumten. Im Jahr 2000 erklärte der EuGH die konkrete Ausgestaltung des „Golden-Share"-Regimes aber für mit den europäischen Grundfreiheiten unvereinbar (→ Rn. 18).[104]

Nach einigen kleineren Reformen und erneuten Verfahren vor dem **23** EuGH[105] wurde das Regelungsregime schließlich 2012 durch das heutige „Golden-Power"-Regime ersetzt.[106] Hiernach knüpft die Befugnis der Regierung, Investitionen zu unterbinden, nicht mehr an eine vorherige staatliche Kontrolle des Unternehmens an, sondern bezieht sich auf bestimmte festgelegte Sektoren. Während zunächst die Verteidigungs-, Energie-, Transport- und Kommunikationssektoren im Fokus standen, wurde das Regime in den Folgejahren, auch unter Einfluss der Screening-VO, weiter ausgebaut.[107] Im Lichte der sich verändernden geopolitischen Lage und globalen Krisen verschärfte Italien das Regime auch in den letzten Jahren weiter. So fallen nunmehr u.a. auch elektronische Telekommunikationsnetze mit 5G-Technologie unter die italienische Investitionskontrolle.[108]

All diese Reformen führten auch in Italien zu einem erheblichen Anstieg der **24** Investitionskontrollverfahren.[109] Im März 2022 verbot die italienische Regierung nachträglich den Verkauf von Alpi Aviation, einem Hersteller von Militärdrohnen, an chinesische Investoren. Die Transaktion erfolgte bereits 2018 und wurde 2022 nachträglich annulliert. Zudem wurden Geldstrafen gegen die Beteiligten verhängt.[110] Im Juni 2022 untersagte die italienische Regierung eine Investition des chinesischen Roboterherstellers Efort in das italienische Robotikunternehmen Robox. Die Investition hätte den Anteil von Efort an Robox auf 49 % erhöht.[111] Im Oktober 2022 untersagte die italienische Regierung den Erwerb von Verisem, einem in Italien tätigen US-amerikanisch kontrollierten Saatguthändler, durch das chinesisch kontrollierte Unternehmen Syngenta. Verisem war ein reines Handelsunternehmen, das selbst kein Saatgut herstellte und eigenen Angaben zufolge nur

---

[103] Livadiotti, Foreign Direct Investment (FDI) Screening: Italy's „Golden Power" and the Geopolitics of Economic Protection, 2020/2021, S. 40 ff.

[104] EuGH BeckRS 2004, 77589.

[105] Bspw. EuGH BeckRS 2009, 70334.

[106] Dekret n. 21/2012 vom 15.3.2012.

[107] U.a. durch Dekret n. 148/2017, n. 22/2019 („Brexit Dekret"), n. 105/2019; 21.9.2019 erlassene Dekret n. 105/2019.

[108] Dekret n. 23/2020 vom 8.4.2020, auch als „Liquiditätsdekret" bezeichnet.

[109] Zampa/Spinelli, The Law Reviews: Italy, abrufbar unter: https://thelawreviews.co.uk/title/the-foreign-investment-regulation-review/italy (zuletzt abgerufen am 28.8.2023).

[110] Reuters vom 10.3.2022, abrufbar unter: https://www.reuters.com/world/exclusive-italy-annuls-sale-military-drones-firm-chinese-groups-sources-say-2022-03-10/ (zuletzt abgerufen am 24.8.2023).

[111] Global Competition Review vom 9.6.2022, abrufbar unter: https://globalcompetitionreview.com/gcr-fic/article/italy-uses-national-security-power-block-chinese-investment-in-robot-maker (zuletzt abgerufen am 24.8.2023).

1 % des gewerblichen Saatgutmarktes und 20–25 % des Hobbymarktes kontrollierte. Dennoch sah die italienische Regierung einen möglichen Einfluss auf die Lieferketten in der Lebensmittelindustrie. Verisems Klage gegen die Untersagung wurde vom Staatsrat in letzter Instanz mit Verweis auf den weiten Ermessensspielraum der Regierung abgewiesen.[112]

25   Das **Vereinigte Königreich** hatte traditionell ein sehr liberales Investitionskontrollregime und galt lange Zeit als eine der offensten Volkswirtschaften der Welt.[113] Zwar hatte die britische Regierung bereits seit dem Industry Act von 1975[114] die Möglichkeit, die Übernahme eines wichtigen Produktionsunternehmens zu untersagen, wenn diese den Interessen des Vereinigten Königreichs oder eines wesentlichen Teils davon zuwiderläuft. Allerdings wurde von dieser Befugnis nie Gebrauch gemacht.[115] In der Praxis war die Relevanz dieses Regimes also sehr gering. Stattdessen erließ das Vereinigte Königreich 2002 den Enterprise Act,[116] welcher vorrangig eine Prüfung von Unternehmenszusammenschlüssen unter wettbewerbs- und kartellrechtlichen Gesichtspunkten vorsieht.[117] Unter bestimmten Umständen gab er der Regierung jedoch auch die Befugnis, Übernahmen, die nicht dem öffentlichen Interesse entsprachen (sog. public interest test), zu blockieren oder an Bedingungen zu knüpfen. Von dieser Interventionsmöglichkeit machte die Regierung ab 2002 punktuell Gebrauch.[118]

26   Auch im Vereinigten Königreich stieg im Laufe der 2010er Jahre aufgrund technologischer, wirtschaftlicher und geopolitischer Entwicklungen die Sorge um Sicherheitsrisiken, die durch ausländische Investitionen verursacht wurden.[119] Im Jahre 2017 veranlasste die Regierung mit dem National Security and Infrastructure Investment Review Green Paper eine Konsultation über den Umgang mit potenziellen Sicherheitsbedenken bei Investitionen und Übernahmen. In dieser wurden

---

[112] Consiglio di Stato, Urteil vom 9.1.23 (Az.: 289/2023), abrufbar unter: https://www.giustizia-amministrativa.it/portale/pages/istituzionale/visualizza/?nodeRef=&schema=cds&nrg=202205813&nomeFile=202300289_11.html&subDir=Provvedimenti (zuletzt abgerufen am 24.8.2023).

[113] Dehne, Investitionskontrolle in Deutschland, 2022, S. 98.

[114] Industry Act 1975, ch. 68, abrufbar unter: https://www.legislation.gov.uk/ukpga/1975/68/contents (zuletzt abgerufen am 24.8.2023)

[115] Goldman/Potter Foreign Investment Regulation Review, 10th ed. 2022, S. 236.

[116] Enterprise Act 2002, ch. 40, abrufbar unter: https://www.legislation.gov.uk/ukpga/2002/40/contents (zuletzt abgerufen am 24.8.2023).

[117] United States Government Accountability Office, S. 100, abrufbar unter: https://www.gao.gov/assets/gao-08-320.pdf (zuletzt abgerufen am 24.8.2023).

[118] Auf der Grundlage des Enterprise Acts zuletzt im Falle Parker-Hannifin/Meggitt, Secretary of State's decision to accept statutory undertakings, 19.7.2022, online abrufbar unter: https://assets.publishing.service.gov.uk/government/uploads/system/uploads/attachment_data/file/1092182/Parker_Hannifin_Meggitt_Decision_Notice_Public_Interest_SIGNED_Redacted.pdf (zuletzt abgerufen am 24.8.2023).

[119] National Security and Investment Bill 2019–21, Commons Library Briefing, 18.1.2021, S. 11, abrufbar unter: https://researchbriefings.files.parliament.uk/documents/CBP-8784/CBP-8784.pdf (zuletzt abgerufen am 24.8.2023); National Security and Investment, A consultation on proposed legislative reforms, 18.7.2018, S. 3, abrufbar unter: https://beisgovuk.citizenspace.com/ccp/nsi/supporting_documents/20180723%20%20National%20security%20and%20investment%20%20final%20version%20for%20printing%201.pdf (zuletzt abgerufen am 24.8.2023).

auch Meinungen zu möglichen langfristigen Reformen eingeholt.[120] Zur kurzfristigen Schließung der Lücken des Enterprise Acts senkte die Regierung 2018 die entsprechenden Umsatzschwellen und erweiterte damit ihre Eingriffsmöglichkeiten im Rüstungssektor (inklusive dual-use-Gütern) und in Teilen des Spitzentechnologiesektors (inklusive Quantencomputing). Zudem veröffentlichte die Regierung im Jahr 2018 Vorschläge für ein Weißbuch[121] und stellte im Rahmen der folgenden Konsultation unter anderem klar, dass ihr Sicherheit, Transparenz und Vorhersehbarkeit sowie allgemein das Vereinigte Königreich als Investitionsstandort sehr wichtig seien.[122]

Auf Basis dieses Konsultationsprozesses wurde der National Security and Invest- **27** ment Act (**NSI-Act**)[123] erlassen, der im Januar 2022 in Kraft trat. Seither gewann die Investitionskontrolle im Vereinigten Königreich erheblich an Bedeutung. Hierbei wird zwischen Regimen zum Schutz des öffentlichen Interesses und der nationalen Sicherheit unterschieden.[124] Unter das öffentliche Interesse fallen die Medienvielfalt, die Stabilität des britischen Finanzsystems und die öffentliche Gesundheit. Die nationale Sicherheit iSd NSI-Act umfasst 17 strategische Sektoren, darunter künstliche Intelligenz, Kernenergie, Verteidigung, Energie, Raumfahrttechnologien und synthetische Biologie.

Der sehr breite Anwendungsbereich des neuen Gesetzes im Vereinigten **28** Königreich führte zu ca. 800 Meldungen im ersten Jahr nach seinem Inkrafttreten.[125] Laut Angaben der britischen Regierung wurde zwar die überwiegende Mehrheit der Anmeldungen schnell und ohne eingehende Prüfung in weniger als zwei Monaten genehmigt.[126] Damit bestätigte sich die Erwartung der Regierung, dass nur ein kleiner Teil der Verfahren eine eingehende Prüfung erfordere und sehr wenige Abhilfemaßnahmen notwendig seien.[127] Dennoch

---

[120] Siehe: National Security and Infrastructure Investment review, Summary of responses to the Government's consultation on long-term reform proposals, Department for Business, Energy & Industrial Strategy, abrufbar unter: https://assets.publishing.service.gov.uk/go vernment/uploads/system/uploads/attachment_data/file/690623/Government_Response_ final.pdf (zuletzt abgerufen am 24.8.2023).

[121] National Security and Investment, A consultation on proposed legislative reforms, 18.7.2018, abrufbar unter: https://assets.publishing.service.gov.uk/government/uploads/sys tem/ uploads/ attachment_data/ file/ 728310/ 20180723_-_National_security_and_invest ment_-_final_version_for_printing__1_.pdf (zuletzt abgerufen am 24.8.2023).

[122] BEIS, National Security and Investment White Paper: Government response, 11.11. 2020.

[123] National Security and Investment Act 2021, ch. 25, abrufbar unter: https://www.legis lation.gov.uk/ukpga/25/contents (zuletzt abgerufen am 24.8.2023); hinsichtlich der Hauptdiskussionspunkte in den Lesungen: National Security and Investment Bill 2019–21, Commons Library Briefing, 18.1.2021, S. 46 ff.

[124] National Security and Investment Act 2021, part 1 ch. 1 sec. 1, abrufbar unter: https:// www.legislation.gov.uk/ukpga/2021/25/contents (zuletzt abgerufen am 24.8.2023).

[125] UK pledges greater transparency of how it scrutinises deals, Financial Times vom 3.4.2023, abrufbar unter: https://www.ft.com/content/a00281bc-0f8e-48c6-b6d8-dec66b 2a12d0 (zuletzt abgerufen am 24.8.2023).

[126] Department for Business, Energy and Industrial Strategy, National Security and Investment Act 2021: Annual Report 2022, S. 6, abrufbar unter: https://assets.publishing.service. gov.uk/government/uploads/system/uploads/attachment_data/file/1083295/E02757792-nsi -annual-report-2022.pdf (zuletzt abgerufen am 24.8.2023).

[127] Department for Business, Energy and Industrial Strategy, National Security and Investment Bill: Impact Assessment, 9.11.2020, S. 22.

stieg insgesamt mit der Einführung des NSI-Act die Zahl der vertieften Prüfungen deutlich an.[128] Obwohl Transaktionen, an denen Rüstungsunternehmen beteiligt sind, immer noch die meisten Kontrollen nach sich ziehen, werden auch im Vereinigten Königreich in letzter Zeit vermehrt Investitionen geprüft, die Technologieunternehmen (wie künstliche Intelligenz, Robotik und Computerhardware) und kritische Infrastrukturen (wie Dateninfrastruktur, Energie und Telekommunikation) betreffen.[129] In diesem Bereich ergingen auch bereits Untersagungen, beispielsweise bei einem Lizenzvertrag über das geistige Eigentum an Bildverarbeitungssystemen zwischen der University of Manchester und einem chinesischen Unternehmen.[130] In dem Fall ging es nicht um den Erwerb eines Unternehmens oder Unternehmensteils, sondern lediglich um einen Lizenzvertrag. Der Fall zeigt damit exemplarisch den zum Teil deutlich weiteren Anwendungsbereich der Investitionskontrolle im Vereinigten Königreich im Vergleich zu anderen Ländern. Angesichts der aktuellen geopolitischen Situation ist zu erwarten, dass auch zukünftig die Anzahl der Abhilfemaßnahmen auf einem hohen Niveau bleibt und Übernahmen aus Gründen der nationalen Sicherheit blockiert werden, insbesondere wenn Unternehmen mit Verbindungen nach China oder Russland beteiligt sind.

III. Die Entwicklung der Investitionskontrolle außerhalb Europas

29   Die Geschichte der Investitionskontrolle beginnt in den Vereinigten Staaten von Amerika, welche eines der ältesten Prüfungsregime weltweit haben und insoweit als Vorreiter in diesem Gebiet gelten. Ein Vorläufer der Investitionskontrolle in den **USA** kann bereits im **Trading with the Enemy Act** (TWEA) von 1917 gesehen werden. Dieses nach dem Eintritt der USA in den Ersten Weltkrieg verabschiedete Gesetz gab dem US-Präsidenten die Befugnis, allen Handel zwischen den USA und seinen Kriegsgegnern und insbesondere den Erwerb US-amerikanischer Unternehmen durch Angehörige dieser Staaten einzuschränken. Denn es bestand die Befürchtung, dass Übernahmen US-amerikanischer Firmen Spionagezwecken, etwa für Deutschland, dienen könnten.[131] 1977 wurde die Anwendung des TWEA grundsätzlich auf Kriegszeiten begrenzt und der **International Emergency Economics Power Act** (IEEPA) verabschiedet. Dieser sieht ähnliche Befugnisse für Friedenszeiten vor, sofern nach Erklärung des US-Präsidenten eine außerordentliche Gefahr für die nationale Sicherheit, die Außenpoli-

---

[128] Potter/Long, The Law Reviews: United Kingdom, abrufbar unter: https://thelawreviews.co.uk/title/the-foreign-investment-regulation-review/united-kingdom (zuletzt abgerufen am 24.8.2023).

[129] Potter/Long, The Law Reviews: United Kingdom, abrufbar unter: https://thelawreviews.co.uk/title/the-foreign-investment-regulation-review/united-kingdom (zuletzt abgerufen am 24.8.2023).

[130] Siehe dazu 9 January 2023 Notice of variation of final order: Acquisition of know-how related to SCAMP-5 and SCAMP-7 vision sensing technology by Beijing Infinite Vision Technology Company Limited, abrufbar unter: https://assets.publishing.service.gov.uk/government/uploads/system/uploads/attachment_data/file/1130244/aquisition-scamp5-scamp7-know-how-notice-of-variation-of-final-order-notice-09-01-23__1_.pdf (zuletzt abgerufen am 24.8.2023).

[131] Lenihan, Balancing Power without Weapons: State Intervention into Cross-Border Mergers and Acquisitions, 2018, S. 7.

tik oder die Wirtschaft der Vereinigten Staaten besteht.[132] Derzeit ist der IEEPA Rechtsgrundlage einer Vielzahl von Sanktionen[133] und war auch die Rechtsgrundlage, auf die sich Präsident Trump 2020 vergeblich zu stützen versuchte, um den Verkauf des chinesisch kontrollierten Social-Media-Unternehmens TikTok an ein amerikanisches Unternehmen zu erzwingen.[134]

Auslöser für das US-Investitionskontrollrecht in seiner heutigen Form waren **30** Portfolio-Investitionen von OPEC-Staaten, bei denen der Verdacht bestand, dass diese in erster Linie aus politischen und nicht aus wirtschaftlichen Gründen getätigt wurden.[135] Im Gegensatz zu den vom TWEA und IEEPA erfassten Fällen erfolgten diese Investitionen jedoch von wirtschaftlichen Partnern. Deshalb wollte die US-Regierung mit einem Investitionskontrollsystem, welches sich nicht nur an die OPEC-Staaten richtete, sicherstellen, dass sich diese sich nicht gegenüber anderen Staaten diskriminiert fühlten.[136] Als zuständige Stelle wurde 1975 das Committee on Foreign Investment in the United States (CFIUS) eingerichtet.[137] Das **CFIUS** fungiert als interministerieller Kontrollausschuss zur Berichterstattung über ausländische Direktinvestitionen im Rahmen der Executive Order 11858.[138] Nach inzwischen veröffentlichten internen Vermerken soll dieses Gremium von der US-Regierung vor allem eingerichtet worden sein, um den Kongress von der Verabschiedung weiterer gesetzlicher Beschränkungen von ausländischen Investitionen abzuhalten.[139] CFIUS besteht heute aus Vertretern von 17 US-Ministerien und Behörden, wobei die Hauptarbeit auf neun aktive Regierungsmitglieder entfällt (U.S. Departments of the Treasury, Justice, Homeland Security, Commerce, Defense, State, Energy, Office of the U.S. Trade Representative, Office of Science and Technology Policy). CFIUS überwacht und prüft ausländische Investitionen in einheimische Unternehmen darauf, ob diese Sicherheitsinteressen der USA berühren.

In den ersten Jahren nach der Einrichtung war CFIUS aber nur wenig aktiv.[140] **31** In den 1980er Jahren waren es dann vor allem Sorgen vor japanischen Übernah-

---

[132] 50 U.S.C. § 1701(a).

[133] Eine aktuelle Liste ist abrufbar unter: https://ofac.treasury.gov/sanctions-programs-and-country-information (zuletzt abgerufen am 24.8.2023).

[134] Vgl. Executive Order 13942.

[135] Congressional Research Service, The Committee on Foreign Investment in the United States (CFIUS), S. 4, abrufbar unter: https://sgp.fas.org/crs/natsec/RL33388.pdf (zuletzt abgerufen am 24.8.2023).

[136] U.S. Congress. House. Committee on Government Operations. Subcommittee on Commerce, Consumer, and Monetary Affairs. The Operations of Federal Agencies in Monitoring, Reporting on, and Analyzing Foreign Investments in the United States. Hearings. 96th Cong., 1st sess., Part 3, July 30, 1979. Washington: GPO, 1979. pp. 344–345. Entsprechend schloss die Prüfkompetenz auch Portfolio-Investitionen ein, vgl. Executive Order 11858 of May 7, 1975, 40 Federal Register 20263.

[137] Website des US Department of the Treasury, abrufbar unter: https://home.treasury.gov/policy-issues/international/the-committee-on-foreign-investment-in-the-united-states-cfius (zuletzt abgerufen am 24.8.2023).

[138] Executive Order 11858 of May 7, 1975, 40 Federal Register 20263.

[139] Congressional Research Service, The Committee on Foreign Investment in the United States (CFIUS), S. 4, abrufbar unter: https://sgp.fas.org/crs/natsec/RL33388.pdf (zuletzt abgerufen am 24.8.2023).

[140] Congressional Research Service, The Committee on Foreign Investment in the United States (CFIUS), S. 6, abrufbar unter: https://sgp.fas.org/crs/natsec/RL33388.pdf (zuletzt abgerufen am 24.8.2023).

men, die zu einer Verschärfung der Investitionskontrolle führten.[141] Der **Exon-Florio-Amendment** von 1988 lieferte eine gesetzliche Grundlage für die Kontrolle von Zusammenschlüssen oder Übernahmen, die die nationale Sicherheit gefährden.[142] Gegen einen ersten Gesetzesentwurf, der auch wesentliche Wirtschaftsinteressen (essential commerce) geschützt hätte, hatte Präsident Reagan noch sein Veto eingelegt.[143]

32   Im Jahr 2006 löste der geplante Verkauf von Hafenbetreibern in sechs US-Häfen an die Dubai Ports World einen Sturm der Entrüstung der amerikanischen Öffentlichkeit und des Kongresses aus, der schließlich zum Abbruch der Transaktion führte.[144] Die Kritik richtete sich insbesondere auch gegen CFIUS. Viele Kongressmitglieder waren der Ansicht, dass nach den **Terroranschlägen vom 11.9.2001** die Rolle ausländischer Investitionen in der Wirtschaft, ihr Verhältnis zur nationalen Sicherheit und die Implikationen von privater Inhaberschaft kritischer Infrastruktur neu bewertet werden müssen.[145] Insbesondere Investitionen von staatlich kontrollierten Unternehmen und Fonds hatten Bedenken darüber aufkommen lassen, wessen Interessen und welche Ziele von diesen Wirtschaftsakteuren verfolgt werden. Allein 2006 wurden 25 Gesetzesvorschläge in den Kongress eingebracht, die, angestoßen von der Dubai-Ports-World-Transaktion, verschiedene Aspekte ausländischer Investitionen regeln sollten.[146] Andere vieldiskutierte Fälle, die in diesem Zeitraum die öffentliche Diskussion beherrscht haben, waren die versuchte Übernahme des auf Netzwerksicherheit spezialisierten US-Unternehmens Sourcefire durch das israelische Unternehmen Check Point Software Technologies (die nach Eröffnung einer CFIUS-Untersuchung aufgegeben wurde) und die Übernahme des Wahlmaschinenherstellers Sequoia Voting Systems durch das venezolanische Unternehmen Smartmatic (das Sequoia aufgrund der Debatte stattdessen an das US-amerikanische Management von Sequoia verkauft hat).[147]

33   Als weitere Konsequenz der Dubai-Ports-World-Transaktion führte die Bush-Regierung im Dezember 2006 die Praxis ein, bestimmte Transaktionen nur nach Abschluss eines Special Security Agreements zuzustimmen, und bei Verstößen gegen dieses Agreement Genehmigungen notfalls zurückzunehmen.[148] Im Jahr 2007 wurde schließlich der **Foreign Investment and National Security Act**

---

[141] Congressional Research Service, The Committee on Foreign Investment in the United States (CFIUS), S. 6, abrufbar unter: https://sgp.fas.org/crs/natsec/RL33388.pdf (zuletzt abgerufen am 24.8.2023).

[142] Executive Order 12661 of December 27, 1988, 54 Federal Register 779.

[143] Congressional Research Service, The Committee on Foreign Investment in the United States (CFIUS), S. 7, abrufbar unter: https://sgp.fas.org/crs/natsec/RL33388.pdf (zuletzt abgerufen am 24.8.2023).

[144] Graham/Marchick, US National Security, S. 137 f.

[145] Graham/Marchick, US National Security, S. 139 ff.

[146] Congressional Research Service, The Committee on Foreign Investment in the United States (CFIUS), S. 4 f., abrufbar unter: https://sgp.fas.org/crs/natsec/RL33388.pdf (zuletzt abgerufen am 24.8.2023).

[147] Lenihan, Balancing Power without Weapons: State Intervention into Cross-Border Mergers and Acquisitions, 2018, S. 8.

[148] Congressional Research Service, The Committee on Foreign Investment in the United States (CFIUS), S. 4 f., 9, abrufbar unter: https://sgp.fas.org/crs/natsec/RL33388.pdf (zuletzt abgerufen am 24.8.2023).

(FINSA) verabschiedet, der u.a. die Definition der nationalen Sicherheit und die Kompetenzen des CFIUS ausweitete und die Aufsicht des Kongresses über das Gremium stärkte.[149]

Sich weiter deutlich verstärkende Sorgen um die steigenden chinesischen **34** Investitionen in den USA waren der Auslöser für den Erlass des **Foreign Investment Risk Review Modernization Act (FIRRMA)** im Jahr 2017. Dieses Gesetz dehnte den Anwendungsbereich der Investitionskontrolle aus, führte eine verpflichtende Anmeldung in bestimmten Fällen ein und erlaubt CFIUS, zwischen ausländischen Investoren nach ihrem Ursprungsland zu diskriminieren, indem es berücksichtigen kann, ob an der Transaktion zu „besonderer Sorge" Anlass gebende Länder (countries of special concern) beteiligt sind.[150] Außerdem kann CFIUS seitdem einige Formen der **Greenfield-Investitionen** prüfen, nämlich den Kauf oder die Vermietung von Immobilien in den Vereinigten Staaten durch ein ausländisches Unternehmen, sofern hierdurch ausländische Überwachung ermöglicht oder erleichtert wird (zur Debatte in Deutschland und der EU → Rn. 13). Insbesondere gilt dies für Immobilien in der Nähe („proximity") eines Luft- oder Seehafens oder einer Militäreinrichtung.[151]

Nach ihrem aktuellen Stand umfasst die Investitionskontrolle in den USA die **35** Bereiche kritische Technologien, kritische Infrastrukturen und sensible personenbezogene Daten. Unter kritische Technologien fallen 27 Sektoren, darunter die Bereiche der Luft- und Raumfahrt, Forschung und Entwicklung in der Nano- und Biotechnologie sowie Halbleiterherstellung.[152] Der Bereich kritische Infrastruktur umfasst 28 Bereiche, darunter verteidigungsrelevante Satelliten(-systeme) sowie bestimmte LNG-Terminals, Flughäfen, Seehäfen und Pipelines.[153]

Ausländische Direktinvestitionen haben in den USA nach wie vor eine **große 36 Bedeutung für die wirtschaftliche Entwicklung** und werden entsprechend grundsätzlich positiv gesehen. Jedoch steigt auch in den USA die Zahl der geprüften Investitionen an, wobei die OECD die Striktheit des US-amerikanischen Prüfungsregimes 2020 nur als etwas über dem Durchschnitt der Industrienationen einordnete.[154] Seit Einführung des Prüfungsregimes wurden zwar nur sieben Transaktionen untersagt; zahlreiche andere Transaktionen wurden aber von den Beteiligten im Vorfeld oder während der Überprüfung freiwillig aufgegeben. Zudem erfolgte die Freigabe in vielen Fällen erst nach Abgabe von zum Teil sehr einschneidenden Zusagen (mitigation measures). 2021 hat CFIUS so viele Transaktionen wie nie zuvor geprüft, darunter waren 164 declarations und 272

---

[149] Foreign Investment and National Security Act of 2007, Public Law 110–49 of July 26, 2007, Sec. 2, 3 und 7.

[150] FIRRMA, Title XVII, Subtitle A, Sec. 1702(c)(1).

[151] FIRMMA, Title XVII, Subtitle A, Sec. 1703(a)(4).

[152] FIRRMA, Title XVII, Subtitle A, Sec. 1703(a)(6); Congressional Research Service, The Committee on Foreign Investment in the United States (CFIUS) vom 26.10.2020, S. 16, abrufbar unter: https://crsreports.congress.gov/product/pdf/RL/RL33388 (zuletzt abgerufen am 24.8.2023).

[153] Siehe dazu Congressional Research Service, The Committee on Foreign Investment in the United States (CFIUS) vom 26.10.2020, S. 16, abrufbar unter: https://crsreports.congress.gov/product/pdf/RL/RL33388 (zuletzt abgerufen am 24.8.2023).

[154] OECD, FDI Regulatory Restrictiveness Index 2020, abrufbar unter: https://goingdigital.oecd.org/en/indicator/74 (zuletzt abgerufen am 24.8.2023).

notices,[155] was einen Anstieg von nahezu 40 % gegenüber dem Vorjahr bedeutete.[156] Weiterhin stehen vor allem Investitionen aus China im Fokus der US-amerikanischen Investitionskontrolle. Aber auch bei Investoren aus anderen Ländern, einschließlich Deutschlands,[157] prüft CFIUS inzwischen bestehende Verbindungen und sich daraus ergebende wirtschaftliche Abhängigkeiten des Investors zu China.[158] Auch nicht-chinesische Unternehmen mit einem wirtschaftlich wichtigen China-Geschäft unterliegen daher, bei Investitionen in kritische US-Unternehmen, zunehmend einer sehr genauen Prüfung durch CFIUS. In Einzelfällen hat genau dieser Aspekt auch bereits zu einschneidenden Zusagen oder dem Abbruch der Transaktion geführt. Dieses Vorgehen steht in einem Spannungsverhältnis mit dem Wunsch der US-Regierung, ausländische Investitionen anzuziehen und zB durch den Inflation Reduction Act aktiv zu fördern.

37 Auch in der aktuellen politischen Diskussion um weitere Reformen des US-amerikanischen Investitionskontrollregimes steht die **Rivalität mit China** im Mittelpunkt. Der nationale Sicherheitsberater von US-Präsident Biden, Jake Sullivan, wirbt für eine strengere Investitionskontrolle und begründet dies unter anderem damit, dass eine übertriebene Liberalisierung und Verfolgung von Markteffizienzen die USA ihrer strategischen industriellen Kapazitäten beraubt habe.[159] Die Idee, dass autokratische Länder durch die Einbeziehung in regelbasierte internationale Handelssysteme zur Einhaltung dieser Regeln motiviert werden könnten, habe sich als falsch herausgestellt. Er fordert daher, die Wettbewerbsfähigkeit der USA in kritischen und in Zukunft entscheidenden Bereichen sicherzustellen.[160] Demgegenüber betonte US-Finanzministerin Yellen, dass Investitionskontrollmaßnahmen nicht darauf abzielten, der USA einen wirtschaftlichen Vorteil zu

---

[155] Declarations erfordern weniger Informationen und bieten eine kürzere Entscheidungsfrist als eine notice. Allerdings kann CFIUS eine declaration ablehnen und verlangen, dass stattdessen eine notice eingereicht wird. Vgl. Mir/Laciak/Costello, The Foreign Investment Regulation Review: USA, abrufbar unter: https://thelawreviews.co.uk/title/the-foreign-investment-regulation-review/usa (zuletzt abgerufen am 24.8.2023).

[156] CFIUS Annual Report for 2021, S. 5, 16, abrufbar unter: https://home.treasury.gov/system/files/206/CFIUS-Public-AnnualReporttoCongressCY2021.pdf (zuletzt abgerufen am 24.8.2023).

[157] Der Erwerb des amerikanischen Unternehmens Cypress durch das deutsche Infineon wurde erst nach 9 Monaten freigegeben, vgl. Hammerschmidt Acquisition of Cypress Semiconductor by Infineon finally approved, vom 7.4.20, abrufbar unter: https://www.eenewseurope.com/en/acquisition-of-cypress-semiconductor-by-infineon-finally-approved/(zuletzt abgerufen am 24.8.2023). Des Weiteren führten Bedenken des CFIUS zur Aufgabe des versuchten Verkaufs einer Sparte von amerikanischen Unternehmens Cree an Infineon, vgl. JDSUPRA CFIUS Effectively Blocks German Acquisition of U.S. Technology Company, vom 8.3.17, abrufbar unter: https://www.jdsupra.com/legalnews/cfius-effectively-blocks-german-99847/(zuletzt abgerufen am 24.8.2023).

[158] Mir/Laciak/Costello, The Law Reviews: USA, abrufbar unter: https://thelawreviews.co.uk/title/the-foreign-investment-regulation-review/usa (zuletzt abgerufen am 24.8.2023).

[159] Rede vom 27.4.23, abrufbar unter: https://www.whitehouse.gov/briefing-room/speeches-remarks/2023/04/27/remarks-by-national-security-advisor-jake-sullivan-on-renewing-american-economic-leadership-at-the-brookings-institution/(zuletzt abgerufen am 24.8.2023).

[160] Rede vom 27.4.2023, abrufbar unter: https://www.whitehouse.gov/briefing-room/speeches-remarks/2023/04/27/remarks-by-national-security-advisor-jake-sullivan-on-renewing-american-economic-leadership-at-the-brookings-institution/(zuletzt abgerufen am 24.8.2023).

verschaffen oder China wirtschaftlich zu schwächen.[161] Dies offenbart den Kern-
konflikt der US-amerikanischen China-Politik und innerhalb der Regierung, die
grundsätzlich gute Wirtschaftsbeziehungen unterhalten und gleichzeitig den Vorsprung der USA in Schlüsselindustrien bewahren möchte.[162]

In den USA hat Präsident Biden am 9.8.2023 den Grundstein für ein **Out-** **38**
bound-Investment-Screening gelegt.[163] Seine Executive Order ist auf den International Emergency Economics Power Act (→ Rn. 29) gestützt und wird einige
bestimmte industriespezifische Auslandsinvestitionen durch US-amerikanische Personen in chinesische Unternehmen verbieten und andere einer Notifizierungspflicht
unterwerfen. Die Regelung soll vor allem den Zufluss von sogenanntem „smart
capital" verhindern und es China damit erschweren, seine militärischen und infor-
mationsdienstlichen Fähigkeiten durch Kapital und Wissen aus den USA weiter
ausbauen zu können. Hauptsächlich betroffen sind Halbleiter, Quantencomputer
und im begrenzten Umfang künstliche Intelligenz. Anders als bei früheren Maßnahmen handelt es sich hierbei bewusst nicht um ein allgemeines Instrument, sondern
um eine Maßnahme, die spezifisch gegen China gerichtet ist und nur Investitionen
in bestimmten eng definierten Bereichen betrifft. Die Executive Order sieht auch
Regelungen zur Verhinderung von Umgehungen vor. Sie umfasst insbesondere
auch Investitionen von ausländischen Unternehmen, die von US-amerikanischen
Personen kontrolliert werden – wodurch sie auch außerhalb der USA Anwendung
findet –, sowie Investitionen in Unternehmen, die zu mehr als 50 % chinesischen
Personen gehören.

Der **Volksrepublik China** wird von der OECD eine für Unternehmen sehr **39**
restriktive Investitionskontrolle bescheinigt. Im internationalen Vergleich der Staaten mit den strengsten Regelungen kommt die Volksrepublik im Jahr 2020 auf
den dritten Platz.[164] Das System der nationalen Sicherheitsprüfung geht auf einen
Erlass des Generalbüros des Staatsrates aus 2011[165] zurück und wurde 2019 durch
das **Foreign Investment Law** (FIL) reformiert. Dieses führt zwei getrennte
Regime für ausländische Investitionen ein: Die Regelung für ausländische Investitionen und die Regelung für die Überprüfung der nationalen Sicherheit. Erstere
gilt für alle Auslandsinvestitionen, die direkt oder indirekt von ausländischen Investoren in China getätigt werden, während letztere nur für Auslandsinvestitionen
gilt, die Anlass zu nationalen Sicherheitsbedenken geben. Eine weitere Überarbeitung erfolgte 2020 mit den **Measures on National Security Review of Foreign**
Investment (NSR-Maßnahmen), welche detailliertere Vorschriften zur Umsetzung der nationalen Sicherheitsüberprüfung enthalten und die generalklauselartige

---

[161] Rede vom 20.4.2023, abrufbar unter: https://home.treasury.gov/news/press-releases/
jy1425 (zuletzt abgerufen am 24.8.2023).

[162] Bade White House nears unprecedented action on U.S. investment in China, vom
18.4.2023, abrufbar unter: https://www.politico.com/news/2023/04/18/biden-china-trade
-00092421 (zuletzt abgerufen am 24.8.2023).

[163] Executive Order on Addressing United States Investments in Certain National Security
Technologies and Products in Countries of Concern, 9.8.2023, abrufbar unter: https://www.
whitehouse.gov/briefing-room/presidential-actions/2023/08/09/executive-order-on-ad
dressing-united-states-investments-in-certain-national-security-technologies-and-products-
in-countries-of-concern/(zuletzt abgerufen am 28.8.2023).

[164] Die ersten beiden Plätze belegen Indonesien und Neuseeland. OECD Foreign Direct
Investment Regulatory Restrictiveness Index, Stand 2020, abrufbar unter: https://goingdigi
tal.oecd.org/indicator/74 (zuletzt abgerufen am 24.8.2023).

[165] Beck M&A-HdB § 102 Rn. 17.

Bestimmung des Art. 35 FIL näher bestimmen.[166] Gemäß den NSR-Maßnahmen werden nationale Sicherheitsüberprüfungen vom Wirtschaftsministerium durchgeführt.[167] Dabei sind in der Praxis Aspekte wie Zeitplan, Verfahren und Ergebnis oft schwer vorhersehbar. Außerdem gibt es eine sog. Negative List, die Sektoren aufführt, in die Investitionen aufgrund von Gefahren für die nationale Sicherheit verboten sind.[168] Die Anzahl der aufgeführten Sektoren ist jedoch rückläufig. Im Jahr 2021 wurde eine neue Liste veröffentlicht, die weniger Einträge beinhaltet und insbesondere Beschränkungen im Industriesektor (einschließlich des Automobil- und Rundfunksektors) sowie in den Bereichen Leasing und Unternehmensdienstleistung aufhebt.[169] Darüber hinaus wurde angekündigt, weitere Sektoren von der Negativliste zu nehmen, um verstärkt ausländische Investitionen in nicht sicherheitsrelevanten Sektoren zu ermöglichen.[170]

40   In China gibt es somit eine Tendenz, bei Investitionen, die nationale Sicherheitsinteressen berühren, restriktiver vorzugehen und gleichzeitig Investitionen in anderen Bereichen leichter zu ermöglichen. Die ausländischen Direktinvestitionen in China steigen grundsätzlich weiter an[171] und das Land überholte die USA 2020 als weltweit größter Empfänger solcher Investitionen.[172] Auch deutsche Unternehmen investieren weiter umfangreich in China,[173] obwohl sich die Bundesregierung für eine größere Diversifikation und eine Verringerung der Abhängigkeiten von China stark macht.[174] Sollte China eines Tages aus geopolitischen Gründen Ziel von umfangreicheren Sanktionen westlicher Staaten werden, könnte dies in China besonders aktive

---

[166] Kong/Li China's New National Security Screening Rules on Foreign Investment, EAI Commentary, No. 24, abrufbar unter: https://research.nus.edu.sg/eai/wp-content/uploads/sites/2/2021/02/EAIC-24-20210204-1.pdf (zuletzt abgerufen am 24.8.2023).

[167] Shen/Yin/Dodoo/Ge, The Law Reviews: China, abrufbar unter: https://thelawreviews.co.uk/title/the-foreign-investment-regulation-review/china (zuletzt abgerufen am 24.8.2023).

[168] The Special Administrative Measures (Negative List) for Foreign Investment Access.

[169] OECD Investment policy developments in 61 economies between 16 October 2021 and 15 March 2023, April 2023, S. 22 f., abrufbar unter: https://www.oecd.org/daf/inv/investment-policy/Investment-policy-monitoring-April-2023.pdf (zuletzt abgerufen am 24.8.2023).

[170] Xinhua China to further shorten negative list for foreign investment, vom 19.4.2023, abrufbar unter: https://english.news.cn/20230419/621646569fea4e10ac462dfaa0a58b52/c.html (zuletzt abgerufen am 24.8.2023).

[171] China Briefing, Huld, China Records Steady FDI Growth in 2022, vom 20.1.2023, abrufbar unter: https://www.china-briefing.com/news/china-records-steady-fdi-growth-in-2022/(zuletzt abgerufen am 24.8.2023); allerdings ist diese Zahl auch dadurch bedingt, dass ausländische Direktinvestitionen in China weniger stark kontrolliert sind als andere Kapitalströme und dadurch häufig als Ersatz für diese herhalten, vgl. Hanemann/Witzke/Yu Cutting Through the Fog: FDI in China Since COVID-19, vom 13.12.22, abrufbar unter: https://rhg.com/research/cutting-through-the-fog/(zuletzt abgerufen am 24.8.2023).

[172] Wall Street Journal, Hannon/Jeong, China overtakes U.S. as World's Leading Destination for Foreign Direct Investment, vom 24.1.2021, abrufbar unter: https://www.wsj.com/articles/china-overtakes-u-s-as-worlds-leading-destination-for-foreign-direct-investment-11611511200 (zuletzt abgerufen am 24.8.2023).

[173] Matthes, China-Abhängigkeit der deutschen Wirtschaft, IW-Kurzbericht Nr. 68/2022.

[174] So verweigerte die Bundesregierung zB mit Blick auf die Menschenrechtslage in Xinjiang die Bereitstellung von Hermes-Bürgschaften für Investitionen von VW in China, vgl. Müssgens, Staat verweigert Garantien für VW in China, FAZ vom 29.5.22, abrufbar unter: https://www.faz.net/aktuell/wirtschaft/vw-bekommt-keine-garantien-vom-bund-fuer-geschaefte-in-china-18066131.html (zuletzt abgerufen am 24.8.2023).

deutsche Unternehmen in ihrer Existenz gefährden[175] oder dazu führen, dass diese Unternehmen ihr chinesisches Geschäft verkaufen müssen. Nicht auszuschließen ist zudem, dass China im Gegenzug strengere Einschränkungen als Vergeltungsmaßnahmen beschließen könnte.[176] Zu solchen Maßnahmen ist China auch durchaus bereit: So verabschiedete der Volkskongress im Jahr 2021 das Anti-Foreign Sanctions Law, das der chinesischen Regierung die Befugnis erteilt, Eigentum zu beschlagnahmen, Transaktionen zu verbieten oder zu beschränken oder sonstige Maßnahmen gegen Organisationen zu ergreifen, die „diskriminierende restriktive Maßnahmen" ausländischer Regierungen gegen chinesische Personen oder Unternehmen umsetzen oder unterstützen.[177]

In **Japan** wurde bereits 1949 der Foreign Exchange and Foreign Trade Act   **41** (Forex Act) erlassen, um ausländische Investitionen in Japan zu regulieren.[178] Nach diesem Gesetz war es ausländischen Unternehmen untersagt, Gewinne aus Japan zurückzuführen, wodurch faktisch – bis auf wenige Ausnahmen – alle ausländischen Investitionen verboten waren.[179] Diese strengen Regelungen waren auf die wirtschaftliche Situation Japans nach dem Zweiten Weltkrieg zurückzuführen. Während beispielsweise Deutschland und Frankreich nach dem Krieg Maßnahmen ergriffen, um ausländisches Kapital für den Wiederaufbau anzuziehen, hatte Japan einen Kapitalüberschuss und daher wenig Bedarf, ausländische Investitionen anzuziehen.[180] Die Regelungen wurden erst 1967 gelockert, als Japan seine Wirtschaft für ausländische Investitionen öffnete, um Mitglied der OECD werden zu können.[181] Aufgrund des gegenwärtigen Trends in den USA und Europa hat auch Japan sein Investitionskontrollrecht auf die sensible Infrastruktur ausgedehnt. Zudem wurde die Prüfschwelle bei anmeldepflichtigen Investitionen von 10 % auf 1 % gesenkt.[182] Zusätzlich zum Forex-Act regeln zahlreiche Einzelgesetze ausländische Direktinvestitionen. Beispielsweise verbieten die Rundfunk-, Speditions-, Luftfahrt-, Schiffs- und Bergbaugesetze ausländischen Investoren den Erwerb von Anteilen in bestimmter Höhe an japanischen Unternehmen in diesen Sektoren.[183] Im Jahr 2022 erließ die japanische Regierung zudem ein Gesetz,

---

[175] Matthes, China-Abhängigkeit der deutschen Wirtschaft, IW-Kurzbericht Nr. 68/2022.

[176] Shen/Yin/Dodoo/Ge, The Law Reviews: China, abrufbar unter: https://thelawreviews.co.uk/title/the-foreign-investment-regulation-review/china (zuletzt abgerufen am 24.8.2023).

[177] OECD Investment policy developments in 61 economies between 16 October 2021 and 15 March 2023, April 2023, S. 23, abrufbar unter: https://www.oecd.org/daf/inv/investment-policy/Investment-policy-monitoring-April-2023.pdf (zuletzt abgerufen am 24.8.2023).

[178] Japanese Foreign Exchange and Foreign Trade Act, Act No. 228 of 1949, abrufbar unter: https://www.cas.go.jp/jp/seisaku/hourei/data/FTA.pdf (zuletzt abgerufen am 24.8.2023).

[179] Forex Act, ch. V.

[180] United States Government Accountability Office, S. 73, abrufbar unter: https://www.gao.gov/assets/gao-08-320.pdf (zuletzt abgerufen am 24.8.2023).

[181] Siehe insbesondere Art. 2(d) Übereinkommen über die Organisation für Wirtschaftliche Zusammenarbeit und Entwicklung, abrufbar unter: https://www.oecd.org/ueber-uns/ubereinkommenuberdieorganisationfurwirtschaftlichezusammenarbeitundentwicklung.htm (zuletzt abgerufen am 28.8.2023).

[182] Die Prüfschwelle gilt sowohl für Kapitalbeteiligung als auch für Stimmrechte; Forex Act, ch. V art. 26.

[183] Yamada/Nakajima, The Law Reviews: Japan, abrufbar unter: https://thelawreviews.co.uk/title/the-foreign-investment-regulation-review/japan (zuletzt abgerufen am 28.8.2023).

das bestimmte Schlüsselinfrastrukturen unter den Schutz der Investitionskontrolle stellt. Dazu zählen die Versorgung mit kritischen Gütern, die Bereitstellung wichtiger Infrastrukturen sowie die Entwicklung fortschrittlicher Technologien.[184] Schwerpunkt der japanischen Investitionskontrolle sind allerdings weiterhin Investitionen in originär japanische Unternehmen. Indirekte Erwerbe von japanischen Töchtern internationaler Unternehmen fallen in der Regel nicht in den Anwendungsbereich der Investitionskontrolle.

42 In **Australien** wurde 1976 das Foreign Investment Review Board (FIRB) gegründet, welches die Regierung in Bezug auf die australische Politik für Auslandsinvestitionen berät.[185] Eine wesentliche Änderung der Gesetzeslage erfolgte zunächst 2021 mit der Foreign Investment Reform.[186] Mit diesen Änderungen erlangte die Regierung verstärkte Überwachungs- und Ermittlungsbefugnisse bei der Investitionskontrolle und kann zudem wesentlich höhere zivil- und strafrechtliche Sanktionen verhängen. Der Regierung war es nun auch möglich, Transaktionen aus Gründen der nationalen Sicherheit rückabzuwickeln.[187] Dies betraf insbesondere Investitionen in kritische Gas-, Wasser- oder Hafenanlagen sowie Telekommunikationsunternehmen und Unternehmen, die an der Lieferkette für militärische und verteidigungsbezogene Güter und Dienstleistungen beteiligt sind. Neben der nationalen Sicherheit berücksichtigt die Regierung bei der Investitionskontrolle auch weitere Aspekte wie Auswirkungen auf den Wettbewerb, Steuereinnahmen und das Gemeinwesen.[188] Eine weitere, wesentliche Änderung der Rechtslage erfolgte später im Jahr 2021 mit dem Critical Infrastructure Bill: Zum einen wurde der Begriff der „nationalen Sicherheitsinteressen" erheblich ausgeweitet und umfasst nunmehr etwa auch die Nahrungsmittelindustrie, Hochschulbildung und Forschung, Finanzdienstleistungen und das Bankwesen.[189] Eine weitere Erhöhung der Kontrolldichte ist mit der Einführung des neuen Register of Foreign Ownership of Australian Assets zum 1.6.2023 erfolgt.[190]

B. Zweck der Investitionskontrolle

I. Ziele der Investitionskontrolle

43 Die heute vorherrschenden Investitionskontrollregime zielen alle auf den Schutz von Sicherheitsinteressen und damit zusammenhängende weitere Interessen des jeweiligen Landes ab. Allerdings unterscheiden sich die Regime dahingehend, was

---

[184] Act on the Promotion of National Security through Integrated Economic Measures.

[185] Website des Foreign Investment Review Board, weitere Informationen abrufbar unter: https://firb.gov.au/about-firb (zuletzt abgerufen am 24.8.2023); Foreign Acquisitions and Takeovers Act 1975, No. 92, 1975, abrufbar unter: https://www.legislation.gov.au/Details/C2023C00013 (zuletzt abgerufen am 24.8.2023).

[186] Foreign Investment Reform (Protecting Australia's National Security) Act 2020.

[187] Foreign Investment Reform (Protecting Australia's National Security) Act 2020, 79E.

[188] Foreign Investment Review Board, Guidance: 8, S. 4, abrufbar unter: https://firb.gov.au/sites/firb.gov.au/files/guidance-notes/G08-Nationalsecurity.pdf (zuletzt abgerufen am 24.8.2023).

[189] Security Legislation Amendment (Critical Infrastructure) Bill 2021 (Bill No. 46), Sec. 12L.

[190] Siehe zum Stand des Gesetzgebungsverfahrens Register of Foreign Ownership of Australian Assets, 31.3.2023, abrufbar unter: https://treasury.gov.au/consultation/c2023-370543 (zuletzt abgerufen am 24.8.2023).

als wesentlich für die nationalen Interessen angesehen wird. Zu den Faktoren, die bei der Prüfung berücksichtigt werden, gehören in der EU regelmäßig die „öffentliche Ordnung und Sicherheit". Die Regime anderer Jurisdiktionen nutzen teilweise davon abweichende Prüfkriterien, wie etwa die „nationale Sicherheit" in angloamerikanischen Rechtsordnungen. Hinter diesen unterschiedlichen Prüfkriterien stehen aber regelmäßig dieselben oder ähnliche Schutzgüter. Zudem definieren die jeweiligen nationalen Regelungen nicht immer ausdrücklich, was unter den verwendeten Begriffen wie „öffentliches Interesse", „öffentliche Ordnung", „wesentliche Sicherheit" oder „nationale Sicherheit" zu verstehen ist.[191] Die Auslegung dieser Begriffe obliegt in der Fallpraxis in der Regel den nationalen Behörden und Gerichten. Grundsätzlich lässt sich aber festhalten, dass Investitionen in bestimmte Sektoren, etwa im Verteidigungssektor, in kritische Infrastrukturen, in kritischen Technologien und zunehmend auch in Bezug auf sensible persönliche Daten, in allen Regimen regelmäßig Bedenken aufwerfen.[192]

Allerdings ist der Übergang vom Schutz von Sicherheitsinteressen zum **Schutz** **44** **von Wirtschaftsinteressen** fließend. Zwischen beiden besteht insofern ein Zusammenhang, als die wirtschaftliche Stärke eines Staates maßgeblich für seine außen- und verteidigungspolitischen Handlungsoptionen ist. Insbesondere aus US-Sicht ist die Kontrolle von Technologie dabei in potenziellen Konfliktszenarien entscheidend für die militärische Schlagkraft eines Staates.[193] Diese Bedeutung von wirtschaftlicher Stärke und Technologieführerschaft für militärische Konflikte verdeutlicht auch der russische Angriffskrieg gegen die Ukraine. Während sich die Investitionskontrolle früher auf traditionelle Ressourcen und den Rüstungssektor fokussierte, umfasst sie deshalb nun immer häufiger auch (nicht-militärische) Technologien, die potenziell für militärische Zwecke genutzt werden könnten.[194] Dies gilt allgemein für Schlüsseltechnologien, denen für die zukünftige wirtschaftliche Entwicklung eine hohe Bedeutung beigemessen wird. Dementsprechend wird die „technologische Souveränität" teilweise als ein Schutzzweck der Investitionskontrolle verstanden.[195]

Nach dem Zweiten Weltkrieg herrschte insbesondere in der EU und den **45** Vereinigten Staaten von Amerika noch die Überzeugung, dass mehr Freihandel zu mehr Sicherheit führen würde.[196] Nationale Sicherheit und ökonomische Glo-

---

[191] United States Government Accountability Office, Laws and Policies Regulating Foreign Investment in 10 Countries, 2008, S. 18, abrufbar unter: https://www.gao.gov/assets/gao-08-320.pdf (zuletzt abgerufen am 24.8.2023).

[192] Congressional Research Service, The Committee on Foreign Investment in the United States (CFIUS), S. 26, abrufbar unter: https://sgp.fas.org/crs/natsec/RL33388.pdf (zuletzt abgerufen am 24.8.2023).

[193] Strategic Trade Research Institute, Artificial Intelligence and Strategic Trade Controls, S. 11, abrufbar unter: https://strategictraderesearch.org/wp-content/uploads/2020/06/Artificial-Intelligence-and-Strategic-Trade-Controls.pdf (zuletzt abgerufen am 24.8.2023).

[194] Strategic Trade Research Institute, Emerging Technologies and Trade Controls: A Sectoral Composition Approach, S. 15, abrufbar unter: https://strategictraderesearch.org/wp-content/uploads/2020/10/Emerging-Technologies-and-Trade-Controls-1.pdf (zuletzt abgerufen am 24.8.2023).

[195] Nehring-Köppl, Paradigmenwechsel im Außenwirtschaftsrecht, 2023, S. 218 ff. mit Verweis auf die Bedeutung, die dieser Begriff in der deutschen und der europäischen Industriestrategie hat; kritisch dazu Bungenberg/Reinhold InvKR Rn. 366.

[196] Yuan Economic Security Considerations in FDI Screening, in: Law and Economics yearly Review, 64 (67).

balisierung wurden in diesem freiheitlich-liberalen Weltbild als zwei getrennte Bereiche angesehen, die einander nicht berühren. Insbesondere seit der Finanzkrise 2008 setzte sich jedoch die Erkenntnis durch, dass wirtschaftspolitische Aspekte sehr wohl einen Teil der nationalen Sicherheit darstellen.[197] In dieser „neuen geoökonomischen Ordnung" sind die nationale Sicherheit eines Staates und dessen wirtschaftlichen Interessen eng miteinander verwoben.[198] So sprach 2017 die US-Regierung in ihrer US National Security Strategy davon, dass „nationale Sicherheit auch ökonomische Sicherheit bedeutet".[199] Auch die Kommission betonte 2020 in einer Mitteilung im Zuge der COVID-19-Pandemie, dass europäische Vermögenswerte von entscheidender Bedeutung für die Sicherheit Europas sind.[200] Insbesondere die COVID-19-Pandemie und die russische Invasion der Ukraine haben zudem die **Fragilität globaler Versorgungsketten** gezeigt und daher das Bestreben nach nationaler Resilienz gestärkt.[201] Diese Erwägungen finden in der Investitionskontrolle heute regelmäßig Berücksichtigung und stehen somit im Zusammenhang mit Tendenzen zum **De-Coupling, De-Risking und Friend-shoring**. De-Coupling beschreibt die Idee, wirtschaftliche Verbindungen zu bestimmten anderen Staaten zu trennen. Demgegenüber meint De-Risking die Reduzierung eigener Abhängigkeit von bestimmten anderen Staaten, insbesondere durch entsprechende Änderungen in der Lieferkette.[202] Friend-shoring bezieht sich darauf, eigene Lieferketten so zu verlagern, dass sie sich nur noch in befreundeten Ländern befinden.[203]

46   Dass Sicherheitsaspekte bei der Investitionskontrolle aber nicht allein ausschlaggebend sind, zeigt sich auch daran, dass Investitionskontrollprüfungen ebenso zwischen militärisch verbündeten Staaten, etwa innerhalb der NATO, erfolgen.[204] Weiterhin ist zB die Kommission der Ansicht, die Screening-VO diene dem Schutz von Europas „Bürgern, Arbeitern und Unternehmen".[205] Letztlich ist häufig also nicht nur die (physische) Sicherheit eines Staates oder die Versorgung mit lebensnotwendigen Gütern Motivation für eine immer weiter greifende Investitionskontrolle, sondern zumindest mittelbar auch die Sicherung eigenen zukünftigen Wohlstands.

---

[197] Yuan Economic Security Considerations in FDI Screening, in: Law and Economics yearly Review, 64 (69).

[198] Yuan Economic Security Considerations in FDI Screening, in: Law and Economics yearly Review, 64 (69).

[199] Trump National Security Strategy of the United States of America, Executive Office of The President Washington DC Washington United States, 2017, S. 17, abrufbar unter: https://apps.dtic.mil/sti/pdfs/AD1043812.pdf (zuletzt abgerufen am 24.8.2023).

[200] COM(2020) 1981 final, 1.

[201] Financier Worldwide Magazine, Foreign Investment and national Security, Juni 2023, abrufbar unter: https://www.financierworldwide.com/roundtable-foreign-investment-and-national-security-jun23#.ZGtBSPxBxaR (zuletzt abgerufen am 24.8.2023).

[202] Vgl. zu beidem: How 'Decoupling' From China Became 'Derisking', New York Times vom 20.5.2023, abrufbar unter: https://www.nytimes.com/2023/05/20/world/decoupling-china-de-risking.html (zuletzt abgerufen am 24.8.2023).

[203] What is 'Friendshoring'?, New York Times vom 18.11.2022, abrufbar unter: https://www.nytimes.com/2022/11/18/business/friendshoring-jargon-business.html (zuletzt abgerufen am 24.8.2023).

[204] Lenihan, Balancing Power without Weapons: State Intervention into Cross-Border Mergers and Acquisitions, 2018, S. 4 f.

[205] Background for the questionnaire on the evaluation and review of Regulation (EU) 2019/452, S. 1.

Dementsprechend sind die in der Investitionskontrolle anwendbaren Prüfungsmaß-stäbe auch in rechtsstaatlich verfassten Ländern häufig so weit gefasst, dass nationale Regierungen aus verschiedensten Gründen ungewünschte ausländische Investitio-nen regelmäßig verhindern können.[206] Die Investitionskontrolle steht deshalb grundsätzlich im **Konflikt mit der vom Freihandel geprägten Weltordnung**. Denn diese basiert auf der Überzeugung, dass eine weltweit liberale Wirtschaftsord-nung am besten zur Wohlstandsschöpfung in allen Ländern beiträgt.[207]

Schon vor Einführung bzw. Verschärfung der Investitionskontrolle nutzten viele **47** Staaten verschiedene Instrumente, um ihre nationalen Interessen vor mit ausländi-schen Investitionen (vermeintlich) verbundenen Risiken zu schützen. Dazu gehör-ten etwa Höchstgrenzen für ausländische Beteiligungen an inländischen Firmen, Staatseigentum an kritischer Infrastruktur, Golden Shares (→ Rn. 18) und ver-wandte Gesetze wie das VW-Gesetz, die Nutzung eigener Staatsfonds[208] zur Unter-stützung und Kontrolle wichtiger Unternehmen, Genehmigungsvorbehalte für Erwerbe bestimmter Assets, Konzessionsvorbehalte für bestimmte Dienstleistungen, Sicherheitskontrollen bei der Registrierung von ausländischen Unternehmen vor Ort oder informelle Einflussnahmen auf Unternehmen, um sie von der Zusammen-arbeit mit ausländischen Investoren abzuhalten.[209] Auch wenn viele dieser Maßnah-men weiter existieren, wird der Schutz dieser nationalen Interessen immer mehr über das Mittel der Investitionskontrolle verfolgt. So sind fast alle seit 2009 weltweit neu eingeführten Maßnahmen zum Schutz nationaler Interessen bei ausländischen Investitionen Regime, die der allgemeinen Investitionskontrolle zuzurechnen und den in Deutschland anwendbaren Regelungen grundsätzlich ähnlich sind. Diese ersetzten häufig ältere, regelmäßig nur punktuell anwendbare, Regelungen.[210]

II. Schutzgüter und Interessenabwägung in Deutschland

Auch die Bundesrepublik Deutschland steht in einem globalen Wettbewerb, in **48** dem ausländische Investitionen aus wirtschaftlichen und gelegentlich aus politisch-strategischen Interessen erfolgen.[211] Bei der Schaffung eines Mechanismus zur Inves-titionskontrolle stehen die sicherheitspolitischen Belange deshalb in einem Span-nungsverhältnis mit dem Anliegen, die **wirtschaftliche Attraktivität** Deutschlands als Investitionsstandort nicht zu gefährden. Vor diesem Hintergrund sind auch die mit der Investitionskontrolle in Deutschland verfolgten Ziele zu verstehen.

---

[206] Bian Journal of World Investment & Trade 22 (2021), 561 (565).

[207] Lenihan, Balancing Power without Weapons: State Intervention into Cross-Border Mergers and Acquisitions, 2018, S. 5; für eine Übersicht über die positiven Effekte von ausländischen Direktinvestitionen vgl. Nehring-Köppl, Paradigmenwechsel im Außenwirt-schaftsrecht, 2023, S. 45 ff.

[208] So zB der Fond Stratégique d'Investissement in Frankreich oder CDP Equity in Italien.

[209] OECD Investment policy developments in 61 economies between 16 October 2021 and 15 March 2023, April 2023, Rn. 12, abrufbar unter: https://www.oecd.org/daf/inv/investment-policy/Investment-policy-monitoring-April-2023.pdf (zuletzt abgerufen am 24.8.2023); Lenihan, Balancing Power without Weapons: State Intervention into Cross-Bor-der Mergers and Acquisitions, 2018, S. 3 f.

[210] OECD Investment policy developments in 61 economies between 16 October 2021 and 15 March 2023, April 2023, Rn. 13, 16, abrufbar unter: https://www.oecd.org/daf/inv/investment-policy/Investment-policy-monitoring-April-2023.pdf (zuletzt abgerufen am 24.8.2023).

[211] Begründung zur 17. AWV-Novelle, S. 1.

49   Gemäß § 4 Abs. 1 Nr. 4 AWG, § 5 Abs. 2 AWG und § 55 Abs. 1 AWV dient die **sektorübergreifende Investitionskontrolle** in Deutschland dem **Schutz der öffentlichen Ordnung und Sicherheit** der Bundesrepublik Deutschland und der anderen Mitgliedstaaten der EU sowie dem Schutz der Projekte und Programme von Unionsinteresse (→ Rn. 68).[212] Die Begriffe der öffentlichen Ordnung und Sicherheit sind nicht mit dem Schutzgut des deutschen Polizeirechtes gleichzusetzen, sondern entstammen dem Unionsrecht, wo sie einen Rechtfertigungstatbestand für Eingriffe in die Kapital- und Niederlassungsfreiheit gem. Art. 52, 65 AEUV darstellen.[213] Im europarechtlichen Kontext umfasst die **öffentliche Ordnung und Sicherheit** die Abwehr von tatsächlichen und hinreichend schweren Gefahren für ein Grundinteresse der Gesellschaft (→ AWG § 4 Rn. 10, → AWV § 55 Rn. 30, → Screening-VO Rn. 27).[214] Innerhalb dieser europarechtlichen Grenzen obliegt den Mitgliedstaaten die konkrete Ausfüllung dieser Begriffe.[215] So ist in der Rechtsprechung anerkannt, dass etwa die Landesverteidigung, die Vermeidung von Geldwäsche, Drogenhandel oder Terrorismus oder die Sicherstellung der Telekommunikations-, Elektizitäts- bzw. Energieversorgung unter die öffentliche Ordnung und Sicherheit fallen.[216] Bloß wirtschaftliche Zwecke dürfen hingegen nicht verfolgt werden.[217] Zur Auslegung der Begriffe durch das BMWK → Rn. 75 f.

50   Bei der **sektorspezifischen Investitionskontrolle** stehen dagegen gemäß § 4 Abs. 1 Nr. 1 AWG, § 5 Abs. 3 AWG und § 60 Abs. 1 S. 1 AWV die **wesentlichen Sicherheitsinteressen der Bundesrepublik** im Fokus der Prüfung (→ AWG § 4 Rn. 6, → AWV § 60 Rn. 42 ff.). Der Begriff der wesentlichen Sicherheitsinteressen ist nicht legaldefiniert, findet sich allerdings in Art. 346 AEUV wieder. Nach dem EuGH ist der Begriff funktional zu verstehen und kann die äußere und innere Sicherheit umfassen.[218] Nach dem Willen des Gesetzgebers sind wesentliche Sicherheitsinteressen der Bundesrepublik Deutschland insbesondere dann gefährdet, wenn die sicherheitspolitischen Interessen oder die militärische Sicherheitsvorsorge der Bundesrepublik beeinträchtigt würden.[219] Dieser Begriff ist damit enger als die weiter zu verstehende öffentliche Ordnung und Sicherheit.

51   Das nach Ansicht der Bundesregierung, neben anderen Rechtsordnungen, weltweit „freiheitlichste" und „liberalste" Übernahmerecht in Deutschland[220] soll unter anderem auch als Anreiz für Unternehmensgründungen dienen. Denn hierdurch wird es erfolgreichen Gründern ermöglicht, ihr Unternehmen weiterzuveräußern und damit ein Geschäftsmodell zu etablieren (zur Entwicklung der Investitionskontrolle in Deutschland → Rn. 1 ff.).[221] Deutschland profitiert von dieser Offenheit. So sind 3,9 Millionen Arbeitnehmer bei ausländisch kontrollierten Unternehmen beschäftigt[222] und im Jahr 2021 machten ausländische Direktinvestitionen in Höhe

---

[212] Im Sinne von Art. 8 Screening-VO.

[213] Hocke/Sachs/Pelz AußenwirtschaftsR/Mausch-Liotta/Sattler AWV § 55 Rn. 86.

[214] EuGH BeckRS 2004, 77551 Rn. 17.

[215] EuGH BeckRS 2004, 77551 Rn. 17.

[216] Calliess/Ruffert/Korte AEUV Art. 65 Rn. 20 mwN.

[217] EuGH BeckRS 2004, 77551 Rn. 17.

[218] EuGH BeckRS 2004, 76784; Calliess/Ruffert/Wegener AEUV Art. 346 Rn. 4.

[219] Von Rummel/Gertz RdTW 2022, 465 (469); BR-Drs. 5/04, 7.

[220] BT-Plenarprotokoll 19/156, 19329.

[221] BT-Plenarprotokoll 19/156, 19329.

[222] Die Deutsche Wirtschaft, abrufbar unter: https://die-deutsche-wirtschaft.de/liste-unternehmen-in-auslandsbesitz (zuletzt abgerufen am 24.8.2023).

von 62 Milliarden Euro immerhin 1,7 % des deutschen Bruttoinlandsproduktes aus.[223]

Allerdings ist davon auszugehen, dass die inzwischen deutlich verschärfte Investitionskontrolle (→ Rn. 9 ff.) zu weniger Investitionen in Deutschland führt. Zum einen gibt es Transaktionen, in denen die Investitionskontrolle in einer Untersagung mündet oder die beteiligten Unternehmen die Transaktion vor dem Hintergrund einer erwarteten Untersagung freiwillig aufgeben. Diese Fälle sind politisch gewollt und ihre Anzahl ist überschaubar. Kritischer für den Investitionsstandort Deutschland dürften jedoch die Transaktionen sein, in denen ausländische Investoren im Vorfeld entscheiden, nicht mehr oder nur noch in bestimmten Sektoren in Deutschland zu investieren. Hierzu gibt es keine Statistiken. Allerdings muss davon ausgegangen werden, dass es eine solche **Vorfeldwirkung** gibt, vor allem bei Investoren aus bestimmten Ländern wie etwa China. Diese fürchten häufig die mit einem solchen Verfahren verbundenen Unsicherheiten sowie Reputationsrisiken. Auch die mit der Investitionskontrolle verbundenen Kosten können insbesondere bei kleineren Transaktionen eine Rolle spielen. Zudem gibt es Investoren, für die die Vorlage bestimmter Informationen im vertieften Prüfverfahren nicht möglich oder erwünscht ist. **52**

Diese Annahme wird durch die allgemein zu beobachtende sinkende Anzahl der von ausländischen Unternehmen in Deutschland angekündigten Investitionsprojekte gestützt. Diese sank im Jahr 2021 im Vergleich zum Vorjahr um 10 %. Die **Höhe der ausländischen Direktinvestitionen** verringerte sich in diesem Zeitraum sogar um die Hälfte.[224] 2022 sanken die ausländischen Direktinvestitionen erneut um beinahe die Hälfte gegenüber dem Vorjahr.[225] Auch wenn bei Investitionsentscheidungen in diesen Jahren vor allem die Auswirkungen der COVID-19-Pandemie, die vergleichsweise hohen Energiepreise, die russische Invasion in der Ukraine, die Inflation und die steigenden Zinsen maßgeblich gewesen sein dürften, dürfte bei einer Reihe von Investitionsentscheidungen, vor allem – aber nicht nur – aus Ländern wie China und Russland, auch das verschärfte Investitionskontrollregime eine wichtige Rolle gespielt haben. **53**

Die richtige Interessenabwägung, insbesondere Notwendigkeit und Ausgestaltung der Investitionskontrolle, ist auch immer wieder Teil der Reformdebatten. So wurde bei der Diskussion zur Einführung der 13. AWV-Novelle im Jahr 2019 beispielsweise die Sorge geäußert, dass mit der Absenkung der Prüfeintrittsschwelle eine **Transaktionsunsicherheit** oder sogar ein Transaktionsstopp entstehen könne, weil sich potenzielle Investoren einer solchen Kontrolle ihrer Erwerbsgeschäfte nicht aussetzen wollten (→ AWV § 55 Rn. 6).[226] Insbesondere wurde der Bundesregierung Protektionismus vorgeworfen[227] und die Sorge vor wirtschafts- und industriepolitischer Willkür geäußert.[228] Auch aufgrund dieser **54**

---

[223] Deutsche Bundesbank, abrufbar unter: https://www.bundesbank.de/de/statistiken/aussenwirtschaft/direktinvestitionen/transaktionswerte-772326 (zuletzt abgerufen am 24.8.2023).

[224] Deutsche Bundesbank, Monatsbericht März 2022, S. 57, abrufbar unter: https://www.bundesbank.de/resource/blob/887516/728a8a4954566e9a5b2ba39cda590a5b/mL/2022-03-zahlungsbilanz-data.pdf (zuletzt abgerufen am 24.8.2023).

[225] Deutsche Bundesbank, Monatsbericht März 2023, S. 34, abrufbar unter: https://www.bundesbank.de/resource/blob/906392/cfee7ae26ec263ab2b8d2b99b4dfc2f7/mL/2023-03-monatsbericht-data.pdf (zuletzt abgerufen am 24.8.2023).

[226] Schladebach/Becker NVwZ 2019, 1076 (1078).

[227] BT-Plenarprotokoll 19/61, 6897.

[228] Von Kalben ZHR 186 (2022), 586 (588).

Kritik fiel die 17. AWV-Novelle im Jahr 2021 letztlich weniger scharf als ursprünglich geplant aus. So wurde zB eine Prüfeintrittsschwelle von 20 % der Stimmrechte bei allen neuen Technologiefallgruppen (statt der zuvor vorgesehenen 10 %-Schwelle) eingeführt ($\rightarrow$ AWV § 56 Rn. 17) und der Anwendungsbereich einiger Fallgruppen begrenzt[229] ($\rightarrow$ AWV § 55a Rn. 1 ff.). Zudem wurde erstmalig eine für die Praxis relevante Ausnahme für interne Umstrukturierungen in die AWV aufgenommen ($\rightarrow$ AWV § 55 Rn. 55–57).

III. Abgrenzung zur Fusionskontrolle und zur Prüfung drittstaatlicher Subventionen

55 Aus Sicht der betroffenen Unternehmen ist zudem zu berücksichtigen, dass neben der Investitionskontrolle auch andere Regime, insbesondere die Fusionskontrolle oder die FSR, parallel Anwendung finden können. Dies bedeutet, dass Transaktionen in der EU unter Umständen nach bis zu drei Regimen bei unterschiedlichen Behörden angemeldet und von diesen freigegeben werden müssen: Für die Fusionskontrolle bei der Kommission oder den nationalen Wettbewerbsbehörden, für die Drittstaatensubventionskontrolle bei der Kommission und für die Investitionskontrolle bei den zuständigen nationalen Investitionskontrollbehörden, ggf. unter Beteiligung der Kommission. Dies bringt für die betroffenen Unternehmen regelmäßig einen erheblichen Koordinierungsaufwand mit sich und kann auch zu zeitlichen Verzögerungen führen. Zudem können die Überprüfungen aufgrund der unterschiedlichen Zielsetzungen dieser Regime zu unterschiedlichen Ergebnissen führen, auch im Hinblick auf mögliche Verpflichtungszusagen. Dies steigert in der Praxis die Komplexität der Transaktionsplanung erheblich.

56 In Abgrenzung zur Investitionskontrolle dient die **Fusionskontrolle** dem Schutz des wirksamen Wettbewerbs. Mit der Kontrolle von Unternehmenszusammenschlüssen schützt der Staat die Marktteilnehmer vor einer Vermachtung der Märkte und hierdurch zugleich den Wettbewerb als Institution.[230] Investitionskontrollentscheidungen, die von der Kommission genehmigte Zusammenschlüsse verbieten, müssen sich an Art. 21 Abs. 4 FKVO messen lassen. Sie müssen also notwendig und verhältnismäßig sein, um außerwettbewerbliche Interessen zu schützen, die mit den allgemeinen Bestimmungen und den übrigen Vorschriften des Unionsrechts vereinbar sind.[231] Allerdings unterliegt weiterhin die Mehrheit der Transaktionen nur der nationalen (oder keiner) Fusionskontrolle, sodass Art. 21 Abs. 4 FKVO nur für eine begrenzte Fallzahl relevant ist (im Einzelnen zum Verhältnis mit der EU-Fusionskontrolle $\rightarrow$ Screening-VO Rn. 46 ff.).

57 Ebenso zielt auch die **FSR** auf den Schutz des fairen Wettbewerbs ab.[232] Nach dieser Verordnung, die entsprechende Untersuchungen der Kommission seit dem 12.7.2023 ermöglicht und eine Anmeldepflicht für Unternehmen ab dem 12.10.2023 vorsieht, kann die Kommission Unternehmen, die wettbewerbsverzerrende Subventionen von Drittstaaten erhalten, bestimmte Abhilfemaßnahmen auferlegen bzw. von diesen Verpflichtungszusagen akzeptieren. Insbesondere können Zusammenschlüsse, die bestimmte Schwellenwerte überschreiten, anmeldepflichtig

---

[229] BT-Plenarprotokoll 19/233, 30209; für einen Überblick s. Barth/Käser NZG 2021, 813.

[230] Immenga/Mestmäcker/Thomas Vorb § 35 Rn. 3.

[231] Kommission, Entscheidung vom 21.2.2022, M.10494, Rn. 29, 52 ff.; dazu Lübbig/Salaschek NZKart 2022, 197.

[232] Erwägungsgrund 6 FSR.

sein und auf drittstaatliche Subventionen überprüft werden. Zwar kann auch im Rahmen der Investitionskontrolle berücksichtigt werden, ob Investoren, zB durch Subventionen, direkt oder indirekt von der Regierung eines Drittstaats kontrolliert werden.[233] So wurde beispielsweise bei der Untersagung der Übernahme der Heyer Medical durch die chinesische Beijing Aeonmed eine Förderung der Erwerberin seitens des chinesischen Staates berücksichtigt.[234] Dies ist allerdings lediglich ein Indiz für den drittstaatlichen Einfluss auf den (mittelbaren) Erwerber. (Im Einzelnen zum Verhältnis mit der FSR → Screening-VO Rn. 51 ff.).

C. Systematischer Überblick über die AWG / AWV Vorschriften

I. AWG

Das geltende Außenwirtschaftsgesetz (AWG), welches auf der Gesetzesnovelle **58** zur Modernisierung des Außenwirtschaftsrechts vom 6.6.2013[235] beruht, definiert zu Beginn in § 1 Abs. 1 S. 1 AWG den **Grundsatz der Außenwirtschaftsfreiheit**. Danach ist der Güter-, Dienstleistungs-, Kapital-, Zahlungs- und sonstige Wirtschaftsverkehr mit dem Ausland (Außenwirtschaftsverkehr) grundsätzlich frei. In § 1 Abs. 1 S. 2 AWG weist das Gesetz ausdrücklich auf **Einschränkungen** dieses Grundsatzes hin, die „dieses Gesetz enthält oder die durch Rechtsverordnung auf Grund dieses Gesetzes vorgeschrieben werden." Darüber hinaus werden in § 1 Abs. 2 AWG mit Verweis auf Vorschriften in anderen Gesetzen und Rechtsverordnungen bestimmte zwischenstaatliche Vereinbarungen sowie Rechtsvorschriften der Organe zwischenstaatlicher Einrichtungen weitere Möglichkeiten der Einschränkung dieses Grundsatzes vorgesehen. Damit legt das Gesetz die Freiheit als Regel und die Beschränkungen als legitimationsbedürftige Ausnahmen fest. Das AWG ist ein Rahmengesetz zur Regelung des Spannungsverhältnisses zwischen den Kontrollbedürfnissen des Staates und dem Autonomiestreben der Wirtschaft.[236]

In systematischer Hinsicht kann es als **reines Ermächtigungsgesetz** bzw. **59** Blankettgesetz qualifiziert werden. Denn es enthält selbst keine unmittelbaren Beschränkungen der Außenwirtschaftsfreiheit, sondern lediglich Ermächtigungsgrundlagen, um Beschränkungen **durch Rechtsverordnung oder durch Verwaltungsakt** anordnen zu können.[237] So umfasst etwa § 4 Abs. 1 AWG die Ermächtigungsgrundlage, durch Rechtsverordnung – zum Schutz der öffentlichen Sicherheit und der auswärtigen Interessen – Beschränkungen im Hinblick auf den Außenwirtschaftsverkehr vorzunehmen oder bestimmte Handlungspflichten anzuordnen (→ AWG § 4 Rn. 2 ff.). Die formalen Vorgaben an den Erlass eben dieser Rechtsverordnung sind in § 12 AWG normiert.

---

[233] Erwägungsgrund 13 Screening-VO.

[234] Die Unternehmen sind auf die Herstellung von Anästhesie- und Beatmungsgeräten spezialisiert. Der Erwerb fand bereits 2019 statt, das BMWK erlangte jedoch erst im Juli 2020 Kenntnis von der Transaktion. Das Ministerium stellte eine voraussichtliche Gefährdung der öffentlichen Ordnung und Sicherheit fest, da die Versorgungssicherheit mit Beatmungsgeräten in Deutschland nicht gesichert sei und untersagte die Transaktion.

[235] BGBl. I 1482.

[236] Wolffgang/Simonsen/Rogmann/Pietsch AWR/Simonsen AWG § 1 Rn. 57, 68.

[237] Hocke/Sachs/Pelz AußenWirtschaftsR/Pelz Einf. Rn. 57.

60   Konkret sieht § 4 Abs. 1 AWG die Möglichkeit einer solchen Beschränkung bzw. Anordnung von Handlungspflichten insbesondere dazu vor, um wesentliche Sicherheitsinteressen zu gewährleisten, eine Störung des friedlichen Zusammenlebens der Völker und eine erhebliche Störung der auswärtigen Beziehungen zu verhüten, die öffentliche Ordnung oder Sicherheit der Bundesrepublik Deutschland, eines anderen Mitgliedstaates der Europäischen Union und in Bezug auf Projekte oder Programme von Unionsinteresse zu gewährleisten sowie um einer Gefährdung der Deckung des lebenswichtigen Bedarfs im Inland oder in Teilen des Inlands entgegenzuwirken. Zum Zweck der Investitionskontrolle → Rn. 43 ff. § 4 Abs. 2 AWG erweitert diese Möglichkeit darüber hinaus noch auf die Umsetzung von Ratsbeschlüssen der EU. von Resolutionen des UN-Sicherheitsrates und von sonstigen völkerrechtlichen Vereinbarungen. Als Ermächtigungsgesetz hat das AWG die Anforderungen des Art. 80 Abs. 1 S. 2 GG einzuhalten, wonach Inhalt, Zweck und Ausmaß vom Gesetzgeber konkretisiert sein müssen; dies ist nach Auffassung des BVerfG der Fall.[238]

61   § 5 AWG **konkretisiert** die allgemeine Ermächtigungsgrundlage des § 4 Abs. 1 AWG hinsichtlich des Objekts einer möglichen Beschränkung oder einer Anordnung (→ AWG § 5 Rn. 1 ff.). Insbesondere können Beschränkungen oder Pflichten für Rechtsgeschäfte oder Handlungen angeordnet werden, etwa in Bezug auf Waffen, Munition und sonstige Rüstungsgüter oder für den Erwerb inländischer Unternehmen bzw. von Anteilen an solchen Unternehmen durch unionsfremde Erwerber, wenn infolge des Erwerbs die öffentliche Ordnung oder Sicherheit der Bundesrepublik Deutschland voraussichtlich beeinträchtigt wird. Eine Beschränkung zum Schutz vor einer Gefährdung der Deckung des lebenswichtigen Bedarfs im Inland ist gem. § 5 Abs. 4 AWG in Bezug auf andere Güter nur dann zulässig, wenn eine tatsächliche und hinreichend schwere Gefährdung vorliegt, die ein Grundinteresse der Gesellschaft berührt (→ Rn. 26 f.).

62   Auch § 11 AWG sieht wiederum betreffend die Regelung von Verfahrens- und Meldevorschriften eine **Verordnungsbefugnis** vor (→ AWG § 11 Rn. 1). Die Rechtsverordnung, für welche §§ 4 und 11 AWG gerade die Ermächtigungsgrundlagen vorsehen, ist die Außenwirtschaftsverordnung (AWV), welche nach der Novelle im Jahr 2013 deutlich vereinfacht wurde.[239]

63   Parallel zur Verordnungsbefugnis normiert § 6 Abs. 1 AWG unter Verweis auf die Rechtsgüter des § 4 Abs. 1 und 2 AWG die Ermächtigungsgrundlage zur Anordnung von Beschränkungen oder Handlungspflichten **durch Verwaltungsakt**. Insbesondere können danach die Verfügung über Gelder und wirtschaftliche Ressourcen bestimmter Personen oder das Bereitstellen von Geldern und wirtschaftlichen Ressourcen zugunsten bestimmter Personen beschränkt werden. Die formalen Vorgaben betreffend den Erlass von Verwaltungsakten und die Entgegennahme von Meldungen sind in §§ 13 f. AWG geregelt.

64   § 14a AWG verankert die **gesetzlichen Fristen** der Investitionsprüfung (→ AWG § 14a Rn. 1 ff.). Bei komplexen Prüffällen (etwa mit verteidigungspolitischem Bezug) steht den Prüfbehörden eine zweifache Verlängerungsoption zur Verfügung (§ 14a Abs. 4, 5 AWG).

65   § 15 AWG regelt die **zivilrechtlichen Folgen** im Sinne einer Unwirksamkeit solcher Rechtsgeschäfte, die im Anwendungsbereich des AWG ohne erforderliche

---

[238] BVerfG BeckRS 1991, 4790; Wolffgang/Simonsen/Rogmann/Pietsch AWR/Simonsen AWG § 1 Rn. 69 mwN.
[239] BGBl. I 2865.

Genehmigung vorgenommen werden (→ AWG § 15 Rn. 1). Daneben werden die Rechtsfolgen eines Prüfverfahrens normiert. § 15 AWG umfasst mithin die notwendige zivilrechtliche Sanktion zur Absicherung der außenwirtschaftsrechtlichen Genehmigungserfordernisse. So sind nach der AWV meldepflichtige Rechtsgeschäfte vom Zeitpunkt ihrer Vornahme bis zum Abschluss des Prüfverfahrens schwebend unwirksam (§ 15 Abs. 3 AWG). Weiterhin ist auch das Verbot des rechtlichen oder faktischen Vollzugs eines Erwerbs noch während der Investitionsprüfung normiert (§ 15 Abs. 4 AWG), das sog. „Gun Jumping"-Verbot.[240]

II. AWV

Die Investitionskontrolle nach der AWV bezieht sich auf unterschiedliche **Sek- 66 toren**.[241] Es ist für den Gesetzgeber nicht möglich, alle betroffenen Wirtschaftsbereiche und Gefahrenszenarien vollumfänglich zu bestimmen. Manche Gefahrenpotenziale können auch in bereits etablierten Sektoren erst nach längerer Zeit erwachsen oder als solche erkannt werden. In der Folge ist der Katalog in § 55a Abs. 1 AWV auch nicht als abschließend zu betrachten. Dennoch lassen sich einige Sektoren erkennen, die der Gesetzgeber heute und in der Vergangenheit für besonders relevant erachtet.

Die AWV enthält konkrete Beschränkungen des Außenwirtschaftsverkehrs **67** sowie Verfahrens-, Melde-, Bußgeld- und Strafvorschriften. Die AWV ist in unterschiedliche Kapitel geteilt, namentlich die Ausfuhr und Verbringung aus dem Inland, die Einfuhr, den sonstigen Güterverkehr, insbesondere für die Durchfuhr und für Handels- und Vermittlungsgeschäfte, den Dienstleistungsverkehr, in Beschränkungen und Meldepflichten im Kapitalverkehr sowie in Beschränkungen gegen bestimmte Länder und Prognosen. Insbesondere die Beschränkungen des Kapitalverkehrs in den §§ 54 ff. AWV spielen für die Investitionskontrollen nach dem 2. Abschnitt des 6. Kapitels eine zentrale Rolle. So regeln die §§ 55–59a AWV die sog. **sektorübergreifende Prüfung** und die §§ 60–62 AWV die sog. **sektorspezifische Prüfung** von Unternehmenserwerben. Dem BMWK wird durch diese Vorschriften die Möglichkeit eingeräumt, in bestimmten Fällen den Erwerb inländischer Unternehmen oder Beteiligungen hieran durch Unionsfremde oder durch Ausländer zu untersagen oder nur unter bestimmten Anordnungen zuzulassen. Darin ist gerade die auf Grundlage des §§ 4 Abs. 1, 5 AWG legitimierte Beschränkung der Außenwirtschaftsfreiheit betroffener Unternehmen zu sehen.

Zentraler Gegenstand der **sektorübergreifenden Prüfung** ist das Vorliegen **68** einer voraussichtlichen Beeinträchtigung der öffentlichen Ordnung und Sicherheit der Bundesrepublik Deutschland oder eines anderen EU-Mitgliedstaates (§ 55 Abs. 1 AWV) (→ Rn. 49). Dabei spielt insbesondere auch der Erwerbsgegenstand iSd § 55a AWV eine Rolle. Die Prüfung beginnt entweder initiativ durch das BMWK (§ 55 Abs. 1 AWV), aufgrund einer verpflichtenden Meldung durch den Erwerber (§ 55a Abs. 4 AWV) oder aufgrund der Beantragung einer sog. Unbedenklichkeitsbescheinigung durch den Erwerber (§ 58 Abs. 1 AWV). Das Ergebnis einer sektorübergreifenden Prüfung nach § 55 Abs. 1 AWV ist die Freigabe des

---

[240] Der Begriff stammt ursprünglich aus dem Sport und beschreibt dort den Fall, dass ein Sportler vor Ertönen des Startschusses losläuft (to jump the gun). Im Fusions- und Investitionskontrollrecht bezieht er sich auf den (Teil-)Vollzug einer Transaktion vor der erforderlichen Freigabe.

[241] Vgl. §§ 55a, 60 Abs. 1 AWV.

Erwerbs nach § 58a Abs. 1 AWV oder eine Untersagung bzw. Anordnungen nach § 59 Abs. 1 AWV.

69   Die **sektorspezifische Prüfung** knüpft an die durch den ausländischen Erwerb verursachte, voraussichtliche Beeinträchtigung wesentlicher Sicherheitsinteressen der Bundesrepublik Deutschland an (§ 60 Abs. 1 AWV) (→ Rn. 50). Eine solche Prüfung wird eröffnet, wenn das inländische Zielunternehmen etwa Güter im Sinne des Teils I des Abschnitts A der Ausfuhrliste der AWV oder Güter aus dem Bereich der Wehrtechnik entwickelt, herstellt oder modifiziert bzw. Produkte mit IT-Sicherheitsfunktion zur Verarbeitung staatlicher EU-Verschlusssachen herstellt. § 60 Abs. 3 AWV begründet insoweit eine Meldepflicht. Das Ergebnis einer sektorspezifischen Prüfung nach § 60 Abs. 1 AWV ist die Freigabe des Erwerbs nach § 61 AWV oder eine Untersagung bzw. Anordnungen gem. § 62 AWV.

70   Freigaben erteilt das BMWK schriftlich oder elektronisch gegenüber dem Meldepflichtigen bzw. demjenigen, dem die Einleitung des Prüfverfahrens nach § 55 Abs. 3 S. 1 AWV bekannt zu geben ist (zur Erteilung von Freigaben → AWV § 58a Rn. 8 ff., → AWV § 61 Rn. 5 ff.). Untersagungen bedürfen der Zustimmung der gesamten Bundesregierung (§ 13 Abs. 3 S. 1 AWG) und werden somit letztlich durch das Bundeskabinett entschieden (zur Erteilung von Untersagungen → AWV § 59 Rn. 4 ff., → AWV § 62 Rn. 6 ff.). Eine Anordnung nach § 13 Abs. 3 S. 2 AWG ergeht dagegen im Einvernehmen mit dem Auswärtigen Amt, dem Bundesministerium des Innern und für Heimat, dem Bundesministerium der Verteidigung sowie im Benehmen mit dem Bundesministerium der Finanzen.

D. Überblick zu Verfahren und Statistiken

I. Überblick zu dem Verfahren der Investitionskontrolle

71   Die Investitionskontrolle wird in Deutschland durch das BMWK durchgeführt. Innerhalb des BMWK ist die Abteilung V (Außenwirtschaftspolitik) zuständig. In der Unterabteilung E sind zwei Referate mit den Investitionsprüfungen befasst.[242] Hier besteht ein Unterschied zu den Fusions- und Exportkontrollverfahren, welche durch das zum Geschäftsbereich des BWMK gehörende BKartA einerseits und das Bundesamt für Wirtschaft und Ausfuhrkontrolle (BAFA) andererseits durchgeführt werden. Auch dies verdeutlicht die stärkere politische Ausrichtung der Investitionskontrolle.

72   „Das BMWK beteiligt die anderen im konkreten Einzelfall **betroffenen Ministerien** im Rahmen ihrer Zuständigkeiten."[243] Betroffene Ministerien sind besonders häufig das Bundesministerium des Innern und für Heimat, das Bundesministerium für Gesundheit, das Bundesministerium für Digitales und Verkehr und das Bundesministerium der Verteidigung. Zudem schaltet das BMWK regelmäßig auch das Auswärtige Amt und das Bundeskanzleramt (einschließlich des Beauftragten der Bundesregierung für Kultur und Medien (BKM) bei Investitio-

---

[242] Siehe Organisationsplan BMWK, Stand: 4.4.2023, abrufbar unter: https://www.bmwk.de/Redaktion/DE/Downloads/M-O/organisationsplan-bmwk.pdf?__blob=publicationFile&v=324 (zuletzt abgerufen am 24.8.2023).

[243] Leitfaden auf der Website des BMWK, abrufbar unter: https://www.bmwk.de/Redaktion/DE/Artikel/Aussenwirtschaft/investitionspruefung.html (zuletzt abgerufen am 24.8.2023).

nen in Medienunternehmen) ein. Die Zusammenarbeit richtet sich nach der Gemeinsamen Geschäftsordnung der Bundesministerien. Auch betroffene nachgeordnete Behörden oder Sicherheitsbehörden (→ Rn. 74) wie das BAFA oder das Bundesamt für Sicherheit in der Informationstechnik (BSI) können beteiligt werden.

Weiterhin müssen nach Art. 6 Abs. 1 S. 1 Screening-VO bei Transaktionen **73** mit grenzüberschreitender Bedeutung die **Kommission** und die **betroffenen Mitgliedstaaten** informiert werden (→ Screening-VO Rn. 146 ff.). Die Kommission kann dann gem. Art. 6 Abs. 3 Screening-VO (iVm Art. 8 Abs. 1 Screening-VO) eine Stellungnahme zum Prüfverfahren abgeben, wenn sie der Auffassung ist, dass voraussichtlich die öffentliche Ordnung oder Sicherheit in mehr als einem Mitgliedstaat oder ein Projekt oder Programm von Unionsinteresse beeinträchtigt wird. Ebenso kann nach Art. 6 Abs. 2 Screening-VO auch ein betroffener Mitgliedstaat Kommentare abgeben. Diese Stellungnahmen und Kommentare müssen gemäß Art. 6 Abs. 9 S. 1 Screening-VO in angemessener Weise berücksichtigt werden; soweit Projekte oder Programme von Unionsinteresse betroffen sind, muss der Stellungnahme der Kommission sogar umfassend Rechnung getragen werden (→ Screening-VO Rn. 167 ff.). Dennoch verbleibt die endgültige Entscheidung bei der Bundesrepublik Deutschland (Art. 6 Abs. 9 S. 2 Screening-VO; zu den Entscheidungen des BMWK und der Bundesregierung → Rn. 71).

Das BMWK berücksichtigt zudem regelmäßig Informationen der deutschen **74** Auslandsvertretungen und Sicherheitsbehörden, insbesondere des Bundesnachrichtendienstes. Außerdem kann das BMWK bei seiner Entscheidungsfindung auch Hinweise aus anderen Quellen miteinbeziehen, etwa von **Partnerländern** und deren Geheimdiensten. So wurde beispielsweise das Prüfverfahren beim Erwerb des Chipanlagenbauers AIXTRON durch chinesische Investoren laut Presseberichten erst nach Intervention eines US-amerikanischen Geheimdienstes eingeleitet.[244] Auch bei der Teiluntersagung der Beteiligung an der Betreibergesellschaft eines Terminals am Hamburger Hafen durch die chinesische Cosco hatten die USA nach Presseberichten für eine Untersagung geworben (→ Rn. 9).[245]

Das Schutzgut der öffentlichen Ordnung und Sicherheit sowie die wesentlichen **75** Sicherheitsinteressen der Bundesrepublik sind auslegungsbedürftige Begriffe und lassen damit Raum für politische Beurteilungen (→ Rn. 43). Das BMWK kann in Zusammenarbeit mit den übrigen beteiligten Ministerien auch unter Berücksichtigung aktueller (geo-)politischer Entwicklungen feststellen, ob eine Investition die öffentliche Ordnung und Sicherheit gefährdet und auf dieser Grundlage Freigaben, Untersagungen oder Anordnungen treffen. Nicht selten werden in der Praxis jedoch Bedenken des BMWK oder anderer Ressorts durch den Abschluss eines öffentlich-rechtlichen Vertrages (→ AWV § 59 Rn. 24 ff.) adressiert. Hinsichtlich der Entscheidungen verfügt das BMWK über einen **Beurteilungs- und Ermessensspielraum**, bei dessen Ausübung ebenfalls politische Erwägungen eine Rolle spielen können. Der genaue Umfang dieser Spielräume ist im Einzel-

---

[244] Handelsblatt vom 26.10.2016, abrufbar unter: https://www.handelsblatt.com/politik/international/us-geheimdienst-stoppt-aixtron-deal-angst-vor-deutschen-chips-im-china-atomprogramm/14744526.html (zuletzt abgerufen am 25.7.2023).

[245] Spiegel Online vom 3.11.2022, abrufbar unter: https://www.spiegel.de/wirtschaft/hamburger-hafen-usa-begruessen-beschraenkung-von-cosco-deal-a-d58fe8f2-d41b-4c39-933a-14067f3e90bf (zuletzt abgerufen am 24.8.2023).

nen umstritten (→ AWG § 4 Rn. 10, → AWV § 59 Rn. 9f., → AWV § 62 Rn. 20ff.), jedenfalls gelten aber die allgemeinen Grenzen der Ermessensausübung[246] sowie der Verhältnismäßigkeitsgrundsatz, der in § 4 Abs. 4 AWG konkretisiert wird.[247]

76　Aufgrund dieses Spielraums auf der Tatbestands- und Rechtsfolgenseite sind Entscheidungen des BMWK im Investitionskontrollrecht nicht immer leicht vorhersehbar. Dies liegt auch daran, dass die bisherige Entscheidungspraxis des BMWK, insbesondere die Handhabung der Prüfkriterien durch das BMWK, aufgrund **fehlender Transparenz** schwer fassbar ist.[248] Es existiert beispielsweise keine öffentliche Datenbank mit Informationen zu den Verfahren und Entscheidungen des Ministeriums. (Zum Rechtsschutz gegen Entscheidungen → AWV § 59 Rn. 39ff.). Im Gegensatz dazu erlaubt die gewachsene und gefestigte Entscheidungspraxis der Kartellbehörden und Gerichte im Bereich der Fusionskontrolle eine verlässlichere Prognose des vom BKartA bzw. der Kommission voraussichtlich angewendeten Analyserahmens.[249]

II. Statistiken

77　Die zunehmende Bedeutung der Investitionskontrolle lässt sich bereits bei einem Blick auf die Zahl der Prüfverfahren feststellen, welche in **Deutschland** in den letzten Jahren kontinuierlich angestiegen ist. Waren es 2017 noch 66 Verfahren, stieg die Zahl der Verfahren 2018 auf 78 Verfahren, 2019 auf 106 und 2020 auf 160 Verfahren. Der vorläufige Höchststand wurde 2021 und 2022 mit jeweils 306 Prüfverfahren erreicht. 2022 waren hiervon 44 sektorspezifisch und 262 sektorübergreifend.[250] 2022 waren die am häufigsten überprüften Sektoren Informations- und Kommunikationstechnologie (87 Verfahren), Gesundheits- und Biotechnologie (34 Verfahren), Maschinenbau (29 Verfahren) sowie Energie (18 Verfahren).[251] Zur Ausweitung der Investitionskontrolle in Deutschland in den letzten Jahren → Rn. 9ff. Berücksichtigt man beim Vergleich der Zahlen von 2021 und 2022 den starken Rückgang von M&A-Transaktionen in diesem Zeitraum (→ Rn. 53), zeigt sich, dass sich die Überprüfung ausländischer Investitionen insgesamt weiter verschärft hat. Auch in Zukunft ist mit einem weiteren Anstieg der Verfahren zu rechnen.

78　Bei der Diskussion um eine zunehmende Einflussnahme Chinas ist ein Blick auf die Verteilung der **Herkunftsländer der ausländischen Investitionen** aufschlussreich. Der Statistik von 2022 zufolge hielt China einen Anteil von 8,4 % an den ausländischen Direktinvestitionen in Deutschland, Russland hingegen nur 0,01 %.[252] Investoren aus den USA waren für den mit Abstand größten Anteil

---

[246] HK-VerwR VwGO § 114 Rn. 45ff.; NK-VwGO VwGO § 114 Rn. 80ff.

[247] Dehne, Investitionskontrolle in Deutschland, 2022, S. 295.

[248] Von Kalben ZHR 186, 2022, 586 (620).

[249] Fleischmann NZKart 2022, 57 (61).

[250] BMWK Investitionsprüfung in Deutschland: Zahlen und Fakten, 24.3.2022, S. 3; BMWK Investitionsprüfung in Deutschland: Zahlen und Fakten, 9.1.2023, S. 4.

[251] BMWK Investitionsprüfung in Deutschland: Zahlen und Fakten, 9.1.2023, unter I.4.

[252] Deutsche Bundesbank, Transaktionswerte zu Direktinvestitionen nach Forderungen und Verbindlichkeiten, S. 23ff., abrufbar unter: https://www.bundesbank.de/resource/blob/804082/af0cb3860827bc45448a7621b88da0f2/mL/i-transaktionswerte-zu-direktinvestitionen-data.pdf (zuletzt abgerufen am 24.8.2023).

an ausländischen Direktinvestitionen verantwortlich (39,3 %).[253] Das Vereinigte Königreich kommt auf 8,3 %, während sich der Anteil der EU-Mitgliedstaaten auf insgesamt 21,1 % belief.[254] Die Verteilung der Herkunftsländer der Investitionen spiegelt sich auch in der Kontrollpraxis des Ministeriums wieder. Am häufigsten überprüfte das BMWK im Jahr 2022 Investitionen aus den USA (110 Prüfungen), dem Vereinigten Königreich (40 Prüfungen) und China (37 Prüfungen).[255]

Auch in der **Europäischen Union** erfährt die Investitionskontrolle seit Einfüh- **79** rung der Screening-VO (→ Rn. 15 ff.) eine gesteigerte Bedeutung. So wurden nach den Statistiken der Kommission in der EU im Jahr 2022 auf nationaler Ebene insgesamt 1.444 Verfahren eingeleitet (aufgrund von Genehmigungsanträgen oder von Amts wegen). Davon wurden etwa 55 % der Fälle förmlich geprüft, bei 45 % der Anträge wurde angenommen, dass sie die Voraussetzungen für eine Meldepflicht nicht erfüllen oder keiner förmlichen Prüfung unterzogen werden müssen, da offensichtlich keine Auswirkungen auf die öffentliche Ordnung und Sicherheit zu erwarten waren. Der Anteil der Verfahren, in denen ein förmliches Prüfverfahren eröffnet wurde, ist damit gegenüber 2021, als er nur 29 % betrug, deutlich gestiegen. Von den förmlich geprüften Fällen, für die die Mitgliedstaaten eine Entscheidung an die EU gemeldet haben, wurden 86 % ohne Auflagen genehmigt, bei 9 % wurde eine Genehmigung mit Auflagen oder risikomindernden Maßnahmen erteilt. Letztlich „blockierten die nationalen Behörden nur in 1 % aller entschiedenen Fälle eine Transaktion, während weitere 4 % der Transaktionen von den beteiligten Unternehmen zurückgezogen wurden".[256] Der Anteil der nur mit Auflagen oder risikomindernden Maßnahmen erteilten Genehmigungen an allen formell geprüften Verfahren betrug 2021 noch 23 % und ist daher erheblich gesunken – allerdings hängt dies damit zusammen, dass die Anzahl an formell geprüften Verfahren erheblich angestiegen ist. Insgesamt werfen diese Zahlen die Frage auf, ob die anmeldepflichtigen Tatbestände der jeweilige Kontrollregime nicht zu weit gefasst sind.

Allerdings ist aufgrund der oben genannten Vorfeldwirkung (→ Rn. 52) auch **80** davon auszugehen, dass die Zahl der Transaktionen, die bei einer Prüfung untersagt worden wären, deutlich höher liegt als die Statistiken vermuten lassen.

---

[253] Deutsche Bundesbank, Transaktionswerte zu Direktinvestitionen nach Forderungen und Verbindlichkeiten, S. 23 ff., abrufbar unter: https://www.bundesbank.de/resource/blob/804082/af0cb3860827bc45448a7621b88da0f2/mL/i-transaktionswerte-zu-direktinvestitionen-data.pdf (zuletzt abgerufen am 24.8.2023).

[254] Deutsche Bundesbank, Transaktionswerte zu Direktinvestitionen nach Forderungen und Verbindlichkeiten, S. 23 ff., abrufbar unter: https://www.bundesbank.de/resource/blob/804082/af0cb3860827bc45448a7621b88da0f2/mL/i-transaktionswerte-zu-direktinvestitionen-data.pdf (zuletzt abgerufen am 24.8.2023).

[255] BMWK, Investitionsprüfung in Deutschland: Zahlen und Fakten, 9.1.2023, S. 5.

[256] Kommission, Dritter Jahresbericht über die Überprüfung ausländischer Direktinvestitionen in der Union, COM(2023) 590 final, 11 ff.

1. Teil Deutsches Recht

I. AWV – Außenwirtschaftsverordnung

– Auszug –

Vom 2. August 2013
(BGBl. I S. 2865)
FNA 7400–4–1
zuletzt geändert durch Art. 1 20. ÄndVO vom 27.9.2023 (BGBl. I Nr. 264)

Kapitel 6 Beschränkungen des Kapitalverkehrs

Abschnitt 2 Prüfung von Unternehmenserwerben

Unterabschnitt 1 Sektorübergreifende Prüfung von Unternehmenserwerben

Vorbemerkung zu §§ 55 ff.

A. Grundlagen

Die Regeln zur Prüfung von Unternehmenserwerben in Deutschland sind **1** im zweiten Abschnitt des 6. Kapitels der AWV normiert. Auch nach der Neuordnung des Investitionskontrollrechts, durch die Teile der Vorschriften im AWG verortet wurden, enthalten die §§ 55–62 AWV die Kerninhalte der deutschen Investitionskontrolle. Systematisch wird zwischen der **sektorübergreifenden Prüfung (§§ 55–59a)** sowie der **sektorspezifischen Prüfung (§§ 60–62)** differenziert. Aufgrund der Einführung der Meldepflicht im Hinblick auf bestimmte Sektoren im Bereich der sektorübergreifenden Prüfung und der Angleichung der Verfahren, sind die Unterschiede aber deutlich geringer als ursprünglich. Hauptunterscheidungsmerkmale sind der andere Prüfungsmaßstab und die Anwendbarkeit der sektorspezifischen Prüfung auf alle ausländischen Erwerber, und nicht nur Unionsfremde.

Die Vorschriften zur **sektorübergreifenden Prüfung** erfassen den Erwerb von **2** (grundsätzlich allen) deutschen Unternehmen und Anteilen an deutschen Unternehmen durch unionsfremde Ausländer ($\rightarrow$ § 55 Rn. 12 ff.). Die sektorübergreifende Prüfung ist also nicht auf den Erwerb von Unternehmen beschränkt, die in bestimmten Wirtschaftsbereichen tätig sind. Innerhalb der sektorübergreifenden

Prüfung werden allerdings bestimmte Sektoren als besonders sicherheitsrelevant angesehen (→ § 55a Rn. 2 ff.), weshalb der (Anteils-)Erwerb von bzw. an Unternehmen, die in diesen Sektoren tätig sind, eine Meldepflicht auslöst (→ § 55a Rn. 130 ff.). Das BMWK kann im sektorübergreifenden Verfahren prüfen, ob der Erwerb (→ § 55 Rn. 20 ff.) eines inländischen Unternehmens (→ § 55 Rn. 17 ff.) oder einer bestimmten Beteiligung an einem solchen Unternehmen (→ § 55 Rn. 25 ff.) durch einen Unionsfremden (→ § 55 Rn. 12 ff.) die **öffentliche Ordnung oder Sicherheit** der Bundesrepublik Deutschland, eines anderen Mitgliedstaates der Europäischen Union oder **Projekte oder Programme von Unionsinteresse** voraussichtlich beeinträchtigt (→ § 55 Rn. 29 ff.).

3　Die **sektorspezifische Prüfung** ist auf den Erwerb bestimmter inländischer Unternehmen in den Sektoren Rüstung, Wehrtechnik, Verteidigung und IT-Sicherheitstechnik anwendbar und geht in diesen Fällen der sektorübergreifenden Prüfung als lex specialis vor. Das BMWK kann insofern prüfen, ob der Erwerb eines inländischen Unternehmens oder einer bestimmten Beteiligung an einem inländischen Unternehmen (→ § 60a Rn. 29 ff.) durch einen Ausländer (→ § 60 Rn. 40 ff.) **wesentliche Sicherheitsinteressen** der Bundesrepublik Deutschland voraussichtlich beeinträchtigt (→ § 60 Rn. 42 ff.). Anders als in der sektorübergreifenden Prüfung erfasst die sektorspezifische Prüfung somit auch nicht-deutsche unions- bzw. EFTA-ansässige Erwerber.

B. Verfahrensarten

4　Insgesamt können **vier Verfahrensarten** unterschieden werden.

5　Im Rahmen der sektorübergreifenden Prüfung ist zu differenzieren. In dieser ist zunächst die **Prüfung eines Erwerbs von Amts wegen gem. § 55 Abs. 1** vorgesehen (→ § 55 Rn. 2 ff.). Voraussetzung dafür ist der Erwerb eines inländischen Unternehmens – unabhängig von dessen Tätigkeitsbereich – oder einer Beteiligung an einem solchen Unternehmen, die 25 % der Stimmrechte erreicht oder überschreitet, durch einen Unionsfremden.

6　Zudem sieht das sektorübergreifende Verfahren die **Prüfung eines gem. § 55a Abs. 4 meldepflichtigen Erwerbs** vor, die sich inhaltlich ebenfalls nach § 55 Abs. 1 richtet. Eine diesbezügliche Meldepflicht (→ § 55a Rn. 130 ff.) besteht, wenn das inländische Unternehmen in einem sicherheitsrelevanten Sektor iSv § 55a Abs. 1 tätig ist (→ § 55a Rn. 2 ff.) und zumindest eine Stimmrechtsbeteiligung erworben wird, die – je nach Sektor – 10 % oder 20 % erreicht oder überschreitet (→ § 56 Rn. 14 ff.). Der Hinzuerwerb weiterer Stimmrechte kann bei der Überschreitung weiterer Schwellenwerte (20 %, 25 %, 40 %, 50 % und 75 %) eine erneute Meldepflicht auslösen (→ § 56 Rn. 19 ff.).

7　Einen Sonderfall im Rahmen der sektorübergreifenden Prüfung stellt der **Antrag auf Unbedenklichkeitsbescheinigung gem. § 58 Abs. 1** dar (→ § 58 Rn. 1 ff.).[1] Der Erwerber kann die Bescheinigung der Unbedenklichkeit eines Erwerbs beantragen, wenn eine Prüfung von Amts wegen möglich wäre, weil eine Beteiligung von mind. 25 % der Stimmrechte erworben wird, aber keine Meldepflicht gem. § 55a Abs. 4 besteht, weil das Erwerbsobjekt nicht in einem der in § 55a Abs. 1 aufgelisteten Sektoren tätig ist. Auf diese Weise können die

---

[1]　Vor Einführung und erheblicher Ausweitung der Meldepflicht im sektorübergreifenden Verfahren war ein Antrag auf Unbedenklichkeitsbescheinigung hingegen der Regelfall.

beteiligten Unternehmen eine spätere Prüfung von Amts wegen verhindern und frühzeitig Rechtssicherheit für ihre Unternehmenstransaktion schaffen.

Im Anwendungsbereich des sektorspezifischen Verfahrens sind alle Erwerbe **8** meldepflichtig (→ § 60 Rn. 83 ff.). Ein Erwerb fällt in den Anwendungsbereich des sektorspezifischen Verfahrens, wenn ein Ausländer bestimmte inländischen Unternehmen des Rüstungs- und Sicherheitssektors bzw. eine Beteiligung an einem solchen Unternehmen, die 10 % der Stimmrechte erreicht oder überschreitet, erwirbt. Der Hinzuerwerb weiterer Stimmrechte kann bei der Überschreitung weiterer Schwellenwerte (20 %, 25 %, 40 %, 50 % und 75 %) eine erneute Meldepflicht auslösen (→ § 60a Rn. 10 f. und → § 56 Rn. 19 ff.).

C. Verfahrensablauf

Die Verfahren der sektorübergreifenden Prüfung und der sektorspezifischen **9** Prüfung sind heute gleichlaufend geregelt. Das Verfahren beginnt mit der **Erlangung von Kenntnis durch das BMWK** vom Erwerb, welche es – je nach Verfahrensart – regelmäßig mit der Meldung des Erwerbs oder dem Antrag auf Unbedenklichkeitsbescheinigung erlangt (→ AWG § 14a Rn. 6), aber auch anders ausgelöst werden kann (→ § 55 Rn. 64 ff.). Hinsichtlich der Informationen und Unterlagen die in diesen Fällen beim BMWK eingereicht werden müssen, wird der Verordnungstext gem. § 55a Abs. 4 S. 6 durch die **Allgemeinverfügung vom 27.5.2021**[2] ergänzt.[3] Diese differenziert hinsichtlich der einzureichenden Unterlagen nach den verschiedenen Verfahrensarten (Abschnitt I. Antrag auf Unbedenklichkeitsbescheinigung, Abschnitt II. Meldung im sektorübergreifenden Verfahren und Abschnitt III. Meldung im sektorspezifischen Verfahren).[4] Zudem erwartet das BMWK in der Praxis, dass bestimmte Informationen in **Excel-Formulare und Vorlagen** eingetragen und übermittelt werden (→ § 55a Rn. 140 ff.).

Das BMWK führt eine **Vorprüfung (Phase I)** durch und muss grundsätzlich **10** innerhalb von **zwei Monaten** nach dem Erlangen der Kenntnis entscheiden, ob es ein förmliches Prüfverfahren eröffnet (→ § 14a AWG Rn. 5).[5] Leitet das BMWK innerhalb dieser Frist kein förmliches Prüfverfahren ein, gilt der Erwerb als freigegeben bzw. eine beantragte Unbedenklichkeitsbescheinigung als erteilt. Eröffnet das BMWK innerhalb der zweimonatigen Frist ein förmliches **Prüfverfahren (Phase II)**, müssen weitere (zusätzliche) Unterlagen eingereicht werden

---

[2] BAnz AT 11.6.2021 B2.

[3] Die zurzeit anwendbare Allgemeinverfügung des BMWK vom 27.5.2021 ist an die Stelle der Allgemeinverfügung vom 22.3.2019 getreten (BAnz AT 11.4.2019 B2). Die erste Allgemeinverfügung bestimmte lediglich die nach Eröffnung des Prüfverfahrens einzureichenden Unterlagen, ohne nach den verschiedenen Verfahrensarten zu differenzieren. Entsprechende Unterlagen werden in der aktuellen Allgemeinverfügung in Abschnitt IV. aufgezählt.

[4] Siehe im Detail insofern die entsprechende Kommentierung hinsichtlich des Inhalts einer Meldung bzw. eines Antrags auf Unbedenklichkeitsbescheinigung.

[5] Im Jahr 2022 wurden über 90 % aller beim BMWK anhängigen Verfahren in Prüfphase I entschieden. Lediglich in 25 von insgesamt 306 Fällen wurden Verfahren (Prüfphase II) eröffnet (ca. 93,5 %) (BMWK, Investitionsprüfung in Deutschland: Zahlen und Fakten, S. 12: abrufbar unter https://www.bmwk.de/Redaktion/DE/Publikationen/Aussenwirtschaft/in vestitionsprufung - in - deutschland - zahlen - und - fakten.pdf?__blob=publicationFile&v=1; zuletzt abgerufen am 7.6.2023).

(→ AWG § 14a Rn. 35 ff.).[6] Die Frist für das Prüfverfahren beträgt grundsätzlich **vier Monate** nach dem vollständigen Eingang dieser Unterlagen, kann aber vielfach verlängert werden (→ AWG § 14a Rn. 16 ff.). Bei meldepflichtigen Erwerben besteht bis zur Freigabe ein Vollzugsverbot (→ AWG § 15 Rn. 10 ff.).

11   Das Verfahren endet mit einer **Entscheidung** des BMWK oder im Falle des Fristablauf mit der Fiktion einer Freigabe oder einer Unbedenklichkeitsbescheinigung. In der **sektorübergreifenden Prüfung** kann ein Erwerb freigegeben (→ § 58a Rn. 1 ff.) oder untersagt werden (→ § 59 Rn. 1 ff.). Eine Freigabe kann mit einer Anordnung ergehen (→ § 59 Rn. 19 ff.) oder durch andere Maßnahmen, bspw. einen öffentlich-rechtlichen Vertrag (→ § 59 Rn. 24 ff.) oder Zusicherungen abgesichert werden (→ § 59 Rn. 33 ff.). Auf Antrag kann eine Unbedenklichkeitsbescheinigung erteilt werden (→ § 58 Rn. 1 ff.). In der **sektorspezifischen Prüfung** kann ein Erwerb freigegeben werden (→ § 61 Rn. 5 ff.) – ggf. im Zusammenspiel mit einer Anordnung (→ § 62 Rn. 29 ff.) oder anderen Maßnahmen, wie einem öffentlich-rechtlichem Vertrag (→ § 62 Rn. 32), – oder untersagt werden (→ § 62 Rn. 25 ff.).

D. Praxishinweise zur Vertragsgestaltung

12   Im Einzelfall kann eine Investitionskontrolle durch das BMWK ein Risiko für die erfolgreiche Durchführung einer Transaktion darstellen. Diesen Risiken gilt es mit vertraglichen Regelungen zu begegnen, die eine **angemessene Risikoverteilung** zwischen dem Erwerber und dem Veräußerer sicherstellen.

13   Das Datum, bis zu dem die Erwerbsparteien an den Vertrag oder der Bieter bei einer öffentlichen Übernahme an sein Angebot mindestens gebunden sind, sollte entsprechend der im Vorfeld erstellten Risikoeinschätzung bestimmt werden oder eine Verlängerungsoption vereinbart werden. Ein zu kurzer Zeitraum, welcher nicht ausreichend Zeit für das Prüfverfahren und mögliche Fristverlängerungen lässt, kann erhebliche Probleme für den Transaktionsprozess mit sich bringen. Bspw. scheiterte die öffentliche Übernahme von Siltronic, einem deutschen Produzenten von Wafern für die Halbleiterindustrie, durch einen taiwanesischen Produzenten von Chips (Globalwafers) Anfang 2022, da die erforderliche Unbedenklichkeitsbescheinigung nicht vor Ablauf des in der Angebotsunterlage festgelegten Datums für den Eintritt aller Vollzugsbedingungen erlangt werden konnte.

14   Da der unmittelbare Erwerber meldepflichtig ist bzw. der Erwerber den Antrag auf Unbedenklichkeitsbescheinigung stellen muss, sollte vertraglich vereinbart werden, dass die **Meldung bzw. der Antrag auf Erwerberseite vorbereitet** wird. Eine **Klausel zu Mitarbeits- und Kooperationspflichten** der Parteien bei der Vorbereitung von Antrag oder Meldung kann dabei helfen, die Verpflichtungen angemessen auf Erwerber und Veräußerer zu verteilen. Die Zusammenarbeit der Parteien ist für die erfolgreiche Durchführung der Transaktion gerade mit Blick auf die Beschaffung und Bereitstellung von Informationen zwingend erforderlich.

15   Um eine aufwendige Rückabwicklung eines Erwerbs im Falle der Untersagung des Erwerbs zu vermeiden, ist es – je nach Verfahrensart und Risikoeinschätzung – üblich, im Unternehmenskaufvertrag zwischen dem Erwerber und dem Veräußerer eine Klausel aufzunehmen, die den Erwerb unter die **aufschiebende Bedin-**

---

[6] Der Verordnungstext wird insofern durch Abschnitt IV. der Allgemeinverfügung (Eröffnung des Prüfverfahrens) ergänzt.

gung der Freigabe, der Erteilung einer Unbedenklichkeitsbescheinigung oder des Eintritts der Freigabe-/Unbedenklichkeitsfiktion stellt.

In Fällen, in denen damit zu rechnen ist, dass das BMWK Bedenken äußern **16** wird oder dies zumindest in Betracht gezogen werden muss, empfiehlt es sich aus Gründen der Transaktionssicherheit darüber hinaus, Klauseln aufzunehmen, die regeln, ob und inwieweit die Parteien vom BMWK erwartete **Anordnungen akzeptieren oder Verpflichtungen im Rahmen von öffentlich-rechtlichen Verträgen** eingehen müssen.

Auch die etwaige Zustimmung zu eventuellen konsensualen Fristverlängerun- **17** gen gem. § 14a Abs. 5 können im Unternehmenskaufvertrag geregelt werden.

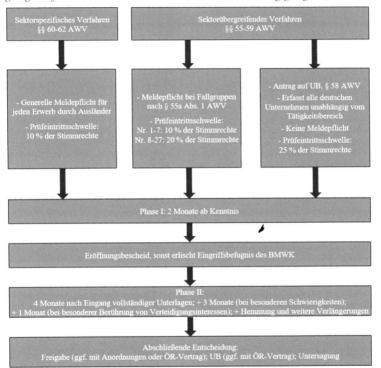

Abbildung 1: Übersicht über die Verfahrensarten und den Verfahrensablauf

§ 55 Anwendungsbereich der sektorübergreifenden Prüfung

(1) Das Bundesministerium für Wirtschaft und Klimaschutz kann prüfen, ob es die öffentliche Ordnung oder Sicherheit der Bundesrepublik Deutschland, eines anderen Mitgliedstaates der Europäischen Union oder in Bezug auf Projekte oder Programme. von Unionsinteresse im Sinne

des Artikels 8 der Verordnung (EU) 2019/452 des Europäischen Parlaments und des Rates vom 19. März 2019 zur Schaffung eines Rahmens für die Überprüfung ausländischer Direktinvestitionen in der Union (ABl. L 79 I vom 21.3.2019, S. 1) voraussichtlich beeinträchtigt, wenn ein Unionsfremder unmittelbar oder mittelbar ein inländisches Unternehmen oder unmittelbar oder mittelbar eine Beteiligung im Sinne des § 56 an einem inländischen Unternehmen erwirbt.

(1a) Ein Erwerb im Sinne des Absatzes 1 liegt auch vor, wenn ein Unionsfremder

1. einen abgrenzbaren Betriebsteil eines inländischen Unternehmens oder

2. alle wesentlichen Betriebsmittel eines inländischen Unternehmens oder eines abgrenzbaren Betriebsteils eines inländischen Unternehmens, die für die Aufrechterhaltung des Betriebs des Unternehmens oder eines abgrenzbaren Betriebsteils erforderlich sind,

erwirbt.

(1b) Das Prüfrecht nach Absatz 1 besteht nicht, wenn ein schuldrechtliches Rechtsgeschäft über den Erwerb eines inländischen Unternehmens ausschließlich zwischen Unternehmen abgeschlossen wird, deren Anteile jeweils vollständig von demselben herrschenden Unternehmen gehalten werden, und alle Vertragsparteien ihren Ort der Leitung in demselben Drittstaat haben.

(2) [1]Der Prüfung nach Absatz 1 unterliegen ferner Erwerbe, auch durch Unionsansässige, wenn es Anzeichen dafür gibt, dass eine missbräuchliche Gestaltung oder ein Umgehungsgeschäft zumindest auch vorgenommen wurde, um eine Prüfung nach Absatz 1 zu unterlaufen. [2]Anzeichen für eine missbräuchliche Gestaltung oder ein Umgehungsgeschäft sind insbesondere, wenn der unmittelbare Erwerber mit Ausnahme des Erwerbs nach Absatz 1 keiner nennenswerten eigenständigen Wirtschaftstätigkeit nachgeht oder innerhalb der Europäischen Union keine auf Dauer angelegte eigene Präsenz in Gestalt von Geschäftsräumen, Personal oder Ausrüstungsgegenständen unterhält. [3]Zweigniederlassungen und Betriebsstätten eines unionsfremden Erwerbers gelten nicht als unionsansässig. [4]Erwerber aus den Mitgliedstaaten der Europäischen Freihandelsassoziation stehen Unionsansässigen gleich. [5]Eine Präsenz des unmittelbaren Erwerbers in einem Mitgliedstaat der Europäischen Freihandelsassoziation steht einer Präsenz innerhalb der Europäischen Union gleich. [6]Anzeichen für eine missbräuchliche Gestaltung oder ein Umgehungsgeschäft sind ferner auch, wenn mehrere Erwerbe an demselben inländischen Unternehmen so aufeinander abgestimmt werden, dass bei gesonderter Betrachtung keiner der Erwerbe eine Beteiligung im Sinne des § 56 darstellt.

(3) [1]Das Bundesministerium für Wirtschaft und Klimaschutz hat dem unmittelbaren Erwerber und dem von einem Erwerb nach Absatz 1 betroffenen inländischen Unternehmen die Eröffnung des Prüfverfahrens innerhalb der in § 14a Absatz 1 Nummer 1 des Außenwirtschaftsgesetzes genannten Frist bekanntzugeben. [2]Für die Wahrung der Frist nach Satz 1 ist allein die rechtzeitige Bekanntgabe der Mitteilung an das vom Erwerb nach Absatz 1 betroffene inländische Unternehmen maßgeblich.

Übersicht

A. Überblick

I. Systematik

Die **sektorübergreifende Prüfung gem. §§ 55 ff.** findet bei dem Erwerb **1** eines inländischen Unternehmens, beim Erwerb von Anteilen an einem inländischen Unternehmen und im Hinblick auf abgrenzbare Betriebsteile oder alle wesentlichen Betriebsmittel eines inländischen Unternehmens durch einen Nicht-EU/Nicht-EFTA-Ausländer Anwendung. Anders als die sektorspezifische Prüfung gem. §§ 60 ff., die nur für bestimmte Rüstungsgüter und IT-Sicherheitsprodukte gilt (→ § 60 Rn. 45 ff.) und deshalb lex specialis zur sektorübergreifenden Prüfung ist,[1] erfasst die sektorübergreifende Prüfung grundsätzlich alle inländi-

---

[1] BT-Drs. 16/10730, 12.

schen Unternehmen unabhängig vom Sektor und Produktportfolio, sofern die in § 56 Abs. 1 Nr. 3 festgelegte Prüfeintrittsschwelle erreicht wird.

2   § 55 Abs. 1 begründet die **Befugnis des BMWK zur Einleitung der sektorübergreifenden Prüfung** und regelt iVm § 56 die Voraussetzungen für die Eröffnung des sog. Prüfverfahrens. Nach dieser Vorschrift kann das BMWK prüfen, ob es die öffentliche Ordnung oder Sicherheit der Bundesrepublik Deutschland oder eines anderen EU-Mitgliedstaates oder in Bezug auf Projekte oder Programme von Unionsinteresse voraussichtlich beeinträchtigt (→ Rn. 29 ff.), wenn ein Unionsfremder (→ Rn. 12 ff.) ein inländisches Unternehmen (→ Rn. 17 ff.) unmittelbar oder mittelbar eine Beteiligung iSv § 56 an einem inländischen Unternehmen erwirbt (→ Rn. 25 ff.).

3   Das Prüfverfahren kann aufgrund von amtlichen Vorermittlungen **ex officio** eingeleitet werden. Meistens erlangt das BMWK von einer Transaktion aber aufgrund der (verpflichtenden) **Meldung** nach § 55a Abs. 4 oder aufgrund eines (freiwilligen) Antrages auf Erteilung einer **Unbedenklichkeitsbescheinigung** nach § 58 Kenntnis und leitet dann ein Verfahren nach § 55 ein, wenn es Anhaltspunkte für eine voraussichtliche Beeinträchtigung der öffentlichen Sicherheit und Ordnung sieht (zur Abgrenzung der verschiedenen Verfahren → Einl. Rn. 68 f., → Vor § 55 Rn. 1 ff.). In der jüngeren Vergangenheit haben aber auch Anmeldungen bei anderen Behörden (zB dem BKartA) oder Behörden in der EU zu Ermittlungen des BMWK geführt. Zunehmend wird das BMWK auch aufgrund von Presseberichten tätig und verfolgt zu diesem Zweck spezialisierte Pressedienste, die über das M&A-Transaktionsgeschäft berichten.

4   § 55 Abs. 1a schließt **Asset Deals** in den Anwendungsbereich der sektorübergreifenden Prüfung ein (→ Rn. 48 ff.). § 55 Abs. 1b schließt bestimmte Formen der konzerninternen **Umstrukturierungen** von ihrem Anwendungsbereich aus (→ Rn. 54 ff.). § 55 Abs. 2 regelt die Einbeziehung von missbräuchlichen Gestaltungen und **Umgehungsgeschäften** (→ Rn. 57 ff.). § 55 Abs. 3 regelt die Eröffnung des Verfahrens durch **Bekanntgabe** an die betroffenen Unternehmen und Fragen der Fristenwahrung (→ Rn. 63 ff.).

II. Gesetzliche Grundlage

5   Ihre gesetzliche Verankerung findet die sektorspezifische Investitionskontrolle im AWG (§ 4 AWG). Nach § 1 Abs. 1 AWG gilt der Außenwirtschaftsverkehr als **grundsätzlich frei**, es sei denn, es gelten Einschränkungen nach dem AWG oder einer Rechtsverordnung. Der Erwerb oder Anteilserwerb inländischer Unternehmen durch unionsfremde Investoren stellt eine Handlung im Außenwirtschaftsverkehr dar, unterliegt gleichzeitig aber einer solchen Einschränkung: Nach § 4 Abs. 1 Nr. 4 und 4a AWG ist die Anordnung von Beschränkungen und Handlungspflichten zulässig zur Gewährleistung der öffentlichen Ordnung oder Sicherheit der Bundesrepublik Deutschland, eines anderen Mitgliedsstaates der EU und in Bezug auf Projekte und Programme von Unionsinteresse. Nach § 5 Abs. 2 AWG gilt dies insbesondere für Erwerbe inländischer Unternehmen oder von Anteilen an solchen Unternehmen durch unionsfremde Erwerber.

III. Historischer Überblick

6   Die sektorübergreifende Investitionskontrolle wurde 2009 mit der **13. AWV-Novelle** eingeführt (damals im § 53 AWV aF).[2] Grund dafür waren insbesondere

---

[2] BGBl. 2009 I 770.

Sorgen vor **ausländischen Staatsfonds**, die aus nicht-wirtschaftlichen Motiven Investitionen in deutsche Unternehmen vornehmen könnten.[3] Auch die Existenz einer ähnlichen Kontrollmöglichkeit in anderen Industrienationen hatte gewichtige Vorbildwirkung.[4] Dabei verzichtete die Bundesregierung zunächst bewusst auf eine Meldepflicht, um die Belastung für die Wirtschaft so gering wie möglich zu halten und ging davon aus, nur in seltenen Fällen zu prüfen und ggf. zu untersagen.[5] Die Prüfungsmöglichkeit bestand bei einem Erwerb von mindestens 25 % der Stimmrechte an jedem gebietsansässigen Unternehmen durch einen Gemeinschaftsfremden sowie in Umgehungsfällen. Eine besondere Herausstellung bzw. Unterscheidung verschiedener Sektoren bestand zunächst nicht. Die Möglichkeit, eine Unbedenklichkeitsbescheinigung zu beantragen, um Rechtssicherheit herzustellen, existierte aber bereits.

Im Jahr 2013 wurden das AWG und die AWV novelliert, wobei die Vorschriften **7** der sektorübergreifenden Prüfung auf mehrere Paragraphen verteilt wurden und ihre im Wesentlichen bis heute fortgeltende Nummerierung erhielten.[6]

Wesentliche Änderungen brachte im Jahr 2017 die **9. AWV-Novelle**.[7] Durch **8** diese wurden besonders sicherheitskritische Fallgruppen eingeführt, für die fortan eine **Meldepflicht** bestand. Diese Fallgruppen umfassten **kritische Infrastruktur** aus den Sektoren Energie, Informationstechnik und Telekommunikation, Transport und Verkehr, Gesundheit, Wasser, Ernährung sowie Finanz- und Versicherungswesen sowie Unternehmen, die Telekommunikationsüberwachung, Telematikinfrastruktur oder Cloud-Computing-Dienste anbieten (→ § 55a Rn. 3–50). Außerdem erfolgten verschiedene verfahrensbezogene Änderungen. Diese Änderungen werden teilweise mit dem Erwerb des deutschen Robotikunternehmens Kuka AG durch die chinesische Midea-Gruppe und der versuchten Übernahme des Maschinenbauers Aixtron SE durch einen chinesischen Investmentfonds im Jahr 2016 in Verbindung gebracht,[8] ohne dass offiziell ein Zusammenhang hergestellt wurde.

Die **12. AWV-Novelle** im Jahr 2018[9] erweiterte den Katalog der sektor- **9** übergreifenden Prüfung um eine Fallgruppe für Unternehmen der Medienwirtschaft, welche zur öffentlichen Meinungsbildung beitragen und sich durch besondere Aktualität und Breitenwirkung auszeichnen (→ § 55a Rn. 51 ff.). Die **Medienbranche** war in den Fokus gerückt, um ausländischen Einfluss auf den inländischen Willensbildungsprozess zu verhindern.[10] In der Verordnungsbegründung wurden insbesondere der erhöhte Druck auf die Unabhängigkeit der Medien durch ausländische Beeinflussung und die daraus folgenden negativen Auswirkungen auf die Gesellschaft und die demokratische Grundordnung

---

[3] Brost Angst vorm Chinesen, Die Zeit vom 16.07.07, abrufbar unter: https://www.zeit.de/2007/29/Staatsfonds.

[4] Brost Angst vorm Chinesen, Die Zeit vom 16.07.07, abrufbar unter: https://www.zeit.de/2007/29/Staatsfonds.

[5] BT-Drs. 16/10730, 10 f.

[6] BGBl 2013 I 1482; BGBl 2013 I 2865.

[7] BAnz AT 17.7.2017 V1; vgl auch die Erläuterungen der Änderungen im Runderlass des BMWK, BAnz AT 17.7.2017 B1.

[8] Walter RIW 2017 650; Hindelang/Hagemeyer EuZW 2017, 882 (883); Hippeli jurisPR-HaGesR 8/2017 Anm. 1; Nehring-Köppl, Paradigmenwechsel im Außenwirtschaftsrecht, 2023, S. 280 f.

[9] BAnz AT 28.12.2018 V1; und der Runderlass BAnz AT 28.12.2018 B1.

[10] Lehmann/Kretzschmar, Investitionskontrolle in Europa, S. 6.

betont.[11] Weiterhin wurde die Prüfeintrittsschwelle für die von den Fallgruppen erfassten Unternehmen von 25 % auf 10 % der Stimmrechte gesenkt. Begründet wurde dies damit, dass auch bei niedrigeren Beteiligungen eine Einflussnahme möglich sei.[12]

10   Eine erneute Ausweitung der Investitionskontrolle erfolgte dann im Jahr 2020 mit dem **Ersten Gesetz zur Änderung des Außenwirtschaftsgesetzes**[13] und der **15. AWV-Novelle**.[14] Die bereits 2019 in Kraft getretene Screening-Verordnung[15] schuf erstmals einen Rahmen für die nationalen Investitionskontrollregime, was auch Änderungen in Deutschland nach sich zog (→ Screening-VO Rn. 1 ff.). Dabei wurde der Prüfungsmaßstab im Bereich der sektorübergreifenden Prüfung in Anpassung an die Screening-VO als eine „voraussichtliche Beeinträchtigung" der öffentlichen Ordnung oder Sicherheit umformuliert (→ § 55 Rn. 29 ff.).[16] Zudem wurden strafbewehrte Vollzugsverbote in § 15 Abs. 4 AWG aufgenommen und die Fristenregelungen in den § 14a AWG ausgelagert.[17] Außerdem wurde der Gefährdungsbegriff auf andere EU-Mitgliedstaaten sowie auf Projekte oder Programme von Unionsinteresse[18] ausgeweitet (→ § 55 Rn. 33 ff.).[19] Mit der Gesetzesänderung sollte im Fall von kritischen Unternehmenserwerben ein noch wirksamerer Schutz der öffentlichen Ordnung und Sicherheit in Deutschland gewährleistet werden.[20] Zudem sollten Unternehmen, die lebenswichtige Güter oder Güter mit einem hohen Innovationsanteil produzieren und die, für die Wettbewerbs- und Konkurrenzfähigkeit der Wirtschaft von großer Bedeutung sind, in den Fokus der Investitionskontrolle gerückt werden.[21] Außerdem führten die Corona-Pandemie und die daraus entstandenen Lieferengpässe bei krisenwichtigen Gütern zu einer Beschleunigung und Erweiterung des Gesetzesvorhabens.[22] Insbesondere bei der Produktion von Impfstoffen, Testkits und Schutzkleidung wollte der Gesetzgeber einen Transfer ins Ausland verhindern, um ein funktionierendes Gesundheitssystem in Deutschland aufrechtzuerhalten.[23] Zu diesem Zweck wurde der Katalog der sicherheitsrelevanten Unternehmen um verschiedene Gruppen mit medizinischem Bezug erweitert, u.a. um Unternehmen, die persönliche Schutzausrüstung oder versorgungsrelevante Arzneimittel oder Impfstoffe entwickeln (→ § 55a Rn. 59 ff.).

11   Bereits 2021 erfolgte die nächste Ausweitung der sektorübergreifenden Prüfung mit der **17. AWV-Novelle**.[24] Die Zahl der meldepflichtigen und besonders berücksichtigungsfähigen Fallgruppen wuchs von 11 auf 27 und die Liste wurde in den § 55a ausgelagert. Damit folgte Deutschland der sehr weiten Definition der potenziell sicherheitskritischen Branchen aus Art. 4 Abs. 1 der Screening-

---

[11] BT-Drs. 19/7139, 65 f.
[12] BAnz AT 28.12.2018 B1.
[13] BGBl. 2020 I 1637.
[14] BAnz AT 2.6.2020 V1.
[15] ABl. 2019 L 79 I, 1.
[16] Vgl. neu eingefügten § 55a AWV, BAnz AT 30.4.2021 V1, 2 ff.
[17] BGBl. 2020 I 1637 (1639).
[18] ISv Art. 8 Screening-VO.
[19] BGBl. 2020 I 1637.
[20] BR-Drs. 181/20, 1.
[21] BT-Plenarprotokoll 19/156, 19330 (A).
[22] Niestedt/Kunigk NJW 2020, 2504.
[23] BT-Plenarprotokoll 19/156, 19330 (A).
[24] BAnz AT 30.4.2021 V1.

VO (→ Screening-VO Rn. 110 ff.)[25] und erfasst mit der AWV nunmehr eine ganze Reihe von Zukunfts- und Hochtechnologien wie künstliche Intelligenz, autonomes Fahren, Halbleiter, Optoelektronik (→ § 55a Rn. 75–93) oder Quantentechnologie (→ § 55a Rn. 103). Daneben gelten auch Robotik (→ § 55a Rn. 83 ff.), bestimmte Produkte der IT-Sicherheit (→ § 55a Rn. 92 ff.), und Datennetze als kritische Technologien (→ § 55a Rn. 107 ff.). Nach Auffassung der Bundesregierung sind insbesondere diese Branchen für weitere Industrien in Deutschland und in der EU sowie für die Zukunfts- und Widerstandsfähigkeit der deutschen Wirtschaft insgesamt von herausragender Bedeutung.[26] Gleichzeitig wurde die Gruppe der potenziell besonders sicherheitsrelevanten Branchen erstmals unterteilt. Für die „klassischen" Fallgruppen der Kritischen Infrastruktur, die bereits 2018 bestanden, gilt weiterhin eine Prüfeintrittsschwelle von 10 %, während für die neuen, ab 2020 hinzugefügten Fallgruppen (einschließlich der dem Gesundheitsschutz dienenden Fallgruppen) eine neue Prüfeintrittsschwelle von 20 % eingeführt wurde. In der Gesetzesbegründung wurde dies mit dem Verhältnismäßigkeitsgrundsatz begründet.[27] In Wirklichkeit dürfte es sich um einen politischen Kompromiss handeln, da es laute Kritik gab, dass eine Prüfeintrittsschwelle von nur 10 % Unternehmensneugründungen (Start-ups) in Deutschland im Tech-Bereich noch unattraktiver machen könnte. Außerdem regelte der Verordnungsgeber die Frage des Zuerwerbs oberhalb einer Prüfeintrittsschwelle. Vorher hatte das Bundeswirtschaftsministerium die Rechtslage so ausgelegt, dass jeder Zuerwerb oberhalb der Prüfeintrittsschwelle der Prüfung unterliegt.[28] Mit Blick auf die seit der AWG-Novelle von 2020 geltende Strafbewehrung eines Verstoßes gegen das Vollzugsverbot[29] werden nunmehr lediglich solche Zuerwerbe, die zur Überschreitung bestimmter Schwellen führen, der Prüfung unterworfen.[30]

B. Prüfungsbefugnis des BMWK beim Erwerb eines inländischen Unternehmens durch einen Unionsfremden (Abs. 1)

I. Voraussetzungen für die Eröffnung des Prüfverfahrens

1. Unionsfremder Erwerber. Die Prüfungsbefugnis des BMWK gem. § 55 **12** Abs. 1 besteht nur dann, wenn es sich bei dem Erwerber um einen **Unionsfremden** handelt. Unionsfremde sind gem. § 2 Abs. 19 AWG alle Personen und Personengesellschaften, die keine **Unionsansässigen** sind. Es handelt sich mithin um eine **Negativdefinition**, die auf § 2 Abs. 18 AWG Bezug nimmt. Nach dieser Vorschrift sind Unionsansässige natürliche Personen mit Wohnsitz oder gewöhnlichem Aufenthalt in der EU (Nr. 1), juristische Personen oder Personengesellschafften mit Sitz oder Ort der Leitung in der EU (Nr. 2), Zweigniederlassungen juristischer Personen, deren Sitz oder Ort der Leitung in einem Drittland liegt, wenn die Zweigniederlassungen ihre Leitung in der EU haben und es für sie eine

[25] BAnz AT 30.4.2021 B2, 1.
[26] BT-Drs. 19/29216, 28.
[27] BAnz AT 30.4.2021 B2, 4.
[28] Geber AW-Prax 2021, 299 (300).
[29] Neuer § 15 Abs. 4 AWG, § 18 Abs. 1b AWG, BGBl. 2020 I 1637.
[30] BAnz AT 30.4.2021 B2, 10.

gesonderte Buchführung gibt (Nr. 3), und Betriebsstätten juristischer Personen aus Drittländern, wenn die Betriebsstätten ihre Verwaltung in der EU haben (→ § 2 AWG Rn. 30 ff.).

13 § 55 Abs. 2 S. 3 stellt in diesem Zusammenhang klar, dass Zweigniederlassungen und Betriebsstätten eines unionsfremden Erwerbers nicht als unionsansässig gelten, während **Erwerber aus EFTA-Staaten** (Island, Liechtenstein, Norwegen, Schweiz) gem. § 55 Abs. 2 S. 4 Unionsansässigen gleichgestellt sind.

14 Auch Erwerbe durch unionsansässige Unternehmen, an denen ein unionfremdes Unternehmen Stimmrechte oberhalb der relevanten Prüfeintrittsschwellen gem. § 56 hält, können nach aktueller Auslegung des BMWK eine sektorübergreifende Prüfung auslösen.[31] Solche Erwerbsvorgänge werden als mittelbare Erwerbe des ausländischen Mutterunternehmens angesehen und unterfallen daher aus Sicht des BMWK in jedem Fall der sektorübergreifenden Kontrolle, und zwar unabhängig von der Frage, ob ein Umgehungsgeschäft vorliegt (→ Rn. 24). Diese Praxis ist nicht unumstritten. Als die sektorübergreifende Investitionskontrolle 2009 eingeführt wurde, lehnte der Bundestag den Vorschlag der Bundesregierung, zur Vermeidung von Umgehungsfällen alle Erwerbe von unionsansässigen Investoren der Investitionskontrolle zu unterwerfen,[32] ab, und verabschiedete stattdessen einen Gesetzesentwurf, der vorsah, dass Erwerbe von unionsansässigen Investoren nur in Missbrauchsfällen geprüft werden dürfen.[33] Die Bundesregierung hielt im Jahr 2015 noch den Erwerb von Gasspeichern in Deutschland durch eine deutsche Tochtergesellschaft von Gazprom für nicht kontrollfähig, da es sich dabei um ein unionsansässiges Unternehmen handele und auch kein Umgehungsgeschäft iSd § 55 Abs. 2 erkennbar sei.[34] Europarechtlich hat der EuGH klargestellt, dass Investitionen, bei denen der unmittelbare Erwerber unionsansässig ist, unabhängig von dessen Anteilseignern nicht in den Anwendungsbereich der Screening-VO fallen – mit Ausnahme von Missbrauchs- und Umgehungsfällen.[35]

15 Das wirft die Frage nach der Vertretbarkeit der gegenwärtigen Praxis des BMWK auf. Die Gesetzeshistorie legt nahe, dass „mittelbare Erwerbe" nur in Form von Umgehungsgeschäften erfasst werden sollten.[36] Daher kann § 55 Abs. 2 so verstanden werden, dass Erwerbe von Unionsansässigen, selbst wenn diese zugleich mittelbare Erwerbe von Unionsfremden darstellen, nur unter den Voraussetzungen des § 55 Abs. 2 der sektorübergreifenden Investitionskontrolle unterliegen. Auch die Intention des Gesetzgebers, die Screening-VO umzusetzen, spricht dafür, den Anwendungsbereich eines „mittelbaren Erwerbs" eng auszulegen. Die extensive Praxis des BMWK führt nämlich ansonsten dazu, dass das BMWK die öffentliche Ordnung und Sicherheit in anderen EU-Mitgliedsstaaten berücksichtigen muss, ohne Zugriff auf den Kooperationsmechanismus der Screening-VO zu haben. Es liegt aber auf der Hand, dass der Gesetzgeber der deutschen Investitionskontrolle denselben Anwendungsbereich geben wollte wie der Screening-VO. Auch dies legt eine einschränkende Auslegung nahe. Schließlich bestehen auch

---

[31] FAQ A.3 BMWK, abrufbar unter https://www.bmwk.de/Redaktion/DE/FAQ/Aussenwirtschaftsrecht/faq-aussenwirtschaftsrecht.html (zuletzt abgerufen am 7.6.2023).

[32] BT-Drs. 16/10730, 8, 13.

[33] BGBl. I 2009 770.; BT-Drs. 16/11898, 6, 10.

[34] BT-Drs. 18/6526, Frage 6.

[35] EuGH BeckRS 2023, 16921, Rn. 29 ff.

[36] Vgl. zum Ganzen: Salaschek/Wahls NZKart 2023, 396 (399 f.); Brevern NZKart 2021, 530, 533.

Bedenken, ob die sektorübergreifende Investitionskontrolle so ausgedehnt überhaupt europarechtskonform ist.[37]

Erwerber aus dem Vereinigten Königreich unterfallen als Erwerber aus **16** einem Nicht-EU/Nicht-EFTA-Staat vollumfänglich dem Anwendungsbereich der §§ 55 ff., da es sich bei der Investitionskontrolle um eine Maßnahme zur Sicherstellung der öffentlichen Ordnung oder Sicherheit handelt, denen das Handels- und Kooperationsabkommen zwischen Großbritannien und der EU gem. seinen Art. 412 und 415 nicht entgegensteht.[38]

2. Inländisches Unternehmen. Von der Investitionskontrolle erfasst wird **17** der Erwerb von inländischen Unternehmen. § 55 Abs. 1a stellt klar, dass davon auch abgrenzbare Betriebsteile eines inländischen Unternehmens oder alle wesentlichen Betriebsmittel eines inländischen Unternehmens oder eines abgrenzbaren Betriebsteils erfasst sind (→ Rn. 48 ff.).

Der **Begriff des Inländers** ist in § 2 Abs. 15 AWG legaldefiniert. Danach sind **18** Inländer natürliche Personen mit Wohnsitz oder gewöhnlichem Aufenthalt im Inland (Nr. 1), juristische Personen oder Personengesellschaften mit Sitz oder Ort der Leitung im Inland (Nr. 2), Zweigniederlassungen ausländischer juristischer Personen oder Personengesellschaften, wenn die Zweigniederlassungen ihre Leitung im Inland haben und es für sie eine gesonderte Buchführung gibt (Nr. 3), und Betriebsstätten ausländischer juristischer Personen oder Personengesellschaften im Inland, wenn die Betriebsstätten ihre Verwaltung im Inland haben (Nr. 4). Während der **Sitz** einer juristischen Person oder Personengesellschaft durch das Handels- und Gesellschaftsrecht bestimmt wird, so etwa in § 4a GmbHG, wonach der Sitz der Gesellschaft der Ort im Inland ist, den der Gesellschaftsvertrag bestimmt, bestimmt sich der **Ort der Leitung** nach dem Ort, an dem tatsächlich die maßgebenden Entscheidungen der Unternehmensleitung getroffen werden (→ § 2 AWG Rn. 23).[39]

Der **Begriff des Unternehmens** ist im Gesetz nicht definiert. Ähnlich wie im **19** Kartellrecht dürfte darunter „jede eine wirtschaftliche Tätigkeit ausübende Einheit, unabhängig von ihrer Rechtsform und der Art ihrer Finanzierung" zu verstehen sein.[40] Darunter fallen juristische Personen und Personengesellschaften sowie grundsätzlich auch natürliche Personen, die einer wirtschaftlichen Tätigkeit nachgehen.

3. Erwerbsgeschäft. Beim **Erwerb** iSv § 55 Abs. 1, mit dem das **schuld-** **20** **rechtliche Rechtsgeschäft**,[41] nicht etwa das dingliche Vollzugsgeschäft, gemeint ist, ist zwischen dem unmittelbaren und mittelbaren **Unternehmenserwerb** einerseits und dem unmittelbaren und mittelbaren **Beteiligungserwerb** andererseits zu unterscheiden.

Der unmittelbare oder mittelbare **Unternehmenserwerb** meint den Erwerb **21** eines gesamten Unternehmens, dh nicht weniger als 100 % der Anteile an einem Unternehmen. Unerheblich ist dabei, ob das Unternehmen im Wege eines **Share Deals** (Übertragung von Geschäftsanteilen) oder im Wege eines **Asset Deals** (Übertragung von Betriebsteilen/Betriebsmitteln) erworben wird. Denn auch unter

---

[37] Vgl. dazu Salaschek/Wahls NZKart 2023, 396; zum rechtlichen Maßstab EuGH BeckRS 2023, 16921; EuGH IStR 2000, 287.

[38] Vgl. FAQ A.13 BMWK, abrufbar unter https://www.bmwk.de/Redaktion/DE/FAQ/Aussenwirtschaftsrecht/faq-aussenwirtschaftsrecht.html.

[39] Hocke/Sachs/Pelz/Mausch-Liotta/Sattler AWV § 55 Rn. 69.

[40] EuGH BeckRS 1991, 1234 Rn. 21.

[41] Vgl. § 15 Abs. 2 AWG; differenzierend Hellmann NZKart 2023, 342 (343 f.).

Letzterem ist ein Erwerb im investitionskontrollrechtlichen Sinne zu verstehen. Dies stellt der mit der 15. AWV-Novelle[42] eingefügte und der bisherigen Prüfpraxis entsprechende § 55 Abs. 1a (→ Rn. 48 f.) klar, nach dem ein Erwerb iSv § 55 Abs. 1 auch dann vorliegt, wenn ein Unionsfremder einen abgrenzbaren Betriebsteil eines inländischen Unternehmens (Nr. 1) oder alle wesentlichen Betriebsmittel eines inländischen Unternehmens oder eines abgrenzbaren Betriebsteils eines inländischen Unternehmens, die für die Aufrechterhaltung des Betriebs des Unternehmens oder eines abgrenzbaren Betriebsteils erforderlich sind (Nr. 2), erwirbt.

22   Grundsätzlich können alle Formen eines Anteilserwerbs (**Share Deal**) geprüft werden.[43] Erfasst werden zB **Aktienerwerb**, **Kapitalerhöhung** oder die Umwandlung von Verbindlichkeiten in stimmberechtigtes Eigenkapital (sog. **Debt Equity Swaps**).[44] Darüber hinaus fallen auch Geschäftsvorgänge, die einen solchen Anteilserwerb substituieren, in den Anwendungsbereich der sektorübergreifenden Prüfung, bspw. **Sicherungsabtretungen**[45] von Gesellschaftsanteilen, die mit dem Erwerb von Stimmrechtsanteilen einhergehen, zur Sicherung eines Kredits oder Wertpapierleihen (zB für das Erreichen der 95-%-Schwelle für einen Squeeze-out gem. § 327a AktG). Die bloße **Verpfändung** eines Anteils reicht dagegen nicht aus, da der Sicherungsnehmer in diesem Fall nicht das Stimmrecht selbst erwirbt und auch im Sicherungsfall zunächst vollstrecken müsste.[46] Für **Optionen** und vergleichbare Instrumente (zB Warrants) gilt, ähnlich wie im Kartellrecht, dass diese keinen Stimmrechtserwerb darstellen, solange nicht vom Optionsrecht Gebrauch gemacht wurde.[47] Soweit Stimmrechtsanteile in mehreren Schritten erworben werden (sog. **iterativer Erwerb**), reicht das bloße „Heranschleichen" an die Prüfeintrittsschwellen für eine Überprüfung nicht aus. Ein Prüfrecht des BMWK besteht erst bei Erreichen oder Überschreiten der Schwellenwerte.[48] Welche **rechtliche Grundlage** dem Erwerb zugrunde liegt, ist nicht entscheidend.[49] Jeder schuldrechtliche Vertrag (zB auch ein Tauschvertrag) ist daher ausreichend.[50] Nicht erfasst sind hingegen Fälle, in denen ein unionsfremder Investor durch die Einziehung von Gesellschaftsanteilen proportional mehr Stimmgewicht in einer Gesellschaft erreicht. In diesen Fällen liegt kein Erwerb neuer Stimmrechte vor und es fehlt an einem schuldrechtlichen Vertrag, der Anknüpfungspunkt der Prüfung ist.[51]

---

[42] BR-Drs. 315/20, 10: „Mit dem neuen Absatz 1a erfolgt eine Klarstellung der geltenden Rechtslage".

[43] BeckM&A-HdB/Bonhage § 91 Rn. 14.

[44] Weitnauer GWR 2019, 81.

[45] Vgl. BeckM&A-HdB/Bonhage § 91 Rn. 14.

[46] Hensel/Pohl AG 2013, 849 (855).

[47] Siehe etwa BGH WuW/E 2276–2285; das Bundeskartellamt hatte zuvor erwogen, dass ein Stimmrechtserwerb schon dann vorliegen kann, wenn die Optionsausübung durch einseitige Erklärung erfolgen kann.

[48] Wolffgang/Simonsen/Rogmann/Pietsch AWR/Wolffgang/Rogmann/Pietsch §§ 55–59 AWV Rn. 89.

[49] Wolffgang/Simonsen/Rogmann/Pietsch AWR/Wolffgang/Rogmann/Pietsch §§ 55–59 AWV Rn. 85.

[50] BT-Drucks. 16/10730, 13.

[51] Vgl. Nehring-Köppl, Paradigmenwechsel im Außenwirtschaftsrecht, 2023, S. 142 ff., der einen Missbrauch nach Art. 55 Abs. 3 AWV für möglich hält, wenn die Einziehung gezielt für die Umgehung der Investitionskontrolle eingesetzt wird – dies dürfte aber dem abschließenden Wortlaut des § 56 Abs. 3 widersprechen (→ § 56 Rn. 29).

Greenfield-Investitionen, wie zB die Errichtung einer neuen Produktions- **23** stätte, wertet das BMWK bisher nicht als prüffähige (Anteils-)Erwerbe, solange diese keinen Anteilserwerb substituieren oder vorwegnehmen.[52] Dies muss auch für Unternehmensneugründungen gelten, in die Vermögensgegenstände eingebracht werden, wenn diese Vermögensgegenstände nicht ihrerseits gem. § 55 Abs. 1a einem Unternehmen gleichzustellen sind (→ Rn. 52 ff.).[53] In der im Juni 2023 veröffentlichten Nationalen Sicherheitsstrategie gibt die Bundesregierung an, Anpassungsbedarf bei der Prüffähigkeit des Erwerbes von Grund und Boden prüfen zu wollen.[54] Die Bundesregierung erwägt momentan, auch eine Kontrolle von Greenfield-Investitionen vorzunehmen, wie aus den an die Öffentlichkeit gelangten Entwürfen des Auswärtigen Amts für die China-Strategie der Bundesregierung und dem Entwurf des BMWK für seine internen chinapolitischen Leitlinien hervorgeht. In der Praxis lässt sich ein Anstieg von chinesischen Greenfield-Investitionen in Deutschland beobachten, die im Jahr 2022 erstmals die Mehrheit der chinesischen Direktinvestitionen in Deutschland ausmachten.[55] Allerdings lässt sich diese Entwicklung vor allem durch den Rückgang der chinesischen M&A-Tätigkeit in Deutschland sowie durch umfangreiche Investitionen in den Aufbau von Batteriefabriken in Deutschland erklären.[56]

Ein **unmittelbarer Beteiligungserwerb** liegt vor, wenn ein Unionsfremder **24** direkt die Anteile eines inländischen Unternehmens erwirbt. Unmittelbarer Erwerber ist also derjenige, der unmittelbar Anteile/Stimmrechte erwirbt, auch wenn der unmittelbare Erwerber die Beteiligung an dem inländischen Unternehmen für ein anderes Unternehmen (den oder die mittelbaren Erwerber) vermittelt.[57] Dagegen meint ein **mittelbarer Beteiligungserwerb**, dass ein Unionsfremder eine direkte Beteiligung an einem unionsansässigen oder einem unionsfremden Unternehmen erwirbt, das (unmittelbar oder aber selbst nur mittelbar) an einem inländischen Unternehmen beteiligt ist. Mittelbarer Erwerber in diesem Fall ist nicht nur der Unionsfremde, der die Beteiligung erwirbt, sondern auch alle Unionsfremden, die an diesem wiederum unmittelbar oder mittelbar beteiligt sind. Ein mittelbarer Beteiligungserwerb liegt zudem nach Auffassung des BMWK (→ Rn. 14 f.) auch dann vor, wenn ein unionsansässiges Unternehmen, an dem ein Unionsfremder unmittelbar oder mittelbar beteiligt ist, ein inländisches Unternehmen oder Beteiligungen an diesem erwirbt. In dieser Kon-

---

[52] FAQ A.4 BMWK, abrufbar unter https://www.bmwk.de/Redaktion/DE/FAQ/Aussenwirtschaftsrecht/faq-aussenwirtschaftsrecht.html; siehe auch Salaschek/Schipke ZweR 1/2023, 28 (38 ff.), mit Hinweisen auf eine zukünftig mögliche Änderung dieser Praxis.

[53] Salaschek/Schipke ZweR 2023, 28 (33), siehe auch Besen/Slobodenjuk BB 2012, 2390 (2391).

[54] Integrierte Sicherheit für Deutschland Nationale Sicherheitsstrategie, S. 55 f., abrufbar unter: https://www.nationalesicherheitsstrategie.de/Sicherheitsstrategie-DE.pdf (zuletzt abgerufen am: 19.6.2023).

[55] MERCIS/Rhodium: EV Battery Investments cushion drop to decade low. Chinese in FDI in Europe: 2022 Update, S. 5. Abrufbar unter: https://merics.org/sites/default/files/2023-05/merics-rhodium-group-chinese-fdi-in-europe-2022%20%281%29.pdf (zuletzt abgerufen am 7.6.2023).

[56] MERCIS/Rhodium: EV Battery Investments cushion drop to decade low. Chinese in FDI in Europe: 2022 Update, S. 5 f. Abrufbar unter: https://merics.org/sites/default/files/2023-05/merics-rhodium-group-chinese-fdi-in-europe-2022%20%281%29.pdf (zuletzt abgerufen am 7.6.2023).

[57] BAnz. AT 5.8.2013 B1, 11.

stellation sind mittelbare Erwerber alle Unionsfremden, die am erwerbenden unionsansässigen Unternehmen unmittelbar oder mittelbar beteiligt sind.[58] „Beteiligung" meint jeweils eine Beteiligung in Höhe der nach § 56 für das betrachtete inländische Unternehmen maßgebenden Prüfeintrittsschwelle. Kurz gesagt: Jede Transaktion, die dazu führt, dass zwischen dem deutschen Unternehmen und dem letztlichen Erwerber eine Kette von Beteiligungen von jeweils mindestens 10, 20 oder 25 % (abhängig vom betroffenen Sektor) besteht oder diese in den Fällen des § 56 Abs. 2 verstärkt, fällt in den Anwendungsbereich der sektorübergreifenden Investitionskontrolle (vgl. → § 56 Rn. 50 ff. und das dort abgebildete Schaubild).

25   **4. Beteiligung im Sinne des § 56.** Der **Beteiligungserwerb** unterliegt nur dann der Prüfungsbefugnis des BMWK, wenn er die in § 56 niedergelegten **Prüfeintrittsschwellen** erreicht oder überschreitet (→ § 56 Rn. 14 ff.).

26   Die Prüfungsbefugnis des BMWK nach § 55 Abs. 1 kann gem. § 56 Abs. 2 zudem auch durch den **Hinzuerwerb von Stimmrechtsanteilen**[59] (→ § 56 Rn. 19 ff.) ausgelöst werden, sofern bestimmte Schwellenwerte erreicht oder überschritten werden. Ebenso ist eine Prüfungsbefugnis bei einem sog. **atypischen Kontrollerwerb**[60] gem. § 56 Abs. 3 (→ § 56 Rn. 25 ff.), bei dem ein Unionsfremder in anderer Weise (bspw. durch Zusicherung zusätzlicher Sitze oder Mehrheiten in der Geschäftsführung) eine wirksame Beteiligung an der Kontrolle eines inländischen Unternehmens erlangt, gegeben.

II. Entschließungsermessen

27   Ob beim Vorliegen dieser Voraussetzungen ein Prüfverfahren eröffnet wird, liegt im Ermessen des BMWK, das dabei den üblichen Ermessensgrenzen des § 40 VwVfG unterworfen ist. Teilweise wird vertreten, dass die **Eröffnung des Prüfverfahrens** nur dann ermessenfehlerhaft ist, wenn offensichtlich keinerlei Anhaltspunkte für eine Gefährdung der öffentlichen Sicherheit und Ordnung vorliegt oder das Verfahren erkennbar aus sachfremden Zwecken eingeleitet wird.[61] Dabei ist jedoch zu beachten, dass bereits die Eröffnung des Prüfverfahrens einen nicht unerheblichen Grundrechtseingriff für die betroffenen Unternehmen darstellen kann, da diese zu einer erheblichen Verlängerung der Fristen, Erhöhung der Transaktionskosten (zB Finanzierungskosten) und zu Unsicherheit führen können, die in einigen Fällen auch ein Scheitern einer Transaktion auslösen können.

28   Die **Nicht-Eröffnung** eines Prüfverfahrens wird dagegen nur in sehr seltenen Fällen ermessenfehlerhaft sein. Das BMWK hat das Recht, seine begrenzten Ressourcen sinnvoll einzusetzen, und deshalb bestimmte Fälle zu priorisieren und andere Fälle, die es für weniger wichtig hält, nicht zu prüfen.[62]

---

[58] Hocke/Sachs/Pelz/Mausch-Liotta/Sattler AWV § 55 Rn. 82.

[59] FAQ B.1 BMWK, abrufbar unter https://www.bmwk.de/Redaktion/DE/FAQ/Aussenwirtschaftsrecht/faq-aussenwirtschaftsrecht.html (zuletzt abgerufen am 7.6.2023).

[60] FAQ B.3 BMWK, abrufbar unter https://www.bmwk.de/Redaktion/DE/FAQ/Aussenwirtschaftsrecht/faq-aussenwirtschaftsrecht.html (zuletzt abgerufen am 7.6.2023).

[61] Vgl. Hocke/Sachs/Pelz AußenwirtschaftsR/Mausch-Liotta/Sattler AWV § 55 Rn. 104.

[62] AA Hocke/Sachs/Pelz AußenwirtschaftsR/Mausch-Liotta/Sattler AWV § 55 Rn. 104, die wohl von intendiertem Ermessen ausgehen, wenn verlässliche Anhaltspunkte für eine Gefährdung der öffentlichen Sicherheit und Ordnung vorliegen, was in den Fällen des § 55a kraft gesetzgeberischer Wertung in aller Regel der Fall sei. Dies würde jedoch bedeuten, dass bei Erwerben, die nach § 55a Abs. 4 gemeldet werden müssen, regelmäßig ein Prüfverfahren zu eröffnen wäre. Dies dürfte weder dem Wortlaut des Gesetzes noch der Intention des Gesetzgebers entsprechen.

III. Prüfungsmaßstab

Das BMWK untersucht im Rahmen der sektorübergreifenden Prüfung, ob **29** der Erwerb die öffentliche Ordnung oder Sicherheit (→ Rn. 30 ff.) der Bundesrepublik Deutschland, eines anderen Mitgliedstaates der EU oder in Bezug auf Projekte oder Programme von Unionsinteresse iSd Art. 8 der EU-Screening-VO (→ Rn. 33 ff.) voraussichtlich beeinträchtigt. Dabei kommt dem BMWK ein gewisser Beurteilungsspielraum zu (→ Rn. 39). Dieser **Prüfungsmaßstab ist gleichermaßen relevant** für die Erteilung einer Unbedenklichkeitsbescheinigung (§ 58) oder einer Freigabe (§ 58a) sowie dem Aussprechen einer Untersagung oder dem Treffen von Anordnungen (§ 59).

1. Öffentliche Ordnung oder Sicherheit. Schutzgüter der sektorübergrei- **30** fenden Prüfung sind die „**öffentliche Ordnung oder Sicherheit**". Der Begriff ist **nicht mit dem Schutzgut des deutschen Polizeirechts gleichzusetzen**, sondern entstammt dem Unionsrecht und stellt dort einen Rechtfertigungstatbestand für Eingriffe in die Kapital- und Niederlassungsfreiheit gem. Art. 52, 65 AEUV dar. Der EuGH verlangt für eine Rechtfertigung auf Grundlage der öffentlichen Ordnung und Sicherheit in ständiger Rechtsprechung eine „**tatsächliche und hinreichend schwere Gefährdung, die ein Grundinteresse der Gesellschaft berührt**" (vgl. zur Bedeutung dieses Kriteriums→ Screening-VO Rn. 27).[63] Rein wirtschaftliche Interessen genügen hingegen nicht.[64] Bei Einführung der sektorübergreifenden Investitionskontrolle bestand noch ein ausdrücklicher Verweis auf die unionsrechtliche Determination der Begriffe entsprechend Art. 46, 58 EG in § 7 AWG aF (jetzt: § 4 AWG).[65] Dieser wurde 2020 gestrichen, als der deutsche Gesetzgeber den erforderlichen Gefährdungsmaßstab **von einer „Gefährdung" auf eine „voraussichtliche Beeinträchtigung" absenkte.**[66] Dass diese Absenkung auch für die Untersagung gilt, ergibt sich aus § 5 Abs. 2 S. 1 AWG. Dabei stützte sich der deutsche Gesetzgeber auf die Screening-VO, die denselben Wortlaut benutzt.

Ob dies tatsächlich zu einer **Absenkung des anwendbaren Gefährdungs- 31 maßstabs** im Vergleich zur angeführten EuGH-Rechtsprechung führte, ist unklar. Angesichts der Tatsache, dass der Gesetzgeber weiterhin den Gleichlauf mit dem Unionsrecht wünscht, dürfte die Auslegung davon abhängen, ob das Unionsrecht einen niedrigeren Gefährdungsmaßstab zulässt. Hierzu ist festzustellen, dass der EuGH entschieden hat, dass die Screening-VO auf **„mittelbare Erwerbe"** unionsfremder, bei unmittelbarer Erwerber ein unionsansässiges Unternehmen ist, nicht anwendbar ist.[67] In diesem Bereich kann daher die Screening-VO keine Auswirkungen auf den Prüfungsmaßstab haben; es bleibt unzweifelhaft beim alten Maßstab der tatsächlichen und hinreichend schweren Gefährdung, die ein Grundinteresse der Gesellschaft berührt.[68] Das Schutzgut der sektorübergreifenden Investitionskontrolle ist daher in diesen Fällen **europarechtskonform auszulegen**.

---

[63] Vgl. nur EuGH C-54/99, IStR 2000, 287 Rn. 17; EuGH C-339/19, BeckRS 2020, 22876 Rn. 40; EuGH C-39/11, BeckRS 2012, 81170 Rn. 29.

[64] EuGH BeckRS 2023, 16921, Rn. 64 mwN.

[65] 13. AWV-Novelle, BGBl. 2009 I 770.

[66] Erstes Gesetz zur Änderung des Außenwirtschaftsgesetzes und anderer Gesetze, BGBl. 2020 I 1637.

[67] EuGH BeckRS 2023, 16921 Rn. 29 ff.

[68] Salaschek/Wahls NZKart 2023, 396 (401 ff.).

32   Auch in den **Fällen, in denen die Screening-VO anwendbar ist**, dürfte sie nicht zu einer Veränderung des europarechtlichen Maßstabes führen. Hierfür spricht, dass die Screening-VO eine solche Absenkung des Gefährdungsmaßstabes überhaupt nicht beabsichtigt und aufgrund der eigenen Bindung des Unionsgesetzgebers an die Grundfreiheiten auch nicht könnte, sodass der bisherige Maßstab hier ebenso weiterhin anwendbar sein dürfte (Im Einzelnen dazu → Screening-VO Rn. 104 ff.). Auch in diesen Fällen ist daher eine europarechtskonforme Auslegung geboten.[69]

33   **2. Anknüpfungspunkt der öffentlichen Sicherheit und Ordnung.** Neben der öffentlichen Ordnung oder Sicherheit der Bundesrepublik Deutschland kann das BMWK seit der 1. AWG-Novelle und der 16. AWV-Novelle auch die **öffentliche Ordnung oder Sicherheit anderer EU-Mitgliedstaaten** und in Bezug auf **Projekte und Programme von Unionsinteresse** iSd Art. 8 Screening-VO (→ Screening-VO Rn. 108 ff.) berücksichtigen. § 55 Abs. 1 entspricht jetzt den durch die 1. AWG-Novelle geänderten § 4 Abs. 1 Nr. 4, 4a und § 5 Abs. 2 AWG. Dadurch soll die vollumfängliche Teilnahme der Bundesrepublik Deutschland an dem durch Art. 6 ff. Screening-VO geschaffenen **EU-Kooperationsmechanismus** gewährleistet werden (im Einzelnen dazu → Screening-VO Rn. 140 ff.).[70] In vielen anderen EU-Mitgliedstaaten sind entsprechende Gesetzesänderungen bislang jedoch nicht erfolgt.[71]

34   Nach Art. 6 Abs. 1 Screening-VO haben die Mitgliedstaaten der Kommission und den übrigen Mitgliedstaaten alle ausländischen Direktinvestitionen in ihrem Hoheitsgebiet mitzuteilen, die einer Überprüfung unterzogen werden. Ist ein Mitgliedstaat der Auffassung, dass eine ausländische Direktinvestition, die in einem anderen Mitgliedstaat einer Überprüfung unterzogen wird, seine Sicherheit oder öffentliche Ordnung voraussichtlich beeinträchtigt, oder verfügt er über Informationen, die für eine solche Überprüfung von Bedeutung sind, so kann er gem. Art. 6 Abs. 2 Screening-VO Kommentare an den Mitgliedstaat richten, der die Überprüfung durchführt. Außerdem kann die Kommission nach Art. 6 Abs. 3 Screening-VO eine Stellungnahme abgeben, wenn sie der Ansicht ist, dass die öffentliche Ordnung oder Sicherheit in mehr als einem Mitgliedstaat voraussichtlich beeinträchtigt wird. Der prüfende Mitgliedstaat hat die Kommentare, die andere Mitgliedstaaten oder die Stellungnahme, die die Kommission im Rahmen des Kooperationsmechanismus ihm gegenüber abgeben, gem. Art. 6 Abs. 9 Screening-VO **in angemessener Weise im Rahmen der nationalen Prüfung zu berücksichtigen**. Er muss sich also mit den Sachinformationen und Argumenten der anderen Mitgliedstaaten und der Kommission auseinandersetzen und diese in nachvollziehbarer Weise in der Abwägung aller Umstände des Einzelfalls einbeziehen. Eine Bindungswirkung der Positionen der anderen Mitgliedstaaten bzw. der Kommission besteht für den prüfenden Mitgliedstaat indes nicht. Die (voraussichtliche) Beeinträchtigung der öffentlichen Ordnung oder Sicherheit eines anderen Mitgliedstaates kann aber als Begründung für eine Entscheidung gem. § 59 AWV herangezogen werden

35   Dasselbe gilt gemäß Art. 8 Screening-VO, soweit ein **Projekt oder Programm von Unionsinteresse** betroffen ist. In diesem Fall muss der prüfende

[69] Salaschek/Wahls NZKart 2023, 396 (404 ff.); Bungenberg/Reinhold InvKR Rn. 346.
[70] BR-Drs. 646/20, 6.
[71] OECD, Framework for Screening Foreign Direct Investment into the EU, assessing Effectiveness and Efficiency, Nov. 2022, S. 71.

Mitgliedsstaat aber der Stellungnahme der Kommission **„umfassend Rechnung tragen"**, was eine stärkere Form der Berücksichtigung darstellt.

Der EU-Kooperationsmechanismus führt zu einer wesentlichen Zunahme **36** innereuropäischer Koordination und Abstimmung mit einer entsprechenden Mehrbelastung für die zuständigen mitgliedstaatlichen Behörden und die Transaktionsparteien, die auch Fragen aus Mitgliedstaaten nachkommen müssen, in denen kein eigenes Prüfverfahren erforderlich ist (Art. 9 Abs. 4 Screening-VO). Für die Praxis bedeutet dies, dass es bei einem Erwerbsvorhaben sorgfältig zu prüfen gilt, ob eine Meldepflicht in einem anderen Mitgliedstaat besteht oder eine freiwillige Meldung in Betracht gezogen werden sollte, die etwaigen Bedenken eines Mitgliedstaates begegnen und Verzögerungen durch eine verspätete Prüfung eines weiteren Mitgliedstaates oder Stellungnahmen über den Kooperationsmechanismus vermeiden kann.[72] Zugleich ist in der Transaktionsplanung zu berücksichtigen, ob die öffentliche Ordnung oder Sicherheit in einem Mitgliedstaat beeinträchtigt wird, in dem weder eine Meldepflicht besteht noch eine freiwillige Meldung möglich ist, oder ob ein Projekt oder Programm von Unionsinteresse betroffen sein kann. In der Praxis kann es schwierig sein, Bedenken eines anderen Mitgliedstaates oder der Kommission zu antizipieren und diese ggf. in einem Verfahren in einem anderen Mitgliedsaat auszuräumen. Ein regelmäßiger Austausch mit dem BMWK ebenso wie eine sorgfältige und vollumfängliche investitionskontrollrechtliche Analyse sind vor diesem Hintergrund für die erfolgreiche Durchführung eines Erwerbs in der Regel empfehlenswert.

Nach der Entscheidung des EuGH, dass die Screening-VO in Fällen eines **37** „mittelbaren Erwerbes" eines unionsfremden Investors, bei dem unmittelbarer Erwerber ein unionsansässiges Unternehmen ist, keine Anwendung findet, ist fraglich, wie der Schutz der öffentlichen Ordnung oder Sicherheit anderer EU-Mitgliedstaaten und in Bezug auf Projekte und Programme von Unionsinteresse realisiert werden soll. Das Unionsrecht verbietet es den Mitgliedsstaaten nicht, auch die Interessen anderer Mitgliedsstaaten oder der Union zu schützen. Allerdings darf das BMWK in diesen Fällen den Kooperationsmechanismus nicht mehr nutzen und hat daher keinen Zugriff auf Informationen, die es bräuchte, um die Interessen anderer Mitgliedsstaaten oder der Union zu schützen. Vorzugwürdig wäre daher, die Anwendbarkeit dieses Tatbestandsmerkmals teleologisch auf die Fälle der Anwendbarkeit der Screening-VO zu reduzieren, um zu verhindern, dass das Gesetz das BMWK zur Berücksichtigung eines Kriteriums zwingt, dass es faktisch nicht umsetzen kann.

3. Zu berücksichtigende Faktoren. Im Rahmen seiner Prüfung berücksich- **38** tigt das BMWK – wie andere Investitionskontrollbehörden – in der Regel einerseits zielunternehmensbezogenen Faktoren (→ § 55a Rn. 2 ff.) und andererseits erwerberbezogene Faktoren (→ § 55a Rn. 119 ff.).

4. Beurteilungsspielraum. Dem BMWK kommt bei der Feststellung einer **39** voraussichtlichen Beeinträchtigung für die öffentliche Ordnung oder Sicherheit nach verbreiteter Ansicht ein **Beurteilungsspielraum** zu, dessen genauer Umfang im Einzelnen aber umstritten ist.[73] Die anderen Mitgliedsstaaten und die

---

[72] So auch Barth/dos Santos Goncalves DB 2021, 2949 (2954 f.); Barth/dos Santos Goncalves/Käser DB 2021 Beilage 2021, Nr. 03, 42 (44).

[73] Besen/Slobodenjuk PharmR 2020, 441 (445); in diesem Sinne wohl auch VG Berlin, BeckRS 2022, 997 Rn. 40.

Kommission haben einen Beurteilungsspielraum bei der Bewertung ihrer jeweiligen nationalen Belange bzw. der Unionsbelange.[74] Inwieweit diese aber zu einem Einschreiten des BMWK führt, entscheidet dieses alleine, wobei es die Kommentare in angemessener Weise berücksichtigt (Art. 7 Abs. 9 Screening-VO) bzw. der Stellungnahme der Kommission bei Programmen und Projekten von Unionsinteresse umfassend Rechnung trägt (Art. 8 Abs. 2 lit. c. Screening-VO). Im Einzelnen dazu → Screening-VO Rn. 160 ff.

40   Die Existenz eines Beurteilungsspielraums muss sich ausdrücklich aus dem Gesetz ergeben oder durch Auslegung hinreichend deutlich zu ermitteln sein.[75] Die letztverbindliche Normauslegung und die Kontrolle der Rechtsanwendung muss grundsätzlich den Gerichten vorbehalten sein, wobei die Freistellung behördlichen Handelns von gerichtlicher Kontrolle – auch durch den Gesetzgeber – eines hinreichend gewichtigen, am Grundsatz eines wirksamen Rechtsschutzes ausgerichteten Sachgrunds bedarf.[76] Im Rahmen der Investitionskontrolle kommen hierfür die außen- und verteidigungspolitische Einschätzungsprärogative der Bundesregierung[77] sowie ein Beurteilungsspielraum für Prognose- und Risikobewertungen[78] in Betracht. Die außen- und verteidigungspolitische Einschätzungsprärogative der Bundesregierung wird nur für einzelne Aspekte der sektorübergreifenden Investitionskontrolle einen Beurteilungsspielraum rechtfertigen können.[79] Einen allgemeinen Grundsatz, wonach für Prognoseentscheidungen ein Beurteilungsspielraum besteht, gibt es nicht.[80] Ein Beurteilungsspielraum für Prognoseentscheidungen ist nur anerkannt, wo politische und wirtschaftliche Gesamtzusammenhänge zu würdigen sind, die von einer besonders hohen Komplexität oder besonderer Dynamik gekennzeichnet sind, sodass ein Gericht die Bewertung selbst mit sachverständiger Hilfe nicht bewältigen könnte.[81] Dies dürfte angesichts der Breite des Anwendungsbereichs der sektorübergreifenden Investitionskontrolle eher eine Ausnahme als der Regelfall sein.[82] Jedenfalls ist die Kontrolldichte allein für die nur prognostisch zu erfassenden Voraussetzungen zu reduzieren.[83]

41   Die Auslegung des Begriffes der öffentlichen Ordnung und Sicherheit dürfte somit im vollen Maße der gerichtlichen Kontrolle unterliegen (vgl. aber für die sektorspezifische Investitionskontrolle → § 62 Rn. 20 ff.). Soweit bei der Rechtsanwendung im Einzelfall außen- oder verteidigungspolitische Einschätzungen (die in der Regel insbesondere in der sektorspezifischen Kontrolle relevant sind) oder

[74] Von Kalben ZHR 2022, 586 (620 f.).

[75] BVerfGE 129, 1 = BeckRS 2011, 51929 Rn. 72.

[76] BVerfGE 129, 1 = BeckRS 2011, 51929 Rn. 73.

[77] Grundlegend dazu BVerfGE 55, 349 = BeckRS 1980, 1069; BVerfGE 68, 1 = BeckRS 1984, 1058.

[78] BeckOK VwVfG/Aschke VwVfG § 40 Rn. 121 ff.

[79] Vgl. in diesem Sinne Voland EuZW 2010, 132, 135 f.; Bungenberg/Reinhold InvKR Rn. 347.

[80] Man denke nur an das allgemeine Polizeirecht, in dem kein Beurteilungsspielraum für die Einschätzung von Gefahren besteht.

[81] Stelkens/Bonk/Sachs/Sachs VwVfG § 40 Rn. 198 f.; BeckOK VwVfG/Aschke VwVfG § 40 Rn. 126.

[82] So auch Bungenberg/Reinhold InvKR Rn. 347; aA wohl Hocke/Sachs/Pelz AußenwirtschaftsR/Mausch-Liotta/Sattler AWV § 59 Rn. 6, die die Bewertung der öffentlichen Sicherheit und Ordnung pauschal als Prognose- und Risikobewertung einordnen.

[83] BVerwGE 120, 227, 232 = BeckRS 2004, 22535; Stelkens/Bonk/Sachs/Sachs VwVfG § 40 Rn. 198.

komplexe wirtschaftliche oder politische Prognoseentscheidungen getroffen werden müssen, besteht ein Beurteilungsspielraum. Aspekte, die in keine dieser Kategorien fallen, sind gerichtlich voll überprüfbar.

Auch europarechtliche Gesichtspunkte sprechen dafür, nur einen eng umrissenen **42** Beurteilungsspielraum zu gewähren (→ Screening-VO Rn. 27).[84] Bei Beschränkungen der Niederlassungs- und Kapitalfreiheiten dürfen nationale Behörden nach der Rechtsprechung des EuGH nur so viel Ermessen[85] besitzen wie für die Erreichung der verfolgten Zwecke erforderlich ist.[86] Ein zu weites Ermessen birgt aus Sicht des EuGH die Gefahr von Diskriminierung und ist unzulässig.[87]

Soweit dem BMWK ein Beurteilungsspielraum zusteht, richtet sich dessen Kon- **43** trolle nach den allgemeinen Grundsätzen. Danach hat das Gericht die Entscheidung darauf zu überprüfen, ob das BMWK Verfahrensfehler begangen hat, von einem unrichtigen Sachverhalt ausgegangen ist, anzuwendendes Recht verkannt hat, bei einer Anwendung allgemeingültige Bewertungsmaßstäbe verletzt hat oder sich von sachfremdem Erwägungen hat leiten lassen.[88] Der EuGH hält auch bei außen- und sicherheitspolitischen Fragen einen strengen Überprüfungsmaßstab für erforderlich. So nahm er in Bezug auf die Kontrolle von Sanktionen gegen Terrorverdächtige an, dass die Gerichte überprüfen müssen, ob die behauptete Tatsachenbasis erwiesen ist und sich nicht auf abstrakte Wahrscheinlichkeiten verlassen dürfen.[89] Dafür müssen sie ggf. vertrauliche Informationen anfordern und erhalten.[90] Es ist Sache der Behörden, die Stichhaltigkeit der vorgebrachten Gründe zu beweisen, und nicht Sache des Klägers, einen Negativbeweis zu erbringen.[91]

IV. Abschluss des Verfahrens

Das Verfahren kann durch eine Untersagung (→ § 59 Rn. 4 ff.) enden, wenn **44** das BMWK eine voraussichtliche Beeinträchtigung der öffentlichen Sicherheit oder Ordnung im Laufe des Verfahrens als gegeben ansieht. Ansonsten endet das Verfahren durch eine Freigabe (→ § 58a Rn. 8 ff.). Soweit nach Einleitung des Prüfverfahrens keine Untersagung oder Anordnung innerhalb der vorgeschriebenen Fristen erfolgt, gilt eine Freigabe gemäß § 58 Abs. 2 Alt. 2 als erteilt (→ § 58a Rn. 13 ff.).

V. Entscheidungserheblicher Zeitpunkt

Der sektorübergreifenden Investitionskontrolle unterliegen nur Erwerbe, die **45** bei ihrem Vollzug bereits in ihren Anwendungsbereich fielen.[92] Soweit erst nach dem Vollzug die Voraussetzungen dafür eintreten, dass ein Erwerb in den Anwendungsbereich der sektorübergreifenden Prüfung fällt, kann das BMWK kein Prüfverfahren eröffnen. Sofern die Eröffnung des Prüfverfahrens nach Vollzug aber

---

[84] Vgl. von Kalben ZHR 186, 586, 631; Bungenberg/Reinhold InvKR Rn. 347.

[85] Der EuGH unterscheidet nicht zwischen Ermessen auf der Tatbestands- und der Rechtsfolgenebene.

[86] EuGH BeckRS 2012, 82371 Rn. 75 mwN.

[87] EuGH BeckRS 2012, 82371 Rn. 64 ff., 79 mwN.

[88] Stelkens/Bonk/Sachs/Sachs VwVfG § 40 Rn. 221.

[89] EuGH BeckRS 2013, 81524 Rn. 119.

[90] EuGH BeckRS 2013, 81524 Rn. 120.

[91] EuGH BeckRS 2013, 81524 Rn. 121.

[92] So auch Nehring-Köppl, Paradigmenwechsel im Außenwirtschaftsrecht, 2023, S. 162 f.

noch möglich ist, kann das BMWK in diese auch Erwägungen einbeziehen, die sich erst nach Vollzug ergeben haben.

46   Nach den allgemeinen Regeln des Verwaltungsrechts kommt es für die Rechtmäßigkeit eines Verwaltungsakts auf den Zeitpunkt des Erlasses an. Die Voraussetzungen für die Anwendung der Befugnisse der sektorübergreifenden Investitionskontrolle müssen also jeweils in dem Zeitpunkt vorliegen, in dem sie ausgeübt werden. Die Voraussetzungen für die Eröffnung des Prüfverfahrens müssen folglich bereits bei Erlass des Eröffnungsbescheides vorliegen. Sie müssen auch bei Erlass der jeweiligen verfahrensabschließenden Maßnahme (Freigabe/Untersagung/Anordnung) oder bei Erlass einer Unbedenklichkeitsbescheinigung vorliegen. Zudem muss in diesem Zeitpunkt die voraussichtliche Beeinträchtigung der öffentlichen Ordnung oder Sicherheit vorliegen (bzw. nicht vorliegen). Für die Rechtmäßigkeit einer verfahrensabschließenden Maßnahme ist es allerdings unbeachtlich, ob die Voraussetzungen für die sektorübergreifende Prüfung schon bei deren Eröffnung vorlagen. Allerdings kann die Rechtswidrigkeit des Eröffnungsbescheides, soweit er nicht bestandskräftig wird, zur Versäumung der Eingriffsfristen führen.

47   Zur Frage des entscheidungserheblichen Zeitpunktes für die Meldepflicht → § 55a Rn. 133.

C. Erwerb von abgrenzbaren Betriebsteilen oder wesentlichen Betriebsmitteln (Asset Deal) (Abs. 1a)

48   Mit dem durch die 15. AWV-Novelle eingefügten Abs. 1a wurde nach Auffassung des Verordnungsgebers die geltende Rechtslage klargestellt und § 55 an die bisherige Prüfpraxis des BMWK angepasst. Der **Asset Deal**, also der Erwerb eines selbständigen Betriebsteils oder aller zur Aufrechterhaltung des Betriebs des Unternehmens bzw. eines Betriebsteils wesentlichen Betriebsmittel des Zielunternehmens ist folglich ebenfalls vom Erwerbsbegriff des § 55 Abs. 1 umfasst.[93]

49   § 55 Abs. 1a unterscheidet drei **Erwerbskonstellationen** eines Asset Deals. Entweder wird gem. § 55 Abs. 1a Nr. 1 ein abgrenzbarer Betriebsteil eines inländischen Unternehmens oder gem. § 55 Abs. 1a Nr. 2 Alt. 1 alle wesentlichen Betriebsmittel eines inländischen Unternehmens oder gem. § 55 Abs. 1a Nr. 2 Alt. 2 alle wesentlichen Betriebsmittel eines abgrenzbaren Betriebsteils eines inländischen Unternehmens erworben. Die Betriebsmittel müssen sowohl bei § 55 Abs. 1a Nr. 2 Alt. 1 als auch bei § 55 Abs. 1a Nr. 2 Alt. 2 für die Aufrechterhaltung des Betriebs des Unternehmens oder eines abgrenzbaren Betriebsteils erforderlich sein.

50   Der abgrenzbare (oder „selbständige"[94]) Betriebsteil stellt die gesetzlich normierte Mindesteinheit dar, die für die Annahme eines Unternehmenserwerbs iSv § 55 Abs. 1 vorliegen muss. Was unter einem „abgrenzbaren Betriebsteil" zu verstehen ist, hat der Verordnungsgeber nicht erläutert. Zwar können mit Blick auf die fehlende Legaldefinition und in Ermangelung einer gefestigten Auslegungspraxis Parallelen zum Fusionskontrollrecht[95] und zum Arbeitsrecht[96] als Auslegungshilfen gezogen werden. Insbesondere die Fusionskontrolle beschäftigt sich

---

[93] BR-Drs. 315/20, 10.
[94] BT-Drs. 19/1978, 14.
[95] „Erwerb des Vermögens eines anderen Unternehmens (…) zu einem wesentlichen Teil" iSv § 37 Abs. 1 Nr. 1 GWB.
[96] § 613a BGB, der Rechte und Pflichten bei Betriebsübergang regelt.

auch mit der Fragestellung des Einflusses eines Anteilseigners auf die Geschäftspolitik. Bei einer Übertragung wäre jedoch zu beachten, dass beide Rechtsmaterien andere Zwecke – Schutz des Wettbewerbs und Schutz der Arbeitnehmer – verfolgen als die Investitionskontrolle. Die sicherheitspolitische Zielrichtung der Investitionskontrolle spricht daher gegen eine rein schematische Übertragung der Wertungen anderer Rechtsgebiete.[97] In Anlehnung an das Arbeitsrecht kann wohl – allerdings nur als notwendige Mindestvoraussetzung – verlangt werden, dass der Betriebsteil Gegenstand einer eigenen rechtsgeschäftlichen Verfügung sein kann und es sich um eine Teileinheit oder Teilorganisation des Betriebs handelt, die einen eigenen (Teil-)Zweck verfolgt.[98]

Klar ist jedoch, dass ein Betriebsteil da nicht vorliegt, wo ein Bezug zu **51** einem Unternehmenserwerb nicht erkennbar ist, weil es sich sonst nicht mehr um einen „abgrenzbaren" Betriebsteil handeln würde.[99] Der abgrenzbare Betriebsteil iSv § 55 Abs. 1a Nr. 1 muss zudem beim inländischen Unternehmen bereits vorgelegen haben, da § 55 Abs. 1a an das inländische Unternehmen anknüpft und nicht an die zukünftige Nutzung durch den Erwerber.[100] Dies entspricht der Wertung des Verordnungsgebers, wonach Greenfield-Investments nicht kontrollfähig sind (→ Rn. 23). Einzelne Vermögensgegenstände dürften regelmäßig nicht reichen.[101] In der arbeitsrechtlichen Rechtsprechung ist anerkannt, dass die Übernahme eines nach Zahl und Sachkunde wesentlichen Teils des Personals ausreichen kann, insbesondere wenn dadurch das Knowhow des Unternehmens erlangt wird.[102] Ob sich diese Rechtsprechung in einer anderen Rechtsmaterie auf § 55a AWV übertragen lässt, ist allerdings unklar.[103] Eine Personalübernahme kann aber als ein Indiz berücksichtigt werden.[104]

Auch der **Erwerb aller wesentlichen Betriebsmittel** eines Unternehmens **52** oder eines abgrenzbaren Betriebsteils stellt einen Erwerb iSv § 55 dar (Nr. 2). Im Unterschied zur Nr. 1 ist hier nicht erforderlich, dass es dem Erwerber auf die dort geleistete Tätigkeit ankommt oder er diese fortführen möchte; es reicht vielmehr, dass die entscheidenden Produktionsfaktoren übernommen werden.[105] Da alle wesentlichen Betriebsmittel übernommen werden müssen, fällt der Kauf eines einzelnen Vermögensgegenstands nicht in den Erwerbstatbestand.[106] Die Betriebsmittel müssen bei Nr. 2 zudem zur Aufrechterhaltung des Betriebs des Unternehmens oder des abgrenzbaren Betriebsteils erforderlich sein, wobei auch eine mögliche Ersatzbeschaffung zu berücksichtigen ist.[107]

Forschungskooperationen können unter bestimmten Umständen von der **53** sektorübergreifenden Investitionskontrolle erfasst sein. Das ist dann der Fall, wenn

[97] Siehe im Einzelnen ausführlich Salaschek/Schipke ZWeR 2023, 28 (35 ff.).

[98] BAG AP BGB § 613a Nr. 69; BAG BeckRS 1980, 41597.

[99] Salaschek/Schipke ZWeR 2023, 28, 35.

[100] Salaschek/Schipke ZWeR 2023, 28, 36.

[101] Salaschek/Schipke ZWeR 2023, 28, 36 f.; Nehring-Köppl, Paradigmenwechsel im Außenwirtschaftsrecht, 2023, S. 134.

[102] EuGH C-108/10, AP Richtlinie 2001/23/EG Nr. 9 Rn. 49; BAG BeckRS 2014, 74373 Rn. 18.

[103] Salaschek/Schipke ZWeR 2023, 28, 37.

[104] Salaschek/Schipke ZWeR 2023, 28, 37.

[105] Hocke/Sachs/Pelz AußenwirtschaftsR/Mausch-Liotta/Sattler AWV § 55 Rn. 151.

[106] Salaschek/Schipke ZWeR 2023, 28, 37 f.

[107] Salaschek/Schipke ZWeR 2023, 28, 39.

ein Unionsfremder eine Beteiligung iSd § 56 an einer bereits bestehenden For-
schungsabteilung erhält, die einen abgrenzbaren Betriebsteil des inländischen
Unternehmens darstellt, zB indem diese in ein Joint Venture eingebracht wird.
Denkbar ist auch, dass **bestehende Technologierechte** oder sonstige immateri-
elle Betriebsmittel erworben werden, die alle wesentlichen Betriebsmittel eines
inländischen Unternehmens oder eines Betriebsteils darstellen, wovon das BMWK
ausgeht, wenn sie die wirtschaftliche Identität des betreffenden Unternehmens
bestimmen. Diese Variante ist nicht erfüllt, wenn dieser Betrieb oder Betriebsteil
noch andere wesentliche Betriebsmittel hat, kommt also nur bei Unterneh-
men(steilen) in Betracht, die sich allein mit der Entwicklung oder Anwendung
einer bestimmten Technologie beschäftigen (zB single-drug-Unternehmen).[108]
Da der Erwerb aller wesentlichen Betriebsmittel weiterhin voraussetzt, dass sie
zur Aufrechterhaltung des Betriebs des Unternehmens oder des Betriebsteils erforderlich sind, dürfte zu verlangen sein, dass das Betriebsmittel dem Unternehmen
durch den Erwerb entzogen wird. Die bloße **Lizenzierung** an ein ausländisches
Unternehmen, die das eigene Nutzungsrecht des inländischen Unternehmens
nicht ausschließt, dürfte daher nicht der sektorübergreifenden Investitionskontrolle unterfallen.[109] Soweit die Lizenz aber das eigene Nutzungsrecht ausschließt,
kann die Transaktion vom Anwendungsbereich der sektorübergreifenden Investitionskontrolle erfasst sein.

54   Ob und wie § 56 den Erwerb von Vermögensgegenständen (Asset Deals)
anzuwenden ist, ist unklar. Richtigerweise **findet § 56 auf Asset Deals keine
Anwendung**. An Vermögensgegenständen können nach deutschem Recht keine
Stimmrechte erworben werden. Eine Anwendung des § 56 auf Assets wäre allenfalls analog möglich, was der formalistischen Natur des § 56 widerspricht, der
bewusst nur auf Stimmrechte abstellt. Im Übrigen dürfte eine analoge Anwendung
aufgrund der Strafbewehrung von Verstößen gegen das Vollzugsverbot unzulässig
sein. Dafür spricht auch der Wortlaut: § 55 Abs. 1a spricht nur vom Erwerb
bestimmter Vermögenswerte und nicht vom Erwerb einer Beteiligung an diesen.
Systematisch stellt Abs. 1a nur den Erwerb bestimmter Vermögenswerte einem
Erwerb nach Abs. 1 gleich, ohne einen Verweis auf § 56 vorzunehmen. Es ist
daher grundsätzlich ein **Vollerwerb** der Assets notwendig. Dabei dürfte es zur
Vermeidung von Umgehungen auch ausreichen, wenn andere Rechte erworben werden (zB Nießbrauch), kraft derer dem Erwerber die Verfügungsgewalt
über Assets iSd Abs. 1a zusteht.

D. Interne Umstrukturierungen (Abs. 1b)

55   Nach § 55 Abs. 1b besteht kein Prüfrecht des BMWK gem. § 55 Abs. 1 bei
internen Umstrukturierungen, wenn ein schuldrechtliches Rechtsgeschäft
über den Erwerb eines inländischen Unternehmens ausschließlich zwischen
Unternehmen abgeschlossen wird, deren Anteile jeweils vollständig von demselben herrschenden Unternehmen gehalten werden, und alle Vertragsparteien ihren
Ort der Leitung in demselben Drittstaat haben.

56   Im Übrigen sind auch rein interne Umstrukturierungen von der sektorübergreifenden Prüfung erfasst. Bei diesen dürfte es sich häufig um unbedenkliche

---

[108] Salaschek/Schipke ZweR 2023, 28, 39 f.
[109] Salaschek/Schipke ZweR 2023, 28, 40.

Erwerbe handeln, sofern die Gefährdungslage in Bezug auf die von § 55 geschützten Rechtsgüter und die Einflussmöglichkeiten unionsfremder Erwerber oder staatlicher Stellen auf ein inländisches Unternehmen unverändert bleiben.[110]

In diesem Zusammenhang bestehen jedoch wegen der Sanktionen, die an einen **57** Vollzug ohne vorherige Freigabe des BMWK geknüpft werden, erhebliche Risiken für die Transaktionsparteien.[111] Denn der Anwendungsbereich der Ausnahmeregelung in § 55 Abs. 1b ist sehr eng. Alle Vertragsparteien müssen ihren Ort der Leitung in demselben Drittstaat haben. Dh, dass sowohl die veräußernde Unternehmenseinheit als auch der unmittelbare Erwerber den Leitungssitz in demselben Land haben müssen und daher keine Gesellschafter aus einem bislang nicht beteiligten Rechtskreis hinzutreten dürfen. Nach Auffassung des BMWK greift die Ausnahme aber auch dann, wenn die Obergesellschaft gleichbleibt, sich lediglich die Beteiligungskette verändert und keine Gesellschafter aus einem bislang nicht beteiligten Rechtskreis hinzutreten.[112] Danach müssen also nicht alle beteiligten Gesellschaften zwingend demselben Rechtskreis entstammen, damit die Ausnahme anwendbar ist. Aufgrund des engen Wortlautes des Gesetzes dürfte aber in der Praxis eine Nachfrage beim BMWK empfehlenswert sein.

E. Prüfungsbefugnis des BMWK bei Umgehungsgeschäften (Abs. 2)

Grundsätzlich besteht die Prüfungsbefugnis des BMWK gem. § 55 Abs. 1 nur **58** dann, wenn es sich bei dem Erwerber um einen Unionsfremden handelt. Eine Ausnahme gilt, wenn es Anzeichen dafür gibt, dass eine **missbräuchliche Gestaltung** oder ein **Umgehungsgeschäft** zumindest auch vorgenommen wurde, um eine Prüfung nach § 55 Abs. 1 zu unterlaufen. Die Prüfungsbefugnis des BMWK greift in diesem Fall auch dann, wenn es sich bei dem Erwerber um einen Unionsansässigen iSv § 2 Abs. 18 AWG handelt. Die mit der 17. AWV-Novelle geänderte Formulierung von § 55 Abs. 2 S. 1 stellt klar, dass der Umgehungstatbestand für alle Arten missbräuchlicher Gestaltungen und Umgehungsgeschäfte gilt und nicht auf Konstellationen unter Beteiligung von Unionsansässigen beschränkt ist.[113] Durch die weite Auslegung des Begriffs der mittelbaren Beteiligung (→ Rn. 14) verbleibt für § 55 Abs. 2 in der Praxis nur ein kleiner Anwendungsbereich als Auffangtatbestand.[114] Gesetzeshistorisch spricht allerdings viel dafür, dass § 55 Abs. 2 eine zusätzliche Voraussetzung dafür sein soll, dass Erwerbe von Unionsansässigen überprüft werden können, auch wenn ein Unionsfremder mittelbarer Erwerber ist, und ansonsten eine Sperrwirkung entfaltet (→ Rn. 15).

Anzeichen für eine missbräuchliche Gestaltung oder ein Umgehungsge- 59 schäft bestehen gem. § 55 Abs. 2 S. 2 insbesondere, wenn der unmittelbare Erwerber mit Ausnahme des Erwerbs nach § 55 Abs. 1 keiner nennenswerten eigenständi-

---

[110] FAQ A.8 BMWK, abrufbar unter https://www.bmwk.de/Redaktion/DE/FAQ/Aussenwirtschaftsrecht/faq-aussenwirtschaftsrecht.html (zuletzt abgerufen am 7.6.2023).

[111] Vgl. § 18 Abs. 1b AWG: Freiheitsstrafe bis zu fünf Jahren oder Geldstrafe.

[112] FAQ A.8 BMWK, abrufbar unter https://www.bmwk.de/Redaktion/DE/FAQ/Aussenwirtschaftsrecht/faq-aussenwirtschaftsrecht.html (zuletzt abgerufen am 7.6.2023).

[113] BR-Drs. 343/21, 23.

[114] AA Becker Die Investitionskontrolle im Außenwirtschaftsrecht S. 143, die § 55 Abs. 2 als lex specialis eine Sperrwirkung gegenüber den Regeln der mittelbaren Beteiligung zubilligt und die mittelbare Beteiligung als Auffangtatbestand sieht.

gen Wirtschaftstätigkeit nachgeht oder innerhalb der Europäischen Union keine auf Dauer angelegte eigene Präsenz in Gestalt von Geschäftsräumen, Personal oder Ausrüstungsgegenständen unterhält. Hierbei handelt es sich lediglich um eine beispielhafte Aufzählung. Ein Umgehungsverdacht kann im Einzelfall also auch mit anderen Anzeichen begründet werden. Die in § 55 Abs. 2 S. 1 genannten Regelbeispiele sind als **nicht widerlegbare Anzeichen** ausgestaltet.[115]

60   Gem. § 55 Abs. 2 S. 3 gelten **Zweigniederlassungen und Betriebsstätten eines unionsfremden Erwerbers** nicht als unionsansässig. Der Anwendungsbereich der sektorübergreifenden Prüfung kann folglich nicht durch die Einrichtung einer Zweigniederlassung oder einer Betriebsstätte eines Unionsfremden in der EU umgangen werden.

61   EFTA-Erwerber stehen Unionsansässigen gem. § 55 Abs. 2 S. 4 gleich. Ihre Erwerbe unterliegen daher nicht dem Prüfrecht nach Abs. 1, können jedoch auch als Umgehungsgeschäfte iSd Abs. 2 gewertet werden.[116] Die Gleichstellung einer Präsenz des unmittelbaren Erwerbers in einem EFTA-Mitgliedsstaat mit einer Unionspräsenz dient dazu, sicherzustellen, dass auch Konstellationen, in denen die Privilegierung von EFTA-Unternehmen genutzt wird, als Umgehungsgeschäfte gewertet werden können.[117]

62   Anzeichen für eine missbräuchliche Gestaltung oder ein Umgehungsgeschäft können nach § 55 Abs. 2 S. 6 auch bestehen, wenn mehrere Erwerbe an demselben inländischen Unternehmen so aufeinander abgestimmt werden, dass bei gesonderter Betrachtung keiner der Erwerbe eine Beteiligung iSd § 56 darstellt. Die Prüfbefugnis des BMWK erstreckt sich seit der Einfügung dieses Regelbeispiels mit der 17. AWV-Novelle somit ausdrücklich auch auf sog. **Parallelerwerbe**.[118] Welche Art von Parallelerwerben hiervon umfasst sein soll, die nicht bereits von § 56 erfasst ist, ist unklar. Denkbar erscheint, dass die Norm Erwerbe von zwei voneinander unabhängig agierenden (privaten) Akteuren erfassen soll, die dennoch einem gemeinsamen Einfluss unterliegen, wenngleich dieser nicht durch Stimmrechte geprägt ist. Der Tatbestand würde darauf abzielen, Erwerbe von Unternehmen prüfen zu können, die einer staatlichen Lenkung (nicht aber einer staatlichen Kontrolle) unterliegen. Die Abgrenzung zu § 56 ist im Einzelnen aber nicht eindeutig (vgl. → § 56 Rn. 36 ff.).

63   Darüber hinaus setzen beide Vorschriften voraus, dass die Gestaltung „zumindest auch" dem Zweck des Unterlaufens einer Prüfung dient. Damit wird sowohl der Fall erfasst, dass die Gestaltung ausschließlich der Umgehung der Investitionsprüfung dient, als auch der Fall, dass sie nur neben anderen Zwecken, zB auch aus steuerlichen Gründen erfolgt.

F. Formelle Anforderungen an die Eröffnung eines Prüfverfahrens durch das BMWK (Abs. 3)

64   § 55 Abs. 3 regelt die formellen Anforderungen an die Eröffnung eines Prüfverfahrens durch das BMWK. Die Norm enthält Vorgaben zur Bekanntgabefrist (→ Rn. 64 ff.), zur Form der Bekanntgabe (→ Rn. 70 ff.) und zur Fristwahrung durch Bekanntgabe an das inländische Zielunternehmen (→ Rn. 74).

---

[115] BAnz. AT 17.7.2017 B1, 4.
[116] Hocke/Sachs/Pelz AußenwirtschaftsR/Mauch-Liotta/Sattler AWV § 55 Rn. 166.
[117] BAnz AT 17.7.2017 B1, 4.
[118] BR-Drs. 343/21, 23.

I. Bekanntgabefrist (S. 1)

Nach § 55 Abs. 3 S. 1 iVm § 14a Abs. 1 Nr. 1 AWG hat das BMWK dem **65** unmittelbaren Erwerber und dem von einem Erwerb nach § 55 Abs. 1 betroffenen inländischen Unternehmen die Eröffnung des Prüfverfahrens innerhalb von zwei Monaten nach dem Erlangen der Kenntnis des BMWK vom Abschluss des schuldrechtlichen Vertrages über den Erwerb bekanntzugeben (→ AWG § 14a Rn. 6 ff.). In der Praxis eröffnet das BMWK das Prüfverfahren mitunter aber auch schon früher. Nach dem Ablauf von fünf Jahren seit Abschluss des schuldrechtlichen Vertrags ist die Eröffnung eines Prüfverfahrens ausgeschlossen.

Für den Fristbeginn ist seit der 9. AWV-Novelle der „Zeitpunkt der positiven **66** Kenntnis" des BMWK entscheidend.[119] Ein Kennenmüssen seitens des BMWK reicht daher für das Ingangsetzen der Frist nicht aus. Dies hat zur Folge, dass die Transaktionsparteien nicht bereits rechtssicher von einer positiven Kenntnis des BMWK und dem Beginn der Frist ausgehen können, wenn das Erwerbsvorhaben öffentlich bekannt ist oder einer anderen Behörde, bspw. dem BKartA oder der Bundesanstalt für Finanzdienstleistungsaufsicht (BaFin), gemeldet wurde.

Rechtssicherheit über den Beginn der Frist besteht in den obigen Konstellati **67** onen nur dann, wenn die BaFin das BMWK über die ihr nach § 10 Abs. 2 S. 1 Nr. 3 WpÜG und § 35 Abs. 1 S. 4 WpÜG mitgeteilten Informationen gem. § 7 Abs. 1 S. 2 WpÜG informiert hat, wenn das BKartA das BMWK nach § 50f Abs. 3 GWB über einen Zusammenschluss informiert oder wenn dem BMWK der Erwerb gemeldet wurde. Das Erlangen der Kenntnis gem. § 14a Abs. 1 Nr. 1 AWG steht dabei gem. § 14a Abs. 3 S. 1 AWG dem Eingang der Meldung eines Erwerbs oder eines Antrags auf Erteilung einer Unbedenklichkeitsbescheinigung beim BMWK gleich. Kenntnis kann auch durch Mitteilungen über den EU-Kooperationsmechanismus ausgelöst werden.

Die Frist kann mit Zustimmung des unmittelbaren Erwerbers und des Veräuße **68** rers gem. § 14a Abs. 5 AWG verlängert werden. Hiervon wird inzwischen in der Praxis regelmäßig Gebrauch gemacht, da dies das deutlich formalistischere und für alle Beteiligten aufwändigere Prüfverfahren vermeidet. Die Eröffnung des Prüfverfahrens ist jedoch gem. § 14a Abs. 3 S. 2 AWG ausgeschlossen, wenn seit dem Abschluss des schuldrechtlichen Vertrags über den Erwerb mehr als fünf Jahre vergangen sind.

Im Falle eines **Angebots iSd WpÜG** beginnt die in § 14a Abs. 1 Nr. 1 AWG **69** geregelte Bekanntgabefrist gem. § 14a Abs. 1a AWG mit dem **Erlangen der Kenntnis des BMWK von der Veröffentlichung der Entscheidung zur Abgabe des Angebots**. Diese positive Kenntnis erlangt das BMWK in aller Regel durch die oben genannte Mitteilung durch die BaFin gem. § 7 Abs. 1 S. 2 WpÜG.

Früher begann die Frist mit der Veröffentlichung der Entscheidung zur Abgabe **70** eines Angebots selbst. Maßgeblich für diese Regelung war der Umstand, dass der Erwerber ab dem Zeitpunkt der Veröffentlichung an sein Angebot gebunden ist.[120] Die leicht modifizierte Regelung und die Anknüpfung an die Kenntniserlangung durch das BMWK sollten in der Praxis jedoch keine großen Auswirkun

---

[119] BAnz AT 17.7.2017 B1, 4; im BMWK wird allerdings erwogen, statt auf die Kenntnis zukünftig nur noch auf den Eingang eines Antrags bzw. einer Meldung abzustellen. Dies hätte zur Folge, dass die Fristen des 14a AWG (mit Ausnahme der Fünfjahresfrist) bei bloßer Kenntnisnahme nicht mehr ausgelöst würden.

[120] BT-Drs. 16/10730, 14.

gen haben. Denn die damals und jetzt maßgeblichen Zeitpunkte des Fristbeginns liegen wegen der Verpflichtung der BaFin, eine entsprechende Entscheidung zur Abgabe eines Angebots an das BMWK zu melden, zeitlich nicht weit auseinander.

II. Form der Bekanntgabe

71   Mit der 17. AWV-Novelle ist das Erfordernis einer förmlichen Zustellung der Mitteilung über die Eröffnung des Prüfverfahrens aufgehoben worden.[121] Die Mitteilung wird nunmehr durch **einfache Bekanntgabe gem. § 41 VwVfG** bewirkt. Das bis dahin geltende Zustellungserfordernis nach dem VwZG löste bei unionsfremden Erwerbern regelmäßig praktische Probleme und Verzögerungen aus[122] und musste daher den Bekanntgabevorschriften des VwVfG weichen. Die Bekanntgabe nach den Vorschriften des VwVfG bietet den Betroffenen ausreichende Rechtssicherheit und entspricht dem Vorgehen bei anderen behördlichen Mitteilungen oder Entscheidungen.[123] Ob diese Argumentation noch tragfähig ist, obwohl nunmehr nach § 55 Abs. 3 S. 2 die Bekanntgabe an das inländische Zielunternehmen fristwahrend ist, erscheint fraglich.

72   Nach § 3 Abs. 1 nF (zuvor § 55 Abs. 3 S. 2 aF) muss die Bekanntgabe der Eröffnung eines Prüfverfahrens schriftlich oder elektronisch erfolgen. Die technikoffene Formulierung ermöglicht dabei auch die rechtswirksame Kommunikation per E-Mail.[124] Umstritten ist die Behandlung von portablen Datenträgern.[125] Erst mit der Bekanntgabe wird die Mitteilung über die Eröffnung eines Prüfverfahrens als Verwaltungsakt iSv § 35 VwVfG gem. § 43 Abs. 1 VwVfG wirksam. Eine Bekanntgabe im Wege der förmlichen Zustellung ist auch möglich (§ 41 Abs. 5 VwVfG) und mag bei zu erwartenden Beweisschwierigkeiten sinnvoll sein. Das BMWK trägt nämlich die Beweislast für die Tatsache und den Zeitpunkt des Zuganges, wenn der Empfänger diese auch nur schlicht bestreitet.[126]

73   Die elektronische Bekanntgabe ist nach § 3a VwVfG nur zulässig, wenn der Empfänger den Zugang ausdrücklich oder konkludent eröffnet hat.[127] Dies ist bei Unternehmen regelmäßig konkludent der Fall, wenn sie ihre E-Mail-Adresse in den Briefkopf oder als Kontaktadresse auf ihrer Website aufnehmen.[128] Es ist aber möglich, durch einen entsprechenden Hinweis die Eröffnung des Zugangs für elektronische Dokumente auszuschließen (zB für nur informatorischen Austausch).[129] Das BMWK plant für die Zukunft die Möglichkeit der Zustellung über ein Online-Portal, wobei eine solche gemäß § 41 Abs. 2a VwVfG nur mit Zustimmung des Beteiligten erfolgen darf.

74   Soweit die Bekanntgabe per Post im Inland oder elektronisch im Inland oder Ausland erfolgt, gilt die Drei-Tages-Fiktion des § 41 Abs. 2 VwVfG. Danach gilt der Verwaltungsakt drei Tage nach der Aufgabe zur Post oder der Absendung der elektronischen Nachricht als bekanntgegeben. Diese Frist gilt zu Gunsten des

---

[121] BR-Drs. 343/21, 23, 24.
[122] BR-Drs. 343/21, 24.
[123] BR-Drs. 343/21, 24.
[124] BR-Drs. 343/21, 24.
[125] Vgl. dazu BeckOK VwVfG/Tiedemann VwVfG § 41 Rn. 73 f.
[126] BeckOK VwVfG/Tiedemann VwVfG § 41 Rn. 48 ff.
[127] Stelkens/Bonk/Sachs/Schmitz/Prell VwVfG § 3a Rn. 10.
[128] Vgl. OVG Münster BeckRS 2014, 58517 mwN; für eine strengere Handhabung Stelkens/Bonk/Sachs/U. Stelkens § 41 Rn. 90.
[129] OVG Berlin-Brandenburg BeckRS 2016, 43706n Rn. 5.

Empfängers auch, wenn die Bekanntgabe in Wahrheit früher erfolgte (wie es zB bei E-Mails regelmäßig der Fall sein wird).[130] Umgekehrt reicht es, dass der Empfänger den Zugang oder den Zeitpunkt des Zugangs bestreitet, damit die Behörde diesen nachweisen muss (§ 41 Abs. 2 S. 3 VwVfG).[131]

III. Wahrung der Bekanntgabefrist (S. 2)

Für die **Wahrung der Bekanntgabefrist** kommt es allein auf die rechtzeitige **75** Bekanntgabe der **Mitteilung an das vom Erwerb nach § 55 Abs. 1 betroffene inländische Unternehmen** an. Die Mitteilung über die Eröffnung eines Prüfverfahrens an den unmittelbaren Erwerber, wie sie von § 55 Abs. 3 S. 1 verlangt wird, spielt hingegen für die Wahrung der Bekanntgabefrist keine Rolle. Diese Regelung soll, ebenso wie die einfache Bekanntgabe nach § 41 VwVfG, den praktischen Problemen und Verzögerungen begegnen, die mit unionsfremden Erwerbern regelmäßig einhergehen.[132]

G. Rechtsschutz

Die Eröffnung des Prüfverfahrens kann als belastender Verwaltungsakt selbst- **76** ständig angefochten werden (→ § 14 AWG Rn. 31). Soweit der Eröffnungsbescheid nicht angefochten wird, erwächst er in Bestandskraft, woraufhin später nicht mehr geltend gemacht werden kann, dass die Fristen für die Eröffnung des Prüfverfahrens abgelaufen waren (→ § 14 AWG Rn. 32).

H. Akteneinsicht

Wie in allen Verwaltungsverfahren besteht während des Verwaltungsverfahrens **77** das Recht auf Akteneinsicht durch Beteiligte, soweit deren Kenntnis zur Geltendmachung oder Verteidigung ihrer rechtlichen Interessen erforderlich ist (§ 29 Abs. 1 VwVfG). Ein Recht auf Akteneinsicht folgt unionsrechtlich auch aus dem Recht auf eine gute Verwaltung[133] (zur Anwendbarkeit der Unionsgrundrechte: → Screening-VO Rn. 29 ff.). Die Akteneinsicht kann nach § 29 Abs. 2 VwVfG verweigert werden, soweit durch sie die ordnungsgemäße Erfüllung der Aufgaben der Behörde beeinträchtigt wird, das Bekanntwerden des Inhalts der Akten dem Wohl des Bundes oder eines Landes Nachteile bereiten würde oder soweit der Vorgänge nach einem Gesetz oder ihrem Wesen nach, namentlich wegen der berechtigten Interessen der Beteiligten oder dritter Personen, geheim gehalten werden müssen. Die berechtigten Interessen schließen insbesondere auch Geschäftsgeheimnisse ein.[134] Das Wohl des Bundes umfasst insbesondere die innere und äußere Sicherheit und die freundschaftlichen Beziehungen zu anderen Staaten.[135]

---

[130] BeckOK VwVfG/Tiedemann VwVfG § 41 Rn. 79.
[131] Zur notwendigen Qualität des Bestreitens vgl. Schoch/Schneider/Baer VwVfG § 41 Rn. 89.
[132] BR-Drs. 343/21, 24.
[133] Bungenberg/Reinhold InvKR Rn. 325 ff.
[134] Stelkens/Bonk/Sachs/Kallerhoff/Mayen § 29 Rn. 67.
[135] Stelkens/Bonk/Sachs/Kallerhoff/Mayen § 29 Rn. 63.

78   Soweit die Behörde unter Berufung auf diese Gründe die Akteneinsicht verweigert, kann auf Akteneinsicht geklagt werden. Soweit das BMWK auch vor dem
Verwaltungsgericht die Einsicht verweigert, würde eine besondere Kammer des
Oberverwaltungsgerichtes die Akten in einem in-camera-Verfahren einsehen (§ 99
Abs. 2 VwGO) und eine eigene Abwägungsentscheidung bezüglich der Geheimhal-
tungsbedürftigkeit treffen.[136] Soweit diese zu dem Schluss kommt, dass die Verweigerung berechtigt ist, wird die Klage abgewiesen. Soweit diese zu dem Schluss
kommt, dass die Verweigerung unberechtigt war, erhält der Kläger Akteneinsicht.[137]

79   In der Praxis wird Akteneinsicht selten beantragt und selten gewährt. Eine Klage
auf Akteneinsicht dürfte kaum vorkommen, weil aufgrund der Fristenregelungen
lange vor einer Gerichtsentscheidung bereits eine Freigabe oder eine Untersagung
vorliegen wird. Soweit der Erwerb untersagt wird, ist es zweckmäßig, über die
Aktenvorlage im Verfahren gegen die Untersagung zu streiten (→ § 59 Rn. 42 ff.).

I. Gebühren

80   Zu den Gebühren der Investitionskontrolle: → AWG § 28 Rn. 3.

§ 55a Voraussichtliche Beeinträchtigung der öffentlichen Ordnung
oder Sicherheit

(1) **Bei der Prüfung einer voraussichtlichen Beeinträchtigung der
öffentlichen Ordnung oder Sicherheit kann insbesondere berücksichtigt
werden, ob das inländische Unternehmen**
1. **Betreiber einer Kritischen Infrastruktur iSd BSI-Gesetzes ist,**
2. **kritische Komponenten iSd § 2 Absatz 13 des BSI-Gesetzes entwickelt oder herstellt oder Software, die branchenspezifisch zum
Betrieb von Kritischen Infrastrukturen iSd BSI-Gesetzes dient,
besonders entwickelt oder herstellt,**
3. **zu organisatorischen Maßnahmen nach § 170 des Telekommunikationsgesetzes verpflichtet ist oder technische Einrichtungen zur Umsetzung gesetzlich vorgesehener Maßnahmen zur Überwachung der
Telekommunikation herstellt oder in der Vergangenheit hergestellt
hat und über Kenntnisse der oder sonstigen Zugang zu der den technischen Einrichtungen zugrundeliegenden Technologie verfügt,**
4. **Cloud-Computing-Dienste erbringt und die hierfür genutzten Infrastrukturen die in Anhang 4 Teil 3 Nummer 2 Spalte D der BSI-Kritisverordnung genannten Schwellenwerte in Bezug auf den jeweiligen
Cloud-Computing-Dienst erreichen oder überschreiten,**
5. **eine Zulassung für Komponenten oder Dienste der Telematikinfrastruktur nach § 325 oder § 311 Absatz 6 des Fünften Buches Sozialgesetzbuch besitzt,**
6. **ein Unternehmen der Medienwirtschaft ist, das zur öffentlichen Meinungsbildung beiträgt und sich durch besondere Aktualität und Breitenwirkung auszeichnet,**
7. **Dienstleistungen erbringt, die zur Sicherstellung der Störungsfreiheit
und Funktionsfähigkeit staatlicher Kommunikationsinfrastrukturen**

---

[136] BeckOK VwGO/Posser VwGO § 99 Rn. 45.
[137] Vgl. BeckOK VwGO/Posser VwGO § 99 Rn. 48.

im Sinne des § 2 Absatz 1 Satz 1, Absatz 2 Satz 1 und Absatz 3 des BDBOS-Gesetzes erforderlich sind,

8. persönliche Schutzausrüstungen iSd Artikels 3 Nummer 1 der Verordnung (EU) 2016/425 des Europäischen Parlaments und des Rates vom 9. März 2016 über persönliche Schutzausrüstungen und zur Aufhebung der Richtlinie 89/686/EWG des Rates (ABl. L 81 vom 31.3.2016, S. 51), soweit diese dem Schutz vor Risiken der Kategorie III des Anhangs I der Verordnung (EU) 2016/425 dienen, entwickelt oder herstellt, oder Anlagen zur Produktion von Filtervliesen entwickelt oder herstellt, mit denen Filtervliese hergestellt werden können, die als Ausgangswerkstoff für Atemschutzmasken als Persönliche Schutzausrüstung zum Schutz gegen schädliche biologische Agenzien iSd Kategorie III des Anhangs I der Verordnung (EU) 2016/425 oder für medizinische Gesichtsmasken nach DIN EN 14683 „Medizinische Gesichtsmasken – Anforderungen und Prüfverfahren; Deutsche Fassung EN 14683:2019+AC:2019", Ausgabe Oktober 2019[1]), geeignet sind,

9. für die Gewährleistung der gesundheitlichen Versorgung der Bevölkerung wesentliche Arzneimittel iSd § 2 Absatz 1 des Arzneimittelgesetzes, einschließlich deren Ausgangs- und Wirkstoffe, entwickelt, herstellt oder in Verkehr bringt oder Inhaber einer entsprechenden arzneimittelrechtlichen Zulassung ist,

10. Medizinprodukte iSd Medizinprodukterechts, die zur Diagnose, Verhütung, Überwachung, Vorhersage, Prognose, Behandlung oder Linderung von lebensbedrohlichen und hochansteckenden Infektionskrankheiten bestimmt sind, entwickelt oder herstellt,

11. In-vitro-Diagnostika iSd Medizinprodukterechts, die dazu dienen, Informationen über physiologische oder pathologische Prozesse oder Zustände oder zur Festlegung oder Überwachung therapeutischer Maßnahmen im Zusammenhang mit lebensbedrohlichen und hochansteckenden Infektionskrankheiten zu liefern, entwickelt oder herstellt,

12. Betreiber eines hochwertigen Erdfernerkundungssystems iSd § 2 Absatz 1 Nummer 4 des Satellitendatensicherheitsgesetzes ist,

13. Güter entwickelt oder herstellt, die mittels Verfahren der Künstlichen Intelligenz konkrete Anwendungsprobleme lösen und zur eigenständigen Optimierung ihrer Algorithmen fähig sind, und die dazu genutzt werden können automatisiert

   a) Cyber-Angriffe durchzuführen,

   b) Personen zu imitieren, um gezielte Desinformation zu verbreiten,

   c) als Mittel zur Auswertung von Sprachkommunikation oder zur biometrischen Fernidentifikation von Personen zum Zwecke der Überwachung, die bei objektiver Betrachtung auch zur internen Repression geeignet ist verwendet zu werden, oder

   d) Bewegungs-, Standort-, Verkehrs- oder Ereignisdaten über Personen zum Zwecke der Überwachung, die bei objektiver Betrachtung auch zur internen Repression geeignet ist, zu analysieren,

14. Kraftfahrzeuge oder unbemannte Luftfahrzeuge, die über eine technische Ausrüstung für die Steuerung von automatisierten oder auto-

---

[1] Amtl. Anm.: Im Beuth-Verlag GmbH, Berlin und Köln, erschienen und beim Deutschen Patent- und Markenamt in München archivmäßig gesichert niedergelegt.

nomen Fahr- oder Navigationsfunktionen verfügen, oder die für die Steuerung solcher Fahr- oder Navigationsfunktionen wesentlichen Komponenten oder hierfür erforderliche Software entwickelt oder herstellt,

15. Entwickler oder Hersteller von Robotern, auch automatisiert oder autonom mobil, mit folgenden Eigenschaften ist:
    a) besonders konstruiert für die Handhabung hochexplosiver Stoffe,
    b) besonders konstruiert oder ausgelegt als strahlungsgehärtet, um ohne Funktionseinbuße einer Strahlendosis von mehr als $5 \cdot 10^3$ Gy (Silizium) standhalten zu können,
    c) besonders konstruiert für eine Betriebsfähigkeit in Höhen über 30 000 Meter oder
    d) besonders konstruiert für eine Betriebsfähigkeit in Wassertiefen ab 200 Meter,

16. Entwickler, Hersteller oder Veredler von
    a) mikro- oder nanoelektronischen nicht-optischen Schaltungen (integrierte Schaltungen) auf einem Substrat sowie diskreten Halbleitern,
    b) mikro- oder nanostrukturierten optischen Schaltungen auf einem Substrat sowie diskreten optischen Bauelementen oder
    c) Herstellungs- oder Bearbeitungswerkzeugen, hierbei insbesondere Kristallzucht-, Belichtungs-, Maskenherstellungs-, Faserzieh- oder Beschichtungsanlagen, sowie Schleif-, Ätz-, Dotier- oder Sägeausrüstung oder Reinraumtransporteinrichtungen, Testwerkzeuge und Masken, für Güter iSd Buchstaben a oder b ist,

17. IT-Produkte oder wesentliche Komponenten solcher Produkte mit dem Ziel der Veräußerung an Dritte entwickelt oder herstellt, die als das wesentliche Funktionsmerkmal
    a) dem Schutz der Verfügbarkeit, Integrität, Authentizität oder Vertraulichkeit informationstechnischer Systeme, Komponenten oder Prozesse,
    b) der Abwehr von Angriffen auf IT-Systeme einschließlich der dazugehörigen Schadensanalyse und Wiederherstellung betroffener IT-Systeme oder
    c) der informationstechnischen Aufklärung von Straftaten und zur Beweissicherung durch Strafverfolgungsbehörden
    dienen,

18. ein Luftfahrtunternehmen mit Betriebsgenehmigung iSd Verordnung (EG) Nr. 1008/2008 des Europäischen Parlaments und des Rates vom 24. September 2008 über gemeinsame Vorschriften für die Durchführung von Luftverkehrsdiensten in der Gemeinschaft (ABl. L 293 vom 31.10.2008, S. 3) betreibt oder Güter der Unterkategorien 7A, 7B, 7D, 7E, 9A, 9B, 9D oder 9E des Anhangs I der Verordnung (EU) 2021/821 oder Güter oder Technologien, die für die Verwendung in der Raumfahrt oder für den Einsatz in Raumfahrtinfrastruktursystemen bestimmt sind, entwickelt oder herstellt,

19. Güter der Kategorie 0 oder der Listenpositionen 1B225, 1B226, 1B228, 1B231, 1B232, 1B233 oder 1B235 des Anhangs I der Verordnung (EU) 2021/821 entwickelt, herstellt, modifiziert oder nutzt,

20. Entwickler oder Hersteller von Gütern und wesentlichen Komponenten der
    a) Quanteninformatik, insbesondere Quantencomputer und Quantensimulation,
    b) Quantenkommunikation, insbesondere Quantenkryptographie, oder
    c) quantenbasierten Messtechnik, insbesondere Quantensensoren und Güter der Quantenmetrologie,
    ist,
21. Entwickler oder Hersteller von
    a) Gütern, mit denen Bauteile aus metallischen oder keramischen Werkstoffen für industrielle Anwendungen mittels additiver Fertigungsverfahren hergestellt werden, hierbei insbesondere pulverbasierte Fertigungsverfahren, die eine Schutzgasatmosphäre besitzen und als Energiequelle einen Laser oder Elektronenstrahl verwenden,
    b) wesentlichen Komponenten der unter Buchstabe a genannten Güter oder
    c) Pulvermaterialien, die durch die unter Buchstabe a genannten Fertigungsverfahren verarbeitet werden,
    ist,
22. Güter entwickelt oder herstellt, die spezifisch dem Betrieb drahtloser oder drahtgebundener Datennetze dienen, insbesondere draht- oder lichtwellengebundene Übertragungstechniken, Netzkopplungselemente, Signalverstärker, Netzüberwachungs-, Netzmanagement- und Netzsteuerungsprodukte hierfür,
23. Hersteller eines
    a) Smart-Meter-Gateways iSd § 2 Satz 1 Nummer 19 des Messstellenbetriebsgesetzes ist, das durch das Bundesamt für Sicherheit in der Informationstechnik nach § 19 Absatz 3 in Verbindung mit § 24 des Messstellenbetriebsgesetzes zertifiziert worden ist oder sich in einem laufenden Zertifizierungsverfahren befindet, oder
    b) Sicherheitsmoduls für Smart-Meter-Gateways ist, das zum Nachweis der sicherheitstechnischen Anforderungen nach § 22 Absatz 1 und 2 des Messstellenbetriebsgesetzes durch das Bundesamt für Sicherheit in der Informationstechnik zertifiziert worden ist oder sich in einem laufenden Zertifizierungsverfahren befindet,
24. Personen beschäftigt, die in lebenswichtigen Einrichtungen nach den §§ 5a, 5b oder § 9a der Sicherheitsüberprüfungsfeststellungsverordnung an sicherheitsempfindlichen Stellen iSd § 1 Absatz 5 Satz 3 des Sicherheitsüberprüfungsgesetzes tätig sind,
25. [2] Rohstoffe oder deren Erze gewinnt, aufbereitet oder raffiniert, die im Rahmen der Rohstoffinitiative der Europäischen Kommission im Anhang einer Mitteilung der Kommission als Liste der kritischen Rohstoffe festgelegt wurden und die das Bundesministerium für Wirtschaft und Energie im Bundesanzeiger bekannt gemacht hat,
26. Güter entwickelt oder herstellt, auf die sich der Schutzbereich eines nach § 50 des Patentgesetzes geheimgestellten Patentes oder eines

---

[2] Siehe hierzu u.a.: Bek. der Liste der Rohstoffe nach § 55a Abs. 1 Nr. 25 AWV.

nach § 9 des Gebrauchsmustergesetzes geheimgestellten Gebrauchsmusters erstreckt, oder

27. unmittelbar oder mittelbar eine landwirtschaftliche Fläche von mehr
als 10 000 Hektar bewirtschaftet.

(2) Branchenspezifische Software iSd Absatzes 1 Nummer 2 ist:

1. im Sektor Energie Software für die Kraftwerksleittechnik, für die
Netzleittechnik oder für die Steuerungstechnik zum Betrieb von Anlagen oder Systemen zur Strom-, Gas-, Kraftstoff-, Heizöl- oder Fernwärmeversorgung,

2. im Sektor Wasser Software für die Leit-, Steuerungs- oder Automati-
sierungstechnik von Anlagen zur Trinkwasserversorgung oder Abwasserbeseitigung,

3. im Sektor Informationstechnik und Telekommunikation Software
zum Betrieb von Anlagen oder Systemen zur Sprach- und Datenübertragung oder zur Datenspeicherung und -verarbeitung,

4. im Sektor Finanz- und Versicherungswesen Software zum Betrieb von
Anlagen oder Systemen der Bargeldversorgung, des kartengestützten
Zahlungsverkehrs, des konventionellen Zahlungsverkehrs, zur Verrechnung und Abwicklung von Wertpapier- und Derivatgeschäften
oder zur Erbringung von Versicherungsdienstleistungen,

5. im Sektor Gesundheit Software zum Betrieb eines Krankenhaus-Infor-
mationssystems, zum Betrieb von Anlagen oder Systemen zum Vertrieb von verschreibungspflichtigen Arzneimitteln sowie zum Betrieb
eines Laborinformationssystems,

6. im Sektor Transport und Verkehr Software zum Betrieb von Anlagen
oder Systemen zur Beförderung von Personen oder Gütern im Luftverkehr, im Schienenverkehr, in der See- und Binnenschifffahrt, im Straßenverkehr, im öffentlichen Personennahverkehr oder in der Logistik,

7. im Sektor Ernährung Software zum Betrieb von Anlagen oder Systemen zur Lebensmittelversorgung.

(3) [1]Bei der Prüfung einer voraussichtlichen Beeinträchtigung der
öffentlichen Ordnung oder Sicherheit kann ferner auch berücksichtigt
werden, ob

1. der Erwerber unmittelbar oder mittelbar von der Regierung, einschließlich sonstiger staatlicher Stellen oder Streitkräfte, eines Drittstaates, kontrolliert wird,

2. der Erwerber bereits an Aktivitäten beteiligt war, die nachteilige Auswirkungen auf die öffentliche Ordnung oder Sicherheit der Bundesrepublik Deutschland oder eines anderen Mitgliedstaates der Europäischen Union hatten, oder

3. ein erhebliches Risiko besteht, dass der Erwerber oder die für ihn
handelnden Personen an Aktivitäten beteiligt waren oder sind, die in
Deutschland den Tatbestand

a) einer Straftat, die in § 123 Absatz 1 des Gesetzes gegen Wettbewerbsbeschränkungen bezeichnet ist, oder

b) einer Straftat oder Ordnungswidrigkeit nach dem Außenwirtschaftsgesetz oder dem Gesetz über die Kontrolle von Kriegswaffen

erfüllen würden.

[2]Eine Kontrolle iSd Satzes 1 Nummer 1 kann insbesondere aufgrund der
Eigentümerstruktur oder in Form einer Finanzausstattung durch die

Regierung, einschließlich sonstiger staatlicher Stellen oder Streitkräfte, eines Drittstaates, die über ein geringfügiges Maß hinausgeht, ausgeübt werden.

(4) [1]Der Abschluss eines schuldrechtlichen Vertrags über den Erwerb eines in Absatz 1 Nummer 1 bis 27 bezeichneten inländischen Unternehmens oder einer unmittelbaren oder mittelbaren Beteiligung iSd § 56 Absatz 1 oder Absatz 2, jeweils auch in Verbindung mit Absatz 4 Satz 1 oder 2, an einem inländischen Unternehmen iSd Absatzes 1 Nummer 1 bis 27 durch einen Unionsfremden ist dem Bundesministerium für Wirtschaft und Energie vorbehaltlich des Satzes 2 unverzüglich nach Abschluss des schuldrechtlichen Rechtsgeschäfts zu melden. [2]Im Fall eines Angebots iSd Wertpapiererwerbs- und Übernahmegesetzes hat die Meldung unverzüglich nach Veröffentlichung der Entscheidung zur Abgabe des Angebots zu erfolgen. [3]Erwerbe nach § 56 Absatz 3 bleiben für die Meldepflicht nach Satz 1 außer Betracht. [4]In der Meldung sind insbesondere der Erwerb, der Erwerber, das zu erwerbende inländische Unternehmen und die Beteiligungsstrukturen an dem Erwerber anzugeben sowie die Geschäftsfelder des Erwerbers und des zu erwerbenden inländischen Unternehmens in den Grundzügen darzustellen. [5]In den Fällen des § 56 Absatz 4 Satz 1 Nummer 2, 1. Halbsatz und Satz 2 ist auch die Stimmrechtsvereinbarung anzugeben. [6]Das Bundesministerium für Wirtschaft und Energie bestimmt durch Allgemeinverfügung weitere Informationen und Unterlagen, die in der Meldung anzugeben sind, einschließlich für die Prüfung erforderliche personenbezogene Daten, sowie die Form der Meldung. [7]Die Allgemeinverfügung ist im Bundesanzeiger bekannt zu machen.

(5) **Zur Meldung nach Absatz 4 ist der unmittelbare Erwerber verpflichtet, auch wenn in dessen Person die Voraussetzungen des § 55 Absatz 1 nicht vorliegen.**

Übersicht

A. Überblick

§ 55a stellt zusammen mit § 55 die **zentrale Norm der sektorübergreifen-** 1
den Prüfung dar. In den ersten beiden Absätzen werden die im Rahmen der
sektorübergreifenden Investitionskontrolle besonders sicherheitsrelevanten inländischen Unternehmen dargestellt. Der dritte Absatz stellt die erwerberbezogenen
Faktoren dar, die im Rahmen der sektorübergreifenden Prüfung berücksichtigt
werden können. Die letzten beiden Absätze begründen eine Meldepflicht
bestimmter Erwerbe und konkretisieren die formellen Anforderungen an eine
solche Meldung. § 55a wurde im Rahmen der 17. AWV-Novelle zwecks besserer

Übersichtlichkeit in die AWV aufgenommen, wobei einige zuvor in § 55 aF ent-
haltene Regelungen übertragen wurden.[3]

B. Sicherheitsrelevante Sektoren (Abs. 1 und Abs. 2)

2   § 55a Abs. 1 enthält eine **Liste sicherheitsrelevanter Sektoren**, die bei der
Prüfung einer voraussichtlichen Beeinträchtigung der öffentlichen Ordnung oder
Sicherheit insbesondere berücksichtigt werden können.[4] § 55a Abs. 1 knüpft in
systematischer Hinsicht an die Prüfung eines Erwerbs eines inländischen Unternehmens nach § 55 Abs. 1 an.[5] Die Auflistung besonders sicherheitsrelevanter
Sektoren ist in der Praxis von besonderer Bedeutung, weil die in § 55a Abs. 4 S. 1
normierte Meldpflicht an den (teilweisen) Erwerb eines in Abs. 1 bezeichneten
inländischen Unternehmens anknüpft.[6] Während sich die Meldpflicht ausschließlich auf den Erwerb eines Unternehmens bezieht, das in einem in § 55a Abs. 1
Nr. 1–27 bezeichneten Sektor tätig ist (vgl. § 55a Abs. 4 S. 1), stellt der Wortlaut
der Norm („insbesondere") klar, dass das BMWK im Rahmen der sektorübergreifenden Prüfung auch Tätigkeiten in anderen Sektoren, die keiner Meldpflicht
unterliegen, berücksichtigen kann. Die Formulierung „insbesondere" ist mit Blick
auf das Bestimmtheitsgebot unproblematisch, weil die strafrechtliche Sanktionierung des AWG an einen Verstoß gegen das Vollzugsverbot anknüpft; ein Verstoß
gegen das Vollzugsverbot kommt aber nur bei Bestehen einer Meldpflicht in
Betracht (§ 15 Abs. 3 S. 1 Nr. 2 AWG, § 55a Abs. 1 Nr. 1–27). Die Liste der
sicherheitsrelevanten Sektoren wird durch das BMWK in regelmäßigen Abständen
evaluiert und gegebenenfalls angepasst.[7]

I. Kritische Infrastrukturen (Abs. 1 Nr. 1)

3   Nach Abs. 1 Nr. 1 kann bei der Prüfung einer voraussichtlichen Beeinträchtigung
der öffentlichen Ordnung oder Sicherheit insbesondere berücksichtigt werden, ob
das deutsche Unternehmen Betreiber einer Kritischen Infrastruktur ist. Normzweck
ist der **Schutz der Versorgungssicherheit der Bundesrepublik Deutschland**.
Dieser soll erreicht werden, indem die versorgungsrelevantesten Infrastrukturen (sog.
„Schlüsselinfrastrukturen") vor Beeinträchtigungen oder Ausfällen geschützt wer-

---

[3] BT-Drs. 19/29216, 8.

[4] Eine Liste besonders sicherheitsrelevanter Unternehmen wurde erstmals durch die 9.
AWV-Novelle in die AWV aufgenommen (BAnz AT 17.7.2017 V1, 1). Nachdem die Nor-
mierung zunächst in § 55 Abs. 1 S. 2 aF erfolgte, wurde die Liste im Rahmen der 17. AWV-
Novelle zwecks besserer Übersichtlichkeit in den neugeschaffenen § 55a Abs. 1 überführt
(BT-Drs. 19/29216, 26).

[5] Zur Prüfung einer voraussichtlichen Beeinträchtigung der öffentlichen Ordnung und
Sicherheit sowie zum Begriff eines inländischen Unternehmens bereits → § 55 Rn. 30 ff.,
→ § 55 Rn. 17 ff.

[6] Insofern besteht grundsätzlich ein Vollzugsverbot, wobei Verstöße zu strafrechtlichen
Sanktionen führen können (vgl. § 15 Abs. 3, Abs. 4 AWG, § 18 Abs. 1b AWG). Hierzu ausführlich → § 15 Rn. 10 ff.

[7] Aktuell wird etwa eine Konkretisierung des Herstellerbegriffs und von verschiedenen
Fallgruppen (zB Nr. 13, Nr. 14, Nr. 17) oder die Einführung einer neuen Fallgruppe für
Unternehmen, die Zugang zu besonders sensiblen Daten haben, erwogen. Ebenso wird erwo-
gen, die „Corona-Tatbestände" Nr. 8–10 zu überarbeiten.

den.[8] Zur Bestimmung der Kritischen Infrastrukturen wird auf die Definitionen und Regelungen des BSIG und der BSI-KritisV zurückgegriffen. Dort werden – mittels qualitativer und quantitativer Kriterien – Anlagen in bestimmten Sektoren als Kritische Infrastruktur bestimmt. Die Sektoren umfassen verschiedene Wirtschafts- und Gesellschaftsbereiche, die von der Energie- und Lebensmittelversorgung bis hin zu bestimmten Dienstleistungen im Finanz- und Versicherungswesen reichen.

Bei den Betreibern Kritischer Infrastrukturen dürfte es sich um die **Fallgruppe** **4** **mit der größten Praxisrelevanz** im Rahmen der Investitionskontrolle handeln, was insbesondere an der Vielzahl der erfassten Sektoren liegt.[9] Betreiber Kritischer Infrastrukturen wurden 2017 im Rahmen der 9. AWV-Novelle, also bei der erstmaligen Normierung besonders sicherheitsrelevanter Unternehmen, in den Katalog des § 55 Abs. 1 S. 2 aF aufgenommen.[10] Der Erwerb einer Beteiligung an einem Betreiber Kritischer Infrastruktur ist meldepflichtig, sobald 10 % der Stimmrechte des Zielunternehmens erreicht oder überschritten werden (vgl. § 55a Abs. 4, § 56 Abs. 1 Nr. 1). Die Sicherheitsrelevanz Kritischer Infrastrukturen kommt auch in Art. 4 Abs. 1 lit. a Screening-VO zum Ausdruck, der eine Vielzahl von physischen und virtuellen Infrastrukturen nennt, die bei Prüfungen nach den nationalen Investitionskontrollregimen berücksichtigt werden können.[11]

1. Kritische Infrastrukturen. a) Begriff. Hinsichtlich der Definition Kriti- **5** scher Infrastrukturen verweist Abs. 1 Nr. 1 auf das BSIG. Dieses enthält in **§ 2** **Abs. 10 S. 1 BSIG eine Legaldefinition**, die durch die BSI-KritisV konkretisiert wird. Anders als in anderen Jurisdiktionen wird im deutschen Recht definiert, wann eine Infrastruktur als kritisch anzusehen ist. Insofern erfolgt allerdings keine spezifische investitionskontrollrechtliche Definition, sondern es wird auf das BSIG verwiesen, das als solches den Schutz der nationalen IT-Sicherheit durch das BSI bezweckt (vgl. §§ 1, 3 BSIG).[12] Das BMI hat allerdings angekündigt, den Schutz der IT-Sicherheit um den Schutz physischer Kritischer Infrastrukturen ergänzen zu wollen.[13] Insofern wurden bereits die zu schützenden Sektoren identifiziert, die über die bisher in § 2 Abs. 10 S. 1 Nr. 1 BSIG genannten Sektoren hinausgehen. Bspw. sollen auch die Sektoren Verwaltung und Weltraum erfasst werden.[14]

---

[8] BR-Drs. 612/17, 8.

[9] So auch Hocke/Sachs/Pelz AußenwirtschaftsR/Mausch-Liotta/Sattler § 55 Rn. 111; Im Rahmen der Gesetzesbegründung wurde von 2.000 Betreibern Kritischer Infrastrukturen ausgegangen (BT-Drs. 18/4096, 21).

[10] BAnz AT 17.7.2017 V1, 1. Im Rahmen der 17. AWV-Novelle wurde die Norm in den § 55a Abs. 1 überführt (BAnz AT 30.4.2021 V1, 2).

[11] Die Aufzählung in Art. 4 Abs. 1 lit. a Screening-VO ist aber nicht deckungsgleich mit den in § 2 Abs. 10 S. 1 Nr. 1 BSIG normierten Sektoren.

[12] Die BSI-KritisV ist aus investitionskontrollrechtlicher Sicht teilweise nicht zielgenau, was dazu führt, dass bestimmte Anlagen als Kritische Infrastruktur iSd BSI-KritisV erfasst werden, obwohl diese nicht sicherheitsrelevant sind. In diesen Fällen kann ein Erwerb schnell freigegeben werden.

[13] Dieser soll durch ein KRITIS-DachG erfolgen, das frühestens im zweiten Halbjahr 2023 vorgesehen ist (s. BMI Eckpunkte für das KRITIS-Dachgesetz).

[14] Die Sektoren ergeben sich aus der CER-Richtline (BMI Eckpunkte für das KRITIS-Dachgesetz, 4). Zum Schutz physischer Kritischer Infrastrukturen sollen Betreiber zukünftig zu spezifischen Schutzmaßnahmen – bspw. dem Bau von Zäunen und Sperren, Zugangskontrollen, Sicherheitsüberprüfungen und der Diversifizierung von Lieferketten – verpflichtet werden können (BMI Eckpunkte für das KRITIS-Dachgesetz, 5).

Die zukünftige deutsche Umsetzung der NIS-2-RL könnte zudem eine umfassende Änderung der Regelungssystematik des BSIG umfassen, in dessen Rahmen der Begriff der kritischen Infrastruktur durch den Begriff einer kritischen Anlage ersetzt werden könnte.[15] Die konkrete Definition, wer Betreiber einer kritischen Anlage ist, könnte dann im Rahmen eines KRITIS-DachG erfolgen.

6   **aa) Legaldefinition (§ 2 Abs. 10 S. 1 BSIG).** Kritische Infrastrukturen umfassen nach der **Legaldefinition** des Begriffs in § 2 Abs. 10 S. 1 BSIG drei Tatbestandmerkmale, die kumulativ vorliegen müssen. Danach sind Kritische Infrastrukturen **Einrichtungen, Anlagen oder Teile davon, die einem der normierten Sektoren angehören und von hoher Bedeutung für das Funktionieren des Gemeinwesens sind**, weil durch ihren Ausfall oder ihre Beeinträchtigung erhebliche Versorgungsengpässe oder Gefährdungen für die öffentliche Sicherheit eintreten würden. Mit dieser Definition sollen in den normierten Sektoren alle Anlagen erfasst werden, die für das Funktionieren des Gemeinwesens und die Sicherung der Grundbedürfnisse der Bevölkerung von großer Bedeutung und deshalb besonders schutzwürdig sind.[16]

7   **bb) Konkretisierung durch die BSI-KritisV.** Die Definition Kritischer Infrastrukturen wird durch die **BSI-KritisV konkretisiert.** Insofern verweist § 2 Abs. 10 S. 2 BSIG auf § 10 Abs. 1 BSIG als Ermächtigungsgrundlage. Danach bestimmt das BMI durch Rechtsverordnung, welche Anlagen wegen ihrer Bedeutung in den jeweiligen Sektoren als Kritische Infrastrukturen gelten. Um eine sachgerechte Bestimmung sicherzustellen, sind Vertreter der Wissenschaft, der betroffenen Betreiber und der betroffenen Wirtschaftsverbände anzuhören und andere kompetente Bundesministerien zu beteiligen. Die Konkretisierung im Wege einer Rechtsverordnung trägt dem Umstand Rechnung, dass der technische und gesellschaftliche Wandel sowie die im Rahmen der Umsetzung gemachten Erfahrungen gegebenenfalls flexible Anpassungen erfordern.[17] Eine regelmäßige Überprüfung und Anpassung der Anlagekategorien und Schwellenwerte erscheint sinnvoll, da externe Umstände die Bedeutung der einzelnen Kategorien beeinflussen können; bspw. dürfte die Nutzung des kartengestützten Zahlungsverkehrs während der COVID-19-Pandemie erheblich angestiegen und die von Bargeld deutlich gesunken sein.[18] Ebenso hat sich die Bedeutung von Energieerzeugungsanlagen vor dem Hintergrund des russischen Angriffskriegs in der Ukraine und

---

[15] Zudem würden besonders wichtige Einrichtungen und wichtige Einrichtungen als gesetzliche Kategorien ergänzt. Kritische Anlagen könnten dann in den Sektoren Energie, Verkehr und Transport, Bankwesen, Finanzmarktinfrastrukturen, Gesundheitswesen, Trinkwasser, Abwasser, Ernährung, Digitale Infrastruktur, sowie Siedlungsabfallentsorgung betrieben werden.

[16] BT-Drs. 18/4096, 23.

[17] BT-Drs. 18/4096, 23. Insofern sieht § 9 BSI-KritisV eine umfassende Evaluierung im Zweijahrestakt vor.

[18] Der Schwellenwert für Autorisierungssysteme im kartengestützten Zahlungsverkehr basiert etwa auf der Annahme von 43 jährlichen Transaktionen pro Person an POS-Terminals, die mit der zu versorgenden Zahl von 500.000 Personen multipliziert wurde (Anhang 6 Teil 2 Nr. 10 BSI-KritisV). Nutzen Personen nun die Kartenzahlung für mehr Transaktionen als zuvor, fällt – ohne Anhebung des Schwellenwerts – auch unbedeutende Infrastruktur in den Anwendungsbereich der Norm. Der umgekehrte Fall gilt für die Abhebung von Bargeld, was zu Schutzlücken führen kann.

den damit einhergehenden Änderungen in der Energiepolitik Deutschlands gewandelt.[19]

Die Konkretisierung erfolgt in qualitativer und quantitativer Hinsicht.[20] Zu **8** diesem Zweck legt das BMI in der BSI-KritisV abstrakt fest, welche Anlagekategorien für die Gesellschaft kritische Dienstleistungen in den jeweiligen Sektoren erbringen (**Qualitätsmerkmal**).[21] Die Qualität bestimmter Anlagekategorien ergibt sich daraus, dass deren Beeinträchtigung respektive Ausfall zu einer **Gefahr für Leib, Leben, Gesundheit oder Eigentum** führen würde.[22] Mit Blick auf die Quantität wird anhand von branchenspezifischen Schwellenwerten der Versorgungsgrad bestimmt, den konkrete Anlagen erreichen müssen, um als bedeutend angesehen zu werden (**Quantitätsmerkmal**). Dies ist der Fall, wenn sich der Ausfall oder die Beeinträchtigung einer konkreten Anlage negativ auf die Versorgung einer großen Zahl an Personen mit einer kritischen Dienstleistung auswirken würde, also wesentliche Folgen für deren Schutzgüter und die Funktionsfähigkeit des Gemeinwesens hätte.[23] Der Versorgungsgrad gilt in der Regel als bedeutend, wenn **500.000 oder mehr Personen** durch die jeweilige Infrastruktur mit einer kritischen Dienstleistung versorgt werden.[24] Grund dafür ist die Annahme des Verordnungsgebers, dass Ausfälle in dieser Größenordnung regelmäßig nicht ausreichend durch vorhandene Notfallkapazitäten kompensiert werden können. Ausgehend vom Versorgungsgrad legt die BSI-KritisV anlagespezifische Schwellenwerte fest, bei deren Erreichen oder Überschreiten eine kritische Infrastruktur vorliegt. Eine Anlage gilt ab dem 1. April des Jahres, das auf das Kalenderjahr folgt, in dem der relevante Schwellenwert erstmals erreicht oder überschritten wurde, als Kritische Infrastruktur (vgl. bspw. für den Energiesektor Anhang 1 Teil 1 Nr. 3 BSI-KritisV).

b) Tatbestandsmerkmale (§ 2 Abs. 10 S. 1 BSIG). Kritische Infrastrukturen **9** sind Anlagen, die einem erfassten Sektor angehören und von großer Bedeutung für das Funktionieren des Gemeinwesens sind.

aa) Anlage (§ 2 Abs. 10 S. 1 Hs. 1 BSIG). Der **Anlagenbegriff wird in 10 § 1 Abs. 1 Nr. 1 BSI-KritisV legaldefiniert.** Danach sind Anlagen Betriebsstätten und sonstige ortsfeste Einrichtungen (§ 1 Abs. 1 Nr. 1 lit. a BSI-KritisV), Maschinen, Geräte und sonstige ortsveränderliche Einrichtungen (§ 1 Abs. 1 Nr. 1 lit. b BSI-KritisV) oder Software und IT-Dienste (§ 1 Abs. 1 Nr. 1 lit. c BSI-KritisV), die für die Erbringung einer kritischen Dienstleistung notwendig sind. Aus der Legaldefinition einer Anlage ergibt sich zunächst aus systematischer Sicht, dass „**Anlage" der Oberbegriff** ist, unter den bestimmte Einrichtungen zu subsumieren sind, obwohl der Wortlaut des § 2 Abs. 10 S. 1 Hs. 1 BSIG nahelegt, dass es sich bei Anlagen und Einrichtungen um unterschiedliche Kategorien han-

---

[19] Im Rahmen der 3. BSI-KritisVÄndV wurden insofern bspw. erstmals LNG-Anlagen erfasst (Anhang 1 BSI-KritisV Teil 1 Nr. 2.13). Zuvor wurden bereits die Schwellenwerte u.a. für den Energiesektor gesenkt und im Fall von Schwarzstartanlagen praktisch – der Schwellenwert beträgt 0 MW installierte Nettonennleistung – sogar abgeschafft. Schwarzstartanlagen können mithilfe einer eigenen Hilfsstromquelle und ohne Zufuhr elektrischer Energie von außen aus vollständig abgeschaltetem Zustand wieder hochgefahren werden.

[20] BT-Drs. 18/4096, 23, 30.

[21] BT-Drs. 18/4096, 30.

[22] BT-Drs. 18/4096, 30 f.

[23] BT-Drs. 18/4096, 30 f.

[24] BSI-KritisV Begründung, 8.

delt. Die Definition baut auf dem **immissionsschutzrechtlichen Begriffsverständnis** auf, sodass der **Anlagenbegriff grundsätzlich weit auszulegen** ist.[25] Erfasst werden ortsfeste und ortsunveränderliche Einrichtungen sowie alle Teile oder Verfahrensschritte, die zur Erbringung der jeweiligen kritischen Dienstleistung betriebsnotwendig sind.[26] Dabei kommt es darauf an, ob die Dienstleistung tatsächlich mithilfe des Teils erbracht wird und somit für die Versorgung kausal ist (sog. faktische Notwendigkeit).[27]

11   Einer Anlage sind zudem als zum Betrieb notwendigen **Anlagenteile, Verfahrensschritte und Nebeneinrichtungen zuzurechnen** (§ 1 Abs. 2 S. 1 BSI-KritisV).[28] Letztere allerdings nur, wenn diese mit den Anlagenteilen und Verfahrensschritten in einem betriebstechnischen Zusammenhang stehen. Ein betriebstechnischer Zusammenhang liegt vor, wenn der Betreiber eigenverantwortlich die Verfügungsgewalt über die Nebeneinrichtungen ausübt und für diese das wirtschaftliche Risiko trägt.[29] Dies gilt insbesondere für die Ersatzenergieversorgung einer Anlage.[30] Eine sog. **gemeinsame Anlage** liegt vor, wenn mehrere Anlagen derselben Kategorie, die durch einen betriebstechnischen Zusammenhang verbunden sind, gemeinsam zur Erbringung derselben kritischen Dienstleistung notwendig sind (§ 1 Abs. 2 S. 2 BSI-KritisV).[31] Diese in der Praxis nur schwer handhabbare Definition wird im jeweiligen Anhang der BSI-KritisV spezifisch für jeden Sektor konkretisiert.[32] Liegt eine gemeinsame Anlage vor, ist diese einheitlich für das Erreichen oder Überschreiten der Schwellenwerte zu berücksichtigen.

12   Eine **Einschränkung des Anlagenbegriffs** ergibt sich aus der Bedingung der Notwendigkeit zur Erbringung kritischer Dienstleistungen (letzter Hs.). **Kritische Dienstleistungen** sind nach der Legaldefinition des § 1 Abs. 1 Nr. 3 BSI-KritisV Dienstleistungen zur Versorgung der Allgemeinheit in den jeweiligen Sektoren, deren Ausfall oder Beeinträchtigung zu erheblichen Versorgungsengpässen oder zu Gefährdungen der öffentlichen Sicherheit führen würden. Als Konsequenz werden zwei Arten von Anlagen nicht vom Anlagenbegriff der BSI-KritisV erfasst, auch wenn die entsprechenden Schwellenwerte erreicht oder überschritten werden. Zum einen stellen Anlagen, die ausschließlich zur Versorgung betriebsinterner Prozesse genutzt werden (sog. Selbstversorgung), keine kritische Infrastruktur dar.[33] Nicht erfasst werden zudem Anlagen, die ausschließlich der Notversorgung dienen, weil diese nicht als Teil der Versorgung der Allgemeinheit im Regelbetrieb zu schützen sind.[34] Diese auf den ersten Blick überraschende Gestaltung ist im System der BSI-KritisV konsequent, weil diese den Schutz Kritischer Infrastrukturen bezweckt, die gerade kritisch sind, weil nicht genügend Notfallkapazitäten vorgehalten werden können. Die Ausgestaltung der Notfallversorgung

---

[25] BSI-KritisV Begründung, 6.

[26] BSI-KritisV Begründung, 6.

[27] Kipker/Reusch/Ritter/Glade BSI-KritisV § 1 Rn. 13.

[28] Siehe im Detail: Kipker/Reusch/Ritter/Glade BSI-KritisV § 1 Rn. 14 ff.

[29] BSI-KritisV Begründung, 6.

[30] BSI-KritisV Begründung, 6.

[31] Siehe im Detail: Kipker/Reusch/Ritter/Glade BSI-KritisV § 1 Rn. 19 ff.

[32] Häufig kommt es auf den engen räumlichen und betrieblichen Zusammenhang von Anlagen derselben Art an, was bspw. regelmäßig eine gemeinsame Leitung voraussetzt.

[33] BSI-KritisV Begründung, 6.

[34] BSI-KritisV Begründung, 6. Energieerzeugungsanlagen, die als Schwarzstartanlagen kontrahiert sind, werden allerdings bereits bei einer Nettonennleistung von 0 MW installierte Nettonennleistung erfasst.

für den Zeitpunkt während einer Beeinträchtigung wird hingegen nicht geregelt. Aus investitionskontrollrechtlicher Sicht erscheinen Notfallkapazitäten allerdings mit Blick auf die öffentliche Ordnung und Sicherheit als schützenswert.

bb) Erfasster Sektor (§ 2 Abs. 10 S. 1 Nr. 1 BSIG). Nach § 2 Abs. 10 S. 1 **13** Nr. 1 BSIG können Anlagen in den **Sektoren Energie, Informationstechnik und Telekommunikation, Transport und Verkehr, Gesundheit, Wasser, Ernährung, Finanz- und Versicherungswesen oder Siedlungsabfallentsorgung** Kritische Infrastrukturen darstellen.[35] Die Sektoren stimmen größtenteils mit der nichtabschließenden Aufzählung kritischer Infrastrukturen in Art. 4 Abs. 1 lit. a der Screening-VO überein.[36] Die von der Screening-VO erfassten Bereiche Kultur und Medien werden ausdrücklich nicht vom BSIG erfasst, weil die Gesetzgebungskompetenz insofern überwiegend bei den Ländern liege.[37]

Die genannten Sektoren werden, abgesehen von der Siedlungsabfallentsorgung, **14** in den §§ 2–8 BSI-KritisV konkretisiert. In systematischer Hinsicht werden jeweils kritische Dienstleistungen für den entsprechenden Sektor bestimmt und Bereiche benannt, in denen die kritische Dienstleistung erbracht wird. **Kritische Dienstleistungen** sind nach der Legaldefinition des § 1 Abs. 1 Nr. 3 BSI-KritisV Dienstleistungen zur Versorgung der Allgemeinheit in den jeweiligen Sektoren, deren Ausfall oder Beeinträchtigung zu erheblichen Versorgungsengpässen oder zu Gefährdungen der öffentlichen Sicherheit führen würden. Zu jedem in der in §§ 2–8 BSI-KritisV konkretisierten Sektoren gibt es einen Anhang. Diese **Anhänge** enthalten jeweils drei Teile. In Teil 1 – Grundsätze und Fristen – werden die relevanten Anlagenbegriffe und der Begriff der gemeinsamen Anlage sektorspezifisch definiert und der Berechnungszeitpunkt für die jeweiligen Schwellenwerte benannt. Teil 2 erläutert die Berechnungsformeln, die der Verordnungsgeber zur Berechnung der jeweiligen Schwellenwerte verwendet hat. Auf dieser Grundlage werden in Teil 3 der Anhänge die Anlagen, die in den jeweiligen Bereichen kritische Dienstleistungen erbringen, in einer Tabelle näher definiert. Diese enthält in Spalte A eine Nummerierung für die jeweilige Anlagekategorie in Spalte B. Für die jeweilige Anlagekategorie wird in den Spalten C und D der maßgebliche Schwellenwert, ab dem die Anlage eine Kritische Infrastruktur darstellt, und die Einheit, in der der Schwellenwert berechnet wird, definiert.

cc) Hohe Bedeutung für das Funktionieren des Gemeinwesens (§ 2 15 Abs. 10 S. 1 Nr. 2 BSIG). Eine Anlage, die einem erfassten Sektor unterfällt, muss als dritte Tatbestandsvoraussetzung **von hoher Bedeutung für das Funktionieren des Gemeinwesens sein**. Die hohe Bedeutung der Anlage muss darauf basieren, dass durch ihren Ausfall oder ihre Beeinträchtigung erhebliche Versorgungsengpässe oder Gefährdungen für die öffentliche Sicherheit eintreten würden. Zum Zweck der Rechtssicherheit sind in den Anhängen der BSI-KritisV Schwellenwerte normiert, ab denen eine konkrete Anlage von hoher Bedeutung für das Funktionieren des Gemeinwesens ist. In Einzelfällen beträgt der Schwellenwert allerdings 0, sodass jede Anlage dieser Anlagekategorie erfasst wird.[38] Hinsichtlich

---

[35] Zu diesen Sektoren im Einzelnen noch → Rn. 21 ff.

[36] In Art. 4 Abs. 1 lit. a Screening-VO wird der Ernährungssektor nicht erwähnt, dafür aber weitere Sektoren, die § 2 Abs. 10 S. 1 Nr. 1 BSIG nicht nennt.

[37] BT-Drs. 18/4096, 24.

[38] Etwa bestimmte Schwarzstartanlagen im Energiesektor (vgl. Anhang 1 BSI-KritisV Teil 3 Nr. 1.1.1 und Nr. 1.1.2.).

der hohen Bedeutung kommt es stets ausschließlich auf die konkrete Anlage an (sog. **strikter Anlagebezug**).[39] Mehrere Anlagen eines Unternehmens, die keine gemeinsame Anlage darstellen, sind also isoliert auf ihre hohe Bedeutung zu prüfen, sodass keine kritische Infrastruktur vorliegt, wenn keine Anlage allein, wohl aber alle Anlagen zusammen, den relevanten Schwellenwert überschreitet.[40]

16   Die Schwellenwerte basieren jeweils auf einem sog. Versorgungsgrad. Der **Versorgungsgrad** ist nach der Legaldefinition des § 1 Abs. 1 Nr. 4 BSI-KritisV ein Wert, mittels dessen der Beitrag einer Anlage zur Versorgung der Allgemeinheit mit einer kritischen Dienstleistung bestimmt wird, wobei der Verordnungsgeber in der Regel auf die unmittelbar durch eine Anlage versorgte Anzahl an Personen abstellt.[41] Als bedeutend gilt der Versorgungsgrad grundsätzlich dann, wenn 500.000 oder mehr Personen durch die Anlage mit einer kritischen Dienstleistung versorgt werden. Dies schlägt sich in den jeweiligen **Schwellenwerten** (vgl. § 1 Abs. 1 Nr. 5 BSI-KritisV) nieder, bei deren Erreichen oder Überschreiten die Anlage von hoher Bedeutung für das Funktionieren des Gemeinwesens ist.[42] Bei der Prüfung, ob eine Anlage eine kritische Infrastruktur darstellt, sind ausschließlich die Schwellenwerte – und nicht die tatsächlich versorgte Anzahl an Personen – maßgeblich.[43] Die Schwellenwerte werden für jede Anlagenkategorie in Teil 3 der Anhänge in den Spalten C und D benannt. Teil 2 der Anhänge stellt die für die Ermittlung der Schwellenwerte verwendeten Berechnungsformeln dar.

17   **c) Praktische Handhabung.** Die praktische Handhabung der Nr. 1 in Bezug auf Kritische Infrastrukturen wird durch die komplexe Regelungssystematik mit Verweisen zwischen AWV, BSIG, BSI-KritisV und deren Anhängen erschwert. Zur Bewertung, ob eine kritische Infrastruktur vorliegt, müssen die **drei Tatbestandsvoraussetzungen des § 2 Abs. 10 S. 1 BSIG kumulativ** erfüllt sein. Daraus ergibt sich in der Praxis die folgende Prüfungsabfolge.

18   Im **ersten Schritt** ist die konkrete **Anlage abzugrenzen**, für die die Bewertung durchgeführt werden soll. Dabei ist insbesondere zu erwägen, ob eine gemeinsame Anlage in Betracht kommt. Eine Anlage kann bspw. eine Einrichtung zur Förderung von Gas sein. Stehen mit dieser Anlage andere Gasförderanlagen in einem engen räumlichen und betrieblichen Zusammenhang, weil sie bspw. auf demselben Betriebsgelände liegen, liegt eine gemeinsame Anlage vor (vgl. Anhang 1 Teil 1 Nr. 7 BSI-KritisV).[44]

---

[39] BSI FAQ zur BSI-Kritisverordnung, abrufbar unter: https://www.bsi.bund.de/DE/Themen/KRITIS-und-regulierte-Unternehmen/Kritische-Infrastrukturen/KRITIS-FAQ/FAQ-BSI-KritisV/faq_kritisv_node.html (zuletzt abgerufen am 3.4.2023).

[40] BSI FAQ zur BSI-Kritisverordnung, abrufbar unter: https://www.bsi.bund.de/DE/Themen/KRITIS-und-regulierte-Unternehmen/Kritische-Infrastrukturen/KRITIS-FAQ/FAQ-BSI-KritisV/faq_kritisv_node.html (zuletzt abgerufen am 3.4.2023).

[41] Bei der Festlegung durch den Verordnungsgeber wurde eine etwaige Versorgung mit minderer Qualität und die Substituierbarkeit durch eine betreiberfremde Anlage ausdrücklich nicht berücksichtigt (BSI-KritisV Begründung, 7).

[42] BSI-KritisV Begründung, 8.

[43] BSI FAQ zur BSI-Kritisverordnung, abrufbar unter: https://www.bsi.bund.de/DE/Themen/KRITIS-und-regulierte-Unternehmen/Kritische-Infrastrukturen/KRITIS-FAQ/FAQ-BSI-KritisV/faq_kritisv_node.html (zuletzt abgerufen am 3.4.2023).

[44] Ein Gegenbeispiel ist der Erwerb von mehreren – über Deutschland verteilten – Supermärkten, die als solche keine gemeinsame Anlage zum Inverkehrbringen von Lebensmitteln darstellen.

Im **zweiten Schritt** muss ermittelt werden, ob die konkrete Anlage einem in **19** § 2 Abs. 10 S. 1 Nr. 1 BSIG genannten **Sektor angehört**. Dafür ist auf die jeweilige Konkretisierung der Sektoren in §§ 2–8 BSI-KritisV zurückzugreifen. Dort werden für die jeweiligen Sektoren kritische Dienstleistungen definiert, die wiederum in verschiedene Bereiche unterteilt werden. Bspw. ist eine Kritische Dienstleistung im Energiesektor die Gasversorgung, die u.a. im Bereich der Gasförderung erbracht wird (vgl. § 2 Abs. 1 Nr. 2, Abs. 3 BSI-KritisV). Für den identifizierten Bereich einer kritischen Dienstleistung werden Anlagekategorien im jeweiligen Anhang in Teil 3 Spalte B benannt, die in Teil 1 des entsprechenden Anhangs näher definiert werden. In Anhang 1 Teil 3 Nr. 2.1.1 BSI-KritisV werden Gasförderanlagen, also Anlagen zur Förderung von Erdgas aus einer Bohrung (Anhang 1 Teil 1 Nr. 2.6. BSI-KritisV), als Anlagekategorie genannt.

Im **dritten Schritt** muss geprüft werden, ob die Anlage eine **hohe Bedeutung** **20** **für das Funktionieren des Gemeinwesens** hat. Erneut ist insofern auf die Konkretisierung des § 2 Abs. 10 S. 1 Nr. 2 BSIG abzustellen. In Teil 3 des jeweiligen Anhangs der BSI-KritisV ist zunächst die relevante Anlagekategorie in Spalte B zu ermitteln (Spalte A enthält eine laufende Nummerierung). Fällt die in Frage stehende Anlage in eine dort benannte Anlagekategorie, kommt es auf die im jeweiligen Anhang in Teil 3 Spalte D festgelegten Schwellenwerte an, bei deren Erreichen oder Überschreiten eine Kritische Infrastruktur vorliegt. Das entsprechende Bemessungskriterium ist der jeweiligen Spalte C zu entnehmen. Im Beispielsfall liegt eine Kritische Infrastruktur im Bereich der Gasförderung vor, wenn die Gasförderanlage Gase fördert, deren Energie 5.190 GWh/Jahr erreicht oder überschreitet (vgl. § 2 Abs. 6 BSI-KritisV iVm Anhang 1 Teil 3 Nr. 2.1.1 BSI-KritisV).

d) Die einzelnen Sektoren. Die in § 2 Abs. 10 S. 1 Nr. 1 BSIG aufgezählten **21** Sektoren werden – mit Ausnahme der Siedlungsabfallentsorgung – im Rahmen der **§§ 2–8 BSI-KritisV jeweils iVm dem entsprechenden Anhang der BSI-KritisV** konkretisiert.[45] Das BMI als Verordnungsgeber der BSI-KritisV hat in den jeweiligen Begründungen Schätzungen abgegeben, wie viele Betreiber Kritischer Infrastruktur in Deutschland existieren, jedoch ohne die ermittelten Betreiber konkret zu benennen (bspw. in einer öffentlichen Liste).

aa) Energie (§ 2 BSI-KritisV iVm Anhang 1 BSI-KritisV). Der Energie- **22** sektor umfasst die kritischen Dienstleistungen der **Strom-, Gas-, Kraftstoff- und Heizöl- sowie Fernwärmeversorgung** (vgl. § 2 Abs. 1 BSI-KritisV). Eine gesicherte Energieversorgung ist für alle Bereiche der Gesellschaft von essenzieller Bedeutung, weil die Beeinträchtigung oder der Ausfall der Energieversorgung bedeutende Rechtsgüter wie etwa Leben und Gesundheit erheblich gefährden würde.[46] Neben **konventionellen Kraftwerken** haben in der Praxis zuletzt **Windparks** eine größere Bedeutung erlangt. Insofern kann die Abgrenzung der konkreten Anlage und die Bestimmung der relevanten Nettonennleistung (insbesondere vor der Inbetriebnahme) Probleme bereiten. Nach einer Schätzung des BMI gibt es – nach der Erweiterung des Anwendungsbereichs im Rahmen der 2. BSI-KritisVÄndV – knapp 500 Betreiber Kritischer Infrastrukturen im Energiesektor. Auf den Energiesektor entfallen somit mehr als ein Viertel der insgesamt

---

[45] Siehe zu den einzelnen Sektoren im Detail: Kipker/Reusch/Ritter/Ritter BSI-KritisV § 2 Rn. 1 ff.
[46] BSI-KritisV Begründung, 9.

identifizierten Betreiber Kritischer Infrastrukturen.[47] Die Erweiterung des Anwendungsbereichs auf Stromerzeugungsanlagen mit einer niedrigeren Kapazität, trägt der Veränderung des Strommarkts Rechnung, der sich weg von großen (Atom- oder Kohle-) Kraftwerken und hin zu einer Vielzahl von Erzeugungsanlagen mit einer regelmäßig geringeren Kapazität (zB Windparks) wandelt.[48]

23   **bb) Wasser (§ 3 BSI-KritisV iVm Anhang 2 BSI-KritisV).** Der Sektor Wasser erfasst die kritischen Dienstleistungen der **Trinkwasserversorgung und Abwasserbeseitigung** (vgl. § 3 Abs. 1 BSI-KritisV). Wasser ist als nicht substituierbare Ressource zur Deckung lebensnotweniger Grundbedürfnisse unverzichtbar.[49] Die Bevölkerung, Industrie und Landwirtschaft sind gleichermaßen auf die ununterbrochene Versorgung mit Trink- und Nutzwasser angewiesen.[50] Kritische Infrastruktur im Sektor Wasser ist etwa die Brandenburger Urstromquelle, deren Erwerb durch einen Investor mit Verbindungen nach Thailand und Hong Kong durch das BMWK im Frühjahr 2023 freigegeben wurde. Darüber hinaus können Vermarkter von Mineralwasser oder städtische Wasserbetriebe und Klärwerke beim Erreichen oder Überschreiten der relevanten Schwellenwerte Kritische Infrastruktur darstellen; nicht jedoch ohne Weiteres Hersteller von Filteranlagen. Anders als andere Rohstoffe kann Wasser nach einer Wiederaufbereitung wieder verwendet werden, weshalb auch die Abwasserbeseitigung der Versorgung mit Wasser dient.[51] Nach einer Schätzung des BMI gibt es **230 Betreiber Kritischer Infrastrukturen** im Wassersektor.[52]

24   **cc) Ernährung (§ 4 BSI-KritisV iVm Anhang 3 BSI-KritisV).** Im Ernährungssektor stellt die **Versorgung der Allgemeinheit mit Lebensmitteln** die Kritische Dienstleistung dar (vgl. § 4 Abs. 1 BSI-KritisV). Die Ernährung der Bevölkerung ist für die Gesellschaft und den Staat existenziell, weil Versorgungsengpässe zu einer Gefährdung von bedeutenden Rechtsgütern wie Leib, Leben und körperlicher Unversehrtheit führen würden.[53] Der **Lebensmittelbegriff** erfasst im Rahmen der Investitionskontrolle alle Produktgruppen zur Versorgung der Bevölkerung mit Speisen und Getränken, mit Ausnahme von alkoholischen Getränken.[54] Im Rahmen der Lebensmittelproduktion und -verarbeitung erfasst er auch die Vor- und Rohproduktion.[55] In Zweifelsfällen (zB Nahrungsergänzungsmittel) wird der Begriff weit auszulegen sein. Häufig wird es dann am Erreichen der Schwellenwerte mangeln. Waren, die nicht der Ernährung dienen, wie etwa Duftstoffe und Kosmetika, werden – auch wenn sie für den Lebensmittelmarkt bestimmt sind – hingegen nicht vom Schutzbereich der Norm erfasst. Im **Lebensmittelhandel** ist die Abgrenzung einer Anlage von großer Bedeutung. Die Definition einer Anlage zum Inverkehrbringen von Lebensmitteln stellt insofern auf eine einzelne Verkaufsstelle des Einzel- oder Großhandels ab (Teil 1 Nr. 2.6 Anhang 3 BSI-KritisV). Zudem können auch Anlagen in den Anwendungsbereich der Norm fallen, die im vorgelagerten Schritt für die Verteilung der

---

[47] BSI-KritisV Begründung, 3 f; RefE 2. BSI-KritisVÄndV, 37.
[48] Rubner/Leuering NJW-Spezial 2022, 79 (80).
[49] BSI-KritisV Begründung, 15.
[50] BSI-KritisV Begründung, 15.
[51] BSI-KritisV Begründung, 15 f.
[52] BSI-KritisV Begründung, 4.
[53] BSI-KritisV Begründung, 18.
[54] BSI-KritisV Begründung, 18.
[55] BSI-KritisV Begründung, 19 f.

Lebensmittel an die jeweiligen Standorte des Einzel- oder Großhandels eingesetzt werden. Für das Erreichen der Schwellenwerte kommt es ausschließlich auf die umgeschlagene bzw. in Verkehr gebrachte Menge Lebensmittel bzw. alkoholfreie Getränke an, sodass es keine Rolle spielt, ob und in welchem Umfang darüber hinaus auch andere Produkte vertrieben werden. Nach einer Schätzung des BMI gibt es **circa 230 Betreiber Kritischer Infrastrukturen** im Ernährungssektor, was insbesondere große Lebensmittelproduzenten erfassen dürfte.[56]

dd) Informationstechnik und Telekommunikation (§ 5 BSI-KritisV **25** **iVm Anhang 4 BSI-KritisV).** Im Sektor Informationstechnik und Telekommunikation stellen die **Sprach- und Datenübertragung sowie die Datenspeicherung und -verarbeitung** kritische Dienstleistungen dar (vgl. § 5 Abs. 1 BSI-KritisV). Die Bedeutung von Informations- und Telekommunikationstechnologien hat seit Mitte der 1990er Jahre stets zugenommen und stellt inzwischen einen wichtigen Wirtschaftsfaktor und grundlegenden Bestandteil des täglichen Lebens dar.[57] Im Bereich der Telekommunikation werden bestimmte Zugangs- und Übertragungsnetze erfasst, bspw. Glasfaseranschlüsse und Mobilfunknetze. Im IT-Sektor werden viele neuartigere Technologien erfasst, insbesondere die Anbieter von Datencentern. In der Praxis ist dieser Bereich des Cloud Computing als Kritische Infrastruktur im IT-Sektor von besonderer Bedeutung.[58] Dabei muss allerdings zwischen den Betreibern der dafür benötigten Infrastruktur und den Anbietern von Cloud-Dienstleistungen, die unter Nr. 4 fallen, differenziert werden. Insgesamt gibt es relativ wenige Betreiber Kritischer Infrastrukturen im IT- und Telekommunikationssektor; nach einer Schätzung des BMI – nach der Erweiterung des Anwendungsbereichs im Rahmen der 2. BSI-KritisVÄndV – etwa 40, wobei nach dem TKG regulierte Betreiber nicht in der Schätzung berücksichtigt wurden.[59]

ee) Gesundheit (§ 6 BSI-KritisV iVm Anhang 5 BSI-KritisV). Im **26** Gesundheitssektor sind die **stationäre medizinische Versorgung (§ 6 Abs. 1 Nr. 1 BSI-KritisV), die Versorgung mit verschreibungspflichtigen Arzneimitteln, mit unmittelbar lebenserhaltenden Medizinprodukten, die Verbrauchsgüter sind (§ 6 Abs. 1 Nr. 2 BSI-KritisV), mit Blut- und Plasmakonzentraten zur Anwendung im oder am menschlichen Körper (§ 6 Abs. 1 Nr. 3 BSI-KritisV) sowie die Laboratoriumsdiagnostik (§ 6 Abs. 1 Nr. 4 BSI-KritisV)** kritische Dienstleistungen (vgl. § 6 Abs. 1 BSI-KritisV). Selbst kurzzeitige Ausfälle oder Versorgungsbeschränkungen im Gesundheitssektor können zur Gefährdung von Leib, Leben und der körperlichen Unversehrtheit führen, weshalb der Kernbereich der Gesundheitsversorgung (sog. ernster Gesundheitsmarkt) geschützt wird.[60] Dies umfasst die stationäre Versorgung als solche (also insbesondere Krankenhäuser) sowie damit verbundene vor- und nachgelagerte Dienstleister in den Feldern der Medizintechnik, Arzneimittelversorgung und Labordienstleistungen.[61] In der Praxis standen zuletzt insbesondere Unternehmen im regulatorischen Fokus, die im Bereich **Blut- und Plasmaspenden** tätig sind. Nach einer Schätzung

---

[56] BSI-KritisV Begründung, 4.
[57] BSI-KritisV Begründung, 20.
[58] § 55a Abs. 1 Nr. 1 wird insofern von § 55a Abs. 1 Nr. 4 ergänzt, der bestimmte Cloud-Computing-Dienstleister erfasst (zur Abgrenzung → Rn. 44).
[59] BSI-KritisV Begründung, 4; RefE 2. BSI-KritisVÄndV, 37.
[60] RefE 1. BSI-KritisVÄndV, 43 f.
[61] RefE 1. BSI-KritisVÄndV, 43 f.

des BMI gibt es knapp 370 Betreiber Kritischer Infrastrukturen im Gesundheitssektor.[62] Auch unterhalb der Schwelle Kritischer Infrastruktur bestehen Bestrebungen Investitionen im medizinischen Sektor stärker zu regulieren, insbesondere im Bereich ambulante Versorgung/medizinische Versorgungszentren. Dies legt eine weiterhin erhöhte Aufmerksamkeit auf den Gesundheitssektor und möglicherweise die Erweiterung der kritischen Dienstleistungen nahe.[63]

27   **ff) Finanz- und Versicherungswesen (§ 7 BSI-KritisV iVm Anhang 6 BSI-KritisV).** Im Sektor des Finanz- und Versicherungswesens stellen die **Bargeldversorgung, der kartengestützte und konventionelle Zahlungsverkehr, die Abwicklung und Verrechnung von Wertpapier- und Derivatgeschäften, Versicherungsdienstleistungen, Leistungen der Sozialversicherung sowie die Grundsicherung für Arbeitsuchende** kritische Dienstleistungen dar (vgl. § 7 Abs. 1 BSI-KritisV). Diesen kritischen Dienstleistungen kommt eine herausragende Bedeutung für die Versorgung der Allgemeinheit zu, insbesondere weil diese die Versorgung mit Gütern des täglichen Bedarfs ermöglichen bzw. gewährleisten.[64] Im Finanz- und Versicherungssektor betreiben also typischerweise größere Banken und Versicherungen Kritische Infrastruktur. In der Praxis ist jedoch zunehmend ein Trend erkennbar, dass bestimmte Finanzdienstleistungen ausgelagert bzw. isoliert erbracht werden (insbesondere durch Start-Ups), was zu Abgrenzungsproblemen bei der Handhabung der Norm führen kann. Auch der Umgang mit Kryptowährungen könnte zukünftig mehr in den Fokus des BSI rücken. Nach einer Schätzung des BMI gibt es – nach der Erweiterung des Anwendungsbereichs im Rahmen der 2. BSI-KritisVÄndV – **etwa 375 Betreiber Kritischer Infrastrukturen** im Sektor Finanz- und Versicherungswesen.[65]

28   **gg) Transport und Verkehr (§ 8 BSI-KritisV iVm Anhang 7 BSI-KritisV).** Im Transport- und Verkehrssektor stellen der **Personen- und Güterverkehr** kritische Dienstleistungen dar. Der Transport von Personen schützt die Mobilität der Allgemeinheit durch öffentliche Beförderungsmittel. sodass der motorisierte Individualverkehr als solcher nicht als Teil des Personenverkehrs geschützt wird, wohl aber die dafür benötigten Verkehrssteuerungs- und Leitsysteme der Bundesautobahn und größerer Städte.[66] Der Güterverkehr dient der Versorgung der Allgemeinheit mit Gütern aller Art, indem Transportkapazitäten gewährleistet werden.[67] Dies umfasst auch Paketsendungen.[68] Im Herbst 2022 wurde der Anteilserwerb an der Betreibergesellschaft eines Container Terminals im Hamburger Hafen durch ein chinesisches Staatsunternehmen geprüft und zunächst teilweise untersagt.[69] Das BMWK ging zu

---

[62] RefE 1. BSI-KritisVÄndV, 38 f.

[63] Gesundheitsminister Lauterbach sprach in diesem Kontext von „Heuschrecken" mit „absoluter Profitgier" und kündigte einen Gesetzentwurf zur Regulierung an (s.: https://www.handelsblatt.com/politik/deutschland/arztpraxen-gutachten-warnt-vor-folgen-von-lauterbach-gesetz-gegen-investoren/28983656.html, zuletzt abgerufen am 20.2.2023).

[64] RefE 1. BSI-KritisVÄndV, 50 ff.

[65] RefE 1. BSI-KritisVÄndV, 39 f.; RefE 2. BSI-KritisVÄndV, 37.

[66] RefE 1. BSI-KritisVÄndV, 62.

[67] Auf die Art oder Bedeutung der transportierten Güter kommt es nicht an (RefE 1. BSI-KritisVÄndV, 62).

[68] RefE 1. BSI-KritisVÄndV, 62.

[69] Zunächst war der Erwerb einer Beteiligung iHv 35 % beabsichtigt. Das BMWK untersagte den Erwerb, soweit 25 % der Stimmrechte erreicht oder überschritten hätte (BMWK Bundeskabinett verabschiedet Teiluntersagung im Investitionsprüfverfahren Hamburger Hafen (Pressemitteilung vom 26.10.2022)). Insofern ausführlicher → § 59 Rn. 17.

diesem Zeitpunkt davon aus, dass das konkrete Container Terminal keine Kritische Infrastruktur darstellte. Neben einzelnen Bundesministerien scheint auch die Europäische Kommission zu einer Untersagung geraten zu haben, was nahelegt, dass (auch) von europäischer Seite Hafeninfrastruktur, insbesondere zum Schutz von Lieferketten und zur Sicherstellung der Versorgungssicherheit, als besonders sicherheitsrelevant bewertet wird.[70] Im Frühjahr 2023 änderte das BSI seine Einschätzung und stufte das Container Terminal nachträglich als Kritische Infrastruktur ein, woraufhin das BMWK eine Prüfung der Auswirkungen dieser Einstufung ankündigte,[71] letztlich aber bei seiner Auffassung blieb, dass der Erwerb von bis zu 24,99 % der Stimmrechte vollzogen werden dürfe. Bei Neubetrachtung unter gegenwärtiger Rechtslage kommt dies einer teilweisen Freigabe gleich (→ § 59 Rn. 2). Kontrovers diskutiert wurde ebenfalls der beabsichtigte Verkauf des Flughafens Frankfurt Hahn an einen russischen Investor, der eine investitionskontrollrechtliche Prüfung nach sich zog, ohne dass es sich bei den Flughafenanlagen um Kritische Infrastruktur gehandelt haben dürfte. Insofern dürfte nach dem russischen Angriffskrieg gegen die Ukraine erheblicher politischer Druck bestanden haben, den Verkauf zu unterbinden.[72] Nach einer Schätzung des BMI gibt es – nach der Erweiterung des Anwendungsbereichs im Rahmen der 2. BSI-KritisVÄndV – **knapp 270 Betreiber Kritischer Infrastrukturen** im Transport- und Verkehrssektor.[73]

hh) Siedlungsabfallentsorgung. Für den Sektor der Siedlungsabfallentsorgung steht eine Konkretisierung im Rahmen der BSI-KritisV noch aus.[74] Der Sektor erfasst die Sammlung und anschließende Beseitigung bzw. Verwertung von Siedlungsabfällen unter Schutz von Bevölkerung und Umwelt.[75] Der Begriff des Siedlungsabfalls wird nicht spezifisch für die Investitionskontrolle definiert. Im Abfallrecht werden unter Siedlungsabfällen **Haushaltsabfälle und ähnliche gewerbliche und industrielle Abfälle aus Privathaushalten und ähnlichen Einrichtungen** verstanden (vgl. Nr. 20 Anlage Abfallverzeichnis-VO).[76] Abzugrenzen sind Siedlungsabfälle bspw. von Bau- und Abbruchabfällen. Die Übertragung dieser Definition auf die Investitionskontrolle dürfte dem Telos der Norm entsprechen, weil eine fehlende oder nicht sachgerechte Entsorgung der großen Mengen an Haushaltsabfällen – die auch bestimmte Bioabfälle umfassen – in kurzer Zeit zu erheblichen Gesundheitsschäden führen könnte. Die Bundesregierung schätzt, dass es **circa 100 Betreiber Kritischer Infrastrukturen** im Siedlungsabfallentsorgungssektor gibt.[77]

29

---

[70] Insofern wurde im Rahmen der beabsichtigten Investition im Hamburger Hafen häufig auf die Beteiligung desselben chinesischen Staatsunternehmens am Hafen von Piräus hingewiesen, das dort sogar eine Mehrheitsbeteiligung hält.

[71] Siehe https://www.tagesschau.de/investigativ/ndr-wdr/bundesregierung-hamburg-hafen-containerterminal-101.html (zuletzt abgerufen am 17.4.2023).

[72] Am Ende des Verkaufsprozesses erwarb ein anderer Investor den Flughafen Frankfurt Hahn.

[73] RefE 1. BSI-KritisVÄndV, 40 f.; RefE 2. BSI-KritisVÄndV, 37.

[74] Vgl. BT-Drs. 19/26106, 79. Eine Konkretisierung wird frühestens für das zweite Halbjahr 2023 erwartet.

[75] BT-Drs. 19/26106, 57.

[76] Danach betrug im Jahr 2018 das Aufkommen Siedlungsabfall in Deutschland 50,3 Millionen Tonnen (Webseite des DMUV, abrufbar unter: https://www.bmuv.de/themen/wasser-ressourcen-abfall/kreislaufwirtschaft/abfallarten-abfallstroeme/siedlungsabfaelle, zuletzt abgerufen am 12.6.2023).

[77] BT-Drs. 19/26106, 34.

30   **2. Betreiberbegriff.** Das **BMWK** greift hinsichtlich des Betreiberbegriffs[78] auf die Legaldefinition des § 1 Abs. 1 Nr. 2 BSI-KritisV zurück.[79] Danach sind Betreiber **natürliche oder juristische Personen, die unter Berücksichtigung der rechtlichen, wirtschaftlichen und tatsächlichen Umstände bestimmenden Einfluss auf die Beschaffenheit und den Betrieb einer Anlage oder Teilen davon ausüben**. Betreiber ist also, wer weisungsfrei und selbständig über die Anlage oder Teile davon verfügen kann.[80] Der Definition liegt ein immissionsschutzrechtliches (weites) Verständnis zu Grunde.[81] Maßgeblich ist nicht das Eigentum an einer Anlage, sondern der bestimmende Einfluss – im Sinne tatsächlicher Sachherrschaft – auf die Anlage, der allerdings häufig mit rechtlicher Verfügungsgewalt einhergehen wird.[82] Dies kann in der Praxis zu komplexen Abgrenzungsfragen führen, bspw. hinsichtlich des Eigentümers eines vermieteten Grundstücks, auf dem der Mieter eine Kritische Infrastruktur betreibt (zB ein Krankenhaus). Insofern kommt es darauf an, ob der Eigentümer nach den vertraglichen Regelungen der Anlage wie ein Dritter gegenübersteht und insofern unter Berücksichtigung der rechtlichen, wirtschaftlichen und tatsächlichen Umstände keinen bestimmenden Einfluss auf die Anlage ausübt.[83] Ausgehend von den tatsächlichen Umständen kann ein bestimmender Einfluss auch von mehreren Personen ausgeübt werden, sodass eine Anlage auch von zwei oder mehr Personen gemeinsam betrieben werden kann (vgl. § 1 Abs. 2 S. 3 BSI-KritisV). Im Sektor Finanz- und Versicherungswesen ist für die Ausübung eines bestimmenden Einflusses auf eine Anlage ausschließlich die tatsächliche Sachherrschaft maßgeblich, während die rechtlichen und wirtschaftlichen Umstände unberücksichtigt bleiben (§ 7 Abs. 8 BSI-KritisV).

31   In der **Literatur** ist streitig, ob auf die Betreiberdefinition der BSI-KritisV abgestellt werden kann oder ein eigenständiger Betreiberbegriff spezifisch für die Investitionskontrolle gebildet werden muss.[84] In der Praxis dürfte der Streitentscheid regelmäßig nicht zu unterschiedlichen Ergebnissen führen, weil auch investitionskontrollrechtlich die Anwendung eines weiten Betreiberbegriffs geboten ist, um eine umfassende Prüfung sicherheitsrelevanter Investitionen zu gewährleisten.[85] Die Bildung eines **investitionskontrollrechtspezifischen Betreiberbegriffs** erscheint vorzugswürdig. Der Wortlaut der Nr. 1 kann nicht abschließend herangezogen werden, weil unklar bleibt, ob sich der Verweis („iSd BSIG") ausschließlich auf „Kritisch[e] Infrastruktur" oder weitergehend auch auf „Betreiber" bezieht.[86] Für ersteres spricht in systematischer Hinsicht, dass im BSIG der Begriff der Kritischen Infrastruktur legaldefiniert wird, nicht aber der Betreiberbegriff. Anders als in Bezug auf Kritische Infrastrukturen verweisen § 2 Abs. 10 S. 2 BSIG

---

[78] Siehe im Detail: Kipker/Reusch/Ritter/Glade§ 1 BSI-KritisV Rn. 28 ff.

[79] BMWK Häufige Fragen zu Investitionsprüfungen nach dem Außenwirtschaftsgesetz (AWG) und der Außenwirtschaftsverordnung (AWV), C.1.

[80] BSI-KritisV Begründung, 6.

[81] BSI-KritisV Begründung, 6.

[82] BSI-KritisV Begründung, 6.

[83] Dies dürfte etwa bei sog. Triple-Net-Gewerbemietverträgen der Fall sein, bei denen der Mieter den Betrieb und die Instandhaltung organisiert und bezahlt, weil der Vermieter in solchen Fällen keinerlei Einfluss auf die Anlage ausüben kann (bspw. durch die Beendigung der Stromversorgung). Auch eine vertragliche Regelung, die dem Vermieter ausdrücklich jeden Einfluss auf die Sache verbietet, ist insofern denkbar.

[84] Vgl. mwN Hocke/Sachs/Pelz AußenwirtschaftsR/Mausch-Liotta/Sattler § 55 Rn. 113.

[85] Vgl. mwN Hocke/Sachs/Pelz AußenwirtschaftsR/Mausch-Liotta/Sattler § 55 Rn. 113.

[86] Anders Hocke/Sachs/Pelz AußenwirtschaftsR/Mausch-Liotta/Sattler § 55 Rn. 113.

und § 10 Abs. 1 S. 1 BSIG auch nicht hinsichtlich einer Konkretisierung des Betreiberbegriffs auf die BSI-KritisV.[87] Innerhalb des Katalogs des § 55a Abs. 1 würde eine Anwendbarkeit der Legaldefinition der BSI-KritisV zudem dazu führen, dass der Betreiberbegriff in Abs. 1 Nr. 1 abweichend von Abs. 1 Nr. 12 und Abs. 1 Nr. 18 definiert würde, was in systematischer Hinsicht nicht überzeugen kann. Das Telos der Norm spricht ebenfalls nicht zwingend für eine Heranziehung der Legaldefinition der BSI-KritisV, weil der Schutz der öffentlichen Ordnung und Sicherheit gleichermaßen durch eine weite investitionskontrollrechtsspezifische Auslegung des Betreiberbegriffs gewährleistet werden kann.

II. Kritische Komponenten und branchenspezifische Software (Abs. 1 Nr. 2)

Gem. Abs. 1 Nr. 2 können Entwickler und Hersteller kritischer Komponenten **32** und branchenspezifischer Software zum Betrieb Kritischer Infrastrukturen im Rahmen der investitionskontrollrechtlichen Prüfung insbesondere berücksichtigt werden. Die Norm komplementiert den Schutz Kritischer Infrastrukturen nach Abs. 1 Nr. 1, indem auch die **Schlüssel-Informationstechnologien** umfassend geschützt werden, von denen die Betreiber Kritischer Infrastrukturen abhängig sind.[88] Dies steht im Einklang mit Art. 4 Abs. 1 lit. a Screening-VO.[89] Der Beteiligungserwerb an einem in Abs. 1 Nr. 2 bezeichneten Unternehmen ist meldepflichtig, sobald 10 % der Stimmrechte erreicht oder überschritten werden (vgl. § 55a Abs. 4, § 56 Abs. 1 Nr. 1).

Die Norm erfasst **Entwickler und Hersteller** kritischer Komponenten bzw. **33** branchenspezifischer Software. Der Grund für deren besondere Sicherheitsrelevanz ist, dass Produkte im Bereich Kritischer Infrastrukturen regelmäßig auf eine bestimmte Branche oder auf eine bestimmte Anlage zugeschnitten oder sogar eigens für diese entwickelt werden.[90] Die Entwicklung und Herstellung entsprechender Softwares erfolgt häufig in spezialisierten Unternehmenssparten von Großkonzernen oder durch kleine spezialisierte Unternehmen. Der Verordnungsgeber geht daher davon aus, dass nur eine geringe Anzahl an Anbietern unter diese Ziffer fällt.[91] Neben dem Schutz sicherheitsrelevanter Informationen bspw. vor Cyberangriffen soll die Norm dementsprechend auch den Erhalt (vertrauenswürdiger) Entwickler oder Hersteller gewährleisten.[92] Aus dem Wortlaut der Norm („besonders") ergibt sich, dass grundsätzlich alle Entwickler und Hersteller kritischer Komponenten erfasst werden, dass Softwareentwickler und -hersteller aber nur dann in den Anwendungsbereich der Norm fallen, wenn sie die Software spezifisch für eine kritische Branche entwickelt oder jedenfalls für diese entsprechend modifiziert haben.[93]

---

[87] Vgl. insofern den ausdrücklichen Wortlaut der Normen („Die Kritischen Infrastrukturen im Sinne dieses Gesetzes werden durch die Rechtsverordnung nach § 10 Absatz 1 näher bestimmt." „Das [BMI] bestimmt durch Rechtverordnung, […] welche Einrichtungen, Anlagen oder Teile davon als Kritische Infrastrukturen im Sinne dieses Gesetzes gelten.").

[88] BR-Drs. 612/17, 8 f.

[89] Danach ist der umfassende Schutz Kritischer Infrastrukturen ein Faktor, der in den nationalen Investitionskontrollregimen berücksichtigt werden kann.

[90] BR-Drs. 612/17, 8.

[91] BR-Drs. 612/17, 8 f.

[92] BR-Drs. 612/17, 8 f.

[93] Dies muss das BMWK darlegen (BMWK Häufige Fragen zu Investitionsprüfungen nach dem Außenwirtschaftsgesetz (AWG) und der Außenwirtschaftsverordnung (AWV), C.2).

34   **1. Kritische Komponenten (Abs. 1 Nr. 2 Alt. 1 iVm § 2 Abs. 13 BSIG).**
Abs. 1 Nr. 2 Alt. 1 verweist auf die **Legaldefinition kritischer Komponenten in § 2 Abs. 13 S. 1 BSIG**. Danach sind kritische Komponenten IT-Produkte, die in Kritischen Infrastrukturen eingesetzt werden und bei denen Störungen der Verfügbarkeit, Integrität, Authentizität und Vertraulichkeit zu einem Ausfall oder zu einer erheblichen Beeinträchtigung der Funktionsfähigkeit Kritischer Infrastrukturen oder zu Gefährdungen der öffentlichen Sicherheit führen könnten. Komponenten, die diese Voraussetzungen erfüllen, müssen gesetzlich und unter ausdrücklichem Verweis auf § 2 Abs. 13 BSIG als kritische Komponente bestimmt worden sein oder zumindest eine gesetzlich als kritisch bestimmte Funktion realisieren. Ist dies nicht der Fall, liegt keine kritische Komponente iSd BSIG vor (vgl. § 2 Abs. 13 S. 2 BSIG). Eine **Bestimmung kritischer Funktionen** ist auf Grundlage von § 167 Abs. 1 Nr. 2 TKG im Rahmen einer Allgemeinverfügung[94] erfolgt, in der bspw. kritische Funktionen für das 5G-Netz aufgelistet werden.

35   **2. Branchenspezifische Software zum Betrieb Kritischer Infrastrukturen (Abs. 1 Nr. 2 Alt. 2 iVm Abs. 2).** Abs. 1 Nr. 2 Alt. 2 erfasst Software, die branchenspezifisch dem Betrieb Kritischer Infrastrukturen iSd BSIG dient. Branchenspezifische Software wird für die jeweiligen Sektoren, in denen es Kritische Infrastrukturen gibt, − mit Ausnahme der Siedlungsabfallentsorgung − in **§ 55a Abs. 2 unter Bezugnahme auf die spezifische kritische Dienstleistung bestimmt**. Im Energiesektor wird bspw. Software für die Kraftwerksleittechnik, für die Netzleittechnik oder für die Steuerungstechnik zum Betrieb von Anlagen oder Systemen zur Strom-, Gas-, Kraftstoff-, Heizöl- oder Fernwärmeversorgung erfasst (vgl. Abs. 1 Nr. 1). Im Ernährungssektor kann bspw. speziell für Warenhäuser angepasste Software oder Software für Point-of-Sales-Systeme im Einzelhandel unter § 55a Abs. 2 Nr. 7 fallen. Die bloße Verwendung einer (nicht branchenspezifischen) Software durch einen Betreiber Kritischer Infrastruktur wird hingegen nicht erfasst. Liegt eine branchenspezifische Software vor, muss diese zur Anwendbarkeit der Norm im konkreten Fall zum Betrieb einer Kritischen Infrastrukturen eingesetzt werden. Hingegen ist nicht erforderlich, dass der Betreiber Kritischer Infrastruktur mit der jeweiligen Software die maßgeblichen Schwellenwerte der BSI-KritisV erreicht oder überschreitet. Bedient sich ein Unternehmen zum Betrieb einer Kritischen Infrastruktur also mehrerer Software-Produkte, fallen die Entwickler und Hersteller dieser Software-Produkte alle unter Abs. 1 Nr. 2. Ob eine Kritische Infrastruktur vorliegt, richtet sich nach dem BSIG, das durch die BSI-KritisV konkretisiert wird.[95] In der Praxis ist für einen Softwarehersteller und -entwickler jedoch nicht immer erkennbar, ob seine Kunden Betreiber Kritischer Infrastruktur sind.

III. Telekommunikationsüberwachung (TKÜ) (Abs. 1 Nr. 3)

36   Abs. 1 Nr. 3 enthält zwei Tatbestandsalternativen, die jeweils inländische Unternehmen erfassen, die an staatlichen Maßnahmen im Bereich der TKÜ beteiligt sind. In den Anwendungsbereich fallen zum einen Telekommunikationsunternehmen, die nach dem TKG verpflichtet sind, organisatorische Vorkehrungen für die

---

[94] Zuletzt BNetzA Liste der kritischen Funktionen nach § 109 Abs. 6 Satz 1 Nr. 2 TKG für öffentliche Telekommunikationsnetze und -dienste mit erhöhtem Gefährdungspotenzial vom 18.8.2021.

[95] → Rn. 5 ff.

Umsetzung von TKÜ zu treffen (Abs. 1 Nr. 3 Alt. 1). Zum anderen werden Hersteller und unter Umständen ehemalige Hersteller der dafür benötigten Technik von der Norm erfasst (Abs. 1 Nr. 3 Alt. 2). Das **Telos der Norm** ist die umfassende Sicherstellung, dass die zur Umsetzung von TKÜ verpflichteten Unternehmen ihrer Pflicht nachkommen, ihnen dies technisch möglich ist und dass die zugrundeliegende Technik nicht kompromittiert ist. Die Sicherheitsrelevanz des Bereichs kommt ebenfalls in der Screening-VO zum Ausdruck, nach der Auswirkungen auf Kommunikation und der Zugang zu sensiblen Daten als Faktoren bei der Prüfung ausländischer Direktinvestitionen berücksichtigt werden können (vgl. Art. 4 Abs. 1 lit. a und lit. d Screening-VO).[96] Der Erwerb eines Stimmrechtsanteils an einem in Abs. 1 Nr. 3 bezeichneten Unternehmen ist bereits ab einem Erwerb von 10 % der Stimmrechte meldepflichtig (vgl. § 55a Abs. 4, § 56 Abs. 1 Nr. 1).

An TKÜ beteiligte Unternehmen wurden erstmals im Rahmen der 9. AWV-Novelle[97] in den Katalog des § 55 Abs. 1 S. 2 aF aufgenommen. Der Verordnungsgeber begründete dies mit der besonderen Sicherheitsrelevanz der an TKÜ beteiligten Unternehmen, die durch die Ermöglichung staatlicher Überwachungsmaßnahmen in einem grundrechtssensiblen Bereich einen **Beitrag zur Abwehr und Verfolgung schwerer Straftaten** leisten würden.[98] Für den Erfolg von TKÜ komme es insbesondere auf die dauerhafte Verfügbarkeit der nötigen technischen Einrichtungen und deren Zuverlässigkeit an, sodass bereits der Herstellungsprozess vor der Kompromittierung durch ausländische Nachrichtendienste zu schützen sei.[99] Nach Inkrafttreten der Norm kam es neben der redaktionellen Neuregelung in § 55a Abs. 1 lediglich zu sprachlichen Anpassungen ohne inhaltliche Veränderungen.[100]

1. Zu organisatorischen Maßnahmen nach § 170 TKG verpflichtete Unternehmen (Abs. 1 Nr. 3 Alt. 1). Unternehmen, die eine Telekommunikationsanlage betreiben, mit der öffentlich zugängliche Telekommunikationsdienste erbracht werden, sind gem. § 170 Abs. 1 Nr. 1 TKG (vormals § 110 TKG aF) zu organisatorischen Maßnahmen zur Umsetzung von TKÜ verpflichtet. Ausnahmen von dieser Pflicht aus technischen Erwägungen oder aus Verhältnismäßigkeitsgesichtspunkten sind basierend auf der Ermächtigung des § 170 Abs. 5 Nr. 2 lit. c TKG in § 3 Abs. 2 TKÜV geregelt. Keine Vorkehrungen für Telekommunikationsanlagen müssen etwa getroffen werden, wenn nicht mehr als 10.000 Nutzer an sie angeschlossen sind oder mit ihnen ausschließlich nummernunabhängige interpersonelle Telekommunikationsdienste oder ausschließlich

---

[96] Hocke/Sachs/Pelz AußenwirtschaftsR/Mausch-Liotta/Sattler § 55 Rn. 118.

[97] BAnz AT 17.7.2017 V1, 1.

[98] Überwachungsmaßnahmen können von staatlicher Seite „insbesondere zur Abwehr von drohenden Gefahren für die freiheitliche demokratische Grundordnung oder den Bestand oder die Sicherheit des Bundes oder eines Landes […] sowie zur Verfolgung schwerer Straftaten mit Bezug zur inneren und äußeren Sicherheit durchgeführt werden" (vgl. BR-Drs. 612/17, 9). Vgl. insofern auch den Wortlaut Art. 10 Abs. 2 S. 2 GG.

[99] Vgl. BR-Drs. 612/17, 9.

[100] So wurde im Rahmen der 17. AWV-Novelle (BAnz AT 30.4.2021 V1, 2) klargestellt, dass die Unternehmen nach dem TKG „verpflichtet" (und nicht nur „betraut") sind und der Wortlaut an den des § 60 Abs. 1 angepasst (vgl. BR-Drs. 343/21, 24; BT-Drs. 19/29216, 26). Außerdem machte die Änderung des TKG eine Anpassung des Verweises auf § 170 TKG nötig (ehemals § 110 TKG aF), die in der 1. AWG/AWV-Novelle (BAnz AT 7.9.2021 V1, 4) umgesetzt wurde (vgl. BT-Drs. 19/32401, 20).

nichtkennungsbezogene Internetzugangsdienste über ein drahtloses lokales Netzwerk erbracht werden und an sie nicht mehr als 100.000 Nutzer angeschlossen sind (vgl. § 3 Abs. 2 Nr. 5 und Nr. 6 TKÜV).[101] Abs. 1 Nr. 3 Alt. 1 erfasst die Telekommunikationsunternehmen selbst und ermöglicht insbesondere die Prüfung, ob die zur organisatorischen Umsetzung verpflichteten Unternehmen den umfangreichen Pflichtenkatalog des § 170 TKG weiterhin befolgen werden.

39   Die im Wortlaut des § 170 Abs. 1 TKG verwendeten Begriffe sind teilweise in § 3 TKG legaldefiniert. **Telekommunikationsanlagen** sind technische Einrichtungen, Systeme oder Server, die als Nachrichten identifizierbare elektromagnetische oder optische Signale oder Daten im Rahmen der Erbringung eines Telekommunikationsdienstes senden, übertragen, vermitteln, empfangen, steuern oder kontrollieren können (§ 3 Nr. 60 TKG). **Telekommunikationsdienste** sind in der Regel gegen Entgelt über Telekommunikationsnetze erbrachte Dienste, wie Internetzugangsdienste, interpersonelle Telekommunikationsdienste und Dienste, die ganz oder überwiegend in der Übertragung von Signalen bestehen, wie Übertragungsdienste, die für Maschine-Maschine-Kommunikation und für den Rundfunk genutzt werden (§ 3 Nr. 61 TKG). Davon ausgenommen sind Dienste, die Inhalte über Telekommunikationsnetze und -dienste anbieten oder eine redaktionelle Kontrolle über sie ausüben. **Öffentlich zugängliche Telekommunikationsdienste** stehen einem unbestimmten Personenkreis zur Verfügung (§ 3 Nr. 44 TKG). **Betreiber** sind Unternehmen, die ein öffentliches Telekommunikationsnetz oder eine zugehörige Einrichtung bereitstellen oder zur Bereitstellung befugt sind (§ 3 Nr. 7 TKG).

40   **2. Hersteller technischer Einrichtungen zur Umsetzung gesetzlich vorgesehener Maßnahmen zur TKÜ (Abs. 1 Nr. 3 Alt. 2).** Nach Abs. 1 Nr. 3 Alt. 2 kann berücksichtigt werden, ob ein Unternehmen die technischen Einrichtungen zur Umsetzung gesetzlich vorgesehener Maßnahmen zur TKÜ **herstellt** oder in der Vergangenheit hergestellt hat und über Kenntnisse oder sonstigen Zugang zu der Technologie verfügt, die den technischen Einrichtungen zugrunde liegt. Die technischen Einzelheiten der Überwachungseinrichtungen werden in Teil A TR TKÜV beschrieben.

41   Erfasst werden **Hersteller der technischen Einrichtungen**, die die Betreiber einer Telekommunikationsanlage, mit der öffentlich zugängliche Telekommunikationsdienste erbracht werden, gem. § 170 Abs. 1 Nr. 1 TKG vorhalten müssen. Die etwaige Einbeziehung von ehemaligen Herstellern beugt einem Missbrauch vor und spiegelt deren weiterhin bestehende Sicherheitsrelevanz wider. Die Hersteller müssen weder selbst nach § 170 TKG (vormals § 110 TKG aF) verpflichtet noch sonst an der Umsetzung von TKÜ beteiligt sein. Ihre Sicherheitsrelevanz ergibt sich daraus, dass die Ermöglichung einer TKÜ voraussetzt, dass überhaupt dazu geeignete technische Einrichtungen hergestellt werden und für die nach § 170 TKG verpflichteten Unternehmen verfügbar sind. Deshalb dürften sich bei behördlichen Bedenken insofern insbesondere Verhaltenszusagen hinsichtlich der Fortführung der Herstellung und der Belieferung anbieten. Die der TKÜ zugrundeliegende Technik kann zudem einen Ansatzpunkt für ausländische Spionagemaßnahmen bieten, was ebenfalls zur Sicherheitsrelevanz der Unternehmen beiträgt.

---

[101] Letzteres ist der Fall, wenn der Internetzugang ausschließlich auf Grundlage der vorhandenen Gerätekennungen (MAC-Adresse) ohne Zuweisung von Zugangserkennungen erfolgt.

IV. Cloud-Computing-Dienste (Abs. 1 Nr. 4)

Gem. Abs. 1 Nr. 4 können Unternehmen, die **Cloud-Computing-Dienste** **42** erbringen, im Rahmen der sektorübergreifenden Prüfung berücksichtigt werden. Voraussetzung dafür ist, dass die konkret für die Dienste genutzte Infrastruktur bestimmte Schwellenwerte überschreitet. Hinsichtlich der Schwellenwerte wird auf Anhang 4 Teil 3 Nr. 2 BSI-KritisV verwiesen, sodass Rechenzentren (Housing), Serverfarmen (IT-Hosting), Content Delivery Networks sowie Anlagen zur Erbringung von Vertrauensdiensten, die in Anhang 4 Teil 1 Nr. 2.7-2.10 BSI-KritisV legaldefiniert sind, erfasst werden.[102] Die Norm bezweckt den Schutz von Cloud-Computing-Diensten und den damit verbundenen Zugang zu sensiblen Daten. In systematischer Hinsicht ergänzt die Regelung § 55a Abs. 1 Nr. 1 iVm Anhang 4 Teil 3 Nr. 2 BSI-KritisV insofern als – neben den Betreibern Kritischer Infrastruktur im Sektor Informationstechnik und Telekommunikation – Cloud-Computing-Dienstleister erfasst werden, die in einem vergleichbaren Maß auf Daten zugreifen können. Die Schutzwürdigkeit des Zugangs zu sensiblen Informationen kommt auch in Art. 4 Abs. 1 lit. d Screening-VO zum Ausdruck.[103] Der Beteiligungserwerb an einem in Abs. 1 Nr. 4 bezeichneten Unternehmen ist bereits meldepflichtig, sobald 10 % der Stimmrechte erreicht oder überschritten werden (vgl. §§ 55a Abs. 4, 56 Abs. 1 Nr. 1).

Cloud-Computing-Dienstleister wurden im Rahmen der 9. AWV-Novel- **43** le[104] in den Katalog des § 55 Abs. 1 S. 2 aF aufgenommen. Als Begründung nannte der Verordnungsgeber den **umfangreichen Zugriff auf Personen- und Sachdaten**[105] dieser Unternehmen, die ausländische Regierungen und Nachrichtendienste für zielgerichtete Angriffe auf Einzelpersonen oder gegen Deutschland nutzen könnten.[106] Insofern bestehe eine enge Verknüpfung der Daten mit der Funktions- und Verteidigungsfähigkeit Deutschlands.[107] Neben der redaktionellen Neuregelung in § 55a Abs. 1, die eine sprachliche Klarstellung umfasste,[108] wurde der Anwendungsbereich der Norm im Rahmen der 2. BSI-KritisV-Änderungs-VO[109] mittelbar durch die Absenkung der Schwellenwerte hinsichtlich von Rechenzentren (Housing) und Serverfarmen (Hosting) erweitert.

Cloud-Computing-Dienstleister stellen IT-Ressourcen über das Internet bereit **44** und werden von der Norm erfasst, wenn die hierfür genutzten Infrastrukturen die entsprechenden Schwellenwerte der BSI-KritisV erreichen oder überschreiten. Es geht also um die Erbringung von Diensten und nicht um einzelne Anlagen. Aus

---

[102] Zu den Einzelheiten hinsichtlich der Kritischen Infrastrukturen im Sektor Informationstechnik und Telekommunikation bereits → Rn. 25.

[103] Siehe insofern auch den Verweis des Verordnungsgebers auf die RL (EU) 2016/1148 zum Sicherheitsniveau von Netz- und Informationssystemen (BR-Drs. 612/17, 10).

[104] BAnz AT 17.7.2017 V1, 1.

[105] Als personenbezogene Daten nennt der Verordnungseber Sicherheitsfragen zur Feststellung der Identität, Bewegungsprofile, medizinische Daten, Kontodaten und Passwörter (BR-Drs. 612/17, 10). Hinsichtlich von Sachdaten werden verteidigungs- und sicherheitskritischen Geodaten, von Unternehmen gehaltene Patente und Informationen über Produkte zur Anwendung bei staatlichen Stellen im Sicherheitsbereich genannt (BR-Drs. 612/17, 10).

[106] BR-Drs. 612/17, 10.

[107] BR-Drs. 612/17, 10.

[108] Diese erfolgte in der 17. AWV-Novelle (BAnz AT 30.4.2021 V1, 2).

[109] BGBl. 2021 I 4163.

dem Wortlaut ergibt sich, dass es bei der **Berechnung, ob die Schwellenwerte erreicht oder überschritten werden**, ausschließlich auf die konkreten von dem jeweiligen Cloud-Computing-Dienstleister genutzten Kapazitäten ankommt und nicht auf die Gesamtkapazität der genutzten Infrastruktur.[110] Dementsprechend werden solche Cloud-Computing-Dienstleister nicht erfasst, die für ihre Dienste zwar eine kritische Infrastruktur eines Drittanbieters nutzen, allerdings nur in einem Umfang, der die relevanten Schwellenwerte nicht erreicht. Umgekehrt fallen Cloud-Computing-Dienstleister in den Anwendungsbereich der Norm, die für ihre Dienste auf Anlagen verschiedener Anbieter zurückgreifen, die jeweils keine kritische Infrastruktur darstellen, aber die kumulativ genutzten Kapazitäten in Bezug auf den jeweiligen Cloud-Computing-Dienstleister die Schwellenwerte erreichen oder überschreiten.

45   **In der Praxis** kann die genaue Berechnung der genutzten Kapazitäten Probleme bereiten. Cloud-Computing-Dienstleister verfügen häufig über Rahmenverträge, nach denen sie nahezu unbegrenzt Kapazitäten abrufen könnten. Der Wortlaut der Norm („genutzten") verdeutlicht aber, dass es – außerhalb von missbräuchlicher Umgehung – nur auf die zum relevanten Zeitpunkt tatsächlich genutzten Leistungen ankommen kann.

V. Telematikinfrastruktur (Abs. 1 Nr. 5)

46   Abs. 1 Nr. 5 erfasst Unternehmen, die eine **Zulassung für Komponenten oder Dienste der Telematikinfrastruktur** nach § 325 SGB V oder § 311 Abs. 6 SGB V besitzen. Die Norm bezweckt den Schutz der Telematikinfrastruktur, der digitalen Vernetzung im Gesundheitswesen dient.[111] Der Schutz umfasst – neben Funktionsfähigkeit der Telematikinfrastruktur als solcher – insbesondere den Zugang zu sensiblen Informationen, etwa personenbezogenen Gesundheitsdaten, was mit Art. 4 Abs. 1 lit. d Screening-VO übereinstimmt. Der Erwerb einer Beteiligung an einem in Abs. 1 Nr. 5 bezeichneten Unternehmen ist beim BMWK zu melden, sobald 10 % der Stimmrechte erreicht oder überschritten werden (vgl. § 55a Abs. 4, § 56 Abs. 1 Nr. 1).

47   Unternehmen, die eine Zulassung für Komponenten oder Dienste der Telematikinfrastruktur besitzen, wurden im Rahmen der 9. AWV-Novelle[112] in den Katalog des § 55 Abs. 1 S. 2 aF aufgenommen. Diesen Schlüsselunternehmen der Telematikinfrastruktur komme eine erhebliche Bedeutung für die **Sicherheit des Gesundheitswesens** zu, insbesondere hinsichtlich der sicheren Kommunikation zwischen den Akteuren des Gesundheitsbereichs.[113] Dementsprechend könne ein Erwerb solcher Unternehmen durch einen EU-Ausländer die Vertrauenswürdigkeit der Telematikinfrastruktur und die Funktionsfähigkeit der systemrelevanten Gesundheitsversorgung gefährden.[114] Im Zuge der 17. AWV-Novelle[115] wurde

---

[110] Die Norm war bereits seit ihrer Einführung in diesem Sinne auszulegen, sodass es sich bei der Anpassung des Wortlauts im Rahmen der 17. AWV-Novelle lediglich um eine Klarstellung handelte (BR-Drs. 343/21, 24; BT-Drs. 19/29216, 26).

[111] Die dafür benötigten Komponenten und Dienste müssen nach dem SGB V Voraussetzungen erfüllen, die mit den Anforderungen nach §§ 8a, 8b BSIG an Betreiber kritischer Infrastrukturen vergleichbar sind (BR-Drs. 612/17, 10).

[112] BAnz AT 17.7.2017 V1, 1.

[113] BR-Drs. 612/17, 10.

[114] BR-Drs. 612/17, 10.

[115] BAnz AT 30.4.2021 V1, 2.

die Regelung in § 55a Abs. 1 überführt und der Verweis auf die Normen des SGB V an dessen Neufassung angepasst.[116]

Abs. 1 Nr. 5 verweist auf die Zulassung für Komponenten oder Dienste der **48** Telematikinfrastruktur nach § 325 SGB V oder § 311 Abs. 6 SGB V. Der **Begriff der Telematikinfrastruktur** ist in § 306 Abs. 1 S. 2 SGB V legaldefiniert und beschreibt die interoperable und kompatible Informations-, Kommunikations- und Sicherheitsinfrastruktur, die der Vernetzung von Leistungserbringern, Kostenträgern, Versicherten und weiteren Akteuren des Gesundheitswesens sowie der Rehabilitation und der Pflege dient. Im Wesentlichen werden davon Kartenterminals zum Auslesen der Gesundheitskarte und sonstige Hard- und Software zur Übertragung von Daten erfasst. Die Anzahl der in diesem Bereich tätigen Unternehmen dürfte vergleichsweise gering sein. In der Praxis sind allerdings Spezialanpassungen für das Gesundheitswesen gründlich darauf zu überprüfen, ob sie in den Anwendungsbereich der Norm fallen.

Die **Zulassung von Komponenten und Diensten** der Telematikinfrastruktur erfolgt durch die Gesellschaft für Telematik (gematik) in Form eines Verwaltungsakts (vgl. § 325 Abs. 1–2 SGB V).[117] Für den Tatbestand der Abs. 1 Nr. 5 kommt es nach deren Wortlaut („eine Zulassung […] besitzt") ausschließlich darauf an, ob ein entsprechender Verwaltungsakt der gematik ergangen ist.[118] Die gematik ist gem. § 325 Abs. 8 SGB V verpflichtet, eine Liste mit den zugelassenen Komponenten und Diensten sowie mit den zugelassenen Herstellern und Anbietern von Komponenten und Diensten auf ihrer Internetseite zu veröffentlichen.[119]

Die gematik kann gem. § 325 Abs. 5 SGB V auch **Hersteller und Anbieter** **50** **von Komponenten und Diensten** der Telematikinfrastruktur als solche zulassen, was zur Folge haben kann, dass Zulassungsanträge unter Umständen ganz entfallen können.[120] Obwohl sich der Wortlaut des Abs. 1 Nr. 5 auf Zulassungen für Komponenten oder Dienste beschränkt und nicht ausdrücklich auf die Zulassung von Herstellern und Anbietern eingeht, dürfte auch diese für die Anwendbarkeit der Norm ausreichen. Dafür spricht das Telos der Norm, nach dem ein umfassender Schutz der Telematikinfrastruktur beabsichtigt ist, sowie die Gesetzessystematik, nach der die Zulassung von Herstellern und Anbietern ggf. an die Stelle von Zulassungen für einzelne Komponenten oder Dienste tritt.[121]

VI. Medienunternehmen (Abs. 1 Nr. 6)

Abs. 1 Nr. 6 erfasst inländische Medienunternehmen, die zur öffentlichen Mei- **51** nungsbildung beitragen und sich durch besondere Aktualität und Breitenwirkung auszeichnen.[122] Damit soll die potenzielle Beeinflussung der Berichterstattung inländischer Medienunternehmen durch ausländische Investoren verhindert wer-

---

[116] BR-Drs. 343/21, 24; BT-Drs. 19/29216, 26. Die Zulassung für Komponenten oder Dienste der Telematikinfrastruktur richtete sich zunächst nach § 291b Abs. 1a oder Abs. 1e SGB V aF.

[117] BeckOGK/Schifferdecker SGB V § 325 Rn. 5.

[118] So auch Hocke/Sachs/Pelz AußenwirtschaftsR/Mausch-Liotta/Sattler § 55 Rn. 123.

[119] Diese kann im Fachportal der gematik abgerufen werden.

[120] BeckOGK/Schifferdecker SGB V § 325 Rn. 10.

[121] Zeitlich folgte die Einführung des § 325 Abs. 5–7 SGB V zudem der letzten Anpassung des § 55a Nr. 5 nach.

[122] Mit dieser Fallgruppe sich besonders auseinandersetzend Hagedorn, Die Beschränkung ausländischer Direktinvestitionen in sicherheitsrelevante zivile Unternehmen, 2023.

den, die diese etwa zur Desinformation (Verbreitung sog. **Fake News**) nutzen könnten.[123] Das Telos der Norm ist der Schutz der grundrechtlich geschützten Pressefreiheit, der Freiheit der Berichterstattung sowie der Pluralität der Medien als Grundlage einer freiheitlich demokratischen Grundordnung.[124] Dies steht im Einklang mit Art. 4 Abs. 1 lit. e Screening-VO, der die Freiheit und Pluralität der Medien als Faktor nennt, den die Mitgliedstaaten bzw. die Kommission bei der Prüfung der Sicherheitsrelevanz ausländischer Direktinvestitionen berücksichtigen können. Der Beteiligungserwerb an einem in Abs. 1 Nr. 6 bezeichneten Unternehmen ist bereits meldepflichtig, sobald 10 % der Stimmrechte erreicht oder überschritten werden (vgl. §§ 55a Abs. 4, 56 Abs. 1 Nr. 1).

52   Die besonders qualifizierten Medienunternehmen wurden erstmals im Rahmen der 12. AWV-Novelle[125] in den Katalog des § 55 Abs. 1 S. 2 aF aufgenommen. Der Verordnungsgeber hatte insofern einen erhöhten **Druck auf die Unabhängigkeit deutscher Medienhäuser** durch Beeinflussungsversuche ausländischer Investoren identifiziert.[126] Im Rahmen der 17. AWV-Novelle[127] erfolgte neben der Übertragung in § 55a Abs. 1 eine sprachliche Überarbeitung.

53   **1. Unternehmen der Medienwirtschaft.** Unternehmen der Medienwirtschaft iSv Abs. 1 Nr. 6 sind nach der Intention des Verordnungsgebers insbesondere Unternehmen, die in der **Herstellung oder Verbreitung von journalistisch-redaktionellen Inhalten** tätig sind.[128] Das jeweilige Unternehmen muss dementsprechend nicht zwingend selbst über eine eigene Redaktion verfügen.[129] Auch die jeweilige Art des Verbreitungsweges ist nach Auffassung des BMWK unerheblich. Einschränkend ist allerdings zu fordern, dass das inländische Unternehmen überhaupt einen Einfluss auf die Verbreitung journalistisch-redaktioneller Inhalte ausüben kann. Ein inländisches Unternehmen, das im EU-Ausland zusammengestellte Inhalte ohne Einflussmöglichkeit veröffentlicht, verfügt über keinen Einfluss auf journalistisch-redaktionelle Inhalte, der vom Telos des Abs. 1 Nr. 6 erfasst wird. In den Anwendungsbereich fallen Medienunternehmen unabhängig von der Verbreitungsweise, insbesondere wird also auch die digitale Verbreitung von Medien erfasst.[130] Insofern wurde aus Klarstellungsründen der ursprüngliche Verweis auf eine Übertragung „mittels Rundfunk, Telemedien oder Druckerzeugnissen" aus dem Wortlaut gestrichen.[131]

54   Aus Sicht des BMWK können deshalb neben konventionellen Medienunternehmen auch **Social-Media-Unternehmen** in den Anwendungsbereich der

---

[123] Walter RIW 2019, 473 (475).

[124] BAnz AT 28.12.2018 B1, 12.

[125] BAnz AT 28.12.2018 V1, 1.

[126] BAnz AT 28.12.2018 B1, 12.

[127] BAnz AT 30.4.2021 V1, 2.

[128] BT-Drs. 19/29216, 26.

[129] Die insofern geführte Diskussion in der Literatur (vgl. Walter RIW 2019, 473 (475); Hocke/Sachs/Pelz AußenwirtschaftsR/Mausch-Liotta/Sattler § 55 Rn. 127) dürfte sich wegen der ausdrücklichen Klarstellung des Verordnungsgebers, dass auch die Verbreitung – als eigenständige Kategorie neben der Herstellung – journalistisch-redaktioneller Inhalte vom Wortlaut der Norm erfasst wird (vgl. BT-Drs. 19/29216, 26), erübrigen.

[130] BT-Drs. 19/29216, 26.

[131] Siehe zum ursprünglichen Wortlaut der Norm: BAnz AT 28.12.2018 V1, S. 1 hinsichtlich der dargestellten Anpassung sowie deren Begründung: BAnz AT 30.4.2021 V1, 2 respektive BT-Drs. 19/29216, 26.

Norm fallen. Diese stellen zwar keine klassischen Medienunternehmen dar, wählen allerdings Nachrichteninhalte aus und verbreiten diese. Zudem leiten sie Unterhaltungen auf ihrer Plattform und können ggf. in diese eingreifen (bspw. im Fall von gezielten Falschinformationen). Das BMWK hat darüber hinaus teilweise eine sehr weite Auslegung in Erwägung gezogen. In Betracht kämen etwa auch **Anbieter von Computerspielen mit Chatfunktion,** wenn der Chat eingesehen und geleitet werden könne und es dort zu einem Meinungsaustausch käme. In diesem Fall dürfte es allerdings regelmäßig zumindest am Beitrag zur öffentlichen Meinungsbildung fehlen.

2. Beitrag zur öffentlichen Meinungsbildung und Auszeichnung durch **55** **besondere Aktualität und Breitenwirkung.** Um von der Norm erfasst zu werden, müssen Medienunternehmen zur öffentlichen Meinungsbildung beitragen und sich durch besondere Aktualität und Breitenwirkung auszeichnen. Die genannten Tatbestandsmerkmale werden nicht legaldefiniert. Nach dem Wortlaut („beiträgt" und „auszeichnet") kommt es nicht darauf an, ob das entsprechende Medienunternehmen die Möglichkeit oder das Potential hat, in der Zukunft mit aktuellen Berichten eine Vielzahl an Lesern zu erreichen und auf deren Meinungsbildung einzuwirken, sondern darauf, dass dies **in der Gegenwart bereits tatsächlich der Fall ist.**

Hinsichtlich des Begriffs der **Breitenwirkung** ist das BVerfG im Kontext der **56** Rundfunkordnung davon ausgegangen, dass diese sich in der **Reichweite und der Möglichkeit der Beeinflussung großer Bevölkerungsteile** zeige.[132] Davon ausgehend umfasst das Kriterium der besonderen Breitenwirkung eine quantitative und eine qualitative Komponente. Das Medienunternehmen muss eine herausgehobene große Anzahl an Lesern erreichen und diese dabei mehr als andere Medien beeinflussen. In Anbetracht dieser Voraussetzungen erscheint die vom BMWK in Anlehnung an den Rundfunkstaatsvertrag verwendete Richtgröße von 20.000 Nutzern[133] niedrig. Darüber hinaus bezieht das BMWK in die Bewertung auch die Verbreitung von Inhalten über Drittkanäle wie Facebook oder Twitter mit ein. Die Beeinflussung muss sich nach dem Wortlaut der Norm auf die **Meinungsbildung** der Leser beziehen.[134] Eine Einflussnahme wird beispielsweise bei (gesellschafts-)politischen Themen vermutet. Entscheidend ist dabei nicht die ausschließliche Ausrichtung des Unternehmens auf diese Themen.

Mit Blick auf das Merkmal der **Aktualität** hat das BVerfG in demselben Urteil **57** hinsichtlich von Hör- und Fernsehfunk ausgeführt, dass diese Inhalte **schnell, teilweise sogar zeitgleich** an die Leser übertragen können.[135] Die Anforderung einer besonderen Aktualität dürften neben Hörfunk und Fernsehsendern, die zu tagesaktuellen Themen berichten, insbesondere auch Tageszeitungen und Online-

---

[132] BVerfG NVwZ 2007, 1287 (1288 f.); Hierauf verweisen auch: Hocke/Sachs/Pelz AußenwirtschaftsR/Mausch-Liotta/Sattler § 55 Rn. 128; Annweiler NZG 2019, 528 (529).

[133] § 52 Abs. 1 Nr. 4 Rundfunkstaatsvertrag.

[134] Teilweise wird insofern aus dem Schutzzweck der Norm geschlussfolgert, dass nur politische Meinungsbildung erfasst werde (vgl. Walter RIW 2019, 473 (475)).

[135] BVerfG NVwZ 2007, 1287 (1289); Insofern wird teilweise vertreten, dass das Merkmal der besonderen Aktualität abhängig vom jeweiligen Medium bestimmt werden müsse (vgl. Annweiler NZG 2019, 528 (529)), was mit Blick auf den Schutzzweck – die besondere Aktualität dürften vom Wortlaut erfasst werden, weil Desinformation ohne etablierte Faktenlage besonders gefährlich für die freiheitlich demokratische Grundordnung ist, was eine absolute Bestimmung der besonderen Aktualität nahelegt – zweifelhaft erscheint.

Nachrichtenportale erfüllen. Aber auch Social-Media-Apps, die eine Live-Platt-form anbieten, wurde dieses Merkmal in Investitionsprüfungsverfahren bereits zugesprochen.

VII. Staatliche Kommunikationsinfrastrukturen (Abs. 1 Nr. 7)

58   Abs. 1 Nr. 7 erfasst Unternehmen, die Dienstleistungen zur Sicherstellung der Störungsfreiheit und Funktionsfähigkeit bestimmter **staatlicher Kommunika-tionsinfrastrukturen** erbringen. Konkret wird der Digitalfunk der Behörden und Organisationen mit Sicherheitsaufgaben (**Digitalfunk BOS**) geschützt, den die Bundesanstalt für den Digitalfunk der Behörden und Organisationen mit Sicherheitsaufgaben (BDBOS) betreibt (Abs. 1 Nr. 7 iVm § 2 Abs. 1 S. 1 und 2 BDBOSG). Über den Digitalfunk BOS kommunizieren alle Behörden und Organisationen mit Sicherheitsaufgaben (bspw. die Polizei, Feuerwehr oder der Verfassungsschutz) sowie die Bundeswehr über ein bundesweit einheitliches, gemeinsames digitales Sprech- und Datenfunksystem.[136] In den Anwendungsbe-reich der Norm fallen etwa Dienstleister, die Liegenschaftsverwaltungsdienste anbieten, Wartungen, Entstörungen und Installationen technischer Einrichtun-gen an den Standorten der BDBOS durchführen oder Sicherheitsdienstleistungen für die BDBOS erbringen.[137] Die geringe Anzahl der geeigneten Dienstleister und die lange Vorbereitungsphase für die Aufgabenübernahme neuer Dienstleis-ter verstärkt die Sicherheitsrelevanz der erfassten Unternehmen.[138] Der Beteili-gungserwerb an einem in Abs. 1 Nr. 7 bezeichneten Unternehmen ist melde-pflichtig, sobald 10 % der Stimmrechte erreicht oder überschritten werden (vgl. § 55a Abs. 4, § 56 Abs. 1 Nr. 1). **In der Praxis** soll der Erwerb eines in Abs. 1 Nr. 7 bezeichneten Unternehmens, das Dienstleistungen für den Polizeifunk erbrachte, zunächst untersagt und nach einem erfolglosen Klageverfahren und einem neuen Antrag unter Auflagen freigegeben worden sein.

VIII. Persönliche Schutzausrüstung (Abs. 1 Nr. 8)

59   Abs. 1 Nr. 8 erfasst Entwickler und Hersteller von persönlicher Schutzausrüs-tung (Abs. 1 Nr. 8 Alt. 1) und von Anlagen zur Produktion von Filtervliesen (Abs. 1 Nr. 8 Alt. 2). Die Fallgruppe wurde im Rahmen der 15. AWV-Novelle zu Beginn der COVID-19-Pandemie in den Katalog sicherheitsrelevanter Unter-nehmen aufgenommen.[139] Die persönliche Schutzausrüstung dient insbesondere der **Eigensicherung von medizinischem Personal** und Pflegekräften sowie **mittelbar der Gesundheit der Patienten** und gepflegten Personen.[140] Dies bezweckt die Aufrechterhaltung funktionierender Gesundheits- und Pflegestruk-turen in Zeiten extremer Belastungen.[141] Zudem wird die Versorgung mit persön-licher Schutzausrüstung in anderen systemrelevanten Bereichen geschützt.[142] Der

---

[136] BDBOSG FAQ Digitalfunk BOS (abrufbar unter: https://www.bdbos.bund.de/SharedDocs/Downloads/DE/Publikationen/faq_download.html zuletzt abgerufen am 3.4.2023).

[137] BT-Drs. 19/19781, 12.

[138] BT-Drs. 19/19781, 12.

[139] Die Normierung erfolgte zunächst in § 55 Abs. 1 S. 2 aF und wurde im Rahmen der 17. AWV-Novelle wortgleich in den § 55a Abs. 1 überführt.

[140] BT-Drs. 19/19781, 13.

[141] BT-Drs. 19/19781, 13.

[142] BT-Drs. 19/19781, 13.

Beteiligungserwerb an einem in Abs. 1 Nr. 8 bezeichneten Unternehmen ist meldepflichtig, sobald 20 % der Stimmrechte erreicht oder überschritten werden (vgl. § 55a Abs. 4, § 56 Abs. 1 Nr. 2). Der **Anwendungsbereich der Norm ist sehr weit** gefasst, was zu einer Vielzahl (nicht sicherheitsrelevanter) Anwendungsfälle führt. In der Praxis kann deshalb eine aufwändige Prüfung der Meldepflicht auch bei offensichtlich fehlender Sicherheitsrelevanz angezeigt sein. Auch aufgrund des Endes der COVID-19-Pandemie sollte daher eine Streichung oder zumindest Einschränkung der Norm geprüft werden.

1. Persönliche Schutzausrüstung (Abs. 1 Nr. 8 Alt. 1). Der **Begriff der** **60** **persönlichen Schutzausrüstung** wird in Art. 3 Nr. 1 EU-Schutzausrüstungs-VO, auf den Abs. 1 Nr. 8 verweist, legaldefiniert. Darunter wird Ausrüstung verstanden, die entworfen und hergestellt wurde, um von einer Person als Schutz gegen Gesundheits- oder Sicherheitsrisiken getragen oder gehalten zu werden. Darunter fallen bspw. Schutzmasken, wie FFP2- und FFP3-Masken, Schutzhandschuhe und Schutzanzüge. Ebenfalls werden für die Schutzfunktion unerlässliche austauschbare Bestandteile und bestimmte Verbindungssysteme erfasst. Im Rahmen der 17. AWV-Novelle wurde klargestellt, dass die persönliche Schutzausrüstung **dem Schutz** **vor Risiken der Kategorie III Anhang I EU-Schutzausrüstungs-VO dienen** muss.[143] Die dort genannten Risiken können allesamt zu sehr schwerwiegenden Folgen wie dem Tod oder irreversiblen Gesundheitsschäden führen.

2. Anlagen zur Produktion von Filtervliesen (Abs. 1 Nr. 8 Alt. 2). Im **61** Rahmen der 17. AWV-Novelle wurde Abs. 1 Nr. 8 um eine Alt. 2 ergänzt, nach der auch Entwickler und Hersteller von **Anlagen zur Produktion bestimmter** **Filtervliese** erfasst werden.[144] Voraussetzung dafür ist, dass sich die hergestellten Filtervliese als **Ausgangswerkstoff für Atemschutzmasken** eignen. Diese müssen sich wiederum für persönliche Schutzausrüstung zum Schutz gegen schädliche biologische Agenzien iSv Kategorie III Anhang I EU-Schutzausrüstungs-VO oder für Gesichtsmasken nach DIN EN 14683 eignen. Die Erweiterung des Anwendungsbereichs auf Herstellungsanlagen durch die Ergänzung des Abs. 1 Nr. 8 Alt. 2 war eine unmittelbare Reaktion auf die Erfahrungen aus der COVID-19-Pandemie.[145]

IX. Arzneimittel (Abs. 1 Nr. 9)

Abs. 1 Nr. 9 erfasst inländische Unternehmen, die bestimmte Arzneimittel ent- **62** wickeln, herstellen oder in Verkehr bringen. Zudem fallen Inhaber einer entsprechenden arzneimittelrechtlichen Zulassung in den Anwendungsbereich der Norm. Der relevante **Arzneimittelbegriff umfasst auch Impfstoffe**.[146] Die Fallgruppe wurde im Rahmen der 15. AWV-Novelle zu Beginn der COVID-19-Pandemie in den Katalog sicherheitsrelevanter Unternehmen aufgenommen.[147] Sie dient dem **Schutz von Leben und Gesundheit als Individualrechtsgut**

---

[143] BT-Drs. 19/29216, 26.

[144] BT-Drs. 19/29216, 26.

[145] Auf eine noch weitergehende Erstreckung, zB auf andere Vorprodukte oder die Hersteller von Vliesstoffen als solche, wurde jedoch aus Verhältnismäßigkeitsgründen verzichtet (BT-Drs. 19/29216, 26).

[146] Etwa die Herstellung lebenswichtiger Arzneimittel, Medizinprodukte oder Produktion von Desinfektionsmitteln (BT-Drs. 19/19781, 13).

[147] Die Normierung erfolgte zunächst in § 55 Abs. 1 S. 2 aF und wurde im Rahmen der 17. AWV-Novelle wortgleich in den § 55a Abs. 1 überführt.

sowie der Volksgesundheit als Gemeinschaftsgut, indem die Versorgung der Bevölkerung mit sicherheitsrelevanten Arzneimitteln sichergestellt wird.[148] Der Beteiligungserwerb an einem in Abs. 1 Nr. 9 bezeichneten Unternehmen ist meldepflichtig, sobald 20 % der Stimmrechte erreicht oder überschritten werden (vgl. §§ 55a Abs. 4, 56 Abs. 1 Nr. 2).

63   **1. Wesentliche Arzneimittel.** Die erste Tatbestandvoraussetzung ist das Vorliegen eines **Arzneimittels iSv § 2 Abs. 1 AMG**, also eines solchen, das zur Anwendung beim Menschen bestimmt ist. Nach dem Wortlaut des Abs. 1 Nr. 9 werden zudem Ausgangs- und Wirkstoffe der relevanten Arzneimittel erfasst. Einschränkend muss das Arzneimittel bzw. dessen Ausgangs- und Wirkstoffe als weitere Tatbestandsvoraussetzung **für die Gewährleistung der gesundheitlichen Versorgung der Bevölkerung wesentlich** sein. Dies gilt nach der Verordnungsbegründung „insbesondere" für Wirkstoffe auf der **Liste versorgungsrelevanter und versorgungskritischer Wirkstoffe** die das BfArM veröffentlicht.[149] Das BfArM veröffentlicht allerdings mehrere verschiedene Listen, von denen keine diese genaue Bezeichnung trägt, sodass aus diesem – ohnehin nichtabschließenden – Verweis nicht hervorgeht, auf welche Listen abgestellt werden kann.[150]

64   In der Praxis führt der nichtabschließende Verweis auf eine nicht genau bestimmbare Liste zu **erheblicher Rechtsunsicherheit.** Ausgehend von der Liste der versorgungsrelevanten Wirkstoffe nach § 52b Abs. 3c AMG dürften grundsätzlich nur verschreibungspflichtige Arzneimittel in den Anwendungsbereich der Norm fallen, weil frei verfügbare Arzneimittel regelmäßig nicht wesentlich für die Gesundheitsversorgung der Bevölkerung sind.[151] Die Bezugnahme auf die gesundheitliche Versorgung „der Bevölkerung" setzt die Verwendung für einen Gesellschaftsteil von einem gewissen Gewicht voraus. Sog. Orphan Drugs, also Arzneimittel für extrem seltene Erkrankungen mit einem hohen Preis, dürften dementsprechend nicht in den Anwendungsbereich der Norm fallen.[152]

65   **2. Die erfassten Unternehmen.** Erfasst werden zunächst inländische Unternehmen, die wesentliche Arzneimittel **entwickeln, herstellen oder in den Verkehr bringen**. Die Variante des Inverkehrbringens ist in der Praxis von großer Relevanz, weil viele Unternehmen ihre Produktion in Drittstaaten verlagert haben.[153] Häufig können Erwerbe von sicherheitsrelevanten Arzneimittelunter-

---

[148] BT-Drs. 19/19781, 13.

[149] BT-Drs. 19/19781, 13.

[150] Das BfArM veröffentlicht u.a. folgende Listen: „Liste der versorgungskritischen Wirkstoffe gemäß § 52b Abs. 3c AMG", „Liste der versorgungsrelevanten Wirkstoffe nach § 52b Abs. 3c AMG", „Liste der Arzneimittel/Wirkstoffe, die aufgrund eines erhöhten Versorgungsrisikos unter besonderer behördlicher Überwachung stehen (ohne Impfstoffe)", „Liste der Wirkstoffe, für welche die Selbstverpflichtung zur Meldung von Lieferengpässen gilt".

[151] Etwas anderes könnte bspw. für weit verbreitete Medikamente wie Aspirin gelten, in denen der Wirkstoff Acetylsalicylsäure verwendet wird, der auf der Liste versorgungsrelevanter und versorgungskritischer Wirkstoffe nach § 52b Abs. 3c AMG steht.

[152] Orphan Drugs sind nicht versorgungsrelevant, vgl. FAQ des Bundesinstituts für Arzneimittel und Medizinprodukte, Welche Arzneimittel werden als versorgungsrelevant angesehen?, abrufbar unter: https://www.bfarm.de/DE/Arzneimittel/_FAQ/Arzneimittelinformationen/_node.html (zuletzt abgerufen am 17.7.2023).

[153] Im Koalitionsvertrag 2021 der SPD, Bündnis 90/Die Grünen und der der FDP wurde aus diesem Grund Maßnahmen angekündigt, „um die Herstellung von Arzneimitteln inklusive der Wirk- und Hilfsstoffproduktion nach Deutschland oder in die EU zurückzuverlegen."

nehmen nur auf Basis des Inverkehrbringens geprüft werden. Zudem **fallen Inhaber einer arzneimittelrechtlichen Zulassung** in den Anwendungsbereich der Norm. Diese Zulassung setzt nicht voraus, dass die entsprechenden Arzneimittel bereits vertrieben werden. In der Praxis werden deshalb häufig auch Unternehmen erfasst, die bereits frühzeitig eine Zulassung erhalten haben, das Arzneimittel jedoch noch nicht vertreiben.

X. Medizinprodukte (Abs. 1 Nr. 10)

Abs. 1 Nr. 10 erfasst die Entwickler und Hersteller bestimmter Medizinpro- **66** dukte. Die Fallgruppe wurde im Rahmen der 15. AWV-Novelle zu Beginn der COVID-19-Pandemie in den Katalog sicherheitsrelevanter Unternehmen aufgenommen.[154] Sie dient dem **Schutz von Leben und Gesundheit als Individualrechtsgut sowie der Volksgesundheit als Gemeinschaftsgut**, indem die Versorgung der Bevölkerung mit sicherheitsrelevanten Medizinprodukten sichergestellt wird.[155] Der Beteiligungserwerb an einem in Abs. 1 Nr. 10 bezeichneten Unternehmen ist meldepflichtig, sobald 20 % der Stimmrechte erreicht oder überschritten werden (vgl. § 55a Abs. 4, § 56 Abs. 1 Nr. 2).

Der **Begriff eines Medizinprodukts** wird in Art. 2 Nr. 1 Medizinprodukte- **67** VO definiert, auf den sich der Verweis auf das Medizinprodukterecht in Abs. 1 Nr. 10 bezieht.[156] Medizinprodukte müssen danach dem Hersteller zufolge für Menschen bestimmt sein und spezifische medizinische Zwecke erfüllen. Um in den Anwendungsbereich des Abs. 1 Nr. 10 zu fallen, müssen die Medizinprodukte zur Diagnose, Verhütung, Überwachung, Vorhersage, Prognose, Behandlung oder Linderung von **lebensbedrohlichen und hochansteckenden Infektionskrankheiten** bestimmt sein. Diese Einschränkung engt den Anwendungsbereich des Abs. 1 Nr. 10 erheblich ein. In der Praxis werden bspw. die Entwickler und Hersteller von chirurgischen Masken oder von Beatmungsgeräten von der Norm erfasst.[157] Anders als Abs. 1 Nr. 8, die Anlagen zur Produktion von Filtervliesen als Vorprodukt erfasst, (und anders als im ursprünglichen Entwurf der Novellierung vorgesehen)[158] erfasst Abs. 1 Nr. 10 überhaupt keine Komponenten, Vorprodukte oder Herstellungsanlagen für die Herstellung fallgruppenrelevanter Produkte.

XI. In-vitro-Diagnostika (Abs. 1 Nr. 11)

Abs. 1 Nr. 11 erfasst Entwickler und Hersteller von bestimmten In-vitro-Diag- **68** nostika. Dabei handelt es sich um Medizinprodukte, die zur Untersuchung von aus dem menschlichen Körper stammenden Proben eingesetzt werden. Die Fallgruppe wurde im Rahmen der 15. AWV-Novelle zu Beginn der COVID-19-Pandemie in den Katalog sicherheitsrelevanter Unternehmen aufgenommen.[159] Sie dient dem **Schutz von Leben und Gesundheit als Individualrechtsgut sowie der Volksgesundheit als Gemeinschaftsgut**, indem die Versorgung der Bevölke-

---

[154] Die Normierung erfolgte zunächst in § 55 Abs. 1 S. 2 aF und wurde im Rahmen der 17. AWV-Novelle wortgleich in den § 55a Abs. 1 überführt.

[155] BT-Drs. 19/19781, 13.

[156] BT-Drs. 19/19781, 14.

[157] BT-Drs. 19/19781, 13.

[158] RefE zur 15. AWV-Novellierung vom 27.4.2020, 11 f.

[159] Die Normierung erfolgte zunächst in § 55 Abs. 1 S. 2 aF und wurde im Rahmen der 17. AWV-Novelle wortgleich in den § 55a Abs. 1 überführt.

rung mit sicherheitsrelevanten In-vitro-Diagnostika sichergestellt wird.[160] Der Beteiligungserwerb an einem in Abs. 1 Nr. 11 bezeichneten Unternehmen ist meldepflichtig, sobald 20 % der Stimmrechte erreicht oder überschritten werden (vgl. § 55a Abs. 4, § 56 Abs. 1 Nr. 2).

69   Der **Begriff eines In-vitro-Diagnostikums** wird in Art. 2 Nr. 2 In-vitro-Diagnostika-VO definiert, auf den sich der Verweis auf das Medizinprodukterecht in Abs. 1 Nr. 11 bezieht.[161] Danach ist ein In-vitro-Diagnostikum ein Medizinprodukt iSv Art. 2 Nr. 1 Medizinprodukte-VO das vom Hersteller zur In-vitro-Untersuchung von aus dem menschlichen Körper stammenden Proben bestimmt ist und zumindest hauptsächlich dazu dient näher bestimmte Informationen zu liefern. In den Anwendungsbereich des Abs. 1 Nr. 11 fallen allerdings nicht alle In-vitro-Diagnostika, sondern nur solche, die zwei weitere Voraussetzungen erfüllen. Zum einen werden nur In-vitro-Diagnostika erfasst, die dazu dienen, Informationen über **physiologische oder pathologische Prozesse oder Zustände** oder **zur Festlegung oder Überwachung therapeutischer Maßnahmen** zu liefern.[162] Zum anderen müssen die gelieferten Informationen im Zusammenhang mit **lebensbedrohlichen und hochansteckenden Infektionskrankheiten** stehen. In den Anwendungsbereich der Norm fallen bspw. die Entwickler und Hersteller von COVID-19 Tests. Ebenso wie bei Abs. 1 Nr. 10 (und damit anders als bei Abs. 1 Nr. 8 und anders als im ursprünglichen Entwurf der Novellierung vorgesehen)[163] erfasst Abs. 1 Nr. 11 überhaupt keine Komponenten, Vorprodukte oder Herstellungsanlagen für die Herstellung fallgruppenrelevanter Produkte. Die Einschränkungen führen in der Praxis dazu, dass relativ wenige Unternehmen in den Anwendungsbereich der Norm fallen.

XII. Hochwertige Erdfernerkundungssysteme (Abs. 1 Nr. 12)

70   Abs. 1 Nr. 12 erfasst die Betreiber hochwertiger Erdfernerkundungssysteme. Das Telos der Norm ist der **Schutz von sicherheitsrelevanten Daten**, die mit bestimmten Satelliten generiert werden können, die sich bereits im Weltall befinden.[164] Die Normierung betrifft Unternehmen des Geoinformationsmarkts, die gewerblich Daten vermarkten, die bis vor kurzem nur mit militärischen Systemen gewonnen werden konnten.[165] In **systematischer** Hinsicht kann sich der Anwendungsbereich des Abs. 1 Nr. 12 mit dem des § 60 Abs. 1 S. 1 Nr. 1 überschneiden, wenn ein Unternehmen die tatsächliche Gewalt über ein hochwertiges Erdfernerkundungssystem innehat, das ein für militärische Zwecke konstruiertes oder geändertes Raumfahrzeug[166] oder dessen Bestandteile darstellt (vgl. Listenposition 011 Teil I Abschnitt A Ausfuhrliste). Zudem ist der Anwendungsbereich des Abs. 1 Nr. 12 von dem des Abs. 1 Nr. 18 abzugrenzen. Abs. 1 Nr. 12 bezieht sich auf den Betrieb hochwertiger Erdfernerkundungssysteme, die sich bereits im Orbit befinden, während Abs. 1 Nr. 18 – zeitlich vorgelagert – die Entwicklung und Herstellung bestimmter Güter oder Technologien im Raumfahrtsektor er-

---

[160] BT-Drs. 19/19781, 13.

[161] BT-Drs. 19/19781, 14.

[162] Dies entspricht Art. 2 Nr. 2 lit. a und lit. f In-vitro-Diagnostika-VO.

[163] RefE zur 15. AWV-Novellierung vom 27.4.2020, 11 f.

[164] BT-Drs. 16/4763, 1.

[165] BT-Drs. 16/4763, 1.

[166] „Raumfahrzeuge" werden als aktive und passive Satelliten und Raumsonden legaldefiniert (Begriffsbestimmung Teil I Abschnitt A Ausfuhrliste).

fasst.[167] Art. 4 Abs. 1 lit. a und lit. b Screening-VO nennen bestimmte Aspekte der Raumfahrt als für die Mitgliedstaaten oder die Kommission berücksichtigbare Faktoren. Der Beteiligungserwerb an einem in Abs. 1 Nr. 12 bezeichneten Unternehmen ist meldepflichtig, sobald 20 % der Stimmrechte erreicht oder überschritten werden (vgl. § 55a Abs. 4, § 56 Abs. 1 Nr. 2).

Die Betreiber eines hochwertigen Erdfernerkundungssystems wurden im Rah- **71** men der **17. AWV-Novelle**[168] in den Katalog des § 55a Abs. 1 aufgenommen. Zuvor konnte der Beteiligungserwerb durch ausländische Staatangehörige an Unternehmen, die hochwertige Erdfernerkundungssysteme betreiben, gem. § 10 Abs. 1 SatDSiG aF geprüft und zum Schutz der wesentlichen Sicherheitsinteressen der Bundesrepublik Deutschland untersagt werden. Die Inkorporierung der bis dahin im SatDSiG geregelten Fallgruppe diente der Vermeidung unterschiedlicher Regelungen zur Investitionsprüfung sowie der Herstellung eines gleichwertigen Schutzniveaus.[169] Die Investitionskontrolle nach dem AWV ergänzt nichtsdestoweniger weiterhin den Schutz durch das SatDSiG. Dieses sieht in Teil 3 eine Sensitivitätsprüfung für die Verbreitung von Daten vor, die von einem hochwertigen Erdfernerkundungssystem erzeugt worden sind (vgl. § 17 SatDSiG). Durch den Beteiligungserwerb eines Ausländers außerhalb der Hoheitsgewalt der Bundesrepublik Deutschland könnten die Regelungen des SatDSiG (faktisch) wirkungslos werden und Daten eines Erdfernerkundungssystems ohne Sensitivitätsprüfung in den Umlauf kommen.[170] Diese Daten könnten militärisch oder politisch eingesetzt werden und beträfen dementsprechend unmittelbar die politische und militärische Handlungsfähigkeit sowie die Bündnisfähigkeit der Bundesrepublik Deutschland.[171]

1. Hochwertige Erdfernerkundungssysteme. Abs. 1 Nr. 12 verweist auf **72** die Legaldefinition des § 2 Abs. 1 Nr. 4 SatDSiG. Danach ist ein hochwertiges Erdfernerkundungssystem ein **raumgestütztes Transport- oder Orbitalsystem, einschließlich des Bodensegments, mit dem Daten über die Erde erzeugt werden**. Orbitalsysteme sind Systeme – wie Satelliten oder Raumstationen –, die sich auf einer Umlaufbahn um die Erde befinden.[172] Transportsysteme – wie das Space-Shuttle oder andere Raumfähren und -gleiter – bringen die Orbitalsysteme in ihre Umlaufbahn.[173] Bodensegmente sind alle technischen Anlagen am Boden, die für Betrieb, Datenempfang und -verarbeitung erforderlich sind.[174]

Nach der Legaldefinition des § 2 Abs. 1 Nr. 4 SatDSiG müssen die Sensoren **73** des raumgestützten Transport- oder Orbitalsystems allein oder in Kombination technisch in der Lage sein, **Daten mit besonders hohem Informationsgehalt** zu erzeugen. Das BMWK regelt durch Rechtsverordnung – der SatDSiV –, unter welchen Voraussetzungen Daten einen besonders hohen Informationsgehalt haben (vgl. § 2 Abs. 2 S. 1 SatDSiG).[175] § 1 SatDSiV legt insbesondere Schwellenwerte

---

[167] BT-Drs. 19/29216, 27.

[168] BAnz AT 30.4.2021 V1, 2.

[169] BT-Drs. 19/29216, 27. Die vollständige oder teilweise Übernahme des Betriebs eines hochwertigen Erdfernerkundungssystems ist weiterhin gem. § 10 SatDSiG erlaubnispflichtig.

[170] BT-Drs. 16/4763, 25.

[171] BT-Drs. 16/4763, 25.

[172] BT-Drs. 16/4763, 19. Nicht erfasst werden also Suborbitalsysteme, die ihr Zielgebiet nur einmal überfliegen und keine Erdumlaufbahn erreichen (BT-Drs. 16/4763, 19).

[173] BT-Drs. 16/4763, 19.

[174] BT-Drs. 16/4763, 19.

[175] Dabei ist eine aktuelle Bedrohungsanalyse durchzuführen, die insbesondere berücksichtigt, ob vergleichbare Daten international verfügbar sind (vgl. BT-Drs. 16/4763, 20).

für die geometrische (Mindest-)Auflösung fest, die entscheidend für die Erkennbarkeit von Details geometrischer Strukturen ist.[175]

74 **2. Betreiber.** Der Verweis in § 55a Abs. 1 Nr. 12 bezieht sich ausdrücklich nur auf die Legaldefinition hochwertiger Erdfernerkundungssysteme und nicht auf den Betreiberbegriff des § 2 Abs. 1 Nr. 1 SatDSiG. Praktisch werden sich daraus aber regelmäßig keine Unterschiede ergeben. Nach dem **investitionskontrollrechtsspezifischen weiten Betreiberbegriff**[177] ist ebenfalls auf den bestimmenden Einfluss in Form tatsächlicher Sachherrschaft über das Erdfernerkundungssystem abzustellen, was regelmäßig mit der rechtlichen Verfügungsgewalt einhergehen dürfte.

XIII. Künstliche Intelligenz (KI) (Abs. 1 Nr. 13)

75 Abs. 1 Nr. 13 erfasst Entwickler und Hersteller von Gütern, die sich zur missbräuchlichen Nutzung von KI eignen. Aus Sicht des Verordnungsebers handelt es sich bei KI um eine **Schlüsseltechnologie**, deren Bedeutung für das gesellschaftliche Zusammenleben zukünftig kontinuierlich zunehmen wird, dabei aber auch Missbrauchspotential mit sich bringt.[178] Dementsprechend knüpft der Tatbestand des Abs. 1 Nr. 13 nicht an KI an sich, sondern nur an bestimmte KI-Verfahren, die missbräuchlich verwendet werden können, an. Die Bewertung von bestimmten KI-Verfahren als sicherheitsrelevant stimmt mit der Screening-VO überein, in der KI als kritische Technologie genannt wird, die von den Mitgliedstaaten bei der Prüfung ausländischer Direktinvestitionen berücksichtigt werden kann (vgl. Art. 4 Abs. 1 lit. b Screening-VO). Der Erwerb eines Stimmrechtsanteils an einem in Abs. 1 Nr. 13 bezeichneten inländischen Unternehmen ist beim Erreichen oder Überschreiten von 20 % der Stimmrechte meldepflichtig (vgl. § 55a Abs. 4, § 56 Abs. 1 Nr. 2).

76 Abs. 1 Nr. 13 wurde im Rahmen der 17. AWV-Novelle in den Katalog des neu eingefügten § 55a Abs. 1 aufgenommen.[179] Dies diente der Umsetzung der **Strategie Künstliche Intelligenz der Bundesregierung**[180] und zielte auf die Verhinderung eines missbräuchlichen Einsatzes von KI – entgegen der freiheitlich-demokratischen Grundordnung der Bundesrepublik Deutschland und der Grundrechte – ab.[181] Geschützt werden insbesondere die allgemeine Handlungsfreiheit (Art. 2 Abs. 1 GG), der Schutz der Privatsphäre sowie das Recht auf informationelle Selbstbestimmung (Art. 2 Abs. 1 GG iVm Art. 1 Abs. 1 GG).[182]

77 **1. KI.** Der Wortlaut der Norm knüpft an Güter an, die mittels Verfahren der KI konkrete Anwendungsprobleme lösen und zur eigenständigen Optimierung ihrer Algorithmen fähig sind. Dies nimmt erkennbar Bezug auf die Begriffsbestimmung, die die Bundesregierung im Rahmen ihrer Strategie Künstliche Intelligenz verwendet.[183] Die zwei wesentlichen Merkmale der KI, die kumulativ vorliegen müssen,

---

[176] BT-Drs. 16/4763, 20.
[177] Hierzu → Rn. 31.
[178] BT-Drs. 19/29216, 28 f.
[179] BAnz AT 30.4.2021 V1, 2 f.
[180] Diese wurde erstmals im November 2018 veröffentlicht und im Dezember 2020 fortgeschrieben.
[181] BT-Drs. 19/29216, 29.
[182] BT-Drs. 19/29216, 29.
[183] Danach beabsichtige KI die Lösung konkreter Anwendungsprobleme mit den Methoden der Mathematik und Informatik, wobei sich das entwickelte System selbst optimieren könne (Strategie Künstliche Intelligenz der Bundesregierung, 4).

sind dementsprechend die **Fähigkeit zur Lösung konkreter Anwendungsprobleme** sowie **zur Selbstoptimierung der eigenen Algorithmen**. Die Bundesregierung unterscheidet auf dieser Grundlage im Rahmen ihrer Strategie Künstliche Intelligenz fünf KI-Kategorien: (i) Deduktionssysteme, (ii) wissensbasierte Systeme, (iii) Musteranalyse und -erkennung, (iv) Robotik sowie (v) intelligente multimodale Mensch-Maschine-Interaktion.[184] Mit Blick auf KI kann insbesondere die Übertragung von geistigem Eigentum investitionskontrollrechtlich relevant werden.

2. Möglichkeit zur missbräuchlichen Nutzung. Nach dem Wortlaut der 78 Norm müssen die Güter missbräuchlich genutzt werden können. Der **Maßstab** ist ausschließlich die **objektive Nutzbarkeit für die aufgeführten missbräuchlichen Zwecke unter Einbeziehung aller Gesamtumstände**.[185] Eine zweckmäßige Bestimmung gerade für die aufgeführten Nutzungsarten oder eine konkrete missbräuchliche Verwendungsabsicht sind hingegen nicht erforderlich.[186] Dieser weite Maßstab wird durch die konkrete Normierung der missbräuchlichen Nutzungsarten in den Abs. 1 Nr. 13 lit. a–d wieder eingeschränkt.[187] Dadurch wird der Anwendungsbereich des Abs. 1 Nr. 13 im Vergleich zu Art. 4 Abs. 1 lit. b Screening-VO deutlich enger gefasst. Die einzelnen missbräuchlichen Nutzungsarten wiederum sind allerdings teilweise nicht eindeutig definiert, was deren Handhabung in der Praxis erschweren und zu einer Vielzahl vorsorglicher Meldungen führen kann.[188] Dabei ist teilweise für Unternehmen kaum vorhersehbar, dass sie möglicherweise in den Anwendungsbereich der Norm fallen, bspw. bei einer Auswertung von Sprachkommunikation durch automatisierte Anrufbeantworter oder dem Einsatz von Logistiksoftware, die Bewegungs- und Standortdaten verarbeitet. In solchen Fällen scheint eine restriktive Auslegung der Norm geboten, um den Anwendungsbereich der Norm auf möglicherweise sicherheitsrelevante Sachverhalte zu begrenzen.

Die **Arten der möglichen missbräuchlichen Nutzung** umfassen die auto- 79 matisierte Durchführung von Cyber-Angriffen (Abs. 1 Nr. 13 lit. a), Imitation von Personen (sog. Deep Fakes), zur gezielten Verbreitung von Desinformationen (Abs. 1 Nr. 13 lit. b), Auswertung von Sprachkommunikation (Abs. 1 Nr. 13 lit. c Alt. 2), Fernidentifikation von Personen (Abs. 1 Nr. 13 lit. c Alt. 1) sowie Analyse von bestimmten Daten, die Aufschluss über den Aufenthaltsort von Personen gewähren (Abs. 1 Nr. 13 lit. d). Bei den letzten drei Varianten muss das Verfahren eine Überwachung bezwecken, die sich objektiv zur internen Repression eignet.[189] Dies könnte so interpretiert werden, dass auch der Missbrauch deutscher KI-Technologie durch einen Drittstaat, zum Nachteil von dessen Bevölkerung, die (deutsche) öffentlichen Ordnung oder Sicherheit beeinträchtigen kann.[190] Gerade Abs. 1 Nr. 13 lit. d erfordert wegen des sonst drohenden ausufernden Anwendungsbereichs eine restriktive Auslegung.

---

[184] Strategie Künstliche Intelligenz der Bundesregierung, 5.

[185] BT-Drs. 19/29216, 29.

[186] BT-Drs. 19/29216, 29.

[187] Teilweise wurde eine erhebliche Rechtsunsicherheit befürchtet (vgl. etwa Barth/Käser NZG 2021, 813 (815) oder Annweiler GWR 2021, 241 (242)).

[188] So auch Barth/Käser NZG 2021, 813 (815).

[189] Insofern ist nicht abschließend geklärt, ob sich die Technologie ohne weiteres zur internen Repression eignen muss oder ob bereits ausreicht, dass sie – bei entsprechender Abwandlung – dafür nutzbar gemacht werden kann. Auch insofern scheint eine restriktive Auslegung geboten.

[190] So etwa Sattler/Engels EuZW 2021, 485 (488).

XIV. Autonomes Fahren (Abs. 1 Nr. 14)

80   Abs. 1 Nr. 14 erfasst Hersteller und Entwickler von Kraft- und unbemannten Luftfahrzeugen (Drohnen), die über automatisierte oder autonome Fahr- oder Navigationsfunktionen verfügen. Zudem fallen Hersteller und Entwickler der dafür benötigten wesentlichen Komponenten und der hierfür erforderlichen Software in den Anwendungsbereich der Norm. Autonomes Fahren stellt für den Verordnungsgeber eine Schlüsseltechnologie dar, die in der Zukunft von großer Bedeutung für das gesellschaftliche Zusammenleben, das Gemeinwohl und die Wirtschaft sein wird.[191] Der technische Fortschritt in diesem Bereich bringe erhebliche Risiken hinsichtlich der öffentlichen Sicherheit mit sich, namentlich in Bezug auf die **Verkehrs- und militärische Sicherheit**.[192] Autonomes Fahren stellt aus Sicht des Verordnungsgebers eine kritische Technologie iSv Art. 4 Abs. 1 lit. b Screening-VO dar, obwohl es nicht ausdrücklich in dessen (nicht abschließender) Aufzählung erwähnt wird.[193] Der Erwerb einer 20 % der Stimmrechte erreichenden oder überschreitenden Beteiligung an einem in Abs. 1 Nr. 14 bezeichneten Unternehmen löst eine Meldepflicht aus (vgl. § 55a Abs. 4, § 56 Abs. 1 Nr. 2).

81   Autonomes Fahren wurde im Rahmen der 17. AWV-Novelle in den Katalog des § 55a Abs. 1 aufgenommen.[194] **Telos** der Norm ist der **Schutz der genannten Fahrzeuge gegen unbefugte Eingriffe oder Manipulation**.[195] Dies diene dem Schutz der Verkehrssicherheit, wozu hohe Anforderungen an die IT-Sicherheit der Fahrzeuge und der damit verbundenen Infrastruktur notwendig seien.[196] Die Sicherheitsrelevanz ergebe sich aus der umfassenden Vernetzung der von Abs. 1 Nr. 14 erfassten Fahrzeuge.[197] Diese Vernetzung einer Vielzahl von Fahrzeugen bietet eine erhebliche Angriffsfläche für Eingriffe und Manipulationen. Neben der Bedeutung für den Schutz der Verkehrssicherheit spielt autonomes Fahren auch eine Rolle im militärischen Bereich, was der Verordnungsgeber ebenfalls als Begründung des Abs. 1 Nr. 14 anführt.[198]

82   In den Anwendungsbereich der Norm fallen Hersteller und Entwickler von Kraft- und unbemannten Luftfahrzeugen, die über automatisierte oder autonome Fahr- oder Navigationsfunktionen verfügen, sowie der dafür benötigten wesentlichen Komponenten und der hierfür erforderlichen Software. Das Merkmal der **Wesentlichkeit** erfüllen nur **Komponenten, die bei objektiver Betrachtung aus technischer Sicht für die Steuerung der automatisierten oder autonomen Fahr- bzw. Navigationsfunktionen zwingend erforderlich sind**.[199] Nicht erfasst werden Einrichtungen, die genauso oder ähnlich regelmäßig auch bei sonstigen Fahrzeugen verbaut werden oder die zwar überwiegend von Herstellern und Entwicklern von Kraft- und unbemannten Luftfahrzeugen eingekauft

---

[191] BT-Drs. 19/29216, 28.

[192] BT-Drs. 19/29216, 29.

[193] BT-Drs. 19/29216, 28 f.

[194] BAnz AT 30.4.2021 V1, 3.

[195] BT-Drs. 19/29216, 29.

[196] BT-Drs. 19/29216, 29.

[197] BT-Drs. 19/29216, 29.

[198] Genannt wird die Teilnahme an Kampfhandlungen und Aufklärungseinsätzen sowie die logistische Versorgung von Einsatzkräften (BT-Drs. 19/29216, 29).

[199] BT-Drs. 19/29216, 29. Diese Definition ermöglicht auch die Einordnung einzelner Bestandteile der Komponenten als un-/wesentlich (vgl. Sattler/Engels EuZW 2021, 485 (488)).

werden, jedoch nicht für die autonome Fortbewegung erforderlich sind.[200] Insofern unterscheidet sich Abs. 1 Nr. 14 von Abs. 1 Nr. 18 (Alt. 3), bei der eine Bestimmung für den Bereich Luft- und Raumfahrt ausreichend ist. Im Fall von Drohnen werden insbesondere Computer der Fluglageregelung, Flugkontrollrechner oder Komponenten im Zusammenhang mit der Steuerung und Kontrolle zwischen dem unbemannten Luftfahrzeug und der Steuereinheit erfasst.[201]

XV. Roboter (Abs. 1 Nr. 15)

Abs. 1 Nr. 15 erfasst die **Entwickler und Hersteller von bestimmten hoch-** 83 **spezialisierten Robotern**. Bei Robotern handelt es sich um eine Schlüsseltechnologie, die für die Zukunftsfähigkeit Deutschlands und der EU, insbesondere wegen ihrer steigenden Bedeutung von Robotern für das gesellschaftliche Zusammenleben und Gemeinwohl, entscheidend ist.[202] Dies spiegelt sich auch in der Screening-VO wider, die in Art. 4 Abs. 1 lit. b Robotik als kritische Technologie benennt, die im Rahmen der nationalen Investitionskontrollregime berücksichtigt werden kann. Der Erwerb eines Stimmrechtsanteils an einem in Abs. 1 Nr. 15 bezeichneten inländischen Unternehmen ist beim Erreichen oder Überschreiten von 20 % der Stimmrechte meldepflichtig (vgl. § 55a Abs. 4, § 56 Abs. 1 Nr. 2).

Der **Begriff eines Roboters** wird gesetzlich nicht definiert. Der Verordnungs- 84 wortlaut stellt lediglich klar, dass auch automatisierte oder autonom mobile Roboter in den Anwendungsbereich der Norm fallen können. Das Telos der Norm, der umfassende Schutz der zugrundeliegenden Schlüsseltechnologien, gebietet eine weite Auslegung des Roboterbegriffs. Im technischen Sinne sind Roboter Automaten, die eine Tätigkeiten anstelle eines Menschen verrichten. Hinsichtlich ihrer Funktionsweise können Roboter ferngesteuert werden, nach programmierten Befehlen arbeiten oder autonom handeln.

Ausgehend vom weiten Oberbegriff der Robotik, der in Art. 4 Abs. 1 lit. b 85 Screening-VO genannt wird, müssen die von der Abs. 1 Nr. 15 erfassten Roboter **bestimmte Eigenschaften** aufweisen.[203] Dies beschränkt den Anwendungsbereich der Norm auf Roboter, die für besonders sicherheitsrelevante Einsatzfelder konstruiert worden sind.[204] Die konkreten Eigenschaften könnten von dem Fall Kuka im Jahr 2016 inspiriert worden sein, in dem keine Meldepflicht bestand und das BMWK den Erwerb mangels „tatsächliche[r] und hinreichend schwere[r] Gefährdung […] für ein Grundinteresse der Gesellschaft" nicht untersagen konnte.[205] Die Eigenschaften beziehen sich auf eine besondere Konstruktion der Roboter, die die Handhabung hochexplosiver Stoffe (Abs. 1 Nr. 15 lit. a), das Standhalten gegenüber einer hohen Siliziumstrahlung (Abs. 1 Nr. 15 lit. b)[206] oder den

---

[200] BT-Drs. 19/29216, 29. Dies begrüßend Barth/Käser NZG 2021, 813 (815).

[201] BMWK Häufige Fragen zu Investitionsprüfungen nach dem Außenwirtschaftsgesetz (AWG) und der Außenwirtschaftsverordnung (AWV), C.3.

[202] BT-Drs. 19/29216, 28.

[203] Im RefE war hingegen lediglich eine Beschränkung des Anwendungsbereichs auf Industrieroboter, einschließlich Software und Technologie hierfür, vorgesehen (BMWK RefE 17. AWV-Novelle, 7).

[204] BT-Drs. 19/29216, 29.

[205] Vgl. Mitteilung des Portals B4BSchwaben.de vom 17.8.2016, abrufbar unter: https://www.b4bschwaben.de/b4b-nachrichten/augsburg_artikel,-gabriel-stimmt-uebernahme-zu-chinesen-duerfen-kuka-kaufen-_arid,158205.html (zuletzt abgerufen am 19.7.2023).

[206] Silizium ist ein Halbleiter (hierzu → Rn. 86 ff.), der häufig für die Produktion von Chips benutzt wird.

Betrieb in besonderen Höhen (Abs. 1 Nr. 15 lit. c) oder Wassertiefen (Abs. 1 Nr. 15 lit. d) umfasst.

XVI. Halbleiter und Optoelektronik (Abs. 1 Nr. 16)

86   In den Anwendungsbereich von Abs. 1 Nr. 16 fallen Entwickler, Hersteller und Veredler von **Halbleitern und Optoelektronik** sowie von Herstellungs-, Bearbeitungswerkzeugen und Zubehör für diese Güter. Halbleiter und Optoelektronik stellen Schlüsseltechnologien dar, denen eine große Bedeutung für die Zukunftsfähigkeit Deutschlands und der EU zukommt.[207] Halbleiter werden in Art. 4 Abs. 1 lit. b Screening-VO als Unterfall einer kritischen Technologie benannt, die Mitgliedstaaten in ihren jeweiligen nationalen Investitionskontrollregimen berücksichtigen können. Zwar wird Optoelektronik in der Screening-VO nicht ausdrücklich erwähnt. Aus Sicht des Verordnungsgebers stellt die Optoelektronik jedoch ebenfalls einen Unterfall kritischer Technologien iSv Art. 4 Abs. 1 lit. b Screening-VO dar.[208] Der Erwerb einer 20 % der Stimmrechte erreichenden oder überschreitenden Beteiligung an einem in Abs. 1 Nr. 16 bezeichneten Unternehmen löst eine Meldepflicht aus (vgl. § 55a Abs. 4, § 56 Abs. 1 Nr. 2).

87   Als Besonderheit des Abs. 1 Nr. 16 wird der Anwendungsbereich der Norm – neben den Entwicklern und Herstellern – auch auf Veredler der erfassten Güter erstreckt. **Veredler** sind bspw. die Hersteller optischer Vergütungsschichten, die über besondere Kenntnisse bezüglich der Verfahren zur Herstellung leistungsfähiger optischer Schichten verfügen, selbst aber keine Optiken oder entsprechende Werkzeuge herstellen.[209] Der mit dem weitgefassten Anwendungsbereich bezweckte umfassende Schutz der Versorgungssicherheit mit Halbleitern und Optoelektronik verdeutlicht erneut die besondere Sicherheitsrelevanz, die der Verordnungsgeber den Gütern beimisst.

88   **1. Halbleiter (Abs. 1 Nr. 16 lit. a).** Abs. 1 Nr. 16 lit. a erfasst die Entwickler, Hersteller und Veredler von Halbleitern, nämlich von **integrierten Schaltungen auf einem Substrat (Alt. 1)** sowie von **diskreten Halbleitern (Alt. 2)**. Unter diskreten Halbleitern werden in einem eigenen Gehäuse befindliche Schaltungselemente mit eigenen äußeren Anschlüssen verstanden.[210] Das Schaltungselement selbst ist dabei eine einzelne aktive oder passive Funktionseinheit einer elektronischen Schaltung, wie einer Diode, eines Transistors, eines Widerstands oder eines Kondensators.[211] In der Praxis bestehen teilweise erhebliche Schwierigkeiten Produkte rechtssicher in eine der Fallgruppen einzuordnen. Halbleiter werden für die Produktion von Chips benötigt, die in allen digitalen Geräten verbaut werden. Neben den sich daraus ergebenden offensichtlichen Anwendungsfeldern (zB Computer oder Mobiltelefone) werden Halbleiter inzwischen auch in sehr vielen anderen Bereichen benötigt, in denen Halbleiter nicht die Hauptbestandteile darstellen. Ohne entsprechende Versorgung kann es auch in diesen Bereichen zu erheblichen Produktionsverzögerungen kommen (vgl. zB den Bereich Automobile).

---

[207] BT-Drs. 19/29216, 28.

[208] BT-Drs. 19/29216, 28.

[209] BT-Drs. 19/29216, 30.

[210] BT-Drs. 19/29216, 29.

[211] BT-Drs. 19/29216, 29.

Aufgrund der starken Nachfrage steht die Gewährleistung der Versorgungssi- 89
cherheit mit Halbleitern auch im Fokus der investitionskontrollrechtlichen Auf-
sichtsbehörden, nicht zuletzt, nachdem in den letzten Jahren bereits bestehende
Lieferengpässe weltweit durch eine Vielzahl an protektionistische Regulierungs-
maßnahmen verstärkt wurden. Die Halbleiterproduktion dürfte dementsprechend eine der Fallgruppen des Katalogs des § 55a Abs. 1 mit der **größten
Praxisrelevanz** sein. Bspw. scheiterte der Erwerb von Siltronic, einem deutschen Produzenten von Wafern für die Halbleiterindustrie, durch einen taiwanesischen Produzenten von Chips (Globalwafers) Anfang 2022, da die erforderliche Unbedenklichkeitsbescheinigung nicht im hierfür vorgesehenen Zeitraum
erlangt werden konnte.[212] Ende 2022 untersagte die Bundesregierung den
Erwerb von zwei deutschen Unternehmen der Halbleiterindustrie durch chinesische Investoren. Als Grund wurde der Schutz der technologischen und wirtschaftlichen Souveränität Deutschlands und Europas genannt.[213]

2. Optoelektronik (Abs. 1 Nr. 16 lit. b). Abs. 1 Nr. 16 lit. b erfasst Ent- 90
wickler, Hersteller und Veredler **von mikro- oder nanostrukturierten optischen Schaltungen auf einem Substrat** (Alt. 1) sowie **diskreten optischen
Bauelementen** (Alt. 2) jeweils ein Unterfall der Optoelektronik. Optoelektronik
sind elektronische Elemente, die ein elektrisches Signal in Licht oder umgekehrt
umformen. Die Elemente werden in einer Vielzahl sicherheitsrelevanter Technologien verbaut.[214] Dies ist etwa bei Telekommunikations- und Kommunikations-
technologien, aber auch im militärischen Bereich (zB bei der bildgebenden Aufklärung oder in Waffensystemen) der Fall.[215] Die besondere Sicherheitsrelevanz
der Optoelektronik kann sich insbesondere aus dem schnellen technologischen
Fortschritt in diesem Bereich ergeben, in dem ein Abreißen des technologischen
Anschlusses in kürzester Zeit zu erheblichen Nachteilen führen könnte.[216] Aus
der Praxis ist bekannt, dass neben hochspezialisierten Komponenten in sicherheitsrelevanten Bereichen auch viele Standardteile hergestellt werden, die auf einer
seit den 1970er Jahren etablierten Technologie basieren. In solchen Fällen droht
kein Abfluss von speziellem technologischem Know-How und es existiert eine
Vielzahl von Anbietern in Deutschland.

3. Herstellungs-, Bearbeitungswerkzeuge und Zubehör (Abs. 1 Nr. 16 91
lit. c). Abs. 1 Nr. 16 lit. c erfasst Herstellungs-, Bearbeitungswerkzeuge sowie
Zubehör für Güter iSd Abs. 1 Nr. 16 lit. a und lit. b. Die **Herstellungs- und
Bearbeitungswerkzeuge** werden nicht abschließend aufgezählt und umfassen
etwa Beschichtungsanlagen oder Sägeausrüstungen. Die einzelnen Werkzeuge
müssen nicht zwingend kumulativ für Halbleiter und Optoelektronik verwendet
werden können.[217] Daneben wird Zubehör für die erfassten Güter in Form von

---

[212] Die im öffentlichen Übernahmeangebot festgesetzte Frist lief mangels Erteilung der
Unbedenklichkeitsbescheinigung aus (vgl. BMWK Schriftliche Frage an die Bundesregierung
im Monat Februar 2022, Frage Nr. 101).

[213] Bundesregierung Pressemitteilung vom 9.11.2022 (Erwerb von Chipfabrik Elmos
durch chinesischen Investor untersagt).

[214] BT-Drs. 19/29216, 29.

[215] BT-Drs. 19/29216, 29.

[216] BT-Drs. 19/29216, 29.

[217] BT-Drs. 19/29216, 30.

Reinraumtransporteinrichtungen, Testwerkzeugen und Masken vom Anwendungsbereich der Norm erfasst.

XVII. IT-Sicherheits- und IT-Forensikprodukte (Abs. 1 Nr. 17)

92   Abs. 1 Nr. 17 erfasst **Entwickler und Hersteller bestimmter IT-Produkte oder deren wesentlichen Komponenten im Bereich der Cybersicherheit.** Die von der Fallgruppe erfassten IT-Produkte lassen sich den Bereichen der IT-Sicherheit (Abs. 1 Nr. 17 lit. a und lit. b) sowie der IT-Forensik (Abs. 1 Nr. 17 lit. c) zuordnen.[218] Bei den bestimmten IT-Produkten handelt es sich um eine Konkretisierung des Begriffs der Cybersicherheit als kritische Technologie iSv Art. 4 Abs. 1 lit. b Screening-VO.[219] IT-Produkte im Bereich der Cybersicherheit stellen wegen der stetigen Zunahme digitalisierter Lebensbereiche und der somit stetig steigenden Angriffsfläche für Cyberattacken eine sog. Schlüsseltechnologie dar.[220] Diese sind von grundlegender Bedeutung für die Zukunfts- und Widerstandsfähigkeit der deutschen Wirtschaft, das gesellschaftliche Zusammenleben und Gemeinwohl in Deutschland und der EU.[221] Der Erwerb einer 20 % der Stimmrechte erreichenden oder überschreitenden Beteiligung an einem in Abs. 1 Nr. 17 bezeichneten Unternehmen löst eine Meldepflicht aus (vgl. § 55a Abs. 4, § 56 Abs. 1 Nr. 2).

93   **1. IT-Produkt mit wesentlichem Funktionsmerkmal.** Zunächst fallen **IT-Sicherheitsprodukte**, also bspw. Software oder IT-Hardware, in den Anwendungsbereich des Abs. 1 Nr. 17.[222] Diese Produkte müssen selbst dem Bereich der IT zugeordnet werden können, also im weitesten Sinne der elektronischen Datenverarbeitung dienen. Nicht erfasst werden Produkte, die zwar zum Schutz von IT-Produkten eingesetzt werden, selbst jedoch nicht dem Bereich der IT zugeordnet werden können, wie etwa Serverraumtüren oder Schutzfolien.[223] Die erfassten IT-Sicherheitsprodukte müssen zudem als **wesentliches Funktionsmerkmal** dem Schutz von IT-Systemen, -Komponenten oder -Prozessen (Abs. 1 Nr. 17 lit. a) oder der Abwehr von Angriffen auf IT-Systeme (Abs. 1 Nr. 17 lit. b) dienen. Das Merkmal der Wesentlichkeit, das die Funktionsmerkmale aufweisen müssen, dient der Einschränkung des Tatbestands auf IT-Sicherheitsprodukte, die spezifisch und vorrangig für die genannten Funktionen bestimmt sind.[224] In den Anwendungsbereich der Norm fallen also bspw. Virenschutzprogramme oder Firewalls, deren wesentliches Funktionsmerkmal der Schutz von IT-Systemen ist.[225] Nicht erfasst werden hingegen Produkte, die zwar über integrierte Sicherheitsfunktionen verfügen, aber einen anderen primären Anwendungszweck haben.[226]

94   Zudem werden **IT-Forensikprodukte** erfasst. Diese müssen als wesentliches Funktionsmerkmal der informationstechnischen Aufklärung von Straftaten und der Beweissicherung durch Strafverfolgungsbehörden dienen (Abs. 1 Nr. 17 lit. c). Hinsichtlich der Wesentlichkeit des Funktionsmerkmals gilt das zuvor Gesagte.

---

[218] BT-Drs. 19/29216, 30.
[219] BT-Drs. 19/29216, 30.
[220] BT-Drs. 19/29216, 28.
[221] BT-Drs. 19/29216, 28.
[222] BT-Drs. 19/29216, 30.
[223] BT-Drs. 19/29216, 30.
[224] BT-Drs. 19/29216, 30.
[225] BT-Drs. 19/29216, 30.
[226] BT-Drs. 19/29216, 30.

Sowohl im Fall von IT-Sicherheitsprodukten als auch im Fall von IT-Forensik- **95** produkten werden nicht nur die Hersteller und Entwickler der Produkte als solche erfasst, sondern auch die der **wesentlichen Komponenten**. Das Merkmal der Wesentlichkeit dürften in diesem Kontext nur Komponenten erfüllen, die bei objektiver Betrachtung aus technischer Sicht für das Ziel der IT-Sicherheit bzw. IT-Forensik zwingend erforderlich sind.

2. Ziel der Veräußerung an Dritte. Ein IT-Produkt mit einem erfassten **96** Funktionsmerkmal bzw. dessen wesentliche Komponente muss nach dem Wortlaut des Abs. 1 Nr. 17 mit dem **Ziel der Veräußerung an Dritte entwickelt oder hergestellt** worden sein. Durch diese zusätzliche Voraussetzung wird der Anwendungsbereich der Norm auf kommerziell entwickelte oder hergestellte Produkte beschränkt.[227] Nicht erfasst werden hingegen Produkte, die Unternehmen zur internen Verwendung entwickelt oder hergestellt haben.[228]

XVIII. Luft- und Raumfahrt (Abs. 1 Nr. 18)

Abs. 1 Nr. 18 erfasst bestimmte **Luftfahrtunternehmen** sowie **Hersteller** **97** **und Entwickler bestimmter Güter oder Technologien in den Bereichen Luft- und Raumfahrt.** Dies stellt eine Konkretisierung des Oberbegriffs der Luft- und Raumfahrt dar, welcher in Art. 4 Abs. 1 lit. b Screening-VO verwendet wird.[229] Abzugrenzen ist der Anwendungsbereich des Abs. 1 Nr. 18 in Bezug auf die Raumfahrt von dem des Abs. 1 Nr. 12. Letztere erfasst Betreiber von hochwertigen Erderkundungssystemen, die sich für ihren Betrieb bereits im Orbit befinden.[230] Abs. 1 Nr. 18 erfasst hingegen – zeitlich und technisch vorgelagert – Hersteller und Entwickler verschiedenster Güter und Technologien im Raumfahrtbereich. Der Erwerb einer 20 % der Stimmrechte erreichenden oder überschreitenden Beteiligung an einem in Abs. 1 Nr. 18 bezeichneten Unternehmen löst eine Meldepflicht aus (vgl. § 55a Abs. 4, § 56 Abs. 1 Nr. 2).

1. Luftfahrtunternehmen mit Betriebsgenehmigung iSd Luftverkehrs- **98** **dienste-VO (Abs. 1 Nr. 18 Var. 1).** Abs. 1 Nr. 18 Var. 1 erfasst Betreiber von Luftfahrtunternehmen, die über eine Betriebsgenehmigung iSd Luftverkehrsdienste-VO verfügen. Deren Sicherheitsrelevanz ergibt sich aus ihrer wesentlichen Bedeutung für den Personen- und Frachtverkehr von und nach sowie innerhalb Deutschlands.[231] In den Anwendungsbereich der Norm dürften **mit wenigen Ausnahmen alle inländischen Unternehmen fallen, die gewerblich Flüge durchführen**, weil eine Betriebsgenehmigung nach der Luftverkehrsdienste-VO ein Luftfahrtunternehmen überhaupt erst dazu berechtigt, Flugdienste zu erbringen.[232]

---

[227] BT-Drs. 19/29216, 30.
[228] BT-Drs. 19/29216, 30.
[229] BT-Drs. 19/29216, 30.
[230] BT-Drs. 19/29216, 27.
[231] BT-Drs. 19/29216, 30.
[232] Nach der Legaldefinition des Art. 2 Nr. 1 Luftverkehrsdienste-VO ist eine Betriebsgenehmigung eine Genehmigung, die einem Unternehmen von der zuständigen Genehmigungsbehörde erteilt wird und das Unternehmen je nach den Angaben in der Genehmigung berechtigt, Flugdienste zu erbringen. Flugdienste sind gem. Art. 2 Nr. 4 Luftverkehrsdienste-VO einzelne Flüge oder eine Folge von Flügen zur gewerblichen Beförderung von Fluggästen, Fracht und/oder Post. Nach der Legaldefinition des Art. 2 Nr. 10 Luftverkehrsdienste-VO ist ein Luftfahrtunternehmen ein Unternehmen mit einer gültigen Betriebsgenehmigung oder einer gleichwertigen Genehmigung. Ein Unternehmen iSd Luftverkehrsdienste-VO ist gem. Art. 2 Nr. 3 jede

Ohne eine solche Betriebsgenehmigung darf grundsätzlich kein in der Gemeinschaft niedergelassenes Unternehmen Fluggäste, Post und/oder Fracht im gewerblichen Luftverkehr befördern (vgl. Art. 3 Abs. 1. S. 1 Luftverkehrsdienste-VO). Eine Ausnahme besteht für Flugdienste mit unmotorisierten und motorisierten ultraleichten Luftfahrzeugen sowie für Rundflüge (vgl. Art. 3 Abs. 3. Luftverkehrsdienste-VO). Nach dem **investitionskontrollrechtsspezifischen weiten Betreiberbegriff** ist auf den bestimmenden Einfluss in Form tatsächlicher Sachherrschaft über das Luftfahrtunternehmen abzustellen, was regelmäßig mit der rechtlichen Verfügungsgewalt einhergehen dürfte.[233] Der Versuch eines russischen Investors, eine (mittelbare) Beteiligung an einem deutschen Luftfahrtunternehmen (TUI) auf seine Ehefrau zu übertragen, als er im Zuge des russischen Angriffskriegs gegen die Ukraine mit Sanktionen belegt wurde, löste nach Presseberichten im März 2022 eine investitionskontrollrechtliche Prüfung durch das BMWK aus.[234]

99   **2. Dual-Use-Güter der Luft- und Raumfahrt (Abs. 1 Nr. 18 Var. 2).** In den Anwendungsbereich des Abs. 1 Nr. 18 Var. 2 fallen Entwickler und Hersteller bestimmter Güter aus den Bereichen der Luft- und Raumfahrt, die im **Anhang I der Dual-Use-VO** genannt werden. Dabei handelt es sich um Güter mit doppeltem Verwendungszweck iSv Art. 3 Dual-Use-VO, also um Güter – einschließlich Software und Technologien – die sowohl für zivile als auch für militärische Zwecke verwendet werden können (vgl. Art. 2 Nr. 1 Dual-Use-VO). Konkret wird auf bestimmte Güter der Kategorien Luftfahrelektronik und Navigation (Kategorie 7)[235] sowie Luftfahrt, Raumfahrt und Antriebe (Kategorie 9)[236] verwiesen. Die Sicherheitsrelevanz der Hersteller und Entwickler ergibt sich aus dem doppelten Verwendungszweck der erfassten Güter.[237]

100   **3. Güter oder Technologien für die Raumfahrt (Abs. 1 Nr. 18 Var. 3).** Abs. 1 Nr. 18 Var. 3 erfasst Entwickler und Hersteller von **Gütern oder Technologien, die für die Verwendung in der Raumfahrt oder für den Einsatz in Raumfahrtinfrastruktursystemen bestimmt sind**. Dabei handelt es sich um einen Auffangtatbestand, in dessen Anwendungsbereich auch Güter und Technologien aus dem Raumfahrtsektor fallen können, die (noch) nicht in der Güterliste des Anhang I Dual-Use-VO genannt werden.[238] Der Zusatz, nach dem die Güter oder Technologien für die Verwendung in der Raumfahrt oder für den Einsatz in Raumfahrtinfrastruktursystemen bestimmt sein müssen, verdeutlicht, dass diese ursprünglich nicht spezifisch für die genannten Zwecke entwickelt

---

natürliche oder juristische Person mit oder ohne Gewinnerzielungsabsicht sowie jede amtliche Einrichtung, unabhängig davon, ob diese eine eigene Rechtspersönlichkeit besitzt oder nicht.

[233] Hierzu bereits → Rn. 31.

[234] Siehe hierzu bspw.: https://www.tagesschau.de/wirtschaft/unternehmen/tui-grossaktionaer-mordaschow-sanktionen-stimmrechte-101.html (zuletzt abgerufen am 18.4.2023).

[235] Erfasst werden die Unterkategorien Systeme, Ausrüstung und Bestandteile (7A), Prüf-, Test- und Herstellungseinrichtungen (7B), Datenverarbeitungsprogramme (7D) sowie Technologie (7E).

[236] Erfasst werden erneut die Unterkategorien Systeme, Ausrüstung und Bestandteile (9A), Prüf-, Test- und Herstellungseinrichtungen (9B), Datenverarbeitungsprogramme (9D) sowie Technologie (9E).

[237] BT-Drs. 19/29216, 28.

[238] Eine solche Absicherung kann aus Sicht des Verordnungsgebers insbesondere dann notwendig sein, wenn plötzliche technische Neuerungen dazu führen, dass die Dual-Use-VO nicht das gesamte Gefahrenpotential abbildet (vgl. BT-Drs. 19/29216, 28 f.).

worden sein müssen.[239] Dies gilt etwa für Güter, deren Verwendung im Raumfahrtbereich von zentraler Bedeutung ist, die aber theoretisch auch in anderen Bereichen verbaut werden könnten, wie bspw. bestimmte Arten Titanstahl.[240]

XIX. Nukleartechnologie (Abs. 1 Nr. 19)

Abs. 1 Nr. 19 erfasst inländische Unternehmen, die **Güter aus dem Bereich** **101** **der Nukleartechnologie entwickeln, herstellen, modifizieren oder nutzen**. Insofern wird auf bestimmte Güter mit doppeltem Verwendungszweck iSd Dual-Use-VO verwiesen, wodurch der in Art. 4 Abs. 1 lit. b Screening-VO verwendete Oberbegriff der Nukleartechnologie konkretisiert wird.[241] Die besondere Sicherheitsrelevanz der Unternehmen ergibt sich aus der möglichen militärischen Verwendung der erfassten Güter. Der Erwerb einer 20 % der Stimmrechte erreichenden oder überschreitenden Beteiligung an einem in Abs. 1 Nr. 19 bezeichneten Unternehmen löst eine Meldepflicht aus (vgl. § 55a Abs. 4, § 56 Abs. 1 Nr. 2).

Hinsichtlich der **erfassten Güter der Nukleartechnologie** wird zunächst auf **102** alle Güter der Kategorie 0 des Anhangs I der Dual-Use-VO verwiesen. Dort sind bestimmte kerntechnische Materialien, Anlagen und Ausrüstungen aufgeführt. Zudem wird auf bestimmte Listenpositionen der Kategorie 1, Unterfall B verwiesen. Diese umfasst bestimmte Prüf-, Test- und Herstellungseinrichtungen der Kategorie der besonderen Werkstoffe, Materialien und zugehörigen Ausrüstung. Um in den Anwendungsbereich des Abs. 1 Nr. 19 zu fallen, reicht – anders als bei anderen Fallgruppen mit Technologiebezug – **bereits die Nutzung der Nukleartechnologie** aus.[242] Neben den Herstellern und Entwicklern werden zudem inländische Unternehmen erfasst, die ein erfasstes Gut modifizieren. Dies verdeutlicht die Intention des Verordnungsgebers, einen lückenlosen Schutz der sicherheitsrelevanten Nukleartechnologie zu gewährleisten.

XX. Quantentechnologie (Abs. 1 Nr. 20)

Abs. 1 Nr. 20 erfasst **Entwickler und Hersteller von Gütern und wesentli-** **103** **chen Komponenten bestimmter Bereiche der Quantentechnologie**. Die Beschränkung auf bestimmte Bereiche der Quantentechnologie stellt eine Konkretisierung des Art. 4 Abs. 1 lit. b Screening-VO dar, der Quantentechnologie als kritische Technologie bezeichnet. Bei der Quantentechnologie handelt es sich um eine Schlüsseltechnologie, die für die Zukunfts- und Widerstandsfähigkeit der deutschen Wirtschaft von erheblicher Bedeutung sein wird, auch wenn (noch) nicht viele Unternehmen in diesem Bereich tätig sind.[243] Quantentechnologie wird insbesondere bereits für andere Schlüsseltechnologien, wie KI, Robotik oder autonomes Fahren, eingesetzt. Konkret werden die Quanteninformatik (Abs. 1

---

[239] BT-Drs. 19/29216, 30.

[240] BT-Drs. 19/29216, 30. Ein chinesischer Investor wandte 2018 eine Untersagung des BMWK ab, indem der beabsichtigte Erwerb des deutschen Mittelständlers Leifeld Metal Spinning AG nicht weiterverfolgt wurde. Dieser stellt Spezialwerkzeuge her, die Titanstahl formen können, was insbesondere in der Luft- und Raumfahrt und der Nukleartechnologie von großer Bedeutung ist.

[241] BT-Drs. 19/29216, 30.

[242] BT-Drs. 19/29216, 30.

[243] BT-Drs. 19/29216, 28.

Nr. 20 lit. a), die Quantenkommunikation (Abs. 1 Nr. 20 lit. b) sowie die quantenbasierte Messtechnik (Abs. 1 Nr. 20 lit. c) als Bereiche der Quantentechnologie erfasst. Dabei handelt es sich um die besonders sicherheitsrelevanten sog. Quantentechnologien der zweiten Generation, zu denen auch Quantencomputer als Unterfall der Quanteninformatik gehören.[244] Der Erwerb einer 20 % der Stimmrechte erreichenden oder überschreitenden Beteiligung an einem in Abs. 1 Nr. 20 bezeichneten Unternehmen löst eine Meldepflicht aus (vgl. § 55a Abs. 4, § 56 Abs. 1 Nr. 2).

XXI. Additive Fertigung (Abs. 1 Nr. 21)

104   Abs. 1 Nr. 21 erfasst **Entwickler und Hersteller von bestimmten Gütern, die mittels additiver Fertigungsverfahren Bauteile herstellen können** (dies wird regelmäßig auch als **3D-Druck** bezeichnet). Entwickler und Hersteller der dafür benötigten **wesentlichen Komponenten und Pulvermaterialien** fallen ebenfalls in den Anwendungsbereich der Norm. Die additive Fertigung birgt für die Industrie ein erhebliches Potential zur Produktionsoptimierung durch schnellere und vereinfachte Prozesse. Dies gilt insbesondere bei komplexen Bauteilgeometrien, die in Kleinserien hergestellt werden.[245] Diese Vorteile können in sicherheitsrelevanten Bereichen allerdings auch zu einer Gefahr für die öffentliche Sicherheit führen. Additive Fertigung kann etwa die militärische Produktentwicklung beschleunigen, weil Prototypen schneller angefertigt und getestet werden können.[246] Zudem ist die beschleunigte Versorgung mit Ersatzteilen für sicherheitssensible Güter denkbar und die additive Fertigung könnte im Bereich der militärischen Luft- und Raumfahrt zur Fertigung leichterer Bauteile eingesetzt werden.[247] Additive Fertigung stellt aus Sicht des Verordnungsgebers eine kritische Technologie iSv Art. 4 Abs. 1 lit. b Screening-VO dar, obwohl sie darin nicht ausdrücklich als Beispielsfall genannt wird.[248] Der Erwerb einer 20 % der Stimmrechte erreichenden oder überschreitenden Beteiligung an einem in Abs. 1 Nr. 21 bezeichneten Unternehmen löst eine Meldepflicht aus (vgl. § 55a Abs. 4, § 56 Abs. 1 Nr. 2).

105   **1. Additive Fertigung (Abs. 1 Nr. 21 lit. a).** Der Anwendungsbereich des Abs. 1 Nr. 21 lit. a erfasst Hersteller und Entwickler von Gütern, die **Bauteile mittels additiver Fertigungsverfahren herstellen** können. Dabei handelt es sich um professionelle Produktionsverfahren, die sich deutlich von herkömmlichen 3D-Fertigungsmethoden (etwa für den Privatgebrauch) unterscheiden.[249] Während bei der (konventionellen) abtragenden Fertigung Teile eines festen Blocks entfernt werden, bis ein Bauteil zurückbleibt, werden im Rahmen der additiven Fertigung Schichten aufeinander aufgetragen und miteinander verschmolzen, um ein Bauteil anzufertigen.[250] Diese Bauteile müssen für eine

---

[244] Diese manipuliert aktiv die Quantenzustände, während die Quantentechnologien der ersten Generation lediglich die bestehenden Quantenzustände nutzten (BT-Drs. 19/29216, 30).
[245] BT-Drs. 19/29216, 28, 31.
[246] BT-Drs. 19/29216, 28, 31.
[247] BT-Drs. 19/29216, 28, 31.
[248] BT-Drs. 19/29216, 28, 30.
[249] BT-Drs. 19/29216, 31.
[250] BT-Drs. 19/29216, 31.

Anwendbarkeit des Abs. 1 Nr. 21 **aus metallischen oder keramischen Werkstoffen für industrielle Anwendungen** hergestellt werden. Diese Einschränkung des Tatbestands ist insbesondere hinsichtlich der Werkstoffe von Relevanz. Metall und Keramik werden u.a. in den genannten sicherheitssensiblen Bereichen verwendet, was bspw. bei Kunststoff nicht im selben Ausmaß der Fall ist, weshalb dieser nicht von der Fallgruppe erfasst wird.[251] Als Beispiel für ein insbesondere von der Abs. 1 Nr. 21 lit. a erfasstes Fertigungsverfahren werden pulverbasierte Fertigungsverfahren, die eine Schutzgasatmosphäre besitzen und als Energiequelle einen Laser oder Elektronenstrahl verwenden, genannt.

2. Wesentliche Komponenten und Pulvermaterialien (Abs. 1 Nr. 21 106 **lit. b und c).** Ausgehend von dem von Abs. 1 Nr. 21 lit. a erfassten Fertigungsverfahren fallen auch Entwickler und Hersteller von wesentlichen Komponenten der dort genannten Güter (Abs. 1 Nr. 21 lit. b) und der unter Umständen dafür eingesetzten Pulvermaterialien (Abs. 1 Nr. 21 lit. c) in den Anwendungsbereich des Abs. 1 Nr. 21. **Wesentliche Komponenten** in dem Sinne der Norm sind solche, die für das jeweilige Herstellungs- oder Entwicklungsverfahren bei objektiver Betrachtung aus technischer Sicht zwingend erforderlich sind.[252] Wesentliche Komponente kann bspw. eine spezifische Steuerungstechnik oder eine besondere Energiequelle für das Fertigungsverfahren sein.[253] Als Ausgangsmaterialien werden ausschließlich **Pulvermaterialien** erfasst, um einen ausufernden Tatbestand zu vermeiden.[254]

XXII. Netztechnologien (Abs. 1 Nr. 22)

Abs. 1 Nr. 22 erfasst Entwickler und Hersteller von **Gütern, die spezifisch** 107 **dem Betrieb von Datennetzen dienen**. Diese Fallgruppe dient der Umsetzung des Strategiepapiers der Bundesregierung zur Stärkung der Sicherheits- und Verteidigungsindustrie[255] sowie der Mitteilung der Kommission zur sicheren 5G-Einführung in der EU,[256] die jeweils die Sicherheitsrelevanz von Netztechnologien betonen.[257] Das Strategiepapier der Bundesregierung ordnet bestimmte Netztechnologien, nämlich sicherheitsrelevante IT- und Kommunikationstechnologie und -hardware, als nationale sicherheits- und verteidigungsindustrielle Schlüsseltechnologie ein.[258] Die Mitteilung der Kommission sieht spezifisch den Schutz der 5G-Lieferkette, insbesondere durch die Überprüfung ausländischer Direktinvestitionen mit potenziellen Auswirkungen auf wichtige 5G-Anlagen und

---

[251] BT-Drs. 19/29216, 31.

[252] Einrichtungen, die so oder in geringfügig abgewandelter Form üblicherweise auch bei der Entwicklung und Herstellung von Gütern für andere, herkömmliche Fertigungsverfahren verwendet werden, gehören hingegen nicht dazu (BT-Drs. 19/29216, 31.).

[253] BT-Drs. 19/29216, 31. Insofern scheint also uU auch Software erfasst werden zu können.

[254] BT-Drs. 19/29216, 31.

[255] Bundesregierung Strategiepapier der Bundesregierung zur Stärkung der Sicherheits- und Verteidigungsindustrie.

[256] Mitteilung der Kommission an das Europäische Parlament, den Rat, den Europäischen Wirtschafts- und Sozialausschuss und den Ausschuss der Regionen Sichere 5G-Einführung in der EU – Umsetzung des EU-Instrumentariums vom 29.1.2020, COM(2020) 50 final.

[257] BT-Drs. 19/29216, 31.

[258] BT-Drs. 19/29216, 31; Bundesregierung Strategiepapier der Bundesregierung zur Stärkung der Sicherheits- und Verteidigungsindustrie, 3.

-Einrichtungen, als Unterfall einer Netztechnologie vor.[259] Die bloße Verwendung von 5G-Technologien aus dem Ausland fällt nicht in den Anwendungsbereich der Investitionskontrolle.[260]

108   Die besondere Sicherheitsrelevanz der erfassten Unternehmen hat sich bereits in der Praxis gezeigt. Ende des Jahres 2022 wurde der **Erwerb des deutschen Unternehmens IMST durch einen staatlichen chinesischen Rüstungskonzern untersagt**, wobei u.a. auf Abs. 1 Nr. 22 abgestellt wurde. IMST wurde als weltweit führendes Forschungs- und Entwicklungsunternehmen im Bereich der Funkkommunikationstechnologie, insbesondere hinsichtlich 5G-Technologie, eingeordnet. Der Erwerb hätte deshalb die technologische Souveränität Deutschlands im Mobilfunk gefährdet, gerade mit Blick auf aktuelle und Zukunftstechnologien wie 5G und 6G, und zur Aufrüstung Chinas beigetragen.[261] Die erfassten Netztechnologien stellen aus Sicht des Verordnungsgebers kritische Technologien iSv Art. 4 Abs. 1 lit. b Screening-VO dar, obwohl sie darin nicht ausdrücklich als Beispielsfall genannt werden.[262] Der Erwerb einer 20 % der Stimmrechte erreichenden oder überschreitenden Beteiligung an einem in Abs. 1 Nr. 22 bezeichneten Unternehmen löst eine Meldepflicht aus (vgl. § 55a Abs. 4, § 56 Abs. 1 Nr. 2).

109   Der **Anwendungsbereich des Abs. 1 Nr. 22** erfasst die Entwickler und Hersteller von Gütern, die spezifisch dem Betrieb drahtloser oder drahtgebundener Datennetze dienen. Insofern werden nichtabschließend bestimmte Güter aufgeführt, die insbesondere von der Norm erfasst werden. Güter, die gleichermaßen in anderen Anwendungsbereichen zum Einsatz kommen, werden nicht erfasst. Der Anwendungsbereich des Abs. 1 Nr. 22 ist von dem des Abs. 1 Nr. 1 und Nr. 2 abzugrenzen. Abs. 1 Nr. 1 erfasst u.a. bestimmte Datenübertragungsnetze als Kritische Infrastruktur (vgl. Anhang 4 Teil 3 Nr. 1.2.1. BSI-KritisV), stellt insofern jedoch auf die Betreiber des Netzes und nicht auf die Entwickler oder Hersteller der dafür benötigten Güter ab. Hinsichtlich des Abs. 1 Nr. 2, der ebenfalls Entwickler und Hersteller erfasst, kann es hingegen zu Überschneidungen kommen. In den Anwendungsbereich des Abs. 1 Nr. 2 können bestimmte Netztechnologien fallen, bspw. branchenspezifische Software zur Datenübertragung oder Komponenten, die kritische Funktionen für das 5G Netz erfüllen. Dies ist allerdings nur der Fall, wenn diese dem Betrieb Kritischer Infrastrukturen dienen bzw. in solchen eingesetzt werden.[263] Dieser einschränkende Bezug auf Kritische Infrastrukturen ist in Abs. 1 Nr. 22 nicht vorgesehen, der insofern als Auffangtatbestand fungiert.

XXIII. Smart–Meter–Gateways (Abs. 1 Nr. 23)

110   Abs. 1 Nr. 23 erfasst die Hersteller von **Smart–Meter–Gateways** und von in diesen verbauten Sicherheitsmodulen. Bei den in den Anwendungsbereich der

---

[259] Mitteilung der Kommission an das Europäische Parlament, den Rat, den Europäischen Wirtschafts- und Sozialausschuss und den Ausschuss der Regionen Sichere 5G-Einführung in der EU – Umsetzung des EU-Instrumentariums vom 29.1.2020, COM(2020) 50 final, 7.

[260] Insofern wurde eine etwaige Beteiligung des chinesischen Unternehmens Huawei am Ausbau der 5G-Infrastruktur kontrovers diskutiert.

[261] Siehe etwa: https://www.spiegel.de/wirtschaft/unternehmen/imst-regierung-stoppt-uebernahme-durch-chinesischen-konzern-a-325e11ad-0b7a-4627-acc0-35a928f782f1 (zuletzt abgerufen am 11.4.2023).

[262] BT-Drs. 19/29216, 28.

[263] Hierzu bereits → Rn. 5 ff.

Norm fallenden Smart-Meter-Gateways handelt es sich um die **Kommunikationseinheit eines intelligenten Messsystems** (vgl. § 2 Nr. 19 MsbG). Intelligente Messsysteme sind von analogen Messsystemen, wie analogen Stromzählern oder Wasseruhren, abzugrenzen. Aber auch intelligente Messsysteme können als solche die erfassten Daten nicht selbst übermitteln (zB an Stromversorger), sondern benötigen dafür ein Smart-Meter-Gateway. Während in jedem Haushalt also mehrere Messsysteme vorhanden sein können, werden alle erfassten Daten gesammelt durch ein Smart-Meter-Gateway übermittelt. Das Smart-Meter-Gateway ist zum Schutz der Daten mit einem Sicherheitsmodul ausgestattet. Die erfassten Hersteller sind dementsprechend Schlüsselunternehmen für die Gewährleistung von Datenschutz und -sicherheit beim Einsatz intelligenter Messsysteme.[264] Smart-Meter-Gateways und deren Sicherheitsmodule dürfen aus diesem Grund nur nach Durchlaufen eines Zertifizierungsverfahrens nach dem MsbG in Verkehr gebracht und verwendet werden.[265] Telos des Abs. 1 Nr. 23 ist der Schutz der Energieinfrastruktur in einem zunehmend digitalisierten und automatisierten Energiesystem.[266] Der dafür erforderliche Schutz der Integrität der Daten ist der Fallgruppe des Zugangs zu sensiblen Informationen iSv Art. 4 Abs. 1 lit. d Screening-VO zuzuordnen.[267] Der Erwerb einer 20 % der Stimmrechte erreichenden oder überschreitenden Beteiligung an einem in Abs. 1 Nr. 23 bezeichneten Unternehmen löst eine Meldepflicht aus (vgl. § 55a Abs. 4, § 56 Abs. 1 Nr. 2).

XXIV. Lebenswichtige Einrichtungen (Abs. 1 Nr. 24)

Abs. 1 Nr. 24 erfasst Unternehmen, die **für die Bundesrepublik Deutsch-** **111** **land in bestimmten sicherheitsrelevanten Bereichen der Informations- und Kommunikationstechnik tätig sind**.[268] Dafür knüpft der Wortlaut der Norm an die Beschäftigung von Personen an, die in bestimmten sog. lebenswichtigen Einrichtungen tätig sind. Dienstleistungen in diesem Bereich können bspw. der Aufbau oder Betrieb des Digitalfunks für Behörden oder deren Belieferung mit Kommunikationsausstattung sein.[269] Eine solche Tätigkeit setzt ein umfangreiches Spezialwissen über die Informationstechnik des Bundes voraus, über das nur wenige Unternehmen verfügen.[270] Die Norm schützt dementsprechend den Bestand zuverlässiger Unternehmen in diesem Bereich. Der Erwerb einer 20 % der Stimmrechte erreichenden oder überschreitenden Beteiligung an einem in Abs. 1 Nr. 24 bezeichneten Unternehmen löst eine Meldepflicht aus (vgl. § 55a Abs. 4, § 56 Abs. 1 Nr. 2).

In den Anwendungsbereich der Norm fallen aus Verhältnismäßigkeitsgründen **112** nicht alle Dienstleistungen mit Bezug zur Informations- und Kommunikationstechnik des Bundes, sondern nur solche, die **kumulativ in bestimmten lebenswichtigen Einrichtungen und dort an sicherheitsempfindlichen Stellen** erbracht werden.[271] Insofern wird auf die Bestimmungen des SÜG und der SÜFV verwiesen. Die Tätigkeit muss danach in lebenswichtigen Einrichtungen der obersten Bundes-

[264] BT-Drs. 19/29216, 31.
[265] BT-Drs. 19/29216, 31.
[266] BT-Drs. 19/29216, 31.
[267] BT-Drs. 19/29216, 31.
[268] BT-Drs. 19/29216, 31.
[269] BT-Drs. 19/29216, 32.
[270] BT-Drs. 19/29216, 31.
[271] BT-Drs. 19/29216, 32.

behörden iSv § 6 SÜFV, der Geschäftsbereiche der obersten Bundesbehörden iSv § 7 SÜFV oder des BMI iSv § 8 SÜFV erbracht werden.[272] Innerhalb der genannten lebenswichtigen Einrichtungen muss die Tätigkeit zudem an einer sicherheitsempfindlichen Stelle iSv § 1 Abs. 5 S. 3 SÜG erfolgen.[273]

XXV. Kritische Rohstoffe (Abs. 1 Nr. 25)

113   Abs. 1 Nr. 25 erfasst inländische Unternehmen, die **kritische Rohstoffe oder deren Erze gewinnen, aufbereiten oder raffinieren**. Telos der Norm ist der Schutz der Versorgung mit kritischen Rohstoffen, denen eine große wirtschaftliche Bedeutung für die europäische Industrie zukommt.[274] Der Schutz Kritischer Rohstoffe im Rahmen nationaler Investitionskontrollregime ist ebenfalls in Art. 4 Abs. 1 lit. c Screening-VO vorgesehen. Der Erwerb einer 20 % der Stimmrechte erreichenden oder überschreitenden Beteiligung an einem in Abs. 1 Nr. 25 bezeichneten Unternehmen löst eine Meldepflicht aus (vgl. § 55a Abs. 4, § 56 Abs. 1 Nr. 2).

114   Welche Rohstoffe als kritisch eingeordnet werden richtet sich nach der **Liste der kritischen Rohstoffe**,[275] die alle drei Jahre aktualisiert wird und vom BMWK im Bundesanzeiger bekannt gemacht wird.[276] Die Liste der kritischen Rohstoffe umfasst zurzeit 30 verschiedene Rohstoffe.[277] Im März 2023 hat die Kommission einen Verordnungsentwurf vorgelegt, der eine neue Liste beinhaltet.[278] Bei einer zusätzlichen Erweiterung der Liste der kritischen Rohstoffe auf europäischer Ebene, wie sie aktuell diskutiert wird, könnte eine Anwendung des Abs. 1 Nr. 25 auch auf nicht sicherheitsrelevante Sachverhalte drohen. Für jeden Rohstoff werden die weltweit größten Erzeuger, die für die EU wichtigsten Lieferländer sowie die Importabhängigkeit der EU genannt. Unternehmen, die erfasste Rohstoffe **aufbereiten oder raffinieren**, sind solche, die technische Verfahren zur Reinigung, Veredlung, Trennung oder Aufkonzentration von Rohstoffen durchführen.[279] In Deutschland fallen nur wenige Unternehmen in den Anwendungsbereich der Norm; insbesondere die Gewinnung und Raffination

---

[272] Siehe hinsichtlich der allgemeinen Legaldefinition lebenswichtiger Einrichtungen § 1 Abs. 5 S. 1 SÜG.

[273] Danach ist eine sicherheitsempfindliche Stelle ist die kleinste selbständig handelnde Organisationseinheit innerhalb einer lebens- oder verteidigungswichtigen Einrichtung, die vor unberechtigtem Zugang geschützt ist und von der im Falle der Beeinträchtigung eine erhebliche Gefahr für die in den § 1 Abs. 5 S. 1 und S. 2 SÜG genannten Schutzgüter ausgeht.

[274] BT-Drs. 19/29216, 32.

[275] Anhang 1 Mitteilung der Kommission an das Europäische Parlament, den Rat, den Europäischen Wirtschafts- und Sozialausschuss und den Ausschuss der Regionen Widerstandsfähigkeit der EU bei kritischen Rohstoffen: Einen Pfad hin zu größerer Sicherheit und Nachhaltigkeit abstecken, vom 3.9.2020, COM(2020) 474 final.

[276] BAnz AT 26.5.2021 B1.

[277] Kritische Rohstoffe sind: Antimon, Baryt, Bauxit, Beryllium, Wismut, Borat, Flussspat, Gallium, Germanium, Hafnium, Indium, Kobalt, Kokskohle, Lithium, Magnesium, Natürlicher Grafit, Naturkautschuk, Niob, Phosphorit, Phosphor, Scandium, Siliciummetall, Strontium, Tantal, Titan, Wolfram, Vanadium, Metalle der Platingruppe, Schwere Seltene Erden, Leichte Seltene Erden.

[278] Vorschlag für eine Verordnung des Europäischen Parlaments und des Rates zur Schaffung eines Rahmens zur Gewährleistung einer sicheren und nachhaltigen Versorgung mit kritischen Rohstoffen und zur Änderung der Verordnungen (EU) 168/2013, (EU) 2018/858, (EU) 2018/1724 und (EU) 2019/1020, COM(2023) 160 final.

[279] BT-Drs. 19/29216, 32.

von erfassten Rohstoffen kommt in Deutschland nur selten vor. Hinsichtlich der Aufbereitung können sich Abgrenzungsprobleme ergeben, bspw. bei der Technik zur Aufbereitung von Batterien.

XXVI. Geheimgestellte Patente und Gebrauchsmuster (Abs. 1 Nr. 26)

Abs. 1 Nr. 26 erfasst Entwickler und Hersteller von Gütern, die auf einem **115** **geheimgestellten Patent oder Gebrauchsmuster** basieren. Zweck der Norm ist der Schutz von Staatsgeheimnissen, also von sicherheitsrelevanten Informationen.[280] Der Schutz solcher Informationen wird auch in Art. 4 Abs. 1 lit. d Screening-VO als Faktor genannt, den die Mitgliedstaaten im Rahmen ihrer nationalen Investitionskontrollregime berücksichtigen können. Entwickler und Hersteller von Gütern aus dem Bereich der Wehrtechnik, denen ein geheimgestelltes Patent oder Gebrauchsmuster zugrunde liegt, werden vom Anwendungsbereich der sektorspezifischen Prüfung erfasst (vgl. § 60 Abs. 1 S. 1 Nr. 2; → § 60 Rn. 56). Der Erwerb einer 20 % der Stimmrechte erreichenden oder überschreitenden Beteiligung an einem in Abs. 1 Nr. 26 bezeichneten Unternehmen löst eine Meldepflicht aus (vgl. § 55a Abs. 4, § 56 Abs. 1 Nr. 2).

Auf die entwickelten bzw. hergestellten Güter muss sich der Schutzbereich **116** eines **geheimgestellten Patents nach § 50 PatG oder Gebrauchsmusters nach § 9 GebrMG** erstrecken. Dies ist der Fall, wenn es sich bei dem Patent oder Gebrauchsmuster um ein **Staatsgeheimnis iSv § 93 StGB** handelt. Danach sind Staatsgeheimnisse Tatsachen, Gegenstände oder Erkenntnisse, die nur einem begrenzten Personenkreis zugänglich sind und vor einer fremden Macht geheim gehalten werden müssen, um die Gefahr eines schweren Nachteils für die äußere Sicherheit der Bundesrepublik Deutschland abzuwenden. Liegt ein solches in Form eines Patents oder Gebrauchsmusters vor, ordnet das Deutsche Patent- und Markenamt an, dass jede Veröffentlichung unterbleibt.[281] Geheimgestellte Patente oder Gebrauchsmuster können etwa in den Bereichen **Atomforschung, (Krypto-) Verschlüsselungstechnologien oder der Herstellung von Banknoten und Wertpapieren** vorliegen.[282]

XXVII. Land- und Ernährungswirtschaft (Abs. 1 Nr. 27)

Abs. 1 Nr. 27 erfasst bestimmte **Unternehmen der Land- und Ernährungs-** **117** **wirtschaft**. Telos der Norm ist der Schutz der Bevölkerungsversorgung mit Nahrungsmitteln, wie er auch in Art. 4 lit. c Screening-VO vorgesehen ist.[283] Denselben Zweck verfolgt der Schutz von Betreibern Kritischer Infrastrukturen im Ernährungssektor (vgl. § 55a Abs. 1 Nr. 1, § 2 Abs. 10 S. 1 Nr. 1 BSIG, § 4 BSI-KritisV),[284] der durch Abs. 1 Nr. 27 ergänzt wird, wobei bei Abs. 1 Nr. 27 nicht der Ertrag, sondern die bewirtschaftete Fläche maßgeblich ist. Der Erwerb

---

[280] BT-Drs. 19/29216, 32.

[281] Die Weitergabe von Staatsgeheimnissen wird strafrechtlich empfindlich sanktioniert, im Extremfall mit lebenslanger Freiheitsstrafe (vgl. § 94 Abs. 2 StGB).

[282] BT-Drs. 19/29216, 32.

[283] Der dort verwendete Begriff der „Nahrungsmittelsicherheit" wird ausdrücklich iSd Nahrungsmittelversorgungssicherheit und nicht iS eines Schutzes vor Gesundheitsschäden durch Lebensmittel verstanden (BT-Drs. 19/29216, 32).

[284] Hierzu bereits → Rn. 24.

einer 20 % der Stimmrechte erreichenden oder überschreitenden Beteiligung an einem in Abs. 1 Nr. 27 bezeichneten Unternehmen löst eine Meldepflicht aus (vgl. § 55a Abs. 4, § 56 Abs. 1 Nr. 2).

118   Um in den Anwendungsbereich der Norm zu fallen, muss das inländische Unternehmen unmittelbar oder mittelbar eine landwirtschaftliche Fläche von über 10.000 ha bewirtschaften. **Landwirtschaftliche Flächen** iSd Norm sind Flächen, die als Ackerland, Dauergrünland und Dauerweideland oder mit Dauerkulturen genutzt werden. Die **Prüfschwelle von 10.000 ha** bewirtschafteter Fläche stellt nach dem Verordnungsgeber das 150-Fache eines durchschnittlichen landwirtschaftlichen Betriebs in Deutschland dar, woraus die Bedeutung für die Versorgungssicherheit abgeleitet wird.[285] Als **bewirtschaftete Fläche** werden sowohl Flächen im Eigentum des Unternehmens als auch gepachtete Flächen erfasst, weil das Unternehmen gleichermaßen die Sachherrschaft über solche Flächen hat.[286] Konsequenterweise dürfte es, um Umgehungspotential zu vermeiden, nicht auf die tatsächlich bewirtschaftete Fläche, sondern auf die landwirtschaftliche Fläche, die potentiell bewirtschaftet werden kann, ankommen. Nicht in den Anwendungsbereich der Norm fallen hingegen bloße (kurz- oder langfristige) Abnahmeverpflichtungen, weil damit regelmäßig kein Weisungsrecht über die Bewirtschaftung der Fläche einhergeht.[287]

C. Erwerberbezogene Faktoren (Abs. 3)

119   Im Rahmen der sektorübergreifenden Prüfung nach § 55 Abs. 1 kann neben der Sicherheitsrelevanz der inländischen Zielgesellschaft auch berücksichtigt werden, ob der **Erwerber Anlass für Sicherheitsbedenken** bietet. Die in § 55a Abs. 3 S. 1 vorgesehene Einbeziehung von erwerberbezogenen Faktoren entspricht weitestgehend Art. 4 Abs. 2 Screening-VO. Bei den normierten erwerberbezogenen Faktoren handelt es sich um eine nichtabschließende Aufzählung.[288] Die genannten Faktoren sind sehr weit formuliert und beinhalten viele wertende Elemente, sodass eine trennscharfe Einordnung kaum möglich ist. Darüber hinaus knüpfen Abs. 3 S. 1 Nr. 2 und Nr. 3 an in der Vergangenheit liegende Sachverhalte an, die sich auf Handlungen einzelner Personen beziehen, die ggf. gar nicht mehr für den Erwerber tätig sind oder zum Zeitpunkt der Handlung nicht für den Erwerber tätig waren. Ein Rückschluss auf das tatsächliche Gefährdungspotential, das von einem Investor in der Zukunft ausgeht, scheint anhand der normierten Faktoren kaum möglich, bringt aber einen erheblichen Verwaltungsaufwand mit sich.[289] Stattdessen sollte

---

[285] BT-Drs. 19/29216, 33. Dies scheint eine Abweichung von der Berechnungsmethode der BSI-KritisV zu sein, nach der eine Kritische Infrastruktur grundsätzlich dann vorliegt, wenn 500.000 oder mehr Personen durch die Anlage mit einer kritischen Dienstleistung versorgt werden.

[286] BT-Drs. 19/29216, 33.

[287] Ein Großunternehmen, das sich langfristig verpflichtet Mais in großem Umfang abzunehmen, bewirtschaftet die dafür benötigte landwirtschaftliche Fläche nicht selbst.

[288] Zwar wurde im Rahmen der 17. AWV-Novelle der Wortlaut der Norm angepasst und „insbesondere" (vgl. § 55 Abs. 1b aF) durch „ferner" ersetzt, letzteres bezieht sich aber systematisch auf die nichtabschließende Aufzählung der sicherheitsrelevanten Unternehmen in § 55a Abs. 1. Eine inhaltliche Änderung der Norm war zudem nicht beabsichtigt (BT-Drs. 19/29216, 33).

[289] Bspw. die interne Abfrage, ob Mitarbeiter an bestimmten Straftaten oder Ordnungswidrigkeiten beteiligt waren.

die Prüfung stärker auf die Zukunft und auf die Frage ausgerichtet werden, welche Pläne der Erwerber hat und welche Risiken mit ihm in Verbindung gebracht werden können.

In der Praxis ist – neben den normierten Faktoren – das konkrete Herkunftsland des Erwerbers häufig ein ausschlaggebender Faktor für die Beurteilung dessen Gefährdungspotentials. Das BMWK stellt insofern auf die Staatenliste des BMI nach § 13 Abs. 1 Nr. 17 SÜG ab, die Drittstaaten nennt, in denen besondere Sicherheitsrisiken für Personen zu besorgen sind, die in Deutschland mit sicherheitsempfindlichen Tätigkeiten befasst sind. Insofern wird ein Erwerber aus einem verbündeten Staat (bspw. aus einem anderen NATO-Mitgliedstaat) regelmäßig als weniger sicherheitskritisch bewertet werden als ein Erwerber aus einem sonstigen Drittstaat. Die verschiedenen erwerberbezogenen Faktoren werden zusammen mit der Sicherheitsrelevanz des inländischen Unternehmens im Prüfverfahren stets einer Gesamtbetrachtung unterzogen, sodass das isolierte Vorliegen eines erwerberbezogenen Faktors nicht in jedem Fall einer Freigabe oder Unbedenklichkeitsbescheinigung im Wege stehen muss.[290] **120**

I. Kontrolle durch die Regierung eines Drittstaates (Abs. 3 S. 1 Nr. 1)

Gem. Abs. 3 S. 1 Nr. 1 kann im Rahmen der sektorübergreifenden Prüfung **121** berücksichtigt werden, ob der Erwerber von der **Regierung eines Drittstaats kontrolliert** wird. Eine solche Kontrolle des Erwerbers würde im Erwerbsfall zu einem direkten Einfluss des jeweiligen Drittstaats auf ein ggf. sicherheitsrelevantes inländischen Unternehmen führen, was je nach Drittstaat zu erheblichen Sicherheitsbedenken führen kann. Die Norm bezweckt einen umfassenden Schutz vor einem solchen Einfluss und erfasst zu diesem Zweck neben der Regierung auch sonstige staatliche Stellen oder Streitkräfte des Drittstaats. In der Praxis dürfte es sich bei Abs. 3 S. 1 Nr. 1 um den wichtigsten normierten erwerberbezogenen Faktor handeln.[291]

Der **Begriff der Kontrolle** wird in § 55a Abs. 3 S. 2 näher definiert, indem **122** nichtabschließend („insbesondere") Möglichkeiten die Kontrolle auszuüben aufgezählt werden. Zunächst kann Kontrolle aufgrund der **Eigentümerstruktur** ausgeübt werden, wovon insbesondere drittstaatliche Staatsunternehmen erfasst werden. Dabei wird nicht vorausgesetzt, dass der Drittstaat unmittelbar am Erwerber beteiligt ist, da nach dem Wortlaut auch eine mittelbare Kontrolle denkbar ist. Zudem kann eine **über ein geringfügiges Maß hinausgehende Finanzausstattung** zur Annahme von Kontrolle führen. Daraus folgt, dass eine (mittelbare) gesellschaftsrechtliche Beteiligung des Drittstaats an dem Erwerber keine zwingende Voraussetzung für die Annahme von Kontrolle iSv § 55a Abs. 3 S. 1 Nr. 1 ist. Der Fallgruppe der Finanzausstattung dürfte die Annahme zugrunde liegen, dass eine Subventionierung ein starkes Indiz für eine erhebliche Verflechtung zwischen Drittstaat und Erwerber sein kann. Damit wird dem Umstand Rechnung getragen, dass gewisse drittstaatliche Regierungen praktisch erheblichen Einfluss auf Unternehmen ausüben, ohne gesellschaftsrechtlich an diesen beteiligt zu sein.[292] Ein Beispiel für eine geringfügige Finanzausstattung ist ein

---

[290] Vor einer industriepolitischen Instrumentalisierung warnend Stein/Schwander StB 2020, 255 (257).

[291] So auch Hocke/Sachs/Pelz AußenwirtschaftsR/Mausch-Liotta/Sattler § 55 Rn. 154.

[292] So wird teilweise davon ausgegangen, dass bspw. der chinesische Staat auch auf private Unternehmen einen erheblichen Einfluss ausübt, etwa durch die Platzierung von Funktionä-

marktüblicher Überziehungskredit durch eine drittstaatliche Bank auf das Geschäftskonto eines Erwerbers.[293]

123   Es erscheint fragwürdig, ob die Kontrolle durch einen Drittstaat als solche tatsächlich Rückschlüsse auf eine etwaige Beeinträchtigung der öffentlichen Ordnung oder Sicherheit zulässt. Bspw. stehen **Rentenfonds und Sovereign Wealth Fonds** regelmäßig im Eigentum des Staats und werden durch diesen mit erheblichen finanziellen Mitteln ausgestattet. Solche Fonds werden allerdings typischerweise unabhängig vom Staat geführt und verwaltet, sodass im Regelfall kein staatlicher Einfluss auf erworbene Unternehmen zu befürchten ist.

124   Während die Finanzausstattung im Rahmen der Investitionskontrolle lediglich ein Indiz für eine drittstaatliche Kontrolle als erwerberbezogener Faktor darstellt, knüpft die **FSR** direkt an die drittstaatliche Gewährung finanzieller Zuwendungen an (vgl. Art. 3 Abs. 1 FSR). Nach der FSR können von der Kommission ebenfalls Erwerbsvorgänge u.a. von drittstaatlichen Investoren überprüft werden, wobei diese nicht an die Herkunft der beteiligten Unternehmen, sondern an die Drittstaatlichkeit der finanziellen Zuwendung anknüpft.[294] Anders als im Rahmen der Investitionskontrolle, mit der die nationale öffentliche Ordnung und Sicherheit geschützt wird, bezweckt die FSR den Schutz des Binnenmarkts vor Wettbewerbsverzerrungen (vgl. Art. 1 Abs. 1 FSR).

II. Beteiligung an Aktivitäten mit nachteiligen Auswirkungen auf die öffentliche Ordnung oder Sicherheit (Abs. 3 S. 1 Nr. 2)

125   Ein weiterer erwerberbezogener Faktor, der gem. Abs. 3 S. 1 Nr. 2 im Rahmen der sektorübergreifenden Prüfung berücksichtigt werden kann, ist die Beteiligung des Erwerbers an **Aktivitäten mit nachteiligen Auswirkungen** auf die öffentliche Ordnung oder Sicherheit der Bundesrepublik Deutschland oder eines anderen Mitgliedstaates der EU. Insofern werden als Aktivität mit einer nachteiligen Auswirkung jedenfalls untersagte Investitionen erfasst. Aus Sicht des Verordnungsgebers scheint die Beteiligung an solchen Aktivitäten in der Vergangenheit, einen Rückschluss auf das vom Erwerber in der Zukunft ausgehende Gefahrenpotential zuzulassen, was fragwürdig erscheint.

III. Beteiligung an bestimmten Straftaten oder Ordnungswidrigkeiten (Abs. 3 S. 1 Nr. 3)

126   Zudem kann gem. Abs. 3 S. 1 Nr. 3 im Rahmen der sektorübergreifenden Prüfung berücksichtigt werden, ob der Erwerber oder für diesen handelnde Personen an bestimmten Aktivitäten beteiligt waren oder sind, die in Deutschland Straftaten und Ordnungswidrigkeiten darstellen würden. Ausreichend ist insofern das **erhebliche Risiko** einer solchen Beteiligung, das allerdings auf objektiven Anhaltspunkten basieren muss.[295] Einer Verurteilung bedarf es hingegen nicht.

---

ren in Führungspositionen in diesen Unternehmen oder durch die Gewährung von günstigen Finanzierungskonditionen (zu den Merkmalen des chinesischen Staatskapitalismus Monopolkommission XXIII. Hauptgutachten, Rn. 559 ff.).

[293] BT-Drs. 19/19781, 14.

[294] Zusammenschlüsse können im Rahmen einer selbstständigen Zusammenschlussüberprüfung (Kapitel 3 FSR) oder einer allgemeinen Marktuntersuchung (Kapitel 2 FSR) überprüft werden, je nachdem ob die Schwellenwerte des Art. 20 Abs. 3 FSR überschritten werden.

[295] BT-Drs. 19/19781, 14.

Die Beteiligung an straf- oder ordnungswidrigkeitsrechtlichen Aktivitäten kann zu erheblichen Zweifeln an der zukünftigen Rechtstreue des Erwerbers führen.[296] Die jeweilige Aktivität muss nicht in Deutschland erfolgt sein, sondern müsste lediglich – wäre sie in Deutschland erfolgt – eine näher normierte Straftat bzw. Ordnungswidrigkeit darstellen.[297]

Aus Verhältnismäßigkeitsgründen sind nur die ausdrücklich genannten **Strafta-** **127** **ten und Ordnungswidrigkeit** prüfrelevant.[298] § 123 Abs. 1 GWB verweist inso-fern auf einen Straftatbestand des IntBestG sowie auf verschiedene Straftatbestände des StGB, insbesondere aus dem Bereich der Vermögensdelikte.[299] Zudem werden alle Straftatbestände und Ordnungswidrigkeit des AWG und des KrWaffKontrG erfasst. Zwar führt die Beteiligung an einer in § 123 GWB genannten Straftat in Investitionskontrollverfahren – anders als in Vergabeverfahren – nicht zu einem zwingenden Nachteil, da es sich nur um einen von mehreren berücksichtigbaren erwerberbezogenen Faktoren handelt.[300] Nichtsdestoweniger erscheint es naheliegend, dem Erwerber, analog zu § 125 GWB, eine Möglichkeit zur **Selbstreinigung** zuzugestehen.[301] Auch sonst dürfte der Beteiligung an den genannten Straftaten oder Ordnungswidrigkeiten mit zunehmendem **Zeitablauf** ein geringeres Gewicht im Rahmen der Prüfung zukommen.

Im Sinne der Einheitlichkeit der Rechtsordnung ist den betroffenen Unterneh- **128** men im Rahmen der Prüfung nach § 55a Abs. 3 Nr. 3 AWV analog § 125 GWB Gelegenheit zur Selbstreinigung zu geben.

D. Meldung eines Erwerbs (Abs. 4 und Abs. 5)

§ 55a Abs. 4 und 5 regeln die Meldepflicht von Erwerben im Rahmen der **129** sektorübergreifenden Prüfung sowie die diesbezüglichen Anforderungen an Zeit-punkt, Form und Inhalt der Meldung.

I. Meldepflicht (Abs. 4 S. 1)

§ 55a Abs. 4 S. 1 statuiert die **Meldepflicht von bestimmten Erwerben**. **130** Danach ist der Erwerb eines sicherheitsrelevanten inländischen Unternehmens bzw. einer Beteiligung iSv § 56 Abs. 1 oder Abs. 2 an einem solchen durch einen Unionsfremden dem BMWK zu melden.[302] In systematischer Hinsicht knüpft an die Meldepflicht das strafbewehrte Vollzugsverbot nach § 15 Abs. 4 AWG an.[303] Die Meldepflicht in der sektorübergreifenden Prüfung wurde erstmals im Rah-

---

[296] BT-Drs. 19/19781, 14 f.

[297] Hocke/Sachs/Pelz AußenwirtschaftsR/Mausch-Liotta/Sattler § 55 Rn. 159.

[298] BT-Drs. 19/19781, 14.

[299] Genannt werden bspw. Betrug, Geldwäsche sowie Bestechung.

[300] § 55a Abs. 3 S. 1 Nr. 3 setzt ohnehin keine Verurteilung voraus, sodass ein zwingender Nachteil nur schwer zu rechtfertigen wäre.

[301] Zum Selbstreinigungsverfahren detailliert: Lübbig NZKart 2022, 1.

[302] Das isolierte Vorliegen von erwerberbezogenen Faktoren ohne den Erwerb eines sicherheitsrelevanten Unternehmens löst hingegen keine Meldepflicht aus. Zu Erwerb → § 55 Rn. 20 ff., dem sicherheitsrelevanten inländischen Unternehmen → Rn. 2 ff. bzw. der Beteiligung iSv § 56 Abs. 1 oder Abs. 2 an einem solchen → § 56 Rn. 3 ff. sowie dem Unionsfremden → § 55 Rn. 12 ff.

[303] → AWG § 15 Rn. 10 ff. Das Vollzugsverbot und die diesbezüglichen Strafvorschriften wurden im Rahmen der 1. AWG/AWV-Novelle in das AWG aufgenommen.

men der 9. AWV-Novelle in § 55 Abs. 4 aF normiert.[304] Dies sollte sicherstellen, dass das BMWK rechtzeitig, also vor einer Beeinträchtigung der öffentlichen Ordnung oder Sicherheit, von allen möglicherweise sicherheitsrelevanten Erwerben Kenntnis erlangt.[305] Zuvor war eine Meldepflicht nur in der sektorspezifischen Prüfung vorgesehen.

131   Die Anknüpfung der Meldepflicht an einen Beteiligungserwerb gem. § 56 Abs. 1 und Abs. 2 führt dazu, dass sowohl der **Ersterwerb als auch der Hinzuerwerb** bestimmter Beteiligungen eine Meldepflicht und damit ein Vollzugsverbot auslösen können. Keine Meldepflicht löst hingegen nach dem ausdrücklichen Wortlaut von § 55a Abs. 4 S. 3 ein **atypischer Kontrollerwerb** iSv § 56 Abs. 3 aus. Dies dient der Rechtssicherheit, weil die Annahme eines atypischen Kontrollerwerbs wertende Elemente enthält und eine behördliche Einzelfallprüfung voraussetzt.[306] Eine solche Beurteilung ist dem Erwerber nicht zuzumuten,[307] was mit Blick auf das strafbewehrte Vollzugsverbot, das an die Meldepflicht anknüpft, als zwingend erscheint.

II. Zeitpunkt und Form (Abs. 4 S. 1–3)

132   Grundsätzlich ist ein meldepflichtiger Erwerb dem BMWK **unverzüglich nach Abschluss des schuldrechtlichen Rechtsgeschäfts** zu melden (vgl. § 55a Abs. 4 S. 1).[308] Je nach Komplexität des Erwerbs kann der zeitliche Abstand zwischen Abschluss des schuldrechtlichen Geschäfts und der Meldung auch ohne schuldhaftes Zögern erheblich sein. Eine Ausnahme vom Grundsatz des Abs. 4 S. 1 sind Angebote iSd WpÜG, bei denen die Meldung bereits unverzüglich nach Veröffentlichung der Entscheidung zur Abgabe des Angebots erfolgen muss (vgl. § 55a Abs. 4 S. 2). Dies soll sicherstellen, dass das BMWK ausreichend Zeit zu einer Prüfung hat, weil die Prüffrist insofern gem. § 14a Abs. 1a AWG mit Erlangen der Kenntnis von der Veröffentlichung der Entscheidung zur Abgabe des Angebots beginnt. Die Meldung kann **schriftlich oder elektronisch** erfolgen (vgl. § 3 Abs. 3 S. 1), wobei in der Praxis mittlerweile eine ausschließlich elektronische Übermittlung via E-Mail üblich ist.[309] Nach § 3 Abs. 3, der durch die 20. AWV-Novelle eingefügt wurde, „soll" die Antragsstellung über ein Online-Portal erfolgen, sobald dieses verfügbar ist.[310] Durch die „soll"-Regelung wollte der Verordnungsgeber eine strikte Verpflichtung, die im Einzelfall, zB gegenüber natürlichen Personen, unangemessen sein könnte, verhindern.[311] Es ist aber unklar, was die Rechtsfolgen einer solchen ungewöhnlichen Soll-Vorschrift für Bürger (deren Ermessensausübung regelmäßig nicht kontrolliert werden kann) sein sollen.

133   Fraglich ist, ob eine Meldung auch dann vorzunehmen ist, wenn die Voraussetzungen für die Meldepflicht erst nach Abschluss des schuldrechtlichen Rechtsgeschäftes, aber noch vor Vollzug des Vertrages, eintreten. Im Kartellrecht besteht

---

[304] BT-Drs. 18/12417, 8.

[305] BT-Drs. 18/12417, 14.

[306] BT-Drs. 19/29216, 33.

[307] BT-Drs. 19/29216, 33.

[308] Eine nicht „unverzügliche" Meldung wird als solche allerdings nicht sanktioniert.

[309] Demnächst soll die Übermittlung über das Bundesportal erfolgen.

[310] Das Online-Portal wird voraussichtlich am 1.12.2023 online gehen. Das BMWK plant allerdings, die Allgemeinverfügung, die die Soll-Vorschrift in Kraft setzt, erst nach einer Übergangsphase zu erlassen.

[311] RefE 20. AWV-Novelle, S. 14.

eine den Vollzug hindernde Anmeldepflicht auch, wenn deren Voraussetzungen erst kurz vor dem Vollzug eintreten.[312] Anders als das Kartellrecht, das in § 39 Abs. 1 S. 1 GWB die Anmeldepflicht an den Vollzug knüpft, ist der rechtliche Anknüpfungspunkt der Meldepflicht beim § 55a aber der Abschluss des schuldrechtlichen Rechtsgeschäfts. Ein Vollzugsverbot besteht nach § 15 Abs. 3 AWG nur dann, wenn das schuldrechtliche Rechtsgeschäft anzumelden ist. Nach dem Wortlaut des Gesetzes besteht deshalb keine Pflicht zur nachträglichen Meldung des schuldrechtlichen Rechtsgeschäftes. Vor diesem Hintergrund hat das BMWK die Verpflichtung zur Mitteilung von Tatsachen oder Umständen nach Absendung eines Antrags/einer Meldung in die Schlussversicherung des Excel-Formulars zur Investitionsprüfung aufgenommen. (→ Rn. 140 ff.).

III. Inhalt (Abs. 4 S. 4–7)

§ 55a Abs. 4 S. 4 zählt nichtabschließend Angaben auf, die in der Meldung **134** gemacht werden müssen. Danach sind in einer Meldung insbesondere der Erwerb, der Erwerber, das zu erwerbende inländische Unternehmen und die Beteiligungsstrukturen an dem Erwerber anzugeben sowie die Geschäftsfelder des Erwerbers und des zu erwerbenden inländischen Unternehmens in den Grundzügen darzustellen. Werden dem Erwerber Stimmrechte Dritter gem. § 56 Abs. 4 S. 1 Nr. 2 Hs. 1, S. 2 aufgrund einer Stimmrechtsvereinbarung zugerechnet, muss diese ebenfalls mit angegeben werden (vgl. § 55a Abs. 4 S. 5). Die Anforderungen an den Inhalt einer Meldung waren zunächst abschließend in der AWV geregelt, wurden später aber durch die Ermächtigung des BMWK, eine diesbezügliche Allgemeinverfügung zu erlassen, ergänzt (vgl. § 55a Abs. 4 S. 6 und 7). Zudem erwartet das BMWK in der Praxis, dass bestimmte Informationen in **Excel-Formulare und Vorlagen** eingetragen und übermittelt werden.

1. Abschnitt II. der Allgemeinverfügung. Das BMWK bestimmt in der **135** aktuellen **Allgemeinverfügung unter II.** welche Informationen und Unterlagen im Rahmen einer **Meldung im sektorübergreifenden Verfahren** eingereicht werden müssen. Zunächst ist die Vertretungsmacht zur Vertretung des unmittelbaren Erwerbers nachzuweisen (Nr. 1). Sodann müssen näher detaillierte Angaben zur inländischen Zielgesellschaft (Nr. 2), zum Erwerb (Nr. 3), zum unmittelbaren Erwerber und zu mittelbaren Erwerbern (Nr. 4) sowie zum unmittelbaren Veräußerer (Nr. 5) gemacht werden. Wird daraufhin ein Prüfverfahren eröffnet, sind auf Grundlage von § 14a Abs. 2 S. 1 und S. 2 AWG zusätzliche Unterlagen einzureichen, die in der Allgemeinverfügung vom 27.5.2021 unter IV. genannt werden.[313]

Sowohl für den unmittelbaren Erwerber als auch für die inländische Zielgesell- **136** schaft müssen **sämtliche unmittelbaren und mittelbaren Gesellschafter, die einen Stimmrechtsanteil gem. § 56 AWV halten**, aufgezählt werden (Nr. 2 lit. c und Nr. 4 lit. a). Erforderlich sind also detaillierte Informationen über jede juristische oder natürliche Person, die (mittelbar) einen Stimmrechtsanteil an dem unmittelbaren Erwerber respektive der inländischen Zielgesellschaft hält, soweit diese den für den jeweiligen Erwerb einschlägigen Schwellenwert des § 56 Abs. 1 (also 10 % oder 20 %) erreicht oder überschreitet. Betrifft der Erwerb bspw. ein in § 55a Abs. 1 Nr. 1 bezeichnetes Unternehmen, ist der Schwellenwert des § 56 Abs. 1 Nr. 1 anwendbar und es müssen in der Meldung alle unmittelbaren und

---

[312] Vgl. BKartA Transaktionsschwellen-Leitfaden, Rn. 28.
[313] → § 14a AWG Rn. 37.

mittelbaren Gesellschafter genannt werden, deren Stimmrechtsanteile 10 % am unmittelbaren Erwerber, der Zielgesellschaft oder einem relevanten Unternehmen in der Erwerbsstruktur erreichen oder überschreiten.

137   Für die inländische Zielgesellschaft müssen alle **geschäftlichen Kontakte zu öffentlichen Stellen** in den letzten fünf Jahren angegeben werden (Nr. 2 lit. f). Das bedeutet, dass alle Kontaktpunkte zu öffentlichen Stellen aufgeführt werden müssen, selbst wenn aus diesen keine rechtlichen Pflichten resultieren (bspw. im Fall von gescheiterten Vertragsverhandlungen). Gerade bei größeren Unternehmen ist diese weitreichende Offenlegungspflicht in der Praxis teilweise schwer handhabbar.

138   Hinsichtlich der inländischen Zielgesellschaft sind Angaben zur **Geheimschutzbetreuung und der Verpflichtung zum Schutz von Verschlusssachen** zu machen (Nr. 2 lit. g). Im Geheimschutzverfahren betreut und kontrolliert das BMWK Unternehmen, die Verschlusssachenaufträge erhalten, in allen Geheimschutzfragen und bei den erforderlichen Geheimschutzmaßnahmen.[314] Dies kann insbesondere bei Aufträgen im Gebiet der Wehrtechnik der Fall sein, in dem ausführende Unternehmen Einblick in Verschlusssachen erhalten.[315] Verschlusssachen sind im öffentlichen Interesse geheimhaltungsbedürftige Tatsachen, Gegenstände oder Erkenntnisse, unabhängig von ihrer Darstellungsform.[316] Im Rahmen des Geheimschutzverfahrens muss ein Unternehmen umfangreiche Geheimschutzbestimmungen im Wege eines öffentlich-rechtlichen Vertrags anerkennen und umsetzen.[317]

139   Gemäß der Allgemeinverfügung sind alle Unterlagen in deutscher Sprache einzureichen, was sich auch aus § 23 Abs. 1 VwVfG ergibt.[318] Dies kann häufig die Anfertigung von Übersetzungen notwendig machen. Das BMWK verzichtet in Absprachen häufig auf die Anfertigungen von Übersetzungen, wobei nicht ausgeschlossen werden kann, dass andere Ministerien oder Behörden auf deutsche Übersetzungen bestehen, was dazu führen würde, dass die Unterlagen als unvollständig zu bewerten sind. Deshalb wird man in der Praxis wohl trotzdem selten auf Übersetzungen verzichten wollen. Wichtig ist die deutsche Sprache auch für Treffen mit Behördenvertretern.

140   **2. Excel-Formular und Excel-Vorlagen.** Das BMWK hat im April 2023 ein überarbeitetes Excel-Formular und drei überarbeitete Excel-Vorlagen veröffentlicht, die einer Meldung als Anhänge beigefügt werden sollen. Das Excel-Formular und die Excel-Vorlagen können zusammen mit einem Merkblatt mit Ausfüllhinweisen[319] auf der Webseite des BMWK abgerufen werden. Die Einreichung der elektronisch auslesbaren Excel-Dateien stellt einen Zwischenschritt zu einer vollständig digitalisierten Investitionskontrolle dar. **In der Praxis** könnte dies in der Zukunft dazu führen, dass die Bedeutung des Meldungsschriftsatzes hinter die der Excel-Dateien zurücktritt bzw. dieser nicht mehr eingereicht werden muss. Die Excel-Dateien bieten den Vorteil, dass eine gezielte Weiterleitung

---

[314] BMWK Handbuch für den Geheimschutz der Wirtschaft, 1.2 Abs. 1.

[315] BMWK Merkblatt zum Geheimschutz in der Wirtschaft, S. 1.

[316] BMWK Handbuch für den Geheimschutz der Wirtschaft, 1.6.1 Abs. 1.

[317] BMWK Handbuch für den Geheimschutz der Wirtschaft, 2.2.

[318] FAQ des BMWK zu Investitionsprüfungen mit dem Stand vom 1.5.2022, abrufbar unter: https://www.bmwk.de/Redaktion/DE/FAQ/Aussenwirtschaftsrecht/faq-aussenwirtschaftsrecht.html, zuletzt abgerufen am 19.7.2023.

[319] BMWK Investitionsprüfung Merkblatt zu den drei „Excel-Templates" und zum „Excel-Formular Investitionsprüfung".

an bestimmte Ressorts möglich ist, ohne dass diese den gesamten Schriftsatz lesen müssen. Gleichzeitig bergen sie das Risiko einer verkürzten Darstellung. Da die Formulare für Unternehmensvertreter nicht gänzlich aus sich heraus verständlich sind, erschwert sie die Nutzung den Abstimmungsaufwand in der Praxis.

Das **Excel-Formular Investitionsprüfung**, das ursprünglich das einzige auszu- **141** füllende Formular war, fragt zunächst Basisformationen ab. Neben den Informationen zur Meldepflicht werden verschiedene zeitliche Komponenten abgefragt, bspw. der geplante Vollzug des Erwerbs, die Vereinbarung eines Long-Stop-Dates oder eine besondere Eilbedürftigkeit aufgrund außergewöhnlicher Umstände. Zudem müssen die in der Allgemeinverfügung vom 27.5.2021 geforderten Angaben zur inländischen Zielgesellschaft, dem Erwerb, dem Erwerber und dem Veräußerer gemacht werden. Abschließend muss durch den Meldenden – hier den unmittelbaren Erwerber – versichert werden, dass die gemachten Angaben zutreffend sind und die Möglichkeit zur Aufhebung einer erteilten Freigabe gem. §§ 48, 49 VwVfG bekannt ist.

Zudem müssen jeweils **Excel-Vorlagen** mit Angaben zum unmittelbaren **142** Erwerber und den mittelbaren Erwerbern, zum unmittelbaren Veräußerer und zur inländischen Zielgesellschaft eingereicht werden. Hinsichtlich des unmittelbaren Erwerbers und den mittelbaren Erwerbern müssen Informationen zu allen relevanten natürlichen und juristischen Personen sowie zu deren vertretungsberechtigten Personen gemacht werden. Zu der inländischen Zielgesellschaft müssen neben allgemeinen Angaben auch Informationen zu deren Geschäftsführung und Gesellschaftern gemacht werden. In der Excel-Vorlage zum unmittelbaren Veräußerer sind Informationen zu dessen Person zu machen.

IV. Meldepflichtige (Abs. 5)

Zur Meldung ist gem. § 55a Abs. 5 **stets der unmittelbare Erwerber** ver- **143** pflichtet.[320] Damit ist die natürliche oder juristische Person gemeint, die das inländische Unternehmen oder eine Beteiligung an diesem selbst erwirbt. In der Praxis handelt es sich dabei häufig um ein Erwerbsvehikel, was die Vorbereitung der Meldung in der Praxis erheblich verkomplizieren kann. Abs. 5 Hs. 2 stellt klar, dass dies auch dann gilt, wenn der unmittelbare Erwerber nicht selbst Unionsfremder iSv § 55 Abs. 1 ist und die Meldepflicht durch einen mittelbaren Erwerber ausgelöst wird.[321] Wünschenswert wäre, dass auch mittelbare Erwerber die Meldung einreichen können, denn typischerweise werden die erforderlichen Informationen von diesen gesammelt.

§ 56 Stimmrechtsanteile

(1) **Der unmittelbare oder mittelbare Stimmrechtsanteil des Erwerbers an dem inländischen Unternehmen muss nach dem Erwerb seiner Beteiligung**
1. **an einem in § 55a Absatz 1 Nummer 1 bis 7 bezeichneten Unternehmen 10 Prozent der Stimmrechte,**
2. **im Fall eines in § 55a Absatz 1 Nummer 8 bis 27 bezeichneten Unternehmens 20 Prozent der Stimmrechte oder**

---

[320] Eine Meldung durch den mittelbaren Erwerber kann den unmittelbaren Erwerber auch nicht mehr von seiner Meldepflicht befreien. Ein Antrag auf Erteilung einer Unbedenklichkeitsbescheinigung kann hingegen von einem mittelbaren oder dem unmittelbaren Erwerber gestellt werden (vgl. § 58 Abs. 1 S. 1).

[321] Dazu bereits → § 55 Rn. 14 f.

3. an einem sonstigen Unternehmen 25 Prozent der Stimmrechte erreichen oder überschreiten.

(2) Absatz 1 ist entsprechend anzuwenden bei einem Erwerb von weiteren Stimmrechten, wenn der unmittelbare oder mittelbare Stimmrechtsanteil des Erwerbers an dem inländischen Unternehmen vor dem Erwerb bereits einen Stimmrechtsanteil im Sinne des Absatzes 1 erreicht oder überschreitet und der Stimmrechtsanteil des Erwerbers durch den weiteren Erwerb insgesamt

1. in den Fällen des Absatzes 1 Nummer 1 einen Anteil von 20, 25, 40, 50 oder 75,
2. in den Fällen des Absatzes 1 Nummer 2 einen Anteil von 25, 40, 50 oder 75 oder
3. in den Fällen des Absatzes 1 Nummer 3 einen Anteil von 40, 50 oder 75,

Prozent der Stimmrechte erreicht oder überschreitet.

(3) [1]Die Absätze 1 und 2 sind entsprechend anzuwenden, wenn ein Unionsfremder in anderer Weise eine wirksame Beteiligung an der Kontrolle des inländischen Unternehmens erlangt. [2]Dies ist dann der Fall, wenn ein Erwerb von Stimmrechten durch einen Unionsfremden einhergeht mit

1. der Zusicherung zusätzlicher Sitze oder Mehrheiten in Aufsichtsgremien oder in der Geschäftsführung,
2. der Einräumung von Vetorechten bei strategischen Geschäfts- oder Personalentscheidungen oder
3. der Einräumung von Rechten über Informationen im Sinne von § 15 Absatz 4 Satz 1 Nummer 3 des Außenwirtschaftsgesetzes,

die über den durch den Stimmrechtsanteil vermittelten Einfluss in einer Weise hinausgehen, dass dadurch oder gemeinsam mit den Stimmrechten eine dem maßgeblichen Stimmrechtsanteil im Sinne des Absatzes 1 entsprechende Beteiligung an der Kontrolle des inländischen Unternehmens ermöglicht wird.

(4) [1]Bei der Berechnung der Stimmrechtsanteile sind dem Erwerber die Stimmrechte Dritter an dem inländischen Unternehmen in dem nach Absatz 1 maßgeblichen Zeitpunkt vollständig zuzurechnen,

1. an denen der Erwerber nach dem Erwerb seiner Beteiligung, jeweils auch in Verbindung mit den Absätzen 2 oder 3,
   a) in einem Fall des Absatzes 1 Nummer 1 mindestens den dort genannten Anteil,
   b) in einem Fall des Absatzes 1 Nummer 2 mindestens den dort genannten Anteil oder
   c) in einem Fall des Absatzes 1 Nummer 3 mindestens den dort genannten Anteil
   der Stimmrechte hält oder
2. mit denen der Erwerber eine Vereinbarung über die gemeinsame Ausübung von Stimmrechten abgeschlossen hat oder wenn aufgrund der sonstigen Umstände des Erwerbs von einer gemeinsamen Ausübung von Stimmrechten auszugehen ist.

[2]Satz 1 ist entsprechend anzuwenden, wenn der Erwerber nachträglich eine Vereinbarung im Sinne von Satz 1 Nummer 2 schließt, ohne dass dies mit einem Erwerb von weiteren Stimmrechten an dem inländischen

Unternehmen einhergeht. [3]Sonstige Umstände des Erwerbs im Sinne des Satzes 1 Nummer 2 werden vermutet, wenn der Erwerber und mindestens ein Dritter aus demselben Drittstaat, der in dem nach Absatz 1 maßgeblichen Zeitpunkt unmittelbar oder mittelbar an dem inländischen Unternehmen beteiligt ist, die Voraussetzungen des § 55a Absatz 3 Satz 1 Nummer 1 erfüllen. [4]§ 55a Absatz 3 Satz 2 gilt entsprechend.

(5) Im Fall des Erwerbs einer mittelbaren Beteiligung beträgt der Stimmrechtsanteil des Erwerbers an dem inländischen Unternehmen nach dem Erwerb seiner Beteiligung

1. in einem Fall des Absatzes 1 Nummer 1 mindestens den dort genannten Anteil,
2. in einem Fall des Absatzes 1 Nummer 2 mindestens den dort genannten Anteil oder
3. in einem Fall des Absatzes 1 Nummer 3 mindestens den dort genannten Anteil,

jeweils auch in Verbindung mit den Absätzen 2 und 3, wenn der Erwerber und die jeweilige Zwischengesellschafter unter entsprechender Anwendung des Absatzes 4 mindestens einen der nach Absatz 1 Nummer 1, 2 oder 3 maßgeblichen Anteile der Stimmrechte an der jeweiligen Tochtergesellschaft halten.

Übersicht

A. Überblick

1   Neben dem vollständigen Erwerb eines Unternehmens im Wege des 100 %-igen Anteils- oder Vermögenserwerbs (vgl. § 55 Abs. 1 Alt. 1) kann auch der Erwerb einer unmittelbaren oder mittelbaren Beteiligung in Form eines **Stimmrechtsanteils** am Zielunternehmen zu einer Überprüfung durch das BMWK führen (Alt. 2; → § 55 Rn. 20 ff.). § 56 regelt für die **sektorübergreifende Prüfung**, welche Beteiligungserwerbe insofern erfasst werden. Für die sektorspezifische Prüfung erklärt § 60a Abs. 2 die § 56 Abs. 2–5 für anwendbar (→ § 60a Rn. 9 ff.).

2   § 56 normiert insofern bestimmte Prüfeintrittsschwellen für den erstmaligen Erwerb (**Abs. 1**) sowie für den Hinzuerwerb (**Abs. 2**) von Stimmrechten, bei deren Erreichen oder Überschreiten eine Meldepflicht bzw. ein Prüfrecht des BMWK besteht. Der Erwerb von Stimmrechtsanteilen unterhalb der Schwellenwerte kann grundsätzlich nicht vom BMWK geprüft werden.[1] Neben dem isolierten Erwerb von Stimmrechtsanteilen erfasst die Vorschrift auch einen sog. atypischen Kontrollerwerb (**Abs. 3**). In bestimmten Fällen erfolgt zudem eine Zurechnung von Stimmrechten Dritter (**Abs. 4**). **Abs. 5** regelt den Erwerb einer mittelbaren Beteiligung.

---

[1] Zum Einfluss der europäischen Grundfreiheiten, insbesondere der Kapitalverkehrs- und Niederlassungsfreiheit, auf Investitionen unterhalb bestimmter Wesentlichkeitsschwellen FDI-Screening-VO Rn. 26.

B. Ersterwerb von Stimmrechten (Abs. 1)

I. Regelung

Abs. 1 erfasst die Konstellation, dass die jeweilige Prüfschwelle durch den Erwerb **3** erstmals überschritten wird (**Ersterwerb**).[2] Ob der Erwerber bereits zuvor Stimmrechte unterhalb der Schwellenwerte innehatte oder erstmals Anteile erwirbt, ist unerheblich.[3] Der unmittelbare oder mittelbare Stimmrechtsanteil des Erwerbers an dem Zielunternehmen muss nach dem Erwerb seiner Beteiligung je nach Tätigkeitsbereich des Zielunternehmens (→ § 55a Rn. 2 ff.) jedenfalls die in Nr. 1–3 genannten Schwellen (10, 20 oder 25 %) erreichen oder überschreiten.[4]

II. Erwerb von Stimmrechten

1. Erwerb. Der Erwerb von Stimmrechtsanteilen erfolgt grundsätzlich durch **4** den Kauf von Anteilen an einem Unternehmen, bspw. von Aktien einer AG oder von Geschäftsanteilen einer GmbH (sog. **Share Deal**).[5] Zu **Einzelheiten** des Erwerbstatbestands inklusive dem sog. **Asset Deal** und zum Erwerberbegriff → § 55 Rn. 48 ff., → § 55 Rn. 12 ff.

2. Stimmrechte. a) Begriff. Zentraler Anknüpfungspunkt des § 56 ist der **5** Begriff der Stimmrechte. Der Begriff ist im deutschen Investitionsprüfungsrecht nicht legaldefiniert und bedarf aufgrund seiner großen praktischen Bedeutung daher einer genaueren Betrachtung.[6]

aa) Einfluss des Gesellschaftsrechts. Als Orientierung kann hierbei das **6** **Gesellschaftsrecht** dienen.[7] Im gesellschaftsrechtlichen Sinne versteht man unter einem Stimmrecht die Befugnis des Mitglieds einer Gesellschaft zur Teilnahme an der Willensbildung durch Beschlüsse.[8] In der Regel gewähren Unternehmensanteile ein Stimmrecht, so etwa grundsätzlich dem **Inhaber einer Aktie** (§ 12 Abs. 1 S. 1 AktG) oder dem **Gesellschafter einer GmbH** (§ 47 Abs. 2 GmbHG). In diesen Fällen ist auch von einem Stimmrecht im Sinne der Investitionskontrolle auszugehen.

Jedoch gibt es auch Unternehmensanteile, die **kein gesellschaftsrechtliches** **7** **Stimmrecht** vermitteln. Selbst wenn solche Anteile mit anderen Mitgliedschaftsrechten verbunden sind, zB Informationsrechte, ist in diesen Fällen davon auszuge-

---

[2] BMWK, FAQ zu Investitionsprüfungen B.1, abrufbar unter: https://www.bmwk.de/Redaktion/DE/FAQ/Aussenwirtschaftsrecht/faq-aussenwirtschaftsrecht.html (zuletzt abgerufen am 7.6.2023).

[3] BMWK, FAQ zu Investitionsprüfungen B.1, abrufbar unter: https://www.bmwk.de/Redaktion/DE/FAQ/Aussenwirtschaftsrecht/faq-aussenwirtschaftsrecht.html (zuletzt abgerufen am 7.6.2023).

[4] Unternehmen, die nicht dem Katalog des § 55a Abs. 1 unterfallen, lösen keine Meldepflicht aus, sodass auch kein (strafbewehrtes) Vollzugsverbot greift.

[5] Vgl. auch Weitnauer GWR 2019, 81.

[6] Angesichts der politischen Intention, für Investition offen zu bleiben, für eine restriktive Auslegung plädierend Nehring-Köppl, Paradigmenwechsel im Außenwirtschaftsrecht, 2023, S. 148.

[7] Vgl. auch Hocke/Sachs/Pelz AußenwirtschaftsR/Mausch-Liotta/Sattler Rn. 20.

[8] Gabler Wirtschaftslexikon online, abrufbar unter: https://wirtschaftslexikon.gabler.de/definition/stimmrecht-43753 (zuletzt abgerufen am 22.2.2023).

hen, dass grundsätzlich kein Stimmrecht im Sinne der Investitionskontrolle vorliegt.[9] So kann der Gesellschaftsvertrag einer KG vorsehen, dass dem Kommanditisten zwar Informations- und Prüfungsrechte (§ 166 HGB), aber grundsätzlich kein Stimmrecht zusteht (mit Ausnahme von Beschlüssen, die in die Rechtsstellung des Kommanditisten eingreifen; insoweit ist ein Stimmrechtsausschluss nicht möglich). Dementsprechend fallen grundsätzlich auch stimmrechtslose Vorzugsaktien nach § 139 Abs. 1 AktG,[10] Genussrechte iSd § 221 Abs. 3 AktG sowie typische stille Beteiligungen nach §§ 230 ff. HGB nicht in den Anwendungsbereich des Abs. 1.[11]

8 Bei ausländischen (Holding-)Gesellschaften wird man als relevante Stimmrechte idR nur solche verstehen können, mithilfe derer unmittelbar oder mittelbar Einfluss auf das deutsche Zielunternehmen (bzw. das dieses haltende Unternehmen) ausgeübt werden kann. Stimmrechte, die sich ihrer gesetzlichen Ausgestaltung nach ausschließlich auf die Verwaltung der ausländischen Gesellschaft selbst beziehen und sich auf Ebene der Zielgesellschaft nicht auswirken, sind vornherein nicht geeignet, Einflussnahme auf das Zielunternehmen zu nehmen, wie es der Begriff eines Stimmrechts im Sinne der Investitionskontrolle voraussetzt. Entsprechende Konstellationen treten etwa bei Beteiligungsgesellschaften (Private-Equity-Fonds) zutage, in denen der Kommanditist (Limited Partner) üblicherweise keine Stimm- oder sonstigen Mitspracherechte in Bezug auf Investitionen der Beteiligungsgesellschaft hat, aber durchaus Stimmrechte im Hinblick auf Verwaltungsgegenstände haben kann. In einer solchen Sonderkonstellationen kann nichtsdestoweniger ggf. eine Abstimmung mit dem BMWK empfehlenswert sein. In Zweifelsfällen kann Rechtssicherheit auch durch eine vorsorgliche Meldung bzw. einen Antrag auf Erteilung einer Unbedenklichkeitsbescheinigung erlangt werden. Dies empfiehlt sich insbesondere in Fällen, in denen ansonsten eine (strafbewehrte) Meldepflicht bestünde.

9 Werden Anteile erworben, bei denen die Stimmrechte durch Gesellschaftsvertrag **teilweise, dh im Hinblick auf bestimmte Beschlussgegenstände ausgeschlossen** sind, erscheint es hingegen wahrscheinlich, dass diese im Rahmen der Investitionskontrolle uneingeschränkt als Stimmrechte angesehen werden. Jedoch kann dies zumindest in der inhaltlichen Beurteilung durch das BMWK berücksichtigt werden.[12] Rein schuldrechtliche Abreden zur Stimmrechtsausübung (die jederzeit geändert werden können und anders als die Satzung einer AG oder der Gesellschaftsvertrag einer GmbH auch nicht der Handelsregisterpublizität unterliegen) wird das BMWK idR nicht ausreichen lassen (→ Rn. 11).

10 **bb) Einfluss des Vertragsrechts.** Nichtsdestoweniger müssen auch **vertragliche Vereinbarungen** berücksichtig werden. Werden vertraglich etwa Weisungsrechte oder andere faktische Einflussmöglichkeiten dergestalt eingeräumt, dass dadurch die Stimmrechtsausübung eines anderen Anteilseigners beeinflusst werden kann, muss dies unter Umständen bei der Beurteilung, ob ein Stimmrecht im Sinne der Investitionskontrolle besteht, Berücksichtigung finden.[13] Ver-

---

[9] So auch Hocke/Sachs/Pelz AußenwirtschaftsR/Mausch-Liotta/Sattler Rn. 21; Seibt/Wollenschläger ZIP 2009, 833 (836 f.).

[10] Kommt es bei stimmrechtslosen Vorzugsaktien dagegen (ausnahmsweise) zu einem Aufleben des Stimmrechts nach § 140 Abs. 2 AktG, muss dies als Stimmrecht iSd Investitionskontrolle berücksichtigt werden (Seibt/Wollenschläger ZIP 2009, 833 (836)).

[11] Seibt/Wollenschläger ZIP 2009, 833 (836 f.).

[12] So auch Hocke/Sachs/Pelz AußenwirtschaftsR/Mausch-Liotta/Sattler Rn. 31.

[13] Seibt/Wollenschläger ZIP 2009, 833 (837).

gleichbares gilt, wenn im Wege des sog. Soft Parking Stimmrechte faktisch – auch ohne ausdrückliche vertragliche Vereinbarung eines Weisungsrechts – nicht vom Eigentümer der Anteile ausgeübt werden.[14] In der Praxis ist eine solche Konstellation insbesondere von Banken bekannt, die die Anteile für Kunden halten.

Die **bloße Möglichkeit**, in Zukunft Unternehmensanteile mit Stimmrechten **11** zu erwerben, ist dagegen nicht ausreichend. So stellen Rechtspositionen auch keine Stimmrechte dar, wenn durch sie ein **schuldrechtlicher Anspruch** auf den stimmberechtigenden Anteil begründet wird (zB Call-Optionen, Vorkaufsrechte, Treugeberstellungen, Cash Equity Swaps oder Total Return Swaps[15]). Allen genannten Konstrukten ist gemein, dass im Zeitpunkt des Erwerbs der genannten Rechte ein Erwerb des Anteils (und damit auch der Stimmrechte) noch nicht stattgefunden hat. Auch anderweitige Möglichkeiten der Einflussnahme, zB über einen Beherrschungsvertrag, führen nicht zur Begründung von Stimmrechten im Sinne der Investitionskontrolle, können aber eine Zurechnung von Stimmrechten nach Abs. 4 begründen.[16]

Unbedeutend dagegen ist nach hM der **Verzicht** auf oder die **Beschränkung** **12** eines Stimmrechts durch Vertrag, weil das gesellschaftsrechtlich vermittelte Stimmrecht durch eine solche nur relativ wirkende Absprache nicht berührt wird.[17] Der Erwerber kann sein Stimmrecht weiterhin ausüben und macht sich lediglich schadensersatzpflichtig, falls er das Stimmrecht trotz vertraglicher Beschränkung ausübt. Zudem bestünde aus Sicht des BMWK die Gefahr, dass eine Vereinbarung durch die Beteiligten zu einem späteren Zeitpunkt wieder aufgehoben wird.[18] Für die inhaltliche Beurteilung eines Vorhabens können sich solche vertraglichen Vereinbarungen aber durchaus positiv auswirken. Dabei ist zu differenzieren: Während zivilrechtliche Verträge dem Erwerber zwar eine erhöhte Flexibilität bieten, besteht die Gefahr, dass das BMWK sie wegen der genannten Gründe als nicht hinreichend wirksam ansieht. In Betracht kommen auch öffentlich-rechtliche Verträge mit dem Ministerium, bei deren Nichteinhalten dem Erwerber Vertragsstrafen drohen. Denkbar erscheint auch die Möglichkeit, dass das BMWK eine Unbedenklichkeitsbescheinigung nach § 58 ausstellt, die Nebenbestimmungen enthält, welche dem Erwerber die Ausübung von Stimmrechten untersagen.

b) Berechnung des Stimmrechtsanteils. Der Stimmrechtsanteil des Erwer- **13** bers wird **im Verhältnis** zu den von anderen Anteilseignern des Zielunternehmens gehaltenen Stimmrechten berechnet. Werden etwa stimmberechtigte Anteile im Rahmen einer Kapitalerhöhung bezogen, ohne dass sich der prozentuale Stimmrechtsanteil des Gesellschafters erhöht, liegt kein Erwerb von Stimmrechten im Sinne der Investitionskontrolle vor.[19] Anteile, die kein Stimmrecht im Sinne

---

[14] Seibt/Wollenschläger ZIP 2009, 833 (837).

[15] Seibt/Wollenschläger ZIP 2009, 833 (837).

[16] Vgl. BeckM&A-HdB/Bonhage § 91 Rn. 14; Weitnauer GWR 2019, 81.

[17] Seibt/Wollenschläger ZIP 2009, 833 (837), differenzierend Hellmann NZKart 2023, 342 (345).

[18] Vgl. auch Hocke/Sachs/Pelz AußenwirtschaftsR/Mausch-Liotta/Sattler Rn. 31; soweit ein dauerhafter Verzicht geplant ist, empfiehlt sich mithin eine Anpassung der Gesellschafterverträge.

[19] BMWK, FAQ zu Investitionsprüfungen A.7, abrufbar unter: https://www.bmwk. de/Redaktion/DE/FAQ/Aussenwirtschaftsrecht/faq-aussenwirtschaftsrecht.html (zuletzt abgerufen am 7.6.2023).

der Investitionskontrolle enthalten, sind bei der Berechnung nicht zu berücksichtigen.[20] So reicht es für die Anwendbarkeit der Investitionskontrolle nicht aus, wenn der Erwerber zwar 10, 20, 25 % oder mehr der Unternehmensanteile erwirbt, diese aber auch mit mindestens 10, 20, 25 % der Stimmrechte einhergehen.[21] Zeitlich ist dabei die **künftige Stimmrechtsverteilung** entscheidend, es ist also auf den Zeitpunkt nach Vollzug des Erwerbs abzustellen.[22]

III. Prüfeintrittsschwellen

14   **1. Allgemeines.** Anknüpfungspunkt für die Überprüfung sind bestimmte Prüfeintrittsschwellen bezüglich der Stimmrechtsanteile. Nicht maßgeblich sind dagegen Umsatz- oder Transaktionswertschwellen (wie zB bei der Fusionskontrolle[23] oder der Zusammenschlussprüfung nach der FSR[24] (VO (EU) 2022/25)), sodass zB auch der Erwerb von Start-Ups oder Kleinstunternehmen mit geringfügigen Umsätzen oder von gänzlich umsatzlosen Forschungs- und Entwicklungsunternehmen durch unionsfremde Investoren einer Prüfung unterfallen kann.[25] Die Höhe der jeweiligen Prüfeintrittsschwellen wurde durch den Verordnungsgeber mit einer **Abwägung** zwischen den mit der Meldung und Prüfung einhergehenden Belastungen für Unternehmen und Investoren einerseits sowie dem jeweiligen Gefährdungspotential für die öffentliche Sicherheit und Ordnung andererseits begründet.[26] Sie sei damit Ausdruck des Verhältnismäßigkeitsgrundsatzes.[27]

15   Erst seit der 12. AWV-Novelle 2018 sind verschiedene Prüfeintrittsschwellen vorgesehen. Zuvor galt ein einheitlicher Schwellenwert von 25 %. Dieser geht darauf zurück, dass der Erwerber ab dieser Beteiligungshöhe gesellschaftsrechtlich eine **Sperrminorität** innehat, mithilfe derer Grundlagenentscheidungen des Unternehmens verhindert werden können.[28] Der Absenkung der Eingriffsschwelle auf (mindestens) 10 %, die mit einem gesteigerten Gefährdungspotential für das Gemeinwesen im Missbrauchsfall begründet wurde, liegt u.a. der Gedanke zugrunde, dass nicht nur die Einflussnahme, sondern auch die **Zugriffsmöglichkeiten** auf das Zielunternehmen, zB auf Daten, Knowhow oder Betriebsgeheim-

---

[20] Vgl. für die Nichtberücksichtigung stimmrechtsloser Vorzugsaktien: Seibt/Wollenschläger ZIP 2009, 833 (836).

[21] Auch stille Investitionen oberhalb des relevanten Prozentschwellenwerts unterliegen daher in der Regel nicht der Investitionskontrolle, es sei denn, dass mit dem Erwerb von wirtschaftlichen Anteilen ein atypischer Kontrollerwerb einhergeht (→ Rn. 25 ff.).

[22] BT-Drs. 19/29216, 34.

[23] Siehe bspw. § 35 GWB.

[24] Vgl. Art. 20 Abs. 3 lit. a FSR.

[25] Vgl. auch Weitnauer Venture Capital-HdB/Weitnauer Teil B. Rn. 142. Anders zB in Polen, wo die Investitionskontrolle nur Anwendung findet, wenn das Zielunternehmen in einem der beiden letzten vergangenen Jahre einen Umsatz von mind. 10 Millionen EUR erwirtschaftet hat. Ungarn überprüft nur Investitionen ab einem Wert von 350 Millionen HUF. Österreich ab einem Wert von 2 Millionen EUR oder mindestens 10 Mitarbeitern. Auf den Transaktionswert stellen auch Rumänien, Irland und Spanien ab.

[26] BT-Drs. 19/29216, 34.

[27] BT-Drs. 19/29216, 34.

[28] BT-Drs. 19/29216, 34. So können im Aktienrecht mit einem Stimmrechtsanteil von über 25 % zB bestimmte Geschäfte des Vorstands (§ 111 Abs. 4 S. 3 AktG), Satzungsänderungen (§ 179 Abs. 2 AktG) oder die Liquidation der AG (§ 262 Abs. 1 Nr. 2 AktG) verhindert werden (Hocke/Sachs/Pelz AußenwirtschaftsR/Mausch-Liotta/Sattler Rn. 5).

nisse, eine sicherheitspolitische Relevanz aufweisen können.[29] Die Prüfeintrittsschwelle von 20 % wurde im Rahmen der 17. AWV-Novelle eingeführt und sollte die erhöhte Sicherheitsrelevanz der betroffenen Unternehmen widerspiegeln, ohne unverhältnismäßig viele Unternehmen zu erfassen.[30]

2. Prüfeintrittsschwelle von 10 % (Abs. 1 Nr. 1). Für die in § 55a Abs. 1 **16** Nr. 1–7 bezeichneten Unternehmen gilt eine **Prüfeintrittsschwelle von 10 %.** Die mit der abgesenkten Prüfschwelle einhergehenden zusätzlichen Belastungen für Investoren wurden mit dem **besonders hohen Gefährdungspotential** für die öffentliche Ordnung und Sicherheit begründet und seien aus diesem Grund auch verhältnismäßig.[31] Der Schwellenwert ist ursprünglich auf die sog. Benchmark-Definition der OECD zurückzuführen, nach der sich ab einer Beteiligung von 10 % ein langfristiges Interesse und ein Kontrollanspruch des Erwerbers zeige, nach der aber keine reinen Portfolioinvestitionen (also Investitionen finanzieller Natur ohne Anspruch auf Einflussnahme, → Screening-VO Rn. 63) erfasst würden.[32] Der Schwellenwert steht aber auch im Einklang mit gesellschaftsrechtlichen Wertungen, da ab einer Beteiligung von 10 % bestimmte Rechte des Minderheitsgesellschafters entstehen können.[33]

3. Prüfeintrittsschwelle von 20 % (Abs. 1 Nr. 2). Für in § 55a Abs. 1 **17** Nr. 8–27 bezeichnete Unternehmen gilt eine **Prüfeintrittsschwelle von 20 %.** Die niedrigere Prüfschwelle im Vergleich zu Nr. 3 (25 %) ergibt sich aus der **erhöhten Sicherheits- und Prüfrelevanz** der Nr. 8–27.[34] Der Schwellenwert wurde erst 2021 im Zuge der 17. AWV-Novelle eingeführt. Die Höhe von 20 % basiert auf der Überlegung, sich zwar an der Schwelle für Sperrminoritäten (25 %) zu orientieren, jedoch auch zu berücksichtigen, dass oft bereits niedrigere Stimmrechtsanteile **faktisch** zu einer Sperrminorität führen können.[35] Praktisches Beispiel dafür ist, dass bei börsennotierten Gesellschaften häufig nur ein Teil der Stimmrechtsinhaber auf der Hauptversammlung von seinem Stimmrecht Gebrauch macht, sodass das Gewicht der abgegebenen Stimmen im Verhältnis zunimmt.[36] Die Regelung trägt somit dem Umstand Rechnung, dass nicht das faktische, sondern ausschließlich das tatsächliche Stimmverhältnis (also das Verhältnis zur Gesamtzahl der Stimmrechte) für die Berechnung relevant ist. Dies weicht insofern von der (deutschen) Fusionskontrolle ab, die einerseits auf Kontrolle durch eine faktische Mehrheit bei

---

[29] BT-Drs. 19/29216, 34. Hinsichtlich der Zugriffsmöglichkeit s. auch: Hocke/Sachs/Pelz AußenwirtschaftsR/Mausch-Liotta/Sattler Rn. 9.

[30] BT-Drs. 19/29216, 34.

[31] BT-Drs. 19/29216, 34.

[32] OECD Benchmark Definition Of Foreign Direct Investment, 4th edition, 2008, Rn. 11, 31, abrufbar unter: https://www.oecd-ilibrary.org/docserver/9789264045743-en. pdf?expires=1677065998&id=id&accname=guest&checksum= B7FF432A553F571BB4514A9AB520C457 (zuletzt abgerufen am 7.6.2023).

[33] Vgl. auch Hocke/Sachs/Pelz AußenwirtschaftsR/Mausch-Liotta/Sattler Rn. 9; so kann ein Minderheitsgesellschafter einer GmbH mit einer Beteiligung von 10 % die Einberufung der Gesellschafterversammlung verlangen (§ 50 Abs. 1 GmbHG). Bei der AG kann ein Aktionär mit einer Beteiligung von 10 % zB die Einzelentlastung der Aufsichtsratsmitglieder verlangen (§ 120 Abs. 1 S. 2 AktG).

[34] BT-Drs. 19/29216, 34.

[35] BT-Drs. 19/29216, 34.

[36] BT-Drs. 19/29216, 34.

Aktionärsversammlungen und andererseits auf das Bestehen wettbewerblich erheblichen Einflusses auch unterhalb einer bestimmten Anteils- oder Stimmrechtsschwelle abstellt. Der höhere Schwellenwert im Vergleich zu Nr. 1 (10 %) dürfte gewählt worden sein, um Wagniskapitalgeber nicht von Investitionen in deutsche Start-Ups abzuschrecken. Dies ist in diesem Kontext besonders relevant, weil die in § 55a Abs. 1 Nr. 8–27 genannten sicherheitsrelevanten Sektoren Zukunftstechnologien umfassen und die deutsche Investitionskontrolle, wie dargestellt, nicht an einen Umsatzschwellenwert anknüpft. Ob die unterschiedlichen Schwellenwerte insofern stets die tatsächliche Sicherheitsrelevanz zutreffend widerspiegeln, kann teilweise bezweifelt werden.[37]

18   **4. Prüfeintrittsschwelle von 25 % (Abs. 1 Nr. 3).** An einem sonstigen Unternehmen muss der Stimmrechtsanteil des Erwerbers nach dem Erwerb seiner Beteiligung **25 % der Stimmrechte** erreichen oder überschreiten.[38] Gegenstand einer Überprüfung können damit auch Unternehmen sein, die nicht im Katalog des § 55a Abs. 1 aufgeführt sind. In diesen Fällen besteht jedoch keine Meldepflicht und daher auch kein Vollzugsverbot. Relevanz hat die Vorschrift daher insbesondere – wegen des Prüfrechts des BMWK – für Anträge auf Erteilung einer Unbedenklichkeitsbescheinigung (→ § 58 Rn. 1 ff.).

C. Hinzuerwerb von Stimmrechten (Abs. 2)

I. Überblick

19   **1. Regelung.** Abs. 2 regelt den **Hinzuerwerb** von Stimmrechten und wird auch als „Aufstockungserwerb"[39] bezeichnet. Damit ist jeder weitere Stimmrechtserwerb eines Unternehmens gemeint, das bereits einen nach Abs. 1 relevanten Stimmrechtsanteil hält, und infolgedessen die Schwellenwerte des Abs. 2 Nr. 1–3 erreicht oder überschritten werden. Es muss also bereits ein Ersterwerb nach Abs. 1 stattgefunden haben. Ist bereits der Ersterwerb meldepflichtig, löst auch der Hinzuerwerb nach Abs. 2 eine Meldepflicht aus (s. § 55a Abs. 4).[40] Es kann daher zu einem **mehrfachen Prüfungserfordernis** kommen, was in der Praxis bereits bei der Strukturierung eines Erwerbs zu berücksichtigen ist, um

---

[37] Während bspw. für inländische Unternehmen, die in der Halbleiterproduktion tätig sind, eine Prüfeintrittsschwelle von 20 % gilt, können Anteilserwerbe an Betreibern kritischer Infrastrukturen bereits ab einer Prüfeintrittsschwelle von 10 % geprüft werden, obwohl deren Sicherheitsrelevanz in Einzelfällen durchaus geringer sein kann. Bspw. Wurde der Erwerb der Brandenburger Urstromquelle durch den Energy-Drink-Produzenten Red Bull (und mittelbar durch eine thailändische Holding mit Sitz in Hong Kong) als Erwerb einer kritischen Infrastruktur gewertet, siehe Handelsblatt 7.3.2023, abrufbar unter: https://www.handelsblatt.com/politik/deutschland/kritische-infrastruktur-habeck-erlaubt-verkauf-von-deutscher-.wasserquelle-an-red-bull-trotz-verbindung-nach-hongkong/29020250.html (zuletzt abgerufen am 7.6.2023).

[38] Zum Hintergrund der 25 %-Schwelle → Rn. 15.

[39] So etwa Eilers/Koffka/Mackensen/Paul/Josenhans Private Equity/Hilf, I.7. Rn. 6.

[40] BT-Drs. 19/29216, 35. Unternehmen, die nicht dem Katalog des § 55a Abs. 1 unterfallen, lösen allerdings nie eine Meldepflicht und somit auch kein (strafbewehrtes) Vollzugsverbot aus.

den Transaktionsprozess nicht unnötig zu verlängern.[41] Unter Umständen können die Erwerbsbeteiligten auch bereits mit dem Ersterwerb weitere Transaktionsschritte anmelden, um Rechtssicherheit zu erlangen und Mehrfachanmeldungen zu vermeiden. Fraglich und bisher nicht geklärt ist allerdings, unter welchen Voraussetzungen dies möglich ist. Entsprechend den fusionskontrollrechtlichen Regelungen sollte dies zumindest in den Fällen möglich sein, in denen das Vorhaben gegenständlich bestimmbar ist[42] und der Vollzug in einem überschaubaren Prognosezeitraum beabsichtigt ist.[43] Erstrebenswert wäre in derartigen Fällen zudem die Möglichkeit einer vereinfachten Meldung des Hinzuerwerbs, um das Verfahren zu beschleunigen und den Aufwand für die Beteiligten (Unternehmen sowie Ministerium) zu reduzieren.[44]

Unbeachtlich sind hingegen solche Hinzuerwerbe, die unterhalb der in **20** Abs. 2 Nr. 1–3 genannten Schwellenwerte bleiben. Hat der Erwerber zuvor bereits mindestens 75 % der Stimmrechtsanteile inne, führen weitere Hinzuerwerbe (zB durch einen Squeeze Out) nicht zu einer erneuten Überprüfung.[45] Werden im Rahmen einer Finanzierungsrunde neue Stimmrechtsanteile übernommen, löst dies nach Ansicht des BMWK keine Prüfung aus, wenn die Stimmrechtsanteile des Investors nach Abschluss der Finanzierungsrunde prozentual nicht höher sind als davor.[46]

2. Hintergrund. Der Hinzuerwerb ist erst seit der **17. AWV-Novelle** aus- **21** drücklich im Gesetz geregelt und dient der Klarstellung und Transparenz.[47] Auch vor der Novellierung unterlag die Aufstockung bereits einer Kontrolle durch das Ministerium. Unstreitig etwa wurde schon nach der früheren Gesetzeslage der Fall erfasst, dass ein Erwerber bereits einen Stimmrechtsanteil unterhalb der Schwellenwerte innehatte und diesen so aufstockte, dass die relevanten Schwellenwerte erreicht oder überschritten wurden.[48] Das BMWK erstreckte den Anwendungsbereich aber auch auf Konstellationen, in denen der Erwerber schon vor dem Hinzuerwerb einen Stimmrechtsanteil oberhalb der Prüfeintrittsschwelle innehatte und diesen – wenn auch nur minimal – aufstockte.[49] Die Klarstellung und Beschränkung auf bestimmte Schwellenwerte war insofern insbesondere auf Grund der Einführung des strafbewehrten Vollzugsverbots zwingend geboten.[50]

---

[41] So etwa auch: Besen/Slobodenjuk BB 2012, 2390.

[42] Insofern wird vorausgesetzt, dass bereits feststehen muss, welche Art von struktureller Unternehmensverbindung zwischen den Unternehmen geschaffen werden soll, ohne dass bereits ein entsprechender Vertrag geschlossen worden sein muss (Immenga/Mestmäcker/Thomas GWB § 39 Rn. 27).

[43] Immenga/Mestmäcker/Thomas GWB § 39 Rn. 37 ff.

[44] So zB auch Barth/Käser NZG 2021, 813 (818).

[45] BMWK, FAQ zu Investitionsprüfungen B.1, abrufbar unter: https://www.bmwk.de/Redaktion/DE/FAQ/Aussenwirtschaftsrecht/faq-aussenwirtschaftsrecht.html (zuletzt abgerufen am 7.6.2023).

[46] BMWK, FAQ zu Investitionsprüfungen A.7, abrufbar unter: https://www.bmwk.de/Redaktion/DE/FAQ/Aussenwirtschaftsrecht/faq-aussenwirtschaftsrecht.html (zuletzt abgerufen am 7.6.2023).

[47] BT-Drs. 19/29216, 35.

[48] BT-Drs. 19/29216, 35.

[49] Geber AW-Prax 2021, 299 (300).

[50] BT-Drs. 19/29216, 35.

22   **3. Übergangsvorschrift § 82a.** Im Hinblick auf § 82a ist festzuhalten, dass die neuen Schwellenwerte nach § 56 Abs. 2 auch für solche Transaktionen gelten, in denen der Ersterwerb vor dem 1.5.2021 erfolgt ist, der Vertrag zum Hinzuerwerb jedoch erst am oder nach dem 1.5.2021 unterzeichnet wurde. Beim Hinzuerwerb handelt es sich nämlich um ein schuldrechtliches Rechtsgeschäft iSd § 82a S. 1, sodass dessen Zeitpunkt ausschlaggebend ist.[51]

II. Schwellenwerte

23   Die Prüfeintrittsschwellen in Abs. 2 wurden in erster Linie **in Anlehnung an die im Gesellschaftsrecht relevanten Schwellenwerte** (25, 50, 75 %) und den damit einhergehenden Einfluss- und Kontrollmöglichkeiten gewählt.[52] Die Schwellenwerte von 20 und 40 % sind auf die in der Praxis häufig auftretenden **faktischen Einflussmöglichkeiten** gestützt, etwa wenn auf einer Haupt- oder Gesellschafterversammlung nicht alle Stimmberechtigten erscheinen und somit das faktische Stimmrechtsgewicht der Anwesenden erhöht wird.[53]

24   Neben den Schwellenwerten des Abs. 2 ist in der Praxis auch zu beachten, dass nach § 58a Abs. 3 S. 1 eine Freigabe mit der Auflage verbunden werden kann, auch Beteiligungserwerbe, die **unterhalb der Schwellenwerte** des Abs. 2 liegen, anzeigen zu müssen. Dies dürfte aber nur in Fällen relevant sein, in denen konkrete Anhaltspunkte dafür vorliegen, dass auch ein Hinzuerwerb unterhalb dieser Schwellen aufgrund besonderer Umstände vergleichbare Einflussmöglichkeiten gewähren könnte.[54]

D. Atypischer Kontrollerwerb (Abs. 3)

I. Allgemeines

25   **1. Regelung.** Abs. 3 erfasst die Konstellation, dass der Erwerber auf **andere Weise** als ausschließlich durch den Erwerb von Stimmrechten eine wirksame Beteiligung an der Kontrolle des Zielunternehmens erlangt. Ein atypischer Kontrollerwerb löst **keine Meldepflicht** und somit auch kein Vollzugsverbot aus, auch wenn das Zielunternehmen in einem sicherheitsrelevanten Sektor iSv § 55a Abs. 1 tätig ist (§ 55a Abs. 4 S. 3; → § 55a Rn. 130). In der Praxis kann unter Umständen allerdings eine Abstimmung mit dem BMWK[55] oder ein Antrag auf Erteilung einer Unbedenklichkeitsbescheinigung zu empfehlen sein, weil das BMWK bei

---

[51] BMWK, FAQ zu Investitionsprüfungen B.2, abrufbar unter: https://www.bmwk. de/Redaktion/DE/FAQ/Aussenwirtschaftsrecht/faq-aussenwirtschaftsrecht.html (zuletzt abgerufen am 7.6.2023).

[52] BT-Drs. 19/29216, 35; Der Verordnungsgeber spricht hier von einer „Verfestigung der Gesellschafterposition".

[53] BT-Drs. 19/29216, 35. Siehe bereits → Rn. 17.

[54] So auch: Sattler/Engels EuZW 2021, 485 (489).

[55] Sinnvoll wäre in diesem Zusammenhang die Einführung eines formalisierten Vorabprüfverfahrens, in dem das BMWK auf Antrag prüfen würde, ob ein Vorgang einen atypischen Kontrollerwerb darstellt. Insofern wäre insbesondere eine Frist für den Abschluss des Vorabprüfverfahrens hilfreich, damit die beteiligten Unternehmen in einem absehbaren Zeitraum Rechtssicherheit erlangen können. In der Praxis steht das BMWK für eine solche Abstimmung bereits heute zur Verfügung.

atypischen Kontrollerwerben eine Prüfung **von Amts wegen** veranlassen kann.[56] Ein Antrag auf Erteilung einer Unbedenklichkeitsbescheinigung ist statthaft, weil insofern ein Prüfrecht des BMWK und keine Meldepflicht besteht (vgl. § 58 Abs. 3). Zudem muss auch in dieser Konstellation die Möglichkeit bestehen, Rechtssicherheit zu erlangen. Ein Antrag bringt allerdings zum Ausdruck, dass der Erwerber einen atypischen Kontrollerwerb zumindest als möglich betrachtet, weshalb die Vor- und Nachteile der Antragstellung in der Praxis gründlich abzuwägen sind. Da Abs. 3 erst im Zuge der 17. AWV-Novelle in die Verordnung eingefügt wurde, werden atypische Kontrollerwerbe, deren zugrunde liegendes Rechtsgeschäft **vor Inkrafttreten der Novelle**, also vor dem 1.5.2021 abgeschlossen wurde, nicht erfasst.[57]

Ob bei einem atypischen Erwerb im Hinblick auf ein Unternehmen, das **26** dem § 60 unterfällt, eine Meldepflicht und somit ein Vollzugsverbot besteht, ist nicht eindeutig geregelt. Wortlaut und Systematik sprechen für eine Meldepflicht, da weder § 60 noch § 60a auf § 55a Abs. 4 S. 3 verweisen, aus dem sich ergibt, dass im Rahmen der sektorübergreifenden Kontrolle keine Meldepflicht bzgl. des atypischen Erwerbs besteht. Sinn und Zweck und die Novellierungsbegründung sprechen jedoch eher gegen eine Meldepflicht. Letztere legt nahe, dass der Verordnungsgeber eine Unterscheidung nicht bezweckt hatte. Danach umfasst bereits die „Entscheidung über den Prüfeintritt in Konstellationen des atypischen Erwerbs wertende Elemente (insbesondere die Vergleichbarkeit der Beteiligungsintensität), deren Vorliegen Teil der behördlichen Einzelfallprüfung ist. Der Erwerber kann das Ergebnis dieser Prüfung nicht vorhersehen. Eine eigenverantwortliche Einschätzung, ob die Voraussetzungen von § 56 Abs. 3 vorliegen und mithin eine Meldepflicht besteht, ist dem Erwerber daher nicht zuzumuten."[58] Die Zumutbarkeit einer solchen Prüfung erscheint jedoch in Fällen der sektorübergreifenden wie auch der sektorspezifischen Prüfung identisch. Da auch die Begründungen zu § 60 und § 60a keine anderen Hinweise enthalten, spricht einiges dafür, hier von einem redaktionellen Versehen auszugehen. Aufgrund des Wortlautes und der erheblichen straf- und ordnungswidrigkeitsrechtlichen Sanktionen bei einem Verstoß gegen das Vollzugsverbot empfiehlt sich jedoch in Zweifelsfällen eine Abstimmung mit dem BMWK oder ein Antrag auf Erteilung einer Unbedenklichkeitsbescheinigung.

2. Hintergrund und Normzweck. Die Prüfmöglichkeit atypischer Kont- **27** rollerwerbe wurde in Anlehnung an den EU-rechtlichen Begriff der „**ausländischen Direktinvestitionen**" geschaffen.[59] Abs. 3 soll gerade solche Erwerbsvorgänge erfassen, in denen zwar die Schwellenwerte der Abs. 1, Abs. 2 und Abs. 4 nicht erreicht werden, der Erwerber aber dennoch erheblichen Einfluss auf das Zielunternehmen erhält. Die Einführung des Abs. 3 stellte eine direkte Reaktion des BMWK auf eine in der Praxis zunehmende Gestaltung dar, bei der über den Stimmrechtsanteil hinausgehende Einflussmöglichkeiten des

---

[56] So etwa auch: Barth/Käser NZG 2021, 813 (819).

[57] BMWK, FAQ zu Investitionsprüfungen B.5, abrufbar unter: https://www.bmwk. de/Redaktion/DE/FAQ/Aussenwirtschaftsrecht/faq-aussenwirtschaftsrecht.html (zuletzt abgerufen am 7.6.2023).

[58] BT-Drs. 343/21, 33.

[59] BT-Drs. 19/29216, 35; Nach Art. 2 Nr. 1 Screening-VO umfasst der Begriff der „ausländischen Direktinvestitionen" auch „Investitionen, die eine effektive Beteiligung an der Verwaltung oder Kontrolle eines Unternehmens ermöglichen".

Erwerbers in Investoren- bzw. Gesellschaftervereinbarungen gewährt wurden, was eine Umgehung der Prüfeintrittsschwellen zur Folge hatte.[60] Die normierten Fallgruppen des Abs. 3 sind in der Praxis manchmal nur schwer handhabbar, sodass eine Konkretisierung im Rahmen der nächsten Novellierung zu begrüßen wäre.

II. Erwerb einer wirksamen Beteiligung an der Kontrolle

28   **1. Allgemeine Auslegungskriterien.** Für die Erlangung einer **wirksamen Beteiligung an der Kontrolle** des Zielunternehmens (Abs. 3 S. 1) ist erforderlich, dass die eingeräumten Zusicherungen bzw. Rechte über die bereits durch den Stimmrechtsanteil vermittelten Einfluss in einer Weise hinausgehen, dass dadurch oder gemeinsam mit den Stimmrechten eine dem maßgeblichen Stimmrechtsanteil iSd Abs. 1 entsprechende Beteiligung an der Kontrolle des Unternehmens ermöglicht wird (Abs. 3 S. 2 aE). Dabei ist im Einzelfall die jeweilige Gesellschaftsform des Zielunternehmens zu berücksichtigen, da nur so festgestellt werden kann, ob die zusätzlich eingeräumten Rechte überproportional über die Rechte hinausgehen, die ein Stimmrechtsanteil der entsprechenden Gesellschaftsform bereits aus sich heraus gewährt.[61] Im Rahmen einer Gesamtbetrachtung muss eine mit den jeweils einschlägigen Schwellenwerten **vergleichbare Beteiligungsintensität** vorliegen.[62] Daraus folgt, dass, je näher der erworbene Stimmrechtsanteil an der relevanten Prüfeintrittsschwelle liegt, desto geringer die Anforderungen an die zusätzlichen Einflussmöglichkeiten sein dürften, um einen atypischen Kontrollerwerb zu begründen.[63] In der Praxis erscheint dabei eine Orientierung am Begriff des Kontrollerwerbs in der deutschen (§ 37 Abs. 1 Nr. 2 GWB) oder am Kontrollbegriff der EU-Fusionskontrolle (Art. 3 FKVO) möglich.[64] Zu beachten ist jedenfalls, dass nicht der Erwerb der Kontrolle an sich erforderlich ist, sondern eine Beteiligung an der Kontrolle ausreicht.[65] Eine Anlehnung an den Begriff des wettbewerblich erheblichen Einflusses (§ 37 Abs. 1 Nr. 4 GWB), wie teilweise vorgeschlagen,[66] kommt dagegen nicht in Betracht, da dieser gerade nicht an die Kontrolle anknüpft, sondern auf einen (in der Investitionsprüfung nicht relevanten) wettbewerblich erheblichen Einfluss, welcher die Einflussnahmemöglichkeiten auf das Unternehmen mit einer wettbewerblichen Komponente verbindet. Die insofern entwickelte Kasuistik ist dementsprechend nicht übertragbar.

29   Die Möglichkeiten eines atypischen Kontrollerwerbs sind auf die **im Gesetz genannten Fallgruppen beschränkt**.[67] Dadurch soll die Rechtssicherheit, Verhältnismäßigkeit und Ausgewogenheit des Instruments gewährleistet wer-

---

[60] BT-Drs. 19/29216, 35.

[61] Bürger/Uzunçakmak NZKart 2022, 63 (65).

[62] BMWK, FAQ zu Investitionsprüfungen B.4, abrufbar unter: https://www.bmwk.de/Redaktion/DE/FAQ/Aussenwirtschaftsrecht/faq-aussenwirtschaftsrecht.html (zuletzt abgerufen am 7.6.2023); so auch Bungenberg/Reinhold InvKR Rn. 152.

[63] So auch Barth/Käser NZG 2021, 813 (819).

[64] So etwa Weitnauer Venture Capital-HdB/Weitnauer Teil B. Rn. 144; respektive Bürger/Uzunçakmak NZKart 2022, 63 (64).

[65] So auch Bürger/Uzunçakmak NZKart 2022, 63 (65).

[66] Dafür etwa: Bürger/Uzunçakmak NZKart 2022, 63 (65).

[67] BT-Drs. 19/29216, 35.

den.[68] In der Praxis kann ein solcher Erwerb insbesondere durch Regelungen in Investoren- oder Gesellschaftervereinbarungen umgesetzt werden.[69] Etwa könnten neben Stimmrechtsanteilen auch stimmrechtlose Anteile erworben werden, die ihrerseits mit besonderen Kontroll- oder Informationsrechten versehen sind.[70] Denkbar ist dies auch durch die Einräumung besonderer Minderheitenschutzrechte, solange diese gesellschaftsrechtlich nicht bereits mit einem Stimmrecht einhergehen.[71] Nicht ausreichend sind hingegen Vetorechte, die Minderheitsgesellschaftern einen im Transaktionsgeschäft typischen Rechtsschutz einräumen, also bzgl. Entscheidungen, die das Wesen des Gemeinschaftsunternehmens berühren, wie Satzungsänderungen, Kapitalerhöhungen, Kapitalherabsetzungen oder Liquidation. Diese Vetorechte dienen lediglich dem Schutz und dem Erhalt der finanziellen Investition des Erwerbers und werden in der Praxis Minderheitsgesellschaftern eingeräumt, und zwar selbst in Fällen, die weit von den Prüfeintrittsschwellen entfernt sind. Insofern kann es bei der Beurteilung nicht ausschließlich auf die gesetzlich verankerten Rechte ab einer bestimmten Schwelle ankommen. Vielmehr ist auch zu prüfen, inwieweit die eingeräumten Rechte dem Gesellschafter über das in der Praxis übliche Maß hinaus Mitspracherechte einräumen. Nur dann ist die Anwendung dieser Ausnahmevorschrift, die Umgehungstatbestände erfassen soll, gerechtfertigt.

Zwingend erforderlich ist ein **Erwerb von Stimmrechten**, mit dem der 30 atypische Kontrollerwerb einhergehen kann. Ob die **nachträgliche Einräumung** von Einflussmöglichkeiten ohne einen erneuten Stimmrechtserwerb davon erfasst sein soll, ist nicht abschließend geklärt. Jedoch erscheint es naheliegend, dass zumindest in eindeutigen Umgehungskonstellationen auch die nachträgliche Einräumung von Einflussmöglichkeiten erfasst wird. Möglichkeit dazu bietet die Auslegung des Merkmals des „Einhergehens", dass in Umgehungskonstellationen weit auszulegen sein dürfte. Der Anwendungsbereich des Abs. 3 ist danach auch dann eröffnet, wenn sich die nachträgliche Einräumung der Kontrolle als Teil einer einheitlichen Gesamtstrategie erkennen lässt, mithilfe derer eine Prüfung umgangen werden soll.[72] Nicht erfasst werden sollten jedoch typische Änderungen an den Mitspracherechten der einzelnen Gesellschafter, durch die lediglich unwesentliche Änderungen an den Einflussmöglichkeiten eintreten und bei denen keine Umgehungskonstellation zu erkennen sind. Hier kann es im Einzelfall zu erheblichen Abgrenzungsschwierigkeiten kommen.

2. Zusicherung zusätzlicher Sitze oder Mehrheiten in Aufsichtsgremien 31 **oder in der Geschäftsführung (Abs. 3 S. 2 Nr. 1).** Nach Abs. 3 S. 2 Nr. 1 kann eine wirksame Beteiligung an der Kontrolle vorliegen, wenn ein Stimmrechtserwerb mit der Zusicherung zusätzlicher Sitze oder Mehrheiten in **Aufsichtsgremien** oder in der **Geschäftsführung** einhergeht, die dem Erwer-

---

[68] BT-Drs. 19/29216, 35.
[69] BT-Drs. 19/29216, 35.
[70] Sattler/Engels EuZW 2021, 485 (489).
[71] BMWK, FAQ zu Investitionsprüfungen B.4, abrufbar unter: https://www.bmwk.de/Redaktion/DE/FAQ/Aussenwirtschaftsrecht/faq-aussenwirtschaftsrecht.html (zuletzt abgerufen am 7.6.2023).
[72] Ebenfalls auf einen zuvor gefassten Gesamtplan abstellend: Bürger/Uzunçakmak NZKart 2022, 63 (66).

ber überproportional viel Einfluss vermittelt. Die Begriffe des Aufsichtsgremiums und der Geschäftsführung sind nicht legaldefiniert. Es liegt jedoch nahe, hierunter etwa bei der AG den Aufsichtsrat und den Vorstand sowie bei einer GmbH die Gesellschafterversammlung, die Geschäftsführung und ggf. einen Aufsichtsrat zu fassen. Aus dem Wortlaut der Norm, der auf die Geschäftsführung selbst bzw. das Kontrollgremium der Geschäftsführung Bezug nimmt, ergibt sich, dass rein beratende Gremien nicht erfasst werden, weil diese keinen sicherheitsrelevanten Einfluss ausüben können.[73] Dies legt nahe, dass auch stimmrechtslose Beobachterposten in Aufsichtsgremien oder Geschäftsführung nicht erfasst sind.

32   Die Zusicherung „zusätzlicher" Sitze oder Mehrheiten setzt ihrem Wortlaut nach voraus, dass die Verteilung nicht proportional zu den erworbenen Stimmrechten erfolgt.[74] In der Praxis kann diese Prüfung Schwierigkeiten bereiten, weil gesellschaftsrechtlich mit Stimmrechten (in Höhe der Prüfeintrittsschwellen) nicht zwingend eine bestimmte Anzahl von Sitzen verbunden ist.[75] Umgekehrt wird insbesondere bei Unternehmen mit einer Vielzahl von kleinen Investoren eine nicht nur geringfügige Minderheitsinvestition in der Praxis häufig zur Ernennung eines Aufsichtsratsmitglieds führen.[76] Letztlich kann nur eine Prüfung erfolgen, ob dem Erwerber mehr Sitze gewährt wurden, als diesem bei einer proportionalen Verteilung der Sitze anhand der Stimmrechte zustünde, und diese einen Einfluss vermittelt, der dem Erwerb von Stimmrechten in Höhe der in Frage stehenden Prüfeintrittsschwelle entspricht.[77] Letztlich ist immer eine Prüfung des konkreten Einzelfalls erforderlich. In der Praxis empfiehlt sich in Zweifelsfällen eine transparente Abstimmung mit dem BMWK.

33   **3. Einräumung von Vetorechten bei strategischen Geschäfts- oder Personalentscheidungen (Abs. 3 S. 2 Nr. 2).** Nach Abs. 3 S. 2 Nr. 2 kann eine wirksame Beteiligung an der Kontrolle vorliegen, wenn ein Stimmrechtserwerb mit der **Einräumung von Vetorechten** bei strategischen Geschäfts- oder Personalentscheidungen einhergeht, die dem Erwerber überproportional viel Einfluss vermittelt. Welche Rechte von der Vorschrift genau umfasst werden, definiert die AWV nicht. Hier bietet sich zumindest im Ausgangspunkt eine Orientierung an der **Konsolidierten Mitteilung der Kommission zu Zuständigkeitsfragen** in EU Fusionskontrollverfahren an, nach der Vetorechte bzgl. strategischer Entscheidungen über das hinausgehen müssen, was in der Regel Minderheitsgesellschaftern an Vetorechten eingeräumt wird.[78] In Betracht kommen daher insbesondere Vetorechte im Hinblick

---

[73] So etwa auch: Bürger/Uzunçakmak NZKart 2022, 63 (65).

[74] Kritisch Hellmann NZKart 2023, 342 (346), der darauf hinweist, dass bereits der Erwerb eines einzigen Sitzes im Geschäftsführungs- und Aufsichtsorgan selbst bei größeren Organen deutlich mehr Einfluss vermitteln kann, als eine Beteiligung in Höhe von 10% sonst gewährt.

[75] Vgl. auch Bürger/Uzunçakmak NZKart 2022, 63 (65).

[76] Vgl. auch Bürger/Uzunçakmak NZKart 2022, 63 (65).

[77] Beispiel: Der drittgrößte Investor eines Unternehmens erwirbt 9 % der Anteile/Stimmrechte und erhält hierfür das Recht, eines von 10 Aufsichtsratsmitgliedern zu stellen. Bei diesem typischen Vorgang, der dem Umstand Rechnung trägt, dass viele Anteile/Stimmrechte im Streubesitz sind, könnte der derzeitige Wortlaut einen atypischen Kontrollerwerb nahelegen.

[78] EU-Kommission, Konsolidierte Mitteilung zu Zuständigkeitsfragen, Rn. 66; so auch Bürger/Uzunçakmak NZKart 2022, 63 (65).

auf Entscheidungen über die Ernennung oder Entlassung von Mitgliedern der Unternehmensleitung, die Genehmigung der Finanzplanung und die Geschäftspolitik des Unternehmens.[79] Wann die Einräumung solcher Rechte aber die erforderliche Beteiligungsintensität erreicht, unterliegt der Prüfung im Einzelfall. Dabei sollte ein investitionskontrollrechtlicher Maßstab angelegt werden.[80] Mit der Einräumung der genannten Rechte muss also eine möglicherweise sicherheitsrelevante, dh den Prüfeintrittsschwellen entsprechende, Beteiligung an den Kontrollstrukturen einhergehen.

4. Einräumung von Rechten über unternehmensbezogene Informatio- 34 nen im Sinne von § 15 Abs. 4 S. 1 Nr. 3 AWG (Abs. 3 S. 2 Nr. 3). Nach Abs. 3 S. 2 Nr. 2 kann eine wirksame Beteiligung an der Kontrolle vorliegen, wenn ein Stimmrechtserwerb mit der **Einräumung von Rechten** über unternehmensbezogene Informationen einhergeht, die dem Erwerber überproportional viel Einfluss vermittelt. Informationen iSv **§ 15 Abs. 4 S. 1 Nr. 3 AWG** sind unternehmensbezogene Informationen, die sich auf prüfungsrelevante Unternehmensbereiche oder -gegenstände beziehen oder im Rahmen der Prüfung besonders zu berücksichtigen sind. Nach dem Willen des Gesetzgebers geht es um solche Informationen, deren Herausgabe durch die Investitionsprüfung gerade vermieden werden und in die der Erwerber in der Regel erst nach Vertragsvollzug Einblick erhalten soll.[81] Zu denken wäre also bspw. im Rahmen der sektorspezifischen Prüfung an Baupläne für Güter, die auf der Ausfuhrliste stehen, und im Rahmen der sektorübergreifenden Kontrolle, an Knowhow, das für die Entwicklung von Gütern mit KI-Funktionen erforderlich ist. Rein kaufmännische oder sonstige unternehmensbezogene Informationen, die im Zuge der Vertragsverhandlung zur ökonomischen Bewertung des Vorhabens ausgetauscht werden, sind dagegen nicht umfasst.[82]

Wie die Fallgruppe in der **Praxis** gehandhabt werden wird, ist derzeit unklar. Der 35 Erwerb eines GmbH-Geschäftsanteils ist etwa nach § 51a Abs. 1 GmbHG – unabhängig von der Beteiligungshöhe – stets mit einem umfassenden Informationsrecht verbunden. Da dieses Informationsrecht aber bereits aus dem Stimmrechtsanteil an sich folgt, müssten zusätzliche Umstände vorliegen, die eine darüberhinausgehende Beteiligung an der Kontrolle begründen. Erst dann kann im Einzelfall von einem atypischen Kontrollerwerb ausgegangen werden.[83] Wird jedoch zB einem Aktionär ein über das gewöhnliche Auskunftsrecht nach § 131 Abs. 1 S. 1 AktG hinausgehendes umfassendes Informationsrecht gewährt, könnte dies als atypischer Kontrollerwerb im Sinne der Vorschrift gelten.[84]

E. Zurechnungsregelungen (Abs. 4)

I. Allgemeines

1. Hintergrund. Die Zurechnung von Stimmrechten Dritter war bis zur 17. 36 AWG-Novelle noch in Abs. 2 aF geregelt. Das Telos der Norm ist die Vermeidung

---

[79] EU-Kommission, Konsolidierte Mitteilung zu Zuständigkeitsfragen, Rn. 69.
[80] Vgl. auch Bürger/Uzunçakmak NZKart 2022, 63 (66), die sich für eine Berücksichtigung des „Schutzzwecks der Investitionskontrolle" aussprechen.
[81] BT-Drs. 19/18700, 20.
[82] BT-Drs. 19/18700, 20.
[83] So im Ergebnis zum Ganzen auch Bürger/Uzunçakmak NZKart 2022, 63 (67).
[84] Bürger/Uzunçakmak NZKart 2022, 63 (67).

von Schutzlücken, die durch den Erwerb einer mittelbaren Einflussnahmemöglichkeit auf ein inländisches Zielunternehmen entstehen könnten.[85]

37   **2. Allgemeine Tatbestandsvoraussetzungen.** Bei der Zurechnung ist auf den **nach Abs. 1 maßgeblichen Zeitpunkt** abzustellen, also auf den zukünftigen Zustand im Zeitpunkt nach Vollzug des Erwerbs.[86] Die Zurechnung erfolgt zudem **vollständig**. Die Stimmrechte Dritter werden dem Erwerber also in vollem Umfang und nicht anteilig nach dem jeweiligen Anteil an dem Dritten (also „verwässert") zugerechnet.[87] Dritter im Sinne der Norm ist jede selbstständige juristische Person. Dies umfasst auch juristische Personen, die vom Erwerber kontrolliert werden.[88]

II. Zurechnung von Stimmrechten Dritter (Abs. 4 S. 1 Nr. 1)

38   **1. Regelung.** Bei der Berechnung der Stimmrechtsanteile sind dem Erwerber die Stimmrechte Dritter an dem Zielunternehmen vollständig zuzurechnen, an denen der Erwerber nach dem Erwerb seiner Beteiligung mindestens den in Abs. 4 S. 1 Nr. 1 lit. a–c bezeichneten Anteil der Stimmrechte (also 10 bis 25 %) hält. Für die Zurechnung ist auch der Hinzuerwerb nach Abs. 2 und der atypische Kontrollerwerb nach Abs. 3 zu berücksichtigen.

39   **2. Konstellationen. a) Zurechnung einer weiteren Beteiligung des Erwerbers.** Abs. 4 erfasst zunächst den Fall, dass dem Erwerber die Stimmrechte eines Unternehmens zugerechnet werden, an dem er einen relevanten Anteil hält.

40   **Abbildung 1**

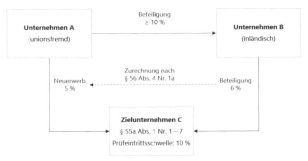

Abbildung 1: Beispiel für die Zurechnung einer weiteren Beteiligung des Erwerbers[89]

41   Zielunternehmen ist das inländische Unternehmen C, welches in den Katalog des § 55a Abs. 1 Nr. 1–7 fällt (Prüfeintrittsschwelle: 10 %). An ihm ist das inländische Unternehmen B zu 6 % beteiligt. Das unionsfremde Unternehmen A ist wiederum

---

[85] Vgl. Hocke/Sachs/Pelz AußenwirtschaftsR/Mausch-Liotta/Sattler Rn. 24.

[86] BT-Drs. 19/29216, 35.

[87] BT-Drs. 19/29216, 35.

[88] So etwa auch BeckM&A-HdB/Bonhage § 91 Rn. 12.

[89] Vgl. für dieses Beispiel auch Wolfgang/Simonsen/Rogmann/Pietsch AWR/Wolffgang/Rogmann/Pietsch AWV §§ 5559 Rn. 87.

mit mindestens 10 % an B beteiligt. A erwirbt nun eine Beteiligung von 5 % an C. Hier greift Abs. 4 S. 1 Nr. 1 lit. a ein. Dem Erwerber A, der unmittelbar nur 5 % der Stimmrechte am Zielunternehmen C erwirbt, werden die Stimmrechte des Unternehmens B (6 %) zugerechnet, sodass insgesamt die Schwelle von 10 % der Stimmrechtsanteile an C überschritten wird. Die Zurechnung erfolgt hier einerseits deshalb, weil es sich bei C um ein Unternehmen iSd § 55a Abs. 1 Nr. 1–7 handelt und andererseits, weil A an B eine Beteiligung von mindestens 10 % hält.

b) Zurechnung mehrerer Beteiligungen des Erwerbers. Abs. 4 erfasst **42** daneben auch die Konstellation, dass dem Erwerber mehrere Beteiligungen von Unternehmen zugerechnet werden, an denen der Erwerber seinerseits entsprechende Beteiligungen hält.

Abbildung 2 **43**

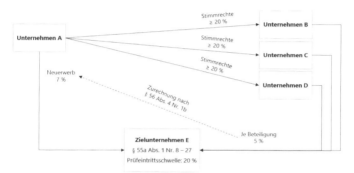

Abbildung 2: Beispiel für die Zurechnung mehrerer Beteiligungen des Erwerbers

Beim Zielunternehmen E handelt es sich um ein Unternehmen nach § 55a Abs. 1 **44** Nr. 8–27 (Prüfeintrittsschwelle: 20 %). Erwerber A erwirbt unmittelbar 7 % der Stimmrechtsanteile an E. Da A jedoch zugleich an B, C und D mindestens 20 % der Stimmrechtsanteile hält und B, C und D selbst jeweils 5 % der Stimmrechtsanteile an E halten, erfolgt eine Zurechnung nach Abs. 4 S. 1 Nr. 1 lit. b, sodass es letztlich zu einem Überschreiten der Prüfeintrittsschwelle kommt (22 % der Stimmrechte).

III. Stimmrechtsausübungsvereinbarungen (Abs. 4 S. 1 Nr. 2 Alt. 1)

1. Regelung. Dem Erwerber sind auch die Stimmrechte Dritter an dem Ziel- **45** unternehmen zuzurechnen, mit denen der Erwerber eine Vereinbarung über die gemeinsame Ausübung von Stimmrechten abgeschlossen hat (sog. **Stimmrechts-ausübungsvereinbarungen** bzw. Stimmrechtskonsortien[90]). Teilweise wird vertreten, dass der Begriff der Vereinbarung weit auszulegen sei, sodass zB auch bloßes abgestimmtes Verhalten ohne vertraglichen Charakter erfasst würde.[91] Bei

---

[90] Vgl. für diese Begrifflichkeiten etwa Hocke/Sachs/Pelz AußenwirtschaftsR/Mausch-Liotta/Sattler Rn. 30.
[91] So etwa BeckM&A-HdB/Bonhage § 91 Rn. 17.

der Norm handelt es sich allerdings um eine abschließende Ausnahmeregelung, sodass in systematischer Hinsicht – mit Ausnahme von missbräuchlichen Umgehungen – eher eine enge Auslegung angezeigt zu sein scheint. Hierfür spricht auch der Umstand, dass es neben der 1. Alternative (Stimmrechtsausübungsvereinbarungen) noch eine 2. Alternative (sonstige Umstände → Rn. 47) gibt. Insgesamt wäre eine Konkretisierung der Norm, wie sie bereits diskutiert wird, aus Sicht der Praxis zu begrüßen. Eine solche Vereinbarung muss bereits vor dem Abschluss des Erwerbsgeschäfts erfolgt sein.[92] Das folgt einerseits aus einer grammatikalischen Auslegung von Abs. 4 S. 1 Nr. 2 Alt. 1 („abgeschlossen hat"), andererseits aus einem Umkehrschluss zu Abs. 4 S. 2, der gerade nachträgliche Stimmrechtsausübungsvereinbarungen erfasst.[93] Zur Vereinbarung über den Verzicht auf die Ausübung des Stimmrechts → Rn. 12.

46   **2. Nachträgliche Stimmrechtsausübungsvereinbarungen (Abs. 4 S. 2).** Eine Zurechnung erfolgt auch dann, wenn der Erwerber **nachträglich** eine Vereinbarung iSv Abs. 4 S. 1 Nr. 2 schließt, ohne dass dies mit einem Erwerb von weiteren Stimmrechten einhergeht. Auch wenn der Erwerb der Stimmrechtsanteile zunächst nicht die Schwellenwerte des § 56 erreicht, kann eine nachträgliche Stimmrechtsausübungsvereinbarung zum Erreichen oder Überschreiten der Schwellenwerte führen und so eine Meldepflicht auslösen.[94] Aus dem Wortlaut der Norm („nachträglich"), der keine zeitliche Einschränkung normiert, ergibt sich, dass es insofern nicht auf einen zeitlichen Zusammenhang mit einem etwaigen vorherigen Stimmrechtserwerb ankommt.[95] In der Praxis ist stets zu beachten, dass eine nachträgliche Stimmrechtsausübungsvereinbarung ggf. zu einer Meldepflicht nach § 55a Abs. 4 S. 1 führen kann, an die das strafbewehrte Vollzugsverbot anknüpft (→ § 55a Rn. 130). Bei der Bestimmung der relevanten Melde- und Prüffristen sowie insbesondere hinsichtlich des Beginns des Vollzugsverbots ist auf den Zeitpunkt des Abschlusses der nachträglichen Stimmrechtsvereinbarung abzustellen.[96]

IV. Sonstige Umstände (Abs. 4 S. 1 Nr. 2, Alt. 2)

47   Dem Erwerber sind auch dann die Stimmrechte Dritter zuzurechnen, wenn aufgrund der **sonstigen Umstände des Erwerbs** von einer gemeinsamen Stimmrechtsausübung auszugehen ist (Abs. 4 S. 1 Nr. 2 Alt. 2). Dahinter steht der Gedanke, dass mehrere Erwerber nicht nur durch gesellschafts- oder vertragsrechtlich verbindliche Vereinbarungen zusammenwirken können, sondern es auch **faktisch** zu einer gleichlaufenden Ausübung der Stimmrechte kommen kann, etwa durch den Durchgriff einer übergeordneten Entität auf mehrere Investoren.[97] Auch in diesen Fällen soll es zu einer Zusammenrechnung der Stimmrechtsanteile kommen (zur Überschneidung mit § 55 Abs. 2 S. 6 → § 55 Rn. 61).

48   Sonstige Umstände werden nach Abs. 4 S. 3 **widerlegbar vermutet**, wenn der Erwerber und ein Dritter, der bereits unmittelbar oder mittelbar an dem Zielunternehmen beteiligt ist, beide von der Regierung desselben Drittstaats kon-

---

[92] So auch Hocke/Sachs/Pelz AußenwirtschaftsR/Mausch-Liotta/Sattler Rn. 30.

[93] Vgl. auch BT-Drs. 19/29216, 36.

[94] Vgl. BT-Drucks. 19/29216, 36.

[95] So auch Geber AW-Prax 2021, 299 (301).

[96] BT-Drs. 19/29216, 36.

[97] BT-Drs. 19/29216, 35 f.

trolliert werden.[98] Bei der Kontrolle durch die Regierung eines Drittstaats, einschließlich sonstiger staatlicher Stellen oder Streitkräfte, handelt es sich um einen erwerberbezogenen Faktor iSv § 55a Abs. 3 S. 1 Nr. 1 (→ § 55a Rn. 121 ff.). In dieser Konstellation gilt die Vermutung, dass das Stimmrechtsverhalten der Erwerber über den Drittstaat koordiniert wird, weshalb eine Zurechnung der Anteile des Dritten zu dem Erwerber erfolgt.[99]

Entscheidend an dieser Stelle ist, dass die Kontrolle durch die Regierung eines **49** Drittstaats nicht zwingend eine gesellschaftsrechtliche Verflechtung zwischen dem Drittstaat und dem Dritten respektive dem Erwerber voraussetzt. Nach Abs. 4 S. 4 gilt nämlich **§ 55a Abs. 3 S. 2** entsprechend: Kontrolle kann also zwar insbesondere auch aufgrund der Eigentümerstruktur angenommen werden, aber auch die Finanzausstattung durch die Regierung (oder sonstige staatliche Stellen oder Streitkräfte) des Drittstaates, die über ein geringfügiges Maß hinausgeht, kann zur Annahme von Kontrolle führen. Eine Zurechnung von Stimmrechten eines Dritten zum Erwerber ist also bspw. denkbar, wenn der Dritte und der Erwerber beide beträchtliche Subventionen von demselben Drittstaat erhalten haben, ohne dass der Drittstaat gesellschaftsrechtlich an ihnen beteiligt ist (zum Kontrollbegriff in diesem Kontext → § 55a Rn. 122). Eine solche Zurechnung wäre in der Praxis extrem problematisch, weil diese ggf. eine Meldepflicht nach § 55a Abs. 4 S. 1 auslösen könnte, mit der ein strafbewehrtes Vollzugsverbot einhergeht (→ § 55a Rn. 130), ohne dass dem Erwerber ein Einblick in die sonstigen Aktivitäten des Drittstaats möglich wäre.

F. Erwerb einer mittelbaren Beteiligung (Abs. 5)

Erfasst wird auch der Erwerb einer **mittelbaren Beteiligung** am Zielunter- **50** nehmen (→ § 55 Rn. 20). Dies ist der Fall, wenn der Erwerber nicht unmittelbar einen Anteil am Zielunternehmen erwirbt, sondern dies über eine zwischengeschaltete Gesellschaft erfolgt. Dabei ist auch der Hinzuerwerb nach Abs. 2[100] und der atypische Kontrollerwerb nach Abs. 3 zu berücksichtigen.[101] Dem mittelbaren Erwerber wird dann der Anteil des unmittelbaren Erwerbers entsprechend Abs. 4 zugerechnet. Der Stimmrechtsanteil muss schließlich die Schwellenwerte des Abs. 1 Nr. 1–3 erreichen.

Die Zurechnung kann auch über **mehrere Zwischengesellschaften** erfolgen, **51** wie sie in der Praxis insbesondere bei Beteiligungsgesellschaften (Private-Equity-Fonds) üblich ist.[102] Meldepflicht (bzw. die grundsätzliche Anwendbarkeit der deutschen Investitionskontrolle) besteht in der Regel immer dann, wenn zwischen dem deutschen Unternehmen und dem letztlichen Erwerber eine Kette von Beteiligungen von jeweils mindestens 10, 20 oder 25 % besteht.[103] Dies hat zur Folge, dass auch Erwerbe, die nur zu einer sehr geringfügigen indirekten wirtschaftlichen Beteiligung führen, meldepflichtig sein (oder jedenfalls in den Anwendungsbereich der deutschen Investitionskontrolle fallen) können.

---

[98] BT-Drs. 19/29216, 36.
[99] BT-Drs. 19/29216, 36.
[100] Vgl. dazu Hellmann NZKart 2023, 342 (349).
[101] Vgl. Hellmann NZKart 2023, 342 (350).
[102] BT-Drs. 19/29216, 36; vgl. auch BeckM&A-HdB/Clauss/Jäckle/Strehle § 55 Rn. 18.
[103] Vgl. auch Wolfgang/Simonsen/Rogmann/Pietsch AWR/Wolffgang/Rogmann/Pietsch AWV §§ 55–59 Rn. 90.

52 **Abbildung 3**

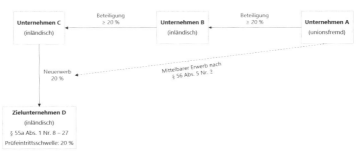

Abbildung 3: Beispiel für den Erwerb einer mittelbaren Beteiligung

53 Das inländische Zielunternehmen D gehört zu den Unternehmen gem. § 55a Abs. 1 Nr. 8–27. Das inländische Unternehmen C erwirbt an D Anteile in Höhe von 20 %. An C ist das inländische Unternehmen B wiederum mit mindestens 20 % beteiligt. Mindestens 20 % der Anteile an B hält das unionsfremde Unternehmen A. Da eine durchgehende Kette von Beteiligungen von mindestens 20 % besteht, liegt ein mittelbarer Erwerb durch A nach Abs. 5 Nr. 2 vor.

54 In der **Praxis** ist der Erwerb einer mittelbaren Beteiligung nicht immer einfach zu identifizieren. So ist etwa – vorausgesetzt, die einschlägigen Schwellenwerte werden erreicht – auch die Konstellation umfasst, dass der unmittelbare Erwerber ein inländisches oder unionsansässiges Unternehmen ist, an dem jedoch ein unionsfremdes Unternehmen beteiligt ist (kritisch dazu → § 55 Rn. 14 f.). Das unionsfremde Unternehmen gilt in diesem Falle als mittelbarer Erwerber nach Abs. 5.[104] In der Praxis bedeutet dies, dass alle Beteiligungen über dem relevanten Schwellenwert geprüft werden müssen. Dies kann in vielen Fällen sehr aufwändig sein, da die eigene Gesellschafterstruktur, insbesondere wenn es um indirekte Minderheitsgesellschafter geht, dem Erwerber oft nicht bekannt sein wird. In der Praxis bringt eine solche Prüfung deshalb mitunter einen enormen Aufwand mit sich, zumal viele mittelbare Minderheitsgesellschafter ihre Beteiligung nicht offenlegen wollen. Bei verbleibenden Unklarheiten bleibt im Zweifel nur ein Antrag auf Erteilung einer Unbedenklichkeitsbescheinigung mit einer vorsorglichen Meldung.

55 Die aktuelle Regelung zum Erwerb mittelbarer Beteiligungen erscheint im Ergebnis nicht sachgerecht. Im Kontext von Kontrollketten können selbst geringste wirtschaftliche Beteiligungen ohne relevante Einflussnahmemöglichkeit zu einer Meldepflicht führen. In dem Beispiel in Abbildung 3 (→ Rn. 52) hält der unionsfremde mittelbare Erwerber einen wirtschaftlichen Anteil von 0,8 % an dem Zielunternehmen, wenn jeweils von Beteiligungen in Höhe von genau 20 % ausgegangen wird und die Stimmrechte den wirtschaftlichen Wert widerspiegeln.[105] In der Praxis sind sogar deutlich weitergehende Verwässerungen denkbar.

---

[104] Hensel/Pohl AG 2013, 849 (854).

[105] Der wirtschaftliche Wert der Beteiligung von C an D beträgt 20 %. Der wirtschaftliche Wert der Beteiligung von B an D beträgt 4 %. Der wirtschaftliche Wert der Beteiligung von A an D beträgt 0,8 %.

Aus diesem Grund erscheint eine Neuregelung angezeigt, die – wie es in den Investitionskontrollregimen anderer EU-Mitgliedstaaten üblich ist – der Verwässerung der tatsächlichen Einflussnahmemöglichkeit in Kontrollketten Rechnung trägt.

G. Rechtsfolgen

Nicht in allen Konstellationen des § 56 besteht auch eine Meldepflicht des **56** Erwerbers. Eine **Meldepflicht** besteht, wenn durch den Erwerb die Prüfeintrittsschwellen des Abs. 1 Nr. 1 oder 2 erreicht oder überschritten werden. Ebenso meldepflichtig sind Aufstockungserwerbe nach Abs. 2 Nr. 1 oder 2. **Keine Meldepflicht** und somit auch kein (strafbewehrtes) Vollzugsverbot besteht dagegen für Unternehmen, die nicht dem Katalog des § 55a Abs. 1 unterfallen, weder beim Erst- (Abs. 1 Nr. 3) noch beim Hinzuerwerb (Abs. 2 Nr. 3). Auch atypische Kontrollerwerbe (Abs. 3) sind nicht meldepflichtig (§ 55a Abs. 4 S. 3 für die sektorübergreifende Prüfung und → Rn. 26 für die sektorspezifische Prüfung).

Selbst wenn eigentlich kein Erwerb nach § 56 vorliegt, ist jedoch zu beachten, **57** dass auch dann eine Prüfung durch das BMWK erfolgen kann, wenn Anzeichen für eine **missbräuchliche Gestaltung** oder ein **Umgehungsgeschäft** in der Form vorliegen, dass mehrere Erwerbe an demselben inländischen Unternehmen so aufeinander abgestimmt werden, dass bei gesonderter Betrachtung keiner der Erwerbe eine Beteiligung iSd § 56 darstellt (§ 55 Abs. 2 S. 6; dazu bereits → § 55 Rn. 61).

§ 58 Unbedenklichkeitsbescheinigung

(1) [1]**Das Bundesministerium für Wirtschaft und Klimaschutz bescheinigt dem unmittelbaren Erwerber auf Antrag die Unbedenklichkeit eines Erwerbs im Sinne des § 55, wenn dem Erwerb keine Bedenken im Hinblick auf die öffentliche Ordnung oder Sicherheit der Bundesrepublik Deutschland, eines anderen Mitgliedstaates der Europäischen Union oder in Bezug auf Projekte oder Programme von Unionsinteresse im Sinne des Artikels 8 der Verordnung (EU) 2019/452 entgegenstehen (Unbedenklichkeitsbescheinigung).** [2]**In dem Antrag sind insbesondere der Erwerb, der Erwerber, das zu erwerbende inländische Unternehmen und die Beteiligungsstrukturen an dem Erwerber anzugeben sowie die Geschäftsfelder des Erwerbers und des zu erwerbenden inländischen Unternehmens in den Grundzügen darzustellen.** [3]**Das Bundesministerium für Wirtschaft und Klimaschutz bestimmt durch Allgemeinverfügung weitere Informationen und Unterlagen, die in dem Antrag anzugeben sind, einschließlich für die Prüfung erforderliche personenbezogene Daten, sowie die Form des Antrags.** [4]**Die Allgemeinverfügung ist im Bundesanzeiger bekannt zu machen.**

(2) **Die Unbedenklichkeitsbescheinigung gilt als erteilt, wenn das Bundesministerium für Wirtschaft und Klimaschutz nicht innerhalb der in § 14a Absatz 1 Nummer 1 in Verbindung mit Absatz 3 Satz 1 des Außenwirtschaftsgesetzes genannten Frist ein Prüfverfahren nach § 55 eröffnet.**

(3) **Die Absätze 1 und 2 gelten nicht, wenn ein Prüfverfahren nach § 55 Absatz 3 eingeleitet wurde oder eine Pflicht zur Meldung nach § 55a Absatz 4 Satz 1 besteht.**

Übersicht

A. Allgemeines

1   § 58 enthält Regeln zur Unbedenklichkeitsbescheinigung. Mit Blick auf die **Systematik der Norm** ermächtigt Abs. 1 S. 1 das BMWK auf Antrag, die Unbedenklichkeit eines Erwerbs iSv § 55 Abs. 1 ($\rightarrow$ § 55 Rn. 12 ff.) zu bescheinigen ($\rightarrow$ Rn. 6 ff.). In Abs. 1 S. 2–4 werden die inhaltlichen Anforderungen an den Antrag auf Erteilung einer Unbedenklichkeitsbescheinigung näher geregelt ($\rightarrow$ Rn. 16 ff.). Abs. 2 enthält eine Regelung zur Fiktion einer Unbedenklichkeitsbescheinigung (Abs. 2 S. 1; $\rightarrow$ Rn. 23) sowie eine Sonderregelung zur Bekanntgabe der Durchführung des Prüfverfahrens bei einem vorherigen Antrag auf Erteilung einer Unbedenklichkeitsbescheinigung (Abs. 2 S. 2–3; $\rightarrow$ Rn. 24). Abs. 3 begrenzt den Anwendungsbereich der Regeln zur Unbedenklichkeitsbescheinigung in Abs. 1 und Abs. 2 auf Fälle, in denen kein Prüfverfahren eröffnet wurde und keine Meldepflicht besteht ($\rightarrow$ Rn. 25).

2   In **historischer Hinsicht** wurde die Möglichkeit, eine Unbedenklichkeitsbescheinigung zu beantragen im Zuge des 13. Gesetzes zur Änderung des Außenwirtschaftsgesetzes und der Außenwirtschaftsverordnung in die AWV aufgenommen.[1] Der Regierungsentwurf sah noch vor, dass dem BMWK hinsichtlich der Erteilung der Unbedenklichkeitsbescheinigung ein Ermessensspielraum zustehen

---

[1] Inkrafttreten der Regelung am 24.4.2009; BGBl 2009 I 770 (771); BT-Drs. 16/11898, 6.

sollte.[2] Auf Empfehlung des Ausschusses für Wirtschaft und Technologie[3] wurde jedoch ein **gebundener Rechtsanspruch** auf Erteilung der Unbedenklichkeitsbescheinigung in die Verordnung aufgenommen.[4] Auch die Fiktion der Unbedenklichkeitsbescheinigung wurde erst infolge der Empfehlung des Ausschusses für Wirtschaft und Technologie mit in die Verordnung aufgenommen.[5] Der Antrag auf Erteilung einer Unbedenklichkeitsbescheinigung war zunächst in § 53 Abs. 3 aF normiert, bevor die Vorschrift mit Wirkung zum 1.4.2014 ohne materiellrechtliche Änderung in § 58 nF übertragen wurde.[6]

Das **Telos der Regelungen** zur Unbedenklichkeitsbescheinigung ist, den Parteien eines Erwerbs iSv § 55 zu ermöglichen, Rechtssicherheit in Fällen zu erlangen, in denen der Erwerb nicht nach § 55a Abs. 4 (→ § 55a Rn. 129 ff.) bzw. § 60 Abs. 3 S. 1 (→ § 60 Rn. 83 ff.) meldepflichtig ist und das BMWK kein Prüfverfahren von Amts wegen eingeleitet hat (→ § 55 Rn. 63 ff.). Die Regelung trägt dem Umstand Rechnung, dass das BMWK grundsätzlich bis zu fünf Jahre nach Abschluss des schuldrechtlichen Vertrags ein Prüfverfahren von Amts wegen eröffnen kann (§ 55 Abs. 1 iVm § 14a Abs. 3 S. 2 AWG). Mit einem vorherigen Antrag auf Erteilung einer Unbedenklichkeitsbescheinigung kann einer Prüfung zu einem späteren Zeitpunkt − etwa nach Vollzug des Erwerbs − vorgebeugt werden. Bei dem Antrag auf Erteilung einer Unbedenklichkeitsbescheinigung handelt es sich um eine selbstständige Verfahrensart im Rahmen der Regelungen zur sektorübergreifenden Prüfung (s. dazu bereits Einführung in die Prüfung von Unternehmenserwerben → Rn. 7).[7] **3**

Die **praktische Relevanz** des Antrags auf Erteilung einer Unbedenklichkeitsbescheinigung hat zuletzt in Relation zu meldepflichtigen Erwerben nach § 55a Abs. 4 abgenommen. Dies liegt insbesondere daran, dass die Liste sicherheitsrelevanter Sektoren in § 55a Abs. 1 stetig erweitert wurde und (vermeintlich) sicherheitsrelevante Erwerbe deshalb regelmäßig bereits gem. § 55a Abs. 4 zu melden sind, ohne dass ein Antrag auf Erteilung einer Unbedenklichkeitsbescheinigung in Betracht käme (s. insofern zur historischen Entwicklung → Einl. Rn. 5 ff.). Aktuelle Zahlen zur Häufigkeit von Anträgen auf Erteilung einer Unbedenklichkeitsbescheinigung sind nicht öffentlich verfügbar. Zumindest bis zur Einführung der verpflichtenden Meldung war die absolute Zahl der Anträge allerdings lange angestiegen.[8] **4**

---

[2] Seibt/Wollenschläger ZIP 2009, 833 (842).

[3] Bei dem Ausschuss für Wirtschaft und Technologie handelte es sich um einen Ausschuss des deutschen Bundestages in der 17. Wahlperiode. In der aktuellen 20. Wahlperiode tagt der Ausschuss nunmehr unter der Bezeichnung „Wirtschaftsausschuss"; sein Arbeitsbereich deckt einen Teil der Zuständigkeiten des BMWK ab.

[4] BT-Drs. 16/11898, 5, 10; Krause BB 2009, 1082 (1084).

[5] Krause BB 2009, 1082 (1084).

[6] Runderlass Außenwirtschaft Nr. 5/2013 Verordnung zur Neufassung der Außenwirtschaftsverordnung vom 2. August 2013 des Bundesministeriums für Wirtschaft und Technologie; BAnz. AT 5.8.2013 B1.

[7] Im Rahmen der sektorspezifischen Prüfung ist kein Antrag auf Erteilung einer Unbedenklichkeitsbescheinigung möglich, weil das Prüfrecht des BMWK in diesem Bereich stets mit einer Meldepflicht einhergeht (→ § 60 Rn. 83 ff.).

[8] Lag der Antrag der Anträge auf Erteilung einer Unbedenklichkeitsbescheinigung im Jahr 2016 noch bei 39, stieg sie im Jahr 2017 bereits auf 57 Anträge und im Jahr 2018 auf 78 Anträge an (Dammann de Chapto/Brüggemann NZKart 2019, 93 (94)).

5 In der Praxis erscheint ein freiwilliger Antrag auf Erteilung einer Unbedenklichkeitsbescheinigung insbesondere dann sinnvoll, wenn Schwellenwerte der BSI-KritisV nur knapp unterschritten werden (→ § 55a Rn. 3 ff.). Er kommt auch in Betracht, wenn auf Seite des Zielunternehmens oder des Erwerbers eine besondere Sicherheitsrelevanz naheliegt, bspw. weil ein erwerberbezogener Faktor iSv § 55a Abs. 3 vorliegt (→ § 55a Rn. 119 ff.).

B. Antrag und Erteilung der Unbedenklichkeitsbescheinigung (Abs. 1)

I. Unbedenklichkeitsbescheinigung (Abs. 1 S. 1 Hs. 2)

6 **1. Rechtsnatur und Inhalt.** Eine Unbedenklichkeitsbescheinigung ist ein **rechtsgestaltender begünstigender Verwaltungsakt** iSv § 35 VwVfG.[9] Das Antragserfordernis führt zudem dazu, dass es sich um einen mitwirkungsbedürftigen Verwaltungsakt handelt. Als solcher ist die Unbedenklichkeitsbescheinigung grundsätzlich verbindlich; Widerruf oder Rücknahme sind nur in den gesetzlich vorgesehenen Fällen zulässig (dazu → Rn. 10 ff.). Außerdem richtet sich der Rechtsschutz auf Erteilung einer Unbedenklichkeitsbescheinigung (→ AWG § 14 Rn. 43) bzw. gegen deren Rücknahme oder Widerruf nach den allgemeinen Regeln für Verwaltungsakte (→ AWG § 14 Rn. 35).

7 Abs. 1 räumt dem Erwerber einen **Rechtsanspruch auf Erteilung** ein, soweit keine Bedenken hinsichtlich des Erwerbs bestehen.[10] Ein Ermessensspielraum steht dem BMWK insofern nicht zu (zum Beurteilungsspielraum des BMWK im Hinblick auf die voraussichtliche Beeinträchtigung der öffentlichen Ordnung oder Sicherheit → § 55 Rn. 39 ff.). Die Beantragung einer Unbedenklichkeitsbescheinigung entfaltet keine aufschiebende Wirkung. Da in den Fällen, in denen eine Unbedenklichkeitsbescheinigung beantragt werden kann, grundsätzlich kein Vollzugsverbot greift, kann die Transaktion somit jederzeit vollzogen werden. In der Praxis kann es nichtsdestoweniger sinnvoll sein, den Vollzug mit dem BMWK informell abzustimmen, das insofern regelmäßig keine Einwände äußert. Die Unbedenklichkeitsbescheinigung hat eine **abschließende Wirkung** für das investitionskontrollrechtliche Verfahren (s. zu Widerruf und Rücknahme → Rn. 10 ff.).[11]

8 Mit Erteilung der Unbedenklichkeitsbescheinigung bescheinigt das BMWK die Unbedenklichkeit gem. Abs. 1 in dem Sinne, dass dem Erwerb **keine Bedenken** im Hinblick auf die öffentliche Ordnung oder Sicherheit der Bundesrepublik Deutschland, eines anderen Mitgliedstaates der Europäischen Union oder in Bezug auf Projekte oder Programme von Unionsinteresse iSd Art. 8 Screening-VO entgegenstehen (zum Prüfungsmaßstab → § 55 Rn. 29 ff.). Der Inhalt der Unbedenklichkeitsbescheinigung stimmt insofern mit dem der Freigabe nach § 58a Abs. 1 S. 1 überein. „Keine Bedenken" im Sinne der Norm bedeutet dabei, dass der maßgebliche Erwerb aus Sicht des BMWK zu keiner

---

[9] BMWK „FAQ" (Häufige Fragen zu Investitionsprüfungen nach dem Außenwirtschaftsgesetz (AWG) und der Außenwirtschaftsverordnung (AWV), Stand 1.5.2022); Wolfgang/Simonsen/Rogmann/Pietsch AWR/Wolffgang/Rogmann/Pietsch Rn. 132.

[10] BT-Drs. 16/11898, 10.

[11] Hocke/Sachs/Pelz AußenwirtschaftsR/Mausch-Liotta/Sattler Rn. 13.

voraussichtlichen Beeinträchtigung iSv § 55 Abs. 1 führt (zu diesem Maßstab → § 55 Rn. 29).

2. Erteilung. Die Unbedenklichkeitsbescheinigung erfolgt als **förmlicher** 9 **Bescheid** und kann schriftlich sowie in elektronischer Form erteilt werden (§ 3 Abs. 1). Nähere Formvorgaben hinsichtlich der Erteilung sind in § 58 nicht festgelegt. In der Praxis wird die Bescheinigung nunmehr in der Regel „zwecks Bekanntgabe durch pdf-Dokument mit qualifizierter elektronischer Signatur per E-Mail" dem Antragsteller bzw. den Zustellungsbevollmächtigten zugestellt. Ein Original der Unbedenklichkeitsbescheinigung wird seitdem nicht mehr gesendet. Auch das Empfangsbekenntnis in Formularform gibt es nicht mehr. In der Übersendungsemail wird jedoch üblicherweise darum gebeten „den Empfang des vollständigen und unversehrten elektronischen Dokuments nebst Signatur kurz per E-Mail zu bestätigen." Zuvor (dh etwa bis Mitte 2022) wurde die Unbedenklichkeitsbescheinigung noch vorab per E-Mail und/oder Fax gegen Empfangsbekenntnis übermittelt und das Original des Bescheids folgte auf dem Postweg. Die Unbedenklichkeitsbescheinigung nennt die Namen der Parteien und bezeichnet den Erwerbstatbestand (ggf. einschließlich der Anteilshöhe). Im Übrigen enthält sie keine Sachverhaltsdarstellung oder Begründung, sondern lediglich den Hinweis, dass das BMWK die Unbedenklichkeitsbescheinigung „wie beantragt" erteilt. Zukünftig erscheint eine Erteilung über das **Bundesportal** möglich und sinnvoll. Eine Erteilung über das besondere elektronische Anwaltspostfach (**beA**) ist nicht vorgesehen.

3. Widerruf und Rücknahme (Aufhebung). Ein begünstigender Verwal- 10 tungsakt kann sowohl bei einer erteilten als auch bei einer fingierten Unbedenklichkeitsbescheinigung grundsätzlich nach den allgemeinen Vorschriften der **§§ 48, 49 VwVfG aufgehoben** werden.

Eine Rücknahme der Unbedenklichkeitsbescheinigung nach § 48 VwVfG ist 11 auch mit Wirkung für die Vergangenheit möglich, wenn diese in **rechtswidriger** Weise ergangen ist.[12] In diesem Fall kommt ein Ersatz des Vertrauensschadens nach § 48 Abs. 3 VwVfG in Betracht.

Eine rechtmäßig erteilte Unbedenklichkeitsbescheinigung kann grundsätz- 12 lich gemäß § 49 VwVfG widerrufen werden. Der Widerruf ist allerdings an die strengen Voraussetzungen des § 49 VwVfG geknüpft.[13] Soweit die Unbedenklichkeitsbescheinigung mit einer Auflage verbunden ist, die nicht erfüllt wurde, ist ein Widerruf nach § 49 Abs. 2 Nr. 2 VwVfG möglich. Nach § 49 Abs. 2 Nr. 3 VwVfG kann ein Verwaltungsakt – und somit eine Unbedenklichkeitsbescheinigung – mit Wirkung für die Zukunft widerrufen werden, wenn das BMWK „auf Grund nachträglich eintretender Tatsachen berechtigt wäre, den Verwaltungsakt nicht zu erlassen". Zwar kann eine Änderung der Tatsachengrundlage zu einem Widerruf führen, die bloße Änderung der rechtlichen oder tatsächlichen Bewertung bereits vorliegender Tatsachen fällt jedoch nicht unter den §§ 48, 49 VwVfG und reicht somit nicht für einen Widerruf bzw. Rücknahme aus.[14] Dies sollte etwa für die juristische Bewertung gelten, ob die Aktivitäten des Zielunternehmens als besonders sensibel iSd § 55a Abs. 1 (ggf. iVm

---

[12] Wissenschaftlicher Dienst des Deutschen Bundestags WD 5 – 3000 – 018/2, 10.
[13] Wissenschaftlicher Dienst des Deutschen Bundestags WD 5 – 3000 – 018/2, 11.
[14] So auch Flaßhoff/Glasmacher NZG 2017, 489; zur allgemeinen Dogmatik vgl. Schoch/Schneider/Schoch § 49 Rn. 110.

der BSI-KritisV) gelten.[15] Nach § 49 Abs. 2 Nr. 5 VwVfG ist ein Widerruf schließlich zur Verhinderung schwerer Nachteile für das Gemeinwohl zulässig. Dies erfordert eine absolute Ausnahmesituation, wie sie etwa in Fällen einer Katastrophensituation vorliegt; nicht ausreichend sind allgemeine Gemeinwohlgründe.[16] Wie dieser Begriff auf das Investitionskontrollrecht anzuwenden ist, ist nicht geklärt. Ungeachtet der hohen Bedeutung der betroffenen Rechtsgüter dürfte eine Ausnahmesituation, die geeignet ist, den Vertrauensschutz der Beteiligten vollständig zu durchbrechen, nur dann vorliegen, wenn eine ganz konkrete Gefahr für erhebliche Schutzgüter der öffentlichen Ordnung und Sicherheit vorliegt. Der Widerruf nach § 49 VwVfG erfolgt (ganz oder teilweise) nur mit Wirkung für die Zukunft. In diesem Fall kommt ein Ersatz des Vertrauensschadens nach § 49 Abs. 6 VwVfG in Betracht.

13   Wenn die Unbedenklichkeitsbescheinigung nach § 48 VwVfG zurückgenommen oder nach § 49 VwVfG widerrufen wurde, beginnt die viermonatige Prüffrist des BMWK iSd § 14a Abs. 1 Nr. 2 von Neuem (→ AWG § 14a Rn. 29), sodass das BMWK die Möglichkeit hat, die aufgehobene Entscheidung durch eine neue Entscheidung zu ersetzen. Das Gesetz unterscheidet dabei nicht zwischen einer Aufhebung mit Wirkung für die Vergangenheit oder mit Wirkung für die Zukunft. Die Eingriffsfristen beginnen nach § 14a Abs. 7 S. 2 AWG im Zeitpunkt der Bekanntgabe der Aufhebung der ursprünglichen Entscheidung neuzulaufen. Damit korrigierte der Gesetzgeber die alte Rechtslage, nach der das BMWK nach der Aufhebung einer Unbedenklichkeitsentscheidung nur dann ein Prüfverfahren eröffnen oder eine Untersagung aussprechen konnte, wenn die Eingriffsfristen noch nicht abgelaufen waren. Die Eröffnung des Prüfverfahrens ist jedoch ausgeschlossen, wenn seit Abschluss des schuldrechtlichen Vertrags über den Erwerb mehr als fünf Jahre vergangen sind (§ 14a Abs. 3 S. 2 AWG). Diese Frist beginnt nicht von Neuem zu laufen.

14   Im Oktober 2016 widerrief das BMWK[17] eine bereits erteilte Unbedenklichkeitsbescheinigung in Bezug auf die Übernahme des deutschen Produzenten von Chipanlagen **Aixtron SE** durch die Grand Chip Investment GmbH, eine mittelbare Tochtergesellschaft des chinesischen Investmentfonds Fujian Grand Chip Investment – nur sechs Wochen nach Erteilung – und kündigte eine Wiederaufnahme des Prüfverfahrens an.[18] Vorausgegangen war dem Widerruf nach Medienberichten ein

---

[15] So kannte das BMWK zB im Fall Cosco die genauen Umschlagsmengen des fraglichen Hafenterminals, wertete es aber nicht als kritische Infrastruktur. Tatsächlich konnte eine Änderung der BSI-KritisV nach Eingang des Antrags auf Erteilung einer Unbedenklichkeitsbescheinigung allerdings die neue Kategorie „Betrieb einer Umschlaganlage in See- und Binnenhäfen" mit einem niedrigeren Schwellenwert eingeführt, den das Hafenterminal erfüllte. Vgl. FAZ Löhr/Preuss „Cosco-Einstieg auf der Kippe?, vom 14.4.2023, abrufbar unter: https://www.faz.net/aktuell/wirtschaft/hafen-hamburg-steht-der-cosco-einstieg-auf-der-kippe-18814998.html (zuletzt abgerufen am 7.6.2023).

[16] BeckOK VwVfG/Abel VwVfG § 49 Rn. 64; OVG Berlin BeckRS 2003, 24250.

[17] Auf Basis öffentlich verfügbarer Informationen war dies der erste Widerruf einer Unbedenklichkeitsbescheinigung.

[18] Pressemitteilung der Aixtron SE v. 24.10.2016: Widerruf der Unbedenklichkeitsbescheinigung und Wiederaufnahme des Prüfverfahrens durch das Bundeswirtschaftsministerium im Rahmen der Übernahme durch die Grand Chip Investment GmbH, abrufbar unter: https://www.aixtron.com/de/presse/presseinformationen/AIXTRON%20SE%20Widerruf%20der%20Unbedenklichkeitsbescheinigung%20und%20Wiederaufnahme%20des%20Pr%C3%BCfverfahrens%20durch%20das%20Bundeswirtschaftsministerium%20im%20Rahmen%20der%20%C3%9Cbernahme%20durch%20die%20Grand%20Chip%20Investment%20G_n894 (zuletzt abgerufen am 7.6.2023).

Hinweis von US-Sicherheitsbehörden auf die mögliche Nutzung der mit Aixtron-Anlagen hergestellten Halbleiter für militärische Zwecke.[19] Letztlich scheiterte die Übernahme formal daran, dass durch das am 2.12.2016 durch den US-Präsidenten erteilte Verbot der Übernahme des US-Geschäfts von Aixtron durch die chinesische Bieterin die Bedingung einer Genehmigung der Transaktion durch CFIUS bzw. den US-Präsidenten aus der Angebotsunterlage nicht erfüllt werden konnte.[20] Da das Angebot infolgedessen zurückgenommen wurde, musste das BMWK das Prüfverfahren im Ergebnis nicht abschließen. Da § 14a Abs. 7 AWG damals noch nicht bestand, war unklar, ob das BMWK den Erwerb noch hätte untersagen können.

Die Entscheidung des BMWK im Fall Aixtron kam unerwartet[21] und die **15** Widerrufsmöglichkeit wird auch im Übrigen vom BMWK voraussichtlich nur in Ausnahmefällen genutzt werden. Während die praktische Relevanz der Widerrufsmöglichkeit bisher gering war, ist mit dieser Entscheidung auch die spätere Aufhebung einer Unbedenklichkeitsbescheinigung bei neueren Sachverhaltskenntnissen des BMWK ein denkbares Szenario geworden.[22] Ein ebenfalls möglicher Widerrufsvorbehalt war im Fall Aixtron jedenfalls wohl nicht Grundlage der Entscheidung.[23] In der Literatur wurde jedoch mit Blick auf die potenziellen Folgen eines gefährdungsrelevanten Erwerbsvorgangs die Frage gestellt, ob der Rückgriff auf die allgemeine verwaltungsverfahrensrechtliche Widerrufsregelung nach § 49 Abs. 2 Nr. 3 VwVfG im Rahmen der Investitionskontrolle sachgerecht sei. Hierfür wurde zum einen die (damals) unklare Regelung der Fristen nach Widerruf und zum anderen angeführt, dass die allgemeinen Regeln nicht eindeutig zu spezifischen Fragen der Investitionskontrolle passen und deshalb unklar war, ob die erteilte Unbedenklichkeitsbescheinigung überhaupt widerrufen werden durfte.[24] Mit Einführung des § 14a Abs. 7 AWG hat der Gesetzgeber nunmehr Klarheit in Bezug auf die Fristenberechnung geschaffen. Damit ist die grundsätzliche Frage, ob es im Hinblick auf die Investitionskontrolle einer besonderen Widerrufsregelung bedarf, allerdings noch nicht geklärt, denn bei den weit gefassten Widerrufsmöglichkeiten des § 49 VwVfG (und dort insbesondere § 49 Abs. 2 S. 1 Nr. 3 und 4 VwVfG) handelt es sich grundsätzlich um Ausnahmetatbestände. Das Tatbestandsmerkmal der Gefährdung des öffentlichen Interesses deckt sich aber weitgehend mit dem Tatbestandsmerkmal der voraussichtlichen Beeinträchtigung der öffentlichen Sicherheit und Ordnung in der Investitionskontrolle. Dies unterläuft den Ausnahmecharakter des § 49 VwVfG und könnte so ausgelegt werden, dass das BMWK bei nachträglichem Eintreten von Tatsachen (§ 49 Abs. 2 S. 1 Nr. 3 VwVfG) bzw. Änderungen von Rechtsvorschriften (§ 49 Abs. 2 S. 1 Nr. 4 VwVfG) eine Unbedenklichkeitsbescheinigung regelmäßig zurücknehmen kann, wenn der Erwerb (nach dann erneut vorgenommener, aktueller Prüfung) das öffentliche Interesse gefährden würde. Eine auf die im Investitionskontrollrecht

---

[19] von Kalben ZHR 186 (2022), 586 (Fn. 70).

[20] Pressemitteilung der Aixtron SE v. 8.12.2016: Erlöschen des Übernahmeangebots der Grand Chip Investment GmbH, abrufbar unter: https://www.aixtron.com/de/presse/presseinformationen/AIXTRON%20SE%20Erl%C3%B6schen%20des%20%C3%9Cbernahmeangebots%20der%20Grand%20Chip%20Investment%20GmbH_n891 (zuletzt abgerufen am 7.6.2023).

[21] Flaßhoff/Glasmacher NZG 2017, 489.

[22] BeckFormB M&A J.IV. 1. Rn. 7.

[23] Hocke/Sachs/Pelz AußenwirtschaftsR/Mausch-Liotta/Sattler Rn. 22.

[24] Hocke/Sachs/Pelz AußenwirtschaftsR/Mausch-Liotta/Sattler Rn. 22.

typischerweise vorkommenden Situationen zugeschnittene Widerrufsregelung, wie viele andere Rechtsgebiete sie kennen, wäre daher aus Gründen der Rechtssicherheit wünschenswert.

II. Antrag (Abs. 1 S. 1 Hs. 1, S. 2–4)

16   **1. Antragsteller.** Die Beantragung einer Unbedenklichkeitsbescheinigung kann wie eine verpflichtende Anmeldung nur durch den unmittelbaren Erwerber erfolgen. Die Möglichkeit zur Antragsstellung durch den mittelbaren Erwerber ist durch die 20. AWV-Novelle entfallen. Diese Möglichkeit hatte zuvor gerade in Fällen mit noch zu gründenden Erwerbsvehikeln eine schnellere Antragsstellung erlaubt. Die Neuregelung soll die Einheitlichkeit und Transparenz der Investitionsprüfung erhöhen.[25]

17   **2. Form.** Gemäß § 3 Abs. 3 S. 1 (zuvor § 58 Abs. 1 S. 1 Hs. 1 aF) wird dem Erwerber die Unbedenklichkeitsbescheinigung des Erwerbs auf schriftlichen oder elektronischen Antrag hin bescheinigt. In der Praxis ist mittlerweile eine Übermittlung via E-Mail üblich und an die Stelle der zuvor gängigen schriftlichen Antragstellung getreten, die mit einem großen Aufwand verbunden war, weil mehrere Kopien und unverschlüsselte CD-/DVD-Roms per Post oder Kurier beim BMWK eingereicht werden mussten. Nach § 3 Abs. 3, der durch die 20. AWV-Novelle eingefügt wurde, „soll" die Antragsstellung über ein Online-Portal erfolgen, sobald dieses verfügbar ist. Das Online-Portal wird voraussichtlich am 1.12.2023 online gehen. Das BMWK plant allerdings, die Allgemeinverfügung, die die Soll-Vorschrift in Kraft setzt, erst nach einer Übergangsphase zu erlassen. Durch die „soll"-Regelung wollte der Verordnungsgeber eine strikte Verpflichtung, die im Einzelfall, zB gegenüber natürlichen Personen, unangemessen sein könnte, verhindern.[26] Es ist aber unklar, was die Rechtsfolgen einer solchen ungewöhnlichen Soll-Vorschrift für Bürger (deren Ermessensausübung regelmäßig nicht kontrolliert werden kann) sein sollen.

18   **3. Inhalt. Abs. 1 S. 2** benennt nicht abschließend Informationen, die ein Antrag auf Erteilung einer Unbedenklichkeitsbescheinigung enthalten muss. Danach sind insbesondere der Erwerb, der Erwerber, das inländische Zielunternehmen und die Beteiligungsstrukturen an dem Erwerber anzugeben, sowie die Geschäftsfelder des Erwerbers und des zu erwerbenden inländischen Unternehmens in den Grundzügen darzustellen. Während diese Angaben zunächst die einzige Grundlage für den Antragsinhalt darstellten, ist mittlerweile basierend auf § 58 Abs. 1 S. 3 und S. 4 eine Konkretisierung durch die **Allgemeinverfügung vom 27.5.2021**[27] erfolgt. Das BMWK bestimmt in dieser unter I. welche Informationen und Unterlagen im Rahmen eines Antrags auf Erteilung einer Unbedenklichkeitsbescheinigung eingereicht werden müssen. Diese entsprechen grundsätzlich den Informationen und Unterlagen, die auch bei einer Meldung im sektorübergreifenden Verfahren eingereicht werden müssen (insofern → § 55a Rn. 134 ff.). Es sind lediglich keine Fallgruppen des § 55a Abs. 1 zu nennen. Zudem erwartet das BMWK in der Praxis, dass bestimmte Informationen in

---

[25] RefE 20. AWV-Novelle, S. 16.

[26] RefE 20. AWV-Novelle, S. 14.

[27] BAnz AT 11.6.2021 B2. Die zurzeit anwendbare Allgemeinverfügung des BMWK vom 27.5.2021 ist an die Stelle der Allgemeinverfügung vom 22.3.2019 getreten (BAnz AT 11.4.2019 B2).

Excel-Formulare und Vorlagen eingetragen und übermittelt werden.[28] Die Prüfung nimmt das BMWK nur vor, soweit die Unterlagen den (später erfolgenden) Erwerbsvorgang korrekt wiedergeben.[29]

4. Zeitpunkt. Ein Antrag auf Erteilung einer Unbedenklichkeitsbescheinigung erfolgt stets **freiwillig**, sodass insofern auch **keine Frist** zu beachten ist. **19** Sollten sich die Parteien eines (geplanten) Erwerbs allerdings für die Beantragung einer Unbedenklichkeitsbescheinigung beim BMWK entscheiden, ist ein frühzeitiger Antrag regelmäßig sinnvoll, um schnellstmöglich Rechtssicherheit – ggf. vor Vollzug der Transaktion – zu erlangen. Teilweise ist den Parteien daran gelegen, den Antrag bereits zeitnah nach Abschluss des schuldrechtlichen Vertrages über den Erwerb bzw. sogar schon vor dessen Abschluss zu stellen, um möglichst schnell Rechtssicherheit in Bezug auf die Durchführbarkeit des Erwerbs zu erlangen. Das BMWK geht davon aus, dass eine Unbedenklichkeitsbescheinigung grundsätzlich bereits vor Abschluss des schuldrechtlichen Vertrages über den Erwerb beantragt werden kann.[30] Voraussetzung ist, dass bereits eine **konkrete Erwerbsabsicht** besteht. Das Vorliegen eines schuldrechtlichen Vorvertrages oder eines „Letter of Intent" ist nach Angaben des BMWK hingegen nicht zwingend erforderlich.[31] Da die Stellung des Antrags eine zweimonatige Prüffrist gem. § 14a Abs. 1 Nr. 1 AWG auslöst, innerhalb derer das BMWK entscheiden muss, ob es ein **Prüfverfahren** durchführen will (→ § 14a AWG Rn. 8), können die Parteien spätestens mit Ablauf dieser zwei Monate mit ersten Ergebnissen rechnen.

5. Entscheidung zur Antragsstellung. Löst ein Erwerb keine Meldepflicht **20** nach § 55a Abs. 4 bzw. § 60 Abs. 3 aus, besteht aber ein Prüfrecht nach § 55 Abs. 1, empfiehlt sich eine gründliche **Abwägung des Für und Wider der Stellung eines Antrags auf Erteilung einer Unbedenklichkeitsbescheinigung**. Hierbei sollte das Risiko einer Prüfung durch das BMWK von Amts wegen eingeordnet werden: Je höher das Interesse des BMWK an einer Prüfung der Transaktion, desto höher die Wahrscheinlichkeit der Einleitung eines Prüfverfahrens. Auch wenn das BMWK eine Prüfung von Amts wegen eröffnet, können etwaig auftretende Fragen aber oft kurzfristig geklärt werden. Die Risikoabwägung sollte demnach stets auf Grundlage der Umstände des Einzelfalls erfolgen.

Die Parteien sollten dabei insbesondere die Identität und Staatsangehörigkeit des **21** Investors, die Nähe der Aktivitäten des inländischen Zielunternehmens zu den in §§ 55a Abs. 1 oder § 60 Abs. 1 genannten Sektoren oder sonstigen politischen oder strategischen Interessen Deutschlands oder der EU sowie fusionskontrollrechtliche und investitionskontrollrechtliche Meldepflichten in Deutschland und anderen EU-Mitgliedstaaten berücksichtigen. Auch aktuelle politische Diskussionen sollten Berücksichtigung finden. So betrug im Jahr 2020 vor dem Hintergrund der COVID-19-Pandemie der Anteil der investitionskontrollrechtlichen Prüffälle des BMWK im Bereich Gesundheit 18 % und dürfte damit deutlich oberhalb des langjährigen Schnitts gelegen haben. Auch der Anteil der Prüffälle im Bereich Informa-

---

[28] Diese entsprechen den Excel-Formularen und -Vorlagen, die auch bei einer Meldung nach § 55a Abs. 4 eingereicht werden sollen (s. bereits → § 55a Rn. 140 ff.).

[29] BMWK „FAQ" (Häufige Fragen zu Investitionsprüfungen nach dem Außenwirtschaftsgesetz (AWG) und der Außenwirtschaftsverordnung (AWV), Stand 1.5.2022).

[30] BMWK „FAQ" (Häufige Fragen zu Investitionsprüfungen nach dem Außenwirtschaftsgesetz (AWG) und der Außenwirtschaftsverordnung (AWV), Stand 1.5.2022).

[31] Hölters Unternehmenskauf-HdB/Beninca Rn. 18.239.

tions- und Kommunikationstechnologie in Höhe von 21 % im Jahr 2020 war vor dem Hintergrund des weltweiten Halbleiter-Mangels nicht überraschend.[32] Der Antrag auf Erteilung einer Unbedenklichkeitsbescheinigung bietet sich angesichts der **erhöhten Transparenz** grundsätzlich bei Erwerben an, die nach WpÜG öffentlich zu machen oder fusionskontrollrechtlich anzumelden sind.[33] In diesen Fällen besteht ein hohes Risiko dafür, dass das BMWK auf den Fall aufmerksam wird und womöglich ein Prüfverfahren einleitet. In aller Regel nimmt das BMWK aber zunächst Kontakt zu den Unternehmen oder deren Rechtsanwälten auf, um eine etwaige Meldepflicht und/oder Sicherheitsbedenken zu besprechen.

22   In der Praxis kann es in Zweifelsfällen ratsam sein, eine Unbedenklichkeitsbescheinigung zu beantragen und **zugleich eine vorsorgliche Meldung** einzureichen, sofern die Möglichkeit einer Meldepflicht nicht mit Sicherheit ausgeschlossen werden kann.[34] Dann sind allerdings bereits alle Unterlagen und Informationen, die im Fall einer Meldung erforderlich sind, einzureichen, damit die vorsorgliche Meldung vollständig ist. Diese Gestaltung akzeptiert das BMWK.[35]

C. Fiktion der Unbedenklichkeitsbescheinigung und Durchführung des Prüfverfahrens (Abs. 2)

I. Fiktion der Unbedenklichkeitsbescheinigung (Abs. 2 S. 1)

23   Abs. 2 S. 1 normiert, dass die Unbedenklichkeitsbescheinigung als erteilt gilt, wenn das BMWK nicht innerhalb von zwei Monaten ab Antragsstellung ein Prüfverfahren nach § 55 Abs. 1 eröffnet hat. Diese **Genehmigungsfiktion** verhindert, dass die beteiligten Parteien bei einer Untätigkeit des BMWK weitere (rechtliche) Schritte einleiten müssten und dient somit der Rechts- und Transaktionssicherheit. Die Frist, nach der die Fiktionswirkung eintritt, wurde dabei im Zuge der 9. AWV-Novelle von einem auf zwei Monate verlängert. Diese Verlängerung sollte einerseits der gestiegenen Komplexität der Erwerbsvorgänge Rechnung tragen und andererseits sollte vermieden werden, dass das BMWK wegen einer (zu) kurz bemessenen Frist allein zum Zweck der Fristwahrung Prüfverfahren eröffnen muss.[36] Nur **vollständige und inhaltlich korrekte Anträge** können die Genehmigungsfiktion des Abs. 2 S. 1 auslösen. Soweit der Antrag über das Online-Verwaltungsportal gem. § 3 Abs. 3 eingereicht wird, beginnt die Frist gem. § 3 Abs. 4 erst, wenn das BMWK die Dokumente vollständig und unversehrt in das IT-System des BMWK importiert hat, wobei das BMWK den Erwerber unverzüglich über die erfolgreichen Eingang oder über die Unvollständigkeit oder Versehrtheit der übermittelten Dokumente informieren muss. Diese Neuregelung nimmt dem Erwerber die Möglichkeit aus der Hand, den Fristbeginn selbst herbeizuführen und wird in der Praxis zu einem späteren Fristbeginn führen, wenn eine Anmeldung oder Antrag am Abend oder am Wochenende/an Feiertagen

---

[32] Statistik des BMWK, abrufbar unter: https://www.bmwk.de/Redaktion/DE/Schlaglichter-der-Wirtschaftspolitik/2021/07/04-im-fokus.html (zuletzt abgerufen am 7.6.2023).

[33] Hocke/Sachs/Pelz AußenwirtschaftsR/Mausch-Liotta/Sattler Rn. 3; Flaßhoff/Glasmacher NZG 2017, 489; Seibt/Wollenschläger, ZIP 2009, 833 (840).

[34] Hölters Unternehmenskauf-HdB/Beninca Rn. 18.241.

[35] Diese Möglichkeit ist etwa ausdrücklich vorgesehen in: BMWK, Excel-Formular Investitionsprüfung, 1. a).

[36] BAnz AT 17.7.2017 B1.

eingereicht wird. Unklar ist, wie zu verfahren ist, wenn der Grund eines verzögerten oder gescheiterten Imports nicht aus der Risikosphäre des Absenders stammt, sondern auf einen Fehler im IT-Systems des BMWK, und damit auf ein Ereignis aus der Risikosphäre des BMWK, zurückgeht.

II. Durchführung des Prüfverfahrens

Bis zur 20. AWV-Novelle enthielt § 58 Abs. 2 S. 2 aF eine Sonderregelung, **24** wonach die Eröffnung des Prüfverfahrens, wenn sie auf einen Antrag auf Erteilung einer Unbedenklichkeitsbescheinigung hin erfolgte, nur dem Antragssteller und nicht auch dem inländischen Zielunternehmen bekanntzugeben war. Nach Aufhebung dieser Vorschrift gilt nunmehr auch in diesen Fällen die doppelte Zustellungspflicht des § 55 Abs. 3 S. 1 (→ § 55 Rn. 65 ff.) und die Fristwahrung durch Zustellung an das inländische Zielunternehmen (→ § 55 Rn. 75). Grund für die Änderung ist der Wegfall der Möglichkeit zur Antragsstellung für mittelbare Erwerber.[37]

D. Einschränkung des Anwendungsbereichs (Abs. 3)

Seit Inkrafttreten der 17. AWV-Novelle ist die Beantragung und die Erteilung **25** einer **Unbedenklichkeitsbescheinigung gem. Abs. 3 ausgeschlossen**, wenn eine Meldepflicht im sektorübergreifenden Verfahren nach § 55a Abs. 4 bzw. im sektorspezifischen Verfahren nach § 60 Abs. 3 besteht oder das BMWK ein Prüfverfahren nach § 55 Abs. 3 (ggf. iVm § 60 Abs. 4) eingeleitet hat. Nach der Verordnungsbegründung dient diese Regelung der Klarstellung, dass ein Antrag auf Erteilung einer Unbedenklichkeitsbescheinigung im Falle eines meldepflichtigen Erwerbs sowie eines bereits von Amts wegen eingeleiteten Prüfverfahrens ausscheidet, da in beiden Fällen eine besondere Sicherheitsrelevanz besteht, aufgrund derer das vereinfachte Verfahren nach § 58 nicht statthaft ist.[38]

§ 58a Freigabe eines Erwerbs nach § 55

(1) [1]**Das Bundesministerium für Wirtschaft und Klimaschutz gibt den Erwerb frei, wenn dem Erwerb keine Bedenken im Hinblick auf die öffentliche Ordnung oder Sicherheit der Bundesrepublik Deutschland, eines anderen Mitgliedstaates der Europäischen Union oder in Bezug auf Projekte oder Programme von Unionsinteresse im Sinne des Artikels 8 der Verordnung (EU) 2019/452 entgegenstehen und die Erteilung einer Unbedenklichkeitsbescheinigung nach § 58 Absatz 3 ausgeschlossen ist.**[2] **Die Freigabe erfolgt bei Erwerben im Sinne des § 55a Absatz 1 Nummer 1 bis 27 gegenüber dem nach § 55a Absatz 5 Meldepflichtigen, in allen anderen Fällen gegenüber demjenigen, dem die Einleitung des Prüfverfahrens nach § 55 Absatz 3 Satz 1 bekannt zu geben ist.**

(2) **Die Freigabe gilt als erteilt, wenn auf Grund einer Meldung nach § 55a Absatz 4 das Prüfverfahren nach § 55 nicht innerhalb der in § 14a**

---

[37] RefE zur 20. AWV-Novelle, S. 17.
[38] Verordnung der Bundesregierung, Siebzehnte Verordnung zur Änderung der Außenwirtschaftsverordnung, S. 40.

Absatz 1 Nummer 1, auch in Verbindung mit Absatz 3 Satz 1, des Außenwirtschaftsgesetzes genannten Frist eingeleitet wird oder wenn in einem nach § 55 Absatz 3 eingeleiteten Prüfverfahren die Befugnisse nach § 59 Absatz 1 und 3 nicht ausgeübt wurden und die in § 14a Absatz 1 Nummer 2, auch in Verbindung mit dessen Absätzen 6 und 7, des Außenwirtschaftsgesetzes genannten Fristen abgelaufen sind.

(3) ¹Eine Freigabe kann mit der Auflage versehen werden, dass dem Bundesministerium für Wirtschaft und Klimaschutz der Erwerb weiterer Stimmrechte auch unterhalb der in § 56 Absatz 2 genannten Schwellenwerte zum Zwecke der Prüfung nach § 55 Absatz 1 unverzüglich nach Abschluss des schuldrechtlichen Rechtsgeschäfts anzuzeigen ist. ²§ 14 Absatz 1 Satz 1 des Außenwirtschaftsgesetzes bleibt unberührt.

A. Allgemeines

1   § 58a enthält Regeln zur Freigabe eines Erwerbs durch das BMWK im Falle einer Meldepflicht bzw. nach Eröffnung eines Prüfverfahrens.

2   Die **systematische Gliederung** der Norm ist wie folgt: Abs. 1 S. 1 verpflichtet das BMWK zur Freigabe eines Erwerbs im sektorübergreifenden Verfahren, wenn der Erwerb keine Bedenken auslöst und die Erteilung einer Unbedenklichkeitsbescheinigung nicht statthaft ist. Abs. 1 S. 2 regelt, wer der Adressat der Freigabe ist. Abs. 2 enthält eine Freigabefiktion beim Ablauf bestimmter Fristen. Abs. 3 sieht vor, dass das BMWK eine Freigabe mit der Auflage verbinden kann, dass dem BMWK der Erwerb weiterer Stimmrechte auch unterhalb der in § 56 Abs. 2 genannten Schwellenwerte anzuzeigen ist (→ Rn. 15).

3   In **historischer Hinsicht** wurde der **Freigabevorbehalt** im Zuge der 17. AWV-Novelle in § 58a kodifiziert.¹ Die zuvor bestehende Möglichkeit, bei Bestehen einer Meldepflicht nach § 55a Abs. 1 iVm § 55a Abs. 4 S. 1, eine Unbedenklichkeitsbescheinigung zu beantragen, entfiel hierdurch. Das Bestehen einer Meldepflicht nach § 55a Abs. 4 S. 1 schließt den Antrag auf Erteilung einer Unbedenklichkeitsbescheinigung iSv § 58 Abs. 1 S. 1 seither aus (vgl. § 58 Abs. 3).²

4   Das **Telos dieser Regelung** ist ausweislich der Begründung der Bundesregierung zur 17. AWV-Novelle die weitere **Vereinheitlichung von sektorspezifischem und sektorübergreifendem Prüfverfahren** und damit die Gewährleistung eines größeren Maßes an Rechtssicherheit.³ Zwar waren meldepflichtige Rechtsgeschäfte gem. § 15 Abs. 3 AWG bereits seit Inkrafttreten der 1. AWG-Novelle auch im sektorübergreifenden Prüfverfahren schwebend unwirksam. Mit dem Freigabevorbehalt wurde nunmehr der regulatorische Rahmen in Bezug auf Erwerbstatbestände im sektorübergreifenden Bereich, die entweder meldepflichtig sind bzw. in denen das BMWK ein Prüfverfahren eingeleitet hat, der Prüfung und Genehmigung im sektorspezifischen Bereich angeglichen. Entsprechend gilt § 58a Abs. 3 gem. § 61 S. 3 auch im Rahmen der sektorspezifischen Prüfung.

---

¹ § 58a eingeführt mWv 1.5.2021 durch VO v. 27.4.2021 (BAnz AT 30.4.2021 V1); Abs. 1 Satz 1, Abs. 3 Satz 1 geändert mWv 24.12.2022 durch VO v. 21.12.2022 (BAnz AT 23.12.2022 V1).

² Bei Unsicherheiten über das Bestehen einer Meldepflicht ist es jedoch möglich, den Antrag auf Unbedenklichkeitsbescheinigung mit einer vorsorglichen Meldung zu verbinden (hierzu → § 58 Rn. 22).

³ BT-Drs. 19/29216.

Zugleich wird durch § 58a im sektorübergreifenden Bereich die Freigabe von 5
Erwerbstatbeständen, die entweder meldepflichtig sind bzw. in denen das BMWK
ein Prüfverfahren eingeleitet hat, von solchen, die „lediglich" eine Unbedenklichkeitsbescheinigung erfordern, abgegrenzt. § 58a stellt klar, dass die Erteilung einer
Freigabe nur im Falle eines meldepflichtigen Erwerbs iSv § 55a Abs. 4 S. 1 sowie
eines eingeleiteten Prüfverfahrens in Betracht kommt, da der Wortlaut des § 58a
Abs. 1 S. 1 aE die Freigabe eines Erwerbs durch das BMWK unter anderem an
die Bedingung knüpft, dass die Erteilung einer Unbedenklichkeitsbescheinigung
nach § 58 Abs. 3 ausgeschlossen ist. Dies wiederum ist dann der Fall, wenn ein
Prüfverfahren nach § 55 Abs. 3 eingeleitet wurde oder eine Pflicht zur Meldung
nach § 55a Abs. 4 S. 1 besteht.

Das BMWK soll durch die **Annäherung der Verfahrensvoraussetzungen** 6
die Möglichkeit haben, von einer sektorübergreifenden zu einer sektorspezifischen
Investitionskontrolle und umgekehrt wechseln zu können. Laut Begründung der
17. AWV-Novelle habe die Fallpraxis der Jahre vor Umsetzung der 17. AWV-
Novelle gezeigt, dass sich immer mehr Fälle an der „Schnittstelle der Anwendungs-
bereiche von sektorübergreifender und sektorspezifischer Investitionsprüfung"
bewegten.[4] Oft könne erst im weiteren Verfahrenslauf nach Eingang und Prüfung
von Detailinformationen festgestellt werden, welches Prüfverfahren im konkreten
Fall tatsächlich einschlägig sei.[5] § 58a räumt dem BMWK insofern mehr Flexibilität in Bezug auf das Prüfverfahren ein. Die Möglichkeit des Wechsels zwischen
beiden Verfahren ist nun ausdrücklich in § 62a geregelt.

Die **praktische Relevanz** der Meldung bzw. der Freigabe hat zuletzt in Rela- 7
tion zu Anträgen auf Unbedenklichkeitsbescheinigungen zugenommen. Dies liegt
insbesondere daran, dass die Liste sicherheitsrelevanter Sektoren in § 55a Abs. 1
stetig erweitert wurde und (vermeintlich) sicherheitsrelevante Erwerbe deshalb
regelmäßig gem. § 55a Abs. 4 zu melden sind, ohne dass ein Antrag auf Unbedenklichkeitsbescheinigung in Betracht kommt.[6] Zudem wird in vielen Fällen
zugleich mit dem Antrag auf Unbedenklichkeitsbescheinigung eine vorsorgliche
Meldung eingereicht.

B. Freigabe (Abs. 1)

I. Rechtsnatur und Inhalt

Die Freigabeentscheidung stellt einen **begünstigenden Verwaltungsakt** iSd. 8
§ 35 VwVfG dar, welcher nach § 58a Abs. 1 S. 1 nach der Meldung eines Erwerbs
oder einem von Amts wegen eingeleiteten Prüfverfahren ergeht. Während, anders
als bei der Unbedenklichkeitsbescheinigung, rein formell kein ausdrücklicher
Antrag auf Freigabe erforderlich ist, da die Entscheidung auf die Meldung hin
vielmehr von Amts wegen erfolgt, wird in der Praxis aus Klarstellungsgründen
dennoch häufig mit der Meldung eines Erwerbs auch ein Antrag auf Erteilung
der Freigabe gestellt. Ein meldepflichtiges Rechtsgeschäft ist gem. § 15 Abs. 3
AWG so lange schwebend unwirksam, bis das BMWK die Freigabe erteilt hat.
Mit der Freigabe tritt die aufschiebende Bedingung ein und das Rechtsgeschäft
wird wirksam. Zudem ist es nach § 15 Abs. 4 AWG in solchen Fällen der schwe-

---

[4] BT-Drs. 19/29216, 40.
[5] BT-Drs. 19/29216, 40.
[6] von Brevern NZKart 2021, 530.

benden Unwirksamkeit bis zur Freigabe verboten, bestimmte, abschließend aufge-
zählte tatsächliche Vollzugshandlungen vorzunehmen. Widerruf oder Rücknahme
der Freigabe sind nur in den gesetzlich vorgesehenen Fällen zulässig (dazu
→ Rn. 12). Außerdem richtet sich der Rechtsschutz nach den allgemeinen
Regeln für Verwaltungsakte (→ AWG § 14 Rn. 35).

9   Das BMWK erteilt die Freigabe nach § 58a Abs. 1 S. 1, wenn **keine Bedenken
im Hinblick auf die Schutzgüter der §§ 55 ff.** (öffentliche Ordnung oder
Sicherheit der Bundesrepublik Deutschland oder eines anderen EU-Mitgliedstaates; Projekt und Programme im Unionsinteresse iSd Art. 8 der Screening-VO)
entgegenstehen. Der Inhalt der Freigabe stimmt also mit dem einer Unbedenklichkeitsbescheinigung überein. Materiell wird derselbe Prüfungsmaßstab wie bei der
Prüfung eines Antrags auf Erteilung einer Unbedenklichkeitsbescheinigung angewandt (zu diesem Prüfungsmaßstab → § 55 Rn. 29; zu potenziellen Beurteilungsspielräumen oder Ermessen → § 59 Rn. 9 f.).

II. Erteilung der Freigabe

10   Die Freigabe kann schriftlich sowie in elektronischer Form erteilt werden (§ 3
Abs. 1). Nähere **Formvorgaben** hinsichtlich der Erteilung der Freigabe sind in
§ 58a nicht festgelegt. Zur Handhabung in der Praxis wird auf die Ausführungen
zur Erteilung der Unbedenklichkeitsbescheinigung (→ § 58 Rn. 9) verwiesen.

11   Adressat der Freigabe ist gem. § 58a Abs. 1 S. 2 bei meldepflichtigen Erwerben
iSd § 55a Abs. 1 Nr. 1–27 der nach § 55a Abs. 5 Meldepflichtige, dh der unmittelbare Erwerber, in allen anderen Fällen derjenige, dem die Einleitung des Prüfverfahrens nach § 55 Abs. 3 S. 1 – der unmittelbare Erwerber und das von einem
Erwerb nach Abs. 1 betroffene inländische Unternehmen – bekannt zu geben ist.

III. Widerruf und Rücknahme

12   Da es sich bei der Freigabeentscheidung nach § 58a Abs. 1 sowie bei der Freigabefiktion des § 58a Abs. 2 um begünstigende Verwaltungsakte handelt, können
diese grundsätzlich nach den allgemeinen Vorschriften der §§ 48, 49 VwVfG aufgehoben werden. Dazu entsprechend → § 58 Rn. 10 ff. Denkbar ist außerdem
in analoger Anwendung des § 49 Abs. 2 Nr. 2 VwVfG ein Widerruf bei Verstößen
gegen Anordnungen (→ § 59 Rn. 37 f.). Widerruf oder Rücknahme einer Freigabe bewirken, dass die Eingriffsfrist für das BMWK nach § 14a Abs. 7 S. 1 Nr. 1
AWG neu beginnt. Dazu → § 58 Rn. 13.

C. Fiktion der Freigabe (Abs. 2)

13   Die Meldung nach § 55a Abs. 4 löst gem. § 14a Abs. 1 Nr. 1 AWG, auch iVm
Abs. 3 S. 1, eine zweimonatige Prüffrist aus, innerhalb derer das BMWK eine
Prüfverfahren bzgl. des Vorhabens einleiten kann. Erteilt das BMWK innerhalb
dieser Frist keine Freigabe und leitet auch kein Prüfverfahren ein, gilt die Freigabe
des Erwerbs gem. § 58a Abs. 2 als erteilt. Zur Genehmigungsfiktion auch die
Ausführungen zu → § 58 Rn. 23.

14   Eröffnet das BMWK nach § 55 Abs. 3 ein Prüfverfahren, darf es gemäß § 14a
Abs. 1 Nr. 2, Abs. 2 AWG nur innerhalb von vier Monaten nach dem vollständigen
Eingang der nach § 14a Abs. 2 S. 2 und 4 bestimmten Unterlagen Beschränkungen
oder Handlungspflichten nach § 4 Abs. 1 Nr. 4 oder 4a AWG iVm § 5 Abs. 2

anordnen, dh eine Untersagung des Erwerbs verfügen oder sonstige Anordnungen iSd § 59 erlassen, soweit es die öffentliche Ordnung oder Sicherheit der Bundesrepublik Deutschland, eines anderen Mitgliedstaates der Europäischen Union oder Projekte oder Programme von Unionsinteresse iSd Art. 8 Screening-VO durch den Erwerb gefährdet sieht. Werden die Befugnisse nach § 59 Abs. 1 und 3 nicht ausgeübt und sind die in § 14a Abs. 1 Nr. 2 AWG, auch in Verbindung mit dessen Abs. 6 und 7, genannten Fristen abgelaufen, gilt die Freigabe ebenfalls als erteilt.

D. Freigabe mit Auflagen (Abs. 3)

§ 58a Abs. 3 sieht vor, dass das BMWK eine **Freigabe mit der Auflage** verbin- **15** den kann, dass der Erwerber dem BMWK den Erwerb weiterer Stimmrechte auch unterhalb der in § 56 Abs. 2 genannten Schwellenwerte zum Zwecke der Prüfung nach § 55 Abs. 1 unverzüglich nach Abschluss des schuldrechtlichen Rechtsgeschäfts anzuzeigen hat. Eine solche Auflage und die damit gesteigerte Prüfrelevanz von Hinzuerwerben muss jedoch stets durch die **besonderen Umstände des Einzelfalls** gerechtfertigt sein.[7] Nach der Verordnungsbegründung[8] könne dies insbesondere dann der Fall sein, wenn im konkreten Zielunternehmen bereits niedrigere als die in § 56 Abs. 2 genannten Stimmrechtsanteile zu faktischen Sperrminoritäten beziehungsweise Kontrollmehrheiten führen könnten. Dies könne beispielsweise auf börsennotierte Gesellschaften zutreffen, sofern regelmäßig nur ein Teil der Stimmrechtsinhaber auf der Hauptversammlung von der Ausübung der Stimmrechte Gebrauch macht und dadurch das faktische Gewicht der anwesenden Stimmrechtsinhaber entsprechend proportional ansteigt. Das BMWK hat hierfür eine **Prognoseentscheidung** unter Berücksichtigung aller Umstände des Einzelfalls, insbesondere der Präsenzquoten auf vergangenen Hauptversammlungen des Zielunternehmens, vorzunehmen. Die Möglichkeit der Einzelfallauflage soll dabei die in § 56 Abs. 2 bereits in pauschalisierter Weise berücksichtigten Annäherungsschwellen von 20 % und 40 % ergänzen.[9]

Weiterhin wird in § 58a Abs. 3 mittels **Rechtsfolgenverweisung** auf § 55 **16** Abs. 1 verdeutlicht, dass eine entsprechend zweckgerichtete Auflage auch mit einem Prüfrecht nach § 55 Abs. 1 einhergeht (denn § 55 Abs. 1 setzt eine Beteiligung iSd § 56 voraus, die in den Fällen des § 58a Abs. 3 aber gerade nicht vorliegt). Bei der „Anzeige" iSd Abs. 3 handelt es sich dabei nicht um eine Meldung iSd § 15 Abs. 3 AWG.[10]

§ 59 Untersagung oder Anordnungen

(1) **Das Bundesministerium für Wirtschaft und Klimaschutz kann einen Erwerb im Sinne des § 55 bis zum Ablauf der in § 14a Absatz 1 Nummer 2, auch in Verbindung mit dessen Absätzen 6 und 7, des Außenwirtschaftsgesetzes genannten Frist gegenüber dem unmittelbaren Erwerber**

---

[7] BT-Drs. 19/29216, 37.

[8] BAnz. AT v. 30.4.2021, V1; s. auch Runderlass Außenwirtschaft Nr. 2/2021 vom 27.4.2021, BAnz. AT v. 30.4.2021, B2.

[9] BAnz. AT v. 30.4.2021, V1; S. auch Runderlass Außenwirtschaft Nr. 2/2021 vom 27.4.2021, BAnz. AT v. 30.4.2021, B2.

[10] BAnz. AT v. 30.4.2021, V1; S. auch Runderlass Außenwirtschaft Nr. 2/2021 vom 27.4.2021, BAnz. AT v. 30.4.2021, B2.

untersagen oder gegenüber den am Erwerb Beteiligten und den mit ihnen verbundenen Unternehmen Anordnungen erlassen, um die öffentliche Ordnung oder Sicherheit der Bundesrepublik Deutschland, eines anderen Mitgliedstaates der Europäischen Union oder in Bezug auf Projekte oder Programme von Unionsinteresse im Sinne des Artikels 8 der Verordnung (EU) 2019/452 zu gewährleisten.

(2) *(aufgehoben)*

(3) Zur Durchsetzung einer Untersagung kann das Bundesministerium für Wirtschaft und Klimaschutz insbesondere

1. die Ausübung der Stimmrechte an dem erworbenen Unternehmen, die einem unionsfremden Erwerber gehören oder ihm zuzurechnen sind, untersagen oder einschränken oder

2. auf Kosten des Erwerbers einen Treuhänder bestellen, der die Rückabwicklung eines vollzogenen Erwerbs herbeiführt.

(4) [1]Als Dritter kann nach § 23 Absatz 6b Satz 1 des Außenwirtschaftsgesetzes mit der Kontrolle angeordneter oder durch Vertrag übernommener Verpflichtungen der an einem Erwerb Beteiligten beauftragt werden, wer fachkundig, zuverlässig und unabhängig von den Verpflichteten und den weiteren am Erwerb Beteiligten ist. [2]Als fachkundig gilt, wer aufgrund seiner Ausbildung, seiner beruflichen Qualifikation oder seiner nachgewiesenen Berufspraxis oder einer Kombination daraus über die erforderlichen Kenntnisse und Fähigkeiten verfügt, um die ihm übertragene Kontrolltätigkeit im Einklang mit allen einschlägigen Rechtsvorschriften und Normen und, soweit es um die Kontrolle technischer oder naturwissenschaftlicher Vorgänge oder Anforderungen geht, unter Beachtung der anerkannten Grundsätze von Wissenschaft und Technik, fach- und sachgerecht ausüben zu können.

(5) [1]In den Fällen des Absatzes 1 kann das Bundesministerium für Wirtschaft und Klimaschutz auch anordnen, dass die an einem Erwerb Beteiligten und die mit ihnen verbundenen Unternehmen dem Bundesministerium für Wirtschaft und Klimaschutz in bestimmten Zeitabständen einen Bericht über die Einhaltung von angeordneten oder durch Vertrag übernommenen Verpflichtungen vorzulegen haben. [2]Der Bericht muss von einer Person erstellt werden, die fachkundig im Sinne des Absatzes 4 Satz 2 und unabhängig von den Verpflichteten und den weiteren am Erwerb Beteiligten ist. [3]Die Kosten des Berichts tragen die Verpflichteten.

Übersicht

A. Überblick

§ 59 regelt abschließend die restriktiven Maßnahmen im Rahmen der Prüfung **1** von Investitionen im sektorübergreifenden Verfahren, namentlich die Untersagung eines Erwerbs und die Anordnung zur Gewährleistung der öffentlichen Ordnung und Sicherheit. Die Norm regelt auch die Kontrolle der Einhaltung von im Wege der Anordnung auferlegten oder durch öffentlich-rechtlichen Vertrag übernommenen Verpflichtungen. § 4 Abs. 1 Nr. 4, 4a AWG und § 5 Abs. 2 AWG bilden die hierfür notwendigen gesetzlichen Ermächtigungsgrundlagen. Die ursprüngliche Fassung der Norm (zunächst als § 53) besteht seit Einführung der sektorübergreifenden Prüfung im Jahr 2009.[1] Seit der Neufassung des Außenwirtschaftsrechts im Jahr 2013 ist die Untersagung im sektorübergreifenden Verfahren in § 59 geregelt.[2] Die Abs. 3–5 sind im Rahmen der sektorspezifischen Prüfung ebenfalls anzuwenden (vgl. § 62 Abs. 2).

Obwohl die Untersagungsmöglichkeit seit Einführung der sektorübergreifen- **2** den Prüfung besteht, fand § 59 Abs. 1 Alt. 1 lange Zeit keine praktische Anwendung. Die erste Untersagung im sektorübergreifenden Prüfungsverfahren zeichnete sich 2018 bei der geplanten Übernahme der Leifeld Metal Spinning GmbH durch die Yantai Taihai Corporation ab. Der Übernahmeversuch wurde jedoch als Reaktion auf die Untersagungsandrohung zurückgezogen.[3] Eine erste förmliche Untersagung erfolgte im Jahr 2019, zu der jedoch keine Details öffentlich bekannt sind.[4] Die erste öffentlich bekannt gewordene förmliche Untersagung erfolgte dann im Jahr 2020 gegenüber der EMST GmbH und der dahinterstehenden Addsino CO Ltd. sowie der China Aerospace Science & Industry Corporation Limited beim Übernahmeversuch des Satellitentechnikunternehmens IMST GmbH.

---

[1] 13. AWV-Novelle, BGBl. 2009 I 770.

[2] Verordnung zur Neufassung der Außenwirtschaftsverordnung, BGBl. 2013 I 2865.

[3] Hilf/Röhling/Braun 2.8.2019, German foreign investment authority takes off the gloves (zuletzt abgerufen am 19.5.2023), abrufbar unter: https://www.freshfields.com/en-gb/our-thinking/knowledge/briefing/2018/08/german-foreign-investment-authority-takes-off-the-gloves—3808 (zuletzt abgerufen am 7.6.2023).

[4] Vgl. BT-Drs. 19/18929, 4, Antwort 12. Die Bundesregierung scheint die Untersagung der Leifeld-Transaktion demnach statistisch nicht als solche zu erfassen.

Diese Untersagung blieb bis 2022 die einzige (öffentlich bekannt gewordene) Untersagungsentscheidung. Es ist allerdings davon auszugehen, dass weitere Fälle untersagt worden wären, hätten die jeweiligen Parteien die Transaktion nicht vor Untersagung abgebrochen.[5] Das Jahr 2022 markierte schließlich eine Zäsur in der weiteren Investitionskontrollpraxis. Es kam zu drei (Teil-)Untersagungen und zwei Sonderkonstellationen, die im Ergebnis zu einem Abbruch der Transaktion führten.[6] Untersagungen wurden ausgesprochen im Zusammenhang mit dem geplanten Erwerb der Heyer Medical AG durch die chinesische Aeonmed-Gruppe, dem geplanten Erwerb des Fertigungsstandorts Dortmund der Elmos GmbH durch die schwedische Silex Microsystems AB und die dahinter stehende chinesische Muttergesellschaft Sai Microelectronics Inc. sowie dem Erwerb von mehr als 24,99 % der Anteile an der Betriebsgesellschaft des Hamburger Hafenterminals HLLA Terminal Tollerort durch die chinesische COSCO Shipping Ports Ltd. (CSPL) und der dahinter stehenden China COSCO Shipping Corporation. Die Auswirkungen der (nach dem ursprünglichen Antrag erfolgten) Einstufung des betreffenden Terminals als kritische Infrastruktur auf die Teiluntersagungsentscheidung hat das BMWK später erneut untersucht, letztlich aber daran festgehalten, den Erwerb von bis zu 24,99 % der Anteile/Stimmrechte nicht zu untersagen. Wertet man dies als Neubetrachtung nach der aktualisierten Rechtslage – zum Zeitpunkt des Antrags auf Erteilung einer Unbedenklichkeitsbescheinigung bestand sicher keine Meldepflicht – kommt dies einer teilweisen Freigabe gleich (→ § 59 Rn. 14).[7]

3   Auch die EU-Screening-VO sieht Untersagungen und Anordnungen in Bezug auf den Erwerb von Unternehmen vor. Es handelt sich dabei um „Überprüfungsentscheidungen" im Sinne von Art. 2 Nr. 6 Screening-VO. Eine eigene **Untersagungsbefugnis der Kommission besteht** jedoch **nicht**; vielmehr trifft jeder Mitgliedstaat seine Überprüfungsentscheidungen im Rahmen der nationalen Investitionskontrolle eigenständig.

B. Untersagung oder Anordnung (Abs. 1)

I. Untersagung (Abs. 1 Alt. 1)

4   Mit der Untersagung findet das Prüfungsverfahren der §§ 55 ff. seinen Abschluss. Bei der Untersagung handelt es sich um einen klassischen belastenden

---

[5] Erwähnenswert ist in diesem Zusammenhang bspw. der geplante Erwerb von Aixtron durch Fujian Grand Chip Investment, für den das BMWK eine bereits erteilte Unbedenklichkeitsbescheinigung widerrufen hat. Während das BMWK den Fall erneut prüfte, wurde der Erwerb im Hinblick auf das US-Geschäft von der US-Regierung untersagt und die Parteien nahmen Abstand von der Transaktion; vgl. auch BeckM&A-HdB/Bonhage § 91 Rn. 7 sowie Fn. 6 in Bezug auf ERS-electronics GmbH.

[6] Dies betrifft zum einen den geplanten Erwerb von Siltronic durch Global Wafers, für den die Prüfung durch das BMWK – unter Verweis auf die kurz zuvor gegenüber der chinesischen Fusionskontrollbehörde gemachten Zusagen – nicht innerhalb der vertraglich hierfür vorgesehenen Frist (Long Stop Date) beendet werden konnte. Zum anderen zog ein nicht näher bezeichneter chinesischer Erwerber seine Meldung im Hinblick auf den Erwerb der ERS electronics GmbH zurück, kurz bevor der Erwerb untersagt werden sollte.

[7] Dem wurde auch in der Mitteilung des Sprechers der Bundesregierung vom 10. Mai 2023 Rechnung getragen, in der es einerseits heißt „Bundesregierung hält an Teiluntersagung fest", nach der Cosco aber auch 24,99 % des HHLA-Containerterminals Tollerort im Hamburger Hafen erwerben „darf".

Verwaltungsakt, der – soweit keine speziellen Regelungen in der AWV bestehen – am **allgemeinen Verwaltungsrecht** zu messen ist.

1. Formelle Voraussetzungen. a) Zuständigkeit. Nach § 59 Abs. 1 iVm **5** § 13 Abs. 2 Nr. 2 lit. c AWG ist das **BMWK die allein zuständige Behörde** für den Erlass der Untersagungsverfügung. Das BMWK kann jedoch nicht allein über die Untersagung entscheiden. Nach § 13 Abs. 3 S. 1 AWG bedarf die Untersagungsverfügung der **Zustimmung der Bundesregierung**, die hierzu einen **mehrheitlichen Kabinettsbeschluss** fassen muss (§ 24 Abs. 2 GO BReg). Denkbar ist auch die Fassung eines Beschlusses im Umlaufverfahren (§ 20 Abs. 2 GO BReg). Die Beteiligung der gesamten Bundesregierung verdeutlicht dabei den **Ausnahmecharakter** der Untersagung.[8] Faktisch erfordern Koalitionsverträge regelmäßig eine zwischen den Regierungsparteien einvernehmliche Beschlussfassung,[9] sodass auch die Blockade einzelner Regierungsmitglieder gewichtige Auswirkungen haben kann, wie das Prüfverfahren zum Anteilserwerb an der Betriebsgesellschaft des Containerterminals Tollerort durch die COSCO Shipping Ports Limited hat deutlich werden lassen. In dessen Verlauf wurde öffentlich bekannt, dass sich allein das Bundeskanzleramt einer vollständigen Untersagung widersetzte, sodass schließlich ein Kompromiss mit den anderen Ressorts – erlaubt wurde ein Erwerb von maximal 24,99 % der Stimmrechte – zur ersten Teiluntersagung in der Geschichte der Investitionskontrolle führte.[10]

b) Frist. Eine Untersagung muss grundsätzlich innerhalb der Frist des § 14 **6** Abs. 1 Nr. 2 AWG erfolgen, dh spätestens vier Monate nach Eingang der vollständigen Unterlagen, welche mit der Eröffnung des Prüfverfahrens einzureichen sind. Zur Frist für die Eröffnung des Prüfverfahrens → § 55 Rn. 64 ff., zum Verfahrensablauf → Vor § 55 Rn. 9 f. Einschließlich der zweimonatigen Frist für die Einleitung des Prüfverfahrens (§ 14 Abs. 1 Nr. 1 AWG) hat das BMWK daher grundsätzlich sechs Monate Zeit, eine Untersagung auszusprechen. Sowohl die Frist des Vorverfahrens (§ 14a Abs. 5 AWG)[11] wie auch die des Prüfverfahrens (§ 14a Abs. 4–7 AWG)[12] können aber verlängert werden oder neu beginnen, wovon in der Praxis in schwierigen Prüfverfahren auch oft Gebrauch gemacht wird. Eine Untersagungsentscheidung ergeht deshalb in aller Regel erst deutlich nach dem Ablauf von sechs Monaten. Zur Fristberechnung → AWG § 14a Rn. 16 ff. Sollte eine Frist verstrichen sein, gilt die Freigabe gemäß § 58a Abs. 2 als erteilt. Der Eintritt dieser Genehmigungsfiktion kann mit einer Feststellungsklage geltend gemacht werden (→ AWG § 14 Rn. 51). Im Verfahren des einstweiligen Rechts-

---

[8] Dehne, Investitionskontrolle in Deutschland, S. 295; Kollmann AW-Prax 2009, 205 (209).

[9] Vgl. Koalitionsvertrag 2021–25, S 173, abrufbar unter: https://www.bundesregierung.de/resource/blob/974430/1990812/1f422c60505b6a88f8f3b3b5b8720bd4/2021-12-10-koav2021-data.pdf?download=1 (zuletzt abgerufen am 7.6.2023).

[10] Kanzleramt will China-Geschäft mit Hamburger Hafen offenbar durchsetzen, Handelsblatt vom 20.10.2022, abrufbar unter: https://www.manager-magazin.de/unternehmen/handel/cosco-kanzleramt-will-china-geschaeft-offenbar-durchsetzen-a-a505dcad-e225-4611-a9eb-8cecf42852b5 (zuletzt abgerufen am 7.6.2023). Zur rechtlichen Zulässigkeit der Teiluntersagung → Rn. 16.

[11] Konsensuale Verlängerung, bspw. wenn die Frist aufgrund von Kenntnis des BMWK schon deutlich vor Einreichung eines Antrags/einer Meldung zu laufen beginnen würde.

[12] Es bestehen einseitige und konsensuale Verlängerungsmöglichkeiten sowie die Möglichkeit der Hemmung und des Neubeginns einer Frist (→ AWG § 14a Rn. 17 ff.).

schutzes kann die vorläufige (und, soweit die Voraussetzungen einer Vorwegnahme der Hauptsache gegeben sind, auch die endgültige) Feststellung des Eintritts der Genehmigungsfiktion begehrt werden.[13] Seitdem Globalwafers im Januar 2022 erfolglos ein entsprechendes Verfahren vor dem VG Berlin angestrengt hat, in dem Streitfragen der Fristberechnung zentrales Thema waren,[14] bittet das BMWK in der Praxis regelmäßig um Zustimmung zu seiner eigenen Fristberechnung.

7   **c) Verfahren.** Vor der Untersagung nach § 59 sind die **Beteiligten nach § 28 VwVfG anzuhören**. Dazu gehört in jeden Fall der Erwerber (§ 13 Abs. 1 Nr. 1 VwVfG). Der Verkäufer wird in der Regel Beteiligter durch Beiladung von Amts wegen oder durch Antrag nach § 13 Abs. 1 Nr. 4 VwVfG. Darüber hinaus können auch weitere Beteiligte (Zielunternehmen, mittelbarer Erwerber) angehört werden. In der Praxis wird eine Anhörung per Videokonferenz durchgeführt, um erste Bedenken zu erörtern. Steht eine Untersagung zur Diskussion, wird in der Regel eine weitere Präsenzanhörung in den Räumlichkeiten des BMWK durchgeführt, bei der auch Vertreter anderer Ressorts oder Fachabteilungen anwesend sind. Die Anhörung wird gemäß § 23 VwVfG in deutscher Sprache durchgeführt. Die Untersagungsverfügung erfordert gemäß § 13 Abs. 3 S. 1 AWG die Zustimmung der Bundesregierung, die hierzu nach §§ 20, 24 GO BReg einen einstimmigen Kabinettsbeschluss fassen muss (→ Rn. 5).

8   **2. Materielle Voraussetzungen.** Die allgemeinen Voraussetzungen des Prüfverfahrens in §§ 55, 56 – u.a. inländisches Unternehmen, unionsfremder Erwerber, Stimmrechtshöhe – müssen bereits zur Eröffnung des Prüfverfahrens vorliegen (→ § 55 Rn. 45 f.). Im Prüfverfahren (Phase II) muss anschließend eine **voraussichtliche Beeinträchtigung** für die **öffentliche Ordnung oder Sicherheit** der **Bundesrepublik Deutschland**, eines **anderen Mitgliedstaates der Europäischen Union** oder **in Bezug auf Projekte oder Programme von Unionsinteresse**[15] festgestellt werden (vgl. zu diesem Kriterium bereits → § 55 Rn. 29 ff.).

9   **3. Ermessensspielraum.** Stellt das BMWK eine voraussichtliche Beeinträchtigung für die öffentliche Ordnung oder Sicherheit fest, hat das BMWK einen Ermessensspielraum darüber, ob und wie es mit der Investition verfährt. Dabei hat es den in § 4 Abs. 4 AWG kodifizierten Grundsatz der Verhältnismäßigkeit zu beachten. Der Gesetzgeber selbst sieht die Untersagung als „ultima ratio" an. Sie soll „nur in äußerst seltenen Einzelfällen in Betracht"[16] kommen. Mildere Mittel sind die in § 14 Abs. 1 AWG ausdrücklich vorgesehenen Nebenbestimmungen sowie – als wohl mildestes Mittel – der Abschluss eines öffentlich-rechtlichen Vertrages oder Zusicherungen der beteiligten Unternehmen. Der öffentlich-rechtliche Vertrag kam in der bisherigen Praxis des BMWK als „**Mittel der Wahl**" zur Anwendung (hierzu noch → Rn. 24 ff.).[17] Es zeichnet sich jedoch eine Zunahme einseitiger Maßnahmen durch das BMWK ab.

10   Das BMWK kann im Rahmen seines **Ermessensspielraums** allerdings auch zu dem Ergebnis gelangen, dass eine voraussichtliche Beeinträchtigung der öffentlichen Ordnung oder Sicherheit durch andere Faktoren aufgewogen wird. Die Faktoren

---

[13] VG Berlin BeckRS 2022, 997 Rn. 37 f.
[14] VG Berlin BeckRS 2022, 997.
[15] ISd Liste im Anhang der Screening-VO gem. Art. 8 Screening-VO.
[16] BT-Drs. 16/10730, 13.
[17] BT-Drs. 19/29216, 38.

müssen nicht zur Untersagung berücksichtigungsfähig sein, denn sie wirken sich nur begünstigend für die Erwerbsparteien aus. In Betracht kommen etwa wirtschaftliche Gründe (u.a. Schaffung oder Sicherung von Arbeitsplätzen, Investitionen in Deutschland in relevanten Sektoren, erheblicher volkswirtschaftlicher Nutzen) oder außenpolitische Gründe (drohender Handelskrieg oder Reziprozitätserwägungen). In der Praxis können auch politische Gründe zur Verweigerung der Zustimmung durch eines der Ressorts führen. Gegenüber dem Bundeskanzleramt, das sich laut Presseberichten, gegen die Empfehlung aller anderen beteiligten Ressorts, allein gegen die Untersagung der Beteiligung von COSCO Shipping Ports Limited an der Betriebsgesellschaft des Hafenterminals Tollerort aussprach, wurden derartige Vorwürfe geäußert. Mangels belasteter Dritter können die Gründe, die zu einer (Teil-) Freigabe führen, nicht überprüft werden.[18] Denn sie verletzen mangels drittschützender Wirkung der Investitionsprüfung auch keine anderen Marktteilnehmer wie dies bei einer Fusionskontrollfreigabe, insbesondere bei einer Ministererlaubnis gem. § 42 GWB,[19] denkbar ist (→ AWG § 14 Rn. 58).

4. Teiluntersagung. Die Frage, ob der Ermessensspielraum auch die Möglich- 11 keit der **Teiluntersagung** umfasst, ist bislang wenig thematisiert worden. Eine Teiluntersagung ist in der AWV nicht ausdrücklich geregelt. Der Gesetz- und Verordnungsgeber hat deren Auswirkungen auch nicht hinreichend berücksichtigt. Ansonsten hätte sich die Erstreckung der Freigabefiktion des § 58a Abs. 2 auf den von einer Teiluntersagung nicht betroffenen Bereich angeboten (bspw. durch die Nutzung des Wortes „soweit" anstelle von „wenn"). Ungeachtet dessen erscheint die Teiluntersagung grundsätzlich zulässig, wenn sie im Sinne der Verhältnismäßigkeit ein milderes Mittel darstellt. Allerdings ist dabei zu bedenken, dass eine Teiluntersagung zu einer Modifikation der Transaktion führen und daher in Wahrheit ein aliud und kein reines Minus zur vollständigen Untersagung darstellen kann.

Es sind zunächst zwei verschiedene Erscheinungsformen von Teiluntersagungen 12 zu unterscheiden. Erstens die **Untersagung des Erwerbs einzelner materieller Teile des Unternehmens** und zweitens die **Untersagung von Anteilen oberhalb einer bestimmten Stimmrechtsgrenze**.

Eine **Untersagung des Erwerbs einzelner materieller Teile des Unter-** 13 **nehmens** ist ebenso wie in der Fusionskontrolle nur mittelbar durch verhältnismäßige Nebenbestimmungen (→ AWG § 14 Rn. 2 ff.), Anordnungen (→ Rn. 19 ff.) oder öffentlich-rechtliche Verträge (→ Rn. 24 ff.), die auf eine Veräußerung bestimmter Unternehmensteile gerichtet sind, möglich. Eine unzulässige Teiluntersagung würde zum Beispiel vorliegen, wenn nur der Erwerb des Teils eines Unternehmens untersagt würde, der eine kritische Infrastruktur betreibt. Dies lässt sich auch nicht aus Gründen der Verhältnismäßigkeit rechtfertigen, da die Freigabe eines Zusammenschlusses, den die Beteiligten erklärtermaßen so nicht vollziehen und betreiben wollen, gegenüber der Untersagung kein milderes Mittel, sondern eine andere Transaktion darstellt.[20] Sofern die beteilig-

---

[18] Nur bei Untersagungen kann auch der Gleichbehandlungsgrundsatz gem. Art. 3 GG eine Rolle spielen.

[19] Vgl. zur Drittbetroffenheit einer Ministererlaubnis gem. § 42 GWB, Immenga/Mestmäcker/Thomas GWB § 42 Rn. 124 f. Eine Drittanfechtungsklage ist in der Investitionsprüfung nach herrschender Meinung nicht möglich → AWG § 14 Rn. 57.

[20] Vgl. für die Fusionskontrolle: BKartA BeckRS 2012, 1190 Rn. 196 – ProSieben-Sat1Media/RTL.

ten Unternehmen an einer insoweit geänderten Transaktion Interesse haben,
sollte ein öffentlich-rechtlicher Vertrag geschlossen werden.

14   Bei der **Teiluntersagung in Bezug auf die Stimmrechtshöhe** können
nochmals zwei Fallgruppen unterschieden werden: Einerseits kann eine Transaktion im Hinblick auf den Erwerb von Stimmrechten ab einer Prüfeintrittsschwelle
(→ § 56 Rn. 14 ff.) verboten werden (**unechte Teiluntersagung**), andererseits
kann eine Transaktion ab einem bestimmten Stimmrechtsanteil verboten werden,
der höher ist als die Prüfeintrittsschwelle (**echte Teiluntersagung**). Eine unechte
Teiluntersagung nimmt von der Untersagung nur aus, was ohnehin nicht dauerhaft
untersagt werden kann. Auch bei einer vollständigen Untersagung könnten die
beteiligten Unternehmen nämlich nachverhandeln oder eine Vertragsänderung
dergestalt herbeiführen, dass Stimmrechte nur bis knapp unter einer Prüfeintrittsschwelle erworben werden. Die **unechte Teiluntersagung** stellt daher keine
Verbesserung der Rechtsposition der Parteien dar und **unterscheidet sich in
ihrer rechtlichen Wirkung nicht von einer vollständigen Untersagung**. –
sie sollte daher auch so behandelt werden. Eine **echte Teiluntersagung** dürfte
mangels anderer Anhaltspunkte hingegen regelmäßig dahin auszulegen sein, dass
sie eine **Kombination aus einer Teiluntersagung und einer Teilfreigabe**
darstellt. Soweit das BMWK nämlich zum Ausdruck bringt, dass es einen Erwerb
nur oberhalb einer bestimmten Grenze untersagen will, bringt es dadurch auch
zum Ausdruck, dass es den Erwerb unterhalb dieser Grenze freigeben will, jedenfalls soweit der Erwerb auch unterhalb dieser Grenze genehmigungsbedürftig ist.
Soweit man in einer echten Teiluntersagung keine Teilfreigabe sähe, würde man
wohl nach Fristablauf die Freigabefiktion des § 58a Abs. 2 (→ § 58a Rn. 13 f.)
analog anwenden müssen.

15   Ebenso wie die Untersagung einzelner materieller Teile des Unternehmens ist
auch die Beschränkung auf einen bestimmten Stimmrechtsanteil **wenig praxisge-
recht**, da sich die Parteien auf einen bestimmten Erwerb mit bestimmten Einflussmöglichkeiten geeinigt haben und ein Minus häufig nicht im Interesse der Parteien
liegen wird. Denn dadurch würde den Parteien ein Geschäft aufgedrängt, dass sie
so nicht gewünscht haben, was typischerweise zur Beendigung des Unterneh-
menskaufvertrages oder zu **komplexen Nachverhandlungen** führt. Es birgt
zudem die Gefahr, dass das BMWK die Untersagung nicht mehr nur als „ultima
ratio" einsetzt, sondern im Zweifelsfall eine niedrigere Beteiligungsschwelle festlegt, die regelmäßig knapp unter der relevanten Prüfeintrittsschwelle (also zB bei
9,99 %, 19,99 % und 24,99 % der Stimmrechte) gezogen werden wird.

16   Jedenfalls die **unechte Teiluntersagung** dürfte kein zulässiges Mittel sein, weil
sie mangels rechtlichen Vorteils für die Beteiligten **kein milderes Mittel** darstellt.
Sie könnte – je nach privatrechtlicher Vertragskonstellation – sogar ungewünschte
Folgen für eine Partei haben. Die **echte Teiluntersagung** kann hingegen ein
milderes Mittel darstellen, da sie den Parteien gestattet, jedenfalls einen Teil ihrer
Transaktion durchzuführen ohne ein erneutes Prüfverfahren durchlaufen und ggf.
eine erneute Meldung vornehmen zu müssen. Allerdings kann auch sie die
genannten nachteiligen Folgen für die Beteiligten haben. Daher dürfte das BMWK
im Rahmen seines Ermessens zu berücksichtigen haben, dass eine echte Teiluntersagung nur dann ein zulässiges milderes Mittel darstellt, wenn **alle Parteien mit
ihr einverstanden** sind. Ansonsten sollte das BMWK auf eine vollständige Untersagung zurückgreifen.

17   Das BMWK geht grundsätzlich von der Zulässigkeit der Teiluntersagung aus,
wie sich infolge des Anteilserwerbs an der Betriebsgesellschaft des Containertermi-

nals Tollerort durch die COSCO Shipping Ports Limited zeigte. Dort wurde der geplante Erwerb im Hinblick auf Stimmrechte, die den Anteil von 25 % erreichen oder überschreiten. Ursprünglich geplant war ein Erwerb von 35 % der Stimmrechte. Da die Bundesregierung zum Zeitpunkt der Untersagung die Auffassung vertrat, das Containerterminal Tollerort betreibe keine kritische Infrastruktur, handelte es sich aus Sicht des BMWK um eine unechte Teiluntersagung. Nachdem das BMWK erkannt hat, dass das Terminal im Zeitpunkt der Entscheidung (nicht aber im Zeitpunkt der ursprünglichen Antragstellung) sehr wohl Betreiber kritischer Infrastruktur war, hat es den Fall erneut untersucht, aber letztlich daran festgehalten, dass bis zu 24,99 % der Stimmrechte erworben werden können. Bewertet man dies ausschließlich nach der aktuellen Rechtslage, die eine Prüfeintrittsschwelle von 10 % (statt 25 %) bedeutet, läge nunmehr eine echte Teiluntersagung vor. Aufgrund der besonderen politischen Umstände im Fall COSCO und der rechtlichen Zweifel, ob eine Teiluntersagung ein mögliches Instrument ist, bleibt zu hoffen, dass die Teiluntersagung in der Praxis des BMWK **eine Ausnahme bleibt**.

5. Folgen der Untersagung. Durch die Untersagung wird die auflösende 18 Bedingung gem. § 15 Abs. 2 AWG ausgelöst. Die Wirksamkeit des schuldrechtlichen Vertrags endet gem. § 158 Abs. 2 BGB mit der Untersagung. Ebenso wird ein Rechtsgeschäft im Sinne von § 15 Abs. 3 AWG endgültig unwirksam. Ein bereits vollzogener Erwerb wird über § 812 Abs. 1 S. 2 Alt. 1 BGB rückabgewickelt.[21] Für die an dem Erwerb beteiligten Unternehmen hat eine solche Rückabwicklung gravierende Folgen.

II. Anordnung (Abs. 1 Alt. 2)

Statt den Erwerb zu untersagen, kann das BMWK auch Anordnungen erlas- 19 sen, um die öffentliche Ordnung und/oder Sicherheit zu gewährleisten. Bei der Anordnung handelt es sich um einen **selbständigen Verwaltungsakt**.[22] Die hierfür **zuständige Behörde** ist gem. § 59 Abs. 1 das BMWK; allerdings hat die Anordnung gem. § 13 Abs. 3 S. 2 AWG im Einvernehmen mit dem Auswärtigen Amt, dem Bundesministerium des Innern, für Bau und Heimat und dem Bundesministerium der Verteidigung sowie im Benehmen[23] mit dem Bundesministerium der Finanzen zu erfolgen. Eine Anordnung im Sinne von § 59 Abs. 1 durch das BMWK ist **in der Praxis nicht bekannt**.[24] In der Praxis waren **öffentlich-rechtliche Verträge** (→ Rn. 24 ff.) bisher deutlich häufiger. Sie sind für die Betroffenen vorteilhafter, weil sie dadurch Einfluss auf die Ihnen auferlegten Verpflichtungen erhalten. Öffentlich-rechtliche Verträge sind aber auch für das BMWK vorteilhafter, weil sie durch die Gespräche mit den Unternehmen praxisnäher ausgestaltet und mit Sanktionen abgesichert werden können. Ein Vorteil von Anordnungen liegt allerdings darin, dass ihr Erlass weniger Zeit in Anspruch nimmt als die Verhandlung eines öffentlich-rechtlichen Vertrags und daher das Verfahren schneller zum Abschluss bringt. Aus dem BMWK

---

[21] Siehe hierzu die Gesetzesmaterialien, BT-Drs. 16/10730, 13.
[22] Hocke/Sachs/Pelz AußenwirtschaftsR/Mausch-Liotta/Sattler Rn. 30.
[23] Für das Benehmen ist kein Einverständnis notwendig, es handelt sich um eine stärkere Beteiligungsform als die Anhörung. Das Ausbleiben führt zur Rechtswidrigkeit der Anordnung, aber gem. § 44 Abs. 3 Nr. 4 VwVfG nicht zur Nichtigkeit.
[24] So auch: Hocke/Sachs/Pelz AußenwirtschaftsR/Mausch-Liotta/Sattler Rn. 30.

ist daher die Absicht zu vernehmen, zukünftig vermehrt Anordnungen zu erlassen.

20   Aus Gründen der **Verhältnismäßigkeit und Rechtssicherheit** im Transaktionsgeschäft muss zudem darauf geachtet werden, dass den Parteien durch Anordnungen keine Verpflichtungen auferlegt werden, denen sie aus wirtschaftlichen Gründen nicht zustimmen würden und zu denen sie daher auch keinen öffentlich-rechtlichen Vertrag geschlossen hätten. Wie bei Teiluntersagungen besteht ansonsten die Gefahr, dass den Unternehmen ein wirtschaftlich nicht gewolltes Geschäft aufgenötigt wird und die Transaktion daher abgebrochen wird (→ Rn. 15). In diesen Fällen wird in der Regel die Untersagung das mildere Mittel sein. Es ist den Unternehmen dann immer noch freigestellt, den Erwerb nochmals unter Berücksichtigung der Bedenken des BMWK neu zu verhandeln und dafür eine Freigabe zu beantragen. Auch vor diesem Hintergrund ist der Abschluss eines öffentlich-rechtlichen Vertrags mithin vorzugswürdig. Kann eine Einigung nicht erzielt werden, sollte das BMWK genau prüfen, ob eine vollständige Untersagung für die Beteiligten weniger belastend ist, als der Erlass einseitiger Anordnungen.

21   Falls das BMWK eine Anordnung erlässt, dürfte diese sinnvollerweise mit einer **Freigabe** zu verbinden sein. Der Erlass einer isolierten Anordnung würde zu einem unbefriedigenden Ergebnis führen: Die Anordnung würde der Fiktion einer Freigabe entgegenstehen, aber nicht verhindern, dass die Eingriffsbefugnisse des BMWK nach § 14a AWG verfristen und daher das Vollzugsverbot nach § 15 Abs. 3 AWG entfällt. Dies folgt daraus, dass § 58a Abs. 2 darauf abstellt, dass die Befugnisse des § 59 Abs. 1 und 3 nicht ausgeübt wurden, § 15 AWG jedoch nur darauf, ob der Erwerb untersagt wurde.

22   Eine zusammen mit einer Freigabe erlassene Anordnung weist große Gemeinsamkeiten mit einer Freigabe mit **Auflagen** auf. Bei beiden handelt es sich um eigenständig vollstreckbare Maßnahmen zur Absicherung, dass ein freigegebener Erwerb nicht die öffentliche Ordnung oder Sicherheit beeinträchtigt. Ein Unterschied liegt in den Vorschriften des § 59 Abs. 4 und 5, die dem Wortlaut nach nur für Anordnungen gelten, aber analog auch auf Auflagen Anwendung finden sollten. Ein gewichtiger Unterschied ist jedoch die **Strafbewehrung** des vorsätzlichen Verstoßes gegen vollziehbare Anordnungen nach § 18 Abs. 2 Nr. 8 AWG (→ AWG § 18 Rn. 10 ff.). Bei einem fahrlässigen Verstoß liegt nach § 19 Abs. 1 Nr. 2 Alt. 2 AWG eine **Ordnungswidrigkeit** vor (→ AWG § 19 Rn. 6).

23   Es erscheint daher sinnvoll, Anordnungen als **lex specialis** bzw. als geregelten Sonderfall zu Auflagen zu verstehen. Dies führt zu der Frage, ob einige Vorschriften, die für Auflagen gelten, auf Anordnungen **analog** angewendet werden können, insbesondere die **Möglichkeit zum Widerruf einer Freigabe**, wenn gegen Auflagen verstoßen wurde. Es wäre widersprüchlich, den Verstoß gegen Anordnungen in diesem Bezug weniger stark zu sanktionieren als den Verstoß gegen Auflagen, die bloße Nebenbestimmungen darstellen.

III. Alternative: öffentlich-rechtlicher Vertrag

24   **1. Praktische Relevanz.** Zur Abwehr von Gefahren für die öffentliche Ordnung oder Sicherheit, die aus bestimmten Transaktionen folgen könnten, ist stets das mildeste Mittel anzuwenden. In der Praxis wird häufig der Abschluss eines öffentlich-rechtlichen Vertrags zwischen der Bundesrepublik Deutschland und den

am Erwerb beteiligten Unternehmen gewählt, in welchem diese bestimmte Verpflichtungen übernehmen, um bestehende Bedenken auszuräumen.[25]

Der öffentlich-rechtliche Vertrag ist im allgemeinen Verwaltungsrecht in § 54 ff. **25** VwVfG geregelt. Im Rahmen der Investitionsprüfung handelt es sich um einen subordinationsrechtlichen Vertrag,[26] der an die Stelle einer Anordnung tritt.

Der öffentlich-rechtliche Vertrag kam in der bisherigen Praxis des BMWK als **26** „**Mittel der Wahl**" zur Anwendung,[27] um einerseits den geplanten Erwerb zu ermöglichen und andererseits die wesentlichen Sicherheitsinteressen der Bundesrepublik Deutschland zu gewährleisten. Dies erscheint sachgerecht, weil sich der öffentlich-rechtliche Vertrag zur Regelung von Dauerrechtsbeziehungen als kooperative Handlungsform besonders eignet.[28] Die praktische Bedeutung zeigt sich auch in der bisherigen Fallpraxis: Zwischen 2004 und Juli 2021 hat das BMWK über 900 Erwerbe geprüft und lediglich zwei untersagt.[29] Im gleichen Zeitraum wurden etwa 30 öffentlich-rechtliche Verträge im Rahmen der Investitionskontrolle geschlossen, um Sicherheitsbedenken auszuräumen.[30] Die Bereitschaft des BMWK zum Abschluss eines öffentlich-rechtlichen Vertrags hängt mitunter vom Herkunftsstaat des Erwerbers ab. Je weitgehender die Eingriffsmöglichkeiten des Herkunftsstaats auf den Erwerber sind, desto weniger hält das BMWK einen Vertrag für ein geeignetes Mittel.

2. Inhalt. Der öffentlich-rechtliche Vertrag beinhaltet individuell angepasste **27** Maßnahmen, die die Bedenken des BMWK bzw. der anderen beteiligten Ressorts im Hinblick auf die öffentliche Sicherheit und Ordnung (bzw., in der sektorspezifischen Prüfung, auf die wesentlichen Sicherheitsinteressen) der Bundesrepublik Deutschland adressieren. Die im Rahmen der Investitionskontrolle geschlossenen öffentlich-rechtlichen Verträge sind nicht öffentlich zugänglich. Es besteht deshalb wenig Transparenz in Bezug auf konkrete Inhalte. Abhängig vom konkreten Sachverhalt und insbesondere der Geschäftstätigkeit des Zielunternehmens kann der Vertrag aber u.a folgende Regelungen beinhalten: die Gewährleistung der Versorgung von öffentlichen Stellen mit Produkten des Zielunternehmens; den Verbleib des Unternehmenssitzes bzw. von wesentlichen Produktions-, Forschungs- und Entwicklungstätigkeiten am Standort Deutschland und die Bestätigung, entsprechende Tätigkeiten nicht in andere Länder auszuweiten; die Verpflichtung, mindestens einen deutschen Staatsbürger bzw. eine Person mit Wohnsitz in Deutschland oder der EU als Mitglied der Geschäftsführung zu bestellen; sowie bestimmte Auskunfts-, Informations- und Beteiligungspflichten gegenüber dem BMWK; den Schutz sicherheitsrelevanter Informationen (zB betreffend deutscher staatlicher Kunden) (auch) vor dem Erwerber bzw. das Verbot des Abflusses solcher Informationen bzw. von Knowhow in das Ausland oder an ausländische Stellen im Inland; Informationspflichten im Hinblick auf die Geschäftsentwicklung und -strategie oder im Falle eines geplanten Weiterverkaufs (in diesem Fall hat sich

---

[25] Begründung zur 17. AWV-Novelle, BAnz AT 30.4.2021 B2, S. 12.

[26] Von Kalben ZHR 2022, 586 (622); Hocke/Sachs/Pelz AußenwirtschaftsR/Mausch-Liotta/Sattler Rn. 22.

[27] BT-Drs. 19/29216, 38.

[28] Seibt/Wollenschläger ZIP 2009, 833 (840).

[29] BMWK, „Im Fokus: Eine Frage der nationalen Sicherheit", 1.7.2021, in: Schlaglichter der Wirtschaftspolitik (Monatsbericht 07/2021), S. 15.

[30] BMWK, „Im Fokus: Eine Frage der nationalen Sicherheit", 1.7.2021, in: Schlaglichter der Wirtschaftspolitik (Monatsbericht 07/2021), S. 15.

die Bundesregierung in Einzelfällen auch ein Vorkaufsrecht einräumen lassen), bzw. Berichts- und Informationspflichten in Bezug auf die Einhaltung der eingegangenen Verpflichtung und die im Hinblick darauf ergriffenen Maßnahmen. Es gilt das Verbot sachwidriger Kopplung gem. § 56 Abs. 1 S. 2 VwVfG; so ist bspw. die vertragliche Verpflichtung zur Erhaltung von Arbeitsplätzen rechtswidrig und kann zur Nichtigkeit des Vertrags führen.[31]

28   Um die Einhaltung der vereinbarten Pflichten zu gewährleisten, enthält der öffentlich-rechtliche Vertrag zudem typischerweise erhebliche Vertragsstrafen für den Fall einer (schuldhaften) Verletzung der Pflichten (bei mehreren Erwerbsparteien auch gesamtschuldnerisch entsprechend § 421 BGB unabhängig von der Verursachung). Das Verschulden wird hierbei entsprechend § 280 Abs. 1 S. 2 BGB vermutet. Dem BMWK steht zudem zur Kontrolle der Einhaltung der Verpflichtungen ein Prüfrecht zu, zu dessen Ausübung es sich auch beauftragter Dritter bedienen kann (→ Rn. 52 ff). Im Falle eines Verstoßes besteht zudem regelmäßig ein Kündigungsrecht für das BMWK, welches neben das gesetzliche Kündigungsrecht nach § 60 VwVfG tritt. Nach § 14a Abs. 7 S. 3 AWG läuft nach einer Kündigung die Prüffrist von vier Monaten gem. § 14a Abs. 1 Nr. 2 AWG von Neuem (→ AWG § 14a Rn. 31).

29   **3. Verfahren.** Der öffentlich-rechtliche Vertrag wird zwischen der Erwerberin (ggf. sowohl unmittelbar wie auch mittelbar) und der Bundesrepublik Deutschland, vertreten durch das BMWK, geschlossen. Das Zielunternehmen ist selbst zwar nicht an der Transaktion beteiligt, sondern lediglich Gegenstand des Erwerbsvorgangs. Trotzdem wird das Zielunternehmen mit in die Verhandlungen einbezogen und wird Adressat von Verpflichtungen.[32] Um effektiven Schutz vor erkannten Gefahrenpotentialen zu bieten, wird daher typischerweise auch das Zielunternehmen selbst Vertragspartei und damit direkt verpflichtet.

30   Dem Abschluss des öffentlich-rechtlichen Vertrages gehen umfangreiche Verhandlungen voraus, die mehrere Monate andauern können und deren Ausgangspunkt in der Regel ein vom BMWK erstellter Vertragsentwurf ist. Diese Verhandlungen finden in aller Regel im Rahmen des Prüfverfahrens statt und hemmen gem. § 14a Abs. 6 Nr. 2 AWG die Frist nach Abs. 1 Nr. 2. So wird zwar sichergestellt, dass die Verhandlungen nicht durch den drohenden Fristablauf behindert werden.[33] Zugleich wird die Verfahrensdauer aber weniger leicht vorhersehbar. Auch dies sollte im Rahmen der Festlegung eines Datums, bei dessen Ablauf der Erwerbsvertrag gekündigt werden kann oder automatisch endet (Long Stop Date), berücksichtigt werden.

31   Der genaue Zeitpunkt des Eintritts der fristhemmenden Wirkung bleibt unklar (vgl. dazu auch → AWG § 14a Rn. 27). Nach dem Wortlaut der Vorschrift tritt diese ein, „wenn das BMWK […] mit den am Erwerb Beteiligten vertragliche Regelungen […] verhandelt". Die eigentlichen Vertragsverhandlungen beginnen jedoch in der Regel bereits vor dem Austausch schriftlicher Vertragsentwürfe.[34] Zum Teil wird vertreten, dass der relevante Zeitpunkt erst erreicht sei, wenn das BMWK einen „Entwurf von vertraglichen Regelungen" unterbreitet oder es

---

[31] So etwa Seibt/Wollenschläger ZIP 2009, 833 (840); Hocke/Sachs/Pelz AußenwirtschaftsR/Mausch-Liotta/Sattler Rn. 24.

[32] So auch Hocke/Sachs/Pelz AußenwirtschaftsR/Mausch-Liotta/Sattler Rn. 41.

[33] BR-Ds. 612/17, 15.

[34] So auch Hocke/Sachs/Pelz AußenwirtschaftsR/Mausch-Liotta/Sattler Rn. 42.

einen solchen Entwurf etwa seitens des Antragstellers prüfend entgegennimmt".[35] Für eine solch enge Sichtweise spricht, dass der Eintritt der Hemmungswirkung durch das Übergabedatum eines verschriftlichten Vertragsentwurfs transparent wird und im weiteren Verfahrensverlauf für alle Verfahrensbeteiligten leicht nachvollziehbar ist. Der Wortlaut „Verhandlungen" dürfte überzeugenderweise so auszulegen sein, dass beide Seiten noch an Gesprächen um eine einvernehmliche Lösung teilnehmen müssen.[36] Solange beide Verhandlungsseiten also an einer solchen interessiert sind und entsprechende Bemühungen unternehmen, dauern die Verhandlungen und damit die Fristhemmung an. In der Praxis bittet das BMWK mitunter ausdrücklich um die schriftliche Zustimmung zur Aufnahme von Vertragsverhandlungen. Dies ist zur Verhinderung von Abweichungen bei der Fristberechnung sinnvoll.

Hinsichtlich des Inhalts und der Wirksamkeit sind die allgemeinen Regeln des **32** Verwaltungsrechts zum öffentlich-rechtlichen Vertrag (§§ 54 ff. VwVfG) anwendbar, insbesondere das Angemessenheitserfordernis sowie das Kopplungsverbot.[37] Zudem gelten die Zustimmungserfordernisse des § 58 VwVfG, die ggf. die Zustimmung von Dritten oder Behörden voraussetzen, bevor der öffentlich-rechtliche Vertrag wirksam wird.[38]

IV. Alternative: Zusicherungen

Aufgrund ihrer geringen Eingriffsintensität kommen als **mildestes Mittel 33** Zusicherungen durch die beteiligten Unternehmen in Betracht. Hierbei handelt es sich um eine **einseitige Selbstverpflichtung** der Erwerberin bzw. des Zielunternehmens, die dazu dient, ein gemeinsames Verständnis zwischen BMWK und den Parteien über die dem Erwerbsvorhaben zugrundeliegenden Tatsachen und Absichten sicherzustellen und zuzusichern. Auch hier ist das Ziel, einerseits den geplanten Erwerb zu ermöglichen und andererseits die von § 55 AWV (bzw. § 60 AWV) geschützten Rechtsgüter zu gewährleisten.

Inhaltlich entsprechen die Zusicherungen häufig weitgehend den Regelungen **34** in einem öffentlich-rechtlichen Vertrag. Insbesondere werden die Absichten der Erwerberin in Bezug auf die Zielgesellschaft hinsichtlich möglicher Bedenken konkretisiert und festgehalten. Dies kann, wie beim öffentlich-rechtlichen Vertrag, zB die folgenden Aspekte betreffen: die Fortführung oder Ausweitung bestehender Beziehungen zu staatlichen Stellen; den Schutz sicherheitsrelevanter Informationen bzw. solcher mit Geheimhaltungsgrad oder besonderer Vertraulichkeit auch vor dem Erwerber; die Erhaltung der Zielgesellschaft als eigenständiges Unternehmen; den Verbleib des Unternehmenssitzes im Inland sowie bestimmte Informationspflichten gegenüber dem BMWK (vgl. → Rn. 27). Zudem werden in der Regel die strategischen Erwägungen in Bezug auf den Erwerb dargelegt. Wesentlicher inhaltlicher Unterschied ist, dass Zusicherungen **keine Sanktionen** für den Fall einer Pflichtverletzung enthalten. Entsprechend handelt es sich hierbei um eine unternehmensfreundlichere Maßnahme, die das BMWK immer seltener nutzt.

Allerdings gilt der Vorbehalt, dass unter bestimmten gesetzlichen Voraussetzun- **35** gen die Aufhebung einer auf Grundlage des erklärten Sachverhalts erteilten Frei-

---

[35] Becker/Sachs NZG 2017, 1336 (1337).
[36] So auch Hocke/Sachs/Pelz AußenwirtschaftsR/Mausch-Liotta/Sattler Rn. 42.
[37] Von Kalben ZHR 2022, 586 (622).
[38] Von Kalben ZHR 2022, 586 (623).

gabe/Unbedenklichkeitsbescheinigung des Erwerbs möglich ist. Insbesondere können unrichtige oder unvollständige Erklärungen zur Rücknahme der Freigabe/Unbedenklichkeitsbescheinigung nach § 48 Abs. 1 VwVfG führen. Die nachträgliche Unrichtigkeit zukunftsgerichteter Erklärungen kann das BMWK nach § 49 Abs. 2, 4 VwVfG zum Widerruf einer erteilten Freigabe berechtigen.

36   Während die Zusicherungen ebenfalls zwischen dem BMWK und den am Erwerb beteiligten Unternehmen verhandelt werden, handelt es sich im Ergebnis um eine einseitige Erklärung der beteiligten Unternehmen gegenüber der BRD bzw. dem BMWK. Entsprechend werden die Zusicherungen auch nur unternehmensseitig unterzeichnet.

V. Widerruf und Rücknahme (Aufhebung)

37   Untersagungen oder Anordnungen können nach den allgemeinen Regeln nach § 48 Abs. 1 VwVfG zurückgenommen oder nach § 49 Abs. 1 VwVfG widerrufen werden. Anders als für die Aufhebung einer Unbedenklichkeitsbescheinigung oder einer Freigabe (→ § 58 Rn. 13; → § 58a Rn. 12; → § 14 Rn. 29) hat der Gesetzgeber im Falle einer behördlichen Aufhebung einer Untersagung **keinen Neubeginn der Eingriffsfristen** geregelt. § 14a Abs. 7 S. 1 Nr. 2 AWG sieht einen solchen nur im Falle einer gerichtlichen Aufhebung einer Untersagung vor. Es ist daher davon auszugehen, dass das BMWK eine Untersagung nicht mit dem Ziel aufheben kann, ein neues Prüfverfahren durchzuführen und eine neue Untersagung zu erlassen. Dasselbe gilt für die Aufhebung von Anordnungen, die ebenfalls von § 14a Abs. 7 S. 1 Nr. 2 AWG erfasst werden und daher nur im Falle einer gerichtlichen Aufhebung einen Neubeginn der Eingriffsfristen auslösen können.

38   Nach dem Wortlaut des § 14a Abs 7 AWG könnte dann auch eine **unechte Teiluntersagung** nicht mit der Folge widerrufen werden, dass die Prüffrist neu beginnt und eine Volluntersagung möglich wäre. Anders könnte dies bei einer echten Teiluntersagung sein, die auch eine Teilfreigabe beinhaltet. Deren Rücknahme/Widerruf/Änderung könnte in (ggf. analoger) Anwendung des § 14a Abs. 7 AWG einen Neubeginn der Eingriffsfrist auslösen. Fraglich ist allerdings, ob tatsächlich eine planwidrige Regelungslücke besteht.

VI. Rechtsschutz

39   **1. Allgemeines.** Gegen die **Untersagung** oder eine **Anordnung** ist die Anfechtungsklage vor dem zuständigen Verwaltungsgericht Berlin statthaft. Siehe hierzu im Einzelnen → AWG § 14 Rn. 29 ff.

40   Streitigkeiten aus **öffentlich-rechtlichen Verträgen** und **Zusicherungen** sind ebenfalls den Verwaltungsgerichten zugewiesen (§ 40 Abs. 2 S. 1 VwGO). Ist ein öffentlich-rechtlicher Vertrag auf Grund einer Verletzung des Kopplungsverbots nichtig, kann vor dem Verwaltungsgericht die Feststellungsklage gemäß § 43 Abs. 1 VwGO mit dem Antrag erhoben werden, die Unwirksamkeit des Vertrags festzustellen.[39] Dies gilt auch bei einem Verstoß gegen das Angemessenheitserfordernis.[40] Wird ein öffentlich-rechtlicher Vertrag durch gerichtliche Entscheidung ganz oder teilweise aufgehoben beginnt die vier Monate lange Prüffrist des BMWK von Neuem (vgl. § 14a Abs. 7 S. 1 Nr. 2 AWG). Im Einzelnen → AWG § 14a Rn. 31.

---

[39] Hocke/Sachs/Pelz AußenwirtschaftsR/Mausch-Liotta/Sattler Rn. 38 f.
[40] Von Kalben ZHR 2022, 586 (629).

Etwaig entstandene Schäden können betroffene Unternehmen aus dem Amtshaf- **41** tungsanspruch gem. Art. 34 GG iVm § 839 BGB geltend machen.[41] In der Praxis sind hierzu bisher keine Fälle bekannt. Eine gegen objektives Recht verstoßende Untersagung stellt eine Verletzung einer Amtspflicht dar. Diese Amtspflicht ist auch drittschützend für den Erwerber und den Veräußerer.[42] In der Praxis wird es aber schwer sein, das Verschulden des handelnden Beamten nachzuweisen. Denn den Beamten trifft nur die Verantwortung, die Rechtslage „gewissenhaft zu prüfen und danach aufgrund vernünftiger Überlegungen sich eine Rechtsmeinung zu bilden."[43] Soweit die Untersagung eine Beschränkung der Niederlassungs- oder Kapitalfreiheit darstellt, kann auch ein unionsrechtlicher Haftungsanspruch bestehen. Hierzu bedarf es zunächst eines Verstoßes gegen eine Norm des Unionsrechts, die dem Geschädig- ten Rechte verleiht (dh insbesondere eine nicht gerechtfertigte Beschränkung der Grundfreiheiten, → Screening-VO Rn. 27 f.). Der Rechtsverstoß muss zudem auch hinreichend qualifiziert sein.[44] Dies ist der Fall, wenn die handelnde Behörde die Grenzen ihres Ermessen offenkundig und erheblich überschritten hat.[45]

2. Umgang mit geheimen Informationen. Nicht selten basieren Untersa- **42** gungsentscheidungen oder andere Verpflichtungen der Unternehmen, die für den Erhalt der Freigabe erforderlich waren (wie zB Zusicherungen oder öffentlich-recht- liche Verträge) im Ergebnis auf **geheimdienstlichen Erkenntnissen** oder sonsti- gen Informationen, die geheimhaltungsbedürftig sind. Dies wirft die Frage auf, wie im gerichtlichen Verfahren gegen eine Untersagungsentscheidung damit umgegan- gen werden soll, wenn das BMWK Informationen und Unterlagen, die der Untersa- gung zu Grunde lagen, aus Sicherheitsgründen **nicht offenlegen möchte**.[46]

Gemäß § 99 Abs. 1 S. 2 VwGO kann eine Behörde die Vorlage von Unterlagen **43** u.a. verweigern, wenn die Offenlegung dem Wohl des Bundes Nachteile bereiten würden oder wenn die Vorgänge nach einem Gesetz oder ihrem Wesen nach geheim gehalten werden müssen. Soweit ein Beteiligter dies bezweifelt, entscheidet das Oberverwaltungsgericht (dh nicht das Gericht der Hauptsache) in einem Zwischen- verfahren nach § 99 Abs. 2 über die Rechtmäßigkeit der Verweigerung. Dazu lässt es sich die Unterlagen vorlegen und entscheidet in einem geheimen sog. **in-camera-Verfahren** über das Vorliegen der Voraussetzungen für die Geheimhaltung. Soweit die Voraussetzungen für eine Geheimhaltung nicht vorliegen, ordnet es die Vorlage der Unterlagen an. Soweit die Verweigerung der Behörde rechtmäßig war, erhalten weder die Parteien noch das Gericht der Hauptsache Zugang zu den Unterlagen. Wie das Verfahren dann fortzuführen ist, ist umstritten.[47] Die Rechtsprechung geht davon aus, dass in solchen Fällen sämtliche sonstigen Möglichkeiten der Sachaufklä- rung vollständig auszuschöpfen sind und, soweit der Sachverhalt sich ohne die zurückgehaltenen Informationen nicht aufklären lässt, der Rechtsstreit nach **Krite- rien der materiellen Beweislast** zu lösen ist.[48] Da für Eingriffe in Grundrechte

---

[41] Von Kalben ZHR 2022, 586 (630).

[42] Vgl. zur Fusionskontrolle LG Köln BeckRS 2013, 3622 Rn. 27 ff.; vgl. Immenga/ Mestmäcker/Thomas GWB § 40 Rn. 168 ff.

[43] LG Köln BeckRS 2013, 3622 Rn. 33.

[44] EuGH NJW 1992, 165.

[45] EuGH BeckRS 2007, 151153 Rn. 47.

[46] Ein vergleichbares Problem kann sich bereits im Prüfverfahren stellen, wenn dem Erwer- ber Akteneinsicht unter Hinweis auf Geheimhaltungsinteressen verweigert wird.

[47] Vgl. die Darstellung bei BeckOK VwGO/Posser VwGO § 99 Rn. 54 mwN.

[48] BVerwGE 131, 171, ZUM 2010, 74 Rn. 30; BVerwG BeckRS 2012, 50235, Rn. 44.

regelmäßig die Behörde die Beweislast trägt, führt dies dazu, dass sie den Prozess verliert, wenn sie keinen Beweis aus nicht-geheimen Quellen erbringen kann.[49] Diese Praxis ist starker Kritik der Literatur und der Instanzrechtsprechung ausgesetzt, da sie als eine nicht zufrieden stellende Lösung des Konfliktes zwischen dem Rechtsschutzinteresse des Bürgers und dem staatlichen Sicherheitsinteresse gesehen wird.[50] Als Alternative werden die Einführung eines in-camera-Verfahrens in der Hauptsache,[51] die Einschaltung von Beweismittlern[52] oder die Modifizierung des Beweismaßstabes[53] diskutiert.

44   Nach der Rechtsprechung des BVerwG führt daher das Obsiegen im Zwischenrechtsstreit um die Geheimhaltung der Informationen in der Hauptsache zum Nachteil für das BMWK. Hintergrund dieser paradox erscheinenden Situation ist, dass der **Grundsatz effektiven Rechtsschutzes** nach Art. 19 Abs. 4 GG dem entgegensteht, dass eine gerichtliche Entscheidung auf Informationen gestützt wird, von denen ein Beteiligter keine Kenntnis hat und zu denen er sich daher nicht äußern kann. Die einzige Lösung für das BMWK ist es daher, die Gefährdung der öffentlichen Ordnung und Sicherheit durch sonstige, nicht geheime Informationen nachzuweisen. Dies reicht aus, soweit dadurch der Sachverhalt hinreichend aufgeklärt werden kann.[54]

45   Diese Problematik besteht auch dort, wo dem BMWK ein **Beurteilungsspielraum** zusteht, denn es wird dem Gericht auch nicht möglich sein, die Einhaltung der Grenzen des Beurteilungsspielraumes ohne Vorlage der geheimen Unterlagen zu überprüfen, dh insbesondere zu überprüfen, ob die Entscheidung auf einer hinreichend soliden Tatsachengrundlage basiert und die Schlussfolgerungen des BMWK keinen Denkgesetzen widersprechen.[55]

46   Der Umgang mit geheimen Informationen in gerichtlichen Verfahren hat auch die europäischen Gerichte beschäftigt. Der **EGMR**,[56] und darauf aufbauend der **EuGH**, sind der Ansicht, dass Gerichten auch vertrauliche Informationen vorzulegen sind, wenn dies für einen effektiven Rechtsschutz (Art. 47 GRCh) erforderlich ist.[57] Insbesondere müssen den nationalen Richtern Techniken und Regeln zur Verfügung stehen, die es ihm ermöglichen, „von allen Gründen und den entsprechenden Beweisen Kenntnis zu nehmen, auf deren Grundlage die Entscheidung getroffen wurde".[58] Soweit sich dabei zeigt, dass die Geheimhaltungsinteressen das Interesse des Betroffenen an effektivem Rechtsschutz überwiegen, sind die Eingriffe in das Recht auf Rechtsschutz auf das notwendige Maß zu

---

[49] BeckOK VwGO/Posser VwGO § 99 Rn. 54.1.

[50] Vgl. zum Stand der Diskussion BeckOK VwGO/Posser VwGO § 99 Rn. 54 mwN.

[51] OVG Münster, BeckRS 2008, 40245; Schroeter NVwZ 2011, 457; Schoch NJW 2009, 2987 – wobei im Einzelnen strittig ist, ob dies de lega lata möglich oder nur de lege ferenda wünschenswert ist.

[52] Mayen NVwZ 2003, 537.

[53] BeckOK VwGO/Posser VwGO § 99 Rn. 54.2 schlägt bei rechtmäßig zurückgehaltenen Informationen eine widerlegliche Vermutung rechtmäßigen Handels der Behörde vor, die allerdings vom BVerwG abgelehnt wird (BeckOK VwGO/Posser VwGO § 99 Rn. 54.4).

[54] BVerwG BeckRS 2012, 50235 Rn. 44.

[55] Vgl. für atomrechtliche Genehmigungen BVerwG BeckRS 2012, 50235 Rn. 44, das inbes. die Reduzierung auf eine Plausibilitätskontrolle ablehnt.

[56] Vgl. insbes. EGMR Chahal/Vereinigtes Königreich, Rn. 131.

[57] EuGH BeckRS 2008, 70898 Rn. 344; EuGH BeckRS 2013, 81131, Rn. 57 ff.; EuGH BeckRS 2013, 81524, Rn. 119 ff.

[58] EuGH BeckRS 2013, 81131 Rn. 59.

begrenzen. Jedenfalls sind dem Betroffenen die wesentlichen Gründe mitzuteilen und das Gericht darf die Informationen berücksichtigen, muss aber beurteilen, inwiefern die Geheimhaltung der Informationen ihre Beweiskraft beeinflusst.[59] In Deutschland findet ein solches Verfahren in unionsrechtskonformer Auslegung nur in multipolaren Rechtsverhältnissen Anwendung, bei denen auf beiden Seiten Grundrechtsberechtigte stehen, von denen jeweils einer durch die Anwendung von Beweislastregeln benachteiligt wäre.[60]

Eine Übertragung dieses Verfahrens auf den Bereich der Investitionskontrolle **47** ist jedoch nicht angezeigt, denn die **Rechtsprechung des BVerwG** verbürgt grundsätzlich ein nach der Rechtsprechung des EuGHs zulässiges[61] **höheres Schutzniveau** für die Rechtssuchenden. Da das BMWK regelmäßig die Beweislast trägt, wirkt sich die Nicht-Berücksichtigung von geheimen Informationen, wie gezeigt, regelmäßig zu Gunsten der Betroffenen aus und schützt daher das Recht auf einen effektiven Rechtsbehelf besser als ein in-camera-Verfahren.

C. Maßnahmen (Abs. 3)

Die Maßnahmen gem. § 59 Abs. 3 bestehen seit der Einführung der sektor- **48** übergreifenden Prüfung.[62] Es handelt sich um eine nicht abschließende („insbesondere") Aufführung möglicher Maßnahmen zur Sicherstellung der Untersagung. Sie gelten gem. § 62 Abs. 2 ebenso für das sektorspezifische Prüfverfahren. Eine vergleichbare Regelung findet sich für die deutsche Fusionskontrolle in § 41 Abs. 4 GWB. Die Maßnahmen müssen nicht zusammen mit dem Untersagungsbescheid erfolgen.[63] Wenn die Parteien allerdings die Rückabwicklung bereits vornehmen, stellen sich Maßnahmen gem. § 59 Abs. 3 als unverhältnismäßig dar.[64] Die Rückabwicklung stellt einen Bestandteil des Überprüfungsmechanismus iSd Screening-VO dar (vgl. Art. 2 Nr. 3, 4 Screening-VO).

I. Die Einschränkung der Stimmrechte

Die Einschränkung der Stimmrechte zur Sicherstellung der Untersagung **49** gem. § 59 Abs. 3 Nr. 1 entspricht der Wirkung des § 136 AktG.[65] Anders als bei der (Teil-)Untersagung (→ Rn. 11 ff.) bezieht sich die Einschränkung nicht auf den Erwerb der Stimmrechte, sondern auf deren Ausübung nach einer Untersagung.[66] Eine Maßnahme nach § 59 Abs. 3 Nr. 1 ist bisher nicht öffentlich bekannt geworden. Ein Verstoß gegen die Maßnahme stellt gem. § 15 Abs. 5 S. 2 Nr. 1 AWG iVm § 18 Abs. 1b Nr. 3 AWG eine Straftat dar.

II. Bestellung eines Treuhänders

Die Bestellung eines Treuhänders kann gem. § 59 Abs. 3 Nr. 2 angeordnet **50** werden. Eine Maßnahme nach § 59 Abs. 3 Nr. 2 ist bisher nicht bekannt gewor-

---

[59] EuGH BeckRS 2013, 81131 Rn. 64 ff.

[60] Unionsrechtskonforme Auslegung nach BVerwG BeckRS 2009, 36921.

[61] EuGH BeckRS 2013, 80394, Rn. 60.

[62] In § 53 AWV, BGBl. 2009 I 772.

[63] Hocke/Sachs/Pelz AußenwirtschaftsR/Mausch-Liotta/Sattler Rn. 46.

[64] Reinhardt/Pelster NZG 2009, 441 (444).

[65] Hocke/Sachs/Pelz AußenwirtschaftsR/Mausch-Liotta/Sattler Rn. 44.

[66] Hocke/Sachs/Pelz AußenwirtschaftsR/Mausch-Liotta/Sattler Rn. 44.

den. Die Kosten, die durch die Treuhandverwaltung entstehen, sind vom Erwerber zu tragen. Damit ist aber eine abweichende Regelung im zivilrechtlichen Innenverhältnis der Parteien am Unternehmenskaufvertrag nach § 134 BGB nicht ausgeschlossen. Typischerweise wird aber im Unternehmenskaufvertrag nichts anderes geregelt werden, da in der Praxis der Erwerber das Verfahren und die Abstimmung mit dem Treuhänder wird übernehmen wollen.

51   Nicht zu verwechseln ist die Bestellung des Treuhänders gem. § 59 Abs. 3 Nr. 2 mit der Treuhandanordnung, die im Jahr 2022 gem. § 6 AWG gegenüber der Gazprom Germania GmbH im Zusammenhang mit den Sanktionen gegenüber Russland erfolgte (→ AWG § 6 Rn. 2). Die Bestellung eines Treuhänders erfolgte vor der Untersagung. sodass § 59 Abs. 3 nicht einschlägig war und zur Sicherstellung der Durchführung des Investitionsprüfungsverfahrens als Einzelmaßnahme auf § 6 AWG gestützt wurde. Hierzu besteht mittlerweile auch eine spezialgesetzliche Regelung in § 17 Energiesicherungsgesetz. Dort wird die Treuhandverwaltung genauer geregelt, denn als Ermächtigung zu allgemeiner Treuhandbestellung (und nicht nur zur Rückabwicklung einer Untersagung) bedarf ein solcher grundrechtsrelevanter Eingriff einer Ermächtigungsgrundlage.

D. Kontrolle der Anordnung und vertraglicher Verpflichtungen (Abs. 4 und 5)

52   § 59 Abs. 4 und 5 regelt die Kontrolle der Einhaltung angeordneter oder durch Vertrag übernommener Verpflichtungen durch Dritte. Sie wurden durch die 17. AWV-Novelle eingeführt.[67] Zuständige Behörde für die Überwachung der Einhaltung von Anordnungen und vertraglichen Verpflichtungen ist grundsätzlich das BMWK.[68] Dieses kann sich dabei auch der Hilfe des BAFA bedienen. Die Rechte, die dem BMWK, dem BAFA (oder einem Dritten) bei der Ausübung der Kontrolle zustehen, sind in § 23 Abs. 6a AWG geregelt. Rechtspolitischer Hintergrund für die Einführung der Abs. 4 und 5 war die **stetig wachsende Zahl öffentlich-rechtlicher Verträge** und der daraus resultierenden Verpflichtungen.[69] Der Verwaltungsaufwand für die Kontrolle der Einhaltung der einzelnen vertraglichen Verpflichtungen sollte reduziert und auf Dritte ausgelagert werden. Rechtsgrundlage hierfür ist § 23 Abs. 6b AWG.

53   Die Beauftragung Dritter hat unter Einhaltung der festgelegten Anforderungen und der vergaberechtlichen Bestimmungen zu erfolgen.[70] Die konkreten Anforderungen an den Dritten werden in § 59 Abs. 4 S. 2 näher beschrieben. Die Fachkundigkeit des Dritten bestimmt sich nach der konkreten Verpflichtung, die kontrolliert werden muss.

54   Die Normen nehmen erstmals explizit Bezug auf den in der Investitionsprüfungspraxis hochrelevanten öffentlich-rechtlichen Vertrag. Die Kontrolle der Einhaltung der vertraglichen Verpflichtungen wurde bisher nur in geringem Umfang ausgeübt, sodass eine effektive Kontrolle bisher nicht gewährleistet war.[71] Mit der Möglichkeit auch Verhaltenspflichten in öffentlich-rechtlichen Verträgen zu

---

[67] BAnz AT 30.4.2021 V1.
[68] BT-Drs. 19/29216, 38.
[69] BT-Drs. 19/29216, 38.
[70] BT-Drs. 19/29216, 38.
[71] Zu § 23 AWG, BT-Drs. 19/18700, 21.

vereinbaren, besteht ein **deutlicher Unterschied zur Praxis der Fusionskontrolle**. Eine laufende **Verhaltenskontrolle** ist gem. § 40 Abs. 3 S. 2 GWB in der Fusionskontrolle unzulässig. Das BKartA hat sich ausführlich zu Nebenbestimmungen mit Verhaltenspflichten geäußert und hält diese nicht nur wegen § 40 Abs. 3 S. 2 GWB für in der Praxis „ungeeignet".[72] Diese Ausführungen stehen in deutlichem Widerspruch zur bestehenden Investitionskontrollpraxis, da viele Vereinbarungen in öffentlich-rechtlichen Verträgen Verhaltensverpflichtungen betreffen. Dies lässt sich teilweise durch die unterschiedlichen Ziele der **Investitions- und Fusionskontrolle** erklären.

Als Ausdruck des Verhältnismäßigkeitsgrundsatzes sieht Abs. 5 auch die **55** Möglichkeit vor, dass die Erwerbsparteien einen regelmäßigen Bericht über die Einhaltung der angeordneten oder durch öffentlich-rechtlichen Vertrag übernommenen Pflichten vorlegen. Die Entscheidung hierüber trifft das BMWK, dem insoweit ein Ermessensspielraum zukommt. Der Bericht ist von einem unabhängigen Dritten zu erstellen. Der Auswahl der dritten Person kommt in diesem Fall besondere Bedeutung zu, um die Glaubwürdigkeit der übermittelten Berichte sicherzustellen und das Missbrauchsrisiko zu minimieren. Es bleibt abzuwarten, ob das BMWK sich zur Reduzierung des Aufwands auf die Entgegennahme von Berichten beschränken wird.

§ 59a Ausnahmen von den Vollzugsbeschränkungen nach § 15 Absatz 3 des Außenwirtschaftsgesetzes

(1) § 15 Absatz 3 Satz 1 des Außenwirtschaftsgesetzes steht dem Vollzug solcher schuldrechtlichen Rechtsgeschäfte über den Erwerb nicht entgegen, bei denen die unmittelbare oder mittelbare Beteiligung an einem inländischen Unternehmen mittels eines Rechtsgeschäftes mit Wertpapieren, einschließlich solcher, die in andere zum Handel an einer Börse oder an einem ähnlichen Markt zugelassene Wertpapiere konvertierbar sind, über eine Börse erworben wird, sofern die Meldung nach § 55a Absatz 4 Satz 1 unverzüglich abgegeben wird.

(2) [1]Dem Erwerber ist es bis zu einer Entscheidung im Sinne des § 15 Absatz 3 Satz 2 des Außenwirtschaftsgesetzes oder bis zu dem dort genannten Zeitpunkt untersagt, seine durch den Erwerb erlangten Stimmrechte auszuüben. [2]Der Erwerber hat ferner sicherzustellen, dass die durch den Erwerb erlangten Stimmrechte bis zu den in Satz 1 genannten Zeitpunkten nicht in seinem Namen oder auf der Grundlage von ihm erteilter Weisungen ausgeübt werden.

(3) Die Überlassung oder das anderweitige Offenlegen unternehmensbezogener Informationen im Sinne des § 15 Absatz 4 Satz 1 Nummer 3 oder 4 des Außenwirtschaftsgesetzes unmittelbar oder mittelbar an den Erwerber ist bis zu einer Entscheidung im Sinne des § 15 Absatz 3 Satz 2 des Außenwirtschaftsgesetzes oder bis zu dem dort genannten Zeitpunkt verboten.

(4) [1]Für den Fall, dass ein Erwerb im Sinne des Absatzes 1 untersagt wird, kann das Bundesministerium für Wirtschaft und Klimaschutz den Erwerbsbeteiligten gegenüber anordnen, den Erwerb rückgängig zu machen. [2]Insbesondere kann angeordnet werden, dass

---

[72] BKartA, Leitfaden Zusagen in der Fusionskontrolle 2017, Rn. 26.

1. Wertpapiere, die aufgrund von Rechtsgeschäften im Sinne des Absatzes 1 erworben worden sind, innerhalb eines bestimmten Zeitraums über die Börse wieder zu veräußern oder an einen Treuhänder zu übertragen sind,
2. die Ausübung von Stimmrechten bis zu dem Zeitpunkt, zu dem der Erwerb endgültig rückgängig gemacht ist, verboten ist.

A. Überblick

1   Der aufgrund der 1. Verordnung zur Änderung des AWG und der AWV im September 2021 neu eingeführte § 59a sieht für Börsengeschäfte bestimmte Ausnahmen vom Vollzugsverbot vor,[1] die sowohl für das sektorübergreifende als auch (über § 62 Abs. 2) für das sektorspezifische Verfahren gelten. Die Einführung dieser Ausnahmeregelungen schließt eine Lücke in der Investitionskontrolle, welche in der Praxis zu großen Schwierigkeiten geführt hatte. Zur Auslegung des Begriffs des Wertpapiers kann Art. 2 Abs. 1e Übernahme-RL herangezogen werden, wonach nur übertragbare Wertpapiere erfasst sind, die Stimmrechte an einer Gesellschaft verleihen, wie zB Aktien.[2] Diese müssen gem. § 59a Abs. 1 zudem „über eine Börse" erworben werden, dh der außerbörsliche (sog. off-market-) Handel mit Aktien ist nicht erfasst.[3] Für die Fusionskontrolle findet sich diese Einschränkung von der Ausnahme vom Vollzugsverbot, ebenso wie die Befreiung vom Vollzugsverbot selbst, in § 41 Abs. 1a GWB und wird dort damit begründet, dass Rechtsunsicherheit aufgrund der schwebenden Unwirksamkeit von Massengeschäften an der Börse vermieden werden und börsennotierte Unternehmen leichter Transaktionen über die Börse durchführen können sollen.[4] Beim off-market-Handel besteht dieses Problem auf Grund der bilateralen Geschäftsbeziehung aber letztlich nicht, weshalb der off-market-Handel nicht von der Befreiung des Vollzugsverbots erfasst sein soll.

2   Im Ergebnis sind Börsentransaktionen mit Wertpapieren daher auch ohne Freigabe (schuldrechtlich und dinglich) wirksam, dh der Eigentumsübergang an über die Börse erworbenen Aktien wird trotz laufenden Prüfverfahrens gestattet.[5] Die Wirksamkeit dieser Rechtsgeschäfte ist jedoch auflösend bedingt und gilt nur sofern die Meldung nach § 55a Abs. 4 S. 1 unverzüglich abgegeben wird. Wird im Falle einer Meldepflicht die Meldung nicht unverzüglich, also ohne schuldhaftes Zögern (zu den Voraussetzungen → Rn. 5), eingereicht, erlischt die Wirkung des § 59a ex nunc und das Vollzugsverbot greift.[6] Die Handlungsverbote nach § 15 Abs. 4 S. 1 Nr. 1, 3 und 4 AWG (dh die Ausübung von Stimmrechten und die Weitergabe bestimmter Informationen) sind auch bei Greifen der Ausnahme (vgl. § 15 Abs. 5 S. 1 Nr. 1 AWG

---

[1]   Vgl. BT-Drs. 19/32401, 15.

[2]   Vgl. zur kartellrechtlichen Vorschrift, BeckOK KartellR/Picht GWB § 41 Rn. 45.

[3]   Siehe zur wortgleichen Einschränkung im Rahmen der fusionskontrollrechtlichen Vorschrift Immenga/Mestmäcker/Thomas § 41 Rn. 77, wonach der sukzessive außerbörsliche Paketerwerb von verschiedenen Veräußerern nicht umfasst ist. Da Art. 7 Abs. 2 FKVO hingegen diese Einschränkung nicht enthält, ist dort umstritten, ob die Regelung im EU-Recht weiter auszulegen ist. Auf Grund des ausdrücklichen Wortlauts des Art. 59a AWV, der stark an § 41 Abs. 1a GWB angeglichen ist, muss die engere Auslegung aber auch hier gelten.

[4]   Vgl. BT-Drs. 176/12, 41.

[5]   Siehe BT-Drs. 19/32401, 16.

[6]   Vgl. zur entsprechenden fusionskontrollrechtlichen Vorschrift Immenga/Mestmäcker/Thomas § 41 Rn. 80.

iVm § 59a Abs. 2 und 3) weiterhin zu beachten. Auf diese Weise soll sichergestellt werden, dass besonders sicherheitsrelevante Handlungen während einer laufenden Prüfung unterbleiben.[7] Daher ist es dem Erwerber bis zu einer Freigabe bzw. Freigabefiktion (vgl. § 15 Abs. 3 S. 2 AWG) untersagt, seine durch den Erwerb erlangten Stimmrechte auszuüben oder ausüben zu lassen (→ Rn. 6). Anders als im Fusionskontrollrecht ist die Befolgung dieses Verbots jedoch nicht Voraussetzung für die Wirksamkeit der Rechtsgeschäfte.[8] Zugleich dürfen dem Erwerber keine unternehmensbezogenen Informationen unmittelbar oder mittelbar überlassen oder anderweitig offengelegt werden (vgl. iSd § 15 Abs. 4 S. 1 Nr. 3, 4 AWG → Rn. 7 f.). Im Falle einer Untersagung ist die Anordnung der Rückabwicklung des Vollzugs möglich (hierzu → Rn. 9).

B. Ausnahme vom Vollzugsverbot (Abs. 1)

Abs. 1 regelt für Wertpapiergeschäfte die Ausnahme von der Vollzugsbeschrän- **3** kung des § 15 Abs. 3 S. 1 AWG. Es erfolgt demnach bei Börsengeschäften trotz investitionskontrollrechtlicher Meldepflicht umgehend ein – auflösend bedingter – Eigentumsübergang an den erworbenen Aktien.[9] In der Praxis hatte die bis zur Einführung des § 59a bestehende Regelungslücke zu erheblichen Schwierigkeiten für die Abwicklung von Börsengeschäften geführt, da deren Wirksamkeit bis zur Freigabe bzw. dem Eintritt der Freigabefiktion unter der auflösenden Bedingung einer Untersagung bzw. erwerbsbeschränkender Anordnungen stand. Dies widersprach der Eigenart von Börsengeschäften, bei denen der Vollzug unmittelbar mit dem schuldrechtlichen Vertrag einhergeht und letzterer nicht unter die Bedingung einer Freigabe gestellt werden kann.[10] Auch ist es im Rahmen von Massengeschäften über die Börse häufig unklar, ob eine bestimmte Prüfeintrittsschwelle (→ § 56 Rn. 1 ff.) erreicht wird, was zu Abgrenzungsschwierigkeiten zwischen einem zulässigen Erwerb unterhalb der relevanten Schwelle einerseits und einem Teilvollzug eines anmeldepflichtigen Erwerbs andererseits und damit zu erheblicher Rechtsunsicherheit führte.[11] Zudem ist die Rückabwicklung von Börsengeschäften im Falle einer Untersagung praktisch unmöglich.[12] Die Handhabung von Börsengeschäften wurde durch die Einführung des § 59a somit an die für die Fusionskontrolle geltenden Vorschriften angeglichen und deutlich erleichtert.

---

[7] Vgl. BT-Drs. 19/32401, 20, Begründung zur Ersten Verordnung zur Änderung des Außenwirtschaftsgesetzes und der Außenwirtschaftsverordnung.

[8] Gem. § 41 Abs. 1a GWB gilt die Ausnahme vom Vollzugsverbot nur, „sofern" sowohl unverzüglich angemeldet wird als auch „der Erwerber die mit den Anteilen verbundenen Stimmrechte nicht oder nur zur Erhaltung des vollen Wertes seiner Investition auf Grund einer vom Bundeskartellamt nach Absatz 2 erteilten Befreiung ausübt". Siehe hierzu Immenga/Mestmäcker/Thomas § 41 Rn. 88 f. Diese zweite (negative) Voraussetzung ist in § 59a nicht enthalten, sodass auch im Falle einer (verbotenen) Stimmrechtsausübung die Ausnahme vom Vollzugsverbot gilt.

[9] Vgl. BT-Drs. 19/32401, 20.

[10] Vgl. zur entsprechenden fusionskontrollrechtlichen Vorschrift MüKoWettbR/Mäger GWB § 41 Rn. 43.

[11] Vgl. zur entsprechenden fusionskontrollrechtlichen Vorschrift MüKoWettbR/Mäger GWB § 41 Rn. 43.

[12] Siehe BT-Drs. 19/32401, 20; ausführlich Sattler/Wackernagel AW-Prax 2021, 600 (601).

4 Die Norm basiert auf den nahezu wortgleichen **Parallelvorschriften** in der deutschen und europäischen **Fusionskontrolle** (vgl. § 41 Abs. 1a GWB und Art. 7 Abs. 2 FKVO). Er unterscheidet sich von diesen insbesondere dadurch, dass die investitionskontrollrechtliche Vorschrift keinen Erwerb von mehreren Veräußerern erfordert. Der Anwendungsbereich des § 59a ist somit etwas weiter als der der fusionskontrollrechtlichen Vorschriften. Er greift somit nach dem Wortlaut auch in solchen Fällen, in denen der Erwerber ein größeres Paket an Aktien von ein und demselben Verkäufer erwirbt, vorausgesetzt ein solcher Erwerb wird über die Börse und nicht, wie bei solchen Geschäften üblich, außerbörslich abgewickelt. Transaktionen dieser Art sind grundsätzlich möglich, aber unüblich, etwa weil das Angebot eines größeren Aktienpakets über die Börse negative Auswirkungen auf den Börsenpreis haben kann. In der Praxis werden größere Aktienpakete deshalb in der Regel entweder außerbörslich oder in kleineren Tranchen verkauft. Der weitere Anwendungsbereich des § 59a im Vergleich zu den fusionskontrollrechtlichen Ausnahmeregeln dürfte in der Praxis deshalb nur sehr selten tatsächlich zur Anwendung gelangen.

5 Gem. § 55a Abs. 4 S. 1 hat die verpflichtende Meldung grundsätzlich unverzüglich nach Abschluss des schuldrechtlichen Vertrags zu erfolgen. Abweichend hiervon hat die Meldung im Falle eines Angebots iSd Wertpapiererwerbs- und Übernahmegesetzes gem. § 55a Abs. 4 S. 2 unverzüglich nach Veröffentlichung der Entscheidung zur Abgabe des Angebots zu erfolgen. Die „**Unverzüglichkeit**" ist gem. § 121 BGB analog als „ohne schuldhaftes Zögern" zu bestimmen.[13] Insoweit wird ein gewisser Zeitraum für die Erarbeitung einer substantiierten Meldung einzuräumen sein. Für die Fusionskontrolle werden zwei Wochen als in der Regel noch unverzüglich angesehen.[14] Aufgrund des typischerweise höheren Aufwands der investitionskontrollrechtlichen Meldung ist für diese von einer ggf. auch längeren Frist auszugehen (→ § 55a Rn. 132). Eine knappe Vorabmeldung, in der die prüfungsauslösenden Faktoren kurz benannt werden, dürfte aber zur Sicherheit hilfreich sein.[15] Der Anknüpfungspunkt der Fristauslösung ist im Gegensatz zu § 41 GWB in § 55a Abs. 4 S. 2 zumindest für den Fall eines Angebots iSd Wertpapiererwerbs- und Übernahmegesetzes geregelt („[hat] nach Veröffentlichung der Entscheidung zur Abgabe des Angebots zu erfolgen"). Im Falle des individuellen Erwerbs von Wertpapieren, der zum Überschreiten der Schwellen des § 56 führt, bleibt es bei dem Erfordernis der Unverzüglichkeit nach Abschluss des Erwerbsgeschäfts. Wird im Falle einer Meldepflicht die Meldung nicht unverzüglich eingereicht, erlischt die Wirkung des § 59a ex nunc und das Vollzugsverbot greift (→ Rn. 1).[16]

C. Verbot der Ausübung der Stimmrechte (Abs. 2)

6 Bis zur Entscheidung des BMWK iSd § 15 Abs. 3 S. 2 AWG oder bis zu dem dort genannten Zeitpunkt (Freigabe oder Freigabefiktion) ist dem Erwerber gem. § 59a

---

[13] Wolffgang/Simonsen/Rogmann/Pietsch AWR/Pottmeyer AWV §§ 60–62 Rn. 96.

[14] Vgl. MüKoWettbR/Mäger GWB § 41 Rn. 43; vgl. aber für die Praxis des BKartA zum § 41 GWB, Wiedemann KartellR-HdB/Steinvorth § 21 Rn. 70. Das BKartA verlangt eine Anmeldung innerhalb von 48 Stunden; innerhalb eines so kurzen Zeitraums dürfte eine AWV-Meldung, die den Erfordernissen der Allgemeinverfügung zur AWV entspricht, in der Regel allerdings nicht fertigzustellen sein.

[15] Vgl. für die Praxis des BKartA zum § 41 GWB, Wiedemann KartellR-HdB/Steinvorth § 21 Rn. 70.

[16] Vgl. zur entsprechenden fusionskontrollrechtlichen Vorschrift Immenga/Mestmäcker/Thomas § 41 Rn. 80.

Abs. 2 die Ausübung der durch den Vollzug erworbenen Stimmrechte untersagt. Gem. § 59a Abs. 2 S. 2 hat der Erwerber auch sicherzustellen, dass niemand in seinem Namen oder auf der Grundlage von ihm erteilter Weisungen die Stimmrechte ausübt. Das Ausübungsverbot ist umfassend. Es **fehlt an einer Parallelvorschrift zu § 41 Abs. 1a aE GWB**, der die Ausübung „zur Erhaltung des vollen Wertes seiner Investition" erlaubt. Es bleibt somit stets bei dem gem. § 80 Abs. 2 Nr. 1 AWV iVm § 18 Abs. 1b Nr. 3 AWG strafbewehrten Vollzugsverbot. Anders als im Fusionskontrollrecht ist die Befolgung dieses Verbots jedoch nicht Voraussetzung für die Wirksamkeit der Rechtsgeschäfte (→ Rn. 1 f.).

D. Verbot der Überlassung von Informationen (Abs. 3)

Das in § 59a Abs. 3 geregelte Verbot der Überlassung oder Offenlegung von unternehmensbezogenen Informationen iSd § 15 Abs. 4 S. 1 Nr. 3, 4 AWG richtet sich (nur) an den Veräußerer und gilt grundsätzlich erst ab dem Abschluss des schuldrechtlichen Erwerbsgeschäfts.[17] Es umfasst Informationen in Bezug auf Unternehmensbereiche oder Unternehmensgegenstände, die Gegenstand eines Investitionskontrollverfahrens sind, bzw. in einer entsprechenden Anordnung als bedeutsam bezeichnet sind.[18] Hierunter fallen solche sicherheitsrelevanten Informationen, deren Herausgabe durch eine mit einer Untersagung oder erwerbsbeschränkenden Anordnung endenden Investitionsprüfung gerade verhindert werden soll.[19] **7**

Von dem Verbot sind grundsätzlich keine kaufmännischen oder sonstigen unternehmensbezogenen Informationen erfasst, die für die wirtschaftliche Beurteilung der Transaktion wichtig sind (→ AWG § 15 Rn. 17). Erfasst sind ausdrücklich nur diejenigen Informationen, die mit Blick auf eine mögliche Beeinträchtigung der öffentlichen Sicherheit oder Ordnung von besonderer Relevanz sind.[20] Der Austausch zwischen den Erwerbsbeteiligten soll zielgerichtet nur insoweit eingeschränkt werden, wie dies notwendig ist, um die Zwecke der Investitionsprüfung sicherzustellen.[21] Der Wortlaut der Norm ist jedoch nicht klar begrenzt, sodass bis zu einer gesetzgeberischen Präzisierung oder höchstrichterlichen Klärung ein gewisses Maß an Rechtsunsicherheit besteht, dem die Praxis mit Vorsichtsmaßnahmen – etwa dem Schwärzen von Informationen und durch Clean Teams – zu begegnen versucht.[22] Zum Teil wird in der Literatur auch vorgeschlagen, dass der Verordnungsgeber eine konkrete Liste von Informationsarten veröffentlichen sollte, die vom Offenlegungsverbot erfasst werden (sog. Blacklist-Lösung); dies soll eine rechtssichere Beurteilung des Umfangs des Informationsübermittlungsverbots ermöglichen.[23] Da die konkreten sensiblen Informationen jedoch fallspezifisch sind, ließe sich eine entsprechende Regelung **8**

---

[17] Häufige Fragen zu Investitionsprüfungen nach dem Außenwirtschaftsgesetz (AWG) und der Außenwirtschaftsverordnung (AWV), H.5; abrufbar unter: https://www.bmwk.de/Redaktion/DE/FAQ/Aussenwirtschaftsrecht/faq-aussenwirtschaftsrecht.html (zuletzt abgerufen am 7.6.2023); BT-Drs. 19/18895, 19; ungeachtet der klaren Regelung ist ein sehr vorsichtiger Umgang mit entsprechenden Informationen auch vor Abschluss des schuldrechtlichen Vertrages angezeigt (→ AWG § 15 Rn. 19).

[18] → AWG § 15 Rn. 17 f.

[19] Jungkind/Bormann NZG 2020, 619 (622).

[20] BT-Drs. 19/18895, 19.

[21] BT-Drs. 19/18895, 19.

[22] Hensel/Dörstling DStR 2021, 170 (174).

[23] Jungkind/Bormann NZG 2020, 619 (622).

praktisch kaum umsetzen. In Zweifelsfällen empfiehlt sich eine Abstimmung mit dem BMWK.

E. Rückabwicklung des Vollzugs (Abs. 4)

9   Die Folgen der Untersagung eines bereits vollzogenen Erwerbs nach § 59a Abs. 1 sind in § 59a Abs. 4 geregelt. Dieser sieht eine von den sonstigen Fällen der Investitionskontrolle abweichende Rückabwicklung vor: Aufgrund der Schwierigkeit bzw. Unmöglichkeit einer bereicherungsrechtlichen Rückabwicklung zwischen Erwerber und Veräußerer bei Börsengeschäften – die Veräußerer sind in der Regel nicht bekannt und es kann ihnen nicht zugemutet werden, das Risiko eines Wertverlustes zu tragen[24] – wird der Erwerber gem. Abs. 4 im Falle des Verbots verpflichtet, die mittels Börsengeschäfte erworbenen Wertpapiere innerhalb einer bestimmten Frist wieder über die Börse zu veräußern.[25]

Unterabschnitt 2 Sektorspezifische Prüfung von Unternehmenserwerben

§ 60 Anwendungsbereich der sektorspezifischen Prüfung

(1) ¹**Das Bundesministerium für Wirtschaft und Klimaschutz kann prüfen, ob der Erwerb eines inländischen Unternehmens oder einer unmittelbaren oder mittelbaren Beteiligung im Sinne des § 60a an einem inländischen Unternehmen durch einen Ausländer wesentliche Sicherheitsinteressen der Bundesrepublik Deutschland voraussichtlich beeinträchtigt, wenn das Unternehmen**
1. **Güter im Sinne des Teils I Abschnitt A der Ausfuhrliste entwickelt, herstellt, modifiziert oder die tatsächliche Gewalt über solche Güter innehat,**
2. **Güter aus dem Bereich Wehrtechnik entwickelt, herstellt, modifiziert oder die tatsächliche Gewalt über solche Güter innehat, auf die sich der Schutzbereich eines nach § 50 des Patentgesetzes geheimgestellten Patentes oder eines nach § 9 des Gebrauchsmustergesetzes geheimgestellten Gebrauchsmusters erstreckt,**
3. **Produkte mit IT-Sicherheitsfunktionen zur Verarbeitung staatlicher Verschlusssachen oder für die IT-Sicherheitsfunktion wesentliche Komponenten solcher Produkte**
   a) **herstellt oder**
   b) **hergestellt hat und noch über die dabei zugrunde liegende Technik verfügt**
   und die Produkte des Unternehmens oder im Falle für die IT-Sicherheitsfunktion wesentlicher Komponenten das Gesamtprodukt vom Bundesamt für Sicherheit in der Informationstechnik zugelassen wurden oder
4. **eine verteidigungswichtige Einrichtung im Sinne des § 1 Absatz 5 Satz 2 Nummer 1 des Sicherheitsüberprüfungsgesetzes ist.**

---

[24] Sattler/Wackernagel AW-Prax 2021, 600 (601); Hölters Unternehmens-HdB/Beninca Kap. 18 Rn. 18.233.
[25] Vgl. BT-Drs. 19/32401, 20.

[2]In den Fällen des Satzes 1 Nummer 1 und 2 gilt dies auch für Unternehmen, die die jeweils genannten Güter in der Vergangenheit entwickelt, hergestellt, modifiziert oder die tatsächliche Gewalt über solche Güter innegehabt haben und noch über Kenntnisse oder sonstigen Zugang zu der solchen Gütern zugrunde liegenden Technologie verfügen.

(1a) Ein Erwerb im Sinne des Absatzes 1 Satz 1 liegt auch vor, wenn ein Ausländer

1. einen abgrenzbaren Betriebsteil eines inländischen Unternehmens oder

2. alle wesentlichen Betriebsmittel eines inländischen Unternehmens oder eines abgrenzbaren Betriebsteils eines inländischen Unternehmens, die für die Aufrechterhaltung des Betriebs des Unternehmens oder eines abgrenzbaren Betriebsteils erforderlich sind,

erwirbt.

(1b) [1]Bei der Prüfung einer voraussichtlichen Beeinträchtigung der wesentlichen Sicherheitsinteressen nach Absatz 1 Satz 1 kann ferner auch berücksichtigt werden, ob

1. der Erwerber unmittelbar oder mittelbar von der Regierung, einschließlich sonstiger staatlicher Stellen oder Streitkräfte, eines Drittstaates kontrolliert wird,

2. der Erwerber bereits an Aktivitäten beteiligt war, die nachteilige Auswirkungen auf die öffentliche Ordnung oder Sicherheit der Bundesrepublik Deutschland oder eines anderen Mitgliedstaates der Europäischen Union hatten, oder

3. ein erhebliches Risiko besteht, dass der Erwerber oder die für ihn handelnden Personen an Aktivitäten beteiligt waren oder sind, die in Deutschland den Tatbestand

   a) einer Straftat, die in § 123 Absatz 1 des Gesetzes gegen Wettbewerbsbeschränkungen bezeichnet ist, oder

   b) einer Straftat oder Ordnungswidrigkeit nach dem Außenwirtschaftsgesetz oder dem Gesetz über die Kontrolle von Kriegswaffen

erfüllen würden. [2]Kontrolle im Sinne des Satzes 1 Nummer 1 kann insbesondere auf Grund der Eigentümerstruktur oder in Form einer Finanzausstattung durch die Regierung, einschließlich sonstiger staatlicher Stellen oder Streitkräfte eines Drittstaates, die über ein geringfügiges Maß hinausgeht, ausgeübt werden.

(2) [1]Der Prüfung nach Absatz 1 unterliegen ferner Erwerbe, auch durch Inländer, wenn es Anzeichen dafür gibt, dass eine missbräuchliche Gestaltung oder ein Umgehungsgeschäft zumindest auch vorgenommen wurde, um eine Prüfung nach Absatz 1 zu unterlaufen. [2]Anzeichen für eine missbräuchliche Gestaltung oder ein Umgehungsgeschäft liegen insbesondere vor, wenn der unmittelbare Erwerber mit Ausnahme des Erwerbs nach Satz 1 keiner nennenswerten eigenständigen Wirtschaftstätigkeit nachgeht oder im Inland keine auf Dauer angelegte eigene Präsenz in Gestalt von Geschäftsräumen, Personal oder Ausrüstungsgegenständen unterhält. [3]Zweigniederlassungen und Betriebsstätten eines ausländischen Erwerbers gelten nicht als inländisch. [4]Anzeichen für eine missbräuchliche Gestaltung oder ein Umgehungsgeschäft sind ferner auch, wenn meh-

rere Erwerbe an demselben inländischen Unternehmen so aufeinander abgestimmt werden, dass bei gesonderter Betrachtung keiner der Erwerbe eine Beteiligung im Sinne des § 60a darstellt.

(3) [1]Der Erwerb ist dem Bundesministerium für Wirtschaft und Klimaschutz vorbehaltlich des Satzes 2 unverzüglich nach Abschluss des schuldrechtlichen Vertrages zu melden. [2]Im Fall eines Angebots im Sinne des Wertpapiererwerbs- und Übernahmegesetzes hat die Meldung unverzüglich nach Veröffentlichung der Entscheidung zur Abgabe des Angebots zu erfolgen. [3]In der Meldung sind insbesondere der Erwerb, der Erwerber, das zu erwerbende inländische Unternehmen und die Beteiligungsstrukturen an dem Erwerber anzugeben sowie die Geschäftsfelder des Erwerbers und des zu erwerbenden inländischen Unternehmens in den Grundzügen darzustellen. [4]In den Fällen des § 60a Absatz 2 in Verbindung mit § 56 Absatz 4 Satz 1 Nummer 2, 1. Halbsatz und Satz 2 ist auch die Stimmrechtsvereinbarung anzugeben. [5]Das Bundesministerium für Wirtschaft und Klimaschutz bestimmt durch Allgemeinverfügung weitere Informationen und Unterlagen, die in der Meldung anzugeben sind, einschließlich für die Prüfung erforderliche personenbezogene Daten, sowie die Form der Meldung. [6]Die Allgemeinverfügung ist im Bundesanzeiger bekannt zu machen. [7]Die Meldung hat ausschließlich durch den unmittelbaren Erwerber zu erfolgen, auch wenn in dessen Person die Voraussetzungen des Absatzes 1 nicht vorliegen.

(4) [1]Das Bundesministerium für Wirtschaft und Klimaschutz hat dem unmittelbaren Erwerber und dem von einem Erwerb nach Absatz 1 betroffenen inländischen Unternehmen die Eröffnung des Prüfverfahrens innerhalb der in § 14a Absatz 1 Nummer 1 des Außenwirtschaftsgesetzes genannten Frist bekannt zu geben. [2]§ 55 Absatz 3 Satz 2 bis 4 gilt entsprechend.

Übersicht

A. Überblick

Die sektorspezifische Investitionsprüfung dient der Überprüfung ausländischer **1** Direktinvestitionen in deutsche Unternehmen, die in besonders sicherheitsrelevanten Bereichen tätig sind. § 60 legt den entsprechenden Anwendungsbereich fest, zu dem bestimmte verteidigungs- und IT-sicherheitsrelevante Güter und Technologien gehören. Durch einen **Freigabevorbehalt** ermöglicht die sektorspezifische Prüfung dem BMWK, den Zugang zu diesen bestimmten, besonders sensiblen Sektoren zu steuern.[1] Dem BMWK wird damit ein Instrument an die Hand gegeben, die wesentlichen nationalen Sicherheitsinteressen vor Beeinträchtigungen von außen zu schützen.

Grundsätzlich hält der Gesetzgeber ausländische Direktinvestitionen für das deut- **2** sche Wirtschaftswachstum für wichtig und begrüßt diese.[2] In den letzten Jahren haben jedoch schrittweise **Verschärfungen** der Regelungen zur Investitionskontrolle stattgefunden. Hierbei wurden insbesondere die Voraussetzungen für die Anwendbarkeit der Investitionskontrolle angepasst und in der Tendenz herabgesenkt. Insofern sind zunehmend restriktive Änderungen in der Investitionsprüfung erkenn-

---

[1] Hocke/Sachs/Pelz AußenwirtschaftsR/Mausch-Liotta/Sattler Rn. 1.
[2] BAnz. AT 30.4.2021 V1.

bar.[3] Der Gesetzgeber ist der Auffassung, dass die Verschärfungen die Interessen der Bundesrepublik besser zu schützen vermögen, während sie gleichzeitig der Attraktivität Deutschlands als Ziel von Investitionsvorhaben keinen Abbruch tun → Einl. Rn. 48.[4] Gleichzeitig ist sich die Bundesregierung der wirtschaftlichen und sozialen Auswirkungen bewusst, die regulierende Maßnahmen in diesem Bereich haben können.[5]

3   In den vergangenen Jahren hat das sektorspezifische Prüfverfahren immens an Bedeutung gewonnen. So verzeichnete das BMWK im Jahr 2016 lediglich drei sektorspezifische Prüfungen.[6] Im Jahr 2017 stiegen die Fallzahlen auf insgesamt neun,[7] während sie im Jahr 2018 wieder auf vier sanken.[8] 2019 berichtete das BMWK hingegen von 14 Prüfverfahren.[9] 2021 waren es bereits 42 Fälle; im Jahr darauf 44.[10] Dabei lässt sich der Anstieg seit dem Jahr 2021 unter anderem auch auf Gesetzesverschärfungen zurückführen.

4   Insgesamt ist die sektorspezifische Prüfung das älteste Prüfverfahren im Bereich der deutschen Investitionskontrolle. Mit ihrer Einführung wurde erstmals ein Instrument zur Überprüfung gebietsfremder Erwerbe geschaffen. Damit stellte sie

---

[3] Dorsch/Friton/von Rummel, 218. EL, AWG § 5 Rn. 2; Nehring-Köppl spricht von einem „Paradigmenwechsel", Nehring-Köppl, Paradigmenwechsel im Außenwirtschaftsrecht, 2023, S. 228.

[4] BT-Drs. 19/18700, 11.

[5] Bundesregierung: China-Strategie der Bundesregierung, abrufbar unter https://www. auswaertiges-amt.de/blob/2608578/2b2effbc0886ef7ae0b22aaeacf199be/china-strategie-data.pdf (zuletzt abgerufen am 18.7.2023). Bundesregierung: China-Strategie der Bundesregierung, abrufbar unter https://www.auswaertiges-amt.de/blob/2608578/2b2effbc0886ef7ae0b22aaeacf199be/china-strategie-data.pdf (zuletzt abgerufen am 24.8.2023).

[6] BT Drs. 18/10202, 7.

[7] BT Drs. 18/10202, 7.

[8] BMWK: Investitionsprüfung in Deutschland: Zahlen und Fakten, sämtliche Zahlen mit Stand vom 9.1.2023, abrufbar unter https://www.bmwk.de/Redaktion/DE/Publikationen/Aussenwirtschaft/investitionsprufung-in-deutschland-zahlen-und-fakten.pdf?blob=publicationFile&v=10 (zuletzt aufgerufen am 12.4.2023). BMWK: Investitionsprüfung in Deutschland: Zahlen und Fakten, sämtliche Zahlen mit Stand vom 9.1.2023, abrufbar unter https://www.bmwk.de/Redaktion/DE/Publikationen/Aussenwirtschaft/investitionsprufung-in-deutschland-zahlen-und-fakten.pdf?blob=publicationFile&v=10 (zuletzt abgerufen am 24.8.2023).

[9] BMWK: Investitionsprüfung in Deutschland: Zahlen und Fakten, sämtliche Zahlen mit Stand vom 9.1.2023, abrufbar unter https://www.bmwk.de/Redaktion/DE/Publikationen/Aussenwirtschaft/investitionsprufung-in-deutschland-zahlen-und-fakten.pdf?blob=publicationFile&v=10 (zuletzt aufgerufen am 12.4.2023). BMWK: Investitionsprüfung in Deutschland: Zahlen und Fakten, sämtliche Zahlen mit Stand vom 9.1.2023, abrufbar unter https://www.bmwk.de/Redaktion/DE/Publikationen/Aussenwirtschaft/investitionsprufung-in-deutschland-zahlen-und-fakten.pdf?blob=publicationFile&v=10 (zuletzt abgerufen am 24.8.2023).

[10] BMWK: Investitionsprüfung in Deutschland: Zahlen und Fakten, sämtliche Zahlen mit Stand vom 9.1.2023, abrufbar unter https://www.bmwk.de/Redaktion/DE/Publikationen/Aussenwirtschaft/investitionsprufung-in-deutschland-zahlen-und-fakten.pdf?blob=publicationFile&v=10 (zuletzt aufgerufen am 12.4.2023). BMWK: Investitionsprüfung in Deutschland: Zahlen und Fakten, sämtliche Zahlen mit Stand vom 9.1.2023, abrufbar unter https://www.bmwk.de/Redaktion/DE/Publikationen/Aussenwirtschaft/investitionsprufung-in-deutschland-zahlen-und-fakten.pdf?blob=publicationFile&v=10 (zuletzt abgerufen am 24.8.2023).

ein Novum im Außenwirtschaftsrecht dar. Gleichzeitig handelt es sich um das sensibelste Instrument in der Investitionskontrolle, da sie dem Schutz zentraler nationaler Sicherheitsaspekte dient. Daher sind ihre Regelungen auch besonders streng. Für Erwerbe in diesem Bereich greift beispielsweise nicht das sogenannte Konzernprivileg, wonach Transaktionen zwischen Gesellschaften, die dem gleichen Konzern zugehören, von der Investitionsprüfung ausgenommen sind (→ § 55 Rn. 55). Außerdem gilt das Vollzugsverbot nach § 15 Abs. 4 S. 1 AWG (→ AWG § 15 Rn. 10–19) und eine durchweg niedrige Prüfeintrittsschwelle von 10 % (→ § 60a Rn. 6).

I. Historischer Überblick

In Deutschland wurden die Regelungen zur sektorspezifischen Investitions- **5** kontrolle mit der 11. AWG-Novelle im Jahr 2004 eingeführt.[11] Damals erstreckte sich der Regelungsbereich zunächst nur auf Erwerbe der **deutschen Rüstungsindustrie** sowie auf Unternehmen, die **Kryptosysteme** zur Verschlüsselung staatlich sensibler Informationen herstellen.[12] Zuvor existierten im deutschen Recht keine allgemeinen Regelungen zur Kontrolle von Investitionen. Grund für die Einführung war, dass der Gesetzgeber eine Gefährdung der Zugriffsmöglichkeiten auf die deutsche Rüstungsindustrie durch ausländische Unternehmenserwerbe in diesem Bereich erkannte. Befürchtet wurde einerseits die unkontrollierte Veräußerung von für die Verteidigung erforderlichen Kapazitäten, die zu einer unzureichenden Sicherheitsvorsorge im Ernstfall führen könnte, und andererseits eine potenzielle Gefährdung sicherheitspolitischer Erwägungen. Diesen Befürchtungen wollte der Gesetzgeber vorbeugen und so seinem staatlichen Schutzauftrag hinsichtlich der Sicherheitsinteressen gerecht werden.[13] Die für die sektorspezifische Investitionskontrolle relevanten Vorschriften sind heute niedergelegt in den §§ 60– 62 und existieren seit dem 6.6.2013 durch das Gesetz zur Modernisierung des Außenwirtschaftsrechts,[14] eingefügt durch die AWV v. 2.8.2013.[15] Mit dieser Novelle erfolgte auch die Einführung des Freigabevorbehalts sowie der Freigabefiktion, die zuvor nicht gesetzlich niedergeschrieben waren.[16] Zudem senkte sie die Anforderungen an die durch den Erwerber in einer Meldung vorzulegenden Dokumente. Beides sollte eine zügige und bürokratisch aufwandsarme Prüfung des BMWK ermöglichen.[17]

Seitdem haben die Vorschriften der sektorspezifischen Investitionskontrolle **6** zahlreiche Novellierungen erfahren, die vor allem in den letzten Jahren zu Verschärfungen führten. So erweiterte die 9. AWV-Novelle im Jahr 2017 den Anwendungsbereich der sektorspezifischen Investitionsprüfung auf weitere sicherheitsrelevante Fallgruppen von Unternehmenserwerben. Neben dem bestehenden Verweis auf die Kriegswaffenliste erfolgte nun auch ein Verweis auf bestimmte Güter der Ausfuhrliste.[18] Der Verweis bezog sich auf die Listen-

---

[11] BT-Drs. 15/2537, 7 ff.; BeckOK AußenWirtschaftsR/Niestedt Rn. 1.

[12] BT-Drs. 15/2537, 7 ff.

[13] BT-Drs. 15/2537, 7.

[14] BGBl. I 2013, S. 1482; Wolffgang/Simonsen/Rogmann/Pietsch AWR/Pottmeyer §§ 60–62 Rn. 1.

[15] BGBl. 2013, 2865.

[16] BAnz. AT 5.8.2013 B1.

[17] BAnz. AT 5.8.2013 B1; Erbs/Kohlhaas Rn. 2.

[18] BAnz. AT 17.7.2017 V1.

positionen 0005, 0011, 0014, 0015, 0017 und 0018 der Ausfuhrliste Teil I A, welche **sonstige Rüstungsgüter** aus dem Bereich Aufklärung und Unterstützung (vgl. § 60 Abs. 1 Nr. 4 und 5 aF v. 18.7.2017) umfassen. Hintergrund dieser Einbeziehung war die Erkenntnis des Gesetzgebers, dass nicht nur der Erwerb von Unternehmen, die Kriegswaffen herstellen, für die nationale Sicherheit relevant ist. Vielmehr können auch Unternehmen, die **verteidigungsindustrielle Schlüsseltechnologien** herstellen, für die Sicherheitsinteressen der Bundesrepublik Deutschland von Bedeutung sein. Bereits das am 8.7.2015 verabschiedete Strategiepapier der Bundesregierung zur Stärkung der Sicherheits- und Verteidigungsindustrie hielt bestimmte rüstungspolitische Schlüsseltechnologien fest und benannte diese – auch im Hinblick auf die Investitionskontrolle – als besonders schützenswert.[19] Mit der Erweiterung des Anwendungsbereichs des § 60 hat der Gesetzgeber also zum Ausdruck gebracht, dass der bisherige Gesetzeswortlaut dem Strategiepapier der Bundesregierung nicht hinreichend Rechnung trug.[20] Die Anpassung diente der Korrektur dieses Missverhältnisses. Die in Rede stehenden Güter sind seit dem 1.5.2021 von der Fallgruppe Nr. 1 erfasst (→ Rn. 46–55).

7   Dieses Strategiepapier nennt u.a. die **Kryptotechnologie**, **Sensorik** und **Schutztechnologien** als verteidigungsindustrielle Schlüsseltechnologien. Die sektorspezifische Prüfung umfasste damit fortan auch Hersteller und Entwickler von Gegenständen, wie zum Beispiel Feuerleiteinrichtungen, elektronische Ausrüstung sowie Ausrüstung zum Stören von weltweiten Satelliten-Navigationssystemen, Raumfahrzeugen, Simulatoren, Bildausrüstung oder Roboter, sofern sie denn speziell für die militärische Nutzung hergestellt werden.[21] Auch Produktionsanlagen, die notwendig zur Herstellung dieser Gegenstände sind, fielen darunter, wie zB Prüfzentrifugen oder Trockenpressen.[22]

8   Sicherheitsrelevant sind nach der Screening-VO u.a. auch **Künstliche Intelligenz**, **Robotik** und **Halbleiter**- oder **Quantentechnologie** (→ Screening-VO Rn. 125).[23] Denn Halbleiter, autonomes Fahren und Fliegen können militärisch nutzbar sein.[24] Künstliche Intelligenz, autonomes Fahren und Fliegen, Cybersi-

---

[19] Strategiepapier der Bundesregierung zur Stärkung der Sicherheits- und Verteidigungsindustrie, abrufbar unter https://www.bmwk.de/Redaktion/DE/Downloads/S-T/strategiepapier-staerkung-sicherits-und-verteidigungsindustrie.pdf?__blob=publicationFile&v=4 (zuletzt aufgerufen im 12.4.2023).https://www.bmwk.de/Redaktion/DE/Downloads/S-T/strategiepapier-staerkung-sicherits-und-verteidigungsindustrie.pdf?__blob=publicationFile&v=4 (zuletzt abgerufen am 24.8.2023).

[20] BAnz. AT. 17.7.2017 B1.

[21] Hindelang/Hagemeyer EuZW 2017, 882 (884).

[22] Hindelang/Hagemeyer EuZW 2017, 882 (884).

[23] BMWK: Im Fokus: Eine Frage der nationalen Sicherheit, Die Investitionsprüfung im Spannungsfeld von Investitionsfreiheit und der Abwehr sicherheitspolitischer Gefahren, mit Stand v. 1.7.2021, aufrufbar unter https://www.bmwk.de/Redaktion/DE/Schlaglichter-der-Wirtschaftspolitik/2021/07/04-im-fokus.html (zuletzt aufgerufen am 28.2.2023).1.7.2021, aufrufbar unter https://www.bmwk.de/Redaktion/DE/Schlaglichter-der-Wirtschaftspolitik/2021/07/04-im-fokus.html (zuletzt abgerufen am 24.8.2023).

[24] BMWK: Im Fokus: Eine Frage der nationalen Sicherheit, Die Investitionsprüfung im Spannungsfeld von Investitionsfreiheit und der Abwehr sicherheitspolitischer Gefahren, mit Stand v. 1.7.2021, aufrufbar unter https://www.bmwk.de/Redaktion/DE/Schlaglichter-der-Wirtschaftspolitik/2021/07/04-im-fokus.html (zuletzt aufgerufen am 28.2.2023).1.7.2021, aufrufbar unter https://www.bmwk.de/Redaktion/DE/Schlaglichter-der-Wirtschaftspolitik/2021/07/04-im-fokus.html (zuletzt abgerufen am 24.8.2023).

cherheit und Nukleartechnologie eröffnen Missbrauchsmöglichkeiten im sicherheitsrelevanten Bereich.[25]

Im gleichen Zuge erweiterte der Gesetzgeber die sektorspezifische Prüfung **9** zudem auf Erwerbe von Zielunternehmen durch Inländer (§ 60 Abs. 2 S. 1), allerdings nur, sofern eine missbräuchliche Gestaltung oder ein Umgehungsgeschäft zum Zweck des Unterlaufens der Prüfung nach § 60 Abs. 1 in Betracht kommt. Zuvor waren nur Erwerbe durch Ausländer erfasst. Dem liegt die Möglichkeit zugrunde, dass EU-Ausländer oder Drittstaatsangehörige über inländische Erwerbsvehikel Erwerbe durchführen, die dem Wortlaut nach nicht von der sektorspezifischen Investitionsprüfung erfasst waren.[26] Solchen Umgehungskonstellationen wurde damit ein Ende gesetzt.

Die nächste Novellierung führte ebenfalls zu einer Anpassung weiterer Vorausset- **10** zungen in der sektorspezifischen Investitionsprüfung. Die 12. AWV-Novelle vom 19.12.2018 senkte die maßgeblichen Schwellenwerte ab, ab denen eine Überprüfung von ausländischen Direktinvestitionen möglich ist. Anknüpfungspunkt für eine Überprüfung war und ist weiterhin die Höhe der zu erwerbenden Stimmrechte. Mit Einführung des § 60a im Rahmen der 12. AWV-Novelle wurde die Prüfschwelle auf 10 % festgelegt.[27] Die vorherige Fassung des § 60 Abs. 1 verwies hinsichtlich der Prüfeintrittsschwelle noch auf den § 56 aF, der einen Erwerb von mindestens 25 % der Stimmrechtsanteile als Prüfeintrittsschwelle vorsah. Damit erfolgte eine Absenkung der Prüfeintrittsschwelle von 15 Prozentpunkte auf die genannten 10 %, womit mit einem Schlag deutlich mehr Erwerbe vom Anwendungsbereich der sektorspezifischen Überprüfung erfasst waren.

Die Vorschriften über die sektorspezifische Investitionskontrolle erfuhren **11** sodann 2020 durch die 15. AWV-Novelle weitere Änderungen. Diese führte zum einen zur Einführung einer weiteren Erwerbskonstellation, nämlich den Fall des Asset Deals als meldepflichtigen Erwerb in § 60 Abs. 1a (→ Rn. 67–68), und zum anderen zur Einführung der sog. investorbezogenen Faktoren in § 60 Abs. 1b (→ Rn. 69–76).[28]

Die im Folgejahr erlassene 17. AWV-Novelle[29] gestaltete die Fallgruppen in **12** Abs. 1 umfassend neu, nachdem diese bereits mit der 1. AWG-Novelle 2020 eine Überarbeitung erfahren hatten (→ Rn. 54). In diesem Rahmen erfolgte insbesondere eine Erweiterung der relevanten Rüstungsgüter auf sämtliche in Teil I Abschnitt A der **Ausfuhrliste** gelisteten Rüstungsgüter, nachdem zuvor nur einzelne Listenpositionen erfasst waren.[30] Dies führte zur Entbehrlichkeit der weiteren Fallgruppen mitsamt des vorher in Fallgruppe 1 enthaltenen Verweises auf die Kriegswaffenliste.

Seither ist für die ersten beiden Fallgruppen des § 60 Abs. 1 überdies nicht mehr **13** nur die Entwicklung oder Herstellung der entsprechenden Güter ausschlaggebend, sondern auch deren Modifizierung sowie das Innehaben der tatsächlichen Gewalt

---

[25] BMWK: Im Fokus: Eine Frage der nationalen Sicherheit, Die Investitionsprüfung im Spannungsfeld von Investitionsfreiheit und der Abwehr sicherheitspolitischer Gefahren, mit Stand v. 1.7.2021, aufrufbar unter https://www.bmwk.de/Redaktion/DE/Schlaglichter-der-Wirtschaftspolitik/2021/07/04-im-fokus.html (zuletzt aufgerufen am 28.2.2023).1.7.2021, aufrufbar unter https://www.bmwk.de/Redaktion/DE/Schlaglichter-der-Wirtschaftspolitik/2021/07/04-im-fokus.html (zuletzt abgerufen am 24.8.2023).

[26] Hindelang/Hagemeyer EuZW 2017, 882 (884).

[27] BAnz. AT 28.12.2018 V1.

[28] BAnz. AT 2.6.2020 V1; BeckOK AußenWirtschaftsR/Niestedt Rn. 1.

[29] BAnz. AT 30.4.2021 V1.

[30] BAnz. AT 30.4.2021 V1.

über diese.[31] Ebenfalls reicht es nach § 60 Abs. 1 S. 2 nun aus, wenn das Zielunternehmen nach Aufgabe der Tätigkeit noch über Kenntnisse oder sonstigen Zugang zu diesen Gütern verfügt.[32] Damit werden neben der gegenwärtigen Ausrichtung des Unternehmens auch vergangene Erfahrungen (einschließlich abgeschlossener Projekte) in die Prüfung eingeschlossen. Beide Erweiterungen haben ihren Ursprung in der Erkenntnis, dass nicht nur die Herstellung, sondern auch nachgeordnete Schritte sowie im Unternehmen verbliebene Kenntnisse über kritische Güter gleichermaßen die wesentlichen Sicherheitsinteressen der Bundesrepublik Deutschland beeinträchtigen können.[33] Diesbezüglich stellen die Änderungen wohl eine Klarstellung der bisherigen Rechtsauffassung des BMWK dar.

14   Gleichzeitig erfolgte eine Anpassung des Prüfungsmaßstabs. An die Stelle des bisherigen Prüfungsmaßstabs der Gefährdung der wesentlichen Sicherheitsinteressen der Bundesrepublik Deutschland tritt nunmehr der Maßstab der **voraussichtlichen Beeinträchtigung** dieser Interessen.[34] Der Begriff entstammt Art. 4 Abs. 1 und 2 Screening-VO. Die Gesetzesänderung diente der Anpassung der deutschen Rechtslage an diese (zur Anpassung des Prüfungsmaßstabs im Einzelnen → § 55 Rn. 29–43.[35] Das BMWK soll mithin auch zukünftige Beeinträchtigungen und nicht ausschließlich bereits bestehenden Gefährdungen verhindern können (→ Rn. 44). Insgesamt hatten die im Rahmen der 17. AWV-Novelle erfolgten Anpassungen eine erhebliche Ausweitung des Anwendungsbereichs der sektorspezifischen Prüfung zur Folge und den wohl bislang größten Änderungscharakter.

15   Hinsichtlich des zeitlichen Geltungsbereichs des neu gefassten § 60 ist die durch die 17. AWV-Novelle[36] eingeführte Übergangsregelung in § 82a zu beachten. Demnach findet § 60 in der derzeit geltenden Fassung ausschließlich auf seit dem 1.5.2021 abgeschlossene Rechtsgeschäfte über den Erwerb eines inländischen Unternehmens Anwendung. Für zuvor abgeschlossene Rechtsgeschäfte gilt die alte Rechtslage. Die Relevanz dieser Norm sinkt mit jedem Jahr, da eine Meldung im sektorspezifischen Bereich unverzüglich nach Abschluss des schuldrechtlichen Vertrages zu erfolgen hat. Die diesen Übergangsbereich betreffenden Rechtsgeschäfte dürften daher schon gemeldet worden sein.

16   Die zeitlich letzte Änderung erfuhr die sektorspezifische Investitionskontrolle durch die 19. AWV-Novelle vom 21.12.2022.[37] Seither benennt § 60 die für die sektorspezifische Investitionsprüfung zuständige Behörde als Bundesministerium für Wirtschaft und Klimaschutz, nachdem das Ministerium im Rahmen des Regierungswechsels aufgrund geänderter Zuständigkeiten umbenannt wurde (zuvor Bundesministerium für Wirtschaft und Energie).[38]

---

[31] BAnz. AT 30.4.2021 V1.

[32] BAnz. AT 30.4.2021 V1.

[33] Vgl. BR-Drs. 181/20, 17.

[34] BAnz. AT 30.4.2021 V1; BeckOK AußenWirtschaftsR/Niestedt Rn. 1.

[35] BT-Drs. 19/18700.

[36] BT-Drs. 19/29216.

[37] BAnz. AT 23.12.2022 V1.

[38] EXIST „Bundesministerium für Wirtschaft und Energie (BMWi) heißt jetzt „Bundesministerium für Wirtschaft und Klimaschutz", aufrufbar unter https://www.exist.de/EXIST/Redaktion/DE/Aktuelles/Nachrichten/Wichtige-Mitteilung-fuer-alle-EXIST-Projekte.html (zuletzt aufgerufen am 16.5.2023). EXIST „Bundesministerium für Wirtschaft und Energie (BMWi) heißt jetzt „Bundesministerium für Wirtschaft und Klimaschutz", aufrufbar unter https://www.exist.de/EXIST/Redaktion/DE/Aktuelles/Nachrichten/Wichtige-Mitteilung-fuer-alle-EXIST-Projekte.html (zuletzt abgerufen am 24.8.2023).

II. Rechtsrahmen

1. Nationaler Rechtsrahmen. Ihre gesetzliche Verankerung findet die sek- 17
torspezifische Investitionskontrolle im AWG (→ AWG § 4 Rn. 2 und → AWG
§ 5 Rn. 19). Nach § 1 Abs. 1 AWG gilt der Außenwirtschaftsverkehr als
grundsätzlich frei, es sei denn, es gelten Einschränkungen nach dem AWG
oder einer Rechtsverordnung. Der Erwerb oder Anteilserwerb inländischer
Unternehmen durch ausländische Investoren stellt eine Handlung im Außenwirtschaftsverkehr dar, unterliegt gleichzeitig aber einer solchen Einschränkung:
Nach § 4 Abs. 1 Nr. 1 AWG ist die Anordnung von Beschränkungen und
Handlungspflichten zur **Gewährleistung wesentlicher Sicherheitsinteres-
sen** gestattet und dies insbesondere bei Erwerben durch Ausländer gemäß § 5
Abs. 3 AWG, die die wesentlichen Sicherheitsinteressen der Bundesrepublik
Deutschland berühren.

Die Ausgestaltung der sektorspezifischen Investitionskontrolle regelt wiederum 18
die AWV in den §§ 60 ff. Demnach werden vom Anwendungsbereich bestimmte
Güter der Rüstungsindustrie sowie Produkte der IT-Sicherheit umfasst, die in
einem Fallgruppenkatalog in § 60 Abs. 1 niedergelegt sind.

2. Europäischer Rechtsrahmen. Aus europarechtlicher Sicht finden die 19
nationalen Regelungen über die sektorspezifische Prüfung, anders als die über
die sektorübergreifende Prüfung ihre Legitimation in einer Sondervorschrift des
Europarechts (vgl. Art. 346 Abs. 1 lit. b AEUV und Art. 4 Abs. 2 EUV; → AWG
§ 1 Rn. 22). Als Ausdruck der Gewährleistung wesentlicher nationaler Sicherheitsinteressen obliegt ihre Ausgestaltung nämlich den Mitgliedstaaten (vgl. Art. 1
Abs. 2 Screening-VO; → Screening-VO Rn. 37). Damit handelt es sich bei den
Vorschriften zur sektorspezifischen Prüfung weitgehend um **nationales Recht**.
Umstritten ist, ob die sektorspezifische Investitionskontrolle in den Anwendungsbereich der Screening-VO fällt (→ Screening-VO Rn. 37). Der Streit bezieht
sich allerdings ausschließlich auf den Fall eines drittstaatlichen Erwerbs, da der
Anwendungsbereich der Screening-VO nur Erwerbe durch einen Drittstaatsangehörigen erfasst und gerade nicht für den Fall eines Erwerbs durch einen Unionsansässigen gilt.

Hinsichtlich der Anwendbarkeit der Grundfreiheiten in der sektorspezifischen 20
Prüfung ist umstritten, ob **Art. 346 AEUV** eine Bereichsausnahme zugunsten
der Mitgliedstaaten oder nur einen besonderen Rechtfertigungsgrund darstellt.[39]
Sofern man der EuGH folgt, der hinsichtlich einer auch gegenüber anderen
Mitgliedstaaten geltenden Beschränkung wohl letztere Ansicht vertritt,[40] sind die
Grundfreiheiten (→ Screening-VO Rn. 23–28) auch im Bereich der sektorspezi-
fischen Prüfung anwendbar. Jedenfalls aber haben die Mitgliedstaaten durch
Art. 346 AEUV einen besonders weiten Spielraum bei Beschränkungen. Allerdings ist Art. 346 AEUV als Ausnahme von den Grundfreiheiten eng auszulegen
und es obliegt dem Mitgliedstaat, der sich auf die Vorschrift beruft, nachzuweisen,
dass die Inanspruchnahme dieser Vorschrift notwendig ist, um seine wesentlichen
Sicherheitsinteressen zu wahren.[41]

Art. 346 AEUV findet jedoch nur bei Vorliegen der dort genannten Vorausset- 21
zungen Anwendung, dh wenn die Erzeugung oder der Handel von Waffen, Muni-

---

[39] Calliess/Ruffert/Wegener AEUV Art. 346 Rn. 2.
[40] EuGH BeckRS 2014, 81735.
[41] EuGH BeckRS 2014, 81735 Rn. 33 f.

tion oder Kriegsmaterial betroffen ist, die oder das auf der 1958 beschlossenen Liste des Art. 346 Abs. 2 AEUV[42] stehen. Es dürfte durchaus schwierig sein, den mittlerweile sehr weiten Anwendungsbereich des § 60 Abs. 1 (einschließlich der gesamten Ausfuhrliste und Produkten mit IT-Sicherheitsfunktionen) in die 1958-Warenliste zu lesen. Soweit eine Transaktion nicht in den Anwendungsbereich des Art. 346 AEUV fällt, muss ihre Vereinbarkeit mit den Grundfreiheiten nach allgemeinen Regeln geregelt werden (vgl. dazu → Screening-VO Rn. 23–28). Insoweit gelten für die unionsrechtliche Rechtfertigung dann keine anderen Maßstäbe als bei der sektorübergreifenden Investitionskontrolle (vgl. dazu → § 55 Rn. 29).

III. Gemeinsamkeiten und Unterschiede zur sektorübergreifenden Investitionskontrolle

22   Die sektorspezifische Investitionskontrolle weist einige Unterschiede, aber auch Gemeinsamkeiten mit der sektorübergreifenden Investitionskontrolle auf, die wiederum in den §§ 55–59 niedergelegt ist. Zuletzt erfolgte durch die zahlreichen AWV-Novellen eine **sukzessive Angleichung** beider Verfahren. Neben der **europarechtlichen Legitimationsfrage** (→ Rn. 19) bestehen jedoch die größten Unterschiede weiterhin hinsichtlich des **Prüfungsmaßstabs** bzw. des **Schutzguts** des jeweiligen Prüfverfahren. Während sich die sektorübergreifende Prüfung auf eine voraussichtliche Beeinträchtigung der öffentlichen Ordnung oder Sicherheit der Bundesrepublik Deutschland durch den Unternehmenserwerb (vgl. § 55 Abs. 1) bezieht, stellen innerhalb der sektorspezifischen Investitionsprüfung die wesentlichen Sicherheitsinteressen das maßgebliche Schutzgut dar (→ AWG § 4 Rn. 5–7). Beide Prüfverfahren gleichen sich jedoch insoweit, als dass es zur Eröffnung des Anwendungsbereichs jeweils auf eine voraussichtliche Beeinträchtigung des jeweiligen Schutzguts ankommt.

23   Ein weiterer Unterschied liegt in der **Person des Erwerbers**. Die sektorspezifische Investitionskontrolle gilt für jeden Erwerb durch einen Ausländer, während sich das sektorübergreifende Verfahren ausschließlich auf Erwerber außerhalb der EU bzw. der EFTA-Staaten bezieht (vgl. §§ 55 ff. iVm § 4 Abs. 1 Nr. 4 und 4a, § 5 Abs. 2 AWG). Der Anwendungsbereich der sektorspezifischen Investitionskontrolle ist damit bereits dann eröffnet, wenn es sich bei dem Erwerber des Zielunternehmens nicht um einen Inländer, sondern um einen nicht-deutschen EU-Angehörigen handelt. Die sektorübergreifende Investitionskontrolle erfordert hingegen, dass es sich um einen EU-Ausländer handelt.

24   Beide Prüfverfahren unterscheiden sich zudem hinsichtlich der **Meldepflicht** des Erwerbers. Innerhalb des Anwendungsbereichs der sektorübergreifenden Investitionskontrolle herrscht im Gegensatz zur sektorspezifischen Prüfung keine grundsätzliche Meldepflicht des Unternehmenserwerbs. § 55a Abs. 4 S. 1 statuiert stattdessen nur für diejenigen Erwerbsgeschäfte eine Meldepflicht, die den Erwerb eines im Fallgruppenkatalog des § 55a Abs. 1 Nr. 1–27 genannten Unternehmens betreffen. Des Weiteren gilt in der sektorübergreifenden Investitionskontrolle nur in den letzteren Fällen ein **strafbewehrtes Vollzugsverbot** für den Erwerb (§ 15 Abs. 4 AWG, § 18 Abs. 1b AWG iVm § 55a. Abs. 4 S. 1), welches im sektorspezifischen Bereich wieder grundsätzlich gilt (§ 15 Abs. 4 AWG, § 18 Abs. 1b AWG iVm § 60 Abs. 3 S. 1). Die sektorübergreifende Investitionskontrolle sieht zudem

---

[42] Abgedruckt im ABl. 2001/C 364 E/091 als Antwort auf eine parlamentarische Anfrage.

die Möglichkeit der Erteilung einer **Unbedenklichkeitsbescheinigung** vor (§ 58). Diese ist im sektorspezifischen Prüfverfahren nicht vorgesehen.[43]

Darüber hinaus sieht das sektorspezifische Prüfverfahren für Unternehmenserwerbe durchgängig eine **Prüfeintrittsschwelle** von 10 % vor. Innerhalb der sektorübergreifenden Investitionskontrolle gilt die Prüfeintrittsschwelle von 10 % hingegen nur in bestimmten Fällen (§ 56 Abs. 1 Nr. 1 iVm § 55a Abs. 1 Nr. 1– 7). In anderen Fällen beträgt sie wiederum 20 % (§ 56 Abs. 1 Nr. 2 iVm § 55a Abs. 1 Nr. 8–27) bzw. 25 % (§ 56 Abs. 1 Nr. 3). Im Falle eines Hinzuerwerbs gelten wiederum andere Prüfeintrittsschwellen. Im Gegensatz zu den unterschiedlichen Prüfeintrittsschwellen sind die **Fristen** bei beiden Verfahrensarten mittlerweile gleich (vgl. § 14a Abs. 1 AWG). **25**

Insgesamt ist der Anwendungsbereich der sektorspezifischen Investitionsprüfung damit spezifischer ausgerichtet als der der sektorübergreifenden Investitionsprüfung, weshalb deutlich weniger Erwerbe von ihr erfasst sind. So waren im Jahr 2022 nur rund 14 % der vom BMWK geprüften Fälle Gegenstand des sektorspezifischen Prüfverfahrens.[44] Allerdings sind die diesbezüglichen Anforderungen an die Prüfung deutlich strenger als bei der sektorübergreifenden Prüfung (→ Rn. 23). Das zeigt sich u.a. im Hinblick auf die Prüfeintrittsschwelle (→ Rn. 25) und die Herkunft des Erwerbers (→ Rn. 23). Hinzu kommt die in die Vergangenheit gerichtete Betrachtung der Tätigkeit des Zielunternehmens (§ 60 Abs. 1 S. 2; → Rn. 66). Im sektorspezifischen Prüfverfahren unterliegt der Erwerber zudem einer generellen Meldepflicht. Im Ergebnis führt daher ein Erwerb in diesem Bereich häufiger zu der Durchführung eines Prüfverfahrens. **26**

B. Prüfungsbefugnis des BMWK (§ 60 Abs. 1)

§ 60 Abs. 1 statuiert eine Prüfungsbefugnis des BMWK bei Erwerbsvorhaben in besonders sicherheitsrelevanten Bereichen und legt die Voraussetzungen hierfür fest. Demnach besteht eine Prüfungsbefugnis, wenn einerseits ein Erwerb durch einen ausländischen Investor vorliegt und andererseits das inländische Unternehmen in einer der in § 60 Abs. 1 Nr. 1–4 genannten Fallgruppen tätig ist. Ferner muss der Investor eine bestimmte Höhe an Stimmrechten an dem inländischen Unternehmen erwerben, die sich nach § 60a (→ § 60a Rn. 1–15) richtet. Erst wenn diese Voraussetzungen erfüllt sind, verfügt das BMWK über eine entsprechende Prüfungsbefugnis und kann ermitteln, ob der Erwerb die wesentlichen Sicherheitsinteressen der Bundesrepublik Deutschland voraussichtlich beeinträchtigt. Gleichzeitig wird in diesen Fällen stets eine Meldepflicht ausgelöst (→ Rn. 83). **27**

I. Erwerbsgeschäft (§ 60 Abs. 1 S. 1)

Als Erwerbsgeschäft erfasst § 60 Abs. 1 nach seinem Wortlaut sowohl vollständige Unternehmenserwerbe als auch Beteiligungsgeschäfte. Dabei ist unerheblich, **28**

---

[43] Flaßhoff/Glasmacher NZG 2017, 489 (494).

[44] BMWK: Investitionsprüfung in Deutschland: Zahlen und Fakten, sämtliche Zahlen mit Stand vom 9.1.2023, abrufbar unter https://www.bmwk.de/Redaktion/DE/Publikati onen/Aussenwirtschaft/investitionsprufung-in-deutschland-zahlen-und-fakten.pdf?blob= publicationFile&v=10 (zuletzt aufgerufen am 12.4.2023). BMWK: Investitionsprüfung in Deutschland: Zahlen und Fakten, sämtliche Zahlen mit Stand vom 9.1.2023, abrufbar unter https://www.bmwk.de/Redaktion/DE/Publikationen/Aussenwirtschaft/investitionspru fung-in-deutschland-zahlen-und-fakten.pdf?blob=publicationFile&v=10 (zuletzt abgeru fen am 24.8.2023).

ob es sich um einen sog. Asset oder Share Deal handelt.[45] Klargestellt wurde letzteres erst durch die Einfügung des § 60 Abs. 1a im Rahmen der 15. AWV-Novelle 2020.[46] Dies entspricht allerdings der bis dahin geltenden Prüfpraxis des BMWK.[47]

29   **1. Erwerbsgegenstand. a) Inländisches Unternehmen oder Beteiligung daran.** Voraussetzung für die Anwendung der sektorspezifischen Investitionskontrolle ist entweder der Erwerb eines inländischen Unternehmens oder der Erwerb einer Beteiligung daran. Das Gesetz unterscheidet demnach einerseits zwischen dem **vollständigen Erwerb** des Unternehmens und dem Erwerb von **Unternehmensbeteiligungen** andererseits. Erwerbsgegenstand ist dabei stets das inländische Zielunternehmen (zur Definition → Rn. 33–34 und → Rn. 35–37 bzw. → AWG § 2 Rn. 13–29).

30   Bei einem Erwerb handelt es sich um die vollständige Übertragung aller Stimmrechte an dem Unternehmen, einschließlich aller verbundenen Vermögenswerte. Dies schließt beispielsweise auch die Stimmrechte des Unternehmens an seinen jeweiligen Tochtergesellschaften ein, sofern vorhanden. Der Erwerb kann **unmittelbar oder mittelbar** erfolgen. Zwar spricht der Wortlaut des § 60 Abs. 1 bloß von einem Erwerb und unterscheidet nur hinsichtlich der Beteiligung zwischen einer unmittelbaren oder mittelbaren Erwerbsform. Dass bei dem Erwerbsbegriff aber sowohl der unmittelbare als auch der mittelbare Erwerb erfasst sein dürften, folgt aus einer analogen Anwendung des § 55 Abs. 1, der in der sektorübergreifenden Prüfung explizit beide Arten aufzählt. Zudem spricht die allgemeine Verwendung des Begriffs „Erwerb", ohne diesen weiter zu konkretisieren und beispielsweise nur den unmittelbaren Erwerb zu benennen, für eine weite Auslegung. Nicht zuletzt dient der Regelungszweck dem Schutz wesentlicher Sicherheitsinteressen, weshalb eine enge Auslegung dem Schutzauftrag der Bundesregierung (→ Rn. 5) nicht gerecht werden würde. Mithin dürfte es sich bei der fehlenden Konkretisierung um einen redaktionellen Fehler handeln, der einer Klarstellung im Gesetz bedarf.

31   Während der Unternehmenserwerb also den vollständigen Erwerb des Unternehmens meint, handelt es sich bei einer Beteiligung bloß um den **anteilsmäßigen Erwerb** von Stimmrechten. Hierbei wird eine bestimmte Höhe an Anteilen an dem inländischen Unternehmen, beispielsweise in Form von Aktien bei einer AG oder Geschäftsanteilen bei einer GmbH, erworben (→ § 55 Rn. 22).[48] Nach dem Gesetzeswortlaut sind (in diesem Fall ausdrücklich) sowohl eine unmittelbare

---

[45] BeckOK AußenWirtschaftsR/Niestedt Rn. 12; FAQ des BMWi zur Investitionsprüfung Stand 13.5.2019, abrufbar unter https://www.bmwk.de/Redaktion/EN/Downloads/F/faq-zur – aussenwirtschaftsrechtlichen - investitionspruefung.pdf?__blob=publicationFile&v=2 (zuletzt abgerufen am 20.7.2023), mittlerweile gängige Praxis, in der sektorübergreifenden Prüfung geregelt und in den aktuellen FAQ nicht mehr aufgeführt. BeckOK AußenWirtschaftsR/Niestedt Rn. 12; FAQ des BMWi zur Investitionsprüfung Stand 13.5.2019, abrufbar unter https://www.bmwk.de/Redaktion/EN/Downloads/F/faq-zur-aussenwirtschaftsrechtli chen-investitionspruefung.pdf?__blob=publicationFile&v=2 (zuletzt abgerufen am 24.8.2023), mittlerweile gängige Praxis, in der sektorübergreifenden Prüfung geregelt und in den aktuellen FAQ nicht mehr aufgeführt.

[46] Hocke/Sachs/Pelz AußenwirtschaftsR/Mausch-Liotta/Sattler Rn. 45.

[47] BAnz. AT 2.6.2020 B2; Nehring-Köppl, Paradigmenwechsel im Außenwirtschaftsrecht, 2023, S. 139.

[48] BeckOK AußenWirtschaftsR/Niestedt Rn. 11.

als auch eine mittelbare Beteiligung erfasst, solange die Schwellenwerte des § 60a erreicht oder überschritten werden. Das heißt, die Beteiligung muss mindestens 10 % der Stimmrechte umfassen (→ § 60a Rn. 6).

Ein unmittelbarer Beteiligungserwerb liegt vor, wenn die Anteile direkt durch **32** den ausländischen Erwerber an dem inländischen Unternehmen erworben werden. Ein mittelbarer Beteiligungserwerb kann zum einen vorliegen, wenn die Anteile durch den ausländischen Erwerber indirekt über eine ihm zugehörige deutsche Tochtergesellschaft erworben werden. Hierbei reicht aus, dass ihm mindestens 10 % der Stimmrechte an der deutschen Tochtergesellschaft gehören. Zum anderen ist hiervon der Fall erfasst, dass ein im Ausland ansässiges Unternehmen erworben wird, welches wiederum Anteile an einem inländischen Unternehmen hält, das von den Fallgruppen der sektorspezifischen Prüfung erfasst ist (im Einzelnen hierzu → § 55 Rn. 24).[49]

aa) Inländisch. Ferner muss das Zielunternehmen inländisch sein. § 52 Abs. 1 **33** S. 1 aF setzte hier noch voraus, dass das Zielunternehmen gebietsansässig war. Inzwischen ist der Begriff des Inländers in § 2 Abs. 15 AWG legaldefiniert (→ AWG § 2 Rn. 13–29). Inhaltlich ist hierdurch aber keine Änderung entstanden.[50]

Für den Inländerbegriff des Zielunternehmens innerhalb der sektorspezifischen **34** Prüfung maßgeblich sind die § 2 Abs. 15 Nr. 2–4, nicht hingegen die Nr. 1, die sich nur auf natürliche Personen bezieht. Erwerbsgegenstand ist schließlich das inländische Unternehmen, wovon hauptsächlich juristische Personen und Personengesellschaften umfasst sind. Im Einzelfall können hierunter aber auch natürliche Personen fallen, etwa bei einem Asset-Deal, der sich auf ein Ein-Mann Unternehmen bezieht. Der Begriff des Inländers gleicht dem der sektorübergreifenden Prüfung → § 55 Rn. 18.

bb) Unternehmensbegriff. Der Begriff des Unternehmens ist **nicht legal-** **35** **definiert**. Er entspricht dem Unternehmensbegriff der sektorübergreifenden Prüfung aus § 55 (→ § 55 Rn. 19). Dies folgt aus der einheitlichen Verwendung des Begriffs für beide Prüfverfahren in § 5 AWG.

Mit Blick auf den Sinn und Zweck des § 60 sind im Rahmen des Abs. 1a auch **36** Betriebsstätten als Unternehmen zu verstehen.[51] In Bezug auf den Erwerb von Teilbetrieben → Rn. 67–68.

Nicht erfasst sind hingegen Betriebsstätten, die weder eine eigene Geschäfts- **37** rung noch eine eigene Verwaltung in Deutschland haben. Dies gilt insbesondere für unselbständige Betriebsstätten im Inland → § 55 Rn. 18.

b) Maßgeblicher Zeitpunkt. Maßgeblicher Zeitpunkt für die rechtliche Ein- **38** ordnung als prüfrelevanter Erwerb des Zielunternehmens ist grundsätzlich der **Abschluss des schuldrechtlichen Rechtsgeschäfts**. Nach dem Erwerb geplante möglicherweise sicherheitsrelevante Tätigkeiten des Unternehmens lösen weder eine Meldepflicht noch eine Prüfbefugnis des BMWK aus.[52] Sogenannte **Greenfield-Investitionen** sind damit nicht von der Prüfungsbefugnis erfasst.

---

[49] Marquardt/Pluskat DStR 2009, 1314 (1316).
[50] Hocke/Sachs/Pelz AußenwirtschaftsR/Mausch-Liotta/Sattler Rn. 17.
[51] Hocke/Sachs/Pelz AußenwirtschaftsR/Mausch-Liotta/Sattler Rn. 18 mit Verweis auf Hocke/Friedrich § 52 Rn. 6.
[52] BeckOK AußenWirtschaftsR/Niestedt Rn. 6; Hocke/Sachs/Pelz AußenwirtschaftsR/Mausch-Liotta/Sattler Rn. 20.

Dies kann auch die Gründung von Joint-Ventures betreffen, die erst zu einem späteren Zeitpunkt kritische Tätigkeiten ausüben werden. Allenfalls in Umgehungskonstellationen könnte man über Ausnahmen nachdenken.

39   War das Unternehmen lediglich vor dem Zeitpunkt des Erwerbs in einem fallgruppenrelevanten Bereich tätig, so war vor Einführung der 17. AWV-Novelle im Jahr 2021[53] nur im Falle der § 60 Abs. 1 S. 1 Nr. 3 der Anwendungsbereich der §§ 60 ff. eröffnet (→ Rn. 13).[54] Dabei war nach § 60 Abs. 1 S. 2 maßgeblich, ob das Zielunternehmen zum Zeitpunkt des schuldrechtlichen Erwerbs noch Zugang bzw. Kenntnisse bezüglich dieser Tätigkeit innehatte.[55] Seit der Einführung der 17. AWV-Novelle findet sich in § 60 Abs. 1 Nr. 3 lit. b eigens eine Regelung für diesen Fall, während sich Abs. 1 S. 2 nun wiederum auf Abs. 1 S. 1 Nr. 1 und 2 bezieht (→ Rn. 66).

40   **2. Ausländer als Erwerber (§ 60 Abs. 1 S. 1).** Bei dem Erwerber muss es sich um einen Ausländer handeln. Der Begriff des Ausländers ergibt sich aus der Negativabgrenzung des § 2 Abs. 5 AWG (→ AWG § 2 Rn. 6–8). Demnach sind alle natürlichen und juristischen Personen Ausländer, die **nicht Inländer** iSd § 2 Abs. 15 Nr. 1 und 2 AWG sind. Inländer sind natürliche Personen mit Wohnsitz oder gewöhnlichem Aufenthalt in Deutschland sowie juristische Personen und Personengesellschaften mit Sitz oder Ort der Leitung in Deutschland. Der Begriff des Ausländers umfasst auch **EU-Ausländer sowie Angehörige der EFTA-Staaten.**[56] Damit ist der Begriff des Ausländers ausschließlich ortsgebunden. Anknüpfungspunkt ist daher nicht die Staatsangehörigkeit der jeweiligen Person.[57] Nicht relevant sind weiter das Geschäftsfeld des Erwerbers sowie die Differenzierung zwischen natürlichen und juristischen Personen.[58]

41   Gemäß § 60 Abs. 2 S. 1 können ausnahmsweise auch Inländer dem Prüfverfahren unterliegen, wenn Anzeichen für ein Umgehungsgeschäft vorliegen (→ Rn. 77–82).

42   **3. Wesentliche Sicherheitsinteressen der Bundesrepublik Deutschland (§ 60 Abs. 1 S. 1).** Das Schutzgut innerhalb der sektorspezifischen Investitionskontrolle stellen die wesentlichen Sicherheitsinteressen der Bundesrepublik Deutschland dar (→ AWG § 4 Rn. 5–7). Dabei handelt es sich um einen unbestimmten Rechtsbegriff, welcher der Auslegung bedarf. Der Begriff entstammt dem Unionsrecht, namentlich Art. 346 AEUV.[59] Für die Begriffsbestimmung kann daher die einschlägige Rechtsprechung auf europäischer Ebene herangezogen werden.[60] Diese leitet aus dem Wortlaut des Art. 346 AEUV ein Ermessen der Mitgliedstaaten bei der Beurteilung ihrer Sicherheitsbedürfnisse ab.[61] Zurückführen lässt sich dies auf den Wortlaut der Norm („seines Erachtens").[62] Bei der

---

[53] BAnz. AT. 30.4.2021 V1.

[54] Hocke/Sachs/Pelz AußenwirtschaftsR/Mausch-Liotta/Sattler Rn. 20.

[55] Hocke/Sachs/Pelz AußenwirtschaftsR/Mausch-Liotta/Sattler Rn. 20.

[56] BeckOK AußenWirtschaftsR/Niestedt Rn. 14.

[57] Von Rummel/Gertz RdTW 2022, 465 (467); BeckOK AußenWirtschaftsR/Niestedt Rn. 16; Hocke/Sachs/Pelz AußenwirtschaftsR/Mausch-Liotta/Sattler Rn. 17.

[58] Hocke/Sachs/Pelz AußenwirtschaftsR/Mausch-Liotta/Sattler Rn. 16.

[59] AA Schipke/Sichla EuZW 2023, 559 (561), die sich für eine autonome Auslegung des Begriffs aussprechen.

[60] BeckOK AußenWirtschaftsR/Niestedt Rn. 17.

[61] GA Kokott BeckRS 2012, 80103 Rn. 62; EuG BeckRS 2003 156390 Rn. 58.

[62] Schipke/Sichla EuZW 2023, 559 (560).

Auslegung sind jedoch die unionsrechtlichen Grenzen zu beachten.[63] Gemäß Art. 346 AEUV werden hiervon insbesondere jene Maßnahmen erfasst, die die Erzeugung von Waffen, Munition und Kriegsmaterial oder den Handel damit betreffen. Damit handelt es sich um Interessen, die den Bestand oder die Funktionsfähigkeit des Staates berühren.[64] § 4 Abs. 1 Nr. 1 AWG überträgt den Begriff in das deutsche Recht (→ AWG § 4 Rn. 5–7).

Der Begriff der wesentlichen Sicherheitsinteressen findet sich ebenfalls in § 107 **43** Abs. 2 S. 2 GWB wieder. Die Norm nennt in diesem Zusammenhang ausdrücklich verteidigungsindustrielle Schlüsseltechnologien und verweist dabei wiederum auf Art. 346 Abs. 1 AEUV. Nach der Gesetzesbegründung sind wesentliche Sicherheitsinteressen der Bundesrepublik Deutschland insbesondere dann gefährdet, wenn die sicherheitspolitischen Interessen oder die militärische Sicherheitsvorsorge der Bundesrepublik Deutschland beeinträchtigt würden.[65] Der Erwerb des inländischen Zielunternehmens darf insbesondere die Verfügungsmöglichkeit über die Kernfähigkeit der deutschen Rüstungsindustrie nicht beeinträchtigen.[66] Umfasst sind sowohl die äußere als auch die innere Sicherheit.[67] Die Verwendung des Begriffs „wesentlich" schränkt die Anwendung der Norm auf gravierende Fälle ein.[68] Das alleinige Berufen auf die wesentlichen Sicherheitsinteressen genügt nicht.[69]

4. Voraussichtliche Beeinträchtigung (§ 60 Abs. 1 S. 1). Nach § 60 Abs. 1 **44** S. 1 ist ausreichend, dass der Unternehmenserwerb die wesentlichen Sicherheitsinteressen der Bundesrepublik Deutschland voraussichtlich beeinträchtigt. Mithin braucht es keiner akuten Gefährdungslage oder Schadenseintritts. Der „voraussichtliche" Gefährdungsbegriff stellt eine Angleichung an das von der Screening-VO vorgesehene und in weiten Teilen der Verordnung verwendete Begriffspaar „voraussichtlich beeinträchtigen" dar. Eine solche voraussichtliche Betrachtungsweise wohnt dem Zweck der Investitionskontrolle nach hier vertretener Auffassung inne.[70] Das Instrument soll gerade zukünftigen Beeinträchtigungen der Sicherheitsinteressen der Bundesrepublik vorbeugen, um den tatsächlichen Eintritt der Beeinträchtigung durch das konkrete Erwerbsvorhaben gar nicht erst entstehen zu lassen.

II. Fallgruppen (§ 60 Abs. 1 S. 1)

§ 60 Abs. 1 S. 1 Nr. 1–4 enthält eine Aufzählung von kritischen Sektoren. **45** Anders als § 55a spricht der Verordnungsgeber hier nicht von einer Indizwirkung (→ § 55a Rn. 2). Im Gegensatz setzt die sektorspezifische Prüfung voraus, dass das Unternehmen in einem der genannten Bereiche tätig ist (oder war). Eine darüber hinausgehende Indizwirkung ist der Verordnung nicht zu entnehmen. In diesen Fällen bestehen daher die Prüfungsbefugnis des BMWK sowie die Meldepflicht des unmittelbaren Erwerbers grundsätzlich. Die dort genannten Kategorien

---

[63] Hocke/Sachs/Pelz AußenwirtschaftsR/Mausch-Liotta/Sattler Rn. 37.
[64] BeckOK AußenWirtschaftsR/Niestedt Rn. 17.
[65] BR-Drs. 5/04, 7.
[66] BT-Drs. 15/2537, 7; BR-Drs. 5/04, 7; BeckOK AußenWirtschaftsR/Niestedt Rn. 18; Hocke/Sachs/Pelz AußenwirtschaftsR/Mausch-Liotta/Sattler Rn. 38.
[67] EuGH NvWZ 1996, 365 Rn. 25.
[68] Schipke/Sichla EuZW 2023, 559 (561).
[69] EuGH BeckRS 2014, 81735 Rn. 34.
[70] In Bezug auf § 5 Abs. 2 AWG, aber auch hier relevant, BT-Drs. 19/18700, 18.

sind abschließend.[71] Es reicht aus, wenn das Unternehmen mit einem einzigen Produkt innerhalb der Fallgruppen in entsprechender Weise in Kontakt kommt (Entwicklung, Herstellung, Modifizierung, Innehaben der tatsächlichen Gewalt; → Rn. 52–55).[72]

46   **1. Güter der Ausfuhrliste (§ 60 Abs. 1 S. 1 Nr. 1).** § 60 Abs. 1 S. 1 Nr. 1 erfasst seit der 17. AWV-Änderungs-Verordnung[73] Unternehmen, die Güter iSd Teils I Abschnitt A der Ausfuhrliste entwickeln, herstellen, modifizieren oder die tatsächliche Gewalt über diese innehaben. Hierunter fallen sog. Rüstungsgüter, Waffen und Munitionen jeglicher Art sowie Zubehör, Ersatzteile oder Befestigungsvorrichtungen für Waffen, gepanzerte Fahrzeuge, Schutzvorrichtungen oder -kleidung, sowie einschlägige Software oder Technologien.[74] Diesen Gütern ist gemeinsam, dass sie spezifisch für militärische Zwecke bestimmt sind.[75]

47   Der Einführung dieser Fallgruppe liegt die Überlegung zugrunde, dass die Rüstungsindustrie als sicherheitspolitisches Instrument eingesetzt werden kann.[76] Die Rüstungsindustrie ist von zentraler Bedeutung für eine eigenständige politische und militärische Handlungsfähigkeit der Bundesrepublik Deutschland.[77] Auch hinsichtlich der Zusammenarbeit auf transatlantischer Ebene mit der NATO soll Deutschland weiterhin ein gleichberechtigter Partner in der europäischen Sicherheits- und Verteidigungspolitik sein und seinen Beitrag zur Rüstungskooperation leisten.[78] Die Relevanz der sicherheitspolitischen Aufstellung der Bundesrepublik stieg nicht zuletzt vor dem Hintergrund aktueller Entwicklungen, wie dem Krieg in der Ukraine, die zur Ausrufung einer Zeitenwende führten. Im Verteidigungsfall muss die Bundesrepublik Deutschland ausreichend gerüstet sein; dasselbe gilt für einen militärischen Einsatz anderer Art.[79] Der Gesetzgeber betont, dass der Schutz der Verteidigungsindustrie eine maßgebliche Aufgabe des deutschen Staats ist, ungeachtet dessen, ob eine konkrete Bedrohung im Raum steht. Denn die Verteidigungsindustrie muss im Zweifelsfall in der Lage sein, dass deutsche Militär mit Ausrüstung zu versorgen.[80]

48   Im Einzelnen erfasst Teil I Abschnitt A der Ausfuhrliste in Position 0001 Handfeuerwaffen und in 0002 Waffen mit glattem Lauf mit einem Kaliber von 20 mm oder größer, andere Bewaffnung oder Waffen mit einem Kaliber größer als 12,7 mm, Werfer, besonders konstruiert oder geändert für militärische Zwecke, und Zubehör sowie besonders konstruierte Bestandteile hierfür. Position 0003 nennt Munition und Zünderstellvorrichtungen sowie besonders konstruierte Bestandteile hierfür. Position 0004 erfasst Bomben, Torpedos, Raketen, Flugkörper, andere Sprengkörper und Sprengladungen sowie dazugehörige Ausrüstung und Zubehör und besonders konstruierte Bestandteile hierfür. 0007 befasst sich mit

---

[71] BeckOK AußenWirtschaftsR/Niestedt Rn. 3.
[72] Sattler/Engels EuZW 2021, 485 (490).
[73] BAnz. AT 30.4 2021 V1.
[74] BeckOK AußenWirtschaftsR/Niestedt Rn. 4.
[75] Hindelang/Hagemeyer EuZW 2017, 882 (889).
[76] BT-Drs. 15/2537, 7; Hocke/Sachs/Pelz AußenwirtschaftsR/Mausch-Liotta/Sattler Rn. 2.
[77] BT-Drs. 15/2537, 7; Hocke/Sachs/Pelz AußenwirtschaftsR/Mausch-Liotta/Sattler Rn. 2.
[78] BT-Drs. 15/2537, 8.
[79] BT-Drs. 15/2537, 7.
[80] BT-Drs. 15/2537, 7.

chemischen und biologischen Agenzien, Reizstoffen, radioaktiven Stoffen und zugehöriger Ausrüstung. In 0008 finden sich energetische Materialien und zugehörige Stoffe, in 0009 Kriegsschiffe (über oder unter Wasser), Marine-Spezialausrüstung, Zubehör, Bestandteile hierfür und andere Überwasserschiffe. In Listenposition 0010 werden Luftfahrzeuge, Luftfahrtgeräte nach dem Prinzip leichter-als-Luft, unbemannte Luftfahrzeuge („UAV"), Triebwerke, Luftfahrzeug-Ausrüstung, Zusatzausrüstung und Bestandteile, die besonders konstruiert oder für militärische Zwecke geändert wurden, eingereiht. In 0012 finden sich Waffensysteme mit hoher kinetischer Energie („high velocity kinetic energy weapon systems") und zugehörige Ausrüstung sowie besonders konstruierte Bestandteile hierfür. 0013 nennt Spezialpanzer- und Schutzausrüstung, Konstruktionen sowie Bestandteile und Zubehör, 0015 Bildausrüstung oder Ausrüstung für Gegenmaßnahmen, besonders konstruiert für militärische Zwecke sowie besonders konstruierte Bestandteile und besonders konstruiertes Zubehör hierfür. Position 0016 erfasst Schmiedestücke, Gussstücke oder andere unfertige Erzeugnisse, die besonders konstruiert sind für eine der von Nummer 0001, 0002, 0003, 0004, 0006, 0009, 0010, 0012 oder 0019 erfassten Waren.

Teil I Abschnitt A der Ausfuhrliste erfasst zudem in Position 0006 auch Landfahrzeuge wie etwa Panzer und Bestandteile dafür. Diese waren vormals in § 60 Abs. 1 Nr. 2 enthalten. Teil I Abschnitt A der Ausfuhrliste erfasst in Positionen 0005 (Feuerleiteinrichtungen), 0011 (elektronische Ausrüstung), 0014 (spezialisierte Ausrüstung für die militärische Ausbildung), 0015 (Bildausrüstung), 0017 (verschiedene Ausrüstungsgegenstände), 0018 (Herstellungsausrüstung) auch Rüstungsgüter der Fähigkeitsdomänen, Aufklärung und Unterstützung; diese waren vor Einführung der 17. AWV-Novelle[81] in § 60 Abs. 1 Nr. 4 und 5 aF geführt. Position 0019 nennt zudem Strahlenwaffen-Systeme, zugehörige Ausrüstung, Ausrüstung für Gegenmaßnahmen oder Versuchsmodelle. 0020 fügt Kryogenische (Tieftemperatur-) und „supraleitende" Ausrüstung, 0021 fügt „Software" und 0022 „Technologie" hinzu. Gerade die letztgenannten Bereiche können eine Vielzahl an IT-Unternehmen in den Anwendungsbereich der sektorspezifischen Prüfung führen. **49**

Nicht erforderlich ist, dass das Unternehmen ausschließlich oder bloß überwiegend Güter der Listenpositionen von Teil I Abschnitt A der Ausfuhrliste herstellt. Bereits die Befassung mit **nur einem dieser Güter** genügt, selbst wenn das Unternehmen ansonsten ausschließlich zivile Güter herstellt.[82] **50**

Sodann kommt es auf eine der im Gesetz genannten Geschäftsaktivitäten an, namentlich der Entwicklung, Herstellung, Modifizierung oder dem tatsächlichen Innehaben der Gewalt mindestens eines dieser Güter. Die Herstellung etc eines Vorprodukts ist dem Wortlaut nach nicht erfasst. Davon ist aber eine Ausnahme zu machen, wenn das Vorprodukt selbst in der Ausfuhrliste genannt ist. Das betrifft insbesondere Bestandteile für von in der Ausfuhrliste gelisteten Gütern, die besonders für militärische Zwecke konstruiert oder geändert wurden und als solche ausdrücklich von der Ausfuhrliste erfasst sind (zB Zünder für Zündstellvorrichtungen nach Listenposition 0003 b)). **51**

---

[81] BAnz. AT 30.4.2021 V1.
[82] FAQ des BMWK zu Investitionsprüfungen mit dem Stand vom 1.5.2022, abrufbar unter https://www.bmwk.de/Redaktion/DE/FAQ/Aussenwirtschaftsrecht/faq-aussenwirt schaftsrecht.html (zuletzt aufgerufen am 3.5.2023). FAQ des BMWK zu Investitionsprüfungen mit dem Stand vom 1.5.2022, abrufbar unter https://www.bmwk.de/Redaktion/DE/FAQ/ Aussenwirtschaftsrecht/faq-aussenwirtschaftsrecht.html (zuletzt abgerufen am 24.8.2023).

52   Der Begriff der **Entwicklung** ist nicht legaldefiniert. Bei der Entwicklung von Gütern kommen hauptsächlich Ingenieurbüros und Unternehmen, die sich mit der Konstruktion beschäftigen, in Betracht.[83] Reine Forschungstätigkeiten fallen nicht unter den Begriff der Entwicklung.[84]

53   Neben der Entwicklung ist auch die **Herstellung** der Güter erfasst. In der Praxis kommt es vor, dass insbesondere Zulieferer gar nicht wissen, dass sie Güter der Ausfuhrliste herstellen. Sie liefern nur an sogenannte Original Equipment Manufacturer (OEMs) in Deutschland. Sie führen ihre Produkte häufig nicht aus und benötigen daher keine Ausfuhrgenehmigung. Hierauf ist im Due-Diligence-Prozess bei der Klassifizierung des Unternehmens zu achten.

54   Mittlerweile sind durch die 1. AWG-Novelle 2020[85] auch Unternehmen betroffen, die Güter **modifizieren** sowie mit ihnen **arbeiten**.[86] Hintergrund ist, dass die Modifikation oder Nutzung von Rüstungsgütern die Sicherheitsinteressen der Bundesrepublik Deutschland ebenso beeinträchtigen kann wie deren Herstellung und Entwicklung.[87] Weder der **Transport** von Rüstungsgütern noch die **Vermittlung** von **Geschäften** über jene genügen, um den Anwendungsbereich des § 60 zu eröffnen.[88]

55   Weiter reicht das bloße **Innehaben der tatsächlichen Gewalt** an Gütern der Ausfuhrliste aus. Der Begriff entspricht dem des Besitzes iSd § 854 Abs. 1 BGB.[89] Vor Einführung der 17. AWV-Novelle 2021 genügte das Innehaben der tatsächlichen Gewalt dieser Güter nicht für die Eröffnung des Anwendungsbereichs.[90] Da seither der Besitz der Güter ausreicht, ist nicht mehr nur das produzierende Gewerbe von der Fallgruppe umfasst, sondern auch der Produktion nachgelagerte Unternehmen (zB Logistikunternehmen).

56   **2. Geheimgestellte Patente/Gebrauchsmuster (§ 60 Abs. 1 S. 1 Nr. 2).** § 60 Abs. 1 Nr. 2 nennt die Entwicklung, Herstellung, Modifizierung sowie das Innehaben der tatsächlichen Gewalt über Güter aus dem Bereich der **Wehrtechnik**. Dieser Bereich umfasst die Bereitstellung von Gütern oder Dienstleistungen, die für die Erfüllung eines Auftrages der Bundeswehr erforderlich sind – ausgenommen handelsübliche Güter, wie bspw. die Büroausstattung, Verpflegung, Bauleistungen und Bekleidung.[91] Zum Begriff der Güter → AWG § 2 Rn. 9–12.

57   Die Fallgruppe erfasst dem Wortlaut nach allerdings nur solche militärischen Güter bzw. Technologien, auf die sich Geheimpatente nach § 50 PatG oder geheimgestellte Gebrauchsmuster nach § 9 GebrMG beziehen. Für eine Geheim-

---

[83] Hocke/Sachs/Pelz AußenwirtschaftsR/Mausch-Liotta/Sattler Rn. 23 mit Verweisen auf Hocke/Friedrich § 52 Rn. 13 und Wolffgang/Simonsen/Rogmann/Pietsch AWR/Pottmeyer §§ 60–62 Rn. 19.

[84] Hocke/Sachs/Pelz AußenwirtschaftsR/Mausch-Liotta/Sattler Rn. 23 mit Verweisen auf Hocke/Friedrich § 52 Rn. 13 und Wolffgang/Simonsen/Rogmann/Pietsch AWR/Pottmeyer §§ 60–62 Rn. 19.

[85] Seit der ersten Änderung des AWG nach der grundlegenden Gesetzesreform aus dem Jahr 2013 werden die Änderungsnovellen neu gezählt.

[86] BT-Drs. 19/18700, 18.

[87] BT-Drs. 19/18700, 18.

[88] Hocke/Sachs/Pelz AußenwirtschaftsR/Mausch-Liotta/Sattler Rn. 23 mit Verweis auf Wolffgang/Simonsen/Rogmann/Pietsch AWR/Pottmeyer §§ 60–62 Rn. 21.

[89] BeckOK AußenWirtschaftsR/Niestedt Rn. 4.

[90] BAnz. AT 30.4.2021 V1.

[91] BAnz. AT 30.4.2021 V1.

stellung müssen diese bei der jeweiligen Anmeldung zum Patent bzw. Gebrauchsmuster ein Staatsgeheimnis gemäß § 93 StGB zum Gegenstand haben und daher von der jeweiligen Prüfungsstelle von Amts wegen von einer entsprechenden Veröffentlichung ausgenommen worden sein (vgl. § 50 Abs. 1 S. 1 PatG und § 9 Abs. 1 S. 1 GebrMG). Ein Staatsgeheimnis nach § 93 StGB sind Tatsachen, Gegenstände oder Erkenntnisse, die nur einem begrenzten Personenkreis zugänglich sind und vor einer fremden Macht geheim gehalten werden müssen, um die Gefahr eines schweren Nachteils für die äußere Sicherheit der Bundesrepublik Deutschland abzuwenden. Ihre Offenbarung ist nach § 95 StGB strafbewehrt. Daher haben die Unternehmen bereits aus Gründen des Geheimschutzes sicherzustellen, dass keine Veröffentlichung der Patente und Technologien, sowie kein Abfluss von Know-how an Dritte erfolgt. Nichts anderes kann im Rahmen einer Beteiligung von ausländischen Unternehmen gelten.[92]

58 Die Prüfung wird sich in der Praxis daher maßgeblich mit der Frage beschäftigen, ob der ausländische Erwerber aus einem Land kommt, mit dem eine gesonderte Vereinbarung über die Wahrung von Staatsgeheimnissen besteht.[93] Ist dies nicht der Fall, so dürfte eine bedingungslose Freigabe des Erwerbs unwahrscheinlich sein.

59 Patente werden ebenfalls von der sektorübergreifenden Prüfung des § 55a Abs. 1 Nr. 26 erfasst. Bei unionsfremden Erwerbern steht es dem BMWK mithin frei, ob es das Prüfverfahren auf Grundlage des § 55 oder § 60 durchführt.[94] Wenn es sich um den Bereich der Wehrtechnik handelt, ist das sektorspezifische Prüfverfahren nach § 60 spezieller.[95] Ist der Anwendungsbereich nicht eröffnet, handelt es sich um einen Fall der sektorübergreifenden Investitionskontrolle. § 55a Abs. 1 Nr. 26 wirkt damit als Auffangtatbestand.

60 **3. Produkte mit IT-Sicherheitsfunktionen (§ 60 Abs. 1 S. 1 Nr. 3).** Von der dritten Fallgruppe in § 60 Abs. 1 Nr. 3 werden diejenigen Unternehmen erfasst, die Produkte mit IT-Sicherheitsfunktionen zur Verarbeitung staatlicher Verschlusssachen oder für die IT-Sicherheitsfunktion wesentliche Komponenten solcher Produkte herstellen oder hergestellt haben und noch über die dabei zugrundeliegende Technik verfügen und die Produkte des Unternehmens oder im Fall für die IT-Sicherheitsfunktion wesentlicher Komponenten das Gesamtprodukt vom Bundesamt für Sicherheit in der Informationstechnik (BSI) zugelassen wurden.

61 Das BSI bezeichnet Geräte, Produkte und Verfahren für die Sicherheit in der Informationstechnik als IT-Sicherheitsprodukte und -systeme oder kurz als Systeme bzw. Kryptosysteme, falls kryptographische Funktionen enthalten sind.[96] Die Fall-

---

[92] BAnz. AT 30.4.2021 B2, 13.
[93] BAnz. AT 30.4.2021 B2, 13.
[94] BAnz. AT 30.4.2021 B2, 14.
[95] So im Ergebnis auch BeckOK AußenWirtschaftsR/Niestedt Rn. 5, aber begründet die Spezialität mit der niedrigeren Prüfschwelle.
[96] BSI-Schrift 7164: Liste der zugelassenen IT-Sicherheitsprodukte und -systeme – Hinweise –, abrufbar unter https://www.bsi.bund.de/DE/Themen/Oeffentliche-Verwaltung/Zulassung/Hinweise-zur-Liste-der-zugelassenen-IT-Sicherheitsprodukte-und-systeme/hinweise-zur-liste-der-zugelassenen-it-sicherheitsprodukte-und-systeme.html (zuletzt aufgerufen am 17.5.2023). BSI-Schrift 7164: Liste der zugelassenen IT-Sicherheitsprodukte und -systeme – Hinweise –, abrufbar unter https://www.bsi.bund.de/DE/Themen/Oeffentliche-Verwaltung/Zulassung/Hinweise-zur-Liste-der-zugelassenen-IT-Sicherheitsprodukte-und-systeme/hinweise-zur-liste-der-zugelassenen-it-sicherheitsprodukte-und-systeme.html (zuletzt abgerufen am 24.8.2023).

gruppe ist dadurch von Bedeutung, dass im Verteidigungssektor eine vertrauenswürdige Kommunikation innerhalb der Bundesregierung vermehrt durch Verschlüsselungstechnik stattfindet; die dazu verwendeten Kryptosysteme könnten durch einen ausländischen Unternehmenserwerb an Vertrauenswürdigkeit einbüßen und so den internen Arbeitsprozess beeinträchtigen.[97] Es besteht die Gefahr, dass verteidigungsrelevante Informationen durch den Unternehmenserwerb in einen anderen Staat getragen werden. Verlieren diese Kryptosysteme an Geheimhaltung, entstehen der Bundesregierung nicht nur erhebliche Kosten, das gesamte Netzstrukturssystem auszutauschen ist nahezu unmöglich.[98] Zugleich könnte es zukünftig durch den ausländischen Unternehmenserwerb keine inländischen Unternehmen mehr geben, die die Bundesregierung mit vertrauenswürdigen Kryptosystemen versorgen können.[99] Denkbar ist auch der Fall, dass der ausländische Investor die Systeme blockiert und so eine vertrauenswürdige Kommunikation unmöglich macht. Diese Fälle könnten dazu führen, dass sich die Bundesregierung von einem ausländischen Unternehmen mit der benötigten Verschlüsselungstechnik beliefern lassen müsste. Dies birgt zusätzlich die Gefahr, dass der jeweilige Staat durch das Unternehmen Kenntnisse von den internen Kommunikationsprozessen der Bundesregierung innerhalb des Verteidigungssektors erhält. Diese Erkenntnisse könnten andere Staaten als politisches Instrument gegenüber der Bundesrepublik Deutschland verwenden. Die aufgezeigten Gefahren gilt es zu verhindern.

62   Bis zum 1.5.2021 erfasste Abs. 1 S. 1 Nr. 3 lediglich **Unternehmen**, die vom BSI zur Herstellung von Kryptotechnologie zugelassen waren.[100] Seit Einführung der 17. AWV-Änderungs-Verordnung gilt ein anderer Fokus; nun muss das **Produkt** oder im Falle für die IT-Sicherheitsfunktion wesentlicher Komponenten das Gesamtprodukt vom BSI zugelassen worden sein.[101] Dabei reicht es nicht aus, dass das Unternehmen mit dieser Verschlüsselungstechnik lediglich in Berührung kommt.[102]

63   Unter Abs. 1 S. 1 Nr. 3 fallen **nur** Unternehmen, die diese Technologie **herstellen**, nicht solche, die lediglich mit Verschlüsselung arbeiten oder entsprechende Geräte besitzen und mit ihnen Handel treiben.[103] Hierin liegt ein zentraler Unterschied zu den anderen Fallgruppen des § 60. Die Norm gilt auch für Unternehmen, die Produkte mit IT-Sicherheitsfunktion bzw. wesentliche Komponenten dafür in der Vergangenheit hergestellt haben; maßgeblich ist die Kenntnis des Unternehmens bzw. die fortbestehende Verfügungsmacht des Unternehmens über die Technologie.[104]

64   **4. Verteidigungswichtige Einrichtung (§ 60 Abs. 1 S. 1 Nr. 4).** Die Fallgruppe § 60 Abs. 1 S. 1 Nr. 4 erfasst verteidigungswichtige Einrichtungen iSd § 1 Abs. 5 S. 2 Nr. 1 SÜG. Verteidigungswichtig sind nach dem Wortlaut des § 1 Abs. 5 S. 2 Nr. 1 SÜG außerhalb des Geschäftsbereichs des Verteidigungsministeriums solche Einrichtungen, die der Herstellung oder Erhaltung der Verteidigungsbereitschaft dienen und deren Beeinträchtigung aufgrund fehlender kurzfris-

---

[97] BT-Drs. 15/2537, 8.

[98] BT-Drs. 15/2537, 8.

[99] BT-Drs. 15/2537, 8.

[100] Hocke/Sachs/Pelz AußenwirtschaftsR/Mausch-Liotta/Sattler Rn. 27.

[101] BAnz. AT 30 4.2021 V1.

[102] BeckOK AußenWirtschaftsR/Niestedt Rn. 7.

[103] Hocke/Sachs/Pelz AußenwirtschaftsR/Mausch-Liotta/Sattler Rn. 27.

[104] BeckOK AußenWirtschaftsR/Niestedt Rn. 7; Hocke/Sachs/Pelz AußenwirtschaftsR/Mausch-Liotta/Sattler Rn. 27.

tiger Ersetzbarkeit die Funktionsfähigkeit, insbesondere die Ausrüstung, Führung und Unterstützung der Bundeswehr und verbündeter Streitkräfte sowie der Zivilen Verteidigung erheblich gefährden kann. Die Norm kann unter anderem Unternehmen betreffen, die sich unmittelbar mit dem Bau von wehrtechnischem Material beschäftigen.[105] Teilweise wird vertreten, dass dies nur der Fall sei, wenn sie der Herstellung oder dem Erhalt der Verteidigungsbereitschaft dienen.[106] Das ergibt sich jedoch nicht aus dem Gesetz, sodass es sich hierbei eher um eine Frage der materiellen Prüfung handeln dürfte. Verteidigungswichtige Unternehmen können auch gleichzeitig von § 60 Abs. 1 S. 1 Nr. 1 erfasst sein.[107]

III. Entschließungsermessen (§ 60 Abs. 1 S. 1)

Das BMWK hat sich hinsichtlich der Eröffnung eines Prüfverfahrens (das Prüfverfahren eröffnet das BMWK in der sog. Prüfphase II; dazu → Rn. 100–101) innerhalb der üblichen Ermessensgrenzen zu bewegen.[108] Die Anforderungen daran sind nicht so streng wie bei der späteren Entscheidung über eine Untersagung oder erwerbsbeschränkende Anordnungen.[109] Im Gegenteil: Der Ermessensspielraum des BMWK ist hier besonders weit.[110] Grund dafür ist die sicherheitspolitische Prägung.[111] Insbesondere bei prüfungsspezifischen Wertungsentscheidungen, wie hier der Fall, beschränkt sich die gerichtliche Kontrolle auf Verfahrensfehler, Verstöße gegen das anzuwendende Recht oder allgemeine Bewertungsgrundsätze, das Ausgehen von einem unrichtigen Sachverhalt, das Leitenlassen von sachfremden Erwägungen oder willkürliches Handeln.[112] In der Folge ist die Entscheidung über den Eintritt in die Sicherheitsprüfung regelmäßig kaum rechtlich anzufechten. Zum Einstieg in die Prüfung bedarf es aber zumindest erster Anhaltspunkte für eine Gefährdung.[113]

IV. Fortbestehende Kenntnisse oder sonstiger Zugang (Abs. 1 S. 2 iVm Abs. 1 S. 1 Nr. 1 und 2)

Abs. 1 S. 2 sieht in den Fällen von Abs. 1 S. 1 Nr. 1 und 2 vor, dass das BMWK auch Erwerbe durch solche Unternehmen überprüfen kann, welche die jeweils genannten Güter **in der Vergangenheit** entwickelt, hergestellt, modifiziert oder die tatsächliche Gewalt über solche Gütern innegehabt haben und noch über Kenntnisse oder sonstigen Zugang zu der solchen Gütern zugrunde liegenden Technologie verfügen. „**Kenntnisse**" können insbesondere bei einzelnen, noch im Unternehmen vorhandenen Mitarbeitern vorliegen.[114] „**Zugang**" kann weiterhin dadurch bestehen, dass die betreffenden Mitarbeiter zwar nicht mehr bei dem Unternehmen tätig sind, aber die entsprechenden Informationen noch vor-

65

66

---

[105] BeckOK AußenwirtschaftsR/Niestedt Rn. 8.
[106] BeckOK AußenwirtschaftsR/Niestedt Rn. 8.
[107] BeckOK AußenwirtschaftsR/Niestedt Rn. 8.
[108] Vgl. „Das BMWK kann prüfen…".
[109] Hocke/Sachs/Pelz AußenwirtschaftsR/Mausch-Liotta/Sattler Rn. 40.
[110] BT-Drs. 19/20144, 26; Fleischmann NZKart 2022, 57 (60).
[111] Hocke/Sachs/Pelz AußenwirtschaftsR/Mausch-Liotta/Sattler Rn. 40 mit Verweis auf Hocke/Friedrich § 53 Rn. 13.
[112] BVerfG NJW 1991, 2005 (2007 f.); OVG Münster NVwZ-RR 1994, 585 (586).
[113] Hocke/Sachs/Pelz AußenwirtschaftsR/Mausch-Liotta/Sattler Rn. 41.
[114] BT-Drs. 19/18700, 18.

handen sind, etwa durch Unterlagen oder Speichermedien.[115] In der Praxis können hier Beweisschwierigkeiten entstehen.[116]

C. Asset Deal (§ 60 Abs. 1a)

67   Abs. 1a erweitert den Unternehmensbegriff auf den sog. Asset Deal. Vor Einführung dieses Absatzes im Rahmen der 15. AWV-Novelle[117] war dies bereits gängige Praxis in Investitionsprüfungsverfahren, sodass der ausdrücklichen gesetzlichen Verankerung lediglich klarstellende Funktion zukommt.[118]

68   Seither gelten Asset Deals ausdrücklich als Erwerbsgeschäfte iSd § 60 Abs. 1.[119] Der gleiche Wortlaut findet sich auch in der sektorübergreifenden Investitionsprüfung in § 55 Abs. 1a wieder. Für eine Kommentierung kann daher auf diese Norm verwiesen werden (→ § 55 Rn. 48–54).

D. Investorbezogene Faktoren (§ 60 Abs. 1b)

I. Überblick

69   § 60 Abs. 1b nimmt die investorbezogenen Faktoren als relevanten Anhaltspunkt für die Prüfung von Unternehmenserwerben auf. Der Wortlaut ähnelt Art. 4 Abs. 2 Screening-VO, an welche die deutsche Rechtslage angepasst wurde.[120] § 60 Abs. 1b Nr. 1–3 nennen in der Person des Investors liegende Umstände, die typischerweise sicherheits- und prüfungsrelevant werden können. Damit werden neben der Ausrichtung der Zielgesellschaft weitere Faktoren aufgenommen, die bei einer Überprüfung eines Erwerbsvorhabens für die Bewertung einer voraussichtlichen Beeinträchtigung herangezogen werden können. Die dem Investor innewohnenden Eigenschaften sind jedoch nicht abschließend aufgeführt, sodass auch andere Faktoren für die Prüfung relevant sein können.[121] Auf die investorbezogenen Faktoren wird in der sektorübergreifenden Prüfung in gleicher Weise Bezug genommen (vgl. § 55a Abs. 3; → § 55a Rn. 119–128).

II. Kontrolle bzw. Finanzierung des Investors durch einen Drittstaat (§ 60 Abs. 1b S. 1 Nr. 1 iVm S. 2)

70   Abs. 1b S. 1 Nr. 1 iVm S. 2 ist einschlägig, wenn der Investor entweder unmittelbar oder mittelbar von der Regierung eines Drittstaats kontrolliert wird. Die Kontrolle kann dem Wortlaut nach auch durch sonstige staatliche Stellen oder Streitkräfte erfolgen. S. 2 konkretisiert, dass Kontrolle insbesondere aufgrund der Eigentümerstruktur oder durch eine über ein geringfügiges Maß hinausgehende Finanzausstattung bestehen kann. Diese Beispiele sind jedoch nicht abschließend. Der Kontrollbegriff ist daher weit zu verstehen. Zum Umfang → § 55a Rn. 121–124.

---

[115] BT-Drs. 19/18700, 18.
[116] Annweiler GWR 2021, 241 (243).
[117] BT-Drs. 19/19781, 8.
[118] BAnz. AT 2.6.2020 B2; Niestedt/Kunigk NJW 2020, 2504 (2508) Rn. 25.
[119] Hocke/Sachs/Pelz AußenwirtschaftsR/Mausch-Liotta/Sattler Rn. 45.
[120] BAnz. AT 2.6.2020 V1, 1; Niestedt/Kunigk NJW 2020, 2504 (2508) Rn. 24.
[121] Vgl. „insbesondere".

Im militärischen Bereich sind einige Besonderheiten zu beachten, da die staatli- **71** che Kontrolle hier als besonders kritisch angesehen wird.

Vor allem staatliche Investitionen aus **China** werden mit Blick auf die „milita- **72** risch-zivile Fusion"- (MCF)-Strategie Chinas zunehmend kritisch gesehen. Diese zweigleisige Strategie zielt darauf ab, China sowohl im militärischen als auch im zivilen Bereich zu einer technologischen Supermacht zu verhelfen.[122] Investitionen in Deutschland könnten daher als strategische Weichenstellung des chinesischen Staates zur Unterstützung dieser Strategie gesehen werden. Denkbar ist, dass diesem beachtlichen Übergewicht in Zukunft mit dem Instrument der sektorspezifischen Investitionskontrolle entgegengewirkt werden soll. Die Bundesregierung hat in ihrer China-Strategie dem Instrument eine besondere Bedeutung für den Schutz der Unabhängigkeit in sicherheitskritischen Bereichen zugesprochen.[123]

Aber auch im Hinblick auf Investitionen aus **Russland** und **Belarus** sind die **73** investorbezogenen Faktoren zunehmend von Bedeutung. Ein Beispiel hierfür sind die Leitlinien für die Mitgliedstaaten betreffend ausländische Direktinvestitionen aus Russland und Belarus angesichts des Krieges gegen die Ukraine.[124] In diesen Leitlinien macht die Kommission deutlich, dass sie eine erhöhte Bedrohung durch russische und belarussische Investitionen wahrnimmt bzw. befürchtet. Russland und Belarus könnten eine erhöhte Motivation aufweisen, auf sicherheitsrelevante Bereiche innerhalb der Mitgliedstaaten Einfluss zu nehmen. Die Mitteilung der Kommission sieht die Möglichkeit einer von dem Wert der Transaktion unabhängigen Überprüfung vor, um eine systematische Kontrolle zu gewährleisten. Jedoch fällt die sektorspezifische Prüfung in den nationalen Kompetenzbereich, sodass die Mitteilung der Kommission keine unmittelbare Wirkung entfaltet.[125] Nichtsdestotrotz kann das BMWK diese Überlegungen mit in die Prüfung eines Unternehmenserwerbs durch russische oder belarussische Investoren miteinbeziehen.

III. Beteiligung an bestimmten Aktivitäten (§ 60 Abs. 1b Nr. 2)

Durch Abs. 1b S. 1 Nr. 2 kann in der Prüfung der Faktor berücksichtigt wer- **74** den, dass der Investor zuvor an Aktivitäten beteiligt war, die eine **nachteilige Auswirkung** auf die öffentliche Ordnung oder Sicherheit der Bundesrepublik Deutschland oder eines anderen Mitgliedstaates der Europäischen Union hatten. Das ist nur teilweise konsistent, ist das maßgebliche Schutzgut hier doch die nationale Sicherheit. Die Vorschrift orientiert sich dennoch an dem Wortlaut des Art. 4 Abs. 2 lit. b Screening-VO und findet sich in identischer Form in § 55a Abs. 3 Nr. 2 wieder. Zum Umfang → § 55a Rn. 125.

---

[122] Bitzinger/Raska SIRIUS 2022 6 (3), 303 (306).

[123] Bundesregierung: China-Strategie der Bundesregierung, abrufbar unter https://www.auswaertiges-amt.de/blob/2608578/2b2effbc0886ef7ae0b22aaeacf199be/china-strategie-data.pdf (zuletzt abgerufen am 18.7.2023). Bundesregierung: China-Strategie der Bundesregierung, abrufbar unter https://www.auswaertiges-amt.de/blob/2608578/2b2effbc0886ef7ae0b22aaeacf199be/china-strategie-data.pdf (zuletzt abgerufen am 24.8.2023).

[124] Leitlinien für die Mitgliedstaaten betreffend ausländische Direktinvestitionen aus Russland und Belarus angesichts der militärischen Aggression gegen die Ukraine und der in den jüngsten Verordnungen des Rates über Sanktionen festgelegten restriktiven Maßnahmen, v. 6.4.2022, ABl. 2022 C 151 I, 01.

[125] BeckOK AußenWirtschaftsR/Niestedt Rn. 20.

IV. Beteiligung des Erwerbers an bestimmten Straftaten oder Ordnungswidrigkeiten (§ 60 Abs. 1b Nr. 3)

75   Abs. 1b S. 1 Nr. 3 ist in Fällen einschlägig, in denen das Risiko einer Beteiligung des Erwerbers an strafbewährten oder ordnungswidrigen Handlungen in der Gegenwart oder der Vergangenheit besteht. Ausschlaggebend ist nach Abs. 1b S. 1 Nr. 3 lit. b die Beteiligung an einer Straftat nach § 123 Abs. 1 GWB oder einer Straftat bzw. Ordnungswidrigkeit nach den Vorschriften des AWG oder des KrWaffKontrG. Auch dieser Faktor findet sich wortgleich in der sektorübergreifenden Prüfung in § 55a Abs. 3 Nr. 3 wieder. Zu den Voraussetzungen → § 55a Rn. 126–128.

76   Demnach sind die ausschlaggebenden Straftaten und Ordnungswidrigkeiten zwar klar benannt, aufgrund des nicht-abschließenden Charakters der investorbezogenen Faktoren kann die Beteiligung an anderen Straftaten oder Ordnungswidrigkeiten aber ebenfalls ausschlaggebend sein. In der Praxis ist jedoch fraglich, ob und inwieweit diese zur Sprache kommen. Da der Investor diese nach der Allgemeinverfügung vom 27.5.2021 hinsichtlich der im Prüfverfahren einzureichenden Informationen und Unterlagen[126] nicht von sich aus preisgeben muss, müsste das BMWK diese zielgerichtet im Prüfverfahren abfragen.

E. Keine Umgehungsgeschäfte (§ 60 Abs. 2)

77   § 60 Abs. 2 erfasst Umgehungs- oder missbräuchliche Erwerbskonstellationen von der sektorspezifschen Prüfung des Abs. 1.

78   Im Falle eines Umgehungsgeschäfts liegt ein Erwerb durch einen **Inländer** vor. Dieser unterfällt ausnahmsweise der Prüfung nach §§ 60 ff., sofern es Anzeichen dafür gibt, dass der eigentliche Erwerber Ausländer ist und der Inländer nur zwischengeschaltet ist, um eine Prüfung nach § 60 Abs. 1 zu unterlaufen. Die Vorschrift ähnelt der Regelung in der sektorübergreifenden Prüfung (vgl. § 55 Abs. 2), enthält aber auf die sektorspezifische Prüfung angepasste Formulierungen. So kommt es in der sektorspezifischen Prüfung nicht auf die vermeintliche Unionsansässigkeit des Erwerbers an, sondern auf die inländische Ansässigkeit. Überdies wird in der sektorübergreifenden Prüfung die Ansässigkeit in der Europäischen Freihandelsassoziation der Unionsansässigkeit zum Zwecke dieser Vorschrift gleichgestellt. Eine solche Gleichstellung ist in der sektorspezifischen Prüfung nicht vorgesehen.

79   Nach dem Wortlaut beider Regelungen bedarf es aber jedenfalls **Anzeichen** für das Vorliegen der jeweiligen Umgehungskonstellation. Demnach ist im Zweifel ein Umgehungsgeschäft anzunehmen, selbst wenn daneben andere nachvollziehbare Sachgründe wie beispielsweise steuerliche Gründe für die Erwerbsstruktur sprechen.[127] Durch die weite Auslegung des Begriffs wird dem Sinn und Zweck dieser Regelung genüge getan.

80   § 60 Abs. 2 legt als **Indizien** fest, dass der unmittelbare Erwerber keine nennenswerte, eigenständige Wirtschaftstätigkeit oder keine auf Dauer angelegte Präsenz im Inland, bspw. durch Geschäftsräume, Personal oder Ausrüstungsgegenstände, unterhält. Es handelt sich hierbei um keine abschließende Aufzählung.[128] Für solche künstlichen gesellschaftsrechtlichen Gestaltungsformen hat der EuGH bereits das

---

[126] BAnz AT 11.6.2021 B2.
[127] Hocke/Sachs/Pelz AußenwirtschaftsR/Mausch-Liotta/Sattler Rn. 43.
[128] vgl. „insbesondere".

Bestehen einer Briefkasten- oder Strohfirma explizit benannt.[129] Zwar handelt es sich dabei nicht um einen Fall der Investitionskontrolle, ein solcher von der Rechtsprechung festgelegter Rechtsgedanke kann aber auch im Bereich der sektorspezifischen Prüfung gelten. § 60 Abs. 2 S. 2 enthält zudem eine Ausnahme für Erwerbe nach „Satz 1". Mit Blick auf die gleiche Regelung in der sektorübergreifenden Prüfung in § 55 Abs. 2 S. 2 dürfte es sich hierbei um ein redaktionelles Versehen handeln, der eigentliche Verweis hätte „Absatz 1" lauten müssen.

Als weiteres Anzeichen wird auch in der Regelung der sektorspezifischen Prü- **81** fung festgelegt, dass mehrere Erwerbe an demselben inländischen Unternehmen so aufeinander abgestimmt werden, dass bei gesonderter Betrachtung keiner der Erwerbe eine prüfungsrelevante Beteiligung darstellt. Für die Schwelle der Beteiligung gilt § 60a. Siehe auch → § 55 Rn. 62.

Darüber hinaus setzen beide Vorschriften voraus, dass die Gestaltung „**zumin- 82 dest auch**" dem Zweck des Unterlaufens einer Prüfung dient. Damit wird sowohl der Fall erfasst, dass die Gestaltung ausschließlich der Umgehung der Investitionsprüfung dient, als auch der Fall, dass sie nur neben anderen, zB auch aus steuerlichen Gründen erfolgt. Im Einzelnen hierzu → § 55 Rn. 63.

F. Meldepflicht und anschließendes Prüfverfahren (§ 60 Abs. 3)

I. Meldepflicht des Erwerbers (§ 60 Abs. 3 S. 1 und 7)

Innerhalb der sektorspezifischen Investitionskontrolle besteht anders als beim **83** sektorübergreifenden Prüfverfahren eine **generelle Meldepflicht**. Sind mithin die Voraussetzungen der sektorspezifischen Prüfung erfüllt, so ist das Erwerbsvorhaben dem BMWK nach § 60 Abs. 3 S. 1 zu melden. Die Meldepflicht trifft nach Abs. 3 S. 7 ausschließlich den **unmittelbaren Erwerber**, dh dasjenige Unternehmen, welches die Zielgesellschaft direkt erwerben soll. Die Meldepflicht trifft hingegen weder den oder die mittelbaren Erwerber, die Zielgesellschaft, dessen Veräußerer noch mit ihnen verbundene Unternehmen. Zu beachten ist, dass die Meldepflicht selbst dann den unmittelbaren Erwerber trifft, wenn in dessen Person die Voraussetzungen des § 60 Abs. 1 nicht vorliegen, dh wenn es sich bei ihm nicht um einen Ausländer handelt, aber zB seine Muttergesellschaft Ausländerin ist. Die entsprechende Regelung findet sich auch in der sektorübergreifenden Prüfung in § 55a Abs. 5 (→ § 55a Rn. 143).

Die Meldung eines Erwerbsvorhabens hat wie in der sektorübergreifenden **84** Prüfung **unverzüglich** nach Abschluss des schuldrechtlichen Vertrages **gegen- über dem BMWK** zu erfolgen (§ 60 Abs. 3 S. 1), dh ohne schuldhaftes Zögern (§ 121 Abs. 1 S. 1 BGB). Sie kann sowohl **schriftlich** als auch **elektronisch** erfolgen. Dies ergibt sich aus § 3 Abs. 1, wonach die Verwaltungsakte, die aufgrund der AWV erlassen werden, schriftlich oder elektronisch erlassen werden können. Die Anforderungen der Meldung gleichen damit denen der Meldung im sektorübergreifenden Prüfverfahren (→ § 55a Rn. 132).

---

[129] EuGH BeckRS 2006, 70669 Rn. 68, in welchem es um eine Umgehungskonstellation im Steuerrecht geht. Der Wortlaut des Urteils findet sich aber teilweise in Abs. 2 wieder und kann daher auf die Investitionsprüfung übertragen werden. So auch Hocke/Sachs/Pelz AußenwirtschaftsR/Mausch-Liotta/Sattler § 55 Rn. 162; kritisch, iErg aber zustimmend Walter RIW 2017, 650 (654).

85   Nach § 15 Abs. 3 AWG ist der Vollzug eines nach § 60 ff. prüfrelevanten Erwerbs bis zu dessen Freigabe (bzw. Fristablauf) in der Rechtsfolge schwebend unwirksam (→ AWG § 15 Rn. 7–9).

II. Meldepflicht bei einem Übernahmeangebot iSd Wertpapiererwerbs- und Übernahmegesetzes (§ 60 Abs. 3 S. 2)

86   Handelt es sich um einen Erwerb infolge eines Übernahme- oder Wertpapierangebots, so sieht die AWV in § 60 Abs. 3 S. 2 einen Unterschied hinsichtlich des Zeitpunkts der Meldung vor. In diesem Fall hat die Meldung nicht unverzüglich nach Abschluss des schuldrechtlichen Rechtsgeschäfts, sondern unverzüglich nach der **Veröffentlichung der Entscheidung** zur Abgabe eines Übernahmeangebots zu erfolgen, da zu einem Zeitpunkt, zu dem ein schuldrechtlicher Vertrag noch nicht besteht. Die Meldepflicht trifft aber weiterhin den unmittelbaren Erwerber (vgl. Abs. 3 S. 7).

III. Inhalt der Meldung (§ 60 Abs. 3 S. 3–6)

87   Die Meldung dient der Information und dem Inkenntnissetzen des BMWK über den geplanten Erwerb im sektorspezifischen Bereich. Die Anforderungen an den **Inhalt** der Meldung richten sich nach § 60 Abs. 3 S. 3. Demnach sind sowohl der Erwerb, der Erwerber sowie seine Beteiligungsstrukturen und die zu erwerbende inländische Zielgesellschaft anzugeben. Des Weiteren sind die Geschäftsfelder des Erwerbers und des zu erwerbenden inländischen Unternehmens in den Grundzügen darzustellen. Gegebenenfalls ist nach Abs. 3 S. 4 im Fall einer Stimmrechtsvereinbarung auch diese mitzuteilen. Insgesamt sollte der ausländische Erwerber das BMWK bereits in der Meldung so umfassend wie möglich informieren.[130]

88   **Weitere Informationen und Unterlagen**, die im Rahmen der Meldung anzugeben sind, bestimmen sich nach Abs. 3 S. 5 und 6. Diese verweisen ergänzend auf eine vom BMWK im Bundesanzeiger bekannt zu gebende **Allgemeinverfügung**, die die weiteren Informationen und Unterlagen benennt. In dieser sollen nach Abs. 3 S. 5 insbesondere auch die für die Prüfung erforderliche personenbezogene Daten sowie die Form der Meldung benannt werden. Es handelt sich um einen dynamischen Verweis, der sich auf die derzeit geltende Allgemeinverfügung des BMWK vom 27.5.2021 zu den gemäß § 14a AWG, §§ 55a, 58 und 60 einzureichenden Informationen und Unterlagen[131] bezieht. Da der Inhalt vom BMWK zu bestimmen ist, kommt ihm insoweit eine hohe Entscheidungshoheit zu. Dies ist aber nur konsequent, da das BMWK auf Basis der dort vorgegebenen Informationen auch über den Erwerb entscheiden muss.

89   Die im Rahmen der sektorspezifischen Prüfung in der Meldung anzugebenden Informationen ergeben sich aus Ziffer III. der Allgemeinverfügung. Der Erwerber

---

[130] BeckOK AußenWirtschaftsR/Niestedt Rn. 25.

[131] BAnz. AT 11.6.2021 B2; „Allgemeinverfügung zu den gem. § 14a des AWG, §§ 55a, 58, 60 AWV einzureichenden Informationen und Unterlagen", aufrufbar unter https://www.bmwk.de/Redaktion/DE/Downloads/A/allgemeinverf%C3%BCgung-au% C3%9Fenwirtschaftsgesetz-270521.pdf?__blob=publicationFile&v=4 (zuletzt aufgerufen am 20.4.2023).https://www.bmwk.de/Redaktion/DE/Downloads/A/allgemeinverf%C3 %BCgung-au%C3%9Fenwirtschaftsgesetz-270521.pdf?__blob=publicationFile&v=4 (zuletzt abgerufen am 24.8.2023).

hat demgemäß nicht nur Angaben hinsichtlich des inländischen Unternehmens zu machen. Hinsichtlich des Zielunternehmens sind dessen Name, die Branche, die Aufstellung der Gesellschafter, die Anzahl der Mitarbeiter, der Umsatz des Unternehmens, die geschäftlichen Kontakte zu öffentlichen Stellen innerhalb der letzten fünf Jahre, Angaben zur Geheimschutzbetreuung bzw. Verpflichtung zum Schutz von Verschlusssachen, die einschlägige(n) Fallgruppe(n) des § 60 Abs. 1 sowie die Hauptzulieferer und Hauptabnehmer der kritischen Güter zu nennen. Ferner beinhalten die erforderlichen Unterlagen Angaben zum Erwerb, zum unmittelbaren oder mittelbaren Erwerber und zum unmittelbaren Veräußerer. Innerhalb des Erwerbs müssen der Kaufpreis, die Art des Erwerbs sowie der Stimmrechtsanteil des unmittelbaren Erwerbers und der mittelbaren Erwerber angegeben werden. Die Angaben zum unmittelbaren Erwerber und zu mittelbaren Erwerbern umfassen eine Aufstellung sämtlicher unmittelbarer und mittelbarer Gesellschafter, einschließlich eines Schaubilds der Gesellschafterverhältnisse und die nach § 60 Abs. 1b in Betracht kommenden investorenbezogenen Faktoren. Zuletzt sind auch personenbezogene Angaben zum unmittelbaren Veräußerer zu machen. Sofern die Meldung durch einen bevollmächtigten Vertreter, in der Praxis meist ein inländischer Rechtsanwalt, erfolgt, so muss der Meldung eine Vertretungsmacht beigefügt werden.

Der Meldung sind verschiedene vom BMWK vorgegebene und bereitgestellte **90** **Excel-Formulare** beizufügen. Diese dienen der Erfassung der für das Investitionsprüfverfahren relevanten Daten und einer automatisierten Auslesbarkeit.[132] Im Einzelnen umfasst dies das allgemeine „Excel-Formular Investitionsprüfung" sowie die drei Excel-Templates über die Parteien des Erwerbs, namentlich das „Excel-Template Zielgesellschaft", das „Excel-Template Erwerber" und das „Excel-Template Veräußerer". Alle Templates sind auf der Homepage des BMWK zur Investitionsprüfung unter dem Reiter „Anträge und Meldungen"[133] abrufbar. Eine Ausfüllhilfe bietet das vom BMWK herausgegebene „Merkblatt zu den drei ‚Excel-Templates' und zum ‚Excel-Formular Investitionsprüfung'".[134]

Es ist einerseits empfehlenswert, die Angaben in der Meldung so ausführlich **91** wie möglich zu tätigen und andererseits bereits in der Meldung gesondert darauf einzugehen, inwiefern das Erwerbsvorhaben die wesentlichen Sicherheitsinteressen der Bundesrepublik tangiert.

---

[132] „Merkblatt zu den drei ‚Excel-Templates' und zum ‚Excel-Formular Investitionsprüfung'", abrufbar unter https://www.bmwk.de/Redaktion/DE/Downloads/A/merkblatt-excel-formular-zur-investitionspruefung.pdf?__blob=publicationFile&v=4 (zuletzt abgerufen am 14.5.2023). https://www.bmwk.de/Redaktion/DE/Downloads/A/merkblatt-excel-formular-zur-investitionspruefung.pdf?__blob=publicationFile&v=4 (zuletzt abgerufen am 24.8.2023).

[133] BMWK „Investitionsprüfung", abrufbar unter https://www.bmwk.de/Redaktion/DE/Artikel/Aussenwirtschaft/investitionspruefung.html (zuletzt abgerufen am 14.5.2023). BMWK „Investitionsprüfung", abrufbar unter https://www.bmwk.de/Redaktion/DE/Artikel/Aussenwirtschaft/investitionspruefung.html (zuletzt abgerufen am 24.8.2023).

[134] „Merkblatt zu den drei ‚Excel-Templates' und zum ‚Excel-Formular Investitionsprüfung'", abrufbar unter https://www.bmwk.de/Redaktion/DE/Downloads/A/merkblatt-excel-formular-zur-investitionspruefung.pdf?__blob=publicationFile&v=4 (zuletzt abgerufen am 14.5.2023). https://www.bmwk.de/Redaktion/DE/Downloads/A/merkblatt-excel-formular-zur-investitionspruefung.pdf?__blob=publicationFile&v=4 (zuletzt abgerufen am 24.8.2023).

92   Kommt es zu einer Eröffnung des Prüfverfahrens, sieht Ziffer IV. der Allgemeinverfügung die Vorlage zusätzlicher Informationen und Unterlagen vor, sofern diese nicht bereits mit der Meldung vorgelegt wurden. Dazu gehört beispielsweise die Aufstellung der geschäftlichen Kontakte der Zielgesellschaft zu öffentlichen Stellen innerhalb der letzten zehn, anstelle von nur fünf Jahren, eine ausführliche Beschreibung des Zwecks des Erwerbs und der Geschäftsstrategie sowie eine Darstellung, inwieweit der Erwerb die wesentlichen Sicherheitsinteressen der Bundesrepublik Deutschland berührt. Außerdem werden Angaben zu geplanten Änderungen, insbesondere hinsichtlich einer geplanten Verlagerung von Geschäftstätigkeiten ins Ausland, über den Erwerb einer atypischen Kontrolle, alle mit dem Erwerb in Zusammenhang stehende Verträge sowie zur Finanzierung des Erwerbs erfordert.

93   Das BMWK kann weiterhin entweder im Eröffnungsbescheid oder zu jedem anderen Zeitpunkt innerhalb der Prüfung durch Verwaltungsakt im Einzelfall weitere Auskünfte oder die Einreichung weiterer Unterlagen verlangen (§ 14a Abs. 2 S. 4 und 5 AWG; → AWG § 14a Rn. 41–44).

94   Gemäß der Allgemeinverfügung sind alle Unterlagen in deutscher Sprache einzureichen. Dies ergibt sich nicht zuletzt auch aus § 23 Abs. 1 VwVfG, der Deutsch als Amtssprache im Verwaltungsverfahren festlegt.[135] Da die Geschäftssprache des Großteils der Erwerbe Englisch ist, bedeutet dies, dass viele Unterlagen übersetzt werden müssen. Gerade im Hinblick auf die Einreichung der Unternehmensverträge kann dies mit viel Aufwand verbunden sein. In der Praxis ist eine Übersetzung der Verträge nach Absprache mit dem BMWK ausnahmsweise nicht zwingend oder nur in Teilen erforderlich. Nach § 3 Abs. 3 S. 1 sind die erforderlichen Unterlagen schriftlich oder elektronisch einzureichen. Sobald die Verwaltungsleistung jedoch über ein Verwaltungsportal verfügbar ist, sollen die Dokumente darüber eingereicht werden (§ 3 Abs. 3 S. 2). Dessen Verfügbarkeit stellt das BMWK über eine Allgemeinverfügung fest (§ 3 Abs. 3 S. 3).

95   Die Frist des § 14a Abs. 1 Nr. 2 AWG für das Prüfverfahren beginnt erst zu laufen, wenn die Informationen, die der Erwerber dem BMWK übermittelt, vollständig sind (→ AWG § 14a Rn. 16). Sofern ein Verwaltungsportal nach § 3 Abs. 3 S. 1 eingerichtet ist, gelten die einzureichenden Informationen aber erst als eingegangen, wenn das BMWK die darüber übermittelten Dokumente vollständig und unversehrt aus dem Verwaltungsportal in ihr IT-System überführt hat (§ 3 Abs. 4 S. 1). Dies gilt für den Beginn der Frist nach § 14a Abs. 1 Nr. 1 AWG und auch § 14a Abs. 1 Nr. 2 AWG (vgl. § 3 Abs. 4 S. 3). Falls die geforderten Unterlagen nicht vollständig und unversehrt sein sollten, muss das BMWK dies dem unmittelbaren Erwerber mitteilen, soweit möglich (§ 3 Abs. 4 S. 2). Erfolgt die Meldung an das BMWK nicht, beginnt die Prüffrist des § 61 Abs. 2 nicht zu laufen, sodass der Erwerb zum einen schwebend unwirksam bleibt und zum anderen jederzeit untersagt werden kann.[136] Mit Ablauf von fünf Jahren nach Abschluss des schuldrechtlichen Vertrags ist eine Eröffnung des Prüfverfahrens jedoch ausgeschlossen (vgl. § 14a Abs. 3 S. 2 AWG).

---

[135] FAQ des BMWK zu Investitionsprüfungen mit dem Stand vom 1.5.2022, abrufbar unter https://www.bmwk.de/Redaktion/DE/FAQ/Aussenwirtschaftsrecht/faq-aussenwirtschafts recht.html (zuletzt aufgerufen am 28.2.2023). FAQ des BMWK zu Investitionsprüfungen mit dem Stand vom 1.5 2022, abrufbar unter https://www.bmwk.de/Redaktion/DE/FAQ/Aus senwirtschaftsrecht/faq-aussenwirtschaftsrecht.html (zuletzt abgerufen am 24.8.2023).

[136] BeckOK AußenWirtschaftsR/Niestedt Rn. 19; vgl. Dehne, Investitionskontrolle in Deutschland, 2022, S. 212.

Anders als in der sektorübergreifenden Prüfung ist die Erteilung einer Unbe- **96** denklichkeitsbescheinigung vorliegend weder vorgesehen noch möglich. Liegen Zweifel über das Vorliegen einer Meldepflicht vor, so ist eine **vorsorgliche Meldung** des Erwerbs gerade im Bereich der sektorspezifischen Prüfung empfohlen. Ist eine Meldepflicht eher unwahrscheinlich, so ist die Information des BMWK in Form einer E-Mail sinnvoll, um Rechtssicherheit für den Erwerb zu erlangen. Dies hat auch den Vorteil, dass die Frist des Inkenntnissetzens des BMWK zu laufen beginnt.

IV. Aufbau des Melde- und Prüfverfahrens

Das Melde- und Prüfverfahren erfolgt zweistufig durch Prüfphase I und II. Der **97** Ablauf beider Phasen gleicht dem des Verfahrens innerhalb der sektorübergreifenden Investitionskontrolle (→ Rn. 22).

1. Prüfphase I: Meldung beim BMWK durch den Erwerber, § 60 Abs. 3 **98** **S. 1.** Phase 1 wird durch die Meldung des Erwerbs ausgelöst. In der Praxis erfolgt regelmäßig eine **Eingangsbestätigung** hinsichtlich der Meldung durch das BMWK. In dieser wird auch das Eingangsdatum genannt, welches ausschlaggebend für den Beginn der Prüfungsfrist ist. Das BMWK kann gemäß § 61 S. 2 AWV iVm § 14a Abs. 1 Nr. 1 AWG (→ § 61 Rn. 8) **zwei Monate (Eröffnungsfrist)** prüfen, ob Anhaltspunkte für eine voraussichtliche Beeinträchtigung der wesentlichen Sicherheitsinteressen der Bundesrepublik Deutschland vorliegen, die Anlass für eine nähere Prüfung geben. Die Prüfung erfolgt intern unter Beteiligung der fachlich betroffenen Ministerien. Unter Umständen werden bereits in dieser Phase Fragen gestellt.

Bestehen insoweit keine Bedenken hinsichtlich des Erwerbsvorhabens, gibt **99** das BMWK den Erwerb des Zielunternehmens nach § 61 S. 1 (→ § 61 Rn. 5) frei. Reagiert das BMWK innerhalb der zweimonatigen Eröffnungsfrist nicht, fingiert das Gesetz eine Freigabe des Erwerbs nach § 61 S. 2 AWV (→ § 61 Rn. 8) iVm § 14a Abs. 1 Nr. 1 AWG. Können Bedenken innerhalb der Zweimonatsfrist nicht sicher ausgeschlossen werden, wird das Prüfverfahren (Phase II) entsprechend § 60 Abs. 4 S. 1 eröffnet (→ Rn. 102). Eine Eröffnung ist jedoch nicht zwingend. Es kann auch vorkommen, dass trotz bestehender Bedenken des BMWK kein Prüfverfahren eröffnet wird, sondern sogleich erwerbsbeschränkende Abhilfemaßnahmen (wie zB Zusicherungen) mit den Parteien vereinbart werden (→ § 62 Rn. 37–40). In diesem Fall kann es allerdings erforderlich sein, die Eröffnungsfrist nach § 14a Abs. 1 Nr. 1 AWG unter Zustimmung der Parteien zu verlängern.

2. Prüfphase II: Prüfung nach § 60 Abs. 1. Sofern das BMWK Bedenken **100** hinsichtlich des Erwerbsvorhabens hat, eröffnet es das vertiefte Prüfverfahren bzw. die sog. Prüfphase II. Die Eröffnung des Prüfverfahrens erfolgt anhand der Vorgaben in § 60 Abs. 4 (→ Rn. 102–103). Die Frist beträgt nach § 14a Abs. 1 Nr. 2 AWG grundsätzlich **vier Monate (Prüffrist)**, kann aber unter bestimmten Umständen verlängert bzw. gehemmt werden (→ AWG § 14a Rn. 17–27). Die Frist läuft erst nach Erhalt aller für die Prüfung erforderlichen Unterlagen und Informationen (§ 14a Abs. 1 Nr. 1 AWG). Dieses richtet sich nach § 60 Abs. 3 S. 3–6 bzw. der Allgemeinverfügung des BMWK (→ Rn. 87–96). Sobald ein Verwaltungsportal eingerichtet ist, gelten auch hier die Unterlagen erst als eingereicht, wenn das BMWK die übermittelten Dokumente vollständig und unver-

sehrt aus dem Verwaltungsportal in ihr IT-System importieren konnte
(→ Rn. 95). Es ist daher empfehlenswert die notwendigen Unterlagen frühzeitig
zusammenzustellen, möglichst vor Eröffnung des Prüfverfahrens, insbesondere
wenn eine Prüfphase II denkbar erscheint.

101   Das BMWK prüft dann nach Eingang der vollständigen Unterlagen, ob es den
Erwerb zum Schutz der wesentlichen nationalen Sicherheitsinteressen untersagen
oder mit Anordnung versehen muss (§ 62 Abs. 1 AWV iVm § 14a Abs. 1 Nr. 2
AWG; → § 62 Rn. 2, 8 und → AWG § 14a Rn. 16). Bei der Prüfung werden
erneut die fachlich betroffenen Ressorts miteinbezogen. Das Prüfverfahren cha-
rakterisiert sich durch einen engen Austausch zwischen dem BMWK und anderen
Ressorts sowie zwischen dem BMWK und dem Erwerber.

G. Bekanntgabe der Eröffnung des Prüfverfahrens (§ 60 Abs. 4)

102   § 60 Abs. 4 S. 1 legt die Voraussetzungen für eine ordnungsgemäße Eröffnung
des Prüfverfahrens fest. Demgemäß hat das BMWK dem unmittelbaren Erwerber
und dem von dem Erwerb betroffenen inländischen Unternehmen die Eröffnung
des Prüfverfahrens innerhalb der in § 14a Abs. 1 Nr. 1 AWG genannten Frist
bekannt zu geben. Nach Abs. 4 S. 2 gelten die Vorschriften der sektorübergreifenden Prüfung (§ 55 Abs. 3 S. 2) entsprechend (→ § 55 Rn. 64–74). Die Bekanntgabe der Eröffnung des Prüfverfahrens gleicht sich daher in beiden Prüfverfahren.
Die Verordnung ordnet noch die Anwendbarkeit des § 55 Abs. 3 S. 3 und 4 an –
diese Sätze existieren jedoch nicht (mehr). Demnach dürfte es sich dabei um
ein redaktionelles Versehen handeln, das auch im Zuge der 20. Verordnung zur
Änderung der AWV nicht behoben wurde.

103   § 14a Abs. 1 Nr. 1 AWG spricht vom Fristbeginn ab dem Zeitpunkt der Kenntniserlangung des BMWK von dem schuldrechtlichen Rechtsgeschäft. Im sektorspezifischen Verfahren erlangt das BMWK diese Kenntnis in der Regel aufgrund
der Meldepflicht des unmittelbaren Erwerbers. Zu den weiteren Formen der
Kenntnisnahme → § 55 Rn. 64–69. Die Bekanntgabe ist ein belastender Verwaltungsakt iSd § 35 S. 1 VwVfG, gegen welchen die Anfechtungsklage nach § 42
Abs. 1 VwGO statthaft ist (→ AWG § 14 Rn. 29). Ohne diese Mitteilung kann
das BMWK das Prüfverfahren nicht wirksam eröffnen.[137] Hinsichtlich der Voraussetzungen kann auf die gleichlautende Vorschrift in der sektorübergreifenden
Prüfung verwiesen werden (→ § 55 Rn. 64–75).

H. Gebühren

104   Aktuell fallen im gesamten Bereich der Investitionskontrolle **keine Kosten** in
Form von Gebühren oder Auslagen für die Antragstellung oder die Durchführung
bzw. Beendigung von Investitionsprüfverfahren an. Die Möglichkeit zur Kosten-
erhebung findet sich allerdings in § 28 Abs. 3 AWG, der das BMWK dazu für
individuell zurechenbare öffentliche Leistungen mit Wirkung ab dem 1.1.2023
ermächtigt. Der Referentenentwurf einer entsprechenden Gebührenverordnung
liegt bereits vor und sieht Gebühren für verschiedene Leistungen des BMWK

---

[137] BeckOK AußenWirtschaftsR/Niestedt § 55 Rn. 37 zur gleichen Thematik innerhalb
des § 55 Abs. 3.

innerhalb von Investitionsprüfverfahren vor, die ab dem 1.1.2024 anfallen. Im Einzelnen hierzu → AWG § 28 Rn. 3).

§ 60a Stimmrechtsanteile

(1) **Der unmittelbare oder mittelbare Stimmrechtsanteil des Erwerbers an dem inländischen Unternehmen muss nach dem Erwerb seiner Beteiligung 10 Prozent der Stimmrechte erreichen oder überschreiten.**

(2) **§ 56 Absatz 2 bis 5 gilt mit der Maßgabe, dass auf den Erwerb durch einen Ausländer und auf den Stimmrechtsanteil nach Absatz 1 abzustellen ist, entsprechend.**

A. Überblick

§ 60a normiert gemeinsam mit § 60 den sachlichen Anwendungsbereich der **1** sektorspezifischen Investitionskontrolle. Hierfür legt er die maßgeblichen **Schwellenwerte** fest, ab denen sowohl die Prüfungsbefugnis des BMWK nach § 60 Abs. 1 S. 1 als auch die Meldepflicht nach § 60 Abs. 3 greifen. Die Schwellenwerte orientieren sich wie bei der sektorübergreifenden Prüfung in § 56 an der Höhe der zu erwerbenden Stimmrechte. Der Zweck der Norm gleicht ebenfalls dem des § 56. Demnach sollen diejenigen Erwerbsvorgänge überprüft werden, durch welche der Erwerber Einfluss auf die Geschäftspolitik des Zielunternehmens gewinnt (→ § 56 Rn. 7, 10–11, 33).[1] Dies wird im Fall der besonders sensiblen sektorspezifischen Prüfung bereits ab einer Schwelle von 10 % angenommen.

Im Übrigen gelten für § 60a ebenfalls die speziellen Voraussetzungen der sektor- **2** spezifischen Prüfung, dh der Erwerber muss ein Ausländer sein (→ § 60 Rn. 40–41) und die inländische Zielgesellschaft muss unter den Fallgruppenkatalog des § 60 Abs. 1 Nr. 1–4 fallen (→ § 60 Rn. 45–64).

Zu beachten ist, dass § 60a gemäß der Übergangsregelung in § 82a erst für seit **3** dem 1.5.2021 abgeschlossene Rechtsgeschäfte über einen Unternehmenserwerb gilt.

B. Historischer Überblick

Die Einfügung des § 60a erfolgte durch die 12. AWV-Änderungsverordnung **4** vom 19.12.2018 und damit erst knapp ein Jahrzehnt nach Einführung der sektorspezifischen Investitionskontrolle.[2] Mit der Einfügung wollte der Verordnungsgeber Rechtsklarheit hinsichtlich der für die sektorspezifische Prüfung geltende Prüfeintrittsschwelle schaffen.[3] Zuvor verwiesen die Vorschriften zur sektorspezifischen Investitionskontrolle lediglich auf die entsprechende Regelung in der sektorübergreifenden Prüfung (→ § 60 Rn. 10). Eine eigenständige Vorschrift existierte dementsprechend nicht. Zudem galt im Rahmen des Verweises bis dahin eine höhere Prüfeintrittsschwelle von 25 %, die die 12. AWV-Novelle auf 10 % herabsenkte. Damit dehnte die Änderung auch den Anwendungsbereich der sektorspezifischen Prüfung aus.

---

[1] BeckOK AußenWirtschaftsR/Niestedt Rn. 1.
[2] BAnz AT 28.12.2018 V1.
[3] BAnz AT 28.12.2018 B1.

5   Im weiteren Verlauf wurde die Norm im Rahmen der 17. AWV-Änderungsverordnung im Jahr 2021 angepasst. So erfuhr § 60a Abs. 2 eine Neufassung.[4] Seither
verweist § 60a Abs. 2 auf die § 56 Abs. 2–5, sodass nicht nur der Ersterwerb,
sondern auch der Hinzuerwerb von Stimmrechten bei Erreichen oder Überschreiten bestimmter Schwellenwerte der Meldepflicht und Prüfungsbefugnis des
BMWK unterliegt.[5] Die maßgeblichen Schwellenwerte für den Hinzuerwerb liegen bei 20 %, 25 %, 40 %, 50 % und 75 %. Die Änderung diente der Anpassung
an die über Jahre angewandte behördliche Prüfpraxis.[6] Abs. 2 regelte davor die
Zurechnung der Stimmrechte Dritter bei der Berechnung des Stimmrechtsanteils
des Erwerbers, welche von da an durch den neu eingefügten Verweis auf § 56
Abs. 4 obsolet wurde. Im gleichen Zuge fiel auch der bisherige § 60 Abs. 3 weg.
Dieser enthielt eine Klarstellung hinsichtlich des maßgeblichen Stimmrechtsanteils
von mittelbaren Erwerbern. Die Klarstellung erübrigte sich ebenfalls durch den
neuen Verweis auf den die Thematik betreffenden § 56 Abs. 5. Die mit der
17. AWV-Novelle erfolgten Änderungen dienten mithin weitgehend der Vereinheitlichung von sektorübergreifender und sektorspezifischer Prüfung, wobei insbesondere der Verweis auf § 56 zu einer Angleichung der sektorspezifischen an
die sektorübergreifende Prüfung führte.[7]

C. Stimmrechtsanteil von 10 % (Abs. 1)

6   Nach § 60a Abs. 1 muss der unmittelbare oder mittelbare Stimmrechtsanteil
des Erwerbers an dem inländischen Unternehmen nach dem Erwerb seiner Beteiligung **10 % der Stimmrechte** erreichen oder überschreiten. Zum Begriff der
Stimmrechte → § 56 Rn. 5–12. Damit gilt im Gegensatz zur sektorübergreifenden Investitionsprüfung durchgängig der gleiche, niedrige Schwellenwert für alle
in § 60 Abs. 1 gelisteten Fallgruppen. Nach dem Gesetzgeber ist diese niedrige
Prüfschwelle im verteidigungsrelevanten Bereich erforderlich, da sich Direktinvestitionen laut der Benchmark-Definition der OECD (2008) bereits bei einer Beteiligung von 10 % durch ein langfristiges Interesse und einen Kontrollanspruch des
Erwerbers auszeichnen.[8] Da es sich bei dem Verteidigungssektor um einen besonders schützenswerten Bereich handelt, gibt es daher keine Abstufung der Stimmrechte wie in der sektorübergreifenden Prüfung (vgl. § 56 Abs. 1 Nr. 1–3).

7   Die zugrunde zulegenden Stimmrechte ergeben sich aus dem jeweiligen
Erwerbsvorhaben. Sie richten sich grundsätzlich nach der vom Erwerber angestrebten Höhe der Beteiligung an dem inländischen Unternehmen.[9] Unter
Umständen fallen jedoch die Höhe der angestrebten Beteiligung und die Höhe
der zu erwerbenden Stimmrechte auseinander. Dies ist in der Praxis beispielsweise
der Fall, wenn der Erwerb rein finanzieller Natur ist und nur begrenzt Mitspracherechte erworben werden sollen. Auch kann das Erwerbsgeschäft zusätzlich den
Abschluss einer Stimmrechtsvereinbarung vorsehen, die die Höhe der Stimmrechte des Erwerbers auf eine bestimmte Höhe begrenzt (um zB Mehrheitsverhält-

---

[4] BAnz AT 30.4.2021 V1.
[5] BAnz AT 30.4.2021 B2.
[6] BAnz AT 30.4.2021 B2.
[7] BAnz AT 30.4.2021 B2.
[8] BAnz AT 28.12.2018 B1.
[9] Hocke/Sachs/Pelz AußenwirtschaftsR/Mausch-Liotta/Sattler § 56 Rn. 20; BeckOK
AußenWirtschaftsR/Niestedt Rn. 3.

nisse der Gründer abzusichern). Auch der umgekehrte Fall ist denkbar. In jedem Fall richtet sich die Schwelle von 10 % ausschließlich nach den zu erwerbenden Stimmrechten.

Der Wortlaut der Norm zielt dabei eindeutig nur auf das spezifische Erwerbsge- **8** schäft ab, mit dem der Erwerber die 10 %-Schwelle tatsächlich zum ersten Mal überschreitet. Zuvor erfolgende niedrigere – auch mehrstufige – Hinzukäufe sind demnach nicht von ihr erfasst.[10]

D. Verweis auf § 56 Abs. 2–5 AWV (Abs. 2)

§ 60a Abs. 2 enthält einen Verweis auf § 56 Abs. 2–5. Der Verweis gilt unter **9** der Maßgabe, dass die speziellen Voraussetzungen der sektorspezifischen Prüfung beachtet werden. Zu diesen gehören nach dem Wortlaut, dass der Erwerb durch einen Ausländer, und nicht wie in der sektorübergreifenden Prüfung durch einen Drittstaatsangehörigen, erfolgt und ein Stimmrechtsanteil von 10 % ausschlagge- bend ist. Diese Aufzählung ist als abschließend zu verstehen.

I. Hinzuerwerb von Stimmrechten (Abs. 2 iVm § 56 Abs. 2)

Durch den Verweis auf § 56 Abs. 2 wird klargestellt, dass auch ein weiterer **10** Erwerb von Stimmrechten, dh ein sog. „**Hinzuerwerb**", der Prüfung durch das BMWK unterliegt (zum Hinzuerwerb im Einzelnen → § 56 Rn. 19–24).[11] Beim Hinzuerwerb sind zwei Fallkonstellationen zu unterscheiden. Sofern der Erwerber bereits über eine Beteiligung von unter 10 % an dem inländischen Unternehmen verfügt, löst das erstmalige Erreichen bzw. Überschreiten dieses Schwellenwerts die Prüfungsbefugnis und Meldepflicht aus.[12] Dies gilt unabhängig von der tat- sächlichen Höhe der zu erwerbenden Stimmrechte, solange sie die 10 %-Schwelle tangieren.

Ein Hinzuerwerb kann außerdem vorliegen, wenn bereits eine Beteiligung von **11** 10 % an dem inländischen Unternehmen besteht. Erfolgt nun ein Hinzuerwerb, ist nach § 60a Abs. 2 iVm § 56 Abs. 1 maßgeblich, ob durch diesen der jeweils nächsthöhere gesetzlich vorgegebene Schwellenwert erreicht wird (zu den Hinzu- erwerbsschwellen siehe → § 56 Rn. 23–24).[13] Hinzuerwerbe werden in der sek- torspezifischen Investitionskontrolle nach § 60a iVm § 56 Abs. 2 Nr. 1 mit Errei- chen oder Überschreiten von 20 %, 25 %, 40 %, 50 % oder 75 % prüfrelevant und meldepflichtig. Auch hier spielt für das Erreichen der Schwellenwerte demnach wieder nicht die Höhe der zu erwerbenden Stimmrechte die ausschlaggebende Rolle, sondern die Summe aus den bereits vorhandenen und den neu zu erwer- benden Stimmrechten. Da nach dem in § 60a Abs. 2 enthaltenen Verweis auf § 56 Abs. 2 auf einen Stimmrechtserwerb von 10 % abzustellen ist, finden die restlichen Nummern des § 56 Abs. 2 (Nr. 2 und 3) auf die sektorspezifische Prüfung keine Anwendung. Diese setzen nämlich eine Ersterwerbsschwelle von 20 bzw. 25 % voraus, die in der sektorspezifischen Prüfung nicht existiert.

---

[10] BeckOK AußenWirtschaftsR/Niestedt Rn. 4.
[11] Hellmann NZKart 2023, 342 (346); BeckOK AußenWirtschaftsR/Niestedt Rn. 7.
[12] Wolffgang/Simonsen/Rogmann/Pietsch AWR/Pottmeyer §§ 60–62 Rn. 33.
[13] BeckOK AußenWirtschaftsR/Niestedt § 56 Rn. 13.

II. Atypischer Kontrollerwerb (Abs. 2 iVm § 56 Abs. 3)

12   Nach § 60a Abs. 2 iVm § 56 Abs. 3 sind auch **atypische** Erwerbe durch das BMWK überprüfbar. Diese zeichnen sich gem. § 60a Abs. 2 iVm § 56 Abs. 3 dadurch aus, dass die ausschlaggebenden Stimmrechtsschwellen nicht erreicht bzw. überschritten werden, der Erwerber aber **in anderer Weise** eine wirksame Beteiligung an der Kontrolle des inländischen Unternehmens erlangt (sog. atypischer Kontrollerwerb).[14] Das heißt, die Beteiligung ermöglicht dem Erwerber in anderer Weise oder gemeinsam mit den Stimmrechten eine Einflussnahme auf die Zielgesellschaft, die über den maßgeblichen Stimmrechtsanteil von 10 % hinausgeht. Eine solche Einflussnahme kann auch gemeinsam mit einem Stimmrechtserwerb oder bereits vorhandenen Stimmrechten vermittelt werden. § 56 Abs. 3 Nr. 1–3 zählt die entsprechenden Fälle abschließend auf (vgl. die Fälle des atypischen Kontrollerwerbs in → § 56 Rn. 25–35).

13   Ungeklärt ist, ob der atypische Kontrollerwerb wie in der sektorübergreifenden Prüfung **keine Meldepflicht** auslöst, sondern lediglich eine Prüfungsbefugnis des BMWK begründet. Hintergrund der Frage ist, dass es im sektorspezifischen Bereich an einer Regelung fehlt, die die Meldepflicht im Falle eines atypischen Kontrollerwerbs wie in der sektorübergreifenden Investitionskontrolle ausdrücklich ausschließt oder auf die entsprechende Regelung in § 55a Abs. 4 S. 3 verweist. Die überzeugenderen Argumente sprechen jedoch gegen eine Meldepflicht in diesem Bereich (zur Diskussion → § 56 Rn. 26). Aufgrund der entstehenden Rechtsunsicherheit, die nicht zuletzt durch das strafbewährte Vollzugsverbot im Falle einer Nichtmeldung potenziert wird, ist eine entsprechende Klarstellung durch den Gesetzgeber wünschenswert.

III. Zurechnung Dritter (Abs. 2 iVm § 56 Abs. 4)

14   Nach § 60a Abs. 2 iVm § 56 Abs. 4 S. 1 Nr. 1 sind bei der Berechnung der Stimmrechte des Erwerbers die Stimmrechte Dritter an dem inländischen Unternehmen in bestimmten Fällen vollständig **zuzurechnen**. Das ist dann der Fall, wenn der Erwerber Stimmrechtsanteile an dem Dritten innehat und dieser seinerseits an dem inländischen Zielunternehmen Anteile hält. Hierbei handelt es sich um eine mittelbare Beteiligung des Erwerbers an dem inländischen Zielunternehmen, die ihm zugerechnet wird (zu den Zurechnungsregelungen im Einzelnen → § 56 Rn. 36–49).[15] Nach § 60a Abs. 2 iVm § 56 Abs. 4 Nr. 2 findet eine Zurechnung auch bei **Stimmrechtsausübungsvereinbarungen** zwischen dem Erwerber und Dritten statt, wenn diese eine gemeinsame Ausübung der Stimmrechte vorsehen oder die sonstigen Umstände für eine gemeinsame Ausübung sprechen (zu den Stimmrechtsausübungsvereinbarungen im Einzelnen → § 56 Rn. 45–46).

IV. Mittelbare Beteiligung (Abs. 2 iVm § 56 Abs. 5)

15   Mit dem Verweis von § 60a Abs. 2 auf § 56 Abs. 5 wird schließlich klargestellt, dass die sektorspezifische Investitionsprüfung auch bei **mittelbaren**

---

[14] BMWK: Im Fokus: Eine Frage der nationalen Sicherheit, Die Investitionsprüfung im Spannungsfeld von Investitionsfreiheit und der Abwehr sicherheitspolitischer Gefahren, mit Stand v. 1.7.2021, aufrufbar unter https://www.bmwk.de/Redaktion/DE/Schlaglichter-der-Wirtschaftspolitik/2021/07/04-im-fokus.html (zuletzt aufgerufen am 24.8.2023).

[15] Dorsch/Friton/von Rummel, 218. EL, AWG § 5 Rn. 22.

Beteiligungen Anwendung findet. Hier ist der maßgebliche Schwellenwert von 10 % erreicht, sobald der mittelbare Erwerber an dem unmittelbaren Erwerber, also in der Regel der Tochtergesellschaft, eine Beteiligung von wiederum mind. 10 % innehat (zum Erwerb einer mittelbaren Beteiligung → § 56 Rn. 50–55).[16]

§ 61 Freigabe eines Erwerbs nach § 60

[1]Das Bundesministerium für Wirtschaft und Klimaschutz gibt den Erwerb gegenüber dem Meldepflichtigen nach § 60 Absatz 3 Satz 7 frei, wenn dem Erwerb keine Bedenken im Hinblick auf wesentliche Sicherheitsinteressen der Bundesrepublik Deutschland entgegenstehen. [2]Die Freigabe gilt als erteilt, wenn das Bundesministerium für Wirtschaft und Klimaschutz nicht innerhalb der in § 14a Absatz 1 Nummer 1, auch in Verbindung mit Absatz 3 Satz 1, des Außenwirtschaftsgesetzes genannten Frist ein Prüfverfahren gemäß § 60 Absatz 1 gegenüber dem Meldepflichtigen eröffnet. [3]§ 58a Absatz 3 gilt mit der Maßgabe entsprechend, dass an die Stelle des § 55 Absatz 1 der § 60 Absatz 1 tritt.

A. Überblick

§ 61 regelt die Voraussetzungen für die Freigabe eines Erwerbvorhabens im **1** sektorspezifischen Investitionsprüfverfahren. Dabei wird einerseits zwischen der Freigabe durch Mitteilung nach § 61 S. 1 (→ Rn. 5–8) und andererseits der Freigabefiktion nach § 61 S. 2 (→ Rn. 9–10) unterschieden. Die Freigabe stellt regelmäßig das Ende eines Prüfverfahrens dar.

I. Historischer Überblick

Die Regelungen über die Freigabe existieren seit der Neufassung der Außen- **2** wirtschaftsverordnung vom 2.8.2013.[1] Die Möglichkeit der Freigabe wurde geschaffen, um eine möglichst zügige und bürokratisch aufwandsarme Prüfung zu ermöglichen. Außerdem sollte Rechtssicherheit geschaffen werden, da die Voraussetzungen für eine Freigabe vor Ablauf der Prüffrist sowie im Falle einer Nichtentscheidung zuvor nicht geregelt waren.[2]

§ 61 wurde zudem im Rahmen der 17. AWV-Änderungsverordnung im Jahr **3** 2021 überarbeitet. Damit hat der Verordnungsgeber die Regelungen zur Freigabe des Erwerbs der sektorübergreifenden Prüfung (§ 58a) und der sektorspezifischen Prüfung (§ 61) einander angeglichen.[3] Ziel dieser Angleichung war es, den Wechsel zwischen beiden Verfahren in Zukunft zu erleichtern (vgl. → § 58a Rn. 6).

II. Freigabevorbehalt

Die Regelungen des § 61 begründen einen **Freigabevorbehalt** des BMWK **4** innerhalb des sektorspezifischen Prüfverfahrens. Dieser zeichnet sich dadurch aus,

---

[16] Wolffgang/Simonsen/Rogmann/Pietsch AWR/Pottmeyer §§ 60–62 Rn. 37.
[1] BGBl. I 2865.
[2] BAnz. AT 5.8.2013 B1.
[3] BAnz. AT 30.4.2021 V1.

dass meldepflichtige Rechtsgeschäfte nach § 15 Abs. 3 AWG (→ AWG § 15 Rn. 7–9) schwebend unwirksam sind und erst mit der Freigabe eine Wiederherstellung der rechtlichen Wirksamkeit des Rechtsgeschäfts erfolgt.[4] Folglich erhalten meldepflichtige Rechtsgeschäfte ihre Wirksamkeit erst durch die Freigabe bzw. ihre Fiktion.

B. Freigabe (§ 61 S. 1)

5   Nach § 61 S. 1 gibt das BMWK den Erwerb frei, wenn dem Erwerb **keine Bedenken** im Hinblick auf wesentliche Sicherheitsinteressen der Bundesrepublik entgegenstehen. Voraussetzung für eine Freigabe ist daher, dass das BMWK im Rahmen seiner Prüfung zum Ergebnis kommt, dass keine Beeinträchtigung der nationalen wesentlichen Sicherheitsinteressen vorliegt (vgl. § 60 Abs. 1 S. 1). Der **Zeitpunkt** der Erteilung steht dem BMWK frei.[5] Es kann daher bereits im Vorprüfverfahren oder erst im anschließenden Prüfverfahren eine Freigabe erteilen, solange die Voraussetzungen für die Freigabe vorliegen. Eine Erteilung ist grundsätzlich auch entbehrlich, da nach Ablauf der Prüffristen die Freigabefiktion des § 61 S. 2 (→ Rn. 9–10) greift und das Erwerbsvorhaben demnach als freigegeben gilt. Die Erteilung einer Freigabe nach Ablauf der Prüffristen ist nach dem Gesetzestext hingegen nicht vorgesehen und ist mit Blick auf die Freigabefiktion auch redundant.

I. Schriftliche oder elektronische Freigabe

6   Die Freigabe kann **schriftlich** oder **elektronisch** erfolgen. Dies schreibt § 3 Abs. 1 S. 1 ausdrücklich vor. Dieses alternative Formerfordernis ermöglicht dem BMWK die Übermittlung der Freigabe per E-Mail oder Brief. Eine mündliche Freigabe ist hingegen ausgeschlossen. Für die Handhabung der Freigabe kann im Übrigen auf die Ausführungen zur Erteilung einer Unbedenklichkeitsbescheinigung verwiesen werden (→ § 58 Rn. 17).

II. Adressat

7   **Adressat** der Freigabe ist nach dem Wortlaut des § 61 S. 1 der Meldepflichtige. Meldepflichtiger ist gemäß § 60 Abs. 3 S. 7 der unmittelbare Erwerber (zum Begriff des unmittelbaren Erwerbers → § 60 Rn. 40–41 und 83).

III. Widerruf und Rücknahme

8   Die Freigabe sowie die Freigabefiktion nach S. 2 stellen begünstigende Verwaltungsakte dar, die daher grundsätzlich nach den allgemeinen Vorschriften der §§ 48, 49 VwVfG aufgehoben werden können. Zu den Einzelheiten eines Widerrufs oder einer Rücknahme von Freigaben in Investitionsprüfverfahren siehe die Ausführungen in der sektorübergreifenden Prüfung → § 58a Rn. 12.

---

[4] BAnz. AT 30.4.2021 B2.
[5] Vgl. analog BAnz. AT 30.4.2021 B2.

C. Freigabefiktion durch Fristablauf (§ 61 S. 2)

Neben der Freigabe durch schriftliche oder elektronische Mitteilung des **9** BMWK sieht das Gesetz auch die Möglichkeit der **Freigabefiktion** nach § 61 S. 2 vor. Gem. § 61 S. 2 AWV iVm § 14a Abs. 1 Nr. 1 AWG gilt die Freigabe als fingiert, wenn das BMWK nicht innerhalb von zwei Monaten nach dem Erlangen der Kenntnis vom Abschluss des schuldrechtlichen Vertrags oder von zwei Monaten nach Eingang der Meldung eines Erwerbs (§ 61 S. 1 AWV iVm § 14a Abs. 3 S. 1 AWG) ein Prüfverfahren eröffnet hat. Sobald das BMWK ein entsprechendes Verwaltungsportal errichtet hat, beginnen die Fristen jedoch nur zu laufen, wenn das BMWK die übermittelten Dokumente vollständig und unversehrt aus dem Verwaltungsportal in ihr IT-System importiert hat (→ § 60 Rn. 95).

Von der Norm nicht geregelt hingegen ist der Fall, dass die Prüffrist von vier **10** Monaten im vertieften Prüfverfahren nach § 14a Abs. 1 Nr. 2 AWG abläuft und keine Entscheidung des BMWK vorliegt. Eine solche Regelung ist im sektorüber-greifenden Prüfverfahren ausdrücklich vorgesehen (vgl. § 58a Abs. 2 Alt. 2; → § 58a Rn. 13–14). Demnach gilt die Freigabefiktion in derartigen Verfahren auch in diesem Fall. Dem Zweck der 17. AWV-Änderungsverordnung aus dem Jahr 2021 entsprechend, die gerade auf eine Angleichung der sektorübergreifenden und sektorspezifischen Prüfung abzielte, würde einiges für eine analoge Anwen-dung der Regelungen des sektorübergreifenden Verfahrens sprechen. Allerdings sollten die Parteien in diesem (eher unwahrscheinlichen) Fall aus Gründen der Rechtsklarheit auf eine ausdrückliche Entscheidung des BMWK drängen. Dessen ungeachtet wäre eine Klarstellung im Gesetzestext aus Gründen der Rechtssicher-heit gleichwohl wünschenswert.

D. Auflage (§ 61 S. 3)

§ 61 S. 3 enthält einen Verweis auf § 58a Abs. 3 unter der Maßgabe, dass statt **11** § 55 Abs. 1 der § 60 Abs. 1 zu beachten ist. Demnach kann die Freigabe mit der **Auflage** versehen werden, dem BMWK den Hinzuerwerb weiterer Stimmrechte auch unterhalb der gesetzlichen Hinzuerwerbsschwellen (vgl. § 56 Abs. 2) anzu-zeigen. Eine solche Auflage muss durch besondere Umstände des Einzelfalls auf-grund der gesteigerten Prüfrelevanz gerechtfertigt sein.[6] Das ist insbesondere dann der Fall, wenn die zu erwerbenden Stimmrechtsanteile zu faktischen Sperrminori-täten bzw. Kontrollmehrheiten führen können.[7] Hierfür muss das BMWK eine Prognoseentscheidung anhand einer Einzelfallprüfung treffen.[8] Eine solche Anzeige entspricht nicht der Meldung iS § 15 Abs. 3 AWG.[9] Es bestehen diesbezüglich keine Formerfordernisse.[10] Die Anzeige muss dem Wortlaut nach unverzüglich nach Abschluss des schuldrechtlichen Rechtsgeschäfts erfolgen. Die Unverzüglichkeit richtet sich nach § 121 Abs. 1 S. 1 BGB („ohne schuldhaftes Zögern“).

---

[6] BAnz. AT 30.4.2021 B2.
[7] BAnz. AT 30.4.2021 B2.
[8] BAnz. AT 30.4.2021 B2.
[9] BAnz. AT 30.4.2021 B2.
[10] BeckOK AußenWirtschaftsR/Niestedt § 58a Rn. 6.

§ 62 Untersagung oder Anordnungen

(1) **Das Bundesministerium für Wirtschaft und Klimaschutz kann gegenüber dem Meldepflichtigen bis zum Ablauf der in § 14a Absatz 1 Nummer 2, auch in Verbindung mit den Absätzen 6 und 7, des Außenwirtschaftsgesetzes genannten Frist einen Erwerb im Sinne des § 60 untersagen oder gegenüber den am Erwerb Beteiligten und den mit ihnen verbundenen Unternehmen Anordnungen erlassen, um wesentliche Sicherheitsinteressen der Bundesrepublik Deutschland zu gewährleisten.**

(2) **§ 59 Absatz 3 bis 5 und § 59a gilt entsprechend.**

Übersicht

A. Überblick

1   § 62 legt die Voraussetzungen für den Erlass einer Untersagung oder von Anordnungen innerhalb des sektorspezifischen Prüfverfahrens fest. Untersagungen und Anordnungen stellen **erwerbsbeschränkende Maßnahmen** dar. Die Befugnis des BMWK, Erwerbsgeschäfte derart einschränken zu können, beruht auf § 4 Abs. 1 Nr. 1 AWG (→ AWG § 4 Rn. 5). Nach § 4 Abs. 3 AWG gehören Anordnungen und Untersagungen ausdrücklich zu den zur Verfügung stehenden Beschränkungsmaßnahmen.

2   Dem Wortlaut des § 62 Abs. 1 entsprechend kann ein Erlass nur innerhalb der **Fristen** des § 14a Abs. 1 Nr. 2 AWG iVm § 14a Abs. 1 und 2 AWG, dh vor Abschluss des Prüfverfahrens, erfolgen (im Einzelnen → § 14a Rn. 16). Mit einer Untersagungsentscheidung gilt das Prüfverfahren regelmäßig als beendet. Beim Erlass von Anordnungen endet das Prüfverfahren erst mit Ausstellung des Freigabebescheids.

3   Vor dem Hintergrund der angestiegenen Anzahl an Prüfverfahren infolge der Gesetzesverschärfungen (→ § 60 Rn. 3) ist auch ein Anstieg erwerbsbeschränkender Maßnahmen zu verzeichnen.[1] Der Verordnungsgeber hatte einen solchen Anstieg aber nicht gewollt: Die Gesetzesbegründung stellt klar, dass die Investitionskontrolle sowie ihre Verschärfungen nicht das Ziel verfolgen, Erwerbe inhaltlich beschränken zu können, sondern dem BMWK Kenntniserlangung und Prüfbefugnis hinsichtlich möglicherweise sensibler Unternehmenserwerbe zu ermöglichen.[2]

B. Historischer Überblick

§ 62 bestand in seiner Urfassung seit der Neufassung der Außenwirtschaftsverordnung vom 2.8.2013 und war zuvor in § 52 Abs. 2 aF zu finden.[3] Seither unterlag die Urfassung verschiedenen Anpassungen. Diese betrafen hauptsächlich die formellen Voraussetzungen wie die anzuwendenden Fristen.[4] Erst mit Einführung der 17. AWV-Änderungsverordnung vom 27.4.2021 erfolgte die Einfügung des Verweises auf § 59 Abs. 3–5 in § 62 Abs. 2 hinsichtlich der Durchsetzung und dem Umfang der erwerbsbeschränkenden Maßnahmen. Dies diente der Vereinheitlichung von sektorübergreifender und sektorspezifischer Prüfung.[5]   **4**

In diesem Rahmen erfolgte außerdem die Einfügung in § 62 Abs. 1, nach der Anordnungen nicht nur gegenüber dem Meldepflichtigen, sondern auch gegenüber „den am Erwerb Beteiligten und den mit ihnen verbundenen Unternehmen" erlassen werden können. Gemäß dieser Klarstellung kann der Erlass erwerbsbeschränkender Anordnungen gegenüber sämtlichen am Erwerbsvorhaben beteiligten Personen erfolgen.[6]   **5**

C. Untersagung oder Anordnung (Abs. 1)

I. Formelle Voraussetzungen

1. Zuständigkeit. Das BMWK ist die **allein zuständige Behörde** für den Erlass einer Untersagungsverfügung oder Anordnung im sektorspezifischen Investitionsprüfungsverfahren. Dies ergibt sich aus § 62 Abs. 1 iVm § 13 Abs. 2 Nr. 2 lit. d AWG, die eine ausschließliche Zuständigkeit des BMWK für den Erlass von Maßnahmen zur Beschränkung eines Erwerbs im Außenwirtschaftsverkehr vorsehen, die zur Wahrung wesentlicher Sicherheitsinteressen der Bundesrepublik Deutschland erforderlich sind.   **6**

Für den Erlass einer Untersagungsverfügung oder Anordnung muss das BMWK jedoch gem. § 13 Abs. 4 AWG iVm § 13 Abs. 2 Nr. 2 lit. d AWG und § 4 Abs. 1 Nr. 1 AWG, § 5 Abs. 3 AWG ein **Einvernehmen** mit weiteren Ministerien,   **7**

---

[1] BMWK: Investitionsprüfung in Deutschland: Zahlen und Fakten, sämtliche Zahlen mit Stand vom 9.1.2023, abrufbar unter https://www.bmwk.de/Redaktion/DE/Publikationen/ Aussenwirtschaft/investitionsprufung-in-deutschland-zahlen-und-fakten.pdf?blob=publicati onFile&v=10 (zuletzt aufgerufen am 24.8.2023).

[2] BAnz. AT 30.4.2021 B2.

[3] BGBl. I 2865; BAnz. AT 5.8.2013 B1 12.

[4] Vgl. 9. AWV-Änderungsverordnung vom 14.7.2017 (BAnz. AT 17.7.2017 V1) und Erstes Gesetz zur Änderung des Außenwirtschaftsgesetzes und anderer Gesetze vom 10.7.2020 (BGBl. I 1637).

[5] BT-Drs. 19/29216, 40.

[6] BT-Drs. 19/29216, 40.

namentlich dem Auswärtigen Amt, dem Verteidigungsministerium und dem Innenministerium, herstellen. In der sektorübergreifenden Prüfung besteht im Vergleich im Falle einer Untersagungsverfügung sogar ein Zustimmungserfordernis der Bundesregierung, dh das BMWK kann nicht allein über die Untersagung entscheiden (zum Umfang des Zustimmungserfordernisses kann auf die Kommentierung in der sektorübergreifenden Prüfung verwiesen werden → § 59 Rn. 5). Überdies bedarf der Erlass von Anordnungen zusätzlich zu den in der sektorspezifischen Investitionskontrolle erforderlichen Einverständnissen auch das Benehmen des Finanzministeriums. Damit wird dem BMWK in der sektorspezifischen Investitionskontrolle eine **höhere Entscheidungshoheit** zugesprochen.

8   **2. Frist.** Das BMWK kann seine Befugnis zum Erlass erwerbsbeschränkender Maßnahmen dem Wortlaut des § 62 Abs. 1 entsprechend nur innerhalb der Fristen des § 14a Abs. 1 Nr. 2 AWG iVm § 14a Abs. 6 und 7 AWG, dh **vor Abschluss des Prüfverfahrens**, ausüben. Dem BMWK stehen damit vier Monate zur Verfügung, wobei § 14a Abs. 6 und 7 AWG entsprechend gehemmte und neu begonnene Fristen zu beachten sind. Ein Erlass einer Untersagungsverfügung oder einer Anordnung nach Ablauf dieser Fristen ist nicht möglich. § 62 Abs. 1 schließt hingegen nicht die Fristverlängerungsmöglichkeit des § 14a Abs. 4 und 5 AWG ein, wonach die Frist während des Prüfverfahrens unter bestimmten Voraussetzungen oder mit Zustimmung der Parteien verlängert werden kann. Daraus kann aber nicht folgen, dass bei einem verlängerten Prüfverfahren keine erwerbsbeschränkenden Maßnahmen mehr erlassen werden dürfen. Für den Fall einer verstrichenen Frist siehe → § 59 Rn. 6 entsprechend. Zu dem Zeitpunkt, wann die Voraussetzungen für den Erlass eines Eröffnungsbescheids und für den Erlass einer Untersagungsverfügung vorliegen müssen, → § 55 Rn. 45–46.

9   Zwar ist damit der zeitliche Rahmen für den Erlass etwaiger Maßnahmen vorgegeben, nicht jedoch der genaue Zeitpunkt ihres Erlasses. Entsprechend muss nicht auf den Ablauf der Fristen gewartet werden. Die Maßnahmen können **jederzeit** erlassen werden.

10   **3. Verfahren.** Untersagung und Anordnungen sind belastende Verwaltungsakte. Daher muss das BMWK den oder die Adressaten vor dem Erlass **anhören** (§ 28 S. 1 VwVfG). Hat das BMWK auch den Veräußerer als Beteiligten nach § 13 Abs. 2 S. 2 Hs. 2 VwVfG zum Verfahren hinzugezogen, so muss es diesen ebenfalls anhören. In der **Praxis** erfolgt die Anhörung häufig unter Beteiligung beider Parteien. Daneben können auch die Zielgesellschaft oder die mittelbaren Erwerber einbezogen werden. Gerade im Falle der Besprechung sicherheitsrelevanter Themen, wie sie der sektorspezifischen Investitionsprüfung naturgemäß innliegt, erfolgt sie jedoch unter (teilweisem) Ausschluss der Erwerberseite.

11   Anhörungen können vor **Ort**, dh in den Räumen des BMWK, digital oder hybrid durchgeführt werden. Im Hinblick auf den (Reise-)Aufwand für ausländische Erwerber wird den Beteiligten in der Regel eine hybride Lösung angeboten. Um eine optimale Vertretung der Erwerberseite zu gewährleisten, empfiehlt es sich, dass zumindest die in Deutschland vertretungsberechtigten Rechtsanwälte der Erwerberseite vor Ort teilnehmen. Die Anhörungen erfolgen regelmäßig auch unter Beteiligung weiterer Ressorts oder Fachbehörden. Die Verfahrenssprache ist deutsch (vgl. § 23 VwVfG).

12   **4. Adressat der Entscheidung.** Der Adressat der Untersagungsverfügung bzw. der Anordnung unterscheidet sich je nach Art der Entscheidung. Im Falle

einer **Untersagung** ist der Adressat nach dem Wortlaut des Abs. 1 der Melde-pflichtige. Die Person des Meldepflichtigen ergibt sich aus § 60 Abs. 3 S. 7. Es handelt sich mithin um den unmittelbaren Erwerber (zum Begriff des unmittelba-ren Erwerbers → § 60 Rn. 40–41 und 83).

Die Adressaten der **Anordnung** sind hingegen breiter gefächert. Hier sind **13** sowohl die am Erwerb Beteiligten als auch die mit ihnen verbundenen Unterneh-men Adressat. Da der Wortlaut von „und" spricht, sind alle betroffenen Unterneh-men zu adressieren. Zu den am Erwerb Beteiligten gehören neben dem unmittel-baren Erwerber der Veräußerer und die Zielgesellschaft.[7] Zu den verbundenen Unternehmen gehören insbesondere auch die mittelbaren Erwerber (zum Begriff der mittelbaren Erwerber → § 60 Rn. 40–41).

Bei anwaltlicher Vertretung der Parteien erfolgt der Erlass gegenüber den **14** bevollmächtigten Rechtsanwälten.

5. Form. § 62 Abs. 1 enthält selbst kein Formerfordernis. Jedoch bestimmt § 3 **15** Abs. 1, dass Verwaltungsakte aufgrund dieser Verordnung schriftlich oder elektro-nisch erlassen werden können, soweit nichts anderes bestimmt ist. Ein nur mündli-cher Verwaltungsakt ist demnach nicht möglich. Regelmäßig besteht darüber hinaus ein berechtigtes Interesse an einer Begründung dieses Verwaltungs-aktes gem. § 39 Abs. 1 VwVfG. Als berechtigtes Interesse genügt jedes rechtliche, ideelle oder wirtschaftliche Interesse.[8] Ein rechtliches Interesse an der Begründung kann im Hinblick auf Rechtssicherheit und Rechtsschutz bestehen, etwa um die Mög-lichkeit einer Anfechtung nach Erlass einer Untersagung erörtern und gegenüber dem Vertragspartner (Zielunternehmen) einen Nachweis erbringen zu können.[9] In der sektorspezifischen Investitionskontrolle besteht mithin regelmäßig ein berechtigtes Interesse der am Erwerb Beteiligten.

Die Untersagung bzw. Anordnung wird nach § 43 Abs. 1 VwVfG erst mit ihrer **16** Bekanntgabe gegenüber dem oder der Betroffenen wirksam.

II. Materielle Voraussetzungen

Sowohl für den Erlass einer Untersagung als auch für den Erlass einer Anord- **17** nung kommt es auf die **Gewährleistung der wesentlichen Sicherheitsinteres-sen** der Bundesrepublik Deutschland an. Demzufolge muss das Erwerbsvorhaben den Sicherheitsinteressen entgegenstehen und diesbezüglich Bedenken auslösen. Zum Begriff der wesentlichen Sicherheitsinteressen (→ AWG § 4 Rn. 6 und → § 60 Rn. 42–43). Dabei kommt es nicht in gleichem Maße wie in § 60 Abs. 1 auf eine voraussichtliche Beeinträchtigung der Sicherheitsinteressen an. Ausgelöst werden hier nämlich nicht mehr die Überprüfungsbefugnis des BMWK und die Meldepflicht des Erwerbers, sondern die Befugnis des BMWK, den Erwerb zu untersagen oder mit Anordnungen zu versehen. Es handelt sich somit um ein schärferes Rechtsmittel. Aus Gründen der Verhältnismäßigkeit sind daher die Maßstäbe für das Vorliegen einer voraussichtlichen Gefährdung höher als im Rah-men des § 60 Abs. 1.[10]

Nichtsdestominder müssen für den Erlass einer Untersagungsverfügung bzw. **18** Anordnung die **Voraussetzungen** für die Anwendbarkeit der sektorspezifischen

---

[7] BeckOK AußenWirtschaftsR/Niestedt Rn. 6.
[8] Knack/Henneke/Ruffert VwVfG § 37 Rn. 58.
[9] BT-Drs. 7/910, 58.
[10] BeckOK AußenWirtschaftsR/Niestedt Rn. 2.

Prüfung vorliegen. Im Einzelnen gehören hierzu insbesondere ein ausländischer Erwerber, ein inländisches Unternehmen und eine Stimmrechtshöhe von mind. 10 %.

19   Das Erlassen der jeweiligen Maßnahme muss sodann dem **Zweck** dienen, den Schutz der Sicherheitsinteressen zu gewährleisten. Ist sie hierzu nicht in der Lage, fehlt es an der Voraussetzung des Gewährleistens und ihr Erlass würde gegen § 62 Abs. 1 verstoßen. Insoweit dürfen die Maßnahmen nur erlassen werden, wenn sie dem Verhältnismäßigkeitsgrundsatz entsprechend geeignet, erforderlich und angemessen sind, dem von § 62 Abs. 1 vorgegebenen Schutzzweck zu dienen. Zur Verhältnismäßigkeit der erwerbsbeschränkenden Maßnahmen → AWG § 4 Rn. 15–18.

III. Ermessensspielraum

20   Die Entscheidung über das „Ob" und der Art der erwerbsbeschränkenden Maßnahme obliegt dem BWMK. Insofern kommt ihm sowohl Entschließungs- als auch Auswahlermessen zu. Zum Umfang des Entschließungsermessens → § 60 Rn. 65 als auch des Auswahlermessens → § 59 Rn. 9–17.

21   Noch nicht abschließend geklärt ist, inwieweit die Gerichte die Beurteilung des BMWK, ob eine voraussichtliche Beeinträchtigung der wesentlichen Sicherheitsinteressen (bzw. für die öffentliche Ordnung oder Sicherheit in der sektorübergreifenden Prüfung) vorliegt, überprüfen können oder ob ein gerichtlich nur eingeschränkt überprüfbarer **Beurteilungsspielraum** vorliegt. Während das BMWK auf seine Einschätzungsprärogative verweist,[11] können Investoren rechtstaatliche Gesichtspunkte ins Feld führen, denn eine vollständige gerichtliche Überprüfung ist durch Art. 19 Abs. 4 GG grundsätzlich geboten.[12]

22   Das erstinstanzlich zuständige VG Berlin geht davon aus, dass dem BMWK ein gerichtlich nur eingeschränkt überprüfbarer Beurteilungsspielraum zukommt. Das VG stellt auf den neugefassten Wortlaut des § 5 Abs. 2 AWG ab,[13] der anstatt einer Gefährdung nunmehr lediglich eine voraussichtliche Beeinträchtigung der öffentlichen Ordnung oder Sicherheit verlangt, womit der Gesetzgeber das prognostische Element der Investitionsprüfung betont.[14] Die Entscheidung betrifft allerdings den Bereich der sektorübergreifenden Prüfung. Eine Entscheidung für den Bereich der sektorspezifischen Prüfung steht noch aus. Der Wortlaut des hier maßgeblichen § 5 Abs. 3 AWG weicht von § 5 Abs. 2 AWG auch insofern ab, als dass er gerade nicht auf die voraussichtliche Beeinträchtigung der wesentlichen Sicherheitsinteressen abstellt. Bezugspunkt ist hier die „Gewährleistung" und in § 5 Abs. 3 S. 2 die „Gefährdung" (nicht die „voraussichtliche Gefährdung"). Der Gefährdungsbegriff wurde hier nicht angepasst (→ AWG § 5 Rn. 33–36). Aufgrund des sensiblen Schutzgutes der sektorspezifischen Prüfung und weil der Begriff der „voraussichtlichen Beeinträchtigung" nur eine Klarstellung hinsichtlich des vorausschauenden Blickes in der Investitionskontrolle darstellt, dürfte es hier ebenfalls auf eine Prognoseentscheidung ankommen. In jedem Fall wünschenswert wäre eine Anpassung des Wortlauts in § 5 Abs. 3 AWG an die neugefassten Voraussetzungen der sektorspezifischen Prüfung (wie in § 5 Abs. 2 AWG bereits geschehen).

---

[11] VG Berlin BeckRS 2022, 997 Rn. 22.

[12] Sachs GG/Sachs GG Art. 19 Rn. 145; kritisch auch NZG 2022, 421 mAnm Helleberg/ Schäffer NZG 2022, 421 (424).

[13] VG Berlin BeckRS 2022, 997 Rn. 40.

[14] BT-Drs. 19/18700, 18.

Allein der Umstand, dass eine behördliche Prognose anzustellen ist, schränkt die **23** gerichtliche Kontrolle jedoch noch nicht ein.[15] Vielmehr muss ein Beurteilungsspielraum der Verwaltung im Gesetz angelegt sein und der besonderen Komplexität oder Dynamik der geregelten Materie Rechnung tragen. In der Rechtsprechung ist anerkannt, dass in Bereichen hoher politischer Sensibilität ein Beurteilungsspielraum der Verwaltung besteht.[16] Das Außenwirtschaftsrecht und die Investitionskontrolle im speziellen sind von einer solchen politischen Komplexität geprägt. In die behördlichen Entscheidungen fließen außen-, sicherheits-, wirtschafts- und auch verteidigungspolitische Aspekte ein. Gerade die sektorspezifische Investitionskontrolle beschäftigt sich mit sicherheitspolitischen Aspekten (→ § 60 Rn. 65). Für Entscheidungen in diesem Kontext wurde den Behörden vom BVerwG ausdrücklich ein Beurteilungsspielraum eingeräumt.[17] Überdies hat das BVerwG ebenfalls bestätigt, dass den Behörden bei solchen Entscheidungen ein Beurteilungsspielraum zugesprochen wird, denen eine Zukunftsprognose oder fachspezifische Sachkunde innewohnt.[18] Ebendiese voraussichtliche Einschätzung liegt der Investitionsprüfung zugrunde (→ § 60 Rn. 44). Zudem handelt es sich bei dem Begriff der wesentlichen Sicherheitsinteressen um einen unbestimmten Rechtsbegriff, der auch so im Gesetz angelegt ist (→ § 60 Rn. 42). Entsprechend spricht vorliegend einiges dafür, dass die Entscheidungen des BMWK im Bereich der sektorspezifischen Prüfung gerichtlich nur eingeschränkt kontrolliert werden können. Für eine andere Ansicht innerhalb der sektorübergreifenden Prüfung, nach der hinsichtlich der gerichtlichen Überprüfbarkeit differenziert wird → § 55 Rn. 39–43.

Bei dem hier vertretenen Ergebnis, dh einer nur eingeschränkten gerichtlichen **24** Überprüfbarkeit der Entscheidung besteht allerdings die Gefahr, dass wirtschaftliche, finanzielle, arbeitsmarkt- und sozialpolitische Interessen in den Vordergrund rücken und so dem Protektionismus Vorschub geleistet wird.[19] Es bleibt abzuwarten, ob das VG Berlin seine Rechtsprechung fortführt und ob ihm höhere Instanzen folgen. Bis dahin verbleibt für Investoren eine erhebliche Rechtsunsicherheit.[20]

IV. Untersagungsverfügung

Die Untersagung stellt als ultima ratio einen belastenden Verwaltungsakt dar.[21] **25** Eine Untersagung stellt einen besonders schwerwiegenden Eingriff in die unternehmerische Freiheit dar.[22] Daher ist eine Untersagung nur dann verhältnismäßig, wenn kein milderes Mittel die wesentlichen Sicherheitsinteressen der Bundesrepublik gleich effektiv schützen kann.[23] Zu den milderen Mitteln gehören der Erlass von Anordnungen (→ Rn. 29–31), der Abschluss eines öffentlich-rechtlichen Vertrags (→ Rn. 32–36), Nebenbestimmungen (→ Rn. 38) oder Zusicherungen (→ Rn. 39–40). In Betracht kommt zudem eine Teiluntersagung des Erwerbs. Eine solche kann die Begrenzung von Stimmrechten oder sonstigen Rechten vorsehen und über darüberhinausgehende Rechte des Erwerbers unter-

[15] BVerfGE 88, 40 = NVwZ 1993, 666 (670).
[16] BVerwG NVwZ 2016, 327 (328) Rn. 22 mwN.
[17] BVerwG NVwZ 2016, 327 (329) Rn. 26.
[18] BVerwG NVwZ 2009, 302 (303) Rn. 34, (307) Rn. 64 ff.
[19] Dorsch/Friton/von Rummel, 218. EL, AWG § 5 Rn. 34.
[20] Dorsch/Friton/von Rummel, 218. EL, AWG § 5 Rn. 34.
[21] Wolffgang/Simonsen/Rogmann/Pietsch AWR/Pottmeyer §§ 60–62 Rn. 52.
[22] Hocke/Sachs/Pelz AußenWirtschaftsR/Mausch-Liotta/Sattler Rn. 23.
[23] BeckOK AußenWirtschaftsR/Niestedt Rn. 12.

sagen. Für die Untersagung eines Erwerbsvorhabens muss keine Meldung nach § 60 Abs. 3 erfolgt sein.[24]

26   Bis zum Ablauf der Prüffrist bzw. dem Ergehen einer Entscheidung steht das **schuldrechtliche** Erwerbsgeschäft nach § 15 Abs. 2 AWG unter der auflösenden Bedingung der Untersagung (→ AWG § 15 Rn. 2–6).[25] Durch die Untersagungsverfügung tritt diese Bedingung ein.

27   In der Rechtsfolge führt eine Untersagung zu der endgültigen Unwirksamkeit des **Vollzugsgeschäfts**, das bisher schwebend unwirksam war (§ 15 Abs. 3 AWG; → AWG § 15 Rn. 7–9).

28   Gibt das BMWK den Erwerb frei, erlangt das Rechtsgeschäft hingegen ex tunc-Wirksamkeit nach § 15 Abs. 3 S. 2 AWG (→ AWG § 15 Rn. 8).

V. Anordnung

29   Die Anordnung dient als milderes Mittel gegenüber der Untersagung. Es handelt sich um einseitig vom BMWK auferlegte, teils umfangreiche Verpflichtungen der Erwerbsparteien zur Gewährleistung der wesentlichen nationalen Sicherheitsinteressen. Sie dient daher dem **Zweck**, bestehende Sicherheitsbedenken des BMWK hinsichtlich des Erwerbvorhabens in einer Weise auszuräumen, dass eine Freigabe des Erwerbs möglich ist. Die Freigabe erfolgt dann auf Grundlage der jeweiligen Anordnung. In der Praxis werden die Anordnungen meist mit dem Freigabebescheid selbst erlassen. Die Freigabe bedingt das Ende des Prüfverfahrens.

30   Der Inhalt der jeweiligen Anordnung richtet sich nach dem konkreten Zweck des Einzelfalls. Er kann verschiedene **Verpflichtungen** hinsichtlich des Umfangs der Rechte oder des Informationszugangs der (unmittelbaren wie mittelbaren) Erwerberinnen umfassen. Die Erwerberinnen können bspw. dazu verpflichtet werden, die Erfüllung bzw. Beibehaltung bestehender Produktions-, Liefer- oder Instandhaltungspflichten aufrechtzuerhalten. Möglich ist auch die Einschränkung gesellschaftsrechtlicher Rechte oder anderer Rechte der Erwerberinnen, sodass ihnen verschiedene Zugriffsmöglichkeiten auf die inländische Zielgesellschaft verwehrt werden. Andererseits können sie auch **Vorgaben** für die Zielgesellschaft anordnen. Hierzu gehört beispielsweise die Ausgliederung eines sicherheitsrelevanten Unternehmensanteils vor dem Erwerb.[26] Gleichermaßen kann der Speicherort sensibler Daten, beispielsweise innerhalb von Deutschland oder der EU, und der vertrauliche Umgang mit sensiblen Daten oder Informationen angeordnet werden. Typisch sind auch Berichtspflichten für die von der Anordnung betroffenen Parteien hinsichtlich der Einhaltung der angeordneten Verpflichtungen. Die Parteien müssen dem BMWK dann in regelmäßigen Abständen, zB jährlich, einen entsprechenden Bericht vorlegen. Ein Formerfordernis existiert hierfür nicht.

31   Auch die Anordnung muss verhältnismäßig sein.[27] Als belastender Verwaltungsakt kann sie mittels Verwaltungszwang nach dem VwVG durchgesetzt werden.[28]

---

[24] Wolffgang/Simonsen/Rogmann/Pietsch AWR/Pottmeyer §§ 60–62 Rn. 52.

[25] BT-Drs. 19/18700, 19.

[26] Vgl. BT-Drs. 15/2537, 9; Hocke/Sachs/Pelz AußenwirtschaftsR/Mausch-Liotta/Sattler Rn. 25.

[27] BeckOK AußenWirtschaftsR/Niestedt Rn. 13.

[28] Zur gleichen Problematik innerhalb des § 59 siehe Hocke/Sachs/Pelz AußenwirtschaftsR/Mausch-Liotta/Sattler § 59 Rn. 50.

Zur Diskussion, inwieweit ein öffentlich-rechtlicher Vertrag vorzugswürdig sein kann → § 59 Rn. 20.

VI. Öffentlich-rechtlicher Vertrag

Als mildere Alternative zur Anordnung kommt der Abschluss eines öffentlich- **32** rechtlichen Vertrags in Betracht (§§ 54 ff. VwVfG). Ein öffentlich-rechtlicher Vertrag stellt Bedingungen auf, die in **gemeinsamen Verhandlungen** zwischen dem BMWK und den am Erwerbsvorhaben beteiligten Parteien festgelegt werden (vgl. § 14a Abs. 6 Nr. 2 AWG). Hiermit können sachgerechtere Lösungsmöglichkeiten für den konkreten Fall erreicht werden.[29] Aus rechtlicher Sicht stellt ein öffentlich-rechtlicher Vertrag daher eine weniger restriktive Maßnahme dar als einseitig auferlegte Anordnungen. Ein Abschluss ist sowohl für das BMWK als auch den Meldepflichtigen und übrigen Erwerbsbeteiligten gleichermaßen von Interesse.

Der **Inhalt** der öffentlich-rechtlichen Verträge variiert je nach Transaktion **33** (zum Inhalt im Einzelnen → § 59 Rn. 27–28). Der **Aufbau** der Verträge ist hingegen meist ähnlich. Zuerst werden der Erwerb sowie die an ihm beteiligten Parteien umschrieben und die vom Erwerb betroffenen Sicherheitsinteressen zusammengefasst. Es folgen die ausverhandelten **Verpflichtungen** in Bezug auf das Erwerbsvorhaben. Hierzu gehören beispielsweise Berichts- und Informationspflichten oder die Verpflichtung zur Beibehaltung des Sitzes oder der Produktion in Deutschland. Ein öffentlich-rechtlicher Vertrag kann auch Vereinbarungen enthalten, nach denen der Zugang zu bestimmten sicherheitsrelevanten Informationen für die Erwerberseite eingeschränkt wird (zu weiteren Pflichten → § 59 Rn. 27). Mit Blick auf die Pflichten unterwerfen sich die Erwerbsbeteiligten vertraglich der sofortigen Vollstreckung (§ 61 Abs. 1 VwVfG). Darüber hinaus enthält ein öffentlich-rechtlicher Vertrag typischerweise Regelungen zur Überprüfung der Einhaltung der vertraglich festgelegten Verpflichtungen, sowie zu Vertragsstrafen, Haftungsbestimmungen und zur Kündigung. Des Weiteren kann das BMWK auch einen unabhängigen Dritten mit der Überwachung der Einhaltung des Vertrages beauftragen und die Bedingungen hierfür vertraglich festlegen.

Der Inhalt des Vertrags wird in Verhandlungen mit dem BMWK ausgearbeitet. **34** Diese umfassen regelmäßig mehrere Verhandlungsrunden, die sich häufig über mehrere Monate erstrecken. Zum Verfahren und den beteiligten Parteien im Einzelnen → § 59 Rn. 29–32. Zu beachten ist, dass sich das BMWK während der Vertragsverhandlungen in einer vergleichsweise starken Verhandlungsposition wiederfindet. Falls der Erwerber nicht bereit ist, sich an den Vorgaben des BMWK zu orientieren oder diesen entgegenzukommen, verfügt es über das Druckmittel, auf den möglichen Erlass einer Untersagung oder Anordnung hinzuweisen bzw. darauf auszuweichen.[30]

Öffentlich-rechtliche Verträge werden grundsätzlich auf **unbestimmte Zeit 35** geschlossen. Eine Aufhebung des Vertrags ist allerdings beispielsweise bei einer Herabsenkung des Stimmrechtsanteils des Erwerbers unter die maßgeblichen Schwellenwerte, die die Prüfungsbefugnis des BMWK überhaupt erst ausgelöst haben, denkbar. Während der laufenden Vertragsverhandlungen über den Ab-

---

[29] Hocke/Sachs/Pelz AußenWirtschaftsR/Mausch-Liotta/Sattler Rn. 19.
[30] Wolffgang/Simonsen/Rogmann/Pietsch AWR/Pottmeyer §§ 60–62 Rn. 58.

schluss eines öffentlich-rechtlichen Vertrags ist die Frist nach § 62 Abs. 1 S. 1 gem. § 14a Abs. 6 Nr. 2 AWG gehemmt.

36   Bei dem Abschluss des Vertrags muss das BMWK das Verbot sachwidriger **Kopplung** nach § 56 Abs. 1 S. 2 VwVfG beachten. Demnach darf durch den öffentlich-rechtlichen Vertrag nichts miteinander verknüpft werden, was nicht bereits miteinander in einem inneren Zusammenhang steht.[31] Ein Verstoß hiergegen kann zur Nichtigkeit des öffentlich-rechtlichen Vertrags führen (§ 59 Abs. 2 Nr. 4 VwVfG iVm § 56 VwVfG).

VII. Zusicherungen und Nebenbestimmungen

37   Als weniger restriktive Maßnahmen kommt zudem der Erlass von Zusicherungen oder Nebenbestimmungen in Betracht, um die Sicherheitsbedenken des BMWK zu mitigieren. Das Erwerbsvorhaben kann sodann auf ihrer Basis freigegeben werden. Die Freigabe erfolgt in der Praxis kurze Zeit nach dem Erlass der jeweiligen Maßnahme.

38   Die Maßnahmen sind nicht ausdrücklich in § 62 vorgesehen. Der Erlass von **Nebenbestimmungen** richtet sich nach § 14 Abs. 1 AWG (zu den Voraussetzungen und Regelungsgehalt von Nebenbestimmungen (→ AWG § 14 Rn. 2–16). Zwar werden sie wie Anordnungen einseitig auferlegt, im Vergleich sind sie aber weniger umfangreich. Im verteidigungsrelevanten Bereich können Nebenbestimmungen für die Erwerbsparteien beispielsweise die Verpflichtung enthalten, die Weiterbelieferung der Deutschen Bundeswehr oder von Zulieferunternehmen der Deutschen Bundeswehr sicherzustellen. Gleichermaßen kann die Einstellung der Produktion verteidigungsrelevanter Produkte mit einer Informationspflicht belegt werden, um den Versorgungsfluss verteidigungsrelevanter Unternehmen rechtzeitig sicherstellen zu können.

39   **Zusicherungen** werden in der Regel nur von dem Erwerber oder gemeinsam mit den inländischen Zielgesellschaften gegenüber dem BMWK abgegeben. Die in der Zusicherung erklärten Tatsachen bilden die Grundlage für eine Freigabe des Erwerbs. Die Erklärungen müssen daher richtig und vollständig sein (§ 48 Abs. 1 VwVfG). Werden die Erklärungen im Nachhinein unrichtig, weil die Zusicherungen beispielsweise nicht eingehalten werden, so kann das BMWK die auf dieser Grundlage ergangene Freigabe nach § 49 Abs. 2 und 4 VwVfG widerrufen. Da sie keine Handlungen vorschreiben, sondern lediglich **Erklärungen** enthalten, kommen sie dann zum Einsatz, wenn formale Verpflichtungen nicht erforderlich sind. Dies ist beispielsweise der Fall, wenn die Tätigkeiten des Zielunternehmens die nationale Sicherheit betreffen, die Ausgestaltung des Erwerbs aber keine Sicherheitsbedenken aufwirft. Die Erklärungen sind typischerweise auf den Umfang der Einflussnahme auf das Tagesgeschäft der inländischen Zielgesellschaft oder auf Zugriffsmöglichkeiten hinsichtlich bestehender Liefer- und Instandhaltungsverpflichtungen gegenüber deutschen Unternehmen im Verteidigungsbereich ausgerichtet. Außerdem kann der Schutz sensibler Informationen erklärt werden.

40   Vom Umfang werden Zusicherungen kurz gehalten. Sie enthalten einerseits Beschreibungen der Erwerbsparteien, des Erwerbvorhabens sowie der dahinterstehenden strategischen Erwägungen und schreiben andererseits die Absichten des Erwerbers in Bezug auf die Zielgesellschaft fest.

---

[31] BVerwG NVwZ 1994, 485.

D. Widerruf und Rücknahme (Aufhebung)

Untersagungen und Anordnungen nach § 62 Abs. 1 sind **belastende Verwal-** **41** **tungsakte**, bei denen sich eine Aufhebung nach den allgemeinen Vorschriften des Verwaltungsrechts richtet. Entsprechend gibt es die Möglichkeit der Rücknahme (§ 48 Abs. 1 VwVfG) und des Widerrufs (§ 49 Abs. 1 VwVfG). Zur Diskussion, ob im Falle einer behördlichen Aufhebung einer Untersagung ein Neubeginn der Eingriffsfristen erfolgt → § 59 Rn. 37–38.

E. Rechtsschutzmöglichkeiten

Gegen belastende Verwaltungsakte wie Untersagungen und Anordnungen ist **42** die **Anfechtungsklage** gem. § 42 Abs. 1 Alt. 1 VwGO statthaft.[32] Zur Anfechtungs- und Klagebefugnis im Einzelnen → AWG § 14 Rn. 57–59. Zu etwaigen Schadensersatzansprüchen → § 59 Rn. 41 sowie dem Umgang mit geheimen Informationen → § 59 Rn. 42–47.

F. Geltung des § 59 Abs. 3–5 und § 59a (Abs. 2)

Nach § 62 Abs. 2 gelten die in der sektorübergreifenden Investitionsprüfung **43** enthaltenen Regelungen in § 59 Abs. 3–5 und § 59a entsprechend. Diese beinhalten einerseits weitergehende Regelungen im Falle einer Untersagungsverfügung bzw. einer Anordnung (→ § 59 Rn. 48–55) und andererseits Ausnahmen von dem nach § 15 Abs. 3 AWG geltenden Vollzugsverbot. § 59 Abs. 3 enthält eine beispielhafte Aufzählung der zur Durchsetzung einer Untersagung möglichen Maßnahmen (→ § 59 Rn. 48–51).

Unterabschnitt 3 Verfahrensübergreifende Vorschriften

§ 62a Verfahrenswechsel im Prüfverfahren

[1]Sofern sich in einem Prüfverfahren nach § 55 Absatz 1 oder nach § 60 Absatz 1 Satz 1 herausstellt, dass die Voraussetzungen für eine Untersagung oder den Erlass von Anordnungen im Sinne der Vorschriften über das jeweils andere Verfahren vorliegen können, kann das Bundesministerium für Wirtschaft und Klimaschutz das jeweilige Prüfverfahren auf Grundlage der Voraussetzungen der Vorschriften des anderen Verfahrens fortsetzen. [2]Hinsichtlich der Anwendung des § 14a des Außenwirtschaftsgesetzes gelten die bisherigen Verfahrenshandlungen für das andere Verfahren fort. [3]Der Verfahrenswechsel ist dem unmittelbaren Erwerber, dem Veräußerer und dem inländischen Unternehmen unverzüglich bekannt zu geben.

A. Überblick

§ 62a sieht die Möglichkeit vor, während eines bereits laufenden Prüfverfahrens **1** zwischen der sektorübergreifenden und der sektorspezifischen Investitionskont-

---

[32] BeckOK AußenWirtschaftsR/Niestedt Rn. 29.

rolle zu wechseln. Die Gesetzesbegründung stellt klar, dass dies **jederzeit** während der Prüffrist und sogar nach Ablauf der Eröffnungsfrist nach § 14a Abs. 1 Nr. 2 AWG (→ AWG § 14a Rn. 16) möglich ist.[1]

2   § 62a findet nach § 82a Anwendung auf seit dem 1.5.2021 abgeschlossene Erwerbsgeschäfte hinsichtlich eines inländischen Zielunternehmens.

B. Historischer Überblick

3   Die Regelung wurde erst im Rahmen der 17. AWV-Novelle im Jahr 2021 eingeführt.[2] Hintergrund der Einführung war, dass in der Prüfpraxis das Bedürfnis nach einer Möglichkeit des Verfahrenswechsels wuchs, da sich immer mehr Fälle an der Schnittstelle zwischen sektorspezifischer und sektorübergreifender Prüfung bewegten und häufig erst im Laufe des Verfahrens nach Eingang weiterer Informationen festgestellt werden konnte, welches Prüfverfahren im konkreten Fall einschlägig ist.[3] Der Wechsel zwischen sektorspezifischer und sektorübergreifender Prüfung war bereits vor der Einführung gängige Praxis im Prüfverfahren, wodurch der ausdrücklichen Regelung lediglich eine klarstellende Funktion zukommt.[4] Darüber hinaus gibt der Verordnungsgeber dem BMWK hierdurch eine Rechtsgrundlage für die gelebte Praxis an die Hand.

C. Voraussetzungen

I. Verfahrenswechsel nach § 62a S. 1

4   Der Verfahrenswechsel zwischen der sektorübergreifenden und sektorspezifischen Investitionskontrolle ist während des gesamten Prüfverfahrens möglich und kann in **beide Richtungen** stattfinden.[5] Das Wort „kann" lässt darauf schließen, dass ein Verfahrenswechsel nicht zwingend ist. Ob ein erneuter Rückwechsel zugelassen ist, ergibt sich aus dem Wortlaut zwar nicht, ist aber auch nicht ausgeschlossen. In der Praxis dürfte ein solcher Wechsel aufgrund der Expertise des BMWK jedoch unwahrscheinlich sein.

5   Voraussetzung für einen Verfahrenswechsel ist, dass sich während des Prüfverfahrens herausstellt, dass die Vorschriften für den Fall einer **Untersagung oder den Erlass von Anordnungen** des jeweils anderen Prüfverfahrens einschlägig sind. In der sektorübergreifenden Prüfung sind dies die Regelungen des § 59 und in der sektorspezifischen Prüfung die des § 62. Die Abgrenzung könnte im Einzelfall schwierig sein, da § 62 Abs. 1 dem Wortlaut des § 59 Abs. 1 weitgehend gleicht und § 62 Abs. 2 uneingeschränkt auf § 59 verweist. Für eine Abgrenzung hilfreich sind jedoch die speziellen Anforderungen der sektorspezifischen Prüfung, wozu das Schutzgut der wesentlichen Sicherheitsinteressen (→ § 60 Rn. 42–43) und die Voraussetzungen für die Person des Erwerbers (→ § 60 Rn. 40–41) und den Tätigkeitsbereich des Zielunternehmens gehören (→ § 60 Rn. 45–64).

6   In Zukunft könnten aufgrund des ausgeweiteten Fallgruppenkatalogs beider Prüfverfahren vermehrt Fälle auftreten, die sich sowohl der sektorübergreifenden

---

[1] BAnz. AT 30.4.2021 B2.
[2] BAnz. AT 30.4.2021 V1.
[3] BAnz. AT 30.4.2021 B2.
[4] BeckOK AußenWirtschaftsR/Niestedt Rn. 1.
[5] BAnz. AT 30.4.2021 B2.

als auch der sektorspezifischen Prüfung zuordnen lassen.[6] Denkbar ist dies bspw. bei Unternehmen, die Güter im Bereich der Wehrtechnik entwickeln oder herstellen, die nach § 50 PatG oder § 9 GebrMG geheimgestellt sind und daher sowohl von § 55a Abs. 1 Nr. 26 als auch von § 60 Abs. 1 Nr. 2 erfasst sein können. § 60 Abs. 1 Nr. 2 stellt insoweit zwar die speziellere Norm dar. Das Unternehmen könnte jedoch zusätzlich Güter im zivilen Bereich herstellen, die ebenfalls unter die Geheimstellung fallen. Auch dürfte es häufiger vorkommen, dass Hersteller von Gütern der Ausfuhrliste (§ 60 Abs. 1 Nr. 1) auch von § 55a Abs. 1 erfasste Dual-Use-Güter produzieren.

II. Verfahrenshandlungen nach § 62a S. 2

Nach § 62a S. 2 gelten die bisherigen **Verfahrenshandlungen** im Falle eines 7 Verfahrenswechsels innerhalb des anderen Verfahrens fort. Durch die Angleichung der Fristen beider Verfahren nach § 14a AWG entstehen den Verfahrensbeteiligten hierdurch keine Nachteile im Hinblick auf den Fristenlauf.[7]

Zu den Verfahrenshandlungen gehören bspw. beantwortete Fragen, durchge- 8 führte Anordnungen oder bereits vereinbarte Fristverlängerungen nach § 14a Abs. 5 AWG (→ AWG § 14a Rn. 13, 20–24), die bei einem Verfahrenswechsel uneingeschränkt fortwirken.

III. Bekanntgabe nach § 62a S. 3

§ 62a S. 3 legt die Voraussetzungen für eine ordnungsgemäße Bekanntgabe des 9 Verfahrenswechsels fest. Demnach hat die Bekanntgabe im Einklang mit § 121 Abs. 1 S. 1 BGB **unverzüglich** zu erfolgen. Im Einklang mit der Formvorschrift des § 3 Abs. 1 kann der Verwaltungsakt schriftlich oder elektronisch erlassen werden. In der Praxis wird die Bekanntgabe regelmäßig per E-Mail erfolgen, um keine Verzögerungen im weiteren Verfahren zu riskieren.

D. Rechtsfolge

Die Rechtsfolge der Vorschrift wird in § 62a S. 1 festgelegt und umfasst im Falle 10 eines Verfahrenswechsels bei Vorliegen der Voraussetzungen die **Fortsetzung** des Verfahrens im jeweils anderen Prüfverfahren, ohne dass hierdurch Nachteile für die Verfahrensbeteiligten entstehen sollten.

---

[6] BAnz. AT 30.4.2021 B2.
[7] BAnz. AT 30.4.2021 B2.

II. AWG – Außenwirtschaftsgesetz

– Auszug –

Vom 6. Juni 2013
(BGBl. I S. 1482)
FNA 7400-4

zuletzt geändert durch Art. 2 Abs. 11 G zur Modernisierung des Verkündungs- und Bekanntmachungswesens vom 20.12.2022 (BGBl. I S. 2752)

Teil 1 Rechtsgeschäfte und Handlungen

§ 1 Grundsatz

(1) [1]Der Güter-, Dienstleistungs-, Kapital-, Zahlungs- und sonstige Wirtschaftsverkehr mit dem Ausland sowie der Verkehr mit Auslandswerten und Gold zwischen Inländern (Außenwirtschaftsverkehr) ist grundsätzlich frei. [2]Er unterliegt den Einschränkungen, die dieses Gesetz enthält oder die durch Rechtsverordnung auf Grund dieses Gesetzes vorgeschrieben werden.

(2) Unberührt bleiben
1. Vorschriften in anderen Gesetzen und Rechtsverordnungen,
2. zwischenstaatliche Vereinbarungen, denen die gesetzgebenden Körperschaften in der Form eines Bundesgesetzes zugestimmt haben, und
3. Rechtsvorschriften der Organe zwischenstaatlicher Einrichtungen, denen die Bundesrepublik Deutschland Hoheitsrechte übertragen hat.

Übersicht

A. Inhalt und Bedeutung

1   § 1 Abs. 1 S. 1 normiert den Grundsatz der Außenwirtschafts- und damit zugleich der Investitionsfreiheit (→ Rn. 2–5), der auch im Unionsrecht zu finden ist (→ Rn. 6–13). Gemäß Abs. 1 S. 2 unterliegt die Außenwirtschaftsfreiheit Einschränkungen, die sich aus dem AWG selbst sowie aus Rechtsverordnungen, die auf Grund des AWG erlassen werden, dh insbesondere aus der AWV, ergeben können (→ Rn. 14–16). Abs. 2 stellt klar, dass andere Gesetze und Rechtsverordnungen, ratifizierte völkerrechtliche Vereinbarungen einschließlich das EU-Primärrecht sowie insbesondere EU-Verordnungen unberührt bleiben (→ Rn. 17–23).

B. Grundsatz der Außenwirtschaftsfreiheit im AWG (Abs. 1 S. 1)

§ 1 Abs. 1 S. 1 statuiert den Grundsatz der Außenwirtschaftsfreiheit. Hiernach **2** ist der gesamte grenzüberschreitende Wirtschaftsverkehr grundsätzlich frei. Hierzu zählt auch der im Zusammenhang mit Auslandsinvestitionen besonders relevante Kapital- und Zahlungsverkehr. Insofern kann im hiesigen Kontext auch von dem **Grundsatz der Investitionsfreiheit** gesprochen werden. Geschützt ist jede Bewegung von Geld und Vermögenswerten zu Zwecken der Anlage oder der Erlangung von Betriebsmitteln sowie jede Tätigkeit, die mit der Verwahrung und Verwaltung dieser Güter zusammenhängt.[1] Voraussetzung für die Anwendbarkeit des Außenwirtschaftsrechts ist lediglich ein hinreichender **Auslandsbezug**, dh, dem allgemeinen Wortsinn entsprechend, ein Bezug auf das Hoheitsgebiet anderer Staaten.[2] Die Eröffnung des Anwendungsbereichs der Außenwirtschaftsfreiheit (sowie des AWG im Allgemeinen) ist daher beim Vorliegen einer grenzüberschreitenden Dimension zu bejahen, was im Falle ausländischer Investitionen stets der Fall ist. Wenn kein territorialer Auslandsbezug vorliegt, reicht im Übrigen auch ein personaler Auslandsbezug aus, bspw. in Form von Handlungen im Hoheitsgebiet der Bundesrepublik Deutschland gegenüber Ausländern oder Handlungen von deutschen Staatsangehörigen im Ausland.[3]

Der Grundsatz der Außenwirtschaftsfreiheit wurde im Jahr 1961 in das AWG **3** eingeführt, um die Grundrechte aus Art. 12 Abs. 1 GG, Art. 14 Abs. 1 GG und Art. 2 Abs. 1 GG in Bezug auf den Außenwirtschaftsverkehr einfachgesetzlich zu verankern.[4] Er wird daher teilweise als rein programmatisch angesehen.[5] Mit seiner Einführung wollte der Gesetzgeber der tatsächlichen Entwicklung der außenwirtschaftlichen Beziehungen der Bundesrepublik Deutschland sowie den herrschenden Grundsätzen einer freien Marktwirtschaft Rechnung tragen.[6] Zuvor war der Außenwirtschaftsverkehr durch das Besatzungsrecht als repressives Verbot mit Befreiungsvorbehalt ausgestaltet: Der Außenwirtschaftsverkehr war grundsätzlich untersagt, um die wirtschaftliche Macht Nachkriegsdeutschlands zu begrenzen, wenngleich Befreiungsmöglichkeiten vorgesehen waren.[7] Diesem Verbot mit

---

[1] Hocke/Sachs/Pelz AußenwirtschaftsR/Sachs Rn. 6; BeckOK AußenWirtschaftsR/Simon Rn. 26.

[2] BT-Drs. 17/11127, 20.

[3] BT-Drs. 3/1285, 232.

[4] BT-Drs. 3/1285, 231.

[5] Hohmann/John/Hohmann Rn. 8; Wolffgang/Simonsen/Rogmann/Pietsch AWR/Simonsen Rn. 1; Voland EuZW 2010, 132 (134).

[6] BT-Drs. 3/1285, 229.

[7] Siehe Gesetz Nr. 53 (Neufassung) Devisenbewirtschaftung und Kontrolle des Güterverkehrs, Brit. ABl. 1949 Teil 5B, 14.

Erlaubnisvorbehalt wurde mit der Einführung des § 1 Abs. 1 S. 1 der Grundsatz der Außenwirtschaftsfreiheit und damit die **Erlaubnis mit einem Verbotsvorbehalt** entgegengesetzt.

4   Der gesetzgeberische Wille, das Außenwirtschaftsrecht zu liberalisieren, soll nach verbreiteter Ansicht insbesondere im Rahmen der **Gesetzesauslegung** fortwirken: So soll das Außenwirtschaftsrecht **in dubio pro libertate**, also im Zweifel für die (Außenwirtschafts-)Freiheit, ausgelegt werden.[8] Damit geht insbesondere ein enges Verständnis von den Einschränkungen der Außenwirtschaftsfreiheit einher. Dieser Ansatz wird allerdings teilweise **kritisiert**, da sich der historische Wille des Gesetzgebers eher auf wirtschaftspolitisch motivierte Beschränkungen und nicht auf solche, die die wesentlichen Sicherheitsinteressen der Bundesrepublik Deutschlands schützen sollen, bezogen habe.[9] Aufgrund der zunehmenden Regulierung des Außenwirtschaftsverkehrs in den Jahrzehnten nach seiner ursprünglichen Liberalisierung gilt das Außenwirtschaftsrecht heute in der Tat nicht mehr pauschal als „ein auf Freiheit und Liberalisierung angelegtes Rechtsgebiet", da insbesondere für das AWG „die Wahrung der nationalen Sicherheitsinteressen und die Gefahrenabwehr Kern und Ziel des Gesetzes" sind.[10] So lässt sich eine Auslegung im Zweifel für die Außenwirtschaftsfreiheit jedenfalls nicht ohne Weiteres aufrechterhalten und bietet in der im Einzelfall ohnehin gebotenen Verhältnismäßigkeitsprüfung (vgl. auch § 4 Abs. 4, → § 4 Rn. 15–18) wenig praktische Relevanz.[11] Das gilt auch im Recht der Investitionskontrolle,[12] das zuletzt immer wieder weiter verschärft worden ist (→ Einl. Rn. 1–9).

5   Die in § 1 Abs. 1 S. 1 normierte Außenwirtschaftsfreiheit hat für inländische natürliche sowie für inländische juristische Personen einen bloß **deklaratorischen Charakter**, da sich diese ohnehin auf die durch Art. 12 Abs. 1 GG, Art. 14 Abs. 1 GG und Art. 2 Abs. 1 GG (iVm Art. 19 Abs. 3 GG) vermittelte Außenwirtschafts- und Investitionsfreiheit berufen können.[13] Ausländische natürliche Personen können sich ebenfalls auf einen grundrechtlich geschützten Freiheitsgrundsatz beziehen, wenn auch die Berufsfreiheit als Deutschengrundrecht ausgestaltet ist und daher insoweit nur eine Berufung auf das Auffanggrundrecht des Art. 2 Abs. 1 GG, das weitergehende Einschränkungen erlaubt, möglich ist.[14] Unionsansässige natürliche oder juristische Personen können sich wiederum direkt auf Art. 12 Abs. 1 GG berufen oder jedenfalls auf Art. 2 Abs. 1 GG (jeweils iVm Art. 19 Abs. 3 GG) mit an Art. 12 Abs. 1 GG angepasstem Schutzniveau.[15] Nach verbreiteter Ansicht hat die einfachgesetzliche Außenwirtschaftsfreiheit allerdings **konstitutive Wirkung** in Bezug auf ausländische juristische Personen.[16] Denn diese

⁸ BT-Drs. 3/1285, 231; Epping, Außenwirtschaftsfreiheit, 1998, S. 244 f.; Hohmann/John/Hohmann Rn. 17; Hocke/Sachs/Pelz AußenwirtschaftsR/Sachs Rn. 12; Dorsch/Thoms, 218. EL, Rn. 3; Erbs/Kohlhaas/Diemer Rn. 1.

⁹ Wolffgang/Simonsen/Rogmann/Pietsch AWR/Simonsen Rn. 62 ff.

¹⁰ Wolffgang/Simonsen/Rogmann/Pietsch AWR/Simonsen Rn. 2.

¹¹ Vgl. auch BeckOK AußenWirtschaftsR/Simon Rn. 22.

¹² Vgl. zum Verhältnismäßigkeitsgrundsatz in diesem Zusammenhang EuGH Generalanwalt BeckRS 2023, 5797 Rn. 90.

¹³ Zu den in der Investitionskontrolle relevanten Grundrechten siehe Washington EuZW 2022, 941 (943 f.); Becker, Investitionskontrolle im Außenwirtschaftsrecht, 2022, S. 120 ff.

¹⁴ Vgl. Sachs/Rixen GG Art. 2 Rn. 139 f.

¹⁵ BeckOK GG/Ruffert GG Art. 12 Rn. 35 ff.

¹⁶ Epping, Außenwirtschaftsfreiheit, 1998, S. 187 f.; Dehne, Investitionskontrolle in Deutschland, 2022, S. 305; BeckOK AußenWirtschaftsR/Simon Rn. 22; in Ansätzen Hohmann/John/Hohmann Rn. 8 f.

sind nach Art. 19 Abs. 3 GG nicht grundrechtsfähig und daher auf § 1 Abs. 1 S. 1 angewiesen.

C. Die Außenwirtschaftsfreiheit im Unionsrecht

Die Außenwirtschaftsfreiheit ist nicht nur grundrechtlich und in § 1 Abs. 1 **6** S. 1, sondern auch durch die unionsrechtlichen Grundfreiheiten (→ Rn. 7–10) und – soweit anwendbar – durch die Europäische Grundrechtecharta (→ Rn. 11– 13) geschützt.

I. Grundfreiheiten

So ist insbesondere hervorzuheben, dass die **Kapitalverkehrsfreiheit** gem. **7** Art. 63 AEUV Erwerbe und Veräußerungen von Unternehmen bzw. Beteiligungen an Unternehmen mit grenzüberschreitender Dimension schützt. Nach ständiger Rechtsprechung des EuGH umfasst der Kapitalverkehr sowohl Direkt- als auch Portfolioinvestitionen.[17] Das Recht der Investitionskontrolle betrifft allerdings nur erstere. Die Kapitalverkehrsfreiheit schützt Unionsbürger und Unionsfremde gleichermaßen. Auf die Kapitalverkehrsfreiheit kann sich neben dem Veräußerer folglich ein unionsfremder Erwerber berufen, der der sektorspezifischen Investitionskontrolle nach §§ 60 ff. AWV oder der sektorübergreifenden Investitionskontrolle nach §§ 55 ff. AWV ausgesetzt ist sowie ein unionsansässiger Erwerber, der einer sektorspezifischen Prüfung ausgesetzt ist. Die sektorübergreifende Investitionsprüfung gem. §§ 55 ff. AWV findet auf unionsansässige Erwerber nämlich keine Anwendung (→ AWV § 55 Rn. 12–16).[18]

Auch die **Niederlassungsfreiheit** nach Art. 49 AEUV findet im Rahmen von **8** Auslandsinvestitionen Anwendung, sofern der Beteiligungserwerb es ermöglichen soll, „einen sicheren Einfluss auf die Entscheidungen einer Gesellschaft auszuüben und deren Tätigkeiten zu bestimmen".[19] Das gilt allerdings nur für Direktinvestitionen und nicht bei bloßen Geldanlagen wie insbesondere Portfolioinvestitionen.[20] Die Niederlassungsfreiheit schützt ausschließlich Unionsbürger. Auf die Niederlassungsfreiheit kann sich neben dem Veräußerer demnach nur ein unionsansässiger Erwerber berufen, der einer sektorspezifischen Investitionsprüfung gem. §§ 60 ff. AWV unterliegt.[21]

Ein Eingriff in die Kapitalverkehrs- oder Niederlassungsfreiheit kann gem. **9** Art. 65 Abs. 1 lit. b AEUV bzw. Art. 52 Abs. 1 AEUV durch Gründe der öffentlichen Ordnung oder Sicherheit gerechtfertigt sein. Das ist gem. § 5 Abs. 2 iVm § 4 Abs. 1 Nr. 4 und 4a Ziel der sektorübergreifenden Investitionskontrolle (→ § 4 Rn. 8–11).[22] Eingriffe im Rahmen der sektorspezifischen Prüfung dienen dagegen gem. § 5 Abs. 3 iVm § 4 Abs. 1 Nr. 1 der Gewährleistung wesentlicher Sicherheitsinteressen (→ § 4 Rn. 5–7). Maßnahmen zur Wahrung dieser Interes-

---

[17] EuGH BeckRS 2013, 82003 Rn. 40; BeckRS 2010, 90868 Rn. 49.

[18] Vgl. Herrmann ZEuS 3/2019, 430 (438 f.).

[19] EuGH BeckRs 2023, 16921 Rn. 42; EuGH BeckRS 2012, 82405 Rn. 91; zu Art. 52 EGV bereits EuGH BeckRS 2004, 75454 Rn. 21 f.

[20] EuGH BeckRS 2012, 82405 Rn. 92; Klamert/Bucher EuZW 2021, 335 (339).

[21] Zum Schutzbereich der Niederlassungsfreiheit ausführlich: Herrmann ZEuS 3/2019, 430 (439 ff.).

[22] Vgl. Herrmann ZEuS 3/2019, 430 (445 ff.).

sen können insbesondere gem. Art. 346 Abs. 1 lit. b AEUV Eingriffe in die Grundfreiheiten rechtfertigen, soweit sie die Erzeugung von Waffen, Munition und Kriegsmaterial oder den Handel damit betreffen.[23]

10   Wenn sowohl der sachliche Schutzbereich der Kapitalverkehrsfreiheit als auch der Niederlassungsfreiheit eröffnet ist, ist die **Niederlassungsfreiheit regelmäßig vorrangig**.[24] Anders liegt es lediglich, wenn es um der Investitionskontrolle unterfallende geringere Beteiligungen geht.[25] Da die Niederlassungsfreiheit lediglich Unionsbürger schützt, sind **drittstaatliche Investoren im Einzelfall nicht von den Grundfreiheiten geschützt**, obwohl gerade diese regelmäßig durch das Investitionskontrollrecht betroffen sind.[26] Insoweit verbleibt diesen nur die Berufung auf die nationale Rechtsordnung (→ Rn. 2–5). Zur Vereinbarkeit der Verordnung (EU) 2019/452 des Europäischen Parlaments und des Rates vom 19.3.2019 zur Schaffung eines Rahmens für die Überprüfung ausländischer Direktinvestitionen in der Union (sog. Screening-VO) mit den Grundfreiheiten → Screening-VO Rn. 23–28.

II. Europäische Grundrechtecharta

11   Zu berücksichtigen ist teilweise ebenfalls die **Europäische Grundrechtecharta** (GRCh) (→ Screening-VO Rn. 29–32), die gem. Art. 6 Abs. 1 EUV im Rang von EU-Primärrecht gilt. Eine Berufung insbesondere auf die unternehmerische Freiheit in Art. 16 GRCh und die Eigentumsgarantie nach Art. 17 Abs. 1 GRCh ist gegenüber der Bundesrepublik Deutschland gem. Art. 51 Abs. 1 GRCh möglich, soweit diese Unionsrecht durchführt. Das ist im Allgemeinen dann der Fall, wenn der Sachverhalt „einen hinreichenden Zusammenhang von einem gewissen Grad" zum Unionsrecht aufweist, „der darüber hinaus geht, dass die fraglichen Sachbereiche benachbart sind oder der eine von ihnen mittelbare Auswirkungen auf den anderen haben kann."[27] Das ist regelmäßig gegeben, wenn dem Sachverhalt ein EU-Sekundärrechtsakt zu Grunde liegt.[28]

12   Zwar ist die Kontrolle von Investitionen auf unionaler Ebene durch die **Screening-VO** geregelt. Diese betrifft aber **nicht die sektorspezifische Prüfung**, die wegen ihres Bezugs zu den nationalen Sicherheitsinteressen vom Anwendungsbereich der Screening-VO ausgenommen ist (vgl. Art. 1 Abs. 2 Screening-VO; aA → Screening-VO Rn. 37). Denn gem. Art. 5 Abs. 2 S. 3 EUV verbleibt die nationale Sicherheit im alleinigen Verantwortungsbereich der Mitgliedstaaten. Bei der sektorspezifischen Prüfung ist das BMWK somit ausschließlich an die Grundrechte des Grundgesetzes und die Grundfreiheiten gebunden (→ Screening-VO Rn. 40).[29]

13   Die Screening-VO betrifft nur die **sektorübergreifende Prüfung** (vgl. Art. 1 Abs. 1 Screening-VO, Art. 3 Abs. 1 Screening-VO), ist aber in diesem Bereich

---

[23] Siehe Hindelang/Hagemeyer EuZW 2017, 882 (889).

[24] Vgl. EuGH BeckRs 2023, 16921 Rn. 41.

[25] Zur Anwendung der Niederlassungsfreiheit ab einer Beteiligung von 20% s. EuGH EuZW 2013, 29 Rn. 19 ff.

[26] Zur Abgrenzung von Kapitalverkehrs- und Niederlassungsfreiheit und daraus folgenden Problemen ausführlich Becker, Investitionskontrolle im Außenwirtschaftsrecht, 2022, S. 114 ff.; Herrmann Zeus 3/2019, 430 (441 ff.).

[27] EuGH BeckRS 2017, 128185 Rn. 19.

[28] Washington EuZW 2022, 941 (942).

[29] Washington EuZW 2022, 941 (942 f.).

nicht auf eine vollständige Harmonisierung gerichtet, sondern regelt lediglich bestimmte Rahmenbedingungen (vgl. Erwägungsgrund 15 Screening-VO).[30] Die GRCh verdrängt daher insbesondere nicht die Grundrechte des Grundgesetzes. Dies kommt nach Ansicht des BVerfG nur dann in Betracht, wenn der Inhalt des Sekundärrechtsakts den Sachverhalt vollständig determiniert und die deutschen Grundrechte das Ziel der Rechtsvereinheitlichung konterkarieren würde.[31] Davon kann im Rahmen der Screening-VO keine Rede sein. Bei Durchführung einer sektorübergreifenden Prüfung ist das BMWK somit primär an das Grundgesetz gebunden.[32] Das BVerfG prüft die Unionsgrundrechte jedoch sekundär, sie „treten dann zu den Grundrechtsgewährleistungen des Grundgesetzes hinzu" (→ Screening-VO Rn. 39).[33]

D. Einschränkungsmöglichkeiten (Abs. 1 S. 2)

§ 1 Abs. 1 S. 2 stellt die **Einschränkungsmöglichkeiten** der Außenwirt- **14** schaftsfreiheit klar. Zwar stehen die Einschränkungen „dieses Gesetzes" hierbei an erster Stelle. Das AWG sieht allerdings selbst keine derartigen Regelungen vor. Vielmehr legt es ihre Grundlage, indem es die maßgeblichen Beschränkungsgründe in §§ 4–7 definiert und in § 4 Abs. 3 Genehmigungserfordernisse und Verbote als Mittel derartiger Beschränkungen vorsieht. Das AWG enthält damit lediglich die Ermächtigung iSv Art. 80 Abs. 1 S. 1 GG, Rechtsverordnungen zu erlassen und hierin konkrete Beschränkungsmöglichkeiten vorzusehen. Der AWV kommt daher überragende Bedeutung zu.

So schränkt die AWV in Ausführung der Vorgaben des AWG u.a. auch auslän- **15** dische Direktinvestitionen ein. Der **Begriff der ausländischen Direktinvestition** ist im AWG nicht definiert. Eine Legaldefinition findet sich allerdings in Art. 2 Nr. 1 Screening-VO. Eine ausländische Direktinvestition ist danach eine „durch einen ausländischen Investor getätigte Investition jeder Art zur Schaffung oder Aufrechterhaltung dauerhafter und direkter Beziehungen zwischen dem ausländischen Investor und dem Unternehmer oder Unternehmen, für den bzw. das Kapital zur fortgesetzten Ausübung einer wirtschaftlichen Tätigkeit in einem Mitgliedstaat bereitgestellt wird, einschließlich Investitionen, die eine effektive Beteiligung an der Verwaltung oder Kontrolle eines Unternehmens ermöglichen, das eine wirtschaftliche Tätigkeit ausübt."[34] Die begriffsbestimmenden Merkmale sind somit die **Dauerhaftigkeit**, der **grenzüberschreitende Bezug** sowie das **Kontrollmotiv**.[35]

Im Einzelnen sind die Einschränkungen der Investitionsfreiheit in Form der **16** **sektorübergreifenden Investitionskontrolle** in §§ 55 ff. AWV und in Form der **sektorspezifischen Investitionskontrolle** in §§ 60 ff. AWV zu finden. Während die §§ 55 ff. AWV auf den Beschränkungsgründen der § 4 Abs. 1 Nr. 4

---

[30] So auch Klamert/Bucher EuZW 2021, 335 (337); Nehring-Köppl, Paradigmenwechsel im Außenwirtschaftsrecht, 2023, S. 88 f.

[31] BVerfGE 152, 216 Rn. 42, 77 ff. = EuZW 2019, 1035.

[32] Washington EuZW 2022, 941 (943).

[33] BVerfGE 152, 152 Rn. 44 = EuZW 2019, 1021; vgl. auch Herrmann ZEuS 3/2019, 430 (443); Becker, Investitionskontrolle im Außenwirtschaftsrecht, 2022, S. 118 f.

[34] Die Definition entspricht der Rechtsprechung des EuGH, vgl. EuGH BeckRS 2017, 126872 Rn. 80.

[35] Hierzu Nehring-Köppl, Paradigmenwechsel im Außenwirtschaftsrecht, 2023, S. 35 ff.

und 4a beruhen, sind die §§ 60 ff. AWV auf § 4 Abs. 1 Nr. 1–3 zurückzuführen. In § 55a Abs. 4 AWV, § 60 Abs. 3 AWV sind Meldepflichten in Bezug auf bestimmte Unternehmenserwerbe vorgesehen. §§ 59 und 62 AWV bilden jeweils die Rechtsgrundlage für Verbote und Anordnungen.

E. Verhältnis zu anderen Regelungen (Abs. 2)

17 Nach § 1 Abs. 2 bleiben andere Vorschriften von der Regelung des Abs. 1 unberührt. Daraus folgt insbesondere, dass eine Unbedenklichkeitsbescheinigung nach § 58 AWV bzw. eine Freigabe gem. §§ 58a, 61 AWV keine Konzentrationswirkung hat.[36] So kann es zu Mehrfachzuständigkeiten kommen. Zu den „anderen" Vorschriften zählen nach Abs. 2 Nr. 1 nationale Gesetze und Rechtsverordnungen (→ Rn. 18, 19), nach Abs. 2 Nr. 2 zwischenstaatliche Vereinbarungen (→ Rn. 20) und nach Abs. 2 Nr. 3 Rechtsvorschriften der EU (→ Rn. 21–23).

I. Nationale Gesetze und Rechtsverordnungen (Abs. 2 Nr. 1)

18 Als Beispiel für ein nationales Gesetz, das bei ausländischen Investitionen relevant werden kann, kann das **Satellitendatensicherheitsgesetz** angeführt werden. In § 10 SatDSiG aF war ein Investitionskontrollverfahren vorgesehen, wenn ein Ausländer den Betrieb eines hochwertigen Erdfernerkundungssystems oder eines Teils davon ganz oder teilweise übernehmen wollte. Ursprünglich war uneindeutig, wie die Kontrollregime zueinanderstehen. Mit der Regelung des § 55a Abs. 1 Nr. 12 AWV hat der Gesetzgeber die Investition in hochwertige Erdfernerkundungssysteme nunmehr dem Regime der §§ 55 ff. AWV unterworfen.[37] Der Regelungszweck von § 10 Abs. 1 SatDSiG liegt heute nur noch darin, einen Erlaubnisvorbehalt für die Übernahme des Betriebs eines hochwertigen Erdfernerkundungssystems zu normieren, den es im AWG bzw. der AWV nicht gibt.

19 Daneben bestehen zB weitere Inhaberkontrollen nach § 6 BörsG, § 2c KWG oder §§ 17 ff. VAG, sowie Publizitäts- und Meldepflichten nach dem WpHG und dem WpÜG.[38]

II. Zwischenstaatliche Vereinbarungen (Abs. 2 Nr. 2)

20 Zwischenstaatliche Vereinbarungen spielen bei Investitionsvorhaben im Kontext der Investitionskontrolle regelmäßig keine entscheidende Rolle. Üblicherweise bestehen keine völkerrechtlichen Standards hinsichtlich des „Ob" einer ausländischen Investition. Zwischenstaatliche **Investitionsschutzabkommen** oder **Freihandelsabkommen** mit Investitionsschutzbestimmungen betreffen in der Regel den Schutz bereits getätigter Investitionen.[39] Allerdings finden sich in modernen Freihandelsabkommen teilweise insbesondere auf Nichtdiskriminierung abzielende Marktzugangsregelungen.[40]

---

[36] Dorsch/Thoms, 218. EL, Rn. 30 f.
[37] BT-Drs. 19/20144, 2.
[38] Siehe Nehring-Köppl, Paradigmenwechsel im Außenwirtschaftsrecht, 2023, S. 107 ff.
[39] Herdegen IntWirtschaftsR § 23 Rn. 13.
[40] Siehe Schill ZaöRV 78 (2018), 33 (54 ff.).

III. EU-Rechtsakte (Abs. 2 Nr. 3)

Die Regelung des § 1 Abs. 2 Nr. 3 wird auch als wichtigster Teil des § 1 angese- 21
hen,[41] obwohl der Vorrang des Unionsrechts vor den nationalen Bestimmungen
des AWG eine Selbstverständlichkeit ist. Gleichwohl hat die Vorschrift den weitesten Anwendungsbereich, denn der EU kommt gem. Art. 207 AEUV die ausschließliche Kompetenz zur Regelung des Außenhandels der Gemeinschaft zu,
welcher explizit auch ausländische Direktinvestitionen umfasst. Hiervon hat der
Unionsgesetzgeber mit der **Screening-VO** Gebrauch gemacht.[42] Die Screening-
VO stellt klar, dass die Mitliedstaaten Investitionskontrollregime einführen dürfen
(aber nicht müssen) (vgl. Art. 1 Abs. 3 Screening-VO und Art. 3 Abs. 1 Screening-
VO) und legt bestimmte Rahmenbedingungen fest (vgl. Erwägungsgrund 15
Screening-VO), die teils verpflichtend und teils fakultativ sind (Zum Regelungs-
gehalt → Screening-VO Rn. 12–16).

Schließlich ist zu beachten, dass die **nationale Sicherheit** gem. Art. 4 Abs. 2 22
EUV in die alleinige Verantwortung der Mitgliedstaaten fällt. So stehen die EU-
Verträge nach Art. 346 Abs. 1 lit. b AEUV Bestimmungen nicht entgegen, die
ein Mitgliedstaat trifft, die seines Erachtens für die Wahrung seiner wesentlichen
Sicherheitsinteressen erforderlich sind, soweit sie die Erzeugung von Waffen,
Munition und Kriegsmaterial oder den Handel damit betreffen. Die wesentlichen
Sicherheitsinteressen der Bundesrepublik Deutschlands sind gem. § 5 Abs. 3 iVm
§ 4 Abs. 1 Nr. 1 Schutzgut der sektorspezifischen Investitionskontrolle (→ AWV
§ 60 Rn. 42, 43).

Darüber hinaus können sich auch Investitionsverbote aus dem **EU-Sanktions-** 23
recht ergeben. Das gilt einerseits für sanktionierte Individuen und Unternehmen,
auf die ein sog. Einfriergebot und Bereitstellungsverbot anwendbar ist (vgl. zB
Art. 2 VO (EU) 269/2014 oder Art. 2 VO (EG) 765/2006). Die als Reaktion auf
den Angriffskrieg in der Ukraine gegen Russland erlassenen Sanktionen sehen
darüber hinaus ein umfassendes Transaktionsverbot gegenüber bestimmten russischen Staatsunternehmen vor, das Investitionstätigkeiten in der EU ebenso
unmöglich macht (vgl. Art. 5aa Abs. 1 VO (EU) 833/2014).

§ 2 Begriffsbestimmungen

(1) **Für dieses Gesetz und die auf Grund dieses Gesetzes erlassenen
Rechtsverordnungen gelten die Begriffsbestimmungen der Absätze 2 bis
25, soweit in diesem Gesetz oder einer solchen Rechtsverordnung nichts
anderes bestimmt ist.**

(2) **[1]Ausführer ist jede natürliche oder juristische Person oder Personengesellschaft, die zum Zeitpunkt der Ausfuhr Vertragspartner des Empfängers in einem Drittland ist und**
1. **über die Lieferung von Waren aus dem Inland in ein Drittland
bestimmt oder**
2. **im Fall von Software oder Technologie über deren Übertragung aus
dem Inland in ein Drittland einschließlich ihrer Bereitstellung auf
elektronischem Weg in einem Drittland bestimmt.**

---

[41] BeckOK AußenWirtschaftsR/Simon Rn. 38.
[42] Zur Kompetenzgrundlage ausführlich Nehring-Köppl, Paradigmenwechsel im Außenwirtschaftsrecht, 2023, S. 68 ff.; sowie Herrmann ZEuS 3/2019, 430 (461 ff.).

[2]Stehen nach dem Ausfuhrvertrag die Verfügungsrechte über die Güter einem Ausländer zu, so gilt als Ausführer die inländische Vertragspartei. [3]Wurde kein Ausfuhrvertrag geschlossen oder handelt der Vertragspartner nicht für sich selbst, so gilt als Ausführer, wer über die Ausfuhr tatsächlich bestimmt.

(3) Ausfuhr ist
1. die Lieferung von Waren aus dem Inland in ein Drittland und
2. die Übertragung von Software und Technologie aus dem Inland in ein Drittland einschließlich ihrer Bereitstellung auf elektronischem Weg für natürliche und juristische Personen in Drittländern.

(4) Ausfuhrsendung umfasst die Waren, die ein Ausführer gleichzeitig über dieselbe Ausgangszollstelle nach demselben Bestimmungsland ausführt.

(5) Ausländer sind alle Personen und Personengesellschaften, die keine Inländer sind.

(6) Auslandswerte sind
1. unbewegliche Vermögenswerte im Ausland,
2. Forderungen in Euro gegen Ausländer und
3. auf andere Währungen als Euro lautende Zahlungsmittel, Forderungen und Wertpapiere.

(7) Bestimmungsland ist das Land, in dem die Güter gebraucht oder verbraucht, bearbeitet oder verarbeitet werden sollen oder, wenn dieses Land nicht bekannt ist, das letzte bekannte Land, in das die Güter geliefert werden sollen.

(8) Drittländer sind die Gebiete außerhalb des Zollgebiets der Europäischen Union mit Ausnahme von Helgoland.

(9) Durchfuhr ist
1. die Beförderung von Waren aus dem Ausland durch das Inland, ohne dass die Waren im Inland in den zollrechtlich freien Verkehr gelangen, und
2. die Beförderung von Waren des zollrechtlich freien Verkehrs aus einem anderen Mitgliedstaat der Europäischen Union durch das Inland.

(10) [1]Einführer ist jede natürliche oder juristische Person oder Personengesellschaft, die
1. Waren aus Drittländern ins Inland liefert oder liefern lässt und über die Lieferung der Waren bestimmt oder
2. im Fall von Software oder Technologie über deren Übertragung aus Drittländern ins Inland einschließlich ihrer Bereitstellung auf elektronischem Weg im Inland bestimmt.
[2]Liegt der Einfuhr ein Vertrag mit einem Unionsfremden über den Erwerb von Gütern zum Zweck der Einfuhr zugrunde, so ist nur der inländische Vertragspartner Einführer.

(11) [1]Einfuhr ist
1. die Lieferung von Waren aus Drittländern in das Inland und
2. die Übertragung von Software oder Technologie einschließlich ihrer Bereitstellung auf elektronischem Weg für natürliche und juristische Personen im Inland.

[2]Werden Waren aus Drittländern in ein Verfahren der Freizone, des externen Versands, des Zolllagers, der vorübergehenden Verwendung oder der aktiven Veredelung übergeführt, so liegt eine Einfuhr erst dann vor, wenn die Waren

1. in der Freizone gebraucht, verbraucht oder verarbeitet werden oder
2. zum zollrechtlich freien Verkehr überlassen werden.

[3]Satz 2 gilt nicht für Güter, die Einfuhrverboten auf Grundlage der nach diesem Gesetz erlassenen Rechtsverordnungen oder vollziehbaren Anordnungen unterliegen.

(12) [1]Einkaufsland ist das Land, in dem der Unionsfremde ansässig ist, von dem der Unionsansässige die Güter erwirbt. [2]Dieses Land gilt auch dann als Einkaufsland, wenn die Güter an einen anderen Unionsansässigen weiterveräußert werden. [3]Liegt kein Rechtsgeschäft über den Erwerb von Gütern zwischen einem Unionsansässigen und einem Unionsfremden vor, so gilt als Einkaufsland das Land, in dem die verfügungsberechtigte Person ansässig ist, die die Güter in das Zollgebiet der Europäischen Union einführt. [4]Ist die verfügungsberechtigte Person, die die Güter in das Zollgebiet der Europäischen Union einführt, im Zollgebiet der Europäischen Union ansässig, so gilt als Einkaufsland das Versendungsland.

(13) [1]Güter sind Waren, Software und Technologie. [2]Technologie umfasst auch Unterlagen zur Fertigung von Waren oder von Teilen dieser Waren.

(14) [1]Handels- und Vermittlungsgeschäft ist

1. das Vermitteln eines Vertrags über den Erwerb oder das Überlassen von Gütern,
2. der Nachweis einer Gelegenheit zum Abschluss eines solchen Vertrags oder
3. der Abschluss eines Vertrags über das Überlassen von Gütern.

[2]Kein Handels- und Vermittlungsgeschäft ist die ausschließliche Erbringung von Hilfsleistungen. [3]Als Hilfsleistungen gelten Beförderung, Finanzdienstleistungen, Versicherung oder Rückversicherung oder allgemeine Werbung oder Verkaufsförderung.

(15) Inländer sind

1. natürliche Personen mit Wohnsitz oder gewöhnlichem Aufenthalt im Inland,
2. juristische Personen und Personengesellschaften mit Sitz oder Ort der Leitung im Inland,
3. Zweigniederlassungen ausländischer juristischer Personen oder Personengesellschaften, wenn die Zweigniederlassungen ihre Leitung im Inland haben und es für sie eine gesonderte Buchführung gibt, und
4. Betriebsstätten ausländischer juristischer Personen oder Personengesellschaften im Inland, wenn die Betriebsstätten ihre Verwaltung im Inland haben.

(16) [1]Technische Unterstützung ist jede technische Hilfe in Verbindung mit der Reparatur, der Entwicklung, der Herstellung, der Montage, der Erprobung, der Wartung oder jeder anderen technischen Dienstleistung. [2]Technische Unterstützung kann in Form von Unterweisung, Ausbildung, Weitergabe von praktischen Kenntnissen oder Fähigkeiten oder in

Form von Beratungsleistungen erfolgen. [3]Sie umfasst auch mündliche, fernmündliche und elektronische Formen der Unterstützung.

(17) [1]Transithandel ist jedes Geschäft, bei dem Inländer im Ausland befindliche Waren oder in das Inland gelieferte, jedoch einfuhrrechtlich noch nicht abgefertigte Waren von Ausländern erwerben und an Ausländer veräußern. [2]Dem Transithandel stehen Rechtsgeschäfte gleich, bei denen diese Waren mit dem Ziel der Veräußerung an Ausländer an andere Inländer veräußert werden.

(18) Unionsansässige sind
1. natürliche Personen mit Wohnsitz oder gewöhnlichem Aufenthalt in der Europäischen Union,
2. juristische Personen oder Personengesellschaften mit Sitz oder Ort der Leitung in der Europäischen Union,
3. Zweigniederlassungen juristischer Personen, deren Sitz oder Ort der Leitung in einem Drittland liegt, wenn die Zweigniederlassungen ihre Leitung in der Europäischen Union haben und es für sie eine gesonderte Buchführung gibt, und
4. Betriebsstätten juristischer Personen aus Drittländern, wenn die Betriebsstätten ihre Verwaltung in der Europäischen Union haben.

(19) Unionsfremde sind alle Personen und Personengesellschaften, die keine Unionsansässigen sind.

(20) [1]Verbringer ist jede natürliche oder juristische Person oder Personengesellschaft, die über die Verbringung von Gütern bestimmt und im Zeitpunkt der Verbringung
1. im Fall des Absatzes 21 Nummer 1 Vertragspartner des Empfängers im Zollgebiet der Europäischen Union ist oder
2. im Fall des Absatzes 21 Nummer 2 Vertragspartner des Empfängers im Inland ist.
[2]Stehen nach dem Verbringungsvertrag die Verfügungsrechte über die Güter einem Ausländer zu, so gilt als Verbringer die inländische Vertragspartei. [3]Wurde kein Verbringungsvertrag geschlossen oder handelt der Vertragspartner nicht für sich selbst, so ist ausschlaggebend, wer über die Verbringung tatsächlich bestimmt.

(21) Verbringung ist
1. die Lieferung von Waren oder die Übertragung von Software oder Technologie aus dem Inland in das übrige Zollgebiet der Europäischen Union einschließlich ihrer Bereitstellung auf elektronischem Weg für natürliche und juristische Personen in dem übrigen Zollgebiet der Europäischen Union und
2. die Lieferung von Waren oder die Übertragung von Software oder Technologie aus dem übrigen Zollgebiet der Europäischen Union in das Inland einschließlich ihrer Bereitstellung auf elektronischem Weg für natürliche und juristische Personen im Inland.

(22) [1]Waren sind bewegliche Sachen, die Gegenstand des Handelsverkehrs sein können, und Elektrizität. [2]Wertpapiere und Zahlungsmittel sind keine Waren.

(23) [1]Wert eines Gutes ist das dem Empfänger in Rechnung gestellte Entgelt oder, in Ermangelung eines Empfängers oder eines feststellbaren

Entgelts, der statistische Wert im Sinne der Vorschriften über die Statistik des grenzüberschreitenden Warenverkehrs. [2]Stellt sich ein Rechtsgeschäft oder eine Handlung als Teil eines einheitlichen wirtschaftlichen Gesamtvorgangs dar, so ist bei der Anwendung der Wertgrenzen dieses Gesetzes oder einer Rechtsverordnung auf Grund dieses Gesetzes der Wert des Gesamtvorgangs zugrunde zu legen.

(24) [1]Wertpapiere sind
1. Wertpapiere im Sinne des § 1 Absatz 1 des Depotgesetzes,
2. Anteile an einem Wertpapiersammelbestand oder an einer Sammelschuldbuchforderung,
3. Rechte auf Lieferung oder Zuteilung von Wertpapieren im Sinne der Nummern 1 und 2.
[2]Inländische Wertpapiere sind Wertpapiere, die ein Inländer oder, vor dem 9. Mai 1945, eine Person mit Wohnsitz oder Sitz im Gebiet des Deutschen Reichs nach dem Stand vom 31. Dezember 1937 ausgestellt hat. [3]Ausländische Wertpapiere sind Wertpapiere, die ein Ausländer ausgestellt hat, soweit sie nicht inländische Wertpapiere sind.

(25) [1]Zollgebiet der Union nach Artikel 4 der Verordnung (EU) Nr. 952/2013 des Europäischen Parlaments und des Rates vom 9. Oktober 2013 zur Festlegung des Zollkodex der Union (ABl. L 269 vom 10.10.2013, S. 1; L 287 vom 29.10.2013, S. 90; L 267 vom 30.9.2016, S. 2), die zuletzt durch die Verordnung (EU) 2019/632 (ABl. L 111 vom 25.4.2019, S. 54) geändert worden ist in der jeweils geltenden Fassung. [2]Durch Rechtsverordnung kann bestimmt werden, dass das Gebiet von Nordirland für bestimmte Vorschriften dieses Gesetzes oder der auf Grund dieses Gesetzes erlassenen Rechtsverordnungen als Teil des Zollgebiets der Europäischen Union gilt.

Übersicht

A. Inhalt und Bedeutung

§ 2 legaldefiniert **zentrale Begriffe des Außenwirtschaftsrechts**. Diese **1** Systematik wurde mit der vollständigen Neufassung des AWG im Jahr 2013 als Ersatz für die zuvor bestehende unübersichtliche Regelung in AWG und AWV

eingeführt.[1] Die erste AWG-Novelle im Jahr 2020 ließ die für die Investitionskontrolle relevanten Absätze unverändert.[2] Hinzuweisen ist aber darauf, dass
zum 1.1.2024 das Personengesellschaftsrechtsmodernisierungsgesetz (MoPeG)
in Kraft tritt, mit dem der Begriff der Personengesellschaft u.a. in § 2 Abs. 5 und
15 jeweils um einen Zusatz zur Rechtsfähigkeit ergänzt wird. Hierbei handelt
es sich um eine Folgeänderung, die mit der gesetzlichen Anerkennung der
Rechtsfähigkeit der Gesellschaft bürgerlichen Rechts einhergeht.[3]

2   § 2 Abs. 1 stellt klar, dass die Begriffsbestimmungen der Vorschriften für das
AWG und die AWV gelten, soweit nichts anderes bestimmt ist (→ Rn. 3, 4). In
den nachfolgenden Abs. 2–25 finden sich die einzelnen Definitionen, von denen
für die Investitionskontrolle die Begriffe „Ausländer" (Abs. 5 → Rn. 6–8),
„Güter" (Abs. 13 → Rn. 9–12), „Inländer" (Abs. 15 → Rn. 13–29), „Unionsansässige" (Abs. 18 → Rn. 30–35), „Unionsfremde" (Abs. 19 → Rn. 36) sowie
„Wertpapiere" (Abs. 24 → Rn. 37, 38) von direkter oder indirekter Bedeutung
sind.

B. Geltungsbereich und Abweichungsmöglichkeit (Abs. 1)

3   § 2 Abs. 1 Hs. 2 ermöglicht **Abweichungen** von diesem Grundsatz. Wenn
von dieser Möglichkeit Gebrauch gemacht wurde, sind diese abweichenden
Begriffsbestimmungen als lex specialis maßgeblich.[4]

4   Der Gesetzgeber hat in § 3 Abs. 3 Nr. 3 und 4 derartige Abweichungsmöglichkeiten explizit vorgesehen und den Verordnungsgesetzgeber ermächtigt, mit Blick
auf **Zweigniederlassungen und Betriebsstätten** von § 2 Abs. 5 und 15 bzw.
18 und 19 abzuweichen. Hiervon hat der Verordnungsgeber für die Investitionskontrolle in § 55 Abs. 2 S. 3 und § 60 Abs. 2 S. 3 AWV Gebrauch gemacht
(→ Rn. 32 und 26, → § 3 Rn. 8, 9, → AWV § 55 Rn. 60). Eine weitere Sonderregel enthalten § 5 Abs. 2 S. 3 AWG und § 55 Abs. 2 S. 4 AWV, wonach
Erwerber aus den Mitgliedstaaten der **Europäischen Freihandelsassoziation**
für die Zwecke der sektorübergreifenden Prüfung Unionsansässigen gleichstehen
(→ § 5 Rn. 8, → AWV § 55 Rn. 61).

C. Legaldefinitionen

5   Von den Begriffsbestimmungen des § 2 sind nur wenige für die Investitionskontrolle relevant. Die Begriffe des Ausländers (Abs. 5 → Rn. 6–8) bzw. Unionsfremden (Abs. 19 → Rn. 36) und deren Gegenbegriffe des Inländers (Abs. 15
→ Rn. 13–29) bzw. Unionsansässigen (Abs. 18 → Rn. 30–35) sind allerdings
zentral für die Bestimmung des Anwendungsbereichs der sektorspezifischen bzw.
sektorübergreifenden Prüfung. Daneben ist der Begriff der Güter (Abs. 13
→ Rn. 9–12) und des Wertpapiers (Abs. 14 → Rn. 37, 38) für Vorschriften der
sektorübergreifenden Prüfung von Relevanz.

---

[1] BT-Drs. 17/11127, 19 f.; Dorsch/Thoms, 218. EL, Rn. 1 f.
[2] BGBl. I 1637; geändert wurden nur Abs. 11 (Einfuhr) und Abs. 25 (Zollgebiet).
[3] BT-Drs. 19/27635, 282 f.
[4] Hocke/Sachs/Pelz AußenwirtschaftsR/Sachs Rn. 3.

I. Ausländer (Abs. 5)

Bedeutung erlangt der Begriff „Ausländer" – worunter auch die Adjektivform 6 „ausländisch" fällt – insbesondere innerhalb der **sektorspezifischen Prüfung** nach §§ 60 ff. AWV (→ AWV § 60 Rn. 40–41). Denn zur Eröffnung des Anwendungsbereichs der sektorspezifischen Prüfung muss der Erwerber gem. § 5 Abs. 3 S. 1, § 60 Abs. 1 S. 1 AWV „ausländisch" sein.

§ 2 Abs. 5 definiert Ausländer negativ als „alle Personen oder Personengesell- 7 schaften die **keine Inländer** sind". Der Begriff des Inländers ist in Abs. 15 definiert und knüpft an den Wohnsitz oder den gewöhnlichen Aufenthalt des Einzelnen bzw. an den Sitz oder Ort der Leitung des Unternehmens bzw. der Zweigniederlassung oder Betriebsstätte im Inland an (→ Rn. 13–29). Die Staatsangehörigkeit einer natürlichen Person bzw. der Staat, in dem eine juristische Person oder Personengesellschaft gegründet wurde (Gründungstheorie), spielt keine Rolle.[5] Der (Wohn-)Sitz muss sich außerhalb des Inlandes, dh des Hoheitsgebiets der Bundesrepublik Deutschland (→ Rn. 14), befinden. Der Begriff „Ausland" ist im Umkehrschluss als das Hoheitsgebiet anderer Staaten zu verstehen (→ § 1 Rn. 2), auch das anderer EU-Mitgliedstaaten.

Der Begriff „Ausländer" geht weiter als der des „Unionsfremden" 8 (→ Rn. 36), da er alle Personen und Personengesellschaften mit (Wohn-)Sitz außerhalb des Hoheitsgebiets der Bundespublik Deutschland und daher auch Personen und Personengesellschaften mit (Wohn-)Sitz in **anderen EU-Mitgliedstaaten** erfasst.

II. Güter (Abs. 13)

Der Begriff „Güter" ist im Rahmen der Investitionskontrolle in den **Fall-** 9 **gruppen** der sektorübergreifenden Prüfung und in der sektorspezifischen Prüfung von Bedeutung. Auf den Begriff wird im Rahmen der sektorübergreifenden Investitionskontrolle in § 55a Abs. 1 Nr. 13, 16, 18–22 und 26 AWV sowie § 55a Abs. 2 Nr. 6 AWV verwiesen. So kann bei der Prüfung einer voraussichtlichen Beeinträchtigung der öffentlichen Ordnung oder Sicherheit gem. § 55a Abs. 1 Nr. 22 AWV beispielsweise berücksichtigt werden, ob das Zielunternehmen „Güter" entwickelt oder herstellt, die spezifisch dem Betrieb drahtloser oder drahtgebundener Datennetze dienen (→ AWV § 55a Rn. 107–109). Im Bereich der sektorspezifischen Investitionskontrolle nimmt § 60 Abs. 1 S. 1 Nr. 1 und 2, S. 2 AWV auf den Begriff der Güter Bezug. So kann zB das Vorliegen einer voraussichtlichen Beeinträchtigung der wesentlichen Sicherheitsinteressen der Bundesrepublik Deutschland gem. § 60 Abs. 1 S. 1 Nr. 2 AWV geprüft werden, wenn das Zielunternehmen bestimmte Güter aus dem Bereich der Wehrtechnik entwickelt, herstellt oder modifiziert (→ AWV § 60 Rn. 56–59).

Der Güterbegriff orientiert sich an der **Dual-Use-Verordnung**[6] und umfasst 10 Waren, Software und Technologie. **Waren** sind gem. § 2 Abs. 22 S. 1 bewegliche

---

[5] BT-Drs. 17/11127, 20.

[6] Vgl. Art. 2 Nr. 1 Verordnung (EU) 2021/821 des Europäischen Parlaments und des Rates vom 20.5.2021 über eine Unionsregelung für die Kontrolle der Ausfuhr, der Vermittlung, der technischen Unterstützung der Durchfuhr und der Verbringung betreffend Güter mit doppeltem Verwendungszweck (Neufassung) (sog. Dual-Use-VO). Siehe Wolffgang/Simonsen/Rogmann/Pietsch AWR/Mrozek Rn. 24.

Sachen (§ 90 BGB), die Gegenstand des Handelsverkehrs sein können, sowie Elektrizität. Wertpapiere und Zahlungsmittel fallen nach § 2 Abs. 22 S. 2 nicht darunter.

11   Eine Definition für Software findet sich nicht im AWG. Allerdings kann insoweit die Begriffsbestimmung des Anhangs I der Dual-Use-Verordnung bzw. der Anlage I zur AWV herangezogen werden.[7] Der Begriff „**Software**" (früher: „Datenverarbeitungsprogramme"[8]) meint hiernach die Sammlung eines oder mehrerer Programme oder Mikroprogramme, die auf einem beliebigen greifbaren (Ausdrucks-)Medium fixiert sind. Ein Programm ist wiederum eine Folge von Befehlen zur Ausführung eines Prozesses in einer Form oder umsetzbar in eine Form, die von einem elektronischen Rechner ausführbar ist. Ein Mikroprogramm ist schließlich definiert als eine in einem speziellen Speicherbereich dauerhaft gespeicherte Folge von elementaren Befehlen, deren Ausführung durch das Einbringen des Referenzbefehls in ein Befehlsregister eingeleitet wird.[9]

12   Auch „**Technologie**" wird im AWG nicht definiert. § 2 Abs. 13 S. 2 stellt lediglich klar, dass Technologie auch Unterlagen zur Fertigung von Waren oder von Teilen dieser Waren erfasst. Auch insoweit können aber die (gleichlautenden) Definitionen der Dual-Use-Verordnung und der Ausfuhrliste herangezogen werden. Dort wird Technologie als spezifisches technisches Wissen definiert, das für die Entwicklung, Herstellung oder Verwendung einer Ware oder Software nötig ist. Das technische Wissen wird in der Form von technischen Unterlagen oder technischer Unterstützung verkörpert. Als Beispiele für technische Unterstützung werden eine Unterweisung, die Vermittlung von Fertigkeiten, Schulungen, Arbeitshilfen, Beratungsdienste, und die Weitergabe von technischen Unterlagen genannt.[10] Die genannten Formen der technischen Unterstützung sind allesamt als Dienstleistung zu qualifizieren. Ein Rückgriff auf die Technologie-Definitionen in Anhang I der Dual-Use-Verordnung und der Ausfuhrliste wird daher teilweise mit dem allgemeinen Wortsinn des Begriffs „Güter" für unvereinbar gehalten, der keine Dienstleistungen erfasse.[11] Im Investitionskontrollrecht kann diese Frage zumeist offenbleiben, da beispielsweise in § 55a Abs. 1 Nr. 13, 16, 18–22 und 26 AWV sowie § 55a Abs. 2 Nr. 6 AWV ohnehin auf konkrete Handlungen wie das Entwickeln, Herstellen, Veredeln, Nutzen usw. von Gütern abgestellt wird. Zwar wird Technologie von den Güterlisten im Übrigen nur erfasst, wenn bestimmte weitere Voraussetzungen vorliegen, und nicht bloß allgemein zugängliche Informationen, wissenschaftliche Grundlagenforschung oder für eine Patentanmeldung erforderliche Informationen betroffen sind.[12] Diese weiteren Vorgaben und Einschränkungen bestehen jedoch nicht bereits auf definitorischer Ebene und haben für das Verständnis des Güter- und Technologiebegriffs in der Investitionskontrolle keine unmittelbare Bedeutung.

[7] Hocke/Sachs/Pelz AußenwirtschaftsR/Sachs Rn. 51.
[8] Siehe auch BT-Drs. 17/11127, 20.
[9] Dual-Use-VO Anh. I, Teil I, Begriffsbestimmungen „Software" mit Anmerkung zu „Mikroprogramm", „Programm"; AWV Anh. I, Teil I, Begriffsbestimmungen „Software", „Programm", „Mikroprogramm".
[10] Dual-Use-VO Anh. I, Teil I, Begriffsbestimmungen „Technologie"; AWV Anh. I, Teil I, Begriffsbestimmungen „Technologie".
[11] Hocke/Sachs/Pelz AußenwirtschaftsR/Sachs Rn. 57.
[12] Siehe Dual-Use-VO Anh. I, Teil I, Allgemeine Technologie-Anmerkung (ATA); AWV Anh. I, Teil I, Nr. 5 Technologie-Anmerkung.

III. Inländer (Abs. 15)

Der „Inländer" – worunter auch die Adjektivform „inländisch" fällt – ist der **13**
Gegenbegriff zum „Ausländer" des Abs. 5 (→ Rn. 6–8). In der Investitionskontrolle hat der Inländerbegriff zentrale Bedeutung: Sowohl die sektorübergreifende
als auch die sektorspezifische Prüfung sind gem. § 5 Abs. 2 S. 1 AWG, § 55 Abs. 1
AWV bzw. § 5 Abs. 3 S. 1, § 60 Abs. 1 S. 1 AWV anwendbar dem **Erwerb**
eines inländischen Unternehmens (→ AWV § 55 Rn. 17–18; → AWV § 60
Rn. 33–34). Zudem setzt die sektorspezifische Prüfung grundsätzlich einen ausländischen bzw. **nicht inländischen Erwerber** voraus (→ AWV § 60 Rn. 40–
41).

Das Inland ist nach dem allgemeinen Wortsinn das gesamte **Hoheitsgebiet** **14**
der Bundesrepublik Deutschland[13] und bildet den Gegenbegriff zum Ausland
(→ § 1 Rn. 2).

Während sich die Inländereigenschaft bei natürlichen Personen nach § 2 Abs. 15 **15**
Nr. 1 nach dem Wohnsitz oder dem gewöhnlichen Aufenthalt richtet (→ Rn. 16–
21), ist bei juristischen Personen und Personengesellschaften nach § 2 Abs. 15
Nr. 2 deren Sitz oder Sitz der Leitung entscheidend (→ Rn. 22–24). Grundsätz-
lich gilt ähnliches für Zweigniederlassungen und Betriebsstätten, bei denen nach
§ 2 Abs. 15 Nr. 3 und 4 der Sitz der Verwaltung entscheidend ist (→ Rn. 25–29).
In der Investitionskontrolle gelten allerdings hiervon abweichende Regelungen
(→ Rn. 26).

1. Natürliche Personen (Nr. 1). Natürliche Personen sind gem. § 2 Abs. 15 **16**
Nr. 1 „inländisch", wenn sie ihren Wohnsitz oder gewöhnlichen Aufenthalt im
Inland haben. Die **Staatsangehörigkeit** ist demnach **ohne Belang**.[14] Das kann
in der Investitionskontrolle zum einen auf Seiten der Erwerber relevant sein:
Handelt es sich bei ihnen um Inländer, ist die (sektorspezifische) Investitionsprüfung nicht anwendbar. Zum anderen können auch auf Seiten des Zielunternehmens ausnahmsweise inländische natürliche Personen beteiligt sein, namentlich
bei einem Asset-Deal von Ein-Mann Unternehmen.

Die Begriffe Wohnsitz und gewöhnlicher Aufenthalt sind nicht im AWG defi- **17**
niert. Allerdings kann zu ihrer Bestimmung auf **§§ 8, 9 AO**[15] und in Zweifelsfra-
gen auf die steuerrechtliche Literatur zurückgegriffen werden.[16]

Der **Wohnsitz** ist gem. § 8 AO dort, wo jemand eine Wohnung unter Umstän- **18**
den innehat, die darauf schließen lassen, dass er die Wohnung beibehalten und
benutzen wird. Wie bereits 1983 in einem Runderlass Außenwirtschaft erläutert
wurde, ist das anzunehmen, wenn der Betroffene die Wohnung mit einer gewissen
Regelmäßigkeit und Gewohnheit benutzen wird, sich im Inland aufhält, nach den
Vorschriften der Landesmeldegesetze im Melderegister registriert ist und wenn
er ein Gewerbe im Inland betreibt, mit einem inländischen Arbeitgeber einen
unbefristeten oder länger als ein Jahr laufenden Dienstvertrag abgeschlossen hat
oder nach § 1 EStG unbeschränkt einkommenssteuerpflichtig ist.[17]

Den **gewöhnlichen Aufenthalt** hat gem. § 9 S. 1 AO jemand dort, wo er **19**
sich unter Umständen aufhält, die erkennen lassen, dass er an diesem Ort oder in

---

[13] BT-Drs. 17/11127, 20.
[14] BT-Drs. 17/11127, 20.
[15] BMWi RA Nr. 7/83, BAnz Nr. 29 v. 11.2.1983, 1.
[16] BeckOK AußenwirtschaftsR/Simon Rn. 36.
[17] BMWi RA Nr. 7/83, BAnz Nr. 29 v. 11.2.1983, 2.

diesem Gebiet nicht nur vorübergehend verweilt. Ein gewöhnlicher Aufenthalt ist nach § 9 S. 2 AO stets nach einem zeitlich zusammenhängenden Aufenthalt von mehr als sechs Monaten Dauer anzunehmen. Dabei bleiben kurzfristige Unterbrechungen unberücksichtigt. Das gilt nicht gem. § 9 S. 3 AO, wenn der Aufenthalt ausschließlich zu Besuchs-, Erholungs-, Kur- oder ähnlichen privaten Zwecken genommen wird und nicht länger als ein Jahr dauert. Natürliche Personen werden in der Regel ihren gewöhnlichen Aufenthalt im Inland haben, wenn sie sich, ohne eine Wohnung innezuhaben, im Inland aufhalten und wenn entweder eine der oben genannten Fälle (Gewerbebetrieb, Dienstvertrag, Einkommensteuerpflicht) vorliegt oder die Dauer des Aufenthalts im Inland bereits die oben genannten Fristen übersteigt.[18]

20   Eine Person kann mehrere Wohnsitze bzw. gewöhnliche Aufenthaltsorte im In- und Ausland haben. Die Inländereigenschaft richtet sich dann danach, an welchem Ort der **Schwerpunkt der Lebensführung** liegt.[19]

21   Im Falle von **rechtsmissbräuchlichen Gestaltungen oder Umgehungsgeschäften** findet die sektorspezifische Prüfung gem. § 60 Abs. 2 S. 1 AWV allerdings auch dann Anwendung, wenn der Erwerber – formell gesehen – Inländer ist (→ AWV § 60 Rn. 77–82). Ein solcher Fall kann etwa gegeben sein, wenn der Erwerber gezielt seinen Wohnsitz oder gewöhnlichen Aufenthalt ins Inland verlegt, um dadurch die Anwendbarkeit der Investitionskontrolle zu vermeiden.

22   **2. Juristische Personen und Personengesellschaften (Nr. 2).** § 2 Abs. 15 Nr. 2 bestimmt, wann juristische Personen und Personengesellschaften inländisch sind. Das ist im Rahmen der Investitionskontrolle stets relevant, da das Zielunternehmen gem. § 5 Abs. 2 S. 1, § 55 Abs. 1 AWV bzw. § 5 Abs. 3 S. 1, § 60 Abs. 1 S. 1 AWV in jedem Fall inländisch sein muss. Im Rahmen der sektorspezifischen Prüfung sind wiederum Erwerbsvorgänge nur dann prüfungsrelevant, wenn der Erwerber kein Inländer ist.

23   Nach § 2 Abs. 15 Nr. 2 sind juristische Personen und Personengesellschaften inländisch, wenn der **Sitz oder Ort der Leitung** im Inland ist. Als Beispiel für von § 2 Abs. 15 Nr. 2 erfasste juristische Personen und Personengesellschaften sind die GmbH, die AG und die GbR zu nennen. Bei anderen, nicht rechtsfähigen Zusammenschlüssen ist auf die Mitglieder und somit auf § 2 Abs. 15 Nr. 1 abzustellen. Das AWG folgt der Sitztheorie, nach der es darauf ankommt, wo eine Gesellschaft ihren satzungsmäßigen Sitz hat, und nicht der Gründungstheorie, nach der maßgeblich ist, nach welchem Recht eine Gesellschaft gegründet wurde. Der Sitz einer juristischen Person oder Personengesellschaft ist meist im Gesellschaftsvertrag oder in der Satzung festgelegt. Hinsichtlich des Ortes der Leitung kann auf § 10 AO abgestellt werden. Der Ort der Leitung ist danach der Ort, an dem die wichtigsten Tätigkeiten der Geschäftsführung bzw. des Vorstands ausgeübt werden. Ein formeller Geschäftssitz ist irrelevant, wenn dort nicht gleichzeitig der Ort der Leitung ist.[20]

24   Auch insoweit erstreckt sich die sektorspezifische Prüfung gem. § 60 Abs. 2 S. 1 AWV auf **rechtsmissbräuchliche Gestaltungen oder Umgehungsgeschäfte**. Anzeichen hierfür sollen nach § 60 Abs. 2 S. 2 AWV insbesondere vorliegen, wenn der unmittelbare Erwerber mit Ausnahme des zu prüfenden Erwerbs keiner nennenswerten eigenständigen Wirtschaftstätigkeit nachgeht oder im Inland keine

---

[18] BMWi RA Nr. 7/83, Banz Nr. 29 v. 11.2.1983, 2.
[19] Hocke/Sachs/Pelz AußenwirtschaftsR/Sachs Rn. 65.
[20] Hocke/Sachs/Pelz AußenwirtschaftsR/Sachs Rn. 66.

auf Dauer angelegte eigene Präsenz in Gestalt von Geschäftsräumen, Personal oder Ausrüstungsgegenständen unterhält. (→ AWV § 60 Rn. 80).

3. Zweigniederlassungen und Betriebsstätten (Nr. 3 und 4). § 2 Abs. 15 **25** Nr. 3 und 4 erklären Zweigniederlassungen und Betriebsstätten ausländischer juristischer Personen oder Personengesellschaften zu Inländern, wenn sie ihre Leitung bzw. Verwaltung im Inland haben. Bei Zweigniederlassungen muss zudem eine gesonderte Buchführung bestehen.

Von diesem Verständnis hat der Verordnungsgeber im Rahmen der **Investi-** **26** **onsprüfung** in Nutzung der Ermächtigung des § 3 Abs. 3 Nr. 4 eine **Abwei-** **chung** vorgenommen: Nach **§ 60 Abs. 2 S. 3 AWV** gelten Zweigniederlassungen und Betriebsstätten eines ausländischen Erwerbers gerade **nicht als inländisch**. Dies soll Umgehungskonstellationen verhindern. Denn andernfalls könnte ein international agierendes Unternehmen durch seine unselbstständigen Niederlassungen oder Betriebsstätten Erwerbsvorgänge vornehmen, ohne der Investitionsprüfung zu unterfallen.[21] Die Definition des Inländers in § 2 Abs. 15 ist mit Blick auf Zweigniederlassungen und Betriebsstätten im Rahmen der Investitionskontrolle damit nicht anwendbar. Eine parallele Regelung findet sich mit Blick auf die Unionsansässigkeit in § 55 Abs. 2 S. 3 AWV (→ Rn. 32).

Eine **Zweigniederlassung** ist eine rechtlich unselbstständige Niederlassung **27** eines Unternehmens, die räumlich und organisatorisch von der Hauptniederlassung getrennt ist, im Wesentlichen die gleichen Geschäfte betreibt wie diese, auf eine gewisse Dauer und faktische Selbstständigkeit angelegt ist und bei Wegfall der Hauptniederlassung selbstständig fortbestehen könnte.[22] Hinsichtlich der Leitung der Zweigniederlassung ist erneut auf § 10 AO abzustellen.

Eine **Betriebsstätte** ist im Rückgriff auf § 12 AO als feste, örtliche Anlage **28** oder Einrichtung zu definieren, die der Tätigkeit eines Unternehmens dient. Maßgeblich ist, ob diese im Inland verwaltet wird. Indizien für eine Verwaltung im Inland sind eigene Personal- und Materialbeschaffung, selbstständige Korrespondenz und Zahlungsverkehr.[23]

Nach der **Fiktionsregelung** des § 3 Abs. 1 gelten Zweigniederlassungen und **29** Betriebsstätten für die Zwecke des Außenwirtschaftsrechts als rechtlich selbständig, wobei mehrere Zweigniederlassungen und Betriebsstätten im Inland als Einheit betrachtet werden (→ § 3 Rn. 2, 3).

IV. Unionsansässige (Abs. 18)

Der Begriff des Unionsansässigen wird im Investitionskontrollrecht im **30** Umkehrschluss relevant, da über ihn der im Rahmen der sektorübergreifenden Prüfung nach §§ 55–59a AWV zentrale Begriff des **unionsfremden Erwerbers** bestimmt wird.

§ 2 Abs. 18 lehnt hierbei die Definition des Unionsansässigen an den Begriff **31** des Inländers gem. § 2 Abs. 15 an: Für natürliche Personen kommt es nach § 2 Abs. 18 Nr. 1 auf den **Wohnsitz oder gewöhnlichen Aufenthalt** (→ Rn. 17– 20), für juristische Personen und Personengesellschaften nach § 2 Abs. 18 Nr. 2 auf den **Sitz oder Ort der Leitung** (→ Rn. 23) im Hoheitsgebiet der Europäischen

---

[21] Vgl. BT-Drs. 16/10730, 14; Böhm ZBB 2019, 115 (118).
[22] Erbs/Kohlhaas/Diemer AWG § 3 Rn. 2.
[23] Wolffgang/Simonsen/Rogmann/Pietsch AWR/Mrozek Rn. 26e; Dorsch/Thoms, 218. EL, Rn. 59.

Union an. **Erwerber aus EU-Mitgliedstaaten** sind als Unionsansässige daher nicht von der sektorübergreifenden (wohl aber von der sektorspezifischen) Prüfung betroffen. Erweitert wird dies in Abweichung von § 2 Abs. 18 durch § 5 Abs. 2 S. 3, § 55 Abs. 2 S. 4 AWV (→ § 5 Rn. 8; → AWV § 55 Rn. 13, 61). Hiernach stehen Erwerber aus den Mitgliedstaaten der **Europäischen Freihandelsassoziation** (EFTA), dh aus Island, Liechtenstein, Norwegen und der Schweiz, Unionsansässigen gleich.

32   § 2 Abs. 18 Nr. 3 und 4 behandeln die Voraussetzungen, unter denen **Zweigniederlassungen und Betriebsstätten** eines Unternehmens aus einem Drittstaat als unionsansässig gelten. Allerdings finden diese Regelungen für die Investitionskontrolle **keine Anwendung**. Denn im Rahmen der sektorübergreifenden Prüfung weicht § 55 Abs. 2 S. 3 AWV nach § 3 Abs. 3 Nr. 4 (→ § 3 Rn. 8, 9) von § 2 Abs. 18 Nr. 3 und 4 ab: Zweigniederlassungen und Betriebsstätten eines unionsfremden Erwerbers gelten hiernach gerade **nicht** als **unionsansässig**.

33   Strittig war, ob für die Unionsansässigkeit das **Hoheitsgebiet der EU-Mitgliedstaaten** oder das Zollgebiet der Europäischen Union maßgeblich ist. Das betraf die Kanalinseln und die Isle of Man, welche zwar dem Zollgebiet zugehörig waren, aber nicht zum Hoheitsgebiet des Vereinigten Königreichs zählen.[24] Das BMWK (damals: BMWi) vertrat die Ansicht, den Begriff im Sinne der Hoheitsgebiete der EU-Mitgliedstaaten zu verstehen.[25] Das Problem hat sich durch den „Brexit" jedoch erübrigt: Mit dem Austritt des Vereinigten Königreichs aus der EU sind die Kanalinseln und die Isle of Man in jedem Fall unionsfremd.[26] Das Zollgebiet der EU ist seit dem „Brexit" deckungsgleich mit dem Hoheitsgebiet der Mitgliedstaaten.[27] Sonstige Überseegebiete (vgl. AEUV Anh. II) gehören weder zum Hoheitsgebiet der EU-Mitgliedstaaten noch zum EU-Zollgebiet.[28] Erwerber aus diesen Gebieten sind daher in jedem Fall nicht unionsansässig.

34   Das **Vereinigte Königreich** ist seit dem Austritt aus der EU als Drittstaat zu behandeln, sodass Erwerber aus Großbritannien oder Nordirland der sektorübergreifenden Prüfung nach §§ 55–59a AWV unterfallen. Zwar sieht Art. 129 des Handels- und Kooperationsabkommen zwischen dem Vereinigten Königreich und der EU[29] vor, dass britische Investoren wie Inländer behandelt werden. Allerdings bleibt es der EU und den Mitgliedstaaten nach Art. 412 Abs. 2 lit. a des Handels- und Kooperationsabkommens überlassen, Maßnahmen zu ergreifen, die erforderlich sind, um die öffentliche Sicherheit oder Ordnung aufrechtzuerhalten. Diesem Ziel dient die sektorübergreifende Investitionskontrolle (→ § 4 Rn. 8–11). Zudem bleibt es der EU und den Mitgliedstaaten nach

---

[24] Hocke/Sachs/Pelz AußenwirtschaftsR/Mausch-Liotta/Sattler AWV § 55 Rn. 75; Wolffgang/Simonsen/Rogmann/Pietsch AWR/Pottmeyer AWV §§ 55–59 Rn. 78; jeweils mit Verweis auf Voland EuZW 2009, 519 (520).

[25] Vgl. BeckOK AußenwirtschaftsR/Niestedt AWV § 55 Rn. 21.1. So auch Hocke/Sachs/Pelz AußenwirtschaftsR/Sachs Rn. 81.

[26] Hocke/Sachs/Pelz AußenwirtschaftsR/Mausch-Liotta/Sattler AWV § 55 Rn. 75; Wolffgang/Simonsen/Rogmann/Pietsch AWR/Pottmeyer AWV §§ 55–59 Rn. 78.

[27] Vgl. Art. 4 Unionszollkodex und Art. 52 EUV iVm Art. 355 AEUV.

[28] BeckOK AußenwirtschaftsR/Niestedt AWV § 55 Rn. 21.1.

[29] Handels- und Kooperationsabkommen zwischen der Europäischen Union und der Europäischen Atomgemeinschaft einerseits und dem Vereinigten Königreich Großbritannien und Nordirland andererseits, Abl. EU Nr. l 444 vom 31.12.2020.

Art. 415 lit. b des Handels- und Kooperationsabkommens überlassen, Schritte zu unternehmen, die sie für den Schutz ihrer wesentlichen Sicherheitsinteressen als notwendig erachten. Diesem Ziel dient wiederum die sektorspezifische Investitionskontrolle (→ § 4 Rn. 5–7). Infolgedessen unterliegen schuldrechtliche Verträge zum Erwerb inländischer Unternehmen durch Erwerber aus dem Vereinigten Königreich vollständig der Investitionskontrolle, sofern das schuldrechtliche Erwerbsgeschäft nach dem 1.1.2021 abgeschlossen worden ist (hierzu auch → AWV § 55 Rn. 16).[30]

Die Unionsansässigkeit kann sich insbesondere als schwierig zu beurteilen **35** herausstellen, wenn es sich um gesellschaftsrechtlich stark aufgespaltene Erwerber wie **Private Equity** oder **Venture Capital Funds** handelt.[31] Der Einfluss solcher Funds auf das Zielunternehmen wird regelmäßig durch die jeweiligen Komplementäre (sog. General Partners) ausgeübt. Das Stimmrecht der Investoren ist nach der gesellschaftsrechtlichen Abrede regelmäßig ausgeschlossen. Überzeugend ist daher, für die Unionsansässigkeit auf die General Partners abzustellen. Die General Partners dürften ferner auch regelmäßig über Stimmrechtsvereinbarung nach § 56 Abs. 3 AWV als mittelbare Erwerber umfasst sein (→ AWV § 56 Rn. 25–35). Allerdings wirken die gesellschaftsrechtlichen Abreden nur inter partes. Daher ist es möglich, dass das BMWK die Investoren selbst als mittelbare Erwerber ansieht und daher auf deren Unionsansässigkeit bzw. -fremdheit abstellt, sollte ein Stimmrechtserwerb nicht nachweislich ausgeschlossen sein.[32]

V. Unionsfremde (Abs. 19)

Nur der Erwerb inländischer Unternehmen durch Unionsfremde unterliegt der **36** sektorübergreifenden Prüfung nach § 5 Abs. 2, § 55 Abs. 1 AWV. Unionsfremd sind gem. § 2 Abs. 19 alle Personen und Personengesellschaften, die **keine Unionsansässigen** sind (→ Rn. 30–35). Erfasst sind demnach natürliche und juristische Personen sowie Personengesellschaften mit Wohnsitz oder gewöhnlichem Aufenthalt bzw. mit Sitz oder Ort der Leitung außerhalb eines Mitgliedstaates der EU oder – gemäß § 5 Abs. 2 S. 3, § 55 Abs. 2 S. 4 AWV (→ § 5 Rn. 8; → AWV § 55 Rn. 13, 61) – der Europäischen Freihandelsassoziation.

VI. Wertpapier (Abs. 24)

Der Begriff des Wertpapiers wird in den Regeln der sektorübergreifenden **37** Investitionskontrolle in § 55a Abs. 2 Nr. 4 und in § 59a Abs. 1, § 4 Nr. 1 AWV erwähnt. So ist nach § 55a Abs. 2 Nr. 4 AWV **branchenspezifische Software** im Sektor Finanz- und Versicherungswesen als „Software zum Betrieb von Anlagen oder Systemen […] zur Verrechnung und Abwicklung von Wertpapier- und Devisengeschäften" zu verstehen (→ AWV § 55a Rn. 3–31). Dies ist nach § 55a Abs. 1 Nr. 2 AWV deshalb relevant, weil das BMWK bei der Prüfung einer voraussichtlichen Beeinträchtigung der öffentlichen Ordnung oder Sicherheit

---

[30] Siehe BMWK, Häufige Fragen zu Investitionsprüfungen nach dem Außenwirtschaftsgesetz (AWG) und der Außenwirtschaftsverordnung (AWV), Stand 1.5.2022, unter A.13, www.bmwk.de/Redaktion/DE/FAQ/Aussenwirtschaftsrecht/faq-aussenwirtschaftsrecht. html (zuletzt abgerufen am 23.8.2023); Sattler/Engels EuZW 2021, 485 (491); Sangi/Berger EuZW 2021, 979 (984).

[31] Dorsch/Friton/von Rummel, 218. EL, AWG § 5 Rn. 15.

[32] Dorsch/Friton/von Rummel, 218. EL, AWG § 5 Rn. 15.

berücksichtigen kann, ob das Zielunternehmen für kritische Infrastrukturen branchenspezifische Software entwickelt oder herstellt (→ AWV § 55a Rn. 32–35). § 59a Abs. 1 AWV enthält auf der anderen Seite eine Sonderregel zu den Vollzugsbeschränkungen des § 15 Abs. 3 S. 1 im Falle eines meldepflichtigen **Beteiligungserwerbs** mittels eines Rechtsgeschäftes mit Wertpapieren über eine Börse (→ § 15 Rn. 21, → AWV 59a Rn. 3–5). Für den Fall, dass ein entsprechender Erwerb untersagt wird, sieht § 59a Abs. 4 Nr. 1 AWV vor, dass das BMWK den Erwerbsbeteiligten anordnen kann, den Erwerb **rückgängig** zu machen, insbesondere durch Veräußern von Wertpapieren über die Börse oder Übertragung an einen Treuhänder (→ AWV 59a Rn. 9).

38   Wertpapiere sind gem. § 2 Abs. 24 S. 1 Nr. 1 Wertpapiere iSd **§ 1 Abs. 1 DepotG**, dh Aktien, Kuxe, Zwischenscheine, Zins-, Gewinnanteil- und Erneuerungsscheine, auf den Inhaber lautende oder durch Indossament übertragbare Schuldverschreibungen, sowie andere Wertpapiere, wenn diese vertretbar sind, mit Ausnahme von Banknoten und Papiergeld. Wertpapiere sind danach auch Namensschuldverschreibungen, soweit sie auf den Namen einer Wertpapiersammelbank ausgestellt wurden. Zudem sind Wertpapiere elektronisch begebene Wertpapiere iSd Gesetzes über elektronische Wertpapiere (eWpG). Hierüber können auch Kryptowährungen vom Wertpapierbegriff erfasst sein. Das gilt jedenfalls für solche, die auf der Kryptowertpapierliste nach § 20 Abs. 3 eWpG geführt werden. Des Weiteren sind **Wertpapiere iSd Außenwirtschaftsrechts** nach § 2 Abs. 24 S. 1 Nr. 2 Anteile an einem Wertpapiersammelbestand oder an einer Sammelschuldbuchforderung, sowie nach § 2 Abs. 24 S. 1 Nr. 3 Rechte auf Lieferung oder Zuteilung von Wertpapieren iSd § 2 Abs. 24 Nr. 1 und 2.

§ 3 Zweigniederlassungen und Betriebsstätten

(1) [1]**Inländische Zweigniederlassungen und Betriebsstätten von Ausländern und ausländische Zweigniederlassungen und Betriebsstätten von Inländern gelten als rechtlich selbständig.** [2]**Mehrere inländische Zweigniederlassungen und Betriebsstätten desselben Ausländers gelten als eine inländische Zweigniederlassung oder Betriebsstätte.**

(2) **Handlungen, die von oder gegenüber Zweigniederlassungen oder Betriebsstätten im Sinne des Absatzes 1 vorgenommen werden, gelten als Rechtsgeschäfte, soweit solche Handlungen im Verhältnis zwischen natürlichen oder juristischen Personen oder Personengesellschaften Rechtsgeschäfte wären.**

(3) [1] **Durch Rechtsverordnung auf Grund dieses Gesetzes oder durch vollziehbare Anordnung gemäß § 6 kann vorgesehen werden, dass**
1. **mehrere ausländische Zweigniederlassungen und Betriebsstätten desselben Inländers abweichend von Absatz 1 Satz 1 als ein Ausländer gelten,**
2. **inländische Zweigniederlassungen und Betriebsstätten desselben Ausländers abweichend von Absatz 1 Satz 2 jeweils für sich als Inländer gelten,**
3. **Zweigniederlassungen und Betriebsstätten abweichend von § 2 Absatz 5 und 15 nicht als Ausländer oder Inländer gelten oder**

---

[1] § 3 Abs. 3 ist bereits am 1.8.2013 in Kraft getreten, vgl. Art. 27 Abs. 4 des Gesetzes zur Neuregelung des gesetzlichen Messwesens v. 25.7.2013 (BGBl. I S. 2722).

4. Zweigniederlassungen und Betriebsstätten abweichend von § 2 Absatz 18 und 19 nicht als Unionsansässige oder Unionsfremde gelten.

A. Inhalt und Bedeutung

§ 3 enthält Sonderregelungen für Zweigniederlassungen und Betriebsstätten **1** und ergänzt damit die Begriffsbestimmungen des § 2. Abs. 1 fingiert die rechtliche Selbstständigkeit und Abs. 2 die Rechtsfähigkeit von Zweigniederlassungen und Betriebsstätten (→ Rn. 2–7). Abs. 3 eröffnet für den Verordnungsgeber Abweichungsmöglichkeiten von diesen Fiktionen sowie von den Definitionen des Ausländers bzw. Unionsfremden und des Inländers bzw. Unionsansässigen. Von letzterer Möglichkeit wurde im Rahmen der Investitionskontrolle auch Gebrauch gemacht (→ Rn. 8–9; → § 2 Rn. 4, 26, 32).

B. Fiktion der rechtlichen Selbstständigkeit und Rechtsfähigkeit (Abs. 1 und 2)

Nach § 3 Abs. 1 S. 1 gelten inländische **Zweigniederlassungen und 2 Betriebsstätten** (→ § 2 Rn. 27–28) von Ausländern (→ § 2 Rn. 6–8) und ausländische Zweigniederlassungen und Betriebsstätten von Inländern (→ § 2 Rn. 13–29) als **rechtlich selbstständig.** Diese Fiktion gilt sowohl im Verhältnis zu dem Hauptunternehmen der jeweiligen Zweigniederlassung oder Betriebsstätte als auch im Verhältnis zu Dritten.[2] Dies führt dazu, dass Zweigniederlassungen bzw. Betriebsstätten und das dazugehörige Unternehmen im Außenwirtschaftsrecht als unterschiedliche Rechtssubjekte behandelt werden.[3]

Mehrere inländische Zweigniederlassungen oder Betriebsstätten desselben Aus- **3** länders werden gem. § 3 Abs. 1 S. 2 **als Einheit** behandelt. Auf ausländische Zweigniederlassungen oder Betriebsstätten von Inländern findet die Vorschrift allerdings keine Anwendung.

Nach § 3 Abs. 2 gelten **Handlungen**, die von oder gegenüber Zweigniederlas- **4** sungen oder Betriebsstätten iSd Abs. 1 getätigt werden, als **Rechtsgeschäfte,** soweit solche Handlungen im Verhältnis zwischen natürlicher oder juristischer Person bzw. Personengesellschaft Rechtsgeschäfte wären. Diese Fiktion der Rechtsfähigkeit gilt ebenfalls nur für das Außenwirtschaftsrecht[4] und ist Konsequenz der nach § 3 Abs. 1 S. 1 fingierten rechtlichen Selbstständigkeit von Unternehmensteilen.[5] Sie gilt sowohl im Hinblick auf Unternehmensteile als auch im Verhältnis zu Dritten.[6]

Auch Handlungen zwischen inländischen Zweigniederlassungen oder Betriebs- **5** stätten und anderen Unternehmensteilen unterliegen damit den Beschränkungen des AWG, die an das Vorliegen eines Rechtsgeschäfts anknüpfen.[7] Eine Umgehung der Beschränkungen des AWG soll so verhindert werden.[8] Unternehmensin-

---

[2] BT-Drs. 7/4323, 8.
[3] Hocke/Sachs/Pelz AußenwirtschaftsR/Sachs Rn. 1.
[4] BT-Drs. 7/4323, 8.
[5] BT-Drs. 7/4323, 9.
[6] Dorsch/Thoms, 218. EL, Rn. 7.
[7] Dorsch/Thoms, 218. EL, Rn. 7.
[8] BeckOK AußenWirtschaftsR/Simon Rn. 4.

terne Handlungen (sog. Intracompany-Handlungen), dh Handlungen zwischen verschiedenen Entitäten innerhalb eines Unternehmens, können damit potenziell den Einschränkungen des AWG und der Investitionskontrolle unterfallen. Ein Anwendungsfall ist aber nur schwer denkbar.

6   Zu beachten ist in diesem Zusammenhang, dass **konzerninterne Umstrukturierungen** unter bestimmten Voraussetzungen aus dem Anwendungsbereich der sektorübergreifenden Investitionskontrolle herausfallen. Nach § 55 Abs. 1b AWV findet keine sektorübergreifende Investitionskontrolle statt, wenn das Erwerbsgeschäft ausschließlich zwischen Unternehmen abgeschlossen wird, deren Anteile jeweils vollständig von demselben herrschenden Unternehmen gehalten werden, und alle Vertragsparteien ihren Ort der Leitung in demselben Drittstaat haben (→ AWV § 55 Rn. 55–57). Für die sektorspezifische Investitionskontrolle besteht eine solche Ausnahmeregelung nicht.

7   Zum 1.1.2024 tritt das Personengesellschaftsrechtsmodernisierungsgesetz (MoPeG) in Kraft, mit dem der Begriff der Personengesellschaft in § 3 Abs. 2 um den Zusatz „rechtsfähige" ergänzt wird. Bei der Änderung handelt es sich um eine Folgeänderung, die mit der gesetzlichen Anerkennung der Rechtsfähigkeit der Gesellschaft bürgerlichen Rechts einhergeht.[9]

C. Ermächtigungsgrundlage zur Abweichung (Abs. 3)

8   In § 3 Abs. 3 wird die Exekutive ermächtigt, durch **Rechtsverordnung** auf Grund des AWG oder im Einzelfall durch vollziehbare Anordnung gem. § 6 von den Fiktionen in Abs. 1 sowie den Definitionen in § 2 Abs. 5 und 15 bzw. 18 sowie 19 bestimmte **abweichende Regelungen** zu treffen.

9   Gem. § 3 Abs. 3 Nr. 3 bzw. 4 kann geregelt werden, dass Zweigniederlassungen und Betriebsstätten abweichend von § 2 Abs. 5 und 15 bzw. 18 und 19 nicht als Ausländer oder Inländer bzw. Unionsansässige oder Unionsfremde gelten. Hiervon wurde im Rahmen der **Investitionskontrolle** dergestalt Gebrauch gemacht, dass **Zweigniederlassungen und Betriebsstätten** eines unionsfremden bzw. ausländischen Erwerbers nach § 55 Abs. 2 S. 3 AWV bzw. § 60 Abs. 2 S. 3 AWV **nicht als unionsansässig bzw. inländisch** gelten (→ AWV § 55 Rn. 13). Auf diese Weise soll verhindert werden, dass weltweit tätige Unternehmen, die regelmäßig eine Zweigniederlassung oder Betriebsstätte in der EU bzw. Deutschland haben, als unionsansässig bzw. inländisch zu qualifizieren sind und dadurch nicht der sektorübergreifenden bzw. sektorspezifischen Investitionsprüfung unterfallen (→ § 2 Rn. 26, 32).[10]

§ 4 Beschränkungen und Handlungspflichten zum Schutz der öffentlichen Sicherheit und der auswärtigen Interessen

(1) **Im Außenwirtschaftsverkehr können durch Rechtsverordnung Rechtsgeschäfte und Handlungen beschränkt oder Handlungspflichten angeordnet werden, um**
1.   **die wesentlichen Sicherheitsinteressen der Bundesrepublik Deutschland zu gewährleisten,**

---

[9] BT-Drs. 19/27635, 282 f.
[10] BT-Drs. 16/10730, 14.

2. eine Störung des friedlichen Zusammenlebens der Völker zu verhüten,
3. eine erhebliche Störung der auswärtigen Beziehungen der Bundesrepublik Deutschland zu verhüten,
4. die öffentliche Ordnung oder Sicherheit der Bundesrepublik Deutschland oder eines anderen Mitgliedstaates der Europäischen Union zu gewährleisten,
4a. die öffentliche Ordnung oder Sicherheit in Bezug auf Projekte oder Programme von Unionsinteresse im Sinne von Artikel 8 der Verordnung (EU) 2019/452 des Europäischen Parlaments und des Rates vom 19. März 2019 zur Schaffung eines Rahmens für die Überprüfung ausländischer Direktinvestitionen in der Union (ABl. L 79 I vom 21.3.2019, S. 1) zu gewährleisten oder
5. einer Gefährdung der Deckung des lebenswichtigen Bedarfs im Inland oder in Teilen des Inlands entgegenzuwirken und dadurch im Einklang mit Artikel 36 des Vertrags über die Arbeitsweise der Europäischen Union die Gesundheit und das Leben von Menschen zu schützen.

(2) Ferner können im Außenwirtschaftsverkehr durch Rechtsverordnung Rechtsgeschäfte und Handlungen beschränkt oder Handlungspflichten angeordnet werden, um

1. Beschlüsse des Rates der Europäischen Union über wirtschaftliche Sanktionsmaßnahmen im Bereich der Gemeinsamen Außen- und Sicherheitspolitik umzusetzen,
2. Verpflichtungen der Mitgliedstaaten der Europäischen Union durchzuführen, die in unmittelbar geltenden Rechtsakten der Europäischen Union zur Durchführung wirtschaftlicher Sanktionsmaßnahmen im Bereich der Gemeinsamen Außen- und Sicherheitspolitik vorgesehen sind,
3. Resolutionen des Sicherheitsrates der Vereinten Nationen umzusetzen oder
4. zwischenstaatliche Vereinbarungen umzusetzen, denen die gesetzgebenden Körperschaften in der Form eines Bundesgesetzes zugestimmt haben.

(3) Als Beschränkung nach den Absätzen 1 und 2 gilt die Anordnung von Genehmigungserfordernissen oder von Verboten.

(4) [1]Beschränkungen und Handlungspflichten sind nach Art und Umfang auf das Maß zu begrenzen, das notwendig ist, um den in der Ermächtigung angegebenen Zweck zu erreichen. [2]Sie sind so zu gestalten, dass in die Freiheit der wirtschaftlichen Betätigung so wenig wie möglich eingegriffen wird. [3]Beschränkungen und Handlungspflichten dürfen abgeschlossene Verträge nur berühren, wenn der in der Ermächtigung angegebene Zweck erheblich gefährdet wird. [4]Sie sind aufzuheben, sobald und soweit die Gründe, die ihre Anordnung rechtfertigen, nicht mehr vorliegen.

A. Inhalt und Bedeutung

§ 4 ist die gesetzliche **Ermächtigungsgrundlage** zum Erlass von **Rechts- 1 verordnungen im Außenwirtschaftsrecht** zum Schutz der außenwirtschaftsrechtlichen Schutzgüter. Auf Grundlage des Abs. 1 ist die AWV erlassen worden, welche die für die Investitionskontrolle maßgeblichen Vorschriften enthält (→ Rn. 2–12). Abs. 2 enthält eine ergänzende, im Kontext des Investitionskontrollrechts nicht relevante, Ermächtigung, um durch Rechtsverordnung insbesondere Wirtschaftssanktionen der EU oder des Sicherheitsrats der Vereinten Nationen umzusetzen. Abs. 3 regelt, dass die Beschränkungen in den so erlassenen Rechtsverordnungen in Form der Anordnung von Genehmigungserfordernissen oder Verboten erfolgen können (→ Rn. 13, 14). Schließlich grenzt Abs. 4 das Ausmaß der Beschränkungen ein, indem besondere Anforderungen des Verhältnismäßigkeitsgrundsatzes aufgestellt werden (→ Rn. 15–18). Der Rechtsschutz gegen aufgrund von § 4 erlassene Rechtsverordnungen ist nur inzident möglich (→ Rn. 19). § 4 wird durch die näheren Vorgaben zum Beschränkungsgegenstand in § 5 ergänzt.

B. Ermächtigung zum Erlass von Rechtsverordnungen zum Schutz außenwirtschaftsrechtlicher Schutzgüter (Abs. 1)

2   § 4 Abs. 1 beinhaltet die Ermächtigungsgrundlage zum Erlass von Rechtsverordnungen für die Zwecke der Gewährleistung der in Abs. 1 Nr. 1–5 aufgezählten außenwirtschaftsrechtlichen Schutzgüter. Die in der AWV enthaltenen Regeln der **Investitionskontrolle** stützen sich auf die Ermächtigungen nach Abs. 1 **Nr. 1 bzw. Nr. 4 und 4a**: Die sektorspezifische Prüfung (§ 5 Abs. 3, §§ 60 ff. AWV) soll die wesentlichen Sicherheitsinteressen Deutschlands gewährleisten (→ Rn. 5–7), während die sektorübergreifende Prüfung (§ 5 Abs. 2, §§ 55 ff. AWV) dem Schutz der öffentlichen Ordnung oder Sicherheit Deutschlands und anderer EU-Mitgliedstaaten (→ Rn. 8–11) sowie bestimmter Projekte oder Programme von Unionsinteresse (→ Rn. 12) dient. Die Zwecke der Verhütung einer Störung des friedlichen Zusammenlebens der Völker (Abs. 1 Nr. 2), einer erheblichen Störung der auswärtigen Beziehungen der Bundesrepublik Deutschland (Abs. 1 Nr. 3) sowie der Entgegenwirkung von Gefährdung der Deckung des lebenswichtigen Bedarfs im Inland (Abs. 1 Nr. 5) haben für das Investitionskontrollrecht keine Bedeutung.

3   Der jeweils gewählte Terminus der „**Gewährleistung**", der sich nicht auf den Erlass der Rechtsverordnung als solche, sondern auf die mögliche Beschränkung oder Anordnung einer Handlungspflicht bezieht, deutet bereits an, dass die tatbestandlichen Hürden gering sind. Das Vorliegen einer konkreten Gefahr ist nach dieser Vorgabe nicht erforderlich. Von der Ermächtigung erfasst sind vielmehr auch vorsorgliche Beschränkungen.[1] Das steht im Einklang mit dem Tatbestandsmerkmal der „voraussichtlichen Beeinträchtigung" aus § 5 Abs. 2 und § 55 Abs. 1 AWV, § 60 Abs. 1 AWV.

4   Die Verordnungsgesetzgebung erfolgt nach § 12 Abs. 1 S. 1, Abs. 2 durch die Bundesregierung, ohne dass es der Zustimmung des Bundesrates bedarf (→ § 12 Rn. 2, 6). Die damit gegebene Möglichkeit, die Einzelheiten der Beschränkungen des Außenwirtschaftsverkehrs durch Rechtsverordnung festlegen zu können, schafft eine hohe **Flexibilität** der Exekutive[2] und ermöglicht es ihr, schnell auf

---

[1] Dorsch/Thoms, 218. EL, Rn. 4; Hohmann/John/Sauer AWG § 7 Rn. 9; Wolffgang/Simonsen/Rogmann/Pietsch AWR/Simonsen Rn. 42; Hocke/Sachs/Pelz AußenwirtschaftsR/Pelz Rn. 12.

[2] Wolffgang/Simonsen/Rogmann/Pietsch AWR/Simonsen Rn. 102; BeckOK AußenWirtschaftsR/Gerster Rn. 41.

aktuelle Entwicklungen zu reagieren. Ein Beispiel hierfür war die 15. Verordnung zur Änderung der AWV in Reaktion auf den Ausbruch der COVID-19-Pandemie im Jahr 2020, mit der die Investitionskontrolle im Gesundheitssektor verschärft wurde.[3] Eine Ermächtigungsgrundlage für Einzelfallregelungen durch Verwaltungsakt ist zudem in § 6 vorgesehen.

I. Wesentliche Sicherheitsinteressen der Bundesrepublik Deutschland (Abs. 1 Nr. 1)

Im Außenwirtschaftsverkehr können gem. § 4 Abs. 1 Nr. 1 durch Rechtsver- **5** ordnung Rechtsgeschäfte und Handlungen beschränkt oder angeordnet werden, um **die wesentlichen Sicherheitsinteressen der Bundesrepublik Deutschland** zu gewährleisten. Die Sicherheit der staatlichen Gemeinschaft stellt ein dem wirtschaftlichen Einzelinteresse grundsätzlich übergeordnetes Rechtsgut dar[4] und kann damit Eingriffe in die Investitionsfreiheit in Form der sektorspezifischen Prüfung rechtfertigen, wie sie in Ausfüllung der Ermächtigungsgrundlage in §§ 60–62 AWV ausgestaltet ist.

Der Begriff der wesentlichen Sicherheitsinteressen ist dabei **im Lichte des** **6** **Unionsrechts** zu verstehen.[5] Denn im Jahr 2004 wurde der zuvor verwendete Begriff „Sicherheit" durch den der „wesentlichen Sicherheitsinteressen" ersetzt. Hiermit sollte der Geltungsbereich erweitert und die Vorschrift explizit an Art. 296 EGV (heute Art. 346 AEUV) angepasst werden.[6] Grundsätzlich sind Sicherheitsinteressen in diesem Sinne solche, die die **Staatssicherheit**, also die Existenz Deutschlands und die Grundvoraussetzungen staatlicher Souveränität betreffen.[7] „Sicherheit" umfasst sowohl die äußere (Krieg iwS) als auch die innere Sicherheit (Bürgerkrieg iwS).[8] Zudem erfasst der Begriff **sicherheitspolitische Interessen** der Bundesrepublik Deutschland und ihre **militärische Versorgungssicherheit**.[9] „Wesentlich" sind alle Sicherheitsinteressen, die den Kernbereich dieser Sicherheitsinteressen berühren. Hierzu zählen insbesondere auch die **strategischen Partnerschaften** der Bundesrepublik im Rahmen von EU, NATO und anderen internationalen Organisationen.[10] Angesichts des „breiter, vielfältiger und unberechenbarer" werdenden Gefährdungsspektrums für die nationale Sicherheit,[11] ist allerdings eine abschließende Definition der relevanten Sicherheitsinteressen kaum möglich. Rein wirtschaftspolitische Interessen sind allerdings nicht erfasst,[12] auch wenn

---

[3] BAnz. AT 2.6.2020 V1; siehe dazu Becker, Investitionskontrolle im Außenwirtschaftsrecht, 2023, S. 103 f.

[4] BT-Drs. 3/1285, 238.

[5] Dagegen wollen Schipke/Sichla EuZW 2023, 559 (561) den Begriff der wesentlichen Sicherheitsinteressen autonom verstehen. Eine akzessorische Auslegung sei damit nicht zwingend.

[6] BT-Drs. 15/2537, 7.

[7] BeckOK AußenWirtschaftsR/Gerster Rn. 6.

[8] EuGH EuZW 1992, 29 Rn. 22; BT-Drs. 15/2537, 7.

[9] BT-Drs. 15/2537, 7.

[10] Hocke/Sachs/Pelz AußenwirtschaftsR/Pelz Rn. 10; vgl. auch BT-Drs. 15/2537, 7 f.

[11] Weißbuch zur Sicherheitspolitik und zur Zukunft der Bundeswehr, 2016, 34.

[12] Zum Begriff der „öffentlichen Sicherheit": EuGH IStR 2000, 287 Rn. 17; Geiger/Khan/Kotzur/Kirchmair/Eisenhut AEUV Art. 346 Rn. 9; von der Groeben/Schwarze/Hatje/Dittert AEUV Art. 346 Rn. 6.

es zunehmend Tendenzen gibt, die Definition auch auf vitale ökonomische Interessen auszuweiten.[13] Dabei darf allerdings nicht übersehen werden, dass es der Ausnahmecharakter der Vorschrift und die Beschränkung auf „wesentliche" Sicherheitsinteressen gebieten, trotz der bestehenden Einschätzungsprärogative eine enge Auslegung vorzunehmen.[14]

7   Zur Gewährleistung der wesentlichen Sicherheitsinteressen darf der **Erwerb inländischer Unternehmen** beschränkt werden. § 5 Abs. 3 S. 1 Nr. 1 und 2 führt in diesem Zusammenhang den Erwerb inländischer Unternehmen auf, die Kriegswaffen oder andere Rüstungsgüter oder bestimmte Produkte mit IT-Sicherheitsfunktionen herstellen oder entwickeln (→ § 5 Rn. 24–32). In § 60 Abs. 1 AWV ist ferner in Ausübung der in § 4 Abs. 1 Nr. 1 enthaltenen Ermächtigung konkretisiert, bei welchen inländischen Unternehmen ein ausländischer Erwerb voraussichtlich eine Beeinträchtigung der wesentlichen Sicherheitsinteressen der Bundesrepublik Deutschland zur Folge hat (→ AWV § 60 Rn. 45–64).

II. Öffentliche Ordnung oder Sicherheit der Bundesrepublik Deutschland oder eines Mitgliedstaates der Union (Abs. 1 Nr. 4)

8   Nach § 4 Abs. 1 Nr. 4 können Rechtsgeschäfte und Handlungen, einschließlich Erwerbe inländischer Unternehmen, durch Rechtsverordnung auch beschränkt oder angeordnet werden, um die öffentliche Ordnung oder Sicherheit der Bundesrepublik Deutschland oder eines anderen Mitgliedstaates der Union zu gewährleisten. Dies bildet, gemeinsam mit Abs. 1 Nr. 4a (→ Rn. 12) die Ermächtigungsgrundlage für die sektorübergreifende Prüfung nach §§ 55–59a AWV.

9   Die Begriffe der **öffentlichen Ordnung oder Sicherheit** sind trotz der terminologischen Nähe nicht an diejenigen des Polizei- und Ordnungsrechts angelehnt. Das folgt bereits durch die Abweichung von der im Polizei- und Ordnungsrecht üblichen Wortfolge „öffentliche Sicherheit und Ordnung".[15] Die „öffentliche Ordnung oder Sicherheit" ist vielmehr an die unionsrechtlichen Vorschriften zur Warenverkehrs-, Kapitalverkehrs- und Niederlassungsfreiheit in Art. 36 AEUV, Art. 52 Abs. 1 AEUV, Art. 65 Abs. 1 lit. b AEUV angelehnt und somit **unionsrechtlich auszulegen** (→ AWV § 55 Rn. 30).[16]

10   Aufgrund ihres Ausnahmecharakters legt der EuGH die Begriffe eng aus,[17] erkennt aber teilweise einen Beurteilungsspielraum der Mitgliedstaaten an.[18] Die öffentliche Ordnung erfasst nach der Rechtsprechung des EuGH nur staatliche Interessen von **fundamentaler Bedeutung**.[19] § 5 Abs. 2 S. 2 aF verlangte dementsprechend auch die Berührung eines Grundinteresses der Gesellschaft. Mit der Ersten AWG-Novelle im Jahr 2020 strich der Gesetzgeber diese Bezugnahme, beabsichtigte allerdings keine Änderung des Inhalts des Begriffes der öffentlichen Ordnung oder Sicherheit (→ § 5 Rn. 17).[20] Die Sicherheit betrifft die **innere und**

---

[13] Vgl. Wolffgang/Simonsen/Rogmann/Pietsch AWR/Simonsen Rn. 45 f.

[14] EuGH BeckRS 2004, 77125 Rn. 21; Grabitz/Hilf/Nettesheim/Jaeckel AEUV Art. 346 Rn. 15.

[15] BeckOK AußenWirtschaftsR/Gerster Rn. 16.

[16] BT-Drs. 16/10730, 10 f.

[17] EuGH BeckRS 2004, 77125 Rn. 21.

[18] EuGH NJW 2004, 1471 (1472) Rn. 31.

[19] Vgl. Grabitz/Hilf/Nettesheim/Leible/Streinz AEUV Art. 36 Rn. 20.

[20] BT-Drs. 19/18700, 18.

äußere Sicherheit des Staates.[21] In Abgrenzung zu den von dem spezielleren Abs. 1 Nr. 1 erfassten wesentlichen Sicherheitsinteressen (→ Rn. 5–7) ist der Begriff der öffentlichen Ordnung und Sicherheit weiter[22] und verlangt zB keine Berührungspunkte zu militärischen Belangen. Anerkannt hat der EuGH, dass hierunter das Funktionieren der Wirtschaft und der staatlichen Einrichtungen und öffentlichen Dienste sowie das Überleben der Bevölkerung fallen.[23] Nicht ausreichend ist allerdings der reine Schutz wirtschaftspolitischer, arbeitspolitischer oder finanzieller Interessen.[24] So soll die öffentliche Ordnung oder Sicherheit beispielsweise nicht Produktionsverlagerungen ins Ausland aus wirtschaftlichen Gründen oder den Erhalt von Arbeitsplätzen im Inland erfassen.[25] Dies wird mittlerweile jedoch teilweise angezweifelt.[26] Eine Betroffenheit der öffentlichen Ordnung und Sicherheit nimmt der deutsche Gesetzgeber zB bei Fragen der **Sicherstellung der Versorgung** im Krisenfall in den Bereichen Telekommunikation und Elektrizität oder der Gewährleistung von Dienstleistungen von strategischer Bedeutung an.[27] Das stimmt mit der Rechtsprechung des EuGH überein.[28]

Die Norm ermöglicht seit Inkrafttreten der Screening-VO gem. § 4 Abs. 1 **11** Nr. 4 und § 55 Abs. 1 AWV nicht nur Maßnahmen zur Gewährleistung der öffentlichen Ordnung und Sicherheit der Bundesrepublik Deutschland, sondern auch die eines anderen **Mitgliedstaates der EU**. Das BMWK hat folglich auch die Interessen anderer Mitgliedstaaten bei der Durchführung ihres Prüfverfahrens von Amts wegen zu berücksichtigen. Hierfür hat nach Art. 6 Abs. 1 der Screening-VO der Kommission und den Mitgliedstaaten Informationen zu laufenden Prüfverfahren mitzuteilen. Wenn andere EU-Mitgliedstaaten ihre öffentliche Ordnung und Sicherheit durch eine ausländische Direktinvestition in die Bundesrepublik Deutschland gefährdet sehen, können sie im Rahmen des **Kooperationsmechanismus** nach Art. 6 Abs. 2 UAbs. 1 S. 1 Screening-VO einen entsprechenden Kommentar abgeben. Dasselbe Recht hat die EUKommission nach Art. 6 Abs. 3 UAbs. 1 Screening-VO, wenn sie der Auffassung ist, dass die Investition die Sicherheit oder öffentliche Ordnung in mehr als einem Mitgliedstaat beeinträchtigt. Das BMWK hat die Kommentare gem. Art. 6 Abs. 9 S. 1 Screening-VO in angemessener Weise zu berücksichtigen (eingehend → Screening-VO Rn. 146–183).

III. Öffentliche Ordnung oder Sicherheit in Bezug auf Projekte oder Programme von Unionsinteresse, Abs. 1 Nr. 4a

Des Weiteren können im Außenwirtschaftsverkehr gem. § 4 Abs. 1 Nr. 4a durch **12** Rechtsverordnung Rechtsgeschäfte und Handlungen beschränkt oder Handlungspflichten angeordnet werden, um die **öffentliche Ordnung oder Sicherheit in Bezug auf Projekte oder Programme von Unionsinteresse** iSv Art. 8 der

---

[21] EuGH BB 1993, 690 Rn. 22.

[22] Grabitz/Hilf/Nettesheim/Jaeckel AEUV Art. 346 Rn. 14.

[23] EuGH BeckRS 2004, 73601 Rn. 34.

[24] Wolffgang/Simonsen/Rogmann/Pietsch AWR/Simonsen Rn. 77; Dorsch/Thoms, 218. EL, Rn. 9; Nehring-Köppl, Paradigmenwechsel im Außenwirtschaftsrecht, 2023, S. 174 f.

[25] Nehring-Köppl, Paradigmenwechsel im Außenwirtschaftsrecht, 2023, S. 174 f. mwN.

[26] So beispielsweise Hocke/Sachs/Pelz AußenwirtschaftsR/Mausch-Liotta/Sattler AWV § 55 Rn. 95.

[27] BT-Drs. 16/10730, 11.

[28] Vgl. EuGH EuZW 2003, 529 (535) Rn. 71. Siehe auch Hindelang/Hagemeyer EuZW 2017, 882 (887).

Screening-VO zu gewährleisten. § 4 Abs. 1 Nr. 4a berücksichtigt somit übergreifende EU-Interessen. Bei der Verweisung auf Art. 8 der Screening-VO handelt es sich um einen dynamischen Verweis. Erfasst werden gem. Art. 8 Abs. 3 S. 1 Screening-VO Projekte, für die erhebliche Unionsmittel bereitgestellt werden oder die unter die Rechtsvorschriften der Union über kritische Infrastrukturen, kritische Technologien oder kritische Ressourcen fallen. Die Projekte sind gem. Art. 8 Abs. 3 S. 2 Screening-VO im Anhang der Verordnung aufgelistet. Zunächst geschützt wurden die Europäischen GNSS-Programme (Galileo und EGNOS), Copernicus, Horizont 2020, das Transeuropäisches Verkehrsnetz (TEN-T), die Transeuropäischen Energienetze (TEN-E), die Transeuropäischen Netze im Bereich der Telekommunikation, das Europäische Programm zur industriellen Entwicklung im Verteidigungsbereich, sowie die Ständige Strukturierte Zusammenarbeit (SSZ). Inzwischen sind auch vorbereitende Maßnahmen zur Vorbereitung von EU-GOV-SATCOM, das Weltraumprogramm, Horizont Europa, das Euratom-Programm für Forschung und Ausbildung, Connecting Europe, Digitales Europa, das Europäische Programm zur industriellen Entwicklung im Verteidigungsbereich, vorbereitende Maßnahmen im Bereich der Verteidigungsforschung, der Europäische Verteidigungsfonds, das Europäische gemeinsame Unternehmen für den ITER, sowie das Programm EU4Health geschützt.[29] Der Begriff der öffentlichen Ordnung und Sicherheit ist wie in § 4 Abs. 1 Nr. 4 auszulegen (→ Rn. 9, 10).

C. Rechtsfolge: Beschränkungen (Abs. 3) und Handlungspflichten

13   Nach § 4 Abs. 1 können im Außenwirtschaftsverkehr durch Rechtsverordnung Rechtsgeschäfte, dh insbesondere Willenserklärungen und Verträge, sowie Handlungen, dh Realakte, beschränkt werden. Der Begriff der Beschränkung umfasst nach § 4 Abs. 3 die **Anordnung von Genehmigungserfordernissen** oder von **Verboten**. Während Genehmigungserfordernisse im Bereich der Investitionskontrollrecht keine Rolle spielen (→ § 8 Rn. 1–3), kennt sowohl die sektorübergreifende als auch die sektorspezifische Prüfung mit der **Untersagung** nach § 59 Abs. 1 AWV und § 62 Abs. 1 AWV das Mittel eines Verbotes.

14   Neben die Beschränkungen treten gem. § 4 Abs. 1 die in § 4 Abs. 3 nicht näher konkretisierten **Handlungspflichten**. Hierdurch kann ein Handeln, Dulden oder Unterlassen durch Rechtsverordnung abstrakt-generell oder konkret-individuell durch Verwaltungsakt angeordnet werden. So etabliert die AWV zB mit den Meldepflichten nach § 55a Abs. 4 S. 1 AWV, § 60 Abs. 3 S. 1 AWV generelle Handlungspflichten im Rahmen des Prüfverfahrens. Andererseits können in der Investitionskontrolle im Einzelfall Anordnungen nach § 59 Abs. 1 AWV bzw. § 62 Abs. 1 AWV sowie Freigaben nach § 58a Abs. 3 AWV, ggf. iVm § 61 S. 3 AWV unter Auflage ergehen.

D. Verhältnismäßigkeitsgrundsatz (Abs. 4)

15   § 4 Abs. 4 normiert **Ausmaß und Qualität** der Beschränkungen und Handlungspflichten, die nach Abs. 1 und 2 angeordnet werden können. In § 4 Abs. 4 S. 1 und 2 ist eine **Ausprägung des** verfassungsrechtlichen **Verhältnismäßig-**

---

[29] Art. 1 Delegierte VO (EU) 2020/1298; Art. 1 Delegierte VO (EU) 2021/2126.

keitsgrundsatzes zu sehen.[30] Die Beschränkungen sollen in den Grundsatz der Außenwirtschaftsfreiheit aus § 1 Abs. 1 bzw. die Grundrechte (→ § 1 Rn. 2–5) geringstmöglich eingreifen. Das Unionsrecht verlangt gleichermaßen, dass im Investitionskontrollregime als Einschränkung der Kapital- bzw. Niederlassungsfreiheit (→ § 1 Rn. 7–10) verhältnismäßig ist (→ Screening-VO Rn. 26).[31]

Nach S. 1 sind Beschränkungen und Handlungspflichten nach Art und **16** Umfang auf das Maß zu begrenzen, das notwendig ist, um den in der Ermächtigung angegebenen Zweck zu erreichen. Nach S. 2 sind Beschränkungen und Handlungspflichten so zu gestalten, dass in die Außenwirtschaftsfreiheit nach § 1 Abs. 1 so wenig wie möglich eingegriffen wird. Somit geben S. 1 und 2 die Grundsätze der **Geeignetheit und Erforderlichkeit** wieder.[32] Ein Verbot ist damit Ultima Ratio.[33] Die gesetzliche Grundlage der Investitionskontrolle erfüllt diese Voraussetzungen, indem sie ein abgestuftes Eingriffssystem vorsieht. Das Gesetz ermöglicht gem. § 14 Abs. 1 S. 1 AWG, § 58a Abs. 3 AWV, § 59 Abs. 1 AWV, § 61 S. 3 AWV, § 62 Abs. 1 AWV den Erlass von Anordnungen und Auflagen. Zudem ist der Schluss eines öffentlich-rechtlichen Vertrages nach den §§ 54–62 VwVfG möglich und üblich. Eine Untersagung ist nur als letztes Mittel verhältnismäßig.

Nach § 4 Abs. 4 S. 3 dürfen Beschränkungen und Handlungspflichten abge- **17** schlossene Verträge nur berühren, wenn der in der Ermächtigung angegebene Zweck erheblich gefährdet wird. Im Bereich der Investitionskontrolle ist das schuldrechtliche Erwerbsgeschäft allerdings ohnehin gem. § 15 Abs. 2 auflösend bedingt und damit schwebend wirksam (→ § 15 Rn. 2–6). Der durch § 4 Abs. 4 S. 3 grundsätzlich vorgesehene Vertrauensschutz kann daher insoweit keine Bedeutung entfalten.

§ 4 Abs. 4 S. 4 enthält ebenfalls eine Ausprägung des Verhältnismäßigkeits- **18** grundsatzes. Danach sind Beschränkungen und Handlungspflichten aufzuheben, sobald und soweit die Gründe, die ihre Anordnung rechtfertigen, nicht mehr vorliegen. Die Vorschrift gibt somit zunächst vor, Beschränkungen und Handlungspflichten an möglichst **enge tatbestandliche Voraussetzungen** zu knüpfen. Zudem beinhaltet sie eine **zeitliche Grenze**.[34] Letzteres setzt einen Dauerverwaltungsakt voraus, der bei einer Untersagung, welche sich nur auf das punktuelle schuldrechtliche Erwerbsgeschäft bezieht, nicht vorliegt. Bedeutung kann die Vorschrift in der Investitionskontrolle aber bei Anordnungen und Nebenbestimmungen erlangen und, soweit rechtlich zulässig und zweckmäßig, Beendigungsklauseln notwendig machen.

E. Rechtsschutz

Eine Rechtsverordnung, die auf § 4 (iVm § 5) gestützt ist, kann nicht im Wege **19** der abstrakten Normenkontrolle nach § 47 VwGO überprüft werden. Allein im

---

[30] Dorsch/Thoms, 218. EL, Rn. 35; Wolffgang/Simonsen/Rogmann/Pietsch AWR/Simonsen Rn. 104; BeckOK AußenwirtschaftsR/Gerster Rn. 43.

[31] EuGH BeckRS 2023, 5797 Rn. 90; siehe auch ausführlich Herrmann ZEuS 3/2019, 430 (451 ff.).

[32] Dorsch/Thoms, 218. EL, Rn. 35; Wolffgang/Simonsen/Rogmann/Pietsch AWR/Simonsen Rn. 104.

[33] Dorsch/Thoms, 218. EL, Rn. 36.

[34] Dorsch/Thoms, 218. EL, Rn. 37.

verwaltungsgerichtlichen Klageverfahren – also insbesondere im Zuge von Anfechtungsklagen gegen Verwaltungsakte, die aufgrund der Rechtsverordnung erlassen worden sind – kann die Rechtmäßigkeit der Rechtsverordnung angegriffen und inzident gerichtlich überprüft werden.[35]

§ 5 Gegenstand von Beschränkungen

(1) Beschränkungen oder Handlungspflichten nach § 4 Absatz 1 können insbesondere angeordnet werden für Rechtsgeschäfte oder Handlungen in Bezug auf
1. Waffen, Munition und sonstige Rüstungsgüter sowie Güter für die Entwicklung, Herstellung oder den Einsatz von Waffen, Munition und Rüstungsgütern; dies gilt insbesondere dann, wenn die Beschränkung dazu dient, in internationaler Zusammenarbeit vereinbarte Ausfuhrkontrollen durchzuführen,
2. Güter, die zur Durchführung militärischer Aktionen bestimmt sind.

(2) [1]Beschränkungen oder Handlungspflichten nach § 4 Absatz 1 Nummer 4 können insbesondere angeordnet werden in Bezug auf den Erwerb inländischer Unternehmen oder von Anteilen an solchen Unternehmen durch unionsfremde Erwerber, wenn infolge des Erwerbs die öffentliche Ordnung oder Sicherheit der Bundesrepublik Deutschland oder eines anderen Mitgliedstaates der Europäischen Union nach § 4 Absatz 1 Nummer 4 voraussichtlich beeinträchtigt wird. [2]Satz 1 gilt im Fall des § 4 Absatz 1 Nummer 4a entsprechend. [3]Unionsfremde Erwerber aus den Mitgliedstaaten der Europäischen Freihandelsassoziation stehen unionsansässigen Erwerbern gleich.

(3) [1]Beschränkungen oder Handlungspflichten nach § 4 Absatz 1 Nummer 1 können insbesondere angeordnet werden in Bezug auf den Erwerb inländischer Unternehmen oder von Anteilen an solchen Unternehmen durch Ausländer, um wesentliche Sicherheitsinteressen der Bundesrepublik Deutschland zu gewährleisten, wenn die inländischen Unternehmen
1. Kriegswaffen oder andere Rüstungsgüter herstellen, entwickeln, modifizieren oder die tatsächliche Gewalt über solche Güter innehaben oder in der Vergangenheit hergestellt, entwickelt, modifiziert oder die tatsächliche Gewalt über solche Güter innegehabt haben und noch über Kenntnisse oder sonstigen Zugang zu der solchen Gütern zugrunde liegenden Technologie verfügen oder
2. Produkte mit IT-Sicherheitsfunktionen zur Verarbeitung staatlicher Verschlusssachen oder für die IT-Sicherheitsfunktion wesentliche Komponenten solcher Produkte herstellen oder hergestellt haben und noch über die dabei zugrunde liegende Technologie verfügen und die Produkte mit Wissen des Unternehmens vom Bundesamt für Sicherheit in der Informationstechnik zugelassen wurden.
[2]Satz 1 gilt insbesondere dann, wenn infolge des Erwerbs die sicherheitspolitischen Interessen der Bundesrepublik Deutschland oder die militärische Sicherheitsvorsorge gefährdet sind.

---

[35] BeckOK AußenWirtschaftsR/Gerster Rn. 48.

(4) [1]Beschränkungen oder Handlungspflichten nach § 4 Absatz 1 Nummer 5 können auch angeordnet werden in Bezug auf Güter, die nicht in Absatz 1 genannt sind. [2]Dies setzt voraus, dass eine tatsächliche und hinreichend schwere Gefährdung vorliegt, die ein Grundinteresse der Gesellschaft berührt.

(5) Beschränkungen oder Handlungspflichten nach § 4 Absatz 1 können auch angeordnet werden in Bezug auf Rechtsgeschäfte oder Handlungen Deutscher im Ausland, die sich auf Güter im Sinne des Absatzes 1 einschließlich ihrer Entwicklung und Herstellung beziehen.

Übersicht

A. Inhalt und Bedeutung der Norm

§ 5 baut auf der **Ermächtigung zur Anordnung von Beschränkungen** **1** **und Handlungspflichten** im Außenwirtschaftsverkehr durch Rechtsverordnung in § 4 Abs. 1 auf und **konkretisiert** – ohne abschließend zu sein („insbesondere") – ihre **Anwendungsfälle**.[1] § 5 Abs. 1 ermöglicht güterbezogene Beschränkungen und Handlungspflichten im Zusammenhang mit Waffen, Munition und sonstigen Rüstungsgütern. Abs. 2 und Abs. 3 ermöglichen derartige Anordnungen im Zusammenhang mit dem Erwerb inländischer Unternehmen durch Unionsfremde bzw. Ausländer. Abs. 4 erweitert die Beschränkungsmöglichkeiten auf sonstige Güter, sofern eine tatsächliche und hinreichend schwere Gefährdung für ein Grundinteresse der Gesellschaft vorliegt. Abs. 5 erlaubt es schließlich, güterbezogene Beschränkungen und Handlungspflichten von Rechtsgeschäften und Handlungen auch auf Deutsche im Ausland zu erstrecken.

---

[1] Dorsch/Friton/von Rummel, 218. EL, Rn. 1; Hocke/Sachs/Pelz AußenwirtschaftsR/Pelz Rn. 1.

2   Als Konkretisierung der Ermächtigungsgrundlage sind die Abs. 2 und 3 damit von zentraler Bedeutung für die **Investitionskontrolle**. Auf Abs. 2 wird dabei die sektorübergreifende Prüfung nach §§ 55–59 AWV gestützt (→ Rn. 3–18). Flankiert wird die Vorschrift darüber hinaus von der Screening-VO, die zwar keine Pflicht zur Etablierung eines Prüfmechanismus enthält, aber gewisse Vorgaben für bestehende Prüfverfahren enthält sowie Mechanismen zur Kooperation und Informationsaustausch zwischen den Mitgliedstaaten im Bereich vorsieht (Überblick zum Regelungsgehalt → Screening-VO Rn. 12–16). Die sektorspezifische Prüfung nach §§ 60–62 AWV, auf die die Screening-VO grundsätzlich keinen Einfluss hat (vgl. → § 1 Rn. 12; aA → Screening-VO Rn. 37), findet ihre Grundlage in Abs. 3 (→ Rn. 19–36).

B. Sektorübergreifende Prüfung (Abs. 2)

3   In § 5 Abs. 2 ist die sektorübergreifende Prüfung als Einschränkung der Außenwirtschaftsfreiheit aufgrund von § 4 Abs. 1 Nr. 4 und 4a geregelt. Nach § 5 Abs. 2 S. 1 können Beschränkungen oder Handlungspflichten insbesondere in Bezug auf den Erwerb inländischer Unternehmen oder von Anteilen an solchen Unternehmen durch unionsfremde Erwerber (→ Rn. 4–14) angeordnet werden, wenn infolge des Erwerbs die öffentliche Ordnung oder Sicherheit der Bundesrepublik Deutschland oder eines anderen Mitgliedstaates der EU voraussichtlich beeinträchtigt wird. Das gilt gem. § 5 Abs. 2 S. 2 entsprechend in Bezug auf Projekte oder Programme von Unionsinteresse iSv Art. 8 der Screening-VO (→ Rn. 15–18). Die nähere Ausgestaltung durch Rechtsverordnung hat den Vorgaben des § 5 Abs. 2 zu entsprechen und ist in den §§ 55–59 AWV erfolgt.

I. Unionsfremder Erwerb eines inländischen Unternehmens

4   § 5 Abs. 2 ermächtigt zum Erlass von Anordnungen in Bezug auf den Erwerb inländischer Unternehmen (→ Rn. 5, 6) durch einen unionsfremden Erwerber (→ Rn. 7, 8). Erfasst sind dabei sowohl vollständige Unternehmens- als auch Beteiligungserwerbe (→ Rn. 9–14).

5   **1. Inländisches Unternehmen.** Der Anwendungsbereich des § 5 Abs. 2 und der §§ 55–59 AWV setzt zunächst voraus, dass ein inländisches Unternehmen erworben werden soll. Der **Begriff des Unternehmens** ist angesichts des Schutzzwecks der Investitionskontrolle weit auszulegen[2] und **rechtsformneutral** zu verstehen.[3] Er erfasst alle Formen von Kapital- und Personengesellschaften (vgl. § 2 Abs. 15 Nr. 2) sowie Vereine und Stiftungen.[4] Zudem sind Handelsgewerbe natürlicher Personen erfasst, sofern diese Einzelkaufleute sind und als organisatorische Einheit am Markt erkennbar sind (vgl. § 2 Abs. 15 Nr. 1).[5] Eine Gewinner-

---

[2] Nehring-Köppl, Paradigmenwechsel im Außenwirtschaftsrecht, 2023, S. 131.

[3] Hocke/Sachs/Pelz AußenwirtschaftsR/Pelz AWG Rn. 11; Dorsch/Friton/von Rummel, 218. EL, Rn. 14; BeckOK AußenWirtschaftsR/Gerster Rn. 8; Nehring-Köppl, Paradigmenwechsel im Außenwirtschaftsrecht, 2023, S. 131 f.

[4] Hocke/Sachs/Pelz AußenwirtschaftsR/Mausch-Liotta/Sattler AWV § 55 Rn. 70; Nehring-Köppl, Paradigmenwechsel im Außenwirtschaftsrecht, 2023, S. 131.

[5] Hocke/Sachs/Pelz AußenwirtschaftsR/Mausch-Liotta/Sattler AWV § 55 Rn. 70; Nehring-Köppl, Paradigmenwechsel im Außenwirtschaftsrecht, 2023, S. 131 f.

zielungsabsicht ist nicht notwendig.[6] Überdies spielt die Branche des Zielunternehmens keine Rolle. Das ergibt sich sowohl aus der gesetzlichen Bezeichnung als „sektorübergreifende" Prüfung und § 55a Abs. 1 AWV, der Unternehmen aufzählt, deren Erwerb „insbesondere" eine voraussichtliche Beeinträchtigung der öffentlichen Ordnung oder Sicherheit zur Folge haben kann (→ AWV § 55a Rn. 2–118).[7]

Das Zielunternehmen muss **inländisch iSd § 2 Abs. 15** sein (→ § 2 Rn. 13–29). **6**

2. Unionsfremder Erwerber. Die sektorübergreifende Prüfung findet nur **7** auf unionsfremde Erwerber eines inländischen Zielunternehmens Anwendung, wobei der Begriff des **Erwerbers**, wie derjenige des Zielunternehmens, **rechtsformneutral und umfassend** zu verstehen ist.

Unionsfremd sind nach der Negativdefinition des § 2 Abs. 19 alle Personen **8** und Personengesellschaften, die nicht iSd § 2 Abs. 18 unionsansässig sind (→ § 2 Rn. 36). Erwerber aus den Mitgliedstaaten der **Europäischen Freihandelsassoziation** (EFTA) stehen Unionsansässigen gemäß § 5 Abs. 2 S. 3 und § 55 Abs. 2 S. 4 AWV insoweit gleich (→ AWV § 55 Rn. 13). Investoren aus Island, Liechtenstein, Norwegen und der Schweiz unterfallen somit nicht der sektorübergreifenden Prüfung.[8] (Zu Umgehungskonstellationen → AWV § 55 Rn. 58–63)

3. Erwerbsvorgang. Die Investitionskontrolle erstreckt sich auf **schuldrecht- 9 liche Rechtsgeschäfte**, mit denen entweder der Erwerb eines inländischen Unternehmens als solches oder der Erwerb von Anteilen an diesem vereinbart wird. Die Natur des konkret zugrundeliegenden Rechtsgeschäfts, zB Kauf-, Tausch- oder Schenkungsvertrag, ist dabei irrelevant.[9] Zwar lässt sich unter den offenen Erwerbsbegriff auch der gesetzliche Erwerb, zB durch Erbfall, subsumieren.[10] Die Vorschriften der Investitionskontrolle nach der AWV sind jedoch auf schuldrechtliche Erwerbsvorgänge zugeschnitten (vgl. zB § 55 Abs. 1b AWV, § 55a Abs. 4 AWV), sodass in gesetzlichen Erwerbsfällen mit guten Argumenten von einer Nichtanwendbarkeit der Investitionskontrolle ausgegangen werden kann.

Gem. § 55 Abs. 1 AWV ist sowohl der **unmittelbare** als auch der **mittelbare 10** Erwerb Gegenstand der sektorübergreifenden Prüfung. Erfasst sind damit zB auch Konstellationen, in denen Unionsfremde über ihre Beteiligungen an einem unionsansässigen Unternehmen inländische Unternehmen oder Anteile hieran erwerben. Das gilt unabhängig davon, wie viele Gesellschaften in der Kette zwischen dem Unionsfremden und dem direkten Erwerber liegen (→ AWV § 55 Rn. 24).

Ein **Unternehmenserwerb** setzt voraus, dass entweder 100% der Stimm- **11** rechtsanteile (**Share Deal**) oder sämtliche Vermögenswerte (**Asset Deal**) auf den Erwerber übertragen werden.[11] Somit ist erforderlich, dass die Verfügungs-

---

[6] Hocke/Sachs/Pelz AußenwirtschaftsR/Mausch-Liotta/Sattler AWV § 55 Rn. 70; Nehring-Köppl, Paradigmenwechsel im Außenwirtschaftsrecht, 2023, S. 131.

[7] Nehring-Köppl, Paradigmenwechsel im Außenwirtschaftsrecht, 2023, S. 132 f.

[8] Die Begünstigung der Schweiz, die weder der EU noch dem Europäischen Wirtschaftsraum angehört, wird zum Teil als mit den wirtschaftsvölkerrechtlichen Regeln der OECD und des GATS unvereinbar angesehen, Dorsch/Friton/von Rummel, 218. EL, Rn. 15 mit Verweis auf Roth, Gutachterliche Stellungnahme im BT-Ausschuss für Wirtschaft und Technologie, Ausschussdrucksache 16(9)1376, 2 und 27 ff.

[9] Hocke/Sachs/Pelz AußenwirtschaftsR/Mausch-Liotta/Sattler AWV § 55 Rn. 83; Nehring-Köppl, Paradigmenwechsel im Außenwirtschaftsrecht, 2023, S. 137.

[10] Nehring-Köppl, Paradigmenwechsel im Außenwirtschaftsrecht, 2023, S. 138.

[11] Pottmeyer AW-Prax 2016, 271.

und Entscheidungsbefugnisse und -möglichkeiten für ein unternehmerisches Tätigkeitsfeld, einschließlich des Direktionsrechts über die Mitarbeiter, der Beziehungen zu Kunden und Lieferanten sowie zu Märkten oder Finanzierungsinstrumenten, vollständig auf den Erwerber übergehen.[12] Bei der Stellung von Sicherheiten kommt ebenfalls ein Erwerb in Betracht, bspw. wenn es zu einer dinglichen Übertragung von Geschäftsanteilen oder Vermögenswerten kommt.[13] Eine bloße Stimmrechtsvereinbarung ohne einen zumindest geringfügigen Erwerb von Stimmrechten – eine solche Konstellation ist allerdings nur schwer vorstellbar – genügt mangels konkreter Auswirkungen auf die Gesellschaftsstruktur dagegen nicht.[14] Selbst ein atypischer Unternehmenserwerbs nach § 56 Abs. 3 AWV setzt den Erwerb von Stimmrechten voraus; die bloße Einräumung von Vetorechten bei strategischen Geschäfts- oder Personalentscheidungen führt bspw. noch nicht zu einem dem investitionskontrollrechtlichen Prüfrecht unterliegenden Unternehmenserwerb (→ AWV § 56 Rn. 28, 29).

12   Wie § 5 Abs. 2 deutlich macht, kann auch ein **Beteiligungserwerb** in den Anwendungsbereich der Investitionskontrolle fallen. In Ausgestaltung dieser Vorgabe sieht § 56 AWV vor, dass ein Beteiligungserwerb dem Prüfrecht des BMWK unterliegt, sofern der Stimmrechtserwerb die dort normierten **Schwellenwerte** erreicht. Die Schwelle liegt je nach Art des Zielunternehmen zwischen 10 und 25 % (→ AWV § 56 Rn. 14–18).

13   Nach **§ 55 Abs. 1a AWV** ist die sektorübergreifende Investitionskontrolle auch anwendbar, wenn ein Unionsfremder entweder einen abgrenzbaren Betriebsteil eines inländischen Unternehmens (§ 55 Abs. 1a Nr. 1 AWV) oder alle wesentlichen Betriebsmittel eines inländischen Unternehmens oder eines abgrenzbaren Betriebsteils eines inländischen Unternehmens, die für die Aufrechterhaltung des Betriebs des Unternehmens oder eines abgrenzbaren Betriebsteils erforderlich sind (§ 55 Abs. 1a Nr. 2 AWV), erwirbt. Im Falle des Erwerbs eines Betriebsteils oder der zugehörigen Betriebsmittel ist fraglich, ob und wenn ja wie die **Schwellenwerte des § 56 AWV anzuwenden sind** (→ AWV § 55 Rn. 54).

14   Nach **§ 55 Abs. 1b AWV** besteht ein Prüfrecht bei bestimmten (aber nicht allen) **Konzernumstrukturierungen** ausnahmsweise nicht, wenn ein schuldrechtliches Rechtsgeschäft über den Erwerb eines inländischen Unternehmens ausschließlich zwischen Unternehmen abgeschlossen wird, deren Anteile jeweils vollständig von demselben herrschenden Unternehmen gehalten werden, und alle Vertragsparteien ihren Ort der Leitung in demselben Drittstaat haben (→ AWV § 55 Rn. 55–57)

II. Voraussichtliche Beeinträchtigung der öffentlichen Ordnung oder Sicherheit

15   Nach § 5 Abs. 2 sind Beschränkungen oder Handlungspflichten in Bezug auf den Erwerb inländischer Unternehmen durch Unionsfremde möglich, wenn die öffentliche Ordnung oder Sicherheit der Bundesrepublik Deutschlands oder eines

---

[12] Dorsch/Stein, 196. EL, Rn. 9; BeckOK AußenWirtschaftsR/Gerster Rn. 8.

[13] Wolffgang/Simonsen/Rogmann/Pietsch AWR/Pottmeyer AWV §§ 55–59 Rn. 73 f.

[14] Hocke/Sachs/Pelz AußenwirtschaftsR/Pelz Rn. 11; Weitnauer/Moosbauer GWR 2021, 343 (344).

anderen Mitgliedstaats der EU ($\rightarrow$ § 4 Rn. 8–11) oder in Bezug auf Projekte und Programme von Unionsinteresse iSd § 4 Abs. 1 Nr. 4 und 4a ($\rightarrow$ § 4 Rn. 12) voraussichtlich beeinträchtigt ist.

Ursprünglich war die Anordnung von Beschränkungen und Handlungspflich- **16** ten nur bei einer „**tatsächlichen Gefährdung**" der öffentlichen Ordnung und Sicherheit möglich. Auf diese Weise wollte der Gesetzgeber der Rechtsprechung des EuGH Rechnung tragen, die für die Rechtfertigung von Eingriffen in die Grundfreiheiten eine hinreichend schwere Gefährdung für ein Grundinteresse der Gesellschaft voraussetzt.[15] Mit der ersten AWG-Novelle im Jahr 2020 wurde der Prüfungsmaßstab jedoch an die Screening-VO angepasst (vgl. insbesondere Art. 4 Abs. 1 und 2 Screening-VO),[16] wodurch nunmehr gem. § 5 Abs. 2 S. 1 lediglich eine „**voraussichtliche Beeinträchtigung**" der öffentlichen Ordnung oder Sicherheit erforderlich ist. Die Wortwahl soll insbesondere die **vorausschauende Betrachtungsweise** der Investitionsprüfung betonen.[17] Zwar war auch schon unter dem Gefährdungsbegriff eine solche Prognosebetrachtung möglich, da ein Blick in die Zukunft der Investitionskontrolle stets immanent ist:[18] Eine Gefahr für die öffentliche Ordnung und Sicherheit eines Staates liegt schließlich in aller Regel nicht im Unternehmenserwerb selbst begründet, sondern in dessen Folgen.

Allerdings wird durch die Voraussetzung einer bloßen Beeinträchtigung insbe- **17** sondere gegenüber einer „tatsächlichen Gefährdung" die **Schwere des Gefährdungsgrades gesenkt**.[19] In der Neufassung des § 5 Abs. 2 könnte somit eine Abweichung von der Rechtsprechung des EuGH gesehen werden.[20] Jedenfalls wird im Wege einer primärrechtskonformen Auslegung zu fordern sein, dass die voraussichtliche Beeinträchtigung sich bei ihrem prognostizierten Eintritt dennoch als **hinreichend schwere Beeinträchtigung** für ein Schutzgut darstellen muss, um der Rechtsprechung des EuGH zu der Betroffenheit eines Grundinteresses der Gesellschaft zu entsprechen (hierzu auch $\rightarrow$ AWV § 55 Rn. 31, 32; hierzu näher $\rightarrow$ Screening-VO Rn. 104–109).[21]

Prüfkriterien, um zu ermitteln, ob ein Unternehmenserwerb die öffentliche **18** Ordnung und Sicherheit der Bundesrepublik Deutschland, eines anderen EU-Mitgliedstaates, oder in Bezug auf Projekte und Programme von Unionsinteresse voraussichtlich beeinträchtigt, nennt das AWG nicht. Die Konkretisierung ist vielmehr der AWV überlassen. So sieht § 55a Abs. 1, Abs. 2 AWV vor, dass es für die Frage der voraussichtlichen Beeinträchtigung insbesondere auf das **Tätigkeitsfeld des Unternehmens** ankommt ($\rightarrow$ AWV § 55a Rn. 2–118). Daneben können gem. § 55a Abs. 3 AWV auch bestimmte in der **Person des Erwerbers** liegende Kriterien berücksichtigt werden ($\rightarrow$ AWV § 55a Rn. 119–128). Da der Gesetzgeber § 5 Abs. 2 und 3 an die **Screening-VO** angepasst hat, kann zudem ergänzend insbesondere auf Art. 4 Abs. 1 Screening-VO zurückgegriffen werden ($\rightarrow$ AWV § 55a Rn. 119).[22]

---

[15] EuGH EuZW 2002, 433 Rn. 48; BT-Drs. 16/10730, 11.

[16] BT-Drs. 19/18700, 18.

[17] BT-Drs. 19/18700, 18.

[18] BT-Drs. 19/18700, 18.

[19] BT-Drs. 19/18700, 18; hierzu auch Jungkind/Bormann NZG 2020, 619 (620).

[20] Dazu Wolffgang/Simonsen/Rogmann/Pietsch AWR/Griebel Rn. 32.

[21] BT-Drs. 19/18700, 18; BeckOK AußenWirtschaftsR/Gerster Rn. 16; teilw. aA Jungkind/Bormann NZG 2020, 619 (620).

[22] So BeckOK AußenWirtschaftsR/Gerster Rn. 8.

C. Sektorspezifische Prüfung (Abs. 3)

19   In § 5 Abs. 3 findet die sektorspezifische Prüfung der §§ 60–62 AWV ihre Grundlage. § 5 Abs. 3 geht dabei Abs. 2 als **lex specialis** vor.[23] Hiernach können Beschränkungen und Handlungspflichten in Bezug auf den Erwerb bestimmter inländischer Unternehmen oder von Anteilen an solchen Unternehmen durch Ausländer angeordnet werden (→ Rn. 20–32), um **wesentliche Sicherheitsinteressen** der Bundesrepublik Deutschland iSd § 4 Abs. 1 Nr. 1 (→ § 4 Rn. 5–7) zu gewährleisten (→ Rn. 33–36).

I. Ausländischer Erwerb eines inländischen Unternehmens in sicherheitsrelevanten Sektoren

20   Die Anwendbarkeit der sektorübergreifenden Prüfung setzt den Erwerb eines inländischen Unternehmens durch einen Ausländer voraus (→ Rn. 21–23). Dabei muss das Zielunternehmen in bestimmten Sektoren tätig sein (→ Rn. 24–32).

21   **1. Erwerb durch einen Ausländer.** Wie die sektorübergreifende Prüfung, knüpft auch die sektorspezifische Prüfung an den Erwerb (→ Rn. 9–14) bestimmter Unternehmen an. Erfasst ist die Form des **Unternehmenserwerbs** (→ Rn. 11) genauso wie die des **Beteiligungserwerbs** (→ Rn. 12). Für letztere bestimmt § 60a Abs. 1 AWV einen **Schwellenwert** von 10% der Stimmrechte (→ AWV § 60a Rn. 6–8).

22   Nach § 60 Abs. 1a AWV ist, wie bei der sektorübergreifenden Prüfung nach § 50 Abs. 1a AWV (→ Rn. 13), auch der Erwerb von **Betriebsteilen** oder **Betriebsmitteln** vom Anwendungsbereich der sektorspezifischen Prüfung erfasst (→ AWV § 60 Rn. 67, 68).

23   Anders als § 5 Abs. 2 und die sektorübergreifende Prüfung greift § 5 Abs. 3 bei allen **ausländischen Erwerbern**. Der Begriff des Ausländers (→ § 2 Rn. 6–8) schließt dabei auch Unionsansässige (→ § 2 Rn. 30–35) ein, die keine Inländer (→ § 2 Rn. 13–29) sind. Die sektorspezifische Prüfung greift insoweit also weiter als die sektorübergreifende Prüfung (zu Umgehungskonstellationen → AWV § 60 Rn. 77–82).

24   **2. Inländisches Unternehmen in sicherheitsrelevanten Sektoren.** Nach § 5 Abs. 3 S. 1 ist die sektorspezifische Prüfung auf **Unternehmen in bestimmten Sektoren** begrenzt, namentlich auf solche, die in Bereichen tätig sind, die wesentliche Sicherheitsinteressen der Bundrepublik Deutschland berühren. Das betrifft nach § 5 Abs. 3 S. 1 Nr. 1 und 2 Unternehmen, die im Bereich Kriegswaffen oder andere Rüstungsgüter (→ Rn. 26–29) oder Produkte mit IT-Sicherheitsfunktionen zur Verarbeitung staatlicher Verschlusssachen (→ Rn. 30–32) tätig sind. Auf diese Weise sollen die Kernkompetenzen der deutschen Wirtschaft in diesen sicherheitsrelevanten Bereichen bewahrt und der technische Vorsprung Deutschlands insbesondere im Hinblick auf Schlüsseltechnologien gewahrt werden.[24]

25   Damit geht die sektorspezifische Investitionskontrolle über den Anwendungsbereich des Art. 346 Abs. 1 lit. b AEUV hinaus. Dieser ermöglicht den EU-Mitgliedstaaten Maßnahmen zum Schutz ihrer wesentlichen Sicherheitsinteressen

---

[23] BT-Drs. 519/12, 61; Hocke/Sachs/Pelz AußenwirtschaftsR/Pelz Rn. 15.
[24] Vgl. BT-Drs. 15/2537, 8.

in Abweichung von den Vorgaben des Unionsrechts – u.a. den Grundfreiheiten – nur insoweit, wie sie die Erzeugung von Waffen, Munition und Kriegsmaterial oder den Handel damit betreffen. Die darunterfallenden Rüstungsgüter sind in der sog. 1958er-Liste abschließend aufgezählt.[25] Dual-Use-Güter dürften dagegen nicht von Art. 346 Abs. 1 lit. b AEUV erfasst sein.[26] Viele Güter, auf die sich § 60 Abs. 1 AWV in Umsetzung der Vorgaben des § 5 Abs. 3 erstreckt (u.a. Güter iSd Teil I Abschnitt A der Ausfuhrliste, durch Patent geschützte Güter aus dem Bereich der Wehrtechnik sowie Produkte mit IT-Sicherheitsfunktionen) fallen ebenfalls nicht darunter. Insofern muss für die mit den Maßnahmen des Investionskontrollrechts verbundenen Eingriffe in die Kapitalverkehrsfreiheit (Art. 63 AEUV) und die Niederlassungsfreiheit (Art. 49 AEUV) und die damit verbundene Diskriminierung von Investoren aus anderen EU-Mitgliedstaaten nach dem EuGH auf die Rechtfertigungsgründe in Art. 65 Abs. 1 bzw. Art. 52 Abs. 1 AEUV zurückgegriffen werden (→ Screening-VO Rn. 27).[27] Die Rechtfertigung von Einzelmaßnahmen im Rahmen der sektorspezifischen Investitionsprüfung dürfte damit strengeren Voraussetzungen unterliegen, wenn der (enge) Anwendungsbereich des Art. 346 Abs. 1 lit. b AEUV überschritten ist.

a) Zielunternehmen im Bereich Kriegswaffen und Rüstungsgütern 26 (Abs. 3 S. 1 Nr. 1). In § 5 Abs. 3 S. 1 Nr. 1 wird der Erwerb inländischer Unternehmen aufgeführt, die **Kriegswaffen oder andere Rüstungsgüter** herstellen, entwickeln, modifizieren oder die tatsächliche Gewalt über solche Güter innehaben oder in der Vergangenheit hergestellt, entwickelt, modifiziert oder die tatsächliche Gewalt über solche Güter innegehabt haben und noch über Kenntnisse oder sonstigen Zugang zu der solchen Gütern zugrunde liegenden Technologie verfügen. Näher konkretisiert wird dies in § 60 Abs. 1 S. 1 Nr. 1 und 2 (→ AWV § 60 Rn. 46–59).

Zur Definition des Begriffs der Kriegswaffe kann auf **§ 1 Abs. 1 KrWaff-KontrG iVm der Kriegswaffenliste** zurückgegriffen werden. Bisher wurde 27 zwar vertreten, der Begriff „andere Rüstungsgüter" sei restriktiv auszulegen und nicht auf alle in Anhang I Teil I Abschnitt A der Ausfuhrliste genannten Güter zu erstrecken.[28] Dem kann seit der Neufassung des § 60 Abs. 1 AWV im Jahr 2021 allerdings nicht mehr gefolgt werden. Über § 60 Abs. 1 S. 1 Nr. 1 und 2 sind nunmehr explizit alle Güter iSd Teil I Abschnitt A der Ausfuhrliste erfasst sowie durch Patent geschützte Güter aus dem Bereich der Wehrtechnik (→ AWV § 60 Rn. 46–59).

Ursprünglich war in § 5 Abs. 3 aF lediglich die **Herstellung** und **Entwicklung** 28 dieser Güter erfasst. Im Rahmen der AWG-Novelle wurde § 5 Abs. 3 S. 1 Nr. 1 auf die **Modifizierung** und die **Ausübung der tatsächlichen Gewalt** ausgeweitet.[29] Diese Fälle berühren die wesentlichen Sicherheitsinteressen der Bundesrepublik nach Ansicht des Gesetzgebers gleichermaßen.[30] Modifizieren meint jede

---

[25] Die Liste findet sich in: Schriftliche Anfrage E-1324/01 von Bart Staes (Verts/ALE) an den Rat, C 364 E/85.

[26] EuGH EuZW 2012, 631 (633) Rn. 39; KOM/2006/0779 endg.

[27] Zur Niederlassungsfreiheit bspw. EuGH BeckRS 2016, 80168 Rn. 26.

[28] Wolffgang/Simonsen/Rogmann/Pietsch AWR/Griebel Rn. 42; Wolffgang AW-Prax 2004, 161.

[29] § 5 Abs. 2 und 3 neu gef. mWv 17.7.2020 durch G v. 10.7.2020, BGBl. I 1637.

[30] BT-Drs. 19/18700, 18.

Be- oder Verarbeitung der Güter.[31] Die Ausübung von tatsächlicher Gewalt ist an § 2 Abs. 2 KrWaffKontrG angelehnt.[32] Maßgeblich ist dementsprechend die tatsächliche Sachherrschaft iSd § 854 Abs. 1 BGB, § 856 Abs. 1 BGB.

29   Zudem stellt § 5 Abs. 3 S. 1 Nr. 1 nicht nur auf die Tätigkeit des Zielunternehmens zum Erwerbszeitpunkt ab, sondern auch auf die **Vergangenheit**.[33] Maßgeblich ist dabei, dass das Zielunternehmen den fraglichen Tätigkeiten in der Vergangenheit nachging bzw. Sachherrschaft über Kriegswaffen und andere Rüstungsgüter inne hatte und zusätzlich weiterhin über Kenntnisse oder sonst Zugang zu der einschlägigen Rüstungstechnologie hat. „Kenntnisse" können insbesondere bei einzelnen Mitarbeitern vorliegen. Ein „sonstiger Zugang" kann vorliegen, wenn zwar alle Mitarbeiter mit relevanten Kenntnissen das Unternehmen verlassen haben, die Informationen aber noch in Form von Unterlagen, Speichermedien oÄ vorhanden sind.[34] In der Praxis führt dies zu erhöhten Anforderungen an die Due Diligence.[35]

30   **b) Zielunternehmen im Bereich IT-Sicherheit (Nr. 2).** In § 5 Abs. 3 S. 1 Nr. 2 wird zudem der Erwerb inländischer Unternehmen als Anwendungsbereich der sektorspezifischen Investitionskontrolle genannt, die **Produkte mit IT-Sicherheitsfunktionen** zur Verarbeitung staatlicher Verschlusssachen oder für die IT-Sicherheitsfunktion wesentliche Komponenten solcher Produkte herstellen oder hergestellt haben und noch über die zugrunde liegende Technologie verfügen und die Produkte mit Wissen des Unternehmens vom Bundesamt für Sicherheit in der Informationstechnik (BSI) zugelassen wurden. Näher konkretisiert wird dies in § 60 Abs. 1 S. 1 Nr. 3 (→ AWV § 60 Rn. 60–63).

31   Produkte mit IT-Sicherheitsfunktionen sind mit IT realisierte Sicherheitsvorkehrungen, insbesondere zur Ent- und Verschlüsselung von Daten, zur Abstrahlsicherheit, Zugangs-/Zugriffskontrolle, Beweissicherung, Protokollauswertung, Wiederaufbereitung oder Wahrung der Unverfälschtheit von Software.[36] Das Produkt muss nach § 3 Abs. 1 Nr. 7 BSIG vom BSI zugelassen worden sein.[37] Uneindeutig ist, was „**wesentliche Komponenten**" solcher Produkte sind.[38]

32   Ausweislich des Wortlauts und der Gesetzesbegründung ist ebenso wie in Nr. 1 nicht nur auf den Erwerbszeitpunkt, sondern auch auf die Vergangenheit abzustellen.[39]

II. Gewährleistung der wesentlichen Sicherheitsinteressen der Bundesrepublik Deutschland

33   Nach § 5 Abs. 3 S. 1 sind Beschränkungen oder Handlungspflichten in Bezug auf die erfassten Erwerbsvorgänge möglich, um die wesentlichen Sicherheitsinteressen der Bundesrepublik Deutschland (→ § 4 Rn. 5–7) zu gewährleisten.

---

[31] Hocke/Sachs/Pelz AußenwirtschaftsR/Pelz Rn. 18.
[32] Hocke/Sachs/Pelz AußenwirtschaftsR/Pelz Rn. 18.
[33] BT-Drs. 19/18700, 18.
[34] BT-Drs. 19/18700, 18.
[35] Dorsch/Friton/von Rummel, 218. EL, Rn. 52.
[36] Dorsch/Friton/von Rummel, 218. EL, Rn. 53.
[37] Hocke/Sachs/Pelz AußenwirtschaftsR/Pelz Rn. 19.
[38] Dorsch/Friton/von Rummel, 218. EL, Rn. 53.
[39] BT-Drs. 19/18700, 18.

Der Norm ist **kein Prüfungsmaßstab** zu entnehmen. Im Gegensatz zu § 5 **34** Abs. 2, der die Anordnung von Beschränkungen bei einer voraussichtlichen Beeinträchtigung der öffentlichen Ordnung oder Sicherheit ermöglicht, spricht § 5 Abs. 3 S. 1 lediglich von der Gewährleistung der wesentlichen Sicherheitsinteressen. § 5 Abs. 3 S. 2 ergänzt lediglich, dass Beschränkungen und Handlungspflichten insbesondere dann angeordnet werden können, wenn infolge des Erwerbs die sicherheitspolitischen Interessen der Bundesrepublik Deutschland oder die militärische Sicherheitsvorsorge gefährdet sind. Ein Schluss auf den allgemeinen Prüfungsmaßstab kann damit aber nicht gezogen werden.

Der durch § 5 Abs. 3 offengelassene Prüfungsmaßstab wird in **§ 60 Abs. 1** **35** **AWV** konkretisiert. Hiernach ist für ein Tätigwerden des BMWK eine „**voraussichtliche Beeinträchtigung**" der wesentlichen Sicherheitsinteressen der Bundesrepublik Deutschland erforderlich (→ AWV § 60 Rn. 44). Damit laufen die sektorspezifische und die sektorübergreifende Prüfung insoweit gleich. Dies wurde erst im Jahr 2021 eingeführt.[40] Zuvor war nach § 60 Abs. 1 AWV aF noch eine Gefährdung der Sicherheitsinteressen verlangt worden. Nachdem aber die Eingriffsschwelle für die sektorübergreifende Prüfung im Lichte der Screening-VO auf eine voraussichtliche Beeinträchtigung verändert worden war (→ Rn. 16–18), sah man das Nachzeichnen dieser Entwicklung auf die besonders sensible Prüfung im Sicherheits- und Rüstungsbereich als geboten an.[41]

§ 5 Abs. 3 enthält zwar auch keine abschließende Aufführung von **Prüfkrite-** **36** **rien**. Nach **§ 5 Abs. 3 S. 2** sind aber wesentliche Sicherheitsinteressen insbesondere dann betroffen, wenn infolge des Erwerbs die **sicherheitspolitischen Interessen** der Bundesrepublik oder die **militärische Sicherheitsvorsorge gefährdet** wird. Eine Gefährdung verlangt eine höhere Wahrscheinlichkeit des Schadenseintritts als eine voraussichtliche Beeinträchtigung. Zudem konkretisiert § 60 Abs. 1b AWV in der **Person des Erwerbers** liegende Prüfkriterien (→ AWV § 60 Rn. 69–76).

§ 6 Einzeleingriff

(1) [1]**Im Außenwirtschaftsverkehr können auch durch Verwaltungsakt Rechtsgeschäfte oder Handlungen beschränkt oder Handlungspflichten angeordnet werden, um eine im Einzelfall bestehende Gefahr für die in § 4 Absatz 1, auch in Verbindung mit Absatz 2, genannten Rechtsgüter abzuwenden.** [2]**Insbesondere können**
1. **die Verfügung über Gelder und wirtschaftliche Ressourcen bestimmter Personen oder Personengesellschaften oder**
2. **das Bereitstellen von Geldern und wirtschaftlichen Ressourcen zu Gunsten bestimmter Personen oder Personengesellschaften** **beschränkt werden.**

(1a) [1]**Ein Verwaltungsakt nach Absatz 1 darf öffentlich bekannt gegeben werden.** [2]**Die öffentliche Bekanntgabe wird durch Veröffentlichung des Verwaltungsakts im Bundesanzeiger bewirkt.** [3]**Der Verwaltungsakt wird mit dieser Veröffentlichung wirksam.**

(2) [1]**Die Anordnung tritt sechs Monate nach ihrem Erlass außer Kraft, sofern die Beschränkung oder Handlungspflicht nicht durch Rechtsver-**

---

[40] Änderung mit mWv 1.5.2021 durch VO v. 27.4.2021 (BAnz AT 30.4.2021 V1).
[41] BMWi, Runderlass Außenwirtschaft Nr. 2/2021 v. 27.4.2021.

ordnung vorgeschrieben wird. ²Satz 1 gilt nicht für einen Verwaltungsakt nach Absatz 1 Satz 2, soweit durch Nebenbestimmungen eine abweichende Geltungsdauer bestimmt ist.

(3) § 4 Absatz 3 und 4 und § 5 Absatz 5 gelten entsprechend.

A. Inhalt und Bedeutung

1   Der Außenwirtschaftsverkehr unterliegt nach § 1 Abs. 1 S. 2 den Einschränkungen, die das AWG enthält oder die durch auf ihm beruhender Rechtsverordnung vorgesehen sind (→ § 1 Rn. 14–16). Wo die §§ 4 und 5 zum Erlass von Rechtsverordnungen ermächtigen, räumt § 6 Abs. 1 eine **Verwaltungsaktbefugnis** ein. Diese soll dem BMWK, das gem. § 13 Abs. 2 Nr. 2 lit. a hierfür zuständig ist (→ § 13 Rn. 3–5), ermöglichen, schnell zu handeln, insbesondere wenn der Erlass einer Rechtsverordnung keine hinreichende Gefahrenabwehr bewirken würde.[1] Insofern kommt der Norm eine Ergänzungsfunktion zu, die in Notsituationen,[2] wie etwa der COVID-19-Pandemie,[3] oder, wie § 6 Abs. 1 S. 2 hervorhebt, zur zügigen Umsetzung von VN-Finanzsanktionen[4] verwendet werden kann. Zu beachten ist, dass zum 1.1.2024 das Personengesellschaftsrechtsmodernisierungsgesetz (MoPeG) in Kraft tritt, mit dem der Begriff der Personengesellschaft in § 3 Abs. 1 S. 2 Nr. 1 und 2 jeweils um einen Zusatz zur Rechtsfähigkeit ergänzt wird. Hierbei handelt es sich um eine Folgeänderung, die mit der gesetzlichen Anerkennung der Rechtsfähigkeit der Gesellschaft bürgerlichen Rechts einhergeht.[5]

2   Im Bereich der Investitionskontrolle ist die **praktische Bedeutung** bislang eher gering.[6] Ein prominentes Beispiel stellt allerdings die Anordnung der Treuhandschaft hinsichtlich sämtlicher Stimmrechte aus Geschäftsanteilen der Gazprom Germania GmbH zur Sicherstellung und Durchsetzbarkeit der Investitionsprüfung im April 2022 dar.[7] Auf § 6 Abs. 1 S. 1 musste in diesem Fall zurückgegriffen werden, da die AWV, trotz der entsprechenden Ermächtigung in § 15 Abs. 5 S. 2 Nr. 3 (→ § 15 Rn. 23), keine Möglichkeit zur Anordnung einer Übergabe der Stimmrechtsanteile an einen Treuhänder vorsieht. § 59a Abs. 4 Nr. 1 AWV regelt lediglich, dass die Rückabwicklung eines untersagten Unternehmenserwerbs durch einen Treuhänder erfolgen kann (→ AWV § 59a Rn. 9). Der Fall der Gazprom Germania GmbH betraf aber nicht die Rückabwicklung eines Unternehmenserwerbs, sondern die Sicherstellung eines noch nicht erfolgten Investitionsprüfungsverfahrens. Im Mai 2022 wurde für diesen Fall in § 17 Abs. 1 EnSiG eine neue Rechtsgrundlage geschaffen, auf die eine längerfristige Treuhandverwaltung der Gazprom Germania GmbH gestützt werden konnte.

3   § 6 Abs. 1 normiert die Verwaltungsaktsbefugnis und die Voraussetzungen eines Einzeleingriffs (→ Rn. 4–14). Abs. 1a räumt die Befugnis zur öffentlichen Bekanntgabe ein (→ Rn. 15). Die zeitliche Geltung des Einzelakts ist in Abs. 2

---

[1] Hocke/Sachs/Pelz AußenwirtschaftsR/Pelz Rn. 1; Hoffmann NVwZ 2021, 211 (212).

[2] Hoffmann NVwZ 2021, 211 (212).

[3] So zB das Ausfuhrverbot für medizinische Schutzausrüstung: Anordnung des BMWi v. 4.3.2020, BAnz. AT 4.3.2020 B1 und vom 12.3.2020, BAnz. AT 12.3.2020 B1.

[4] BT-Drs. 19/15196, 57; Hoffmann NVwZ 2021, 211 (212 f.).

[5] BT-Drs. 19/27635, 282 f.

[6] Zu bislang relevanten Fallkonstellationen: Wolffgang/Simonsen/Rogmann/Pietsch AWR/Sattler Rn. 8 ff.

[7] BAnz. AT 4.4.2022 B13.

geregelt (→ Rn. 16). Abs. 3 ordnet schließlich die entsprechende Geltung von § 4 Abs. 3 und § 4 sowie § 5 Abs. 5 an (→ Rn. 17). Ergänzt wird § 6 durch § 7, lex specialis für Eingriffe im Seeverkehr außerhalb des deutschen Küstenmeeres,[8] der für die Investitionskontrolle keine Bedeutung hat.

B. Einzeleingriff (Abs. 1)

Der Erlass eines Verwaltungsakts nach § 6 Abs. 1 setzt eine im Einzelfall beste- **4** hende Gefahr für die in § 4 Abs. 1, ggf. iVm Abs. 2, genannten Rechtsgüter voraus (→ Rn. 5–7). Sofern die Grundfreiheiten anwendbar sind, sind auch deren Anforderungen – insbesondere der Verhältnismäßigkeitsgrundsatz – zu berücksichtigen (→ vgl. Screening-VO Rn. 23–28). Wenn die Voraussetzungen erfüllt sind, kann ein Individualverwaltungsakt oder eine Allgemeinverfügung erlassen werden (→ Rn. 8–12), der gerichtlich nur eingeschränkt überprüfbar sein kann (→ Rn. 13–14).

I. Voraussetzungen

Ein Einzelgriff nach § 6 Abs. 1 dient der Abwehr einer Gefahr für die außen- **5** wirtschaftsrechtlichen Schutzgüter des § 4 Abs. 1. Die in § 4 Abs. 1 genannten Schutzgüter umfassen die wesentlichen Sicherheitsinteressen der Bundesrepublik Deutschland (§ 4 Abs. 1 Nr. 1), das friedliche Zusammenleben der Völker (§ 4 Abs. 1 Nr. 2), die auswärtigen Beziehungen der Bundesrepublik Deutschland (§ 4 Abs. 1 Nr. 3), die öffentliche Ordnung und Sicherheit der Bundesrepublik Deutschland oder eines anderen Mitgliedstaats der EU (§ 4 Abs. 1 Nr. 4) sowie in Bezug auf Projekte oder Programme von Unionsinteresse nach Art. 8 der Screening-VO (§ 4 Abs. 1 Nr. 4a), und die Deckung des lebenswichtigen Bedarfs im Inland (§ 4 Abs. 1 Nr. 5). Bei ausländischen Direktinvestitionen werden die Schutzgüter der **wesentlichen Sicherheitsinteressen** gem. Nr. 1, sowie der **öffentlichen Ordnung oder Sicherheit** gem. Nr. 4 und 4a relevant (→ § 4 Rn. 5–12). Durch den Bezug auf § 4 Abs. 2 wird zudem deutlich, dass Einzeleingriffe auch, wie § 6 Abs. 1 S. 2 deutlich macht, zur zügigen **Umsetzung von VN-Sanktionen** und den von ihnen verfolgten, die Schutzgüter des § 4 Abs. 1 regelmäßig berührenden, Zielen genutzt werden können.

Für diese Rechtsgüter muss eine Gefahr bestehen. Gemeint ist damit eine **6** **konkrete und gegenwärtige Gefahr**.[9] Der Begriff ist im polizei- und ordnungsrechtlichen Sinn[10] als eine im Einzelfall hinreichende Wahrscheinlichkeit zu verstehen, dass es in absehbarer Zeit zu einer Beeinträchtigung der Schutzgüter kommt.[11]

Im Fall der Gazprom Germania GmbH (→ Rn. 2) nahm das BMWK eine **7** solche konkrete Gefahr für die öffentliche Ordnung oder Sicherheit der Bundesrepublik Deutschland an. Die ordnungsgemäße Durchführung des Investitionsprüfverfahrens war nach Ansicht des BMWK gefährdet, da der Erwerber, die Joint Stock Company Palmary, der Meldepflicht nach § 55a Abs. 4 S. 1 AWV (→ AWV

---

[8] Hocke/Sachs/Pelz AußenwirtschaftsR/Pelz Rn. 1.

[9] Hocke/Sachs/Pelz AußenwirtschaftsR/Pelz Rn. 4; Wolffgang/Simonsen/Rogmann/Pietsch AWR/Sattler Rn. 7c; Dorsch/Friton/von Rummel, 218. EL, Rn. 4.

[10] BT-Drs. 12/1134, 8.

[11] BeckOK AußenWirtschaftsR/Gerster Rn. 8; Dorsch/Friton/von Rummel, 218. EL, Rn. 4.

§ 55a Rn. 130–131) nicht nachgekommen war und gegen das Verbot der Stimmrechtsausübung nach § 15 Abs. 4 S. 1 Nr. 1 (→ § 15 Rn. 15) verstoßen hatte.[12]

II. Rechtsfolge

8   Wenn die tatbestandlichen Voraussetzungen vorliegen, können gem. § 6 Abs. 1 S. 1 durch Verwaltungsakt Rechtsgeschäfte oder Handlungen beschränkt oder Handlungspflichten angeordnet werden. Der Wortlaut („können") eröffnet dem BMWK **Ermessen**. Die Anordnung muss insbesondere verhältnismäßig sein, wie sich aus dem Verweis in § 6 Abs. 3 auf § 4 Abs. 4 ergibt (→ § 4 Rn. 15–18).

9   Ein Verwaltungsakt kann zum einen als **konkret-individuelle Maßnahme** ergehen. Das ergibt sich allgemein aus § 35 S. 1 VwVfG und im Außenwirtschaftsrecht wird dies durch die Aufzählung von konkret-individuellen Maßnahmen in § 7 Abs. 3 deutlich. Zum anderen kann der Verwaltungsakt auch als **Allgemeinverfügung** gem. § 35 S. 2 Var. 1 VwVfG ergehen. Das kann im Außenwirtschaftsrecht häufig der Fall sein,[13] da der Sachverhalt regelmäßig durch Rechtsverordnung geregelt werden kann und lediglich aufgrund des Eilbedürfnisses vorläufig mittels Verwaltungsaktes adressiert wird.[14] Im **Investitionskontrollrecht** wird es sich jedoch regelmäßig um Einzelfälle handeln, in denen sich eine vorübergehende Allgemeinverfügung stellvertretend für eine Rechtsverordnung nicht anbietet. Die §§ 55 ff. AWV sehen bereits eine Vielfalt an Handlungsmöglichkeiten vor (zB Anordnung oder Untersagung). Wenn aber die AWV keinen im Einzelfall passenden Einzeleingriff vorsieht, kann – wie im Fall der Gazprom Germania GmbH (→ Rn. 2) – auf § 6 Abs. 1 S. 1 zurückgegriffen werden.

10   Der Verwaltungsakt kann gem. § 6 Abs. 1 S. 1 **Beschränkungen und Handlungspflichten** zum Gegenstand haben. Das Begriffspaar ist gem. § 6 Abs. 3 derselbe wie in § 4 Abs. 3 und erfasst damit Genehmigungserfordernisse oder Verbote (→ § 4 Rn. 13). Sie können gem. § 6 Abs. 3 iVm § 5 Abs. 5 auch Deutschen im Ausland auferlegt werden. Der Verwaltungsakt kann gem. § 14 Abs. 1 S. 1 zudem mit **Nebenbestimmungen** versehen werden. Nebenbestimmungen sind solche iSd § 36 Abs. 2 Nr. 1–5 VwVfG (→ § 14 Rn. 2–16).

11   § 6 Abs. 1 S. 2 verdeutlicht, dass der Einzeleingriff insbesondere als Maßnahme gedacht ist, um **VN-Finanzsanktionen** umzusetzen. Das ist erforderlich, weil die Sanktionen zwar in Form von rechtsverbindlichen Resolutionen des VN-Sicherheitsrats ergehen (vgl. Art. 39 und 41 VN-Charta), diese aber noch in das nationale Recht bzw. Recht der EU umgesetzt werden müssen.[15] Nach § 6 können, bis zur Überführung der Sanktionsmaßnahme in die AWV, Beschränkungen und Handlungspflichten auferlegt werden, um bei Eilbedürfnis die Einfriergebote und Bereitstellungsverbote, die mit der Sanktionierung einzelner Personen, Organisationen oder sonstiger Entitäten verbunden sind, umzusetzen. Im Rahmen der Investitionskontrolle kann dies dann relevant werden, wenn einer der Beteiligten an einem Erwerbsgeschäft direkt oder indirekt von derartigen Sanktionen betroffen sind. EU-Sanktionen müssen dagegen nicht in das nationale Recht überführt werden, da diese in Form von Verordnungen in Kraft treten und unmittelbare Geltung besitzen (Art. 288 Abs. 2 AEUV).

---

[12] BAnz. AT 4.4.2022 B13.

[13] Wolffgang/Simonsen/Rogmann/Pietsch AWR/Sattler Rn. 7b.

[14] Hoffmann NVwZ 2021, 211 (212).

[15] Sattler JuS 2019, 18 (18 f.).

Ein vorsätzlicher Verstoß gegen einen Einzelakt nach § 6 Abs. 1 S. 2 stellt gem. **12**
§ 18 Abs. 1a eine **Straftat** dar. Ein fahrlässiger Verstoß ist nach § 19 Abs. 1 Nr. 1
als **Ordnungswidrigkeit** bußgeldbewehrt.[16]

III. Rechtsschutz und gerichtliche Überprüfbarkeit

Ein nach § 6 Abs. 1 erlassener Verwaltungsakt kann mit der Anfechtungsklage **13**
nach § 42 Abs. 1 Alt. 1 VwGO angegriffen werden (zu prozessualen Fragen vertiefend → § 14 Rn. 21–78). Zu beachten ist, dass der Verwaltungsakt von Gesetzes
wegen gem. § 14 Abs. 2 AWG iVm § 80 Abs. 2 S. 1 Nr. 3 VwGO sofort vollziehbar ist und die Anfechtungsklage somit keine aufschiebende Wirkung hat. Um
den Suspensiveffekt des § 80 Abs. 1 S. 1 VwGO anordnen zu lassen, muss daher
im vorläufigen Rechtsschutz ein Antrag nach § 80 Abs. 5 S. 1 VwGO gestellt
werden. Ein Widerspruchsverfahren findet gem. § 68 Abs. 1 Nr. 1 VwGO nicht
statt. Ein drohender Verwaltungsakt kann mittels der vorbeugenden Unterlassungsklage oder negativer Feststellungsklage angegriffen werden. Der einstweilige
Rechtsschutz richtet sich dann nach § 123 Abs. 1 VwGO. Sachlich und örtlich
zuständig ist regelmäßig das VG Berlin nach §§ 45, 52 Nr. 1 bzw. 2 VwGO.

Eine **vollständige gerichtliche Überprüfung** ist durch Art. 19 Abs. 4 GG **14**
grundsätzlich geboten.[17] Bei der Beurteilung, ob eine konkrete und gegenwärtige
Gefahr für die Schutzgüter des § 4 Abs. 1 vorliegt, kann dem BMWK allerdings
eine Einschätzungsprärogative zukommen, sodass ein aufgrund § 6 Abs. 1 S. 1 iVm
§ 4 Abs. 1 Nr. 1, 4, 4a erlassener Verwaltungsakt insoweit nur eingeschränkt gerichtlich überprüfbar sein kann.[18] (Vgl. zur Frage des Beurteilungsspielraums im Rahmen
der Investitionsprüfung → AWV § 55 Rn. 39–47; → AWV § 60 Rn. 65)

C. Bekanntgabe (Abs. 1a)

In § 6 Abs. 1a S. 1 ist die **Möglichkeit einer öffentlichen Bekanntgabe** **15**
des Verwaltungsakts vorgesehen. Damit ist das unverzügliche Wirksamwerden des
Einzeleingriffs sichergestellt. Ergeht der Verwaltungsakt als konkret-individuelle
Maßnahme nach § 35 S. 1 VwVfG, kann dieser somit gem. § 41 Abs. 3 S. 1
VwVfG iVm § 6 Abs. 1a öffentlich bekanntgegeben werden. Wenn der Verwaltungsakt als Allgemeinverfügung nach § 35 S. 2 Var. 1 VwVfG ergeht, ist eine
individuelle Bekanntgabe gegenüber allen Adressaten iSd § 41 Abs. 3 S. 2 VwVfG
ohnehin untunlich. Insofern hat § 6 Abs. 1a nur eine klarstellende Funktion.
Als Veröffentlichungsort sieht § 6 Abs. 1a S. 2 den **Bundesanzeiger** vor. Der
Verwaltungsakt wird gem. § 6 Abs. 1a S. 3 mit der Veröffentlichung sofort wirksam. Die öffentliche Bekanntgabe steht ausweislich des Wortlauts („darf") im
Ermessen des BMWK. So besteht Raum für die Berücksichtigung individueller
Gegebenheiten.[19] Da die Bekanntgabe eines Verwaltungsakts wesentliche Voraussetzung für die Wahrnehmung effektiven Rechtsschutzes ist, sind allerdings strenge
Anforderungen an die Verhältnismäßigkeit einer öffentlichen – im Gegensatz zur
individuellen – Bekanntgabe zu stellen.[20]

---

[16] Siehe auch Hoffmann NVwZ 2021, 211 (213).
[17] Sachs GG/Sachs GG Art. 19 Rn. 145.
[18] Vgl. BeckOK AußenwirtschaftsR/Gerster Rn. 18.
[19] Hoffmann NVwZ 2021, 211 (213).
[20] Vertiefend BeckOK VwVfG/Tiedemann VwVfG § 41 Rn. 86 ff.

D. Beschränkte Dauer (Abs. 2)

16   Ein Verwaltungsakt, der nach § 6 Abs. 1 erlassen und nach § 6 Abs. 1a bekanntgegeben worden ist, tritt gem. § 6 Abs. 2 S. 1 **sechs Monate** nach ihrem Erlass außer Kraft, sofern die Beschränkung oder Handlungspflicht nicht durch Rechtsverordnung vorgeschrieben wird. Der Einzeleingriff hat insofern **Übergangscharakter.**[21] Das gilt auch, wenn sich, wie in investitionskontrollrechtlichen Fällen, eine Regelung durch Rechtsverordnung nicht anbietet (→ Rn. 9). Nach § 6 Abs. 2 S. 2 kann durch Nebenbestimmung eine abweichende Geltungsdauer nur festgelegt werden, sofern der Einzeleingriff der Umsetzung von VN-Sanktionen dient (→ Rn. 11).

E. Entsprechend anwendbare Vorschriften (Abs. 3)

17   § 6 Abs. 3 erklärt die § 4 Abs. 3 und 4 sowie § 5 Abs. 5 für entsprechend anwendbar. Inhalt des Einzeleingriffs können damit gem. § 4 Abs. 3 Genehmigungserfordernisse oder Verbote sein (→ § 4 Rn. 13). Sie sind entsprechend § 4 Abs. 4 verhältnismäßig zu gestalten und auch schon vor Ablauf ihres nach § 6 Abs. 3 begrenzten Wirkungszeitraums aufzuheben, wenn der Grund für ihren Erlass wegfällt (→ § 4 Rn. 15–18). Schließlich ermöglicht § 6 Abs. 3 über den Verweis auf § 5 Abs. 5 auch Maßnahmen in Bezug auf Rechtsgeschäfte oder Handlungen von Deutschen im Ausland (→ § 5 Rn. 1).

§ 8 Erteilung von Genehmigungen

(1) [1]**Bedürfen Rechtsgeschäfte oder Handlungen nach einer Vorschrift dieses Gesetzes oder einer Rechtsverordnung auf Grund dieses Gesetzes einer Genehmigung, so ist die Genehmigung zu erteilen, wenn zu erwarten ist, dass die Vornahme des Rechtsgeschäfts oder der Handlung den Zweck der Vorschrift nicht oder nur unwesentlich gefährdet.** [2]**In anderen Fällen kann die Genehmigung erteilt werden, wenn das volkswirtschaftliche Interesse an der Vornahme des Rechtsgeschäfts oder der Handlung die damit verbundene Beeinträchtigung des in der Ermächtigung angegebenen Zwecks überwiegt.**

(2) [1]**Die Erteilung der Genehmigung kann von sachlichen und persönlichen Voraussetzungen, insbesondere der Zuverlässigkeit des Antragstellers, abhängig gemacht werden.** [2]**Dasselbe gilt bei der Erteilung von Bescheinigungen des Bundesamtes für Wirtschaft und Ausfuhrkontrolle (BAFA), dass eine Ausfuhr keiner Genehmigung bedarf.**

(3) **Ist im Hinblick auf den Zweck, dem die Vorschrift dient, die Erteilung von Genehmigungen nur in beschränktem Umfang möglich, so sind die Genehmigungen in der Weise zu erteilen, dass die gegebenen Möglichkeiten volkswirtschaftlich zweckmäßig ausgenutzt werden können.**

(4) **Unionsansässige, die durch eine Beschränkung nach Absatz 3 in der Ausübung ihres Gewerbes besonders betroffen werden, können bevorzugt berücksichtigt werden.**

---

[21] Hoffmann NVwZ 2021, 211 (212).

(5) Der Antragsteller hat bei der Beantragung einer Genehmigung nach Absatz 1 Satz 1 oder einer Bescheinigung nach Absatz 2 Satz 2 vollständige und richtige Angaben zu machen oder zu benutzen.

§ 8 regelt die **Genehmigungsfähigkeit** von nach dem AWG oder der AWV **1** genehmigungspflichtigen Rechtsgeschäften oder Handlungen. Für die **Investitionskontrolle** hat dies **keine Relevanz**. Denn ein Erwerbsgeschäft, das der sektorübergreifenden oder sektorspezifischen Investitionsprüfung unterliegt, ist nach den Regeln des AWG und der AWV **nicht genehmigungspflichtig**. Ein Investitionsverbot mit Genehmigungsvorbehalt kennt das deutsche Außenwirtschaftsrecht nicht. Vielmehr besteht nach §§ 55–59a AWV bzw. §§ 60–62 AWV ein Prüfrecht des BMWK, ggf. flankiert von einer Meldepflicht nach § 55a Abs. 4 S. 1 AWV bzw. § 60 Abs. 3 S. 1 AWV. Weiter gelten die Einschränkungen der Wirksamkeit von Verfügungs- und ggf. Verpflichtungsgeschäften nach § 15 Abs. 2 und 3 (→ § 15 Rn. 2–9) sowie die Vollzugsverbote nach § 15 Abs. 4 (→ § 15 Rn. 10–19).

Eine Genehmigungspflicht folgt aus dieser Regelungssystematik aber nicht. Das **2** macht ein Blick in die **Gesetzgebungshistorie** deutlich: Bevor im Jahr 2004 die sektorspezifische Investitionsprüfung in § 52 AWV aF eingeführt wurde, sah der ursprüngliche Gesetzesentwurf der Bundesregierung einen Genehmigungsvorbehalt für hiervon erfasste Erwerbsgeschäfte vor.[1] Nach Anrufung des Vermittlungsausschusses einigte man sich jedoch darauf, keinen Genehmigungsvorbehalt, sondern lediglich eine Meldepflicht mit Prüfungsbefugnis des BMWK einzuführen.[2] Dieser Ansatz wurde bei Einführung der sektorübergreifenden Investitionskontrolle im Jahr 2009 übernommen und bislang nicht verändert. Daher findet sich der Begriff der Genehmigung im **Wortlaut** der investitionskontrollrechtlichen Vorschriften nicht. Auch **systematisch** differenziert etwa § 15 explizit zwischen genehmigungspflichtigen Rechtsgeschäften in Abs. 1 und Geschäften, die dem investitionskontrollrechtlichen Prüfrecht des BMWK unterfallen, in den übrigen Absätzen.

Die Erteilung einer Freigabe bzw. einer Unbedenklichkeitsbescheinigung oder **3** der Erlass von Anordnungen ist damit keine (bedingte) Genehmigung des jeweiligen Erwerbs (→ § 14 Rn. 5), obgleich die Unbedenklichkeitsbescheinigung sowie die Freigabe teilweise als solche bezeichnet werden.[3] Das hat zur Folge, dass die Vorschriften des AWG, die auf eine Genehmigung Bezug nehmen (zB § 15 Abs. 1, § 16, § 17 Abs. 6, § 18 Abs. 1 Nr. 2, Abs. 2, Abs. 9, § 23 Abs. 3), im Investitionskontrollrecht keine Anwendung finden.

Teil 2 Ergänzende Vorschriften

§ 11 Verfahrens- und Meldevorschriften

(1) Durch Rechtsverordnung können Verfahrensvorschriften erlassen werden
1. zur Durchführung dieses Gesetzes und von Rechtsverordnungen auf Grund dieses Gesetzes,

---

[1] BT-Drs. 15/2537.
[2] BGBl. 2004 I 1859; zur Gesetzgebungshistorie Wolffgang/Simonsen/Rogmann/Pietsch AWR/Pottmeyer AWV §§ 60–62 Rn. 6 ff.
[3] Vgl. zB Hocke/Sachs/Pelz AußenwirtschaftsR/Mausch-Liotta/Sattler AWV § 60 Rn. 4.

2. zur Überprüfung der Rechtmäßigkeit von Rechtsgeschäften oder Handlungen im Außenwirtschaftsverkehr und
3. zur Durchführung
   a) der Bestimmungen der Europäischen Verträge, einschließlich der zu ihnen gehörigen Protokolle,
   b) der Abkommen der Europäischen Union und
   c) der Rechtsakte der Europäischen Union auf Grund der in den Buchstaben a und b genannten Verträge und Abkommen.

(2) Durch Rechtsverordnung kann angeordnet werden, dass Rechtsgeschäfte und Handlungen im Außenwirtschaftsverkehr, insbesondere aus ihnen erwachsende Forderungen und Verbindlichkeiten sowie Vermögensanlagen und die Leistung und Entgegennahme von Zahlungen, unter Angabe des Rechtsgrundes zu melden sind, damit
1. festgestellt werden kann, ob die Voraussetzungen für die Aufhebung, Erleichterung oder Anordnung von Beschränkungen vorliegen,
2. zu jedem Zeitpunkt die Zahlungsbilanz der Bundesrepublik Deutschland erstellt werden kann,
3. die Wahrnehmung der außenwirtschaftspolitischen Interessen gewährleistet wird oder
4. Verpflichtungen aus zwischenstaatlichen Vereinbarungen oder internationalen Exportkontrollregimen erfüllt werden können.

(3) [1]Zur Gewährleistung der Zwecke des Absatzes 2 Nummer 1 bis 4 kann durch Rechtsverordnung angeordnet werden, dass der Stand und ausgewählte Positionen der Zusammensetzung des Vermögens von Inländern im Ausland und von Ausländern im Inland zu melden sind. [2]Gehört zu dem meldepflichtigen Vermögen eine unmittelbare oder mittelbare Beteiligung an einem Unternehmen, kann angeordnet werden, dass auch der Stand und ausgewählte Positionen der Zusammensetzung des Vermögens des Unternehmens zu melden sind, an dem die Beteiligung besteht.

(4) Durch Rechtsverordnung können ferner Aufzeichnungs- und Aufbewahrungspflichten zur Ermöglichung der Überprüfung nach Absatz 1 Nummer 2 oder zur Erfüllung von Meldepflichten nach den Absätzen 2 und 3 vorgeschrieben werden.

(5) Die §§ 9, 15 und 16 des Bundesstatistikgesetzes sind in den Fällen der Absätze 2 und 3 entsprechend anzuwenden.

A. Inhalt und Bedeutung

1   § 11 enthält **Ermächtigungsgrundlagen** für den Erlass von Verfahrens-, Melde- sowie Aufzeichnungs- und Aufbewahrungspflichten. Abs. 1 enthält die Ermächtigung zum Erlass von Verfahrensvorschriften (→ Rn. 3–5), Abs. 2 und 3 eine solche zur Einführung von Meldepflichten, deren Ausgestaltung in Abs. 5 näher bestimmt ist (→ Rn. 6–10). Abs. 4 ermöglicht die Einführung von Aufzeichnungs- und Aufbewahrungspflichten im Außenwirtschaftsverkehr (→ Rn. 11). Zuständigkeit und Verfahren für den Erlass der Rechtsverordnungen sind in § 12 geregelt (→ § 12 Rn. 2–11).

2   Im Bereich der **Investitionskontrolle** spielt diese Vorschrift eine geringe Rolle, da insbesondere die dortigen Meldepflichten nicht auf § 11 gestützt werden

(→ Rn. 7). Einen in der Praxis wichtigen Fall stellt aber die Ermöglichung der Anordnung von Berichtspflichten nach § 59 Abs. 5 S. 1 AWV (iVm § 62 Abs. 2 AWV) dar (→ Rn. 5).

B. Verfahrensvorschriften (Abs. 1)

In § 11 Abs. 1 ermächtigt der Gesetzgeber zum Erlass von **Verfahrensvor-** **3** **schriften** durch Rechtsverordnung. So können Verfahrensvorschriften zur Durchführung des AWG und der AWV (Nr. 1), zur Überprüfung der Rechtmäßigkeit von Rechtsgeschäften oder Handlungen im Außenwirtschaftsverkehr (Nr. 2) und zur Durchführung von EU-Primär- und Sekundärrechtsakten (Nr. 3 lit. a–c) erlassen werden.

Ursprünglich enthielt § 26 Abs. 1 AWG aF ein **Erforderlichkeitskriterium**. **4** Da der Gesetzgeber mit der Neufassung des § 11 keine materiell-rechtlichen Änderungen bezwecken wollte,[1] ist auch heute noch davon auszugehen, dass die Verfahrensvorschrift zu den in Nr. 1–3 festgelegten Zwecken erforderlich sein muss.[2] Das folgt allerdings ohnehin aus dem Verhältnismäßigkeitsgrundsatz.[3]

Im Investitionskontrollrecht ist § 11 Abs. 1 Nr. 2 genutzt worden, um die Mög- **5** lichkeit der Auferlegung einer **Berichtspflicht gem. § 59 Abs. 5 S. 1 AWV** zu schaffen (→ AWV § 59 Rn. 55).[4] Die Vorschrift gilt gem. § 62 Abs. 2 AWV auch im Rahmen der sektorspezifischen Prüfung (→ AWV § 62 Rn. 30, 33). Hiernach kann das BMWK eine Berichtspflicht anordnen, wenn es im Rahmen der Investitionsprüfung Anordnungen erlassen hat oder die Erwerbsbeteiligten Verpflichtungen im Rahmen eines öffentlich-rechtlichen Vertrags übernommen haben. Die Berichtspflicht dient der Kontrolle der Einhaltung dieser Anordnungen oder Verpflichtungen.

C. Meldevorschriften (Abs. 2, Abs. 3 und Abs. 5)

In § 11 Abs. 2 und 3 ermächtigt der Gesetzgeber zum Erlass von **Meldevor-** **6** **schriften** durch Rechtsverordnung mit Blick auf Rechtsgeschäfte und Handlungen im Außenwirtschaftsverkehr. Abs. 2 enthält dabei bestimmte Zweckbestimmungen, wie etwa die Ermöglichung der Prüfung, ob Beschränkungen aufgehoben, erleichtert oder angeordnet werden müssen (Nr. 1) oder die Wahrnehmung der außenwirtschaftspolitischen Interessen (Nr. 3). Nach Abs. 3 S. 1 kann durch Rechtsverordnung ferner angeordnet werden, dass **Meldungen über das Vermögen** von Inländern im Ausland und von Ausländern im Inland zu machen sind.

Zwar sehen § 55a Abs. 4 S. 1 AWV und § 60 Abs. 3 S. 1 AWV in der **Investiti-** **7** **onskontrolle** ebenfalls Meldepflichten vor, die sich auf den Abschluss des schuldrechtlichen Vertrages über den Erwerb des inländischen Unternehmens beziehen. Diese Meldepflichten scheinen jedoch nicht auf § 11 Abs. 2 und 3, sondern direkt auf § 4 Abs. 1 iVm § 5 Abs. 2 bzw. 3 gestützt zu sein (→ § 4 Rn. 14). Hierfür spricht, dass der Wortlaut des § 11 Abs. 2 mit der Nennung der aus den zu

---

[1] BT-Drs. 17/11127, 24.
[2] BeckOK AußenwirtschaftsR/Niestedt Rn. 2.
[3] BeckOK AußenwirtschaftsR/Niestedt Rn. 2.
[4] BAnz. AT 30.4.2021 B2.

meldenden Vorgängen erwachsende Forderungen und Verbindlichkeiten sowie Vermögensanlagen und die Leistung und Entgegennahme von Zahlungen eher auf den Kapital- und Zahlungsverkehr abzielt.

8   Die Vorschriften haben daher vor allem Bedeutung für die Ausfuhr und Wiederausfuhr sowie den **Kapital- und Zahlungsverkehr.** Der Verordnungsgeber hat mit den §§ 12–20 AWV und §§ 63–73 AWV von den Ermächtigungen des § 11 Gebrauch gemacht.[5] Im Zusammenhang mit Direktinvestitionen ist darauf hinzuweisen, dass § 11 Abs. 3 S. 2 Bestandserhebungen grenzüberschreitender Direktinvestitionen zu den in § 11 Abs. 2 genannten Zwecken ermöglichen soll.[6] Auf § 11 Abs. 3 iVm Abs. 2 Nr. 2, 3 und 4 beruht daher auch die **Meldepflicht über das Vermögen von Ausländern im Inland gem. § 65 AWV.**[7] Nach § 65 Abs. 1 AWV ist jedes in Deutschland ansässige Unternehmen (Direktinvestitionsobjekt), an dem ein oder mehrere ausländische Investoren mit 10 % (oder mehr) beteiligt sind, meldepflichtig. Nach § 65 Abs. 4 AWV besteht allerdings eine Meldefreigrenze in Höhe von 3.000.000 EUR bzgl. der Bilanzsumme des jeweiligen Direktinvestitionsobjekts.

9   Für die **Ausgestaltung der Meldepflichten** ist gem. § 11 Abs. 5 auf die §§ 9, 15 und 16 BStatG zurückzugreifen. Neben den in der AWV vorgesehenen Meldepflichten, existieren weitere außenwirtschaftsrechtliche Meldepflichten wie beispielsweise in § 18 BBankG.[8]

10   Das Unterlassen einer Meldung oder die unrichtige, unvollständige oder nicht rechtzeitige Meldung stellt gem. § 19 Abs. 3 Nr. 1 lit. b eine Ordnungswidrigkeit dar.

D. Aufzeichnungs- und Aufbewahrungspflichten (Abs. 4)

11   In § 11 Abs. 4 ermächtigt der Gesetzgeber zum Erlass von **Aufzeichnungs- und Aufbewahrungsvorschriften** durch Rechtsverordnung, um eine Überprüfung nach § 11 Abs. 1 Nr. 2 zu ermöglichen oder die Meldepflichten nach § 11 Abs. 2 und 3 zu erfüllen. Hiervon wurde etwa in §§ 6 und 26 AWV Gebrauch gemacht. Im Rahmen der Investitionskontrolle hat die Vorschrift allerdings keine Bedeutung.

§ 12 Erlass von Rechtsverordnungen

(1) **¹Rechtsverordnungen nach diesem Gesetz erlässt die Bundesregierung. ²Rechtsverordnungen nach § 4 Absatz 2 und § 30 Absatz 2 erlässt abweichend von Satz 1 das Bundesministerium für Wirtschaft und Energie, im Falle des § 4 Absatz 2 im Einvernehmen mit dem Auswärtigen Amt und dem Bundesministerium der Finanzen.**

(2) **Die Rechtsverordnungen bedürfen nicht der Zustimmung des Bundesrates.**

(3) **Bei Vorschriften, welche den Kapital- und Zahlungsverkehr oder den Verkehr mit Auslandswerten und Gold betreffen, ist das Benehmen mit der Deutschen Bundesbank herzustellen.**

---

[5] Siehe auch BeckOK AußenWirtschaftsR/Niestedt Rn. 1.
[6] Dorsch/Sachs, 218. EL, Rn. 20.
[7] Wolffgang/Simonsen/Rogmann/Pietsch AWR/Gramlich AWV § 65 Rn. 1.
[8] Übersicht bei Hocke/Sachs/Pelz AußenwirtschaftsR/Sachs Rn. 10.

(4) [1]Die Rechtsverordnungen sind unverzüglich nach ihrer Verkündung dem Bundestag und dem Bundesrat mitzuteilen. [2]Der Bundesrat kann binnen vier Wochen gegenüber dem Bundestag Stellung nehmen. [3]Die Rechtsverordnungen sind unverzüglich aufzuheben, soweit es der Bundestag binnen vier Monaten nach ihrer Verkündung verlangt.

(5) Absatz 4 ist nicht anzuwenden auf Rechtsverordnungen, durch welche die Bundesregierung oder das Bundesministerium für Wirtschaft und Energie gemäß § 4 Absatz 2 Beschränkungen des Güter-, Kapital- oder Zahlungsverkehrs mit dem Ausland angeordnet oder aufgehoben hat, und auf Rechtsverordnungen gemäß § 30 Absatz 2.

A. Inhalt und Bedeutung

§ 12 regelt die **Zuständigkeit** und das **Verfahren** zum **Erlass von Rechtsver-** 1
ordnungen nach dem AWG, dh Zuständigkeit und Verfahren für den Erlass der **AWV**, einschließlich des dort geregelten Investitionskontrollrechts (vgl. § 4 Abs. 1 Nr. 1, 4, 4a iVm § 5 Abs. 2, 3). Abs. 1 S. 1 weist die Zuständigkeit zum Erlass von Rechtsverordnungen grundsätzlich der Bundesregierung, S. 2 in engen Ausnahmen dem BMWK zu (→ Rn. 2, 3). In Abs. 2–5 ist das Verfahren geregelt, insbesondere die Mitwirkung von Bundesrat, Bundestag und Bundesbank (→ Rn. 4–12). Der Gesetzgeber kommt mit § 12 den Vorgaben an die delegierte Rechtssetzung nach Art. 80 GG nach.[1]

B. Zuständigkeit (Abs. 1)

Nach § 12 Abs. 1 S. 1 ist grundsätzlich die **Bundesregierung** für den Erlass 2
von Rechtsverordnungen auf Grundlage des AWG zuständig. Das schließt Verordnungen im Investitionskontrollrecht nach § 4 Abs. 1 Nr. 1, 4, 4a iVm § 5 Abs. 2, 3 mit ein. Das Erfordernis eines Beschlusses der gesamten Bundesregierung – gem. Art. 62 GG bestehend aus dem Bundeskanzler und allen Bundesministern – stellt eine Ausnahme vom Ressortprinzip nach Art. 65 S. 2 GG dar. Das ist darauf zurückzuführen, dass Verordnungen im Außenwirtschaftsrecht erhebliche Bedeutung für die gesamte Volkswirtschaft und Außenpolitik haben können.[2] Der Beschluss der Bundesregierung kann im Umlaufverfahren nach § 20 Abs. 2 GOBReg beschlossen werden. Allerdings ist eine Praxis, die den Beschluss als entstanden ansieht, wenn kein Widerspruch eingelegt wurde, unzulässig.[3]

In **Ausnahme** dazu sieht § 12 Abs. 1 S. 2 Hs. 1 vor, dass das **BMWK** für den 3
Erlass von Rechtsverordnungen zuständig ist, die auf Grundlage von § 4 Abs. 2 ergehen. § 4 Abs. 2 enthält eine für die Investitionskontrolle nicht relevante Ermächtigungsgrundlage zum Erlass von Rechtsverordnungen, um insbesondere **Wirtschaftssanktionen** der EU oder des Sicherheitsrats der Vereinten Nationen umzusetzen. Eine die Investitionskontrolle betreffende bzw. ändernde Rechtsverordnung kann somit stets nur durch die Bundesregierung erlassen werden.

---

[1] Wolffgang/Simonsen/Rogmann/Pietsch AWR/Hoffmann Rn. 2.
[2] BT-Drs. 3/1285, 250.
[3] BVerfGE 91, 148 = NJW 1995, 1537.

C. Verfahren (Abs. 2–5)

4   Rechtsverordnungen nach dem AWG werden gem. § 12 Abs. 1 S. 1 von der
Bundesregierung erlassen und gem. Art. 82 Abs. S. 2 GG von ihr ausgefertigt.
Anschließend werden sie gem. Art. 82 Abs. 2 S. 3 GG iVm § 1 Abs. 1 S. 1
VkBkmG **im Bundesgesetzblatt verkündet** und treten sodann in Kraft. Die
Möglichkeit einer Verkündung im Bundesanzeiger gem. § 29 aF ist zum 1.1.2023
weggefallen.

5   Die Bundesregierung handelt grundsätzlich autonom; die Beteiligung anderer
Stellen ist dem Erlass von Rechtsverordnungen grundsätzlich nicht vorgesehen.
§ 12 Abs. 2 stellt klar, dass insbesondere die Zustimmung des Bundesrates nicht
erforderlich ist (→ Rn. 6). Demgegenüber sieht § 12 Abs. 3 ausnahmsweise die
Beteiligung der Deutschen Bundesbank vor, soweit die Rechtsverordnung ihre
Zuständigkeitsbereiche betrifft (→ Rn. 7). Zentrale Bedeutung hat § 12 Abs. 4,
der die Autonomie der Exekutive durch Beteiligungsrechte von Bundesrat und
Bundestag beschränkt und ein befristetes Aufhebungsersuchen des Bundestages
normiert (→ Rn. 8). Letzteres gilt im Ausnahmefall der Zuständigkeit des
BMWK für den Erlass der Rechtsverordnung nach § 12 Abs. 5 nicht (→ Rn. 12).

I. Keine Zustimmungsbedürftigkeit des Bundesrates (Abs. 2)

6   § 12 **Abs. 2** stellt klar, dass es einer (vorherigen) **Zustimmung des Bundes-
rats** für den Erlass von Rechtsverordnungen nach dem AWG **nicht bedarf**. Das
hat deklaratorischen Charakter, da die AWV schon nach Art. 80 Abs. 2 GG nicht
zustimmungspflichtig ist.[4]

II. Benehmen der Deutschen Bundesbank (Abs. 3)

7   Nach § 12 **Abs. 3** ist bei Vorschriften, die den Kapital- und Zahlungsverkehr oder
den Verkehr mit Auslandswerten und Gold betreffen, das **Benehmen der Deutschen Bundesbank** herzustellen. Auch wenn Auslandsinvestitionen diese Bereiche
mittelbar betreffen und sich die Vorschriften zur Investitionskontrolle im sechsten
Kapitel der AWV zu den Beschränkungen des Kapitalverkehrs befinden, findet diese
Vorgabe **im Bereich der Investitionskontrolle keine Anwendung**. Relevant
wird dies nur in den Zuständigkeitsbereichen der Deutschen Bundesbank (vgl. § 13
Abs. 2 Nr. 1), etwa im Rahmen der Meldevorschriften nach den §§ 63–73 AWV.

III. Beteiligung von Bundesrat und Bundestag (Abs. 4)

8   Von Verfassungswegen ist eine Beteiligung des Bundestages oder Bundesrates
an der Verabschiedung von Rechtsverordnungen nicht vorgesehen. Vor Verabschiedung des Außenwirtschaftsgesetzes im Jahr 1961 wurde daher auch erwogen,
die Bundesregierung unbeschränkt zum Erlass von Rechtsverordnungen zu
ermächtigen, um ihr ein Maximum an Flexibilität und schnelles Handeln im
Bereich des Außenhandels zu ermöglichen.[5] Der Bundestag und Bundesrat emp-
fanden dies jedoch als zu weitgehend, weswegen schließlich die erforderlichen
Beteiligungen in § 12 **Abs. 4** verankert wurden.[6]

---

[4] BT-Drs. 3/1285, 250.
[5] Vgl. BT-Drs. 3/2386, 15; Dorsch/Sachs, 218. EL, Rn. 2.
[6] Vgl. BT-Drs. 3/2386, 15.

Gem. § 12 Abs. 4 S. 1 trifft die Bundesregierung eine **Notifizierungspflicht**, 9
nach der sie im Anschluss an die Verkündung der Rechtsverordnungen diese unverzüglich (iSd § 121 Abs. 1 S. 1 BGB) dem Bundestag und Bundesrat mitzuteilen hat.
Sodann kann der **Bundesrat** gem. § 12 Abs. 4 S. 2 binnen vier Wochen ab Zustellung[7] gegenüber dem Bundestag **Stellung nehmen**. Vor dem Hintergrund einer
solchen Stellungnahme[8] oder aus eigenem Antrieb kann der **Bundestag** gem. § 12
Abs. 4 S. 3 innerhalb von vier Wochen nach Verkündung der Rechtsverordnung
sein sog. **Kassationsrecht** ausüben und die Aufhebung der Rechtsverordnung verlangen. Der Bundestag beschließt die Kassation gem. Art. 42 Abs. 2 S. 1 GG mit
einfacher Mehrheit. Dem Aufhebungsbeschluss des Bundestags selbst kommt keine
Kassationswirkung zu. Vielmehr ist die Bundesregierung verpflichtet, die Rechtsverordnung unverzüglich aufzuheben.[9] Damit kommt § 12 Abs. 4 S. 3 eine bedeutende Funktion zu: Die Norm kompensiert Defizite hinsichtlich der Wesentlichkeitstheorie in Bezug auf die Ermächtigungsgrundlage in § 4 Abs. 1.[10]

Zwar sieht Art. 80 GG kein Zustimmungsvorbehalt des Bundestags vor. Das 10
Kassationsrecht ist jedoch **verfassungsrechtlich nicht zu beanstanden**.[11] Das
kann damit begründet werden, dass nach Art. 76 ff. GG grundsätzlich die Legislative für die Gesetzgebung zuständig ist und Art. 80 GG hiervon ausnahmsweise
eine Durchbrechung zugunsten der Exekutive vorsieht. Der Gesetzgeber ist also
berechtigt, die Rechtssetzung vollständig auf die Exekutive zu delegieren. Wenn
er hierzu verfassungsrechtlich in der Lage ist, muss die Einräumung eines Zustimmungsvorbehalt der Legislative als Minus und als geringer Eingriff in die Gewaltenteilung erst recht möglich sein.[12] Dafür spricht zudem, dass der Gesetzgeber
eine Rechtsverordnung ohnehin durch ein förmliches Gesetz aufheben könnte.[13]

Die praktische Bedeutung des Kassationsvorbehalts ist gleichwohl gering, da 11
die Regierungsfraktionen idR ohnehin bei dem Erlass der Rechtsverordnung
mitwirken.[14]

IV. Keine Beteiligung bei Umsetzung von Wirtschaftssanktio- nen durch das BMWK (Abs. 5)

In § 12 Abs. 5 ist eine Ausnahme von diesen Beteiligungsvorschriften vorgese- 12
hen, die auf Rechtsverordnungen zur Umsetzung von Wirtschaftssanktionen
zugeschnitten ist und auf die Investitionskontrolle keine Anwendung findet (vgl.
→ Rn. 3).

§ 13 Zuständigkeiten für den Erlass von Verwaltungsakten und für die Entgegennahme von Meldungen

(1) **Für den Erlass von Verwaltungsakten und die Entgegennahme von
Meldungen auf Grund dieses Gesetzes und der nach diesem Gesetz erlas-**

---

[7] Dorsch/Sachs, 218. EL, Rn. 19.
[8] Vgl. Dorsch/Sachs, 218. EL, Rn. 20.
[9] Wolffgang/Simonsen/Rogmann/Pietsch AWR/Hoffmann Rn. 21.
[10] Dehne, Investitionskontrolle, 2022, S. 351; Hohmann/John AusfuhrR/Sauer § 7 Rn. 19.
[11] BVerfG NJW 1959, 475.
[12] Wolffgang/Simonsen/Rogmann/Pietsch AWR/Hoffmann Rn. 14; Dorsch/Sachs,
218. EL, Rn. 22.
[13] Wolffgang/Simonsen/Rogmann/Pietsch AWR/Hoffmann Rn. 21.
[14] BeckOK AußenWirtschaftsR/Niestedt Rn. 10.

senen Rechtsverordnungen sowie auf Grund von Rechtsakten des Rates oder der Kommission der Europäischen Union im Bereich des Außenwirtschaftsrechts ist das Bundesamt für Wirtschaft und Ausfuhrkontrolle (BAFA) zuständig, soweit in anderen Gesetzen, in diesem Gesetz oder auf Grund einer nach diesem Gesetz erlassenen Rechtsverordnung nichts anderes bestimmt ist.

(2) Ausschließlich zuständig sind

1. die Deutsche Bundesbank im Bereich des Kapital- und Zahlungsverkehrs sowie des Verkehrs mit Auslandswerten, einschließlich Geldern, die einer Verfügungsbeschränkung unterliegen, und Gold, soweit im Folgenden nichts anderes bestimmt ist,

2. das Bundesministerium für Wirtschaft und Energie

   a) im Fall von § 5a Absatz 3 und § 6 Absatz 1 im Einvernehmen mit dem Auswärtigen Amt und dem Bundesministerium der Finanzen; bei Maßnahmen, welche die Bereiche des Kapital- und Zahlungsverkehrs oder den Verkehr mit Auslandswerten und Gold betreffen, ist das Benehmen mit der Deutschen Bundesbank herzustellen,

   b) im Fall des § 7 im Einvernehmen mit dem Auswärtigen Amt und dem Bundesministerium für Verkehr und digitale Infrastruktur,

   c) im Fall des § 4 Absatz 1 Nummer 4 und 4a in Verbindung mit § 5 Absatz 2 und einer auf Grund dieser Vorschriften erlassenen Rechtsverordnung,

   d) im Fall des § 4 Absatz 1 Nummer 1 in Verbindung mit § 5 Absatz 3 und einer auf Grund dieser Vorschriften erlassenen Rechtsverordnung,

   e) für die Wahrnehmung der Aufgaben und Befugnisse der Kontaktstelle im Sinne des Artikels 11 Absatz 1 der *Verordnung (EU) 2019/425*,[1]

3. das Bundesministerium für Verkehr und digitale Infrastruktur für Anordnungen im Bereich des Dienstleistungsverkehrs auf dem Gebiet des Verkehrswesens nach § 4 Absatz 1 und 2 in Verbindung mit einer auf Grund dieser Vorschrift erlassenen Rechtsverordnung sowie auf Grund von Rechtsakten des Rates oder der Kommission der Europäischen Union im Bereich des Außenwirtschaftsrechts,

4. das Bundesministerium der Finanzen für Anordnungen im Bereich des Dienstleistungsverkehrs auf dem Gebiet des Versicherungswesens nach § 4 Absatz 1 und 2 in Verbindung mit einer auf Grund dieser Vorschrift erlassenen Rechtsverordnung sowie auf Grund von Rechtsakten des Rates oder der Kommission der Europäischen Union im Bereich des Außenwirtschaftsrechts,

5. die Bundesanstalt für Landwirtschaft und Ernährung für Anordnungen im Bereich des Waren- und Dienstleistungsverkehrs nach § 4 Absatz 1 und 2 in Verbindung mit einer auf Grund dieser Vorschrift erlassenen Rechtsverordnung im Rahmen der gemeinsamen Marktorganisationen der Europäischen Union für Erzeugnisse der Ernährungs- und Landwirtschaft.

(2a) [1]Abweichend von den Absätzen 1 und 2 Nummer 1 ist für die Entgegennahme von Meldungen bestimmter Personen oder Personengesell-

---

[1] Richtig wohl: „2019/452".

schaften, denen nach einem im Amtsblatt der Europäischen Gemeinschaften oder der Europäischen Union veröffentlichten unmittelbar geltenden Rechtsakt der Europäischen Gemeinschaften oder der Europäischen Union, der der Durchführung einer im Rat der Europäischen Union im Bereich der Gemeinsamen Außen- und Sicherheitspolitik beschlossenen wirtschaftlichen Sanktionsmaßnahme dient, weder unmittelbar noch mittelbar Gelder oder wirtschaftliche Ressourcen zur Verfügung gestellt werden oder zu Gute kommen dürfen, aufgrund einer Meldepflicht nach diesem Rechtsakt, die Zentralstelle für Sanktionsdurchsetzung zuständig. [2]Eine Meldung nach Satz 1 ist nicht erforderlich, soweit gegenüber der Zentralstelle für Sanktionsdurchsetzung eine Meldung über Gelder oder wirtschaftliche Ressourcen nach einer anderen Rechtsvorschrift abgegeben wurde.

(3) [1]Im Fall des Absatzes 2 Nummer 2 Buchstabe c bedarf eine Untersagung der Zustimmung der Bundesregierung. [2]Anordnungen bedürfen des Einvernehmens mit dem Auswärtigen Amt, dem Bundesministerium des Innern, für Bau und Heimat und dem Bundesministerium der Verteidigung sowie des Benehmens mit dem Bundesministerium der Finanzen.

(4) Im Fall des Absatzes 2 Nummer 2 Buchstabe d bedürfen Untersagungen oder Anordnungen des Einvernehmens mit dem Auswärtigen Amt, dem Bundesministerium des Innern, für Bau und Heimat und dem Bundesministerium der Verteidigung.

(5) In den Fällen des Absatzes 2 Nummer 3 und 4 kann das zuständige Bundesministerium seine Zuständigkeit für die dort genannte Aufgabenwahrnehmung auf eine Bundesoberbehörde oder Bundesanstalt seines Geschäftsbereichs übertragen.

(6) Bei Gefahr im Verzug hat das Bundesministerium für Wirtschaft und Energie abweichend von Absatz 2 Nummer 2 Buchstabe a lediglich das Benehmen mit dem Auswärtigen Amt, dem Bundesministerium der Finanzen und der Deutschen Bundesbank herzustellen.

A. Inhalt und Bedeutung

In § 13 sind die **Zuständigkeiten** für den **Erlass von Verwaltungsakten** und **1** für die **Entgegennahme von Meldungen** aufgrund des AWG, der AWV und von EU-Rechtsakten geregelt. Nach Abs. 1 liegt diese grundsätzlich beim Bundesamt für Wirtschaft und Ausfuhrkontrolle (BAFA). Abs. 2 und 2a regeln davon abweichende ausschließliche Zuständigkeiten, etwa nach Abs. 2 Nr. 1 im Bereich des Kapital- und Zahlungsverkehrs die Zuständigkeit der Deutschen Bundesbank. Abs. 3–6 enthalten ergänzende Regelungen zur Beteiligung weiterer Stellen in bestimmten Konstellationen.

Bedeutung erlangt die Vorschrift im Rahmen der Investitionskontrolle, weil sie **2** gem. § 13 Abs. 2 Nr. 2 lit. a und c–e das **BMWK als zuständige Stelle** sowohl für den Erlass von Einzeleingriffen nach § 6 Abs. 1 (→ Rn. 3–5) als auch für Verwaltungsakte im Rahmen der Investitionskontrolle erklärt (→ Rn. 6–9) und ihm die Rolle als Kontaktstelle iSv Art. 11 Abs. 1 der Screening-VO einräumt (→ Rn. 10, 11). Hervorzuheben hierbei ist insbesondere, dass nach den Abs. 3 und 4 Untersagungen und Anordnungen im Rahmen der Investitionsprüfung der

Zustimmung bzw. dem Einvernehmen anderer Bundesministerien oder sogar der Bundesregierung bedürfen.

B. Zuständigkeit des BMWK für Einzeleingriffe (Abs. 2 Nr. 2 lit. a)

3   Gem. § 13 Abs. 2 Nr. 2 lit. a ist das BMWK für den **Erlass von Einzeleingriffen nach § 6 Abs. 1** zuständig. Auch im Zusammenhang mit der Investitionskontrolle ist eine Regelung durch Verwaltungsakt in Eilfällen denkbar, wie die Treuhandanordnung der Gazprom Germany GmbH gezeigt hat ($\rightarrow$ § 6 Rn. 2). Bedeutung hat diese Kompetenz aber über das Gebiet der Investitionskontrolle hinaus, was auch die in der Vorschrift genannten Vorgaben zur Beteiligung anderer Stellen erklärt.

4   Wenn das BMWK nach § 13 Abs. 2 lit. a einen Verwaltungsakt nach § 6 Abs. 1 erlassen möchte, muss es das **Einvernehmen** mit dem Auswärtigen Amt und dem Bundesministerium der Finanzen herstellen. Der Begriff des Einvernehmens ist als Zustimmung zu verstehen.[2] Im Bereich des Kapital- und Zahlungsverkehrs und des Verkehrs mit Auslandswerten und Gold ist zusätzlich das **Benehmen der Deutschen Bundesbank** herzustellen. Der Begriff des Benehmens bedeutet weniger als Einvernehmen[3] und verlangt somit keine Zustimmung.[4] Die Deutsche Bundesbank soll jedoch über eine bloße Anhörung hinaus bei der Entscheidungsfindung mitwirken, indem ihr Gelegenheit zur Stellungnahme gegeben wird und ihre Auffassung vom BMWK berücksichtigt wird.[5] Da nur ein Benehmen und kein Einvernehmen herzustellen ist, kann der Verwaltungsakt jedoch auch ergehen, wenn die Deutsche Bundesbank keine Zustimmung erklärt.[6]

5   Bei **Gefahr im Verzug** hat das BMWK abweichend von § 13 Abs. 2 Nr. 2 lit. a gem. § 13 Abs. 6 lediglich das Benehmen mit dem Auswärtigen Amt, dem Bundesministerium der Finanzen und ggf. der Deutschen Bundesbank herzustellen. Der Begriff der Gefahr im Verzug ist dabei eng zu verstehen, da die Verwaltungsaktkompetenz nach § 6 Abs. 1 ohnehin schon eine konkrete und gegenwärtige Gefahr voraussetzt ($\rightarrow$ § 6 Rn. 6).

C. Zuständigkeit des BMWK für Verwaltungsakte in der Investitionskontrolle (Abs. 2 Nr. 2 lit. c und d, Abs. 3 und Abs. 4)

6   § 13 Abs. 2 Nr. 2 weist dem BMWK mit den lit. c–e genuin investitionskontrollrechtliche Kompetenzen zu. Lit. c und d erklären das BMWK zuständig für den Erlass von Verwaltungsakten, die aufgrund von § 4 Abs. 1 Nr. 4, 4a iVm § 5 Abs. 2 bzw. § 4 Abs. 1 Nr. 1 iVm § 5 Abs. 3 erlassen werden. Demnach ist das BMWK ausschließlich zuständig für den Erlass sämtlicher **Verwaltungsakte**, die im Rahmen der **sektorübergreifenden oder sektorspezifischen Prüfung** nach den §§ 55–59 AWV bzw. den §§ 60–62 AWV ergehen. Dazu zählen etwa Mitteilungen über die Eröffnung des Prüfverfahrens nach § 55 Abs. 3 S. 1 AWV bzw. § 60 Abs. 4 S. 1

---

[2] Hoffmann NVwZ 2021, 211 (212).
[3] Hoffmann NVwZ 2021, 211 (212).
[4] Vgl. Dorsch/Sachs, 218. EL, § 12 Rn. 16.
[5] Vgl. BT-Drs. 3/1285, 250 zu § 26 aF (§ 12 nF).
[6] Vgl. Dorsch/Sachs, 218. EL, § 12 Rn. 16.

AWV,[7] Nachforderungen von Unterlagen nach § 14a Abs. 2 S. 5 (→ § 14a Rn. 42–44), einseitige Fristverlängerungen nach § 14a Abs. 4 (→ § 14a Rn. 17–19) sowie Anordnungen und Untersagungen nach § 59 bzw. 62 AWV.

Im Falle von Anordnungen und Untersagungen sind die Beteiligungsvorgaben **7** nach § 13 Abs. 3 und 4 zu beachten. Will das BMWK im Rahmen der **sektorübergreifenden Prüfung** gem. § 59 AWV den Erwerb eines inländischen Unternehmens durch einen Unionsfremden untersagen, muss es gem. § 13 Abs. 3 S. 1 zuvor die **Zustimmung der Bundesregierung** einholen.[8] Geplante Anordnungen nach § 59 AWV setzen dagegen das **Einvernehmen** (→ Rn. 4) mit dem Auswärtigen Amt, dem Bundesministerium der Verteidigung und dem Bundesministerium des Innern und für Heimat sowie das **Benehmen** (→ Rn. 4) des Bundesministeriums der Finanzen voraus.

Wenn das BMWK dagegen Untersagungen oder Anordnungen nach § 62 AWV **8** in der **sektorspezifischen Prüfung** erlassen möchte, bedürfen diese gem. § 13 Abs. 4 jeweils des **Einvernehmens** (→ Rn. 4) mit dem Auswärtigen Amt, dem Bundesministerium des Innern und für Heimat und dem Bundesministerium der Verteidigung. Einer Untersagung muss die Bundesregierung bei der sektorspezifischen Prüfung – im Gegensatz zur Untersagung bei der sektorübergreifenden Prüfung – nicht zustimmen. Über die Gemeinsame Geschäftsordnung der Bundesministerien soll nach Ansicht des Gesetzgebers aber ohnehin gewährleistet sein, dass alle Bundesministerien, deren Zuständigkeiten von einem konkreten Erwerbsfall berührt werden, in angemessener Weise beteiligt sind.[9]

Eine Ausnahme von den Beteiligungserfordernissen bei Verwaltungsakten, die **9** im Rahmen der Investitionsprüfung ergehen, kann anders als in § 13 Abs. 6 auch nicht bei Gefahr im Verzug gemacht werden.

D. Zuständigkeit des BMWK als Kontaktstelle iSd Screening-VO (Abs. 2 Nr. 2 lit. e)

Das BMWK ist schließlich gem. § 13 Abs. 2 Nr. 2 lit. e für die Wahrnehmung **10** der Aufgaben und Befugnisse der **Kontaktstelle iSd Art. 11 Abs. 1 Screening-VO** ausschließlich zuständig.[10] In Art. 11 Abs. 1 Screening-VO ist vorgesehen, dass die EU-Mitgliedstaaten und die Kommission je eine Kontaktstelle einzurichten haben, welche von ihnen mit allen Fragen im Zusammenhang der Durchführung der Screening-VO befasst wird. Insbesondere ist das BMWK daher Ansprechpartner der übrigen EU-Mitgliedstaaten und der EU-Kommission im Rahmen des von Art. 6 Screening-VO etablierten Kooperationsmechanismus (vgl. Art. 6 Abs. 10 Screening-VO).

Der Wortlaut des § 13 Abs. 2 Nr. 2 verweist auf eine nichtexistente „Verord- **11** nung (EU) 2019/425", meint damit aber offensichtlich die als Screening-VO bekannte VO (EU) 2019/452. Dieses **Redaktionsversehen** ist unbeachtlich.

§ 14 Verwaltungsakte

(1) ¹**Verwaltungsakte nach diesem Gesetz oder nach einer auf Grund dieses Gesetzes erlassenen Rechtsverordnung können mit Nebenbestim-**

---

⁷ Vgl. zur Verwaltungsaktqualität BT-Drs. 16/10730, 24.
⁸ Zur Frage der Verfassungsmäßigkeit siehe BeckOK AußenwirtschaftsR/Niestedt Rn. 5.
⁹ BT-Drs. 19/18700, 19.
¹⁰ Dorsch/Sachs, 218. EL, Rn. 7.

mungen versehen werden. ²Die Verwaltungsakte sind nicht übertragbar, wenn in ihnen nicht etwas anderes bestimmt wird.

(2) **Widerspruch und Anfechtungsklage haben keine aufschiebende Wirkung.**

Übersicht

A. Allgemeines

1   § 14 AWG befasst sich mit (wenigen) **formellen Fragen** von Verwaltungsakten, die auf der Grundlage des Gesetzes oder einer hierauf beruhenden Rechtsverordnung ergehen. Die ursprüngliche Fassung wurde bereits durch das 1976 in Kraft getretene Verwaltungsverfahrensgesetz (vgl. BGBl. 1976 I 1253) verdrängt, sodass die aktuelle Vorschrift bruchstückhaft wirkt. Weitere spezialgesetzlich geregelte formelle Anforderungen an Verwaltungsakte ergeben sich aus § 3 AWV (zuletzt geändert durch die 20. Änderungsverordnung[1]). Für die vormals in der Norm enthaltenen Vorgaben zu Widerruf und Rücknahme gelten die §§ 48, 49 VwVfG.[2] Auch im Übrigen richten sich die formellen Anforderungen an den Erlass von Verwaltungsakten nach dem **Verwaltungsverfahrensgesetz**. Insbesondere sind daher die Vorgaben zur Anhörung der Betroffenen vor Erlass eines Verwaltungsaktes (§ 28 Abs. 1 VwVfG) zu beachten.[3] Außerdem beanspruchen § 37 VwVfG (Bestimmtheit) und § 39 VwVfG (Begründungserfordernis)[4] Geltung. Die im Investitionsprüfverfahren einzuhaltenden Fristen richten sich demgegenüber nach § 14a AWG, auf den etwa die § 58 Abs. 2 AWV, § 58a Abs. 2 AWV, § 59 Abs. 1 AWV, §§ 61 und 62 Abs. 1 AWV verweisen.

B. Einzelregelungen

I. Nebenbestimmungen

1. Allgemeines. Nach § 14 Abs. 1 S. 1 AWG können Verwaltungsakte nach **2** diesem Gesetz oder nach einer auf Grund dieses Gesetzes erlassenen Rechtsverordnung mit **Nebenbestimmungen** versehen werden. Die Vorschrift gilt für jegliche Entscheidungen, die auf der Grundlage des AWG ergehen, mithin Verwaltungsakte im Rahmen der Ein- und Ausfuhrkontrolle, des Dienstleistungsverkehrs und der Beschränkungen des Kapitalverkehrs. Ob von der Befugnis zum Erlass von Nebenbestimmungen Gebrauch gemacht wird, stellt das Gesetz ausdrücklich in das (pflichtgemäß auszuübende) **Ermessen** der Behörde.

Nach § 36 Abs. 1 S. 1 VwVfG darf ein Verwaltungsakt, auf den ein Anspruch **3** besteht, mit einer Nebenbestimmung nur versehen werden, wenn sie durch Rechtsvorschrift zugelassen ist oder wenn sie sicherstellen soll, dass die gesetzlichen Voraussetzungen des Verwaltungsaktes erfüllt werden. § 14 Abs. 1 S. 1 stellt eine solche Rechtsvorschrift dar. Nebenbestimmungen sind nach allgemeinem Verständnis **Zusätze mit Regelungscharakter** zu einem **(Haupt-)Verwaltungsakt**, die in ihrem rechtlichen Schicksal von diesem abhängig sind (Akzessorietät) und eine in demselben Verwaltungsakt getroffene Hauptbestimmung einschränken oder ergänzen.[5] Nebenbestimmungen dienen in der Regel dazu, die Erteilung eines (begünstigenden) Verwaltungsaktes zu ermöglichen.

Welche **Arten von Nebenbestimmungen** in Betracht kommen, folgt aus **4** § 36 Abs. 2 VwVfG. Nach dieser Vorschrift dürfen Verwaltungsakte, deren Erlass im Ermessen der Behörde steht, mit dort näher genannten Nebenbestimmungen versehen werden. Ausdrücklich genannt werden die **Befristung** (§ 36 Abs. 2 Nr. 1 VwVfG), die **Bedingung** (§ 36 Abs. 2 Nr. 2 VwVfG), der **Widerrufsvorbehalt** (§ 36 Abs. 2 Nr. 3 VwVfG) sowie die **Auflage** (§ 36 Abs. 2 Nr. 4 VwVfG) und der **Auflagenvorbehalt** (§ 36 Abs. 2 Nr. 5 VwVfG). Es handelt sich hierbei

---

[1] BGBl. 2023 I Nr. 264 S. 1.
[2] Dorsch/Sachs Rn. 3.
[3] BeckOK AußenWirtschaftsR/Niestedt AWV § 59 Rn. 13.
[4] Vgl. zu einem Ausfuhrverbot des BAFA: VG Frankfurt, Urt v 10.2.2022, 5 K 533/18.F.).
[5] Landmann/Rohmer UmweltR/Mann, 99. EL September 2022, BImSchG § 12 Rn. 52 mwN.

aber **nicht** um eine **abschließende Aufzählung**.[6] So sind andere Nebenbestimmungen oder Kombinationen von Nebenbestimmungen ebenfalls denkbar. Die Frage, ob ein Zusatz zu einem Verwaltungsakt als Bedingung, Auflage, Vorbehalt, Hinweis oder Einschränkung zu qualifizieren ist, bestimmt sich nach dem erklärten Willen der Behörde. Dieser ist erforderlichenfalls im Wege der Auslegung zu ermitteln (vgl. §§ 133, 157 BGB analog).[7]

5　　Der ganz überwiegende **Anwendungsbereich** von Nebenbestimmungen wird im Geltungsbereich des AWG bei der Kontrolle des Außenwirtschaftsverkehrs liegen, der ausdrücklich genehmigungsbedürftige Vorhaben betrifft. In diesen Fällen wird die Genehmigung mit Einschränkungen versehen, meistens mit dem Ziel, die Erteilungsvoraussetzungen erst zu schaffen. Im Kontext der Investitionskontrolle dürfte Nebenbestimmungen demgegenüber allenfalls eine untergeordnete Rolle zukommen. Denn das Verfahren ist derart ausgestaltet, dass Unternehmenserwerbe grundsätzlich keiner Genehmigung bedürfen. Vielmehr wird ein (ggf. zweistufiges) Prüfverfahren durchlaufen, an dessen Ende die Entscheidung des BMWK über ein Eingreifen – dies stellt dann einen belastenden Verwaltungsakt dar – oder ein Gewährenlassen steht. Der **Zweck von Auflagen** liegt im erstgenannten Fall darin, Untersagungsgründe auszuräumen und damit Untersagungsverfügungen oder Anordnungen zu vermeiden. Dies ist letztlich auch ein Ausdruck des u.a. in § 4 Abs. 4 AWG normierten Verhältnismäßigkeitsgrundsatzes, was die Bedeutung der Vorschrift ausmacht.[8]

6　　Gleichwohl kennt auch das Investitionsprüfverfahren **begünstigende Verwaltungsakte**. Hierzu zählen die **Unbedenklichkeitsbescheinigung** nach § 58 AWV und die **Freigabe** nach den § 58a oder § 61 AWV. So kann eine Freigabe nach § 58a Abs. 3 S. 1 AWV zB mit der Auflage versehen werden, dass dem BMWK der Erwerb weiterer Stimmrechte auch unterhalb bestimmter Schwellenwerte zum Zwecke der Prüfung nach § 55 Abs. 1 AWV unverzüglich nach Abschluss des schuldrechtlichen Rechtsgeschäfts anzuzeigen ist. Auch im Zusammenhang mit einer Freigabeentscheidung sind Auflagen nach § 61 Abs. 1 AWV denkbar.[9]

7　　Von den Nebenbestimmungen **zu unterscheiden** ist die **Inhaltsbestimmung** (auch: Genehmigungsbestimmung).[10] Hierbei handelt es sich von vornherein nicht um eine Nebenbestimmung. Eine Inhaltsbestimmung liegt vor, wenn hierdurch der Regelungsgehalt des Hauptverwaltungsaktes selbst definiert oder modifiziert wird.[11] Soweit die Bundesregierung beispielsweise im Oktober 2022 entschieden hat, dass der chinesische Konzern Cosco nur einen Anteil unterhalb von 25% an der HHLA Container Terminal Tollerort GmbH erwerben darf und ein weitergehender Erwerb oberhalb dieses Schwellenwerts untersagt wird, dürfte es sich um eine solche Inhaltsbestimmung gehandelt haben.[12]

---

[6] BVerwG NVwZ 2010, 643 Rn. 20; Stelkens/Bonk/Sachs/U. Stelkens VwVfG § 36 Rn. 65 mwN.

[7] BVerwG NJW-RR 1990, 849; zu den Auslegungsgrundsätzen vgl. Stelkens/Bonk/Sachs/U. Stelkens VwVfG § 36 Rn. 68 f.

[8] Vgl. Dorsch/Sachs Rn. 9.

[9] BeckOK AußenWirtschaftsR/Niestedt AWV § 61 Rn. 6.

[10] IE dazu Stelkens/Bonk/Sachs/U. Stelkens VwVfG § 36 Rn. 93 f.

[11] Vgl. BVerwG BeckRS 2019, 3529.

[12] https://www.bmwk.de/Redaktion/DE/Pressemitteilungen/2022/10/20221026-bundeskabinett-verabschiedet-teiluntersagung-im-investitionsprufverfahren-hamburger-hafen.html (zuletzt abgerufen am 22.7.2023).

Die im Bescheid gleichzeitig ausgesprochenen Untersagung von Kontrollrechten dürfte demgegenüber eine selbständige Nebenbestimmung in Form einer Auflage gehandelt sein.[13]

Ebenso wenig als Nebenbestimmungen zu qualifizieren sind die in § 59 Abs. 1 **8** S. 1 AWV[14] und § 62 Abs. 1 AWV[15] genannten **Anordnungen**.[16] Bei ihnen handelt es sich um **eigenständige Verwaltungsakte**, die sich gegenüber der tatbestandlich jeweils möglichen Untersagung als milderes Mittel darstellen (vgl. auch § 4 Abs. 4 AWG). In der Folge sind Anordnungen ebenso wie gänzliche Untersagungen **selbständig anfechtbar**; die Problematik der selbständigen Anfechtbarkeit von Nebenbestimmungen stellt sich hier nicht.[17]

Bescheinigt das BMWK schließlich die Unbedenklichkeit eines Unterneh- **9** menserwerbs auf der Grundlage einer von den Beteiligten der Transaktion abgegebenen **Zusicherung**[18] oder gibt die Behörde das Vorhaben unter Bezugnahme auf einen zwischen ihr und den Parteien geschlossenen **öffentlich-rechtlichen Vertrag**[19] frei, liegt hierin keine Nebenbestimmung iSd § 14 Abs. 1 S. 1 AWG. Bei Verstößen gegen die Zusicherung oder die Regelungen eines öffentlich-rechtlichen Vertrages richten sich die Konsequenzen entweder nach allgemeinen Grundsätzen oder nach den vertraglichen Regelungen.

2. Einzelne Nebenbestimmungen. a) Befristung. Eine **Befristung** nach **10** § 36 Abs. 2 Nr. 1 VwVfG ist eine Bestimmung, nach der eine Vergünstigung oder Belastung zu einem bestimmten Zeitpunkt beginnt (Anfangstermin), endet (Endtermin) oder für einen bestimmten Zeitraum gilt. Ihre größte Bedeutung im Bereich der Außenwirtschaft werden Befristungen haben, die im Zusammenhang mit Genehmigungen bei der **Exportkontrolle** stehen. Hierdurch wird bereits im Erlasszeitpunkt absehbaren Änderungen oder auch nur künftigen Unsicherheiten, die sich in rechtlicher oder tatsächlicher Sicht im Bereich der Außenwirtschaft jederzeit ergeben können, Rechnung getragen. Daher werden Genehmigungen nach der Praxis des BAFA üblicherweise mit dieser Nebenbestimmung versehen und auf zwei Jahre befristet.[20] Befristungen können nach § 31 Abs. 7 S. 1 VwVfG verlängert werden, nach S. 2 auch rückwirkend.

Die Befristung als Nebenbestimmung dürfte demgegenüber **im Bereich der** **11** **Investitionskontrolle** insgesamt **kaum zur Anwendung** kommen und dort keinen nennenswerten Anwendungsbereich haben. Am Ende einer jeden Investitionsprüfung steht die Entscheidung des BMWK, ob ein Unternehmenserwerb untersagt werden soll oder bestimmte Anordnungen zu treffen sind oder aber jegliches Einschreiten unterbleibt. Befristete Entscheidungen laufen dem Ziel, einen (einmaligen) Unternehmenserwerb rechtssicher abzuschließen, entgegen.

b) Bedingung. Bedingungen sind nach § 36 Abs. 2 Nr. 2 VwVfG Bestim- **12** mungen, nach denen das Wirksamwerden oder der Wegfall einer Vergünstigung

---

[13] So auch von Rummel/Gertz RdTW 2022, 465.
[14] → AWV § 59 Rn. 19 ff.
[15] → AWV § 62 Rn. 29 ff.
[16] Hocke/Sachs/Pelz AußenwirtschaftsR/Mausch-Liotta/Sattler AWV § 59 Rn. 30.
[17] → Rn. 37 f.
[18] → AWV § 59 Rn. 33 ff.
[19] → AWV § 59 Rn. 24 ff.
[20] Hocke/Sachs/Pelz AußenwirtschaftsR/Sachs Rn. 12; BeckOK AußenWirtschaftsR/ Niestedt Rn. 8.

oder einer Belastung von dem ungewissen Eintritt eines zukünftigen Ereignisses abhängt. Es ist zu unterscheiden zwischen auflösenden und aufschiebenden Bedingungen. Bei einer auflösenden Bedingung hat eine Begünstigung so lange Bestand, bis die Bedingung eintritt. Bei einer aufschiebenden Bedingung hängt demgegenüber entsprechend § 158 BGB der Eintritt der mit dem Verwaltungsakt erstrebten Wirkungen von einem zukünftigen ungewissen Ereignis ab. Voraussetzung für den Eintritt der durch den Verwaltungsakt gewährten Begünstigung ist das in der Nebenbestimmung genannte zukünftige ungewisse Ereignis. Das Wesen einer aufschiebenden oder auflösenden Bedingung besteht darin, dass die Rechtsfolgen der Genehmigung mit dem Eintritt der aufschiebenden oder auflösenden Bedingung ohne Weiteres eintreten oder wegfallen, dh eine zusätzliche hoheitliche Maßnahme ist nicht erforderlich.[21] Auch diese Nebenbestimmung wird aus den bereits genannten Gründen im Bereich des **Investitionsprüfverfahrens keinen nennenswerten Anwendungsbereich** haben.

13   **c) Widerrufsvorbehalt.** Der **Widerrufsvorbehalt** nach § 36 Abs. 2 Nr. 3 VwVfG stellt den (begünstigenden) Verwaltungsakt unter den Vorbehalt eines späteren Widerrufs. Damit soll sich ändernden Umständen Rechnung getragen und zugleich das Vertrauen in die Wirksamkeit des Verwaltungsakts von vornherein reduziert werden. Der Adressat muss für den Fall, dass die Bedingungen des Widerrufsvorbehalts eintreten, mit dem Verlust einer ihm günstigen Position rechnen. Dies geschieht allerdings nicht automatisch, sondern setzt voraus, dass die Behörde von der Widerrufsbefugnis Gebrauch macht. Im Fall des Widerrufs ist das Vertrauen in den Bestand der Begünstigung nicht geschützt. Dies zeigt sich u.a. darin, dass nach § 49 Abs. 6 S. 1 VwVfG im Fall des Widerrufs, der sich auf § 49 Abs. 2 Nr. 1 VwVfG stützt, keine Entschädigung vorgesehen ist.[22]

14   Der Widerrufsvorbehalt soll im Außenwirtschaftsrecht nur **restriktiv** genutzt werden dürfen, also – wie bei anderen Nebenbestimmungen auch – nur, um die Einhaltung der gesetzlichen Vorschriften sicherzustellen.[23] Wird vom Widerruf Gebrauch gemacht, kann nach herrschender Meinung die **Rechtmäßigkeit des Widerrufsvorbehalts** nicht mehr überprüft werden, wenn dieser wirksam und bestandskräftig geworden ist.[24] Umgekehrt berechtigt ein wirksamer und bestandskräftiger sowie anwendbarer Widerrufsvorbehalt nicht schon als solcher zur Aufhebung des Verwaltungsakts. § 49 Abs. 2 S. 1 Nr. 1 Alt. 2 VwVfG ermächtigt die Behörde nicht zum jederzeitigen willkürlichen Widerruf. Die Vornahme des Widerrufs aufgrund des Widerrufsvorbehalts ist ermessensfehlerhaft und daher rechtswidrig, wenn der Vorbehalt aufgenommen worden war, obwohl die gesetzlich abschließend festgelegten Rücknahme- und Widerrufsgründe nicht vorla-

---

[21] Landmann/Rohmer UmweltR/Mann, 99. EL September 2022, BImSchG § 12 Rn. 60; BVerwG NJW-RR 1990, 849.

[22] Der Widerruf einer Unbedenklichkeitsbescheinigung im Fall Aixtron im Oktober 2016 durch das seinerzeitige Bundesministerium für Wirtschaft und Energie unter dem damaligen Bundeswirtschaftsminister Gabriel gegenüber der Fujian Grand Chip Investment Fund LP erfolgte wohl nicht auf der Grundlage eines Widerrufsvorbehalts – so Hocke/Sachs/Pelz AußenwirtschaftsR/Mausch-Liotta/Sattler AWV § 58 Rn. 22; mit Blick auf eine etwaige Entschädigungspflicht ist dies höchst relevant.

[23] Hocke/Sachs/Pelz AußenwirtschaftsR/Sachs Rn. 19.

[24] Schoch/Schneider/Schoch VwVfG § 49 Rn. 96.

gen.[25] Die Ausübung des Vorbehalts setzt also einen **sachlichen Grund** voraus, der sich in der Regel aus dem Zweck der gesetzlichen Ermächtigung ergibt.[26] Enthält der Widerrufsvorbehalt selbst Festlegungen zur Aufhebung des begünstigenden Verwaltungsakts, müssen jene Maßgaben beachtet werden.

Zwar ist ein Widerrufsvorbehalt etwa bei einer Unbedenklichkeitsbescheini- **15** gung nach § 58 AWV für den Fall denkbar, dass separate und im Bescheid tenorierte Anordnungen iSd § 59 Abs. 1 S. 1 AWV nicht befolgt oder eingehalten werden. Der Widerrufsvorbehalt wird also auf die Einhaltung der Anordnungen (etwa die Einräumung von Kontroll- und Zugriffsrechten des Erwerbers betreffend) erstreckt, ohne sogleich eine Bedingung zu sein. Dieses Instrument könnte damit in dieser Konstellation eine Alternative zu der ansonsten bei belastenden Verwaltungsakten möglichen Androhung von Zwangsmitteln nach dem VwVG darstellen. Ob es allerdings praktikabel ist, erscheint fragwürdig. Denn nach § 49 Abs. 2 Nr. 1 VwVfG entfällt im Fall, dass vom Widerrufsvorbehalt Gebrauch gemacht wird, die Begünstigung (also die erteilte Unbedenklichkeitsbescheinigung oder die Freigabeentscheidung) mit Wirkung ex nunc, also für die Zukunft. Ob und wie deshalb eine bereits vollzogene Transaktion danach tatsächlich rückabgewickelt werden kann, wirft eine Reihe von Fragen auf.

d) Auflage und Auflagenvorbehalt. Eine **Auflage** ist nach § 36 Abs. 2 **16** Nr. 4 VwVfG eine Bestimmung, durch die dem Begünstigten ein Tun, Dulden oder Unterlassen vorgeschrieben wird. Die Regelung gilt ihrem Wortlaut nach ausdrücklich nur für begünstigende Verwaltungsakte; bei belastenden Verwaltungsakten scheidet eine Auflage mithin von vornherein aus. Die Auflage tritt selbständig zum Hauptinhalt eines Verwaltungsakts hinzu und ist für dessen Bestand und Wirksamkeit ohne unmittelbare Bedeutung.[27] Den Beteiligten werden hierdurch Nebenpflichten auferlegt, zu deren Durchsetzung zumeist **separate Zwangsmittel** angedroht werden. Dies unterscheidet die Auflage von Bedingung und Befristung. Auflagen sind etwa im Bau- oder Immissionsschutzrecht (hier etwa Errichtung von baulichen Anlagen oder Schutzvorkehrungen) und im Subventionsrecht (etwa Mitteilungs- oder Nachweispflichten) verbreitet. Die in den § 59 Abs. 1 AWV, § 62 Abs. 1 AWV genannten Anordnungen sind keine Auflagen. Hierbei handelt es sich um selbständige Verwaltungsakte, die nicht mit einer erteilten Begünstigung in Verbindung stehen, sondern die sich als milderes Mittel gegenüber einer (vollständigen) Untersagung eines Unternehmenserwerbs darstellen. Der **Auflagenvorbehalt** gestattet, Auflagen nachträglich beizufügen und hebt damit den zunächst unbeschränkten Verwaltungsakt teilweise auf. Seine praktische Bedeutung im Außenwirtschaftsrecht ist gering.[28]

II. Übertragbarkeit

§ 14 Abs. 1 S. 2 AWG schließt die **Übertragbarkeit** von Verwaltungsakten **17** ausdrücklich aus. Ein Rechtsnachfolger des vormaligen Adressaten einer Begünstigung kann sich also nicht auf eine erteilte Genehmigung berufen, sondern muss

---

[25] Stelkens/Bonk/Sachs/Sachs VwVfG § 49 Rn. 41.

[26] Schoch/Schneider/Schoch VwVfG § 49 Rn. 100; Stelkens/Bonk/Sachs/U. Stelkens VwVfG § 36 Rn. 79.

[27] Kopp/Ramsauer VwVfG § 36 Rn. 29 mwN.

[28] BeckOK AußenWirtschaftsR/Niestedt Rn. 13.

sich selbst erneut hierum bemühen. Ggf. kann der Verwaltungsakt aber – auf einen entsprechenden Antrag bei der Behörde – auf einen Dritten überschrieben werden. Die Regelung entspricht einem **allgemeinen Grundsatz** des Verwaltungsverfahrensrechts, wonach immer dann, wenn die Erteilung der Genehmigung **höchstpersönliche Voraussetzungen** fordert (etwa die Zuverlässigkeit eines Gewerbetreibenden), die zuständige Behörde bei einem Inhaberwechsel erneut deren Vorliegen zu prüfen hat.

18   Ihre **Bedeutung** hat die Vorschrift für die **Exportkontrolle**. Insbesondere soll ein Lizenzhandel im kontingentierten Bereich unterbunden und damit eine unerwünschte Konzentrationswirkung verhindert werden.[29] Die Relevanz der Vorschrift im Investitionsprüfverfahren ist demgegenüber gering. Entscheidungen zur Unbedenklichkeit (§ 58 AWV) und zur Freigabe (§§ 58a, 61 AWV) von Unternehmenserwerben ergehen gegenüber den jeweiligen Antragstellern mit dem Ziel, die Transaktion abzuschließen. Für eine Übertragung nach Vollzug ist nach diesem Zeitpunkt kein Raum mehr. Sollten vor Vollzug neue Akteure auftreten, müsste demnach das Prüfverfahren erneut von vorne beginnen.

III. Gesetzlicher Sofortvollzug

19   Nach § 14 Abs. 2 AWG haben Widerspruch und Anfechtungsklage keine aufschiebende Wirkung. Damit liegt ein Fall des **gesetzlichen Sofortvollzuges** vor (§ 80 Abs. 2 S. 1 Nr. 3 VwGO), der den Regelfall des § 80 Abs. 1 VwGO (grundsätzlicher **Suspensiveffekt** des Rechtsbehelfs) umkehrt. Durch diese Regelung gibt der Gesetzgeber zu erkennen, dass er dem öffentlichen Interesse am Vollzug von Entscheidungen im Außenwirtschaftsrecht grundsätzlich Vorrang einräumt. Aus diesem Grund findet § 80 Abs. 3 VwGO, wonach das besondere öffentliche Interesse an der sofortigen Vollziehung gesondert zu begründen ist, hier keine Anwendung. Das AWG reiht sich damit ein in eine Vielzahl von Rechtsgebieten, in denen die **Gefahrenabwehr** im Vordergrund steht.[30] Die Vorschrift gilt für jegliche Entscheidungen auf der Grundlage des AWG, mithin Verwaltungsakte im Rahmen der Ein- und Ausfuhrkontrolle und des Dienstleistungsverkehrs sowie der Beschränkungen des Kapitalverkehrs.

20   Der Ausschluss des Suspensiveffekts erstreckt sich nur auf Maßnahmen nach dem AWG oder der AWV. Dies kann sowohl den belastenden (Haupt-)Verwaltungsakt betreffen wie auch eine belastende Nebenbestimmung im Zusammenhang mit einer Begünstigung. Wegen des Ausnahmecharakters von § 80 Abs. 2 S. 1 Nr. 3 VwGO beruht daher eine Entscheidung über **Widerruf** und **Rücknahme** einer Begünstigung nach den §§ 48, 49 VwVfG **nicht** mehr auf der Grundlage des AWG. Soll auch in diesem Fall der **Suspensiveffekt** eines Rechtsmittels **ausgeschlossen** sein, bedarf es einer gesonderten Anordnung des Sofortvollzuges. Dieser müsste nach § 80 Abs. 3 VwGO folglich auch gesondert begründet werden, und in der Sache müsste das öffentliche Interesse an der sofortigen Vollziehung das private Interesse an der Suspendierung der Regelungswirkung überwiegen. Anders könnte der Fall allenfalls zu bewerten sein, wenn das BMWK sich im Verwaltungsakt den Widerruf ausdrücklich vorbehalten hat. Hier könnte der Widerruf jedenfalls mittelbar noch auf dem AWG beruhen, das in § 14 Abs. 1 S. 2 eine entsprechende Nebenbestimmung ausdrücklich zulässt. Wegen der

---

[29] BT-Drs. 7/1285, 251.
[30] Vgl. nur § 16 Abs. 8 IfSG, § 14 PassG, § 34 Abs. 5 SprengG, § 45 Abs. 5 WaffG.

erheblichen Auswirkungen auf den **Rechtsschutz** erscheint dies aber nicht unproblematisch. Daher spricht wohl mehr dafür, es beim Regelfall des § 80 Abs. 1 VwGO (Suspensiveffekt der Klage) zu belassen. Ggf. ist der Gesetzgeber hier aufgefordert, Klarstellung zu schaffen und ausdrücklich vorzusehen, ob § 14 Abs. 2 AWG Geltung beanspruchen soll in Fällen, in denen von einem Widerrufsvorbehalt Gebrauch gemacht wird.

C. Rechtschutz

I. Allgemeines

Das Gebot **effektiven Rechtsschutzes** (Art. 19 Abs. 4 GG) und die **Rechts-** 21 **weggarantie** des Art. 20 Abs. 3 GG erstrecken sich auch auf sämtliche Entscheidungen im Bereich des Außenwirtschaftsrechts. Auch wenn die Eingriffsmöglichkeiten materiell zum Teil von der **Einschätzungsprärogative** und gewissen **Beurteilungsspielräumen** der Exekutive geprägt sein mögen,[31] bedeutet dies nicht, dass derartige Entscheidungen im rechtsfreien Raum ergehen. Sie unterliegen vielmehr grundsätzlich der verwaltungsgerichtlichen Kontrolle.[32] **Streitigkeiten** nach dem AWG und der AWV sind solche auf dem **Gebiet des öffentlichen** Rechts; damit ist der Rechtsweg zu den Verwaltungsgerichten gegeben (§ 40 Abs. 1 S. 1 VwGO).[33] Dies gilt auch für Streitigkeiten, die sich aus der Anwendung und Auslegung im Zusammenhang mit öffentlich-rechtlichen Verträgen (vgl. §§ 54 ff. VwVfG) ergeben, die im Bereich der Investitionskontrolle verbreitet sind.

In der **verwaltungsgerichtlichen** Praxis sind **Verfahren** nach dem AWG 22 allerdings ausgesprochen **selten**. Beim für Investitionsprüfverfahren zuständigen Verwaltungsgericht Berlin (und in Folge beim für Beschwerde- und Berufungsbzw. Berufungszulassungsverfahren zuständigen Oberverwaltungsgericht Berlin-Brandenburg) sind bisher nur wenige Verfahren aus diesem Rechtsgebiet eingegangen und entschieden worden. Ein Grund hierfür dürfte die geringe Fallzahl entsprechender Verwaltungsverfahren in der Vergangenheit sein. Während 2018 weniger als 100 sektorübergreifende und sektorspezifische beim zuständigen BMWK anhängig gewesen sind, haben sich die Fallzahlen in den Jahren 2021 und 2022 allerdings mehr als verdreifacht.[34] Zugleich sind die Fälle, in denen erwerbsbeschränkende Maßnahmen ergriffen worden sind, nicht nur nicht absolut gering, sondern ihr Anteil ist auch prozentual stark gesunken; er liegt bei 4,5 % für 2021 und für 2022 sogar nur bei 2 %. Im Jahr 2019 gab es sogar nur eine Untersagung.[35] Eine weitere Erklärung für die geringen Fallzahlen gerichtlicher Verfahren mag darin liegen, dass die Beteiligten in außenwirtschaftlichen Investitionsverfahren dazu neigen, untereinander bestehende Unstimmigkeiten und Hin-

---

[31] Vgl. Voland EuzW 2010, 132 (135); zum Bereich des Kriegswaffenkontrollrechts auch: VG Berlin BeckRS 2020, 37161.

[32] Vgl. insoweit auch die Gesetzesbegründung zur 13. Novelle des AWG und der AWV, BT-Drs. 16/10730, 11; kritisch zur Effektivität: Voland EuzW 2010, 132.

[33] So etwa auch Voland EuZW 2010, 132 (133).

[34] https://www.bmwk.de/Redaktion/DE/Publikationen/Aussenwirtschaft/investitions prufung-in-deutschland-zahlen-und-fakten.pdf?__blob=publicationFile&v=18 (zuletzt abgerufen am 22.7.2023).

[35] BT-Drs. 19/18929, 4 zu Frage 12.

dernisse im Vorfeld auszuräumen. So sind Zusicherungen des Erwerbers zum Zwecke der Freigabe des Erwerbs ebenso wie der Abschluss öffentlich-rechtlicher Verträge geläufig, auf deren Grundlage die begünstigende Entscheidung des BMWK sodann jeweils ergeht. Die Beteiligten werden zudem darum bemüht sein, die mit einem streitig geführten Gerichtsverfahren verbundenen Außenwirkung (einschließlich der damit einhergehenden Möglichkeit des Bekanntwerdens von Betriebs- und Geschäftsgeheimnissen) zu vermeiden. Schließlich ist das Risiko des Unterliegens vor Gericht bei behördlichen Entscheidungen mit Ermessens- und ggf. Beurteilungsspielraum allgemein erhöht. Es ist damit zu erwarten, dass die Zahl der entsprechenden Gerichtsverfahren auch künftig gering bleiben wird.

23   Für die Überprüfung von Entscheidungen, die das **Bundesamt für Wirtschaft und Ausfuhrkontrolle** (BAFA) mit seinem Hauptsitz in Eschborn bei Frankfurt am Main trifft, ist das dortige Verwaltungsgericht örtlich zuständig. Entscheidungen im Bereich der Investitionsprüfung trifft das BMWK unmittelbar selbst und damit eine oberste Bundesbehörde. Nach § 52 Nr. 2 S. 1 VwGO ist deshalb das Verwaltungsgericht Berlin als dasjenige am Sitz der Behörde für Anfechtungsklagen (und nach § 52 Nr. 2 S. 2 VwGO auch für Verpflichtungsklagen) verantwortliche Gericht örtlich zuständig. Für die Nichtigkeitsfeststellungsklage gilt die Vorschrift in entsprechender Anwendung.[36]

II. Entscheidungen im Zusammenhang mit Unternehmenswerben

24   **1. Beteiligte des Verfahrens. a) Kläger. Kläger** ist in der Regel derjenige, demgegenüber ein belastender Bescheid ergeht oder der eine Begünstigung oder eine gerichtliche Feststellung erstrebt. Im Rahmen der Investitionsprüfung dürfte dies zunächst der **Erwerber des Zielunternehmens** sein. Denkbar ist aber auch die Anfechtungsklage des **Veräußerers**, und zwar auch dann, wenn er nur einen Teil der zu übertragenden Stimmrechtsanteile hält. Die Beteiligten des Verfahrens sind nach § 82 Abs. 1 VwGO **genau zu bezeichnen**. Dies erstreckt sich auf die Angaben der vollständigen ladungsfähigen Anschrift, auch wenn der Kläger einen **ausländischen Sitz** hat. Entsprechendes gilt im vorläufigen Rechtsschutzverfahren,[37] in dem die Beteiligten als Antragsteller und Antragsgegner bezeichnet werden.

25   **b) Beklagter.** Die Klage richtet sich gegen die **Bundesrepublik Deutschland**, die **aktuell** vertreten wird durch das **BMWK**. Dies gilt auch dann, wenn die zugrundeliegende Entscheidung ein Einvernehmen mit weiteren Ministerien sowie unter Umständen dem Kanzleramt erfordert (vgl. § 13 Abs. 3 iVm Abs. 2 Nr. 2c AWG).

26   **c) Beigeladene.** Nach § 65 Abs. 1 VwGO kann das Gericht, solange das Verfahren noch nicht rechtskräftig abgeschlossen oder in höherer Instanz anhängig ist, von Amts wegen oder auf Antrag anderer, deren rechtliche Interessen durch die Entscheidung berührt werden, beiladen (**einfache Beiladung**). Zwingend sind nach § 65 Abs. 2 VwGO Dritte beizuladen, die derart beteiligt sind, dass die Entscheidung auch ihnen gegenüber nur einheitlich ergehen kann (**notwendige Beiladung**). Das Gericht entscheidet über die Beiladung durch unanfechtbaren

---

[36] BVerwG BeckRS 2019, 14354.
[37] → Rn. 63 f.

Beschluss (§ 65 Abs. 4 S. 3 VwGO). Beiladungen sind im Klageverfahren gleichermaßen wie im vorläufigen Rechtsschutzverfahren möglich.

Eine notwendige Beiladung – also der Fall, dass eine Entscheidung nur einheit- **27** lich ergehen kann – dürfte allerdings nur selten angezeigt sein.[38] Selbst wenn der Erwerber gegen eine ihn belastende Untersagung oder Anordnung klagt, geht für den Veräußerer mit der möglichen Aufhebung dieser Entscheidung kein rechtlicher Nachteil einher. Die gerichtliche Aufhebung einer Belastung (Untersagung oder Anordnung) beseitigt vielmehr ein der Transaktion entgegenstehendes Hindernis und wirkt sich somit grundsätzlich begünstigend für die Beteiligten des Unternehmenserwerbs aus. Anders ist dies aber, wenn ein Dritter – ungeachtet der Frage, ob er insoweit klagebefugt wäre – die einem Dritten bescheinigte Unbedenklichkeit bzw. die diesem erteilte Freigabe gerichtlich angreift.

2. Ausschluss des Vorverfahrens. Nach § 68 Abs. 1 S. 1 VwGO sind zwar **28** vor Erhebung der Anfechtungsklage Rechtmäßigkeit und Zweckmäßigkeit des Verwaltungsakts grundsätzlich in einem **Vorverfahren** nachzuprüfen. Die Vorschrift gilt nach § 68 Abs. 2 VwGO auch für Verpflichtungsklagen. Einer solchen Nachprüfung bedarf es aber u.a. dann nicht, wenn der Verwaltungsakt von einer **obersten Bundesbehörde** erlassen worden ist bzw. erlassen werden soll (vgl. § 68 Abs. 1 S. 2 Nr. 1 VwGO). Verwaltungsakte im Investitionsprüfverfahren erlässt das BMWK. In der Rechtsprechung ist geklärt, dass die Formulierung „bedarf es nicht" **kein Wahlrecht** eröffnet, sondern ein **Widerspruch** von vornherein **nicht statthaft** ist.[39] Beim BMWK handelt es sich um eine oberste Bundesbehörde. In Folge findet ein Vorverfahren nicht statt.

3. Klagearten. a) Anfechtungsklage. Gegen **belastende Verwaltungsakte**, **29** die auf der Grundlage des AWG und der AWV ergehen, ist grundsätzlich die Anfechtungsklage nach § 42 Abs. 1 Alt. 1 VwGO statthaft. Dabei handelt es sich im Bereich der Investitionsprüfung entweder um die **Untersagung** eines Erwerbs oder darauf bezogene **Anordnungen**. Solche belastenden Verwaltungsakte ergehen auf der Grundlage von § 59 AWV, soweit das sektorübergreifende Verfahren betroffen ist, und nach § 61 AWV im Fall der sektorspezifischen Prüfung. Der Klageantrag in Anfechtungsklagen beschränkt sich – in Ermangelung eines Vorverfahrens – auf die Aufhebung des konkret zu bezeichnenden belastenden Bescheides. Wegen des gesetzlichen Ausschlusses des Suspensiveffekts (§ 14 Abs. 2 AWG) entfaltet die Klage gegen diese Maßnahmen keine aufschiebende Wirkung. Das Verbot eines Unternehmenserwerbs bleibt also auch dann vollziehbar, wenn hiergegen Klage eingereicht wird.[40] Die **auflösende Bedingung** iSv § 15 Abs. 2 AWG tritt damit grundsätzlich mit der Wirksamkeit des Untersagungsbescheides ein. Die Transaktion kann in der Folge also zunächst nicht vollzogen werden. Hebt das Gericht die Anordnung von Beschränkungen oder von einzelnen Handlungspflichten auf, beginnt die Frist des § 14a Abs. 1 Nr. 2 AWG zunächst erneut zu laufen (§ 14a Abs. 7 Nr. 2 AWG).[41] Dem BMWK steht es also frei, nach einem weiteren Prüfverfahren eine erneute Untersagung des Geschäfts auszusprechen

---

[38] Zu undifferenziert insoweit Voland EuzW 2010, 132, 133.

[39] BVerwG BeckRS 2016, 4609.

[40] Das verkennen Müller/Hempel NJW 2009, 1638, 1642; bereits § 30 Abs. 4 S. 3 AWG von 1961 (BGBl I S. 481, 488) enthielt einen gesetzlichen Sofortvollzug.

[41] Gleiches gilt, wenn die Behörde selbst eine positive Entscheidung zurücknimmt, widerruft oder ändert (§ 14a Abs. 7 Nr. 1 AWG).

oder sonstige Anordnungen zu erlassen. Erwächst ein (auch nur teilweise) stattgebendes Urteil allerdings in **Rechtskraft**, darf die Behörde die Entscheidung nicht auf dieselben Gründe stützen (vgl. § 121 VwGO). Erst nach erneutem Fristablauf steht das schuldrechtliche Erwerbsgeschäft nicht mehr unter der auflösenden Bedingung seiner Untersagung.

30   **Verwaltungsakte** sind überdies in den **Maßnahmen** zur **Durchsetzung** einer **Untersagung** zu sehen, die auf § 59 Abs. 3 AWV (ggf. iVm § 62 Abs. 2 AWV für die sektorspezifische Untersagung) beruhen. Es handelt sich hierbei um Mittel des Verwaltungszwangs, deren Voraussetzungen sich nach dem Verwaltungsvollstreckungsgesetz richten.[42] Gegenstand eines derartigen Verfahrens ist allein die Frage, ob die formellen und materiellen Vollstreckungsvoraussetzungen gegeben sind.

31   Ebenfalls als **belastender Verwaltungsakt** anzusehen ist die Entscheidung über die **Eröffnung des Prüfverfahrens** nach § 55 Abs. 2 AWV.[43] Hierfür spricht schon die gesetzliche Bezeichnung als Eröffnungsbescheid (§ 14a Abs. 2 S. 4 AWG). Mit der Eröffnung der zweiten Stufe des Investitionsprüfverfahrens geht nach § 14a Abs. 1 Nr. 2 AWG eine **Fristverlängerung** einher.[44] Hierin liegt der Regelungsgehalt der bekanntzugebenden Entscheidung.[45] Während dem BMWK nach Kenntniserlangung vom beabsichtigten Unternehmenserwerb zwei Monate zur Entscheidung über die Eröffnung des Prüfverfahrens bleiben, stehen ihm für die Anordnung von Beschränkungen oder Handlungspflichten nach der Vorlage vollständiger Unterlagen vier Monate zur Verfügung; die letztgenannte **Frist** kann zudem nach § 14a Abs. 4 S. 1 AWG um weitere drei Monate **verlängert** werden. Die Verlängerungsentscheidung ist indes **kein isoliert angreifbarer Verwaltungsakt**, sondern eine Verfahrenshandlung nach § 44a VwGO.[46]

32   Erwächst der Eröffnungsbescheid in **Bestandskraft**, kann die Frage, ob die Voraussetzungen für die Anforderung weiterer Unterlagen vorlagen, zu einem späteren Zeitpunkt möglicherweise nicht mehr gerichtlich überprüft werden, weil insoweit **Bindungswirkung** eingetreten ist. § 44a VwGO steht einer isolierten Klage in dieser Konstellation also nicht entgegen.[47] Wegen des gesetzlich angeordneten Sofortvollzugs (§ 14 Abs. 2 AWG) hindert die Klageerhebung hier den Fortgang des Verfahrens aber nicht bzw. nur dann, wenn ein entsprechender Eilantrag[48] Erfolg hat.

33   Inwieweit ein derartiges gerichtliches Vorgehen, in dem **isoliert** lediglich **überprüft** werden könnte, ob die Voraussetzungen für die Aufnahme des Prüfverfahrens nach § 14a Abs. 1 AWG vorlagen, sinnvoll ist, bedarf sorgfältiger Überlegung. Anders mag der Fall sein, wenn der Eröffnung des Prüfverfahrens keine

---

[42] Hocke/Sachs/Pelz AußenwirtschaftsR/Mausch-Liotta/Sattler AWV § 59 Rn. 43; BeckOK AußenWirtschaftsR/Niestedt AWV § 59 Rn. 20.

[43] BT-Drs. 16/10730, 10; von Rummel/Gertz RdTW 2022, 465 (469). Ebenso Voland EuzW 2010, 132 (133).

[44] Zu den Fristenregelungen auch: Niestedt/Kunigk NJW 2020, 2504 Rn. 15.

[45] Damit könnte die von Hocke/Sachs/Pelz AußenwirtschaftsR/Mausch-Liotta/Sattler AWV § 55 Rn. 184 angezweifelte Rechtsverletzung einhergehen.

[46] So auch VG Berlin BeckRS 2022, 997 Rn. 30, unter Verweis auf VGH Mannheim BeckRS 2018, 17864 Rn. 29 und VG Freiburg BeckRS 2012, 47189 Rn. 45.

[47] So auch Voland EuzW 2010, 132 (133), wobei die dort genannten Argumente für die isolierte Anfechtbarkeit nicht durchgehend überzeugen.

[48] → Rn. 67.

Meldung des Erwerbers vorangegangen ist und das BMWK auch nicht auf andere Weise Kenntnis von einer Transaktion erlangt hat. In diesem Fall verlängert sich die Frist für die Eröffnung des Prüfverfahrens nach § 14a Abs. 2 S. 3 AWG auf fünf Jahre. Ein Streit könnte in diesem Fall über die Frage entstehen, ob eine ordnungsgemäße Meldung bereits zu einem früheren Zeitpunkt erfolgt war und die entsprechende Frist abgelaufen ist. Je später ein Eröffnungsbescheid ergeht, desto wahrscheinlicher ist es, dass die Transaktion der – möglicherweise gutgläubigen – Beteiligten bereits vollzogen ist. Ein Rechtsstreit hierüber ist deshalb unter Umständen angezeigt, um die (komplizierte[49]) **Rückabwicklung** (vgl. § 59 Abs. 3 Nr. 1 AWV) zu verhindern.

Bei der „**Allgemeinverfügung** zu den gem. § 14a AWG, §§ 55a, 58 und **34** 60 AWV einzureichenden **Informationen und Unterlagen**" vom 27.5.2021[50] handelt es sich um eine Allgemeinverfügung iSd § 35 S. 2 VwVfG, mithin ebenfalls um einen Verwaltungsakt. Diese beruht auf § 14a Abs. 2 S. 2 AWG und § 58 Abs. 1 S. 3 AWV. Zwar ist die isolierte Anfechtung einer solchen – kraft Gesetzes sofort vollziehbaren (§ 14 Abs. 2) – Allgemeinverfügung nach allgemeinen Grundsätzen ebenfalls denkbar wie auch ein entsprechender Eilantrag nach § 80 Abs. 5 S. 1 Alt. 1 VwGO. Praktisch werden die erst später im Rahmen eines konkreten Unternehmenserwerbs hiervon betroffenen Adressaten den Rechtsweg kaum beschreiten, weil sich die Relevanz der Regelungen nicht abstrakt erschließen dürfte, sondern erst anhand eines konkreten Vorhabens. Erkennt ein etwaig Betroffener aber im Vorfeld eines konkret geplanten Unternehmenserwerbs, dass die Anforderung von Unterlagen unzumutbare oder damit ggf. unverhältnismäßige Belastungen für ihn mit sich bringen könnte, wäre eine Anfechtung zur Vermeidung späterer Rechtsnachteile in Betracht zu ziehen.

Rücknahme und Widerruf von (auch nur fiktiv erteilten) **Unbedenklich- 35 keits- oder Freigabebescheinigungen**[51] durch das BMWK auf der Grundlage der §§ 48 oder 49 VwVfG stellen **belastende Verwaltungsakte** dar, gegen die Anfechtungsklage erhoben werden kann.[52] § 14 Abs. 2 AWG findet hier keine Anwendung, sodass die Klage aufschiebende Wirkung entfaltet. Eine Anfechtungsklage kann sich schließlich auch gegen die **Einstellung des Verwaltungsverfahrens** richten, die das BMWK verfügt, wenn das schuldrechtliche Rechtsgeschäft – etwa durch Ausübung eines Vorkaufsrechts durch einen Dritten – weggefallen ist und damit zugleich der Regelungsgegenstand des Investitionsprüfverfahrens. Das gilt jedenfalls dann, wenn die Entscheidung in Form eines Bescheides ergeht, der als solcher bezeichnet und mit einer Rechtsmittelbelehrung versehen wird.[53] Diese Entscheidung unterfällt nicht dem gesetzlichen Sofortvollzug nach § 14 Abs. 2. Im Einzelnen ist allerdings **streitig**, ob die **bloße Mitteilung** über die Einstellung des Verwaltungsverfahrens einen anfechtbaren **Verwaltungsakt** darstellt.[54]

Verfahrenshandlungen, die dem Erlass eines Verwaltungsaktes nach dem **36** AWG oder der AWV vorangehen, können nach § 44a VwGO grundsätzlich

---

[49] Lippert BB 2021, 1289 (1291).

[50] BAnz vom 11. Juni 2021, berichtigt im BAnz vom 13. Juli 2021. → § 14a Rn. 37, → AWV § 55a Rn. 134 ff., → AWV § 58 Rn. 18; → AWV § 60 Rn. 88 ff.

[51] → AWV § 58 Rn. 10 ff. und → AWV § 58a Rn. 12.

[52] IE Flaßhoff/Glasmacher NZG 2017, 489 (491).

[53] BVerwG NVwZ 2010, 133 Rn. 15.

[54] Stelkens/Bonk/Sachs/Kallerhoff/Keller VwVfG § 79 Rn. 48; BeckOK VwVfG/Kunze VwVfG § 79 Rn. 27.

nicht selbständig angefochten werden. Vielmehr sieht § 44a S. 1 VwGO vor, dass Rechtsbehelfe hiergegen nur gleichzeitig mit den gegen die Sachentscheidung zulässigen Rechtsbehelfen geltend gemacht werden können. Ausnahmen sind nach § 44a S. 2 VwGO nur für den Fall vorgesehen, dass behördliche Verfahrenshandlungen vollstreckt werden können oder gegen einen Nichtbeteiligten ergehen. Zu den Verfahrenshandlungen iSv § 44a S. 1 VwGO dürfte insbesondere die Anordnung zur Vorlage vollständiger Unterlagen nach § 14a Abs. 2 gehören. Entsteht **Streit** darüber, ob der Adressat diesen Verpflichtungen hinreichend nachgekommen ist oder ob die Anforderung das Maß des Erforderlichen überschritten hat, wird dies insbesondere im Zusammenhang mit der Frage relevant, ob die Fristen des § 14a Abs. 1 verstrichen sind oder ob sie nach § 14a Abs. 6 gehemmt waren und die Fiktion der § 58 Abs. 2 AWV, § 58a Abs. 2 AWV eingetreten ist. Als **Klageart** für dieses Begehren kommt die Feststellungsklage in Betracht.[55]

37   Die Frage, ob und unter welchen Voraussetzungen **Nebenbestimmungen selbständig angefochten** werden können, zählt seit Langem zu einem der umstrittensten Probleme des Verwaltungsrechts. Die Frage hat wesentliche Bedeutung für die statthafte Klageart; damit geht die Frage einher, auf welche Weise vorläufiger Rechtsschutz erlangt werden kann. Ist eine Nebenbestimmung selbständig anfechtbar, so ist die **Anfechtungsklage** einschlägig. Ist sie hingegen untrennbar mit der Begünstigung verbunden, kann eine nebenbestimmungsfreie Erlaubnis nur im Wege der **Verpflichtungsklage** erlangt werden. Entsprechendes gilt für den vorläufigen Rechtsschutz: Bei einer selbständigen Anfechtbarkeit kommt im Fall der sofortigen Vollziehung (auch) der Nebenbestimmung (sei es durch gesonderte Anordnung der Behörde, sei es kraft Gesetzes) Rechtsschutz nach § 80 Abs. 5 VwGO in Betracht. Der Eilantrag ist dann auf die Wiederherstellung oder die Anordnung der aufschiebenden Wirkung des Rechtsmittels gerichtet. Anderenfalls kann Rechtsschutz nur über § 123 Abs. 1 VwGO, gerichtet auf den Erlass einer einstweiligen Anordnung, erlangt werden.

38   Die Frage der **Abgrenzung** ist keinesfalls nur akademischer Natur, sondern hat große praktische Relevanz. Geht es um die Abwehr einer Belastung, ist es nach allgemeinen Grundsätzen Sache der Behörde, darzutun, dass die Voraussetzungen für den Bescheiderlass vorlagen. Im Fall des vorläufigen Rechtsschutzes nach § 80 Abs. 5 VwGO muss sie überdies aufzeigen, dass die besonderen Voraussetzungen für den Sofortvollzug gegeben sind (es sei denn, es liegt ein Fall des gesetzlichen Sofortvollzuges nach § 80 Abs. 2 S. 1 Nr. 13 VwGO vor). Umgekehrt muss der Antragsteller im Verfahren nach § 123 Abs. 1 VwGO sowohl das Vorliegen eines Anordnungsanspruchs wie eines Anordnungsgrundes glaubhaft machen, welche die Vorwegnahme der Hauptsache rechtfertigen sollen. Dies stellen erhebliche Hürden dar.[56]

39   Während die Rechtsprechung des **Bundesverwaltungsgerichts** zur Frage der selbständigen Anfechtbarkeit von Nebenbestimmungen lange uneinheitlich war, haben die Senate nunmehr zu einer einheitlichen Linie im Umgang mit der Thematik gefunden. Einigkeit bestand allerdings bereits seit Längerem darin, dass die isolierte Anfechtung von belastenden Nebenbestimmungen grundsätzlich statthaft sein soll, sofern nicht eine isolierte Aufhebbarkeit der Nebenbestimmung

---

[55] → Rn. 51.
[56] Zu den Einzelheiten des vorläufigen Rechtsschutzes → Rn. 67.

offenkundig von vornherein ausscheide.[57] Ob eine Klage zur **isolierten Aufhebung** der angegriffenen Nebenbestimmung führen könne, sollte davon abhängen, ob der Verwaltungsakt ohne die Nebenbestimmung sinnvoller- und rechtmäßigerweise bestehen bleiben kann. Dies sei eine Frage der Begründetheit des Anfechtungsbegehrens.

Bis vor Kurzem vertrat der u.a. für das Wirtschaftsverwaltungsrecht (und 40 damit auch das Außenwirtschaftsrecht) zuständige 8. Senat allerdings die Auffassung, dass belastende rechtswidrige Nebenbestimmungen, die einem begünstigenden Verwaltungsakt beigefügt wurden, im Anfechtungsprozess **nur isoliert aufgehoben** werden können, wenn der **verbleibende Verwaltungsakt für sich genommen rechtmäßig** ist.[58] Denn es könne nicht sein, dass das Gericht dem Adressaten der Begünstigung auf diese Weise einen Verwaltungsakt verschaffe, auf den er in der Sache keinen Anspruch habe. Dass § 113 Abs. 1 S. 1 VwGO den Beteiligten die isolierte Anfechtung gestatte, sage nichts über das materiell-rechtliche Prüfprogramm des Gerichts aus.[59] An dieser Rechtsprechung hält der 8. Senat aber nicht mehr fest.[60] Er folgt nunmehr der Auffassung des (u.a. für das Baurecht) zuständigen 4. Senats, der die **materielle Rechtmäßigkeit** des verbleibenden **Rest-Verwaltungsaktes** ausdrücklich **nicht** mehr **fordert**. Das subjektive Recht, dessen Verletzung den materiell-rechtlichen Aufhebungsanspruch begründe, sei nicht der Anspruch auf die Begünstigung, sondern die durch den wirksamen begünstigenden Verwaltungsakt vermittelte Rechtsposition. Auch ein rechtswidriger Verwaltungsakt verleihe dem Begünstigten eine schutzwürdige Rechtsposition und damit ein subjektives öffentliches Recht. Dieses Recht sei bei zulässiger isolierter Anfechtung einer belastenden Nebenbestimmung nur unter den Voraussetzungen des § 48 VwVfG aufhebbar, der das Ermessen der Verwaltung durch ein rechtsstaatliches Abwägungsprogramm zwischen Vertrauensschutz und Gesetzmäßigkeit der Verwaltung begrenze. Sofern die Nebenbestimmung also materiell-rechtlich vom Verwaltungsakt getrennt werden könne, bestehe ein Anspruch auf ihre Aufhebung.[61]

Mit dieser Linie hat das **Bundesverwaltungsgericht** den **Rechtsschutz** 41 **gegen Nebenbestimmungen** grundsätzlich **bürgerfreundlicher ausgestaltet**.[62] Es bleibt gleichwohl die Empfehlung, im Fall der Unsicherheit über die Frage, ob eine vollständige Anfechtung möglich ist und in der Sache Erfolg hat, die Anfechtungs- und die Verpflichtungsklage in einem **Haupt- und Hilfsverhältnis** zueinander zu erheben, wobei die rechtsschutzintensivere Anfechtungsklage den Vorrang hat.

b) Verpflichtungsklage. Verpflichtungsklagen sind grundsätzlich auf den 42 **Erlass begünstigender Verwaltungsakte** gerichtet (vgl. § 42 Abs. 1 Alt. 2 VwGO). Ihnen geht in der Regel ein Verwaltungsverfahren voraus, das mit einer Antragstellung beginnt, die auf den Erlass einer Erlaubnis oder Genehmigung gerichtet ist. Im Fall der Versagung der Begünstigung kann der Rechtsweg beschritten werden. Das **Außenwirtschaftsrecht** ist von gewissen **Besonderheiten** geprägt, die sich auch prozessual auswirken und eine Übertragung allge-

---

[57] BVerwG BeckRS 2019, 3529 mwN; kritisch hierzu schon Funke NVwZ 2021, 114.
[58] BVerwG NVwZ 2021, 163.
[59] BVerwG NVwZ 2021, 163.
[60] BVerwG ZfBR, 2023, 71.
[61] BVerwG NVwZ 2022, 1798.
[62] Kritisch aber weiterhin Funke NVwZ 2022, 1800.

meiner Grundsätze zu Verpflichtungsbegehren nicht durchgehend zulassen. Zuvorderst gilt der Grundsatz der Außenhandelsfreiheit.[63] Das AWG folgt dem Prinzip der Freiheit des Außenhandels mit Einschränkungsvorbehalt. Diese Freiheit unterliegt nur den Einschränkungen, die das AWG entweder selbst enthält, die in einer auf seiner Grundlage erlassenen Rechtsverordnung oder in anderen gesetzlichen Vorgaben vorgesehen sind.[64] Weder der Erwerb eines inländischen Unternehmens durch Unionsfremde iSd §§ 55 f. AWV noch derjenige eines Unternehmens, das § 60 AWV unterfällt, unterliegt daher einem **Genehmigungserfordernis**.[65] Selbst für Unternehmensankäufe, die einer sektorspezifischen Investitionsüberprüfung unterliegen, besteht nur eine **Meldepflicht** (vgl. § 60 Abs. 3 AWV), in deren Folge die Exekutive für einen begrenzten Zeitraum zur Prüfung befugt ist, ob Gründe für eine gänzliche Untersagung des Geschäfts oder jedenfalls für den Erlass von Anordnungen vorliegen. Diese Konstellationen unterfallen also nicht dem § 8 AWG, der sich mit der Erteilung von Genehmigungen „nach einer Vorschrift dieses Gesetzes oder einer Rechtsverordnung auf Grund dieses Gesetzes" befasst.[66] Damit bedarf es für beide Bereiche keines begünstigenden Verwaltungsaktes, um außenwirtschaftlich relevante Transaktionen durchzuführen. Um einen endgültigen Vollzug eines Unternehmenserwerbs zu verhindern, hat sich der Gesetzgeber vielmehr dafür entschieden, das schuldrechtliche Rechtsgeschäft unter die auflösende Bedingung einer fristgemäßen Untersagung zu stellen (vgl. § 15 Abs. 2 AWG), soweit es sich um einen nicht meldepflichtigen Vorgang handelt. Anders ist dies allerdings im Fall des meldepflichtigen Erwerbs, in dem das schuldrechtliche Rechtsgeschäft nach § 15 Abs. 3 AWG bis zum Abschluss der Investitionsprüfung schwebend unwirksam bleibt. Mithin ist die Verpflichtungsklage in der Regel nicht erforderlich, um die Transaktion zum Abschluss zu bringen.

43　　Eine **Verpflichtungsklage** wäre allerdings ausnahmsweise **statthaft**, wenn es um die Erteilung einer **Unbedenklichkeitsbescheinigung** nach § 58 Abs. 1 AWV geht. Danach bescheinigt das BMWK dem Erwerber auf schriftlichen oder elektronischen Antrag die Unbedenklichkeit eines Erwerbs iSd § 55 AWV, wenn dem Erwerb keine Bedenken im Hinblick auf die öffentliche Ordnung oder Sicherheit der Bundesrepublik Deutschland, eines anderen Mitgliedstaates der Europäischen Union oder in Bezug auf Projekte oder Programme von Unionsinteresse im Sinne des Art. 8 Screening-VO entgegenstehen. Erwerber können beim BMWK eine solche Unbedenklichkeitsbescheinigung beantragen, um früher Rechtssicherheit zu erlangen.[67] Nach überwiegender Auffassung handelt es sich bei der Unbedenklichkeitsbescheinigung nach § 58 Abs. 1 AWV um einen **begünstigenden Verwaltungsakt**.[68] Lehnt das BMWK die Erteilung der Unbe-

---

[63]　→ § 1 Rn. 2 ff.

[64]　Stein/Louca AW-Prax 2020, 85.

[65]　Hensel/Pohl AG 2013, 849, 857; Niestedt/Trennt BB 2013, 2115, 2116.

[66]　→ § 8 Rn. 1 ff.

[67]　Leuering/Gröntgen NJW-Spezial 2020, 355 (336).

[68]　BeckOK AußenWirtschaftsR/Niestedt AWV § 58 Rn. 11; Hocke/Sachs/Pelz AußenwirtschaftsR/Mausch–Liotta/Sattler AWV § 58 Rn. 13. Ebenso zu einer rundfunkrechtlichen Unbedenklichkeitsbescheinigung BVerwG NJW 1997, 71 Rn. 24. Anders etwa zur sog. Abgeschlossenheitsbescheinigung nach dem WEG BVerwG NJW 1997, 71. Unbedenklichkeitsbescheinigungen gibt es ferner etwa im Steuerrecht (§ 22 GrEStG) und im Sprengstoffrecht (§ 34 Abs. 2 S. 1 1. SprengV).

denklichkeitsbescheinigung ab, muss das Begehren in der Hauptsache auf dem Wege der **Verpflichtungsklage** verfolgt werden.[69] Praktisch dürfte diese Klage aber kaum Bedeutung haben. Denn das Zeitfenster, in dem die Erteilung einer Unbedenklichkeitsbescheinigung (nur) in Betracht kommen kann, ist sehr klein. Nach § 58 Abs. 2 S. 1 AWV gilt die Unbedenklichkeitsbescheinigung nämlich als erteilt (**Fiktion**), wenn das BMWK nicht innerhalb der Frist von zwei Monaten nach Antragseingang (§ 14a Abs. 1 Nr. 1 AWG) das Prüfverfahren eröffnet. Nach (fristgerechter) Eröffnung ist die Erteilung ausgeschlossen (§ 58 Abs. 3 AWV), ebenso im Fall einer Meldepflicht nach § 55a Abs. 4 S. 1 AWV. Eine verwaltungsgerichtliche Klärung in der Hauptsache erscheint damit schon aus Zeitgründen ausgeschlossen, und selbst vorläufiger Rechtsschutz nach § 123 Abs. 1 VwGO dürfte in diesem Fall ausscheiden.

Die Konstruktion der **fiktiv erteilten Genehmigung** bringt die **Frage des** 44 **Rechtsschutzes** für den Fall mit sich, dass die Beteiligten über den Eintritt der Fiktionswirkung streiten. Nach § 42a Abs. 3 VwVfG ist demjenigen, dem der Verwaltungsakt hätte bekannt gegeben werden müssen, der Eintritt der Genehmigungsfiktion auf Verlangen schriftlich zu bescheinigen. Kommt das BMWK diesem Begehren nicht nach, stellt sich die Frage nach der statthaften Klageart. Dies hängt von der rechtlichen Einordnung der Bescheinigung ab, die unterschiedlich bewertet wird. Nach einer Auffassung soll es sich bei der Fiktionsbescheinigung um einen (**feststellenden**) **Verwaltungsakt** nach § 35 S. 1 VwVfG handeln.[70] Stellt man sich auf den Standpunkt, dass eine Verpflichtungsklage statthaft ist, setzt diese allerdings nach allgemeinen Grundsätzen einen vorherigen Antrag bei der Behörde voraus, der in dem Antrag auf die Unbedenklichkeitsbescheinigung selbst noch nicht enthalten sein dürfte. In der Sache besteht der Anspruch auf Erteilung der **Fiktionsbescheinigung** dann, wenn die genannte Frist abgelaufen ist. Nach anderer Auffassung soll der Fiktionsbescheinigung lediglich **deklaratorische Wirkung** zukommen, weil hiermit nicht die Rechtslage geregelt, sondern nur der bestehende Rechtszustand dokumentiert werde.[71] In diesem Fall müsste demgegenüber eine **allgemeine Leistungsklage** oder aber **Feststellungsklage** erhoben werden.

Ein **Verpflichtungsklage** dürfte auch **statthaft** sein in Bezug auf das Begehren 45 auf **Freigabe** eines Erwerbs. Eine Freigabe ist sowohl im sektorspezifischen – dort § 61 AWV – wie nunmehr auch im sektorübergreifenden Verfahren vorgesehen. Nach § 58a Abs. 1 AWV gibt das BMWK den Erwerb frei, wenn dem keine Bedenken im Hinblick auf die öffentliche Ordnung oder Sicherheit der Bundesrepublik Deutschland, eines anderen Mitgliedstaates der Europäischen Union oder in Bezug auf Projekte oder Programme von Unionsinteresse iSd Art. 8 Scrrening-VO entgegenstehen und die Erteilung einer Unbedenklichkeitsbescrening

---

[69] BeckOK AußenWirtschaftsR/Niestedt AWV § 58 Rn. 11; Hocke/Sachs/Pelz AußenwirtschaftsR/Mausch-Liotta/Sattler AWV § 58 Rn. 6 und 25.

[70] Hocke/Sachs/Pelz AußenwirtschaftsR/Mausch-Liotta/Sattler AWV § 58 Rn. 25. Zum Streitstand auch: BeckOK AußenWirtschaftsR/Niestedt AWV § 58 Rn. 13. Im Übrigen etwa OVG Magdeburg NVwZ-RR 2020, 1114; VG Dessau LKV 2002, 148. Zum Streitstand insgesamt: Stelkens/Bonk/Sachs/U. Stelkens VwVfG § 42a Rn. 96 f. sowie Kopp/Ramsauer/Ramsauer VwVfG § 42a Rn. 30.

[71] BeckOK AußenWirtschaftsR/Niestedt AWV § 58 Rn. 15; so auch VG Berlin BeckRS 2022, 997 mwN. Im Übrigen BVerwG NVwZ-RR 2010, 330; OVG Bautzen LKV 2021, 172.

nach § 58 Abs. 3 AWV ausgeschlossen ist. Dies ist dann der Fall, wenn das BMWK das Prüfverfahren nach § 55 Abs. 3 AWV eingeleitet hat. Für den sektorspezifischen Bereich gilt § 61 S. 1 AWV. Danach gibt das BMWK den Erwerb gegenüber dem Meldepflichtigen nach § 60 Abs. 3 S. 7 frei, wenn dem Erwerb keine Bedenken im Hinblick auf wesentliche Sicherheitsinteressen der Bundesrepublik Deutschland entgegenstehen.

46   Bei der **Freigabeentscheidung** handelt es sich um einen **(begünstigenden) Verwaltungsakt** iSd § 35 S. 1 VwVfG. Insbesondere fehlt es weder an der Regelungs- noch der Außenwirkung. Mit der hiermit verbundenen Bekanntgabe positioniert sich das BMWK inhaltlich nach außen. In Folge ist das Rechtsgeschäft nach § 15 Abs. 4 AWG nicht mehr schwebend unwirksam und darf vollzogen werden; eine Untersagung scheidet ab diesem Zeitpunkt aus. Überdies lässt § 58 Abs. 3 AWV ausdrücklich die Möglichkeit zu, die Freigabe mit einer Auflage zu versehen. Diese Bestimmung gilt durch den ausdrücklichen Verweis in § 61 S. 3 AWV entsprechend für die sektorspezifische Freigabe. Eine solche Option setzt aber schon rechtslogisch die **Existenz eines Hauptverwaltungsakts** voraus. Unter bestimmten Voraussetzungen gilt auch die Freigabe als fiktiv erteilt (§ 58a Abs. 2 AWV und § 61 Abs. 1 S. 2 AWV). Im **Streit über** die Frage des **Eintritts der Fiktion** kann auf die vorgehenden Ausführungen zur fiktiv erteilten Unbedenklichkeitsbescheinigung verwiesen werden. Ein wesentlicher Streitpunkt kann hier die Frage der Vollständigkeit der eingereichten Unterlagen nach Maßgabe der Allgemeinverfügung[72] sein.

47   Auf die **Verkürzung der Prüffristen** des § 14a Abs. 1 besteht kein Anspruch; sie kann deshalb nicht gerichtlich erzwungen werden[73] und dürfte auch wegen der üblichen Dauer gerichtlicher Klageverfahren aus zeitlichen Gründen nicht in Betracht kommen. Eine entsprechende Klage wird aber ungeachtet dessen nicht erfolgversprechend sein, weil es sich hierbei ebenfalls um eine nicht isoliert angreifbare **Verfahrenshandlung** iSd § 44a VwGO handeln dürfte.

48   Reagiert das BMWK auf einen Antrag auf Erteilung einer Unbedenklichkeitsbescheinigung oder auf Freigabe eines Erwerbs nicht, bleibt für die sog. **Untätigkeitsklage** hier jeweils gleichwohl kein Raum. Nach § 75 S. 1 VwGO ist eine Klage zwar abweichend von § 68 VwGO zulässig, wenn über einen Widerspruch oder über einen Antrag auf Vornahme eines Verwaltungsakts ohne zureichenden Grund in angemessener Frist sachlich nicht entschieden worden. Die Klage kann nach § 68 S. 2 VwGO aber nicht vor Ablauf von drei Monaten seit der Einlegung des Widerspruchs oder seit dem Antrag auf Vornahme des Verwaltungsakts erhoben werden, außer wenn wegen besonderer Umstände des Falles eine kürzere Frist geboten ist. Die Untätigkeitsklage stellt also keine eigene Klageart dar, sondern erleichtert eine Klageerhebung im Fall behördlicher Passivität. Ist im Investitionsprüfverfahren ein **Vorverfahren** wegen § 68 Abs. 1 S. 2 Nr. 1 VwGO von vornherein **ausgeschlossen**, beschränkt sich der Anwendungsbereich der Vorschrift lediglich auf das Begehren zur Erteilung der Begünstigung selbst; ein Begehren auf Erlass eines Widerspruchsbescheides ist ausgeschlossen. Gilt die Unbedenklichkeitsbescheinigung aber bei völliger Untätigkeit der Behörde nach § 58 Abs. 2 AWV iVm § 14a Abs. 1 Nr. 1 bereits nach Ablauf von zwei Monaten als erteilt, erreicht der Antragsteller hier sein Ziel bereits zu einem Zeitpunkt, zu dem die Voraussetzungen des § 75 S. 2 VwGO noch nicht gegeben sind. Die nach Eröff-

---

[72] → Rn. 34.

[73] Hocke/Sachs/Pelz AußenwirtschaftsR/Mausch-Liotta/Sattler AWV § 58 Rn. 28.

nung des Prüfverfahrens nur noch mögliche Freigabe eines Erwerbs gilt im Fall einer meldepflichtigen Transaktion nach § 55a Abs. 4 AWV ebenfalls als erteilt, wenn nach Ablauf derselben Frist von den Befugnissen des § 59 Abs. 1 und 3 AWV (Untersagung oder Anordnungen) kein Gebrauch gemacht wurde. Diese Frist überschreitet zwar die Drei-Monats-Frist des § 75 S. 2 VwGO geringfügig, doch dürfte in der Einleitung des Prüfverfahrens regelmäßig ein **sachlicher Grund** für die **Verzögerung** zu sehen sein.[74]

c) Leistungsklage. Ein spezifischer Anwendungsbereich für die **Leistungs-** **49** **klage**, mit der behördliches Handeln oder Unterlassen begehrt werden kann, ohne im Wege des Verwaltungsaktes vorzugehen, ist im Außenwirtschaftsrecht **nicht erkennbar.** Es ist aber nicht von vornherein ausgeschlossen, dass derartige Konstellationen auch in diesem Rechtsgebiet auftauchen können. Teilt man den Standpunkt, dass die Erteilung einer **Fiktionsbescheinigung** eine behördliche Handlung ohne Regelungscharakter darstellt, wäre das darauf gerichtete Begehren allerdings im Wege der Leistungsklage zu verfolgen.

d) Feststellungklagen. Wahrscheinlicher erscheinen im Investitionsprüfungs- **50** recht demgegenüber **Feststellungsklagen.** Dies gilt zunächst für die einfache Feststellungsklage. Nach § 43 Abs. 1 1. Alt. VwGO kann durch Klage die Feststellung des Bestehens oder Nichtbestehens eines Rechtsverhältnisses begehrt werden, wenn der Kläger ein berechtigtes Interesse an der baldigen Feststellung hat. Gegenstand der Feststellungsklage muss ein streitiges **konkretes Rechtsverhältnis** sein, dh es muss in Anwendung einer Rechtsnorm auf einen bestimmten bereits überschaubaren Sachverhalt streitig sein.[75] Zudem muss zwischen den Parteien dieses Rechtsverhältnisses ein Streit bestehen, aus dem heraus sich eine Seite berühmt, ein bestimmtes Tun oder Unterlassen der anderen Seite verlangen zu können. Es müssen sich also aus dieser Rechtsbeziehung heraus bestimmte Rechtsfolgen ergeben können, was wiederum die Anwendung von bestimmten Normen auf den konkreten Sachverhalt voraussetzt.[76]

Ein denkbarer **Anwendungsbereich** ist der bereits angesprochene **Streit über** **51** den **Eintritt** der **Genehmigungsfiktion.**[77] Die begehrte Feststellung kann hierbei sowohl die fiktiv erteilte Unbedenklichkeitsbescheinigung wie die fiktive Freigabeentscheidung betreffen. Eine solche Klage wäre auch nicht subsidiär gegenüber der auf die Erteilung der Begünstigung gerichteten Verpflichtungsklage (§ 43 Abs. 2 S. 1 VwGO); diese wäre vielmehr nachrangig und ggf. als Hilfsantrag zu verfolgen.[78] Das berechtigte Interesse läge in diesem Fall darin, dass sich die Klägerseite im Erfolgsfalle auf das Bestehen eines zu ihren Gunsten erteilten fiktiven Verwaltungsaktes und damit eine sie begünstigende Rechtsposition berufen könnte, in dessen Folge die beabsichtigte Transaktion vollzogen werden kann. In der Sache hat die Klage Erfolg, wenn die Voraussetzungen der Fiktion eingetreten sind. Dies umfasst die **Vollständigkeit** des entsprechenden **Antrags** beim BMWK ebenso wie die **Fristberechnung.**

---

[74] Flaßhoff/Glasmacher NZG 2017, 489 (492).
[75] BVerwG NVwZ 2010, 1300 (1301).
[76] BVerwG NVwZ 2010, 1300 (1302).
[77] Vgl. zu einer Konstellation aus dem Personenbeförderungsrecht VGH Kassel BeckRS 2020, 43883 und OVG Greifswald NordÖR 2017, 208.
[78] Beispiel aus dem Baurecht bei OVG Bautzen NVwZ-RR 2022, 797 Rn. 32.

52   Nach § 43 Abs. 1 2. Alt. VwGO kann – ebenfalls bei Vorliegen eines berechtigten Interesses – auch die **Nichtigkeit** eines Verwaltungsaktes begehrt werden. In
der gerichtlichen Praxis sind solche Klagen ausgesprochen **selten**. Ein denkbarer
Anwendungsbereich im Investitionsprüfverfahren soll die Nichtigkeit eines öffentlich-rechtlichen Vertrages sein, der gegen das sog. Koppelungsverbot verstößt und
der zur Vermeidung einer Anordnung nach § 59 Abs. 1 AWV oder § 62 Abs. 1
AWV geschlossen worden ist.[79]

53   Erledigt sich ein Verwaltungsakt nach Erhebung einer Anfechtungs- oder Verpflichtungsklage, so kommt die Umstellung in eine **Fortsetzungsfeststellungsklage** in Betracht. Diese Umstellung stellt **keine** unzulässige **Klageänderung** dar.[80]
Der ursprüngliche Verwaltungsakt muss sich tatsächlich erledigt haben.[81] Allein der –
möglicherweise auch durch ein langwieriges Gerichtsverfahren mitverursachte –
Wegfall des Interesses an der Durchführung einer künftigen Transaktion lässt den
Regelungsgehalt eines Verwaltungsaktes allerdings noch nicht entfallen. Dies hat
allenfalls Auswirkungen auf das **allgemeine Rechtsschutzbedürfnis**.[82]

54   Insbesondere erfordert die Fortsetzungsfeststellungsklage aber das Vorliegen eines
Fortsetzungsfeststellungsinteresses. Dabei kann in Fällen der Investitionsüberprüfung wohl ausgeschlossen werden, dass ein solches Interesse mit Blick auf die Fallgruppe eines schwerwiegenden **Grundrechtseingriffs** in Betracht kommen
könnte. Denn davon ist nur bei Maßnahmen auszugehen, die sich typischerweise so
kurzfristig erledigen, dass sie ohne die Annahme eines Fortsetzungsfeststellungsinteresses regelmäßig keiner Überprüfung im gerichtlichen Hauptsacheverfahren zuge-
führt werden könnten. Maßgebend ist dabei, ob die kurzfristige, eine Anfechtungs-
oder Verpflichtungsklage ausschließende Erledigung sich aus der Eigenart des Verwaltungsakts selbst ergibt.[83] Ebenso wird regelmäßig kein Fortsetzungsfeststellungsinteresse unter Berufung auf **Rehabilitierungsinteresse** anzunehmen sein, weil dieses
eine Stigmatisierung des Betroffenen aus der angegriffenen Maßnahme erfordert, die
geeignet ist, sein Ansehen in der Öffentlichkeit oder im sozialen Umfeld herabzusetzen. Diese Stigmatisierung muss zudem Außenwirkung erlangt haben und noch in
der Gegenwart fortdauern.[84] Fälle dieser Art sind bei der der Investitionsprüfung
praktisch wohl nicht vorstellbar. Gleiches dürfte für die Fallgruppe der **Wiederho-
lungsgefahr** gelten. Eine derartige Gefahr ist nur dann anzunehmen, wenn die hinreichende Wahrscheinlichkeit besteht, dass unter im Wesentlichen unveränderten tatsächlichen und rechtlichen Umständen erneut ein gleichartiger Verwaltungsakt
ergehen wird.[85] Wegen der Komplexität der Investitionsprüfung und der sich laufend
ändernden Fallgestaltungen dürfte sich indes jedes Verfahren als singulär darstellen,
sodass sich eine konkrete Wiederholung des künftigen behördlichen Handelns nicht
sicher prognostizieren lässt. Damit werden sich gerichtliche Feststellungen zur
Rechtmäßigkeit eines erledigten Verwaltungsaktes in der Regel nicht auf künftige
Verfahren übertragen lassen.

55   Ein **Fortsetzungsfeststellungsinteresse** kommt aber in Betracht, wenn der
Kläger nach Erledigung des Verwaltungsaktes im laufenden Verfahren beabsichtigt,

---

[79] Hocke/Sachs/Pelz AußenwirtschaftsR/Mausch-Liotta/Sattler AWV § 62 Rn. 32.
[80] BVerwG NVwZ-RR 2018, 304.
[81] Hierzu iE Stelkens/Bonk/Sachs/Sachs VwVfG § 43 Rn. 204.
[82] → Rn. 60 f.
[83] BVerwG NVwZ 2021, 411 Rn. 15.
[84] BVerwG BeckRS 2019, 11427.
[85] BVerwG BeckRS 2019, 10697.

Amtshaftungsansprüche geltend zu machen.[86] Unter dem Gesichtspunkt der **Präjudizialität** ist anerkannt, dass der Betroffene in diesem Fall nicht um die Früchte des bereits geführten Prozesses gebracht werden soll. Die Fallgruppe ist deshalb nur dann einschlägig, wenn die **Erledigung nach Klageerhebung** eingetreten ist. Voraussetzung ist überdies, dass ein **Amtshaftungs- oder Entschädigungsprozess** tatsächlich beabsichtigt wird, mithin die alsbaldige Erhebung einer Klage auf **Schadensersatz** oder Entschädigung **mit hinreichender Sicherheit zu erwarten** ist.[87] Ferner muss die Klägerseite dartun, was konkret angestrebt wird; hierzu gehört auch eine zumindest annähernde Angabe der Schadenshöhe. Schließlich darf der in Aussicht genommene Prozess nicht offensichtlich aussichtslos sein. **Offensichtlich aussichtslos** ist eine Staatshaftungsklage, wenn der geltend gemachte Anspruch unter keinem denkbaren rechtlichen Gesichtspunkt besteht und bei der sich dies ohne eine ins Einzelne gehende Würdigung aufdrängt.[88] Bei **Ermessensentscheidungen** soll das schon dann der Fall sein, wenn nicht ausgeschlossen werden kann, dass der Schaden auch bei rechtsfehlerfreier Ermessensausübung eingetreten wäre.[89] Offensichtlich aussichtslos ist das Vorhaben auch dann, wenn jedenfalls ein Verschulden auszuschließen ist, was insbesondere der Fall ist, wenn ein **Kollegialgericht** das Verwaltungshandeln zuvor als objektiv rechtmäßig angesehen hat.[90] Ein wesentlicher Vorteil der verwaltungsgerichtlichen Überprüfung der Rechtmäßigkeit des erledigten Verwaltungsaktes liegt in der Geltung des **Untersuchungsgrundsatz**es.

4. Klagefristen. Nach § 74 Abs. 1 S. 1 VwGO muss die **Anfechtungsklage** 56 innerhalb **eines Monats** nach Zustellung des Widerspruchsbescheids erhoben werden. Ist – wie das vorliegend der Fall ist[91] – nach § 68 VwGO ein Widerspruchsbescheid nicht erforderlich, so muss die Klage innerhalb eines Monats nach Bekanntgabe des Verwaltungsakts erhoben werden (§ 74 Abs. 1 S. 2 VwGO). Für die **Verpflichtungsklage** gilt § 74 Abs. 1 VwGO entsprechend, wenn der Antrag auf Vornahme des Verwaltungsakts abgelehnt worden ist (§ 68 Abs. 2 VwGO). Zwar lässt das Gesetz bei Verwaltungsakten oberster Bundesbehörden – wie hier – genügen, dass der Bescheid lediglich bekanntgegeben wird. In der Praxis dürfte mittlerweile eine elektronische Zustellung üblich sein. Der **Lauf der Klagefrist** setzt eine ordnungsgemäße **Rechtsbehelfsbelehrung** voraus (§ 58 Abs. 1 VwGO); anderenfalls greift die Jahresfrist des § 58 Abs. 2 VwGO. Erledigt sich der Verwaltungsakt im laufenden Gerichtsverfahren und stellt der Kläger das Begehren in eine **Fortsetzungsfeststellungsklage** um, so ist diese nur zulässig, wenn die Klagefrist der (ursprünglichen) erledigten Klage eingehalten war.[92] Für die **übrigen Klagearten** sieht das Gesetz **keine Klagefristen** vor. Grenze für die Zulässigkeit ist hier allenfalls die – selten anzunehmende – **Verwirkung**.

5. Klagebefugnis. Nach § 42 Abs. 2 VwGO sind Verpflichtungs- und Anfech- 57 tungsklagen nur zulässig, wenn der Kläger geltend macht, durch den Verwaltungsakt oder seine Ablehnung oder Unterlassung in seinen Rechten verletzt zu sein. In ent-

---

[86] → AWV § 59 Rn. 41.
[87] BVerwG BeckRS 2017, 102576.
[88] BVerwG NVwZ 2013, 1481 Rn. 44.
[89] BVerwG NVwZ 2013, 1481 Rn. 51.
[90] BVerwG BeckRS 2017, 102576.
[91] → Rn. 28.
[92] BVerwG NVwZ 2022, 1197 Rn. 15.

sprechender Anwendung gilt die Vorschrift gleichermaßen für allgemeine Leistungs-klagen[93] und für Feststellungsklagen,[94] also auch die Fortsetzungsfeststellungsklage. Unproblematisch ist die **Klagebefugnis** des **Adressaten** eines belastenden Verwal-tungsaktes, also etwa bei der **Untersagung** eines Unternehmenserwerbs oder dahin-ter zurückbleibenden **Anordnungen**. Dies wird in der Regel der **Erwerber** des Zielunternehmens sein. Regelmäßig wird aber auch der **Veräußerer** der Transaktion gegen solche Maßnahmen klagen können.[95] Denn eine Untersagung beeinträchtigt ihn ebenso wie eine Anordnung jedenfalls in seinem Recht aus Art. 14 Abs. 1 GG. Ob das deutsche Zielunternehmen selbst oder andere Anteilseigner klagebefugt sein sollen, ist demgegenüber umstritten.[96] Ansonsten erfordert die Klagebefugnis – auch in der Form der Drittanfechtungsklage –, dass der jeweilige Kläger geltend macht, durch den Verwaltungsakt in seinen Rechten verletzt zu sein. Zur Geltendmachung ist es in tatsächlicher Hinsicht erforderlich, aber auch ausreichend, dass er substantiiert Tatsachen vorträgt, die es denkbar und möglich erscheinen lassen, durch den Verwal-tungsakt in einer eigenen rechtlich geschützten Position beeinträchtigt zu sein. Das ist nur dann zu verneinen, wenn auf der Grundlage des Tatsachenvorbringens der Klägerseite offensichtlich und eindeutig nach keiner Betrachtungsweise die vom Klä-ger behaupteten Rechtspositionen bestehen oder ihm zustehen oder – das Bestehen und Zustehen unterstellt – unter keinem Gesichtspunkt verletzt sein können.[97] Ob der Kläger nach seinem zu substantiierenden Vorbringen in seinen Rechten verletzt sein kann, ist dabei nach den Vorschriften des materiellen Rechts zu beurteilen.

58   Der **Veräußerer** kann daher die **Freigabe** einer Transaktion, die er im Nachhi-nein als für sich ungünstig ansieht, **nicht** mit dem Ziel der Rückabwicklung **anfechten**; er kann von vornherein nicht geltend machen, durch die (dritt-) begünstigende Entscheidung in eigenen Rechten verletzt zu sein.[98] Die Prüfung der Versagungsgründe, die der Erteilung einer Unbedenklichkeitsbescheinigung nach § 58 Abs. 1 AWV oder einer Freigabe nach §§ 58a und 61 AWV entgegenste-hen könnten, liegt allein im öffentlichen Interesse und entfaltet keine drittschüt-zende Wirkung. Daher können auch Dritte – insbesondere ein unterlegener **Konkurrent** – kein behördliches Einschreiten gegen einen von ihnen nicht erwünschten Unternehmenserwerb einfordern.[99]

59   Im Fall der Verpflichtungsklage muss der Kläger geltend machen, dass eine konkrete Norm ihm eine **subjektive Rechtsposition** einräumt. Bei Klagen, die auf die Erteilung einer Unbedenklichkeitsbescheinigung oder einer Freigabeent-scheidung gerichtet sind, folgt dies für den Erwerber unmittelbar aus § 58 Abs. 1 AWV oder §§ 58a und 61 AWV.

60   **6. Allgemeines Rechtsschutzbedürfnis.** Alle Klagearten setzen voraus, dass dem Kläger mindestens im Zeitpunkt der gerichtlichen Entscheidung ein **Rechts-schutzbedürfnis** für sein Begehren zukommt. Entsprechendes gilt für Verfahren des vorläufigen Rechtsschutzes. Fehlt es am allgemeinen Rechtsschutzbedürfnis,

---

[93] BVerwG NVwZ-RR 1992, 371.

[94] BVerwG NVwZ 2022, 1067.

[95] Hocke/Sachs/Pelz AußenwirtschaftsR/Mausch-Liotta/Sattler AWV § 62 Rn. 31; BeckOK AußenWirtschaftsR/Niestedt AWV § 62 Rn. 30.

[96] Zum Meinungsstand: BeckOK AußenWirtschaftsR/Niestedt AWV § 62 Rn. 30; dage-gen: BeckM&A-HdB/Bonhage § 91 Rn. 47.

[97] BVerwG NJW 2022, 1400 Rn. 9; NJW 1981, 1393; NVwZ 2014,1675 (1676).

[98] VG Berlin BeckRS 2023, 7830.

[99] BeckM&A-HdB/Bonhage § 91 Rn. 47.

sind die Klage oder das Eilverfahren unzulässig. Als ungeschriebene Prozessvoraussetzung folgt das Erfordernis aus dem auch im öffentlichen Recht anwendbaren Grundsatz von **Treu und Glauben**. Damit soll der Missbrauch prozessualer Rechte verhindert werden. Zu den einzelnen möglichen Konstellationen des fehlenden Rechtsschutzbedürfnisses hat sich eine umfangreiche Kasuistik entwickelt. Ob im Einzelfall ein Rechtsschutzbedürfnis gegeben ist, hängt auch von der jeweiligen Klageart ab und muss hierauf bezogen geprüft werden.

Das Rechtsschutzbedürfnis ist zu verneinen, wenn das begehrte **Ziel einfacher** 61 **und schneller** auf andere Weise **erreicht** werden kann. Dies ist insbesondere der Fall, wenn es an einem zuvor bei der Behörde gestellten und gebotenen **Antrag** fehlt.[100] Eine solche Konstellation ist im Investitionsprüfverfahren kaum vorstellbar, weil es für die Durchführung von Transaktionen grundsätzlich keiner Genehmigung bedarf.[101] Etwas anderes könnte allenfalls gelten, wenn die Klage auf eine fiktiv erteilte Unbedenklichkeitsbescheinigung gerichtet ist, ohne dass sich die klagende Partei zuvor an das BMWK gewandt hat.[102] Weitere, im Verfahren nach AWG und AWV wenig wahrscheinliche Fallgruppen betreffen die Situation, dass der Kläger mit der Klage eine **Verbesserung** seiner **Rechtsstellung nicht erreichen** kann, die Klage also **nutzlos** ist,[103] oder wenn aus der angegriffenen Entscheidung der Behörde keine negativen Rechtswirkungen folgen bzw. es sich lediglich um einen unverbindlichen Hinweis auf die Rechtlage handelt.[104] Schließlich fehlt es bei rechtsmissbräuchlicher Inanspruchnahme des Gerichts am Rechtsschutzbedürfnis, was im hiesigen Kontext selten der Fall sein wird. Im Investitionsprüfverfahren demgegenüber denkbar ist die Situation, dass die Beteiligten einer Transaktion aus zeitlichen Gründen das **Interesse** an ihrem Abschluss **verlieren**. In einem solchen Fall stellt sich die Frage, ob das Rechtsschutzbedürfnis für eine Klage, deren Ziel der Vollendung des Rechtsgeschäfts durch die Ausräumung öffentlich-rechtlicher Hindernisse liegt, nachträglich weggefallen ist.[105]

In Fällen des **vorläufigen Rechtsschutzes fehlt** das **Rechtsschutzbedürfnis** 62 für einen Antrag nach § 80 Abs. 5 VwGO, wenn der Antragsteller des Eilverfahrens **nicht rechtzeitig Klage** gegen den belastenden Bescheid erhoben hat. Die Bestandskraft dieses Verwaltungsaktes steht einer stattgebenden gerichtlichen Entscheidung in diesem Fall von vornherein entgegen.

7. Vorläufiger Rechtsschutz. Neben den Klagemöglichkeiten stehen den 63 Betroffenen aus Gründen des effektiven Rechtsschutzes (Art. 19 Abs. 4 GG) auch die Verfahren des vorläufigen Rechtsschutzes zur Verfügung. Geht es in der Hauptsache um eine **Anfechtungsklage**, ist das Verfahren nach **§ 80 Abs. 5 VwGO** einschlägig; in allen anderen Konstellationen kommt ein Verfahren auf **Erlass einer einstweiligen Anordnung** nach **§ 123 Abs. 1 VwGO** zum Tragen. § 123 Abs. 5 VwGO regelt ausdrücklich, dass die § 123 Abs. 1–3 VwGO nicht in den Fällen der §§ 80 und 80a VwGO gelten. Demnach gehen Anträge auf **Anordnung** oder **Wiederherstellung** der **aufschiebenden Wirkung** den Begehren auf eine gerichtliche Sicherungs- oder Regelungsanordnung vor. Die

---

[100] BVerwG NVwZ 2008, 575 (577).

[101] → Rn. 42.

[102] Offengelassen in VG Berlin BeckRS 2022, 997 Rn. 22.

[103] BVerwG NVwZ-RR 2009, 980.

[104] BVerwG NZV 2007, 486.

[105] Dies ist – anders als Flaßhoff/Glasmacher NZG 2017,489 (493) meinen – keine Frage der Klagebefugnis.

Unterscheidung der verschiedenen Verfahrensarten ist von hoher praktischer Relevanz. Sie hat Auswirkungen etwa auf die Frage, wer für eine bestimmte Tatsache beweis- bzw. darlegungspflichtig ist. Auch der Streit über die Frage, ob selbständig oder nur unselbständig gegen eine **Nebenbestimmung eines Verwaltungsakts** vorgegangen werden kann, wirkt sich auf die Verfahrensart des vorläufigen Rechtsschutzes aus. Schließlich wird in vorläufigen Rechtsschutzverfahren regelmäßig ohne mündliche Verhandlung entschieden (§ 101 Abs. 3 VwGO). Zuständig ist nach § 80 Abs. 5 S. 1 VwGO bzw. § 123 Abs. 2 VwGO das **Gericht der Hauptsache**, mithin ebenfalls in der Regel das Verwaltungsgericht Berlin. Befindet sich das Hauptsacheverfahren bereits in zweiter Instanz, ist das Oberverwaltungsgericht Berlin-Brandenburg das zuständige Gericht für ein erst in diesem Zeitpunkt anhängig gemachtes vorläufiges Rechtsschutzverfahren.

64   **a) Verfahren nach § 80 Abs. 5 VwGO.** Nach § 80 Abs. 1 S. 1 VwGO haben **Widerspruch und Anfechtungsklage** zwar grundsätzlich **aufschiebende Wirkung**. Von diesem Grundsatz hat der Gesetzgeber aber in § 80 Abs. 2 VwGO eine Reihe von **Ausnahmen** vorgesehen. Von besonderer Bedeutung im Investitionsprüfverfahren ist § 80 Abs. 2 Nr. 3 VwGO, wonach die aufschiebende Wirkung in den durch Bundesgesetz vorgeschriebenen Fällen entfällt. Eine solche gesetzliche Regelung stellt § 14 Abs. 2 AWG dar, wonach die Anfechtungsklage keine aufschiebende Wirkung entfaltet. Dies gilt zwar gleichermaßen für den – im Bereich der Exportkontrolle vorgesehenen – Widerspruch, hat aber im Investitionsprüfverfahren in Ermangelung eines Vorverfahrens keine Bedeutung. Mithin liegt ein Fall des **gesetzlichen Sofortvollzugs** vor. Die aufschiebende Wirkung entfällt zudem bei Verwaltungsakten, in denen die Behörde das besondere Vollziehungsinteresse im öffentlichen Interesse oder im überwiegenden Interesse eines Beteiligten besonders angeordnet hat (§ 80 Abs. 2 Nr. 4 VwGO). Zu solchen Verwaltungsakten, die nicht kraft Gesetzes sofort vollziehbar sind, dürften die Entscheidungen zur Rücknahme und Widerruf nach den §§ 48, 49 VwVfG jedenfalls dann zählen, wenn der Widerruf in der zugrundeliegenden Begünstigung nicht ausdrücklich vorbehalten war.

65   Handelt es sich um einen **kraft Gesetzes sofort vollziehbaren** Verwaltungsakt, ist das Verfahren nach § 80 Abs. 5 S. 1 1. Alt. VwGO einschlägig. Dieses ist gerichtet auf die (vollständige oder teilweise) **Anordnung** der **aufschiebenden Wirkung** der **Klage**. Es ist also nur statthaft, wenn jedenfalls im Zeitpunkt der gerichtlichen Entscheidung fristgerecht Klage erhoben wurde. Richtet sich der Eilantrag demgegenüber gegen einen Verwaltungsakt, den die Behörde nach § 80 Abs. 2 Nr. 4 VwGO für sofort vollziehbar erklärt hat, folgt der Rechtsschutz aus § 80 Abs. 5 S. 1 Alt. 2 VwGO. Der Antrag ist hier auf die **Wiederherstellung der aufschiebenden Wirkung** der **Klage** gerichtet. Weil die Behörde in diesem Fall die sofortige Vollziehung des Verwaltungsaktes nach § 80 Abs. 3 VwGO gesondert begründen muss, erstreckt sich die gerichtliche Prüfung hier zuerst auf diese formelle Anforderung. Die Behörde muss durch die gesonderte Begründung, die hier zunächst nicht auf die inhaltliche Überzeugungskraft überprüft wird, zu erkennen gegeben haben, dass sie sich des Ausnahmecharakters bewusst war. Fehlt es gänzlich an einer Begründung oder ist diese defizitär, hat der Eilantrag bereits aus diesem Grund Erfolg.[106]

---

[106] Wobei die Tenorierung streitig ist: Es wird zum einen vertreten, dass in diesen Fällen allein die Vollziehungsanordnung aufgehoben werden soll (so etwa VGH Mannheim, BeckRS 2011, 55095; wohl auch BVerwG BeckRS 2001, 31351544). Nach der Gegenansicht soll das Gericht in den Fällen des § 80 Abs. 5 S. 1 VwGO stets die aufschiebende Wirkung wiederherstellen (OVG Lüneburg NVwZ-RR 2019. 988).

In der Sache muss das Gericht bei beiden Verfahrensarten das sofortige **Vollzie- 66 hungsinteresse** gegen das **Aussetzungsinteresse** in einer eigenen **Ermessens-entscheidung** abwägen, wobei der materiellen Rechtmäßigkeit des zugrundeliegenden Verwaltungsakts zentrale Bedeutung zukommt. Diese wird im Eilverfahren jedoch nur **summarisch** geprüft.[107] In der Folge dürfen im Zweifel umfangreiche Feststellungen zur Sachlage unterbleiben; Rechtsfragen müssen aber – wenn auch nur vorläufig – geklärt werden. Das **Prüfprogramm** des Gerichts ist abhängig davon, ob ein Fall des gesetzlichen Sofortvollzuges vorliegt oder die Behörde die sofortige Vollziehung gesondert angeordnet hat. Im erstgenannten Fall hat der Gesetzgeber durch die gesetzliche Wertung die Dringlichkeit des behördlichen Handelns bereits unterstrichen. Daher ist in ständiger Rechtsprechung der sich aus **§ 80 Abs. 4 S. 3 VwGO** ergebende Prüfungsmaßstab für die behördliche Entscheidung auch im Rahmen des gerichtlichen Verfahrens heranzuziehen.[108] Danach soll die **Aussetzung** nur erfolgen, wenn **ernstliche Zweifel** an der Rechtmäßigkeit des angegriffenen Verwaltungsakts bestehen oder wenn die Vollziehung für die Abgaben- oder Kostenpflichtigen eine unbillige, nicht durch überwiegende öffentliche Interessen gebotene Härte zur Folge hätte. Dabei bestehen ernstliche Zweifel an der Rechtmäßigkeit des Verwaltungsakts dann, wenn die Bedenken gegen die Rechtmäßigkeit so gewichtig sind, dass ein Obsiegen des Betroffenen im Rechtsbehelfsverfahren wahrscheinlicher als ein Unterliegen ist. Eine **unbillige Härte** liegt vor, wenn durch die Vollziehung des angefochtenen Bescheids wirtschaftliche Nachteile drohten, die später nicht mehr ausgeglichen werden können oder nur schwer gutzumachen sind, oder wenn die Vollziehung zu einer Gefährdung der **wirtschaftlichen Existenz** führt.[109] Erweist sich der Verwaltungsakt als offensichtlich rechtswidrig, überwiegt das Interesse des Antragstellers an der Anordnung der aufschiebenden Wirkung, da an der sofortigen Vollziehung eines rechtswidrigen Verwaltungsaktes kein öffentliches Interesse besteht.

Fallgruppen, in denen ein Verfahren nach § 80 Abs. 5 S. 1 Alt. 1 VwGO im 67 Bereich der Investitionsprüfung auftreten können, sind belastende Entscheidungen nach § 59 Abs. 1 und 3 AWV sowie nach § 62 Abs 1 AWV. **Untersagungen** oder **Anordnungen** nach diesen Vorschriften sind kraft Gesetzes sofort vollziehbare Verwaltungsakte. Gleiches dürfte für **Nebenbestimmungen** gelten, die im Zusammenhang mit einer Freigabe nach § 58a Abs. 1 und 3 AWV sowie nach § 61 AWV ergehen. Dies gilt schließlich für die Eröffnung des Prüfungsverfahrens nach § 55 Abs. 3 AWV.

In Verfahren nach § 80 Abs. 5 S. 1 Alt. 2 VwGO gilt ebenfalls, dass an der 68 sofortigen Vollziehung eines behördlich sofort vollziehbar erklärten rechtswidrigen Verwaltungsaktes kein öffentliches Interesse besteht. Lassen sich die Erfolgsaussichten des Rechtsbehelfs bei summarischer Prüfung nicht abschließend beurteilen, hat das Gericht im Rahmen einer eigenen **Interessenabwägung** das öffentliche Interesse an der sofortigen Vollziehung der behördlichen Verfügung und das private Interesse des Betroffenen, vorläufig von deren Wirkung verschont zu bleiben, gegeneinander abzuwägen. Im Zweifel greift hier die **gesetzliche Wertung** des § 80 Abs. 1 VwGO, der den grundsätzlichen

---

[107] Hierzu ausführlich Heinemann NVwZ 2019, 517. Grundlegend hier auch BVerfG NVwZ 2017, 149.
[108] Eyermann/Hoppe VwGO § 80 Rn. 95 mwN; Schoch/Schneider/Schoch Rn. 386.
[109] OVG Weimar BeckRS 2022, 28186 mwN.

Suspensiveffekt vorsieht. Ist der Verwaltungsakt in dieser Fallkonstellation offensichtlich rechtmäßig ist, überwiegt das öffentliche Interesse an seiner Vollziehung noch nicht allein deshalb; hinzukommen muss ein besonderes Vollziehungsinteresse, dessen Vorliegen das Gericht in eigener Zuständigkeit prüft. Es kann ein Vollziehungsinteresse dabei auch aus anderen Gründen als den von der Behörde angeführten annehmen. Denkbar ist schließlich, dass das Gericht die **aufschiebende Wirkung** von **weiteren Maßgaben abhängig** macht (§ 80 Abs. 5 S. 4 VwGO).

69   Streiten die Beteiligten ausnahmsweise um die Frage, ob der gegen einen belastenden Verwaltungsakt erhobenen Klage ein Suspensiveffekt zukommt (§ 80 Abs. 1 VwGO), ist anerkannt, dass der Antrag nach **§ 80 Abs. 5 S. 1 VwGO** analog auf die entsprechende **gerichtliche Feststellung** der aufschiebenden Wirkung gerichtet sein kann.[110] Ein solcher Streit könnte sich etwa an der Konstellation von **Widerruf** und **Rücknahme** eines auf der Grundlage des AWG oder der AWV erteilten begünstigenden Verwaltungsakts entzünden.

70   **b) Verfahren nach § 123 Abs. 1 VwGO.** Der Erlass einer **einstweiligen Anordnung** nach § 123 Abs. 1 VwGO kommt in den Fällen in Betracht, die nicht unter § 80 Abs. 5 VwGO fallen. Während es bei § 80 Abs. 5 VwGO um die vorläufige Abwehr von Belastungen geht, die von einem sofort vollziehbaren Verwaltungsakt herrühren, dient die einstweilige Anordnung der **Sicherung von Rechtspositionen** bzw. ihrer – zumeist – vorläufigen **Regelung** bis zu einer endgültigen Klärung in einem nachfolgenden Hauptsacheverfahren. Der Antrag nach § 123 Abs. 1 VwGO ist also die zutreffende Rechtsschutzform, wenn **in der Hauptsache Verpflichtungs-, Leistungs- oder Feststellungsklage** zu erheben ist.

71   Voraussetzung für den Erlass einer einstweiligen Anordnung ist die **Gefahr**, dass durch eine Veränderung des bestehenden **Zustands** die **Verwirklichung eines Rechts** des Antragstellers **vereitelt** oder **wesentlich erschwert** werden könnte (**Sicherungsanordnung**). Zur Regelung eines vorläufigen Zustands in Bezug auf ein streitiges Rechtsverhältnis kann eine Anordnung ergehen, wenn diese nötig erscheint, um wesentliche Nachteile abzuwenden oder drohende Gewalt zu verhindern (**Regelungsanordnung**). Nach § 123 Abs. 3 VwGO iVm § 920 Abs. 2 ZPO sind dabei sowohl ein Anordnungsanspruch, dh der materielle Anspruch, für den der Antragsteller vorläufigen Rechtsschutz sucht, als auch ein Anordnungsgrund, der insbesondere durch die **Eilbedürftigkeit** einer vorläufigen Regelung begründet wird, nach § 294 Abs. 1 ZPO glaubhaft zu machen. Grundsätzlich darf die Entscheidung das **Hauptsacheverfahren nicht vorwegnehmen**.

72   Da es im Investitionsprüfverfahrens in aller Regel keines begünstigenden Verwaltungsaktes bedarf, um eine Transaktion abzuschließen, wird für Verfahren nach § 123 Abs. 1 VwGO, die auf die Erteilung eines begünstigenden Verwaltungsaktes gerichtet sind, **in aller Regel kein Raum** sein. Zwar handelt es sich bei der **Unbedenklichkeitsbescheinigung** nach § 58 Abs. 1 AWV sowie bei **Freigabeentscheidungen** nach § 58a Abs. 1 und § 61 AWV um **begünstigende Verwaltungsakte**. Durch die Fiktionsregelungen gelten sie aber jeweils nach Ablauf kurzer Fristen als erteilt. Die Fristen werden in der Praxis regelmäßig früher verstrichen sein als es zu einer gerichtlichen Entscheidung im Eilverfahren kom-

---

[110] Beispiel bei VGH Mannheim BeckRS 2016, 55103.

men wird. Daher wird der **Erlass** einer einstweiligen **Anordnung** in diesen Fällen zumeist von vornherein **nicht nötig** sein, um dem Antragsteller zu seinem Recht zu verhelfen. Aus dem gleichen Grund wird es in diesen Konstellationen sowohl am Anspruch auf eine frühere Entscheidung wie **an der Eilbedürftigkeit** hierfür **fehlen**.

§ 123 Abs. 1 VwGO kommt aber in Betracht, wenn die Beteiligten **über den** 73 **Eintritt der Fiktionswirkung streiten**.[111] Hierunter fällt sowohl das Begehren auf vorläufige Feststellung des Eintritts dieser Wirkung wie dasjenige auf die vorläufige Ausstellung einer entsprechenden Bescheinigung (§ 42a Abs. 3 VwVfG) durch die Behörde. Diese Konstellation war Gegenstand des vor dem VG Berlin anhängigen Eilverfahrens,[112] welches die Übernahme des Herstellers sog. Wafer[113] durch einen taiwanesischen Investor betraf. Dessen Übernahmeangebot war auf ein bestimmtes Datum befristet (sog. Long-Stop-Date). Nach Auffassung der Antragstellerin war die Frist für ein Einschreiten durch das BMWK vor Ablauf des Long-Stop-Date abgelaufen, sodass die Transaktion (fiktiv) als freigegeben galt. Das Verwaltungsgericht hat den – anwaltlich anders formulierten – Antrag als auf die (vorläufige) gerichtliche Feststellung des Eintritts der Fiktion der Freigabe nach § 58a Abs. 2 AWV gerichtet angesehen, den Antrag aber im Wege einer Folgenabwägung zurückgewiesen.[114] Das OVG Berlin-Brandenburg hat die Entscheidung im Ergebnis bestätigt,[115] aber anders als das Verwaltungsgericht damit begründet, dass die Prüffrist noch nicht abgelaufen gewesen sei, weil sie nach § 14a Abs. 6 gehemmt gewesen sei.

8. Rechtsmittel. Gegen **Urteile** des Verwaltungsgerichts kann nach §§ 124, 74 124a VwGO **Berufung** nur dann eingelegt werden, wenn diese **vom Verwaltungsgericht zugelassen** ist oder **vom Oberverwaltungsgericht** – auf einen entsprechenden Antrag hin – **zugelassen** wird. Das Verwaltungsgericht selbst kann die Berufung nur in den Fällen des § 124 Abs. 2 Nr. 3 oder Nr. 4 VwGO zulassen, also wenn die Rechtssache **grundsätzliche Bedeutung** hat oder das Urteil **von obergerichtlicher Rechtsprechung abweicht** und auf dieser Abweichung beruht. Ob diese Voraussetzungen vorliegen, hängt vom jeweiligen Einzelfall ab. Grundsätzliche Bedeutung ist allerdings nicht schon deshalb zu bejahen, weil ein Fall besonders spektakulär ist oder in der Öffentlichkeit breit diskutiert wird. Vielmehr muss an der Klärung der aufgeworfenen Rechts- oder Tatsachenfrage ein **über den Einzelfall hinausgehendes allgemeines Interesse** bestehen. Ansonsten ist der Antrag auf Zulassung der Berufung **binnen eines Monats** (§ 124a Abs. 4 S. 1 VwGO) nach Zustellung des vollständigen Urteils beim Verwaltungsgericht zu stellen. Innerhalb von **zwei Monaten** nach Zustellung des vollständigen Urteils sind die Gründe **darzulegen**, aus denen die Berufung zuzulassen ist. Für die (vom Verwaltungsgericht zugelassene) Berufung gilt die Monatsfrist gleichermaßen (§ 124a Abs. 2 VwGO). Gegen das **Urteil des Oberverwaltungsgerichts** steht den Beteiligte nach § 132 VwGO die **Revision** zu, wenn dieses Gericht sie zugelassen hat. Anderenfalls besteht die Möglichkeit der Nichtzulassungsbeschwerde nach § 133 Abs. 1 VwGO. Auch

---

[111] Beispiel aus dem Gewerberecht VG Köln BeckRS 2022, 38008.
[112] VG Berlin BeckRS 2022, 997.
[113] Nicht: Waffen (!), wie BeckOK AußenWirtschaftsR/Niestedt AWV § 55 Rn. 20.1 irrig schreibt.
[114] Kritisch zur Effektivität des Rechtsschutzes Helleberg/Schäffer NZG 2022, 422.
[115] OVG Berlin-Brandenburg NZG 2022, 421.

hierfür gilt eine Monatsfrist nach Zustellung des vollständigen Urteils (§ 133 Abs. 2 VwGO). Die Möglichkeit einer etwaigen **Sprungrevision** richtet sich nach § 134 VwGO.

75   Gegen **Beschlüsse** im **vorläufigen Rechtsschutz** sieht § 146 Abs. 1 VwGO die Möglichkeit der **Beschwerde** vor. Die **Beschwerdefrist** selbst beträgt **zwei Wochen** nach Bekanntgabe (§ 147 Abs. 1 VwGO). Sie ist auch dann gewahrt, wenn die Beschwerde unmittelbar beim Oberverwaltungsgericht eingelegt wird. Die Beschwerde ist binnen einer Frist von einem Monat nach Zustellung des Beschlusses zu begründen (§ 146 Abs. 4 S. 1 VwGO).

76   Im Fall der Einlegung von **Rechtsmitteln** ist § 67 Abs. 4 VwGO zu beachten. Danach müssen sich die Beteiligten vor dem Oberverwaltungsgericht und dem Bundesverwaltungsgericht von den in § 67 Abs. 2 VwGO genannten Bevollmächtigten vertreten lassen. Vor dem Verwaltungsgericht selbst besteht nach § 67 Abs. 1 VwGO kein **Vertretungszwang**. In der Praxis kommt es aber in Fällen der hier in Rede stehenden Art nicht vor, dass sich Unternehmen oder Privatpersonen keines anwaltlichen Beistands bedienen; vielmehr ist die Vertretung durch mehrere Bevollmächtigte einer auf die Materie spezialisierten Anwaltskanzlei gleichermaßen üblich wie ratsam.

77   **9. Streitwert.** Grundlage der **Streitwertfestsetzung** in verwaltungsgerichtlichen Verfahren sind die §§ 52 und 53 GKG. § 52 Abs. 1 GKG legt als Maßstab hierfür die sich aus dem Antrag ergebende Bedeutung der Sache zugrunde, die nach gerichtlichem Ermessen zu bestimmen ist. Nur wenn der Sach- und Streitstand für die Bestimmung des Streitwerts keine genügenden Anhaltspunkte bietet, ist ein Streitwert von 5.000 Euro anzunehmen. In Fällen aus dem **Investitionsüberprüfungsrecht** dürfte die **Schwelle des Regelstreitwerts** in aller Regel bei Weitem **überschritten** werden. Der Bedeutung der Sache entspricht der **wirtschaftliche Wert der Unternehmensübertragung**. Sollte dieser Wert allerdings die Schwelle von 30 Mio EUR überschreiten, greift die Deckelung des § 39 Abs. 2 GKG. Im Verfahren VG 4 L 111/22[116] hat das Verwaltungsgericht Berlin den Rechtsgedanken der Nr. 6.1.2 des Streitwertkatalogs für die Verwaltungsgerichtsbarkeit[117] herangezogen, der eine Begrenzung des Streitwerts bei kapitalintensiven Vorhaben auf 1% der Investitionssumme vorsieht. Damit kam das Gericht immer noch auf einen Wert von 13.412.500 Euro. Dem ist das Oberverwaltungsgericht in der Beschwerdeentscheidung[118] gefolgt. In einem anderen Verfahren, in dem der Veräußerer eines Unternehmens sich (unzulässigerweise) gegen eine positive Freigabeentscheidung gewandt hatte, hat das VG Berlin den vollen Wert der Transaktion zugrundegelegt.

78   Nach Nr. 1.5 des Streitwertkatalogs wird der Streitwert in Verfahren des **vorläufigen Rechtsschutzes** grundsätzlich **halbiert**. Dies gilt allerdings in ständiger Entscheidungspraxis der Verwaltungsgerichte **nicht**, wenn die **Hauptsache** durch die Eilentscheidung **vorweggenommen** wird. Wird um vorläufigen Rechtsschutz nachgesucht, muss jedenfalls in den Fällen von § 80 Abs. 5 S. 1 VwGO **zugleich Anfechtungsklage** erhoben werden, deren aufschiebende Wirkung gerade angeordnet werden soll. Damit entstehen erhebliche Gerichtsgebühren sowohl im Eil- wie im Hauptsacheverfahren.

---

[116] BeckRS 2022, 997.

[117] https://www.bverwg.de/user/data/media/streitwertkatalog.pdf (zuletzt abgerufen am 22.7.2023).

[118] NZG 2022, 421.

§ 14a Fristen für Beschränkungen und Handlungspflichten beim Erwerb inländischer Unternehmen

(1) Beschränkungen oder Handlungspflichten in Bezug auf den Erwerb inländischer Unternehmen nach § 4 Absatz 1 Nummer 4 oder 4a in Verbindung mit § 5 Absatz 2 oder § 4 Absatz 1 Nummer 1 in Verbindung mit § 5 Absatz 3 dürfen nur angeordnet werden, wenn das Bundesministerium für Wirtschaft und Energie
1. innerhalb von zwei Monaten nach dem Erlangen der Kenntnis vom Abschluss des schuldrechtlichen Vertrags über den Erwerb ein Prüfverfahren eröffnet und
2. innerhalb von vier Monaten nach dem vollständigen Eingang der nach Absatz 2 Satz 2 und 4 bestimmten Unterlagen die Beschränkungen oder Handlungspflichten anordnet.

(1a) Im Fall eines Angebots im Sinne des Wertpapiererwerbs- und Übernahmegesetzes beginnt die Frist nach Satz 1 Nummer 1 mit dem Erlangen der Kenntnis von der Veröffentlichung der Entscheidung zur Abgabe des Angebots.

(2) [1]Der unmittelbare Erwerber ist verpflichtet, dem Bundesministerium für Wirtschaft und Energie im Fall einer Prüfung die dafür erforderlichen Unterlagen über den Erwerb einzureichen. [2]Das Bundesministerium für Wirtschaft und Energie bestimmt durch Allgemeinverfügung die Unterlagen, die für die Prüfung des Erwerbs im Hinblick auf Beschränkungen oder Handlungspflichten erforderlich sind. [3]Die Allgemeinverfügung ist im Bundesanzeiger bekannt zu machen. [4]Über Satz 2 hinaus kann das Bundesministerium für Wirtschaft und Energie im Eröffnungsbescheid nach Absatz 1 Nummer 1 weitergehende Auskünfte oder die Einreichung weiterer für die Prüfung erforderlicher Unterlagen verlangen. [5]Das Bundesministerium für Wirtschaft und Energie kann über die Sätze 2 und 4 hinaus nachträglich im Einzelfall durch Verwaltungsakt von allen an einem Erwerb unmittelbar oder mittelbar Beteiligten weitergehende Auskünfte oder die Einreichung weiterer für die Prüfung erforderlicher Unterlagen verlangen.

(3) [1]Das Erlangen der Kenntnis nach Absatz 1 Nummer 1 steht dem Eingang der Meldung eines Erwerbs oder eines Antrags auf Erteilung einer Unbedenklichkeitsbescheinigung beim Bundesministerium für Wirtschaft und Energie gleich. [2]Eine Eröffnung des Prüfverfahrens ist ausgeschlossen, wenn seit Abschluss des schuldrechtlichen Vertrags über den Erwerb mehr als fünf Jahre vergangen sind.

(4) [1]Das Bundesministerium für Wirtschaft und Energie kann die Frist nach Absatz 1 Nummer 2 im Einzelfall um drei Monate verlängern, wenn das Prüfverfahren besondere Schwierigkeiten tatsächlicher oder rechtlicher Art aufweist. [2]Die Frist nach Absatz 1 Nummer 2 kann unter den Voraussetzungen des Satzes 1 um einen weiteren Monat verlängert werden, wenn der Erwerb die Verteidigungsinteressen der Bundesrepublik Deutschland in besonderem Maße berührt und das Bundesministerium der Verteidigung diesen Umstand gegenüber dem Bundesministerium für Wirtschaft und Energie innerhalb der Frist des Satzes 1 geltend macht.

(5) Die Fristen nach Absatz 1 können mit Zustimmung des unmittelbaren Erwerbers und des Veräußerers verlängert werden.

(6) ¹Eine Frist nach Absatz 1 Nummer 2, auch in Verbindung mit Absatz 4 oder 5, wird gehemmt, wenn das Bundesministerium für Wirtschaft und Energie im Rahmen des Prüfverfahrens nach Absatz 1
1. von einem unmittelbaren oder mittelbaren Erwerber, einem Veräußerer oder einem inländischen Unternehmen eine Auskunft oder Unterlagen nach Absatz 2 Satz 5 nachfordert oder
2. mit den am Erwerb Beteiligten vertragliche Regelungen zum Schutz der in § 4 Absatz 1 Nummer 1, 4 oder 4a genannten Rechtsgüter verhandelt.
²Die Hemmung endet im Fall des Satzes 1 Nummer 1, wenn die Auskunft oder Unterlagen vollständig an das Bundesministerium für Wirtschaft und Energie übermittelt worden sind und im Fall des Satzes 1 Nummer 2 mit der Beendigung der Verhandlungen.

(7) ¹Eine Frist nach Absatz 1 Nummer 2 beginnt von Neuem, wenn
1. eine Freigabe oder eine Unbedenklichkeitsbescheinigung zurückgenommen, widerrufen oder geändert wird oder
2. eine Anordnung über Beschränkungen oder Handlungspflichten oder eine vertragliche Regelung zum Schutz der in § 4 Absatz 1 Nummer 1, 4 oder 4a genannten Rechtsgüter durch eine gerichtliche Entscheidung ganz oder teilweise aufgehoben werden.
²Im Fall des Satzes 1 Nummer 1 beginnt die Frist im Zeitpunkt der Bekanntgabe der Entscheidung von Neuem. ³Im Fall des Satzes 1 Nummer 2 beginnt die Frist mit dem Eintritt der Rechtskraft von Neuem. ⁴Die Rechtsfolge des Satzes 1 gilt auch, wenn eine vertragliche Regelung zum Schutz der in § 4 Absatz 1 Nummer 1, 4 oder 4a genannten Rechtsgüter durch rechtsgeschäftliche Erklärung einseitig beendet wird.

(8) Die näheren Einzelheiten können durch Rechtsverordnung geregelt werden.

Übersicht

A. Inhalt und Bedeutung

In § 14a sind die **Fristen für die Erwerbsprüfung** im Rahmen der Investiti- **1** onskontrolle geregelt. Die Vorschrift findet durch den Verweis ihres Abs. 1 auf § 4 Abs. 1 Nr. 4, 4a bzw. Nr. 1 iVm § 5 Abs. 2 bzw. Nr. 3 sowohl auf die sektorübergreifende Prüfung nach §§ 55–59a AWV als auch auf die sektorspezifische Prüfung nach §§ 60–62 AWV Anwendung.

Das Prüfungsverfahren ist in zwei Phasen eingeteilt: Die **Vorprüfung** oder **2** auch Prüfphase I, in der das BMWK darüber entscheidet, ob das eigentliche Prüfverfahren eröffnet wird oder der Erwerb freigegeben bzw. eine Unbedenklichkeitsbescheinigung erteilt wird, und die **Hauptprüfung** oder Prüfphase II, in der das BMWK darüber entscheidet, Beschränkungen oder Handlungspflichten, dh Anordnungen und Untersagungen, anzuordnen oder wiederum den Erwerb freizugeben bzw. ggf. eine Unbedenklichkeitsbescheinigung zu erlassen. Eine Unbedenklichkeitsbescheinigung kann im Falle eines meldepflichtigen Erwerbs oder eines von Amts wegen eingeleiteten Prüfverfahrens allerdings nicht erteilt werden (§ 58 Abs. 3 AWV; → AWV § 58 Rn. 25).[1]

Der Aufbau des § 14a ist wenig übersichtlich: Abs. 1 bestimmt die jeweils **3** grundsätzlich bestehende Prüffrist. Abs. 1a enthält eine Sonderregel für den Beginn der Vorprüfungsfrist im Falle eines Angebots iSd WpÜG. Abs. 2 regelt die erwerberseitig beim BMWK einzureichenden Unterlagen und ermächtigt das BMWK zur Nachforderung von weiteren Auskünften oder Unterlagen. Abs. 3 setzt den Fristbeginn der Vorprüfungsfrist mit dem Eingang einer Meldung eines Erwerbs oder eines Antrags auf Unbedenklichkeitsbescheinigung gleich und enthält eine Ausschlussfrist für das Prüfrecht des BMWK. Abs. 4 ermöglicht die einseitige Verlängerung der Hauptprüffrist durch das BMWK unter bestimmten Bedingungen, während Abs. 5 die Grundlage für eine Verlängerung der Vor- und der Hauptprüfungsfrist in Übereinstimmung mit den Erwerbsparteien bietet. Abs. 6 enthält Regelungen zur Fristhemmung und Abs. 7 für den Neubeginn der Prüffrist. In Abs. 1 Nr. 1, Abs. 1a, 3 und 5 sind demnach die Fristen der Vorprüfung geregelt (→ Rn. 5–14), während Abs. 1 Nr. 2, Abs. 4–7 die Hauptprüfung betrifft (→ Rn. 15–34). Abs. 2 betrifft mit der Regelung zu den einzureichenden Unterlagen sowohl die Vor- als auch die Hauptprüfphase (→ Rn. 35–44). Schließlich findet sich in Abs. 8 eine Verordnungsermächtigung zur Regelung der weiteren Einzelheiten (→ Rn. 45).

Nach § 31 S. 1 ist die Norm erstmals auf Unternehmenserwerbe anzuwenden, **4** von denen das BMWK nach dem 17.7.2020 Kenntnis iSd § 14a Abs. 1 Nr. 1 (→ Rn. 6) erlangt. Auf vor diesem Tag bekannt gewordene Unternehmenserwerbe sind gem. § 31 S. 2 die §§ 55, 57, 58, 59, 61 und 62 AWV in der am 16.7.2020 geltenden Fassung anzuwenden (→ § 31 Rn. 2).

---

[1] Siehe BT-Drs. 19/29216, 36 f.

B. Vorprüfung (Abs. 1 Nr. 1, Abs. 1a, 3, 5)

5   In der ersten Phase des Investitionskontrollverfahrens prüft das BMWK, ob es die Hauptprüfung eröffnet. Dabei wird man zumindest fordern können, dass Anhaltspunkte für eine Beeinträchtigung der öffentlichen Ordnung oder Sicherheit bzw. wesentlicher Sicherheitsinteressen vorliegen müssen.[2] Für diese Prüfung hat das BMWK gem. § 14a Abs. 1 Nr. 1 **grundsätzlich zwei Monate** Zeit. Wenn das BMWK sich in der Vorprüfung für die Eröffnung der Hauptprüfung entscheidet, muss es dies dem unmittelbaren Erwerber und dem Zielunternehmen gem. § 55 Abs. 3 S. 1 AWV, § 60 Abs. 4 S. 1 und 2 AWV innerhalb dieser Frist bekanntgeben. Die Bekanntgabe stellt einen Verwaltungsakt dar.[3] Sie erfolgt gem. § 3 Abs. 1 AWV schriftlich oder elektronisch. Maßgeblich für die Wahrung der Frist ist nach § 55 Abs. 3 S. 2 AWV (iVm § 60 Abs. 4 S. 2 AWV) aber nur die rechtzeitige Bekanntgabe der Mitteilung an das Zielunternehmen (→ AWV § 55 Rn. 75; → AWV § 60 Rn. 102, 103).

I. Beginn der Grundfrist (Abs. 1 Nr. 1, Abs. 1a, 3 S. 1)

6   § 14a Abs. 1 Nr. 1 stellt für den Beginn der zweimonatigen Prüffrist auf die **Kenntniserlangung vom Abschluss eines schuldrechtlichen Vertrags** über einen dem Prüfrecht des BMWK unterliegenden Erwerb eines inländischen Unternehmens ab. Kenntnis ist als **positive Kenntnis** zu verstehen; ein Kennenmüssen ist nicht ausreichend.[4] Zwar hat das BMWK die Aufgabe, den Markt auf potenziell problematische Erwerbsfälle zu untersuchen.[5] Jedoch enthalten öffentlich zugängliche Quellen wie Presseberichte häufig nicht die Dichte an Informationen, die für die Annahme einer positiven Kenntnis erforderlich sind.[6] Oft wird diese erst vorliegen, wenn das BMWK im Rahmen eigener Sachverhaltsermittlung **von Amts wegen** hinreichende Informationen über den Vertragsschluss erhalten hat.[7] Diese kann das BMWK etwa durch Hinweis anderer Behörden, zB des BKartA oder der BaFin, erlangen (vgl. → AWV § 55 Rn. 66, 67).[8]

7   Nach **§ 14a Abs. 1a** beginnt die Frist hiervon abweichend bei einem **Angebot iSd WpÜG** mit dem Erlangen der Kenntnis von der Veröffentlichung der Entscheidung zur Abgabe des Angebots gem. § 10 Abs. 1 S. 1 WpÜG.

8   Neben der Kenntniserlangung von Amts wegen stellt **§ 14a Abs. 3 S. 1** klar, dass der Eingang der **Meldung** eines Erwerbs oder eines **Antrags** auf Erteilung einer Unbedenklichkeitsbescheinigung iSd § 58 AWV dem Erlangen der Kenntnis nach § 14a Abs. 1 Nr. 1 gleichsteht. Sofern die Meldung bzw. der Antrag mittels des Verwaltungsportals eingereicht wird – was ab Verfügbarkeit des Portals der Regelfall sein soll (vgl. § 3 Abs. 3 S. 2 AWV) –, gilt die Meldung bzw. der Antrag gem. § 3 Abs. 4 S. 1 AWV erst dann als eingegangen, wenn das BMWK die

---

[2] Becker, Investitionskontrolle im Außenwirtschaftsrecht, 2022, S. 166; vgl. Hocke/Sachs/Pelz AußenwirtschaftsR/Mausch-Liotta/Sattler AWV § 55 Rn. 104 f.

[3] BT-Drs. 16/10730, 10; Hocke/Sachs/Pelz AußenwirtschaftsR/Mausch-Liotta/Sattler AWV § 55 Rn. 176.

[4] Hocke/Sachs/Pelz AußenwirtschaftsR/Mausch-Liotta/Sattler AWV § 55 Rn. 174.

[5] BT-Drs. 16/10730, 1.

[6] Hocke/Sachs/Pelz AußenwirtschaftsR/Mausch-Liotta/Sattler AWV § 55 Rn. 174; Becker/Sachs NZG 2017, 1336.

[7] Siehe auch Becker, Investitionskontrolle im Außenwirtschaftsrecht, 2022, S. 167.

[8] Becker, Investitionskontrolle im Außenwirtschaftsrecht, 2022, S. 164.

übermittelten Dokumente vollständig und unversehrt abgerufen hat. Den Eingang bestätigt das BMWK dem unmittelbaren Erwerber nach § 3 Abs. 4 S. 2 AWV unverzüglich oder unterrichtet diesen, wenn Dokumente nicht vollständig oder nicht unversehrt sind. Die Erwerbsparteien können daher den Fristbeginn selbst auslösen, unabhängig davon, ob eine Meldepflicht nach § 55a Abs. 4 bzw. § 60 Abs. 3 (→ AWV § 55a Rn. 130–131; → AWV § 60 Rn. 83–85) besteht.

Die Fristenberechnung erfolgt nach § 31 VwVfG iVm §§ 187–189 BGB.[9] Die **9** Zweimonatsfrist beginnt damit gem. § 31 VwVfG iVm § 187 Abs. 1 BGB an dem Tag nach der Kenntniserlangung bzw. nach dem Eingang der Meldung oder des Antrags zu laufen.

II. Ausschluss der Vorprüfung (Abs. 3 S. 2)

Die Eröffnung des Prüfverfahrens ist nach § 14a Abs. 3 S. 2 ausgeschlossen, **10** wenn seit Abschluss des schuldrechtlichen Vertrags über den Erwerb **mehr als fünf Jahre** vergangen sind. Dem BMWK nicht gemeldete Erwerbsvorgänge, von denen es innerhalb dieses Zeitraums Kenntnis erlangt, können also für einen nicht unerheblichen Zeitraum nachträglich geprüft und ggf. beschränkt werden. Im Rahmen von Erwerbsgeschäften, bei denen eine voraussichtliche Beeinträchtigung der öffentlichen Ordnung oder Sicherheit nicht von vornherein ausgeschlossen werden kann, bietet es sich daher an, eine **Unbedenklichkeitsbescheinigung** nach § 58 AWV zu beantragen, um insoweit Rechtssicherheit zu erlangen.

Eine dem § 14a Abs. 3 S. 2 entsprechende Regelung für den von § 14a Abs. 1a **11** erfassten Fall, dass ein Angebot iSd WpÜG vorliegt, besteht nicht. Da die Ausschlussfrist aber **Rechtssicherheit** schaffen soll und die Interessenlage im Falle eines solchen Angebots nicht wesentlich anders liegt als bei Abschluss eines schuldrechtlichen Erwerbsvertrages, dürfte § 14a Abs. 3 S. 1 insoweit aber entsprechend anzuwenden sein.[10] Die Eröffnung des Prüfverfahrens ist demnach auch in diesem Fall nach mehr als fünf Jahren nach Veröffentlichung des Angebots iSd WpÜG ausgeschlossen.

Der Ausschluss gilt selbst dann, wenn der unmittelbare Erwerber gegen seine **12** Meldepflicht verstoßen hat.[11] In diesem Fall können aber nach § 18 Abs. 1b bzw. § 19 Abs. 1 Nr. 2 straf- bzw. ordnungswidrigkeitsrechtliche Konsequenzen wegen Verstoßes gegen das Vollzugsverbot aus § 15 Abs. 4 (→ § 15 Rn. 10–19) drohen (→ § 18 Rn. 5–9; → § 19 Rn. 5).

III. Fristverlängerung durch Zustimmung (Abs. 5)

Die zweimonatige Frist nach § 14a Abs. 1 Nr. 1 kann gem. § 14a Abs. 5 nach **13** Vorbild des § 40 Abs. 2 Nr. 1 GWB[12] mit **Zustimmung** des unmittelbaren Erwerbers und des Veräußerers verlängert werden. Vorgaben an die Form oder Begrenzungen an die Länge der Fristverlängerung enthält die Vorschrift nicht. Durch eine einvernehmliche Fristverlängerung kann in der Praxis oftmals die Eröffnung einer Hauptprüfung abgewendet werden.[13] Auch mehrfache Fristver-

[9] BeckOK AußenWirtschaftsR/Niestedt Rn. 2.
[10] BeckOK AußenWirtschaftsR/Niestedt Rn. 21.
[11] Dorsch/Sachs, 218. EL, Rn. 8; BeckOK AußenWirtschaftsR/Niestedt Rn. 21.
[12] BT-Drs. 19/20144, 26.
[13] Vgl. BMWK, Evaluierung des Ersten Gesetzes zur Änderung des Außenwirtschaftsgesetzes und der 15.–17. Verordnung zur Änderung der Außenwirtschaftsverordnung (2023), S. 17, abrufbar unter: https://www.bmwk.de/Redaktion/DE/Publikationen/Aussenwirtschaft/evaluierung-gesetze-aenderung-aussenwirtschaftsgesetze-verordnung.pdf (zuletzt abgerufen am 19.10.2023).

längerungen sind denkbar,[14] im Rahmen der Vorprüfung aber praktisch eher unwahrscheinlich. Größere Bedeutung hat dies im Rahmen der Hauptprüfung (→ Rn. 20–24).

IV. Folgen des Fristablaufs

14   Wenn das BMWK sich innerhalb der Vorprüfungsfrist nicht für die Eröffnung der Hauptprüfung entscheidet und keine Freigabe bzw. keine Unbedenklichkeitsbescheinigung erteilt, tritt eine **Freigabefiktion** nach § 58a Abs. 2 bzw. § 61 S. 2 AWV ein (→ AWV § 58a Rn. 13, 14; → AWV § 61 Rn. 9–10). Ein etwaig gestellter Antrag auf Erteilung einer Unbedenklichkeitsbescheinigung gilt gem. § 58 Abs. 2 S. 1 AWV als erteilt (→ AWV § 58 Rn. 22). Bei § 14a Abs. 1 Nr. 1 handelt es sich damit um eine **Ausschlussfrist.** Die Eröffnung der Hauptprüfung ist wegen dieser Fiktionswirkung nach Ablauf der Vorprüfungsfrist nicht mehr möglich.[15]

C. Hauptprüfung (Abs. 1 Nr. 2, Abs. 4–7)

15   Die zweite Phase ist der Kern des Investitionskontrollverfahrens. In dieser Phase entscheidet das BMWK, ob es gem. § 59 bzw. § 62 AWV Beschränkungen oder Handlungspflichten anordnet, insbesondere, ob es den Unternehmenserwerb untersagt, Anordnungen erlässt oder den Erwerb freigibt bzw. ggf. die beantragte Unbedenklichkeitsbescheinigung erteilt (vgl.   → Rn. 2). Hierzu prüft das BMWK, ob der fragliche Erwerb eine voraussichtliche Beeinträchtigung für die öffentliche Ordnung oder Sicherheit (→ § 5 Rn. 15–18, AWV § 55 Rn. 29–43) bzw. für die wesentlichen Sicherheitsinteressen der Bundesrepublik Deutschland (→ § 5 Rn. 33–36; → AWV § 60 Rn. 27–66) darstellt. Gem. § 14a Abs. 1 Nr. 2 beläuft sich die Prüffrist **grundsätzlich** auf **vier Monate**.[16]

I. Beginn der Grundfrist (Abs. 1 Nr. 2)

16   Grundsätzlich muss das BMWK gem. § 14a Abs. 1 Nr. 2 innerhalb von vier Monaten nach dem **vollständigen Eingang der angeforderten Unterlagen** entscheiden, ob es Anordnungen trifft. Welche Unterlagen erwerberseitig beizubringen sind, ist in § 14a Abs. 2 S. 2 und 4 festgelegt (→ Rn. 36–41). Eine spätere Nachforderung weiterer Unterlagen gem. § 14a Abs. 2 S. 5 lässt den Beginn der Frist unberührt,[17] hemmt diese jedoch (→ Rn. 26). Wenn die Unterlagen über das Verwaltungsportal (vgl. § 3 Abs. 3 S. 2 AWV) eingereicht werden, gelten diese erst mit vollständigem und unversehrtem Abruf durch das BMWK als eingegangen (§ 3 Abs. 4 S. 3 AWV iVm § 3 Abs. 4 S. 1 und 2 AWV; → Rn. 8). Das Abstellen auf den vollständigen Eingang der geforderten Unterlagen ist insofern problematisch, dass in der Praxis nicht alle Unterlagen leicht und schnell beschafft werden können, da sie zB persönliche Daten oder Informationen enthalten, die aufgrund unternehmensinterner Vorschriften nicht ohne Weiteres herausgegeben werden dürfen.[18]

---

[14] BeckOK AußenWirtschaftsR/Niestedt Rn. 24.
[15] Hocke/Sachs/Pelz AußenwirtschaftsR/Sattler Rn. 3.
[16] Diese gilt auch, wenn der Zugang der Untersagungsverfügung im Wege der Auslandszustellung erfolgt: BeckOK AußenWirtschaftsR/Niestedt Rn. 4.
[17] BT Drs. 19/20144, 26.
[18] Dorsch/Sachs, 218. EL, Rn. 3.

II. Einseitige Fristverlängerung (Abs. 4)

Das BMWK kann die viermonatige Frist im Einzelfall einmalig[19] nach § 14a **17** Abs. 4 S. 1 einseitig um drei Monate verlängern, wenn das Prüfverfahren besondere Schwierigkeiten tatsächlicher oder rechtlicher Art aufweist. Ob eine Fristverlängerung verfügt wird, entscheidet das BMWK nach zweck- und pflichtgemäßem Ermessen.[20] Bei der Frage, ob eine besondere Schwierigkeit vorliegt, hat das BMWK zudem einen eingeschränkt gerichtlich überprüfbaren Beurteilungsspielraum.[21] Für eine besondere Schwierigkeit können bspw. gesellschaftsrechtlich komplexe Erwerberstrukturen sprechen oder technisch komplexe Sachverhalte, ferner der Abstimmungsbedarf mit anderen Ressorts oder untergeordneten Behörden sowie der Eingang von Kommentaren oder Stellungnahmen im Rahmen des Kooperationsmechanismus nach der Screening-VO.[22]

Die Frist kann gem. § 14a Abs. 4 S. 2 zudem **um einen weiteren Monat** auf **18** insgesamt vier Monate verlängert werden, wenn der Erwerb die **Verteidigungsinteressen** der Bundesrepublik Deutschland in besonderem Maße berührt und das Bundesministerium der Verteidigung dies innerhalb von insgesamt sieben Monaten ab Eröffnung der Hauptprüfung gegenüber dem BMWK geltend macht. Der Begriff des Verteidigungsinteresses findet sich zB in § 35 Abs. 2 VSVgV, auf den sich der Gesetzgeber ausdrücklich bezogen hat,[23] sodass auch auf etwaige vergaberechtliche Rechtsprechung und Literatur in diesem Bereich zurückgegriffen werden kann. Das Verteidigungsinteresse ist aber beispielsweise noch nicht in besonderem Maße berührt, wenn das Zielunternehmen nur in kleinem Umfang in Rüstungsprojekte liefert und kein besonderes oder exportkontrollrechtlich geschütztes militärisches Know-how auf den ausländischen Erwerber übergehen kann.[24] Die Fristverlängerung kann zeitgleich mit der Verlängerung nach § 14a Abs. 4 S. 1 ergehen oder während der laufenden Frist.[25] Die Vorschrift wird in der Regel nur bei der sektorspezifischen Prüfung Anwendung finden können. Eine Ressortbefragung des BMWK ergab gar, dass in der Praxis für diese Regelung kein Erfordernis gesehen wird.[26] Auch die weitere Fristverlängerung steht im **Ermessen** des BMWK[27] und kann nur einmal genutzt werden.[28]

Die Fristverlängerung ist kein Verwaltungsakt, sondern eine **nicht selbstän- 19 dig anfechtbare Verfahrenshandlung nach § 44a S. 1 VwGO** (→ § 14 Rn. 31).[29]

---

[19] Hocke/Sachs/Pelz AußenwirtschaftsR/Sattler Rn. 6.

[20] Für eine teleologische Reduktion auf absolute Ausnahmefälle: Nehring-Köppl, Paradigmenwechsel im Außenwirtschaftsrecht, 2023, S. 248.

[21] Niestedt/Kunigk NJW 2020, 2504 (2506).

[22] BT-Drs. 19/20144, 26; Dorsch/Stein, 218. EL, § 5 Rn. 38.

[23] BT-Drs. 19/20144, 26.

[24] Dorsch/Sachs, 218. EL, Rn. 10.

[25] BT-Drs. 19/20144, 26.

[26] BMWK, Evaluierung des Ersten Gesetzes zur Änderung des Außenwirtschaftsgesetzes und der 15.–17. Verordnung zur Änderung der Außenwirtschaftsverordnung (2023), S. 23, abrufbar unter: https://www.bmwk.de/Redaktion/DE/Publikationen/Aussenwirtschaft/eva luierung-gesetze-aenderung-aussenwirtschaftsgesetze-verordnung.pdf (zuletzt abgerufen am 19.10.2023).

[27] BeckOK AußenWirtschaftsR/Niestedt Rn. 22.

[28] Hocke/Sachs/Pelz AußenwirtschaftsR/Sattler Rn. 6.

[29] VG Berlin BeckRS 2022, 997 Rn. 30, unter Verweis auf VGH Mannheim BeckRS 2018, 17864 Rn. 29; VG Freiburg BeckRS 2012, 47189 Rn. 45.

III. Fristverlängerung durch Zustimmung (Abs. 5)

20   Die Frist nach § 14a Abs. 1 Nr. 2 kann, wie auch die Frist der Vorprüfung (→ Rn. 13), gem. § 14a Abs. 5 mit **Zustimmung** des unmittelbaren Erwerbers und des Veräußerers verlängert werden. Die Vorschrift ist § 40 Abs. 2 S. 4 Nr. 1 GWB nachgezeichnet,[30] sodass für Einzelfragen vergleichend auf die in diesem Zusammenhang bestehende Auslegung zurückgegriffen werden kann.

21   Die Fristverlängerung mit Zustimmung ist in der Hauptprüfphase von **erheblicher praktischer Bedeutung**. Insbesondere bietet sie den Beteiligten die Möglichkeit, einer Anordnung oder Untersagung seitens des BMWK durch die Fortsetzung des Prüfprozesses und weiterem Vortrag entgegenzuwirken. Andererseits erlaubt die zusätzliche Option zur Fristverlängerung dem BMWK, weitere Sachverhaltsermittlungen durchzuführen oder auf kurz vor Fristablauf eingereichte Stellungnahmen oder Unterlagen seitens der Erwerbsbeteiligten reagieren zu können.[31]

22   Eine **mehrfache Verlängerung** ist, anders als bei den einseitigen Fristverlängerungen des § 14a Abs. 4, möglich.[32] Die Fristverlängerung muss aber einen kalendermäßigen bestimmten oder bestimmbaren **Endzeitpunkt** haben, wobei eine zeitliche Obergrenze nicht besteht. Eine unbefristete Zustimmung und damit eine Umgehung der Fiktionswirkungen des Fristablaufs ist nicht zulässig.[33]

23   Der unmittelbare Erwerber und der Veräußerer müssen die Zustimmung **vor Ablauf der Prüffrist** erklären. Eine danach erfolgte Zustimmung hat keine Rechtswirkung, weil mit Ablauf der Frist eine weitere Prüfung des BMWK nicht mehr möglich ist (→ Rn. 14).[34]

24   Schließlich spricht § 14a Abs. 5 davon, dass die Prüffristen mit Zustimmung verlängert werden „können". Das BMWK ist daher genauso wenig dazu verpflichtet, nach erteilter Zustimmung eine entsprechende Fristverlängerung anzuordnen, wie der unmittelbare Erwerber und der Veräußerer dazu verpflichtet sind, einer Fristverlängerung zuzustimmen.[35]

IV. Fristhemmung (Abs. 6)

25   § 14a Abs. 6 S. 1 sieht Fälle vor, in denen der Ablauf der Hauptprüfungsfrist **gehemmt** wird. Der entsprechende Hemmungszeitraum wird dann nicht in die Prüffrist eingerechnet (vgl. § 209 BGB).[36]

26   Nach § 14a Abs. 6 S. 1 Nr. 1 ist das der Fall, wenn das BMWK von dem unmittelbaren oder mittelbaren Erwerber, dem Veräußerer oder dem Zielunternehmen **Auskunft** oder **Unterlagen** gem. § 14a Abs. 2 S. 5 durch Verwaltungsakt nachfordert (→ Rn. 42–44). Die Hemmung endet gem. § 14a Abs. 6 S. 2 mit der **vollständigen**

---

[30] BT-Drs. 19/20144, 26.

[31] Vgl. Wiedemann KartellR-HdB § 21 Rn. 41 für den vergleichbaren § 40 Abs. 2 S. 4 Nr. 1 GWB.

[32] Vgl. Immenga/Mestmäcker/Thomas GWB § 40 Rn. 22; LMRKM/Riesenkampff/Steinbarth GWB § 40 Rn. 21, je für den vergleichbaren § 40 Abs. 2 S. 4 Nr. 1 GWB.

[33] Vgl. Immenga/Mestmäcker/Thomas GWB § 40 Rn. 22 für den vergleichbaren § 40 Abs. 2 S. 4 Nr. 1 GWB.

[34] Vgl. Immenga/Mestmäcker/Thomas GWB § 40 Rn. 22 für den vergleichbaren § 40 Abs. 2 S. 4 Nr. 1 GWB.

[35] Vgl. Immenga/Mestmäcker/Thomas GWB § 40 Rn. 23 für den vergleichbaren § 40 Abs. 2 S. 4 Nr. 1 GWB.

[36] BeckOK AußenWirtschaftsR/Niestedt Rn. 26.

Auskunft bzw. **Übermittlung** der Unterlagen an das BMWK und zwar grundsätzlich in deutscher Sprache (vgl. § 23 VwVfG) (→ Rn. 40). Wird hierbei das Verwaltungsportal (vgl. § 3 Abs. 3 S. 2 AWV) verwendet, gelten die Unterlagen erst mit vollständigem und unversehrtem Abruf durch das BMWK als eingegangen (§ 3 Abs. 4 S. 4 AWV iVm § 3 Abs. 4 S. 1 und 2 AWV; → Rn. 8). Eine mehrfache Nachforderung von Unterlagen ist zulässig,[37] sodass entgegen der gesetzgeberischen Intention[38] die Gesamtverfahrensdauer nur schwerlich kalkulierbar ist.[39]

Die Hauptprüffrist wird außerdem nach § 14a Abs. 6 S. 1 Nr. 2 gehemmt, wenn **27** das BMWK mit den am Erwerb Beteiligten über vertragliche Regelungen in **Verhandlung** tritt. Gemeint ist damit die Verhandlung eines (subordinationsrechtlichen) öffentlich-rechtlichen Vertrags (iSd §§ 54 ff. VwVfG) (→ AWV § 59 Rn. 24–32; → AWV § 62 Rn. 32–36).[40] Der Veräußerer und der unmittelbare Erwerber müssen den Verhandlungen analog § 14a Abs. 5 zustimmen.[41] Der genaue **Beginn** der hemmenden Wirkung ist nicht vorgegeben. Auf das weite Verständnis des § 203 BGB, nach dem die zivilrechtliche Anspruchsverjährung durch schwebende Verhandlungen gehemmt wird,[42] dürfte wegen des unterschiedlichen Wortlauts nur eingeschränkt Bezug genommen werden können. Denn § 14a Abs. 6 S. 1 Nr. 2 stellt auf ein tatsächliches Verhandeln und nicht, wie § 203 BGB, auf ein weiter zu verstehendes „Schweben" von Verhandlungen ab. Daher werden im Rahmen von § 14a Abs. 6 S. 1 Nr. 2 insbesondere organisatorische Vorbereitungshandlungen, wie die Zustimmung zu zukünftigen Verhandlungen oder Terminabsprachen, nicht ausreichen. Vielmehr erscheint es angemessen, für den Beginn der Verhandlungen und die Fristhemmung auf die **ersten inhaltlichen Verhandlungen** abzustellen (für eine weitere Betrachtung → AWV § 59 Rn. 31). Das muss nicht erst der erste Verhandlungstermin darstellen, sondern kann zB in der Zusendung eines ersten Vertragsentwurfs, verbunden mit der Aufforderung, Anmerkungen zurückzusenden, liegen. Die Hemmung **endet** gem. § 14a Abs. 6 S. 2 mit der Beendigung der Verhandlungen, unabhängig von ihrem Ergebnis, dh mit dem Abbruch der Verhandlungen oder dem Abschluss eines öffentlich-rechtlichen Vertrages. **Schlafen die Verhandlungen ein** oder werden sie verschleppt, ist dagegen eine Orientierung an den zivilrechtlichen Verjährungsregeln hilfreich. Entsprechend entfällt die Hemmung, wenn aus Sicht des BMWK bzw. der Erwerbsbeteiligten nach Treu und Glauben vom Verhandlungspartner ein nächster Schritt zu erwarten gewesen wäre, der jedoch nicht erfolgt ist.[43] Werden einmal beendete Vertragsverhandlungen **wieder aufgegriffen**, kann die Fristhemmung erneut eintreten.

V. Neubeginn der Frist (Abs. 7)

In § 14a Abs. 7 ist der **Neubeginn der Hauptprüffrist** bei Rücknahme, **28** Widerruf oder Änderung einer Freigabe, Aufhebung einer Untersagung oder Anordnung durch eine gerichtliche Entscheidung oder bei einseitiger Beendigung

---

[37] OVG Berlin-Brandenburg NZG 2022, 421 Rn. 6.
[38] BT-Drs. 19/20144, 26.
[39] Vgl. BeckOK AußenWirtschaftsR/Niestedt Rn. 13.
[40] Siehe Sattler/Engels EuZW 2021, 485 (486).
[41] Dorsch/Sachs, 218. EL, Rn. 13.
[42] Vgl. zB BeckOK BGB/Spindler BGB § 203 Rn. 8 ff. mwN.
[43] Siehe MüKoBGB/Grothe BGB § 203 Rn. 12.

eines öffentlich-rechtlichen Vertrags geregelt. Hierin liegt faktisch eine Wieder-
aufgreifmöglichkeit unter engen Bedingungen.[44]

29   Die Frist für die zweite Prüfphase beginnt gem. § 14a Abs. 7 S. 1 Nr. 1 von
Neuem, wenn eine **Freigabe** oder eine **Unbedenklichkeitsbescheinigung
zurückgenommen, widerrufen oder geändert** wird (→ AWV § 58 Rn. 10–
15; → AWV § 58a Rn. 12; → AWV § 61 Rn. 8).[45] Das kann nach den allgemeinen Vorschriften des §§ 48, 49 VwVfG unter den dort normierten Voraussetzungen erfolgen (→ § 14 Rn. 1). Die Variante der Änderung betrifft dabei
insbesondere teilweise Rücknahmen oder Widerrufe. Eine Freigabe oder Unbedenklichkeitsbescheinigung kann insbesondere zurückgenommen oder widerrufen werden, wenn sie auf unrichtigen oder unvollständigen Angaben beruht,
durch arglistige Täuschung erschlichen wurde oder nachträglich Tatsachen
bekannt werden, die die Rücknahme rechtfertigen. Das gilt gleichermaßen für
eine durch Fristablauf fingierte Unbedenklichkeitsbescheinigung gem. § 58a
Abs. 2 S. 1 AWV bzw. Freigabe gem. § 61 S. 2 AWV.[46] Da in diesem Fall die
eigentliche Prüffrist bereits abgelaufen ist, soll das BMWK mit dem Neubeginn
der Frist die Möglichkeit erhalten, in den Erwerb einzugreifen.[47] Die Frist
beginnt gem. § 14a Abs. 7 S. 2 im Zeitpunkt der Bekanntgabe des entsprechenden Verwaltungsakts von Neuem. Zur Frage, ob der Widerruf einer (Teil)-
Untersagung zum Neubeginn der Hauptprüffrist führt → AWV § 59 Rn. 37,
38.

30   Zum anderen beginnt die Frist gem. § 14a Abs. 7 S. 1 Nr. 2 erneut, wenn eine
Anordnung von Beschränkungen oder Handlungspflichten oder eine vertragliche
Regelung **durch eine gerichtliche Entscheidung ganz oder teilweise aufge-
hoben** wird. Auch in diesem Fall soll das BMWK die Möglichkeit haben, in den
Erwerb einzugreifen und dem Bescheidungsurteil des Gerichts nachzukommen.
Die Hauptprüffrist beginnt gem. § 14a Abs. 7 S. 3 mit Eintritt der Rechtskraft
der Gerichtsentscheidung von Neuem.

31   Die Frist beginnt schließlich gem. § 14a Abs. 7 S. 4 von Neuem, wenn ein
öffentlich-rechtlicher Vertrag durch rechtsgeschäftliche Erklärung **einseitig
beendet** wird. Auch hier sollen Anordnungen mit geringerer Eingriffstiefe oder
öffentlich-rechtliche Verträge mit anderem Inhalt möglich bleiben.[48] Nach teilweise vertretener Ansicht soll die Frist entgegen dem Wortlaut nicht von Neuem
beginnen, wenn ein vertraglich geregeltes Kündigungsrecht bestehe, weil zB geregelte Sicherheitsinteressen aus zeitlichen oder aus anderen Gründen nicht mehr
vorliegen.[49]

32   Vor dem Hintergrund des **Kooperationsmechanismus nach Art. 6 Scree-
ning-VO** wird teils die Frage aufgeworfen, inwieweit Kommentare anderer EU-
Mitgliedstaaten oder Stellungnahmen der EU-Kommission Auswirkungen auf
bereits ergangene Entscheidungen des BMWK haben können. So wird unter
Bezugnahme auf den Anwendungsvorrang des Unionsrechts und der Screening-
VO vorgeschlagen, dass das BMWK in der Lage sein müsse, ein **Verfahren neu**

---

[44] Vgl. BeckOK AußenWirtschaftsR/Niestedt Rn. 32.
[45] So beispielsweise im Fall Aixtron: Hocke/Sachs/Pelz AußenwirtschaftsR/Mausch-
Liotta/Sattler AWV § 58 Rn. 22.
[46] BeckOK AußenWirtschaftsR/Niestedt Rn. 28.
[47] BT-Drs. 19/20144, 27.
[48] BT-Drs. 19/20144, 27.
[49] Dorsch/Sachs, 218. EL, Rn. 16; aA BeckOK AußenWirtschaftsR/Niestedt Rn. 31.

zu eröffnen, um die Kommentare oder Stellungnahmen zu berücksichtigen, auch wenn das BMWK hierzu nicht verpflichtet sei, da die endgültige Entscheidung über den Unternehmenserwerb stets beim Mitgliedstaat verbleibe (vgl. Art. 6 Abs. 9 S. 2 Screening-VO).[50]

Das **überzeugt nicht**. Einerseits dürfte der beschriebene Fall nur sehr selten 33 vorkommen. Denn die EU-Mitgliedstaaten und die EU-Kommission haben dem BMWK gem. Art. 6 Abs. 6 UAbs. 1 Screening-VO innerhalb von 15 Tagen nach Notifizierung über das Prüfverfahren mitzuteilen, ob sie beabsichtigen, Kommentare bzw. eine Stellungnahme abzugeben. Dies wird in der Regel dazu führen werden, dass das BMWK vor Erhalt entsprechender Kommentare bzw. Stellungnahmen keine Entscheidung treffen wird. Nach Art. 6 Abs. 7 UAbs. 1, 2 Screening-VO sind die Meldungen der anderen Mitgliedstaaten oder der Kommission zudem spätestens 35 Tage nach Notifizierung bzw. 20 Tage nach Eingang ggf. zusätzlich erbetener Informationen an das BMWK abzugeben. Das BMWK ist ferner nach Art. 6 Abs. 8 Screening-VO verpflichtet, über die Absicht, eine Entscheidung vor Ablauf der genannten Fristen zu treffen, zu informieren. Sofern sich die anderen EU-Mitgliedstaaten, die EU-Kommission und das BMWK an diese Regelungen halten, sollte der beschriebene Fall, der erst nach Entscheidung eintreffenden Kommentare bzw. Stellungnahmen, also nicht vorkommen. Sollte dies doch einmal vorkommen, erscheint es andererseits nicht überzeugend, die **Nichtbeachtung der Fristenregelungen des Art. 6 Screening-VO** zulasten der Erwerbsbeteiligten wirken zu lassen und ohne explizite Rechtsgrundlage den Grundsatz der Rechtssicherheit einzuschränken. Im Übrigen kann bei Eintritt neuer Tatsachen das BMWK ohnehin unter den Voraussetzungen des § 49 Abs. 2 S. 1 Nr. 3 VwVfG die Freigabe oder Unbedenklichkeitsbescheinigung widerrufen.

VI. Folgen des Fristablaufs

Wenn das BMWK innerhalb der Hauptprüfungsfrist keine Entscheidung trifft, 34 gilt nach § 58a Abs. 2 Alt. 2 AWV die Freigabe als erteilt (→ AWV § 58a Rn. 13, 14). Für die sektorspezifische Prüfung existiert eine entsprechende Regelung nicht; § 61 S. 2 nimmt allein auf die Vorprüfungsfrist nach § 14a Abs. 1 Nr. 1 Bezug. Inhaltlich kann jedoch nichts anderes gelten. Denn bei § 14a Abs. 1 Nr. 2 handelt es sich ebenso wie bei Nr. 1 (→ Rn. 14) um eine Ausschlussfrist: Nach Fristablauf ist die weitere Prüfung und der Erlass von erwerbsbeschränkenden Anordnungen oder eine Untersagung gem. § 59 bzw. § 62 AWV – vorbehaltlich des Wiederaufgreifens des Verfahrens nach § 14a Abs. 7 (→ Rn. 28–33) – nicht mehr möglich.[51]

D. Einreichung und Anforderung von Unterlagen, Abs. 2

§ 14a Abs. 2 regelt einerseits die Pflicht des unmittelbaren Erwerbers, im Rah- 35 men der Vorprüfung bestimmte Unterlagen vorzulegen (→ Rn. 36–40), andererseits das Recht des BMWK, darüberhinausgehende Angaben oder Unterlagen im Eröffnungsbescheid (→ Rn. 41) oder im laufenden Hauptprüfverfahren nachzufordern (→ Rn. 42–44). Nach § 3 Abs. 3 AWV können sämtliche Auskünfte und

---

[50] BeckOK/AußenWirtschaftsR/Niestedt Rn. 32.
[51] Hocke/Sachs/Pelz AußenwirtschaftsR/Sattler Rn. 9.

Unterlagen schriftlich oder elektronisch eingereicht werden; ab Verfügbarkeit des in der Vorschrift vorgesehenen Verwaltungsportals soll das Einreichen mittels des Verwaltungsportals aber der Regelfall werden.

I. Pflicht zur Einreichung bestimmter Unterlagen im Vorprüfverfahren (Abs. 2 S. 1–3)

36   Im Rahmen der Vorprüfung ist der unmittelbare Erwerber nach § 14a Abs. 2 S. 1 verpflichtet, beim BMWK die dafür erforderlichen Unterlagen über den Erwerb einzureichen. Das BMWK bestimmt die einzureichenden Unterlagen gem. § 14a Abs. 2 S. 2 durch **Allgemeinverfügung** iSd § 35 S. 2 Var. 1 VwVfG, welche gem. § 14a Abs. 2 S. 3 im Bundesanzeiger bekannt zu machen ist.

37   Das BMWK hat hiervon mit **Allgemeinverfügung vom 27.5.2021** Gebrauch gemacht.[52] Die einzureichenden Unterlagen sind:
– die **Vertretungsmacht** für den unmittelbaren Erwerber;
– **Angaben zum inländischen Unternehmen**, zB Personalia und Kontaktdaten, Branche und Geschäftstätigkeit, Aufstellung der Gesellschafter, Mitarbeiteranzahl, Umsatz;
– **Angaben zum Erwerb**, zB Kaufpreis, Art des Erwerbs, Erwerbsvertrag, Darstellung der Geschäftsstrategie, Finanzierung;
– **Angaben zum unmittelbaren Erwerber und zu mittelbaren Erwerbern**, zB Aufstellung der Gesellschafter, Branche und Geschäftstätigkeit; und
– **Angaben zum unmittelbaren Veräußerer**, zB Personalia und Kontaktdaten.

38   Die Unterlagen können dem BMWK bereits bei einem etwaigen Antrag auf Unbedenklichkeitsbescheinigung nach § 58 AWV oder Meldung nach § 55a Abs. 3 AWV bzw. § 60 Abs. 3 AWV zur Verfügung gestellt worden sein (zu den bei Meldung einzureichenden Unterlagen → AWV § 55a Rn. 133–140; → AWV § 60 Rn. 87–96; zu den bei Antrag auf Unbedenklichkeitsbescheinigung einzureichenden Unterlagen → AWV § 58 Rn. 18).[53]

39   Das Formular zur Investitionsprüfung sowie die Vordrucke (Templates) zum Zielunternehmen, dem Erwerber und dem Veräußerer finden sich auf der Internetseite des BMWK.[54]

40   Die Frist nach § 14a Abs. 1 Nr. 2 beginnt gem. § 23 Abs. 3 VwVfG erst mit Einreichung der vollständigen und grundsätzlich in deutscher Sprache gefassten oder übersetzten Unterlagen (§ 23 Abs. 1 VwVfG) zu laufen. Das BMWK kann gem. § 23 Abs. 2 S. 1 und 2 VwVfG Übersetzungen fremdsprachiger Unterlagen anfordern oder, wenn dem nicht nachgekommen wird, nach § 23 Abs. 3 S. 3 VwVfG selbst Übersetzungen anfertigen lassen.[55] In der Praxis akzeptiert das BMWK aber auf Grundlage des § 23 Abs. 2 VwVfG oftmals englischsprachige Dokumente. Ob und welche Dokumente übersetzt werden sollen, sollte dennoch frühzeitig in Rücksprache mit dem BMWK geklärt werden.[56]

---

[52] Allgemeinverfügung zu den gem. § 14a AWG, §§ 55a, 58 und 60 AWV einzureichenden Informationen und Unterlagen vom 27.5.2021 BAnz. AT 11.6.2021 B2; siehe zudem die Berichtigung in BAnz. AT 13.7.2021 B2.

[53] Die zu diesem Zweck einzureichenden Unterlagen sind ebenfalls in der Allgemeinverfügung vom 27.5.2021 enthalten, BAnz. AT 11.6.2021 B2.

[54] BMWK, Investitionsprüfung, abrufbar unter https://www.bmwk.de/Redaktion/DE/Artikel/Aussenwirtschaft/investitionspruefung.html (zuletzt abgerufen am 23.8.2023).

[55] Siehe Huck/Müller/Huck VwVfG § 23 Rn. 15 ff.

[56] BeckOK AußenWirtschaftsR/Niestedt Rn. 13.

II. Verlangen weiterer Auskünfte oder Unterlagen im Eröff-nungsbescheid (Abs. 2 S. 4)

Das BMWK kann im **Eröffnungsbescheid** gem. § 14a Abs. 2 S. 4 **weiterge-** 41 **hende Auskünfte oder die Einreichung weiterer Unterlagen** verlangen. Die weitergehenden Auskünfte bzw. Unterlagen sind vom Adressaten des Eröffnungs-bescheids einzureichen.[57] Das entspricht auch der gängigen Praxis.[58] Beispiels-weise werden strategische Absichten des Erwerbers, geplante Kooperationen zwi-schen Zielunternehmen und Erwerber, Gebrauchsmuster und Patente, finanzielle Förderungen von deutscher oder EU-Seite, Forschungsvorhaben oder Kundebe-ziehungen abgefragt.[59]

III. Verlangen weiterer Auskünfte oder Unterlagen im Haupt-prüfverfahren (Abs. 2 S. 5)

Das BMWK kann schließlich gem. § 14a Abs. 2 S. 5 durch **Verwaltungsakt** 42 während des laufenden Hauptprüfverfahrens im Einzelfall **weitergehende Aus-künfte oder die Einreichung weiterer Unterlagen** verlangen. Die Vorschrift unterscheidet sich von § 14a Abs. 2 S. 4 dadurch, dass sich das Auskunftsverlangen an einen weiteren Personenkreis richten kann, namentlich an alle am Erwerb unmittelbar oder mittelbar Beteiligten. Das nachträgliche Auskunftsverlangen ist ebenfalls gängige Praxis.[60] Die viermonatige Prüffrist wird dadurch nach § 14a Abs. 6 S. 1 Nr. 2 gehemmt (→ Rn. 25–27).

Die Nachforderung liegt jeweils im pflichtgemäßen Ermessen des BMWK. Die 43 Unterlagen müssen in jedem Fall für die Investitionsprüfung **„erforderlich"** sein. Auch wenn § 14a Abs. 2 S. 5 dies nicht ausdrücklich vorsieht, gebietet der Verhält-nismäßigkeitsgrundsatz und das Willkürverbot, dass auch die verlangten Auskünfte für die Prüfung erforderlich sind. Bei der Beurteilung, was erforderlich ist, wird dem BMWK allerdings ein weiter Beurteilungsspielraum zuzugestehen sein.[61]

Das Vorgehen kann allerdings rechtswidrig sein, wenn das BMWK durch das 44 Auskunftsverlangen allein die Frist nach § 14a Abs. 5 S. 1 Nr. 1 verlängern möchte und keinen sachlichen Grund für die Nachforderung hat.[62] Andererseits können im Einzelfall sogar den Erwerbsbeteiligten noch **nicht vorliegende Unterlagen** nachgefordert werden. So hielt das OVG Berlin-Brandenburg eine Aufforderung des BMWK, eine zu diesem Zeitpunkt noch nicht ergangene Freigabeentschei-dung der chinesischen Kartellbehörde vorzulegen, als zulässig an und ging von einer dahingehenden Hemmung der Prüfpflicht gem. § 14a Abs. 6 S. 1 Nr. 1, S. 2 bis zur Einreichung der Entscheidung (→ Rn. 35–37) aus.[63]

---

[57] BeckOK AußenWirtschaftsR/Niestedt Rn. 18.

[58] So Dorsch/Sachs, 218. EL, Rn. 5.

[59] So Dorsch/Sachs, 218. EL, Rn. 5.

[60] So Dorsch/Sachs, 218. EL, Rn. 6.

[61] BeckOK AußenWirtschaftsR/Niestedt Rn. 12. Für eine teleologische Reduktion des § 14a Abs. 2 S. 4 AWG auf absolute Ausnahmefälle: Nehring-Köppl, Paradigmenwechsel im Außenwirtschaftsrecht, 2023, S. 249.

[62] Wolffgang/Simonsen/Rogmann/Pietsch AWR/Pottmeyer Rn. 10; BeckOK Außen-WirtschaftsR/Niestedt Rn. 12.

[63] OVG Berlin-Brandenburg NZG 2022, 421 Rn. 6 mkritAnm Helleberg/Schäfer NZG 2022, 423 (424).

E. Regelung durch Rechtsverordnung, Abs. 8

45   Mit § 14a Abs. 8 wird die Exekutive ermächtigt, die **Einzelheiten** durch **Rechtsverordnung** zu regeln. So sind zB weitere Vorgaben für die nach Abs. 2 einzureichenden Dokumente in den § 55a Abs. 4 AWV, § 58 Abs. 1 AWV und § 60 Abs. 3 AWV enthalten.

§ 15 Rechtsunwirksamkeit

(1) [1]Ein Rechtsgeschäft, das ohne die erforderliche Genehmigung vorgenommen wird, ist unwirksam. [2]Es wird vom Zeitpunkt seiner Vornahme an wirksam, wenn es nachträglich genehmigt wird oder das Genehmigungserfordernis nachträglich entfällt. [3]Durch die Rückwirkung werden Rechte Dritter, die vor der Genehmigung an dem Gegenstand des Rechtsgeschäfts begründet worden sind, nicht berührt.

(2) Besteht für ein schuldrechtliches Rechtsgeschäft über den Erwerb eines inländischen Unternehmens oder einer unmittelbaren oder mittelbaren Beteiligung an einem inländischen Unternehmen ein Prüfrecht auf Grund von § 4 Absatz 1 Nummer 4 und 4a und § 5 Absatz 2 oder von § 4 Absatz 1 Nummer 1 und § 5 Absatz 3 jeweils in Verbindung mit einer auf Grund dieser Vorschriften erlassenen Rechtsverordnung, so steht der Eintritt der Rechtswirkungen des Rechtsgeschäfts bis zum Abschluss des Prüfverfahrens unter der auflösenden Bedingung, dass das Bundesministerium für Wirtschaft und Energie den Erwerb nach den vorstehend genannten Vorschriften innerhalb der in § 14a geregelten Fristen untersagt.

(3) [1]Ein Rechtsgeschäft, das dem Vollzug des Erwerbs eines inländischen Unternehmens oder einer unmittelbaren oder mittelbaren Beteiligung an einem inländischen Unternehmen dient, ist schwebend unwirksam, wenn auf Grund von § 4 Absatz 1 Nummer 4 und 4a und § 5 Absatz 2 oder von § 4 Absatz 1 Nummer 1 und § 5 Absatz 3 jeweils in Verbindung mit einer auf Grund dieser Vorschriften erlassenen Rechtsverordnung
1. ein Prüfrecht im Sinne des Absatzes 2 besteht und
2. der Abschluss des schuldrechtlichen Rechtsgeschäftes zu melden ist.
[2]Das Rechtsgeschäft wird vom Zeitpunkt seiner Vornahme an wirksam, wenn das Bundesministerium für Wirtschaft und Energie nach den in Satz 1 genannten Vorschriften den Erwerb freigibt oder nicht innerhalb der in § 14a geregelten Fristen untersagt oder die Freigabe des Erwerbs als erteilt gilt. [3]Absatz 1 Satz 3 gilt entsprechend.

(4) [1]In den Fällen, in denen ein Rechtsgeschäft nach Absatz 3 schwebend unwirksam ist, ist es, bis das Bundesministerium für Wirtschaft und Energie nach den in Absatz 2 Satz 1 genannten Vorschriften den Erwerb freigibt oder nicht innerhalb der in § 14a geregelten Fristen untersagt oder die Freigabe des Erwerbs als erteilt gilt, verboten,
1. die mit dem Erwerb verbundenen Stimmrechte auszuüben,
2. *(aufgehoben)*
3. dem Erwerber unternehmensbezogene Informationen, einschließlich elektronisch oder auf sonstige Weise gespeicherte Daten, des inländischen Unternehmens zu überlassen oder anderweitig offenzulegen, soweit sich diese Informationen auf Unternehmensberei-

che oder Unternehmensgegenstände beziehen, die auf Grund von §4 Absatz 1 Nummer 4 und 4a und §5 Absatz 2 oder von §4 Absatz 1 Nummer 1 und §5 Absatz 3 jeweils in Verbindung mit einer auf Grund dieser Vorschriften erlassenen Rechtsverordnung die Prüfung im Hinblick auf das Gewährleisten der wesentlichen Sicherheitsinteressen der Bundesrepublik Deutschland auslösen oder im Rahmen der Prüfung einer Beeinträchtigung der öffentlichen Ordnung oder Sicherheit der Bundesrepublik Deutschland besonders zu berücksichtigen sind, oder

4. dem Erwerber unternehmensbezogene Informationen, einschließlich elektronisch oder auf sonstige Weise gespeicherte Daten, des inländischen Unternehmens zu überlassen oder anderweitig offenzulegen, die in einer Anordnung nach Satz 2 als bedeutsam bezeichnet sind.

[2]Das Bundesministerium für Wirtschaft und Energie kann anordnen, dass über Satz 1 Nummer 3 hinaus bestimmte unternehmensbezogene Informationen, einschließlich elektronisch oder auf sonstige Weise gespeicherter Daten, des inländischen Unternehmens als bedeutsam

1. für die wesentlichen Sicherheitsinteressen der Bundesrepublik Deutschland,

2. für die öffentliche Ordnung oder Sicherheit
   a) der Bundesrepublik Deutschland,
   b) eines anderen Mitgliedstaates der Europäischen Union oder
   c) in Bezug auf Projekte oder Programme von Unionsinteresse im Sinne von Artikel 8 der Verordnung (EU) 2019/452

gelten, soweit dies erforderlich ist, um einen vorzeitigen Vollzug eines Rechtsgeschäftes im Sinne des Absatzes 2 zu verhindern.

(5) [1]Durch Rechtsverordnung können

1. Ausnahmen von Absatz 3, insbesondere für schuldrechtliche Rechtsgeschäfte über den Erwerb, bei denen die unmittelbare oder mittelbare Beteiligung an einem inländischen Unternehmen mittels eines Rechtsgeschäfts mit Wertpapieren, einschließlich solchen, die in andere zum Handel an einer Börse oder an einem ähnlichen Markt zugelassene Wertpapiere konvertierbar sind, über eine Börse erworben wird, geregelt werden,

2. für den Fall der Untersagung eines Erwerbs geregelt werden, dass der Vollzug schuldrechtlicher Rechtsgeschäfte über den Erwerb rückgängig zu machen ist, insbesondere Stimmrechtsanteile, die auf Grund von Rechtsgeschäften im Sinne der Nummer 1 erworben worden sind, innerhalb eines bestimmten Zeitraums wieder zu veräußern sind.

[2]In Rechtsverordnungen nach Satz 1 können ferner geregelt werden,

1. die Untersagung oder die Einschränkung der Ausübung von Stimmrechten,

2. die Untersagung oder die Einschränkung des Überlassens oder des anderweitigen Offenlegens unternehmensbezogener Informationen im Sinne des Absatzes 4 Satz 1 Nummer 3 oder 4 unmittelbar oder mittelbar an einen Erwerber,

3. die Übergabe von Stimmrechtsanteilen an einen Treuhänder,

soweit dies erforderlich ist, um die ordnungsgemäße Durchführung eines Prüfverfahrens oder die Wirksamkeit einer Untersagung zu gewährleisten. ³In den Fällen des Satzes 2 Nummer 3 können in den Rechtsverordnungen nach Satz 1 ferner auch die näheren Einzelheiten über das Verfahren zur Bestellung eines Treuhänders, einschließlich der Kosten und der Vergütung des Treuhänders, geregelt werden.

Übersicht

A. Inhalt und Bedeutung

1   § 15 normiert in erster Linie die **zivilrechtlichen Folgen** für Rechtsgeschäfte, die ohne die erforderliche außenwirtschaftsrechtliche Genehmigung vorgenommen werden (Abs. 1) bzw. die dem **Prüfrecht des BMWK** im Rahmen der **Investitionskontrolle** unterliegen (Abs. 2–5). Auch an dieser Differenzierung zeigt sich, dass die Investitionskontrolle keinen Genehmigungsvorbehalt enthält (→ § 8 Rn. 1–3) und Abs. 1 für die Investitionskontrolle folglich keine Bedeutung hat. Die in den übrigen Absätzen enthaltenen Regelungen betreffen dagegen die sektorübergreifende und die sektorspezifische Prüfung gleichermaßen. Die hier normierten zivilrechtlichen Rechtsfolgen und Vollzugsverbote haben den Zweck, die Investitionskontrolle abzusichern. Dazu stellt Abs. 2 schuldrechtliche Erwerbsgeschäfte bei bestehendem Prüfrecht unter die auflösende Bedingung ihrer Untersagung durch das BMWK (→ Rn. 2–6). Sofern eine Meldepflicht hinsichtlich des Erwerbsgeschäfts besteht, verhindert Abs. 3 das Schaffen vollendeter Tatsachen, indem Vollzugsgeschäfte für schwebend unwirksam erklärt werden (→ Rn. 7–9). Zur Absicherung dieser Wirkung etabliert Abs. 4 Vollzugsverbote (→ Rn. 10–19). Abs. 5 ermöglicht schließlich, durch Rechtsverordnung Ausnahme- und Detailregelungen einzuführen (→ Rn. 20–23).

B. Schwebende Wirksamkeit des schuldrechtlichen Erwerbsgeschäfts (Abs. 2)

2   Nach § 15 Abs. 2 stehen schuldrechtliche Erwerbsgeschäfte, die einem investitionskontrollrechtlichen Prüfrecht unterliegen, unter der auflösenden Bedingung einer investitionskontrollrechtlichen Untersagung. Betroffen ist hiervon das **Verpflichtungsgeschäft** (sog. Signing), nicht das jeweilige Verfügungsgeschäft, für das bei bestehender Meldepflicht Abs. 3 greift (→ Rn. 7–9). Wie § 15 Abs. 2 S. 1 klarstellt, gilt dies nicht nur für den Fall des direkten Unternehmenserwerbs, sondern erfasst auch Verpflichtungsgeschäfte, die den unmittelbaren oder mittelbaren Beteiligungserwerb zum Gegenstand haben (s. auch § 55 Abs. 3 S. 1 AWV iVm § 55 Abs. 1 AWV bzw. § 60 Abs. 4 S. 1 AWV iVm § 60 Abs. 1 AWV).

Die Anwendbarkeit des § 15 Abs. 2 setzt voraus, dass der Anwendungsbereich **3** der sektorübergreifenden (§§ 4 Abs. 1 Nr. 4, 4a iVm § 5 Abs. 2, §§ 55 ff. AWV) oder der sektorspezifischen Investitionskontrolle (§ 4 Abs. 1 Nr. 1 iVm § 5 Abs. 3, §§ 60 ff. AWV) eröffnet ist. Dem BMWK muss also ein **Prüfrecht** zukommen (→ § 5 Rn. 3, 19). Die Eröffnung eines Prüfverfahrens oder auch nur die Kenntnis des BMWK von dem Erwerbsvorgang ist nicht erforderlich, um die Rechtsfolgen nach § 15 Abs. 2 auszulösen.[1]

Wenn das BMWK ein Prüfrecht hat, ordnet § 15 Abs. 2 an, dass das schuldrechtli- **4** che Erwerbsgeschäft ipso jure unter der auflösenden Bedingung einer späteren Untersagung steht. Das Verpflichtungsgeschäft ist somit bis zum Abschluss des Prüfverfahrens bzw. des Ablaufs der Prüffristen nach § 14a **schwebend wirksam**.[2] Die schwebende Wirksamkeit beginnt mit Abschluss des Verpflichtungsgeschäfts und endet mit dem Abschluss des Prüfverfahrens oder dem Ablauf der Fristen nach § 14a. Erteilt das BMWK eine Unbedenklichkeitsbescheinigung nach § 58 AWV bzw. eine Freigabe nach §§ 58a, 61 AWV, gilt diese aufgrund des Fristablaufs nach § 58 Abs. 2 Alt. 1 AWV bzw. §§ 58a Abs. 2, 61 S. 2 AWV als erteilt oder laufen die in § 14a geregelten Prüffristen bzw. die fünfjährige Ausschlussfrist nach § 14a Abs. 3 S. 2 (→ § 14a Rn. 10–12) ab, ist das Verpflichtungsgeschäft endgültig wirksam.

Wenn das BMWK den Erwerb dagegen gem. § 59 Abs. 1 AWV bzw. § 62 **5** Abs. 1 AWV untersagt, ist das Verpflichtungsgeschäft gem. § 158 Abs. 2 BGB analog **ex nunc unwirksam**.[3] Eine Rückwirkung ist im Gegensatz zu der Regelung in § 15 Abs. 1 S. 2 nicht angeordnet. Das führt zum einen dazu, dass das dingliche Rechtsgeschäft (Verfügungsgeschäft) – sofern deutsches Recht anwendbar ist – bereicherungsrechtlich nach § 812 Abs. 1 S. 2 Alt. 1 BGB rückabzuwickeln ist[4] und nicht nach § 812 Abs. 1 S. 1 Alt. 1 BGB, was beispielsweise eine Auswirkung auf die (Nicht-) Anwendbarkeit des Ausschlussgrundes nach § 814 BGB hat. Zum anderen können vertragliche Ansprüche, die vor dem Eintritt der auflösenden Bedingung entstanden sind, geltend gemacht werden. Wie weit die Wirkung des § 158 Abs. 2 BGB analog geht, ist insbesondere in Konstellationen eines mittelbaren Erwerbs (→ § 5 Rn. 10) nicht sicher. Aus Gründen der Verhältnismäßigkeit ist davon auszugehen, dass die Unwirksamkeit nur das die deutsche Einheit betreffende Rechtsgeschäft erfasst.

In der Praxis wird der Unternehmenskaufvertrag unter die aufschiebende **6** Bedingung der Wirksamkeit gestellt, etwa mit ereignislosem Ablauf der Untersagungsfrist oder der Erteilung einer Unbedenklichkeitsbescheinigung bzw. Freigabe (sog. **Closing Condition**). So kann eine Rückabwicklung bei Untersagung vermieden werden.[5]

C. Schwebende Unwirksamkeit des Vollzugsgeschäfts (Abs. 3)

§ 15 Abs. 3 ordnet für das **Vollzugsgeschäft** (sog. Closing) im Zusammenhang **7** mit einem Unternehmens- oder Beteiligungserwerb eine schwebende Unwirksam-

---

[1] Nehring-Köppl, Paradigmenwechsel im Außenwirtschaftsrecht, 2023, S. 231; Hocke/Sachs/Pelz AußenwirtschaftsR/Mausch-Liotta/Sattler AWV § 55 Rn. 185.

[2] Wolffgang/Simonsen/Rogmann/Pietsch AWR/Mankowski Rn. 139.

[3] Wolffgang/Simonsen/Rogmann/Pietsch AWR/Mankowski Rn. 140.

[4] Hocke/Sachs/Pelz AußenwirtschaftsR/Sachs Rn. 11.

[5] Hocke/Sachs/Pelz AußenwirtschaftsR/Sachs Rn. 11; Wolffgang/Simonsen/Rogmann/Pietsch AWR/Mankowski Rn. 149 ff.

keit an, sofern zusätzlich zu einem **Prüfrecht** des BMWK auch eine **Meldepflicht** besteht. Letzteres trifft im Bereich der sektorübergreifenden Prüfung nach § 55a Abs. 4 AWV für die in § 55a Abs. 1 Nr. 1–27 AWV aufgelisteten Fallgruppen zu. Liegt ein sog. atypischer Erwerb nach § 56 Abs. 3 AWV vor, besteht eine Meldepflicht gem. § 55a Abs. 4 S. 3 AWV allerdings nicht. Eine Meldepflicht besteht ferner für den gesamten Bereich der sektorspezifischen Investitionsprüfung nach § 60 Abs. 3 AWV. Die tatsächliche Meldung eines Unternehmenserwerbs oder die Eröffnung eines Prüfverfahrens ist nicht erforderlich, um die Rechtsfolgen nach § 15 Abs. 3 auszulösen.[6] Von der Rechtsfolge des § 15 Abs. 3 kann gem. § 15 Abs. 5 S. 1 Nr. 1 eine Ausnahme durch Rechtsverordnung geregelt werden (→ Rn. 21).

8   Das Vollzugsgeschäft ist gem. § 15 Abs. 3 S. 1 zunächst **schwebend unwirksam.** Es wird nach § 15 Abs. 3 S. 2 ex tunc wirksam, wenn das BMWK eine Freigabe erteilt oder nicht innerhalb der in § 14a genannten Fristen entscheidet und die Freigabe als erteilt gilt. Die Wirksamkeit des schuldrechtlichen Grundgeschäfts bleibt dahingegen unberührt und richtet sich ausschließlich nach § 15 Abs. 2.[7]

9   Nach § 15 Abs. 3 S. 3 iVm Abs. 1 S. 3 werden Rechte Dritter, die vor der Freigabe (-fiktion) an dem Gegenstand des Rechtsgeschäfts, also dem Unternehmen bzw. Anteilen hieran, begründet worden sind, durch die Rückwirkung der Wirksamkeit des Vollzugsgeschäfts nicht berührt. Die damit geregelte Konstellation ist die Folgende: Ein Unionsfremder bzw. Ausländer erwirbt ein inländisches Unternehmen. Das Vollzugsgeschäft ist gem. § 15 Abs. 3 S. 1 schwebend unwirksam. Während der schwebenden Unwirksamkeit verfügt der Veräußerer wirksam über das inländische Unternehmen bzw. Anteile daran an einen Dritten. Die Verfügung an den Dritten ist zB wirksam, da dieser im Gegensatz zum ersten Erwerber inländisch ist, und daher nicht der Investitionsprüfung unterfällt. Nun erteilt das BMWK eine Freigabe für den (ersten) Erwerb, welcher gem. § 15 Abs. 3 S. 2 ex tunc wirksam wird. Normalerweise führt dies dazu, dass der (zweite) Erwerb durch den Dritten rückwirkend zum Erwerb durch den Nichtberechtigten wird. Je nach Art des Erwerbs, käme es darauf an, ob der Dritte das Unternehmen oder Anteile daran gutgläubig erworben hat (zB nach § 16 Abs. 3 GmbHG). Nach § 15 Abs. 3 S. 3 iVm Abs. 1 S. 3 gilt der Veräußerer gegenüber dem Dritten aber weiter als Berechtigter. Der Dritte behält seine Rechtsposition somit in jedem Fall.[8]

D. Vollzugsverbot (Abs. 4)

10   Die schwebende Unwirksamkeit meldepflichtiger Erwerbe wird in § 15 Abs. 4 durch **Verbotstatbestände**[9] flankiert: das Verbot der Stimmrechtsausübung (Abs. 4 S. 1 Nr. 1) und das Verbot der Offenlegung unternehmensbezogener Informationen (Abs. 4 S. 1 Nr. 3 und 4). Abs. 4 S. 1 Nr. 2 beinhaltete ein Verbot der Dividendenausschüttung, ist inzwischen aber weggefallen, da der Gesetzgeber das Verbot nicht (mehr) als verhältnismäßig ansah.[10] Von einer Dividendenausschüttung gehen ohne-

---

[6] Nehring-Köppl, Paradigmenwechsel im Außenwirtschaftsrecht, 2023, S. 232; Hocke/Sachs/Pelz AußenwirtschaftsR/Mausch-Liotta/Sattler AWV § 55 Rn. 189.

[7] BT-Drs. 17/11127, 25.

[8] Zu der Konstellation bei § 15 Abs. 1 S. 3: Wolffgang/Simonsen/Rogmann/Pietsch AWR/Monkowski Rn. 53 f.; im Ergebnis auch Dorsch/Sachs, 218. EL, Rn. 13.

[9] Im Kartellrecht finden sich vergleichbare sog. „Gun-Jumping" Regelungen, siehe § 41 Abs. 1 S. 1 GWB.

[10] BT-Drs. 19/28838, 8.

hin keine Sicherheitsgefahren aus, auch da diese im Fall einer späteren Untersagung bereicherungsrechtlich rückabgewickelt werden können.[11]

Die Wirkung des Vollzugsverbots beginnt mit Entstehen der Meldepflicht und **11** endet mit Abschluss des Investitionsprüfungsverfahrens, dh der Freigabe oder dem Ablauf der Frist zur Untersagung.[12] Die Verbote sind dem Wortlaut nach nicht auf einen bestimmten Adressatenkreis beschränkt, sodass sie umfassende Geltung beanspruchen.[13] Faktisch kann gegen das Verbot der Stimmrechtsausübung nach § 15 Abs. 4 S. 1 Nr. 1 jedoch nur der Erwerber verstoßen.[14] Und gegen das Verbot der Offenlegung unternehmensbezogener Informationen nach § 15 Abs. 4 S. 1 Nr. 2 und 3 können faktisch nur Personen aus dem Kreis des Veräußerers verstoßen.[15]

In zivilrechtlicher Hinsicht ist § 15 Abs. 4 ein Verbotsgesetz iSd § 134 BGB, **12** sodass aus ihm beispielsweise die Unwirksamkeit eines Gesellschafterbeschlusses folgen kann.[16]

§ 15 Abs. 4 soll einen faktischen Vollzug präventiv verhindern, soweit er Sinn **13** und Zweck der Investitionsprüfung unterläuft.[17] Konkret soll § 15 Abs. 4 der Gefahr begegnen, dass der Erwerber bis zum Abschluss des Prüfverfahrens Maßnahmen vorgenommen und durchgeführt hat, deren sicherheitsrelevante Wirkungen durch die Meldepflicht und eine eventuelle Untersagung oder Anordnung gerade verhindert werden sollen. Als Beispiel nennt die Gesetzesbegründung den Zugriff auf sicherheitsrelevante Technologien oder auf technische oder digitale Knotenpunkte mit großem Missbrauchspotential sowie den Abfluss sicherheitsrelevanter Informationen.[18]

Der vorsätzliche **Verstoß** gegen das Vollzugsverbot aus § 15 Abs. 4 ist nach **14** § 18 Abs. 1b mit Strafe bedroht (→ § 18 Rn. 5–9). Der fahrlässige Verstoß gegen das Vollzugsverbot ist in § 19 Abs. 1 Nr. 2 mit einem Bußgeld belegt (→ § 19 Rn. 5). So soll die Beachtung des § 15 Abs. 4 sichergestellt werden.[19] Zugleich setzen die Vollzugsverbote und die Straf- bzw. Bußgeldandrohung indirekt die Meldepflichten durch.

I. Verbot der Stimmrechtsausübung (Abs. 4 S. 1 Nr. 1)

Nach Abs. 4 S. 1 Nr. 1 ist es verboten, die mit dem Erwerb verbundenen **15** **Stimmrechte** auszuüben. Das erfasst jedenfalls die Stimmabgabe auf einer Aktionärs- oder Gesellschafterversammlung.[20] Inwieweit bereits die Teilnahme an solchen Versammlungen oder ähnliche Handlungen außer der Stimmabgabe selbst unter Verbot steht, ist nicht klar. Umfasst werden auch Umgehungsgeschäfte, zB die Stimmabgabe über Treuhänder oder das Einsetzen von Stimmrechtsausübungsbevollmächtigten.[21] Ein faktischer Vollzug soll verhindert werden, wenn der Erwerber sich bereits wie ein Eigentümer geriert.[22]

---

[11] Sattler/Engels AW-Prax Service Guide 2022, 60.
[12] Dorsch/Sachs, 218. EL, Rn. 15; Niestedt/Kunigk NJW 2020, 2504 (2505).
[13] BeckOK AußenWirtschaftsR/Niestedt Rn. 27.
[14] BeckOK AußenWirtschaftsR/Niestedt Rn. 29; Fleischmann NZKart 2022, 57 (62).
[15] Nehring-Köppl, Paradigmenwechsel im Außenwirtschaftsrecht, 2023, S. 240 f.
[16] Wolffgang/Simonsen/Rogmann/Pietsch AWR/Mankowski Rn. 193.
[17] BT-Drs. 19/18700, 19.
[18] BT-Drs. 19/18700, 19.
[19] BT-Drs. 19/18700, 20.
[20] Wolffgang/Simonsen/Rogmann/Pietsch AWR/Mankowski Rn. 193.
[21] Wolffgang/Simonsen/Rogmann/Pietsch AWR/Mankowski Rn. 194.
[22] BT-Drs. 19/18700, 19.

II. Verbot der Offenlegung unternehmensbezogener Informationen (Abs. 4 S. 1 Nr. 3 und 4, S. 2)

16   Nach Abs. 4 S. 1 Nr. 3 ist es verboten, dem Erwerber sicherheitsrelevante, unternehmensbezogene Informationen offenzulegen. In Abs. 4 S. 1 Nr. 4 ist zudem verboten, dem Erwerber unternehmensbezogene Informationen offenzulegen, die das BMWK als bedeutsam bezeichnet hat. Abs. 4 S. 1 Nr. 3 und 4 sollen verhindern, dass bereits während der Erwerbsprüfung Informationen und Technologie abfließen, die gravierende Folgen für die öffentliche Ordnung und Sicherheit Deutschlands haben.[23]

17   Nach Abs. 4 S. 1 Nr. 3 ist es verboten, dem Erwerber **unternehmensbezogene Informationen** des Zielunternehmens zu überlassen oder anderweitig offenzulegen, die die sektorübergreifende (§ 4 Abs. 1 Nr. 4, 4a iVm § 5 Abs. 2 AWG, §§ 55 ff. AWV) oder sektorspezifische Prüfung (§ 4 Abs. 1 Nr. 1 iVm § 5 Abs. 3 AWG, §§ 60 ff. AWV) auslösen oder bei ersterer besonders zu berücksichtigen sind. Der Begriff der unternehmensbezogenen Informationen wird als zu unbestimmt kritisiert.[24] Nach der Gesetzesbegründung soll der Begriff jedenfalls nur Informationen erfassen, die im Hinblick auf eine mögliche Beeinträchtigung der öffentlichen Ordnung oder Sicherheit von besonderer Relevanz sind.[25] Welche unternehmensbezogenen Informationen bedeutsam für die öffentliche Ordnung oder Sicherheit bzw. wesentliche Sicherheitsinteressen sind, ist jedoch nur schwer einzuschätzen.[26] Der Gesetzgeber führt als Beispiel lediglich Informationen auf, deren Herausgabe an Unionsfremde durch eine mit der Untersagung oder erwerbsbeschränkenden Anordnung gerade verhindert werden soll. Rein kaufmännische oder sonstige unternehmensbezogene Informationen, die dem Erwerber im Rahmen von Vertragsverhandlungen offenbart werden, damit dieser die wirtschaftlichen Chancen und Risiken des Erwerbs einschätzen kann, sollen regelmäßig nicht erfasst sein.[27]

18   Nach Abs. 4 S. 1 Nr. 4 ist es zudem verboten, dem Erwerber unternehmensbezogene **Informationen** des Zielunternehmens zu überlassen oder anderweitig offenzulegen, **die in einer Anordnung nach § 15 Abs. 4 S. 2 als bedeutsam bezeichnet sind**. Das BMWK kann gem. § 15 Abs. 4 S. 2 anordnen, dass weitere unternehmensbezogene Informationen des Zielunternehmens als bedeutsam für die wesentlichen Sicherheitsinteressen der Bundesrepublik Deutschland oder für ihre öffentliche Ordnung oder Sicherheit, oder der eines anderen EU-Mitgliedstaats oder in Bezug auf Projekte oder Programme von Unionsinteresse nach Art. 8 Screening-VO gelten. Der Begriff „unternehmensbezogene Informationen" entspricht dem in Abs. 4 S. 1 Nr. 3 (→ Rn. 17). Die Anordnung muss gem. § 15 Abs. 4 S. 2 erforderlich sein, um einen vorzeitigen Vollzug eines Rechtsgeschäfts iSd § 15 Abs. 2 zu verhindern. Sie muss demnach verhältnismäßig sein.

19   Der Verstoß gegen die Vollzugsverbote nach Abs. 4 S. 1 Nr. 3 wird bei (bedingt) vorsätzlichem Handeln gem. § 18 Abs. 1b als Straftat und bei fahrlässigem Handeln

---

[23] BT-Drs. 19/18700, 19.

[24] Nehring-Köppl, Paradigmenwechsel im Außenwirtschaftsrecht, 2023, S. 233 ff.; vgl. auch Geber AW-Prax 6/2021, 299 (300).

[25] BT-Drs. 19/18700, 19.

[26] Nehring-Köppl, Paradigmenwechsel im Außenwirtschaftsrecht, 2023, S. 235 ff.; Niestedt/Kunigk NJW 2020, 2504 (2506).

[27] BT-Drs. 19/18700, 19.

gem. § 19 Abs. 1 Nr. 2 (→ Rn. 14) als Ordnungswidrigkeit geahndet. Zur Minimierung des Risikos, eine Ordnungswidrigkeit oder Straftat zu begehen, bieten sich bei Vertragsverhandlungen sog. Clean Team-Vereinbarungen bzw. Blackbox-Vereinbarungen an, bei denen beispielsweise nur zur Verschwiegenheit verpflichtete Rechtsanwälte, Steuerberater oder Wirtschaftsprüfer Einblick in sensible Informationen bekommen und dann lediglich zusammenfassende Ergebnisse an den Erwerber weiterleiten.[28]

E. Verordnungsermächtigung (Abs. 5)

In § 15 Abs. 5 wird die Bundesregierung (zur Zuständigkeit → § 12 Rn. 2) **20** ermächtigt, weitere Einzelheiten durch **Rechtsverordnung** zu regeln. Die Bundesregierung hat hiervon zumindest im Rahmen der sektorübergreifenden Investitionskontrolle in § 59a AWV Gebrauch gemacht.

Nach § 15 Abs. 5 S. 1 Nr. 1 können durch Rechtsverordnung **Ausnahmen** **21** **vom Vollzugsverbot** nach § 15 Abs. 3 normiert werden. Das gilt insbesondere für schuldrechtliche Erwerbsgeschäfte, bei denen die unmittelbare oder mittelbare Beteiligung am Zielunternehmen mittels Wertpapieren über eine Börse erworben wird. Das können auch solche Wertpapiere sein, die in andere zum Handel an einer Börse oder an einem ähnlichen Markt zugelassene Wertpapiere konvertierbar sind. Von dieser Ermächtigungsgrundlage hat der Verordnungsgesetzgeber in **§ 59a Abs. 1 AWV** Gebrauch gemacht, wonach keine Vollzugsbeschränkung besteht, wenn die unmittelbare oder mittelbare Beteiligung mittels eines Rechtsgeschäfts mit Wertpapieren über eine Börse erworben wird und die Meldung nach § 55a Abs. 4 S. 1 AWV unverzüglich abgegeben wird (→ AWV § 59a Rn. 3–5).

Nach § 15 Abs. 5 S. 1 Nr. 2 kann für den Fall der Untersagung eines Erwerbs **22** geregelt werden, dass der **Vollzug** des schuldrechtlichen Erwerbsgeschäfts **rückgängig zu machen** ist, insbesondere durch Veräußerung der erworbenen Stimmrechtsanteile. Als Grund für diese Regelung führt der Gesetzgeber an, dass Börsengeschäfte auf Grundlage eines anonymen Handelsbuchs und über eine zentrale Gegenpartei durchgeführt werden, welche gegenüber Veräußerer und Erwerber als direkter Vertragspartner auftritt.[29] Im Fall einer investitionsprüfungsrechtlichen Untersagung wäre eine Rückabwicklung zwischen Erwerber und Veräußerer nicht möglich. Stattdessen soll dem Erwerber aufgegeben werden, die Wertpapiere zu verkaufen. Bei ihm liegt dann auch das Kursrisiko.[30] Eine solche Regelung findet sich in § 59a Abs. 4 S. 1 AWV (→ AWV § 59a Rn. 9).

§ 15 Abs. 5 S. 2 enthält weitere Ermächtigungsgrundlagen. Dem Wortlaut ist **23** zwar kein Zusammenhang zu § 15 Abs. 5 S. 1 zu entnehmen, aber nach dem gesetzgeberischen Willen sollen bei Ausnahmen nach § 15 Abs. 5 S. 1 Nr. 1, der insbesondere für Börsengeschäfte gilt, gleichermaßen die spezifischen Vollzugsverbote nach § 15 Abs. 4 Nr. 1, 3 und 4 beachtet werden. So soll sichergestellt werden, dass besonders sicherheitsrelevante Handlungen im Anschluss insbesondere an die Abwicklung des eigentlichen Börsengeschäfts während einer laufenden Prüfung unterbleiben.[31] Nach § 15 Abs. 5 S. 2 kann durch Rechtsverordnung demnach

---

[28] BeckOK AußenwirtschaftsR/Niestedt Rn. 32.
[29] BT-Drs. 19/28838, 8. Zur Näheren Erläuterung des Verfahrens siehe Wolffgang/Simonsen/Rogmann/Pietsch AWR/Monkowski Rn. 205 ff.
[30] BT-Drs. 19/28838, 8.
[31] BT-Drs. 19/28838, 8.

ferner die **Untersagung oder die Einschränkung der Ausübung von Stimmrechten** (Abs. 5 S. 2 Nr. 1) geregelt werden, wovon in § 59a Abs. 2 AWV
Gebrauch gemacht wurde (→ AWV § 59a Rn. 6). Zudem kann durch Rechtsverordnung **die Untersagung oder die Einschränkung des Überlassens oder
des anderweitigen Offenlegens unternehmensbezogener Informationen**
iSd § 15 Abs. 4 S. 1 Nr. 3 und 4 (Abs. 5 S. 2 Nr. 2) geregelt werden, worauf
sich § 59a Abs. 3 AWV stützt (→ AWV § 59a Rn. 7, 8). Des Weiteren kann die
Übergabe von Stimmrechtsanteilen an einen Treuhänder (Abs. 5 S. 2 Nr. 3)
geregelt werden. Hierauf beruht § 59a Abs. 4 S. 2 Nr. 1 AWV (→ AWV § 59a
Rn. 9), der anordnet, dass Wertpapiere bei Untersagung eines Erwerbs mittels
eines Börsengeschäfts an einen Treuhänder zu übergeben sind. Das nähere Verfahren zur
Bestellung eines Treuhänders kann gem. § 15 Abs. 5 S. 3 ebenfalls geregelt werden.
Die Vorschriften müssen erforderlich sein, um die ordnungsgemäße Durchführung
eines Prüfverfahrens oder die Wirksamkeit einer Untersagung zu gewährleisten.
Sie müssen demnach verhältnismäßig sein. Die Bestellung eines Treuhänders außerhalb der Rückabwicklung eines Unternehmenserwerbs kann allenfalls auf § 6
gestützt werden (→ § 6 Rn. 2).

Teil 3 Straf-, Bußgeld- und Überwachungsvorschriften

§ 18 Strafvorschriften

(1) **Mit Freiheitsstrafe von drei Monaten bis zu fünf Jahren wird bestraft,
wer**
1. **einem**
    a) **Ausfuhr-, Einfuhr-, Durchfuhr-, Verbringungs-, Verkaufs-, Er-
       werbs-, Liefer-, Bereitstellungs-, Weitergabe- oder Investitionsver-
       bot oder**
    b) **Sende-, Übertragungs-, Verbreitungs- oder sonstigen Dienstleis-
       tungsverbot oder**
    c) **Verfügungsverbot über eingefrorene Gelder und wirtschaftliche
       Ressourcen**
    **eines im Amtsblatt der Europäischen Gemeinschaften oder der Euro-
    päischen Union veröffentlichten unmittelbar geltenden Rechtsaktes
    der Europäischen Gemeinschaften oder der Europäischen Union
    zuwiderhandelt, der der Durchführung einer vom Rat der Europä-
    ischen Union im Bereich der Gemeinsamen Außen- und Sicherheits-
    politik beschlossenen wirtschaftlichen Sanktionsmaßnahme dient oder**
2. **gegen eine Genehmigungspflicht für**
    a) **die Ausfuhr, Einfuhr, Durchfuhr, Verbringung, einen Verkauf,
       einen Erwerb, eine Lieferung, Bereitstellung, Weitergabe oder
       Investition,**
    b) **eine Sendung, Übertragung, Verbreitung oder sonstige Dienstleis-
       tung oder**
    c) **die Verfügung über eingefrorene Gelder oder wirtschaftliche Res-
       sourcen**
    **eines im Amtsblatt der Europäischen Gemeinschaften oder der Euro-
    päischen Union veröffentlichten unmittelbar geltenden Rechtsaktes**

der Europäischen Gemeinschaften oder der Europäischen Union verstößt, der der Durchführung einer vom Rat der Europäischen Union im Bereich der Gemeinsamen Außen- und Sicherheitspolitik beschlossenen wirtschaftlichen Sanktionsmaßnahme dient.

(1a) Ebenso wird bestraft, wer einer vollziehbaren Anordnung nach § 6 Absatz 1 Satz 2 zuwiderhandelt.

(1b) Mit Freiheitsstrafe bis zu fünf Jahren oder mit Geldstrafe wird bestraft, wer

1. entgegen § 15 Absatz 4 Satz 1 Nummer 1 ein Stimmrecht ausübt,
2. entgegen § 15 Absatz 4 Satz 1 Nummer 3 oder 4 eine dort genannte Information überlässt oder offenlegt oder
3. einer Rechtsverordnung nach § 15 Absatz 5 Satz 1 Nummer 2 oder Satz 2 Nummer 1 oder 2 oder einer vollziehbaren Anordnung auf Grund einer solchen Rechtsverordnung zuwiderhandelt, soweit die Rechtsverordnung für einen bestimmten Tatbestand auf diese Strafvorschrift verweist.

(2) Ebenso wird bestraft, wer gegen die Außenwirtschaftsverordnung verstößt, indem er

1. ohne Genehmigung nach § 8 Absatz 1, § 9 Absatz 1 oder § 78 dort genannte Güter ausführt,
2. entgegen § 9 Absatz 2 Satz 3 dort genannte Güter ausführt,
3. ohne Genehmigung nach § 11 Absatz 1 Satz 1 dort genannte Güter verbringt,
4. ohne Genehmigung nach § 46 Absatz 1, auch in Verbindung mit § 47 Absatz 1, oder ohne Genehmigung nach § 47 Absatz 2 ein Handels- und Vermittlungsgeschäft vornimmt,
5. entgegen § 47 Absatz 3 Satz 3 ein Handels- und Vermittlungsgeschäft vornimmt,
6. ohne Genehmigung nach § 49 Absatz 1, § 50 Absatz 1, § 51 Absatz 1 oder Absatz 2 oder § 52 Absatz 1 technische Unterstützung erbringt,
7. entgegen § 49 Absatz 2 Satz 3, § 50 Absatz 2 Satz 3, § 51 Absatz 3 Satz 3 oder § 52 Absatz 2 Satz 3 technische Unterstützung erbringt oder
8. einer vollziehbaren Anordnung nach § 59 Absatz 1 Satz 1 oder Absatz 3 Nummer 1 oder § 62 Absatz 1 zuwiderhandelt.

(3) Ebenso wird bestraft, wer gegen die Verordnung (EG) Nr. 2368/2002 des Rates vom 20. Dezember 2002 zur Umsetzung des Zertifikationssystems des Kimberley-Prozesses für den internationalen Handel mit Rohdiamanten (ABl. L 358 vom 31.12.2002, S. 28), die zuletzt durch die Durchführungsverordnung (EU) 2020/2149 vom 9. Dezember 2020 (ABl. L 428 vom 18.12.2020, S. 38) geändert worden ist, verstößt, indem er

1. entgegen Artikel 3 Rohdiamanten einführt oder
2. entgegen Artikel 11 Rohdiamanten ausführt.

(4) [1]Ebenso wird bestraft, wer gegen die Verordnung (EU) 2019/125 des Europäischen Parlaments und des Rates vom 16. Januar 2019 über den Handel mit bestimmten Gütern, die zur Vollstreckung der Todesstrafe, zu Folter oder zu anderer grausamer, unmenschlicher oder erniedrigender Behandlung oder Strafe verwendet werden könnten (ABl. L 30 vom 31.1.2019, S. 1), die zuletzt durch die Delegierte Verordnung (EU) 2021/

139 vom 4. Dezember 2020 (ABl. L 43 vom 8.2.2021, S. 5) geändert worden ist, verstößt, indem er

1. entgegen Artikel 3 Absatz 1 Satz 1 dort genannte Güter ausführt,
2. entgegen Artikel 3 Absatz 1 Satz 3 technische Hilfe erbringt,
3. entgegen Artikel 4 Absatz 1 Satz 1 dort genannte Güter einführt,
4. entgegen Artikel 4 Absatz 1 Satz 2 technische Hilfe annimmt,
5. entgegen Artikel 5, Artikel 13 oder Artikel 18 dort genannte Güter durchführt,
6. entgegen Artikel 6 eine Vermittlungstätigkeit erbringt,
7. entgegen Artikel 7 eine Ausbildungsmaßnahme erbringt oder anbietet,
8. ohne Genehmigung nach Artikel 11 Absatz 1 Satz 1 oder Artikel 16 Absatz 1 Satz 1 dort genannte Güter ausführt,
9. ohne Genehmigung nach Artikel 15 Absatz 1 Buchstabe a oder Artikel 19 Absatz 1 Buchstabe a technische Hilfe erbringt oder
10. ohne Genehmigung nach Artikel 15 Absatz 1 Buchstabe b oder Artikel 19 Absatz 1 Buchstabe b eine Vermittlungstätigkeit erbringt.

²Soweit die in Satz 1 genannten Vorschriften auf die Anhänge II, III oder IV zur Verordnung (EU) Nr. 2019/125 verweisen, finden diese Anhänge in der jeweils geltenden Fassung Anwendung.

(5) ¹Ebenso wird bestraft, wer gegen die Verordnung (EU) 2021/821 des Europäischen Parlaments und des Rates vom 20. Mai 2021 über eine Unionsregelung für die Kontrolle der Ausfuhr, der Vermittlung, der technischen Unterstützung der Durchfuhr und der Verbringung betreffend Güter mit doppeltem Verwendungszweck (ABl. L 206 vom 11.6.2021, S. 1) verstößt, indem er

1. ohne Genehmigung nach Artikel 3 Absatz 1 oder Artikel 4 Absatz 1 Güter mit doppeltem Verwendungszweck ausführt,
2. entgegen Artikel 4 Absatz 2 Satz 2 Güter ohne Entscheidung der zuständigen Behörde über die Genehmigungspflicht oder ohne Genehmigung der zuständigen Behörde ausführt,
3. ohne Genehmigung nach Artikel 6 Absatz 1 in Verbindung mit Artikel 4 Absatz 1 Buchstabe a eine Vermittlungstätigkeit erbringt oder
4. entgegen Artikel 6 Absatz 2 Satz 2 in Verbindung mit Artikel 4 Absatz 1 Buchstabe a eine Vermittlungstätigkeit ohne Entscheidung der zuständigen Behörde über die Genehmigungspflicht oder ohne Genehmigung der zuständigen Behörde erbringt.

²Soweit die in Satz 1 genannten Vorschriften auf Anhang I der Verordnung (EU) 2021/821 verweisen, findet dieser Anhang in der jeweils geltenden Fassung Anwendung. ³In den Fällen des Satzes 1 Nummer 2 steht dem Ausführer eine Person gleich, die die Ausfuhr durch einen anderen begeht, wenn der Person bekannt ist, dass die Güter mit doppeltem Verwendungszweck ganz oder teilweise für eine Verwendung im Sinne des Artikels 4 Absatz 1 Buchstabe a der Verordnung (EU) 2021/821 bestimmt sind.

(5a) **Mit Freiheitsstrafe bis zu einem Jahr oder mit Geldstrafe wird bestraft, wer entgegen Artikel 9 Absatz 2 Buchstabe a der Verordnung (EU) Nr. 269/2014 des Rates vom 17. März 2014** über restriktive Maßnahmen angesichts von Handlungen, die die territoriale Unversehrtheit, Souveränität und Unabhängigkeit der Ukraine untergraben oder bedrohen (ABl. L 78 vom 17.3.2014, S. 6), die zuletzt durch die Durchführungsverordnung (EU) 2022/1529 (ABl. L 239 vom 15.9.2022, S. 1) geändert worden ist, eine Meldung nicht, nicht richtig, nicht vollständig oder nicht rechtzeitig macht.

(5b) [1]Ebenso wird bestraft, wer gegen die Verordnung (EU) 2019/125 verstößt, indem er

1. entgegen Artikel 8 dort genannte Güter ausstellt oder zum Verkauf anbietet oder

2. entgegen Artikel 9 eine Werbefläche oder Werbezeit verkauft oder erwirbt.

[2]Soweit die in Satz 1 genannten Vorschriften auf den Anhang II zur Verordnung (EU) 2019/125 verweisen, findet dieser Anhang in der jeweils geltenden Fassung Anwendung.

(6) Der Versuch ist in den Fällen der Absätze 1 bis 5 oder 5b strafbar.

(7) Mit Freiheitsstrafe nicht unter einem Jahr wird bestraft, wer

1. in den Fällen der Absätze 1 oder 1a für den Geheimdienst einer fremden Macht handelt,

2. in den Fällen der Absätze 1, 1a und 2 bis 4 oder des Absatzes 5 gewerbsmäßig oder als Mitglied einer Bande handelt, die sich zur fortgesetzten Begehung solcher Taten verbunden hat oder

3. eine in den Absätzen 1 oder 1a bezeichnete Handlung begeht, die sich auf die Entwicklung, Herstellung, Wartung oder Lagerung von Flugkörpern für chemische, biologische oder Atomwaffen bezieht.

(8) Mit Freiheitsstrafe nicht unter zwei Jahren wird bestraft, wer in den Fällen der Absätze 1, 1a und 2 bis 4 oder des Absatzes 5 als Mitglied einer Bande, die sich zur fortgesetzten Begehung solcher Taten verbunden hat, gewerbsmäßig handelt.

(9) In den Fällen des Absatzes 1 Nummer 2, des Absatzes 1a, des Absatzes 2 Nummer 1, 3, 4 oder Nummer 6, des Absatzes 4 Satz 1 Nummer 5 oder des Absatzes 5 Satz 1 steht einem Handeln ohne Genehmigung ein Handeln auf Grund einer durch Drohung, Bestechung oder Kollusion erwirkten oder durch unrichtige oder unvollständige Angaben erschlichenen Genehmigung gleich.

(10) Die Absätze 1 bis 9 gelten, unabhängig vom Recht des Tatorts, auch für Taten, die im Ausland begangen werden, wenn der Täter Deutscher ist.

(11) Nach Absatz 1, jeweils auch in Verbindung mit Absatz 6, 7, 8 oder Absatz 10, wird nicht bestraft, wer

1. bis zum Ablauf des zweiten Werktages handelt, der auf die Veröffentlichung des Rechtsaktes im Amtsblatt der Europäischen Union folgt, und

2. von einem Verbot oder von einem Genehmigungserfordernis, das in dem Rechtsakt nach Nummer 1 angeordnet wird, zum Zeitpunkt der Tat keine Kenntnis hat.

(12) Nach Absatz 1a, jeweils auch in Verbindung mit den Absätzen 6, 7, 8, 9 oder 10, wird nicht bestraft, wer

1. einer öffentlich bekannt gemachten Anordnung bis zum Ablauf des zweiten Werktages, der auf die Veröffentlichung folgt, zuwiderhandelt und
2. von einer dadurch angeordneten Beschränkung zum Zeitpunkt der Tat keine Kenntnis hat.

(13) Nach Absatz 5a wird nicht bestraft, wer eine dort genannte Meldung freiwillig und vollständig nachholt, wenn nicht die Tat zu diesem Zeitpunkt bereits ganz oder zum Teil entdeckt war und der Täter dies wusste oder bei verständiger Würdigung der Sachlage damit rechnen musste.

Übersicht

A. Inhalt und Bedeutung

1   In § 18 sind Straftatbestände bei **vorsätzlichen Verstößen gegen das Außenwirtschaftsrecht** normiert. Fahrlässige Begehungen werden nach § 19 Abs. 1 als Ordnungswidrigkeiten geahndet. Zwar kam es im Jahr 2021 lediglich zu 16 Verurteilungen auf Grundlage des AWG,[1] die Bedeutung der Norm sollte aber schon aufgrund der Strafandrohung nicht unterschätzt werden.

2   Bei den in den Abs. 1–5 normierten Straftatbeständen handelt es sich – genauso wie bei den Bußgeldtatbeständen nach § 19 (→ § 19 Rn. 1) – überwiegend um sog. **Blankettnormen**: Das Handlungsgebot oder -verbot wird hierbei durch eine Ausfüllungsvorschrift näher konkretisiert.[2] Das verbotene Verhalten ist daher erst in der Zusammenschau von mehreren Normen zu erkennen. Dadurch bieten sie dem Gesetzgeber ein großes Maß an Flexibilität.[3] Der Verweis auf die Ausfüllungsvorschrift kann statisch oder dynamisch erfolgen. Bei einem statischen Verweis wird auf eine bestimmte Fassung der Ausfüllungsvorschrift verwiesen (zB § 18 Abs. 4 S. 1, Abs. 5 S. 1, Abs. 5a). Bei einem dynamischen Verweis wird dagegen auf die jeweils aktuelle Fassung der Ausfüllungsvorschrift verwiesen (zB § 18 Abs. 4 S. 2, Abs. 5 S. 2, Abs. 5b S. 2). Blankettnormen begegnen häufig Bedenken im Hinblick auf das rechtsstaatliche **Bestimmtheitsgebot** aus Art. 103 Abs. 2

---

[1] Statistisches Bundesamt, Rechtspflege: Strafverfolgung 2021 (2022), 56, abrufbar unter https://www.destatis.de/DE/Themen/Staat/Justiz-Rechtspflege/Publikationen/Downloads-Strafverfolgung-Strafvollzug/strafverfolgung-2100300217004.pdf (zuletzt abgerufen am 23.8.2023).

[2] Dorsch/Stein/Louca, 218. EL, Vor §§ 17 ff. Rn. 12.

[3] Dorsch/Stein/Louca, 218. EL, Vor §§ 17 ff. Rn. 13.

GG, insbesondere in seiner Ausprägung des Gebots der Normenklarheit.[4] Denn hiernach sind die Voraussetzungen der Strafbarkeit vom Gesetzgeber so konkret zu umschreiben, dass Tragweite und Anwendungsbereich des Straftatbestands erkennbar sind und sich durch Auslegung ermitteln lassen.[5] Der Gesetzgeber kann jedoch auf andere Vorschriften verweisen.[6] Das können auch Vorschriften eines anderen Normgebers wie beispielsweise der EU sein.[7] Die Verweisungsnorm muss aber hinreichend deutlich erkennen lassen, welche Vorschriften im Einzelnen gelten sollen und sie muss dem Normadressaten durch eine frühere ordnungsgemäße Veröffentlichung zugänglich sein.[8] Gerade im Rahmen spezieller Strafnebengebiete ist der konkrete Kreis der Normadressaten zu berücksichtigen. Da § 18 spezifisch diejenigen adressiert, die im Außenwirtschaftsverkehr tätig sind, darf davon ausgegangen werden, dass diese Personen mit dem Rechtsgebiet vertraut sind, und dass es ihnen möglich ist, sich über die Ausfüllungsvorschriften zu informieren.[9] Eine Blankettnorm ist nach Ansicht des BVerfG unbedenklich, wenn sie statisch auf die Ausfüllungsvorschrift verweist.[10] Bei dynamischen Verweisungen besteht dagegen die Gefahr, dass der Gesetzgeber den Inhalt der Strafvorschrift nicht mehr in eigener Verantwortung bestimmt und einem Dritten überlässt. Das ist nur im Rahmen der Prinzipien der Rechtsstaatlichkeit, Demokratie und Bundesstaatlichkeit möglich.[11] Im Ergebnis greifen verfassungsrechtliche Bedenken gegen die Blankettnormen des AWG allerdings nicht durch.[12]

In § 18 Abs. 1–5b sind **Grundstraftatbestände** normiert, die den Verstoß **3** gegen EU-Verordnungen, die AWV, oder vollziehbare Anordnungen unter Strafe stellen. Der Straftatenkatalog ist vielfältig und deckt Verstöße zB gegen Verbote und Genehmigungspflichten des Sanktions- und Exportkontrollrechts ab. So zielen zB die in Abs. 1 Nr. 1 lit. a und Nr. 2 lit. a erwähnten Verbote von Investitionen bzw. diesbzgl. Genehmigungspflichten auf Wirtschaftsmaßnahmen ab, wie sie von der EU zB gegen Russland verhängt wurden.[13] Der Erwerb inländischer Unternehmen ist davon allerdings nicht betroffen. Verstöße gegen sanktionsrechtliche Bereitstellungsverbote sind ferner nach Abs. 1 Nr. 1 lit. a strafbewährt und werden etwa relevant bei Transaktionen mit sanktionierten Personen. Abs. 1a stellt lediglich auf Verstöße gegen Einzeleingriffe iSd § 6 Abs. 1 S. 2 ab, dh auf solche Maßnahmen, die der Umsetzung von Finanzsanktionen dienen. Andere Einzeleingriffe, die auch mit Blick auf die Investitionskontrolle relevant werden können (wie zB die Anordnung einer Treuhandverwaltung; → § 6 Rn. 2), sind nicht erfasst. Mit Blick auf das **Investitionskontrollrecht** sind daher nur **Abs. 1b** und **Abs. 2 Nr. 8** relevant (→ Rn. 4–12). Abs. 6 regelt die Versuchsstrafbarkeit

---

[4] Zur Problematik allgemein siehe Rspr. des BVerfG zum Rindfleischetikettierungsgesetz in BVerfG NJW 2016, 3648 (3649 ff.). MüKo StGB/Wagner Vorb. § 17 Rn. 33 ff.; Dorsch/Stein/Louca, 218. EL, Vor §§ 17 ff. Rn. 14; Hocke/Sachs/Pelz AußenwirtschaftsR/Pelz Vor §§ 17 ff. Rn. 6 ff.; Wolffgang/Simonsen/Rogmann/Pietsch AWR/Morweiser Vor §§ 17, 18 Rn. 15.
[5] StRspr seit BVerfG NJW 1969, 1059.
[6] StRspr seit BVerfG NJW 1956, 1025.
[7] StRspr seit BVerfG NJW 1970, 2155.
[8] BVerfG NJW 2016, 3648 (3650) mwN.
[9] Vgl. Dorsch/Stein/Louca, 218. EL, Vor §§ 17 ff. Rn. 14.
[10] BVerfG NJW 2016, 3648 (3650) mwN.
[11] BVerfG NJW 2016, 3648 (3650) mwN.
[12] So MüKo StGB/Wagner Vorb. § 17 Rn. 35.
[13] Siehe zB Art. 3a VO (EU) 833/2014.

(→ Rn. 13), Abs. 7 und 8 enthalten Qualifikationen (→ Rn. 14–18). Abs. 9 ergänzt die Straftatbestände, die an ein Handeln ohne Genehmigung anknüpfen. In § 18 Abs. 10 wird der räumliche Anwendungsbereich auf Auslandstaten von Deutschen erweitert. In § 18 Abs. 11–13 sind schließlich Gründe geregelt, die eine Strafbarkeit nach § 18 Abs. 1, 1a oder 5a ausschließen.

B. Relevante Straftatbestände

4   Direkte Bedeutung für das **Investitionskontrollrecht** kommen Abs. 1b und Abs. 2 Nr. 8 zu, die vorsätzliche Verstöße gegen die Vollzugsverbote aus § 15 Abs. 4 (→ Rn. 5–9) sowie gegen eine vollziehbare investitionskontrollrechtliche Untersagung oder sonstige Anordnung (→ Rn. 10–12) unter Strafe stellen. Zu sonstigen Fragen sind die allgemeinen Vorschriften des **StGB** heranzuziehen, etwa §§ 25 ff. StGB zur Täterschaft und Teilnahme oder §§ 15 ff. StGB zur Irrtumsthematik.

I. Verstoß gegen Vollzugsverbote (Abs. 1b)

5   § 18 Abs. 1b dient der strafrechtlichen Absicherung der **Vollzugsverbote aus § 15 Abs. 4**.[14] Mit Freiheitsstrafe bis zu fünf Jahren oder mit Geldstrafe wird bestraft, wer entgegen § 15 Abs. 4 Nr. 1 ein Stimmrecht ausübt (Nr. 1; → § 15 Rn. 15), entgegen § 15 Abs. 4 Nr. 3 oder 4 eine dort genannte Information überlässt oder offenlegt (Nr. 2; → § 15 Rn. 16–19) oder gegen § 80 Abs. 2 AWV verstößt (Nr. 3), der auf Nr. 3 zurückverweist und Verstöße gegen § 59a Abs. 2 S. 1 sowie Abs. 3 (→ AWV § 59a Rn. 6) unter Strafe stellt.

6   Eine Strafbarkeit nach § 18 Abs. 1b setzt somit voraus, dass ein Vollzugsverbot iSd § 15 Abs. 4 besteht, dh ein meldepflichtiges Erwerbsgeschäft vorliegt und das BMWK (noch) keine Freigabe erteilt hat oder die Prüffristen des § 14a nicht abgelaufen sind (→ § 15 Rn. 11). Ein vorsätzliches **Zuwiderhandeln** gegen die Vollzugsverbote kann nach Ansicht des Gesetzgebers die öffentliche Ordnung oder Sicherheit gefährden. Eine Beeinträchtigung dieser Schutzgüter müsse aber nicht eingetreten sein. Es komme allein darauf an, dass eine Beeinträchtigung durch die verbotene Handlung zum Tatzeitpunkt möglich sei.[15] Das wird teilweise als zu unbestimmt kritisiert.[16]

7   Untersagt ist die Vornahme der jeweiligen Vollzugshandlungen gegenüber dem Erwerber. Ein Handeln gegenüber einem Dritten im Einverständnis mit dem Erwerber kann jedoch ebenfalls erfasst sein.[17] Die Tat ist zwar ein **Allgemeindelikt**, aber faktisch kommen je nach Art des Verstoßes gegen das Vollzugsverbot nur im Kreis des Veräußerers oder Erwerbers stehende Personen in Betracht. So können nur Personen auf Seiten des Erwerbers die neuerworbenen Stimmrechte entgegen § 15 Abs. 4 S. 1 Nr. 1 ausüben und nur Personen auf Seiten des Veräußerers dem Erwerber entgegen § 15 Abs. 4 S. 1 Nr. 3 und 4 unternehmensbezogene Informationen mit Sicherheitsrelevanz überlassen oder anderweitig offenlegen.[18]

---

[14] BT-Drs. 19/18700, 20.

[15] BT-Drs. 19/18700, 20.

[16] BeckOK AußenWirtschaftsR/Schwendinger Rn. 29.

[17] Hocke/Sachs/Pelz AußenwirtschaftsR/Pelz Rn. 28.

[18] Nehring-Köppl, Paradigmenwechsel im Außenwirtschaftsrecht, 2023, S. 240 f.; Hocke/Sachs/Pelz AußenwirtschaftsR/Pelz Rn. 29.

Der Erwerber bleibt straflos, wenn sich sein Tatbeitrag lediglich auf die Entgegennahme der Begünstigung beschränkt (sog. notwendige Teilnahme).[19]

Eine Tatbegehung durch **Unterlassen** kommt nach § 13 StGB ebenfalls in **8** Betracht, setzt aber eine Garantenpflicht voraus.[20] Ein **fahrlässiges Handeln** kann nach § 19 Abs. 1 Nr. 2 belangt werden (→ § 19 Rn. 5).

Das Blankettgesetz wird hinsichtlich des Bestimmtheitsgebots aus Art. 103 **9** Abs. 2 GG **kritisiert**, da die Meldepflichten für den Erwerber zu undurchsichtig sind und ein Vollzugsverbot nach § 15 Abs. 4 nicht zweifelsfrei angenommen werden kann (zur Verfassungsmäßigkeit → Rn. 2).[21] Des Weiteren wird die Strafandrohung von bis zu fünf Jahren Freiheitsstrafe teilweise als unverhältnismäßig erachtet.[22]

II. Verstoß gegen eine vollziehbare Anordnung (Abs. 2 Nr. 8)

Mit Freiheitsstrafe von bis zu fünf Jahren oder mit Geldstrafe wird nach § 18 **10** Abs. 2 Nr. 8 bestraft, wer gegen die AWV verstößt, indem er einer vollziehbaren Anordnung nach § 59 Abs. 1 S. 1, Abs. 3 Nr. 1 oder § 62 Abs. 1 AWV vorsätzlich zuwiderhandelt. Damit erfasst sind vorsätzliche Verstöße gegen Untersagungen oder Anordnungen in der sektorübergreifenden und sektorspezifischen Prüfung.

Eine Strafbarkeit setzt zunächst voraus, dass eine **vollziehbare Anordnung** **11** nach § 59 Abs. 1 S. 1, Abs. 3 Nr. 1 oder § 62 Abs. 1 AWV vorliegt. § 59 Abs. 1 S. 1 AWV ermächtigt das BMWK, einen der sektorübergreifenden Investitionskontrolle nach § 55 AWV unterfallenden Erwerb zu untersagen oder Anordnungen zu erlassen, um die öffentliche Ordnung oder Sicherheit zu gewährleisten (→ AWV § 59 Rn. 4–47). Zur Durchsetzung der Untersagung kann das BMWK gem. § 59 Abs. 3 Nr. 1 AWV die Ausübung der Stimmrechte an dem Zielunternehmen untersagen oder einschränken (→ AWV § 59 Rn. 49). § 62 Abs. 1 AWV ermächtigt das BMWK, einen der sektorspezifischen Investitionskontrolle nach § 60 AWV unterfallenden Erwerb zu untersagen oder Anordnungen zu erlassen (→ AWV § 62 Rn. 6–31). Eine solche Anordnung ist gem. § 6 Abs. 1 VwVG vollziehbar, wenn sie unanfechtbar ist, ihr sofortiger Vollzug angeordnet ist oder einem Rechtsmittel keine aufschiebende Wirkung zukommt. Zu beachten ist hierbei, dass einer Anfechtungsklage gegen Anordnungen des BMWK nach § 14 Abs. 2 keine aufschiebende Wirkung haben (→ § 14 Rn. 19, 20).

Eine Straftat nach § 18 Abs. 2 Nr. 8 liegt vor, wenn dieser vollziehbaren Anord- **12** nung vorsätzlich **zuwidergehandelt** wird. Das Vorliegen von Vorsatz (§ 15 StGB) bestimmt sich nach allgemeinen Regeln. Bedingter Vorsatz genügt für die Verwirklichung des Straftatbestands. Eine Tatbegehung durch Unterlassen ist gem. § 13 StGB möglich, sofern eine Garantenpflicht besteht.

C. Versuch (Abs. 6)

Da in § 18 Abs. 1 bis 5b lediglich Vergehen aufgelistet sind, ergibt sich eine **13** **Versuchsstrafbarkeit** nicht bereits aus §§ 23 Abs. 1, 12 Abs. 1 StGB. Der Gesetz-

---

[19] Hocke/Sachs/Pelz AußenwirtschaftsR/Pelz Rn. 29.

[20] Vgl. allgemein BGH NJW 2009, 3173 (3175); Hocke/Sachs/Pelz AußenwirtschaftsR/ Pelz Vor §§ 17 ff. Rn. 31.

[21] Dorsch/Sachs, 218. EL, § 15 Rn. 14; BeckOK AußenwirtschaftsR/Schwendinger Rn. 29; Niestedt/Kunigk NJW 2020, 2504 (2506).

[22] Dorsch/Sachs, 218. EL, § 15 Rn. 14; Niestedt/Kunigk NJW 2020, 2504 (2506).

geber hat die Strafbarkeit des Versuchs der Taten nach § 18 Abs. 1b und Abs. 2 Nr. 8 aber in § 18 Abs. 6 angeordnet. Der Versuch ist durch einen Tatentschluss und das unmittelbare Ansetzen zur Tatverwirklichung gekennzeichnet (vgl. § 22 StGB). Ob ein Versuch vorliegt, insb. ob bereits unmittelbar angesetzt wurde, ist nach den allgemeinen Regeln zu bestimmen.[23]

D. Qualifikationen (Abs. 7, 8)

14   Die Straftatbestände des § 18 können nach Maßgabe der Abs. 7 und 8 zum Verbrechen iSd § 12 Abs. 1 StGB qualifiziert werden. Im Bereich der Investitionskontrolle gilt dies allerdings **nicht für Taten nach § 18 Abs. 1b** – hierauf sind die Qualifikationstatbestände mangels Verweises nicht anwendbar. Nur auf den Verstoß gegen eine vollziehbare Anordnung nach **§ 18 Abs. 2 Nr. 8** sind die Qualifikationen nach § 18 Abs. 7 Nr. 2 und Abs. 8 anwendbar.

15   Nach **§ 18 Abs. 7 Nr. 2** wird mit Freiheitsstrafe nicht unter einem Jahr bestraft, wer u.a. im Falle des § 18 Abs. 2 Nr. 8 **gewerbsmäßig** oder als **Mitglied einer Bande** handelt, die sich zur fortgesetzten Begehung von Straftaten verbunden hat. Nach Abs. 8 wird mit Freiheitsstrafe nicht unter zwei Jahren bestraft, wer u.a. in diesem Fall die Tat gewerbs- und bandenmäßig begeht.

16   Der Täter handelt **gewerbsmäßig**, wenn er sich durch die wiederholte Begehung von Straftaten eine dauerhafte Einnahmequelle von gewissem Umfang verschaffen will.[24] Die Einnahmen aus dem verbotenen Handeln müssen nicht die Haupteinnahmequelle des Täters darstellen.[25] Er muss aber eine Wiederholungsabsicht bezogen auf Straftaten des konkreten Tatbestands haben, wobei schon die einmalige Tatbegehung ausreichen kann.[26] Im Außenwirtschaftsverkehr ist zu beachten, dass zwischen gewerbsmäßigem und **gewerblichem** Handeln unterschieden werden muss. Insbesondere erlangt der Täter, zB ein Mitarbeiter eines Unternehmens, durch das Handeln häufig selbst keinen unmittelbaren Vorteil.[27] Der Gesetzgeber hat klargestellt, dass bei außenwirtschaftsrechtlichen Verstößen hohe Anforderungen an die Gewerbsmäßigkeit zu stellen sind, um einer Ausuferung des Verbrechenstatbestands vorzubeugen.[28]

17   Der Täter handelt **als Mitglied einer Bande**, die sich zur fortgesetzten Begehung von Straftaten verbunden hat, wenn er Teil einer aus mindestens drei Personen bestehenden Gruppe ist, die sich zur wiederholten Begehung gleichartiger, aber im Einzelnen noch unbestimmter Taten, auf gewisse Dauer zusammengeschlossen hat.[29] Die konkrete Tat muss mindestens durch ein Bandenmitglied begangen worden sein und ein weiteres Bandenmitglied muss daran zumindest durch Beihilfe mitgewirkt haben.[30] Eine Bande kann auch

---

[23] Hocke/Sachs/Pelz AußenwirtschaftsR/Pelz Rn. 104.

[24] LG Kiel BeckRS 2019, 56571 Rn. 106 mwN.

[25] LG Kiel BeckRS 2019, 56571 Rn. 106 mwN.

[26] Dorsch/Stein/Louca, 218. EL, § 17 Rn. 28.

[27] Wolffgang/Simonsen/Rogmann/Pietsch AWR/Morweiser Vor §§ 17, 18 Rn. 115.

[28] BT-Drs. 17/11127, 26.

[29] OLG Düsseldorf BeckRS 2021, 40036 Rn. 649 mwN; OLG München BeckRS 2008, 19201 mwN.

[30] Dorsch/Stein/Louca, 218. EL, § 17 Rn. 31.

innerhalb eines Unternehmens bestehen.[31] Wird die Tat aus einem Unternehmen heraus begangen, ist allerdings nicht erforderlich, dass alle Bandenmitglieder diesem angehören.[32]

Zu beachten ist, dass es sich bei der Gewerbsmäßigkeit und der Bandenmitgliedschaft um **besondere persönliche Merkmale** iSd § 14 Abs. 1 StGB handelt. **18** Die Akzessorietät ist dementsprechend nach § 28 Abs. 2 StGB eingeschränkt. Täter und Teilnehmer (→ Rn. 4) müssen das Merkmal selbst aufweisen, andernfalls können sie nur nach dem Grundtatbestand bestraft werden.

E. Sonstiges

Für das Strafverfahren ist die **Staatsanwaltschaft** zuständig. Eine Delegierung **19** der Ermittlungen an die Zollbehörden nach § 21 kommt in der Regel nicht in Betracht (→ § 21 Rn. 3–7). Die **Zuständigkeit** des Strafgerichts richtet sich nach § 22 Abs. 1 (→ § 22 Rn. 3–6).

Neben der Verhängung einer Freiheitsstrafe oder Geldbuße für die Taten nach **20** § 18 Abs. 1b bzw. Abs. 2 Nr. 8 kann als Nebenfolge die **Einziehung** nach § 20 in Betracht kommen (→ § 20 Rn. 1).

Die **Verjährung** beträgt gem. § 78 Abs. 3 Nr. 4 StGB grundsätzlich fünf Jahre. **21** Im Falle eines nach Abs. 7 oder 8 zu einem Verbrechen qualifizierten Verstoß gegen § 18 Abs. 2 Nr. 8 tritt die Verfolgungsverjährung gem. § 78 Abs. 3 Nr. 2 StGB nach 20 Jahren ein.

Darüber hinaus sind Bußgeldverfahren gegen **Aufsichtspflichtige** nach **§ 130 22 OWiG** möglich, sofern diese ihre Aufsichtspflichten vorsätzlich oder fahrlässig verletzt haben und die nötige Aufsicht die Begehung der Straftat verhindert oder wesentlich erschwert hätte.[33] Die Geldbuße kann nach § 130 Abs. 2 S. 1 OWiG bei vorsätzlicher Aufsichtspflichtverletzung bis zu 1.000.000 EUR betragen; bei Fahrlässigkeit bis zu 500.000 EUR (§ 17 Abs. 2 OWiG). Auch eine **Verbandsgeldbuße** kann unter den Voraussetzungen des **§ 30 OWiG** gegen das betreffende Unternehmen verhängt werden. Die Geldbuße beträgt dabei gem. § 30 Abs. 2 S. 1 Nr. 1 OWiG bis zu 10.000.000 EUR. Die Verjährungsfrist beträgt in beiden Fällen gem. § 31 Abs. 2 Nr. 1 OWiG drei Jahre.

§ 19 Bußgeldvorschriften

(1) **Ordnungswidrig handelt, wer eine in**
1. **§ 18 Absatz 1, 1a, 2 Nummer 1 bis 7, Absatz 3 bis 5 oder Absatz 5a oder**
2. **§ 18 Absatz 1b oder 2 Nummer 8**
bezeichnete Handlung fahrlässig begeht.

(2) **Ordnungswidrig handelt, wer entgegen § 8 Absatz 5, auch in Verbindung mit § 9 Satz 2, eine Angabe nicht richtig oder nicht vollständig macht oder nicht richtig oder nicht vollständig benutzt.**

---

[31] BGH BeckRS 2021, 11580 Rn. 50 mit Verweis auf Wolffgang/Simonsen/Rogmann/Pietsch AWR/Morweiser Vor §§ 17, 18 Rn. 117.

[32] Dorsch/Stein/Louca, 218. EL, § 17 Rn. 31.

[33] Siehe ausführlich BeckOK OWiG/Beck OWiG § 130 Rn. 26 ff.

(3) Ordnungswidrig handelt, wer vorsätzlich oder fahrlässig
1. einer Rechtsverordnung nach
   a) § 4 Absatz 1 oder
   b) § 11 Absatz 1 bis 3 oder Absatz 4 oder
   einer vollziehbaren Anordnung auf Grund einer solchen Rechtsverordnung zuwiderhandelt, soweit die Rechtsverordnung für einen bestimmten Tatbestand auf diese Bußgeldvorschrift verweist und die Tat nicht in § 17 Absatz 1 bis 4 oder Absatz 5 oder § 18 Absatz 2 mit Strafe bedroht ist,
2. einer vollziehbaren Anordnung nach § 7 Absatz 1, 3 oder Absatz 4 oder § 23 Absatz 1 oder Absatz 4 Satz 2 zuwiderhandelt,
3. entgegen § 27 Absatz 1 Satz 1 Waren nicht, nicht richtig, nicht vollständig oder nicht rechtzeitig vorzeigt,
4. entgegen § 27 Absatz 3 eine Erklärung nicht, nicht richtig, nicht vollständig oder nicht rechtzeitig abgibt oder
5. entgegen § 27 Absatz 4 Satz 1 eine Sendung nicht, nicht richtig, nicht vollständig oder nicht rechtzeitig gestellt.

(4) Ordnungswidrig handelt, wer vorsätzlich oder fahrlässig einer unmittelbar geltenden Vorschrift in Rechtsakten der Europäischen Gemeinschaften oder der Europäischen Union über die Beschränkung des Außenwirtschaftsverkehrs zuwiderhandelt, die inhaltlich einer Regelung entspricht, zu der die in
1. Absatz 3 Nummer 1 Buchstabe a oder
2. Absatz 3 Nummer 1 Buchstabe b
genannten Vorschriften ermächtigen, soweit eine Rechtsverordnung nach Satz 2 für einen bestimmten Tatbestand auf diese Bußgeldvorschrift verweist und die Tat nicht in § 18 Absatz 1, 3 bis 5, 7 oder Absatz 8 mit Strafe bedroht ist. Das Bundesministerium für Wirtschaft und Energie wird ermächtigt, soweit dies zur Durchführung der Rechtsakte der Europäischen Gemeinschaften oder der Europäischen Union erforderlich ist, durch Rechtsverordnung ohne Zustimmung des Bundesrates die Tatbestände zu bezeichnen, die als Ordnungswidrigkeit nach Satz 1 geahndet werden können.

(5) Ordnungswidrig handelt, wer vorsätzlich oder fahrlässig einem im Amtsblatt der Europäischen Gemeinschaften oder der Europäischen Union veröffentlichten unmittelbar geltenden Rechtsakt der Europäischen Gemeinschaften oder der Europäischen Union, der der Durchführung einer vom Rat der Europäischen Union im Bereich der Gemeinsamen Außen- und Sicherheitspolitik beschlossenen wirtschaftlichen Sanktionsmaßnahme dient, zuwiderhandelt, indem er
1. eine Information nicht, nicht richtig, nicht vollständig oder nicht rechtzeitig übermittelt,
2. eine Vorabanmeldung nicht, nicht richtig, nicht vollständig, nicht in der vorgeschriebenen Weise oder nicht rechtzeitig abgibt,
3. eine Aufzeichnung von Transaktionen nicht oder nicht für die vorgeschriebene Dauer aufbewahrt oder nicht oder nicht rechtzeitig zur Verfügung stellt oder
4. eine zuständige Stelle oder Behörde nicht oder nicht rechtzeitig unterrichtet.

(6) **Die Ordnungswidrigkeit kann in den Fällen der Absätze 1, 3 Nummer 1 Buchstabe a und des Absatzes 4 Satz 1 Nummer 1 mit einer Geldbuße bis zu fünfhunderttausend Euro, in den übrigen Fällen mit einer Geldbuße bis zu dreißigtausend Euro geahndet werden.**

A. Inhalt und Bedeutung

In § 19 sind die **Ordnungswidrigkeitentatbestände** des AWG normiert. **1** Diese sind, wie die Straftatbestände in § 18, als **Blankettnormen** ausgestaltet und enthalten teilweise auch mehrstufige Verweise auf Vorschriften des AWG und der AWV (zur Verfassungsmäßigkeit → § 18 Rn. 2). Der Gesetzgeber wollte mit § 19 ein Instrumentarium schaffen, das der Tatsache gerecht wird, dass bei der Abwicklung von außenwirtschaftsrechtlich relevanten Vorgängen im Einzelfall Arbeitsfehler unterlaufen können, selbst wenn die Handelnden grundsätzlich rechtstreu sind und Vorkehrungen zur Vermeidung von Verstößen getroffen wurden. Eine Strafbewehrung des Verstoßes wäre in einem solchen Fall nicht angemessen.[1] Dementsprechend werden in § 19 Verstöße gegen Verfahrens- und Formvorschriften sowie fahrlässige Verstöße gegen sonstige Ge- und Verbote des Außenwirtschaftsrechts mit einem Bußgeld belegt. Es handelt sich dabei um abstrakte Gefährdungsdelikte.[2]

Abs. 1 sieht für die fahrlässige Begehung der Taten nach § 18 Abs. 1–5a **2** (→ § 18 Rn. 3, 4–12) eine Bußgeldandrohung vor. Nach Abs. 2 werden unrichtige Angaben in Genehmigungsverfahren mit einem Bußgeld geahndet. In Abs. 3 werden vorsätzliche oder fahrlässige Verstöße gegen durch § 81 AWV näher konkretisierte Vorschriften der AWV, vollziehbare Anordnungen sowie Vorzeige-, Erklärungs-, und Gestellungspflichten im Zusammenhang mit dem Warenverkehr als Ordnungswidrigkeit ausgestaltet. Abs. 4 betrifft Verstöße gegen bestimmte unmittelbar geltende EU-Rechtsakte und Abs. 5 Verstöße gegen Verfahrensvorschriften in EU-Sanktionsverordnungen. Abs. 6 regelt die Höhe des Bußgeldes.

Die meisten dieser Bußgeldtatbestände betreffen die Investitionsprüfung **3** nicht. Insbesondere Ordnungswidrigkeiten, die auf Genehmigungsverfahren abzielen, spielen insoweit keine Rolle (→ § 8 Rn. 1–3). Auch die bußgeldbewehrten Verstöße gegen Meldepflichten nach § 19 Abs. 3 Nr. 1 lit. b iVm § 11 Abs. 1–3 oder Abs. 4 iVm § 81 Abs. 2 AWV betreffen nicht die Meldepflichten aus dem Bereich der sektorübergreifenden Prüfung nach § 55a Abs. 4 AWV oder der sektorspezifischen Prüfung nach § 60 Abs. 3 AWV (→ § 4 Rn. 14, → § 11 Rn. 7). Relevant im Zusammenhang mit dem **Investitionskontrollrecht** sind allerdings die in **§ 19 Abs. 1 Nr. 2** enthaltenen Tatbestände, von denen fahrlässige Verstöße nach § 18 Abs. 1b oder 2 Nr. 8 erfasst werden (→ Rn. 5–7). Zudem liegt nach **§ 19 Abs. 3 Nr. 1** eine Ordnungswidrigkeit bei vorsätzlichem oder fahrlässigem Zuwiderhandeln gegen vollziehbare Anordnungen gem. § 23 Abs. 1, Abs. 4 S. 2 vor (→ Rn. 8–10). Für das Ordnungswidrigkeiten Verfahren ist das BMWK zuständig (→ § 22 Rn. 9). Die Rechtsfolge richtet sich nach § 19 Abs. 6, ergänzt durch § 20, und nach den allgemeinen Vorschriften (→ Rn. 11–16).

---

[1] BT-Drs. 17/11127, 25.
[2] Wolffgang/Simonsen/Rogmann/Pietsch AWR/Morweiser Rn. 3; BeckOK Außen-WirtschaftsR/Schwendinger Rn. 1.

B. Relevante Bußgeldtatbestände

4   Im Zusammenhang mit dem Investitionskontrollrecht sind fahrlässige Verstöße gegen die Vollzugsverbote des § 15 Abs. 4 sowie gegen vollziehbare Untersagungsverfügungen oder Anordnungen nach § 59 bzw. § 62 AWV bußgeldbewehrt (→ Rn. 5–7). Ferner sind vorsätzliche oder fahrlässige Verstöße gegen vollziehbare Auskunftsverlangen nach § 23 Abs. 1 und 4 bußgeldbewehrt (→ Rn. 8–10). Die Begehung kann, was gerade in letzterem Fall relevant sein dürfte, gem. § 8 OWiG auch **durch Unterlassen** erfolgen.

I. Fahrlässige Verstöße nach § 18 Abs. 1b, Abs. 2 Nr. 8 (Abs. 1 Nr. 2)

5   § 19 Abs. 1 Nr. 2 Alt. 1 belegt durch den Verweis auf § 18 Abs. 1b **fahrlässige Verstöße gegen die Vollzugsverbote** aus § 15 Abs. 4 S. 1 Nr. 1, 3, 4, Abs. 5 S. 1 Nr. 2 oder S. 2 Nr. 1 oder 2 (→ § 18 Rn. 5–9, → § 15 Rn. 10–19) mit einem Bußgeld.

6   Der **fahrlässige Verstoß gegen die vollziehbare Untersagung eines Unternehmenserwerbs oder eine Anordnung** nach § 59 Abs. 1 S. 1, Abs. 3 Nr. 1 AWV oder § 62 Abs. 1 AWV ist gem. **§ 19 Abs. 1 Nr. 2 Alt. 2** iVm § 18 Abs. 2 Nr. 8 (→ § 18 Rn. 10–12) eine Ordnungswidrigkeit.

7   Ob der Täter **fahrlässig** gehandelt hat, bestimmt sich **nach allgemeinen Grundsätzen**. Auch ein geringes Maß an Fahrlässigkeit genügt für die Verwirklichung des Bußgeldtatbestands. Der Täter muss eine objektive Sorgfaltspflichtverletzung bei objektiver Vorhersehbarkeit begangen haben. Zudem muss auch auf subjektiver Seite eine Sorgfaltspflichtverletzung bei individueller Vorhersehbarkeit vorliegen.[3] Liegt (Eventual-)Vorsatz vor, wird die Tat als Straftat nach § 18 Abs. 1b verfolgt.

II. Zuwiderhandeln gegen vollziehbare Anordnungen nach § 23 Abs. 1 oder Abs. 4 S. 2 (Abs. 3 Nr. 2)

8   In § 19 Abs. 3 Nr. 2 ist das vorsätzliche oder fahrlässige **Zuwiderhandeln gegen eine vollziehbare Anordnung** gem. § 23 Abs. 1 oder Abs. 4 S. 2 (→ § 23 Rn. 4–8, 13) mit Bußgeld bedroht. Erfasst sind damit Verstöße gegen die allgemeine Auskunftspflicht in Form des Nichtbefolgens allgemeiner Auskunftsverlangen oder dem Verlangen von geschäftlichen Unterlagen nach § 23 Abs. 1 iVm Abs. 6a sowie das Nichtnachkommen auf ein Verlangen nach § 23 Abs. 4 S. 2 iVm Abs. 6a, mit denen das BMWK die Einhaltung von aus Anordnungen oder öffentlich-rechtlichen Verträgen hervorgehenden Verpflichtungen auf Seiten der Erwerbsbeteiligten überwacht. Täter der Ordnungswidrigkeit kann nur der nach § 23 Abs. 5 Auskunftspflichtige sein (→ § 23 Rn. 15–17). Bei § 19 Abs. 3 Nr. 2 handelt es sich daher um ein **Sonderdelikt**.[4] Die Auskunftspflicht besteht allerdings nur, soweit das Verlangen erforderlich ist, um die Kontrollbefugnisse des BMWK mit Blick auf die Einhaltung von Untersagungen und Anordnungen auszuüben (→ § 23 Rn. 4).[5] Die zulässige Berufung auf das Auskunftsverweigerungsrecht nach § 23 Abs. 6 (→ § 23 Rn. 18–20) schließt das Vorliegen einer Ordnungswidrigkeit aus.

---

[3] Dorsch/Stein/Louca, 218. EL, Rn. 7.

[4] BeckOK AußenWirtschaftsR/Schwendinger Rn. 24.

[5] Vgl. Graf/Jäger/Wittig/Cornelius Rn. 24.

§ 19a Abs. 3 Nr. 2 setzt voraus, dass die Anordnung **vollziehbar** ist, dh dass 9
sie gem. § 6 Abs. 1 VwVG unanfechtbar ist oder dass ihr sofortiger Vollzug angeordnet ist oder dass dem Rechtsmittel keine aufschiebende Wirkung beigelegt ist.
Eine Anfechtungsklage gegen einen entsprechenden Verwaltungsakt des BMWK,
der auf Grundlage des § 23 Abs. 1 oder Abs. 4 S. 2 ergeht, kommt gem. § 14
Abs. 2 keine aufschiebende Wirkung zu (→ § 14 Rn. 19, 20) und stellt damit
eine vollziehbare Anordnung dar. Der Adressat kann aber einen Antrag auf Anordnung der aufschiebenden Wirkung nach § 80 Abs. 5 S. 1 Alt. 1 VwGO stellen
(→ § 14 Rn. 63–69).

Ob der Täter **vorsätzlich oder fahrlässig** gehandelt hat, spielt für den Buß- 10
geldtatbestand keine Rolle, wird aber im Rahmen der Bußgeldbemessung nach
§ 17 Abs. 2 OWiG dahingehend berücksichtigt, dass bei Fahrlässigkeit nur die
Hälfte des Höchstbetrags der Geldbuße verhängt werden kann.[6] Der Versuch ist
nicht bußgeldbewehrt (vgl. § 13 Abs. 2 OWiG).

C. Rechtsfolgen

In **§ 19 Abs. 6** werden die Rechtsfolgen von Verstößen gegen die Bußgeld- 11
tatbestände nach Abs. 1–5 geregelt. Bei einer Ordnungswidrigkeit nach § 19
Abs. 1 Nr. 2 beträgt das Bußgeld demnach bis zu **500.000 EUR** je Verstoß.
Vorsätzliche Verstöße nach § 19 Abs. 3 Nr. 2 können mit bis zu **30.000 EUR**
je Verstoß geahndet werden. Wegen § 17 Abs. 2 OWiG liegt die Bußgeldober-
grenze in letzterem Fall bei fahrlässigen Verstößen bei 15.000 EUR.

Zusätzlich sind die **allgemeinen Grundsätze** bei Bemessung der Höhe des 12
Bußgelds gem. § 17 OWiG zu berücksichtigen.[7] Grundlage der Bemessung sind
gem. § 17 Abs. 3 OWiG die Bedeutung der Ordnungswidrigkeit und der Vor-
wurf, der den Täter trifft, sowie seine wirtschaftlichen Verhältnisse. Die Geldbuße soll den wirtschaftlichen Vorteil, den der Täter aus der Ordnungswidrigkeit erlangt hat, gem. § 17 Abs. 4 S. 1 übersteigen. Nach § 17 Abs. 4 S. 2 kann
das gesetzliche Höchstmaß zu diesem Zweck überschritten werden. Wenn die
Verhängung einer Geldbuße nicht möglich ist, kann ein wirtschaftlicher Vorteil
nach Maßgabe des § 29a OWiG abgeschöpft werden. Über die Verhängung
eines Bußgeldes kommt zudem eine Einziehung gem. § 20 in Betracht (→ § 20
Rn. 1).

Die Möglichkeit einer **bußgeldbefreienden Selbstanzeige** gem. § 22 Abs. 4 13
besteht nur im Fall des Verstoßes gegen eine vollziehbare Anordnung nach § 19
Abs. 3 Nr. 2 Alt. 2 (→ § 22 Rn. 10, 11). Im Übrigen kommt bei Verstößen mit
geringer Schwere, je nach Lage des Einzelfalls, eine Einstellung aus Opportunitäts-
gründen nach § 47 OWiG in Betracht.

Neben der Verhängung eines Bußgelds gegen unmittelbar an der Ordnungswid- 14
rigkeit Beteiligte nach § 19 besteht die Möglichkeit von **Bußgeldverfahren
gegen Aufsichtspflichtige** nach § 130 OWiG (→ § 18 Rn. 22).[8] Die Höhe der
Geldbuße bestimmt sich gem. § 130 Abs. 3 S. 2 OWiG nach der Geldbuße für
den zugrundeliegenden Ordnungswidrigkeitstatbestand, dh nach § 19 Abs. 6,
wobei die Höhe bei einer fahrlässigen Aufsichtspflichtverletzung nach § 17 Abs. 2
OWiG zu halbieren ist. Ferner droht, wie auch im Falle des § 18, eine **Verbands-**

---

[6] BeckOK AußenWirtschaftsR/Schwendinger Rn. 8.1.
[7] Dorsch/Stein/Louca, 218. EL, Rn. 49; Graf/Jäger/Wittig/Cornelius Rn. 78 ff.
[8] Siehe ausführlich BeckOK OWiG/Beck OWiG § 130 Rn. 26 ff.

geldbuße gem. § 30 OWiG (→ § 18 Rn. 22), deren Höhe sich wiederum gem. § 30 Abs. 2 S. 1 an § 19 Abs. 6 orientiert.

15   Die Geldbuße wird häufig als eine Pflichtenmahnung angesehen, die im Gegensatz zu einem Strafurteil keine relevante Beeinträchtigung des Ansehens einer Person oder eines Unternehmens zur Folge hat. Dennoch kann ein bußgeldbewährter Verstoß weitreichende Folgen haben. Das BMWK kann die **Zuverlässigkeit** einer Person bei einem zukünftigen Antrag auf Erteilung einer Unbedenklichkeitsbescheinigung nach § 58 AWV berücksichtigen [9] oder über § 55a Abs. 3 S. 1 Nr. 3 lit. b bzw. § 60 Abs. 1b S. 1 Nr. 3 lit. b AWV (→ AWV § 55a Rn. 126–128; → AWV § 60 Rn. 75, 76) bei Erteilung einer Untersagung oder Anordnung.

16   Die **Verfolgungsverjährung** richtet sich nach den allgemeinen Vorschriften der §§ 31 ff. OWiG.[10] Ordnungswidrigkeiten nach § 19 Abs. 1 Nr. 2 sowie vorsätzlich begangene Ordnungswidrigkeiten nach § 19 Abs. 3 Nr. 2 verjähren gem. § 31 Abs. 2 Nr. 1 OWiG in drei Jahren. Fahrlässig begangene Ordnungswidrigkeiten nach § 19 Abs. 3 Nr. 2 verjähren gem. § 31 Abs. 2 Nr. 2 OWiG in zwei Jahren. Die Verjährungsfrist beginnt gem. § 31 Abs. 3 OWiG, sobald die zu ahndende Handlung beendet ist. § 32 OWiG regelt das Ruhen dieser Verjährungsfrist und § 33 OWiG die Unterbrechung. Höchstgrenze für die Verfolgung von Ordnungswidrigkeiten nach dem § 19 ist das Doppelte der regulären Verjährungsfrist, also sechs Jahre.[11]

§ 20 Einziehung

(1) **Ist eine Straftat nach § 17 oder § 18 oder eine Ordnungswidrigkeit nach § 19 begangen worden, so können folgende Gegenstände eingezogen werden:**
1. **Gegenstände, auf die sich die Straftat oder die Ordnungswidrigkeit bezieht, und**
2. **Gegenstände, die zu ihrer Begehung oder Vorbereitung gebraucht worden oder bestimmt gewesen sind.**

(2) **§ 74a des Strafgesetzbuches und § 23 des Gesetzes über Ordnungswidrigkeiten sind anzuwenden.**

A. Inhalt und Bedeutung

1   § 20 sieht die Einziehung von Tatobjekten und Tatmitteln als **Nebenfolge** vor, die **bei straf- oder bußgeldbewehrten Verstößen gegen das AWG** angeordnet werden kann. Auf die Einziehung nach dem AWG finden grundsätzlich die allgemeinen Vorschriften in §§ 73 ff. StGB bzw. §§ 22 ff. OWiG Anwendung.[1] Wo § 20 eine abweichende oder ergänzende Regelung trifft, geht diese den allgemeinen Vorschriften vor.

2   Die **Relevanz im Investitionskontrollrecht** ist wegen der bislang geringen praktischen Bedeutung der in diesem Bereich bestehenden Straf- und Bußgeldtat-

---

[9] Dorsch/Stein/Louca, 218. EL, Rn. 1.
[10] BeckOK AußenWirtschaftsR/Schwendinger Rn. 39.
[11] Wolffgang/Simonsen/Rogmann/Pietsch AWR/Morweiser Rn. 59.
[1] Erbs/Kolhaas/Diemer Rn. 4; Dorsch/Thoms. 218. EL, Rn. 2; Hocke/Sachs/Pelz AußenwirtschaftsR/Pelz Rn. 1 mit Verweis auf Art. 1 Abs. 1 EGStGB.

bestände gering (zu der Anzahl an Straftaten nach dem AWG → § 18 Rn. 1). Angesichts der steigenden Zahl an Investitionsprüfverfahren (→ § 32 Rn. 5) und der Ausweitung der Investitionskontrolle (→ Einl. Rn. 9) ist aber eine wachsende Bedeutung nicht unwahrscheinlich.

In § 20 Abs. 1 ist geregelt, welche Gegenstände eingezogen werden können **3** (→ Rn. 4–7). Abs. 2 verweist im Übrigen auf die Bestimmungen in § 74a StGB und § 23 OWiG, was insbesondere eine Einziehung auch bei Dritten, die nicht Täter oder Teilnehmer sind, ermöglicht (→ Rn. 8, 9). Ob eine Einziehung im Einzelfall angeordnet wird, steht im Ermessen des Gerichts bzw. der Behörde (→ Rn. 10, 11).

B. Gegenstand der Einziehung (Abs. 1)

Nach § 20 Abs. 1 können Gegenstände der Einziehung sowohl sog. Bezie- **4** hungsgegenstände als auch solche Gegenstände sein, die zur Begehung oder Vorbereitung der Tat gebraucht worden oder bestimmt gewesen sind. Bei Straftaten kann die Einziehung solcher Gegenstände gem. § 74 Abs. 1 StGB nur bei Vorsatz angeordnet werden. Insofern erweitert § 20 mit Bezugnahme auf § 17 den Anwendungsbereich der Einziehung auf fahrlässige Taten. Zudem ist § 20 die gesetzliche Anordnung iSd § 22 Abs. 1 OWiG, sodass die Einziehung auch bei Ordnungswidrigkeiten nach § 19 angeordnet werden darf.

Beziehungsgegenstände iSd Abs. 1 Nr. 1 sind solche Gegenstände, auf **5** die sich eine Straftat nach §§ 17, 18 oder eine Ordnungswidrigkeit nach § 19 bezieht. Im Bereich der Investitionskontrolle hat das für Straftaten nach § 18 Abs. 1b (→ § 18 Rn. 5–9) oder Abs. 2 Nr. 8 (→ § 18 Rn. 10–12) sowie Ordnungswidrigkeiten nach § 19 Abs. 1 Nr. 2 iVm § 18 Abs. 1b oder Abs. 2 Nr. 8 (→ § 19 Rn. 5–7) und § 19 Abs. 3 Nr. 2 (→ § 19 Rn. 8–10) Bedeutung. Die Vorschrift entspricht § 74 Abs. 2.[2] Der Begriff „Gegenstände" umfasst dabei alle Sachen und Rechte,[3] die zwar nicht Werkzeug oder Produkt der Tatbegehung, aber notwendiger Gegenstand der Tat selbst sind.[4] Wenn bspw. eine Investition entgegen einer Untersagungsanordnung vollzogen und damit gegen § 18 Abs. 2 Nr. 8 (iVm § 19 Abs. 1 Nr. 2) verstoßen wird, könnte die mitunter erhebliche **Investitionssumme** eingezogen werden.[5] Gewinne können ferner nach den allgemeinen Regeln der §§ 73 ff. StGB eingezogen werden.[6]

Weniger relevant im Zusammenhang mit Investitionen scheint dagegen **6** Abs. 1 **Nr. 2** zu sein. Hiernach können auch solche Gegenstände eingezogen werden, die **zur Begehung oder Vorbereitung** von Straftaten oder Ordnungswidrigkeiten nach § 17 ff. **gebraucht** worden oder **bestimmt** gewesen sind. Die Regelung entspricht § 74 Abs. 1 Alt. 2 StGB.[7] Die Gegenstände müssen während des strafbaren Versuchs bzw. zum Zeitpunkt der Vollen-

---

[2] Hocke/Sachs/Pelz AußenwirtschaftsR/Pelz Rn. 5.
[3] MüKo StGB/Joecks/Meißner StGB § 74 Rn. 7.
[4] MüKo StGB/Joecks/Meißner StGB § 74 Rn. 17.
[5] Vgl. Hocke/Sachs/Pelz AußenwirtschaftsR/Pelz Rn. 5; Wolffgang/Simonsen/Rogmann/Pietsch AWR/Morweiser Rn. 10.
[6] Hocke/Sachs/Pelz AußenwirtschaftsR/Pelz Rn. 5; Wolffgang/Simonsen/Rogmann/Pietsch AWR/Morweiser Rn. 10.
[7] Hocke/Sachs/Pelz AußenwirtschaftsR/Pelz Rn. 6.

dung der Tat verwendet worden sein bzw. ihre Verwendung muss geplant gewesen sein.[8]

7   Voraussetzung für die Einziehung ist jeweils gem. § 74 Abs. 3 S. 1 und 2 StGB bzw. § 22 Abs. 2 Nr. 1 OWiG, dass der Gegenstand dem **Täter oder Teilnehmer gehört oder ihm zumindest zusteht**. Ob dies der Fall ist, ist nach den zivilrechtlichen Vorschriften zu beurteilen.[9] Zu berücksichtigen ist hierbei, dass ein Rechtsgeschäft ggf. schwebend unwirksam sein kann (zB nach § 15 Abs. 3).[10] Ausnahmsweise kann der Gegenstand nach § 74b Abs. 1 Nr. 2 StGB bzw. § 22 Abs. 2 Nr. 2 OWiG auch eingezogen werden, wenn er nach seiner Art und den Umständen die Allgemeinheit gefährdet oder die Gefahr besteht, dass er der Begehung weiterer Taten dient. Maßgeblich ist hierbei der Zeitpunkt der letzten tatrichterlichen Entscheidung.[11]

C. Einziehung bei Dritten (Abs. 2)

8   Abs. 2 **erweitert** den von der Einziehung betroffenen **Personenkreis** nach § 74a StGB und § 23 OWiG. Bei Vorliegen der Voraussetzungen können auch Gegenstände eines Dritten eingezogen werden. Das setzt voraus, dass der Dritte mindestens leichtfertig dazu beigetragen hat, dass ein Gegenstand als Tatmittel verwendet worden ist oder er ihn in Kenntnis der Umstände, welche die Einziehung zugelassen hätten, in verwerflicher Weise erworben hat.

9   Im Außenwirtschafsrecht ist zudem relevant, dass eine **Einziehung** gem. § 74e StGB, § 29 OWiG **auch gegenüber juristischen Personen oder Personengesellschaften** erfolgen kann, wenn der Täter oder Teilnehmer Organ oder Vertreter dieser ist.

D. Rechtsfolgen

10   Die Einziehung steht ausweislich des Wortlautes („können") im **Ermessen** des Gerichts bzw. der zuständigen Behörde. Bislang offengeblieben ist die Frage, ob dieses Ermessen generell besteht oder nur, soweit die Vorschrift des § 20 über die Einziehung nach §§ 73 ff. StGB und §§ 22 ff. OWiG hinausgeht.[12] Das spielt bei der Einziehung von Taterträgen nach §§ 73–73e StGB eine Rolle, die gem. § 73 Abs. 1 StGB anzuordnen „ist", also eine gebundene Entscheidung darstellt. Jedenfalls ist bei Ausübung des Ermessens gem. § 74f StGB bzw. § 24 OWiG insbesondere der Verhältnismäßigkeitsgrundsatz zu beachten.

11   Die Einziehung hat gem. § 75 StGB bzw. § 26 OWiG zur Folge, dass das **Eigentum** an der Sache oder das eingezogene Recht mit der Rechtskraft der Entscheidung **auf den Staat** übergeht.

---

[8] MüKo StGB/Joecks/Meißner StGB § 74 Rn. 11.
[9] Hocke/Sachs/Pelz AußenwirtschaftsR/Pelz Rn. 7.
[10] Wolffgang/Simonsen/Rogmann/Pietsch AWR/Morweiser Rn. 8.
[11] Hocke/Sachs/Pelz AußenwirtschaftsR/Pelz Rn. 7.
[12] Dafür Hocke/Sachs/Pelz AußenwirtschaftsR/Pelz Rn. 8; aA Dorsch/Thoms, 218. EL, Rn. 6.

§ 21 Aufgaben und Befugnisse der Zollbehörden

(1) [1]Die Staatsanwaltschaft kann bei Straftaten und Ordnungswidrigkeiten nach den §§ 17 und 18, mit Ausnahme von § 18 Absatz 1b und 2 Nummer 8, sowie nach § 19, mit Ausnahme von § 19 Absatz 1 Nummer 2, dieses Gesetzes oder nach § 19 Absatz 1 bis 3, § 20 Absatz 1 und 2, § 20a Absatz 1 bis 3, jeweils auch in Verbindung mit § 21, oder nach § 22a Absatz 1 Nummer 4, 5 und 7 des Gesetzes über die Kontrolle von Kriegswaffen Ermittlungen nach § 161 Absatz 1 Satz 1 der Strafprozessordnung auch durch die Hauptzollämter oder die Zollfahndungsämter vornehmen lassen. [2]Die Verwaltungsbehörde im Sinne des § 22 Absatz 3 Satz 1 kann in den Fällen des Satzes 1 Ermittlungen auch durch ein anderes Hauptzollamt oder die Zollfahndungsämter vornehmen lassen.

(1a) Führt der Generalbundesanwalt die Ermittlungen durch, gilt Absatz 1 Satz 1 mit der Maßgabe, dass die dort genannten Ausnahmen nicht anzuwenden sind.

(2) [1]Die Hauptzollämter und die Zollfahndungsämter sowie deren Beamte haben auch ohne Ersuchen der Staatsanwaltschaft oder der Verwaltungsbehörde Straftaten und Ordnungswidrigkeiten der in Absatz 1 bezeichneten Art zu erforschen und zu verfolgen, wenn diese die Ausfuhr, Einfuhr, Verbringung oder Durchfuhr von Waren betreffen. [2]Dasselbe gilt, soweit Gefahr im Verzug ist. [3]§ 163 der Strafprozessordnung und § 53 des Gesetzes über Ordnungswidrigkeiten bleiben unberührt.

(3) [1]In den Fällen der Absätze 1 und 2 haben die Beamten der Hauptzollämter und der Zollfahndungsämter die Rechte und Pflichten der Polizeibeamten nach den Bestimmungen der Strafprozessordnung und des Gesetzes über Ordnungswidrigkeiten. [2]Sie sind insoweit Ermittlungspersonen der Staatsanwaltschaft.

(4) [1]In den Fällen der Absätze 1 und 2 können die Hauptzollämter und Zollfahndungsämter sowie deren Beamte im Bußgeldverfahren Beschlagnahmen, Durchsuchungen und Untersuchungen vornehmen sowie sonstige Maßnahmen nach den für Ermittlungspersonen der Staatsanwaltschaft geltenden Vorschriften der Strafprozessordnung ergreifen. [2]Unter den Voraussetzungen des § 111p Absatz 2 Satz 2 der Strafprozessordnung können auch die Hauptzollämter die Notveräußerung anordnen.

A. Inhalt und Bedeutung

§ 21 regelt die **sachliche Zuständigkeit für Ermittlungen** in Straf- und Bußgeldverfahren nach dem AWG. Die **Bedeutung** der Vorschrift ist bei Straftaten und Ordnungswidrigkeiten, die im Zusammenhang zur **Investitionskontrolle** bestehen, allerdings beschränkt. **1**

Nach Abs. 1 S. 1 sind die Staatsanwaltschaften zur Durchführung von Ermittlungen u.a. nach §§ 17, 18 oder § 19 ermächtigt. Die Ermittlungen können dabei nicht nur durch die Polizei, sondern grundsätzlich auch durch die Hauptzollämter oder Zollfahndungsämter übernommen werden. Letzteres gilt bei Ermittlungen im Zuge von straf- oder bußgeldbewehrten Verstößen gegen das Investitionskontrollrecht jedoch gerade nicht (→ Rn. 3, 4). Nur Ermittlungen des Generalbundesanwalts nach § 161 Abs. 1 S. 1 StPO können gem. § 21 Abs. 1a an die Haupt- **2** zollämter und Zollfahndungsämter übertragen werden (→ Rn. 5–7). In Abs. 2 ist eine eigenständige Ermittlungszuständigkeit der Zollbehörden vorgesehen, die sich nicht nur auf den Warenverkehr bezieht, sondern auch bei Gefahr im Verzug gilt (→ Rn. 8–10). Abs. 3 und 4 regeln die Rechte und Pflichten der Zollbehörden und ihrer Beamten während der Durchführung des Ermittlungsverfahrens.

B. Übertragbarkeit von Ermittlungen (Abs. 1, Abs. 1a)

3 § 21 Abs. 1 ermächtigt die Staatsanwaltschaft Ermittlungen von Straftaten und Ordnungswidrigkeiten nach dem AWG und dem KrWaffKontrG durch die Hauptzollämter und Zollfahndungsämter vornehmen zu lassen. Diese **Übertragungsmöglichkeit** besteht allerdings nach den in § 21 Abs. 1 S. 1 etablierten Ausnahmen gerade nicht bei den im Zusammenhang mit der Investitionskontrolle relevanten Straftaten nach § 18 Abs. 1b und Abs. 2 Nr. 8 (→ § 18 Rn. 4–12) sowie den Ordnungswidrigkeiten nach § 19 Abs. 1 Nr. 2 und Abs. 3 Nr. 2 (→ § 19 Rn. 5–10). Die Ermächtigung des § 21 Abs. 1 ist daher in diesem Kontext **nicht anwendbar.**

4 Die Staatsanwaltschaft kann sich bei Ermittlungen wegen eines Verdachts von investitionskontrollrechtlich relevanten Straftaten oder Ordnungswidrigkeiten folglich gem. § 161 Abs. 1 S. 1 StPO (iVm § 46 Abs. 1 OWiG) nur der **Polizei** bedienen.[1]

5 Eine Übertragung der Ermittlungen an die Hauptzollämter oder die Zollfahndungsämter ist gem. § 21 Abs. 1a iVm Abs. 1 S. 1 nur ausnahmsweise dann möglich, wenn der **Generalbundesanwalt** die Ermittlungen durchführt. Diese im Zuge des Sanktionsdurchsetzungsgesetzes I[2] eingeführte Vorschrift soll nach der Gesetzesbegründung angezeigt gewesen sein, um die besonderen Sachkenntnisse der Zollverwaltung auch im Bereich der stets einen außenwirtschaftlichen Bezug aufweisenden Investitionskontrolle nutzen zu können.[3] Unmittelbar erschließt sich diese Begründung allerdings nicht, da die Zollverwaltung mit den Belangen der Investitionskontrolle üblicherweise nicht betraut ist.

6 Der Generalbundesanwalt ist gem. § 142a Abs. 1 S. 1 GVG iVm § 120 Abs. 2 Nr. 4 GVG für Straftaten nach den §§ 17, 18 zuständig, wenn die Tat oder im Falle des strafbaren Versuchs auch ihre unterstellte Vollendung nach den Umständen geeignet ist, die äußere Sicherheit oder die auswärtigen Beziehungen der Bundesrepublik Deutschland erheblich zu gefährden, oder bestimmt und geeignet ist, das friedliche Zusammenleben der Völker zu stören, und er wegen der besonderen Bedeutung des Falles die Verfolgung übernommen hat. Ein solcher Fall ist im Zusammenhang der Investitionskontrolle wohl noch nicht vorgekommen und auch **unwahrscheinlich**, da die Investitionskontrolle und ihre Absicherung über Strafandrohungen die öffentliche Ordnung und Sicherheit bzw. wesentliche Sicherheitsinteressen schützen soll und nicht die auswärtigen Beziehungen der Bundesrepublik Deutschland oder das friedliche Zusammenleben der Völker (vgl. § 4 Abs. 1 Nr. 1 bzw. Nr. 4, 4a iVm § 5 Abs. 3 bzw. Abs. 2).

---

[1] Vgl. BeckOK OWiG/Straßer Rn. 14.
[2] Erstes Gesetz zur effektiveren Durchsetzung von Sanktionen (Sanktionsdurchsetzungsgesetz I), Gesetz vom 23.5.2022, BGBl. I Nr. 17, 754.
[3] BT-Drs. 20/1740, 19.

Nach dem Wortlaut („kann") von § 21 Abs. 1a iVm Abs. 1 S. 1 steht die Über- 7
tragung an die Hauptzollämter und Zollfahndungsbehörden im **Ermessen** des
Generalbundesanwalts. Die ersuchte Behörde ist gem. § 161 Abs. 1 S. 2 StPO
verpflichtet, sich dem Auftrag anzunehmen. Die Beamten der Hauptzollämter
und Zollfahndungsämter hätten im Falle der Zuständigkeitsübertragung gem. § 21
Abs. 3 und Abs. 4 die gleichen Rechte wie die Polizeibeamten nach der StPO.
So können sie bspw. Beschlagnahmen, Durchsuchungen und Untersuchungen
vornehmen. Daneben bleibt die allgemeine **Ermittlungszuständigkeit der
Polizei** bestehen.[4]

C. Zuständigkeit der Zollbehörden bei Gefahr im Verzug (Abs. 2)

Die in Abs. 2 vorgesehene **eigene Zuständigkeit der Hauptzollämter und** 8
Zollfahndungsämter kommt im Rahmen von investitionskontrollrechtlich relevanten Straftaten oder Ordnungswidrigkeiten nur ausnahmsweise bei **Gefahr in
Verzug** nach Abs. 2 S. 2 iVm S. 1 in Betracht. Abs. 2 S. 1 selbst ist nicht anwendbar, da dieser nur Ermittlungen im Kontext des Warenverkehrs betrifft.

Gefahr im Verzug liegt vor, wenn ein Ermittlungsersuchen an die Staatsan- 9
waltschaft oder die Verwaltungsbehörde den Untersuchungserfolg gefährden
würde.[5] Das ist beispielsweise der Fall, wenn zu befürchten ist, dass Beweismittel
vernichtet oder beiseitegeschafft werden oder Zeugen oder Tatbeteiligte beeinflusst werden.[6]

Die Zuständigkeit lässt die **Zuständigkeiten der Polizei** nach § 163 StPO 10
und § 53 OWiG gem. § 21 Abs. 2 S. 3 **unberührt**.

§ 22 Straf- und Bußgeldverfahren

(1) [1]Soweit für Straftaten nach den §§ 17 und 18 das Amtsgericht sachlich zuständig ist, liegt die örtliche Zuständigkeit bei dem Amtsgericht,
in dessen Bezirk das örtlich zuständige Landgericht seinen Sitz hat. [2]Die
Landesregierung kann durch Rechtsverordnung die örtliche Zuständigkeit des Amtsgerichts abweichend regeln, soweit dies mit Rücksicht auf
die Wirtschafts- oder Verkehrsverhältnisse, den Aufbau der Verwaltung
oder andere örtliche Bedürfnisse zweckmäßig erscheint. [3]Die Landesregierung kann diese Ermächtigung auf die Landesjustizverwaltung übertragen.

(2) **Im Strafverfahren gelten die §§ 49, 63 Absatz 2 und 3 Satz 1 sowie
§ 76 Absatz 1 und 4 des Gesetzes über Ordnungswidrigkeiten über die
Beteiligung der Verwaltungsbehörde im Verfahren der Staatsanwaltschaft
und im gerichtlichen Verfahren entsprechend.**

(3) [1]**Verwaltungsbehörde im Sinne dieses Gesetzes und des § 36
Absatz 1 Nummer 1 des Gesetzes über Ordnungswidrigkeiten ist das
Hauptzollamt.** [2]**Das Bundesministerium der Finanzen kann durch**

---

[4] Hocke/Sachs/Pelz AußenwirtschaftsR/Pelz Rn. 3; Dorsch/Thoms, 218. EL, Rn. 2;
Wolffgang/Simonsen/Rogmann/Pietsch AWR/Ricke Rn. 18.

[5] Hocke/Sachs/Pelz AußenwirtschaftsR/Pelz Rn. 7; Dorsch/Thoms, 218. EL, Rn. 6.

[6] Dorsch/Thoms, 218. EL, Rn. 6.

Rechtsverordnung, die nicht der Zustimmung des Bundesrates bedarf, die örtliche Zuständigkeit des Hauptzollamts als Verwaltungsbehörde gemäß Satz 1 abweichend regeln, soweit dies mit Rücksicht auf die Wirtschafts- oder Verkehrsverhältnisse, den Aufbau der Verwaltung oder andere örtliche Bedürfnisse zweckmäßig erscheint. [3]Abweichend von Satz 1 ist in den Fällen des § 19 Absatz 1 Nummer 2 und des § 36 Absatz 1 Nummer 1 des Gesetzes über Ordnungswidrigkeiten das Bundesministerium für Wirtschaft und Energie Verwaltungsbehörde im Sinne dieses Gesetzes.

(4) [1]Die Verfolgung als Ordnungswidrigkeit unterbleibt in den Fällen der fahrlässigen Begehung eines Verstoßes im Sinne des § 19 Absatz 3 bis 5, wenn der Verstoß im Wege der Eigenkontrolle aufgedeckt und der zuständigen Behörde angezeigt wurde sowie angemessene Maßnahmen zur Verhinderung eines Verstoßes aus gleichem Grund getroffen werden. [2]Eine Anzeige nach Satz 1 gilt als freiwillig, wenn die zuständige Behörde hinsichtlich des Verstoßes noch keine Ermittlungen aufgenommen hat. [3]Im Übrigen bleibt § 47 des Gesetzes über Ordnungswidrigkeiten unberührt.

A. Inhalt und Bedeutung

1　§ 22 ist die zentrale Vorschrift für **Zuständigkeit und Verfahren** für das **außenwirtschaftsrechtliche Straf- und Bußgeldverfahren.** Für das Recht der Investitionskontrolle hat die Vorschrift Bedeutung im Rahmen von Strafverfahren wegen Verstößen nach § 18 Abs. 1b, Abs. 2 Nr. 8 (→ § 18 Rn. 4–12) bzw. Bußgeldverfahren nach § 19 Abs. 1 Nr. 2 iVm § 18 Abs. 1b oder Abs. 2 Nr. 8 und § 19 Abs. 3 Nr. 2 (→ § 19 Rn. 4–10).

2　In Abs. 1 ist die örtliche Zuständigkeit im Rahmen von Strafverfahren für Straftaten nach §§ 17, 18 geregelt, soweit das Amtsgericht sachlich zuständig ist (→ Rn. 3–6). Abs. 2 sieht Beteiligungsrechte der zuständigen Verwaltungsbehörde im Strafverfahren vor (→ Rn. 7). Abs. 3 regelt die Zuständigkeit im Bußgeldverfahren (→ Rn. 8, 9) und Abs. 4 enthält die im Rahmen investitionskontrollrechtlicher Verstöße allerdings nicht einschlägige Möglichkeit einer bußgeldbefreienden Selbstanzeige für bestimmte Ordnungswidrigkeitstatbestände (→ Rn. 10, 11).

B. Örtliche Zuständigkeit des Amtsgerichts (Abs. 1)

3　Nach § 22 Abs. 1 S. 1 ist für **Straftaten** nach §§ 17, 18 das **Amtsgericht örtlich zuständig,** in dessen Bezirk das örtlich zuständige Landgericht seinen Sitz hat. So soll die Sachkunde im Außenwirtschaftsrecht bei je einem Amtsgericht pro Landgerichtsbezirk gebündelt werden.[1] Das gilt jedoch nur für das Hauptverfahren und die Zustimmung zur Verfahrenseinstellung nach §§ 153 ff. StPO. Die Zuständigkeiten des Haftrichters gem. § 125 StPO sowie des Ermittlungsrichters gem. § 163 StPO bleiben unberührt.[2]

---

[1] Hocke/Sachs/Pelz AußenwirtschaftsR/Pelz Rn. 3; Dorsch/Stein/Louca, 218. EL, Rn. 2; Erbs/Kohlhaas/Diemer Rn. 2.
[2] Erbs/Kohlhaas/Diemer Rn. 2.

§ 22 Abs. 1 S. 1 gilt nur, soweit das **Amtsgericht sachlich zuständig** ist. Das ist gem. § 24 Abs. 1 GVG, § 74 Abs. 1 S. 2 GVG insbesondere dann der Fall, wenn keine Freiheitsstrafe von über vier Jahren erwartet wird und die Tat nicht wegen der besonderen Bedeutung des Falles am Landgericht angeklagt wird. Die Landesregierung kann die örtliche Zuständigkeit des Amtsgerichts durch Rechtsverordnung gem. § 22 Abs. 1 S. 2 abweichend regeln, soweit dies mit Rücksicht auf die Wirtschafts- oder Verkehrsverhältnisse, den Aufbau der Verwaltung oder andere örtliche Bedürfnisse zweckmäßig erscheint. Nach § 22 Abs. 1 S. 3 kann diese Ermächtigung auf die Landesjustizverwaltung übertragen werden. **4**

Die sachliche Zuständigkeit des **Landgerichts** bleibt von § 22 Abs. 1 unberührt.[3] Am Landgericht ist gem. § 74c Abs. 1 Nr. 3 eine Wirtschaftsstrafkammer für Straftaten nach §§ 17, 18 zuständig. Eine etwaige **Zuständigkeit des Oberlandesgerichts** nach § 120 Abs. 2 S. 1 Nr. 4 GVG bleibt von der Zuständigkeitsregelung ebenfalls unberührt. **5**

Bei einem **Einspruch gegen einen Bußgeldbescheid,** der zB wegen einer Ordnungswidrigkeit nach § 19 Abs. 1 Nr. 2 verhängt wurde, entscheidet gem. § 68 Abs. 1 S. 1 OWiG das Amtsgericht, in dessen Bezirk die Verwaltungsbehörde ihren Sitz hat. Im Falle des gem. § 22 Abs. 3 S. 3 für Bußgeldverfahren wegen investitionskontrollrechtlicher Ordnungswidrigkeiten zuständige BMWK (→ Rn. 9) ist dies das Amtsgericht Mitte in Berlin. Die Entscheidung wird gem. § 68 Abs. 1 S. 2 OWiG durch einen Einzelrichter getroffen. **6**

C. Beteiligung von Verwaltungsbehörden (Abs. 2)

In Strafverfahren wegen Verstoßes gegen § 18 Abs. 1b oder Abs. 2 Nr. 8 ist das gem. § 22 Abs. 3 S. 3 zuständige **BMWK** (→ Rn. 9) nach § 22 Abs. 2 iVm §§ 49, 63 Abs. 2 und 3 S. 1, 76 Abs. 1 und 4 OWiG **zu beteiligen.** Durch dessen Beteiligung soll der fachbehördliche Sachverstand auch im Strafverfahren genutzt werden.[4] Das BMWK ist zB gem. § 49 Abs. 2 OWiG befugt, Akteneinsicht zu nehmen und muss von der Staatsanwaltschaft über wesentliche Verfahrensschritte nach § 63 Abs. 2 und Abs. 3 OWiG informiert werden. Im strafgerichtlichen Verfahren muss das Gericht dem BMWK gem. § 76 Abs. 1 OWiG die Möglichkeit geben, seinen Standpunkt vorzutragen, und ihm nach § 76 Abs. 4 OWiG das Urteil bzw. die Entscheidung mitteilen. **7**

D. Verwaltungsbehörde (Abs. 3)

Nach § 22 Abs. 3 S. 1 ist die Verwaltungsbehörde iSd AWG und § 36 Abs. 1 Nr. 1 OWiG grundsätzlich das jeweils örtlich zuständige **Hauptzollamt.** Die örtliche Zuständigkeit hat das BMF gem. § 22 Abs. 3 S. 2 durch Rechtsverordnung von § 37 OWiG abweichend geregelt.[5] **8**

Eine **abweichende sachliche Zuständigkeit** ergibt sich allerdings aus § 22 Abs. 3 S. 3 in den Fällen des § 19 Abs. 1 Nr. 2 (→ § 19 Rn. 5–7). Hiernach ist **9**

---

[3] Dorsch/Stein/Louca, 218. EL, Rn. 3.

[4] Dorsch/Stein/Louca, 218. EL, Rn. 5.

[5] Verordnung zur Übertragung von Zuständigkeiten auf Hauptzollämter für den Bereich mehrerer Hauptzollämter (Hauptzollämterzuständigkeitsverordnung (HZAZstV)) vom 14.2.2022.

das **BMWK** für die Ahndung von fahrlässigen Begehungen von investitionskontrollrechtlichen Verstößen nach § 18 Abs. 1b und Abs. 2 Nr. 8 (→ § 18 Rn. 4–12) zuständig. Warum die sachliche Zuständigkeit des BMWK nicht auch für Ordnungswidrigkeiten gem. § 19 Abs. 3 Nr. 2 geregelt ist, soweit diese Verstöße gegen eine vollziehbare Anordnung des BMWK auf Herausgabe von Unterlagen nach § 23 Abs. 1, 4 S. 2 betreffen (→ § 19 Rn. 8–10), ist nicht ersichtlich. Eine analoge Anwendung des § 22 Abs. 3 S. 3 auf diese Ordnungswidrigkeiten ist wegen des Sachzusammenhangs naheliegend.

E. Bußgeldbefreiende Selbstanzeige (Abs. 4)

10   Bei einer Ordnungswidrigkeit nach § 19 Abs. 3–5 kann gem. § 22 Abs. 4 S. 1 durch **Selbstanzeige** erreicht werden, dass die **Verfolgung der Tat unterbleibt**. Ziel der Norm ist es, einen Anreiz für Unternehmen zu schaffen, ihre Compliance zu verbessern und Arbeitsfehler dem Zoll oder dem BAFA zu melden.[6]

11   Die Vorschrift findet **im Kontext der Investitionskontrolle weitgehend keine Anwendung**, da die insoweit relevanten Bußgeldvorschriften in § 19 Abs. 1 Nr. 2 iVm § 18 Abs. 1b oder Abs. 2 Nr. 8 (§ 19 Rn. 5–7) gerade nicht erfasst sind. § 22 Abs. 4 soll vielmehr häufig vorkommende Arbeitsfehler erfassen, die bei der Abwicklung von außenwirtschaftsrechtlich relevanten Vorgängen unterlaufen können,[7] wozu Verstöße gegen die Vollzugsverbote aus § 15 Abs. 4 S. 1 oder gegen vollziehbare Untersagungen eines Unternehmenserwerbs oder Anordnungen nicht zählen. Allein bei einem Verstoß gegen eine vollziehbare Anordnung gem. § 23 Abs. 1 oder Abs. 4 S. 2 nach § 19 Abs. 3 Nr. 2 (→ § 19 Rn. 8–10) kann durch Selbstanzeige nach § 22 Abs. 4 erreicht werden, dass die Verfolgung der Tat unterbleibt. Das setzt voraus, dass der Verstoß im Wege der Eigenkontrolle aufgedeckt wurde und er der zuständigen Behörde angezeigt worden ist. Die Anzeige muss freiwillig erfolgen, was gem. § 22 Abs. 4 S. 2 vermutet wird, wenn die zuständige Behörde hinsichtlich des Verstoßes noch keine Ermittlungen aufgenommen hat. Zudem müssen angemessene Maßnahmen zur Verhinderung eines Verstoßes aus gleichem Grund getroffen worden sein. Das Opportunitätsprinzip aus § 47 OWiG bleibt davon unberührt.

§ 23 Allgemeine Auskunftspflicht

(1) ¹**Das Hauptzollamt, die Deutsche Bundesbank, das Bundesamt für Wirtschaft und Ausfuhrkontrolle (BAFA) und die Bundesanstalt für Landwirtschaft und Ernährung können Auskünfte verlangen, die erforderlich sind, um die Einhaltung dieses Gesetzes und der auf Grund dieses Gesetzes erlassenen Rechtsverordnungen und Anordnungen sowie von Rechtsakten des Rates oder der Kommission der Europäischen Union im Bereich des Außenwirtschaftsrechts zu überwachen. ²Zu diesem Zweck können sie verlangen, dass ihnen die geschäftlichen Unterlagen vorgelegt werden.**

---

[6] BT-Drs. 17/12101, 11.
[7] BT-Drs. 17/11127, 25.

(2) [1]Das Hauptzollamt und die Deutsche Bundesbank können zu dem in Absatz 1 genannten Zweck auch Prüfungen bei den Auskunftspflichtigen vornehmen; das Bundesamt für Wirtschaft und Ausfuhrkontrolle (BAFA) und die Bundesanstalt für Landwirtschaft und Ernährung können zu den Prüfungen Beauftragte entsenden. [2]Zur Vornahme der Prüfungen dürfen die Bediensteten dieser Stellen und deren Beauftragte die Geschäftsräume der Auskunftspflichtigen betreten. [3]Das Grundrecht des Artikels 13 des Grundgesetzes wird insoweit eingeschränkt.

(3) [1]Die Bediensteten des Bundesamtes für Wirtschaft und Ausfuhrkontrolle (BAFA) dürfen die Geschäftsräume der Auskunftspflichtigen betreten, um die Voraussetzungen für die Erteilung von Genehmigungen nach §8 Absatz 2 oder für die Erteilung von Zertifikaten nach §9 zu überprüfen. [2]Das Grundrecht des Artikels 13 des Grundgesetzes wird insoweit eingeschränkt.

(4) [1]Sind die Unterlagen nach Absatz 1 unter Einsatz eines Datenverarbeitungssystems erstellt worden, so dürfen die Verwaltungsbehörde und die Deutsche Bundesbank im Rahmen einer Prüfung Einsicht in die gespeicherten Daten nehmen und das Datenverarbeitungssystem zur Prüfung dieser Unterlagen nutzen. [2]Sie können im Rahmen einer Prüfung auch verlangen, dass die Daten nach ihren Vorgaben automatisiert ausgewertet oder ihnen die gespeicherten Unterlagen auf einem maschinell verwertbaren Datenträger zur Verfügung gestellt werden. [3]Dazu ist sicherzustellen, dass die gespeicherten Daten während der Dauer der gesetzlichen Aufbewahrungsfristen verfügbar sind sowie dass sie unverzüglich lesbar gemacht und unverzüglich automatisiert ausgewertet werden können. [4]Die Auskunftspflichtigen haben die Verwaltungsbehörde und die Deutsche Bundesbank bei der Ausübung der Befugnisse nach den Sätzen 1 und 2 zu unterstützen und die Kosten zu tragen.

(5) Auskunftspflichtig ist, wer unmittelbar oder mittelbar am Außenwirtschaftsverkehr teilnimmt; dies schließt Stellen ein, an die ein Auskunftspflichtiger Aufgaben auslagert oder derer er sich in sonstiger Weise in unmittelbarem mittelbaren Zusammenhang mit der Teilnahme am Außenwirtschaftsverkehr bedient.

(6) Der Auskunftspflichtige kann die Auskunft auf solche Fragen verweigern, deren Beantwortung ihn selbst oder einen der in §383 Absatz 1 Nummer 1 bis 3 der Zivilprozessordnung bezeichneten Angehörigen der Gefahr aussetzen würde, wegen einer Straftat oder Ordnungswidrigkeit verfolgt zu werden.

(6a) [1]Die Befugnisse nach den Absätzen 1 und 2, jeweils auch in Verbindung mit Absatz 4, stehen auch dem Bundesministerium für Wirtschaft und Energie zu, soweit dies erforderlich ist, um die Einhaltung von Beschränkungen oder Handlungspflichten auf Grund von Rechtsverordnungen nach §4 Absatz 1 Nummer 1 in Verbindung mit §5 Absatz 3 sowie auf Grund von Rechtsverordnungen nach §4 Absatz 1 Nummer 4 und 4a, jeweils in Verbindung mit §5 Absatz 2, zu überwachen. [2]Zum Zweck des Satzes 1 dürfen Bedienstete des Bundesministeriums für Wirtschaft und Energie die Geschäftsräume der Verpflichteten betreten. [3]Das

Grundrecht des Artikels 13 des Grundgesetzes wird insoweit einge-schränkt.

(6b) [1]Zur Erfüllung der in Absatz 6a genannten Aufgaben kann sich das Bundesministerium für Wirtschaft und Energie der Dienste des Bundesamtes für Wirtschaft und Ausfuhrkontrolle (BAFA) oder beauf-tragter Dritter bedienen, denen insoweit auch die in Absatz 6a genann-ten Befugnisse zustehen. [2]Die näheren Einzelheiten, insbesondere hinsichtlich der an die zu beauftragenden Dritten zu stellenden Anfor-derungen und deren Aufgabenwahrnehmung, können in Rechtsverord-nungen nach § 4 Absatz 1 Nummer 1 in Verbindung mit § 5 Absatz 3 und § 4 Absatz 1 Nummer 4 und 4a in Verbindung mit § 5 Absatz 2 geregelt werden.

(7) Das Hauptzollamt, das den Verwaltungsakt erlassen hat, ist auch für die Entscheidung über den Widerspruch zuständig.

(8) Das Bundesministerium der Finanzen und die Deutsche Bundes-bank können die Zuständigkeit für die Wahrnehmung der Befugnisse der Deutschen Bundesbank und der Hauptzollämter nach dieser Vorschrift im Rahmen einer Verwaltungsvereinbarung näher regeln.

Übersicht

A. Inhalt und Bedeutung

1   In § 23 sind **Auskunftspflichten und Prüfungsrechte** normiert, mit denen die Einhaltung des Außenwirtschaftsrechts neben den Straf- und Bußgeldandro-hungen in §§ 17–19 abgesichert werden soll.[1] Ein Verdacht eines Verstoßes gegen das Außenwirtschaftsrecht ist dabei keine Voraussetzung. Vielmehr handelt es sich bei den in § 23 vorgesehenen Auskünften und Prüfungen um **routinemäßige Kontrollen**.[2] Wenn sich im Rahmen einer Kontrolle allerdings hinreichende Anhaltspunkte für eine Straftat oder Ordnungswidrigkeit finden, muss sie unter-brochen werden und ein Straf- bzw. Bußgeldverfahren eingeleitet werden, in dem Betroffenen besondere Rechte zustehen.[3]

2   Im Rahmen eines Unternehmenserwerbs mit außenwirtschaftsrechtlicher Relevanz sind die **Auskunftsrechte und die Untersuchungsbefugnisse des**

---

[1] Hocke/Sachs/Pelz AußenwirtschaftsR/Schrey Rn. 3.

[2] Dorsch/Stein/Louca, 218. EL, Rn. 1; Wolffgang/Simonsen/Rogmann/Pietsch AWR/Ricke Rn. 3; Hocke/Sachs/Pelz AußenwirtschaftsR/Schrey Rn. 3.

[3] Dorsch/Stein/Louca, 218. EL, Rn. 1; Hocke/Sachs/Pelz AußenwirtschaftsR/Schrey Rn. 3.

BMWK von Bedeutung. Diese gewährt § 23 Abs. 6a, der durch die 1. AWG-Novelle im Jahr 2020 eingeführt wurde,[4] durch Verweise auf die übrigen Regelungen des § 23. Auf diese Weise kann das BMWK die Einhaltung von aus Anordnungen oder öffentlich-rechtlichen Verträgen hervorgehenden Verpflichtungen auf Seiten der Erwerbsbeteiligten überwachen.[5]

Abs. 1 etabliert über den Verweis in Abs. 6a auch für das BMWK ein allgemeines Auskunftsrecht (→ Rn. 4–8). Dasselbe gilt für die Vor-Ort-Prüfung nach Abs. 2 (→ Rn. 9–12) sowie für die in Abs. 4 vorgesehene Einsicht in IT-Systeme und Mitwirkungspflicht von auskunftspflichtigen Wirtschaftsteilnehmern (→ Rn. 13, 14). Letztere sind in Abs. 5 näher konkretisiert (→ Rn. 15–17) und durch die Gewährleistung eines Auskunftsverweigerungsrechts in Abs. 6 vor Selbstbelastungen geschützt (→ Rn. 18–20). Abs. 6b erlaubt es dem BMWK schließlich, für die Erfüllung seiner Überwachungsaufgaben das Bundesamt für Wirtschaft und Ausfuhrkontrolle (BAFA) oder Dritte einzuschalten (→ Rn. 21, 22). Die Regelungen des Abs. 7 zur Zuständigkeit im Widerspruchsverfahren vor dem Hauptzollamt und des Abs. 8 zur Ermöglichung von Verwaltungsvereinbarungen zwischen dem Bundesministerium der Finanzen und der Deutschen Bundesbank sind dagegen für die Zwecke der Investitionsprüfung ohne Belang. **3**

B. Auskunftsverlangen (Abs. 1 iVm Abs. 6a)

In § 23 Abs. 1 S. 1 werden das Hauptzollamt, die Deutsche Bundesbank, das BAFA sowie die Bundesanstalt für Landwirtschaft und Ernährung (BLE) dazu ermächtigt, **Auskünfte** von Auskunftspflichtigen (→ Rn. 15–17) zu **verlangen**, um die Einhaltung des AWG, der AWV, auf ihr beruhende Anordnungen und von EU-Rechtsakten zu überwachen. Nach Abs. 6a S. 1 hat diese Befugnis auch das **BMWK**, soweit dies erforderlich ist, um die Einhaltung von Beschränkungen oder Handlungspflichten auf Grund von Rechtsverordnungen nach § 4 Abs. 1 Nr. 1 bzw. Nr. 4 und 4a iVm § 5 Abs. 3 bzw. Abs. 2 zu überwachen. Damit soll im Bereich der Investitionsprüfung die **Überwachung der Einhaltung** von aus **Anordnungen** oder **öffentlich-rechtlichen Verträgen** hervorgehenden Verpflichtungen auf Seiten der Erwerbsbeteiligten ermöglicht werden.[6] **4**

Das Recht auf **einfache Auskunft** nach § 23 Abs. 1 S. 1 umfasst die Befugnis, die Darlegung bestimmter Tatsachen verlangen zu können. Die Auskunft kann sich auf vergangene, gegenwärtige oder zu erwartende Tatsachen beziehen.[7] Ebenfalls ist eine Auskunft über Absichten, Pläne und Einschätzungen möglich.[8] Geschäfts- und Betriebsgeheimnisse können ebenfalls Gegenstand der Auskunft sein.[9] Der Ort der Auskunftserteilung ist grundsätzlich die Wohnsitz **5**

---

[4] Gesetz v. 10.7.2020, BGBl. I 1637.

[5] BT-Drs. 19/18700, 21; BR-Drs. 181/20, 21.

[6] BT-Drs. 19/18700, 21; BR-Drs. 181/20, 21.

[7] Hocke/Sachs/Pelz AußenwirtschaftsR/Schrey Rn. 30; Wolffgang/Simonsen/Rogmann/Pietsch AWR/Ricke Rn. 6.

[8] Hocke/Sachs/Pelz AußenwirtschaftsR/Schrey Rn. 30; Wolffgang/Simonsen/Rogmann/Pietsch AWR/Ricke Rn. 6.

[9] Wolffgang/Simonsen/Rogmann/Pietsch AWR/Ricke Rn. 6.

oder Geschäftssitz des Auskunftspflichtigen.[10] Die Auskunft kann mündlich oder schriftlich erteilt werden.[11]

6   Gem. § 23 Abs. 6a S. 1 iVm Abs. 1 S. 2 kann das BMWK zudem verlangen, dass ihm **geschäftliche Unterlagen**, dh das gesamte Schriftgut des Auskunftspflichtigen, vorgelegt wird. Hierunter fallen nicht nur analoge, sondern auch elektronische Schriftstücke.[12] Da das Auskunftsverlangen verhältnismäßig sein muss,[13] kommt die Forderung geschäftlicher Unterlagen idR nur in Betracht, wenn eine vorhergegangene Auskunft nicht ausreichend gewesen ist oder sonstige besondere Umstände vorliegen.[14]

7   Kommt ein Auskunftspflichtiger einem solchen Auskunftsverlangen vorsätzlich oder fahrlässig nicht nach, begeht er eine Ordnungswidrigkeit gem. § 19 Abs. 3 Nr. 2 (→ § 19 Rn. 8–10).

8   Das Auskunftsverlangen ist ein **Verwaltungsakt** iSd § 35 S. 1 VwVfG. Es kann gem. § 37 Abs. 2 S. 1 VwVfG mündlich oder schriftlich erfolgen und ist in letzterem Fall gem. § 39 Abs. 1 VwVfG zu begründen. Ein Auskunftsverlangen des BMWK kann mit der **Anfechtungsklage** gem. § 42 Abs. 1 Alt. 1 VwGO angegriffen werden. Eine aufschiebende Wirkung besteht nach § 14 Abs. 2 nicht (→ § 14 Rn. 19, 20).[15] Ein Vorverfahren findet gem. § 68 Abs. 1 S. 2 Nr. 1 VwGO nicht statt.

C. Prüfung beim Auskunftspflichtigen (Abs. 2 iVm Abs. 6a)

9   § 23 Abs. 2 ist die Grundlage für die Durchführung von **Außenwirtschaftsprüfungen** durch die Hauptzollämter und die Deutsche Bundesbank, ggf. unter Beteiligung von Beauftragten des BAFA und der BLE. Über Abs. 6a S. 1 steht auch dem **BMWK** die Möglichkeit offen, **Prüfungen vor Ort** bei dem Auskunftspflichtigen (→ Rn. 15–17) vorzunehmen.

10   Die Prüfung muss zuvor angeordnet werden. Auch die **Anordnung** ist ein Verwaltungsakt iSd § 35 S. 1 VwVfG und kann mit der Anfechtungsklage gem. § 42 Abs. 1 Alt. 1 VwGO angegriffen werden,[16] ohne jedoch aufschiebende Wirkung zu entfalten (§ 14 Abs. 2, → § 14 Rn. 19, 20).[17] Auch insoweit gilt es, das Verhältnismäßigkeitsprinzip zu beachten. Es wird daher in aller Regel zunächst auf die weniger einschneidenden Maßnahmen nach § 23 Abs. 1 zurückzugreifen sein.

11   Abs. 6a S. 2 stellt klar, dass dem BMWK für die Prüfung – wie den zuständigen Stellen im Rahmen der Außenprüfung nach § 23 Abs. 2 S. 2 oder dem BAFA nach § 23 Abs. 3 – das Recht zukommt, die **Geschäftsräume** der Verpflichteten **zu betreten**. Abs. 6a S. 3 tut dem Zitiergebot aus Art. 19 Abs. 1 S. 2 GG Genüge, indem es darauf hinweist, dass das Grundrecht aus Art. 13 GG hierdurch einge-

---

[10] Wolffgang/Simonsen/Rogmann/Pietsch AWR/Ricke Rn. 6.

[11] Wolffgang/Simonsen/Rogmann/Pietsch AWR/Ricke Rn. 6.

[12] Wolffgang/Simonsen/Rogmann/Pietsch AWR/Ricke Rn. 7.

[13] Vgl. Dorsch/Stein/Louca, 218. EL, Rn. 3; Hocke/Sachs/Pelz AußenwirtschaftsR/Schrey Rn. 6.

[14] Vgl. BeckOK AußenWirtschaftsR/Schwendinger Rn. 11.

[15] aA bzgl. der Prüfungsanordnung ohne Begründung Hocke/Sachs/Pelz AußenwirtschaftsR/Schrey Rn. 61.

[16] BeckOK AußenWirtschaftsR/Schwendinger Rn. 14; Wolffgang/Simonsen/Rogmann/Pietsch AWR/Ricke Rn. 15.

[17] AA ohne Begründung Hocke/Sachs/Pelz AußenwirtschaftsR/Schrey Rn. 61.

schränkt wird. Ein Durchsuchungsrecht vermittelt § 23 Abs. 2 iVm Abs. 6a allerdings nicht. Dies wäre nur bei einer entsprechender Anordnung nach §§ 102 ff. iVm § 105 StPO im Rahmen eines Ermittlungsverfahrens möglich.[18] Die Geschäftsräume dürfen nur zu gewöhnlichen Geschäftszeiten betreten werden.[19]

Den Auskunftspflichtigen treffen **Mitwirkungs- und Duldungspflichten**, um die Prüfung zu ermöglichen.[20] Insbesondere muss der Zugang zu den Geschäftsräumen ermöglicht werden und ein Arbeitsplatz zur Verfügung gestellt werden.[21] Am Ende der Prüfung wird ein **Prüfungsbericht** erstellt, zu dem das Unternehmen sich äußern kann.[22] **12**

D. Einsicht in Datenverarbeitungssysteme und Mitwirkungspflichten (Abs. 4 iVm Abs. 6a)

Über den Verweis in § 23 Abs. 6a S. 1 darf das BMWK bei Ausübung seiner Überwachungspflichten gemäß Abs. 4 S. 1 **Einsicht in Datenverarbeitungssysteme** nehmen, in denen Unterlagen nach Abs. 1 gespeichert oder verarbeitet werden, und dessen IT-Systeme zur Prüfung der Unterlagen nutzen. Nach Abs. 4 S. 2 kann das BMWK auch eine automatisierte Auswertung oder die Aushändigung auf einem Datenträger verlangen. Ein vorsätzliches oder fahrlässiges Zuwiderhandeln gegen eine vollziehbare Anordnung nach § 23 Abs. 4 S. 2 ist in § 19 Abs. 3 Nr. 2 mit Bußgeld bedroht (→ § 19 Rn. 8–10). **13**

Die gespeicherten Daten müssen hierzu gem. § 23 Abs. 4 S. 3 während der **Dauer** der gesetzlichen Aufbewahrungsfristen gem. § 147 AO verfügbar sein, unverzüglich lesbar gemacht und unverzüglich automatisiert ausgewertet werden können. Die Auskunftspflichtigen haben gem. § 23 Abs. 4 S. 4 iVm Abs. 6a S. 1 das BMWK bei der Ausübung dieser Befugnisse zu unterstützen und die **Kosten** zu tragen. **14**

E. Auskunftspflichtige (Abs. 5)

Nach § 23 Abs. 5 ist **jeder, der unmittelbar oder mittelbar am Außenwirtschaftsverkehr teilnimmt**, auskunftspflichtig. Das können sowohl **natürliche** als auch **juristische Personen** sein.[23] Bei Einzelhandelsfirmen trifft die Auskunftspflicht den Inhaber. Bei juristischen Personen oder Personenhandelsgesellschaften sind die gesetzlichen, satzungsmäßigen oder vertraglichen Vertreter auskunftspflichtig.[24] **15**

---

[18] Hocke/Sachs/Pelz AußenwirtschaftsR/Schrey Rn. 48.

[19] Abs. 622 S. 1 Dienstvorschrift für nachträgliche Prüfungen und Maßnahmen der zollamtlichen und marktordnungsrechtlichen Überwachung und der Steueraufsicht in den Bereichen Zölle, Präferenzen, Verbrauchsteuern, Luftverkehrsteuer, Außenwirtschafts- und Marktordnungsrecht, PrüfungsDV Bund – III A 3 – S 1402/09/10009, Dok.-Nr. 2019/0264918 v. 21.6.2019, E-VSF S 13 10 (PrüfungsDV).

[20] Hocke/Sachs/Pelz AußenwirtschaftsR/Schrey Rn. 50.

[21] Vgl. Hocke/Sachs/Pelz AußenwirtschaftsR/Schrey Rn. 50, der dies auf § 23 Abs. 4 stützt.

[22] Abs. 643 ff. PrüfungsDV.

[23] Dorsch/Stein/Louca, 218. EL, Rn. 2; Wolffgang/Simonsen/Rogmann/Pietsch AWR/Ricke Rn. 33.

[24] Wolffgang/Simonsen/Rogmann/Pietsch AWR/Ricke Rn. 34.

16   Der Begriff des Außenwirtschaftsverkehrs ist in § 1 Abs. 1 S. 1 legaldefiniert und umfasst auch den Kapitalverkehr (→ § 1 Rn. 2). Eine Person nimmt am Außenwirtschaftsverkehr unmittelbar teil, wenn sie eine **Handlung** oder ein **Rechtsgeschäft** vornimmt, das sich auf den **Außenwirtschaftsverkehr** bezieht.[25] Eine mittelbare Teilnahme am Außenwirtschaftsverkehr liegt vor, wenn eine Person an solchen Handlungen, insbesondere ihrer Vorbereitung oder nachfolgenden Nutzung, beteiligt ist.[26] Im Zusammenhang mit der Investitionskontrolle betrifft dies insbesondere das **inländische Zielunternehmen**.

17   Daneben sind ebenfalls solche Stellen erfasst, an die ein Auskunftspflichtiger Aufgaben auslagert oder derer er sich in sonstiger Weise in unmittelbarem oder mittelbarem Zusammenhang mit der Teilnahme am Außenwirtschaftsverkehr bedient. Das soll nach der Gesetzesbegründung insbesondere Mehrmandantendienstleister wie zB Rechenzentren betreffen.[27]

F. Auskunftsverweigerungsrecht (Abs. 6)

18   Der nach § 23 Abs. 5 Auskunftspflichtige kann gem. § 23 Abs. 6 die **Auskunft** auf Fragen **verweigern**, deren Beantwortung bei wahrheitsgemäßer Aussage ihn selbst oder einen nahen Angehörigen iSd § 383 Abs. 1 Nr. 1–3 ZPO der Gefahr aussetzen würde, wegen einer Straftat oder Ordnungswidrigkeit verfolgt zu werden. Die Norm ist eine Ausprägung des rechtsstaatlichen **nemo tenetur–**Grundsatzes.[28]

19   Dem Wortlaut nach gilt das Auskunftsverweigerungsrecht nur für die Auskunft auf Fragen. Angesichts des Verfassungsrangs des Grundsatzes der Selbstbelastungsfreiheit ist § 23 Abs. 6 aber auch auf die Vorlage von **Geschäftsunterlagen** zu erstrecken.[29]

20   Der Auskunftspflichtige ist über sein **Auskunftsverweigerungsrecht** zu belehren.[30] Die Verfolgungsgefahr ist vom Auskunftspflichtigen glaubhaft zu machen. An die Glaubhaftmachung dürfen jedoch nicht so hohe Anforderungen gestellt werden, dass der Auskunftspflichtige preisgeben muss, was er eigentlich verschweigen darf.[31]

G. Einbindung des BAFA oder Beauftragung von Dritten (Abs. 6b)

21   Nach § 23 Abs. 6b kann sich das BMWK zur Erfüllung seiner Überwachungsaufgaben der Dienste des **BAFA oder beauftragter Dritter** bedienen. Diesen

---

[25] Wolffgang/Simonsen/Rogmann/Pietsch AWR/Ricke Rn. 33.
[26] Wolffgang/Simonsen/Rogmann/Pietsch AWR/Ricke Rn. 33.
[27] BT-Drs. 20/1740, 19.
[28] BeckOK AußenWirtschaftsR/Schwendinger Rn. 26.
[29] So auch Dorsch/Stein/Louca, 218. EL, Rn. 7; Wolffgang/Simonsen/Rogmann/Pietsch AWR/Ricke Rn. 37; BeckOK AußenWirtschaftsR/Schwendinger Rn. 27; iE auch Hocke/Sachs/Pelz AußenwirtschaftsR/Schrey Rn. 68; aA Graf/Jäger/Wittig/Cornelius § 19 Rn. 26.
[30] Dorsch/Stein/Louca, 218. EL, Rn. 7; Wolffgang/Simonsen/Rogmann/Pietsch AWR/Ricke Rn. 36.
[31] Wolffgang/Simonsen/Rogmann/Pietsch AWR/Ricke Rn. 36.

stehen dann dieselben Befugnisse aus § 23 Abs. 6a iVm Abs. 1, 2 und 4 zu. Das BMWK soll hierdurch entlastet und die Möglichkeit gegeben werden, im Einzelfall von der Expertise des BAFA oder Dritter Gebrauch zu machen.[32]

Bei der Beauftragung Dritter findet grundsätzlich das **Vergaberecht** Anwendung.[33] Die Einzelheiten der Beauftragung können gem. § 23 Abs. 6b S. 2 durch Rechtsverordnung geregelt werden. Das hat der Verordnungsgeber in § 59 Abs. 4 AWV getan und insbesondere Anforderungen an die vergaberechtliche Eignung aufgestellt (→ AWV § 59 Rn. 52–54). **22**

§ 26 Übermittlung personenbezogener Daten aus Strafverfahren

(1) **In Strafverfahren wegen Verstoßes gegen dieses Gesetz oder gegen eine Rechtsverordnung auf Grund dieses Gesetzes oder gegen das Gesetz über die Kontrolle von Kriegswaffen dürfen Gerichte und Staatsanwaltschaften obersten Bundesbehörden personenbezogene Daten zur Verfolgung der Zwecke des § 4 Absatz 1 und 2 übermitteln.**

(2) **Die nach Absatz 1 erlangten Daten dürfen nur zu den dort genannten Zwecken verwendet werden.**

(3) **Der Empfänger darf die Daten an eine nicht in Absatz 1 genannte öffentliche Stelle nur weiterübermitteln, wenn**
1. **das Interesse an der Verwendung der übermittelten Daten das Interesse des Betroffenen an der Geheimhaltung erheblich überwiegt und**
2. **der Untersuchungszweck des Strafverfahrens nicht gefährdet werden kann.**

A. Inhalt und Bedeutung

§ 26 ist eine **datenschutzrechtliche Spezialvorschrift**, die die zweckgebundene Übermittlung personenbezogener Daten aus außenwirtschaftsrechtlichen Strafverfahren durch Gerichte und Staatsanwaltschaften an oberste Bundesbehörden ermöglicht. Sie verdrängt gem. § 12 Abs. 1 S. 2 EGGVG die §§ 12 ff. EGGVG und gem. § 1 Abs. 2 BDSG das BDSG.[1] **1**

Die Vorschrift soll den besonderen **Informationsbedürfnissen** der für den Bereich des Außenwirtschaftsverkehrs zuständigen obersten Bundesbehörden im Hinblick auf den Schutz der Sicherheit und der auswärtigen Beziehungen der Bundesrepublik Deutschland gem. § 4 Abs. 1 und 2 Rechnung tragen.[2] Das allgemeine Persönlichkeitsrecht des Betroffenen aus Art. 2 Abs. 1 iVm 1 Abs. 1 GG wird insoweit in zulässiger Weise eingeschränkt.[3] **2**

Nach dem Willen des Gesetzgebers bezweckt die Vorschrift die Erleichterung der Erteilung oder Versagung von Genehmigungen unter dem Gesichtspunkt der außenwirtschaftsrechtlichen Zuverlässigkeit iSd § 8 Abs. 2.[4] Zwar kennt das **Recht der Investitionskontrolle** kein explizites Kriterium der **3**

---

[32] BT-Drs. 19/18700, 21; BR-Drs. 181/20, 21.
[33] BT-Drs. 19/18700, 21; BR-Drs. 181/20, 21.
[1] Hocke/Sachs/Pelz AußenwirtschaftsR/Schrey Rn. 2.
[2] BT-Drs. 13/4709, 34.
[3] BeckOK AußenWirtschaftsR/Schwendinger Rn. 2.
[4] BT-Drs. 13/4709, 34.

Zuverlässigkeit. Informationen über Strafverfahren wegen möglicherweise bestehender Verstöße gegen Vorschriften des AWG – und zwar nicht nur solcher nach § 18 Abs. 1b und Abs. 2 Nr. 8 – können aber auch für die Investitionskontrolle von Relevanz sein. Das gilt zum einen für die Prüfung einer voraussichtlichen Beeinträchtigung der öffentlichen Sicherheit oder Ordnung bzw. der wesentlichen Sicherheitsinteressen nach § 55 AWV bzw. § 60 AWV. Denn § 55a Abs. 3 S. 1 Nr. 3 lit. b AWV und § 60 Abs. 1b S. 1 Nr. 3 lit. b AWV erklären ausdrücklich das Bestehen eines „erheblichen Risikos", dass der Erwerber oder die für ihn handelnden Personen an Aktivitäten beteiligt waren oder sind, die in Deutschland den Tatbestand einer Straftat oder Ordnungswidrigkeit nach dem AWG erfüllen würden, zu einem **relevanten Prüffaktor**. Zum anderen kann das BMWK Verstöße im Rahmen seiner Ermessensentscheidung bei einer Anordnung oder Untersagung nach § 59 AWV bzw. § 62 AWV berücksichtigen. Informationen über Strafverfahren nach dem AWG, die Beteiligte eines Erwerbsvorgangs betreffen, können daher für das BMWK bei seiner Prüfung berücksichtigt werden.

4   Auch zu diesem Zweck ermächtigt daher § 26 Abs. 1 Staatsanwaltschaften und Gerichte, entsprechende Daten an oberste Bundesbehörden zu übermitteln (→ Rn. 5–10). Abs. 2 beschränkt die Verwendung dieser übermittelten Daten (→ Rn. 11), während Abs. 3 die Möglichkeit der Weiterübermittlung an nachgeordnete Behörden regelt (→ Rn. 12).

B. Übermittlungsbefugnis (Abs. 1)

5   § 26 Abs. 1 sieht vor, dass Gerichte und Staatsanwaltschaften den obersten Bundesbehörden personenbezogene Daten aus Strafverfahren wegen Verstößen gegen das AWG oder das KrWaffKontrG übermitteln dürfen, um die Zwecke des § 4 Abs. 1 und 2 zu verfolgen.

6   Die Datenübermittlung setzt das Bestehen eines **Strafverfahrens** voraus, das einen Verstoß gegen §§ 17, 18 oder §§ 19 ff. KrWaffKontrG zum Gegenstand hat. Die örtlich zuständigen **Staatsanwaltschaften** oder der Generalbundesanwalt, wenn dieser das Verfahren nach § 120 Abs. 2 S. 1 Nr. 4 GVG, § 142a Abs. 1 S. 1 GVG übernommen hat,[5] können die Einleitung des Verfahrens sowie die Erhebung der öffentlichen Klage mitteilen. Die **Gerichte** sind für die Mitteilung über den Ausgang des Verfahrens durch Verurteilung, Freispruch oder Einstellung zuständig.[6]

7   Die Übermittlung darf **personenbezogene Daten** iSd Art. 4 Nr. 1 DS-GVO zum Gegenstand haben. Das sind alle Informationen, die sich auf eine identifizierte oder identifizierbare natürliche Person beziehen. Übermittelt werden können insbesondere Namen und Adresse des Betroffenen, die von ihm begangenen Handlungen sowie der Tatvorwurf.[7]

8   Eine Übermittlung ist nur zu den in § 4 Abs. 1 und 2 genannten **Zwecken** zulässig. Im Bereich der Investitionskontrolle ist dies gem. § 5 Abs. 2 und 3 der Schutz der **wesentlichen Sicherheitsinteressen** der Bundesrepublik Deutschland (§ 4 Abs. 1 Nr. 1) sowie die **öffentliche Ordnung und Sicherheit** der Bundesrepublik Deutschland, anderer europäischer Mitgliedstaaten und in Bezug auf Projekte und Programme von Unionsinteresse (§ 4 Abs. 1 Nr. 4, 4a) (→ § 4

---

[5] BeckOK AußenWirtschaftsR/Schwendinger Rn. 4.
[6] BeckOK AußenWirtschaftsR/Schwendinger Rn. 4.
[7] Hocke/Sachs/Pelz AußenwirtschaftsR/Schrey Rn. 5.

Rn. 5–12). Das Interesse an diesen Schutzgütern wird grundsätzlich als gegenüber Datenschutzinteressen überwiegend angesehen. Eine Abwägung mit den Rechten des Betroffenen im Einzelfall soll daher nicht erforderlich sein.[8]

Mögliche **Empfänger** der Informationen sind **oberste Bundesbehörden**, dh **9** die Bundesministerien, einschließlich das BMWK.[9]

Die Übermittlung steht grundsätzlich im **Ermessen** der Staatsanwaltschaften **10** und Gerichte – sie „dürfen" personenbezogene Daten übermitteln. Zu berücksichtigen ist hierbei einerseits, ob der Erfolg eines Strafverfahrens durch die Übermittlung der Information gefährdet werden könnte.[10] Beim Informationsaustausch sind andererseits die **Anordnungen über Mitteilungen in Strafsachen** (MiStra) zu beachten.[11] Nach Nr. 49 Abs. 1 MiStra sind Staatsanwaltschaften – mit Ausnahme des Generalbundesanwalts – und Gerichte zur Mitteilung verpflichtet, soweit ein Strafverfahren einen bedeutsamen Verstoß gegen das AWG zum Gegenstand hat. Die Mitteilung ist gem. Nr. 49 Abs. 2 MiStra über die Landesjustizverwaltung an das Bundesministerium der Justiz zu richten, welches entscheidet, ob andere Bundesministerien unterrichtet werden.[12]

C. Verwendungsbeschränkung (Abs. 2)

§ 26 Abs. 2 stellt klar, dass nicht nur die Übermittlung selbst, sondern auch die **11** **Verwendung** der personenbezogenen Daten auf die Zwecke aus § 4 Abs. 1 und 2 **beschränkt** ist. Die Zweckbindung gilt somit für das Handeln der obersten Bundesbehörden, zB die Datenverarbeitung oder Weiterübermittlung, fort. Die Weiterübermittlung ist durch § 26 Abs. 3 weiter eingeschränkt.

D. Unterrichtung nachgeordneter Behörden (Abs. 3)

§ 26 Abs. 3 ermöglicht die Weitergabe der personenbezogenen Daten an nach- **12** geordnete Behörden unter einschränkenden Voraussetzungen zum Schutz des allgemeinen Persönlichkeitsrechts des Betroffenen. Im Gegensatz zur Datenübermittlung an oberste Bundesbehörden nach § 26 Abs. 1 hat bei der **Weitergabe** **an nachgeordnete Behörden** eine **Einzelfallabwägung** mit dem Geheimhaltungsinteresse des Betroffenen stattzufinden.[13] Eine Übermittlung ist nur möglich, wenn das Interesse an der Verwendung der übermittelten Daten das Interesse des Betroffenen an der Geheimhaltung erheblich überwiegt (Nr. 1) und der Untersuchungszweck des Strafverfahrens nicht gefährdet werden kann (Nr. 2).

§ 28 Kosten

(1) **Die Zollbehörden können bei der Durchführung der Vorschriften dieses Gesetzes oder der zu diesem Gesetz erlassenen Rechtsverordnun-**

---

[8] BT-Drs. 13/4709, 34.
[9] Siehe allgemein Wolffgang/Simonsen/Rogmann/Pietsch AWR/Ricke Rn. 4; Hocke/Sachs/Pelz AußenwirtschaftsR/Schrey Rn. 8.
[10] Hohmann/John § 45b aF Rn. 4.
[11] BAnz. AT 8.4.2019 B1.
[12] BeckOK AußenWirtschaftsR/Schwendinger Rn. 6; Wolffgang/Simonsen/Rogmann/Pietsch AWR/Ricke 6 Rn. 6.
[13] BT-Drs. 13/4709, 34.

gen über die Ausfuhr, Verbringung, Einfuhr oder Durchfuhr sowie der Rechtsakte der Europäischen Union im Bereich des Außenwirtschaftsverkehrs Kosten (Gebühren und Auslagen) erheben für

1. die Abfertigung außerhalb des Amtsplatzes oder außerhalb der Öffnungszeiten,
2. die Ausstellung und Nachprüfung von Bescheinigungen oder
3. die Untersuchung von Waren.

(2) [1] In den Fällen des Absatzes 1 gelten für die Bemessung der Kosten und für das Verfahren zu ihrer Erhebung die Vorschriften über Kosten, die auf Grund des § 178 der Abgabenordnung erhoben werden.

(3) **In einer Besonderen Gebührenverordnung des Bundesministeriums für Wirtschaft und Energie nach § 22 Absatz 4 des Bundesgebührengesetzes sind für individuell zurechenbare öffentliche Leistungen des Bundesministeriums für Wirtschaft und Energie und des Bundesamts für Wirtschaft und Ausfuhrkontrolle nach diesem Gesetz oder den auf Grund dieses Gesetzes erlassenen Rechtsverordnungen Gebühren ab dem 1. Januar 2023 zu regeln.**

1   § 28 enthält eine Kostenregelung für Verwaltungshandeln. In Abs. 1 und 2 sind die **Kosten für Tätigkeiten der Zollbehörden** geregelt, die der Durchführung des AWG, der AWV oder von EU-Rechtsakten dienen. Abs. 1 bestimmt näher, für welche Tätigkeiten Gebühren und Auslagen erhoben werden können. Abs. 2 verweist für die Kostenbemessung und das Erhebungsverfahren auf § 178 AO. Anders als diese ausschließlich den Warenverkehr betreffenden Regelungen, findet sich in **Abs. 3** eine auch für **Investitionsprüfverfahren** potenziell relevante Regelung.

2   Mit Wirkung zum 9.6.2021 wurde durch das Gesetz zur Änderung des Außenwirtschaftsgesetzes und des Gesetzes über die Kontrolle von Kriegswaffen[2] in § 28 Abs. 3 eine Ermächtigung zugunsten des BMWK eingefügt, eine besondere Gebührenordnung nach § 22 Abs. 4 BGebG für individuell zurechenbare öffentliche Leistungen des BMWK und des BAFA aufgrund des AWG oder der AWV zu erlassen. Die Regelung findet ihre Rechtfertigung in § 1 BGebG, wonach die Verwaltungsbehörden des Bundes dazu verpflichtet sind, für ihre individuell zurechenbaren öffentlichen Leistungen Gebühren zu erheben. Nach der Gesetzesbegründung trifft diese **Pflicht zur Gebührenerhebung** auch das BMWK für den Bereich der **Investitionsprüfung**.[3]

3   Die Umsetzung war vor dem Hintergrund der schwierigen Wirtschaftslage infolge der COVID 19-Pandemie zunächst ausgeblieben.[4] Das entsprechende Gebührenmoratorium galt allerdings nur bis zum 1.1.2023, wie es auch § 28 Abs. 3 aE andeutet. Erst am 8.9.2023 ist die neue **Besondere Gebührenverordnung des Bundesministeriums für Wirtschaft und Klimaschutz für individuell zurechenbare öffentliche Leistungen in seinem sowie dem Zuständigkeitsbereich des Bundesamts für Wirtschaft und Ausfuhrkontrolle für die Kriegswaffenkontrolle, Ausfuhrkontrolle und Investitionsprüfung**

---

[1] § 28 Abs. 2 ist bereits am 1.8.2013 in Kraft getreten, vgl. Art. 27 Abs. 4 des Gesetzes zur Neuregelung des gesetzlichen Messwesens v. 25.7.2013 (BGBl. I 2722).
[2] BGBl. 2021 I 1275.
[3] BR-Drs. 168/21, 1.
[4] BR Drs. 168/21, 1.

(BMWKBGebKAIV) in Kraft getreten.[5] Hiernach werden für individuell zurechenbare öffentliche Leistungen des BMWK Gebühren geregelt, um grundsätzlich die anfallenden Kosten zu kompensieren. Das gilt nach § 1 Abs. 1 Nr. 4 BMWKBGebKAIV auch für die Investitionskontrolle.

Die **Gebührenhöhe** wurde auf Basis des erforderlichen Zeitaufwands nach 4 den Vorgaben der Allgemeinen Gebührenverordnung (AGebV) kalkuliert und ist in einem Gebührenverzeichnis in der Anlage der BMWKBGebKAIV jeweils ausgewiesen (§ 2 Abs. 1 BMWKBGebKAIV). Für die Beendigung eines Investitionsprüfverfahrens in Prüfphase I (Vorprüfung) beträgt die Gebühr 800 Euro – unabhängig davon, ob das Verfahren durch einen Antrag oder von Amts wegen eröffnet worden ist und unabhängig davon, wie das Verfahren endet (also ob durch Verwaltungsakt oder kraft Fiktion durch Fristablauf). Tritt die Prüfung in die Prüfphase II beträgt die Gebühr grundsätzlich 2.500 Euro. Wird die Prüffrist wegen der besonderen Schwierigkeit gem. § 14a Abs. 4 S. 1 (→ § 14a Rn. 17) verlängert, erhöht sich die Gebühr auf 5.000 Euro. Erfolgt eine weitere einmalige Verlängerung der Prüffrist wegen der Berührung von Verteidigungsinteressen nach § 14a Abs. 4 S. 2 (→ § 14a Rn. 18), beträgt die Gebühr 6.000 Euro. Ergreift das BMWK „besondere Schutzmaßnahmen" im Prüfverfahren oder im Verwaltungsakt (etwa in Form von Anordnungen oder im Rahmen von öffentlichrechtlichen Verträgen mit den Erwerbsparteien), erhöht sich die genannte Festgebühr je nach Schwierigkeitsgrad um 10.000 (bei einfachem Aufwand und Schwierigkeitsgrad), 20.000 (bei erhöhtem Aufwand und Schwierigkeitsgrad) oder 30.000 Euro (bei hohem Aufwand und Schwierigkeitsgrad). Schließlich ist zu beachten, dass nach § 2 Abs. 5 BMWKBGebKAIV für gebührenfähige Leistungen in Bezug auf Rechtsgeschäfte und Handlungen, deren Wert 100.000.000 Euro überschreiten, die Gebühr nach dem Gebührenverzeichnis nochmals um 10.000 Euro erhöht. Die Gebühren für Entscheidungen nach Durchführung eines Prüfverfahrens sind damit mit den Gebühren des BKartA vergleichbar, wenngleich letztere häufig höher sein dürften.

Leistungen, die vor dem 1.1.2024 beantragt werden, bleiben im Rahmen der 5 Übergangsregelung des § 5 BMWKBGebKAIV gebührenfrei.

Teil 4 Schlussvorschriften

§ 31 Übergangsbestimmungen

¹§ 14a ist erstmals auf Unternehmenserwerbe anzuwenden, von denen das Bundesministerium für Wirtschaft und Energie nach dem 17. Juli 2020 Kenntnis erlangt. ²Für vor dem in Satz 1 genannten Tag bekannt gewordene Unternehmenserwerbe sind die §§ 55, 57, 58, 59, 61 und 62 der Außenwirtschaftsverordnung in der am 16. Juli 2020 geltenden Fassung weiter anzuwenden.

§ 31 regelt, auf welche Investitionsprüfungsverfahren die Fristenregelungen des 1 § 14a **erstmals anwendbar** sind und auf welche die **vorherigen Fassungen** der geänderten Vorschriften der **AWV** Anwendung finden. Die Bedeutung dieser Übergangsvorschrift schwindet naturgemäß mit voranschreitender Zeit. Über-

---

[5] BGBl. 2023 I Nr. 248.

gangsregelungen für die übrigen von der ersten AWG-Novelle betroffenen Vorschriften, wie insbesondere § 15, bestehen nicht.[1]

2   Nach § 31 S. 1 sind die Fristenregelungen nach **§ 14a** erstmals **auf Unternehmenserwerbe anzuwenden,** von denen das **BMWK nach dem 17.7.2020
Kenntnis erlangt hat.** Wenn der Unternehmenserwerb dem BMWK vor dem
Inkrafttreten der ersten AWG-Novelle am 17.7.2020 bekannt geworden ist, sind
die §§ 55, 57, 58, 59, 61 und 62 AWV gem. § 31 S. 2 in der damaligen, dh der
am 16.7.2020 geltenden Fassung, anzuwenden. Eine Kenntnis des BMWK setzt
positives Wissen voraus (→ § 14a Rn. 6).

§ 32 Evaluierung der Änderungen durch das Erste Gesetz zur Ände-
rung des Außenwirtschaftsgesetzes und anderer Gesetze

[1]**Das Bundesministerium für Wirtschaft und Energie bewertet unter
Beteiligung des Auswärtigen Amts, des Bundesministeriums der Verteidigung, des Bundesministeriums des Innern, für Bau und Heimat und des
Bundesministeriums der Finanzen die Anwendung der §§ 4, 5, 13, 14a
und 15 in der Fassung des Ersten Gesetzes zur Änderung des Außenwirtschaftsgesetzes und anderer Gesetze vom 10. Juli 2020 (BGBl. I S. 1636)
im Hinblick auf die Wirksamkeit der Regelungen und den mit dem Vollzug der Regelungen verbundenen Aufwand für Unternehmen und Verwaltung. [2]Der Evaluierungszeitraum beginnt mit dem 18. Juli 2020 und
beträgt 24 Monate.**

1   In § 32 ist eine **Evaluierung** des im Zuge der Ersten AWG-Novelle im Jahr
2020 neugefassten **Investitionsprüfungsrechts** (§§ 4, 5, 13, 14a, 15) vorgesehen.
Vom 18.7.2020 bis Ende Juli 2022 sollten die **Wirksamkeit** der Regelungen und
der mit dem Vollzug der Regelungen verbundene **Aufwand** für Unternehmen
und Verwaltung bewertet werden. Ein entsprechender Bericht wurde im September 2023 vorgelegt.[1] Er bezieht sich zudem gem. § 82b AWV auf die 15., 16.
und 17. AWV-Novellen.[2]

2   Die Evaluierung wurde gem. § 32 S. 1 vom BMWK vorgenommen. Das Auswärtige Amt, das Bundesministerium der Verteidigung, das Bundesministerium
des Innern und für Heimat und das Bundesministerium der Finanzen wurden
beteiligt.[3] Der Evaluierungszeitraum nach § 32 S. 2 war so gewählt, dass er vor
der Evaluierung der Screening-VO nach Art. 15 Screening-VO endete, damit

---

[1] BeckOK AußenWirtschaftsR/Niestedt Rn. 1; Hocke/Sachs/Pelz AußenWirtschaftsR/
Sattler Rn. 1.

[1] BMWK, Evaluierung des Ersten Gesetzes zur Änderung des Außenwirtschaftsgesetzes
und der 15.–17. Verordnung zur Änderung der Außenwirtschaftsverordnung (2023), abrufbar unter: https://www.bmwk.de/Redaktion/DE/Publikationen/Aussenwirtschaft/evalu
ierung-gesetze-aenderung-aussenwirtschaftsgesetze-verordnung.pdf (zuletzt abgerufen am
19.10.2023).

[2] BAnz AT 2.6.2020 V1; BAnz AT 28.10.2020 V1; BAnz AT 30.4.2021 V1.

[3] BMWK, Evaluierung des Ersten Gesetzes zur Änderung des Außenwirtschaftsgesetzes
und der 15.–17. Verordnung zur Änderung der Außenwirtschaftsverordnung (2023), S. 13,
abrufbar unter: https://www.bmwk.de/Redaktion/DE/Publikationen/Aussenwirtschaft/
evaluierung-gesetze-aenderung-aussenwirtschaftsgesetze-verordnung.pdf (zuletzt abgerufen
am 19.10.2023).

Erkenntnisse aus der nationalen Anwendung auf EU-Ebene eingebracht werden können.[4]

Hinsichtlich der **Fristenregelung in § 14a** sollte nach den Vorstellungen des **3** Gesetzgebers insbesondere geprüft werden, ob die Länge der Vorprüfungs- bzw. Hauptprüfungsfrist im Hinblick auf die berechtigten Interessen der Unternehmen an zügigen Prüfverfahren einerseits und an die aus einer sachlichen, rechtlichen und sicherheitspolitischen Komplexität resultierenden Notwendigkeiten andererseits angepasst werden sollte.[5] Der Evaluationsbericht stellt insoweit fest, dass sich die Verfahrensdauer durch die Änderungen sowie durch den Personalaufwuchs in den relevanten Bundesministerien erheblich verringert hat. Im Jahr 2022 waren ca. 82 % aller Verfahren in weniger als 60 Tagen bearbeitet worden, 2019 waren es 55 %.[6] Die Regelung des § 14a wird damit als gelungen bewertet.

Auch sollte überprüft werden, ob die zuständigkeitsbezogenen Änderungen in **4** § 13 ausreichen, um die Aufgaben und Befugnisse des BMWK als **Nationale Kontaktstelle** im Rahmen des Kooperationsmechanismus nach Art. 7 und 11 der Screening-VO auszufüllen.[7] Dies ist nach den Ergebnissen der Evaluation der Fall: Das BMWK konnte nach eigenen Angaben allen Anforderungen an eine nationale Kontaktstelle in diesem Sinne erfüllen und habe alle 533 im Evaluationszeitraum durch EU-Mitgliedstaaten gemeldeten Verfahren bearbeiten sowie sämtliche nationale Verfahren an die EU notifizieren können.[8]

Die weiteren Änderungen in § 13 sowie in §§ 4, 5 und 15 sollten an den **5** Investitionskontrollverfahren des BMWK im Evaluierungszeitraum gemessen werden. Der Gesetzgeber erwartete hierfür einen **spürbaren Anstieg an meldepflichtigen Erwerben und eingeleiteten Prüfverfahren.** Der Evaluationsbericht bestätigt diese Erwartung: Im Vergleich zu den Jahren 2018 und 2019 hat sich die Zahl der nationalen Prüfverfahren im Jahr 2022 verdreifacht.[9] Dies habe seinen Grund einerseits in der Ausweitung des Anwendungsbereichs der Investitionsprüfung, andererseits aber auch in dem gem. der Screening-VO bestehenden

---

[4] BMWK, Evaluierung des Ersten Gesetzes zur Änderung des Außenwirtschaftsgesetzes und der 15.–17. Verordnung zur Änderung der Außenwirtschaftsverordnung (2023), abrufbar unter: https://www.bmwk.de/Redaktion/DE/Publikationen/Aussenwirtschaft/evaluierung-gesetze-aenderung-aussenwirtschaftsgesetze-verordnung.pdf (zuletzt abgerufen am 19.10.2023).

[5] BT-Drs. 19/20144, 27.

[6] BMWK, Evaluierung des Ersten Gesetzes zur Änderung des Außenwirtschaftsgesetzes und der 15.–17. Verordnung zur Änderung der Außenwirtschaftsverordnung (2023), S. 19, abrufbar unter: https://www.bmwk.de/Redaktion/DE/Publikationen/Aussenwirtschaft/evaluierung-gesetze-aenderung-aussenwirtschaftsgesetze-verordnung.pdf (zuletzt abgerufen am 19.10.2023).

[7] BT-Drs. 19/20144, 28.

[8] BMWK, Evaluierung des Ersten Gesetzes zur Änderung des Außenwirtschaftsgesetzes und der 15.–17. Verordnung zur Änderung der Außenwirtschaftsverordnung (2023), S. 15, abrufbar unter: https://www.bmwk.de/Redaktion/DE/Publikationen/Aussenwirtschaft/evaluierung-gesetze-aenderung-aussenwirtschaftsgesetze-verordnung.pdf (zuletzt abgerufen am 19.10.2023).

[9] BMWK, Evaluierung des Ersten Gesetzes zur Änderung des Außenwirtschaftsgesetzes und der 15.–17. Verordnung zur Änderung der Außenwirtschaftsverordnung (2023), S. 16, abrufbar unter: https://www.bmwk.de/Redaktion/DE/Publikationen/Aussenwirtschaft/evaluierung-gesetze-aenderung-aussenwirtschaftsgesetze-verordnung.pdf (zuletzt abgerufen am 19.10.2023).

EU-Kooperationsmechanismus (→ Screening-VO Rn. 146 ff.).[10] Der Evaluierungsbericht hebt allerdings auch hervor, dass der Anteil der eröffneten Hauptprüfverfahren (Phase II) rückläufig sei, was auch auf die Möglichkeit zur einvernehmlichen Fristverlängerung in der Vorprüfung (Phase I) nach § 14a Abs. 5 (→ § 14a Rn. 13) zurückzuführen sei.[11]

6   Evaluierungsgegenstand war damit insbesondere die Frage, ob die Novellierung des Investitionsprüfungsrechts ihr Ziel effektiv erreicht hat, einen noch wirksameren Schutz der öffentlichen Ordnung oder Sicherheit bzw. der wesentlichen Sicherheitsinteressen der Bundesrepublik Deutschland im Falle von kritischen Unternehmenserwerben durch Unionsfremde bzw. durch Ausländer zu gewährleisten.[12] Allerdings sei zu berücksichtigen so der Gesetzgeber, dass die Zahl der meldepflichtigen Erwerbe und der durch das BMWK eingeleiteten Prüfverfahren auch von der allgemeinen wirtschaftlichen Entwicklung abhängig seien. Ein Anstieg der verfügten Untersagungen und Anordnungen durch das BMWK bzw. der mit ihm geschlossenen öffentlich-rechtlichen Verträge solle daher kein belastbarer Indikator für die Zielerreichung sein. Dies hinge von vielen wirtschaftlichen, rechtlichen und sicherheitspolitischen Variablen ab.[13]

7   Der Evaluationsbericht kommt zu dem Ergebnis, dass die Rechtsänderungen zu einer **intensiveren Kontrolle** geführt hätten. Die meisten Prüfverfahren hätten aber mit kurzer Verfahrensdauer abgeschlossen werden konnten. Die Zahl der eröffneten Hauptprüfverfahren und getroffenen Maßnahmen seien zwar nicht gestiegen. Der Bericht hebt aber hervor, dass das BMWK in sechs Fällen, in denen Maßnahmen ergriffen wurden, ohne die Rechtsänderung keine Kenntnis von den Erwerben erhalten hätte. Zudem hätten einige Erwerbsparteien sich vom Erwerb zurückgezogen, nachdem existierende gravierende Bedenken seitens der Bundesregierung geäußert wurden.[14] Insgesamt **bewertet der Bericht die Rechtsänderung damit positiv,** sieht aber auch Nachschärfungsbedarf (zB mit Blick auf den atypischen Kontrollerwerb → AWV § 56 Rn. 25–27; → AWV § 60a Rn. 12–13) und stellt Überlegungen zum Anwendungsbereich der Investitionsprüfung an (zB mit Blick auf Prüfschwellen, den Erwerb geistiges Eigentum oder Greenfield-Investitionen).[15] Das hohe Fallaufkommen, das zu 86 % ohne Eröffnung des Hauptprüfverfahrens und ohne das Ergreifen von Maßnahmen bewältigt

[10] BMWK, Evaluierung des Ersten Gesetzes zur Änderung des Außenwirtschaftsgesetzes und der 15.–17. Verordnung zur Änderung der Außenwirtschaftsverordnung (2023), S. 15, abrufbar unter: https://www.bmwk.de/Redaktion/DE/Publikationen/Aussenwirtschaft/evaluierung-gesetze-aenderung-aussenwirtschaftsgesetze-verordnung.pdf (zuletzt abgerufen am 19.10.2023).

[11] BMWK, Evaluierung des Ersten Gesetzes zur Änderung des Außenwirtschaftsgesetzes und der 15.–17. Verordnung zur Änderung der Außenwirtschaftsverordnung (2023), S. 17, abrufbar unter: https://www.bmwk.de/Redaktion/DE/Publikationen/Aussenwirtschaft/evaluierung-gesetze-aenderung-aussenwirtschaftsgesetze-verordnung.pdf (zuletzt abgerufen am 19.10.2023).

[12] BT-Drs. 19/20144, 28.

[13] BT-Drs. 19/20144, 28.

[14] BMWK, Evaluierung des Ersten Gesetzes zur Änderung des Außenwirtschaftsgesetzes und der 15.–17. Verordnung zur Änderung der Außenwirtschaftsverordnung (2023), S. 34 f., abrufbar unter: https://www.bmwk.de/Redaktion/DE/Publikationen/Aussenwirtschaft/evaluierung-gesetze-aenderung-aussenwirtschaftsgesetze-verordnung.pdf (zuletzt abgerufen am 19.10.2023).

[15] BMWK, Evaluierung des Ersten Gesetzes zur Änderung des Außenwirtschaftsgesetzes und der 15.–17. Verordnung zur Änderung der Außenwirtschaftsverordnung (2023), S. 37, abrufbar unter: https://www.bmwk.de/Redaktion/DE/Publikationen/Aussenwirtschaft/evaluierung-gesetze-aenderung-aussenwirtschaftsgesetze-verordnung.pdf (zuletzt abgerufen am 19.10.2023).

werden konnte, deutete, so der Evaluationsbericht andererseits, darauf hin, dass die gestiegene Belastung von Verwaltung und Wirtschaft unter Sicherheitsgesichtspunkten nicht (vollumfänglich) erforderlich seien.[16]

Die Ergebnisse und **Handlungsempfehlungen** der Evaluation werden in das **8** Gesetzgebungsverfahren zur Neufassung des Investitionskontrollrechts einfließen.

---

[16] BMWK, Evaluierung des Ersten Gesetzes zur Änderung des Außenwirtschaftsgesetzes und der 15.–17. Verordnung zur Änderung der Außenwirtschaftsverordnung (2023), S. 37, abrufbar unter: https://www.bmwk.de/Redaktion/DE/Publikationen/Aussenwirtschaft/evaluierung-gesetze-aenderung-aussenwirtschaftsgesetze-verordnung.pdf (zuletzt abgerufen am 19.10.2023).

III. BSI-KritisV

Textabdruck der BSI-KritisV s. Anhang I

1   Die **Verordnung zur Bestimmung Kritischer Infrastrukturen nach dem BSI-Gesetz** (BSI-KritisV) ist eine vom Bundesministerium des Innern, für Bau und Heimat (BMI) erlassene Rechtsverordnung, die **den Begriff der „Kritischen Infrastruktur"** in § 2 Abs. 10 BSIG genauer definiert.

2   **Rechtsgrundlage** ist § 10 Abs. 1 BSIG, der die Kompetenz zur Bestimmung von kritischer Infrastruktur auf das BMI überträgt. Um eine sachgerechte Bestimmung sicherzustellen, sind Vertreter der Wissenschaft, der betroffenen Betreiber und der betroffenen Wirtschaftsverbände **anzuhören** und andere kompetente **Bundesministerien zu beteiligen**. Die Konkretisierung im Wege einer Rechtsverordnung trägt dem Umstand Rechnung, dass der technische und gesellschaftliche Wandel sowie die im Rahmen der Umsetzung gemachten Erfahrungen gegebenenfalls flexible Anpassungen erfordern.

3   § 55a Abs. 1 Nr. 1 AWV nimmt auf § 2 Abs. 10 BSIG und darüber auch auf die BSI-KritisV zur Definition des Begriffs der Kritischen Infrastruktur Bezug. **Eine ausführliche Kommentierung des Begriffs der Kritischen Infrastruktur erfolgt daher bei der Kommentierung zu § 55a AWV** (→ § AWV 55a Rn. 5–31).

4   Zu den Tatbestandsvoraussetzungen der Kritischen Infrastruktur nach § 2 Abs. 10 BSIG vgl. → AWV § 55a Rn. 9 ff. Zur praktischen Anwendung vgl. → AWV § 55a Rn. 17 ff.

5   Die BSI-KritisV definiert in § 1 Abs. 1 mehrere relevante Begriffe:
- Anlage (Nr. 1) (→ AWV § 55a Rn. 10 ff.)
- Betreiber (Nr. 2) (→ AWV § 55a Rn. 30 f.)
- Kritische Dienstleistung (Nr. 3) (→ AWV § 55a Rn. 12)
- Versorgungsgrad (Nr. 4) (→ AWV § 55a Rn. 16)
- Schwellenwert (Nr. 5) (→ AWV § 55a Rn. 8)

6   Die §§ 2–9 BSI-KritisV konkretisieren, jeweils im Zusammenspiel mit den Anhängen 1–7 für die einzelnen Sektoren, was Kritische Infrastrukturen in diesen Sektoren sind. Die Konkretisierung erfolgt in qualitativer und quantitativer Hinsicht.[1] Zu diesem Zweck legt das BMI in der BSI-KritisV abstrakt fest, welche Anlagekategorien für die Gesellschaft kritische Dienstleistungen in den jeweiligen Sektoren erbringen (**Qualitätsmerkmal**).[2] Die Qualität bestimmter Anlagekategorien ergibt sich daraus, dass deren Beeinträchtigung respektive Ausfall zu einer **Gefahr für Leib, Leben, Gesundheit oder Eigentum** führen würde.[3] Mit Blick auf die Quantität wird anhand von branchenspezifischen Schwellenwerten der Versorgungsgrad bestimmt, den konkrete Anlagen erreichen müssen, um als bedeutend angesehen zu werden (**Quantitätsmerkmal**). Dies ist der Fall, wenn sich der Ausfall oder die Beeinträchtigung einer konkreten Anlage negativ auf die Versorgung einer großen Zahl an Personen mit einer kritischen Dienstleistung

---

[1] BT-Drs. 18/4096, 23, 30.
[2] BT-Drs. 18/4096, 30.
[3] BT-Drs. 18/4096, 30 f.

auswirken würde, also wesentliche Folgen für deren Schutzgüter und die Funktionsfähigkeit des Gemeinwesens hätte.[4] Der Versorgungsgrad gilt in der Regel als bedeutend, wenn **500.000 oder mehr Personen** durch die jeweilige Infrastruktur mit einer kritischen Dienstleistung versorgt werden.[5] Grund dafür ist die Annahme des Verordnungsgebers, dass Ausfälle in dieser Größenordnung regelmäßig nicht ausreichend durch vorhandene Notfallkapazitäten kompensiert werden können. Ausgehend vom Versorgungsgrad legt die BSI-KritisV anlagespezifische Schwellenwerte fest, bei deren Erreichen oder Überschreiten eine kritische Infrastruktur vorliegt. Eine Anlage gilt ab dem 1. April des Jahres, das auf das Kalenderjahr folgt, in dem der relevante Schwellenwert erstmals erreicht oder überschritten wurde, als Kritische Infrastruktur (vgl. bspw. für den Energiesektor Anhang 1 Teil 1 Nr. 3 BSI-KritisV).

Die erfassten Sektoren sind: 7
- Energie (→ AWV § 55a Rn. 22)
- Wasser (→ AWV § 55a Rn. 23)
- Ernährung (→ AWV § 55a Rn. 24)
- Informationstechnik und Telekommunikation (→ § AWV § 55a Rn. 25)
- Gesundheit (→ AWV § 55a Rn. 26)
- Finanz- und Versicherungswesen (→ AWV § 55a Rn. 27)
- Transport und Verkehr (→ AWV § 55a Rn. 28)

Der von § 2 Abs. 10 BSIG erfasste Sektor der Siedlungsabfallentsorgung wird   8
bisher nicht von der BSI-KritisV geregelt (→ AWV § 55a Rn. 29).

---

[4] BT-Drs. 18/4096, 30 f.
[5] BSI-KritisV Begründung, 8.

2. Teil Europäisches Recht

Screening-VO (Verordnung (EU) 2019/452) und primärrechtliche Grundlagen

Textabdruck der Screening-VO s. Anhang II

Übersicht

A. Einleitung

I. Gesetzgeberischer Hintergrund der Screening-VO

1   Seit dem 11.10.2020 gilt die Screening-VO der Europäischen Union (Verordnung (EU) 2019/452 des Europäischen Parlamentes und des Rates v. 19.3.2019 zur Schaffung eines Rahmens für die Überprüfung ausländischer Direktinvestitionen in der Union).[1]

Die Screening-VO geht auf eine Initiative von Ministerinnen und Ministern　**2** aus Deutschland, Frankreich und Italien zurück, welche als **Reaktion auf als politisch motiviert gewertete Übernahmen europäischer Unternehmen** durch außereuropäische, insbesondere chinesische Investoren auf europäischer Ebene ein Instrument gefordert hatten,[2] um ausländische Direktinvestitionen überprüfen und beschränken zu können.[3] Vor diesem Hintergrund wurde der Vorschlag der Kommission für die VO am 13.9.2017 zeitgleich mit einer Mitteilung der Kommission an das Europäische Parlament und das anderen politischen Organe der EU vorgestellt. Diese Mitteilung hatte den Titel „Welcoming Foreign Direct Investment while Protecting Essential Interests". In der Mitteilung betonte die Kommission die **Notwendigkeit, bei einem weiterhin für Auslandsinvestitionen offenen wirtschaftspolitischen Klima die Sicherheits- und anderen strategischen Interessen der Mitgliedstaaten und der Europäischen Union zu schützen.**[4] In dieser Mitteilung bezog sich die Kommission auf ein wenige Monate vorher veröffentlichtes sog. „Reflection Paper" mit dem Titel „Harnessing Globalisation".[5] In der Einleitung der Mitteilung v. 13.9.2017 liest sich die politische Richtungsvorgabe der Kommission wie folgt:

„On 10 May 2017, the European Commission issued the reflection paper on　**3** Harnessing Globalisation opening a debate on how to shape globalization so that it benefits all. The paper underlines the steadfast commitment of the European Union (EU) to build an open, sustainable, fair, and rules-based global trade order through international cooperation. However, the EU would not hesitate to act in order to protect its citizens and its industry when foreign countries or companies engage in unfair practices or raise concerns for security and public order. These principles apply fully to foreign direct investment from third countries, which forms part of the EU's common commercial policy. Foreign direct investment is an important source of growth, jobs, and innovation. It has brought significant benefits to the EU as to the rest of the world. This is why the EU wants to **maintain an open investment environment**. At the same time, the reflection paper on Harnessing Globalisation recognized increasing **concerns about strategic acquisition of European companies with key technologies** by foreign investors, especially state-owned enterprises. These concerns called into question the capacity of the current regulatory framework to address them."[6]

Später hat insbesondere der **Ausbruch der Corona-Pandemie** verstärkt zu　**4** Forderungen nach wirkungsvolleren Überprüfungsmechanismen in den Mitgliedstaaten geführt, um Übernahmen von vorübergehend gefährdeten Unternehmen oder von Unternehmen, die wichtige medizinische Güter herstellen oder Biotech-

---

[1]　ABl. 2019 L 79 I/1, Screening-VO.

[2]　Beispiele sind der Erwerb der deutschen Unternehmen Kuka und Aixtron. Vgl. Wübekke, MERICS Papers on China No. 2, 2016, S. 52; Grieger, Foreign direct investment screening, European Parliamentary Research Service, PE 603.941, Mai 2017, S. 8.

[3]　Zypries/Sapin/Calenda, Brief an die Europäische Kommission, Februar 2017, abrufbar unter: https://www.bmwi.de/Redaktion/DE/Downloads/S-T/schreiben-de-fr-it-an-malm stroem.pdf?__blob=publicationFile&v=5 (zuletzt abgerufen am 7.6.2023).

[4]　Mitt. d. Komm. v. 13.9.2017, COM (2017) 494 final.

[5]　Mitt. d. Komm. v. 10.5.2017, COM (2017) 240 final.

[6]　Mitt. d. Komm. v. 13.9.2017, COM (2017) 494 final, 2; Hervorhebung diesseits.

nologieforschung betreiben, zu verhindern. In diesem Kontext veröffentlichte die Kommission Leitlinien für die Mitgliedstaaten über ausländische Direktinvestitionen und den freien Kapitalverkehr aus Nicht-EU-Ländern sowie den Schutz der strategischen Vermögenswerte.[7] Die **militärische Aggression Russlands gegen die Ukraine** unter aktiver Unterstützung von Belarus gab weiterhin Anlass zur Veröffentlichung der Leitlinien der Kommission für die Mitgliedstaaten zur Bewertung und Abwehr von Bedrohungen der Sicherheit und öffentlichen Ordnung in der EU durch russische und belarussische Investitionen.[8]

5   2017 hatte erst knapp die Hälfte der EU-Mitgliedstaaten (damals noch unter Einschluss des Vereinigten Königreiches) ein nationales Investitionskontrollrecht eingeführt. Die Kommission stellte allerdings sehr unterschiedliche Herangehensweisen bei den einzelnen Kontrollsystemen fest, die sich zum Teil sowohl auf intra-EU als auch extra-EU Investitionen bezogen, zum Teil nur auf Investitionen aus Drittstaaten. Auch verfahrensrechtlich unterschieden sich die Regime deutlich, es bestanden sowohl nationale Prüfungsregime mit einem verpflichtenden Ex-ante-Anmeldesystem als auch mit einer lediglich diskretionären nachträglichen Kontrolle, zum Teil auch auf der Basis freiwilliger Anmeldungen.[9] Mit einer umfangreichen Begründung veröffentlichte die GD-Handel der Kommission am selben Tag den Vorschlag für eine VO des Europäischen Parlaments und des Rates zur Schaffung eines Rahmens für die Überprüfung ausländischer Direktinvestitionen in der Europäischen Union.[10] Zusammen mit diesem Vorschlag stellte die Kommission in einem „Staff Working Document" zugleich auch weiteres umfangreiches statistisches Material über die Bedeutung grenzüberschreitender Investitionen in und außerhalb der Europäischen Union vor. Investitionen aus China und Russland hatten im Betrachtungszeitraum des Jahres 2015 nur untergeordnete Anteile an den Investitionsflüssen in die EU (USA: 41,4%, Schweiz 10,8%, Kanada 3,8%, Japan 2,9%, Brasilien 2,2%, China 2%, Norwegen 1,3%, Russland 1,1%, Singapur 1%, Israel 0,8%).[11]

6   Zur Verabschiedung der neuen VO am 10.4.2019 erklärte der damalige Präsident der Kommission, Jean-Claude Juncker: „Dieser neue Rahmen wird Europa dabei helfen, seine strategischen Interessen zu verteidigen. Wir brauchen Kontrolle über die Ankäufe ausländischer Unternehmen, die auf Europas strategische Güter abzielen. Ich möchte, dass Europa wirtschaftlich offenbleibt, aber ich habe immer wieder betont, dass wir **keine naiven Freihändler** sind. Die Annahme und das Inkrafttreten dieses Vorschlags beinah in Rekordzeit zeigen, dass wir die Verteidigung der Interessen Europas ernst meinen und es nicht bei leeren Worten belassen."[12] Seitdem wird die Formulierung, Europa und die Mitgliedstaaten seien zwar offen für ausländische Investitionen, aber nicht naiv, vielfältig verwandt.

7   Mit der Screening-VO wurde ein **europäischer Rahmen für die nationale Überprüfung ausländischer Direktinvestitionen aus Gründen der Sicherheit oder der öffentlichen Ordnung** geschaffen, um die Fähigkeit der EU zu verbessern, auf die sich verändernde globale Investitionslandschaft zu reagieren und einen Rahmen für das Screening ausländischer Direktinvestitionen in der gesamten EU zu

---

[7] Mitt. d. Komm. v 26.3.2020, C 99 I/01.
[8] Mitt. d. Komm v. 22.4.2022, C 151 I/01.
[9] Commission Staff Working Document v. 13.9.2017, SWD (2017) 297 final, S. 7.
[10] Kommissionsentwurf. v. 13.9.2017, COM (2017) 487 final.
[11] Commission Staff Working Document v. 13.9.2017, SWD (2017) 297 final, S. 3, 4.
[12] Pressemitteilung d. Komm. v. 10.4.2019, IP/19/2088.

schaffen.[13] Die Screening-VO wurde auf der Grundlage von **Art. 207 Abs. 2 AEUV** im Rahmen des ordentlichen Gesetzgebungsverfahrens gem. Art. 294 AEUV erlassen. Es handelt sich dabei um die erste Regelung auf europäischer Ebene für die Regulierung ausländischer Direktinvestitionen, obwohl die Mitgliedstaaten bereits seit der Gründung der Europäischen Wirtschaftsgemeinschaft (EWG) Empfänger ausländischer Direktinvestitionen sind. Mit dem Erlass der Screening-VO schloss sich die EU anderen Staaten wie den USA und China an, die über Mechanismen zur Überprüfung ausländischer Direktinvestitionen in bestimmten strategischen Industriesektoren verfügen, und steht damit im Einklang mit dem weltweit zu beobachtenden Trend, die Kontrolle von Investitionen am Maßstab nationaler Interessen zu verschärfen.[14]

Mit Urteil vom 13.7.2023[15] hat sich der EuGH erstmals zum Anwendungsbereich der Screening-VO geäußert. Der Rechtsstreit, der auf die Vorlage eines ungarischen Gerichts in einer nach dortigem Recht geführten Streitigkeit zu einem Untersagungsfall zurückging, betraf die Frage der Anwendung der VO auf den Erwerb eines in Ungarn ansässigen, vergleichsweise kleinen Unternehmens der Baustoffindustrie durch ein ebenfalls in der EU gegründetes und ansässiges Unternehmen, das jedoch auch über kontrollierende Anteilseigner mit Sitz außerhalb der EU verfügte. Die ungarische Regierung hatte sich bei der Untersagung dieses Erwerbs auf die Anwendung des ungarischen Investitionskontrollrechts gestützt und Gefahren für die Belieferung der heimischen Bauwirtschaft geltend gemacht, die von dem Erwerb durch eine ausländische Unternehmensgruppe ausgehen könnten. Der EuGH entschied, dass es sich bei diesem Sachverhalt nicht um eine „ausländische Direktinvestition" iSv Art. 2 Nr. 1, 2 und 7 der Screening-VO handele, dieser Sachverhalt mithin außerhalb des Anwendungsbereiches der Screening-VO liege und allein an den primärrechtlichen Vorschriften über die Niederlassungsfreiheit zu messen sei.[16] Es ist denkbar, dass infolge dieses Urteils die Zahl der von den Mitgliedstaaten nach der VO an die Kommission gemeldeten Fälle zurückgehen könnte, weil einzelne Mitgliedstaaten in der Vergangenheit die Auffassung vertreten haben, dass es sich bei EU-internen Sachverhalten mit indirekter Beteiligung unionsfremder Gesellschafter auf Käuferseite, wie in dem EuGH-Fall streitgegenständlich, um ausländische Direktinvestitionen iSd Screening-VO handele.

II. Gesetzgeberischer Zweck der VO

Die Screening-VO ist der erste Schritt zur Schaffung eines umfassenderen EU-Mechanismus für die Überprüfung ausländischer Direktinvestitionen, der den **Schutz strategischer Interessen der Union** zum Ziel hat. Diese Zielsetzung zeigt sich nicht zuletzt am Kontext, in den die Verordnung im Allgemeinen gestellt wird. Der Präsident der Europäischen Kommission, Jean-Claude Juncker, betonte beispielsweise den Schutz der europäischen Interessen als das treibende Anliegen.[17] In Erwägungsgrund 1 Screening-VO hebt die VO die Bedeutung „ausländischer Direktinvestitionen" hervor. Diese trügen „zum Wachstum in der

8

9

---

[13] Kommissionsentwurf. v. 13.9.2017, COM (2017) 487.

[14] Vgl. United Nations Conference on Trade and Development (UNCTAD), World Investment Report 2021, S. 109 ff., abrufbar unter: https://unctad.org/topic/investment/world-investment-report (zuletzt abgerufen am 7.6.2023).

[15] EuGH BeckRS 2023, 16921.

[16] EuGH BeckRS 2023, 16921.

[17] Pressemitteilung d. Komm. v. 20.11.2018, IP/18/6467.

Union bei, indem sie die Wettbewerbsfähigkeit verbessern, Arbeitsplätze und Skaleneffekte schaffen, Kapital, Technologien, Innovation und Fachwissen einbringen
und neue Märkte für die Ausfuhren der Union öffnen". Da aber mehrere Mitgliedstaaten in Ausübung ihres Rechts zur Beschränkung des freien Kapitalverkehrs nach Art. 65 Abs. 1 lit. b AEUV „Maßnahmen eingeführt" hätten, „mit
denen sie [den freien Kapitalverkehr] aus Gründen der öffentlichen Ordnung
oder der öffentlichen Sicherheit beschränken" und es damals „auf Unionsebene
keinen[en] umfassende[n] Rahmen für die Überprüfung ausländischer Direktinvestitionen aus Gründen der Sicherheit oder der öffentlichen Ordnung [gegeben
habe]", sei es für die Europäische Kommission angezeigt gewesen, im Rahmen
ihrer Kompetenz zur Wahrnehmung der gemeinsamen Handelspolitik nach Art. 3
Abs. 1 lit. e AEUV und auf der Grundlage von Art. 207 Abs. 2 AEUV eine
**„unionsweite Koordinierung und Zusammenarbeit [der Mitgliedstaaten]
bei der Überprüfung ausländischer Direktinvestitionen**, die voraussichtlich
die Sicherheit oder die öffentliche Ordnung beeinträchtigen, sicherzustellen".[18]

10   Als weiteres strategisches Ziel der Screening-VO wird eine **Öffnung anderer
Märkte für europäische Investoren** gesehen, welche meist wesentlich schärfen
Investitionskontrollen unterliegen. So soll die Verhandlungsmacht der EU bei der
Aushandlung von Handelsabkommen gestärkt werden.[19] In dieser Hinsicht wird
die Screening-VO vor dem Hintergrund des Reziprozitätsgrundsatzes auch als **Ver-
handlungsinstrument für einen besseren Marktzugang** zu mächtigen Märkten
und zur Angleichung der Wettbewerbsbedingungen gegenüber anderen großen
Wirtschaftsmächten wie den USA und China verstanden und als maximales Druckmittel der EU in Verhandlungen beschrieben.[20] Mit der Verordnung wird ferner
die Verbesserung der Rechtssicherheit und Transparenz im Rahmen der nationalen
Investitionskontrollen sowie die Gewährleistung einer unionsweiten Kooperation
bei der Überprüfung ausländischer Direktinvestitionen angestrebt.[21]

11   Insgesamt muss die Screening-VO vor dem Hintergrund gesehen werden, dass
die EU ihrem in Art. 21 EUV verankerten Verfassungsauftrag zur Liberalisierung
von Investitionen und zur Öffnung ausländischer Märkte wahrnimmt und gleichzeitig ihre eigenen Werte und Interessen schützt. Als Bestandteil der neuen Handels-
und Investitionspolitik der EU repräsentiert die Verordnung einerseits „das Engage-
ment der EU für einen offenen und fairen Handel" und verfolgt andererseits das
Ziel, die Abhängigkeiten der EU zu reduzieren und „ihre Versorgungssicherheit
über Schlüsseltechnologien und Wertschöpfungsketten hinweg zu stärken".[22]

III. Überblick über den Regelungsinhalt der VO

12   Die Screening-VO ist eine Maßnahme der unionsweiten Koordinierung von
Rechtsvorschriften und deren Anwendung durch die Mitgliedstaaten, wie dies
auch in anderen Bereichen des Unionsrechts sowohl im Rahmen des Erlasses von
Verordnungen als auch von Richtlinien bekannt ist. Den Begriff der Rechtsanglei-
chung im Binnenmarkt oder der Harmonisierung iSv Art. 114 AEUV verwendet

---

[18] Erwägungsgründe 4–7 Screening-VO.
[19] Schill Legal Issues of Economic Integration 47 (2), 105 (120).
[20] Mitt. d. Komm. v. 7.7.2010, COM (2010) 0343 final.
[21] Erwägungsgrund 7 Screening-VO.
[22] Mitt. d. Komm. v. 9.9.2020, COM (2020) 493 final, S. 16 Rn. 63.

die Screening-VO nicht.[23] Die VO konzentriert sich vielmehr auf die Schaffung eines Kooperationsmechanismus zwischen der Kommission und den Mitgliedstaaten sowie zwischen den Mitgliedstaaten untereinander. Dieser verpflichtet die Mitgliedstaaten unter anderem dazu, die Auswirkungen von ausländischen Direktinvestitionen auf die Sicherheit und die öffentliche Ordnung anderer Mitgliedstaaten und auf Programme von unionsweitem Interesse zu berücksichtigen.[24] Die wichtigsten Instrumente der Zusammenarbeit sind Mechanismen für die Notifizierung und den Austausch von Informationen über die Überprüfung von ausländischen Direktinvestitionen zwischen den Mitgliedstaaten und zwischen den Mitgliedstaaten und der Kommission sowie die Möglichkeit für die Kommission, Stellungnahmen zur Überprüfung konkreter Direktinvestitionen aus Drittstaaten abzugeben.

Die VO betont in Art. 3 Abs. 1 Screening-VO das Recht der Mitgliedstaaten **13** „aus Gründen der Sicherheit oder der öffentlichen Ordnung Mechanismen zur Überprüfung ausländischer Direktinvestitionen in ihrem Hoheitsgebiet aufrechtzuerhalten, ändern oder einrichten [zu können]". Eine **Verpflichtung der Mitgliedstaaten für die Einrichtung eines solchen Mechanismus besteht ausdrücklich nicht**. Die Europäische Kommission hat allerdings deutlich ihre Erwartung an alle Mitgliedstaaten kommuniziert, derartige Mechanismen einzuführen.[25]

Die Screening-VO sieht für die **Kommission kein eigenes Prüfrecht** im **14** Hinblick auf Investitionskontrollverfahren oder Entscheidungen vor. Vielmehr überträgt die Screening-VO den Mitgliedstaaten das Recht, ausländische Direktinvestitionen unter Einhaltung der Vorgaben der VO zu regulieren und entsprechende Prüfungen unter Berücksichtigung nationaler Gegebenheiten durchzuführen. Die Screening-VO stellt insoweit unmissverständlich fest, dass die Screening-VO nicht das Recht jedes Mitgliedstaats berührt „zu entscheiden, ob er eine bestimmte ausländische Direktinvestition im Rahmen dieser Verordnung überprüft oder nicht."[26] Mit der Verordnung wird daher nicht, wie ursprünglich von der Kommission vorgeschlagen, ein unabhängiger Screening-Mechanismus auf Unionsebene eingeführt, wenn „Unionsinteressen" auf dem Spiel stehen.[27]

Auch wenn die Screening-VO den Mitgliedstaaten die Definition der genauen **15** Inhalte ihrer Interessen im Bereich der Sicherheit und der öffentlichen Ordnung freistellt,[28] so setzt die VO gleichwohl in den Art. 3 und 4 Screening-VO einen über die bloße Koordinierung hinausgehenden Rahmen zur Vereinheitlichung der rechtlichen Gestaltung dieser Verfahren (Art. 3 Screening-VO) sowie der von den Mitgliedstaaten oder der Kommission zu berücksichtigenden inhaltlichen Faktoren bei der Prüfung (Art. 4 Screening-VO). In Art. 3 Abs. 2 Screening-VO verpflichtet die VO die Mitgliedstaaten zur Einhaltung allgemeiner unionsrechtlicher Regeln wie der transparenten Gestaltung der Verfahren, des Diskriminierungsverbotes auch im Hinblick auf die Behandlung von Drittstaaten, in Art. 3 Abs. 4 Screening-VO zur vertraulichen Behandlung „wirtschaftlich sensibler

---

[23] Generalanwältin Ćapeta bezeichnet die Verordnung in ihren Schlussanträgen im Fall C-106/22, BeckRS 2023, 5797 Rn. 32 „als eine Art Schnabeltier [...], ein seltsames Geschöpf im Vergleich zu den „normalen" nach Art. 288 AEUV erlassenen Verordnungen".

[24] Art. 6–8 Screening-VO.

[25] Siehe den ersten Bericht der Kommission zur Umsetzung der Screening-VO, v. 23.11.2021, COM (2021) 714, S. 7 f.

[26] Art. 1 Abs. 3 Screening-VO.

[27] Kommissionsentwurf. v. 13.9.2017, COM (2017) 487 final.

[28] Vgl. zB Erwägungsgrund 11 Screening-VO.

Informationen" sowie in Art. 3 Abs. 5 Screening-VO zur Schaffung einer Einspruchsmöglichkeit der betroffenen ausländischen Investoren gegen die „Überprüfungsbeschlüsse der nationalen Behörden". Auch Art. 4 Screening-VO vermeidet die Begrifflichkeit der Rechtsvereinheitlichung; der normative Gehalt dieser Bestimmung beschränkt sich darauf, den Mitgliedstaaten die Berücksichtigung bestimmter Faktoren bei der Prüfung einer möglichen Beeinträchtigung von Sicherheit oder öffentlicher Ordnung zu erlauben („[…] können die Mitgliedstaaten und die Kommission […] berücksichtigen"). Das bedeutet zugleich, dass die Mitgliedstaaten im Rahmen der Einschränkung von Kapitalverkehrs- und Niederlassungsfreiheit auch andere Gesichtspunkte berücksichtigen können, solange die Vorgaben des Primärrechts eingehalten sind. Art. 5 Screening-VO verpflichtet die Mitgliedstaaten zur Erstattung jährlicher Berichte, auf deren Grundlage wiederum die Europäische Kommission dem Parlament und dem Rat einmal jährlich Bericht erstattet. Zwei dieser Berichte liegen bereits vor.[29]

16   Obgleich die Vorgaben in Art. 3 und Art. 4 Screening-VO faktisch eine erhebliche Vereinheitlichung der Prüfverfahren in den Mitgliedstaaten bewirken, beschränkt sich die VO in ihrem für die Mitgliedstaaten zwingenden Teil im Weiteren auf Regeln über die Amtshilfe und Verwaltungskooperation sowie des Berichtswesens und Fragen der Vertraulichkeit bzw. des Datenschutzes.

IV. Änderung der VO durch Delegierte VOen der Kommission

17   Seit Inkrafttreten der Screening-VO sind **zwei Änderungs-VOen** im Wege der Delegierten VO nach Art. 290 AEUV in Kraft getreten. Beide Delegierte VOen betreffen die im Anhang zu Art. 8 Abs. 3 Screening-VO genannten **Projekte oder Programme von Unionsinteresse**. Der Hintergrund dieser Regelung wird bereits in Erwägungsgrund 20 Screening-VO erläutert. Die Regelung in Art. 8 Abs. 3 Screening-VO soll sicherstellen, dass bei der Prüfung ausländischer Direktinvestitionen durch die Behörden der Mitgliedstaaten die Belange der Union, die im Rahmen der im Anhang aufgelisteten Projekte oder Programme Unionsmittel bereitstellt, die kritische Infrastrukturen, kritische Technologien oder kritische Ressourcen betreffen, angemessen berücksichtigt werden. Die Kommission ist nach Art. 8 Screening-VO berechtigt, für den Fall der möglichen Beeinträchtigung von Projekten oder Programmen von Unionsinteresse an den Mitgliedstaat, in dem eine ausländische Direktinvestition geplant ist oder abgeschlossen wurde, eine Stellungnahme zu richten, der der betroffene Mitgliedstaat nach Art. 8 Abs. 2 lit. c Screening-VO „umfassend Rechnung" zu tragen hat (→ Rn. 170 ff.). Außerdem ist der Mitgliedstaat gegenüber der Kommission erklärungspflichtig, falls er „deren Stellungnahme nicht nachkommt". Die Delegation der Befugnis zur Änderung der Projektliste im Anhang ergibt sich aus Art. 8 Abs. 4 Screening-VO, Art. 16 Screening-VO iVm Art. 290 AEUV. In der ursprünglichen Version des Anhangs zur am 19.3.2019 bekannt gemachten VO fand sich eine Liste von insgesamt 8 Projekten iSv Art. 8 Abs. 2 Screening-VO. Die Delegierte Verordnung (EU) 2020/1298 der Kommission v. 13.7.2020 ergänzte diese Liste um drei weitere Programme und änderte einige Regelungen in Bezug auf das Programm Horizont 2020 und die Ständige Strukturierte Zusammenarbeit.[30] Die Delegierte Verordnung (EU) 2021/2126 der Kommission v. 29.9.2021 fasste den Anhang neu und fügte weitere Pro-

---

[29] Erster Bericht v. 23.11.2021, COM (2021) 714 final; Zweiter Bericht v. 1.9.2022, COM (2022) 433 final.

[30] DelegierteVO (EU) 2020/1298 v. 13.7.2020, ABl. L 304/1 v. 18.9.2020.

jekte und Programme hinzu, sodass die Gesamtzahl der hier genannten Finanzierungsquellen iSv Art. 8 Abs. 3 Screening-VO nunmehr auf 18 angewachsen ist.[31] Dieser Anhang konsolidiert die beiden Vorgängerfassungen zu einem einheitlichen und aktuellen Dokument.

B. Primärrechtliche Grundlagen

Fragen der Vereinbarkeit der Screening-VO mit dem Primärrecht der Europäischen Union werden im Schrifttum ausführlich diskutiert.[32] Diese Diskussion betrifft sowohl die Frage der Rechtmäßigkeit der VO selbst nach Maßgabe der Ermächtigungsgrundlage in Art. 207 Abs. 2 AEUV als auch die Vereinbarkeit der VO selbst sowie der nationalen Investitionskontrollsysteme mit den Grundfreiheiten, dh der Niederlassung- und der Kapitalverkehrsfreiheit und den Unionsgrundrechten. **18**

I. Ermächtigungsgrundlage

In der Begründung für den Vorschlag der Screening-VO v. 13.9.2017 beschäftigt sich die Kommission mit einigen dieser Fragen.[33] Mit Art. 207 AEUV als alleiniger Kompetenzgrundlage stützt sich die Union auf ihre **ausschließliche Zuständigkeit im Bereich der gemeinsamen Handelspolitik** nach Art. 3 Abs. 1 lit. e AEUV.[34] Die ausschließliche Zuständigkeit der EU in der gemeinsamen Handelspolitik wird in Erwägungsgrund 6 Screening-VO bestätigt. Während der Geltungsbereich der Gemeinsamen Handelspolitik lange Zeit unklar blieb, hat der EuGH ihn mittlerweile dahingehend präzisiert, dass er die Liberalisierung der Investitionspolitik sowie den Schutz und die Überprüfung von Direktinvestitionen umfasst.[35] Darüber hinaus müssen Maßnahmen nach Art. 207 Abs. 2 AEUV nach ständiger Rechtsprechung speziell den Handelsverkehr betreffen, indem sie ihn im Wesentlichen fördern, erleichtern oder regeln und sich direkt und sofort auf ihn auswirken.[36] Es ist davon auszugehen, dass die verpflichtenden Verfahrensregeln und insbesondere der Informationsaustausch im Rahmen des Kooperationsmechanismus die Überprüfungsentscheidungen der Mitgliedstaaten direkt und unmittelbar beeinflussen und sich auf das Investitionsklima auswirken, sodass Art. 207 Abs. 2 AEUV die richtige Kompetenzgrundlage ist. Für Portfolioinvestitionen (→ Rn. 23), welche nicht in den Anwendungsbereich der Screening-VO fallen, sind diese Voraussetzungen dagegen nicht erfüllt. **19**

Die Kompetenzgrundlage des Art. 207 Abs. 2 AEUV ermächtigt die EU dazu, Maßnahmen zu ergreifen, um sicherzustellen, dass ausländische Direktinvestitio- **20**

---

[31] DelegierteVO (EU) 2021/2126 v. 29.9.2021, ABl. L 432/1 v. 3.12.2021.
[32] Herrmann ZEuS 2019, 430; Klamert/Bucher EuZW 2021, 335; von Kalben ZHR 2022, 586 (612 ff.); Schlussanträge von GAin Ćapeta v. 30.3.2023, C-106/22, BeckRS 2023, 5797 Rn. 23 ff.
[33] Kommissionsentwurf. v. 13.9.2017 COM (2017) 487 final.
[34] Die ausschließliche Zuständigkeit im Bereich der gemeinsamen Handelspolitik wurde im Rahmen des Vertrags von Lissabon kodifiziert. Der EuGH etablierte allerdings bereits vor der Kodifizierung eine ausschließliche Zuständigkeit der EU für die gemeinsame Handelspolitik, vgl. EuGH BeckEuRS 1975, 47069.
[35] EuGH BeckRS 2017, 126872.
[36] EuGH BeckRS 2017, 126872 Rn. 36.

nen in der EU mit den Interessen der Mitgliedstaaten und der Union vereinbar sind. Allerdings ermöglicht diese Kompetenzgrundlage nicht den Erlass von konkreten Einzelmaßnahmen. Hintergrund ist, dass Art. 207 Abs. 2 AEUV das Europäische Parlament und den Europäischen Rat nur zu Maßnahmen ermächtigt, „mit denen der Rahmen zur Umsetzung der gemeinsamen Handelspolitik bestimmt" wird. Durch die Rahmengesetzgebung soll eine **Beschränkung auf legislative Rechtsakte unter Ausschluss von einzelfallbezogenen Maßnahmen** erfolgen.[37] Folglich kann eine konkrete Direktinvestition durch eine Verordnung auf Grundlage des Art. 207 Abs. 2 AEUV nicht durch Rat oder Parlament untersagt werden, da es sich dabei um eine legislative Einzelmaßnahme handeln würde. Der legislative Rechtsakt kann vielmehr nur die Kommission oder Mitgliedstaaten mit der verwaltungsrechtlichen Entscheidung beauftragen.

21   Mit der Wahl der Gemeinsamen Handelspolitik als Kompetenzgrundlage hat sich der Verordnungsgeber gegen die auch als Kompetenzgrundlage in Betracht kommende Bestimmung über den **freien Kapitalverkehr im Binnenmarkt** gem. Art. 64 Abs. 2 AEUV im geteilten Zuständigkeitsbereich entschieden. Die Wahl der Rechtsgrundlage hat damit auch Auswirkungen auf das Machtverhältnis und die Gewaltenteilung im horizontalen als auch im vertikalen Sinne.[38]

22   Weitere potenzielle Ermächtigungsgrundlage für die Überprüfung von Investitionen im Rüstungsbereich ist die Ausnahmeregelung in **Art. 346 Abs. 1 AEUV.** Allerdings kommt diese nur als Ermächtigungsgrundlage für – nach deutschem Recht – „sektorspezifische" Investitionskontrollen nach §§ 60 ff. AWV in Betracht, ist aber nicht gedacht als Ermächtigungsgrundlage für eine – ebenso nach deutschem Recht – „sektorübergreifende" Investitionskontrolle, welche durch die Screening-VO mit den Faktoren in Art. 4 Screening-VO allerdings vorgesehen wird. Art. 346 Abs. 1 AEUV stellt dabei keinen Kompetenzvorbehalt zugunsten der Mitgliedstaaten dar, sondern, im Einklang mit der Rechtsprechung des EuGH, eine Befugnis zur Abweichung von allen Bestimmungen der Verträge.[39]

II. Vereinbarkeit mit den Grundfreiheiten

23   Ausgangspunkt der Frage nach der Anwendbarkeit der Grundfreiheit ist die **Definition der Direktinvestition**. Aus der RL 88/361/EWG (Kapitalverkehrs-RL) folgt entsprechend, dass Direktinvestitionen u.a. Neugründungen und vollständige oder teilweise Unternehmensübernahmen, sowie Kredite zur Aufrechterhaltung dauerhafter Beziehungen und Reinvestitionen von Erträgen zur Aufrechterhaltung dauerhafter Wirtschaftsbeziehungen umfassen. Abzugrenzen davon sind Portfolioinvestitionen, welche lediglich der Kapitalanlage und der damit verbundenen Gewinnerzielung dienen und nicht in den Anwendungsbereich der Screening-VO fallen.[40]

24   Dahingehend führt die Begründung der Kommission für den Vorschlag der Screening-VO v. 13.9.2017 aus, „ausländische Direktinvestitionen [seien] eine Kapitalbewegung i.S.v. Art. 63 AEUV". Nach dieser Vorschrift seien „alle Beschränkungen des Kapitalverkehrs zwischen den Mitgliedstaaten sowie zwischen

---

[37] Vgl. Bungenberg/Herrmann/Krajewski, European Yearbook of International Economic Law Special Issue 2013, 67 (70).

[38] Vgl. Hindelang/Moberg CMML 57 (2020), 1427 (1435 ff.).

[39] Vgl. EuGH BeckRS 2014, 81735 Rn. 12.

[40] Schlussanträge von GAin Ćapeta v. 30.3.2023, C-106/22, BeckRS 2023, 5797 Rn. 24 ff.

den Mitgliedstaaten und Drittländern verboten". Ausnahmen seien jedoch im Rahmen der Grundsätze der Notwendigkeit und Verhältnismäßigkeit aus Gründen der „öffentlichen Sicherheit und der öffentlichen Ordnung" i.S.v. Art. 65 AEUV oder „aus zwingenden Gründen des Allgemeininteresses iSd Rechtsprechung des Gerichtshofs der Europäischen Union" gerechtfertigt. Ähnliches gelte für die Niederlassungsfreiheit. Demnach sind alle Direktinvestitionen von der **Kapitalverkehrsfreiheit** geschützt, während nur solche Investitionen von der **Niederlassungsfreiheit** erfasst werden, die einen „**sicheren/bestimmenden Einfluss**"[41] im Sinne von unternehmerischer Gestaltungsmacht über das Zielunternehmen vermitteln.[42] Dafür ist keine „Kontrolle" im Sinne der FKVO notwendig. Es kann auch eine Minderheitsbeteiligung genügen, die eine Sperrminorität begründet.[43] Portfolioinvestitionen können vor diesem Hintergrund mangels kontrollierender Einflussnahme nur in den Anwendungsbereich der Kapitalverkehrsfreiheit fallen.

Während sachlich für Direktinvestitionen eine Anwendung beider Grundfreiheiten in Betracht kommt, ist der personelle Anwendungsbereich der Niederlassungsfreiheit auf Staatsbürger und Gesellschaften eines Mitgliedstaates iSd Art. 54 AEUV begrenzt. Die Kapitalverkehrsfreiheit gilt dagegen auch gegenüber Investoren aus Drittländern. Dies führt zu komplexen **Abgrenzungsfragen**. Soweit eine Rechtsvorschrift nur für Fälle gilt, in denen eine Muttergesellschaft entscheidenden Einfluss auf eine Zielgesellschaft ausübt, wendet der EuGH nur die Niederlassungsfreiheit an; soweit kein entscheidender Einfluss vorliegt, wird nur die Kapitalverkehrsfreiheit angewendet.[44] Die Screening-VO ist allerdings auf beide Situationen anwendbar. Die Einflussmöglichkeiten, die ein Investor haben muss, damit eine Investition als Direktinvestition gilt („Möglichkeit der tatsächlichen Teilnahme an der Geschäftsführung", vgl. → Rn. 67), sind deutlich geringer als die Einflussmöglichkeiten, die benötigt werden, damit „bestimmender Einfluss" vorliegt.[45] Für solche Fälle differenziert der EuGH weiter: Bei Unionsbürgern[46] hängt die anwendbare Grundfreiheit davon ab, ob der Erwerber im konkreten Fall einen bestimmenden Einfluss auf die Zielgesellschaft erwirbt (dann Niederlassungsfreiheit) oder nicht (dann Kapitalverkehrsfreiheit).[47] Falls die Muttergesellschaft aus einem Drittstaat kommt, kommt stets die Kapitalverkehrsfreiheit zur Anwendung, unabhängig von der konkreten Beteiligung.[48] Allerdings wurde diese Rechtsprechung für die steuerliche

25

---

[41] Die beiden Begriffe werden in der Rechtsprechung gleichbedeutend verwendet.

[42] EuGH BeckRS 2020, 21397 Rn. 40.

[43] Pechstein/Nowak/Häde/Kainer AEUV Art. 49 Rn. 24; EuGH BeckRS 2012, 81480 Rn. 25 ff.

[44] EuGH BeckRS 2012, 82405 Rn. 91 f. Die Rechtsprechung gilt für nationale Vorschriften, kann aber auf Unionsrechtsakte übertragen werden.

[45] Diese beiden Maßstäbe für die Stärke eines Einflusses werden teilweise fälschlicherweise als gleichbedeutend angesehen, woraus der Fehlschluss gezogen wird, dass die Kapitalverkehrsfreiheit gar nicht für Direktinvestitionen gelte. Dass es sich um unterschiedliche Begriffe handelt, verdeutlicht zB EuGH BeckRS 2009, 70334 Rn. 34 ff. In der Rechtsprechung wurden für die „tatsächliche Teilnahme an der Geschäftsführung" schon 5 % für ausreichend gehalten (EuGH BeckRS 2009, 70334 Rn. 38), während „sicherer Einfluss" – abhängig vom nationalen Gesellschaftsrecht – erst ab 20–25 % angenommen wird (EuGH BeckRS 2012, 82371 Rn. 23; EuGH BeckRS 2012, 81480 Rn. 25 ff.); so auch Dehne, Investitionskontrolle in Deutschland, 2022, S. 409 f.; Bungenberg/Reinhold InvKR Rn. 241.

[46] Auf die die Screening-VO nicht anwendbar ist → Rn. 73.

[47] EuGH BeckRS 2012, 82405 Rn. 94.

[48] EuGH BeckRS 2012, 82405 Rn. 99.

Behandlung von Dividenden entwickelt und ist auf diese begrenzt. Ob sie auf Direktinvestition übertragen werden kann, ist unklar. Die damit einhergehende Ausdehnung des Anwendungsbereichs der Kapitalverkehrsfreiheit als Auffanggrundfreiheit würde mit einer verminderten Einschränkungsmöglichkeit gegen Unternehmen aus Drittländern einhergehen.[49] Die Nichteröffnung des personellen Anwendungsbereichs der Niederlassungsfreiheit könnte insoweit **sperrende Auswirkungen auf die Anwendbarkeit der Kapitalverkehrsfreiheit** haben. Der EuGH geht davon aus, dass den personellen Einschränkungen der Niederlassungsfreiheit Rechnung zu tragen und zu vermeiden ist, dass Wirtschaftsteilnehmer aus Drittländern faktisch in den Genuss der Niederlassungsfreiheit kommen.[50] Diese Gefahr sah er in den Fällen der steuerlichen Behandlung von Dividenden nicht, da dieser Fall nicht die Voraussetzungen des **Marktzugangs** zur Union betraf.[51] Die Investitionskontrolle betrifft aber die Frage des Marktzuganges, sodass dies hier anders zu bewerten sein könnte. Bisher gibt es jedoch keine diesbezügliche Entscheidung. Allerdings kann gegen eine solche Sperrwirkung der Niederlassungsfreiheit angeführt werden, dass eine Grundfreiheit, die keine Anwendung findet, keine verdrängende Wirkung entfalten kann. Weiterhin hätte dies zur Folge, dass grundfreiheitlicher Schutz zwar bei einem geringeren Grad an Einflussnahme auf das Zielunternehmen besteht, ein Erwerb unternehmerischer Kontrolle jedoch keinen grundfreiheitlichen Schutz genießen würde[52] – was sich allerdings aufgrund der größeren Konfliktpotentiale, die die Kontrolle eines ausländischen Investors über eine nationale Gesellschaft bietet, rechtfertigen lässt.[53]

26   Zur Möglichkeit der **Einschränkung der Grundfreiheiten** heißt es in der Begründung wie folgt: „Wie in der Rechtsprechung des Gerichtshofs der Europäischen Union präzisiert, können die Mitgliedstaaten zwar im Wesentlichen frei nach ihren nationalen Bedürfnissen bestimmen, was die **öffentliche Ordnung und Sicherheit** erfordern, diese öffentlichen Interessen können jedoch einseitig von den Mitgliedstaaten ohne **Kontrolle durch die Organe der EU** bestimmt werden und müssen **eng ausgelegt werden**:[54] Sie können nur geltend gemacht werden, wenn eine **tatsächliche und hinreichend schwere Gefährdung vorliegt, die ein Grundinteresse der Gesellschaft berührt**.[55] Einschränkungen der Grundfreiheiten dürfen nicht zu weitgehend angewandt werden und damit in Wahrheit rein wirtschaftlichen Zwecken dienen. Ferner sollten Mechanismen zur Überprüfung von Investitionen mit den allgemeinen Grundsätzen des EU-Rechts in Einklang stehen, insbesondere den **Grundsätzen der Verhältnismäßigkeit und der Rechtssicherheit**. Nach diesen Grundsätzen müssen das Verfahren und die Kriterien für die Überprüfung von Investitionen in einer nicht diskriminierenden und ausreichend präzisen Weise festgelegt werden. Potenzielle Investoren müssen in der Lage sein, sich über diese Mechanismen im Voraus zu informieren und eine gerichtliche Überprüfung zu beantragen."

27   Was die **Rechtfertigung eines Eingriffs in die Kapitalverkehrs- oder Niederlassungsfreiheit** angeht, so ist angesichts der allgemeinen Euphorie für eine

---

[49] Vgl. Hindelang JZ 2009, 829 (830).

[50] EuGH BeckRS 2012, 82405 Rn. 100.

[51] EuGH BeckRS 2012, 82405 Rn. 100.

[52] Vgl. Hindelang/Hagemeyer EuZW 2017, 882 (885).

[53] Vgl. Salaschek/Wahls NZKart 2023, 396 (398).

[54] EuGH BeckRS 2009, 70334 Rn. 70; Schlussanträge von GAin Ćapeta v. 30.3.2023, C-106/22, BeckRS 2023, 5797 Rn. 73.

[55] EuGH BeckRS 2009, 70334 Rn. 70; EuGH BeckRS 2012, 82371 Rn. 65–67.

strikte und politisch gesehen an dem Vorsorgeprinzip orientierte Investitionskontrolle zu berücksichtigen, dass der Gerichtshof zwar viele Gründe der strategischen Standortsicherung im Interesse der öffentlichen Ordnung und Sicherheit akzeptiert hat. Gleichwohl stand in der Vergangenheit die **Integrationsfunktion der Grundfreiheiten** immer deutlich im Vordergrund, Einschränkungen seien nur im Rahmen eng auszulegender Befugnisse zulässig.[56] Die Mitgliedstaaten könnten zur Einschränkung der Grundfreiheiten Belange „der öffentlichen Sicherheit oder Ordnung i.S.v. Art. 65 Abs. 1 lit. b) [...] nur geltend [machen], wenn eine **tatsächliche und hinreichend schwere Gefährdung** vorliegt, die ein **Grundinteresse der Gesellschaft** berührt; sie dürfen überdies **nicht rein wirtschaftlichen Zwecken** dienen". In der Rechtsprechung ist anerkannt, dass etwa die Landesverteidigung, die Vermeidung von Geldwäsche, Drogenhandel oder Terrorismus oder die Sicherstellung der Telekommunikations-, Elektrizitäts- bzw. Energieversorgung unter die öffentliche Ordnung und Sicherheit fallen.[57] Als rein wirtschaftliche Gründe hat der Gerichtshof u.a. die Förderung der nationalen Wirtschaft oder deren gutes Funktionieren[58] oder das Ziel, zum Schutz von Aktionären eine breite Beteiligungsstreuung sicherzustellen,[59] angesehen. Die Versorgungssicherheit für den Bausektor, insbesondere auf lokaler Ebene, in Bezug auf bestimmte Grundrohstoffe, nämlich Kies, Sand und Ton, die aus einer Abbautätigkeit stammen, entspricht jedoch nicht einem Grundinteresse der Gesellschaft.[60] Der Schutz von Arbeitnehmern oder die Förderung von Beschäftigungen stellen zwar keine rein wirtschaftlichen Gründe dar, gehören aber auch nur zum „Grundinteresse" der Gesellschaft, und sind nur ungeschriebene Rechtfertigungsgründe,[61] die zur Rechtfertigung einer direkt diskriminierenden Maßnahme nicht herangezogen werden können.[62] Auch bei neu angeführten Begründungen für eine Investitionskontrolle, die unter Namen wie „technologische Souveränität", „industrielle Souveränität" oder „systemischer Wettbewerb" daherkommen mögen,[63] ist darauf zu achten, dass nicht in Wahrheit rein wirtschaftliche Zwecke verfolgt werden. Zur Frage, ob der Gefährdungsmaßstab durch die Verwendung des Begriffs „**voraussichtliche Beeinträchtigung**" in der Screening-VO abgesenkt wurde → Rn. 104. Insofern werden sich die Behörden der Mitgliedstaaten und auch die Kommission in ihrer Ermessensausübung bei der Prüfung ausländischer Direktinvestitionen auch im Lichte einer neuen Bewertung der globalen Wirtschaftsordnung an dieser Rechtsprechung messen lassen müssen, die eine Entscheidungsfindung aus primär protektionistischen Gründen gerade verbietet.[64] Die Rechtsprechung ist hier zu erheblicher Wachsamkeit aufgerufen, das gilt insbesondere für Entscheidungen, deren Begründung nur knapp oder formelhaft ausfällt. Dies ist schon mit Rücksicht auf das **Transparenzgebot** nach Art. 3 Abs. 2 Screening-VO nicht akzeptabel. Die Gerichte müssen in der Lage sein, aus der

---

[56] EuGH BeckRS 2009, 70334 Rn. 70.

[57] Calliess/Ruffert/Korte AEUV Art. 65 Rn. 20 mwN.

[58] EuGH BeckRS 2016, 109825 Rn. 72.

[59] EuGH BeckRS 2020, 22876 Rn. 42 f. – Romenergo.

[60] EuGH BeckRS 2023, 16921 Rn. 69.

[61] EuGH BeckRS 2016, 109825 Rn. 72 ff.

[62] Vgl. EuGH BeckRS 2018, 1963 Rn. 39; EuGH BeckRS 2010, 90062 Rn. 40, 47; EuGH BeckRS 2007, 70528.

[63] Vgl. zu diesen Begriffen unter Bezug auf die europäische und deutsche Industriestrategie: Nehring-Köppl, Paradigmenwechsel im Außenwirtschaftsrecht, 2023, S. 218 ff.

[64] Dieses Spannungsverhältnis wird anschaulich beschrieben in den Schlussanträgen von GAin Ćapeta v. 30.3.2023, BeckRS 2023, 5797 Rn. 3–5.

Begründung der betroffenen Entscheidung zu erkennen, ob legitime Rechtfertigungsgründe iSv Art. 65 Abs. 1 lit. b AEUV in Rede stehen oder aber die EU-rechtlich grundsätzlich weiß zu verstehenden „rein wirtschaftlichen Zwecke". Zu Recht hat der Gerichtshof Genehmigungsverfahren kritisiert, die den Behörden ein zu großes Ermessen einräumen und die auf Bestimmungen beruhen, die lediglich „allgemein und unpräzise formuliert [sind], sodass die Beteiligten nicht mit Sicherheit die Fälle erkennen können, in denen die Genehmigung versagt werden darf". Eine solche Ermessensausübung sei für die Gerichte „schwer kontrollierbar" und bringe „eine **Diskriminierungsgefahr**" mit sich.[65] Zum Beurteilungs- und Ermessensspielraum im deutschen Recht → AWV § 55 Rn. 39 ff. → AWV § 59 Rn. 9 f.

28   In diesem Zusammenhang wird teilweise angeführt, dass dieser strenge Maßstab für die Rechtfertigung von Beschränkungen der Kapitalverkehrsfreiheit bei der Kontrolle ausländischer Investitionen nicht gelten solle, da **Investoren aus Drittländern einen geringeren Schutz** genössen.[66] Der EuGH hält es lediglich für möglich, dass faktische Unterschiede zwischen den Mitgliedstaaten und Drittstaaten eine **unterschiedliche Einschätzung der Verhältnismäßigkeit** einer Maßnahme rechtfertigen können.[67] Als solche Unterschiede werden in der Literatur insbesondere **fehlendes gegenseitiges Vertrauen**[68] und **mangelnde Reziprozität**[69] angenommen. Die Kapitalverkehrsfreiheit sieht jedoch gerade **kein generelles Misstrauen**[70] gegen Investoren aus anderen Staaten vor und unterliegt **keinem Reziprozitätsvorbehalt**.[71] Eine grundsätzliche Absenkung des Schutzniveaus für Investoren aus Drittstaaten würde die grundsätzliche Wertentscheidung des Primärrechtsgebers für eine vollständige Liberalisierung des Kapitalverkehrs mit Drittstaaten unterlaufen.[72] Denkbar ist aber, dass diese Aspekte bei der Bewertung von konkreten Fällen eine Rolle spielen können.

III. Vereinbarkeit mit den Unionsgrundrechten

29   Die Screening-VO muss neben den Grundfreiheiten auch mit den **Unionsgrundrechten** der europäischen Grundrechte Charter (GRCh) in Einklang

---

[65] EuGH BeckRS 2012, 82371 Rn. 78, 79.

[66] Niestedt/Kunigk NJW 2020, 2504 (2505); Klamert/Bucher EuZW 2021, 335 (338); Hermann ZEuS 3/2019, 429 (451 ff.); Hagedorn, Die Beschränkung ausländischer Direktinvestitionen in sicherheitsrelevante zivile Unternehmen, 2023, S. 361 ff.

[67] EuGH BeckEuRS 2006, 437094 Rn. 171.

[68] Klamert/Bucher EuZW 2021, 335 (338); Hermann ZEuS 3/2019, 429 (451 ff.).

[69] Hermann ZEuS 3/2019, 429 (451 ff.).

[70] Schlussanträge von GAin Ćapeta v. 30.3.2023, BeckRS 2023, 5797 Rn. 86: „Von meiner Auffassung kann mich mit Sicherheit auch nicht das Argument der ungarischen Regierung abbringen, wonach jede ausländische Eigentümerschaft an einem Steinbruch oder an einer Gesellschaft, die einen solchen Steinbruch betreibe, für sich genommen eine Gefährdung der Versorgungssicherheit darstellen könne, die daher eine Beschränkung ausländischer Direktinvestitionen in solche Zielobjekte aus Gründen der öffentlichen Sicherheit rechtfertigen würde. Meines Erachtens gibt es selbst vor dem Hintergrund unterschiedlicher rechtlicher und politischer Zusammenhänge innerhalb und außerhalb der Union keinen vernünftigen oder überzeugenden Grund, warum die Mitgliedstaaten mit einem Generalverdacht operieren sollten, wenn es um ausländische Direktinvestitionen im Zusammenhang mit Rechtsgeschäften mit Drittstaatsbezug geht."

[71] Vgl. Hindelang/Hagemeyer EuZW 2017, 882 (887).

[72] Salaschek/Wahls NZKart 2023, 396 (406).

stehen. Mit Blick auf das Verhältnis der Screening-VO zu Unionsgrundrechten führt die Begründung der Kommission für den Vorschlag der Screening-VO v. 13.9.2017 allerdings nur an, dass die Screening-VO keinen Einfluss auf den Schutz der Unionsgrundrechte hat. Auch die Erwägungsgründe der Screening-VO nehmen keinen Bezug auf die Vereinbarkeit der VO mit den Unionsgrundrechten. Dies bedeutet allerdings nicht, dass die Ausübung der Vorschriften der Screening-VO keinen Eingriff in die Unionsgrundrechte darstellen kann. Als materielle Grundrechte kommen dabei insbesondere die **Berufsfreiheit** (Art. 15 GRCh), die **unternehmerische Freiheit** (Art. 16 GRCh) sowie das **Recht auf Eigentum** (Art. 17 GRCh) in Betracht.[73] Unter den formellen Grundrechten ist insbesondere das **Recht auf eine gute Verwaltung** (Art. 41 Abs. 2 lit. b. GRCh) relevant, das insbesondere Begründungs- und Akteneinsichtsrechte begründet.[74] Zur Anwendbarkeit der GRCh auf die Mitgliedstaaten → Rn. 38.

Die Prüfung der Unionsgrundrechte erfolgt, vergleichbar mit den nationalen **30** Grundrechten, nach Schutzbereich, Eingriff und Rechtfertigung, was bereits aus der Systematik des Art. 52 GRCh folgt. Auf Ebene des **personellen Anwendungsbereichs** können neben dem „ausländischen Investor" (→ Rn. 72 ff.) auch der Verkäufer und das Zielunternehmen Adressaten der Unionsgrundrechte sein. Dies steht auch im Einklang mit Art. 3 Abs. 5 Screening-VO, der vorsieht, dass auch dem Zielunternehmen die Möglichkeit gegeben werden muss, Rechtsbehelf einzulegen. Insbesondere erfasst der personelle Anwendungsbereich der in Betracht kommenden Grundrechte nicht nur Unionsbürger, sondern auch **Drittstaatsangehörige**, sowie **juristische Personen aus Drittstaaten**.[75] Dies gilt zumindest für private Drittstaatinvestoren. Für **staatlich kontrollierte Unternehmen** ist die Frage der Eröffnung des personellen Schutzbereichs weniger klar und bislang nicht abschließend durch den EuGH geklärt. In seiner Rechtsprechung zu iranischen Banken setzte sich der EuGH zwar mit der Grundrechtsfähigkeit juristischer Personen mit Beziehung zu Drittstaaten auseinander.[76] Allerdings beschränkte er sich darauf, festzustellen, dass sich staatliche Drittstaatenunternehmen auf justizielle EU-Grundrechte berufen können und diesen ein Recht auf Rechtsschutz zukommt, ohne auf die Frage einzugehen, ob auch der Anwendungsbereich der Eigentumsfreiheit eröffnet ist. Der EuGH stellte jedoch fest, dass weder die GRCh noch das Primärrecht Bestimmungen enthält, die der Grundrechtsfähigkeit von Drittstaatinvestoren entgegenstehen.[77] Ferner stellte der EuGH klar, dass das Konfusionsargument, wonach Grundrechtsbindung und Grundrechtsträgerschaft miteinander unvereinbar sind, nur auf interne Sachverhalte anwendbar ist und hinsichtlich ausländischer Staaten keine Anwendung findet.[78] Vor diesem Hintergrund erscheint die Grundrechtsträgerschaft auch von drittstaatlichen kontrollierten Unternehmen zumindest möglich. Da die unternehmerische Freiheit nur „nach dem Unionsrecht" anerkannt wird, wird zumeist angenommen, dass sichergestellt werden muss, dass Angehörige von Drittstaaten durch die Anwendung der GRCh **kein Recht auf Marktzugang** erhalten, das

---

[73] Vgl. Hindelang/Moberg COMMON MARKET LAW REVIEW 2020, 1427 (1454).
[74] Bungenberg/Reinhold InvKR Rn. 307 ff., 325 ff.
[75] Sasse EuR 2012, 628 (629, 635).
[76] EuGH BeckRS 2016, 80673; EuGH BeckRS 2013, 80245; EuGH BeckRS 2013, 80169.
[77] EuGH BeckRS 2013, 80245 Rn. 34; EuGH BeckRS 2013, 80169 Rn. 36.
[78] EuGH BeckRS 2013, 80245 Rn. 40; EuGH BeckRS 2013, 80169 Rn. 38.

ihnen nach den Grundfreiheiten nicht zustehen würde.[79] Ob dies aber auf Ebene des persönlichen oder sachlichen Schutzbereichs oder im Rahmen der Rechtfertigung[80] zu berücksichtigen ist, bleibt unklar.

31   Ob der **sachliche Anwendungsbereich** der Berufsfreiheit gem. Art. 15 GRCh nur Arbeitnehmer oder auch Selbstständige schützt und somit auch für Investitionen eröffnet ist, ist in der Literatur umstritten.[81] Der Anwendungsbereich des Grundrechts der unternehmerischen Freiheit nach Art. 16 GRCh, welcher die Freiheit schützt, eine Wirtschafts- oder Geschäftstätigkeit auszuüben, ist für Investitionen dagegen eröffnet. Das Verhältnis zwischen den beiden Grundrechten ist dabei gerichtlich nicht geklärt, sodass offen ist, ob Art. 16 GRCh lex specialis zu Art. 15 GRCh ist oder eine Abgrenzung der Schutzbereiche zu erfolgen hat.[82] Der sachliche Anwendungsbereich des Art. 17 GRCh ist mit Blick auf den Verkauf eines Unternehmensteils nur für die Inhaber der Anteile am Zielunternehmen eröffnet, da diesen untersagt wird, ihr Eigentum am Unternehmen zu veräußern. Hinsichtlich des ausländischen Investors ist der sachliche Anwendungsbereich dagegen nicht eröffnet. Zwar kann ein gesicherter Anspruch auf Eigentumserwerb in den Anwendungsbereich von Art. 17 GRCh fallen.[83] Allerdings steht die Investitionskontrolle einem solchen gesicherten Anspruch entgegen. Dabei ist unwesentlich, ob der Eigentumsübergang sachenrechtlich bereits erfolgt ist, da eine rechtswidrige Eigentumsposition nicht von Art. 17 GRCh geschützt wird.[84]

32   Ein **Eingriff** in die Unionsgrundrechte kann einerseits bereits darin gesehen werden, dass die Unionsorgane mit der Screening-VO eine Kontrollmöglichkeit von Direktinvestitionen vorsehen. Die Mitgliedstaaten sind nach der Screening-VO zwar nicht dazu verpflichtet, Screening-Mechanismen einzuführen, bereits die Ermächtigung dazu kann allerdings als Eingriff angesehen werden. Andererseits können die Stellungnahmen der Kommission einen Eingriff in die Unionsgrundrechte bedeuten. Die **Rechtfertigung** von Eingriffen richtet sich nach Art. 52 GRCh. Dieser sieht einen Gesetzesvorbehalt vor, welcher mit der Screening-VO als hinreichend bestimmter Gesetzesgrundlage erfüllt ist. Für die Ermittlung von Unionsinteressen, die die EU-Grundrechte einschränken können, steht dem Unionsgesetzgeber grundsätzlich ein weiter Gestaltungsspielraum zu.[85] Für die Verhältnismäßigkeitsprüfung gilt dabei ein einheitlicher Maßstab für die Prüfung der Grundfreiheiten und der Wirtschaftsgrundrechte.[86] Im Ergebnis steht sowohl den Mitgliedstaaten als auch dem Unionsgesetzgeber ein weites Ermessen bei der Einschränkung der Unionsgrundrechte zu.[87] Vor dem Hintergrund dieses weiten Spielraums ist die Screening-VO als mit den Unionsgrundrechten vereinbar anzusehen.[88]

---

[79] Sasse EuR 2012, 628 (641 ff.); von der Groeben/Schwarze/Hatje/Wollenschläger EU-Grundrechte-Charta Art. 16 Rn. 6 mwN.

[80] Dafür Sasse EuR 2012, 628 (641 ff.).

[81] Für die Anwendbarkeit auf Selbstständige: Jarass GrCh EU-Grundrechte-Charta Art. 15 Rn. 6; dagegen: Calliess/Ruffert/Kingreen EU-Grundrechte-Charta Art. 15 Rn. 4.

[82] Vgl. Jarass GrCh EU-Grundrechte-Charta Art. 17 Rn. 15.

[83] Vgl. Jarass GrCh EU-Grundrechte-Charta Art. 17 Rn. 7.

[84] EuGH BeckRS 2012, 82438 Rn. 76.

[85] Manger-Nestler/Noack JuS 2013, 503 (507).

[86] Vgl. EuGH BeckRS 2014, 80759 Rn. 59 f.

[87] EuGH BeckRS 2021, 24505 Rn. 151.

[88] Vgl. Niestedt/Kunigk NJW 2020, 2504 (2505).

C. Verhältnis zu sonstigen Normen und Verfahren

I. Verhältnis zu nationalem Recht

1. Verhältnis zur nationalen Investitionskontrolle. Die Screening-VO ist **33** Teil der Rechtsordnung der EU und muss von allen EU-Mitgliedstaaten, umgesetzt und angewendet werden. Als solche ist die Verordnung in Deutschland gem. Art. 288 Abs. 2 S. 3 AEUV **unmittelbar anwendbar** und hat **Vorrang** vor entgegenstehenden Bestimmungen im deutschen nationalen Rechtssystem. Auch wenn sich die Verordnungen durch ihre allgemeine Geltung, die grundsätzlich keinen Umsetzungsakt erfordert, von Richtlinien unterscheiden, welche den Mitgliedstaaten die Wahl der Form und Mittel zur Zielerreichung überlassen, kann im Bereich der Screening-VO nicht von einem unional vollständig determinierten Bereich gesprochen werden.[89] Dies ist darauf zurückzuführen, dass die Mitgliedstaaten verpflichtet sind, die Vorgaben des Art. 3 Abs. 2–8 Screening-VO zu beachten. Zusätzlich zu den verfahrensrechtlichen Anforderungen besteht auch die Informationspflicht im Rahmen des Kooperationsmechanismus und die Pflicht zur Berücksichtigung des Standpunkts der anderen Mitgliedstaaten und der Kommission über die voraussichtlichen Auswirkungen einer bestimmten ausländischen Direktinvestition auf die öffentliche Ordnung und Sicherheit unabhängig davon, ob ein Mitgliedstaat über einen Überprüfungsmechanismus verfügt oder nicht. Die Entscheidung über die grundsätzliche Einführung eines Investitionskontrollmechanismus sowie die Beachtung der Kriterien des Art. 4 Screening-VO bleibt aber den Mitgliedstaaten überlassen. Auch die Kommission spricht im Rahmen des Verordnungsvorschlags nur von einem Mindestgrad an Harmonisierung.[90] In diesem Sinne interagiert die Screening-VO mit dem deutschen Rechtssystem, indem sie den Rahmen für die Überprüfung von ausländischen Direktinvestitionen vorgibt, aber Spielraum für die nationale Umsetzung und Anwendung zulässt.

Im Zuge der letzten AWV-Novellen wurden die Vorgaben der Screening-VO **34** umgesetzt. Die **15. AWV-Novelle**[91] weitete die sektorenübergreifende Investitionskontrolle auf den Gesundheitssektor aus und ergänzte den materiellen Prüfungsrahmen um investorenbezogene Gesichtspunkte. Damit wurde den Herausforderungen der COVID-19-Pandemie Rechnung getragen und Art. 4 Abs. 1 lit. a Screening-VO in Bezug auf kritische Gesundheitsinfrastrukturen sowie Art. 4 Abs. 2 Screening-VO mit Blick auf die investorenbezogenen Faktoren umgesetzt.

Mit der **16. AWV-Novelle**[92] wurde der für Beschränkungen maßgebliche **35** Prüfungsmaßstab der „Gefährdung" geschützter Belange durch den in Art. 4 Abs. 1 Screening-VO verwendeten Maßstab der „voraussichtlichen Beeinträchtigung" ersetzt. Zudem wurde die Verordnungsermächtigung der AWV erweitert, um dem erweiterten Prüfungsmaßstab hinsichtlich der Berücksichtigung von Belangen anderer Mitgliedstaaten sowie Projekten und Programmen von Unionsinteresse Rechnung zu tragen. Umgesetzt wurde dies in § 55 Abs. 1 AWV, insbesondere durch Verweis auf die Liste des Art. 8 Screening-VO bezüglich der Projekte oder Programme von Unionsinteresse.

---

[89] Vgl. Erwägungsgrund 15 Screening-VO der nur von „wesentlichen Elementen des Rahmens" spricht; so auch Hindelang/Moberg, COMMON MARKET LAW REVIEW 2020, 1446 (1459).

[90] Commission Staff Working Document vom 13.9.2017, SWD (2017) 297 final, 9.

[91] BAnz AT 2.6.2020 V1.

[92] BAnz AT 28.10.2020 V1.

36   Die **17. AWV-Novelle**[93] schließt die Umsetzung der Screening-VO zunächst ab, indem die prüfrelevanten Fallgruppen im sektorübergreifenden und sektorspezifischen Bereich sowie die relevanten Erwerbstatbestände erweitert werden.[94] Im Rahmen der sektorübergreifenden Prüfung wurde die Liste der Schlüsselindustrien in Art. 55a AWV verschoben und im Einklang mit den in Art. 4 Abs. 1 Screening-VO vorgesehen materiellen Kriterien, insbesondere mit Blick auf Art. 4 Abs. 1 lit. b Screening-VO von 11 auf 27 Fallgruppen erweitert.[95] (→ AWV § 55 Rn. 11). Wie für die sektorübergreifende Prüfung bereits durch die 16. AWV-Novelle geschehen, wurde mit der 17. AWV-Novelle nun auch für die sektorspezifische Prüfung der Prüfungsmaßstab auf eine „voraussichtliche Beeinträchtigung" abgesenkt und so an den Prüfungsmaßstab der sektorübergreifenden Prüfung angeglichen (zur Bedeutung dieser Umformulierung → Rn. 104 ff; → AWV § 55 Rn. 30 ff.).

37   Ob die in den §§ 60 ff. AWV geregelte **sektorspezifische Prüfung** in den **Anwendungsbereich der Screening-VO** fällt, wird unterschiedlich bewertet. Die Screening-VO kann im Rahmen der sektorspezifischen Prüfung grundsätzlich nur dann anwendbar sein, wenn es sich um eine Investition aus einem Drittstaat handelt. Bei einer unionsinternen Investition, die gem. § 60 AWV ebenfalls überprüft werden kann, ist bereits der Anwendungsbereich der Screening-VO gem. Art. 2 Abs. 2 Screening-VO nicht eröffnet (→ Rn. 66). Indem die sektorspezifische Prüfung eine Investitionskontrolle im Zusammenhang mit der Rüstungspolitik vorsieht, knüpft sie an den Begriff der wesentlichen nationalen Sicherheitsinteressen gem. Art. 4 Abs. 2 AEUV, Art. 346 AEUV an. Art. 346 AEUV wird teilweise als Kompetenzausnahme zu Art. 207 AEUV gesehen und daraus gefolgert, dass die sektorspezifische Prüfung nicht von der Screening-VO erfasst wird. Im Einklang mit ständiger Rechtsprechung des EuGH[96] ist Art. 346 AEUV allerdings nicht als Ausnahme vom Anwendungsbereich des Unionsrechts zu verstehen, sondern vielmehr als Rechtfertigungsgrund.[97] Richtigerweise räumt Art. 346 AEUV den Mitgliedstaaten zwar einen weiteren Beurteilungs- und Ermessensspielraum zur Wahrung wesentlicher nationaler Sicherheitsinteressen ein, stellt aber keine Kompetenzausnahme dar, sodass auch die sektorspezifische Prüfung grundsätzlich vom Anwendungsbereich der Screening-VO erfasst sein kann.[98] Allerdings wahrt der Unionsgesetzgeber den weiten nationalen Spielraum in Bezug auf wesentliche Sicherheitsinteressen insoweit, als die Liste des Art. 4 Screening-VO keine rüstungsbezogenen Faktoren vorsieht.

38   **2. Anwendbarkeit der Unionsgrundrechte und der nationalen Grundrechte auf nationale Maßnahmen.** Die deutschen Behörden, im Fall der Investitionskontrolle das BMWK, sind als Teil der vollziehenden Gewalt grundsätzlich nach **Art. 1 Abs. 3 GG** an die Grundrechte gebunden. Gem. Art. 51 GRCh sind EU-Mitgliedstaaten, einschließlich ihrer nationalen Behörden und Gerichte

---

[93] BAnz AT 30.4.2021 V1.
[94] BAnz AT 30.4.2021 B2.
[95] Ausführlich dazu Annweiler GWR 2021, 241.
[96] EuGH BeckRS 2008, 70410 Rn. 42 f.; EuGH BeckRS 2004, 74778 Rn. 30 f.
[97] So auch Pechstein/Nowak/Häde/Frenz AEUV Art. 346 Rn. 3 ff.; Grabitz/Hilf/Nettesheim/Jaeckel AEUV Art. 346 Rn. 3; Streinz/Kokott AEUV Art. 346 Rn. 1; Hindelang/Hagemeyer EuZW 2017, 882.
[98] So auch Schipke/Sichla EuZW 2023, 559 (563); Bungenberg/Reinhold InvKR Rn. 184.

bei der Durchführung des Unionsrechtes auch an die Unionsgrundrechte gebunden. Die Anwendung der GRCh ist folglich auf die Bereiche beschränkt, in denen EU-Gesetzgebung anwendbar ist. Dies ist durch die Screening-VO zumindest dann der Fall ist, wenn der Anwendungsbereich der Niederlassungs- oder Kapitalverkehrsfreiheit eröffnet ist bzw. dann, wenn die Screening-VO als Rückermächtigung für die nationale Investitionskontrolle angesehen wird.[99] Denkbar ist auch, dass der Einfluss der Screening-VO auf das Ergebnis des Verfahrens (insbesondere die Pflicht zur Berücksichtigung der Stellungnahmen anderer Mitgliedstaaten und der Kommission, → Rn. 167 ff.) ausreicht, um den Anwendungsbereich der GRCh zu eröffnen.[100]

Für die Frage nach der Anwendbarkeit der deutschen Grundrechte ist der **39** Determinierungsgrad der Screening-VO entscheidend. Im Bereich nicht vollständig harmonisierter Rechtsakte finden nach der Rechtsprechung des BVerfG die deutschen Grundrechte Anwendung, wobei die GRCh parallel zu den deutschen Grundrechten Anwendung findet.[101] Das BVerfG prüft vorrangig am Maßstab der deutschen Grundrechte, da eine Vermutung dafür besteht, dass das Schutzniveau der GRCh durch die deutschen Grundrechte mitgewährleistet wird.[102] Die GRCh wird jedoch bei der Auslegung der deutschen Grundrechte, vorliegend insbesondere Art. 12 und 14 GG, berücksichtigt.[103] Allerdings gilt die Berufsfreiheit als Deutschengrundrecht nicht für ausländische Investoren und die Eigentumsfreiheit schützt, parallel zu Art. 17 GRCh (→ Rn. 31) nur die Verfügungsmöglichkeit der Inhaber des Zielunternehmens.

Im Bereich von Rechtsvorschriften, die unionsrechtlich vollständig vereinheit- **40** licht sind, gilt dagegen ausschließlich die GRCh. Die Screening-VO beabsichtigt allerdings keine vollständige Harmonisierung, sondern schafft nur einen Rahmen für die nationale Investitionskontrolle, wobei die Mitgliedstaaten weiterhin über die genaue Ausgestaltung des Kontrollmechanismus und die Bewertung der konkreten Direktinvestitionen entscheiden können. Sie bewirkt daher keine Verdrängung der deutschen Grundrechte; diese bleiben somit weiterhin anwendbar.

II. Verhältnis zu weiteren Verfahren des WiVerwR

Die Prüfung ausländischer Direktinvestitionen nach der Screening-VO und den **41** koordinierten nationalen Prüfungsverfahren des Investitionskontrollrechts erfolgen parallel zu anderen möglichen Verfahren des Unions- aber auch des nationalen Rechts, die nach den jeweiligen Vorschriften entweder vor Vollzug der jeweiligen Transaktion oder aber auch ex-post durchgeführt werden können. Viele dieser Verfahren bestanden bereits vor Inkrafttreten der VO und betreffen sehr unterschiedliche Bereiche des WiVerwR, zB die **Fusionskontrolle**, das **Aufsichtsrecht der Finanzmärkte**, insbesondere des **Banken- und Versicherungssektors**, das **Recht der Energiewirtschaft**, die **medienrechtliche Aufsicht**, die behördliche Kontrolle der **Wasserwirtschaft** und nach den neuen Vorschriften

---

[99] Siehe dazu ausführlich von Kalben ZHR (186) 2022, 586 (615).
[100] So Bungenberg/Reinhold InvKR Rn. 219; aA Hagedorn, Die Beschränkung ausländischer Direktinvestitionen in sicherheitsrelevante zivile Unternehmen, 2023, S. 321–335.
[101] BVerfG NJW 2020, 1282 Rn. 32.
[102] BVerfG 152, 152 = NJW 2020, 300 Rn. 45 ff., zur Widerlegung der Vermutung Rn. 63 ff.
[103] BVerfGE 152, 152 = NJW 2020, 300 Rn. 60 ff.

der Europäischen Union auch die Kontrolle den Binnenmarkt möglicherweise verzerrender **drittstaatlicher Subventionen** nach der FSR.

42 Das Verhältnis der Prüfung nach der Screening-VO zur **EU-Fusionskontrolle** nach der FKVO wird in der VO direkt angesprochen, so in Erwägungsgrund 36 Screening-VO und in Art. 6 Abs. 1 S. 3 Screening-VO, wonach im Rahmen des Kooperationsmechanismus die Mitgliedstaaten gehalten sind, in der Mitteilung über die investitionsrechtliche Prüfung auch anzugeben, ob die betreffende Direktinvestition in den Geltungsbereich der FKVO fällt. In Erwägungsgrund 36 Screening-VO fordert der Gesetzgeber die Kommission dazu auf, die Screening-VO und die FKVO im Rahmen der Prüfung nach Art. 21 Abs. 4 FKVO einheitlich anzuwenden. Insbesondere sei die Kommission gehalten, die in der Screening-VO genannten Gründe der Sicherheit und der öffentlichen Ordnung einheitlich mit dem Begriff der „berechtigten Interessen" iSv Art. 21 Abs. 1 UAbs. 3 FKVO auszulegen.

43 Die kürzlich erlassene **FSR** wiederum bezieht sich auch auf die Screening-VO, nämlich in Erwägungsgrund 3 FSR, wonach die in Art. 4 Abs. 1 lit. a Screening-VO genannten kritischen Infrastrukturen relevant sind für die Auslegung des Begriffes der Wirtschaftszweige, „die für die Union von strategischem Interesse sind". Gem. Art. 10 Abs. 2 S. 2 FSR informiert die Kommission, wenn sie eine Vorprüfung nach der FSR einleitet, darüber auch Mitgliedstaaten, die notifiziert haben, dass sie in dieser Sache ein Investitionskontrollverfahren durchführen.". Nach Art. 44 Abs. 3 FSR lässt diese die Anwendung der Screening-VO (wie auch des EU-Kartell- und Beihilferechts und der FKVO, Art. 44 Abs. 1 FSR) unberührt.

44 **1. Verhältnis zu Verfahren des nationalen WiVerwR.** Das Verhältnis der Screening-VO zu anderen Verfahren, insbesondere der Mitgliedstaaten, im Rahmen **wirtschaftsverwaltungsrechtlicher Prüfungen** wird in der VO nicht klar geregelt. Allerdings spricht die VO in Erwägungsgrund 19 Screening-VO die Verpflichtung der Mitgliedstaaten zur loyalen Zusammenarbeit iSv Art. 4 Abs. 3 AEUV an, dies bezogen auf Situationen, in denen ein Mitgliedstaat Kommentare anderer Mitgliedstaaten oder eine Stellungnahme der Kommission erhalten hat. In dieser Situation sei der prüfende Mitgliedstaat verpflichtet, diese Äußerungen „angemessen [zu] berücksichtigen", und zwar „gegebenenfalls durch Maßnahmen, die nach seinem nationalen Recht zur Verfügung stehen, oder im Rahmen seiner **breiter angelegten Politik**". Welche Verfahren dies sein sollen und ob es sich bei der „breiter angelegten Politik" um rechtsstaatlich ausgeprägte Verfahren handelt oder um Maßnahmen der reinen politischen Einflussnahme oder Kommunikation, wird dort nicht weiter erläutert. Näher dazu → Rn. 166 f. In jedem Fall können sich aus der Berücksichtigung der in Art. 4 Screening-VO genannten „Faktoren" mögliche inhaltliche Überschneidungen ergeben zu anderen Verfahren des WiVerwR, die im Rahmen der Prüfung von Direktinvestitionen in den Mitgliedstaaten durchgeführt werden. Dies dürfte insbesondere für die Berücksichtigung der Versorgungssicherheit in den Bereichen Energie, Verkehr, Wasser, Gesundheit und ggf. Datenverarbeitung und Kommunikation gelten, aber auch für Fragen der äußeren Sicherheit, der Grundstücksbewirtschaftung, der Sicherung kritischer Technologien, der Beurteilung der Medienpluralität oder der Stabilität der Finanzmärkte. All diese Verfahren stehen jeweils für sich und folgen ihren eigenen Regeln. Jede nationale Behörde muss nach Maßgabe des von ihr angewandten Rechts im Rahmen einer wirtschaftsverwaltungsrechtlichen Prüfung außerhalb des Anwendungsbereichs der Screening-VO prüfen, ob die nach diesem Regime zu schützenden öffentlichen Belange ausreichend sind, um einen Eingriff in die Grundfreiheiten des Kapitalverkehrs und der Niederlassung sowie der Unionsgrundrechte der betroffenen Unternehmen zu rechtfertigen. Allerdings wird man in Anlehnung an die Rechtsprechung des Gerichtshofes zu Art. 50 und 52 Abs. 1 GRCh verlangen dürfen, dass eine angemessene Koordinierung zwischen diesen Verfahren stattfindet und der von der Rechtsprechung geforderte „enge zeitliche Zusammenhang" zwischen den Verfahren ggf. gewahrt bleibt.[104] Die einheitliche Anwendung der Grundfreiheiten und Grundrechte des Unionsrechts folgt auch zugleich dem unionsrechtlichen Gebot der Kohärenz, die auch in Art. 7 AEUV als primärrechtliches Gebot das Handeln der Union prägt.

Neben der Wahrung eines koordinierten und kohärenten Vorgehens auf Seiten **45** der Kommission und der mitgliedstaatlichen Behörden ist bei der Prüfung unterschiedlicher Belange der öffentlichen Ordnung oder der öffentlichen Sicherheit darauf zu achten, dass die behördlichen Maßnahmen in ihrer Gesamtwirkung keine unverhältnismäßige Einschränkung der Kapitalverkehrs- und der Niederlassungsfreiheit bewirken, insbesondere, dass es sich bei den in der Gesamtheit der behördlichen Verfahren verfolgten Belange der mitgliedstaatlichen Politik nicht um „rein wirtschaftliche Zwecke" handelt.

2. Verhältnis zur FKVO im Einzelnen. Die EU-Fusionskontrolle und die **46** nationale Investitionskontrolle stehen als Kontrollregime, die den **Schutz unterschiedlicher Interessen** verfolgen, grundsätzlich nebeneinander. Ein vom Gesetzgeber in Erwägungsgrund 36 Screening-VO angesprochenes Spannungsverhältnis besteht zwischen beiden Verordnungen in Konfliktfällen, die nach Art. 21 FKVO auftreten können. Nach dieser Vorschrift liegt die Zuständigkeit für die Prüfung von Zusammenschlüssen im Anwendungsbereich von Art. 3 FKVO in der gesamten wettbewerbsrechtlichen Prüfung ausschließlich bei der Europäischen Kommission und ist in deren materiellen Anwendungsbereich auch nur nach der FKVO zu prüfen. Den Mitgliedstaaten ist es nach Art. 21 Abs. 3 UAbs. 1 FKVO versagt, „ihr innerstaatliches Wettbewerbsrecht" auf „Zusammenschlüsse von gemeinschaftsweiter [heute unionsweiter] Bedeutung" anzuwenden. Allerdings sind die Mitgliedstaaten nach Art. 21 Abs. 4 FKVO auch im Anwendungsbereich der Prüfung eines Zusammenschlusses von unionsweiter Bedeutung berechtigt, „geeignete Maßnahmen zum Schutz anderer berechtigter Interessen als derjenigen zu treffen, welche in dieser Verordnung [FKVO] berücksichtigt werden, sofern diese Interessen mit den allgemeinen Grundsätzen und den übrigen Bestimmungen des Gemeinschaftsrechts [heute Unionsrechts] vereinbar sind" (Art. 21 Abs. 4 UAbs. 1 FKVO).

Als mögliche „berechtigte Interessen" benennt Art. 21 Abs. 4 UAbs. 2 FKVO **47** „die öffentliche Sicherheit, die Medienvielfalt und die Aufsichtsregeln". Mit dem Begriff der „Aufsichtsregeln" sind, wie sich aus der englischen Sprachfassung ergibt („prudential rules") die Aufsichtsregeln des Finanzsektors gemeint. Die öffentliche Sicherheit umfasst dabei jedenfalls die wesentlichen nationalen Sicherheitsinteressen gem. Art. 346 Abs. 1 lit. b AEUV,[105] wobei der Begriff eng auszulegen ist und sich nur auf sicherheitspolitische Maßnahmen mit Bezug auf die Rüstungspolitik bezieht.[106] Zumindest die sektorspezifische Prüfung gem. §§ 60 ff. AWV verfolgt damit ein berechtigtes Interesse.

---

[104] EuGH BeckRS 2022, 5011 Rn. 56.
[105] Vgl. Lübbig/Salaschek NZKart 2022, 197.
[106] Streinz/Kokott AEUV Art. 346 Rn. 4; von der Groeben/Schwarze/Hatje/Dittert AEUV Art. 346 Rn. 15.

48　　Die „öffentliche Ordnung", welche neben der öffentlichen Sicherheit das durch die Screening-VO geschützte Interesse darstellt, stellt dagegen kein von Art. 21 Abs. 4 FKVO (derzeit) anerkanntes berechtigtes Interesse dar.[107] Nach Art. 21 Abs. 4 UAbs. 3 FKVO muss der betreffende Mitgliedstaat die Prüfung jedes „anderen öffentlichen Interesses" der Kommission mitteilen. Soweit das BMWK einen **Zusammenschluss von (fusionskontrollrechtlicher) Unionsbedeutung** auf Grundlage der öffentlichen Ordnung verbieten möchte, muss es daher dies **der Kommission mitteilen** und auf deren Bestätigung warten, dass das jeweilige Interesse gem. Art. 21 Abs. 4 FKVO verfolgt werden darf. Die für die Anwendung dieser Bestimmung notwendige Abgrenzung zwischen dem ausschließlichen materiellen Anwendungsbereich der FKVO und den in Art. 21 Abs. 4 FKVO benannten außerwettbewerblichen Interessen kann im Einzelfall schwierig sein. Dies ergibt sich schon daraus, dass die Kommission durch die fortschreitende Berücksichtigung verschiedener ökonomischer oder gesellschaftspolitischer Belange im Rahmen der fusionskontrollrechtlichen Prüfung Gesichtspunkte berücksichtigt, die sich mit den Anliegen der Prüfung außerwettbewerblicher Interessen nach Art. 21 Abs. 4 FKVO überschneiden können.[108]

49　　Zu Art. 21 FKVO bestand auch schon vor dem Aufkommen nationaler Investitionskontrollmechanismen eine entwickelte Fallpraxis, in der das Konkurrenzverhältnis zwischen verschiedenen nationalen Verfahren des WiVerwR und dem Ausschließlichkeitsanspruch der Kommission nach der FKVO untersucht worden ist. Es sind überwiegend Verfahren aus dem Bereich der Finanzmarktaufsicht oder dem Energiesektor.[109] Beispielhaft sind die beiden Entscheidungen der Kommission betreffend den Erwerb des spanischen Energieversorgungsunternehmens Endesa durch deutsche bzw. italienische Investoren im Jahre 2006.[110] Bei der damaligen Prüfung der von der spanischen Energieaufsicht im Rahmen des nationalen Prüfverfahrens vorgegebenen Nebenbestimmungen für die Genehmigung der Akquisitionsvorhaben handelte es sich in einigen Punkten um Gesichtspunkte wie zB Standortgarantien, Sicherstellung der Unabhängigkeit des erworbenen Unternehmens innerhalb der Erwerbergruppe, Berichtspflichten, hinreichende Kapitalisierung etc, die unter dem Gesichtspunkt der Sicherung kritischer Infrastrukturen im Bereich der Energiewirtschaft auch Relevanz für investitionskontrollrechtliche Prüfungsverfahren nach Art. 4 Abs. 1 lit. a und lit. c Screening-VO haben könne.[111] Beim Vergleich der damaligen Entscheidungspraxis mit der heutigen Konfliktsituation ist zu berücksichtigen, dass die Kommission in früheren Zeiten die Ausübung der Niederlassungsfreiheit und der Freiheit des Kapitalverkehrs jedenfalls innerhalb der Europäischen Union sehr viel weniger kritisch bewertet als heute, ja vielmehr solche Investitionen als wichtigen Beitrag zur Vertiefung des Binnenmarktes ansah und in Prüfungsverfahren der nationalen Behörden zur Berücksichtigung außerwettbewerblicher Interessen jedenfalls auch protektionistische Anliegen der Mitgliedstaaten zu entdecken glaubte.[112]

---

[107] Vgl. Kretzschmar, Die Überprüfung drittstaatlicher Unternehmensakquisitionen zum Schutz der öffentlichen Ordnung und Sicherheit in der Europäischen Union, S. 429, 431.

[108] Lübbig/Salaschek NZKart 2022, 197 (198).

[109] Lübbig/Salaschek NZKart 2022, 197 (199).

[110] Kommission, Entsch. v. 26.9.2006, COMP/M.4197 – E.ON/Endesa; Kommission, Entsch. v. 5.7.2007, COMP/M.4685 – Enel/Acciona/Endesa.

[111] Lübbig/Salaschek NZKart 2022, 197 (199).

[112] Dieses Spannungsverhältnis wird anschaulich beschrieben in den Schlussanträgen von GAin Ćapeta v. 30.3.2023, C-106/22, BeckRS 2023, 5797 Rn. 3–5.

Jedenfalls politisch gesehen „hat sich der Wind inzwischen gedreht", auch wenn **50** diese neue, stärker kritisch ausgerichtete Beurteilung ausländischer Direktinvestitionen sich bisher nicht in einer Änderung von Art. 21 FKVO niedergeschlagen hat. Ein wichtiger Fall aus der neueren Entscheidungspraxis, in dem der **Konflikt zwischen einem nationalen Investitionskontrollverfahren und dem Ausschließlichkeitsanspruch der Kommission nach Art. 21 FKVO** schlagend geworden ist, ist die Entscheidung v. 21.2.2022 in dem Verfahren **Vienna Insurance Group/VIG/AEGON CEE**.[113] Mit dieser Entscheidung hatte sich die Kommission dagegen gewandt, dass die Behörden Ungarns einen nach der FKVO freigegebenen innereuropäischen Zusammenschluss im Bereich der Versicherungswirtschaft aufgrund nur unzureichend erklärter Belange des öffentlichen Interesses (u.a. auf der Grundlage einer Notverordnung betreffend Direktinvestitionen infolge der Coronakrise) untersagt hatten. Die Kommission stellte auch einen Verstoß Ungarns gegen die Vorschriften des AEUV über die Niederlassungsfreiheit fest und ordnete an, dass Ungarn seine Untersagungsentscheidung aus dem Bereich der Investitionskontrolle zurückziehen müsse. In der Pressemeldung der Kommission v. 21.2.2022 heißt es u.a. „die Mitgliedstaaten müssen sicherstellen, dass ihre Maßnahmen diese Aufteilung der Zuständigkeiten [nach Art. 21 FKVO] beachten, damit die Unternehmen vertrauensvoll investieren und den Binnenmarkt nutzen können".[114] Der Fall lag zwar außerhalb des Anwendungsbereichs der Screening-VO, da es sich um einen Zusammenschluss zweier europäischer Unternehmen handelte und die Screening-VO nur auf Direktinvestitionen aus Drittstaaten Anwendung findet, hat jedoch die Frage nach dem Verhältnis der beiden Kontrollregime in den Fokus gerückt und sich neben den Vorschriften der FKVO ausführlich mit den Regeln über die Niederlassungsfreiheit befasst.[115] Auch wenn die Kommission das Transparenzgebot nach Art. 3 Abs. 2 Screening-VO in dieser Entscheidung nicht erwähnt (folgerichtig, weil es sich um einen unionsinternen Fall handelte), ist doch deutlich, dass die mangelnde Begründung der Untersagungsentscheidung durch die ungarischen Behörden sicher ein Anlass für die Kommission war, in diesem Fall einzuschreiten.[116]

3. Verhältnis zur FSR. Die VO (EU) 2022/2560 v. 14.12.2022 „über den **51** Binnenmarkt verzerrende drittstaatliche Subventionen" (FSR) ist sowohl auf Art. 114 AEUV als auch – wie die Screening-VO – auf Art. 207 AEUV gestützt. Die FSR führt ein neues Prüfverfahren ein, das Gesichtspunkte des Außenwirtschaftsrechts und der Wettbewerbsaufsicht verbindet und die Investitionskontrolle der Screening-VO um eine Investitionskontrolle bezüglich **wettbewerbsverfälschender Direktinvestitionen** ergänzt.[117]

Die FSR begründet Anmelde- und Genehmigungspflichten zur Prüfung der **52** Auswirkungen drittstaatlicher Subventionen auf Zusammenschlüsse und öffentliche Vergabeverfahren oberhalb bestimmter Schwellenwerte (Art. 20 ff. u. 27 ff. FSR). Nach Art. 9 FSR kann die Kommission allerdings auch von Amts wegen und unabhängig von einem Anmeldeverfahren die Prüfung drittstaatlicher Sub-

---

[113] Kommission, Entsch. v. 21.2.2022, Fall M.10494-VIG/AEGON CEE.

[114] Pressemeldung d. Komm. V. 21.2.2022 IP/22/1258.

[115] Kommission v. 21.2.2022, Fall M.10494-VIG/AEGON CEE Rn. 73 ff, S. insbes. Fn. 83 d. Entsch. Zur Abgrenzung der Niederlassungsfreiheit von der (hier aus Sicht der Kommission nachrangigen) Kapitalverkehrsfreiheit.

[116] Kommission, Entsch. v. 21.2.2022, Fall M.10494-VIG/AEGON CEE Rn. 64 Fn. 71.

[117] Mitt. d. Komm. v. 17.6.2020, COM (2020) 253 final, 12.

ventionen vornehmen. Nach Art. 44 Abs. 1 und Abs. 3 FSR lässt die Prüfung von Drittstaatensubventionen die Anwendung des EU-Kartellrechts einschließlich der FKVO sowie der Screening-VO unberührt. Die Anmelde- und Prüfverfahren stehen somit als drei verschiedene Instrumente nebeneinander. Allerdings ist die Kommission nach Art. 7 AEUV zur Herstellung einer kohärenten Anwendung dieser Prüfverfahren verpflichtet. Nach Art. 10 Abs. 2 S. 2 FSR ist das dortige Verfahren mit dem Kooperationsmechanismus nach der Screening-VO insoweit verbunden, als die „Kommission die Mitgliedstaaten, die der Kommission ein nationales Verfahren gem. der [Screening-VO] notifiziert haben, **über den Beginn der Vorprüfung" nach der FSR unterrichtet**.

53　　Inhaltlich bestehen insoweit Überschneidungen, als die FSR sich auch mit der Auswirkung solcher Subventionen auf Wirtschaftszweige beschäftigt, „die für die Union von strategischem Interesse sind und für kritische Infrastrukturen, wie etwa jene, die in Art. 4 Abs. 1 lit. a [der Screening-VO] genannt werden". Erwägungsgrund 13 Screening-VO sieht insoweit vor, dass der Kontext und die Umstände der ausländischen Direktinvestition bei der Beurteilung der sicherheitsstrategischen Erwägungen zu berücksichtigen sind, wozu insbesondere zählt „ob ein ausländischer Investor direkt oder indirekt – zum Beispiel in Form beträchtlicher Finanzausstattung, einschließlich Subventionen – von der Regierung eines Drittstaats kontrolliert wird oder ob er staatlich gelenkte Auslandsinvestitionsprojekte oder -programme durchführt". Wettbewerbsverzerrende Subventionen können im Kontext der Screening-VO dabei nicht aus wettbewerbsrechtlichen Gesichtspunkten, sondern nur zur sicherheitsstrategischen Einschätzung herangezogen werden.[118] Drittstaatlich subventionierte Investitionen, welche ein wettbewerbliches Problem darstellen können, ohne jedoch die Sicherheit oder öffentliche Ordnung zu gefährden, werden wiederum über die neue Verordnung erfasst. Erwägungsgrund 2 FSR erwähnt darüber hinaus auch „innovative Technologien". Anders als die Verfahren nach der Screening-VO und der AWV werden Entscheidungen in den Prüfverfahren nach der FSR veröffentlicht, wie sich aus Art. 40 FSR ergibt. Und anders als in der Screening-VO sind in der FSR auch Fragen der Offenlegung, der Verteidigungsrechte der betroffenen Unternehmen und der Akteneinsicht ausdrücklich geregelt (Art. 42 FSR).

III. Verhältnis zum Völkerrecht

54　　Bei der Anwendung von Investitionskontrollregimen haben die EU und die Mitgliedstaaten die von ihnen ratifizierten internationalen Handelsabkommen zu beachten (vgl. Art. 216 Abs. 2 AEUV).[119] Dazu gehört das „Allgemeine Abkommen über den Handel mit Dienstleistungen" (GATS), das im Rahmen seines Anwendungsbereiches[120] durch Art I Abs. 2 lit c GATS auch ausländische Direktinvestitionen im Dienstleistungssektor schützt und eine Inländergleichbehandlung verlangt (Art XVII GATS). Die Screening-VO ist auf die Allgemeine Ausnahme nach Art XIV lit. a. GATS gestützt, wonach erforderliche und nicht der willkürlichen Diskriminierung dienende Beschränkungen zur Aufrechterhaltung der öffentlichen Ordnung zulässig sind. In der amtlichen Fußnote 5 zu dieser Vorschrift wird festgelegt, dass die Ausnahmeregelung der öffentlichen Ordnung nur in Anspruch genom-

---

[118] Mitt. d. Komm. v. 17.6.2020, COM (2020) 253 final, 12.

[119] Vgl. dazu auch Bungenberg/Reinhold InvKR Rn. 227–233.

[120] Das GATS gilt nur für bestimmte Dienstleistungen, die bei der Ratifizierung vom Unterzeichner bestimmt wurden.

men werden kann, wenn eine „wirkliche, ausreichend schwerwiegende Bedrohung der Grundwerte der Gesellschaft vorliegt". Damit deckt sich die Definition der öffentlichen Ordnung mit der aus der Rechtsprechung des EuGH.[121] Weiterhin sieht Art XIV bis Abs. 1 lit. b eine Ausnahme zum Schutz von Sicherheitsinteressen (nur) in Zusammenhang mit der Versorgung militärischer Einrichtungen, bezüglich spaltbarer oder fusionsfähiger Stoffe oder in Zeiten von Krieg oder internationalen Krisen vor. Außerdem sind bei Investoren aus einigen Staaten Regelungen in den Freihandelsabkommen der EU mit diesen Staaten zu beachten, wobei diese im Allgemeinen Ausnahmen vorsehen, die an die GATS-Ausnahmen angelehnt sind. In einem Begleitschreiben zur öffentlichen Konsultation zur Evaluation der Screening-Verordnung führt die Kommission an, dass die Definition des Begriffs „Sicherheit und öffentliche Ordnung" den Definitionen im GATS, den Investitionsabkommen der Union und dem AEUV entsprechen soll.[122]

D. Weiterführende Dokumente zur Anwendung der Screening-VO

I. Mitteilungen der Europäischen Kommission zur Anwendung der Screening-VO

Seit Inkrafttreten der Screening-VO im Jahre 2019 liegen zwei Mitteilungen der Kommission vor, in denen sie sich zur Anwendung der VO, aber auch des Primärrechts, insbesondere der Regeln über den freien Kapitalverkehr äußert, dies anlässlich der COVID-19-Krise[123] und anlässlich der „militärischen Aggressionen gegen die Ukraine" zu ausländischen Direktinvestitionen aus Russland und Belarus, auch mit Rücksicht auf die vom Rat angenommenen Sanktionen.[124]   **55**

1. Mitteilung aus dem Jahre 2020. In der ersten Mitteilung fordert die Kommission die Mitgliedstaaten dazu auf, wachsam zu sein gegenüber Versuchen ausländischer Investoren, „**Kapazitäten im Gesundheitswesen** (zB für die Herstellung von medizinischer Ausrüstung oder Schutzausrüstung) oder in verwandten Wirtschaftszweigen wie **Forschungseinrichtungen** (zB die Entwicklung von Impfstoffen) zu erwerben". Die Mitteilung betont die fortbestehende Zuständigkeit der Mitgliedstaaten für die Überprüfung ausländischer Direktinvestitionen und fordert die Mitgliedstaaten auf, die vorhandenen Überprüfungsmechanismen für ausländische Direktinvestitionen „bereits jetzt in vollem Umfang zu nutzen" sowie diejenigen Mitgliedstaaten, die noch über keine Überprüfungsmechanismen verfügen oder deren Überprüfungsmechanismen nicht weitreichend genug sind, einen solchen Mechanismus einzurichten. Im Anhang zu dieser Mitteilung verweist die Kommission darauf, dass die Überprüfung ausländischer Direktinvestitionen „in kritische Gesundheitsinfrastrukturen und die Versorgung mit kritischen Ressourcen" ausdrücklich als Prüfungskriterien genannt werden. Die Kommission weist darauf hin, dass im Rahmen der Prüfung zur Abwendung einer Untersagung   **56**

---

[121] Im Englischen ist die Formulierung identisch, die amtlichen deutschen Übersetzungen unterscheiden sich aber.

[122] Kommission, Brief Guide on Terminology used in the Questionnaire, einsehbar aus Anlass der öffentlichen Konsultation.

[123] Mitt. d. Komm. v. 26.3.2020, C 99 I/1.

[124] Mitt. d. Komm. v. 6.4.2022, C 151 I/1.

auch die Vereinbarung von Abhilfemaßnahmen geboten sein kann, etwa die „Gewährleistung der Versorgung mit Arzneimitteln bzw. Medizinprodukten", dies ggf. auch über den „voraussichtlichen Bedarf des Aufnahmemitgliedstaates" hinaus. Ferner äußert sich die Kommission zu der (nach der Entscheidungspraxis des EuGH recht begrenzten) Befugnis der Mitgliedstaaten, „Sonderrechte an bestimmten Unternehmen (Goldene Aktien) zu behalten, weist aber zugleich auf die Grenzen für die Einschränkung des Kapitalverkehrs iSv Art. 63 AEUV hin. Die Abwehr des „**versuchten aggressiven Kaufs strategischer Vermögenswerte durch ausländische Investoren**" kann danach durchaus die Einschränkung des Kapitalverkehrs aus Gründen der öffentlichen Ordnung oder Sicherheit iSv Art. 65 AEUV rechtfertigen. Auch gehören nach der Mitteilung „der Schutz der öffentlichen Gesundheit, der Schutz der Verbraucher, die Aufrechterhaltung des finanziellen Gleichgewichts des Systems der sozialen Sicherheit und die Verwirklichung sozialpolitischer Ziele" zu den anerkannten zwingenden Gründen des Allgemeininteresses, die eine Einschränkung der Kapitalverkehrsfreiheit rechtfertigen können. Ferner nennt die Kommission als möglichen Grund zur Sorge den Erwerb von strategisch relevanten Unternehmen, „deren Bewertungen auf den Kapitalmärkten weit unter ihrem tatsächlichen oder inneren Wert liegen".[125]

57   **2. Mitteilung aus dem Jahre 2022.** Die im April 2022 veröffentlichten „Leitlinien für die Mitgliedstaaten betreffend ausländische Direktinvestitionen aus Russland und Belarus angesichts der **militärischen Aggression gegen die Ukraine** und der in den jüngsten Verordnungen des Rates über **Sanktionen** festgelegten restriktiven Maßnahmen" erläutert den Zusammenhang zwischen Sanktionsverordnungen und der „Überprüfung ausländischer Direktinvestitionen und bittet die Mitgliedstaaten um eine erhöhte Wachsamkeit gegenüber **russischen und belarussischen Investitionen** im Binnenmarkt". Erneut fordert sie die Mitgliedstaaten auf, ihre Überprüfungsmechanismen nach Möglichkeit auszuschöpfen und solche Mechanismen einzurichten, wenn diese noch nicht in ausreichendem Maße von den Mitgliedstaaten vorgesehen sind. Der Anhang zu der Mitteilung zeigt in einer sehr detaillierten Übersicht den Status bereits bestehender russischer und belarussischer Vermögenswerte in der EU; bezogen auf das Jahr 2020 sind dies über 20.000 EU-Unternehmen im Fall von Russland und über 2.000 im Fall von Belarus. In Abschn. 3 des Anhangs weist die Kommission die Mitgliedstaaten auch darauf hin, dass auch bei innerhalb der Europäischen Union abgeschlossenen Transaktionen genau auf die Staatsangehörigkeit der Anteilseigner zu achten sei, wenn ein Fall der „Umgehung" iSd Erwägungsgrunds 10 Screening-VO vorliege. Dies könne dann der Fall sein, wenn Direktinvestitionen innerhalb der Union „über künstliche Vereinbarungen vorgenommen werden, die die wirtschaftlichen Gegebenheiten nicht wiederspiegeln und die Überprüfungsmechanismen und -beschlüsse umgehen, wenn der Investor tatsächlich im Eigentum oder unter der Kontrolle einer natürlichen Person oder eines Unternehmens aus einem Drittstaat steht". Zusätzlich zu den Kontrollen im Anwendungsbereich der Screening-VO könnten die Mitgliedstaaten auch veranlasst sein, „Portfolioinvestitionen oder EU-interne Direktinvestitionen, die letztlich von russischen oder belarussischen Einrichtungen kontrolliert werden" zu überprüfen. Der Begriff der „öffentlichen Sicherheit" iSv Art. 65 Abs. 1 lit. b AEUV umfasse sowohl die „innere als auch die äußere Sicherheit des Staates".[126]

---

[125] Mitt. d. Komm. v. 26.3.2020, S. 1, 2., Anhang auf den S. 3–5.
[126] Mitt. der Komm. v. 6.4.2022, C 151 I/1, S. 1–3, Text des Anhanges, S. 4–12.

II. Berichte zur Anwendung der Screening-VO

Inzwischen liegen zwei Berichte der Europäischen Kommission zur Anwen- **58** dung der Screening-VO vor, der erste Bericht v. 23.11.2021[127] und der zweite Bericht v. 1.9.2022.[128] Beide Berichte werden in umfangreichen Commission Staff Working Documents von länderübergreifenden Übersichten und Statistiken begleitet.[129] Ferner hat die OECD im Jahre 2022 im Zusammenhang mit der Kommission ebenfalls eine Bewertung der „Effectiveness and Efficieny" der Screening-VO vorgelegt.[130]

1. Bericht der Kommission aus dem Jahre 2021. Der erste Bericht v. **59** 23.11.2021 beschreibt einen klaren Wechsel, der in den letzten Jahren bei der Betrachtung der „Investor Profiles and Investment Patterns" zu beobachten gewesen sei. Die Zahl der nicht aus der OECD stammenden Investoren, die sich in einzelnen Fällen auch der Unterstützung ihrer jeweiligen Sitzstaaten versichern konnten, sei gestiegen, hinsichtlich der Motivation für diese Investitionen stellt die Kommission fest, diese „might not always be exclusively commercial".[131] Der Bericht enthält eine Vielzahl von sehr detaillierten **Statistiken**, überwiegend unter Bezugnahme auf Berechnungen des Bureau Van Dijk. Nach den Statistiken stammen die weitaus meisten Investitionen aus Nordamerika, dem Vereinigten Königreich oder den EFTA-Staaten, Investitionen aus China hatten im Jahr 2020 nur einen Anteil von 2,5%, der vergleichbare Wert für die Russische Föderation lag bei 0,1%. In dem Bericht verleiht die Kommission ihrer Erwartung Ausdruck, dass alle Mitgliedstaaten in absehbarer Zeit einen Überprüfungsmechanismus für ausländische Direktinvestitionen einführen mögen. Hierzu heißt es wörtlich:

„In the security field, under the Screening Regulation, the Commission restates **60** its call to all Member States to set up and enforce a fully-fledged FDI screening mechanism to address cases where the acquisition or control of a particular business, infrastructure or technology would create a risk to security or public order in the EU. The Commission will continue implementing the cooperation mechanism with Member States' authorities to protect security and public order from risky foreign direct investments and consider enhancing the cooperation mechanism established by the FDI Screening Regulation".[132]

2. Bericht der Kommission aus dem Jahre 2022. Der zweite Bericht vom **61** 1.9.2022 setzt diese statistische und gesamtwirtschaftliche Übersicht in ebenfalls großem Detailgrad fort. Hier werden die Investitionen aus Drittstaaten schon im Haupttext unterteilt in „**Acquisitions**" und „**Green Field Investments**".[133] Die Kommission berichtet, dass im Jahr 2021 25 der 27 EU-Mitgliedstaaten entweder einen Überprüfungsmechanismus für ausländische Direktinvestitionen unterhalten

---

[127] Erster Bericht v. 23.11.2021, COM (2021) 714 final.
[128] Zweiter Bericht v. 1.9.2022, COM (2022) 433 final.
[129] Commission Staff Working Document SWD v. 23.11.2021, SWD (2021) 334 final; Commission Staff Working SWD v. 11.9.2022, SWD (2022) 219 final.
[130] OECD, Framework for Screening Foreign Direct Investment into the EU – Assessing Effectiveness and Efficiency (2022).
[131] Erster Bericht v. 23.11.2021, COM (2021) 714 final S. 1.
[132] Erster Bericht v. 23.11.2021, COM (2021) 714 final S. 7, 8.
[133] Zweiter Bericht v. 1.9.2022, COM (2022) 433 final S. 4–6.

oder ein Gesetzgebungsverfahren vorbereitet oder eingeleitet hätten, um ein solches Regime einzuführen. Lediglich Bulgarien und Zypern hätten in dieser Hinsicht noch keine Aktivitäten unternommen.[134] Die Mitteilung beschäftigt sich ausführlich mit dem Charakteristika der einzelnen Verfahren und berichtet, dass im Jahr 2021 nur 1% der angemeldeten Zusammenschlussvorhaben von den Mitgliedstaaten untersagt worden seien.[135] Der Kooperationsmechanismus zwischen Kommission und Mitgliedstaaten wird ebenfalls im Detail geschildert, im Jahre 2021 seien von 13 Mitgliedstaaten 414 Meldungen nach Art. 6 Screening-VO eingegangen, 5 Mitgliedstaaten, nämlich Deutschland, Frankreich, Italien, Österreich und Spanien stünden für 85% dieser Meldungen.[136] Die Kommission erwartet eine weitere Steigerung der Zusammenarbeit, zukünftig dann möglicherweise zwischen allen 27 Mitgliedstaaten und betont die Notwendigkeit der strikten investitionskontrollrechtlichen Kontrolle im Hinblick auf Russland und Belarus.[137]

62   **3. Bericht der OECD aus dem Jahre 2022.** Den bereits erwähnten Bericht der OECD vom November 2022 hat diese im Auftrag der Kommission erstellt, die ihrerseits wiederum nach der VO verpflichtet ist, bis zum 12.10.2023 einen Evaluierungsbericht vorzulegen. Der Bericht der OECD ist seinerseits ebenfalls sehr ausführlich, stellt auf nahezu 150 Seiten den aktuellen Status der Anwendung der Screening-VO ebenso dar sowie die Rechtslage in allen Mitgliedstaaten, die über einen Überprüfungsmechanismus verfügen. Die OECD berichtet u.a. über unterschiedliche Haltungen der Mitgliedstaaten zu der Investitionskontrolle, nur 6 Mitgliedstaaten nehmen sehr aktiv an dem Kooperationsmechanismus nach der VO teil, viele andere Mitgliedstaaten überprüfen vergleichsweise wenige Transaktionen oder sind zum Teil auch besorgt darüber, dass eine zu aktive Prüfung den Zustrom des für die wirtschaftliche Entwicklung benötigten ausländischen Kapitals behindern könne.[138]

III. Antworten auf häufig gestellte Fragen zur Screening-VO

63   Mit letztem Aktualisierungsdatum v. 22.6.2021 hat die Kommission auf der Internetseite der GD-Handel ein Dokument mit „Antworten auf häufig gestellte Fragen zur VO (EU) 2019/452 zur Schaffung eines Rahmens für die Überprüfung ausländischer Direktinvestitionen in der Union" veröffentlicht. Dieses sehr nützliche Dokument erläutert zum einen den Hintergrund und die Zielsetzung der VO, befasst sich mit dem Kooperationsmechanismus zwischen den Mitgliedstaaten, der internationalen Kooperationen iSv Art. 13 Screening-VO und anderen Fragestellungen. Das Dokument enthält Antworten auf insgesamt 42 Fragen und befasst sich auch mit der Abgrenzung der von der VO erfassten Direktinvestitionen zu sog. Portfolioinvestitionen, die nicht in den Anwendungsbereich der VO fallen. Im Zusammenhang mit dem Begriff der Portfolioinvestition bezieht sich die Veröffentlichung der Kommission auf die Rechtsprechung des Gerichtshofes.[139] Die

---

[134] Zweiter Bericht v. 1.9.2022, COM (2022) 433 final S. 9.

[135] Zweiter Bericht v. 1.9.2022, COM (2022) 433 final, S. 13.

[136] Zweiter Bericht v. 1.9.2022, COM (2022) 433 final, S. 14.

[137] Zweiter Bericht v. 1.9.2022, COM (2022) 433 final S. 20, 21.

[138] OECD, Framework for Screening Foreign Direct Investment into the EU – Assessing effectiveness and efficiency (2022), 7.

[139] EuGH BeckRS 2006, 70757 Rn. 19, dort mit einer Abgrenzung des Begriffes der „Kapitalbewegung" iSd Vorschriften über die Freiheit des Kapitalverkehrs.

Veröffentlichung stellt ebenfalls klar, dass sich der Begriff der Direktinvestition iSd VO sowohl auf echte konzentrative Vorgänge, dh Akquisitionen von Unternehmen bezieht, als auch **auf Greenfield-Investitionen**, dh den Zustrom von Kapital zur Gründung neuer Unternehmen ohne Erwerbsvorgang.[140] Das Dokument stellt ebenfalls klar, dass rein **konzerninterne Restrukturierungen** grundsätzlich nicht in den Geltungsbereich der VO fallen und in welchen Konstellationen, die mit zwei Fallbeispielen illustriert werden, **indirekte Eigentümer und Kontrollwechsel** von der VO erfasst sein können (→ Rn. 70).[141]

Des Weiteren befasst sich das Kommissionsdokument mit der Definition des **64** Begriffes „ausländisch" mit Rücksicht auf die **Nationalität des Investors**, die in Art. 2 Nr. 7 Screening-VO nicht genau definiert wird. Hier erläutert das Kommissionsdokument, dass die VO an sich nur Sachverhalte mit Investitionen aus Drittstaaten erfassen solle, was jedoch nicht ausschließe, dass nationale Überprüfungsmechanismen sich mit innerhalb der EU stattfindenden Akquisitionen beschäftigten. Allerdings verweist die Kommission auf Erwägungsgrund 10 Screening-VO, wonach die Mitgliedstaaten auf mögliche Umgehungsmaßnahmen oder Umgehungsstrategien achten sollen, etwa wenn es sich bei der in der EU ansässigen an einer Direktinvestition beteiligten juristischen Einheit um eine reine „Briefkastenfirma" handle, die „weder direkt noch indirekt eine echte wirtschaftliche Tätigkeit ausübt".[142] Insgesamt handelt es sich hierbei um ein auch sonst im Wirtschaftsvölkerrecht umstrittenes Thema.

Das Kommissionsdokument befasst sich auch mit der Definition der Begriffe **65** „Sicherheit" und „öffentliche Ordnung", liefert aber selbst keine abschließende Definition.[143] Das Dokument betont weiterhin, dass trotz des intensiven Meinungs- und Informationsaustausches zwischen Kommission und Mitgliedstaaten der prüfende Mitgliedstaat das Letztentscheidungsrecht innehabe und die Kommission ihrerseits nicht befugt ist, eine Direktinvestition zu untersagen.[144]

E. Anwendungsbereich der Screening-VO

I. Ausländische Direktinvestitionen

Die Screening-VO knüpft an „ausländische Direktinvestitionen" an, welche in **66** Art. 2 lit. a Screening-VO als „eine **durch einen ausländischen Investor getätigte Investition jeder Art** zur Schaffung oder Aufrechterhaltung **dauerhafter und direkter Beziehungen** zwischen dem ausländischen Investor und dem Unternehmer oder Unternehmen, für den bzw. das das Kapital zur fortgesetzten Ausübung einer wirtschaftlichen Tätigkeit in einem Mitgliedstaat bereitgestellt wird, einschließlich Investitionen, die eine **effektive Beteiligung** an der Verwaltung oder Kontrolle eines Unternehmens ermöglichen, das eine wirtschaftliche Tätigkeit ausübt". Da nur solche Investitionen erfasst sind, die „eine große Band-

---

[140] Kommission Dok., Frequently asked questions on Regulation (EU) 2019/452 establishing a framework for the screening of foreign direct investments into the Union, Abschn. 8, abrufbar unter: https://circabc.europa.eu/ui/group/be8b568f-73f3-409c-b4a4-30acfcec528 3/library/7c76619a-2fcd-48a4-8138-63a813182df2/details (zuletzt abgerufen am 7.6.2023).
[141] Kommission Dok., Abschn. 9, 10.
[142] Kommission Dok., Abschn. 12.
[143] Kommission Dok., Abschn. 13.
[144] Kommission Dok., Abschn. 23, 24.

breite an Investitionen abdecken, durch die dauerhafte und direkte Verbindungen zwischen Investoren aus Drittstaaten — einschließlich staatlicher Stellen — und Unternehmen, die eine wirtschaftliche Tätigkeit in einem Mitgliedstaat ausüben, geschaffen oder aufrechterhalten werden", sind **Portfolioinvestitionen** mangels dauerhafter und direkter Beziehung zwischen dem Investor und dem Unternehmen nicht von der Screening-VO erfasst.[145]

67   Die Screening-VO macht keine genauen Angaben dazu, welche Anforderungen an den Erwerbstatbestand gestellt werden. Vielmehr lässt die Screening-VO eine **Investition „jeder Art"** genügen. Es kommt folglich nicht darauf an, dass ein bestimmter Anteil an Stimmrechten erworben, ein bestimmter Umsatz erwirtschaftet oder ein bestimmter Wert des Zielunternehmens erreicht wird. Dauerhafte und direkte Beziehung zwischen dem Investor und dem Zielunternehmen sind vielmehr auch dann gegeben, wenn „eine **effektive Beteiligung an der Verwaltung oder Kontrolle**" an dem Zielunternehmen möglich ist.[146] Erwerbsvorgänge, die keinen Erwerb von Stimmrechten beinhalten, sowie der Erwerb von **nicht stimmberechtigten Vorzugsaktien** an einem Unternehmen durch einen ausländischen Investor oder einer **stillen Teilhabe**, können daher auch von dem Begriff der ausländischen Direktinvestition erfasst sein. Damit werden auch solche Erwerbe erfassen, bei denen nationale Stimmrechtsschwellenwerte zwar unterschritten werden, durch die Einräumung zusätzlicher, **im Verhältnis zu den Stimmrechten überproportionaler Einflussmöglichkeiten** aber dennoch eine „tatsächliche Beteiligung an der Kontrolle" des Zielunternehmens erlangt wird.

68   In Anlehnung an die Definition der ausländischen Direktinvestition in der Screening-VO wurde mit der 17. AWV-Novelle[147] der „**atypische Kontrollerwerb**" in § 56 Abs. 3 AWV eingeführt.[148] Zuvor knüpfte die deutsche Investitionskontrolle auf Grundlage der OECD-Grundsätze, nach denen eine „dauerhafte Beziehung" ab einem Erwerb von mindestens 10 % der Stimmrechtsanteile geschaffen wird, ausschließlich an den Erwerb von Stimmrechten an.[149]

69   Die gewählte Definition ist insoweit unpräzise als keine klaren Kriterien für die erforderliche „**dauerhafte und direkte Verbindung**" zwischen dem ausländischen Investor und dem EU-Unternehmen eingeführt werden und insbesondere keine klaren Schwellenwerte für die Kapitalbeteiligung definiert werden. Innerhalb der nationalen Investitionsregime der Mitgliedstaaten werden ausländische Direktinvestition folglich unterschiedlich definiert, was zu **abweichenden Praktiken in den Mitgliedstaaten** führt. Unklar bleibt auch, inwieweit die Kooperation ausländischer Investoren und insbesondere das gemeinsame Erreichen von Einflussrechten und Schwellenwerten als Direktinvestition definiert werden kann. Ebenso wenig geht aus der Verordnung hervor, wann indirekte Beteiligungen eines ausländischen Investors bzw. Veränderungen an solchen Beteiligungsstrukturen als Direktinvestition zu qualifizieren sind. Auch die genaue Bewertung interner Umstrukturierungen und die Qualifizierung von Greenfield-Investitionen bleibt unbeantwortet. Die OECD kritisiert dabei insbesondere, dass mangelnde Klarheit über die Anwendung der Screening-VO auf den Erwerb von Vermögenswerten

---

[145] Vgl. Erwägungsgrund 9 Screening-VO.

[146] EuGH BeckRS 2017, 126872 Rn. 80.

[147] BAnz AT 30.4.2021 V1.

[148] Vgl. Bürger/Uzunçakmak NZKart 2022, 63.

[149] OECD, Benchmark Definition of Foreign Direct Investment (2008), Rn. 11, 31.

dazu führen kann, dass ihre Instrumente für solche Transaktionen nicht zur Verfügung stehen.[150] Um Qualifikationsprobleme zu vermeiden und die reibungslose Zusammenarbeit zwischen den Mitgliedstaaten und der Europäischen Kommission zu garantieren, wäre eine eindeutige Definition dessen, was unter ausländischen Direktinvestitionen zu verstehen ist, erforderlich.

Als Direktinvestition gilt es auch, wenn eine Möglichkeit zur tatsächlichen **70** Beteiligung an der Geschäftsführung eines Unionsunternehmens durch einen **Kontrollwechsel weiter oben in der Beteiligungskette erworben wird**. Wenn ein ausländischer Investor hinreichende Kontrolle über ein Unternehmen erwirbt, erwirbt er damit auch hinreichende Kontrolle über alle von diesem kontrollierten Tochterunternehmen; dabei ist es gleichgültig, ob das Unternehmen, in das direkt investiert wird, in der Union oder in einem Drittstaat ansässig ist.[151]

II. Anforderungen an das inländische Zielunternehmen

Die Screening-VO enthält keine Angaben dazu, inwiefern das inländische Ziel- **71** unternehmen im Mitgliedstaat aktiv sein muss. In den Mitgliedstaaten werden daher unterschiedliche Anforderungen an den **local nexus** gestellt. Während in einigen Mitgliedstaaten Investitionen in ein Unternehmen, welches Verkaufsumsätze im Mitgliedstaat generiert, genügen, um eine Investitionskontrolle auszulösen,[152] ist es in anderen Mitgliedstaaten zumindest erforderlich, dass eine inländische Zielgesellschaft besteht,[153] wobei wiederum unterschiedliche Anforderungen an die Tätigkeit im Inland gestellt werden. Die Screening-VO sollte klare Vorgaben dazu definieren, wann natürliche und juristische Personen als Inländer und damit als taugliche Zielunternehmen anzusehen sind. Als taugliche Anknüpfungspunkte für die Bestimmung, ob ein local nexus vorliegt, könnten insoweit das Vorhandensein einer inländischen Gesellschaft oder bestimmte Schwellenwerte für im Inland angestellte Mitarbeiter dienen. Zwar können auch sonstige nationalen Aktivitäten, wie zB Umsätze oder Forschungs- und Entwicklungsstandorte als Kriterien herangezogen werden, erscheinen jedoch weniger geeignet, um einen ausreichenden nationalen Bezug zu begründen.[154] Insbesondere erscheint in Fällen, in denen bei Anwendung eines anderen mitgliedstaatlichen Regimes nur geringer Bezug zu einem anderen Mitgliedstaat besteht, eine Überprüfung durch den zweiten Mitgliedstaat nicht erforderlich, da über den Kooperationsmechanismus ausreichend Möglichkeiten der Einflussnahme zur Verfügung stehen.

III. Ausländischer Investor

Der Begriff des **ausländischen Investors** wird in Art. 2 Nr. 2 Screening-VO **72** nur allgemein als „Person aus einem Drittstaat oder ein Unternehmen aus einem

---

[150] OECD, Benchmark Definition of Foreign Direct Investment (2008), Rn. 11, 31.

[151] Kommission Dok., Frequently asked questions on Regulation (EU) 2019/452 establishing a framework for the screening of foreign direct investments into the Union, Abschn. 10, abrufbar unter: https://circabc.europa.eu/ui/group/be8b568f-73f3-409c-b4a4-30acfcec528 3/library/7c76619a-2fcd-48a4-8138-63a813182df2/details (zuletzt abgerufen am 7.6.2023).

[152] So bspw. im Rahmen der italienischen Investitionskontrolle unter dem „Golden Power" Regime, vgl. OECD, Framework for Screening Foreign Direct Investment into the EU – Assessing effectiveness and efficiency (2022), 115.

[153] So bspw. in Frankreich, vgl. OECD, Framework for Screening Foreign Direct Investment into the EU – Assessing effectiveness and efficiency (2022), 100.

[154] Vgl. Salaschek BB 2022, 1609 (1614).

Drittstaat" definiert. Zwar wird „Drittstaat" als solches nicht näher definiert, im Zusammenhang mit der Definition von „Unternehmen aus Drittstaaten" in Art. 2 Nr. 7 ergibt sich jedoch in negativer Abgrenzung, dass es sich dabei um Nicht-EU-Staaten handelt. Anders als im Kontext der deutschen Investitionskontrolle sind mit ausländischen Investitionen daher grundsätzlich nur unionsfremde Investitionen gemeint und nicht auch solche aus anderen EU-Mitgliedstaaten. Letztere werden von der Screening-VO nicht erfasst. Dennoch wäre an dieser Stelle eine eindeutige Definition wünschenswert, da nicht alle Mitgliedstaaten im Rahmen der Überprüfungsmechanismen zwischen Erwerbern aus dem EU-Ausland und Erwerbern aus Drittstaaten differenzieren.[155]

73   Nach der Rechtsprechung des EuGH sind Investitionen, die von Investoren getätigt werden, die zwar in der EU ansässig sind, aber **von Investoren aus Drittstaaten kontrolliert** werden, nicht vom Anwendungsbereich der Screening-VO umfasst. Abgesehen von Fällen einer möglichen Umgehung der Vorschriften kommt es für die Definition der „Nationalität" einer in der Europäischen Union gegründeten und ansässigen Gesellschaft **nicht auf die Herkunft der Anteilseigner** an – seien es natürliche oder juristische Personen. Eine in der Union gegründete und ansässige Gesellschaft ist daher auch dann als unionsansässig zu betrachten, wenn diese Gesellschaft „zu einer Gruppe von Gesellschaften gehört, deren Dachgesellschaft in einem Drittstaat ansässig ist".[156] Führt ein solches Unternehmen eine Investition innerhalb der Europäischen Union durch, so handelt es sich hierbei um eine „ausländische Direktinvestition" iSv Art. 2 Nr. 1, 2 und 7 der Screening-VO.[157] Damit folgt der EuGH der Auslegung der Kommission[158] und widerspricht der GAin Ćapeta, die daraus, dass die Verordnung Investitionen „jeder Art" umfasst, geschlussfolgert hatte, dass sie auch auf Investitionen durch Unionsunternehmen Anwendung finden müsse, wenn dadurch letztlich ein ausländischer Investor eine Kontrollmöglichkeit erlangt.[159]

74   Viele Mitgliedstaaten erfassen allerdings in ihren nationalen Investitionskontrollregimen solche Investitionen. Das deutsche Investitionskontrollrecht scheint seinem Wortlaut nach der Ansicht der Kommission zu folgen, da § 55 Abs. 2 AWV eine Prüfung von Erwerben durch Unionsansässige in der sektorübergreifenden Investitionskontrolle für möglich hält, wenn eine missbräuchliche Gestaltung oder ein Umgehungsgeschäft vorliegt. In der Praxis war das BMWK hingegen zumindest zeitweise der Ansicht, dass die deutsche Investitionskontrolle auch bei in der Union ansässigen Unternehmen Anwendung findet, in denen Unionsfremde einen Stimmanteil halten, der über den Schwellenwerten des § 56 AWV liegt (sog. mittelbarer Erwerb, vgl. → AWV § 55 Rn. 14 f.).

---

[155] So beispielsweise in Litauen und Slowenien, die keine Ausnahme für EU-Bürger bzw. EU-Unternehmen vorsehen. Siehe für eine Gesamtübersicht OECD, Framework for Screening Foreign Direct Investment into the EU – Assessing effectiveness and efficiency (2022), 53 ff.

[156] EuGH BeckRS 2023, 16921 Rn. 44–47.

[157] EuGH BeckRS 2023, 16921 Rn. 31.

[158] Kommission Dok., Frequently asked questions on Regulation (EU) 2019/452 establishing a framework for the screening of foreign direct investments into the Union, Abschn. 12, abrufbar unter: https://circabc.europa.eu/ui/group/be8b568f-73f3-409c-b4a4-30acfcec528 3/library/7c76619a-2fcd-48a4-8138-63a813182df2/details; vgl. Schlussanträge von GAin Ćapeta v. 30.3.2023, C-106/22, BeckRS 2023, 5797 Rn. 39 ff. (zuletzt abgerufen am 7.6.2023).

[159] Schlussanträge von GAin Ćapeta v. 30.3.2023, BeckRS 2023, 5797 Rn. 41 ff.

Jedenfalls sind die potentiellen Auswirkungen solcher mittelbaren Erwerbe **75** auf die öffentliche Ordnung oder die Sicherheit ähnlich mit denen von Transaktionen, bei denen der ausländische Investor direkt aus dem Ausland investiert. Die OECD fordert insoweit die explizite Ausdehnung der Definition auf Investoren, die in der EU ansässig sind, aber letztlich von Drittstaatsangehörigen kontrolliert werden.[160]

F. Verfahren und Zuständigkeit

I. Überprüfungsmechanismen der Mitgliedstaaten

Die Mitgliedstaaten können, sind aber nicht dazu verpflichtet, Mechanismen **76** zur Überprüfung ausländischer Direktinvestitionen in ihrem Hoheitsgebiet einzuführen oder auf Grundlage der Screening-VO anzupassen. Wenn sich die Mitgliedstaaten für die Einführung eines Überprüfungsmechanismus entscheiden, kann die Einschränkung ausländischer Direktinvestitionen nur aus Gründen der Sicherheit und öffentlichen Ordnung erfolgen. Auch müssen die bestehenden und einzuführenden Überprüfungsmechanismen der Mitgliedstaaten die verpflichtenden Verfahrensvorgaben des Art. 3 Screening-VO sowie die Informationspflichten im Rahmen des Kooperationsmechanismus beachten.

Als Überprüfungsmechanismus ist **jedes Rechtsinstrument zu verstehen,** **77** **welches der Überprüfung von ausländischen Direktinvestitionen dient,**[161] ohne dass es dabei um den sektoralen Umfang der Voraussetzungen für die Überprüfung ankommt. In der deutschen Investitionskontrolle stellen sowohl die sektorübergreifende Prüfung nach §§ 55–59 AWV als auch die sektorspezifische Prüfung nach §§ 60–62 AWV einen Überprüfungsmechanismus iSd Screening-VO dar. Mittlerweile haben zwar 25 der 27 Mitgliedstaaten einen Überprüfungsmechanismus in diesem Sinne eingeführt oder ein entsprechendes Gesetzgebungsverfahren vorbereitet oder eingeleitet (→ Rn. 61). Vor dem Hintergrund der weiten Definition von Überprüfungsmechanismus ist die Reichweite der Überprüfungsmechanismen in den Mitgliedstaaten jedoch sehr unterschiedlich ausgestaltet. Nur wenige Mitgliedstaaten sehen eine Überprüfung von ausländischen Direktinvestitionen in allen Wirtschaftssektoren vor. Ein Großteil der Mitgliedstaaten sieht Überprüfungen bislang nur in bestimmten Sektoren oder für einzelne Vermögenswerte vor. Insgesamt ist aber eine Entwicklung hin zur schrittweisen Ausweitung des sektoralen Anwendungsbereichs zu beobachten oder wird von den Mitgliedstaaten zumindest anvisiert.[162]

II. Verpflichtende Verfahrensgrundsätze

1. Transparenzgebot. Die Screening-VO sieht in Art. 3 Abs. 2 Screening- **78** VO ein **Transparenzgebot** vor, welches sicherstellen soll, dass die **Überprüfungskriterien** vorab festgelegt werden und dass alle relevanten Interessengruppen über die Kriterien und Erwägungen, die zur Bewertung ausländischer Direkt-

---

[160] OECD, Framework for Screening Foreign Direct Investment into the EU – Assessing effectiveness and efficiency (2022), 81.
[161] Vgl. Art. 2 Nr. 3 Screening-VO.
[162] OECD, Framework for Screening Foreign Direct Investment into the EU – Assessing effectiveness and efficiency (2022), 52.

investitionen herangezogen werden, informiert sind.[163] Der Grundsatz trägt auch zur Förderung einer größeren Verantwortlichkeit und Rechenschaftspflicht der Mitgliedstaaten bei, indem es die Behörden daran hindert, unzulässige Gründe oder Verfahrensregeln für die Investitionskontrollen anzuwenden.

79   Die deutsche Investitionskontrolle genügt dem Transparenzgebot zwar insoweit, als die Gründe, die eine Investitionskontrolle auslösen können bzw. eine Meldung verpflichtend machen, feststehen. Allerdings veröffentlicht das BMWK keine Entscheidungen und Übersichten über geprüfte Transaktionen.[164] Die **Veröffentlichung der behördlichen Entscheidungen** ist zwar nicht ausdrücklich gefordert und wird deswegen auch nicht als zwingend angesehen, um dem Transparentgebot zu genügen.[165] Im Interesse der Rechtssicherheit wäre die Veröffentlichung von Überprüfungsentscheidungen – ggf. in anonymisierter und/oder aggregierter Form – dennoch wünschenswert und sollte daher ausdrücklich zum Gegenstand des Transparenzgebots gemacht werden.[166] Die jährlich vom BMWK veröffentlichten Statistiken genügen dabei nicht, da sie keine Auskunft über die Verwaltungspraxis hinsichtlich der Auslegung der Prüfkriterien geben.[167] Ebenso verhält es sich mit den vom BMWK veröffentlichten FAQ,[168] die zwar eine gewisse Hilfestellung darstellen, aber keine näheren Informationen über die Auslegung der relevanten Prüfkriterien enthalten.

80   Entscheidungen über die Untersagung oder Beschränkung einer ausländischen Direktinvestition werden nicht vom BMWK veröffentlicht und unterlagen bislang auch nur in wenigen Fällen gerichtlicher Kontrolle,[169] sodass auch gerichtliche Entscheidungen keine weitergehende Transparenz über die Entscheidungspraxis des BMWK schaffen.[170] Zwar kann dem Gebot der Transparenz des Prüfverfahrens insoweit das Interesse am Schutz vertraulicher (einschließlich wirtschaftlich sensibler) Informationen[171] gegenüberstehen, als Art. 3 Abs. 4 Screening-VO die mitgliedschaftlichen Behörden dazu verpflichtet solche Informationen, die im Zuge des Prüfungsverfahrens erlangt werden, zu schützen. Auf nationaler Ebene ergibt sich ein entsprechender Anspruch aus § 30 VwVfG, der das BMWK zum Schutz von Betriebs- und Geschäftsgeheimnissen verpflichtet. Allerdings wäre die Veröffentlichung von teilweise geschwärzten Entscheidungen bis zu einem Grad dennoch möglich, wie das Gegenbeispiel der Praxis des Bundeskartellamts zeigt, welches ebenso wie das BMWK zum Schutz sensib-

---

[163] Erwägungsgrund 15 Screening-VO.

[164] Dies wurde auch von der OECD angemerkt, vgl. OECD, Framework for Screening Foreign Direct Investment into the EU – Assessing effectiveness and efficiency (2022), 6.

[165] Vgl. Hindelang/Moberg COMMON MARKET LAW REVIEW 2020, 1427 (1447).

[166] Siehe hierzu Barth/dos Santos Goncalves DB 2021, 2949 (2952).

[167] Vgl. Schlaglichter der Wirtschaftspolitik, Monatsbericht 7/2021, 14 ff.

[168] BMWK – Häufige Fragen zu Investitionsprüfungen nach dem Außenwirtschaftsgesetz (AWG) und der Außenwirtschaftsverordnung (AWV), abrufbar unter: https://www.bmwk.de/Redaktion/DE/FAQ/Aussenwirtschaftsrecht/faq-aussenwirtschaftsrecht.html (zuletzt abgerufen am 7.6.2023).

[169] Siehe aber bspw. VG Berlin BeckRS 2023, 7850; VG Berlin, Beschl. v. 17.11.2022 – VG 4 K 1/21 (nv).

[170] Dazu ausführlich Barth/dos Santos Goncalves DB 2021, 2949 (2953).

[171] Im Sinne der Kohärenz sind vertrauliche Informationen im Einklang mit Art. 2 Nr. 1 Geheimnisschutz-RL als solche zu verstehen, die weder bekannt noch öffentlich zugänglich, also geheim sind, denen aufgrund der Geheimhaltung ein wirtschaftlicher Wert zukommt und die Gegenstand von Geheimhaltungsmaßnahmen sind.

len Informationen verpflichtet ist und Entscheidungen daher in nicht-vertraulicher Fassung veröffentlicht.[172]

Die **Vorhersehbarkeit** der Eröffnung eines Prüfverfahrens ist im Rahmen **81** der deutschen Investitionskontrolle nur eingeschränkt gewährleistet. Dies ergibt sich aus den Ermessensspielräumen, die sowohl auf Tatbestands- als auch auf Rechtsfolgenseite vorgesehen sind und ist nicht zuletzt Folge der in der Screening-VO vorgesehenen auslegungsbedürftigen Kriterien, des Prüfungsmaßstabs der „voraussichtlichen Beeinträchtigung der öffentlichen Ordnung oder Sicherheit" sowie des Kooperationsmechanismus, in dessen Rahmen nicht vorhersehbare Interessen anderer Mitgliedstaaten sowie der Kommission berücksichtigt werden müssen.[173] Auf nationaler Ebene führt dies dazu, dass eine Vielzahl von Ministerien in die Prüfung involviert sind (zur Zuständigkeit bei Untersagungen → AWV § 59 Rn. 5, bei Anordnungen → AWV § 59 Rn. 19).

In Erwägungsgrund 14 Screening-VO wird den Mitgliedstaaten die Möglich- **82** keit gegeben, über die Informationen der Parteien hinaus „einschlägige Informationen [zu] berücksichtigen, die sie von Wirtschaftsteilnehmern, Organisationen der Zivilgesellschaft oder Sozialpartnern wie zum Beispiel Gewerkschaften im Zusammenhang mit einer ausländischen Direktinvestition erhalten haben." Dies korrespondiert mit dem **Untersuchungsgrundsatz** in § 24 VwVfG, wonach das BMWK im Rahmen des Prüfverfahrens Auskünfte jeder Art einholen kann. Dadurch ist sowohl die inhaltliche als auch die zeitliche Vorhersehbarkeit des Prüfverfahrens eingeschränkt.

Die zeitliche Vorhersehbarkeit des Prüfverfahrens ist zusätzlich dadurch einge- **83** schränkt, dass die Prüffrist gem. § 14a Abs. 6 Nr. 1 AWG gehemmt wird, wenn das BMWK weitere Informationen bei den Beteiligten nachfordert bzw. gem. § 14a Abs. 6 Nr. 1 AWG, wenn das BMWK mit den Beteiligten vertragliche Regelungen verhandelt. Dies geschieht zum Teil auf Verlangen von anderen Ministerien oder öffentlichen Stellen. Die tatsächlichen Gründe für Rückfragen oder Bedenken des BMWK, anderer Ministerien, anderer Mitgliedstaaten oder der Kommission werden dabei nur selten offengelegt.[174]

2. Diskriminierungsverbot. Zusätzlich zum Transparenzgebot enthält Art. 3 **84** Abs. 2 Screening-VO ein **Diskriminierungsverbot**, welches die sachlich nicht gerechtfertigte Ungleichbehandlung zwischen verschiedenen Drittstaaten verbietet. Damit füllt die Screening-VO eine Lücke, die dadurch entsteht, dass das Primärrecht, selbst im Anwendungsbereich der Kapitalverkehrsfreiheit eine Diskriminierung zwischen verschiedenen Drittstaaten nicht verbietet.[175]

Eine Diskriminierung liegt allerdings nicht vor, wenn ein sachlicher Grund **85** für die Ungleichbehandlung besteht. Weiterhin ergibt sich daraus, dass nur die Ungleichbehandlung von Investoren aus Drittstaaten verboten ist, dass die Ungleichbehandlung zwischen Investoren aus Mitgliedstaaten und Drittstaaten dagegen grundsätzlich erlaubt ist. Dies stimmt insoweit mit dem Anwendungsbe-

---

[172] Siehe dazu die Entscheidungsdatenbank des Bundeskartellamts, abrufbar unter: https://www.bundeskartellamt.de/SiteGlobals/Forms/Suche/Entscheidungssuche_Formular.html; jsessionid=04E4829B730BAB49FCA43E0B6E8F63C9.1_cid362?nn=3590026&cl2Categories_Format=Entscheidungen&cl2Categories_Arbeitsbereich=Missbrauchsaufsicht&docId=3590026 (zuletzt abgerufen am 7.6.2023).
[173] Art. 6 Abs. 9 Screening-VO.
[174] Ausführlich dazu Von Kalben, ZHR 186 (2022), 586.
[175] EuGH BeckRS 2011, 80119 Rn. 48.

reich der Screening-VO, der gem. Art. 2 Nr. 2 Screening-VO auf Investoren aus Drittstaaten beschränkt ist, sowie dem Anwendungsbereich der Niederlassungsfreiheit, die nicht für Unternehmen aus Drittstaaten gilt, überein. Soweit allerdings die Kapitalverkehrsfreiheit anwendbar ist (→ Rn. 25), ist auch eine Diskriminierung zwischen Investoren aus Drittstaaten und Mitgliedstaaten primärrechtlich verboten.[176] (→ Rn. 28)

86   **3. Zeitrahmen.** Art. 3 Abs. 3 Screening-VO erfordert die Festlegung eines Zeitrahmens für den Überprüfungsmechanismus. Die Screening-VO legt allerdings keinen festen Zeitrahmen fest, dem die nationalen Überprüfungsmechanismen folgen müssen, sondern überlässt die Festlegung eines solchen den Mitgliedstaaten.[177] Dies führt dazu, dass erhebliche Unterschiede hinsichtlich der **Fristen der nationalen Überprüfungsmechanismen** bestehen. So ist in Spanien für alle Verfahren eine Dauer von bis zu drei Monaten vorgesehen,[178] während in Malta bereits nach fünf Arbeitstagen eine Entscheidung darüber getroffen werden muss, ob ein (vertieftes) Prüfverfahren eingeleitet werden soll.[179] Zwar dient die Vorgabe von Zeiträumen in erster Linie Transparenzgesichtspunkten und nicht etwa der Verfahrensbeschleunigung.[180] Im Fall von größeren Unternehmenstransaktionen, die in mehreren Mitgliedstaaten meldepflichtig sind, führen die unterschiedlichen Fristenregelungen jedoch für Investoren zu mehr Komplexität. Eine Angleichung der Fristen erscheint aufgrund der weiten Spielräume, die den Mitgliedstaaten bei der Ausgestaltung der Überprüfungsmechanismen zur Verfügung stehen, allerdings nicht absehbar. So sehen einige nationale Überprüfungsmechanismen vor, dass Investitionen unter einem Erlaubnisvorbehalt stehen und bis zur Freigabe einem Vollzugsverbot unterliegen, während andere Regime nur eine expost-Kontrolle vorgeben. Diese unterschiedliche Ausgestaltung der Verfahrensinstrumente bringt in der Praxis unterschiedliche Fristenanforderungen mit sich. Vor Angleichung der Zeitrahmen wäre daher die Angleichung der Verfahrensarten erforderlich.

87   Für die deutsche Investitionskontrolle ergeben sich die Prüffristen aus § 14a AWG iVm § 55 Abs. 3 AWV, § 58 Abs. 2 S. 1 AWV. Mit Blick auf das Transparenzgebot erscheint problematisch, dass gem. § 14a AWG die Möglichkeit einer Fristverlängerung besteht, ohne dass eine Maximalfrist vorgesehen ist. Die Fristverlängerung ist zwar nur mit Zustimmung der Parteien möglich. Wie in der europäischen Fusionskontrolle sollte aber eine maximale Fristverlängerung, eingeführt werden, um dem Transparenzgebot zu genügen.

88   Auch **ex-officio-Verfahren** zur Prüfung nicht angemeldeter Transaktionen nach Kenntniserlangung führen häufig dazu, dass mangels transparenter Zeitrahmen keine Transaktionsplanung möglich ist. Dies ist insbesondere problematisch, da nicht alle Jurisdiktionen die Möglichkeit eines beschleunigten Verfahrens für unbedenkliche Fälle vorsehen, wie sie in Deutschland mit der Unbedenklichkeitsbescheinigung gem. § 58 AWV gegeben ist. In Deutschland liegt die Aufgreiffrist bei ex-officio-Verfahren bei zwei Monaten ab Kenntnis, wobei gem. § 14a Abs. 3 S. 2 AWG eine Eröffnung des Prüfverfahrens bis zu fünf Jahre ab Abschluss des

---

[176] EuGH BeckRS 2011, 80119 Rn. 48.

[177] Vgl. Krenzler/Herrmann/Niestedt/Voland/Slobodenjuk Screening-VO Art. 3 Rn. 5.

[178] Früher 6 Monate und ab 1.9.2023 durch die Königliche Verordnung 572/2023 auf 3 Monate herabgesetzt.

[179] Vgl. Salaschek BB 2022, 1609, 1611.

[180] Vgl. Krenzler/Herrmann/Niestedt/Voland/Slobodenjuk Screening-VO Art. 3 Rn. 5.

schuldrechtlichen Vertrags möglich ist. Diese 5-Jahres-Frist ist aus Rechtssicher-
heitsgesichtspunkten zu lang.

4. Gerichtliche Kontrolle. Art. 3 Abs. 5 Screening-VO schreibt vor, dass für **89**
Investoren die Möglichkeit bestehen muss, Einspruch gegen die Überprüfungsbeschlüsse der Mitgliedstaaten zu erheben. Dabei fällt auf, dass eine Rechtsschutz-
möglichkeit nur gegen die nationalen Überprüfungsbeschlüsse, nicht jedoch gegen
die Maßnahmen der Kommission oder anderer Mitgliedstaaten im Rahmen des
Kooperationsmechanismus vorgeschrieben wird.

Der Begriff des „**Überprüfungsbeschlusses**" ist gleichbedeutend mit dem **90**
der „**Überprüfungsentscheidung**". Die Verwendung unterschiedlicher Begriffe
ist ein **Redaktionsversehen**, das in anderen Sprachversionen nicht vorkommt.
Eine Überprüfungsentscheidung stellt gem. Art. 2 Abs. 6 Screening-VO eine in
„Anwendung eines Überprüfungsmechanismus getroffene Maßnahme dar." Die
offene Definition deutet auf eine weite Auslegung hin, die sowohl das Erteilen
einer Unbedenklichkeitsbescheinigung, eine Untersagung oder die Freigabe unter
Auflagen erfasst.

Die Screening-VO enthält keine Definition des „**Einspruchs**" (engl. recourse). **91**
Im Verordnungsentwurf der Kommission war noch ausdrücklich von einem Recht
to seek judicial redress die Rede. Dagegen wurden im Gesetzgebungsverfahren
Einwände erhoben. Der Auswärtige Ausschuss[181] und der Wirtschaftsausschuss[182]
des Europäischen Parlamentes schlugen Änderungen vor, die dieses Recht unter
den Vorbehalt nationaler Sicherheitsinteressen stellten. Der Berichterstatter des
federführenden Handelsausschusses[183] schlug vor, nur noch einen redress vor nationalen Gerichten oder Behörden vorzusehen. Die gegenwärtige Formulierung
entstand wohl als Kompromiss im Trilog. Vor diesem Hintergrund ist von einer
weiten Auslegung auszugehen, die alle Rechtsbehelfe einschließt und **nicht
zwingend einen gerichtlichen Rechtsbehelf erfordert**.[184] Allerdings folgt aus
der Rechtsprechung des EuGH, dass **bei Eingriffen in die Kapitalverkehrsfreiheit** unter Berufung auf den Rechtfertigungsgrund der öffentlichen Sicherheit
und Ordnung dem Betroffenen ein „Rechtsbehelf" (legal redress) zustehen
muss.[185] Dabei darf es sich nur um einen **justiziellen Rechtsbehelf** handeln.[186]
Allgemein verbirgt auch Art. 19 Abs. 1 UAbs. 2 EUV iVm Art. 47 GRCh das
Recht auf einen **effektiven gerichtlichen Rechtsbehelf** zum Schutz der durch

---

[181] Stellungnahme des Ausschusses für Auswärtige Angelegenheiten für den Ausschuss für
internationalen Handel zu dem Vorschlag für eine Verordnung des Europäischen Parlaments
und des Rates zur Schaffung eines Rahmens für die Überprüfung ausländischer Direktinvestitionen in der Europäischen Union S. 16 f.
[182] Stellungnahme des Ausschusses für Wirtschaft und Währung für den Ausschuss für
internationalen Handel zu dem Vorschlag für eine Verordnung des Europäischen Parlaments
und des Rates zur Schaffung eines Rahmens für die Überprüfung ausländischer Direktinvestitionen in der Europäischen Union S. 22.
[183] Bericht über den Vorschlag für eine Verordnung des Europäischen Parlaments und des
Rates zur Schaffung eines Rahmens für die Überprüfung ausländischer Direktinvestitionen
in der Europäischen Union, S. 13, 29.
[184] So auch Jong u.a./De Kok, The Rise of Public Security Interests in Corporate Mergers
and Acquisitions, S. 90.
[185] EuGH BeckRS 2004, 77551 Rn. 17.
[186] EuGH BeckRS 2004, 72405 Rn. 16.; vgl. Krenzler/Herrmann/Niestedt/Voland/Slo-
bodenjuk Screening-VO Art. 3 Rn. 7 mit entsprechenden Verweisen.

das Unionsrecht begründeten Rechte.[187] Effektiv ist ein Rechtsbehelf nur, soweit das Gericht auch eine hinreichende inhaltliche Kontrolle der behördlichen Entscheidung vornimmt und den Behörden keinen zu weiten Beurteilungs- oder Ermessensspielraum lässt (dazu → Rn. 27). Soweit ein Betroffener über ein durch das Unionsrecht gewährleistetes Recht verfügt, hat der Betroffene daher bereits aufgrund des Primärrechtes das Recht auf einen gerichtlichen Rechtsbehelf. Soweit dies nicht der Fall ist (zB weil bei einem vollständigen Kontrollerwerb eines ausländischen Investors keine Grundfreiheit anwendbar ist), gewährleistet Art. 3 Abs. 5 Screening-VO nur das Recht auf einen Einspruch, der nicht zwingend ein gerichtlicher Rechtsbehelf sein muss.

92   In **Deutschland** folgt daraus, dass für Entscheidungen nach § 59 Abs. 1 AWV die **Anfechtungsklage** gem. § 42 Abs. 1 Alt. 1 VwGO (→ AWG § 14 Rn. 29) und im Falle des Begehrens einer Unbedenklichkeitsbescheinigung die **Verpflichtungsklage** gem. § 42 Abs. 1 Alt. 2 VwGO statthaft ist (→ AWG § 14 Rn. 43). Ein bloßes Widerspruchsverfahren würde dagegen nicht die Anforderungen an einen gerichtlichen Rechtsbehelf erfüllen, soweit dieser unionsrechtlich erforderlich ist. Zur Effektivität der gerichtlichen Kontrolle → AWV § 55 Rn. 39 ff.

III. Verfahrensinstrumente

93   Über die verpflichtenden Verfahrensgrundsätze hinaus sieht die Screening-VO keine Vorgaben zur Ausgestaltung des nationalen Prüfverfahrens vor und führt damit nicht zu einer Harmonisierung der immer noch sehr unterschiedlich ausgestalteten Verfahrensinstrumente im Rahmen der mitgliedstaatlichen Überprüfungsmechanismen.

94   Während Investitionen in einigen Jurisdiktionen einem **Erlaubnisvorbehalt** unterliegen und ein Vollzugsverbot besteht, führen andere Mitgliedstaaten lediglich eine **ex-post-Kontrolle** durch. Mit Blick auf die Rechtssicherheit ist aus Investorensicht problematisch, dass in einigen Mitgliedstaaten keine Möglichkeit besteht, eine freiwillige Meldung einzureichen und so frühzeitig vor Vollzug der Unternehmenstransaktion eine bestandskräftige Entscheidung zu erlangen. Auch besteht nicht in allen Jurisdiktionen eine mit der **Unbedenklichkeitsbescheinigung** gem. § 58 AWV vergleichbare Möglichkeit eines Vorverfahrens. Im Interesse der Rechtssicherheit und Verfahrensbeschleunigung erscheint die Einführung eines solchen Vorverfahrens in allen Mitgliedstaaten wünschenswert. Ferner wäre die Verpflichtung zur Einführung eines "**fast-track**"-**Verfahrens** zu begrüßen, über welches offensichtlich unbedenkliche Fälle schnell genehmigt werden könnten. Die hieraus folgende Beschleunigung der Prüfung wäre nicht nur im Interesse der Investoren, sondern würde auch zur Entlastung der zuständigen Behörden führen, da im Ergebnis unbedenkliche Investitionen den Großteil der gemeldeten Fälle ausmachen.[188]

IV. Zuständigkeit der Mitgliedstaaten; Mehrfachzuständigkeit

95   Die Screening-VO begründet **keine Zuständigkeit der Kommission** für die Überprüfung ausländischer Direktinvestitionen. Vielmehr bleiben die Mitgliedstaaten selbst für die Durchführung des Prüfverfahrens verantwortlich. Dies

---

[187] EuGH BeckRS 2018, 1881 Rn. 34.
[188] Vgl. Salaschek BB 2022, 1609 (1614).

gilt auch für den Fall, dass eine Transaktion in mehreren Mitgliedstaaten anmeldepflichtig ist. Eine Zuständigkeitsverlagerung auf die Kommission ist anders als bei der Fusionskontrolle nicht vorgesehen. Dies führt vielfach dazu, dass **Anmeldungen in mehreren Mitgliedstaaten** erforderlich sind, was in Kombination mit der ungleichen Ausgestaltung der nationalen Überprüfungsmechanismen (→ Rn. 62) sowie den unterschiedlich langen Fristen zu komplexen Verfahren führen kann.

Eine **Verlagerung der Zuständigkeit auf die Kommission** ist im Bereich **96** der Investitionskontrolle bis auf Weiteres nicht zu erwarten. Grundsätzlich erscheint eine solche Verlagerung zumindest in rechtlicher Hinsicht unter Wahrung der Grenzen der Aufrechterhaltung der öffentlichen Ordnung und der Schutz der nationalen Sicherheit (Art. 4 Abs. 2 EUV) möglich, soweit die Wahrung der wesentlichen Sicherheitsinteressen (Art. 346 AEUV) durch die Mitgliedstaaten nicht eingeschränkt wird. Aufgrund kontroverser Meinungen zur europäischen Regulierung von ausländischen Direktinvestitionen, die sich während der Verhandlungen der Screening-VO gezeigt haben[189] sowie der historischen Entwicklung auf diesem Gebiet,[190] ist eine solche Zuständigkeitsverlagerung im Rahmen der anstehenden Novellierung der Screening-VO nach dem Vorbild der europäischen Fusionskontrolle derzeit jedoch, mangels politischer Unterstützung der Mitgliedstaaten, sehr unwahrscheinlich.

Eine Zuständigkeitsverlagerung wird auch im Bericht der OECD in Vorberei- **97** tung auf die Evaluierung der Screening-VO nicht vorgeschlagen. Der Bericht hält die Ausweitung der Zuständigkeit der Unionsorgane nur für erforderlich, um Transaktionen zu identifizieren, die zwar überprüfbar sind, aber nicht gemeldet wurden, da die Mitgliedstaaten dafür in der Regel keine ausreichenden Kapazitäten bereithalten. Der Vorschlag geht dahin, der Kommission eine größere Rolle bei der Analyse und eventuellen Überprüfung solcher Transaktionen einzuräumen, um so Ermittlungsressourcen zu bündeln. Weiterhin sollten die Mitgliedstaaten verpflichtet werden, auf entsprechende Hinweise der Kommission zu reagieren. Zudem wird erwogen, die Schwelle des Art. 7 Abs. 2 Screening-VO abzusenken, um der Kommission bereits bei der voraussichtlichen Beeinträchtigung der öffentlichen Sicherheit oder Ordnung nur eines Mitgliedstaates, die Möglichkeit zur Stellungnahme zu geben. Keiner dieser Ansätze geht jedoch in eine Richtung, der die Entscheidungshoheit der Mitgliedstaaten über die Direktinvestition im Einzelfall tangieren würde.

Im Rahmen der Analyse der Effizienz und Effektivität der Screening-VO **98** erkennt die OECD ferner an, dass Prüfverfahren in Bezug auf Transaktionen, die mehrere Rechtsordnungen betreffen, aktuell ineffizient ausgestaltet sind, fordert allerdings auch hier keine Verlagerung der Zuständigkeit auf die Kommission.[191] Stattdessen fordert die OECD die **Einführung von gemeinsamen Verfahrensregeln**, die entweder grundsätzlich für alle Mitgliedstaaten gelten oder aber nur im Fall von Transaktionen, die mehrere Jurisdiktionen betreffen. Der erste Vorschlag bezieht sich insoweit darauf, die verfahrensspezifischen Aspekte der Investitionskontrolle in den Mitgliedstaaten stärker anzugleichen, wird jedoch von der OECD als politisch kaum umsetzbar eingeschätzt. Der

---

[189] Vgl. Hindelang/Moberg COMMON MARKET LAW REVIEW 2020, 1427.
[190] Vgl. Hagemeyer, The International Law of Economic Warefare-Witzleb.
[191] Vgl. OECD, Framework for Screening Foreign Direct Investment into the EU – Assessing effectiveness and efficiency (2022), 83 ff.

zweite Vorschlag stützt sich auf die Einführung eines speziellen Verfahrens, welches ausschließlich für **Transaktionen** gilt, **die mehrere Jurisdiktionen betreffen** (sog. Multi-J-Transaktionen). Vorgeschlagen wird insoweit, dass eine Transaktion entweder auf Grundlage einer Selbsterklärung des Investors als Multi-J-Transaktion eingestuft wird, da der Investor am besten in der Lage sei, die geografische Reichweite und die Auswirkungen der Transaktion abzuschätzen. Alternativ könnte die Einstufung, so die OECD, auf Grundlage objektiver Kriterien erfolgen, wie zB der Meldung von Teilgeschäften derselben Transaktion durch mindestens zwei Mitgliedstaaten. Im zweiten Schritt müssten sich alle Mitgliedstaaten, die von einer möglichen Beeinträchtigung ihrer öffentlichen Sicherheit oder Ordnung durch die Transaktion ausgehen, innerhalb einer kurzen Frist äußern. So würden spätere Anmeldungen derselben Transaktion durch andere Mitgliedstaaten ausgeschlossen und in allen betroffenen Mitgliedstaaten automatisch ein förmliches Überprüfungsverfahren eingeleitet. Ferner sieht der Vorschlag der OECD plurilaterale (virtuelle) Treffen zwischen den betroffenen Mitgliedstaaten und der EU-Kommission für den Austausch über mögliche Bedenken oder Implikationen vor. Dabei sollen Stellungnahmen sowohl der Kommission als auch der Mitgliedstaaten anders als nach aktuellen Regeln mit allen betroffenen Mitgliedstaaten geteilt sowie Abhilfemaßnahmen gemeinsam entwickelt und aufeinander abgestimmt werden.

99   Grundsätzlich ist zu begrüßen, dass die Problematik im Fall von Mehrfachzuständigkeiten durch die OECD erkannt und aufgegriffen wird. Allerdings erscheint fraglich, ob der Vorschlag dazu geeignet ist, die Effizienz des Verfahrens zu steigern. Zwar würden so Mehrfachmeldungen verhindert. Zu bezweifeln ist aber, ob dadurch auch eine Verfahrensbeschleunigung und -vereinfachung erreicht werden kann, die im Interesse der Investoren ist. Insofern erscheinen zwei unterschieden Verfahren innerhalb desselben Mitgliedstaates wenig zielführend. Vielmehr sollte eine Vereinheitlichung der Verfahren angestrebt werden. Die Einführung eines einheitlichen Formblattes durch die Kommission, welches die relevanten Angaben gem. Art. 9 Screening-VO enthält und von den Mitgliedstaaten durch entsprechende Anlagen ergänzt wird, erscheint als ein möglicher Weg. Dabei sollte die Einreichung dieses Formblattes, zumindest zusätzlich zur Landessprache, **auch in englischer Sprache** möglich sein. Ein vermehrter informeller Austausch zwischen den Regierungen der Mitgliedstaaten, ähnlich wie über das ECN im Rahmen der Fusionskontrolle, wäre an dieser Stelle ebenfalls denkbar.

V. Berichterstattung

100   Die Mitgliedstaaten sind gem. Art. 3 Abs. 7 Screening-VO verpflichtet, der Kommission **alle neu eingerichteten Überprüfungsmechanismen** und **alle Änderungen** eines bestehenden Überprüfungsmechanismus innerhalb von 30 Tagen nach dem Inkrafttreten oder der Änderung des Überprüfungsmechanismus zu **notifizieren**. Die Kommission ist gem. Art. 3 Abs. 8 Screening-VO wiederum dazu verpflichtet, spätestens drei Monate nach Eingang der Notifizierungen ein Verzeichnis der Überprüfungsmechanismen der Mitgliedstaaten zu veröffentlichen und dieses laufend zu aktualisieren.

101   Weiterhin legt Art. 5 Screening-VO den für die Investitionskontrolle zuständigen Behörden der Mitgliedstaaten verschiedene **Berichtspflichten** auf. Art. 5 Abs. 1 Screening-VO schreibt insoweit vor, dass die Mitgliedstaaten der Kommission in einem jährlichen Bericht aggregierte Informationen über die in den Mitgliedstaaten überprüften Direktinvestitionen sowie die im Rahmen des Kooperationsverfahrens erhaltenen Informationen vorlegen sollen. Dies schließt die Anzahl der geprüften Fälle von Direktinvestitionen sowie die Ergebnisse in diesen Fällen ein. Dabei unterliegen die Mitgliedstaaten einer Frist bis zum 31.3. des Folgejahres. Gem. Art. 5 Abs. 2 Screening-VO muss der Jahresbericht zudem aggregierte Informationen über die Anwendung des Überprüfungsmechanismus enthalten und sollte insbesondere auf das Funktionieren des durch die Verordnung geschaffenen Kooperationsmechanismus, einschließlich aller Herausforderungen, denen sich die Mitgliedstaaten bei der Umsetzung der Verordnung gegenübersehen, eingehen.

Zweck des **Jahresberichts** ist es, eine Rechenschaftspflicht bei der Umsetzung **102** der Screening-VO zu gewährleisten und das Europäische Parlament, den Rat und die Europäische Kommission über das Funktionieren des gemäß der Verordnung eingerichteten Überprüfungsmechanismus zu informieren. Art. 5 Abs. 4 Screening-VO normiert insoweit eine Auskunftspflicht der Kommission gegenüber dem Europäischen Parlament. Außerdem dienen die Jahresberichte aller Mitgliedstaaten als Grundlage für den jährlichen Bericht der Kommission über die Durchführung dieser Verordnung, welcher dem Europäischen Parlament und dem Rat gem. Art. 5 Abs. 3 Screening-VO vorgelegt und zudem veröffentlicht wird.[192] Die Jahresberichte bieten in der Praxis verschiedene Vorteile. Sie ermöglichen einen Einblick in die vorhandenen, kürzlich eingeführten oder modifizierten Prüfungsmechanismen anderer Mitgliedstaaten. Darüber hinaus können sie teilweise Informationen über Entscheidungspraktiken und -kriterien liefern. Auf diese Weise sind sie eine wertvolle Informationsquelle.[193]

Neben dem jährlichen Bericht ist die Kommission dazu verpflichtet, dem Euro- **103** päischen Parlament und dem Rat der Europäischen Union einen **Bericht über die allgemeine Bewertung der Wirksamkeit der Gesetzgebung** bis zum 12.10.2023 und anschließend alle 5 Jahre vorzulegen.[194] Diesem kann ein geeigneter Legislativvorschlag beigefügt werden, sollte die Kommission zu dem Ergebnis kommen, dass Änderungen erforderlich sind.[195]

G. Materielle Überprüfungskriterien

I. Prüfungsmaßstab

Die Screening-VO findet Anwendung auf Investitionen, die die **öffentliche** **104** **Sicherheit oder die öffentliche Ordnung**[196] **voraussichtlich beeinträchti-**

---

[192] Erwägungsgrund 32 Screening-VO.
[193] Vgl. Krenzler/Herrmann/Niestedt/Voland/Slobodenjuk Screening-VO Art. 5 Rn. 4.
[194] Art. 15 Abs. 1 Screening-VO.
[195] Art. 15 Abs. 2 Screening-VO.
[196] Man beachte, dass die Terminologie nicht ganz einheitlich ist: Art. 3 Abs. 1 Screening-VO und Art. 4 Abs. 1 Screening-VO sprechen von der „Sicherheit oder der öffentlichen Ordnung", während Art. 52 Abs. 1 AEUV und Art. 65 Abs. 1 lit. b AEUV jeweils von „Gründen der öffentlichen Ordnung oder Sicherheit" sprechen (letzteres dürfte eine Fehlübersetzung sein, da es in den anderen Sprachversionen auch „öffentliche Sicherheit" heißt – so wurde es auch in Erwägungsgrund 4 Screening-VO übersetzt, der sich auf Art. 65 AEUV bezieht). Diese Unterschiede dürfte in erster Linie redaktionelle Gründe haben, wie man an Erwägungsgrund 4 erkennt, ist die Wortwahl in Art. 3 Abs. 1 Screening-VO und Art. 4 Abs. 1

gen (Art. 1 Abs. 1 Screening-VO). Es ist unklar, wie sich diese Formulierung zur Rechtsprechung des EuGH verhält, die für Beschränkungen der Kapitalverkehrsfreiheit, insbesondere auch durch Investitionskontrollen, eine „tatsächliche und hinreichend schwere Gefährdung, die ein Grundinteresse der Gesellschaft berührt" verlangt (→ Rn. 26). Teilweise wird angenommen, dass die Screening-VO zu einer **Abschwächung dieses Prüfungsmaßstabes** führe, indem der präventive Charakter der Investitionskontrolle betont wird und bloß erwartbare und unkonkrete Gefahren ausreichen sollen.[197] Dies sei Ausdruck der Kompetenz des Unionsgesetzgebers. das **Primärrecht durch Sekundärrechtsakte zu konkretisieren**. Der Wortlaut spreche jedenfalls dafür, dass der Gesetzgeber den Mitgliedstaaten und der Europäischen Kommission einen breiten Ermessensspielraum einräumen wollte.[198]

105   Auch der deutsche Gesetzgeber folgt dieser Ansicht und hat den Prüfungsmaßstab im deutschen Recht abgesenkt. Zuvor war die (tatsächliche) Gefährdung der Sicherheit oder öffentlichen Ordnung durch die ausländische Direktinvestition erforderlich, um eine Investition zu beschränken oder zu untersagen (vgl. § 5 Abs. 2 AWG aF; § 55a Abs. 1 AWV). Im Zuge der Neufassung des Außenwirtschaftsgesetzes sowie der 16. AWV-Novelle wurden die Anforderungen an den Prüfungsmaßstab entsprechend angepasst. Die Begründung für den Entwurf der 16. AWV-Novelle meinte, dass zukünftig ein „**geringerer Gefährdungsgrad**" ausreiche sowie eine „**vorausschauende Betrachtungsweise**" für die Einschätzung der voraussichtlichen Gefahr für die Sicherheit und öffentliche Ordnung gefordert werde.[199]

106   Tatsächlich ist schon **fragwürdig**, ob eine solche **Absenkung des Prüfungsmaßstabes vom Unionsgesetzgeber wirklich beabsichtigt war** oder ob die Formulierung nicht nur so weit gewählt wurde, um alle mitgliedstaatlichen Überprüfungsmechanismen in den Anwendungsbereich der Screening-VO einzubeziehen. **Genese, Systematik und Wortlaut der Screening-VO** lassen nicht erkennen, dass eine Veränderung des Prüfungsmaßstabs bezweckt war. Auch wird die Maßnahme nicht auf eine **Rechtsgrundlage** im Bereich der Kapitalverkehrsfreiheit gestützt.[200] Erwägungsgrund 4 Screening-VO verweist vielmehr auf das Recht der Mitgliedstaaten, Einschränkungen des freien Kapitalverkehrs aus Grün-

---

Screening-VO wohl nicht so zu verstehen, dass nur die Ordnung, nicht aber die Sicherheit öffentlichen Charakter haben muss. Denkbar ist auch, dass sich die Terminologie an den Ausnahmeregelungen im GATS orientieren, die „Sicherheit" (im militärischen Sinne) und „öffentliche Ordnung" als Begriffe benutzen (→ Rn. 54). Dementgegen ist Nehring-Köppl, Paradigmenwechsel im Außenwirtschaftsrecht, 2023, S. 84 f. der Ansicht, die Screening-VO verwende bewusst neue Terminologie, um einen neuen Eingriffstatbestand gegenüber drittstaatlichen Investoren zu schaffen. Dies verkennt, dass sich die Screening-VO ausdrücklich auf Art. 63 AEUV bezieht (vgl. Erwägungsgrund 4) und die Begründung des Kommissionsentwurfs (COM/2017/0487 final), der diese Formulierung auch schon aufwies, auf die bisherige EuGH-Rechtsprechung Bezug nimmt und das Recht der Mitgliedstaaten, Beschränkungen nach Art. 63 AEUV vorzunehmen, bestätigt sieht.

[197] Vgl. Krenzler/Herrmann/Niestedt/Voland/Slobodenjuk Screening-VO Art. 1 4 Rn. 1 ff.

[198] Vgl. Krenzler/Herrmann/Niestedt/Voland/Slobodenjuk Screening-VO Art. 1 Rn. 1.

[199] BT-Drs. 19/29216, 38.

[200] Klamert/Bucher EuZW 2021, 335 (338) erscheint es „bemerkenswert, dass ein Rechtsakt gestützt auf die Kompetenz für Außenhandel eine Konkretisierung des Art. 65 AEUV zur Kapitalverkehrsfreiheit bewirken soll".

den der öffentlichen Ordnung und Sicherheit nach Art. 65 Abs. 1 lit. b AEUV vorzunehmen. Es liegt also nahe, dass die Verordnung nur beabsichtigt, den Rahmen für die Überprüfung zu setzen (Art. 1 Abs. 1 Screening-VO) und **keine Harmonisierung des materiellen Maßstabs** erfolgen soll. Ebendies wäre für eine Veränderung des materiellen Maßstabs durch die Screening-VO aber notwendig.[201]

Jedenfalls könnte aber auch der Unionsgesetzgeber den Maßstab für Eingriffe in **107** die Kapitalverkehrsfreiheit nicht ändern, denn auch er ist **an die Grundfreiheiten gebunden**.[202] Zwar hat der EuGH in der Vergangenheit anerkannt, dass der Unionsgesetzgeber bei einigen Maßnahmen einen größeren Spielraum hat als nationale Gesetzgeber. Allerdings ging es dabei um europaweit einheitliche (Hamonisierungs-)Maßnahmen, welche geringere Auswirkungen auf den Binnenmarkt haben als nationale Maßnahmen (bzw. aufgrund ihrer europaweiten Wirkung noch nicht einmal den Effekt einer Beschränkung des Binnenmarktes haben). Dieses Argument greift bei Einschränkungen des Kapitalverkehrs mit Drittstaaten aber nicht, da diese gleich stark eingeschränkt werden, unabhängig davon, ob die Maßnahme national oder auf Unionsebene erfolgt.[203] Zwar verfügt die EU über bestimmte Kompetenzen, die ihr ausdrücklich erlauben, Einschränkungen der Kapitalverkehrsfreiheit vorzunehmen, die die Mitgliedstaaten allein nicht beschließen dürften (Art. 64 Abs. 3 AEUV, Art. 66 AEUV). Von diesen Kompetenzen wurde aber kein Gebrauch gemacht. Sie bedürfen auch besonderen Anforderungen – so verlangt Art. 64 Abs. 3 AEUV einen einstimmigen Beschluss des Rates für **Rückschritte in der Liberalisierung des Kapitalverkehrs mit Drittländern**.

Auch die **Entscheidungspraxis der Unionsorgane** seit Erlass der Screening- **108** VO lässt kein Anzeichen erkennen, dass diese von einem geringeren Maßstab ausgingen. Sowohl die Kommission[204] als auch GAin Ćapeta[205] haben zuletzt ohne weitere Ausführungen den Maßstab der traditionellen EuGH-Rechtsprechung auf Investitionskontrollen nach Maßgabe der Screening-VO angewendet.

Dies gilt auch in **Sachverhalten, an denen nur Unternehmen aus Dritt-** **109** **staaten beteiligt sind** (→ Rn. 28).

---

[201] Vgl. zum Ganzen Salaschek/Wahls NZKart 2023, 396 (404 f.); Hindelang/Moberg YSEC 2020, 837 (844 f.); Hindelang/Moberg COMMON MARKET LAW REVIEW 2020, 1427 (1452 f.), die in der Screening-VO nur den Versuch sehen, einen „rough consensus" über die Eingriffsbedingungen zwischen den Mitgliedstaaten herzustellen; Bungenberg/Reinhold InvKR Rn. 213, 352 ff. sieht in Formulierung keine Maßstabsänderung, sondern eine Bestätigung der prognostischen Betrachtung, soweit die Rechtsprechung eine solche bisher bereits anerkannt hat.

[202] EuGH BeckRS 2004, 71012 Rn. 18; EuG BeckRS 2019, 9384 Rn. 120; ausführlich Salaschek/Wahls NZKart 2023, 396 (405 f.); Bungenberg/Reinhold InvKR Rn. 217 formuliert zutreffend, dass die Anwendung der Grundfreiheiten zwar nachrangig gegenüber dem Sekundärrecht ist, dieses indes in keinem Fall den Grundfreiheiten widersprechen darf.

[203] Salaschek/Wahls NZKart 2023, 396 (405); zur Gegenansicht Hermann ZEuS 2019, 429 (465 f.).

[204] Kommission, Entscheidung v. 21.2.2022, M.10494 – VIG/AEGON CEE Rn. 76 ff. Zu der Entscheidung und der dortigen Problematik der Abgrenzung zur Fusionskontrolle vertiefend Lübbig/Salaschek NZKart 2022, 197.

[205] Schlussanträge der GAin Ćapeta vom 30.3.2023 BeckRS 2023, 5797 Rn. 73 – die Generalanwältin hielt die Screening-VO anders als später der EuGH für anwendbar, zog daraus aber keine Konsequenzen für den Prüfungsmaßstab.

II. Geographische Ausweitung des Prüfungsumfangs

110   Die Screening-VO führt insgesamt zu einer **geographischen Ausweitung des Prüfungsumfangs** im Rahmen der nationalen Investitionskontrolle. Dies ist darauf zurückzuführen, dass der Kooperationsmechanismus die Mitgliedstaaten dazu verpflichtet, Kommentare und Stellungnahmen der Kommission und anderer Mitgliedstaaten zu berücksichtigen. Die Mitgliedstaaten müssen bei der Ausübung ihres Ermessens nicht nur die voraussichtlichen Auswirkungen ausländischer Direktinvestition auf die nationale Sicherheit und öffentliche Ordnung beachten, sondern auch die Auswirkungen auf die **Sicherheit und Ordnung anderer Mitgliedstaaten** sowie auf **Programme von Unionsinteresse** miteinbeziehen. Die Schutzrichtung der nationalen Investitionskontrolle wird folglich ausgeweitet und um die öffentliche Ordnung oder Sicherheit eines anderen Mitgliedstaates der EU und um Projekte und Programme von Unionsinteresse ergänzt.

111   In der **deutsche Investitionskontrolle** wurde der materielle Prüfungsmaßstab in § 4 Abs. 1 AWG, § 5 Abs. 2, 3 AWG[206] sowie § 55 AWV[207] entsprechend erweitert. Folglich kann das BMWK Investition aus Drittstaaten nun auch beschränken oder untersagen, um einer Beeinträchtigung der öffentlichen Ordnung oder Sicherheit eines anderen Mitgliedstaates vorzubeugen. Allerdings prüft weiterhin jeder Mitgliedstaat selbst, ob die nationale Sicherheit und öffentliche Ordnung durch Investitionen in einem anderen Mitgliedstaat voraussichtlich beeinträchtigt wird. Das BMWK berücksichtigt nur die möglichen Auswirkungen, die vom betroffenen Mitgliedstaat identifiziert werden und über Kommentare kommuniziert werden. Damit ist Deutschland einer von derzeit nur vier Mitgliedstaaten (neben Estland,[208] Litauen, und der Slowakischen Republik), welcher in seinen Rechtsvorschriften ausdrücklich die Interessen anderer Mitgliedstaaten als Faktoren erwähnt, die die Einleitung von Überprüfungsverfahren ermöglichen oder das Ergebnis einzelner Screening-Entscheidungen beeinflussen können.[209]

112   Die öffentliche Ordnung und Sicherheit eines anderen Mitgliedstaates könnte durch die Investition in ein deutsches Unternehmen insbesondere dann beeinträchtigt werden, wenn das Zielunternehmen andere Mitgliedstaaten mit kritischen Dienstleistungen oder Gütern versorgt. Denkbar ist dies zum Beispiel bei dem Erwerb eines in Deutschland ansässigen europäischen Marktführers für kritische Medizinprodukte, welcher für die Versorgungssicherheit zahlreicher anderer Mitgliedstaaten von Bedeutung sein könnte. Auch Forschungs- und Produktionsstätten des Zielunternehmens in einem anderen Mitgliedstaat könnten eine voraussichtliche Beeinträchtigung begründen.[210]

III. Die zielunternehmensbezogenen Faktoren

113   Art. 4 Screening-VO definiert zwei verschiedene Arten von Faktoren, die bei der Investitionskontrolle berücksichtigt werden: Faktoren, die sich auf Zielunter-

---

[206] BGBl. 2020 I 1637 (Nr. 35).

[207] Eingeführt im Rahmen der Sechzehnten Verordnung zur Änderung der Außenwirtschaftsverordnung, BAnz AT 28.10.2020 V1.

[208] Estlands Gesetz zur Beurteilung der Zuverlässigkeit ausländischer Investitionen wurde am 25.1.2023 verabschiedet und soll am 1.9.2023 in Kraft treten.

[209] Vgl. OECD, Framework for Screening Foreign Direct Investment into the EU – Assessing effectiveness and efficiency (2022), 47.

[210] Vgl. Jungkind/Bormann NZG 2020, 619.

nehmen beziehen (Art. 4 Abs. 1 Screening-VO) und Faktoren, die sich auf den ausländischen Investor beziehen (Art. 4 Abs. 2 Screening-VO).

Art. 4 Abs. 1 Screening-VO enthält eine Liste von zielunternehmensbezogenen **114** Faktoren, welche von Mitgliedstaaten im Rahmen der nationalen Überprüfungsmechanismen herangezogen werden können, um den unionsrechtlich determinierten Rechtfertigungstatbestand der „Sicherheit und öffentlichen Ordnung" zu definieren. Art. 4 Abs. 1 Screening-VO benennt als besonders relevante wirtschaftliche Sektoren in den lit. a–c kritische Infrastrukturen sowohl physischer als auch virtueller Art, kritische Technologien und Güter mit doppeltem Verwendungszweck (dual-use) sowie die Versorgung mit kritischen Ressourcen (einschl. Energie oder Rohstoffen sowie die Nahrungsmittelsicherheit). Art. 4 Abs. 1 lit. d Screening-VO betrifft den Zugang zu sensiblen Informationen und Art. 4 Abs. 1 lit. e Screening-VO nennt die Freiheit und Pluralität der Medien als möglichen Berücksichtigungsfaktor der Prüfung einer ausländischen Direktinvestition.

Es liegt nahe, der Aufzählung der Faktoren in Art. 4 Screening-VO als Rechts- **115** meinung des Unionsgesetzgeber eine indikative Wirkung für das Vorliegen einer voraussichtlichen Beeinträchtigung der öffentlichen Sicherheit und Ordnung zuzubilligen. Allerdings ist der Unionsgesetzgeber dabei auch an die Grenzen des Primärrechts gebunden (→ Rn. 107). Außerdem sind die Kategorien des Art. 4 Screening-VO so weit gefasst, dass zweifelhaft ist, ob daraus wirklich wichtige Rückschlüsse gezogen werden können. Auch wenn Transaktionen grundsätzlich Art. 4 Screening-VO unterfallen, dürfte nämlich nur in den seltensten Fällen tatsächlich eine Beeinträchtigung der öffentlichen Ordnung und Sicherheit vorliegen.

Die Auflistung der Faktoren in Art. 4 Abs. 1 Screening-VO ist **nicht abschlie-** **116** **ßend**.[211] Die Mitgliedstaaten sind daher frei darin, im Rahmen ihrer Ermessensentscheidung weitere Faktoren miteinzubeziehen und nicht dazu verpflichtet, die genannten Faktoren zu berücksichtigen. Dass der Begriff der öffentlichen Ordnung und Sicherheit dynamisch an zeitlichen und regionalen Gegebenheiten orientiert auszulegen ist, ergibt sich ferner aus der Rechtsprechung des EuGH.[212]

Bei der Ausgestaltung der sektorübergreifenden Prüfung der deutschen Investi- **117** tionskontrolle (§§ 55–59 AWV und insbesondere § 55a AWV) hat sich der deutsche Gesetzgeber von den Faktoren der Screening-VO leiten lassen, allerdings hat er diese präzisiert und durch weitere Sektoren ergänzt.

Laut Erwägungsgrund 12 Screening-VO zielt die Auflistung der Faktoren ins- **118** besondere darauf ab, durch erhöhte **Transparenz** für mehr **Rechtssicherheit** auf Seite der ausländischen Investoren zu sorgen. Die Erreichung dieses Ziels ist jedoch zu bezweifeln. Die Faktoren des Art. 4 Abs. 1 Screening-VO sind äußerst weit gefasst und enthalten **nur Schlagworte**, ohne eine genaue Definition oder quantitative Angabe, zB ab wann eine Infrastruktur als „kritisch" gilt, bereitzustellen. Viele Mitgliedstaaten haben die Faktoren wortlautgleich ohne weitere Konkretisierung in ihre nationalen Regelungsregime übernommen, legen die Begriffe jedoch unterschiedlich aus. In der Folge sind Investoren in vielen Mitgliedstaaten häufig zu einer **vorsorglichen Meldung gezwungen**, um Rechtssicherheit zu erlangen und um strafrechtlichen Sanktionen, die bei einer Nichtmeldung drohen können, zu entgehen.[213] Im Interesse der Rechtssicherheit wäre daher eine klare

---

[211] Erwägungsgrund 12 Screening-VO.
[212] EuGH BeckRS 2004, 71134 Rn. 4.
[213] Vgl. Salaschek BB 2022, 1609 (1610).

Definition der in Art. 4 Abs. 1 Screening-VO aufgelisteten Faktoren durch die Kommission wünschenswert. Die Notwendigkeit dafür ergibt sich ferner aus dem Transparenzgebot gem. Art. 3 Abs. 1 Screening-VO.

119   Auch die OECD kritisiert den weiten Spielraum der Mitgliedstaaten insoweit, als dies hinsichtlich der Frage, welche Sektoren als kritisch anzusehen sind, zu großen Unterschieden zwischen den Mitgliedstaaten führt. Um dies zu vermeiden, könnte die Screening-VO der OECD zufolge die Mitgliedstaaten dazu verpflichten, zusätzlich zu Faktoren des Art. 4 Abs. 1 Screening-VO, einen Kern an Transaktionen abzudecken, der durch vermögens- oder erwerbsspezifische Schwellenwerte genau zu definieren ist.[214]

120   **1. Kritische Infrastruktur.** Art. 4 Abs. 1 lit. a Screening-VO nennt als einen möglicherweise bei der Bewertung ausländischer Direktinvestitionen zu berücksichtigenden Faktor die **Auswirkungen auf kritische Infrastrukturen physischer oder virtueller Art**. Die Bestimmungen über kritische Infrastrukturen sollen sicherstellen, dass die EU in der Lage ist, kritische Infrastrukturen besser vor einer potentiell nachteiligen Einflussnahme durch ausländische Investoren zu schützen. Dies dient dem Zweck, die Sicherheit und Stabilität der EU aufrechtzuerhalten.

121   Beispielhaft zählt die Screening-VO die folgenden Sektoren auf: „Energie, Verkehr, Wasser, Gesundheit, Kommunikation, Medien, Datenverarbeitung oder -speicherung, Luft- und Raumfahrt, Verteidigung, Wahl- oder Finanzinfrastrukturen und sensible Einrichtungen sowie Investitionen in Grundstücke und Immobilien, die für die Nutzung dieser Infrastrukturen von entscheidender Bedeutung sind". Die nicht abschließende Auflistung der Sektoren umfasst ein breites Spektrum von Vermögenswerten und Einrichtungen, die als **kritisch für das Funktionieren eines Mitgliedstaats oder der EU als Ganzes** gelten. Die beispielhaft aufgezählten Sektoren gelten dabei als wesentlich für die Aufrechterhaltung wirtschaftlicher und sozialer Aktivitäten und werden daher als strategisch betrachtet. Der Begriff der kritischen Infrastruktur ist vor diesem Hintergrund weit auszulegen, wird im Rahmen der Screening-VO allerdings, ebenso wie alle anderen in Art 4 Abs. 1 Screening-VO genannten Sektoren, nicht näher definiert. Aus Erwägungsgrund 13 Screening-VO folgt lediglich, dass „**Störung, Ausfall, Verlust oder Vernichtung beträchtliche Folgen in einem Mitgliedstaat oder der Union**" haben müssen, damit es sich um eine kritische Infrastruktur handelt.

122   Darüber hinaus erlaubt die Verordnung den Mitgliedstaaten, **andere Sektoren oder Anlagen** zu bestimmen, die sie als kritisch ansehen, auch wenn sie nicht in der nicht abschließenden Liste der Verordnung aufgeführt sind. Es liegt im **Ermessen der Mitgliedstaaten** zu bestimmen, welche der beispielhaften Sektoren sie für ihre nationale Sicherheit oder öffentliche Ordnung als kritisch ansehen. Auch die Entscheidung darüber, wie die jeweiligen Infrastrukturbereiche definiert werden, liegt bei den Mitgliedstaaten. Die Verordnung sieht insoweit vor, dass die Definition kritischer Infrastrukturen je nach den besonderen Umständen in den einzelnen Mitgliedstaaten variieren kann.

123   Grundsätzlich reflektiert die Flexibilität, die den Mitgliedstaaten bei der Definition kritischer Infrastrukturen gewährt wird, den EU-Ansatz, ein Gleichgewicht zwischen dem Schutz von Sicherheit und öffentlicher Ordnung in der EU einer-

---

[214] Vgl. OECD, Framework for Screening Foreign Direct Investment into the EU – Assessing effectiveness and efficiency (2022), 66.

seits und der Förderung eines dynamischen und offenen Investitionsumfelds andererseits zu erreichen, das Wirtschaftswachstum und Beschäftigung schafft. Die
eingeräumte Flexibilität führt allerdings auch zu mangelnder Kohärenz der Überprüfungsmechanismen, was die uneinheitliche Behandlung ähnlicher Investitionen
in verschiedenen Mitgliedstaaten zur Folge haben kann. Auch verursacht die
fehlende Konkretisierung des Begriffs der kritischen Infrastruktur Rechtsunsicherheit. Die weite Fassung des Begriffs führt dazu, dass es für Investoren schwierig ist,
im Vorfeld zu wissen, welche Arten von Investitionen eine Meldepflicht auslösen
können. Am Vorbild der deutschen Investitionskontrolle (vgl. § 55a Abs. 1 Nr. 1
AWV) wäre eine genauere Definition des Begriffs der kritischen Infrastruktur
durch die Einführung von Definitionen und Schwellenwerten sinnvoll, um eine
rechtssichere Subsumtion zu ermöglichen.

Der Begriff der kritischen Infrastruktur könnte beispielsweise durch den Ver- **124**
weis auf andere EU-Rechtsakte, wie zum Beispiel die kürzlich in Kraft getretene
RL (EU) 2022/2557 (Richtlinie über die Resilienz kritischer Einrichtun-
gen),[215] eindeutiger definiert werden. Die RL (EU) 2022/2557 ersetzt die
europäische Richtlinie über kritische Infrastrukturen von 2008 und soll die
Widerstandsfähigkeit kritischer Infrastrukturen gegenüber einer Reihe von
Bedrohungen stärken.[216] Kritische Infrastrukturen werden in Art. 2 Nr. 3 RL
(EU) 2022/2557 definiert als „Objekte, Anlagen, Ausrüstung, Netze oder Systeme oder Teile eines Objekts, einer Anlage, Ausrüstung, eines Netzes oder
eines Systems, die für die Erbringung eines wesentlichen Dienstes erforderlich
sind". Die Richtlinie sieht keine Schwellenwerte vor, verpflichtet die Mitgliedstaaten aber dazu, kritische Infrastrukturen zu ermitteln[217] und Schwellenwerte
festzulegen und zu übermitteln, aus denen hervorgeht, wann von einer erheblichen Störung einer Infrastruktur auszugehen ist.[218]

2. Kritische Technologien und Güter mit doppeltem Verwendungs- **125**
zweck. Kritische Technologien und bestimmte Güter mit doppeltem Verwendungszweck iSv Art. 2 Nr. 1 Dual-Use-VO[219] sind gem. Art. 4 Abs. 1 lit. b Screening-VO weitere Faktoren, die im Rahmen der Überprüfungsmechanismen
berücksichtigt werden können. Während der Begriff der **Kritischen Technolo-**
gie von der Screening-VO nicht definiert wird, ergibt sich die Definition der
Güter mit doppeltem Verwendungszweck aus Art. 2 Nr. 1 Dual-Use-VO. In
einer beispielhaften Aufzählung der Sektoren im Bereich kritische Technologie
werden Technologien und Güter im Bereich von künstlicher Intelligenz, Robotik,
Halbleiter, Cybersicherheit, Luft- und Raumfahrt, Verteidigung, Energiespeicherung, Quanten- und Nukleartechnologie sowie Nanotechnologie und Biotechnologie als kritisch eingestuft. Die Liste ist dabei nicht abschließend.

Vor dem Hintergrund der Komplexität dieser Sektoren ist eine rechtssichere und **126**
kohärente Einschätzung dazu, welche Technologien und Güter als kritisch anzusehen sind, kaum möglich. Deutlich wird dies insbesondere durch die unterschiedlichen Praktiken der Mitgliedstaaten hinsichtlich der investitionskontrollrechtlichen
Behandlung von **künstlicher Intelligenz**. So hat bspw. Deutschland[220] im nationa-

---

[215] RL (EU) 2022/2557 vom 14.12.2022.
[216] Pressemitteilung d. Komm. v. 16.1.2023, MEX/23/226.
[217] Art. 6 RL (EU) 2022/2557.
[218] Art. 7 Abs. 2 lit. c RL (EU) 2022/2557.
[219] VO (EU) 2021/821.
[220] Vgl. § 55a Abs. 1 Nr. 13 AWV (→ AWV § 55 Rn. 75 ff.).

len Recht genauer definiert, in welchen Fällen die Verwendung künstlicher Intelligenz als kritisch einzustufen ist. Dies ist zu begrüßen. Im Gegensatz dazu haben zahlreiche Mitgliedstaaten, unter anderem Österreich,[221] und Italien[222] die Definition der Verordnung wortlautgleich übernommen, was folglich zu Rechtsunsicherheit auf Seiten der Investoren sowie zu unterschiedlichen Anwendungspraxen in den Mitgliedstaaten führt. Im Zuge der Evaluierung sollte die Kommission daher eine Klarstellung dieses Prüfungsmerkmals anstreben.

127   **3. Versorgung mit kritischen Ressourcen.** Die Versorgung mit kritischen Ressourcen, einschließlich **Energie oder Rohstoffen**, sowie die **Nahrungsmittelsicherheit** sind gem. Art. 4 Abs. 1 lit. c Screening-VO weitere Faktoren, die im Rahmen der Überprüfungsmechanismen berücksichtigt werden können. Zu kritisieren ist auch an dieser Stelle die unzureichende Konkretisierung des Begriffs der „kritischen Ressourcen" sowie der „Nahrungsmittelsicherheit", die im Unionsrecht als solche nicht feststehen und von der Verordnung nicht weiter definiert werden. Eine Definition von Rohstoffen als kritische Ressource könnte sich entsprechend des Kohärenzgedankens aus der jeweils aktuellen **Liste kritischer Rohstoffe der Kommission** ergeben.[223] Ein dahingehender Verweis, wie er sich beispielsweise in Art. 4 Abs. 1 lit. b Screening-VO findet, fehlt allerdings.

128   Auch die beispielhafte Auflistung kritischer Ressourcen in Art. 4 Abs. 1 lit. c Screening-VO schafft keine ausreichende Konkretisierung. Die Energieversorgung als kritische Ressource dürfte insbesondere Erdöl, Erdgas und Kohle einschließen. Vor dem Hintergrund des russischen Angriffs auf die Ukraine und die langjährige Abhängigkeit von russischem Erdgas hat das Thema der stabilen Energieversorgung zusätzlich an Bedeutung gewonnen, was zur Folge hatte, dass das Ziel der Versorgungssicherheit in den Fokus gerückt ist. Die Sanktionsmaßnahmen gegen Russland wirken sich ferner auf die Kontrolle von Direktinvestitionen aus.[224] So ist es EU-Unternehmen beispielsweise untersagt, Nicht-EU-Unternehmen, die in Russland im Energiesektor tätig sind, Finanzmittel, einschließlich Beteiligungskapital, zur Verfügung zu stellen.

129   Auch der Begriff der Rohstoffe ist nicht klar definiert. Die EU importiert viele **Mineralien und Erze**, darunter Eisen, Aluminium, Kupfer, Zink und Nickel, die für die Industrie bedeutsam sind und daher als kritische Rohstoffe angesehen werden.[225] Aufgrund der Importe von **Agrarrohstoffen** zur Versorgung der Ernährungsindustrie könnten auch diese als kritische Ressourcen gelten. Auch **seltene Erden**, die für die Produktion verschiedenster Technologien, so unter anderem Smartphones, Computer und Windkraftanlagen, unerlässlich sind, dürften als Rohstoffe zu den kritischen Ressourcen zählen.[226]

---

[221] Vgl. Investitionskontrollgesetz, Anhang Teil 2 Nr. 2.1, abrufbar unter: BGBLA_2020_I_87.pdfsig (bka.gv. https://www.ris.bka.gv.at/Dokumente/BgblAuth/BGBLA_2020_I_87/BGBLA_2020_I_87.pdfsig at) (zuletzt abgerufen am 7.6.2023).

[222] Zampa/Spinelli, The Law Reviews: Italy, abrufbar unter: https://thelawreviews.co.uk/title/the-foreign-investment-regulation-review/Italy (zuletzt abgerufen am 7.6.2023); Dekret 21/2012 vom 15.3.2012, zuletzt geändert durch Dekret 51/2022 vom 20.5.2022.

[223] Mitt. d. Komm. v. 3.9.2020, COM (2020) 474 final. Die Liste kritischer Rohstoffe wird alle drei Jahre, zunächst im September 2023, aktualisiert.

[224] Kommission, Factsheet REPowerEU-Maßnahmen vom 18.5.2022, FS/22/3133.

[225] Vgl. Eurostat, Main goods in extra-EU imports, abrufbar unter: https://ec.europa.eu/commission/presscorner/detail/en/FS_22_3133 (zuletzt abgerufen am 24.7.2023).

[226] Vgl. EIT Raw Materials, Developing raw materials into a major strength for Europe, abrufbar unter: Innovation Hubs – EIT RawMaterials (zuletzt abgerufen am 24.7.2023).

Der Begriff der Nahrungsmittelsicherheit wird durch die Verordnung ebenfalls **130** nicht definiert. Mit Blick auf die EU-Strategie zur Nahrungsmittelsicherheit[227] liegt nahe, dass die Lebensmittelproduktion und -verarbeitung hinsichtlich Standards der Lebensmittelhygiene und Tier- und Pflanzengesundheit sowie des Handels mit Nahrungsmitteln erfasst sind.

4. Sensible Informationen, einschließlich personenbezogener Daten. 131 Nach Art. 4 Abs. 1 lit. d Screening-VO können die Mitgliedstaaten und die Kommission bei der Überprüfung von Direktinvestitionen darauf abstellen, ob der ausländische Investor „Zugang zu sensiblen Informationen, einschließlich personenbezogener Daten, oder die Fähigkeit, solche Informationen zu kontrollieren" erlangen würde. Der Begriff der sensiblen Information wird nicht eindeutig definiert. Insbesondere ist er nicht deckungsgleich mit dem Begriff der „sensiblen Daten" im **Datenschutzrecht**.[228] Erwägungsgrund 30 Screening-VO erwähnt ihn lediglich im Kontext der Geheimhaltungsverpflichtung der Kommission gegenüber den mitgliedstaatlichen Behörden als „sensible Informationen, die nicht als Verschlusssache eingestuft sind, oder Informationen, die vertraulich zur Verfügung gestellt werden." Aus dem Wortlaut der Norm ergibt sich im Umkehrschluss ferner, dass sensible Informationen auch nicht personenbezogene Daten sein können.

Der Begriff der **personenbezogenen Daten** ist im Unionsrecht aus Art. 4 **132** Nr. 1 DS-GVO[229] bekannt und dürfte im Sinne der Kohärenz hier gleichbedeutend sein. Dafür spricht auch der Erwägungsgrund 30 Screening-VO, der für den Schutz personenbezogener Daten durch die Kommission und mitgliedstaatliche Stellen auf die DS-GVO verweist. Im Rahmen der nationalen Investitionskontrolle orientieren sich die nationalen Behörden ebenfalls an der DS-GVO, stufen bestimmte Kategorien personenbezogener Daten aber als besonders kritisch ein.[230] Um Unklarheiten bei der Auslegung und daraus folgende Anwendungsschwierigkeiten zu vermeiden, wäre auch an dieser Stelle eine genauere Definition durch die Kommission wünschenswert.

Eine vergleichbare Regelung findet sich im deutschen Investitionskontrollrecht **133** nicht. Anders als für Unternehmen der Medienwirtschaft, hat der deutsche Gesetzgeber den Zugang ausländischer Investoren zu sensiblen Informationen, einschließlich personenbezogener Daten, oder die Fähigkeit, solche Informationen zu kontrollieren bisher nicht als kritischen Sektor in die sektorübergreifenden Prüfung nach § 55a AWV aufgenommen.

5. Die Freiheit und Pluralität der Medien. Als weiteres Kriterium, nach **134** welchem die Mitgliedstaaten Investitionen ausländischer Investoren prüfen und bewerten können, um mögliche Risiken für die Sicherheit oder öffentliche Ordnung der EU und ihrer Mitgliedstaaten zu identifizieren, bestimmt Art. 4 Abs. 1 lit. e Screening-VO die Freiheit und Pluralität der Medien. Vor dem Hintergrund der herausragenden Bedeutung einer **freien und pluralistischen Medienlandschaft** für jede demokratische Gesellschaft ist von einer weiten Auslegung des

---

[227] Europäische Union, Food Safety Policy, abrufbar unter: https://ec.europa.eu/commission/presscorner/detail/en/FS_22_3133 (zuletzt abgerufen am 24.7.2023).

[228] Vgl. Krenzler/Herrmann/Niestedt/Voland/Slobodenjuk Screening-VO Art. 4 Rn. 12 mit Verweis auf Lippert BB 2019, 1538 (1541).

[229] VO (EU) 2016/679.

[230] Vgl. Salaschek BB 2022, 1609 (1617).

Begriffs „Medien" auszugehen. Ein freier und unabhängiger Journalismus kann dazu beitragen, die Bürger über wichtige Ereignisse und Entwicklungen zu informieren und eine kritische öffentliche Debatte zu fördern. Staatliche Kontrolle von Medien durch insbesondere staatliche Investoren aus Drittstaaten kann dagegen zu **Desinformation** und **Zensur** führen.

135   Im Rahmen der **deutschen Investitionskontrolle** wurde dieses Kriterium mit § 55a Abs. 1 Nr. 6 AWV insoweit umgesetzt, als ausländische Investitionen in Unternehmen der Medienwirtschaft, die zur öffentlichen Meinungsbildung beitragen und sich durch **besondere Aktualität und Breitenwirkung** auszeichnen, überprüft werden können (→ AWV § 55a Rn. 51 ff.).

IV. Die investorenbezogenen Faktoren

136   Die Screening-VO legt in Art. 4 Abs. 2 Screening-VO investorenbezogene Merkmale fest, die bei der Feststellung, ob eine ausländische Direktinvestition die Sicherheit oder die öffentliche Ordnung voraussichtlich beeinträchtigt, zusätzlich zu den zielunternehmensbezogenen Faktoren berücksichtigt werden können. Diese Faktoren sind darauf ausgerichtet, das Verhalten und die Absichten der ausländischen Investoren zu untersuchen und ihre potenziellen Auswirkungen auf die Sicherheit und öffentliche Ordnung der EU zu bewerten. Die Kriterien beschreiben insbesondere die direkte oder indirekte Abhängigkeit des ausländischen Investors von Regierungsstellen eines Drittstaates einschließlich der Abhängigkeit von staatlich kontrollierter Finanzausstattung (Art. 4 Abs. 2 lit. a Screening-VO), eine mögliche Vorgeschichte des ausländischen Investors in Form von Aktivitäten, „die [bereits] Auswirkungen auf die Sicherheit oder die öffentliche Ordnung in einem [anderen] Mitgliedstaat hatten" (dies kann jeder Mitgliedstaat der Europäischen Union sein) (Art. 4 Abs. 2 lit. b Screening-VO), oder nach Art. 4 Abs. 2 lit. c Screening-VO das erhebliche Risiko einer Beteiligung des ausländischen Investors an „illegalen oder kriminellen Aktivitäten".

137   **1. Kontrolle durch staatliche Stellen.** Nach Art. 4 Abs. 2 lit. a Screening-VO können die Mitgliedstaaten und die Kommission berücksichtigen, ob der ausländische Investor direkt oder indirekt von der **Regierung, einschließlich staatlicher Stellen oder der Streitkräfte, eines Drittstaats,** unter anderem aufgrund der Eigentümerstruktur oder in Form beträchtlicher Finanzausstattung, **kontrolliert** wird. Die Screening-VO lässt insoweit offen, wie der Begriff der „direkten oder indirekten Kontrolle" zu definieren ist, was erneut zu Auslegungsschwierigkeiten führt. Der Rückgriff auf den Kontrollbegriff der Fusionskontrolle, welcher in Art. 3 Abs. 2 FKVO als „Möglichkeit, einen bestimmenden Einfluss auf die Tätigkeit eines Unternehmens auszuüben" definiert ist, liegt insoweit nahe. Angesichts der weitreichenden Einflussnahmemöglichkeiten unterhalb der Kontrollschwelle, auf die einige Mitgliedstaaten ihre Prüfung erstrecken, erscheint dies jedoch nicht sicher. Auch eine Klarstellung des Kontrollbegriffs durch die Kommission wäre daher wünschenswert.

138   Wenn ein Drittstaat in der Lage ist, durch indirekte oder direkte Entscheidungen ein Unternehmen zu beeinflussen, das eine kritische Infrastruktur oder Ressource kontrolliert, kann dies als Risiko für die Sicherheit der EU bzw. der Mitgliedstaaten angesehen werden. Dies ist insbesondere im Fall **staatlicher Investmentfonds** denkbar. Für die materielle Risikobewertung werden viele Mitgliedstaaten auf den konkreten Staat abstellen, der hinter dem Investor steht. Wenn es beispielsweise um einen Staat geht, der in einem Konflikt mit der EU

steht, oder von dem ein Abhängigkeitsverhältnis droht, könnte der potenzielle Einfluss eines staatlichen Investors auf die Entscheidungsprozesse des Unternehmens ein Risiko für die Sicherheit und öffentliche Ordnung darstellen. Eine pauschale Untersagung von Investitionen aus bestimmten Drittstaaten ist mit Blick auf das Diskriminierungsverbot dabei jedoch nicht zulässig (→ Rn. 84 f.).

2. Bisherige Tätigkeit des Investors. Ferner kann gem. Art. 4 Abs. 2 lit. b **139** Screening-VO die bisherige Tätigkeit des Investors in dem Mitgliedstaat berücksichtigt werden. So kann ein Untersagungsgrund sein, dass ein ausländischer Investor bereits an Aktivitäten beteiligt war, die Auswirkungen auf die Sicherheit oder die öffentliche Ordnung in einem Mitgliedstaat hatten. Die Wahl des weiten Begriffs der „Auswirkung" im Vergleich zu dem üblicherweise verwendeten Begriff „Beeinträchtigung" indiziert einen weiten Ermessensspielraum der zuständigen Behörden der Mitgliedstaaten. Die genauen Anforderungen, die an den Begriff der „Auswirkung" zu stellen sind, bleiben allerdings offen.[231]

Bei der Auslegung von Art. 4 Abs. 2 lit. b Screening-VO stellt sich ferner die **140** Frage, ob ein Mitgliedstaat bei der Prüfung einer ausländischen Direktinvestition auch die bereits in der Vergangenheit aufgetretene „Auswirkung auf die Sicherheit oder die öffentliche Ordnung" in einem **anderen Mitgliedstaat** heranziehen kann, wenn dieser Mitgliedstaat entweder gar **keine Prüfung vorgenommen** hatte (möglicherweise mangels entsprechender nationaler Vorschriften) oder **keine Bedenken** dieser Art geltend gemacht hat. Der prüfende Mitgliedstaat könnte somit dieselbe oder eine vergleichbare Verhaltensweise der betroffenen Unternehmen anders bewerten als zuvor ein anderer Mitgliedstaat. Die Kommission würde sich voraussichtlich auf den Standpunkt stellen, dass ein **Meinungspluralismus** dieser Art vorbehaltlich einer Prüfung anhand des Primärrechts (Niederlassungs- und Kapitalverkehrsfreiheit) mit dem Koordinierungssystem der VO vereinbar ist. Denn die Mitgliedstaaten können im Rahmen ihrer eigenen Prüfung nach nationalem Recht auch vor der Wiederholung von Verhaltensweisen oder Auswirkungen auf die Hoheitsgebiete anderer Mitgliedstaaten schützen, selbst wenn die betroffenen Mitgliedstaaten bei der Anwendung ihrer Rechtsvorschriften zu einer unterschiedlichen Auffassung gelangen. Dies entspräche der Logik des Kooperationsmechanismus nach Art. 7 Abs. 1 Screening-VO und zugleich dem Letztentscheidungsrecht des prüfenden Mitgliedstaates nach Art. 6 Abs. 9 S. 2 Screening-VO.

3. Illegale oder kriminelle Aktivitäten. Zuletzt können die Mitgliedstaaten **141** im Rahmen ihrer Überprüfungsentscheidung nach Art. 4 Abs. 2 lit. c Screening-VO berücksichtigen, ob ein erhebliches Risiko besteht, dass der ausländische Investor an illegalen oder kriminellen Aktivitäten beteiligt ist. Dabei definiert die Verordnung nicht näher, welche Anforderungen an die illegalen oder kriminellen Aktivitäten des Investors gestellt werden, um eine Beschränkung der Investition zu rechtfertigen. Insbesondere stellt sich die Frage, ob der deutschsprachige Wortlaut der VO so zu verstehen ist, dass diese Aktivität, wie die Verwendung der Präsenzform vorgibt, zum Zeitpunkt der Prüfung **noch andauern muss**. Für diese Annahme sprechen etwa auch die englische oder französische Fassung der VO, die in diesem Zusammenhang ebenfalls die Gegenwartsform verwenden („engages in illegal or criminal activities", bzw. in der französischen Fassung: „exerce des activités illégales ou criminelles"). Auch im Gesetzgebungsverfahren wurde in einer Vorgängerfassung der bezeichneten Vorschriften, die den Begriff

---

[231] Vgl. Slobodenjuk BB 2020 198 (200).

der illegalen Aktivitäten noch weiter in einzelne Beispiele auffächerte, nur die Gegenwartsform verwendet.[232] Die wörtliche Auslegung spricht damit gegen die **Berücksichtigung vergangener (und beendeter) Tätigkeiten**.

142 In beiden Fällen stellt sich die Frage des Nachweises. Soweit sich die Prüfung auf die Berücksichtigung bereits abgeschlossener Gerichtsverfahren in anderen Jurisdiktionen stützen sollte, so wird man mit Rücksicht auf das Rechtsstaatsprinzip nach Art. 2 EUV verlangen müssen, dass etwaige in Drittstaaten durchgeführte Verfahren **rechtsstaatlichen Vorschriften** entsprechen, die im Wesentlichen den Vorgaben der Art. 47 ff. GRCh entsprechen. Bei der Bewertung von noch andauernden möglichen illegalen oder kriminellen Aktivitäten, die noch nicht Gegenstand einer rechtskräftigen Verurteilung sind, ist mit Rücksicht auf die **Unschuldsvermutung** nach Art. 48 Abs. 1 GRCh und das Erfordernis eines „erheblichen Risikos" iSd Formulierung von Art. 4 Abs. 2 lit. c Screening-VO erhebliche Vorsicht in der Bewertung eines noch nicht abschließend festgestellten Sachverhaltes in einem Drittstaat geboten.

143 Das Kriterium der kriminellen Tätigkeit soll sicherstellen, dass Investitionen aus dem Ausland nicht dazu genutzt werden, kriminelle Aktivitäten zu fördern oder zu unterstützen, die die öffentliche Ordnung oder Sicherheit beeinträchtigen könnten, wie beispielsweise **Geldwäsche** oder **Terrorismusfinanzierung**. Als illegale Tätigkeit ist im Bereich des Außenwirtschaftsrechts insbesondere die Gefahr der illegalen Ausfuhr von **Dual-Use-Güter** an den Investor denkbar, wenn die Zielgesellschaft über solche Güter verfügt.[233]

144 Der **deutsche Gesetzgeber** hat die investorenbezogenen Faktoren im Zuge der 15. AWV-Änderungsverordnung umgesetzt.[234] § 55a Abs. 3 AWV sieht insoweit vor, dass die Hintergründe des ausländischen Erwerbers in Anlehnung an Art. 4 Abs. 2 Screening-VO in die Prüfung einbezogen werden. Während der Wortlaut des Art. 4 Abs. 2 lit. a Screening-VO und Art. 4 Abs. 2 lit. b Screening-VO dabei gleichlautend übernommen wurde, wurde das Kriterium unter Art. 4 Abs. 2 lit. c Screening-VO dahingehend **konkretisiert**, ob die Tätigkeiten des Investors den Tatbestand einer Straftat des § 123 Abs. 1 GWB oder einer Straftat oder Ordnungswidrigkeit nach dem AWG oder dem KrWaffKontrG erfüllt. Zudem wurde durch die Umsetzungsnorm klargestellt, dass eine entsprechende Tätigkeit auch dann berücksichtigt werden kann, wenn sie in der Vergangenheit ausgeübt wurde. § 55a Abs. 3 S. 1 Nr. 3 AWV ist damit weiter gefasst, weil dort – anders als in der VO – wegen des zu betrachtenden Verstoßes gegen die dort genannten Rechtsvorschriften (insb. § 123 Abs. 1 GWB die Gegenwarts- und die Vergangenheitsform verwendet wird („… an Aktivitäten beteiligt waren oder sind … "). Im Sinne der Einheitlichkeit der Rechtsordnung ist den betroffenen Unternehmen im Rahmen der Prüfung nach § 55a Abs. 3 Nr. 3 AWV analog § 125 GWB Gelegenheit zur Selbstreinigung zu geben. Neben den Tätigkeiten des ausländischen Investors werden außerdem die Aktivitäten der für ihn handelnden Personen berücksichtigt. Insoweit hat der deutsche Verordnungsgeber den ihm zustehenden Spielraum zur Konkretisierung der Kriterien der Screening-VO genutzt, was zu begrüßen ist.

145 Das BMWK sieht in der Allgemeinverfügung[235] hinsichtlich der gem. § 57 AWV im Rahmen eines sektorübergreifenden Investitionskontrollverfahrens

---

[232] Vgl. Art. 4 Abs. 2a (b) des geänderten Textvorschlages im Gesetzgebungsverfahren vor dem Europäischen Parlament, Plenarsitzungsdokument A8-0198/2018 v. 4.6.2018.

[233] Vgl. Walter RIW 2019, 473 (479).

[234] BAnz AT 2.6.2020 V1.

[235] BAnz AT 11.6.2021 B2.

einzureichenden Unterlagen vor, dass Informationen über die vertretungsberechtigten Personen und die sonstigen Beteiligungsverhältnisse des Erwerbers einzureichen sind, um so etwaige staatliche Beteiligungen oder Finanzierungen überprüfen zu können. Außerdem arbeitet das BMWK mit Sicherheitsbehörden zusammen, um mögliche Sicherheitsrisiken im Zusammenhang mit den Aktivitäten des Erwerbers aufzuklären.[236]

H. Der Kooperationsmechanismus

Die Screening-VO sieht in Art. 6–11 Screening-VO einen Kooperationsmechanismus vor, der zwischen den Mitgliedstaaten der EU sowie den Mitgliedstaaten und der Europäischen Kommission eingerichtet wurde. Der Kooperationsmechanismus sieht **Meldepflichten der Mitgliedstaaten** für Direktinvestitionen in ihrem Hoheitsgebiet sowie einen Informationsaustausch zwischen den Mitgliedstaaten vor. Art. 6 und 7 Screening-VO regeln die Zusammenarbeit zwischen den Dienststellen der Europäischen Kommission und den Mitgliedstaaten sowie den Mitgliedstaaten untereinander „im Zusammenhang mit ausländischen Investitionen die einer Überprüfung unterzogen werden" (Art. 6 Screening-VO) und in Art. 7 Screening-VO „im Zusammenhang mit ausländischen Direktinvestitionen, die keiner Prüfung unterzogen werden". Der im Detail in den beiden Artikeln geregelte Kooperationsmechanismus beruht auf der gegen- und allseitigen Information im Netzwerk zwischen den Behörden der Kommission und den Mitgliedstaaten über aktuelle Prüfungsfälle und schafft eine Plattform für die Mitteilung etwaiger Einwände mit Rücksicht auf die Sicherheit oder die öffentliche Ordnung nicht nur in dem jeweils von der Prüfung betroffenen Mitgliedstaat, sondern auch in anderen Mitgliedstaaten. Ausgangspunkt der Kooperation nach Art. 6 Screening-VO ist eine verpflichtende Mitteilung des eine ausländische Direktinvestition prüfenden Mitgliedstaates an die Kommission und die anderen Mitgliedstaaten.   **146**

Die Mitgliedstaaten können Bedenken mit Rücksicht auf die Sicherheit oder öffentliche Ordnung auf ihrem eigenen Hoheitsgebiet zu Verfahren, die in anderen Mitgliedstaaten geführt werden, äußern. Die Kommission kann ihre Meinung zur möglichen Beeinträchtigung der Sicherheit oder öffentlicher Ordnung in allen Mitgliedstaaten mitteilen. Sie ist verpflichtet, eine **Stellungnahme** in sog. „begründeten Fällen" abzugeben, wenn **mindestens ein Drittel der Mitgliedstaaten Bedenken** betreffend die Sicherheit oder öffentliche Ordnung in ihren eigenen Territorien angemeldet haben. Nach Art. 6 Abs. 6 und 7 Screening-VO unterliegt dieser Meinungsaustausch zwischen Kommission und Mitgliedstaaten einem relativ strengen Fristenregime. Nach Art. 6 Abs. 8 Screening-VO sind den Mitgliedstaaten jedoch in Ausnahmefällen auch vorzeitige Entscheidungen bei Notwendigkeit „sofortigen Handelns" möglich.   **147**

Seit die EU den Kooperationsmechanismus eingeführt hat, sind in Deutschland eine beträchtliche **Anzahl von Fällen, die von anderen EU-Mitgliedstaaten gemeldet wurden** und zuvor kein nationales Verfahren durchlaufen hatten, geprüft worden. Im Jahr 2022, dem letzten Zeitraum, für den Fallzahlen verfügbar sind, hatte fast die Hälfte der von den deutschen Behörden bearbeite-   **148**

---

[236] Vgl. Jungkind/Bormann NZG 2020, 619 (621).

ten Fälle ihren Ursprung im Kooperationsmechanismus.[237] Dieser Anstieg indiziert die wirksame Einflussnahme auf das Ermessen der nationalen Behörden anderer Mitgliedstaaten durch den Kooperationsmechanismus. Auch lassen **Rückfragen im Rahmen des Kooperationsmechanismus** Rückschlüsse darauf zu, von welchen Mitgliedstaaten das Investitionsvorhaben kritisch überprüft wird, was zu größerer Transparenz führen kann. Dies gilt allerdings nur dann, wenn die Rückfragen aus dem Kooperationsmechanismus auch an die Parteien weitergeleitet werden. Zumindest einige nationale Behörden beantworten Rückfragen teilweise allerdings ohne Beteiligung der Parteien. Diese **mangelnde Transparenz** ist besonders kritisch, wenn die Behörde die Angaben anderer Mitgliedstaaten in ihre eigene Prüfung einbeziehen möchte oder eine mögliche ablehnende Entscheidung auf Anmerkungen anderer EU-Mitgliedstaaten stützen möchte, ohne Informationen dazu an die Unternehmen weiterzugeben, welche Erwägungen von anderen Mitgliedstaaten eingereicht wurden. Dies schränkt das Recht der Parteien auf **rechtliches Gehör** ein, indem es Ihnen die Möglichkeit nimmt, angemessene Lösungen zu entwickeln, um die Bedenken der Verwaltung auszuräumen.[238]

I. Mitteilungspflichten

149   Der Kooperationsmechanismus sieht vor, dass die Mitgliedstaaten der Kommission und den übrigen Mitgliedstaaten alle ausländischen Direktinvestitionen in ihrem Hoheitsgebiet mitteilen müssen. Durch diese Mitteilungspflicht soll sichergestellt werden, dass die übrigen Mitgliedstaaten und die Kommission vom geplanten Investitionsvorhaben erfahren und ihre Rechte wahrnehmen können.

150   Die in Art. 6 und 7 Screening-VO vorgesehenen Kooperationsmechanismen unterscheiden sich darin, dass Art. 7 Screening-VO ausländische Direktinvestitionen betrifft, die in dem Mitgliedstaat, an dessen Adresse Kommentare anderer Mitgliedstaaten oder eine Stellungnahme der Europäischen Kommission gerichtet werden, die Direktinvestition keiner Überprüfung iSv Art. 2 Nr. 4 Screening-VO unterzieht, während Art. 6 Screening-VO dabei den Kooperationsmechanismus für den Fall regelt, dass der Mitgliedstaat, in dem die ausländische Direktinvestition geplant ist, eine Überprüfung der Investition vorsieht. Der Inhalt der Mitteilung bestimmt sich nach Art. 9 Abs. 2 Screening-VO.

151   **1. Mitteilungspflicht bei nationaler Investitionskontrolle.** Gem. Art. 6 Abs. 1 Screening-VO sind die Mitgliedstaaten verpflichtet, der Kommission und den restlichen Mitgliedstaaten alle ausländischen Direktinvestitionen in ihrem Hoheitsgebiet zu melden. Allerdings wird aus den Vorgaben nicht eindeutig ersichtlich, in welchen Fällen eine solche Meldepflicht besteht. Einige Mitgliedstaaten interpretieren diese Vorschrift so, dass nur Investitionen gemeldet werden müssen, die einer vertieften Prüfung unterzogen werden. Dazu zählt auch das BMWK,

---

[237] Im Jahr 2022 gab es in Deutschland 306 nationale Meldeverfahren im Vergleich zu 264 reinen EU-Notifizierungen, zu denen es kein nationales Investitionskontrollverfahren gibt, sondern welche ausschließlich durch einen oder mehrere EU-Mitglieder über den Kooperationsmechanismus notifiziert wurden. Dazu BMWK, Investitionsprüfung in Deutschland: Zahlen und Fakten, Stand: 9.1.2023, S. 3, abrufbar unter https://www.bmwk.de/Redaktion/DE/Publikationen/Aussenwirtschaft/investitionsprufung-in-deutschland-zahlen-und-fakten.html (zuletzt abgerufen am 24.7.2023).

[238] Vgl. Barth/dos Santos Goncalves DB 2021, 2949 (2954).

welches Investitionen im Rahmen des Kooperationsmechanismus erst nach Eröffnung des materiellen Prüfverfahrens („Phase-2-Prüfung") und nicht etwa bereits mit Antrag auf Unbedenklichkeitsbescheinigung oder der Meldung („Phase-1") meldet.[239] Die Kommission scheint diese Auslegung vor dem Hintergrund zu unterstützen, dass sie im Jahresbericht die Anzahl der Investitionen, die auch förmlich überprüft wurden, gesondert ausweist.[240] Auch der Wortlaut der Verordnung spricht dafür, da als „ausländische Direktinvestitionen, die einer Überprüfung unterzogen werden",[241] nur solche Investitionen verstanden werden, die einer förmlichen Prüfung unterzogen werden, was nur bei vertieften Prüfungen der Fall ist. Da dies allerdings nicht von allen Mitgliedstaaten gleich gehandhabt wird und die Verfahren nicht in allen Mitgliedstaaten in zwei Phasen unterteilt werden, besteht keine Kohärenz zwischen der Anwendungspraxis der Mitgliedstaaten. Die Anknüpfung an das starre und unklare Kriterium der förmlichen Prüfung stößt insbesondere deshalb auf Kritik, da das Kriterium dazu führe, dass einige offensichtlich irrelevante Informationen an alle anderen Mitgliedstaaten übermittelt werden, während relevante Informationen nicht zur Kenntnis gebracht werden.[242] Einerseits müssen nämlich Transaktionen auch gemeldet werden, wenn Auswirkungen auf andere Mitgliedstaaten fernliegen. Andererseits besteht eine Mitteilungspflicht für einen Mitgliedstaat nur dann, wenn eine Transaktion in diesem Mitgliedstaat einer förmlichen Prüfung unterzogen wird, weshalb in Ermangelung eines anwendbaren Investitionskontrollregimes oder wenn auf die Einleitung eines förmlichen Verfahrens verzichtet wird, keine Information der anderen Mitgliedstaaten erfolgt.

152 Die OECD schlägt dazu vor, den Mitgliedstaaten die Möglichkeit einzuräumen, einen Vorgang nicht zu melden, der keine Auswirkungen über ihre eigenen Grenzen hinaus hat und bei denen sie vernünftigerweise nicht erwarten können, dass die Investition für andere Mitgliedstaaten von Interesse ist, was durch eine Ausnahme von der Meldepflicht umgesetzt werden könnte. Umgekehrt sollen Direktinvestitionen auch vor Einleitung des förmlichen Prüfverfahrens mitgeteilt werden, wenn sie nach Einschätzung dieses Mitgliedstaats wahrscheinlich oder potenziell die Sicherheit oder die öffentliche Ordnung anderer Mitgliedstaaten oder Vorhaben oder Programme von Unionsinteresse beeinträchtigen.[243]

153 Eine Ausnahme von der Mitteilungspflicht kommt gem. Art. 346 Abs. 1 lit. a AEUV iVm Art. 1 Abs. 2 Screening-VO in Betracht, wenn die Mitteilung die **Beeinträchtigung wesentlicher Sicherheitsinteressen** des Mitgliedstaates zur Folge hätte, was jedoch von den Mitgliedstaaten nachzuweisen ist. Eine grundsätzliche Ausnahme von der Mitteilungspflicht besteht damit allerdings auch im Bereich der sektorspezifischen Prüfungsfrist gem. §§ 60 ff. AWV nicht. Dieser Ansicht scheint das BMWK auch insoweit zu folgen, als es grundsätzlich auch die **sektorspezifische Überprüfung** von Direktinvestitionen über den Kooperationsmechanismus mitteilt.[244] Allerdings unterscheidet das BMWK bisweilen dabei auch

---

[239] Vgl. OECD, Framework for Screening Foreign Direct Investment into the EU – Assessing effectiveness and efficiency (2022), 109.

[240] Vgl. 1. Bericht v. 23.11.2021, COM (2021) 714 final S. 10 f., 15.

[241] Art. 2 Nr. 5 Screening-VO.

[242] Vgl. OECD, Framework for Screening Foreign Direct Investment into the EU – Assessing effectiveness and efficiency (2022), 79, 80.

[243] OECD, Framework for Screening Foreign Direct Investment into the EU – Assessing effectiveness and efficiency (2022), 79, 80.

[244] Vgl. OECD, Framework for Screening Foreign Direct Investment into the EU – Assessing effectiveness and efficiency (2022), 108.

nicht zwischen der sektorspezifischen Prüfung in Bezug auf inner- und außereuropäische Investoren, wobei nur letzterer Fall von der Screening-VO erfasst ist.

154   **2. Verfahren ohne nationale Investitionskontrolle.** Der Kooperationsmechanismus greift auch dann ein, wenn eine ausländische Direktinvestition nicht vom Empfängermitgliedstaat überprüft wird. Art. 7 Screening-VO sieht in diesem Fall keine Mitteilungspflicht der Mitgliedstaaten vor. den übrigen Mitgliedstaaten und der Kommission die Direktinvestition mitzuteilen. Dies gilt unabhängig davon, ob die Überprüfung deshalb nicht stattfindet. weil der Mitgliedstaat keinen Investitionskontrollmechanismus eingeführt hat oder weil die geplante Investition nicht die Kriterien überprüfbarer Investitionen erfüllt bzw. die Schwellenwerte nicht erreicht.[245]

155   Die anderen Mitgliedstaaten und die Kommission sind aber deshalb nicht daran gehindert, Kommentare an den Mitgliedsstaat, in dem die Direktinvestition stattfindet, zu richten, soweit diese anderen Mitgliedsstaaten der Auffassung sind, dass ihre Sicherheit oder öffentliche Ordnung durch die Direktinvestition voraussichtlich beeinträchtigt ist (Art. 7 Abs. 1 Screening-VO). Die Kommission kann eine Stellungnahme abgeben, wenn sie die Belange der Sicherheit oder der öffentlichen Ordnung „in mehr als einem Mitgliedstaat" voraussichtlich beeinträchtigt sieht (Art. 7 Abs. 2 S. 1 Screening-VO). Für diese Kommentare oder die Stellungnahme der Kommission besteht nach Art. 7 Abs. 4 Screening-VO eine Begründungspflicht.

156   Die Kommission und die anderen Mitgliedstaaten können den (nicht) prüfenden Mitgliedstaat auch bei fehlender Mitteilungspflicht um Informationen ersuchen, sollten sie davon ausgehen, dass eine ausländische Direktinvestition, die keiner Überprüfung unterzogen wird, voraussichtlich die eigene Sicherheit oder die öffentliche Ordnung beeinträchtigt.[246] Dabei ist das **Informationsersuchen** hinreichend zu begründen, muss auf die erforderlichen Informationen zur Abgabe von Kommentaren und Stellungnahmen beschränkt sowie verhältnismäßig sein[247] und darf den Empfängermitgliedstaat „nicht über Gebühr" belasten.[248] Die Reichweite des Informationsersuchen ergibt sich aus Art. 9 Screening-VO.

157   In der Regel werden den Mitgliedstaaten, die keinen Überprüfungsmechanismus vorsehen, diese Informationen nicht vorliegen. Nach Art. 9 Abs. 4 Screening-VO sind Investoren allerdings verpflichtet, den Mitgliedstaaten etwaige Informationen nach Aufforderung zur Verfügung zu stellen. Zwar ist die Norm als Teil der Verordnung direkt anwendbar und begründet einen **unmittelbaren Auskunftsanspruch der Mitgliedstaaten** gegen die Investoren, sodass keine Umsetzung erforderlich ist. Im Interesse der Rechtssicherheit sollten die Mitgliedstaaten darüber hinaus aber auch durch nationale Vorschriften klare Fristen für die Bereitstellung der festlegen.

II. Reichweite des Informationsaustauschs

158   Welche Informationen die Mitgliedstaaten einander bzw. der Kommission nach dem Kooperationsmechanismus der Art. 6 und 7 Screening-VO mitteilen, ist in

---

[245] Vgl. Schladebach/Becker NVwZ 2019, 1076 (1078) mit dem Fallbeispiel des geplanten Erwerbs der 50Hertz Transmission GmbH.
[246] Art. 9 Abs. 3 Screening-VO.
[247] Art. 7 Abs. 5 UAbs. 2 Screening-VO.
[248] Art. 7 Abs. 4 UAbs. 3 Screening-VO.

Art. 9 Screening-VO geregelt. Dies sind nach Art. 9 Abs. 2 Screening-VO Informationen über die **Eigentumsstruktur** der auf beiden Seiten beteiligten Unternehmen, „einschließlich Informationen zum tatsächlichen Investor und zur Kapitalbeteiligung". Die Regelung soll den Behörden erlauben, „durch eine Gesellschaft durchzuschauen", Informationen über den **Wert der Investition** sowie die **Produkte, Dienstleistungen und Geschäftsvorgänge** der beteiligten Unternehmen, die **betroffenen Mitgliedstaaten**, die **Finanzierung der Investition** sowie den **Zeitplan** für die Durchführung der Transaktion zu erhalten. Diese Informationen sind nach Art. 10 Screening-VO vertraulich zu behandeln. Die Europäische Kommission hat für die Übermittlung dieser Daten ein Formblatt in englischer Sprache entwickelt.[249] Dieses Formblatt schließt auch Fragen zu sog. „Green-Field"-Investitionen ein, sowie in Übereinstimmung mit Art. 9 Abs. 2 lit. a Screening-VO, Informationen zum **eigentlichen Eigentümer** auf Seiten der beteiligten Unternehmen. Angaben zur „möglichen Beeinträchtigung der Sicherheit oder öffentlichen Ordnung in den Mitgliedstaaten" werden weder in Art. 9 Screening-VO noch in dem Formblatt angesprochen.

Die Investoren werden durch die Verordnung direkt dazu verpflichtet, die Informationen bereitzustellen, und müssen dem „unverzüglich" nachkommen. Nach unionsautonomer Auslegung erfordert dies zügiges Handeln. Eine klare Frist folgt daraus gemäß der Rechtsprechung des EuGH nicht.[250]   **159**

Die gem. Art. 9 Abs. 2 Screening-VO mitzuteilenden Informationen werden in der Regel bereits im Rahmen der nationalen Investitionskontrolle abgefragt, wobei in Deutschland die einzureichenden Informationen durch § 55a Abs. 4 AWV und die Allgemeinverfügung[251] gem. § 55a Abs. 4 S. 6 AWV festgelegt werden. Die **einzureichenden Informationen** sind im Wesentlichen deckungsgleich mit dem Informationskatalog des Art. 9 Abs. 2 Screening-VO und fragen zusätzlich den Bezug der Investition zu Projekten und Programmen von Unionsinteresse ab. Der durch die Informationsübermittlung im Rahmen des Kooperationsmechanismus verursachte Mehraufwand ist damit verhältnismäßig gering, könnte allerdings durch eine Angleichung der nationalen Formblätter an das EU-Formblatt und/oder die Möglichkeit, nationale Anmeldungen auch auf Englisch einreichen zu können, weiter verringert werden.   **160**

III. Stellungnahmen und Kommentare

Das Kommentar- und Stellungnahmerecht besteht sowohl in Fällen, in denen der Empfängermitgliedstaat die Direktinvestition überprüft und mitteilt (Art. 6 Screening-VO) als auch in Fällen, in denen keine Überprüfung stattfindet (Art. 7 Screening-VO). Eine **Pflicht** zur Abgabe von Kommentaren oder Stellungnahmen besteht grundsätzlich nicht. Die Erklärungen der Kommission in diesem Verfahren weisen die Rechtsqualität einer (**unverbindlichen**) „Stellungnahme" nach Art. 288 Abs. 1 und 5 AEUV auf.   **161**

1. Kommentare der Mitgliedstaaten. Die Mitgliedstaaten können gem. Art. 6 Abs. 2 Screening-VO Kommentare abgeben, wenn sie die eigene Sicherheit oder öffentliche Ordnung durch eine ausländische Direktinvestition, die in einem   **162**

---

[249] Request for Information from the Investor for the purpose of notifications pursuant to Article 6 of Regulation (EU) 2019, 452.

[250] EuGH BeckRS 1999, 55443 Rn. 25.

[251] Banz AT 11.6.2021 B2.

anderen Mitgliedstaat geprüft wird, für beeinträchtigt halten. Dasselbe gilt gem. Art. 7 Abs. 1 Screening-VO auch für den Fall, in dem eine ausländische Direktinvestition in einem anderen Mitgliedstaat geplant oder vollzogen wird, ohne dass der Empfängermitgliedstaat eine Überprüfung vornimmt. Kommentare können ferner dann abgegeben werden, wenn die Mitgliedstaaten über einschlägige Informationen im Zusammenhang mit der ausländischen Direktinvestition verfügen. Auch können die Mitgliedstaaten durch Kommentare gem. Art. 8 Abs. 2 lit. b Screening-VO ihre Auffassung dazu abgeben, ob die ausländische Direktinvestition voraussichtlich Projekte und Programme von Unionsinteresse beeinträchtigt.

163   Der übermittelnde Mitgliedstaat ist dazu verpflichtet, die Kommentare gleichzeitig an die Kommission zu übermitteln. Die Kommission informiert die übrigen Mitgliedstaaten sodann darüber, dass ein Kommentar abgegeben wurde.

164   **2. Stellungnahmerecht der Kommission.** Die Kommission kann gem. Art. 6 Abs. 3 Screening-VO sowie gem. Art. 7 Abs. 2 Screening-VO eine **Stellungnahme** abgeben, wenn sie der Auffassung ist, dass „eine in einem Mitgliedstaat geplante oder abgeschlossene ausländische Direktinvestition, die in diesem Mitgliedstaat keiner Überprüfung unterzogen wird, voraussichtlich die Sicherheit oder die öffentliche Ordnung in mehr als einem Mitgliedstaat beeinträchtigt." Das Recht zur Stellungnahme steht der Kommission auch dann zu, wenn sie über relevante Informationen im Zusammenhang mit dieser ausländischen Direktinvestition verfügt. Dabei besteht das Stellungnahmerecht unabhängig davon, ob die Mitgliedstaaten die Gelegenheit genutzt haben, Kommentare abzugeben. Der Kommission steht aber ein **zusätzlicher Zeitrahmen** zu, um eine Stellungnahme als Reaktion auf Kommentare der Mitgliedstaaten abzugeben. In 2021 machte die Kommission nur in 3 % der Fälle vom Recht zur Stellungnahme Gebrauch.[252] Eine Ausnahme von der Regel, dass die Kommission nicht zur Abgabe von Stellungnahmen verpflichtet ist, besteht dann, wenn ein Drittel der übrigen Mitgliedstaaten eine Beeinträchtigung ihrer Sicherheit oder öffentliche Ordnung befürchten.[253]

165   Eine noch engere Form der Zusammenarbeit zwischen Mitgliedstaaten und Kommission ist in Art. 8 Screening-VO vorgesehen, der Direktinvestitionen betrifft, „die voraussichtlich **Projekte oder Programme von Unionsinteresse beeinträchtigen**". Nach Art. 8 Abs. 3 Screening-VO sind Projekte oder Programme dieser Art „solche, bei denen Unionsmittel in erheblicher Höhe oder zu einem wesentlichen Teil bereitgestellt werden oder die unter die Rechtsvorschriften der Union über kritische Infrastrukturen, kritische Technologien oder kritische Ressourcen, die für die Sicherheit oder die öffentliche Ordnung wesentlich sind, fallen". Diese Projekte und Programme sind nach Art. 8 Abs. 3 S. 2 Screening-VO im Anhang zur Screening-VO aufgelistet. In der ursprünglichen Fassung enthielt der Anhang insgesamt 8 Projekte, so zB die europäischen GNSS-Programme Galileo und EGNOS, die Programme über das Transeuropäische Verkehrsnetz (TEN-T) oder über die Transeuropäischen Energienetze (TEN-E). Gem. Art. 8 Screening-VO ist die Kommission ermächtigt, diesen Anhang durch delegierte VO zu ändern. Dies ist inzwischen zweimal geschehen (→ Rn. 17).

166   Wie auch im Rahmen des Verfahrens nach den Art. 6 und 7 Screening-VO können sowohl die Mitgliedstaaten Kommentare als auch die Kommission eine Stellungnahme zur möglichen Beeinträchtigung von Projekten und Programmen mit Unionsinteresse abgeben. Dies folgt aus Art. 8 Abs. 1 Screening-VO.

---

[252] Vgl. Zweiter Jahresbericht v. 1.9.2022, COM (2022) 433 final 19.
[253] Art. 6 Abs. 3 Screening-VO und Art. 7 Abs. 2 Screening-VO.

3. Verbindlichkeit der Kommentare und Stellungnahmen. a) Berück- **167** sichtigung „in angemessener Weise". Der Mitgliedstaat, welcher die ausländische Direktinvestition empfängt, ist gem. Art. 6 Abs. 9 Screening-VO und Art. 7 Abs. 7 Screening-VO dazu verpflichtet, die Kommentare und Stellungnahmen **„in angemessener Weise" zu berücksichtigen**. Damit liegt das abschließende Entscheidungsrecht nach Art. 6 Abs. 9 S. 2 Screening-VO weiterhin nur bei dem Mitgliedstaat, der das jeweilige Verwaltungsverfahren durchführt. Das entspricht auch der primärrechtlichen Vorgabe in Art. 4 Abs. 2 UAbs. 3 EUV, wonach die nationale Sicherheit in die alleinige Verantwortung der einzelnen Mitgliedstaaten fällt. Die zuständige Behörde muss die Bedenken der anderen Mitgliedstaaten aber in Rahmen der Ermessensentscheidung miteinbeziehen, wobei die Nichtbeachtung oder die nicht angemessene Beachtung einen **Ermessensfehler** darstellt. Auch wenn Art. 6 Screening-VO ersichtlich darauf abzielt, eine möglichst materiell einheitliche Entscheidung durch die ggf. parallel zuständigen Behörden der Mitgliedstaaten zu ermöglichen, sind nach dieser Vorschrift voneinander abweichende Entscheidungen der Mitgliedstaaten ohne Weiteres möglich. Ein Einigungszwang besteht somit nicht.

Im Fall des Art. 7 Screening-VO ist allerdings fraglich, welche Pflichten einem **168** nicht nach den Regeln der nationalen Investitionskontrolle prüfenden Mitgliedstaat aus dem möglichen Eingang solcher Kommentare anderer Mitgliedstaaten oder einer Stellungnahme der Kommission erwachsen können, da dieser Mitgliedstaat gerade **keine Überprüfung der Direktinvestition durchführt**. Dies bleibt nach der Screening-VO unklar. In welchem Rahmen er diese Berücksichtigung durchführen soll, ergibt sich nicht aus dem verfügenden Teil der Screening-VO, sondern nur im Ansatz aus Erwägungsgrund 17 Screening-VO, wonach die Durchführung (oder Nichtdurchführung) einer solchen Prüfung und die endgültige Entscheidung „weiterhin in die **alleinige Verantwortung des Mitgliedstaates** [fällt], in dem die ausländische Direktinvestition geplant ist oder abgeschlossen wurde.[254] Erwägungsgrund 17 Abs. 1 Screening-VO verweist insoweit auf Alternativen zu der nicht durchgeführten investitionsrechtlichen Prüfung, nämlich auf andere „Maßnahmen, die nach seinem [des Mitgliedstaates] nationalen Recht zur Verfügung stehen, oder im Rahmen seiner breiter angelegten Politik".[255] Dies könnte zunächst verstanden werden als Verweis auf andere Regime des WiVerwR zur Prüfung von ausländischen Direktinvestitionen, zB diejenigen, die in Art. 21 FKVO genannt werden. Die Formulierung in Erwägungsgrundgrund 17 Abs. 1 Screening-VO wäre gleichwohl problematisch, weil auch diese anderen Verfahren dem Rechtsstaatsprinzip unterliegen. Insofern kann man die „Berücksichtigung" von Kommentaren oder Stellungnahmen der anderen Mitgliedstaaten bzw. der Kommission lediglich als Anregung zur Prüfung zusätzlich mitgeteilten Sachverhalts verstehen.

Der Hinweis auf die „**breiter angelegte Politik**" (engl. Fassung „broader **169** policy-making") sollte im Interesse des Rechtsstaatsprinzips nicht so verstanden werden, dass sie die Verpflichtung zur „loyalen Zusammenarbeit" nach Art. 4 Abs. 3 EUV den Mitgliedstaat, welcher diese Kommentare bzw. die Stellungnahme empfängt, veranlassen können, einem ausländischen Investor zB über eine aggressive Pressekampagne mitzuteilen, „er sei nicht willkommen".

b) „Umfassend Rechnung tragen". Nach Art. 8 Abs. 2 lit. c Screening-VO **170** ist in Fällen, in denen ein **Projekt oder Programm von Unionsinteresse**

---

[254] Erwägungsgrund 17 Abs. 2 Screening-VO.
[255] Siehe zur Praxis sog. Entmutigungsgespräche: Barth/dos Santos DB 2021, 2949 (2954).

betroffen ist, der Stellungnahme der Kommission „**umfassend Rechnung [zu] tragen**" und der von einer ausländischen Direktinvestition betroffene Mitgliedstaat muss gegenüber der Kommission erklären, falls er deren Stellungnahme nicht nachkommt. Auch wenn das Recht zur abschließenden Entscheidung nach Erwägungsgrund 19 Abs. 2 Screening-VO weiterhin ausschließlich bei dem betroffenen Mitgliedstaat liegt, dürfte der Gesetzgeber durch die im Vergleich zu Art. 6 Abs. 9 Screening-VO und Art. 7 Abs. 7 Screening-VO (dort nur Berücksichtigung „in angemessener Weise") gewählte Formulierung einen **höheren Grad an politischer Bindung** des die Stellungnahme empfangenden Mitgliedstaates im Rahmen der Verpflichtung zur loyalen Zusammenarbeit nach Art. 4 Abs. 3 EUV intendiert haben. Der englischsprachige Wortlaut bestätigt dies: „Take utmost account" statt „give due consideration". Entsprechend fordert die Kommission in ihren FAQ zur Screening-VO,[256] dass die Mitgliedstaaten **in der Regel den Stellungnahmen Folge leisten** müssen oder anderenfalls die **Gründe für die Nichtbeachtung darlegen** müssen.[257] Die Kommission scheint folglich von einer bloßen Bindungswirkung auszugehen. Nach Presseberichten ist aber beispielsweise das BMWK mit seiner Teiluntersagung iS Cosco/HHLA der Stellungnahme der Kommission bestenfalls teilweise gefolgt.[258]

171   Zum Rechtsschutz gegen eine Stellungnahme der Kommission vgl. → Rn. 180 ff.

IV. Prüffristen

172   Gem. Art. 6 Abs. 6 Screening-VO müssen die Kommission und die Mitgliedstaaten innerhalb von 15 Kalendertagen ab Eingang der Mitteilung des Empfängermitgliedstaats mitteilen, ob sie beabsichtigen, Kommentare oder eine Stellungnahme abzugeben. Art. 6 Abs. 7 Screening-VO legt sodann fest, dass Kommentare und Stellungnahmen nach einer „vertretbaren Frist" spätestens aber nach einer Frist von 35 Kalendertagen nach Eingang der Mitteilung des Empfängermitgliedstaats einzureichen sind. Die Kommission kann innerhalb von 5 Kalendertagen nach Ablauf dieser Frist mit Stellungnahmen auf Kommentare der Mitgliedstaaten reagieren. Im Fall eines zusätzlichen Informationsersuchens gilt eine Frist von 20 Kalendertagen ab Eingang der angefragten Informationen bzw. ab Mitteilung, dass die Beschaffung der Informationen nicht möglich ist.

173   Im Anwendungsbereich des Art. 7 Screening-VO besteht ebenfalls eine Frist von 35 Kalendertagen ab Eingang der angeforderten Informationen. Die Kommission hat für eine auf die Kommentare der Mitgliedstaaten folgende Stellungnahme

---

[256] Kommission Antworten auf häufig gestellte Fragen zur Verordnung (EU) 2019/452 zur Schaffung eines Rahmens für die Überprüfung ausländischer Direktinvestitionen in der Union, Frage 29, abrufbar unter: https://circabc.europa.eu/ui/group/be8b568f-73f3-409c-b4a4-30acfcec5283/library/7c76619a-2fcd-48a4-8138-63a813182df2/details, (zuletzt abgerufen am 7.6.2023).

[257] Kommission Antworten auf häufig gestellte Fragen zur Verordnung (EU) 2019/452 zur Schaffung eines Rahmens für die Überprüfung ausländischer Direktinvestitionen in der Union, Frage 29, abrufbar unter: https://circabc.europa.eu/ui/group/be8b568f-73f3-409c-b4a4-30acfcec5283/library/7c76619a-2fcd-48a4-8138-63a813182df2/details zuletzt abgerufen am 7.6.2023).

[258] Tagesspiegel vom 22.10.2022, abrufbar unter: https://www.tagesspiegel.de/wirtschaft/wegen-sicherheitsbedenken-eu-kommission-warnte-bereits-vor-monaten-vor-einstieg-chinas-im-hamburger-hafen-8786737.html (zuletzt abgerufen am 7.6.2023).

aber zusätzlich 15 statt 5 Kalendertage Zeit. Die gesamte Frist für Kommentare bzw. Stellungnahmen kann also deutlich mehr als 35 Kalendertage betragen, bspw. wenn der überprüfende Mitgliedstaat die zusätzlich ersuchten Informationen erst mit einer erheblichen Verzögerung übermittelt. Für die Beantwortung von Informationsersuchen durch die Mitgliedstaaten gibt es keine Frist und die Mitgliedstaaten haben bisher in sehr unterschiedlichen Zeiträumen auf Informationsersuchen der Kommission reagiert, wobei sie für die Beantwortung der Fragen oft (aber nicht immer) vom Investor abhängen.[259]

Die Screening-VO stellt zwar **keine konkreten Vorgaben an den Zeitrahmen**   **174** der nationalen Prüfungsmechanismen (→ Rn. 86), allerdings muss die Frist ausreichend lang sein, um zu gewährleisten, dass die **Vorgaben des Kooperationsmechanismus eingehalten werden** und insbesondere die Stellungnahmen der Kommission und der anderen Mitgliedstaaten berücksichtigt werden können. Damit liegt faktisch eine Mindestfrist vor, was bedeutet, dass die nationalen **Prüfungen sich im Interesse des Kooperationsverfahrens verlängern können**. Um sicherzustellen, dass die Kommentare bzw. Stellungnahmen der anderen EU-Mitgliedstaaten und der EU-Kommission abgewartet und beachtet werden, haben die Mitgliedstaaten verschiedene Instrumente eingeführt. Während Österreich seine nationalen Fristen vollständig an die Fristen des Kooperationsmechanismus angepasst hat bzw. erst beginnen lässt, wenn die Fristen des Kooperationsmechanismus verstrichen sind, werden bspw. in Italien und Litauen die nationalen Prüffristen bis zum Eingang der Stellungnahme des Mitgliedstaats oder der Europäischen Kommission ausgesetzt.[260] In den Niederlanden kann die Prüffrist um drei Monate verlängert werden, wenn ein Investitionsvorhaben in den Anwendungsbereich der Screening-VO fällt.[261]

Die **deutsche Investitionskontrolle** sieht eine solche Anpassung an die Fris-   **175** ten des Kooperationsmechanismus nicht vor. Für die Unbedenklichkeitsbescheinigung sieht § 58 Abs. 2 AWV eine Frist von zwei Monaten vor, um ein vertieftes Prüfverfahren iSd § 55 Abs. 1 AWV einzuleiten, wobei sich die Frist im Prüfverfahren, um regelmäßig vier Monate verlängert. Vor dem Hintergrund der Regelungen des Art. 6 und 7 Screening-VO besteht die Möglichkeit, dass diese nationalen Fristen nicht immer eingehalten werden. Soweit ersichtlich hat dies in der Praxis jedoch bisher zu keinen Problemen geführt.

Eine **Maximalfrist** bis zum Erlass einer Überprüfungsentscheidung wird durch   **176** die Screening-VO ebenfalls nicht vorgesehen. Eine Begrenzung ergibt sich nur durch den **Verhältnismäßigkeitsgrundsatz**, der im Rahmen der EU-Grundrechte und Grundfreiheiten Anwendung findet. Im Interesse der Rechtssicherheit, zum Schutz des Investitionsklimas sowie um dem Transparenzgebot Wirksamkeit zu verschaffen, wäre die Einführung einer solchen Maximalfrist wünschenswert. Da aus Sicht des Investors für einen Transaktionszeitplan stets die längste anwendbare Frist entscheidend ist, würde die Einführung von Höchstfristen für die verschiedenen Verfahrensstufen zu einer erhöhten Planbarkeit auf Seiten der Investoren sorgen und die oft kostenintensive Einplanung langer Fristen vermeiden. Vor dem Hintergrund der Vielzahl meldepflichtiger Investitionen, die investitionskontrollrechtlich unproblematisch sind, wäre dies wünschenswert.[262]

---

[259] Vgl. Zweiter Jahresbericht v. 1.9.2022, COM (2022) 433 final 19.

[260] Für einen Überblick über die nationalen Prüffristen der Mitgliedstaaten siehe OECD, Framework for Screening Foreign Direct Investment into the EU – Assessing effectiveness and efficiency (2022), 36, 76 ff.

[261] Vgl. Art. 12 Wet Veiligheidstoets Investeringen, Fusies en Overnames (Vifo).

[262] Vgl. Salaschek BB 2022, 1609 (1611).

177   Die OECD problematisiert im Gegensatz dazu die teils „ehrgeizigen" Fristen der Mitgliedstaaten, die nicht genügend Raum für die Anwendung des Kooperationsmechanismus lassen würden. Der Bericht fordert daher vielmehr eine Verlängerung der nationalen Fristen am Beispiel der Niederlande und Österreich.[263]

V. Kontaktstellen und Expertengruppen

178   Für den Informations- und Meinungsaustausch zwischen Kommission und Mitgliedstaaten sind nach Art. 11 Screening-VO allseitig sog. „**Kontaktstellen**" einzurichten, die nach Art. 11 Abs. 2 Screening-VO auch in der Lage sein müssen, über ein „sicheres und verschlüsseltes System" miteinander zu kommunizieren. Kontaktstelle für die Bundesrepublik Deutschland ist das Bundesministerium für Wirtschaft und Klimaschutz, für Österreich ist dies das Bundesministerium für Wirtschaft und Arbeit. Im BMWK widmen sich zwei Referate der Investitionskontrolle.[264] Eine weitere Ausweitung der personellen Kapazitäten ist zu erwarten.[265]

179   Nach Art. 11 Screening-VO werden Kommission und Mitgliedstaaten bei der Überprüfung ausländischer Direktinvestitionen von einer **Expertengruppe** beraten, die bereits vor Verabschiedung der Screening-VO eingerichtete Sachverständigengruppe der Kommission für die Überprüfung ausländischer Direktinvestitionen in der Europäischen Union fortsetzt. In der deutschen Fassung der VO ist die Terminologie nicht einheitlich, zB in Erwägungsgrund 28 Screening-VO spricht die VO von der „Sachverständigengruppe", in Art. 12 Screening-VO dagegen von der „Expertengruppe". Die englische Fassung verwendet die Begriffe der „group of experts" oder „expert group". Über die Zusammensetzung der Expertengruppe ist wenig bekannt. Der Beschluss der Kommission v. 29.11.2017 zur Einsetzung dieser Gruppe bestimmt in Art. 4 Abs. 1 die in den Mitgliedstaaten für die Investitionskontrolle zuständigen Behörden als Mitglieder, die nach Art. 4 Abs. 2 des Beschlusses wiederum eine Person zur Vertretung in der Gruppe benennen. Den Vorsitz der Gruppe führt nach Art. 5 des Beschlusses die GD-Handel. Die Gruppe kann nach Art. 7 des Beschlusses externe Sachverständige hinzuziehen, nach Art. 8 des Beschlusses gibt sie sich eine eigene VerfO, die auch veröffentlicht ist. Art. 9 des Beschlusses verpflichtet die Mitglieder der Gruppe zur Vertraulichkeit in Übereinstimmung mit Art. 399 AEUV sowie weiteren Vorschriften der Kommission über die Behandlung vertraulicher Informationen. Nach Art. 6 Abs. 3 des Beschlusses kann die Gruppe durch Mehrheitsentscheidung bestimmen, dass ihre Verhandlungen öffentlich stattfinden. Durch Ergänzungsbeschluss v. 17.5.2019 hat die Kommission neben einigen anderen Änderungen in Art. 10 des Beschlusses hinzugefügt, dass die Beratungen der Expertengruppe vertraulich zu behandeln sind. Auch in dem von der Kommission unterhaltenen Register der Expertengruppen ist die Zusammensetzung der Expertengruppe nach Art. 12 Screening-VO nicht erkennbar. Aus einem von der GD-Handel veröffentlichten Dokument ergibt sich lediglich, dass es sich bei den Mitgliedern der Experten-

[263] Vgl. OECD, Framework for Screening Foreign Direct Investment into the EU – Assessing effectiveness and efficiency (2020), 76.
[264] BMWK, Organisationsplan vom 3.2.2023, abrufbar unter: BMWK – Organisationsplan des Bundesministeriums für Wirtschaft und Klimaschutz, Stand: 3.2.2023 (zuletzt abgerufen am 24.7.2023).
[265] OECD, Framework for Screening Foreign Direct Investment into the EU – Assessing effectiveness and efficiency (2022), 107.

gruppe im Falle aller Mitgliedstaaten um Behördenvertreter handelt (sog. Typ-D-Mitglieder). Als **Kontakt für die Expertengruppe** ist folgende E-Mail genannt: TRADE-GROUP-FDI-SCREENING@ec.europa.eu.

I. Fragen der vertraulichen Kommunikation

Die Notwendigkeit, die im Rahmen des Kooperationsmechanismus ausge- **180** tauschten Informationen **vertraulich** zu behandeln, wird an vielen Stellen der VO erwähnt, so in Erwägungsgrund 31 Screening-VO bezogen auf das Datenschutzrecht, umfassend in Art. 10 Screening-VO, bezogen auf die Verhandlungen der Expertengruppe in Art. 12 Abs. 2 Screening-VO sowie bezogen auf das Datenschutzrecht erneut in Art. 14 Screening-VO.

Nach Art. 10 Abs. 1 Screening-VO besteht bzgl. der in „Anwendung dieser **181** Verordnung gewonnenen Informationen" eine **Zweckbindung**. Die Nutzung der Informationen ist also nur zur Überprüfung einer ausländischen Direktinvestition, **nicht aber bspw. im Rahmen der Fusionskontrolle zulässig**. Auch sind die Mitgliedstaaten und die Kommission dazu verpflichtet, alle erforderlichen Maßnahmen zu ergreifen, um sicherzustellen, dass vertrauliche Informationen geschützt werden. Art. 3 Abs. 4 Screening-VO regelt dabei die Verpflichtung der Mitgliedstaaten, den **Schutz vertraulicher Informationen** gegenüber den Unternehmen **im Rahmen des nationalen Prüfungsmechanismus** zu gewährleisten. Diese Verpflichtung ist im deutschen Recht bereits in § 30 VwVfG festgeschrieben. Nach Art. 10 Abs. 2 Screening-VO ist die Vertraulichkeit der übermittelten Informationen sowohl nach Maßgabe des Unionsrechts als auch des jeweiligen nationalen Rechts zu gewährleisten. Dabei wird das Verhältnis zwischen den Mitgliedstaaten sowie den Mitgliedstaaten und der Kommission geregelt. Der Begriff der vertraulichen Informationen ist dem Unionsrecht aus der **Geheimnis-schutz-RL** bekannt,[266] wonach vertrauliche Informationen gem. Art. 2 Nr. 1 Geheimnisschutz-RL als Informationen zu definieren sind, die nicht allgemein bekannt oder ohne Weiteres öffentlich zugänglich sind, denen ein kommerzieller Wert zukommt und die Gegenstand von Geheimhaltungsmaßnahmen sind. Darüber hinaus ist auch die Kommission gem. Art. 10 Abs. 2 Screening-VO zum Schutz der übermittelten Informationen verpflichtet. Problematisch kann insoweit der sekundärrechtlich durch die Transparenz-VO garantierte Zugang zu Dokumenten sein, die den EU-Organen vorliegen.[267] Allerdings sollte diesbezüglich die Ausnahme des Art. 4 Abs. 2 der Transparenz-VO erfüllt sein, sodass der Schutz wirtschaftlich sensibler Informationen gewahrt erscheint.[268] Nach Art. 10 Abs. 3 Screening-VO gelten besondere Regeln für die Behandlung von sog. **Verschlusssachen** (classified information). Die hierfür im Einzelnen maßgeblichen Beschlüsse der Kommission werden in Erwägungsgrund 30 Screening-VO erwähnt; dies sind der Beschluss (EU Euratom) 2015/443 d. Kommission v. 13.3.2015 über Sicherheit in der Kommission[269] sowie der Beschluss (EU) 2015/444 der Kommission v. 13.3.2015 über die Sicherheitsvorschriften für den Schutz von EU-Verschlusssachen.[270] Die Mitgliedstaaten sind danach dazu verpflichtet,

---

[266] RL (EU) 2016/943.
[267] VO (EG) Nr. 1049/2001, ABl. 2001 L 145, 43.
[268] Vgl. Krenzler/Herrmann/Niestedt/Voland/Slobodenjuk Screening-VO Art. 10 Rn. 4.
[269] ABl. L 72/41 v. 17.3.2015.
[270] ABl. L 72/53 v. 17.3.2015.

den Geheimhaltungsgrad von Verschlusssachen zu wahren und nicht ohne schriftliche Zustimmung des Herausgebers herabzusetzen oder aufzuheben.[271] Sensible Informationen, die nicht als Verschlusssache eingestuft sind, oder Informationen, die vertraulich zur Verfügung gestellt werden, genießen denselben Schutz.[272]

182   Darüber hinaus gilt bereits nach der primärrechtlichen Regelung des Art. 339 AEUV auch über die Zeit nach Beendigung ihrer Amtstätigkeit hinaus eine Geheimhaltungspflicht für alle „Mitglieder der Organe der Union, die Mitglieder der Ausschüsse sowie die Beamten und sonstigen Bediensteten der Union". Dies gilt „insbesondere für Auskünfte über Unternehmen sowie deren Geschäftsbeziehungen oder Kostenelemente".

183   Hinsichtlich der Verarbeitung personenbezogener Daten dürfen die Kommission sowie die zuständigen Behörden gem. Art. 14 Screening-VO personenbezogene Daten nur verarbeiten, soweit dies zum Zwecke der Screening-VO erforderlich ist, und nicht länger als erforderlich speichern. Die Kontaktstellen und andere Stellen in den Mitgliedstaaten sind dabei an die DS-GVO[273] gebunden, während die Kommission die Vorgaben der VO (EU) 2018/1725 beachten muss, welche Datenschutzpflichten festlegt, die für die Organe und Einrichtungen der EU gelten.

J. Rechtsschutz gegen behördliche Maßnahmen

184   Mit Ausnahme der Vorgabe in Art. 3 Abs. 5 Screening-VO, wonach die betroffenen Investoren und Unternehmen nach dem Recht der Mitgliedstaaten die Möglichkeit haben müssen, „gegen die Überprüfungsbeschlüsse der nationalen Behörden Einspruch zu erheben", befasst sich die VO nicht mit unionsrechtlichen Fragen des Rechtsschutzes, vor allem nicht zum Rechtsschutz gegen Maßnahmen der Kommission. Auch in dem Kommissionsdokument zur Begründung des damaligen Gesetzgebungsvorschlages wird diese Frage nicht behandelt.[274] Gleichwohl verfügen die Kommission und auch die übrigen Mitgliedstaaten, die im Rahmen des Kooperationsmechanismus auf die investitionsrechtliche Prüfung eines Mitgliedstaates durch Stellungnahmen oder Kommentare Einfluss nehmen wollen, unter Umständen über jedenfalls **faktische Gestaltungsmöglichkeiten**, sodass sich die Frage des Rechtsschutzes, in erster Linie nach Art. 263 AEUV, aber auch nach nationalem Recht über die Regeln des Art. 3 Abs. 5 Screening-VO stellen könnte. Zu unterscheiden sind Fragen des Rechtsschutzes gegen Meinungsäußerungen der Kommission und der Mitgliedstaaten nach dem Kooperationsmechanismus, gegen Informationsersuchen nach Art. 6 Abs. 6 Screening-VO und Art. 9 Screening-VO sowie mögliche Rechtsmittel gegen drohende Verstöße gegen die Wahrung der Vertraulichkeit nach Art. 10 Screening-VO.

I. Rechtsschutz gegen Maßnahmen der Europäischen Kommission

185   Nach der Rechtsprechung des Gerichtshofes sind „alle Handlungen [der Unionsorgane], die keine verbindlichen Rechtswirkungen erzeugen, von der

---

[271] Art. 10 Abs. 3 Screening-VO.
[272] Erwägungsgrund 30 Screening-VO.
[273] VO (EU) 2016/679.
[274] Kommissionsentwurf, v. 13.9.2019, COM (2017) 487 final.

in Art. 263 AEUV vorgesehenen gerichtlichen Kontrolle ausgenommen, wie vorbereitende Maßnahmen und reine Durchführungshandlungen, bloße Empfehlungen und Gutachten sowie grundsätzlich interne Anweisungen".[275] Mit Ausnahme der **Informationsersuchen** nach Art. 6 Abs. 6 Screening-VO und Art. 9 Screening-VO wird die Kommission zu möglicherweise als anfechtbar anzusehenden Rechtsakten nicht ermächtigt. Das nach außen, dh gegenüber den Mitgliedstaaten wirksame Handlungsinstrument nach den Art. 6–8 Screening-VO ist die „**Stellungnahme**", die als Rechtsform des Verwaltungshandelns der Kommission in Erwägungsgrund 19 Screening-VO auch ausdrücklich erwähnt ist. Da die Stellungnahme nach Art. 288 Abs. 5 AEUV ebenso wie die „Empfehlung" gerade als „nicht verbindlich" anzusehen ist, dürfte es im Regelfall schwer sein, iSd Rspr. des Gerichtshofes zu Art. 263 Abs. 4 AEUV eine unmittelbare Betroffenheit der an einem Investitionsprüfverfahren beteiligten Unternehmen darzulegen. Maßgeblich ist neben der Bezeichnung des Rechtsaktes nach der Rechtsprechung aber auch das „Wesen" der von den Unionsorganen vorgenommenen Handlungen.[276] Denkbar wäre in einem solchen Zusammenhang etwa ein Formenmissbrauch, wenn die Kommission die Grenzen ihrer Ermächtigung zur Abgabe von bloßen Stellungnahmen überschreiten würde, um bei einem Mitgliedstaat eine bestimmte Entscheidungsfindung zu erzwingen.[277]

Es ist allerdings zu beachten, dass die Eröffnung von Rechtsschutz nach Art. 263 **186** AEUV gegen **Zwischenschritte oder Meinungsäußerungen**, die im Rahmen eines gesetzlich vorgesehenen Kooperations- oder Konsultationsverfahrens zwischen Unionsorganen und Mitgliedstaaten ergriffen oder vorgelegt werden, nach der Rechtsprechung des Gerichtshofes in der Regel davon abhängig ist, bei welcher Behörde die abschließende Entscheidung liegt. So heißt es in dem Urteil des Gerichtshofes zur Zusammenarbeit zwischen Mitgliedstaaten und Unionsorganen im Rahmen des Abwicklungsmechanismus der Europäischen Bankenunion, dass Zwischenmaßnahmen, die eine vorläufige Meinung des Organs zum Ausdruck bringen und der Vorbereitung der endgültigen Entscheidung dienen **grundsätzlich keine Handlungen sind, die Gegenstand einer Nichtigkeitsklage sein können**.[278]

Das Rechtsverhältnis zwischen Kommission und Mitgliedstaaten nach dem **187** Kooperationsmechanismus der Screening VO weist eine **Ähnlichkeit** mit der **Zusammenarbeit zwischen der Kommission und den Regulierungsbehörden der Mitgliedstaaten für Telekommunikationsangelegenheiten** nach der Kommunikation-Rahmen-RL (idF der RL 2009/140/EG) auf, wonach die nationalen Regulierungsbehörden Stellungnahmen der Kommission, die diese im Rahmen des in Art. 7 Kommunikation-Rahmen-RL vorgesehenen Kooperationsverhältnisses abgibt, „weitestgehend Rechnung" zu tragen haben. Nach der Rechtsprechung der Unionsgerichte führt jedoch auch diese Form der inhaltlichen Einflussnahme durch die Kommission auf die Entscheidungsfindung durch die Behörden der Mitgliedstaaten nicht dazu, dass die Stel-

---

[275] EuGH BeckRS 2021, 8124 Rn. 47.

[276] EuGH BeckRS 2021, 8124 Rn. 48; EuGH WM 2021, 1178 Rn. 41.

[277] Vgl. zur Rechtswirkung von Empfehlungen in Verfahren vor nationalen Gerichten (Berücksichtigungspflicht): EuGH GRUR-RS 2021, 2521 Rn. 51 ff.

[278] EuGH WM 2021, 1178 Rn. 39; vgl. zu dem Verfahren der behördlichen Zusammenarbeit zwischen EZB und den Zentralbanken der Mitgliedstaaten in der Eurozone: EuGH BeckRS 2018, 32758 Rn. 41 ff.

lungnahme der Kommission im Rahmen einer Nichtigkeitsklage nach Art. 263 Abs. 4 AEUV anfechtbar wäre.[279] Ob diese Rechtsprechung auf die Screening-VO übertragbar ist, ist bisher offen. Auch wenn eine Handlung der Kommission nicht nach Art. 263 Abs. 4 AEUV anfechtbar ist, so ist aus Gründen der Vorsorge eine solche separate Anfechtung jedenfalls zu erwägen, um die **Möglichkeit einer Inzident-Prüfung der für ein nationales Investitionskontrollverfahren** relevanten Handlungen der Unionsorgane vor dem nationalen Gericht und ggf. im Rahmen eines Vorabentscheidungsersuchens nach Art. 267 AEUV offen zu halten.[280] Ergibt sich, dass die Handlung der Kommission, zB wegen der mangelnden Verbindlichkeit einer bloßen Empfehlung, nicht nach Art. 263 Abs. 4 AEUV selbstständig anfechtbar ist, so schließt dies nach der Rechtsprechung des EuGH im Übrigen nicht aus, dass der EuGH im Rahmen eines **Vorabentscheidungsverfahrens** auch „über die Auslegung und die Gültigkeit" einer solchen Handlung entscheiden könnte.[281] Ungeachtet der Unsicherheiten, die sich bei der Beurteilung einer möglichen separaten Anfechtung von Handlungen der Kommission im Rahmen des Kooperationsmechanismus ergeben können, wird es in vielen Fällen den betroffenen Unternehmen aber schon an der Kenntnis der von der Kommission abgegebenen Empfehlungen fehlen, weil diese üblicherweise weder der Öffentlichkeit noch den Unternehmen mitgeteilt werden.

188   Die Screening-VO äußert sich auch nicht dazu, welchen Rechtsschutz die Mitgliedstaaten ggf. in Anspruch nehmen können, wenn sie **Meinungsverschiedenheiten mit der Kommission** im Rahmen des Kooperationsmechanismus gerichtlich austragen wollen. Streit über rechtlich verbindliche Vorgaben der Kommission könnte etwa auftreten bei der Durchsetzung von **Informationsersuchen**, die die Kommission nach Art. 6 Abs. 6 UAbs. 2 Screening-VO an eine Mitgliedstaat richtet. Eigene Vorschriften, die im Einzelnen regeln würden, nach welchem Verfahren und mit welchem Rechtsinstrument die Kommission derartige Informationsersuchen gegenüber den Mitgliedstaaten durchsetzen kann, enthält die Screening-VO mit Ausnahme von Art. 9 Abs. 1 und Abs. 3 Screening-VO nicht. Allerdings ist davon auszugehen, dass die Mitgliedstaaten zur Befolgung des Informationsersuchens rechtlich verpflichtet sein sollen, da das Ersuchen nach Art. 6 Abs. 6 UAbs. 2 Screening-VO zu begründen ist und verhältnismäßig sein muss – beides Voraussetzungen, die für einen verbindlichen Rechtsakt typisch sind. In Anlehnung an die Rechtsprechung des Gerichtshofes zum EU-Beihilferecht, dessen VerfVO ausdrückliche Regeln über den Erlass von Auskunftsersuchen durch Kommissionsbeschluss enthält,[282] wäre durchaus denkbar, dass ein Informationsersuchen der Kommission nach Art. 6 Abs. 6 UAbs. 2 Screening-VO selbstständig durch einen Mitgliedstaat anfechtbar ist.

---

[279] EuGH GRUR-RS 2021, 2521 Rn. 51 ff.; vgl. auch die Erörterung der möglichen Rechtswirkungen der von der Kommission abgegebenen Stellungnahme in der erstinstanzlichen Entsch.: EuG BeckRS 2019, 41171 Rn. 40 ff., insbes. Rn. 43 zum Rechtscharakter der Empfehlung nach Art. 288 AEUV sowie Rn. 52 zur Verpflichtung von Kommission und Mitgliedstaaten zur „loyalen Zusammenarbeit", die jedoch „nicht zum Wegfall der in Art. 263 AEUV ausdrücklich vorgesehen Zulässigkeitsvoraussetzungen führen" könne.

[280] Vgl. EuGH BeckRS 2021, 39565 Rn. 59, unter Hinweis auf EuGH BeckRS 2018, 16220 Rn. 17.

[281] EuGH BeckRS 2021, 5310 Rn. 82.

[282] EuGH BeckRS 2012, 80038.

Informationsersuchen an die eine Direktinvestition prüfenden Behörden 189
eines Mitgliedstaates können nach Art. 9 Abs. 4 Screening-VO mit rechtsver-
pflichtender Wirkung **an die „betreffenden ausländischen Investoren oder
das betreffende Unternehmen"** weitergegeben werden. Da die nationale
Behörde bei der „Durchleitung" eines solchen Informationsersuchens der Kommission oder anderer Mitgliedstaaten an das betroffene Unternehmen kein eigenes Ermessen hat, wäre denkbar, parallel zum Rechtsschutz nach dem nationalen
Recht iSv Art. 3 Abs. 5 Screening-VO auch das Informationsersuchen durch
die Kommission direkt mit der **Klage nach Art. 263 AEUV anzugreifen**.[283]

II. Rechtsschutz gegen Maßnahmen der Mitgliedstaaten

Rechtsschutz gegen die sog. „Überprüfungsbeschlüsse der nationalen Behör- 190
den" wird zugunsten der betroffenen Investoren in Art. 3 Abs. 5 Screening-VO
verbindlich vorgegeben. Ob dies auch Wettbewerber oder andere Beschwerdefüh-
rer einschließt, ergibt sich aus dem Wortlaut nicht. In Deutschland ist gegenüber
Maßnahmen des BMWK der Rechtsschutz zu den Verwaltungsgerichten eröffnet
(→ AWG § 14 Rn. 21 ff.). Gegenüber „Kommentaren", die andere Mitgliedstaaten im Rahmen des Kooperationsmechanismus nach den Art. 6–8 Screening-VO
abgeben, dürfte Rechtsschutz vor den Unionsgerichten nach Art. 263 AEUV
angesichts der in → Rn. 186 zitierten Rechtsprechung des Gerichtshofes schwer
zu erreichen sein. Denkbar wäre aber, dass die Rechtsordnungen einzelner Mitgliedstaaten Rechtsschutzinstrumente bereitstellen, die sich etwa gegen Falschbe-
hauptungen oder andere belastende „Realakte" richten können, die von den
Kommentaren, die ein Mitgliedstaat gegenüber den Behörden eines anderen Mitgliedstaates vorlegt, ausgehen können.

III. Zur Durchsetzung der Vertraulichkeitsvorgaben

Zusätzlich zu den primärrechtlichen Vorgaben nach Art. 339 AEUV für die 191
Mitglieder der Organe der Union, ihre Beamten und sonstigen Bediensteten
verpflichtet auch die Screening-VO sowohl die Kommission als auch die Mitgliedstaaten zur **Gewährleistung von Geheimnisschutz** „nach Maßgabe des Unionsrechts und des jeweiligen nationalen Rechts" unter Einschluss besonderer
Regeln für die Vertraulichkeit von Verschlusssachen (Art. 10 Abs. 2 und 3 Screening-VO iVm Erwägungsgrund 30 Screening-VO). Nicht geregelt ist die Frage,
ob die Träger der entsprechenden vertraulichen Informationen auf Seiten der
betroffenen Unternehmen die Möglichkeit haben, gegen den Informationsaustausch zwischen Kommission und Mitgliedstaaten im Rahmen des Kooperationsmechanismus nach Art. 6–8 Screening-VO gerichtlich vorzugehen.[284] Die Screening-VO selbst regelt nicht, ob es zwischen Kommission und Mitgliedstaaten
bestimmte Vorgaben zur Gewährleistung der Vertraulichkeiten gibt. Die Scree-

---

[283] Vgl. zu der umgekehrten Konstellation, in der die Unionsorgane nur über ein einge-
schränktes oder über gar kein Ermessen verfügen, sodass die nationale Handlung das Unions-
organ bindet: EuGH BeckRS 2018, 32758 Rn. 45.

[284] Dies wird auch nicht geregelt in dem Beschl. (EU) 2020/1502 der Kommission v.
15.10.2020 „zur Festlegung interner Vorschriften über die Unterrichtung betroffener Personen und die Beschränkung bestimmter Rechte der betroffenen Personen bei der Verarbeitung
personenbezogener Daten durch die Europäische Kommission […]", ABl. L 342/25 v.
16.10.2020.

ning-VO scheint davon auszugehen, dass grundsätzlich zwischen diesen Behörden ein freier Informationsaustausch stattfinden darf. Sollte es gleichwohl Meinungsverschiedenheiten über die Frage geben, ob bestimmte Informationen, die ein betroffenes Unternehmen als vertraulich betrachtet, von der Kommission an die Mitgliedstaaten weitergegeben werden dürfen, so wäre denkbar, in Anlehnung an die Rechtsprechung zum Informationsaustausch zwischen Europäischer Kommission und Mitgliedstaaten im Kartellverfahrensrecht zu fordern, dass jedenfalls das Recht der vorherigen Stellungnahme des betroffenen Geheimnisträgers von den Unionsorganen zu wahren ist. Dies hätte zur Folge, dass vor der Weitergabe einer dem Geheimnisschutz unterfallenden Information ggf. Gelegenheit zur Inanspruchnahme vorläufigen Rechtsschutzes vor dem Präsidenten des EuG gewährt werden müsste.[285] Dies beträfe den möglichen Rechtsschutz gegen die Informationsweitergabe durch Bedienstete der Kommission oder ggf. der Expertengruppe nach Art. 12 Screening-VO. Ergänzend wäre ggf. Rechtsschutz auf nationaler Ebene gegen die unzulässige Weitergabe von Informationen durch Behörden der Mitgliedstaaten in Betracht zu ziehen.

K. Internationale Zusammenarbeit

192   Art. 13 Screening-VO eröffnet der Kommission sowie den Mitgliedstaaten die Möglichkeit „bei Fragen im Zusammenhang mit der Überprüfung ausländischer Direktinvestitionen aus Gründen der Sicherheit und der öffentlichen Ordnung mit den zuständigen Behörden von Drittstaaten" zusammenzuarbeiten. Die Autorisierung erscheint weitreichend, sodass auch die internationale Zusammenarbeit über eine Vielzahl von Möglichkeiten in **bilateraler oder multilateraler Form**, wie zB der G7 oder der OECD, verfolgt werden können. Art. 13 Screening-VO schließt grundsätzlich auch die Möglichkeit einer operativen Zusammenarbeit in einzelnen Fällen oder den Austausch von Informationen über einzelne Investoren mit den Behörden von Drittländern nicht aus. Allerdings scheinen **Vertraulichkeitsregeln und Nutzungsbeschränkungen**[286] für die im Rahmen des Kooperationsmechanismus geteilten Informationen derzeit eine solche Zusammenarbeit mit Rechtsordnungen außerhalb der EU nicht zuzulassen.

193   Eine Gelegenheit, bei welcher die Kommission von dieser Möglichkeit Gebrauch macht, ist **im Rat für Handel und Technologie der EU und der USA** (TTC), wo die Kommission die Europäische Union und ihre Mitgliedstaaten als Ausdruck der Kompetenz des Art. 207 AEUV vertritt. Im Rahmen des TTC erstreckt sich der bilaterale Dialog unter anderem auf die Überprüfung ausländischer Direktinvestitionen. Im Mittelpunkt steht der Austausch von Erfahrungen, Best Practices und Informationen über Investitionstrends.[287] Weiterhin schafft die EU **Anreize für Drittländer**, Überprüfungsmechanismen auf nationaler Ebene einzuführen, indem das Vorhandensein eines solchen Mechanismus Voraussetzung für die Partnerschaft im Horizont-Programm

---

[285] EuGH BeckRS 2004, 77683; insbes. EuG Beschl. v. 1.12.1994 – T-353/94 R, ECLI:EU:T:1994:288; T-353/94 Rn. 85 ff.; EuG BeckRS 2012, 82611.

[286] Vgl. Art. 10 Screening-VO.

[287] Vgl. OECD, Framework for Screening Foreign Direct Investment into the EU – Assessing effectiveness and efficiency (2020), 43.

ist.[288] Auch die Mitgliedstaaten nutzen diese Möglichkeit, indem sie im Rahmen von bilateralen Gesprächen mit EU-Beitrittskandidaten über ihre Erfahrungen berichten und zu Gestaltungsmöglichkeiten von Investitionskontrollmechanismen beraten.

L. Bisherige Auswirkungen der VO

Die Einführung der Screening-VO und der damit einhergehende verstärkte politische Fokus auf die Investitionskontrolle haben sich als wirksam erwiesen. Seit dem Inkrafttreten der Verordnung im Oktober 2020 haben sich die **Haltung und die Aufmerksamkeit der Mitgliedstaaten gegenüber ausländischen Direktinvestitionen** merklich verändert. Zum Teil wird gar von einem „Investitionskontrollfieber" gesprochen.[289] So verfügten zum Zeitpunkt des ersten Vorschlags der Screening-VO im Jahr 2017 nur elf Mitgliedstaaten über ein Investitionskontrollsystem.[290] Mittlerweile haben dagegen bereits 22 Mitgliedstaaten einen Investitionskontrollmechanismus eingerichtet.[291] Die verbliebenen Mitgliedstaaten planen die Einrichtung eines solchen.[292] Obwohl mit der Screening-VO keine Verpflichtung einhergeht, ausländische Direktinvestitionen zu überprüfen, erwartet die Kommission von allen Mitgliedstaaten, einen solchen Mechanismus einzuführen.[293]

194

In Folge dieser Entwicklung ist auch die Zahl der formell überprüften Fälle europaweit gestiegen.[294] Sechs Mitgliedstaaten, namentlich Österreich, Dänemark, Frankreich, Deutschland, Italien und Spanien, waren für mehr als 90 % dieser Meldungen verantwortlich.[295] In Deutschland haben sich die jährlichen Fallzahlen seit 2018 versiebenfacht.[296] Im Jahr 2022 sind dort insgesamt 570 Verfahren eingegangen, von denen 264 reine EU-Notifizierungen waren, dh Transaktionen betrafen, zu denen kein nationales Investitionskontrollverfahren eingeleitet wurde.[297] Auch im Bereich der nationalen Verfahren ist seit dem Inkrafttreten der Screening-VO im Oktober 2020 ein deutlicher Zuwachs an Verfahren zu verzeichnen. Während 2018 noch 78 nationale Vorgänge in Deutschland notifiziert wurden, waren es 2020 bereits 160 Prüfungen sowie 306 Prüfungen in den

195

---

[288] Vgl. Art. 3 Abs. 23 lit. b des Abkommens zwischen der Europäischen Union einerseits und Israel andererseits über die Teilnahme Israels am Unionsprogramm „Horizont Europa", dem Rahmenprogramm für Forschung und Innovation, vom 23.3.2022.

[289] Hindelang EuZW 2021, 321 (322).

[290] Dies waren Dänemark, Deutschland, Finnland, Frankreich, Lettland, Litauen, Italien, Österreich, Polen, Spanien und das Vereinigte Königreich, vgl. Erster Jahresbericht v. 23.11.2021, COM (2021) 714 final 7, 9.

[291] Stand: Dezember 2023; vgl. Kommission, Dritter Jahresbericht über die Überprüfung ausländischer Direktinvestitionen in der Union, COM(2023) 590 final, 8 ff.

[292] Kommission, Dritter Jahresbericht über die Überprüfung ausländischer Direktinvestitionen in der Union, COM(2023) 590 final, 8 ff.

[293] Kommission, Dritter Jahresbericht über die Überprüfung ausländischer Direktinvestitionen in der Union, COM(2023) 590 final, 8.

[294] Die Zahl der förmlich geprüften Fälle stieg von 20 % im Jahr 2020 auf 29 % im Jahr 2021 und 55 % im Jahr 2022, siehe Kommission, Dritter Jahresbericht über die Überprüfung ausländischer Direktinvestitionen in der Union, COM(2023) 590 final, 12.

[295] Kommission, Dritter Jahresbericht über die Überprüfung ausländischer Direktinvestitionen in der Union, COM(2023) 590 final, 12.

[296] BMWK, Investitionsprüfung in Deutschland: Zahlen und Fakten, Stand: 9.1.2023, S. 9.

[297] BMWK, Investitionsprüfung in Deutschland: Zahlen und Fakten, Stand: 9.1.2023, S. 3.

Jahren 2021 und 2022.[258] Denkbar ist, dass infolge des Urteils des EuGH vom 13.7.2023 im Fall Xella[299] die Zahl der nach dem Kooperationsmechanismus bei der Europäischen Kommission gemeldeten Verfahren der nationalen Behörden, zurückgehen könnte.

M. Ausblick

I. Evaluierung der VO

196   Die Screening-VO unterliegt einer **Evaluierung durch die EU-Kommission** bis zum 12.10.2023. Zu diesem Zweck soll dem Europäischen Parlament und dem Rat ein Bericht vorgelegt werden. Zur Vorbereitung der Evaluierung wurde das OECD-Sekretariat (Abteilung für Investitionen der Direktion für Finanz- und Unternehmensangelegenheiten) beauftragt, die Effektivität und Effizienz der Screening-VO zu analysieren.[300] Laut der Kommission wird dieser Bericht in die Überlegungen hinsichtlich einer Überarbeitung der Screening-VO einfließen.[301]

197   Kritisiert wird insbesondere, dass die fehlende oder unzureichende Überprüfung von Direktinvestitionen zu **Sicherheitslücken in den Mitgliedstaaten und der Union** führen.[302] Ein Problem sei, dass die politische Führung in vielen Mitgliedstaaten dem Investitionsscreening **wenig Priorität** einräumt, wodurch Fortschritt bei der Einführung von Überprüfungsmechanismen und der Verbesserung des bestehenden Rahmens verlangsamt wird. Die anstehende Überarbeitung der EU-Verordnung kann daher ein Katalysator für neue Aufmerksamkeit sein, beispielsweise durch die Einführung verpflichtender zyklischer Gespräche über die Überprüfung von Direktinvestitionen auf Führungsebene.[303] Weiterhin steht die Verbesserung der Zusammenarbeit innerhalb des Kooperationsmechanismus im Vordergrund des OECD-Berichts. Mitgliedstaaten sollen Rechtsgrundlagen schaffen, damit Kommentare und Stellungnahmen angemessen berücksichtigt werden.[304]

198   Vor diesem Hintergrund ist damit zu rechnen, dass in Zukunft weitere Mitgliedstaaten Rechtsvorschriften zur Überprüfung von ausländischen Direktinvestitionen und damit zusammenhängende Mechanismen für ausländische Investitionen einführen oder vorhandene Mechanismen ausweiten werden. Durch die Kommission wurde die Notwendigkeit von Prüfungsmechanismen bereits mehrfach betont.[305] Denkbar ist daher, dass mit der Evaluierung der Kommission

---

[298] BMWK, Investitionsprüfung in Deutschland: Zahlen und Fakten, Stand: 9.1.2023, S. 9.

[299] EuGH BeckRS 2023, 16921.

[300] OECD, Framework for Screening Foreign Direct Investment into the EU – Assessing effectiveness and efficiency (2022), 6.

[301] Europäische Kommission, Zweiter Jahresbericht v. 1.9.2022, COM (2022) 433 final 21.

[302] OECD, Framework for Screening Foreign Direct Investment into the EU – Assessing effectiveness and efficiency (2022), 65–68, 70, 81.

[303] OECD, Framework for Screening Foreign Direct Investment into the EU – Assessing effectiveness and efficiency (2022), 67.

[304] OECD, Framework for Screening Foreign Direct Investment into the EU – Assessing effectiveness and efficiency (2022), 71.

[305] Leitlinien d. Komm. v. 26.3.2020, C 99 I/01; Leitlinien d. Komm. v. 22.4.2022, C 151 I/01.

entsprechend des Vorschlags der OECD die Einführung eines verpflichtenden Überprüfungsmechanismus für besonders sicherheitsrelevante Investitionen empfohlen wird.[306] Zu hoffen bleibt, dass die Kommission die Kritikpunkte der OECD hinsichtlich der unklaren Begriffsbestimmungen insbesondere mit Blick auf den ausländischen Investor, das Zielunternehmen sowie die materiellen Faktoren des Art. 4 Screening-VO aufgreift und somit für eine Angleichung der mitgliedstaatlichen Anwendungspraxis sorgt. Die wachsende Zahl von Mitgliedstaaten mit einem nationalen Überprüfungsmechanismus dürfte ferner zu weiter steigenden Fallzahlen und einer Intensivierung der Zusammenarbeit im Rahmen des Kooperationsmechanismus führen.

II. Pläne für die Einführung einer Kapitalausfuhrkontrolle

Infolge gesetzgeberischer Diskussionen in den USA über die Einführung einer **199** staatlichen Kontrolle für Investitionen inländischer Unternehmen im Ausland (**Outbound Investment Screening**)[307] beginnt auch in Europa eine Diskussion über die Einführung eines solchen Instrumentes. In ihrem Arbeitsprogramm für das Jahr 2023 vom 18.10.2022 kündigt die Kommission an, „aufbauend auf den Erfahrungen mit der derzeitigen Ausfuhrkontrollregelung der EU und der Umsetzung von Sanktionen wegen der Aggression Russlands gegen die Ukraine [...] Maßnahmen [zu] treffen, um unsere strategischen Ausfuhrkontrollen zu verstärken und eng mit den Mitgliedstaaten und unseren internationalen Partnern zusammenzuarbeiten. Darüber hinaus werden wir prüfen, ob zusätzliche Instrumente für die Kontrolle von strategischen europäischen Investitionen in Drittstaaten erforderlich sind".[308] Aus Sicht des Unionsrechts wäre dies eine Fortentwicklung bereits existierender Regelungen für die **Ausfuhrkontrolle**, insbesondere bei Dual-Use-Gütern. Naheliegend wäre es hier, dass – anders als bei der Inbound-Investitionskontrolle – die Kommission als erste die Initiative ergreift und nicht erst zuwartet, bis sich auf mitgliedstaatlicher Ebene entsprechende Regelungen unterschiedlicher Art herausgebildet haben. Die Diskussion befindet sich noch in einem frühen Stadium. Zu diskutieren wäre insbesondere die Frage, ob nur Direktinvestitionen oberhalb einer bestimmten Kontrollschwelle oder jedenfalls qualifizierte Minderheitsbeteiligung erfasst werden sollen oder auch Portfolioinvestitionen. Zudem gilt es zu bestimmen, ob neben Investitionen auch **Dienstleistungen im Ausland** erfasst werden sollen. Ebenso bestimmt werden müsste die sachliche Reichweite, dh die betroffenen Industrien und die zu schützenden öffentlichen Interessen. Einige Fragestellungen, wie etwa die der Technologiesouveränität oder auch das Anliegen der nationalen bzw. europäischen Sicherheit dürften Überschneidungsbereiche mit der Investitionskontrolle aufweisen. Fragen der Versorgungssicherheit, die eine wesentliche Rolle für die Inbound-Investitionskontrolle spielen, dürften für eine Outbound-Investitionskontrolle weniger relevant sein. Bei kritischen Infrastrukturen stellen sich dieselben Fragen. Sollte die Europäische Union wie bei der Inbound-Investitionskontrolle Art. 207 AEUV als Rechtsgrundlage wählen, wären die Rechte der Mitgliedstaaten aus Gründen der nationalen Sicherheit nach Art. 346 AEUV zu beachten. Auch hier stellt sich

---

[306] OECD, Framework for Screening Foreign Direct Investment into the EU – Assessing effectiveness and efficiency (2022) 65.

[307] → Einl. Rn. 38.

[308] Europäische Kommission, Mitteilung zum Arbeitsprogramm für 2023 v. 18.10.2022, COM (2022) 548 final S. 8 f.

die Frage des Eingriffes in Grundfreiheiten und Unionsgrundrechte, vor allem vor dem Hintergrund, dass nach Art. 63 Abs. 2 AEUV der Kapitalverkehr auch im Verhältnis zu Drittländern als Grundfreiheit geschützt ist. Die Diskussion im Schrifttum hat ebenfalls bereits begonnen.[309]

---

[309] Herrmann EuZW 2022, 1081; Herrmann/Ellemann, Weder Festung Europa noch Gefängnis Europa, Verfassungsblog-Onlinebeitrag v. 29.11.2022.

Anhang

Anhang I. BSI-KritisV

Verordnung zur Bestimmung Kritischer Infrastrukturen nach dem BSI-Gesetz

vom 22. April 2016
(BGBl. I S. 958)
FNA 206–2–2

zuletzt geänd. durch Art. 1 Dritte ÄndVO v. 23.2.2023 (BGBl. I Nr. 53)

Auf Grund des § 10 Absatz 1 des BSI-Gesetzes vom 14. August 2009 (BGBl. I S. 2821), der zuletzt durch die Artikel 1 Nummer 8 des Gesetzes vom 17. Juli 2015 (BGBl. I S. 1324) geändert worden ist, verordnet das Bundesministerium des Innern im Einvernehmen mit dem Bundesministerium für Wirtschaft und Energie, dem Bundesministerium der Justiz und für Verbraucherschutz, dem Bundesministerium der Finanzen, dem Bundesministerium für Arbeit und Soziales, dem Bundesministerium für Ernährung und Landwirtschaft, dem Bundesministerium für Gesundheit, dem Bundesministerium für Verkehr und digitale Infrastruktur, dem Bundesministerium der Verteidigung und dem Bundesministerium für Umwelt, Naturschutz, Bau und Reaktorsicherheit nach Anhörung der beteiligten Kreise:

§ 1[1] Begriffsbestimmungen

(1) Im Sinne dieser Verordnung ist oder sind
1. Anlagen
   a) Betriebsstätten und sonstige ortsfeste Einrichtungen,
   b) Maschinen, Geräte und sonstige ortsveränderliche Einrichtungen oder
   c) Software und IT-Dienste,
   die für die Erbringung einer kritischen Dienstleistung notwendig sind,
2. Betreiber
   eine natürliche oder juristische Person, die unter Berücksichtigung der rechtlichen, wirtschaftlichen und tatsächlichen Umstände bestimmenden Einfluss auf die Beschaffenheit und den Betrieb einer Anlage oder Teilen davon ausübt,
3. kritische Dienstleistung
   eine Dienstleistung zur Versorgung der Allgemeinheit in den Sektoren nach den §§ 2 bis 8, deren Ausfall oder Beeinträchtigung zu erheblichen Versorgungsengpässen oder zu Gefährdungen der öffentlichen Sicherheit führen würde,
4. Versorgungsgrad
   ein Wert, mittels dessen der Beitrag einer Anlage oder Teilen davon im jeweiligen Sektor zur Versorgung der Allgemeinheit mit einer kritischen Dienstleistung bestimmt wird,

---

[1] § 1 neu gef. mWv 1.1.2022 durch VO v. 6.9.2021 (BGBl. I S. 4163).

5. Schwellenwert

ein Wert, bei dessen Erreichen oder dessen Überschreitung der Versorgungsgrad einer Anlage oder Teilen davon als bedeutend im Sinne von § 10 Absatz 1 Satz 1 des BSI-Gesetzes anzusehen ist.

(2) [1]Einer Anlage sind alle vorgesehenen Anlagenteile und Verfahrensschritte zuzurechnen, die zum Betrieb notwendig sind, sowie Nebeneinrichtungen, die mit den Anlagenteilen und Verfahrensschritten in einem betriebstechnischen Zusammenhang stehen und die für die Erbringung einer kritischen Dienstleistung notwendig sind. [2]Mehrere Anlagen derselben Kategorie, die durch einen betriebstechnischen Zusammenhang verbunden sind, gelten als gemeinsame Anlage, wenn sie gemeinsam zur Erbringung derselben kritischen Dienstleistung notwendig sind. [3]Betreiben zwei oder mehr Personen gemeinsam eine Anlage, so ist jeder für die Erfüllung der Pflichten als Betreiber verantwortlich.

§ 2[2] Sektor Energie

(1) Wegen ihrer besonderen Bedeutung für das Funktionieren des Gemeinwesens sind im Sektor Energie kritische Dienstleistungen im Sinne des § 10 Absatz 1 Satz 1 des BSI-Gesetzes:
1. die Versorgung der Allgemeinheit mit Elektrizität (Stromversorgung);
2. die Versorgung der Allgemeinheit mit Gas (Gasversorgung);
3. die Versorgung der Allgemeinheit mit Kraftstoff und Heizöl (Kraftstoff- und Heizölversorgung);
4. die Versorgung der Allgemeinheit mit Fernwärme (Fernwärmeversorgung).

(2) Die Stromversorgung wird in den Bereichen Stromerzeugung, Stromhandel, Stromübertragung und Stromverteilung erbracht.

(3) Die Gasversorgung wird in den Bereichen Gasförderung, Gashandel, Gastransport und Gasverteilung erbracht.

(4) Die Kraftstoff- und Heizölversorgung wird in den Bereichen Erdölförderung, Produktenherstellung, Mineralölhandel, Öltransport und -lagerung sowie Kraftstoff- und Heizölverteilung erbracht.

(5) Die Fernwärmeversorgung wird in den Bereichen Erzeugung von Fernwärme, Steuerung und Überwachung von Fernwärme sowie Verteilung von Fernwärme erbracht.

(6) Im Sektor Energie sind Kritische Infrastrukturen solche Anlagen oder Teile davon, die
1. den in Anhang 1 Teil 3 Spalte B genannten Kategorien zuzuordnen sind und
2. den Schwellenwert nach Anhang 1 Teil 3 Spalte D erreichen oder überschreiten.

§ 3[3] Sektor Wasser

(1) Wegen ihrer besonderen Bedeutung für das Funktionieren des Gemeinwesens sind im Sektor Wasser kritische Dienstleistungen im Sinne des § 10 Absatz 1 Satz 1 des BSI-Gesetzes:

---

[2] § 2 Abs. 2 neu gef., Abs. 3 eingef., bish. Abs. 3 und 4 werden Abs. 4 und 5 und neu gef., bish. Abs. 5 wird Abs. 6 und Nr. 1 geänd. mWv 1.1.2022 durch VO v. 6.9.2021 (BGBl. I S. 4163).
[3] § 3 Abs. 2 und 3 geänd. mWv 30.6.2017 durch VO v. 21.6.2017 (BGBl. I S. 1903); Abs. 4 Nr. 1 geänd. mWv 1.1.2022 durch VO v. 6.9.2021 (BGBl. I S. 4163).

1. die Versorgung der Allgemeinheit mit Trinkwasser (Trinkwasserversorgung);
2. die Beseitigung von Abwasser der Allgemeinheit (Abwasserbeseitigung).

(2) Die Trinkwasserversorgung wird in den Bereichen Gewinnung, Aufbereitung, Verteilung sowie Steuerung und Überwachung von Trinkwasser erbracht.

(3) Die Abwasserbeseitigung wird in den Bereichen Siedlungsentwässerung, Abwasserbehandlung und Gewässereinleitung sowie Steuerung und Überwachung erbracht.

(4) Im Sektor Wasser sind Kritische Infrastrukturen solche Anlagen oder Teile davon, die
1. den in Anhang 2 Teil 3 Spalte B genannten Kategorien zuzuordnen sind und
2. den Schwellenwert nach Anhang 2 Teil 3 Spalte D erreichen oder überschreiten.

§ 4[4] Sektor Ernährung

(1) Wegen ihrer besonderen Bedeutung für das Funktionieren des Gemeinwesens ist im Sektor Ernährung die Versorgung der Allgemeinheit mit Lebensmitteln (Lebensmittelversorgung) kritische Dienstleistung im Sinne des § 10 Absatz 1 Satz 1 des BSI-Gesetzes.

(2) Die Lebensmittelversorgung wird in den Bereichen Lebensmittelherstellung und -behandlung sowie Lebensmittelhandel erbracht.

(3) Im Sektor Ernährung sind Kritische Infrastrukturen solche Anlagen oder Teile davon, die
1. den in Anhang 3 Teil 3 Spalte B genannten Kategorien zuzuordnen sind und
2. den Schwellenwert nach Anhang 3 Teil 3 Spalte D erreichen oder überschreiten.

§ 5[5] Sektor Informationstechnik und Telekommunikation

(1) Wegen ihrer besonderen Bedeutung für das Funktionieren des Gemeinwesens sind im Sektor Informationstechnik und Telekommunikation kritische Dienstleistungen im Sinne des § 10 Absatz 1 Satz 1 des BSI-Gesetzes:
1. die Sprach- und Datenübertragung;
2. die Datenspeicherung und -verarbeitung.

(2) Die Sprach- und Datenübertragung wird in den Bereichen Zugang, Übertragung, Vermittlung und Steuerung erbracht.

(3) Die Datenspeicherung und -verarbeitung wird in den Bereichen Housing, IT-Hosting und Vertrauensdienste erbracht.

(4) Im Sektor Informationstechnik und Telekommunikation sind Kritische Infrastrukturen solche Anlagen oder Teile davon, die
1. den in Anhang 4 Teil 3 Spalte B genannten Kategorien zuzuordnen sind und
2. den Schwellenwert nach Anhang 4 Teil 3 Spalte D erreichen oder überschreiten.

---

[4] § 4 Abs. 2 neu gef.. Abs. 3 Nr. 1 geänd. mWv 1.1.2022 durch VO v. 6.9.2021 (BGBl. I S. 4163).

[5] § 5 Abs. 1 Nr. 1 und 2 geänd., Abs. 4 Nr. 1 geänd. mWv 1.1.2022 durch VO v. 6.9.2021 (BGBl. I S. 4163).

§ 6[6] Sektor Gesundheit

(1) Wegen ihrer besonderen Bedeutung für das Funktionieren des Gemeinwesens sind im Sektor Gesundheit kritische Dienstleistungen im Sinne des § 10 Absatz 1 Satz 1 des BSI-Gesetzes:
1. die stationäre medizinische Versorgung;
2. die Versorgung mit unmittelbar lebenserhaltenden Medizinprodukten, die Verbrauchsgüter sind;
3. die Versorgung mit verschreibungspflichtigen Arzneimitteln und Blut- und Plasmakonzentraten zur Anwendung im oder am menschlichen Körper;
4. die Laboratoriumsdiagnostik.

(2) Die Versorgung mit unmittelbar lebenserhaltenden Medizinprodukten, die Verbrauchsgüter sind, wird in den Bereichen Herstellung und Abgabe erbracht.

(3) Die Versorgung mit verschreibungspflichtigen Arzneimitteln und Blut- und Plasmakonzentraten zur Anwendung im oder am menschlichen Körper wird in den Bereichen Herstellung, Vertrieb und Abgabe erbracht.

(4) Im Sektor Gesundheit sind Kritische Infrastrukturen solche Anlagen oder Teile davon, die
1. den in Anhang 5 Teil 3 Spalte B genannten Kategorien zuzuordnen sind und
2. den Schwellenwert nach Anhang 5 Teil 3 Spalte D erreichen oder überschreiten.

§ 7[7] Sektor Finanz- und Versicherungswesen

(1) Wegen ihrer besonderen Bedeutung für das Funktionieren des Gemeinwesens sind im Sektor Finanz- und Versicherungswesen kritische Dienstleistungen im Sinne des § 10 Absatz 1 Satz 1 des BSI-Gesetzes:
1. die Bargeldversorgung;
2. der kartengestützte Zahlungsverkehr;
3. der konventionelle Zahlungsverkehr;
4. der Handel mit Wertpapieren und Derivaten sowie die Verrechnung und die Abwicklung von Wertpapier- und Derivatgeschäften;
5. Versicherungsdienstleistungen und Leistungen der Sozialversicherung sowie der Grundsicherung für Arbeitsuchende.

(2) Die Bargeldversorgung wird in den Bereichen Autorisierung einer Abhebung, Einbringen in den Zahlungsverkehr, Belastung Kundenkonto und Bargeldlogistik erbracht.

(3) Der kartengestützte Zahlungsverkehr wird bei kartengebundenen Zahlungsvorgängen im Sinne der Verordnung (EU) 2015/751 des Europäischen Parlaments und des Rates vom 29. April 2015 über Interbankenentgelte für kartengebundene Zahlungsvorgänge (ABl. L 123 vom 19.5.2015, S. 1) in den Bereichen Autorisierung, Einbringen in den Zahlungsverkehr sowie Belastung auf dem Konto des Zahlers und Gutschrift auf dem Konto des Zahlungsempfängers erbracht.

---

[6] § 6 eingef. mWv 30.6.2017 durch VO v. 21.6.2017 (BGBl. I S. 1903); Abs. 2 aufgeh., bish. Abs. 3 und 4 werden Abs. 2 und 3, Abs. 5 aufgeh., bish. Abs. 6 wird Abs. 4 und Nr. 1 geänd. mWv 1.1.2022 durch VO v. 6.9.2021 (BGBl. I S. 4163).
[7] § 7 eingef. mWv 30.6.2017 durch VO v. 21.6.2017 (BGBl. I S. 1903); Abs. 1 Nr. 4 neu gef., Nr. 5 geänd., Abs. 3 und 4 geänd., Abs. 5 neu gef., Abs. 6 Sätze 2 und 3 angef., Abs. 7 Nr. 1 geänd. mWv 1.1.2022 durch VO v. 6.9.2021 (BGBl. I S. 4163).

(4) Der konventionelle Zahlungsverkehr wird bei Zahlungsvorgängen mittels Überweisung und Lastschrift im Sinne der Verordnung (EU) Nr. 260/2012 des Europäischen Parlaments und des Rates vom 14. März 2012 zur Festlegung der technischen Vorschriften und der Geschäftsanforderungen für Überweisungen und Lastschriften in Euro (ABl. L 94 vom 30.3.2012, S. 22) in den Bereichen Annahme einer Überweisung oder Lastschrift, Einbringen in den Zahlungsverkehr sowie Belastung und Gutschrift auf Kundenkonten erbracht.

(5) Der Handel mit Wertpapieren und Derivaten sowie die Verrechnung und die Abwicklung von Wertpapier- und Derivatgeschäften wird in den Bereichen Einbringen von Aufträgen in den Handel, Ausführung des Handels und Bestandsführung für den Kunden sowie Verrechnung von Wertpapier- und Derivatgeschäften, Verbuchung Wertpapiere und Verbuchung Geld erbracht.

(6) [1]Versicherungsdienstleistungen werden im Bereich Inanspruchnahme von Versicherungsleistungen erbracht. [2]Leistungen der Sozialversicherung werden im Bereich Inanspruchnahme von Sozialversicherungsleistungen erbracht. [3]Leistungen der Grundsicherung für Arbeitsuchende werden im Bereich der Inanspruchnahme von Leistungen, die der Sicherung des Lebensunterhalts dienen, mithilfe von IT-Systemen der Bundesagentur für Arbeit erbracht.

(7) Im Sektor Finanz- und Versicherungswesen sind Kritische Infrastrukturen solche Anlagen oder Teile davon, die
1. den in Anhang 6 Teil 3 Spalte B genannten Kategorien zuzuordnen sind und
2. den Schwellenwert nach Anhang 6 Teil 3 Spalte D erreichen oder überschreiten.

(8) [1]Abweichend von § 1 Nummer 2 hat im Sektor Finanz- und Versicherungswesen bestimmenden Einfluss auf eine Anlage, die den in Anhang 6 Teil 3 Spalte A Nummer 1 bis 4 genannten Anlagenkategorien zuzuordnen ist, wer die tatsächliche Sachherrschaft ausübt. [2]Die rechtlichen und wirtschaftlichen Umstände bleiben insoweit unberücksichtigt.

§ 8[8] Sektor Transport und Verkehr

(1) Wegen ihrer besonderen Bedeutung für das Funktionieren des Gemeinwesens ist im Sektor Transport und Verkehr die Versorgung der Allgemeinheit mit Leistungen zum Transport von Personen und Gütern (Personen- und Güterverkehr) kritische Dienstleistung im Sinne des § 10 Absatz 1 Satz 1 des BSI-Gesetzes.

(2) Der Personen- und Güterverkehr wird in den Bereichen Luftverkehr, Eisenbahnverkehr, See- und Binnenschifffahrt, Straßenverkehr, öffentlicher Personennahverkehr (ÖPNV) und Logistik sowie verkehrsträgerübergreifend erbracht.

(3) Im Sektor Transport und Verkehr sind Kritische Infrastrukturen solche Anlagen oder Teile davon, die
1. den in Anhang 7 Teil 3 Spalte B genannten Kategorien zuzuordnen sind und
2. den Schwellenwert nach Anhang 7 Teil 3 Spalte D erreichen oder überschreiten.

---

[8] § 8 eingef. mWv 30.6.2017 durch VO v. 21.6.2017 (BGBl. I S. 1903); Abs. 2 neu gef., Abs. 3 Nr. 1 geänd. mWv 1.1.2022 durch VO v. 6.9.2021 (BGBl. I S. 4163).

§ 9[9] Evaluierung

Zwei Jahre nach Inkrafttreten dieser Rechtsverordnung und danach alle zwei Jahre sind unter Beteiligung der in § 10 Absatz 1 Satz 1 des BSI-Gesetzes genannten Ressorts und unter Berücksichtigung von Erkenntnissen der Betreiber Kritischer Infrastrukturen, von deren Verbänden sowie von Vertretern der Wissenschaft zu evaluieren

1. die Festlegung der kritischen Dienstleistungen und Bereiche,
2. die Festlegung der Anlagenkategorien, die für die Erbringung der kritischen Dienstleistungen erforderlich sind, und
3. die Bestimmung der Schwellenwerte.

§ 7[10] Inkrafttreten

Diese Verordnung tritt am Tag nach der Verkündung[11] in Kraft.

---

[9] Bish. § 6 wird § 9 und einl. Satzteil geänd. mWv 30.6.2017 durch VO v. 21.6.2017 (BGBl. I S. 1903); einl. Satzteil geänd. mWv 1.1.2022 durch VO v. 6.9.2021 (BGBl. I S. 4163).

[10] Paragraphenzählung amtlich.

[11] Verkündet am 2.5.2016.

Anhang 1[12]
(zu § 1 Nummer 4 und 5, § 2 Absatz 5 Nummer 1 und 2)

Anlagenkategorien und Schwellenwerte im Sektor Energie

Teil 1 Grundsätze und Fristen

1. Für die in Teil 3 Spalte B genannten Anlagenkategorien gelten vorrangig die Begriffsbestimmungen nach § 3 des Energiewirtschaftsgesetzes und nach § 2 des Kraft-Wärme-Kopplungsgesetzes in der jeweils geltenden Fassung.

2. Im Sinne von Anhang 1 ist oder sind

  2.1 Erzeugungsanlage
   eine Anlage im Sinne des § 3 Nummer 18c des Energiewirtschaftsgesetzes. Diese Kategorie umfasst auch Anlagen zur Speicherung von elektrischer Energie sowie dezentrale Energieerzeugungsanlagen im Sinne des § 3 Nummer 11 des Energiewirtschaftsgesetzes.

  2.2 Anlage oder System zur Bündelung und Steuerung elektrischer Leistung
   eine Anlage oder ein System zur Bündelung elektrischer Leistung und Steuerung von Erzeugungsanlagen oder dezentraler Energieerzeugungsanlagen, insbesondere zur Anwendung bei Direktvermarktungsunternehmen im Sinne des § 3 Nummer 17 des Erneuerbare-Energien-Gesetzes. Unter den Begriff der Steuerung fallen auch die die Anlagen betreffenden Schalthandlungen.

  2.3 Übertragungsnetz
   ein Netz zur Übertragung im Sinne des § 3 Nummer 32 des Energiewirtschaftsgesetzes.

  2.4 Zentrale Anlage oder System für den Stromhandel
   eine Anlage oder ein elektronisches Handelssystem, das den physischen, kurzfristigen Spothandel sowie den Terminhandel mit Energie für das deutsche Marktgebiet betrifft.

  2.5 Stromverteilernetz
   ein Netz zur Verteilung von Elektrizität im Sinne des § 3 Nummer 37 des Energiewirtschaftsgesetzes.

  2.6 Gasförderanlage
   eine Anlage zur Förderung von Erdgas aus einer Bohrung.

  2.7 Anlage zur zentralen standortübergreifenden Steuerung
   eine Anlage oder ein IT-System, durch das eine oder mehrere Anlagen standortübergreifend gesteuert oder überwacht werden.

  2.8 Fernleitungsnetz
   ein Netz zur Fernleitung im Sinne des § 3 Nummer 19 des Energiewirtschaftsgesetzes.

  2.9 Gasgrenzübergabestelle
   eine Netzkoppelstelle, die in der Regel zwischen einem deutschen Fernleitungsnetz und dem eines anderen Staates besteht, soweit diese nicht von einem deutschen Fernleitungsnetzbetreiber als Bestandteil dessen Fernleitungsnetzes betrieben wird.

  2.10 Gasspeicher
   eine Speicheranlage im Sinne des § 3 Nummer 31 des Energiewirtschaftsgesetzes.

---

[12] Anh. 1 geänd. mWv 30.6.2017 durch VO v. 21.6.2017 (BGBl. I S. 1903); geänd. mWv 1.1.2022 durch VO v. 6.9.2021 (BGBl. I S. 4163).

2.11 Gasverteilernetz
ein Netz zur Verteilung von Gas im Sinne des § 3 Nummer 37 des Energiewirtschaftsgesetzes.

2.12 Gashandelssystem
eine Anlage oder ein elektronisches Handelssystem für den Handel von Gasmengen oder -kapazitäten.

2.13 LNG-Anlage
schwimmende oder landgebundene stationäre Anlagen oder Systeme zur Verflüssigung von Gas nach § 3 Nr. 19a EnWG oder zur Einfuhr, Entladung und Wiederverdampfung von verflüssigtem Gas, einschließlich der Anlagenteile für Hilfsdienste und für die vorübergehende Speicherung von verflüssigtem Erdgas, die für die Wiederverdampfung und die anschließende Einspeisung in das Fernleitungsnetz erforderlich sind.

2.14 Ölförderanlage
eine Anlage zur Förderung von Erdöl aus einer Bohrung.

2.15 Raffinerie
eine Anlage zur Destillation oder Raffination oder sonstigen Weiterverarbeitung von Erdöl in Mineralölraffinerien im Sinne der Nummer 4.3 der Anlage 1 des Gesetzes über die Umweltverträglichkeitsprüfung.

2.16 Mineralölfernleitung
eine Rohrfernleitung im Sinne der Rohrfernleitungsverordnung zum Transport von Erdöl oder Erdölprodukten.

2.17 Erdöl- und Erdölproduktenlager
eine Anlage zur Lagerung von Erdöl oder Mineralölprodukten.

2.18 Anlage oder System von Aggregatoren zum Vertrieb von Kraftstoff und Heizöl
eine Anlage oder ein IT-System, das zur Disposition insbesondere von Tankkraftwagen, Kesselwagen oder Binnenschiffen verwendet wird, mit dem Ziel, den Vertrieb von Kraftstoff oder Heizöl abzuwickeln, zu koordinieren oder zu optimieren, unabhängig davon, ob durch die Anlage oder das IT-System Verbraucher beliefert werden.

2.19 Tankstellennetz
eine Anlage oder ein System zur Verbindung voneinander unabhängiger Tankstellen oder Flugfeldbetankungsanlagen mittels zentraler Komponenten (beispielsweise physischer oder datentechnischer Verbindungen). Eine zentrale Komponente dient der zentralen Erbringung wichtiger Aufgaben für den Betrieb der Tankstellen oder Flugfeldbetankungsanlagen eines Tankstellennetzes zur Versorgung mit Kraftstoff.

2.20 Anlage oder System zur zentralen kommerziellen Steuerung
eine Anlage oder ein System zur zentralen Steuerung oder Koordinierung der Betriebsplanung einer oder mehrerer Anlagen oder zur kommerziellen Abwicklung für eine oder mehrere Anlagen, soweit diese zum Betrieb notwendig sind. Dazu zählen auch Clearing-Instanzen oder Kollaborationslösungen, die als Cloud-Lösung betrieben werden.

2.21 Heizwerk
eine Anlage zur Erzeugung von Wärme zur Belieferung von Endkunden im Sinne der Verordnung über Allgemeine Bedingungen für die Versorgung mit Fernwärme.

2.22 Heizkraftwerk
eine KWK-Anlage im Sinne des § 2 Nummer 14 des Kraft-Wärme-Kopplungsgesetzes.

2.23 Fernwärmenetz
ein Netz zur Versorgung der Allgemeinheit mit Wärme.

3. Eine Anlage, die einer in Teil 3 Spalte B genannten Anlagenkategorie zuzuordnen ist, gilt ab dem 1. April des Kalenderjahres, das auf das Kalenderjahr folgt, in dem ihr Versorgungsgrad den in Teil 3 Spalte D genannten Schwellenwert erstmals erreicht oder überschreitet, als Kritische Infrastruktur. Nicht mehr als Kritische Infrastruktur gilt eine solche Anlage ab dem 1. April des Kalenderjahres, das auf das Kalenderjahr folgt, in dem ihr Versorgungsgrad den genannten Schwellenwert unterschreitet. Anlagen nach Teil 3 Nummer 2.2.4 gelten ab dem ersten Tag des dritten Kalendermonats, der auf den Kalendermonat folgt, in dem ihr Versorgungsgrad den in Teil 3 Spalte D genannten Schwellenwert erreicht oder überschreitet als Kritische Infrastruktur. Diese Anlagen gelten nicht mehr als Kritische Infrastruktur ab dem 1. April des Kalenderjahres, in dem ihr Versorgungsgrad den genannten Schwellenwert unterschreitet.

4. Der Betreiber hat den Versorgungsgrad seiner Anlage für das zurückliegende Kalenderjahr jeweils bis zum 31. März des Folgejahres zu ermitteln. Betreiber von Anlagen nach Teil 3 Nummer 2.2.4 haben den aktuellen Versorgungsgrad ihrer Anlage jeweils zur Inbetriebnahme und zum 31. März eines jeden Kalenderjahres zu ermitteln.

5. Ist der Versorgungsgrad anhand der Anzahl angeschlossener Haushalte zu ermitteln, ist der Versorgungsgrad zum 30. Juni des zurückliegenden Kalenderjahres maßgeblich.

6. Ist der Versorgungsgrad anhand der Kapazität (installierte Netto-Nennleistung) einer Anlage zu ermitteln, ist auf den rechtlich und tatsächlich möglichen Betriebsumfang der durch denselben Betreiber betriebenen Anlage abzustellen.

7. Stehen mehrere Anlagen derselben Art in einem engen räumlichen und betrieblichen Zusammenhang (gemeinsame Anlage) und erreichen oder überschreiten die in Teil 3 Spalte D genannten Schwellenwerte zusammen, gilt die gemeinsame Anlage als Kritische Infrastruktur. Ein enger räumlicher und betrieblicher Zusammenhang ist gegeben, wenn die Anlagen
a) auf demselben Betriebsgelände liegen,
b) mit gemeinsamen Betriebseinrichtungen verbunden sind,
c) einem vergleichbaren technischen Zweck dienen und
d) unter gemeinsamer Leitung stehen.

Teil 2 Berechnungsformeln zur Ermittlung der Schwellenwerte

8. Der für die Anlagenkategorien des Teils 3 Nummer 1.1.1 und 1.1.2 genannte Schwellenwert von 104 MW ist unter Annahme eines Durchschnittsverbrauchs von 1815 kWh pro versorgter Person pro Jahr und eines Regelschwellenwertes von 500 000 versorgten Personen wie folgt berechnet:
900 GWh/Jahr ≈ 908 GWh/Jahr = 1815 kWh/Jahr × 500 000
Die durchschnittliche elektrische Arbeit zur Versorgung von 500 000 Personen im Jahr entspricht im Falle der Nummern 1.1.1 und 1.1.2 einer installierten Nettonennleistung von:
104 MW ≈ (908 GWh/Jahr)/(8760 h/Jahr)

Der Schwellenwert von 36 MW für zur Erbringung von Primärregelleistung präqualifizierter Anlagen ergibt sich aus Artikel 5 Absatz 3 der Verordnung (EU) 2016/631 der Kommission vom 14. April 2016 zur Festlegung eines Netzkodex mit Netzanschlussbestimmungen für Stromerzeuger.

9. Der für die Anlagenkategorien des Teils 3 Nummer 1.4.1 genannte Schwellenwert ist unter Annahme eines Gesamthandelsvolumens von rund 600 000 GWh und eines Durchschnittshandelsvolumens pro Person pro Jahr von 7,46 MWh und eines Regelschwellenwertes von 500 000 versorgten Personen wie folgt berechnet:
3,7 TWh ≈ 7,46 MWh/Jahr × 500 000

10. Der für die Anlagenkategorien des Teils 3 Nummer 2 genannte Schwellenwert ist unter Annahme eines Durchschnittsverbrauchs von 10 380 kWh pro versorgter Person pro Jahr und eines Regelschwellenwertes von 500 000 versorgten Personen wie folgt berechnet:
5190 GWh/Jahr = 10 380 kWh/Jahr × 500 000

11. Der für die Anlagenkategorien des Teils 3 Nummer 3.1.2, 3.1.3, 3.2.2, 3.2.3, 3.3.1 und 3.3.3 genannte Schwellenwert ist unter Annahme einer durchschnittlichen Produktionsmenge von 0,84 Tonnen Kraftstoff zur Versorgung einer Person pro Jahr und eines Regelschwellenwertes von 500 000 versorgten Personen wie folgt berechnet:
420 000 t/Jahr = 0,84 t/Jahr × 500 000

12. Der für Erdöl in den Anlagenkategorien des Teils 3 Nummer 3.1.1, 3.1.3, 3.2.1, 3.2.2, 3.2.3 und 3.4.1 genannte Schwellenwert ist unter Annahme einer durchschnittlichen Produktionsmenge von 1,24 Tonnen leichtem Heizöl zur Versorgung einer Person pro Jahr und damit einer durchschnittlichen Gesamtproduktionsmenge von 620 000 Tonnen leichtem Heizöl für 500 000 versorgte Personen sowie unter der Annahme, dass aus einer Tonne Rohöl etwa 0,14 Tonnen leichtes Heizöl hergestellt werden, wie folgt berechnet:
4 400 000 t/Jahr = 620 000 t/Jahr / 0,14

13. Der für Kraftstoff in den Anlagenkategorien des Teils 3 Nummer 3.1.2, 3.1.3, 3.2.1, 3.2.2, 3.2.3, 3.3.1, 3.3.2, 3.3.3 und 3.4.1 genannte Schwellenwert ist unter Annahme einer durchschnittlichen Produktionsmenge von 0,84 Tonnen Kraftstoff zur Versorgung einer Person pro Jahr und eines Regelschwellenwertes von 500 000 versorgten Personen wie folgt berechnet:
420 000 t/Jahr = 0,84 t/Jahr × 500 000

14. Der für Flugkraftstoff in den Anlagenkategorien des Teils 3 Nummer 3.1.2, 3.1.3, 3.2.1., 3.2.2, 3.2.3, 3.3.1, 3.3.2, 3.3.3 und 3.4.1 genannte Schwellenwert ist unter Annahme eines Durchschnittsverbrauchs einer Person pro Jahr von 0,1275 Tonnen Flugkraftstoff und eines Regelschwellenwertes von 500 000 versorgten Personen wie folgt berechnet:
63 750 t/Jahr = 0,1275 t/Jahr × 500 000

15. Der für Heizöl in den Anlagenkategorien des Teils 3 Nummer 3.1.2, 3.1.3, 3.2.1, 3.2.2, 3.2.3, 3.3.1, 3.3.3 und 3.4.1 genannte Schwellenwert ist unter Annahme einer durchschnittlichen Produktionsmenge von 1,24 Tonnen leichtem Heizöl zur Versorgung einer Person pro Jahr und eines Regelschwellenwertes von 500 000 versorgten Personen wie folgt berechnet:
620 000 t/Jahr = 1,24 t/Jahr × 500 000

Anh. I

Teil 3 Anlagenkategorien und Schwellenwerte

Spalte A	Spalte B	Spalte C	Spalte D
Nr.	Anlagenkategorie	Bemessungskriterium	Schwellenwert
1	**Stromversorgung**		
1.1	Stromerzeugung		
1.1.1	Erzeugungsanlage	Installierte Nettonennleistung (elektrisch oder direkt mit Wärmeauskopplung verbundene elektrische Wirkleistung bei Wärmenennleistung ohne Kondensationsanteil) in MW oder	104
		installierte Nettonennleistung in MW, wenn die Anlage als Schwarzstartanlage nach § 3 Absatz 2 des Beschlusses der Bundesnetzagentur vom 20. Mai 2020, Aktenzeichen BK6-18-249 kontrahiert ist, oder	0
		installierte Nettonennleistung in MW, wenn die Anlage zur Erbringung von Primärregelleistung nach § 2 Nummer 8 StromNZV präqualifiziert ist	36
1.1.2	Anlage oder System zur Steuerung/Bündelung elektrischer Leistung	Installierte Nettonennleistung (elektrisch) in MW oder	104
		installierte Nettonennleistung in MW, wenn die Anlage als Schwarzstartanlage nach § 3 Absatz 2 des Beschlusses BK6-18-249 kontrahiert ist, oder	0
		installierte Nettonennleistung in MW, wenn die Anlage zur Erbringung von Primärregelleistung nach § 2 Nummer 8 StromNZV präqualifiziert ist	36
1.2	Stromübertragung		
1.2.1	Übertragungsnetz	Durch Letztverbraucher und Weiterverteiler entnommene Jahresarbeit in GWh/Jahr	3 700
1.3	Stromverteilung		
1.3.1	Stromverteilernetz	Durch Letztverbraucher und Weiterverteiler entnommene Jahresarbeit in GWh/Jahr	3 700
1.4	Stromhandel		
1.4.1	Zentrale Anlage oder System für den Stromhandel	Abgewickeltes Handelsvolumen in TWh/Jahr	3,7

Spalte A	Spalte B	Spalte C	Spalte D
Nr.	Anlagenkategorie	Bemessungskriterium	Schwellenwert
2	**Gasversorgung**		
2.1	Gasförderung		
2.1.1	Gasförderanlage	Energie des geförderten Gases in GWh/Jahr	5 190
2.1.2	Anlage zur zentralen standortübergreifenden Steuerung	Energie des geförderten Gases in GWh/Jahr	5 190
2.2	Gastransport und -speicherung		
2.2.1	Fernleitungsnetz	Durch Letztverbraucher und Weiterverteiler entnommene Jahresarbeit in GWh/Jahr	5 190
2.2.2	Gasgrenzübergabestelle	Durchgeleitete Arbeit in GWh/Jahr	5 190
2.2.3	Gasspeicher	Entnommene Arbeit in GWh/Jahr	5 190
2.2.4	LNG-Anlage	Technische Regasifizierungskapazität in GWh/Jahr	5190
2.3	Gasverteilung		
	Gasverteilernetz	Entnommene Arbeit in GWh/Jahr	5 190
2.4	Gashandel		
2.4.1	Gashandelssystem	Energie der gehandelten Gasmengen oder -kapazitäten in GWh/Jahr	5 190
3	**Kraftstoff- und Heizölversorgung**		
3.1	Erdölförderung und Produktenherstellung		
3.1.1	Ölförderanlage	Gefördertes Erdöl in Tonnen/Jahr	4 400 000
3.1.2	Raffinerie	Erzeugter Kraftstoff in Tonnen/Jahr oder	420 000 (≈ 420 Millionen Liter)
		erzeugter Flugkraftstoff in Tonnen/Jahr oder	63 750
		erzeugtes Heizöl in Tonnen/Jahr	620 000
3.1.3	Anlage zur zentralen standortübergreifenden Steuerung	Gefördertes Rohöl in Tonnen/Jahr oder	4 400 000
		erzeugter Kraftstoff in Tonnen/Jahr oder	420 000
		erzeugter Flugkraftstoff in Tonnen/Jahr oder	63 750
		erzeugtes Heizöl in Tonnen/Jahr	620 000
3.2	Erdöltransport und -lagerung		
3.2.1	Mineralölfernleitung	Transportierte entnommene Rohölmenge in Tonnen/Jahr oder	4 400 000
		transportierte Kraftstoffmenge in Tonnen/Jahr oder	420 000

Spalte A	Spalte B	Spalte C	Spalte D
Nr.	Anlagenkategorie	Bemessungskriterium	Schwellenwert
		transportierte Flugkraftstoffmenge in Tonnen/Jahr oder	63 750
		transportierte Heizölmenge in Tonnen/Jahr	620 000
3.2.2	Erdöl- und Erdölpro-duktenlager	Umgeschlagenes Rohöl in Ton-nen/Jahr oder	4 400 000
		umgeschlagener Kraftstoff in Ton-nen/Jahr oder	420 000
		umgeschlagener Flugkraftstoff in Tonnen/Jahr oder	63 750
		umgeschlagenes Heizöl in Ton-nen/Jahr	620 000
3.2.3	Anlage zur zentralen standortübergreifen-den Steuerung	Gesamtmenge des transportierten Rohöls und der transportierten Ölprodukte in Tonnen/Jahr oder	4 400 000
		umgeschlagenes Rohöl in Ton-nen/Jahr oder	4 400 000
		umgeschlagener Kraftstoff in Ton-nen/Jahr oder	420 000
		umgeschlagener Flugkraftstoff in Tonnen/Jahr oder	63 750
		umgeschlagenes Heizöl in Ton-nen/Jahr	620 000
3.3	Kraftstoff- und Heizölverteilung		
3.3.1	Anlage oder System von Aggregatoren zum Vertrieb von Kraftstoff und Heizöl	Verteilter Kraftstoff in Tonnen/Jahr oder	420 000
		verteilter Flugkraftstoff in Ton-nen/Jahr oder	63 750
		verteiltes Heizöl in Tonnen/Jahr	620 000
3.3.2	Tankstellennetz	Verteilter Kraftstoff in Tonnen/Jahr oder	420 000
		verteilter Flugkraftstoff in Ton-nen/Jahr	63 750
3.3.3	Anlage zur zentralen standortübergreifen-den Steuerung	Verteilter Kraftstoff in Tonnen/Jahr oder	420 000
		verteilter Flugkraftstoff in Ton-nen/Jahr oder	63 750
		verteiltes Heizöl in Tonnen/Jahr	620 000
3.4	Mineralölhandel		
3.4.1	Anlagen oder Sys-teme zur zentralen kommerziellen Steuerung	Abgewickeltes Erdöl in Tonnen/Jahr oder	4 400 000
		abgewickelter Kraftstoff in Ton-nen/Jahr oder	420 000

Spalte A	Spalte B	Spalte C	Spalte D
Nr.	Anlagenkategorie	Bemessungskriterium	Schwellenwert
		abgewickelter Flugkraftstoff in Tonnen/Jahr oder	63 750
		abgewickeltes Heizöl in Tonnen/Jahr	620 000
4	**Fernwärmeversorgung**		
4.1	Erzeugung von Fernwärme		
4.1.1	Heizwerk	Ausgeleitete Wärmeenergie in GWh/Jahr	2 300
4.1.2	Heizkraftwerk	Ausgeleitete Wärmeenergie in GWh/Jahr	2 300
4.2	Verteilung von Fernwärme		
4.2.1	Fernwärmenetz	Angeschlossene Haushalte	250 000
4.3	Steuerung und Überwachung		
4.3.1	Anlage zur zentralen standortübergreifenden Steuerung	Angeschlossene Haushalte oder	250 000
		ausgeleitete Wärmeenergie in GWh/Jahr	2 300

Anhang 2[13]
(zu § 1 Nummer 4 und 5, § 3 Absatz 4 Nummer 1 und 2)

Anlagenkategorien und Schwellenwerte im Sektor Wasser

Teil 1 Grundsätze und Fristen
1. Im Sinne von Anhang 2 ist oder sind
   1.1 Gewinnungsanlage
   ein Brunnen oder eine Brunnenreihe, eine Sickerleitung, ein Sickerstollen, eine Zisterne, ein Entnahmebauwerk oder eine Stauanlage zur Gewinnung, Bevorratung oder Bewirtschaftung von Oberflächenwasser oder andere Wasserfassung zur Gewinnung von Rohwasser.
   1.2 Aufbereitungsanlage (Wasserwerk)
   die Gesamtheit aller technischen Einrichtungen zur Trinkwasseraufbereitung einschließlich der zugehörigen Nebenanlagen sowie der Mess-, Steuerungs- und Regelungstechnik.
   1.3 Wasserverteilungssystem
   ein Teil eines Wasserversorgungssystems mit Rohrleitungen, Trinkwasserbehältern, Förderanlagen und sonstigen Einrichtungen zum Zweck der Verteilung von Wasser an die Verbraucher. Dieses System beginnt nach der Wasseraufbereitungsanlage oder, wenn keine Aufbereitung erfolgt, nach der Wassergewinnung oder bei Weiterverteilern an der Übergabestelle des Vorlieferanten und endet an der Übergabestelle zum Verbraucher.
   1.4 Leitzentrale
   eine Anlage, insbesondere eine Leitwarte, Leitstelle oder Prozessleitwarte, in der ein oder mehrere Prozessschritte auch räumlich verteilter Anlagen zentral überwacht und/oder gesteuert werden können.
   1.5 Kanalisation
   ein Netz von Rohrleitungen und Zusatzbauten (zum Beispiel Regenüberlaufbecken, Regenrückhaltebecken, Regenklärbecken und Pumpstationen), das Abwasser von Anschlusskanälen zu Kläranlagen oder zu anderen Entsorgungsstellen ableitet.
   1.6 Kläranlage
   eine Anlage, in der Abwasser physikalisch, biologisch oder chemisch behandelt wird. Die Anlagen zur Gewässereinleitung (zum Beispiel Hochwasserpumpwerke und Ableitungskanäle) werden als Bestandteil der Kläranlage angesehen.
2. Eine Anlage, die einer in Teil 3 Spalte B genannten Anlagenkategorie zuzuordnen ist, gilt ab dem 1. April des Kalenderjahres, das auf das Kalenderjahr folgt, in dem ihr Versorgungsgrad den in Teil 3 Spalte D genannten Schwellenwert erstmals erreicht oder überschreitet, als Kritische Infrastruktur. Nicht mehr als Kritische Infrastruktur gilt eine solche Anlage ab dem 1. April des Kalenderjahres, das auf das Kalenderjahr folgt, in dem ihr Versorgungsgrad den genannten Schwellenwert unterschreitet.
3. Der Betreiber hat den Versorgungsgrad seiner Anlage für das zurückliegende Kalenderjahr jeweils bis zum 31. März des Folgejahres zu ermitteln.

---

[13] Anh. 2 geänd. mWv 30.6.2017 durch VO v. 21.6.2017 (BGBl. I S. 1903); geänd. mWv 1.1.2022 durch VO v. 6.9.2021 (BGBl. I S. 4163).

4. Für die Anlagenkategorien des Teils 3 Nummer 1.1.1 bis 1.3.1 ist der Versorgungsgrad zum 30. Juni des zurückliegenden Kalenderjahres maßgeblich.
5. Stehen mehrere Anlagen derselben Art in einem engen räumlichen und betrieblichen Zusammenhang (gemeinsame Anlage) und erreichen oder überschreiten die in Teil 3 Spalte D genannten Schwellenwerte zusammen, gilt die gemeinsame Anlage als Kritische Infrastruktur. Ein enger räumlicher und betrieblicher Zusammenhang ist gegeben, wenn die Anlagen
   a) auf demselben Betriebsgelände liegen,
   b) mit gemeinsamen Betriebseinrichtungen verbunden sind,
   c) einem vergleichbaren technischen Zweck dienen und
   d) unter gemeinsamer Leitung stehen.

Teil 2 Berechnungsformeln zur Ermittlung der Schwellenwerte

6. Der für die Anlagenkategorien des Teils 3 Nummer 1.1.1 bis 1.4.1 genannte Schwellenwert ist unter Annahme eines Durchschnittsverbrauchs von 44 m^3 pro versorgter Person pro Jahr und eines Regelschwellenwertes von 500 000 versorgten Personen wie folgt berechnet:
22 Millionen m^3/Jahr = 44 m^3/Jahr × 500 000

Teil 3 Anlagenkategorien und Schwellenwerte

Spalte A	Spalte B	Spalte C	Spalte D
Nr.	Anlagenkategorie	Bemessungskriterium	Schwellenwert
1	**Trinkwasserversorgung**		
1.1	Gewinnung		
1.1.1	Gewinnungsanlage	Gewonnene Wassermenge in Millionen m^3/Jahr	22
1.2	Aufbereitung		
1.2.1	Aufbereitungsanlage (Wasserwerk)	Aufbereitete Trinkwassermenge in Millionen m^3/Jahr	22
1.3	Verteilung		
1.3.1	Wasserverteilungssystem	Verteilte Wassermenge in Millionen m^3/Jahr	22
1.4	Steuerung und Überwachung		
1.4.1	Leitzentrale	Von den gesteuerten/überwachten Anlagen gewonnene, transportierte oder aufbereitete Wassermenge in Millionen m^3/Jahr	22
2	**Abwasserbeseitigung**		
2.1	Siedlungsentwässerung		
2.1.1	Kanalisation	Angeschlossene Einwohner	500 000
2.2	Abwasserbehandlung und Gewässereinleitung		
2.2.1	Kläranlage	Ausbaugröße in Einwohnerwerten	500 000
2.3	Steuerung und Überwachung		

Spalte A	Spalte B	Spalte C	Spalte D
Nr.	Anlagenkategorie	Bemessungskriterium	Schwellenwert
2.3.1	Leitzentrale	Ausbaugrößen der Anlagen in Einwohnerwerten oder angeschlossene Einwohner der gesteuerten oder überwachten Anlagen	500 000

Anhang 3[14]
(zu § 1 Nummer 4 und 5, § 4 Absatz 3 Nummer 1 und 2)

Anlagenkategorien und Schwellenwerte im Sektor Ernährung

Teil 1 Grundsätze und Fristen

1. Für die in Teil 3 Spalte B Nummer 1 genannten Anlagenkategorien gelten grundsätzlich die Begriffsbestimmungen des § 3 Nummer 1 bis 3 des Lebensmittel-, Bedarfsgegenstände- und Futtermittelgesetzbuches in der jeweils geltenden Fassung.

2. Im Sinne von Anhang 3 ist oder sind

   2.1 Anlage oder System zur Herstellung von Lebensmitteln
   eine Anlage zum Herstellen von Lebensmitteln im Sinne des § 3 Absatz 1 Nummer 1 des Lebensmittel- und Futtermittelgesetzbuches.

   2.2 Anlage oder System zur Behandlung von Lebensmitteln
   eine Anlage zum Behandeln von Lebensmitteln im Sinne des § 3 Absatz 1 Nummer 2 des Lebensmittel- und Futtermittelgesetzbuches.

   2.3 Anlage oder System zur Distribution von Lebensmitteln
   eine Anlage oder ein System zur Planung, Steuerung, Bereitstellung und Verteilung von Produktionsmitteln oder Lebensmitteln, zum Beispiel Fuhrpark-, Hof- oder Flottenmanagementsysteme.

   2.4 Anlage oder System zur zentralen Steuerung oder Überwachung
   eine Anlage oder ein System, durch die oder das eine oder mehrere andere Anlagen oder Systeme gesteuert oder überwacht werden, zum Beispiel ERP-, Warenwirtschafts- oder Lagerverwaltungssysteme.

   2.5 Anlage oder System zur Bestellung von Lebensmitteln
   eine Anlage oder ein System zur Aufgabe oder Entgegennahme von Lebensmittelbestellungen, zum Beispiel EDI-Dispositionssysteme, Lieferanten- und Kundenstammdatensysteme.

   2.6 Anlage oder System zum Inverkehrbringen von Lebensmitteln
   eine Anlage oder ein System zum Inverkehrbringen von Lebensmitteln im Sinne des Artikels 3 Nummer 8 der Verordnung (EG) Nr. 178/2002 des Europäischen Parlaments und des Rates vom 28. Januar 2002 zur Festlegung der allgemeinen Grundsätze und Anforderungen des Lebensmittelrechts, zur Errichtung der Europäischen Behörde für Lebensmittelsicherheit und zur Festlegung von Verfahren zur Lebensmittelsicherheit (ABl. L 31 vom 1 2.2002, S. 1), die zuletzt durch die Verordnung (EU) 2019/1381 (ABl. L 231 vom 6.9.2019, S. 1) geändert worden ist, zum Beispiel eine Verkaufsstelle des Einzel- oder Großhandels.

3. Eine Anlage, die einer in Teil 3 Spalte B genannten Anlagenkategorie zuzuordnen ist, gilt ab dem 1. April des Kalenderjahres, das auf das Kalenderjahr folgt, in dem ihr Versorgungsgrad den in Teil 3 Spalte D genannten Schwellenwert erstmalig erreicht oder überschreitet, als Kritische Infrastruktur. Nicht mehr als Kritische Infrastruktur gilt eine solche Anlage ab dem 1. April des Kalenderjahres, das auf das Kalenderjahr folgt, in dem ihr Versorgungsgrad den genannten Schwellenwert unterschreitet.

4. Der Betreiber hat den Versorgungsgrad seiner Anlage für das zurückliegende Kalenderjahr jeweils bis zum 31. März des Folgejahres zu ermitteln.

---

[14] Anh. 3 geänd. mWv 30.6.2017 durch VO v. 21.6.2017 (BGBl. I S. 1903); geänd. mWv 1.1.2022 durch VO v. 6.9.2021 (BGBl. I S. 4163).

5. Stehen mehrere Anlagen derselben Art in einem engen räumlichen und betrieblichen Zusammenhang (gemeinsame Anlage) und erreichen oder über- schreiten die in Teil 3 Spalte D genannten Schwellenwerte zusammen, gilt die gemeinsame Anlage als Kritische Infrastruktur. Ein enger räumlicher und betrieblicher Zusammenhang ist gegeben, wenn die Anlagen
   a) auf demselben Betriebsgelände liegen,
   b) mit gemeinsamen Betriebseinrichtungen verbunden sind,
   c) einem vergleichbaren technischen Zweck dienen und
   d) unter gemeinsamer Leitung stehen.
6. Die Ermittlung des Versorgungsgrads kann, bei einer Anlage, die den Anlagen- kategorien des Teils 3 Spalte A Nummer 1.2 zuzuordnen ist, mittels einer pauschalierten Umrechnung der in Teil 3 Spalte D genannten Schwellenwerte auf den in einem Kalenderjahr erzielten Bruttoumsatz in einem Verhältnis von 3,90 Euro pro kg oder l erfolgen.

Teil 2 Berechnungsformeln zur Ermittlung der Schwellenwerte

7. Der für die Anlagenkategorien des Teils 3 genannte Schwellenwert (Lebensmit- tel außer Getränke) ist unter Annahme einer durchschnittlichen Produktions- menge zur Versorgung einer Person mit Lebensmitteln aller Produktgruppen außer Getränke von 0,869 Tonnen/Jahr sowie eines Regelschwellenwertes von 500 000 versorgten Personen wie folgt berechnet:
   434 500 t/Jahr = 0,869 t/Jahr × 500 000
8. Der für die Anlagenkategorien des Teils 3 genannte Schwellenwert (Getränke) ist unter Annahme eines Durchschnittsverbrauchs von 700 l/Jahr von Geträn- ken mit Ausnahme von Getränken mit einem Alkoholgehalt von mehr als 1,2 Volumenprozent sowie eines Regelschwellenwertes von 500 000 versorgten Personen wie folgt berechnet:
   350 Millionen l/Jahr = 700 l/Jahr × 500 000

Teil 3 Anlagenkategorien und Schwellenwerte

Spalte A	Spalte B	Spalte C	Spalte D
Nr.	Anlagenkategorie	Bemessungskriterium	Schwellenwert
1	**Lebensmittelversorgung**		
1.1	Lebensmittelherstellung und –behandlung		
1.1.1	Anlage oder System zur Herstellung von Lebensmitteln	Hergestellte Lebensmittel außer Getränke in Tonnen/Jahr oder	434 500
		hergestellte Getränke außer Getränke mit einem Alkoholge- halt von mehr als 1,2 Volumenpro- zent in Liter/Jahr	350 000 000
1.1.2	Anlage oder System zur Behandlung von Lebensmitteln	Behandelte Lebensmittel außer Getränke in Tonnen/Jahr oder	434 500
		behandelte Getränke außer Getränke mit einem Alkoholge- halt von mehr als 1,2 Volumenpro- zent in Liter/Jahr	350 000 000

Spalte A	Spalte B	Spalte C	Spalte D
Nr.	Anlagenkategorie	Bemessungskriterium	Schwellenwert
1.1.3	Anlage oder System zur Distribution von Lebensmitteln	Umgeschlagene Lebensmittel außer Getränke in Tonnen/Jahr oder	434 500
		umgeschlagene Getränke außer Getränke mit einem Alkoholgehalt von mehr als 1,2 Volumenprozent in Liter/Jahr	350 000 000
1.1.4	Anlage oder System zur zentralen Steuerung oder Überwachung	Hergestellte, behandelte, umgeschlagene, bestellte oder in Verkehr gebrachte Lebensmittel außer Getränke aller durch die Anlage oder das System gesteuerten oder überwachten Anlagen in Tonnen/Jahr oder	434 500
		hergestellte, behandelte, umgeschlagene, bestellte oder in Verkehr gebrachte Getränke außer Getränke mit einem Alkoholgehalt von mehr als 1,2 Volumenprozent aller durch die Anlage oder das System gesteuerten oder überwachten Anlagen in Liter/Jahr	350 000 000
1.2	Lebensmittelhandel		
1.2.1	Anlage oder System zur Behandlung von Lebensmitteln	Behandelte Lebensmittel außer Getränke in Tonnen/Jahr oder	434 500
		behandelte Getränke außer Getränke mit einem Alkoholgehalt von mehr als 1,2 Volumenprozent in Liter/Jahr	350 000 000
1.2.2	Anlage oder System zur Distribution von Lebensmitteln	Umgeschlagene Lebensmittel außer Getränke in Tonnen/Jahr oder	434 500
		umgeschlagene Getränke außer Getränke mit einem Alkoholgehalt von mehr als 1,2 Volumenprozent in Liter/Jahr	350 000 000
1.2.3	Anlage oder System zur Bestellung von Lebensmitteln	Bestellte Lebensmittel außer Getränke in Tonnen/Jahr oder	434 500
		bestellte Getränke außer Getränke mit einem Alkoholgehalt von mehr als 1,2 Volumenprozent in Liter/Jahr	350 000 000
1.2.4	Anlage oder System zum Inverkehrbringen von Lebensmitteln	In Verkehr gebrachte Lebensmittel außer Getränke in Tonnen/Jahr oder	434 500
		in Verkehr gebrachte Getränke außer Getränke mit einem Alko-	350 000 000

Spalte A	Spalte B	Spalte C	Spalte D
Nr.	Anlagenkategorie	Bemessungskriterium	Schwellenwert
		holgehalt von mehr als 1,2 Volumenprozent in Liter/Jahr	
1.2.5	Anlage oder System zur zentralen Steuerung oder Überwachung	Behandelte, umgeschlagene, bestellte oder in Verkehr gebrachte Lebensmittel außer Getränke aller durch die Anlage oder das System gesteuerten oder überwachten Anlagen in Tonnen/Jahr oder	434 500
		behandelte, umgeschlagene, bestellte oder in Verkehr gebrachte Getränke außer Getränke mit einem Alkoholgehalt von mehr als 1,2 Volumenprozent aller durch die Anlage oder das System gesteuerten oder überwachten Anlagen in Liter/Jahr	350 000 000

Anhang 4[15]
(zu § 1 Nummer 4 und 5, § 5 Absatz 4 Nummer 1 und 2)

Anlagenkategorien und Schwellenwerte im Sektor Informationstechnik und Telekommunikation

Teil 1 Grundsätze und Fristen

1. Für die in Teil 3 Spalte B genannten Anlagenkategorien gelten vorrangig die Begriffsbestimmungen nach § 3 des Telekommunikationsgesetzes in der jeweils geltenden Fassung.
2. Im Sinne von Anhang 4 ist oder sind
   2.1 Zugangsnetz
       eine Anlage, über die der Zugang zu einem Sprachkommunikationsdienst, zu einem öffentlich zugänglichen Datenübertragungsdienst oder zu einem Internetzugangsdienst erfolgt, zum Beispiel Glasfaseranschlüsse und Mobilfunkzugangsnetze.
   2.2 Übertragungsnetz
       eine Anlage zur Übertragung von Sprache und Daten für Sprachkommunikationsdienste und öffentlich zugängliche Datenübertragungsdienste oder für Internetzugangsdienste, zum Beispiel Backbone- und Core-Netze.
   2.3 Seekabelanlandestation
       eine Anlandestation zur Anbindung primär der Sprach- und Datenübertragung dienender Seekabel an landgestützte Telekommunikationsnetze.
   2.4 IXP
       eine von den angeschlossenen autonomen Systemen unabhängige Netzeinrichtung, die die Zusammenschaltung von mehr als zwei unabhängigen autonomen Systemen für den Zweck des Austausches von Internetdatenverkehr ermöglicht. Eine Anlage ist auch dann ein IXP, wenn der Internetdatenverkehr zwischen zwei beliebigen teilnehmenden autonomen Systemen nicht über ein intermediäres autonomes System läuft.
   2.5 DNS-Resolver
       eine Anlage oder ein System im Zugangsnetz eines Anbieters von Internetzugangsdiensten zur Beantwortung von Anfragen zur Namensauflösung, die oder das bei Unkenntnis der Antwort die Anfragen an übergeordnete DNS-Instanzen weiterreicht, wenn die Anlage oder das System zur Nutzung von Sprachkommunikationsdiensten, öffentlich zugänglichen Datenübertragungsdiensten oder Internetzugangsdiensten angeboten wird.
   2.6 Autoritativer DNS-Server
       eine Anlage oder ein System zur Beantwortung von Anfragen zur Namensauflösung gemäß Kapitel 5 des RFC 7719, in der oder in dem durch lokal vorliegende Informationen über den Inhalt einer DNS-Zone Anfragen über diese DNS-Zone beantwortet werden oder die Anfragen an andere Server delegiert werden.
   2.7 Top-Level-Domain-Name-Registry
       eine Anlage, welche die Registrierung von Internet-Domain-Namen innerhalb einer spezifischen Top-Level-Domain (TLD) verwaltet und betreibt.

---

[15] Anh. 4 geänd. mWv 30.6.2017 durch VO v. 21.6.2017 (BGBl. I S. 1903); geänd. mWv 1.12.2021 durch G v. 23.6.2021 (BGBl. I S. 1858); geänd. mWv 1.1.2022 durch VO v. 6.9.2021 (BGBl. I S. 4163).

2.8   Rechenzentrum (Housing)
      ein oder mehrere Gebäude, zumindest aber ein geschlossener Raum mit
      dem vorrangigen Zweck, eine geeignete Umgebung für die Unterbrin-
      gung und den Betrieb von zentralen IT-Komponenten, zum Beispiel
      Server oder Netzwerktechnik, in mindestens zehn Racks bereitzustellen.

2.9   Serverfarm (Hosting)
      zwei oder mehrere physische oder virtuelle Instanzen, die im IT-Netz-
      werk Dienste bereitstellen. Dabei gelten virtuelle Maschinen, die mit
      einem eigenen Betriebssystem auf einer physischen Instanz betrieben
      werden, als virtuelle Instanzen.

2.10 Content Delivery Network
      ein Netz regional verteilter und über das Internet verbundener Server,
      mit dem Inhalte ausgeliefert und zwischengespeichert werden, um insbe-
      sondere die Verfügbarkeit und Performanz zu erhöhen.

2.11 Anlage zur Erbringung von Vertrauensdiensten
      eine vertrauenswürdige dritte Instanz (Trusted Third Party), die in elek-
      tronischen Kommunikationsprozessen die jeweilige Identität des Kommu-
      nikationspartners bescheinigt.

3. Eine Anlage, die einer in Teil 3 Spalte B genannten Anlagenkategorie zuzuordnen ist, gilt ab dem 1. April des Kalenderjahres, das auf das Kalenderjahr folgt,
   in dem ihr Versorgungsgrad den in Teil 3 Spalte D genannten Schwellenwert
   erstmals erreicht oder überschreitet, als Kritische Infrastruktur. Nicht mehr als
   Kritische Infrastruktur gilt eine solche Anlage ab dem 1. April des Kalenderjahres, das auf das Kalenderjahr folgt, in dem ihr Versorgungsgrad den genannten
   Schwellenwert unterschreitet.

4. Der Betreiber hat den Versorgungsgrad seiner Anlage für das zurückliegende
   Kalenderjahr bis zum 31. März des Folgejahres zu ermitteln.

5. Für die Anlagenkategorien des Teils 3 Nummer 1.1.1 bis 1.2.1 und 2.1.1 ist
   der Versorgungsgrad zum 30. Juni des zurückliegenden Kalenderjahres jeweils
   maßgeblich.

6. Stehen mehrere Anlagen derselben Art in einem engen betrieblichen Zusammenhang (gemeinsame Anlage) und erreichen oder überschreiten die in Teil
   3 Spalte D genannten Schwellenwerte zusammen, gilt die gemeinsame Anlage
   als Kritische Infrastruktur. Ein enger betrieblicher Zusammenhang ist unabhängig von der räumlichen Distanz der Anlagen gegeben, wenn die Anlagen

   a) mit gemeinsamen Betriebseinrichtungen oder untereinander verbunden
      sind,

   b) einem vergleichbaren technischen Zweck dienen und

   c) unter gemeinsamer Leitung oder Steuerung stehen.

Teil 2 Berechnungsformeln zur Ermittlung der Schwellenwerte

7. Der für die Anlagenkategorien des Teils 3 Nummer 1.1 und 1.2 genannte
   Schwellenwert ergibt sich aus § 185 Absatz 1 Satz 1 des Telekommunikationsgesetzes in der jeweils geltenden Fassung.

8. Der für die Anlagenkategorie des Teils 3 Nummer 1.3.1 genannte Schwellenwert von 100 autonomen Systemen basiert auf der wirtschaftlichen und regionalen Relevanz der betroffenen IXPs.

9. Der für die Anlagenkategorie des Teils 3 Nummer 1.4.2 und 1.4.3 genannte
   Schwellenwert ist unter Annahme von 40 Millionen in der Bundesrepublik
   Deutschland verwalteten Domains und einer Bedarfsabdeckung von 500 000

versorgten Personen bei einer Gesamtbevölkerung von 80 Millionen Personen wie folgt berechnet:

250 000 ≈ (500 000/80 000 000) × 40 000 000

10. Die für die Anlagenkategorie des Teils 3 Nummer 2.2.1 genannten Schwellenwerte sind unter Annahme von 1,6 Millionen physischen und 2,4 Millionen virtuellen in der Bundesrepublik Deutschland verwalteten Serverinstanzen und einer Bedarfsabdeckung von 500 000 versorgten Personen bei einer Gesamtbevölkerung von 80 Millionen Personen wie folgt berechnet:

Physische Instanzen: 1 600 000 × 500 000/80 000 000 = 10 000

Virtuelle Instanzen: 2 400 000 × 500 000/80 000 000 = 15 000

11. Der für die Anlagenkategorie des Teils 3 Nummer 2.2.2 genannte Schwellenwert ist unter Annahme eines Transportvolumens von 11 826 000 Terabyte/Jahr und einer Bedarfsabdeckung von 500 000 versorgten Personen bei 80 Millionen Personen Gesamtbevölkerung wie folgt berechnet:

75 000 TByte/Jahr ≈ (500 000/80 000 000) × 11 826 000 TByte/Jahr

Teil 3 Anlagenkategorien und Schwellenwerte

Spalte A	Spalte B	Spalte C	Spalte D
Nr.	Anlagenkategorie	Bemessungskriterium	Schwellenwert
1.	**Sprach- und Datenübertragung**		
1.1	Zugang		
1.1.1	Zugangsnetz	Teilnehmeranschlüsse des Zugangsnetzes nach § 3 Nummer 58 TKG	100 000
1.2	Übertragung		
1.2.1	Übertragungsnetz	Vertragspartner des jeweiligen Dienstes	100 000
1.2.2	Seekabelanlandestation	Anzahl der angebundenen Seekabel	1
1.3	Vermittlung		
1.3.1	IXP	Anzahl angeschlossener autonomer Systeme (Jahresdurchschnitt)	100
1.4	Steuerung		
1.4.1	DNS-Resolver	Anzahl der Vertragspartner des Zugangsnetzes, in dem der DNS-Resolver betrieben wird	100 000
1.4.2	Autoritativer DNS-Server	Anzahl der Domains, für die der Server autoritativ ist oder die aus der Zone delegiert werden	250 000
1.4.3	Top-Level-Domain-Name-Registry	Anzahl der Domains, die verwaltet oder betrieben werden	250 000
2.	**Datenspeicherung und -Verarbeitung**		
2.1	Housing		
2.1.1	Rechenzentrum (Housing)	Vertraglich vereinbarte Leistung in MW	3,5
2.2	IT-Hosting		

Spalte A	Spalte B	Spalte C	Spalte D
Nr.	Anlagenkategorie	Bemessungskriterium	Schwellenwert
2.2.1	Serverfarm (Hosting)	Anzahl der für Nutzer betriebenen physischen Instanzen (Jahresdurchschnitt)	10 000
		Anzahl der für Nutzer betriebenen virtuellen Instanzen (Jahresdurchschnitt)	15 000
2.2.2	Content Delivery Network	Ausgeliefertes Datenvolumen (in TByte/Jahr)	75 000
2.3	Vertrauensdienste		
2.3.1	Anlage zur Erbringung von Vertrauensdiensten	Anzahl der ausgegebenen qualifizierten Zertifikate oder	500 000
		Anzahl der Zertifikate zur Authentifizierung öffentlich zugänglicher Server (Serverzertifikate, z.B. für Webserver, E-Mailserver, Cloudserver (z.B. TLS/SSL–Zertifikate)	10 000

Anhang 5[16]
(zu § 1 Nummer 4 und 5, § 6 Absatz 6 Nummer 1 und 2)

Anlagenkategorien und Schwellenwerte im Sektor Gesundheit

Teil 1 Grundsätze und Fristen
1. Im Sinne von Anhang 5 ist oder sind
   1.1 Krankenhaus
        ein zugelassenes Krankenhaus im Sinne des § 108 des Fünften Buches Sozialgesetzbuch.
   1.2 Produktionsstätte für unmittelbar lebenserhaltende Medizinprodukte, die Verbrauchsgüter sind
        eine Betriebsstätte, in der Medizinprodukte für Beatmung/Tracheostomie, parenterale Ernährung, enterale Ernährung, ableitende Inkontinenz, Dialyse und Diabetes – Typ 1 hergestellt werden.
   1.3 Abgabestelle
        eine Einrichtung, in der Medizinprodukte für Beatmung/Tracheostomie, parenterale Ernährung, enterale Ernährung, ableitende Inkontinenz und Diabetes – Typ 1 abgegeben werden.
   1.4 Produktionsstätte für verschreibungspflichtige Arzneimittel zur Anwendung im oder am menschlichen Körper
        eine Betriebsstätte, die auf der Grundlage einer Herstellungserlaubnis nach § 13 des Arzneimittelgesetzes Hilfsstoffe und Hilfsmaterialien sowie Wirkstoffe zu verschreibungspflichtigen Arzneimitteln zur Anwendung im oder am menschlichen Körper nach § 48 Absatz 1 des Arzneimittelgesetzes verarbeitet.
   1.5 Blut- oder Plasmaspendensteuerungssystem
        ein zentrales IT-System in Blutspendeeinrichtungen oder Herstellungseinheiten zur Steuerung und Verwaltung von Entnahme und Weiterverarbeitung von Blut- oder Plasmaspenden zur Anwendung im oder am menschlichen Körper.
   1.6 *(nicht belegt)*
   1.7 Betriebs- und Lagerraum
        eine Einrichtung zur kurzzeitigen Lagerung von verschreibungspflichtigen Arzneimitteln, von Blutspenden und Blut- und Plasmaderivaten sowie zur Weiterverarbeitung oder Aufbereitung von Blutspenden und Blut- und Plasmaderivaten zur Anwendung im oder am menschlichen Körper; Teil der Einrichtung sind Anlagen und Systeme für den Wareneingang, die Lagerung und den Warenausgang.
   1.8 Anlage oder System zum Vertrieb von verschreibungspflichtigen Arzneimitteln
        ein zentrales Logistikmanagementsystem für den Vertrieb und die Disposition von verschreibungspflichtigen Arzneimitteln zur Anwendung im oder am menschlichen Körper.
   1.9 Apotheke
        eine Einrichtung im Sinne des ersten Abschnitts des Apothekengesetzes zur Bereitstellung verschreibungspflichtiger Arzneimittel für Patienten.

---

[16] Anh. 5 angef. mWv 30.6.2017 durch VO v. 21.6.2017 (BGBl. I S. 1903); geänd. mWv 1.1.2022 durch VO v. 6.9.2021 (BGBl. I S. 4163).

1.10 Labor

eine Einrichtung, in der medizinische labordiagnostische Verfahren für Diagnose und Therapiekontrolle in der Humanmedizin durchgeführt und deren Ergebnisse fachärztlich befundet werden.

1.11 Laborinformationsverbund

ein Verbund von Anlagen oder Systemen, die IT-Dienstleistungen für Diagnose und Therapiekontrolle in der Humanmedizin für mindestens ein Labor zur Verfügung stellen; zu den IT-Dienstleistungen zählen insbesondere die Steuerung des Probentransports, die Kommunikation zum Auftragseingang und zur Befundübermittlung sowie der Betrieb eines Laborinformationssystems.

2. Eine Anlage, die einer in Teil 3 Spalte B genannten Anlagenkategorie zuzuordnen ist, gilt ab dem 1. April des Kalenderjahres, das auf das Kalenderjahr folgt, in dem ihr Versorgungsgrad den in Teil 3 Spalte D genannten Schwellenwert erstmals erreicht oder überschreitet, als Kritische Infrastruktur. Nicht mehr als Kritische Infrastruktur gilt eine solche Anlage ab dem 1. April des Kalenderjahres, das auf das Kalenderjahr folgt, in dem ihr Versorgungsgrad den genannten Schwellenwert unterschreitet.

3. Der Betreiber hat den Versorgungsgrad seiner Anlage für das zurückliegende Kalenderjahr jeweils bis zum 31. März des Folgejahres zu ermitteln.

4. Stehen mehrere Anlagen derselben Art in einem engen räumlichen und betrieblichen Zusammenhang (gemeinsame Anlage) und erreichen oder überschreiten die in Teil 3 Spalte D genannten Schwellenwerte zusammen, gilt die gemeinsame Anlage als Kritische Infrastruktur. Ein enger räumlicher und betrieblicher Zusammenhang ist gegeben, wenn die Anlagen

a) auf demselben Betriebsgelände liegen,
b) mit gemeinsamen Betriebseinrichtungen verbunden sind,
c) einem vergleichbaren technischen Zweck dienen und
d) unter gemeinsamer Leitung stehen.

5. Nummer 4 findet keine Anwendung auf Anlagen, die der in Teil 3 Nummer 1.1 genannten Anlagenkategorie zuzuordnen sind.

Teil 2 Berechnungsformeln zur Ermittlung der Schwellenwerte

6. Der für die Anlagenkategorien des Teils 3 Nummer 2.1.1 und 2.2.1 genannte Schwellenwert ist unter Annahme von durchschnittlichen Ausgaben für Medizinprodukte, die Verbrauchsgüter sind, von 181,36 Euro pro versorgter Person pro Jahr und eines Regelschwellenwertes von 500 000 versorgten Personen wie folgt berechnet:

90 680 000 Euro Umsatz/Jahr = 181,36 Euro Umsatz/Jahr × 500 000

7. Der für die Anlagenkategorien des Teils 3 Nummer 3.1.1 sowie 3.2.1 bis 3.3.1 genannte Schwellenwert ist unter Annahme eines Durchschnittsverbrauchs von 9,3 Packungen verschreibungspflichtiger Arzneimittel pro versorgter Person pro Jahr und eines Regelschwellenwertes von 500 000 versorgten Personen wie folgt berechnet:

4 650 000 Packungen/Jahr = 9,3 Packungen/Jahr × 500 000

8. Der für die Anlagenkategorie des Teils 3 Nummer 3.1.2 genannte Schwellenwert ist unter Annahme eines Durchschnittswerts von 0,068 Einheiten hergestellten Erythrozytenkonzentrats, Thrombozytenkonzentrats und Plasmas zur Transfusion pro versorgter Person pro Jahr und eines Regelschwellenwertes von 500 000 versorgten Personen wie folgt berechnet:

34 000 Einheiten/Jahr = 0,068 Einheiten/Jahr × 500 000

9. Der für die Anlagenkategorien des Teils 3 Nummer 4 genannte Schwellenwert
   ist unter Annahme eines Durchschnittswerts von 3 Aufträgen für eine laborme-
   dizinische Untersuchung pro versorgter Person pro Jahr und eines Regelschwellenwertes von 500 000 versorgten Personen wie folgt berechnet:
   1 500 000 Aufträge/Jahr = 3 Aufträge/Jahr × 500 000

Teil 3 Anlagenkategorien und Schwellenwerte

Spalte A	Spalte B	Spalte C	Spalte D
Nr.	Anlagenkategorie	Bemessungskriterium	Schwellenwert
1	**Stationäre medizinische Versorgung**		
1.1	Krankenhaus	Vollstationäre Fallzahl/Jahr	30 000
2	**Versorgung mit unmittelbar lebenserhaltenden Medizinprodukten, die Verbrauchsgüter sind**		
2.1	Herstellung		
2.1.1	Produktionsstätte	Umsatz in Euro/Jahr	90 680 000
2.2	Abgabe		
2.2.1	Abgabestelle	Umsatz in Euro/Jahr	90 680 000
3	**Versorgung mit verschreibungspflichtigen Arzneimitteln und Blut- und Plasmakonzentraten zur Anwendung im oder am menschlichen Körper**		
3.1	Herstellung		
3.1.1	Produktionsstätte	In Verkehr gebrachte Packungen/Jahr	4 650 000
3.1.2	Blut- oder Plasma-spendensteuerungs-system	Hergestellte oder in Verkehr gebrachte Produkte/Jahr	34 000
3.2	Vertrieb		
3.2.1	Betriebs- und Lager-raum	Umgeschlagene Packungen/Jahr	4 650 000
3.2.2	Anlage oder System zum Vertrieb ver-schreibungspflichti-ger Arzneimittel	Transportierte Packungen/Jahr	4 650 000
3.3	Abgabe		
3.3.1	Apotheke	Abgegebene Packungen/Jahr	4 650 000
4	**Laboratoriumsdiagnostik**		
4.1	Labor	Anzahl der Aufträge/Jahr oder	1 500 000
4.2	Laborinformations-verbund	kumulierte Anzahl der Aufträge im Verbund/Jahr	1 500 000

Anhang 6[17]
(zu § 1 Nummer 4 und 5, § 7 Absatz 7 Nummer 1 und 2)

Anlagenkategorien und Schwellenwerte im Sektor Finanz- und Versicherungswesen

Teil 1 Grundsätze und Fristen
1. Im Sinne von Anhang 6 ist oder sind
    1.1 Autorisierungssystem
        ein System, mit dem ein angefragter Transaktionsbetrag bei Transaktionen aus Geldautomatensystemen oder aus dem kartengestützten Zahlungsverkehr nach Prüfung der Kartendaten durch das kontoführende Institut oder den Zahlungsdienstleister genehmigt oder abgelehnt wird.
    1.2 System zur Anbindung an ein Autorisierungssystem aus Sicht des Geldautomatenbetreibers
        ein System, das der Anbindung des Geldautomatenbetreibers an ein Autorisierungssystem des kontoführenden Instituts dient.
    1.3 System zur Aufbereitung durch den Geldautomatenbetreiber
        ein System eines Geldautomatenbetreibers, welches Nachrichten oder Transaktionen aus Geldautomatensystemen verarbeitet, um die Transaktion in den Zahlungsverkehr einzubringen.
    1.4 System zur Anbindung an ein Interbanken-Zahlungsverkehrssystem
        ein System, das den Zahlungsdienstleister an die Interbanken-Zahlungsverkehrssysteme anbindet.
    1.5 Clearing-System
        ein System, das im Interbankenverkehr die Transaktionsdaten (Clearing-Daten) an das kontoführende Institut weiterleitet.
    1.6 Settlement-System
        ein System zur Verrechnung von Beträgen zwischen den partizipierenden Instituten.
    1.7 Kontoführungssystem
        ein System des Zahlungsdienstleisters des Zahlers oder des Zahlungsdienstleisters des Zahlungsempfängers zur elektronischen Führung und Verwaltung der Konten.
    1.8 Cash Center
        Einrichtungen von Wertdienstleistern, in denen Bargeld geprüft, gezählt, sortiert, gelagert oder wieder ausgegeben wird.
    1.9 IT-System für das Cash Management
        ein System des Wertdienstleisters zur Berichterstattung, zur Bestellung von Bargeld und zum Cash Management des Wertdienstleisters.
    1.10 System zur Anbindung an ein Autorisierungssystem aus Sicht des Terminalbetreibers
        ein System, das der Anbindung des Terminalbetreibers (zum Beispiel des Netzbetreibers) an ein Autorisierungssystem dient oder Transaktionen zum zuständigen Autorisierungssystem weiterleitet.
    1.11 System zur Aufbereitung durch den POS-Terminalbetreiber
        ein System eines Netzbetreibers oder POS-Terminalbetreibers, welches Nachrichten oder Transaktionen von POS-Terminals verarbeitet, um Transaktionen in den Zahlungsverkehr einzubringen.

---

[17] Anh. 6 angef. mWv 30.6.2017 durch VO v. 21.6.2017 (BGBl. I S. 1903); geänd. mWv 1.1.2022 durch VO v. 6.9.2021 (BGBl. I S. 4163).

1.12 System zur Annahme der POS-Transaktionsdaten beim Zahlungsdienstleister des Zahlungsempfängers
ein System, das Transaktionen von einem Acquirer annimmt.

1.13 System zur Annahme einer Überweisung oder Lastschrift
ein System, mit dem Überweisungsaufträge oder Aufträge zum Einzug von Lastschriften durch den Zahlungsdienstleister des Zahlers oder des Zahlungsempfängers als kontoführendes Institut angenommen und verarbeitet werden. Hiervon umfasst sind auch Überweisungsaufträge, die über einen Zahlungsauslösedienstleister im Sinne von Artikel 4 Nummer 18 der Richtlinie (EU) 2015/2366 des Europäischen Parlaments und des Rates vom 25. November 2015 eingereicht werden.

1.14 System einer Clearingstelle oder einer zentralen Gegenpartei zur Verrechnung von Wertpapier- und Derivatgeschäften
ein System der Clearingstelle oder einer zentralen Gegenpartei gemäß § 1 Absatz 31 des Kreditwesengesetzes.

1.15 System zur Anbindung für die Verrechnung und Verbuchung von Wertpapier- und Derivatgeschäften
ein System, das der Anbindung eines Teilnehmers oder einer Handelsplattform zu einer Clearingstelle oder zentralen Gegenpartei sowie von einer Clearingstelle oder zentralen Gegenpartei zu einer Verbuchungsstelle dient.

1.16 Wertpapier-Settlement-System
ein Wertpapierliefer- und -abrechnungssystem gemäß Artikel 2 Absatz 1 Nummer 10 der Verordnung (EU) Nr. 909/2014.

1.17 Depotführungssystem eines Finanzmarktinfrastrukturbetreibers
ein System eines Finanzmarktinfrastrukturbetreibers, das zur Prüfung des Depotbestands und für Transaktionen von Depots genutzt wird.

1.18 System eines Zentralverwahrers
ein System eines Zentralverwahrers gemäß Artikel 2 Absatz 1 Nummer 1 der Verordnung (EU) Nr. 909/2014.

1.19 System zur Aufbereitung von Zahlungsanweisungen
ein System eines Finanzmarktbetreibers, welches Wertpapier- oder Derivattransaktionen mittelbar oder unmittelbar verarbeitet, um die Transaktionen in den Zahlungsverkehr einzubringen.

1.20 System für das Erzeugen und Weiterleiten von Aufträgen zum Handel von Wertpapieren und Derivaten an einen Handelsplatz
ein System, in dem Kundenaufträge zum Handel von Wertpapieren und Derivaten entgegengenommen, aufbereitet und an Handelsplätze weitergeleitet werden.

1.21 System eines Handelsplatzes
System eines Handelsplatzes im Sinne des Artikels 4 Nummer 24 der Richtlinie 2014/65/EU des Europäischen Parlaments und des Rates vom 15. Mai 2014.

1.22 Sonstiges Depotführungssystem
ein System, das zur Prüfung des Depotbestands und für Transaktionen von Depots genutzt wird und nicht zur unmittelbaren Infrastruktur eines Zentralverwahrers in der Rolle eines Finanzmarktinfrastrukturbetreibers gehört.

1.23 Vertragsverwaltungssystem
ein System zur Speicherung und Verarbeitung von Informationen zum Versicherungsvertragsverhältnis eines Lebensversicherers, einer privaten Krankenversicherung oder einer Kompositversicherung.

1.24 Leistungssystem

ein System zur Bearbeitung von Leistungen im Bereich Lebensversicherung und privater Krankenversicherung oder ein integriertes Anwendungssystem zur Erfassung, Prüfung und Berechnung von sozialversicherungsrechtlichen Entgeltersatzleistungen der gesetzliche Unfall- und Arbeitslosenversicherung, der gesetzlichen Rentenversicherung oder ein IT-System der Bundesagentur für Arbeit zur Erfassung, Speicherung, Berechnung und Bewilligung von Leistungen der Grundsicherung für Arbeitsuchende zur Sicherung des Lebensunterhalts nach dem Zweiten Buch Sozialgesetzbuch.

1.25 Schadensystem (Komposit)

ein System zur Bearbeitung von Schäden im Bereich der Schaden- und Unfallversicherungen.

1.26 Auszahlungssystem

ein System zur Auszahlung der Entschädigung, Versicherungsleistung oder Leistungen der Sozialversicherung oder ein IT-System der Bundesagentur für Arbeit zur Auszahlung von Leistungen der Grundsicherung für Arbeitsuchende zur Sicherung des Lebensunterhaltes nach dem Zweiten Buch Sozialgesetzbuch an den Zahlungsempfänger.

1.27 Verwaltungs- und Zahlungssystem der gesetzlichen Kranken- und Pflegeversicherung

ein integriertes Anwendungssystem im Bereich der gesetzlichen Kranken- und Pflegeversicherung.

2. Eine Anlage, die einer in Teil 3 Spalte B genannten Anlagenkategorie zuzuordnen ist, gilt ab dem 1. April des Kalenderjahres, das auf das Kalenderjahr folgt, in dem ihr Versorgungsgrad den in Teil 3 Spalte D genannten Schwellenwert erstmals erreicht oder überschreitet, als Kritische Infrastruktur. Nicht mehr als Kritische Infrastruktur gilt eine solche Anlage ab dem 1. April des Kalenderjahres, das auf das Kalenderjahr folgt, in dem ihr Versorgungsgrad den genannten Schwellenwert unterschreitet.

3. Abweichend von Nummer 1 gilt eine Anlage, die den Anlagenkategorien des Teils 3 Spalte A Nummer 5.1.3, 5.1.7 oder 5.1.11 zuzuordnen ist, ab dem 1. April des Kalenderjahres, das auf die drei Kalenderjahre folgt, deren durchschnittlicher Versorgungsgrad den in Teil 3 Spalte D genannten Schwellenwert erstmals erreicht oder überschreitet, als Kritische Infrastruktur.

4. Der Betreiber hat den Versorgungsgrad seiner Anlage für das zurückliegende Kalenderjahr jeweils bis zum 31. März des Folgejahres zu ermitteln.

5. Bei der Ermittlung des Versorgungsgrades einer Anlage, die den Anlagenkategorien des Teils 3 Spalte A Nummer 5.1.1, 5.1.4 oder 5.1.8 zuzuordnen ist, sind nur ablaufende Verträge mit Auszahlung der Versicherungsleistung zu berücksichtigen. Ungeachtet der Auszahlungsweise ist jeder Leistungsfall nur einmalig, bei wiederkehrenden Auszahlungen nur bei der erstmaligen Leistungsbearbeitung zu berücksichtigen.

6. Stehen mehrere Anlagen derselben Art in einem engen betrieblichen Zusammenhang (gemeinsame Anlage) und erreichen oder überschreiten die in Teil 3 Spalte D genannten Schwellenwerte zusammen, gilt die gemeinsame Anlage als Kritische Infrastruktur. Ein enger betrieblicher Zusammenhang ist gegeben, wenn die Anlagen

a) mit gemeinsamen Betriebseinrichtungen verbunden sind,

b) einem identischen technischen Zweck dienen und

c) unter gemeinsamer Leitung stehen.

Teil 2 Berechnungsformeln zur Ermittlung der Schwellenwerte

7. Der für die Anlagenkategorien des Teils 3 Nummer 1.1.1 bis 1.2.1 und 1.3.1 genannte Schwellenwert ist unter Annahme von 30 Transaktionen mit im Inland ausgegebenen Karten an Terminals (Geldautomaten) in- und ausländischer Zahlungsdienstleister pro versorgter Person pro Jahr und eines Regelschwellenwertes von 500 000 versorgten Personen wie folgt berechnet:

   15 000 000 Transaktionen/Jahr = 30 Transaktionen/Jahr × 500 000

8. Der für die Anlagenkategorie des Teils 3 Nummer 1.4 genannte Schwellenwert ist unter der Annahme von 187 im Cash-Center bearbeiteten Banknoten zur Versorgung einer Person pro Jahr und eines Regelschwellenwertes von 500 000 versorgten Personen wie folgt berechnet:

   93 500 000 Banknoten/Jahr = 187 Banknoten/Jahr × 500 000

9. Der für die Anlagenkategorien des Teils 3 Nummer 1.2.2 bis 1.2.4 und 2.2.3 bis 2.2.5 genannte Schwellenwert ist unter Annahme von 36 Transaktionen als Mittelwert mit im Inland ausgegebenen Karten an POS-Terminals und Geldautomaten in- und ausländischer Zahlungsdienstleister pro versorgter Person pro Jahr und eines Regelschwellenwertes von 500 000 versorgten Personen wie folgt berechnet:

   18 000 000 Transaktionen/Jahr = 36 Transaktionen/Jahr × 500 000

10. Der für die Anlagenkategorien des Teils 3 Nummer 2.1.1 bis 2.2.2 und 2.3.1 genannte Schwellenwert ist unter Annahme von 43 Transaktionen mit im Inland ausgegebenen Karten an Terminals (POS) in- und ausländischer Zahlungsdienstleister und eines Regelschwellenwertes von 500 000 versorgten Personen wie folgt berechnet:

   21 500 000 Transaktionen/Jahr = 43 Transaktionen/Jahr × 500 000

11. Der für die Anlagenkategorien des Teils 3 Nummer 3 genannte Schwellenwert ist unter Annahme von 200 Transaktionen bei Überweisungen und Lastschriften pro versorgter Person und pro Jahr und eines Regelschwellenwertes von 500 000 versorgten Personen wie folgt berechnet:

    100 000 000 Transaktionen/Jahr = 200 Transaktionen/Jahr × 500 000

12. Der für die Anlagenkategorien des Teils 3 Nummer 4.1.1, 4.1.2, 4.2.1, 4.2.2, 4.2.3, 4.3.1 und 4.5.1 genannte Schwellenwert ist unter Annahme von 1,7 Abwicklungstransaktionen im In- und Ausland pro versorgter Person pro Jahr und eines Regelschwellenwertes von 500 000 versorgten Personen wie folgt berechnet:

    850 000 Transaktionen/Jahr = 1,7 Transaktionen/Jahr × 500 000.

13. Der für die Anlagenkategorien des Teils 3 Nummer 4.4.1 und 4.6.1 genannte Schwellenwert ist unter Annahme von 13,5 Transaktionen pro versorgter Person pro Jahr und eines Regelschwellenwertes von 500 000 Personen wie folgt berechnet:

    6 750 000 Transaktionen/Jahr = 13,5 Transaktionen/Jahr × 500 000

14. Der für die Anlagenkategorien des Teils 3 Nummer 5.1.1, 5.1.2 und 5.1.4 genannte Schwellenwert für die private Krankenversicherung ist unter Annahme von vier Leistungsfällen pro versorgter Person pro Jahr und eines Regelschwellenwertes von 500 000 versorgten Personen wie folgt berechnet:

    2 000 000 Leistungsfälle/Jahr = 4 Leistungsfälle/Jahr × 500 000

Teil 3 Anlagenkategorien und Schwellenwerte

Spalte A	Spalte B	Spalte C	Spalte D
Nr.	Anlagenkategorie	Bemessungskriterium	Schwellenwert
1	**Bargeldversorgung**		
1.1	Autorisierung einer Abhebung		
1.1.1	Autorisierungssystem	Anzahl der Transaktionen/Jahr	15 000 000
1.1.2	System zur Anbindung an ein Autorisierungssystem aus Sicht des Geldautomatenbetreibers	Anzahl der Transaktionen/Jahr	15 000 000
1.2	Einbringen in den Zahlungsverkehr		
1.2.1	System zur Aufbereitung durch den Geldautomatenbetreiber	Anzahl der Transaktionen/Jahr	15 000 000
1.2.2	System zur Anbindung an ein Interbanken-Zahlungsverkehrssystem (Clearing und Settlement)	Anzahl der Transaktionen/Jahr	18 000 000
1.2.3	Clearing-System	Anzahl der Transaktionen/Jahr	18 000 000
1.2.4	Settlement-System	Anzahl der Transaktionen des zugehörigen Clearing-Systems/Jahr	18 000 000
1.3	Belastung Kundenkonto		
1.3.1	Kontoführungssystem	Anzahl der in diesem System bei der Erbringung einer kritischen Dienstleistung verbuchten Transaktionen	15 000 000
1.4	Bargeldlogistik		
1.4.1	Cash Center	Anzahl bearbeiteter Banknoten/Jahr	93 500 000
1.4.2	IT-System für das Cash Management	Anzahl bearbeiteter Banknoten/Jahr	93 500 000
2	**Kartengestützter Zahlungsverkehr**		
2.1	Autorisierung		
2.1.1	Autorisierungssystem	Anzahl der in diesem System bei der Erbringung einer kritischen Dienstleistung autorisierten Transaktionen	21 500 000
2.1.2	System zur Anbindung an ein Autorisierungssystem aus Sicht des Terminalbetreibers	Anzahl der in diesem System bei der Erbringung einer kritischen Dienstleistung autorisierten Transaktionen	21 500 000

Spalte A	Spalte B	Spalte C	Spalte D
Nr.	Anlagenkategorie	Bemessungskriterium	Schwellenwert
2.2	Einbringen in den Zahlungsverkehr		
2.2.1	System zur Aufberei-tung durch den POS-Terminalbe-treiber	Anzahl der Transaktionen/Jahr	21 500 000
2.2.2	System zur Annahme der POS-Transakti-onsdaten beim Zah-lungsdienstleister des Zahlungsempfängers	Anzahl der Transaktionen/Jahr	21 500 000
2.2.3	System zur Anbin-dung an ein Interban-ken–Zahlungsver-kehrssystem (Clearing und Settle-ment)	Anzahl der Transaktionen/Jahr	18 000 000
2.2.4	Clearing-System	Anzahl der Transaktionen/Jahr	18 000 000
2.2.5	Settlement-System	Anzahl der Transaktionen des zugehörigen Clearing-Systems/Jahr	18 000 000
2.3	Belastung auf dem Konto des Zahlers und Gutschrift auf dem Konto des Zah-lungsempfängers		
2.3.1	Kontoführungssystem	Anzahl der in diesem System bei der Erbringung der jeweiligen kri-tischen Dienstleistung verbuchten Transaktionen	21 500 000
3	**Konventioneller Zahlungsverkehr**		
3.1	Annahme einer Überweisung oder Lastschrift		
3.1.1	System zur Annahme einer Überweisung oder Lastschrift	Anzahl der Transaktionen/Jahr	100 000 000
3.2	Einbringen in den Zahlungsverkehr		
3.2.1	System zur Anbin-dung an ein Interban-ken–Zahlungsver-kehrssystem (Clearing und Settle-ment)	Anzahl der Transaktionen/Jahr	100 000 000
3.2.2	Clearing-System	Anzahl der Transaktionen/Jahr	100 000 000
3.2.3	Settlement-System	Anzahl der Transaktionen des zugehörigen Clearing-Systems/Jahr	100 000 000
3.3	Belastung und Gutschrift auf Kundenkonten		
3.3.1	Kontoführungssystem	Anzahl der Transaktionen/Jahr	100 000 000

Spalte A	Spalte B	Spalte C	Spalte D
Nr.	Anlagenkategorie	Bemessungskriterium	Schwellenwert
4	**Handel, Verrechnung und Abwicklung von Wertpapier- und Derivatgeschäften**		
4.1	Verrechnung von Wertpapier- und Derivatgeschäften		
4.1.1	System einer Clearingstelle oder zentralen Gegenpartei zur Verrechnung von Wertpapier- und Derivatgeschäften	Anzahl der Transaktionen/Jahr	850 000
4.1.2	System zur Anbindung für die Verrechnung und Verbuchung von Wertpapier- und Derivatgeschäften	Anzahl der Transaktionen/Jahr	850 000
4.2	Verbuchung Wertpapiere		
4.2.1	Wertpapier-Settlement-System	Anzahl der Transaktionen/Jahr	850 000
4.2.2	Depotführungssystem eines Finanzmarktinfrastrukturbetreibers	Anzahl der Transaktionen/Jahr	850 000
4.2.3	System eines Zentralverwahrers	Anzahl der Transaktionen/Jahr	850 000
4.3	Verbuchung Geld		
4.3.1	System zur Aufbereitung der Zahlungsanweisung	Anzahl der Transaktionen/Jahr	850 000
4.4	Einbringen von Aufträgen in den Handel		
4.4.1	System für das Erzeugen von Aufträgen zum Handel von Wertpapieren und Derivaten und Weiterleiten an einen Handelsplatz	Anzahl der Transaktionen/Jahr	6 750 000
4.5	Ausführung des Handels		
4.5.1	System eines Handelsplatzes	Anzahl der Transaktionen/Jahr	850 000
4.6	Bestandsführung für den Kunden		
4.6.1	Sonstiges Depotführungssystem	Anzahl der Transaktionen/Jahr	6 750 000
5	**Versicherungsdienstleistungen und Leistungen der Sozialversicherung sowie der Grundsicherung für Arbeitsuchende**		
5.1	Versicherungsdienstleistungen		

Spalte A	Spalte B	Spalte C	Spalte D
Nr.	Anlagenkategorie	Bemessungskriterium	Schwellenwert
5.1.1	Vertragsverwaltungs- system	Leistungsfälle Lebensversiche- rung/Jahr oder	500 000
		Leistungsfälle private Krankenver- sicherung/Jahr oder	2 000 000
		Schadensfälle Kompositversiche- rung/Jahr	500 000
5.1.2	Leistungssystem	Leistungsfälle Lebensversiche- rung/Jahr oder	500 000
		Leistungsfälle private Krankenver- sicherung/Jahr oder	2 000 000
5.1.3	Schadensystem (Komposit)	Schadensfälle Kompositversiche- rung/Jahr	500 000
5.1.4	Auszahlungssystem	Leistungsfälle Lebensversiche- rung/Jahr oder	500 000
		Leistungsfälle private Krankenver- sicherung/Jahr oder	2 000 000
		Schadensfälle Kompositversiche- rung/Jahr	500 000
5.2	Leistungen der Sozialversicherung sowie der Grundsicherung für Arbeitsuchende		
5.2.1	Verwaltungs- und Zahlungssystem der gesetzlichen Kran- ken- und Pflegeversi- cherung	Anzahl der Versicherten	3 000 000
5.2.2	Leistungssystem	Leistungsfälle Sozialversicherungs- träger der gesetzlichen Unfall- und Arbeitslosenversicherung/Jahr oder	500 000
		Anzahl der Versicherungskonten des Sozialversicherungsträgers der gesetzlichen Rentenversicherung oder	500 000
		Leistungsfälle zur Sicherung des Lebensunterhalts in der Grundsi- cherung für Arbeitsuchende nach dem Zweiten Buch Sozialgesetz- buch	500 000
5.2.3	Auszahlungssystem	Leistungsfälle Sozialversicherungs- träger der gesetzlichen Unfall- und Arbeitslosenversicherung/Jahr oder	500 000
		Anzahl der Versicherungskonten des Sozialversicherungsträgers der gesetzlichen Rentenversicherung oder	500 000
		Leistungsfälle zur Sicherung des Lebensunterhalts in der Grundsi-	500 000

Spalte A	Spalte B	Spalte C	Spalte D
Nr.	Anlagenkategorie	Bemessungskriterium	Schwellenwert
		cherung für Arbeitsuchende nach dem Zweiten Buch Sozialgesetz-buch	

Anhang 7[18]
(zu § 1 Nummer 4 und 5, § 8 Absatz 3 Nummer 1 und 2)

Anlagenkategorien und Schwellenwerte im Sektor Transport und Verkehr

Teil 1 Grundsätze und Fristen

1. Im Sinne von Anhang 7 ist oder sind
    1.1 Anlage oder System zur Passagierabfertigung an Flugplätzen
        eine Anlage oder ein System für die Passagier- oder Gepäckabfertigung
        im Sinne von § 2 Nummer 4 in Verbindung mit Anlage 1 Nummer 2
        oder 3 der Bodenabfertigungsdienst-Verordnung.
    1.2 Anlage oder System zur Frachtabfertigung an Flugplätzen
        eine Anlage oder ein System zur Abfertigung von Fracht im Luftverkehr
        im Sinne von § 2 Nummer 4 in Verbindung mit Anlage 1 Nummer 4
        der Bodenabfertigungsdienst-Verordnung.
    1.3 Infrastrukturbetrieb eines Flugplatzes
        die Gesamtheit aller Anlagen oder Systeme zur Erbringung von sonstigen
        Bodenabfertigungsdiensten nach § 2 Nummer 4 in Verbindung mit
        Anlage 1 Nummer 5, 7, 9 oder 10 der Bodenabfertigungsdienst-Verordnung.
    1.4 Anlage zur Erbringung von Flugsicherungsdiensten
        eine Anlage oder ein System der Flugsicherungsdienste nach der Durchführungsverordnung (EU) 2017/373 der Kommission vom 1. März 2017
        zur Festlegung gemeinsamer Anforderungen an Flugverkehrsmanagementanbieter und Anbieter von Flugsicherungsdiensten sowie sonstiger
        Funktionen des Flugverkehrsmanagementnetzes und die Aufsicht hierüber sowie zur Aufhebung der Verordnung (EG) Nr. 482/2008, der
        Durchführungsverordnungen (EU) Nr. 1034/2011, (EU) Nr. 1035/2011
        und (EU) 2016/1377 und zur Änderung der Verordnung (EU) Nr. 677/
        2011 (ABl. L 62 vom 8.3.2017, S. 1; L 15 vom 20.1.2020, S. 9), die
        durch die Durchführungsverordnung (EU) 2020/469 (ABl. L 104 vom
        3.4.2020, S. 1) geändert worden ist.
    1.5 Verkehrszentrale einer Fluggesellschaft
        eine Anlage oder ein System einer Fluggesellschaft zur Planung, Steuerung oder Überwachung des Flugbetriebs, zur Disposition von Personal
        oder zur Disposition des Wartungsbetriebs.
    1.6 Flughafenleitungsorgan
        eine Anlage oder ein System zur Verwaltung oder zum Betrieb der Einrichtungen eines Flughafens oder Flughafennetzes oder zur Koordinierung oder Überwachung der Tätigkeiten der verschiedenen Akteure auf
        einem Flughafen oder in einem Flughafennetz.
    1.7 Personenbahnhof der Eisenbahn
        ein Bahnhof zur Abwicklung des Reiseverkehrs gemäß § 4 Absatz 1 und
        2 der Eisenbahn-Bau- und Betriebsordnung.
    1.8 Güterbahnhof
        ein Bahnhof zur Abwicklung des Güterverkehrs gemäß § 4 Absatz 1 und
        2 der Eisenbahn-Bau- und Betriebsordnung.

---

[18] Anh. 7 angef. mWv 30.6.2017 durch VO v. 21.6.2017 (BGBl. I S. 1903); geänd. mWv
9.6.2021 durch G v. 2.6.2021 (BGBl. I S. 1295); geänd. mWv 1.1.2022 durch VO v. 6.9.2021
(BGBl. I S. 4163).

1.9 Zugbildungsbahnhof
ein Bahnhof zur Bildung von Zügen (Einzelwagen, Ganzzüge sowie kombinierter Verkehr).

1.10 Schienennetz und Stellwerke der Eisenbahn
ein Schienennetz gemäß § 4 Absatz 3 bis 7 und 10 bis 11 der Eisenbahn-Bau- und Betriebsordnung einschließlich der zugehörigen Stellwerke.

1.11 Verkehrssteuerungs- und Leitsystem der Eisenbahn
die zentrale Einrichtung des Eisenbahninfrastrukturbetreibers, die den Zugbetrieb vorausschauend und bei unerwartet eintretenden Ereignissen disponiert.

1.12 Leitzentrale der Eisenbahn
eine regionale oder überregionale zentrale Einrichtung des Eisenbahnverkehrsunternehmens zur Überwachung des betrieblichen Ist-Zustandes, zur Einleitung von Maßnahmen bei Verspätungen oder Störungsfällen oder zur Disposition der unternehmenseigenen Züge, des Personals oder der Instandhaltung der Fahrzeuge.

1.13 Anlage oder System zum Betrieb von Bundeswasserstraßen
eine Anlage oder ein System zum sicheren Betrieb einer Wasserstraße nach § 1 Absatz 4 Nummer 1 des Bundeswasserstraßengesetzes.

1.14 Verkehrssteuerungs- und Leitsystem der See- und Binnenschifffahrt
Revier- und Verkehrszentralen der Wasserstraßen- und Schifffahrtsverwaltung des Bundes.

1.15 Leitzentrale von Betreibern und Verkehrsunternehmen der Seeschifffahrt
eine Anlage oder ein System zur operativen Steuerung oder zur Disposition des Schiffsraums von Seeschiffen.

1.16 Leitzentrale von Betreibern und Verkehrsunternehmen der Binnenschifffahrt (nur Güterverkehr)
eine Anlage oder ein System zur operativen Steuerung oder zur Disposition des Schiffsraums der Binnenschifffahrtsflotte.

1.17 Umschlaganlage in See- und Binnenhäfen
eine Umschlaganlage in einem See- oder Binnenhafen, in der Container oder lose, unverpackte Güter zwischen Verkehrsträgern (auch den gleichen) be- und entladen, umgeschlagen, sortiert oder zwischenabgestellt werden.

1.18 Hafenleitungsorgan (nur Güterverkehr)
eine Anlage oder ein System zur Koordinierung des Hafenverkehrs, zur Verwaltung des Hafenverkehrs oder zur Koordinierung oder zur Überwachung der Tätigkeiten der Akteure in dem betreffenden Hafen.

1.19 Hafeninformationssystem
eine Anlage oder ein System einer übergreifenden IT-Plattform, welches als Port Community System (PCS), Cargo Community System (CCS) oder Single Submission Portal (SSP) oder der Erfüllung der gesetzlichen Anforderungen an die Hafenanmeldungen nach Artikel 4 der Richtlinie 2010/65/EU des Europäischen Parlaments und des Rates vom 20. Oktober 2010 über Meldeformalitäten für Schiffe beim Einlaufen in und/oder Auslaufen aus Häfen der Mitgliedstaaten und zur Aufhebung der Richtlinie 2002/6/EG (ABl. L 283 vom 29.10.2010, S. 1), die zuletzt durch die Richtlinie (EU) 2019/883 (ABl. L 151 vom 7.6.2019, S. 116) geändert worden ist, dient.

1.20 Verkehrssteuerungs- und Leitsystem
eine Anlage oder ein System zur Verkehrsbeeinflussung im Straßenverkehr einschließlich der in § 1 Absatz 4 Nummer 1, 3 und 4 des Bundesfernstraßengesetzes genannten Einrichtungen, zum Beispiel Verkehrs-, Betriebs- und Tunnelleitzentralen, Entwässerungsanlagen, intelligente Verkehrssysteme und Fachstellen für Informationstechnik und -sicherheit im Straßenbau, sowie der Telekommunikationsnetze der Bundesautobahnen.

1.21 Verkehrssteuerungs- und Leitsystem im kommunalen Straßenverkehr
ein System für die kommunale Steuerung und Überwachung von Lichtsignalanlagen, von Verkehrsbeeinflussungsanlagen sowie von Verkehrswarn- und Informationssystemen.

1.22 Intelligentes Verkehrssystem
ein intelligentes Verkehrssystem im Sinne des § 2 Nummer 1 des Intelligente Verkehrssysteme Gesetz.

1.23 Schienennetz und Stellwerke des öffentlichen Straßenpersonenverkehrs (ÖSPV)
das schienengebundene Netz des ÖSPV im Sinne des § 4 Absatz 1 bis 3 des Personenbeförderungsgesetzes einschließlich der zu diesen Strecken und Haltestellen gehörenden Stellwerke und Beeinflussungsanlagen sowie der Fahrstromversorgung.

1.24 Leitzentrale des ÖSPV
eine Anlage oder ein System zur betreiberseitigen Überwachung und Steuerung des Verkehrs einschließlich Systeme für die Fahrgastsicherheit und Fahrgastinformation, zur Personaldisposition und Fahrzeugdisposition, auch zur Fahrzeugbereitstellung im Betriebshof, sowie der Flottentelematik. Systeme für die Fahrgastsicherheit und Fahrgastinformation sowie zur Personaldisposition und Fahrzeugdisposition sind nur insoweit erfasst, als deren Störung das Potenzial aufweist, die kritische Dienstleistung erheblich kapazitiv zu beeinträchtigen, oder sie zur Evakuierung im Notfall kritisch sind, insbesondere in unterirdischen Verkehrsanlagen.

1.25 Anlage oder System zur Erbringung operativer Logistikleistungen
eine Anlage oder ein System zur Bereitstellung, Verteilung, Lagerung, Bearbeitung oder zum Transport oder Umschlag von Gütern in den Segmenten Massengut, Ladungsverkehr, Stückgut, Kontraktlogistik sowie See- und Luftfracht.

1.26 IT-System zur Logistiksteuerung oder -verwaltung
ein betreiberseitiges, zentrales IT-System zur Gesamtkoordinierung und -steuerung von Logistikdienstleistungen in den Segmenten Massengut, Ladungsverkehr, Stückgut, Kontraktlogistik sowie See- und Luftfracht.

1.27 Anlage zur Wettervorhersage, zur Gezeitenvorhersage oder zur Wasserstandsmeldung
eine Anlage oder ein System zur Erbringung von Wettervorhersagen, insbesondere im Kürzestfristbereich (bis zu 12 Stunden), sowie zur Messung von Gezeiten- und Wasserstand (Pegelstation).

1.28 Bodenstation eines europäischen Satellitennavigationssystems
eine Bodenstation im Sinne des Artikels 28 der Verordnung (EU) Nr. 1285/2013 des Europäischen Parlaments und des Rates vom 11. Dezember 2013 betreffend den Aufbau und den Betrieb der europäischen Satellitennavigationssysteme und zur Aufhebung der Verordnung (EG) Nr. 876/2002 des Rates und der Verordnung (EG) Nr. 683/2008

des Europäischen Parlaments und des Rates (ABl. L 347 vom 20.12.2013, S. 1).[19]

2. Eine Anlage, die einer in Teil 3 Spalte B genannten Anlagenkategorie zuzuordnen ist, gilt ab dem 1. April des Kalenderjahres, das auf das Kalenderjahr folgt, in dem ihr Versorgungsgrad den in Teil 3 Spalte D genannten Schwellenwert erstmals erreicht oder überschreitet, als Kritische Infrastruktur. Nicht mehr als Kritische Infrastruktur gilt eine solche Anlage ab dem 1. April des Kalenderjahres, das auf das Kalenderjahr folgt, in dem ihr Versorgungsgrad den genannten Schwellenwert unterschreitet.

3. Der Betreiber hat den Versorgungsgrad seiner Anlage für das zurückliegende Kalenderjahr jeweils bis zum 31. März des Folgejahres zu ermitteln.

4. Stehen mehrere Anlagen derselben Art in einem engen räumlichen und betrieblichen Zusammenhang (gemeinsame Anlage) und erreichen oder überschreiten die in Teil 3 Spalte D genannten Schwellenwerte zusammen, gilt die gemeinsame Anlage als Kritische Infrastruktur. Ein enger räumlicher und betrieblicher Zusammenhang ist gegeben, wenn die Anlagen
   a) auf demselben Betriebsgelände liegen,
   b) mit gemeinsamen Betriebseinrichtungen verbunden sind,
   c) einem vergleichbaren technischen Zweck dienen und
   d) unter gemeinsamer Leitung stehen.

Teil 2 Berechnungsformeln zur Ermittlung der Schwellenwerte

5. Der für die Anlagenkategorie des Teils 3 Nummer 1.1.4 genannte Schwellenwert ist unter Annahme von durchschnittlich 0,035 Flugbewegungen zur Versorgung einer Person pro Jahr und eines Regelschwellenwertes von 500 000 versorgten Personen wie folgt berechnet:
   17 500 Flugbewegungen/Jahr = 0,035 Flugbewegungen/Jahr × 500 000

6. Der für die Anlagenkategorien des Teils 3 Nummer 1.2.2 und 1.2.3 genannte Schwellenwert ist unter Annahme einer durchschnittlichen disponierten Transportleistung im Schienengüterverkehr von 1 460 Tonnenkilometern zur Versorgung einer Person, eines Regelschwellenwertes von 500 000 versorgten Personen sowie einer durchschnittlichen Transportleistung von 32 000 Tonnenkilometern pro Güterzug pro Jahr wie folgt berechnet:
   23 000 Züge/Jahr ≈ (1 460 tkm/Jahr × 500 000) / (32 000 tkm/Zug)

7. Der für die Anlagenkategorie des Teils 3 Nummer 1.2.6 genannte Schwellenwert ist unter Annahme einer durchschnittlichen disponierten Transportleistung im Güterschienenverkehr von 1 460 Tonnenkilometern zur Versorgung einer Person pro Jahr und eines Regelschwellenwertes von 500 000 versorgten Personen wie folgt berechnet:
   730 000 000 tkm/Jahr = 1 460 tkm/Jahr × 500 000

8. Der für die Anlagenkategorie des Teils 3 Nummer 1.3.5 genannte Schwellenwert ist unter Annahme einer durchschnittlichen Gesamttransportmenge der Binnenschifffahrt von 223 000 000 Tonnen und einer durchschnittlichen Güterumschlagsmenge in deutschen Seehäfen von 300 000 000 Tonnen für einen Regelschwellenwert von 500 000 versorgten Personen bei einer Gesamtbevölkerung von 80 000 000 wie folgt berechnet:
   3 270 000 t/Jahr ≈ (223 000 000 t/Jahr + 300 000 000 t/Jahr) / (80 000 000/ 500 000)

---

[19] Siehe jetzt VO (EU) 2021/696.

9. Der für die Anlagenkategorie des Teils 3 Nummer 1.3.6 genannte Schwellenwert ist unter Annahme einer durchschnittlichen Frachtmenge der Seeschifffahrtsflotte von 3,75 Tonnen zur Versorgung einer Person pro Jahr und eines Regelschwellenwertes von 500 000 versorgten Personen wie folgt berechnet: 1 875 000 t/Jahr = 3,75 t/Jahr × 500 000

10. Der für die Anlagenkategorie des Teils 3 Nummer 1.3.7 genannte Schwellenwert ist unter Annahme einer durchschnittlichen Transportleistung der durch die Binnenschifffahrtsflotte transportierten Fracht von 691 Tonnenkilometern zur Versorgung einer Person pro Jahr und eines Regelschwellenwertes von 500 000 versorgten Personen wie folgt berechnet: 345 500 000 tkm/Jahr = 691 tkm/Jahr × 500 000

11. Der für die Anlagenkategorien des Teils 3 Nummer 1.6.1 und 1.6.2 genannte Schwellenwert ist unter Annahme einer durchschnittlichen Gütermenge im Straßenverkehr von 35,1 Tonnen pro Jahr zur Versorgung einer Person und eines Regelschwellenwertes von 500 000 versorgten Personen wie folgt berechnet: 17 550 000 t/Jahr = 35,1 t/Jahr × 500 000
Das ermittelte Gewicht von 17 550 000 Tonnen pro Jahr entspricht unter Annahme eines durchschnittlichen Gewichts einer Stückgutsendung von 330 Kilogramm der Anzahl von 53 200 000 Sendungen pro Jahr:
53 200 000 Sendungen/Jahr ≈ (17 550 000 t/Jahr) / (0,33 t/Sendung)

Teil 3 Anlagenkategorien und Schwellenwerte

Spalte A	Spalte B	Spalte C	Spalte D
Nr.	Anlagenkategorie	Bemessungskriterium	Schwellenwert
1	**Personen- und Güterverkehr**		
1.1	Luftverkehr		
1.1.1	Anlage oder System zur Passagierabfertigung an Flugplätzen	Anzahl der Passagiere/Jahr	20 000 000
1.1.2	Anlage oder System zur Frachtabfertigung an Flugplätzen	Gütermenge in Tonnen/Jahr	750 000
1.1.3	Infrastrukturbetrieb eines Flugplatzes	Anzahl der Passagiere/Jahr oder	20 000 000
		Gütermenge in Tonnen/Jahr	750 000
1.1.4	Anlage zur Erbringung von Flugsicherungsdiensten	Anzahl der Flugbewegungen/Jahr	17 500
1.1.5	Verkehrszentrale einer Fluggesellschaft	Anzahl der Passagiere/Jahr oder	20 000 000
		Gütermenge in Tonnen/Jahr	750 000
1.1.6	Flughafenleitungsorgan	Anzahl der Passagiere/Jahr oder	20 000 000
		Gütermenge in Tonnen/Jahr	750 000
1.2	Eisenbahnverkehr		
1.2.1	Personenbahnhof der Eisenbahn	Bahnhofskategorie	jeweils höchste Kategorie
1.2.2	Güterbahnhof	Anzahl ausgehender Züge/Jahr	23 000

Spalte A	Spalte B	Spalte C	Spalte D
Nr.	Anlagenkategorie	Bemessungskriterium	Schwellenwert
1.2.3	Zugbildungsbahnhof	Anzahl gebildete Züge/Jahr	23 000
1.2.4	Schienennetz und Stellwerke der Eisenbahn	Einordnung des Schienennetzes nach der Verordnung (EU) Nr. 1315/2013 des Europäischen Parlaments und des Rats vom 11. Dezember 2013 über Leitlinien der Union für den Aufbau eines transeuropäischen Verkehrsnetzes und zur Aufhebung des Beschlusses Nr. 661/2010/EU (ABl. L 348 vom 20.12.2013, S. 1), die zuletzt durch die Delegierte Verordnung (EU) 2019/254 (ABl. L 43 vom 14.2.2019, S. 1) geändert worden ist	Deutscher Teil des Kernnetzes
1.2.5	Verkehrssteuerungs- und Leitsystem der Eisenbahn	Einordnung des zu dem System gehörenden Schienennetzes nach der Verordnung (EU) Nr. 1315/2013	Deutscher Teil des Kernnetzes
1.2.6	Leitzentrale der Eisenbahn	Disponierte Transportleistung (Personenverkehr) in Zugkilometer/Jahr pro Netz/Teilnetz oder	8 200 000
		disponierte Transportleistung (Güterverkehr) in Tonnenkilometer/Jahr	730 000 000
1.3	See- und Binnenschifffahrt		
1.3.1	Anlage oder System zum Betrieb von Bundeswasserstraßen	Güterverkehrsdichte in Tonnen	17 000 000
1.3.2	Verkehrssteuerungs- und Leitsystem der See- und Binnenschifffahrt	Güterverkehrsdichte in Tonnen	17 000 000
1.3.3	Hafenleitungsorgan (nur Güterverkehr)	Gesamtmenge der bereitgestellten, verteilten, gelagerten oder umgeschlagenen Güter im Zuständigkeitsbereich des Hafens in Tonnen/Jahr	50 000 000
1.3.4	Hafeninformationssystem	Gesamtmenge der bereitgestellten, verteilten, gelagerten oder umgeschlagenen Güter im Zuständigkeitsbereich des Hafens, in dem die Anlage oder das System eingesetzt wird, in Tonnen/Jahr	50 000 000
1.3.5	Umschlaganlage in See- und Binnenhäfen	Abgefertigte Fracht in Tonnen/Jahr	3 270 000

Spalte A	Spalte B	Spalte C	Spalte D
Nr.	Anlagenkategorie	Bemessungskriterium	Schwellenwert
1.3.6	Leitzentrale von Betreibern und Verkehrsunternehmen der Seeschifffahrt	Disponierte Frachtmenge der Seeschiffe des Betreibers einschließlich gecharterter Schiffe in Tonnen/Jahr	1 875 000
1.3.7	Leitzentrale von Betreibern und Verkehrsunternehmen der Binnenschifffahrt (nur Güterverkehr)	Disponierte Transportleistung der Binnenschiffe des Betreibers einschließlich gecharterter Schiffe in Tonnenkilometer/Jahr	345 500 000
1.4	Straßenverkehr		
1.4.1	Verkehrssteuerungs- und Leitsystem	Art der zu dem Verkehrssteuerungs- und Leitsystem gehörenden Bundesfernstraßen	Bundesautobahn
1.4.2	Verkehrssteuerungs- und Leitsystem im kommunalen Straßenverkehr	Anzahl Einwohner der versorgten Stadt	500 000
1.4.3	Intelligentes Verkehrssystem	Anzahl angeschlossener Nutzer oder durchschnittlich im Versorgungsgebiet versorgter Nutzer	500 000
1.5	ÖPNV		
1.5.1	Schienennetz und Stellwerke des öffentlichen Straßenpersonenverkehrs (ÖSPV)	Anzahl unternehmensbezogene Fahrgastfahrten/Jahr	125 000 000
1.5.2	Leitzentrale des ÖSPV	Anzahl unternehmensbezogene Fahrgastfahrten/Jahr	125 000 000
1.6	Logistik		
1.6.1	Anlage oder System zum Betrieb eines Logistikzentrums in den Segmenten Massengut-, Ladungs-, Stückgut-, Kontrakt-, See- oder Luftfrachtlogistik	Transportmengen im Im- und Export, sowie im Binnenverkehr in Tonnen/Jahr, soweit diese im Unternehmen erfasst werden, im Übrigen	17 550 000
		Anzahl der Sendungen pro Jahr	53 200 000
1.6.2	Anlage oder IT-System zur Logistiksteuerung oder -verwaltung in den Segmenten Massengut, Ladungsverkehr, Stückgut, Kontraktlogistik sowie See- und Luftfracht	Gesamtmenge bereitgestellte, verteilte, gelagerte, bearbeitete oder umgeschlagene Transporte im Im- und Export, sowie im Binnenverkehr in Tonnen/Jahr, soweit diese im Unternehmen erfasst werden, im Übrigen	17 550 000
		Anzahl der Sendungen pro Jahr	53 200 000

Spalte A	Spalte B	Spalte C	Spalte D
Nr.	Anlagenkategorie	Bemessungskriterium	Schwellenwert
1.7	Verkehrsträgerübergreifende Anlagen		
1.7.1	Anlage zur Wettervorhersage, zur Gezeitenvorhersage oder zur Wasserstandsvorhersage	Einsatz der Anlage zur Erbringung von Wettervorhersagen insbesondere im Kürzestfristbereich (bis zu 12 Stunden) zur Erfüllung der gesetzlichen Aufgaben nach § 4 Absatz 1 des Gesetzes über den Deutschen Wetterdienst oder	zur Aufgabenerfüllung eingesetzte Anlage
		Einsatz der Anlage zur Erfüllung der gesetzlichen Aufgaben nach § 1 Nummer 9 des Seeaufgabengesetzes	zur Aufgabenerfüllung eingesetzte Anlage
1.7.2	Bodenstation eines Satellitennavigationssystems	Einordnung der Anlage nach der Verordnung (EU) Nr. 1285/ 2013[20]	Bodenstationen

---

[20] Siehe jetzt VO (EU) 2021/696.

Anhang II. Screening-VO

Verordnung (EU) 2019/452 des Europäischen Parlaments und des Rates vom 19. März 2019 zur Schaffung eines Rahmens für die Überprüfung ausländischer Direktinvestitionen in der Union

Vom 19. März 2019
(ABl. L 79I S. 1)
CELEX 3 2019 R 0452

Zuletzt geändert durch Art. 1 VO (EU) 2021/2126 v. 29.9.2021 (ABl. L 432 S. 1)

DAS EUROPÄISCHE PARLAMENT UND DER RAT DER EUROPÄISCHEN UNION –
gestützt auf den Vertrag über die Arbeitsweise der Europäischen Union, insbesondere auf Artikel 207 Absatz 2,
auf Vorschlag der Europäischen Kommission,
nach Zuleitung des Entwurfs des Gesetzgebungsakts an die nationalen Parlamente,
nach Stellungnahme des Europäischen Wirtschafts- und Sozialausschusses,[1]
nach Stellungnahme des Ausschusses der Regionen,[2]
gemäß dem ordentlichen Gesetzgebungsverfahren,[3]
in Erwägung nachstehender Gründe:

(1) Ausländische Direktinvestitionen tragen zum Wachstum in der Union bei, indem sie die Wettbewerbsfähigkeit verbessern, Arbeitsplätze und Skaleneffekte schaffen, Kapital, Technologien, Innovation und Fachwissen einbringen und neue Märkte für die Ausfuhren der Union öffnen. Sie unterstützen die Ziele der Investitionsoffensive für Europa und tragen zu anderen Projekten und Programmen der Union bei.

(2) In Artikel 3 Absatz 5 des Vertrags über die Europäische Union (EUV) ist festgelegt, dass die Union in ihren Beziehungen zur übrigen Welt ihre Werte und Interessen schützt und fördert und zum Schutz ihrer Bürgerinnen und Bürger beiträgt. Darüber hinaus verfügen die Union und die Mitgliedstaaten über ein offenes Investitionsumfeld, das im Vertrag über die Arbeitsweise der Europäischen Union (AEUV) verankert und in die internationalen Verpflichtungen der Union und ihrer Mitgliedstaaten zu ausländischen Direktinvestitionen eingebettet ist.

(3) Gemäß den internationalen Verpflichtungen im Rahmen der Welthandelsorganisation (WTO), der Organisation für wirtschaftliche Zusammenarbeit und Entwicklung sowie der Handels- und Investitionsabkommen, die mit Drittstaaten geschlossen wurden, können die Union und die Mitgliedstaaten aus Gründen der Sicherheit oder der öffentlichen Ordnung unter bestimmten Voraussetzungen restriktive Maßnahmen im Zusammenhang mit ausländischen Direktinvestitionen ergreifen. Der mit der vorliegenden Verordnung

---

[1] **Amtl. Anm.:** ABl. C 262 vom 25.7.2018, S. 94.
[2] **Amtl. Anm.:** ABl. C 247 vom 13.7.2018, S. 28.
[3] **Amtl. Anm.:** Standpunkt des Europäischen Parlaments vom 14. Februar 2019 (noch nicht im Amtsblatt veröffentlicht) und Beschluss des Rates vom 5. März 2019.

geschaffene Rahmen bezieht sich auf ausländische Direktinvestitionen in der Union. Investitionen im Ausland und der Zugang zu Märkten von Drittstaaten werden im Rahmen anderer handels- und investitionspolitischer Instrumente behandelt.

(4) Diese Verordnung berührt nicht das Recht der Mitgliedstaaten, vom freien Kapitalverkehr abzuweichen, wie es in Artikel 65 Absatz 1 Buchstabe b AEUV vorgesehen ist. Mehrere Mitgliedstaaten haben Maßnahmen eingeführt, mit denen sie einen solchen Verkehr aus Gründen der öffentlichen Ordnung oder der öffentlichen Sicherheit beschränken können. Diese Maßnahmen spiegeln die Ziele und Bedenken der Mitgliedstaaten im Zusammenhang mit ausländischen Direktinvestitionen wider und können sich in einer Reihe von Mechanismen mit unterschiedlichem Geltungsbereich und unterschiedlichen Verfahrensweisen äußern. Die Mitgliedstaaten, die solche Mechanismen künftig einführen wollen, könnten die Funktionsweise, die Erfahrungen und die bewährten Verfahren bei bereits bestehenden Mechanismen berücksichtigen.

(5) Gegenwärtig existiert auf Unionsebene kein umfassender Rahmen für die Überprüfung ausländischer Direktinvestitionen aus Gründen der Sicherheit oder der öffentlichen Ordnung, während die wichtigsten Handelspartner der Union bereits solche Rahmen entwickelt haben.

(6) Ausländische Direktinvestitionen fallen in den Bereich der gemeinsamen Handelspolitik. Gemäß Artikel 3 Absatz 1 Buchstabe e AEUV hat die Union in der gemeinsamen Handelspolitik die ausschließliche Zuständigkeit.

(7) Es ist wichtig, Rechtssicherheit für die Überprüfungsmechanismen der Mitgliedstaaten aus Gründen der Sicherheit und der öffentlichen Ordnung zu schaffen und eine unionsweite Koordinierung und Zusammenarbeit bei der Überprüfung ausländischer Direktinvestitionen, die voraussichtlich die Sicherheit oder die öffentliche Ordnung beeinträchtigen, sicherzustellen. Dieser gemeinsame Rahmen berührt nicht die alleinige Verantwortung der Mitgliedstaaten für den Schutz ihrer nationalen Sicherheit gemäß Artikel 4 Absatz 2 EUV. Er berührt auch nicht die Wahrung ihrer wesentlichen Sicherheitsinteressen gemäß Artikel 346 AEUV.

(8) Der Rahmen für die Überprüfung ausländischer Direktinvestitionen und für die Zusammenarbeit sollte den Mitgliedstaaten und der Kommission Mittel an die Hand geben, mit denen sie Risiken für die Sicherheit oder die öffentliche Ordnung umfassend bekämpfen und sich an veränderte Umstände anpassen können, während gleichzeitig die nötige Flexibilität erhalten bleibt, damit die Mitgliedstaaten unter Berücksichtigung ihrer individuellen Situation und nationalen Besonderheiten ausländische Direktinvestitionen aus Gründen der Sicherheit und der öffentlichen Ordnung überprüfen können. Die Entscheidung darüber, ob ein Überprüfungsmechanismus eingerichtet oder eine bestimmte ausländische Direktinvestition überprüft wird, fällt weiterhin in die alleinige Verantwortung des betreffenden Mitgliedstaats.

(9) Diese Verordnung sollte eine große Bandbreite an Investitionen abdecken, durch die dauerhafte und direkte Verbindungen zwischen Investoren aus Drittstaaten – einschließlich staatlicher Stellen – und Unternehmen, die eine wirtschaftliche Tätigkeit in einem Mitgliedstaat ausüben, geschaffen oder aufrechterhalten werden. Sie sollte jedoch nicht Portfolioinvestitionen erfassen.

(10) Die Mitgliedstaaten, die über einen Überprüfungsmechanismus verfügen, sollten unter Wahrung des Unionsrechts die notwendigen Maßnahmen ergreifen, um eine Umgehung ihrer Überprüfungsmechanismen und -beschlüsse zu verhindern. Das sollte Investitionen aus der Union umfassen, die über künstliche Vereinbarungen vorgenommen werden, die die wirtschaftlichen Gegebenheiten nicht widerspiegeln und die Überprüfungsmechanismen und -beschlüsse umgehen, wenn der Investor tatsächlich im Eigentum oder unter der Kontrolle einer natürlichen Person oder eines Unternehmens aus einem Drittstaat steht. Die im AEUV verankerte Niederlassungsfreiheit und der freie Kapitalverkehr bleiben davon unberührt.

(11) Die Mitgliedstaaten sollten die Möglichkeit haben, die Risiken für die Sicherheit oder die öffentliche Ordnung zu bewerten, die sich aus erheblichen Änderungen der Eigentümerstruktur oder der wesentlichen Merkmale eines ausländischen Investors ergeben.

(12) Um die Mitgliedstaaten und die Kommission bei der Anwendung dieser Verordnung anzuleiten, ist es angezeigt, eine Liste von Faktoren bereitzustellen, die bei der Ermittlung, ob eine ausländische Direktinvestition voraussichtlich die Sicherheit oder die öffentliche Ordnung beeinträchtigt, berücksichtigt werden könnten. Diese Liste wird auch die Transparenz der Überprüfungsmechanismen der Mitgliedstaaten für Investoren erhöhen, die ausländische Direktinvestitionen in der Union in Erwägung ziehen oder getätigt haben. Die Liste mit Faktoren, die die Sicherheit oder die öffentliche Ordnung beeinträchtigen könnten, sollte als nicht erschöpfende Liste geführt werden.

(13) Bei der Ermittlung, ob eine ausländische Direktinvestition möglicherweise die Sicherheit oder die öffentliche Ordnung beeinträchtigt, sollten die Mitgliedstaaten und die Kommission alle einschlägigen Faktoren berücksichtigen können, einschließlich der Auswirkungen auf kritische Infrastrukturen, Technologien, insbesondere Schlüsseltechnologien, und für die Sicherheit oder die Aufrechterhaltung der öffentlichen Ordnung grundlegende Ressourcen, deren Störung, Ausfall, Verlust oder Vernichtung beträchtliche Folgen in einem Mitgliedstaat oder der Union hätte. In dieser Hinsicht sollten die Mitgliedstaaten und die Kommission ferner in der Lage sein, den Kontext und die Umstände der ausländischen Direktinvestition zu berücksichtigen, insbesondere ob ein ausländischer Investor direkt oder indirekt – zum Beispiel in Form beträchtlicher Finanzausstattung, einschließlich Subventionen – von der Regierung eines Drittstaats kontrolliert wird oder ob er staatlich gelenkte Auslandsinvestitionsprojekte oder -programme durchführt.

(14) Die Mitgliedstaaten oder die Kommission können gegebenenfalls einschlägige Informationen berücksichtigen, die sie von Wirtschaftsteilnehmern, Organisationen der Zivilgesellschaft oder Sozialpartnern wie zum Beispiel Gewerkschaften im Zusammenhang mit einer ausländischen Direktinvestition erhalten haben, die voraussichtlich die Sicherheit oder die öffentliche Ordnung beeinträchtigt.

(15) Es ist angezeigt, die wesentlichen Elemente des Rahmens für die Überprüfung ausländischer Direktinvestitionen durch einen Mitgliedstaat festzulegen, damit Investoren, die Kommission und andere Mitgliedstaaten verstehen können, wie solche Investitionen wahrscheinlich überprüft werden. Diese Elemente sollten mindestens Zeitrahmen für die Überprüfung sowie die Möglichkeit für Investoren umfassen, gegen Überprüfungsbeschlüsse Ein-

spruch zu erheben. Die Regeln und Verfahren bei Überprüfungsmechanismen sollten transparent sein und zu keiner Diskriminierung zwischen Drittstaaten führen.

(16) Es sollte ein Mechanismus eingerichtet werden, über den die Mitgliedstaaten zusammenarbeiten und sich gegenseitig unterstützen können, wenn eine ausländische Direktinvestition in einem Mitgliedstaat die Sicherheit oder die öffentliche Ordnung in anderen Mitgliedstaaten beeinträchtigen könnte. Die Mitgliedstaaten sollten die Möglichkeit haben, Kommentare an einen Mitgliedstaat zu übermitteln, in dem eine solche Investition geplant ist oder abgeschlossen wurde, unabhängig davon, ob dieser Mitgliedstaat über einen Überprüfungsmechanismus verfügt oder eine solche Investition einer Überprüfung unterzogen wird. Die Informationsersuchen, Antworten und Kommentare der Mitgliedstaaten sollten auch an die Kommission weitergeleitet werden. Die Kommission sollte die Möglichkeit haben, gegebenenfalls eine Stellungnahme im Sinne des Artikels 288 AEUV an den Mitgliedstaat zu richten, in dem die Investition geplant ist oder abgeschlossen wurde. Ein Mitgliedstaat sollte auch die Möglichkeit haben, die Kommission um eine Stellungnahme oder andere Mitgliedstaaten um Kommentare zu einer ausländischen Direktinvestition, die in seinem Hoheitsgebiet getätigt wird, zu ersuchen.

(17) Erhält ein Mitgliedstaat Kommentare anderer Mitgliedstaaten oder eine Stellungnahme der Kommission, so sollte er diese Kommentare oder Stellungnahmen entsprechend seiner Verpflichtung zur loyalen Zusammenarbeit nach Artikel 4 Absatz 3 EUV angemessen berücksichtigen, gegebenenfalls durch Maßnahmen, die nach seinem nationalen Recht zur Verfügung stehen, oder im Rahmen seiner breiter angelegten Politik.

Die endgültige Entscheidung über eine ausländische Direktinvestition, die einer Überprüfung unterzogen wird, oder eine Maßnahme im Zusammenhang mit einer ausländischen Direktinvestition, die keiner Überprüfung unterzogen wird, fällt weiterhin in die alleinige Verantwortung des Mitgliedstaats, in dem die ausländische Direktinvestition geplant ist oder abgeschlossen wurde.

(18) Der Kooperationsmechanismus sollte nur zum Schutz der Sicherheit oder der öffentlichen Ordnung eingesetzt werden. Aus diesem Grund sollten die Mitgliedstaaten alle Auskunftsersuchen im Zusammenhang mit einer bestimmten ausländischen Direktinvestition in einem anderen Mitgliedstaat sowie etwaige Kommentare, die sie an diesen Mitgliedstaat übermitteln, hinreichend begründen. Die gleichen Anforderungen sollten gelten, wenn die Kommission um Informationen zu einer bestimmten ausländischen Direktinvestition ersucht oder eine Stellungnahme an einen Mitgliedstaat richtet. Die Erfüllung dieser Anforderungen ist auch in Fällen von Bedeutung, in denen ein Investor eines Mitgliedstaats mit Investoren aus Drittstaaten um eine Investition in einem anderen Mitgliedstaat wie beispielsweise den Erwerb von Vermögenswerten konkurriert.

(19) Darüber hinaus sollte die Kommission die Möglichkeit haben, eine Stellungnahme im Sinne des Artikels 288 AEUV im Zusammenhang mit ausländischen Direktinvestitionen abzugeben, die voraussichtlich Projekte oder Programme von Unionsinteresse aus Gründen der Sicherheit oder der öffentlichen Ordnung beeinträchtigen. Dadurch würde die Kommission über ein Instrument verfügen, das Projekte und Programme schützt, die der Union

als Ganzes nützen und einen wichtigen Beitrag zu Wirtschaftswachstum, Beschäftigung und Wettbewerbsfähigkeit leisten. Das sollte insbesondere Projekte und Programme umfassen, für die Unionsmittel in beträchtlicher Höhe bereitgestellt werden oder die durch Unionsrecht im Zusammenhang mit kritischen Infrastrukturen, kritischen Technologien oder kritischen Ressourcen eingerichtet wurden. Diese Projekte oder Programme von Unionsinteresse sollten in dieser Verordnung aufgelistet werden. Eine Stellungnahme, die an einen Mitgliedstaat gerichtet wird, sollte gleichzeitig den anderen Mitgliedstaaten übermittelt werden.

Entsprechend seiner Verpflichtung zur loyalen Zusammenarbeit nach Artikel 4 Absatz 3 EUV sollte der Mitgliedstaat die Stellungnahme der Kommission umfassend berücksichtigen, gegebenenfalls durch Maßnahmen, die nach seinem nationalen Recht oder im Rahmen seiner breiter angelegten Politik zur Verfügung stehen, und der Kommission eine Erklärung übermitteln, wenn er dieser Stellungnahme nicht folgt. Die endgültige Entscheidung über eine ausländische Direktinvestition, die einer Überprüfung unterzogen wird, oder eine Maßnahme im Zusammenhang mit einer ausländischen Direktinvestition, die keiner Überprüfung unterzogen wird, fällt weiterhin in die alleinige Verantwortung des Mitgliedstaats, in dem die ausländische Direktinvestition geplant ist oder abgeschlossen wurde.

(20) Um den Entwicklungen bei Projekten und Programmen von Unionsinteresse Rechnung zu tragen, sollte der Kommission die Befugnis übertragen werden, gemäß Artikel 290 AEUV Rechtsakte zur Änderung der im Anhang dieser Verordnung enthaltenen Auflistung der Projekte und Programme von Unionsinteresse zu erlassen. Es ist von besonderer Bedeutung, dass die Kommission im Zuge ihrer Vorbereitungsarbeit angemessene Konsultationen, auch auf der Ebene von Sachverständigen, durchführt und dass diese Konsultationen mit den Grundsätzen in Einklang stehen, die in der Interinstitutionellen Vereinbarung vom 13. April 2016 über bessere Rechtsetzung niedergelegt wurden. Um insbesondere eine gleichberechtigte Beteiligung an der Ausarbeitung der delegierten Rechtsakte zu gewährleisten, erhalten das Europäische Parlament und der Rat alle Dokumente zur gleichen Zeit wie die Sachverständigen der Mitgliedstaaten, und ihre Sachverständigen haben systematisch Zugang zu den Sitzungen der Sachverständigengruppen der Kommission, die mit der Ausarbeitung der delegierten Rechtsakte befasst sind.[4]

(21) Um den Anlegern mehr Sicherheit zu geben, sollten die Mitgliedstaaten und die Kommission für einen auf 15 Monate nach Abschluss der ausländischen Direktinvestition begrenzten Zeitraum die Möglichkeit haben, Kommentare bzw. eine Stellungnahme zu abgeschlossenen Investitionen, die keiner Überprüfung unterzogen werden, abzugeben. Der Kooperationsmechanismus sollte nicht für ausländische Direktinvestitionen gelten, die vor dem 10. April 2019 abgeschlossen wurden.

(22) Die Mitgliedstaaten sollten der Kommission ihre Überprüfungsmechanismen und alle Änderungen daran notifizieren und jährlich über die Anwendung ihrer Überprüfungsmechanismen berichten, auch über die Beschlüsse, mit denen ausländische Direktinvestitionen genehmigt, untersagt oder an Bedingungen oder Maßnahmen zur Risikominderung geknüpft werden, und über

---

[4] **Amtl. Anm.:** ABl. L 123 vom 12.5.2016, S. 1.

die Entscheidungen über ausländische Direktinvestitionen, die voraussichtlich Projekte oder Programme von Unionsinteresse beeinträchtigen. Alle
Mitgliedstaaten sollten auf der Grundlage der ihnen zur Verfügung stehenden
Informationen über ausländische Direktinvestitionen, die in ihrem Hoheitsgebiet getätigt wurden, berichten. Um die Qualität und Vergleichbarkeit der
von den Mitgliedstaaten bereitgestellten Informationen zu verbessern und
die Einhaltung der Mitteilungs- und Berichtspflichten zu erleichtern, sollte
die Kommission standardisierte Formulare zur Verfügung stellen, wobei sie
gegebenenfalls unter anderem einschlägige Formulare für die Berichterstattung an Eurostat berücksichtigt.

(23) Um die Wirksamkeit des Kooperationsmechanismus zu gewährleisten, ist es
auch wichtig, in allen Mitgliedstaaten ein Mindestmaß an Informationen
und Koordinierung im Zusammenhang mit ausländischen Direktinvestitionen sicherzustellen, die in den Geltungsbereich dieser Verordnung fallen.
Diese Informationen sollten von den Mitgliedstaaten für ausländische Direktinvestitionen, die einer Überprüfung unterzogen werden, sowie auf Ersuchen
für andere ausländische Direktinvestitionen zur Verfügung gestellt werden.
Einschlägige Informationen sollten Aspekte wie die Eigentümerstruktur des
ausländischen Investors sowie die Finanzierung der geplanten oder abgeschlossenen Investition einschließlich – sofern verfügbar – Informationen
über Subventionen, die von Drittstaaten gewährt wurden, umfassen. Die
Mitgliedstaaten sollten sich um die Bereitstellung genauer, umfassender und
zuverlässiger Informationen bemühen.

(24) Auf Aufforderung eines Mitgliedstaats, in dem eine ausländische Direktinvestition geplant ist oder abgeschlossen wurde, sollte der betreffende ausländische Investor oder das betreffende Unternehmen die angeforderten Informationen zur Verfügung stellen. Ist ein Mitgliedstaat unter außergewöhnlichen
Umständen trotz bestmöglicher Anstrengungen nicht in der Lage, diese
Informationen einzuholen, so sollte er das den betroffenen Mitgliedstaaten
oder der Kommission umgehend mitteilen. In diesem Fall sollte die Möglichkeit bestehen, etwaige Kommentare eines anderen Mitgliedstaats oder eine
etwaige Stellungnahme der Kommission im Rahmen des Kooperationsmechanismus auf der Grundlage der ihnen zur Verfügung stehenden Informationen abzugeben.

(25) Bei der Bereitstellung der angeforderten Informationen haben die Mitgliedstaaten das Unionsrecht und das mit dem Unionsrecht vereinbare nationale
Recht einzuhalten.

(26) Die Kommunikation und Zusammenarbeit auf Ebene der Mitgliedstaaten
und der Union sollte durch die Einrichtung einer Kontaktstelle für die
Durchführung dieser Verordnung in jedem Mitgliedstaat und in der Kommission verstärkt werden.

(27) Die von den Mitgliedstaaten und der Kommission eingerichteten Kontaktstellen sollten in die jeweilige Verwaltung in geeigneter Weise eingegliedert
sein und über qualifiziertes Personal und die erforderlichen Befugnisse verfügen, um ihre Aufgaben im Rahmen des Koordinierungsmechanismus wahr-
zunehmen und einen ordnungsgemäßen Umgang mit vertraulichen Informationen zu gewährleisten.

(28) Die Entwicklung und Durchführung umfassender und wirksamer Maßnahmen sollte von der mit Beschluss der Kommission vom 29. November 2017
eingesetzten Sachverständigengruppe der Kommission für die Überprüfung

ausländischer Direktinvestitionen in der Europäischen Union unterstützt werden, die sich aus Vertretern der Mitgliedstaaten zusammensetzt. Diese Gruppe sollte insbesondere Fragen im Zusammenhang mit der Überprüfung ausländischer Direktinvestitionen erörtern, bewährte Verfahren und gewonnene Erkenntnisse austauschen und einen Gedankenaustausch über Trends und Fragen von gemeinsamem Interesse im Zusammenhang mit ausländischen Direktinvestitionen führen. Die Kommission sollte in Betracht ziehen, den Rat der Sachverständigengruppe zu systemischen Fragen bei der Durchführung dieser Verordnung einzuholen. Die Kommission sollte die Sachverständigengruppe zu Entwürfen delegierter Rechtsakte im Einklang mit den Grundsätzen der Interinstitutionellen Vereinbarung vom 13. April 2016 über bessere Rechtsetzung konsultieren.[5]

(29) Die Mitgliedstaaten und die Kommission sollten darin bestärkt werden, bei Fragen im Zusammenhang mit der Überprüfung ausländischer Direktinvestitionen, die voraussichtlich die Sicherheit oder die öffentliche Ordnung beeinträchtigen, mit den zuständigen Behörden gleichgesinnter Drittstaaten zusammenzuarbeiten. Diese Verwaltungszusammenarbeit sollte darauf abzielen, die Wirksamkeit des Rahmens für die Überprüfung ausländischer Direktinvestitionen durch die Mitgliedstaaten und für die Zusammenarbeit zwischen den Mitgliedstaaten und der Kommission gemäß dieser Verordnung zu stärken. Es sollte der Kommission auch möglich sein, die Entwicklungen bei Überprüfungsmechanismen in Drittstaaten zu verfolgen.

(30) Die Mitgliedstaaten und die Kommission sollten alle erforderlichen Maßnahmen ergreifen, um sicherzustellen, dass vertrauliche Informationen geschützt werden, insbesondere gemäß dem Beschluss (EU, Euratom) 2015/443 der Kommission, dem Beschluss (EU, Euratom) 2015/444 der Kommission und dem Übereinkommen zwischen den im Rat vereinigten Mitgliedstaaten der Europäischen Union über den Schutz von Verschlusssachen, die im Interesse der Europäischen Union ausgetauscht werden. Dazu gehört insbesondere die Verpflichtung, den Geheimhaltungsgrad von Verschlusssachen ohne vorherige schriftliche Zustimmung des Herausgebers weder herabzustufen noch aufzuheben. Alle sensiblen Informationen, die nicht als Verschlusssache eingestuft sind, oder Informationen, die vertraulich zur Verfügung gestellt werden, sollten von den Behörden entsprechend behandelt werden.[6, 7, 8, 9]

(31) Jede Verarbeitung personenbezogener Daten gemäß der vorliegenden Verordnung sollte den geltenden Vorschriften über den Schutz personenbezoge-

---

[5] **Amtl. Anm.:** Beschluss der Kommission vom 29. November 2017 zur Einsetzung der Sachverständigengruppe für die Überprüfung ausländischer Direktinvestitionen in der Europäischen Union (nicht im Amtsblatt veröffentlicht), C(2017) 7866.

[6] **Amtl. Anm.:** Beschluss (EU, Euratom) 2015/443 der Kommission vom 13. März 2015 über Sicherheit in der Kommission (ABl. L 72 vom 17.3.2015, S. 41).

[7] **Amtl. Anm.:** Beschluss (EU, Euratom) 2015/444 der Kommission vom 13. März 2015 über die Sicherheitsvorschriften für den Schutz von EU-Verschlusssachen (ABl. L 72 vom 17.3.2015, S. 53).

[8] **Amtl. Anm.:** ABl. C 202 vom 8.7.2011, S. 13.

[9] **Amtl. Anm.:** Artikel 4 Absatz 1 Buchstabe a des Übereinkommens zwischen den im Rat vereinigten Mitgliedstaaten der Europäischen Union über den Schutz von Verschlusssachen, die im Interesse der Europäischen Union ausgetauscht werden, und Artikel 4 Absatz 2 des Beschlusses (EU, Euratom) 2015/444.

ner Daten entsprechen. Die Verarbeitung personenbezogener Daten durch die Kontaktstellen und andere Stellen in den Mitgliedstaaten sollte gemäß der Verordnung (EU) 2016/679 des Europäischen Parlaments und des Rates erfolgen. Die Verarbeitung personenbezogener Daten durch die Kommission sollte gemäß der Verordnung (EU) 2018/1725 des Europäischen Parlaments und des Rates erfolgen.[10, 11]

(32) Unter anderem auf der Grundlage der von allen Mitgliedstaaten übermittelten jährlichen Berichte und unter gebührender Beachtung der Vertraulichkeit bestimmter Angaben in diesen Berichten sollte die Kommission einen jährlichen Bericht über die Durchführung dieser Verordnung erstellen und ihn dem Europäischen Parlament und dem Rat vorlegen. Im Interesse einer größeren Transparenz sollte der Bericht veröffentlicht werden.

(33) Das Europäische Parlament sollte die Möglichkeit haben, die Kommission zu einer Sitzung seines zuständigen Ausschusses einzuladen, um systemische Fragen zur Durchführung dieser Verordnung zu erörtern und zu klären.

(34) Bis zum 12. Oktober 2023 und danach alle fünf Jahre sollte die Kommission eine Bewertung der Funktionsweise und der Wirksamkeit dieser Verordnung durchführen und dem Europäischen Parlament und dem Rat einen Bericht vorlegen. In diesem Bericht sollte bewertet werden, ob diese Verordnung geändert werden muss oder nicht. Wird im Bericht eine Änderung dieser Verordnung vorgeschlagen, kann ihm ein Legislativvorschlag beigefügt werden.

(35) Die Durchführung dieser Verordnung durch die Union und die Mitgliedstaaten sollte den einschlägigen Anforderungen an die Auferlegung restriktiver Maßnahmen aus Gründen der Sicherheit und der öffentlichen Ordnung in den WTO-Übereinkommen entsprechen, einschließlich insbesondere Artikel XIV Buchstabe a und Artikel XIV bis des Allgemeinen Abkommens über den Handel mit Dienstleistungen (GATS). Sie sollte auch dem Unionsrecht entsprechen und mit Verpflichtungen in Einklang stehen, die im Rahmen anderer Handels- und Investitionsabkommen, zu deren Vertragsparteien die Union oder die Mitgliedstaaten gehören, und anderer Handels- und Investitionsvereinbarungen, an die sich die Union oder die Mitgliedstaaten halten, eingegangen wurden.[12]

(36) Stellt eine ausländische Direktinvestition einen Zusammenschluss dar, der in den Geltungsbereich der Verordnung (EG) Nr. 139/2004 des Rates fällt, so sollte die vorliegende Verordnung unbeschadet der Anwendung des Artikels 21 Absatz 4 der Verordnung (EG) Nr. 139/2004 angewandt werden. Die vorliegende Verordnung und Artikel 21 Absatz 4 der Verordnung (EG) Nr. 139/2004 sollten einheitlich angewandt werden. Soweit sich der jeweilige Anwen-

---

[10] **Amtl. Anm.:** Verordnung (EU) 2016/679 des Europäischen Parlaments und des Rates vom 27. April 2016 zum Schutz natürlicher Personen bei der Verarbeitung personenbezogener Daten, zum freien Datenverkehr und zur Aufhebung der Richtlinie 95/46/EG (Datenschutz-Grundverordnung) (ABl. L 119 vom 4.5.2016, S. 1).

[11] **Amtl. Anm.:** Verordnung (EU) 2018/1725 des Europäischen Parlaments und des Rates vom 23. Oktober 2018 zum Schutz natürlicher Personen bei der Verarbeitung personenbezogener Daten durch die Organe, Einrichtungen und sonstigen Stellen der Union, zum freien Datenverkehr und zur Aufhebung der Verordnung (EG) Nr. 45/2001 und des Beschlusses Nr. 1247/2002/EG (ABl. L 295 vom 21.11.2018, S. 39).

[12] **Amtl. Anm.:** ABl. L 336 vom 23.12.1994, S. 191.

dungsbereich dieser beiden Verordnungen überschneidet, sollten die in Artikel 1 der vorliegenden Verordnung festgelegten Gründe für die Überprüfung und der Begriff der berechtigten Interessen im Sinne von Artikel 21 Absatz 4 Absatz 3 der Verordnung (EG) Nr. 139/2004 einheitlich ausgelegt werden, ohne die Bewertung der Vereinbarkeit der nationalen Maßnahmen, die dem Schutz dieser Interessen dienen, mit den allgemeinen Grundsätzen und den sonstigen Bestimmungen des Unionsrechts zu beeinträchtigen.[13]

(37) Diese Verordnung berührt nicht die Unionsvorschriften für die aufsichtsrechtliche Beurteilung des Erwerbs qualifizierter Beteiligungen im Finanzsektor, die ein eigenständiges Verfahren mit einem spezifischen Ziel bleibt.[14]

(38) Diese Verordnung ist mit sonstigen Melde- und Überprüfungsverfahren gemäß sektoralen Unionsvorschriften vereinbar, die davon unberührt bleiben –

HABEN FOLGENDE VERORDNUNG ERLASSEN:

Art. 1 Gegenstand und Anwendungsbereich

(1) [1]Mit dieser Verordnung wird ein Rahmen geschaffen für die Überprüfung ausländischer Direktinvestitionen in der Union durch die Mitgliedstaaten aus Gründen der Sicherheit oder der öffentlichen Ordnung und für einen Mechanismus der Zusammenarbeit zwischen den Mitgliedstaaten sowie zwischen den Mitgliedstaaten und der Kommission im Zusammenhang mit ausländischen Direktinvestitionen, die die Sicherheit oder die öffentliche Ordnung voraussichtlich beeinträchtigen. [2]Sie umfasst die Möglichkeit für die Kommission, Stellungnahmen zu solchen Investitionen abzugeben.

(2) Diese Verordnung berührt nicht die alleinige Verantwortung jedes Mitgliedstaats für den Schutz seiner nationalen Sicherheit gemäß Artikel 4 Absatz 2 EUV und das Recht jedes Mitgliedstaats, seine wesentlichen Sicherheitsinteressen gemäß Artikel 346 AEUV zu wahren.

(3) Diese Verordnung berührt nicht das Recht jedes Mitgliedstaats, zu entscheiden, ob er eine bestimmte ausländische Direktinvestition im Rahmen dieser Verordnung überprüft oder nicht.

Art. 2 Begriffsbestimmungen

Im Sinne dieser Verordnung bezeichnet der Ausdruck

1. „ausländische Direktinvestition" eine durch einen ausländischen Investor getätigte Investition jeder Art zur Schaffung oder Aufrechterhaltung dauerhafter

---

[13] **Amtl. Anm.:** Verordnung (EG) Nr. 139/2004 des Rates vom 20. Januar 2004 über die Kontrolle von Unternehmenszusammenschlüssen (ABl. L 24 vom 29.1.2004, S. 1).

[14] **Amtl. Anm.:** Eingeführt mit der Richtlinie 2013/36/EU des Europäischen Parlaments und des Rates vom 26. Juni 2013 über den Zugang zur Tätigkeit von Kreditinstituten und die Beaufsichtigung von Kreditinstituten und Wertpapierfirmen, zur Änderung der Richtlinie 2002/87/EG und zur Aufhebung der Richtlinien 2006/48/EG und 2006/49/EG (ABl. L 176 vom 27.6.2013, S. 338); Richtlinie 2009/138/EG des Europäischen Parlaments und des Rates vom 25. November 2009 betreffend die Aufnahme und Ausübung der Versicherungs- und der Rückversicherungstätigkeit (Solvabilität II) (ABl. L 335 vom 17.12.2009, S. 1); Richtlinie 2014/65/EU des Europäischen Parlaments und des Rates vom 15. Mai 2014 über Märkte für Finanzinstrumente sowie zur Änderung der Richtlinien 2002/92/EG und 2011/61/EU (ABl. L 173 vom 12.6.2014, S. 349).

und direkter Beziehungen zwischen dem ausländischen Investor und dem Unternehmer oder Unternehmen, für den bzw. das das Kapital zur fortgesetzten Ausübung einer wirtschaftlichen Tätigkeit in einem Mitgliedstaat bereitgestellt wird, einschließlich Investitionen, die eine effektive Beteiligung an der Verwaltung oder Kontrolle eines Unternehmens ermöglichen, das eine wirtschaftliche Tätigkeit ausübt;

2. „ausländischer Investor" eine natürliche Person aus einem Drittstaat oder ein Unternehmen aus einem Drittstaat, die bzw. das eine ausländische Direktinvestition plant oder getätigt hat;

3. „Überprüfung" ein Verfahren, mit dessen Hilfe ausländische Direktinvestitionen geprüft, untersucht, genehmigt, an Bedingungen geknüpft, untersagt oder rückabgewickelt werden können;

4. „Überprüfungsmechanismus" ein allgemein anwendbares Rechtsinstrument, beispielsweise ein Gesetz oder eine Vorschrift, und die damit zusammenhängenden verwaltungstechnischen Anforderungen, Durchführungsvorschriften oder -anleitungen, mit denen die Bestimmungen, Bedingungen und Verfahren für die Prüfung, Untersuchung, Genehmigung, Knüpfung an Bedingungen, Untersagung oder Rückabwicklung ausländischer Direktinvestitionen aus Gründen der Sicherheit oder der öffentlichen Ordnung festgelegt werden;

5. „ausländische Direktinvestition, die einer Überprüfung unterzogen wird" eine ausländische Direktinvestition, die mithilfe eines Überprüfungsmechanismus einer förmlichen Prüfung oder Untersuchung unterzogen wird;

6. „Überprüfungsentscheidung" eine in Anwendung eines Überprüfungsmechanismus getroffene Maßnahme;

7. „Unternehmen aus einem Drittstaat" ein nach dem Recht eines Drittstaates gegründetes oder anderweitig errichtetes Unternehmen.

Art. 3 Überprüfungsmechanismen der Mitgliedstaaten

(1) Die Mitgliedstaaten können gemäß dieser Verordnung aus Gründen der Sicherheit oder der öffentlichen Ordnung Mechanismen zur Überprüfung ausländischer Direktinvestitionen in ihrem Hoheitsgebiet aufrechterhalten, ändern oder einrichten.

(2) ¹Die Regeln und Verfahren im Zusammenhang mit Überprüfungsmechanismen, einschließlich der einschlägigen Zeitrahmen, müssen transparent sein und dürfen nicht zu einer Diskriminierung zwischen Drittstaaten führen. ²Insbesondere legen die Mitgliedstaaten die eine Überprüfung auslösenden Umstände, die Gründe für eine Überprüfung sowie die anwendbaren ausführlichen Verfahrensregeln fest.

(3) ¹Die Mitgliedstaaten wenden im Rahmen ihrer Überprüfungsmechanismen Zeitrahmen an. ²Die Überprüfungsmechanismen ermöglichen es den Mitgliedstaaten, die Kommentare der anderen Mitgliedstaaten gemäß den Artikeln 6 und 7 und die Stellungnahmen der Kommission gemäß Artikel 6, 7 und 8 zu berücksichtigen.

(4) Vertrauliche Informationen sind zu schützen, darunter auch die wirtschaftlich sensiblen Informationen, die dem Mitgliedstaat, der die Überprüfung durchführt, zur Verfügung gestellt werden.

(5) Die betroffenen ausländischen Investoren und die Unternehmen verfügen über die Möglichkeit, gegen die Überprüfungsbeschlüsse der nationalen Behörden Einspruch zu erheben.

(6) Die Mitgliedstaaten, die bereits über einen Überprüfungsmechanismus verfügen, sorgen für die Aufrechterhaltung, Änderung oder Ergreifung von Maßnahmen, die zur Erkennung und Verhinderung der Umgehung der Überprüfungsmechanismen und -beschlüsse erforderlich sind.

(7) ¹Die Mitgliedstaaten notifizieren der Kommission ihre bestehenden Überprüfungsmechanismen bis zum 10. Mai 2019. ²Die Mitgliedstaaten notifizieren der Kommission alle neu eingerichteten Überprüfungsmechanismen und alle Änderungen eines bestehenden Überprüfungsmechanismus innerhalb von 30 Tagen nach dem Inkrafttreten des neu eingerichteten Überprüfungsmechanismus oder der Änderung eines bestehenden Überprüfungsmechanismus.

(8) ¹Spätestens drei Monate nach Eingang der in Absatz 7 genannten Notifizierungen veröffentlicht die Kommission ein Verzeichnis der Überprüfungsmechanismen der Mitgliedstaaten. ²Die Kommission sorgt für die laufende Aktualisierung dieses Verzeichnisses.

Art. 4 Faktoren, die von den Mitgliedstaaten oder der Kommission berücksichtigt werden können

(1) Bei der Feststellung, ob eine ausländische Direktinvestition die Sicherheit oder die öffentliche Ordnung voraussichtlich beeinträchtigt, können die Mitgliedstaaten und die Kommission ihre potenziellen Auswirkungen unter anderem auf folgende Aspekte berücksichtigen:

a) kritische Infrastrukturen physischer oder virtueller Art, einschließlich Energie, Verkehr, Wasser, Gesundheit, Kommunikation, Medien, Datenverarbeitung oder -speicherung, Luft- und Raumfahrt, Verteidigung, Wahl- oder Finanzinfrastrukturen und sensible Einrichtungen sowie Investitionen in Grundstücke und Immobilien, die für die Nutzung dieser Infrastrukturen von entscheidender Bedeutung sind;

b) kritische Technologien und Güter mit doppeltem Verwendungszweck im Sinne des Artikels 2 Nummer 1 der Verordnung (EG) Nr. 428/2009 des Rates, einschließlich künstlicher Intelligenz, Robotik, Halbleiter, Cybersicherheit, Luft- und Raumfahrt, Verteidigung, Energiespeicherung, Quanten- und Nukleartechnologien sowie Nanotechnologien und Biotechnologien;[15]

c) die Versorgung mit kritischen Ressourcen, einschließlich Energie oder Rohstoffen, sowie die Nahrungsmittelsicherheit;

d) den Zugang zu sensiblen Informationen, einschließlich personenbezogener Daten, oder die Fähigkeit, solche Informationen zu kontrollieren; oder

e) die Freiheit und Pluralität der Medien.

(2) Bei der Feststellung, ob eine ausländische Direktinvestition die Sicherheit oder die öffentliche Ordnung voraussichtlich beeinträchtigt, können die Mitgliedstaaten und die Kommission insbesondere auch berücksichtigen,

---

[15] **Amtl. Anm.:** Verordnung (EG) Nr. 428/2009 des Rates vom 5. Mai 2009 über eine Gemeinschaftsregelung für die Kontrolle der Ausfuhr, der Verbringung, der Vermittlung und der Durchfuhr von Gütern mit doppeltem Verwendungszweck (ABl. L 134 vom 29.5.2009, S. 1).

a) ob der ausländische Investor direkt oder indirekt von der Regierung, einschließlich staatlicher Stellen oder der Streitkräfte, eines Drittstaats, unter anderem aufgrund der Eigentümerstruktur oder in Form beträchtlicher Finanzausstattung, kontrolliert wird,

b) ob der ausländische Investor bereits an Aktivitäten beteiligt war, die Auswirkungen auf die Sicherheit oder die öffentliche Ordnung in einem Mitgliedstaat hatten, oder

c) ob ein erhebliches Risiko besteht, dass der ausländische Investor an illegalen oder kriminellen Aktivitäten beteiligt ist.

Art. 5 Jährliche Berichterstattung

(1) Die Mitgliedstaaten legen der Kommission bis zum 31. März eines jeden Jahres einen jährlichen Bericht über das vorangegangene Kalenderjahr vor, der aggregierte Informationen über die in ihrem Hoheitsgebiet getätigten ausländischen Direktinvestitionen auf der Grundlage der ihnen zur Verfügung stehenden Informationen enthält sowie aggregierte Informationen über die gemäß Artikel 6 Absatz 6 und Artikel 7 Absatz 5 erhaltenen Ersuchen anderer Mitgliedstaaten.

(2) Die Mitgliedstaaten, die einen Überprüfungsmechanismus unterhalten, legen für jeden Berichtszeitraum zusätzlich zu den in Absatz 1 genannten Informationen aggregierte Informationen über die Anwendung ihrer Überprüfungsmechanismus vor.

(3) ¹Die Kommission legt dem Europäischen Parlament und dem Rat einen jährlichen Bericht über die Durchführung dieser Verordnung vor. ²Dieser Bericht wird veröffentlicht.

(4) Das Europäische Parlament kann die Kommission zu einer Sitzung seines zuständigen Ausschusses einladen, um systemische Fragen zur Durchführung dieser Verordnung zu erörtern und zu klären.

Art. 6 Kooperationsmechanismus im Zusammenhang mit ausländischen Direktinvestitionen, die einer Überprüfung unterzogen werden

(1) ¹Die Mitgliedstaaten teilen der Kommission und den übrigen Mitgliedstaaten alle ausländischen Direktinvestitionen in ihrem Hoheitsgebiet mit, die einer Überprüfung unterzogen werden, indem sie die in Artikel 9 Absatz 2 dieser Verordnung genannten Informationen so bald wie möglich bereitstellen. ²Die Mitteilung kann eine Aufstellung der Mitgliedstaaten enthalten, bei denen davon ausgegangen wird, dass deren Sicherheit oder öffentliche Ordnung voraussichtlich beeinträchtigt sind. ³Gegebenenfalls bemüht sich der Mitgliedstaat, der die Überprüfung durchführt, im Rahmen dieser Mitteilung anzugeben, ob die ausländische Direktinvestition, die einer Überprüfung unterzogen wird, seiner Auffassung nach voraussichtlich in den Geltungsbereich der Verordnung (EG) Nr. 139/2004 fällt.

(2) [1] ¹Ist ein Mitgliedstaat der Auffassung, dass eine ausländische Direktinvestition, die in einem anderen Mitgliedstaat einer Überprüfung unterzogen wird, seine Sicherheit oder öffentliche Ordnung voraussichtlich beeinträchtigt, oder verfügt er über Informationen, die für eine solche Überprüfung von Bedeutung sind, so kann er Kommentare an den Mitgliedstaat richten, der die Überprüfung

durchführt. [2]Der Mitgliedstaat, der Kommentare abgibt, übermittelt diese gleichzeitig an die Kommission. [2] Die Kommission teilt den anderen Mitgliedstaaten mit, dass Kommentare abgegeben wurden.

(3) [1] [1]Ist die Kommission der Auffassung, dass eine ausländische Direktinvestition, die einer Überprüfung unterzogen wird, voraussichtlich die Sicherheit oder die öffentliche Ordnung in mehr als einem Mitgliedstaat beeinträchtigt, oder verfügt sie über einschlägige Informationen im Zusammenhang mit dieser ausländischen Direktinvestition, so kann sie eine Stellungnahme an den Mitgliedstaat richten, der die Überprüfung durchführt. [2]Die Kommission kann eine Stellungnahme unabhängig davon abgeben, ob andere Mitgliedstaaten Kommentare abgegeben haben. [3]Die Kommission kann im Anschluss an Kommentare anderer Mitgliedstaaten eine Stellungnahme abgeben. [4]Die Kommission gibt eine solche Stellungnahme in begründeten Fällen ab, nachdem mindestens ein Drittel der Mitgliedstaaten der Auffassung ist, dass eine ausländische Direktinvestition voraussichtlich ihre Sicherheit oder öffentliche Ordnung beeinträchtigt. [2] Die Kommission benachrichtigt die anderen Mitgliedstaaten, dass eine Stellungnahme abgegeben wurde.

(4) Ist ein Mitgliedstaat der begründeten Auffassung, dass eine ausländische Direktinvestition in seinem Hoheitsgebiet voraussichtlich seine Sicherheit oder öffentliche Ordnung beeinträchtigt, so kann er die Kommission oder andere Mitgliedstaaten ersuchen, eine Stellungnahme bzw. Kommentare abzugeben.

(5) Die Kommentare gemäß Absatz 2 und die Stellungnahmen gemäß Absatz 3 sind hinreichend zu begründen.

(6) [1] [1]Spätestens 15 Kalendertage nach Eingang der in Absatz 1 genannten Informationen teilen die anderen Mitgliedstaaten und die Kommission dem Mitgliedstaat, der die Überprüfung durchführt, ihre Absicht mit, Kommentare gemäß Absatz 2 bzw. eine Stellungnahme gemäß Absatz 3 abzugeben. [2]Die Mitteilung kann ein Ersuchen um zusätzliche zu den in Absatz 1 genannten Informationen enthalten. [2] [1]Ersuchen um zusätzliche Informationen sind hinreichend zu begründen, auf die zur Abgabe von Kommentaren gemäß Absatz 2 bzw. einer Stellungnahme gemäß Absatz 3 erforderlichen Informationen zu beschränken, müssen verhältnismäßig zum Zweck des Ersuchens sein und dürfen den Mitgliedstaat, der die Überprüfung durchführt, nicht über Gebühr belasten. [2]Die Informationsersuchen und Antworten der Mitgliedstaaten sind gleichzeitig an die Kommission zu übermitteln.

(7) [1] Die Kommentare gemäß Absatz 2 bzw. die Stellungnahmen gemäß Absatz 3 sind an den Mitgliedstaat, der die Überprüfung durchführt, zu richten und innerhalb einer vertretbaren Frist, spätestens aber 35 Kalendertage nach Eingang der in Absatz 1 genannten Informationen, an ihn zu übermitteln. [2] Wurde gemäß Absatz 6 um zusätzliche Informationen ersucht, so sind die Kommentare oder Stellungnahmen ungeachtet des Absatz 1 spätestens 20 Kalendertage nach Eingang der zusätzlichen Informationen oder der Mitteilung gemäß Artikel 9 Absatz 5 abzugeben. [3] Ungeachtet des Absatzes 6 kann die Kommission im Anschluss an Kommentare anderer Mitgliedstaaten eine Stellungnahme abgeben, nach Möglichkeit innerhalb der in diesem Absatz genannten Fristen, spätestens aber fünf Kalendertage nach Ablauf dieser Fristen.

(8) [1]Ist der Mitgliedstaat, der die Überprüfung durchführt, im Ausnahmefall der Auffassung, dass seine Sicherheit oder öffentliche Ordnung ein sofortiges

Handeln erfordert, so teilt er den anderen Mitgliedstaaten und der Kommission seine Absicht mit, vor Ablauf der in Absatz 7 genannten Zeitrahmen eine Überprüfungsentscheidung zu erlassen, und gibt eine hinreichende Begründung für die Notwendigkeit des sofortigen Handelns ab. [2]Die anderen Mitgliedstaaten und die Kommission bemühen sich, zügig Kommentare bzw. eine Stellungnahme abzugeben.

(9) [1]Der Mitgliedstaat, der die Überprüfung durchführt, berücksichtigt in angemessener Weise die Kommentare der anderen Mitgliedstaaten gemäß Absatz 2 und die Stellungnahme der Kommission gemäß Absatz 3. [2]Die endgültige Überprüfungsentscheidung wird von dem Mitgliedstaat erlassen, der die Überprüfung durchführt.

(10) Die Zusammenarbeit gemäß diesem Artikel findet über die gemäß Artikel 11 eingerichteten Kontaktstellen statt.

Art. 7 Kooperationsmechanismus im Zusammenhang mit ausländischen Direktinvestitionen, die keiner Überprüfung unterzogen werden

(1) [1] [1]Ist ein Mitgliedstaat der Auffassung, dass eine in einem anderen Mitgliedstaat geplante oder abgeschlossene ausländische Direktinvestition, die in diesem Mitgliedstaat keiner Überprüfung unterzogen wird, voraussichtlich seine Sicherheit oder öffentliche Ordnung beeinträchtigt, oder verfügt er über einschlägige Informationen im Zusammenhang mit dieser ausländischen Direktinvestition, so kann er Kommentare an diesen anderen Mitgliedstaat richten. [2]Der Mitgliedstaat, der Kommentare abgibt, übermittelt sie gleichzeitig an die Kommission. [2] Die Kommission teilt den anderen Mitgliedstaaten mit, dass Kommentare abgegeben wurden.

(2) [1] [1]Ist die Kommission der Auffassung, dass eine in einem Mitgliedstaat geplante oder abgeschlossene ausländische Direktinvestition, die in diesem Mitgliedstaat keiner Überprüfung unterzogen wird, voraussichtlich die Sicherheit oder die öffentliche Ordnung in mehr als einem Mitgliedstaat beeinträchtigt, oder verfügt sie über einschlägige Informationen im Zusammenhang mit dieser ausländischen Direktinvestition, so kann sie eine Stellungnahme an den Mitgliedstaat richten, in dem die ausländische Direktinvestition geplant ist oder abgeschlossen wurde. [2]Die Kommission kann eine Stellungnahme unabhängig davon abgeben, ob andere Mitgliedstaaten Kommentare abgegeben haben. [3]Die Kommission kann im Anschluss an Kommentare anderer Mitgliedstaaten eine Stellungnahme abgeben. [4]Die Kommission gibt eine solche Stellungnahme in begründeten Fällen ab, nachdem mindestens ein Drittel der Mitgliedstaaten der Auffassung ist, dass eine ausländische Direktinvestition voraussichtlich ihre Sicherheit oder öffentliche Ordnung beeinträchtigt. [2] Die Kommission teilt den anderen Mitgliedstaaten mit, dass eine Stellungnahme abgegeben wurde.

(3) Ist ein Mitgliedstaat der begründeten Auffassung, dass eine ausländische Direktinvestition in seinem Hoheitsgebiet voraussichtlich seine Sicherheit oder öffentliche Ordnung beeinträchtigt, so kann er die Kommission oder andere Mitgliedstaaten ersuchen, eine Stellungnahme bzw. Kommentare abzugeben.

(4) Die Kommentare gemäß Absatz 1 und die Stellungnahmen gemäß Absatz 2 sind hinreichend zu begründen.

(5) [1] Ist ein Mitgliedstaat oder die Kommission der Auffassung, dass eine ausländische Direktinvestition, die keiner Überprüfung unterzogen wird, voraussichtlich die Sicherheit oder die öffentliche Ordnung im Sinne der Absätze 1 oder 2 beeinträchtigt, so kann sie den Mitgliedstaat, in dem die ausländische Direktinvestition geplant ist oder abgeschlossen wurde, um die in Artikel 9 genannten Informationen ersuchen. [2] Informationsersuchen sind hinreichend zu begründen, auf die zur Abgabe von Kommentaren gemäß Absatz 1 bzw. einer Stellungnahme gemäß Absatz 2 erforderlichen Informationen zu beschränken, müssen verhältnismäßig zum Zweck des Ersuchens sein und dürfen den Mitgliedstaat, in dem die ausländische Direktinvestition geplant ist oder abgeschlossen wurde, nicht über Gebühr belasten. [3] Die Informationsersuchen und Antworten der Mitgliedstaaten sind gleichzeitig an die Kommission zu übermitteln.

(6) [1]Die Kommentare gemäß Absatz 1 bzw. die Stellungnahmen gemäß Absatz 2 sind an den Mitgliedstaat zu richten, in dem die ausländische Direktinvestition geplant ist oder abgeschlossen wurde, und sind innerhalb einer angemessenen Frist, spätestens aber 35 Kalendertage nach Eingang der in Absatz 5 genannten Informationen oder der Mitteilung gemäß Artikel 9 Absatz 5 an ihn zu übermitteln. [2]Ergeht die Stellungnahme der Kommission im Anschluss an Kommentare anderer Mitgliedstaaten, so stehen der Kommission zusätzliche 15 Kalendertage für die Vorlage dieser Stellungnahme zur Verfügung.

(7) Ein Mitgliedstaat, in dem eine ausländische Direktinvestition geplant ist oder abgeschlossen wurde, berücksichtigt in angemessener Weise die Kommentare der anderen Mitgliedstaaten und die Stellungnahme der Kommission.

(8) Die Mitgliedstaaten können Kommentare gemäß Absatz 1 und die Kommission kann eine Stellungnahme gemäß Absatz 2 spätestens 15 Monate, nachdem die ausländische Direktinvestition abgeschlossen wurde, abgeben.

(9) Die Zusammenarbeit gemäß diesem Artikel findet über die nach Artikel 11 eingerichteten Kontaktstellen statt.

(10) Dieser Artikel gilt nicht für ausländische Direktinvestitionen, die vor dem 10. April 2019 abgeschlossen wurden.

Art. 8 Ausländische Direktinvestitionen, die voraussichtlich Projekte oder Programme von Unionsinteresse beeinträchtigen

(1) Ist die Kommission der Auffassung, dass eine ausländische Direktinvestition aus Gründen der Sicherheit oder der öffentlichen Ordnung voraussichtlich Projekte oder Programme von Unionsinteresse beeinträchtigt, so kann sie eine Stellungnahme an den Mitgliedstaat richten, in dem die ausländische Direktinvestition geplant ist oder abgeschlossen wurde.

(2) Die Verfahren der Artikel 6 und 7 gelten sinngemäß mit folgenden Änderungen:

a) Im Rahmen der in Artikel 6 Absatz 1 genannten Mitteilung oder der in Artikel 6 Absatz 2 und Artikel 7 Absatz 1 genannten Kommentare kann ein Mitgliedstaat angeben, ob er der Auffassung ist, dass eine ausländische Direktinvestition voraussichtlich Projekte und Programme von Unionsinteresse beeinträchtigt.

b) Den anderen Mitgliedstaaten wird die Stellungnahme der Kommission übermittelt.

c) Der Mitgliedstaat, in dem die ausländische Direktinvestition geplant ist oder abgeschlossen wurde, trägt der Stellungnahme der Kommission umfassend Rechnung und gibt der Kommission gegenüber eine Erklärung ab, falls er deren Stellungnahme nicht nachkommt.

(3) [1]Zu den Projekten oder Programmen von Unionsinteresse zählen für die Zwecke dieses Artikels solche, bei denen Unionsmittel in erheblicher Höhe oder zu einem wesentlichen Anteil bereitgestellt werden oder die unter die Rechtsvorschriften der Union über kritische Infrastrukturen, kritische Technologien oder kritische Ressourcen, die für die Sicherheit oder die öffentliche Ordnung wesentlich sind, fallen. [2]Die Projekte und Programme von Unionsinteresse sind im Anhang aufgelistet.

(4) Die Kommission erlässt gemäß Artikel 16 delegierte Rechtsakte zur Änderung der Auflistung der Projekte und Programme von Unionsinteresse.

Art. 9 Informationsanforderungen

(1) Die Mitgliedstaaten stellen sicher, dass Informationen, die gemäß Artikel 6 Absatz 1 mitgeteilt wurden oder um die die Kommission und andere Mitgliedstaaten gemäß Artikel 6 Absatz 6 und Artikel 7 Absatz 5 ersucht haben, der Kommission und den ersuchenden Mitgliedstaaten unverzüglich zur Verfügung gestellt werden.

(2) Die Informationen gemäß Absatz 1 umfassen folgende Angaben:
a) die Eigentümerstruktur des ausländischen Investors und des Unternehmens, in dem die ausländische Direktinvestition geplant ist oder abgeschlossen wurde, einschließlich Informationen zum tatsächlichen Investor und zur Kapitalbeteiligung;
b) den ungefähren Wert der ausländischen Direktinvestition;
c) die Produkte, Dienstleistungen und Geschäftsvorgänge des ausländischen Investors und des Unternehmens, in dem die ausländische Direktinvestition geplant ist oder abgeschlossen wurde;
d) die Mitgliedstaaten, in denen der ausländische Investor und das Unternehmen, in dem die ausländische Direktinvestition geplant ist oder abgeschlossen wurde, wesentliche Geschäftsvorgänge durchführen;
e) die Finanzierung der Investition und ihre Quelle, auf der Grundlage der besten dem Mitgliedstaat zur Verfügung stehenden Informationen;
f) der Tag, für den der Abschluss der ausländischen Direktinvestition geplant ist oder an dem die ausländische Direktinvestition abgeschlossen wurde.

(3) Die Mitgliedstaaten bemühen sich, den ersuchenden Mitgliedstaaten und der Kommission, zusätzlich zu den in den Absätzen 1 und 2 genannten Informationen alle verfügbaren Informationen unverzüglich zur Verfügung zu stellen.

(4) [1]Der Mitgliedstaat, in dem die ausländische Direktinvestition geplant ist oder abgeschlossen wurde, kann den ausländischen Investor oder das Unternehmen, in dem die ausländische Direktinvestition geplant ist oder abgeschlossen wurde, auffordern, die in Absatz 2 genannten Informationen zur Verfügung zu stellen. [2]Der betreffende ausländische Investor oder das betreffende Unternehmen stellt die angeforderten Informationen unverzüglich zur Verfügung.

(5) [1] [1]Ein Mitgliedstaat teilt der Kommission und den anderen betroffenen Mitgliedstaaten umgehend mit, wenn er unter außergewöhnlichen Umständen

trotz bestmöglicher Anstrengungen nicht in der Lage ist, die in Absatz 1 genannten Informationen zu erlangen. [2]In der Mitteilung gibt der Mitgliedstaat eine hinreichende Begründung, warum er diese Informationen nicht zur Verfügung stellt, und erläutert die bestmöglichen Anstrengungen, die er zur Erlangung der angeforderten Informationen unternommen hat, einschließlich einer Aufforderung nach Absatz 4. [2] Wird keine solche Information vorgelegt, so können sich etwaige Kommentare eines anderen Mitgliedstaats oder die Stellungnahmen der Kommission auf die ihnen zur Verfügung stehenden Informationen stützen.

Art. 10 Vertraulichkeit der übermittelten Informationen

(1) Die bei der Anwendung dieser Verordnung gewonnenen Informationen dürfen nur zu dem Zweck verwendet werden, zu dem sie angefordert wurden.

(2) Die Mitgliedstaaten und die Kommission gewährleisten den Schutz der in Anwendung dieser Verordnung gewonnenen vertraulichen Informationen nach Maßgabe des Unionsrechts und des jeweiligen nationalen Rechts.

(3) Die Mitgliedstaaten und die Kommission gewährleisten, dass der Geheimhaltungsgrad von Verschlusssachen, die im Rahmen dieser Verordnung bereitgestellt oder ausgetauscht werden, ohne vorherige schriftliche Zustimmung des Herausgebers weder herabgestuft noch aufgehoben wird.

Art. 11 Kontaktstellen

(1) [1]Jeder Mitgliedstaat und die Kommission richten eine Kontaktstelle für die Durchführung dieser Verordnung ein. [2]Die Mitgliedstaaten und die Kommission befassen diese Kontaktstellen mit allen Fragen im Zusammenhang mit der Durchführung dieser Verordnung.

(2) Die Kommission stellt ein sicheres und verschlüsseltes System bereit, um die direkte Zusammenarbeit und den Informationsaustausch zwischen den Kontaktstellen zu unterstützen.

Art. 12 Expertengruppe für die Überprüfung ausländischer Direktinvestitionen in der Europäischen Union

[1] [1]Die Expertengruppe für die Überprüfung ausländischer Direktinvestitionen in der Europäischen Union, die der Kommission Beratung und Fachwissen zur Verfügung stellt, erörtert weiterhin Fragen im Zusammenhang mit der Überprüfung ausländischer Direktinvestitionen, tauscht bewährte Verfahren und gewonnene Erkenntnisse aus und führt einen Gedankenaustausch über Trends und Fragen von gemeinsamem Interesse im Zusammenhang mit ausländischen Direktinvestitionen. [2]Die Kommission zieht auch in Betracht, den Rat dieser Gruppe zu systemischen Fragen bei der Durchführung dieser Verordnung einzuholen.

[2] Die Erörterungen in der Gruppe sind vertraulich zu behandeln.

Art. 13 Internationale Zusammenarbeit

Die Mitgliedstaaten und die Kommission können bei Fragen im Zusammenhang mit der Überprüfung ausländischer Direktinvestitionen aus Gründen der

Sicherheit und der öffentlichen Ordnung mit den zuständigen Behörden von Drittstaaten zusammenarbeiten.

Art. 14 Verarbeitung personenbezogener Daten

(1) Jede Verarbeitung personenbezogener Daten gemäß dieser Verordnung erfolgt gemäß der Verordnung (EU) 2016/679 und der Verordnung (EU) 2018/1725 und nur insoweit, als es für die Überprüfung ausländischer Direktinvestitionen durch die Mitgliedstaaten und für die Gewährleistung der Wirksamkeit der in dieser Verordnung vorgesehenen Zusammenarbeit erforderlich ist.

(2) Personenbezogene Daten im Zusammenhang mit der Durchführung dieser Verordnung werden nicht länger als für den verfolgten Zweck erforderlich gespeichert.

Art. 15 Bewertung

(1) [1]Bis zum 12. Oktober 2023 und danach alle fünf Jahre führt die Kommission eine Bewertung der Funktionsweise und der Wirksamkeit dieser Verordnung durch und legt dem Europäischen Parlament und dem Rat einen Bericht vor. [2]Die Mitgliedstaaten werden dabei einbezogen und liefern der Kommission zur Erstellung des Berichts erforderlichenfalls zusätzliche Informationen.

(2) Werden im Bericht Änderungen dieser Verordnung empfohlen, kann ihm ein geeigneter Legislativvorschlag beigefügt werden.

Art. 16 Ausübung der Befugnisübertragung

(1) Die Befugnis zum Erlass delegierter Rechtsakte wird der Kommission unter den in diesem Artikel festgelegten Bedingungen übertragen.

(2) Die Befugnis zum Erlass delegierter Rechtsakte gemäß Artikel 8 Absatz 4 wird der Kommission auf unbestimmte Zeit ab dem 10. April 2019 übertragen.

(3) [1]Die Befugnisübertragung gemäß Artikel 8 Absatz 4 kann vom Europäischen Parlament oder vom Rat jederzeit widerrufen werden. [2]Der Beschluss über den Widerruf beendet die Übertragung der in diesem Beschluss angegebenen Befugnis. [3]Er wird am Tag nach seiner Veröffentlichung im *Amtsblatt der Europäischen Union* oder zu einem im Beschluss über den Widerruf angegebenen späteren Zeitpunkt wirksam. [4]Die Gültigkeit von delegierten Rechtsakten, die bereits in Kraft sind, wird von dem Beschluss über den Widerruf nicht berührt.

(4) Vor dem Erlass eines delegierten Rechtsakts konsultiert die Kommission die von den einzelnen Mitgliedstaaten benannten Sachverständigen, im Einklang mit den in der Interinstitutionellen Vereinbarung vom 13. April 2016 über bessere Rechtsetzung enthaltenen Grundsätzen.

(5) Sobald die Kommission einen delegierten Rechtsakt erlässt, übermittelt sie ihn gleichzeitig dem Europäischen Parlament und dem Rat.

(6) [1]Ein delegierter Rechtsakt, der gemäß Artikel 8 Absatz 4 erlassen wurde, tritt nur in Kraft, wenn weder das Europäische Parlament noch der Rat innerhalb einer Frist von zwei Monaten nach Übermittlung dieses Rechtsakts an das Europäische Parlament und den Rat Einwände erhoben haben oder wenn vor Ablauf

dieser Frist das Europäische Parlament und der Rat beide der Kommission mitgeteilt haben, dass sie keine Einwände erheben werden. ²Auf Initiative des Europäischen Parlaments oder des Rates wird diese Frist um zwei Monate verlängert.

Art. 17 Inkrafttreten

[1] Diese Verordnung tritt am zwanzigsten Tag nach ihrer Veröffentlichung[16] im *Amtsblatt der Europäischen Union* in Kraft.

[2] Diese Verordnung gilt ab dem 11. Oktober 2020.

Diese Verordnung ist in allen ihren Teilen verbindlich und gilt unmittelbar in jedem Mitgliedstaat.

Geschehen zu Brüssel am 19. März 2019.

Anhang[17] Auflistung der in Artikel 8 Absatz 3 genannten Projekte oder Programme von Unionsinteresse

1. **Europäische GNSS-Programme (Galileo und EGNOS)**[18]
    Verordnung (EU) Nr. 1285/2013 des Europäischen Parlaments und des Rates vom 11. Dezember 2013 betreffend den Aufbau und den Betrieb der europäischen Satellitennavigationssysteme und zur Aufhebung der Verordnung (EG) Nr. 876/2002 des Rates und der Verordnung (EG) Nr. 683/2008 des Europäischen Parlaments und des Rates (ABl. L 347 vom 20.12.2013, S. 1).
2. **Copernicus**[19]
    Verordnung (EU) Nr. 377/2014 des Europäischen Parlaments und des Rates vom 3. April 2014 zur Einrichtung des Programms Copernicus und zur Aufhebung der Verordnung (EU) Nr. 911/2010 (ABl. L 122 vom 24.4.2014, S. 44).
3. **Vorbereitende Maßnahme zur Vorbereitung des neuen Programms EU-GOVSATCOM**
    Verordnung (EU, Euratom) 2018/1046 des Europäischen Parlaments und des Rates vom 18. Juli 2018 über die Haushaltsordnung für den Gesamthaushaltsplan der Union, zur Änderung der Verordnungen (EU) Nr. 1296/2013, (EU) Nr. 1301/2013, (EU) Nr. 1303/2013, (EU) Nr. 1304/2013, (EU) Nr. 1309/2013, (EU) Nr. 1316/2013, (EU) Nr. 223/2014, (EU) Nr. 283/2014 und des Beschlusses Nr. 541/2014/EU sowie zur Aufhebung der Verordnung (EU, Euratom) Nr. 966/2012, insbesondere Artikel 58 Absatz 2 Buchstabe b (ABl. L 193 vom 30.7.2018, S. 1).
4. **Weltraumprogramm**
    Verordnung (EU) 2021/696 des Europäischen Parlaments und des Rates vom 28. April 2021 zur Einrichtung des Weltraumprogramms der Union

---

[16] Veröffentlicht am 21.3.2019.

[17] Anh. neu gef. mWv 23.12.2021 durch VO (EU) 2021/2126 v. 29.9.2021 (ABl. L 432 S. 1).

[18] **Amtl. Anm.:** Die Verordnung (EU) Nr. 1285/2013 wird in Anbetracht des Artikels 110 Absatz 1 der Verordnung (EU) 2021/696 in diesem Anhang beibehalten.

[19] **Amtl. Anm.:** Die Verordnung (EU) Nr. 377/2014 wird in Anbetracht des Artikels 110 Absatz 1 der Verordnung (EU) 2021/696 in diesem Anhang beibehalten.

und der Agentur der Europäischen Union für das Weltraumprogramm und zur Aufhebung der Verordnungen (EU) Nr. 912/2010, (EU) Nr. 1285/ 2013 und (EU) Nr. 377/2014 sowie des Beschlusses Nr. 541/2014/EU (ABl. L 170 vom 12.5.2021, S. 69).

5. **Horizont 2020, einschließlich der Forschungs- und Entwicklungsprogramme gemäß Artikel 185 AEUV, und gemeinsamer Unternehmen oder sonstiger gemäß Artikel 187 AEUV eingerichteter Strukturen**
   Verordnung (EU) Nr. 1291/2013 des Europäischen Parlaments und des Rates vom 11. Dezember 2013 über das Rahmenprogramm für Forschung und Innovation „Horizont 2020" (2014–2020) und zur Aufhebung des Beschlusses Nr. 1982/2006/EG (ABl. L 347 vom 20.12.2013, S. 104), einschließlich dort festgelegter Maßnahmen im Zusammenhang mit Schlüsseltechnologien, wie beispielsweise künstliche Intelligenz, Robotik, Halbleiter und Cybersicherheit.

6. **Horizont Europa, einschließlich Forschungs- und Entwicklungsprogrammen gemäß Artikel 185 AEUV, und gemeinsamer Unternehmen oder sonstiger gemäß Artikel 187 AEUV eingerichteter Strukturen**
   Verordnung (EU) 2021/695 des Europäischen Parlaments und des Rates vom 28. April 2021 über das Rahmenprogramm für Forschung und Innovation „Horizont Europa" sowie über die Regeln für die Beteiligung und die Verbreitung der Ergebnisse und zur Aufhebung der Verordnungen (EU) Nr. 1290/2013 und (EU) Nr. 1291/2013 (ABl. L 170 vom 12.5.2021, S. 1).

7. **Euratom-Programm für Forschung und Ausbildung (2021–2025)**
   Verordnung (Euratom) 2021/765 des Rates vom 10. Mai 2021 über das Programm der Europäischen Atomgemeinschaft für Forschung und Ausbildung (2021–2025) in Ergänzung des Rahmenprogramms für Forschung und Innovation „Horizont Europa" und zur Aufhebung der Verordnung (Euratom) 2018/1563 (ABl. L 167 I vom 12.5.2021, S. 81).

8. **Transeuropäisches Verkehrsnetz (TEN-T)**
   Verordnung (EU) Nr. 1315/2013 des Europäischen Parlaments und des Rates vom 11. Dezember 2013 über Leitlinien der Union für den Aufbau eines transeuropäischen Verkehrsnetzes und zur Aufhebung des Beschlusses Nr. 661/2010/EU (ABl. L 348 vom 20.12.2013, S. 1).

9. **Transeuropäische Energienetze (TEN-E)**
   Verordnung (EU) Nr. 347/2013 des Europäischen Parlaments und des Rates vom 17. April 2013 zu Leitlinien für die transeuropäische Energieinfrastruktur und zur Aufhebung der Entscheidung Nr. 1364/2006/EG und zur Änderung der Verordnungen (EG) Nr. 713/2009, (EG) Nr. 714/2009 und (EG) Nr. 715/2009 (ABl. L 115 vom 25.4.2013, S. 39).

10. **Transeuropäische Netze im Bereich der Telekommunikation**[20]
    Verordnung (EU) Nr. 283/2014 des Europäischen Parlaments und des Rates vom 11. März 2014 über Leitlinien für transeuropäische Netze im

---

[20] **Amtl. Anm.:** Verordnung (EU) Nr. 283/2014 wird in Anbetracht des Artikels 27 Absatz 2 der Verordnung (EU) 2021/1153 zur Schaffung der Fazilität „Connecting Europe" und zur Aufhebung der Verordnungen (EU) Nr. 1316/2013 und (EU) Nr. 283/2014 in diesem Anhang beibehalten.

Bereich der Telekommunikationsinfrastruktur und zur Aufhebung der Entscheidung Nr. 1336/97/EG (ABl. L 86 vom 21.3.2014, S. 14).

11. **Fazilität „Connecting Europe"**
Verordnung (EU) 2021/1153 des Europäischen Parlaments und des Rates vom 7. Juli 2021 zur Schaffung der Fazilität „Connecting Europe" und zur Aufhebung der Verordnungen (EU) Nr. 1316/2013 und (EU) Nr. 283/2014 (ABl. L 249 vom 14.7.2021, S. 38).

12. **Programm „Digitales Europa"**
Verordnung (EU) 2021/694 des Europäischen Parlaments und des Rates vom 29. April 2021 zur Aufstellung des Programms „Digitales Europa" und zur Aufhebung des Beschlusses (EU) 2015/2240 (ABl. L 166 vom 11.5.2021, S. 1).

13. **Europäisches Programm zur industriellen Entwicklung im Verteidigungsbereich**
Verordnung (EU) 2018/1092 des Europäischen Parlaments und des Rates vom 18. Juli 2018 zur Einrichtung des Europäischen Programms zur industriellen Entwicklung im Verteidigungsbereich zwecks Förderung der Wettbewerbsfähigkeit und der Innovation in der Verteidigungsindustrie der Union (ABl. L 200 vom 7.8.2018, S. 30).

14. **Vorbereitende Maßnahme im Bereich Verteidigungsforschung**
Verordnung (EU, Euratom) 2018/1046 des Europäischen Parlaments und des Rates vom 18. Juli 2018 über die Haushaltsordnung für den Gesamthaushaltsplan der Union, zur Änderung der Verordnungen (EU) Nr. 1296/2013, (EU) Nr. 1301/2013, (EU) Nr. 1303/2013, (EU) Nr. 1304/2013, (EU) Nr. 1309/2013, (EU) Nr. 1316/2013, (EU) Nr. 223/2014, (EU) Nr. 283/2014 und des Beschlusses Nr. 541/2014/EU sowie zur Aufhebung der Verordnung (EU, Euratom) Nr. 966/2012, insbesondere Artikel 58 Absatz 2 Buchstabe b (ABl. L 193 vom 30.7.2018, S. 1).

15. **Europäischer Verteidigungsfonds**
Verordnung (EU) 2021/697 des Europäischen Parlaments und des Rates vom 29. April 2021 zur Einrichtung des Europäischen Verteidigungsfonds und zur Aufhebung der Verordnung (EU) 2018/1092 (ABl. L 170 vom 12.5.2021, S. 149).

16. **Ständige Strukturierte Zusammenarbeit (SSZ)**
Beschluss (GASP) 2018/340 des Rates vom 6. März 2018 zur Festlegung der Liste der im Rahmen der SSZ auszuarbeitenden Projekte (ABl. L 65 vom 8.3.2018, S. 24).
Beschluss (GASP) 2018/1797 des Rates vom 19. November 2018 zur Änderung und zur Aktualisierung des Beschlusses (GASP) 2018/340 zur Festlegung der Liste der im Rahmen der SSZ auszuarbeitenden Projekte (ABl. L 294 vom 21.11.2018, S. 18).
Beschluss (GASP) 2019/1909 des Rates vom 12. November 2019 zur Änderung und zur Aktualisierung des Beschlusses (GASP) 2018/340 zur Festlegung der Liste der im Rahmen der SSZ auszuarbeitenden Projekte (ABl. L 293 vom 14.11.2019, S. 113).

17. **Europäisches gemeinsames Unternehmen für den ITER**
Entscheidung 2007/198/Euratom des Rates vom 27. März 2007 über die Errichtung des europäischen gemeinsamen Unternehmens für den ITER und die Entwicklung der Fusionsenergie sowie die Gewährung von Vergünstigungen dafür (ABl. L 90 vom 30.3.2007, S. 58).

18. **Programm EU4Health**

Verordnung (EU) 2021/522 des Europäischen Parlaments und des Rates vom 24. März 2021 zur Einrichtung eines Aktionsprogramms der Union im Bereich der Gesundheit („EU4Health-Programm") für den Zeitraum 2021–2027 und zur Aufhebung der Verordnung (EU) Nr. 282/2014 (ABl. L 107 vom 26.3.2021, S. 1).

Anhang III. Ausfuhrliste

(Anlage 1 Anlage AL zur Außenwirtschaftsverordnung)

	Nummer der Liste

Anwendung der Ausfuhrliste

Teil I: Güter, auf die sich die in den §§ 8, 11, 46, 52b, 74, 75, 77 und 79 der Außenwirtschaftsverordnung (AWV) angeordneten Beschränkungen beziehen

Abschnitt A: Liste für Waffen, Munition und Rüstungsmaterial — 0001–0022

Abschnitt B: Liste national erfasster Güter — 1E901–9E992

Verzeichnis der verwendeten Abkürzungen

Begriffsbestimmungen zu den in Teil I durch doppelte Anführungszeichen gekennzeichneten Begriffen

Teil II: Waren, auf die sich die in § 10 AWV angeordneten Beschränkungen beziehen

Abschnitt II: Waren pflanzlichen Ursprungs

Ausfuhrliste

Anwendung der Ausfuhrliste

Teil I.

1. Teil I der Ausfuhrliste nennt in den Abschnitten A und B die Güter, auf die sich die in den §§ 8, 11, 46, 52b, 74, 75, 77 und 79 AWV angeordneten Beschränkungen beziehen.

Abschnitt A enthält eine Liste für Waffen, Munition und Rüstungsmaterial.

Abschnitt B enthält zusätzliche national erfasste Güter.

Abschnitt B ist nach einem fünfstelligen Nummerierungssystem untergliedert, das sich an dem Nummerierungssystem der Gemeinsamen Liste der Europäischen Union für Güter mit doppeltem Verwendungszweck (Anhang I der Verordnung (EU) 2021/821) anlehnt.

Im Einzelnen ist die Unterteilung wie folgt, wobei nicht alle Kategorien und Gattungen belegt sind:

a) Kategorien

0 = Kerntechnische Materialien, Anlagen und Ausrüstung

1 = Besondere Werkstoffe, Materialien und Ausrüstung

2 = Werkstoffbearbeitung

3 = Allgemeine Elektronik

4 = Rechner

5 = Telekommunikation (Teil 1) und Informationssicherheit (Teil 2)

6 = Sensoren und Laser

7 = Luftfahrtelektronik und Navigation

8 = Meeres- und Schiffstechnik

9 = Luftfahrt, Raumfahrt und Antriebe

b) Gattungen
   A = Systeme, Ausrüstung und Bestandteile
   B = Prüf-, Test- und Herstellungseinrichtungen
   C = Werkstoffe und Materialien
   D = Datenverarbeitungsprogramme (Software)
   E = Technologie
c) Kennungen: 901-999
Die in Teil I aufgeführten Nummern und Benennungen entsprechen nicht dem Warenverzeichnis für die Außenhandelsstatistik.

2. Der Zweck der in der Ausfuhrliste angegebenen Kontrollen darf nicht dadurch unterlaufen werden, dass nicht erfasste Güter (einschließlich Anlagen) mit einem oder mehreren erfassten Bestandteilen ausgeführt werden, wenn das (die) erfasste(n) Bestandteil(e) ein Hauptelement des Ausfuhrgutes ist (sind) und leicht entfernt oder für andere Zwecke verwendet werden kann (können).

   Anmerkung: Bei der Beurteilung darüber, ob das (die) erfasste(n) Bestandteil(e) ein Hauptelement bildet (bilden), müssen insbesondere Menge, Wert und eingesetztes technologisches Know-how berücksichtigt werden.

3. Die von der Ausfuhrliste erfassten Güter umfassen sowohl neue als auch gebrauchte Güter.

4. Chemikalien werden in einigen Fällen mit Namen und CAS-Nummer (CAS = Chemical Abstracts Service) aufgeführt. Diese Liste erfasst Chemikalien mit gleichen Strukturformeln, einschließlich Hydrate, unabhängig von Namen oder CAS-Nummer. CAS-Nummern werden angegeben, um die Bestimmung einer Chemikalie oder Mischung unabhängig von ihrer Benennung zu erleichtern. CAS-Nummern können nicht als einziges Identifikationskriterium verwendet werden, da verschiedene Formen einer erfassten Chemikalie verschiedene CAS-Nummern haben und Mischungen, die eine erfasste Chemikalie enthalten, ebenfalls verschiedene CAS-Nummern haben können.

5. Technologie-Anmerkung für Teil I Abschnitte A und B.
   a) Technologie-Anmerkung für Teil I Abschnitt A:
      Zur Erfassung von Technologie im Teil I Abschnitt A siehe Nummer 0022.
   b) Technologie-Anmerkung für Teil I Abschnitt B:
      ALLGEMEINE TECHNOLOGIE-ANMERKUNG (ATA)
      (gültig im Zusammenhang mit Nummer 1E901, 5E902, 9E904, 9E991 oder 9E992 des Teils I Abschnitt B)
      Die Kontrolle der Ausfuhr von „Technologie", die für die „Entwicklung", „Herstellung" oder „Verwendung" der von Teil I Abschnitt B erfassten Güter „unverzichtbar" ist, erfolgt entsprechend den Vorgaben des Teils I Abschnitt B.
      „Technologie", die für die „Entwicklung", „Herstellung" oder „Verwendung" von erfassten Gütern „unverzichtbar" ist, bleibt auch dann erfasst, wenn sie für nicht erfasste Güter einsetzbar ist.
      Nicht erfasst ist „Technologie", die das unbedingt notwendige Minimum für Aufbau, Betrieb, Wartung und Reparatur derjenigen Güter darstellt, die nicht erfasst sind oder für die eine nationale Ausfuhrgenehmigung erteilt wurde.
      Die Beschränkungen hinsichtlich der Ausfuhr von „Technologie" gelten nicht für „allgemein zugängliche" Informationen, „wissenschaftliche Grundlagenforschung" oder für die für Patentanmeldungen erforderlichen Informationen.

6. Software-Anmerkung für Teil I Abschnitte A und B
   a) Software-Anmerkung für Teil I Abschnitt A:
      Zur Erfassung von Software im Teil I Abschnitt A siehe Nummer 0021.
      Daneben gilt die Allgemeine Software-Anmerkung Nr. 6 Buchstabe b.
   b) Software-Anmerkung für Teil I Abschnitt B:
      ALLGEMEINE SOFTWARE-ANMERKUNG (ASA)
      (gültig im Zusammenhang mit Nummer 5D902, 5D911, 6D908 oder
      9D904 des Teils I Abschnitt B)
      Teil I Abschnitt B erfasst keine „Software", die entweder
      a) frei erhältlich ist und
         1. im Einzelhandel ohne Einschränkungen mittels einer der folgenden
            Geschäftspraktiken verkauft wird:
            a) Barverkauf,
            b) Versandverkauf,
            c) Verkauf über elektronische Medien oder
            d) Telefonverkauf
            und
         2. dazu entwickelt ist, vom Benutzer ohne umfangreiche Unterstützung
            durch den Anbieter installiert zu werden, oder
      b) „allgemein zugänglich" ist.
7. In doppelte Anführungszeichen gesetzte Begriffe siehe Begriffsbestimmungen
   am Ende von Teil I.
8. Bei der Prüfung der Ausfuhrgenehmigungspflicht nach der AWV und der
   Ausfuhrliste ist zu beachten, dass die in Teil I Abschnitte A und B genannten
   Güter Ausfuhrverboten nach den §§ 17, 18 oder einer Ausfuhrgenehmigungspflicht nach § 3 Absatz 3 des Gesetzes über die Kontrolle von Kriegswaffen
   unterliegen können.

Teil II.
1. Teil II der Ausfuhrliste nennt die Waren, auf die sich die in § 10 AWV angeordneten Beschränkungen beziehen. Die Waren sind in Spalte 1 mit den Waren-
   nummern und in Spalte 2 mit den Warenbenennungen des Warenverzeichnisses
   für die Außenhandelsstatistik bezeichnet.
2. Waren, deren Ausfuhr gemäß § 10 AWV in Drittländer ohne Genehmigung
   nur zulässig ist, wenn sie den vorgeschriebenen Vermarktungsnormen entsprechen, sind in Spalte 3 mit G gekennzeichnet.

Teil I

A Liste für Waffen, Munition und Rüstungsmaterial.

0001 Handfeuerwaffen mit glattem Lauf mit einem Kaliber kleiner als 20 mm,
     andere Handfeuerwaffen und Maschinenwaffen mit einem Kaliber von
     12,7 mm oder kleiner und Zubehör, geeignet hierfür, wie folgt sowie
     besonders konstruierte Bestandteile hierfür:
     Anmerkung: Nummer 0001 erfasst nicht:
     　　　　　a) Waffen, besonders konstruiert für Übungsmunition, die keine
     　　　　　　　 Projektile verschießen können,
     　　　　　b) Waffen, besonders konstruiert, um gefesselte Wurfgeschosse, die
     　　　　　　　 keine Sprengladung und keine Nachrichtenverbindung besitzen,
     　　　　　　　 über eine Entfernung von kleiner/gleich 500 m abzuschießen,

    c) *Waffen für Randfeuer-Hülsenpatronen, die keine Vollautomaten sind,*

    d) *,deaktivierte Feuerwaffen im Sinne der Anlage 1 Abschnitt 1, Unterabschnitt 1 Nummer 1.4 WaffG'.*
    Technische Anmerkung:
    Eine ,Feuerwaffe ist deaktiviert', wenn sie dauerhaft unbrauchbar gemacht wurde. Dies ist dann der Fall, wenn die Änderungen so vorgenommen werden, dass sie nicht mit allgemein gebräuchlichen Werkzeugen rückgängig gemacht und die Gegenstände nicht so geändert werden können, dass aus ihnen Geschosse, Patronen- oder pyrotechnische Munition verschossen werden können. Der Nachweis für die Deaktivierung ist nach § 8a des Beschussgesetzes zu erbringen; die Beschussämter sind überprüfende Behörde und erteilen eine Deaktivierungsbescheinigung.

a) Lang- und Kurzwaffen mit gezogenem Lauf, einschließlich kombinierte Waffen, Maschinengewehre, Maschinenpistolen und Salvengewehre;
    Anmerkung: Unternummer 0001a erfasst nicht folgende Waffen:

    a) Gewehre und kombinierte Waffen, die vor 1938 hergestellt wurden,

    b) Reproduktionen von Gewehren und kombinierten Waffen, deren Originale vor 1890 hergestellt wurden,

    c) Kurzwaffen, Salvengewehre und Maschinenwaffen, die vor 1890 hergestellt wurden, und ihre Reproduktionen,

    d) Lang- oder Kurzwaffen, besonders konstruiert, um ein inertes Geschoss mit Druckluft oder Kohlendioxid (CO_2) zu verschießen,

    e) Handfeuerwaffen, besonders konstruiert für einen der folgenden Zwecke:

      1. Schlachtung von Haustieren oder

      2. Betäubung von Tieren.

b) Waffen mit glattem Lauf wie folgt:
    1. Waffen mit glattem Lauf, besonders konstruiert für militärische Zwecke,
    2. andere Waffen mit glattem Lauf wie folgt:
      a) Vollautomaten,
      b) Halbautomaten oder Repetierer;
    Anmerkung: Unternummer 0001b2 erfasst nicht Waffen, die besonders konstruiert sind, um ein inertes Geschoss mit Druckluft oder Kohlendioxid (CO_2) zu verschießen.
    Anmerkung: Unternummer 0001b erfasst nicht folgende Waffen:

    a) Waffen mit glattem Lauf, die vor 1938 hergestellt wurden,

    b) Reproduktionen von Waffen mit glattem Lauf, deren Originale vor 1890 hergestellt wurden,

    c) Waffen mit glattem Lauf für Jagd- oder Sportzwecke, die vor dem Nachladen nicht mehr als drei Schüsse abgeben können,

    d) Waffen mit glattem Lauf, besonders konstruiert oder geändert für einen der folgenden Zwecke:

      1. Schlachtung von Haustieren,

      2. Betäubung von Tieren,

       3. *Seismische Tests,*

       4. *Abfeuern von industriellen Projektilen oder*

       5. *Entschärfung von unkonventionellen Spreng- und Brand-vorrichtungen (USBV).*

      Ergänzende Anmerkung:

      Für Disruptor siehe auch Nummer 0004 und Num-mer 1A006 des Anhangs I der Verordnung (EU) 2021/821 in der jeweils geltenden Fassung.

c) Waffen, die hülsenlose Munition verwenden;

d) Zubehör, konstruiert für die von Unternummern 0001a, 0001b oder 0001c erfassten Waffen, wie folgt:

   1. Wechselmagazine,

   2. Schallunterdrücker oder -dämpfer,

   3. ‚Rohrwaffen-Lafette‘,

     Technische Anmerkung:

     Im Sinne von Unternummer 0001d3. bezeichnet der Begriff ‚Rohrwaffen-Lafette‘ eine Vorrichtung, die dazu konstruiert ist, eine Feuerwaffe auf einem Landfahrzeug, einem „Luftfahrzeug“, einem Schiff oder einer Struktur zu befestigen.

   4. Mündungsfeuerdämpfer,

   5. Waffenzielgeräte mit elektronischer Bildverarbeitung,

   6. Waffenzielgeräte, besonders konstruiert für militärische Zwecke.

0002 Waffen mit glattem Lauf mit einem Kaliber von 20 mm oder größer, andere Bewaffnung oder Waffen mit einem Kaliber größer als 12,7 mm, Werfer, besonders konstruiert oder geändert für militärische Zwecke, und Zubehör wie folgt sowie besonders konstruierte Bestandteile hierfür:

a) Geschütze, Haubitzen, Kanonen, Mörser, Panzerabwehrwaffen, sonstige Feuerwaffen, Einrichtungen zum Abfeuern von Geschossen und Raketen, militärische Flammenwerfer, Gewehre, rückstoßfreie Waffen und Waffen mit glattem Lauf;

  Anmerkung 1: Unternummer 0002a schließt Injektoren, Messgeräte, Speichertanks und besonders konstruierte Bestandteile für den Einsatz von flüssigen Treibladungen für einen der von Unternummer 0002a erfassten Ausrüstungsgegenstände ein.

  Anmerkung 2: Unternummer 0002a erfasst nicht folgende Waffen:

     a) Gewehre, Waffen mit glattem Lauf und kombinierte Waffen, die vor 1938 hergestellt wurden,

     b) Reproduktionen von Gewehren, Waffen mit glattem Lauf und kombinierte Waffen, deren Originale vor 1890 hergestellt wurden,

     c) Geschütze, Haubitzen, Kanonen und Mörser, die vor 1890 hergestellt wurden,

     d) Waffen mit glattem Lauf für Jagd- oder Sportzwecke, die vor dem Nachladen nicht mehr als drei Schüsse abgeben können,

     e) Waffen mit glattem Lauf, besonders konstruiert oder geändert für einen der folgenden Zwecke:

       1. Schlachtung von Haustieren,

       2. Betäubung von Tieren,

       3. Seismische Tests,

    4. *Abfeuern von industriellen Projektilen oder*

    5. *Entschärfung von unkonventionellen Spreng- und Brandvorrichtungen (USBV),*
    Ergänzende Anmerkung:
    Für Disruptor siehe auch Nummer 0004 und Nummer 1A006 des Anhang I der Verordnung (EU) 2021/821 in der jeweils geltenden Fassung.

    f) *Handgehaltene Abschussgeräte, besonders konstruiert, um gefesselte Wurfgeschosse, die keine Sprengladung und keine Nachrichtenverbindung besitzen, über eine Entfernung von kleiner/gleich 500 m abzuschießen.*

b) Werfer besonders konstruiert oder geändert für militärische Zwecke, wie folgt:

    1. Nebelwerfer;

    2. Gaswerfer;

    3. Pyrotechnische Werfer;

    Anmerkung: *Unternummer 0002b erfasst nicht Signalpistolen.*

c) Zubehör, besonders konstruiert für die von Unternummer 0002a erfassten Waffen, wie folgt:

    1. Waffenzielgeräte und Halterungen für Waffenzielgeräte besonders konstruiert für militärische Zwecke,

    2. Tarnvorrichtungen,

    3. Lafetten,

    4. Wechselmagazine;

d) nicht belegt

0003 Munition und Zünderstellvorrichtungen wie folgt sowie besonders konstruierte Bestandteile hierfür:

a) Munition für die von Nummer 0001, 0002 oder 0012 erfassten Waffen;

b) Zünderstellvorrichtungen, besonders konstruiert für die von Unternummer 0003a erfasste Munition.

Anmerkung 1:   *Besonders konstruierte Bestandteile in Nummer 0003 schließen ein:*

    a) *Metall- oder Kunststoffbestandteile, z.B. Ambosse in Zündhütchen, Geschossmäntel, Patronengurtglieder, Führungsringe und andere Munitionsbestandteile aus Metall,*

    b) *Sicherungseinrichtungen, Zünder, Sensoren und Anzündvorrichtungen,*

    c) *Stromquellen für die einmalige Abgabe einer hohen Leistung,*

    d) *Treibladungen, Treibladungspulver und abbrennbare Hülsen für Treibladungen,*

    e) *Submunition einschließlich Bomblets, Minelets und endphasengelenkter Geschosse.*

Anmerkung 2:   *Unternummer 0003a erfasst nicht:*

    a) *Munition ohne Geschoss (Manövermunition),*

    b) *Exerziermunition mit gelochter Pulverkammer,*

    c) *andere Munition ohne Geschoss oder Munitionsattrappen, die keine für Gefechtsmunition konstruierten Bestandteile enthalten, oder*

    d) *Bestandteile, besonders konstruiert für die unter Buchstaben a, b und c dieser Anmerkung angeführte Munition ohne Geschoss oder Munitionsattrappen.*

Anmerkung 3:   *Unternummer 0003a erfasst nicht Patronen, besonders konstruiert für einen der folgenden Zwecke:*
a) Signalmunition,
b) Vogelschreck-Munition (bird scaring) oder
c) Munition zum Anzünden von Gasfackeln an Ölquellen.

Anmerkung 4: *Unternummer 0003a erfasst nicht Randfeuer-Hülsenpatronen des Kalibers .22.*

0004 Bomben, Torpedos, Raketen, Flugkörper, andere Sprengkörper und Sprengladungen sowie zugehörige Ausrüstung und Zubehör wie folgt und besonders konstruierte Bestandteile hierfür:
Ergänzende Anmerkung 1:
Lenk- und Navigationsausrüstung siehe Nummer 0011.
Ergänzende Anmerkung 2:
Flugkörperabwehrsysteme für Luftfahrzeuge (Aircraft Missile Protection System – AMPS) siehe Unternummer 0004c.

a) Bomben, Torpedos, Granaten, Rauch- und Nebelbüchsen, Raketen, Minen, Flugkörper, Wasserbomben, Sprengkörper-Ladungen, Sprengkörper-Vorrichtungen und Sprengkörper-Zubehör, „pyrotechnische" Munition, Patronen, Submunition hierfür und Simulatoren (d.h. Ausrüstung, welche die Eigenschaften einer der von Unternummer 0004a erfassten Waren simuliert), besonders konstruiert für militärische Zwecke;
Anmerkung: Unternummer 0004a schließt ein:
     a) Rauch- und Nebelgranaten, Feuerbomben, Brandbomben und Sprengkörper,
     b) Antriebsdüsen von Flugkörpern oder Raketen und Bugspitzen von Wiedereintrittskörpern.
Ergänzende Anmerkung:
Granat- oder Kanistermunition für in Nummer 0001 oder 0002 erfasste Waffen oder Werfer und Submunition, besonders konstruiert für Munition: Siehe Nummer 0003.

b) Ausrüstung mit allen folgenden Eigenschaften:
1. besonders konstruiert für militärische Zwecke und
2. besonders konstruiert für ‚Tätigkeiten' im Zusammenhang mit
  a) von Unternummer 0004a erfasste Waren oder
  b) unkonventionelle Spreng- und Brandvorrichtungen (USBV);
Technische Anmerkung:
Im Sinne von Unternummer 0004b2 bezeichnet der Begriff ‚Tätigkeiten' das Handhaben, Abfeuern, Legen, Überwachen, Ausstoßen, Zünden, Scharfmachen, Stromversorgen bei einmaliger Abgabe einer hohen Leistung, Täuschen, Stören, Räumen, Orten, Zerstören oder Beseitigen.
Anmerkung 1: Unternummer 0004b schließt ein:
    a) fahrbare Gasverflüssigungsanlagen,
    b) schwimmfähige elektrisch leitende Kabel zum Räumen magnetischer Minen.
Anmerkung 2: Unternummer 0004b erfasst nicht tragbare Geräte, die durch ihre Konstruktion ausschließlich auf die Ortung von metallischen Gegenständen begrenzt und zur Unterscheidung zwischen Minen und anderen metallischen Gegenständen ungeeignet sind.

  c) Flugkörperabwehrsysteme für Luftfahrzeuge (Aircraft Missile Protection Systems – AMPS).

   Anmerkung: Unternummer 0004c erfasst nicht Flugkörperabwehrsysteme für Luftfahrzeuge mit allen folgenden Merkmalen:

    a) mit folgenden Flugkörperwarnsensoren:

     1. passive Sensoren mit einer Spitzenempfindlichkeit zwischen 100-400 nm oder

     2. aktive Flugkörperwarnsensoren mit gepulstem Doppler-Radar;

    b) Auswurfsysteme für Täuschkörper;

    c) Täuschkörper, die sowohl eine sichtbare Signatur als auch eine infrarote Signatur aussenden, um Boden-Luft-Flugkörper auf sich zu lenken, und

    d) eingebaut in ein „ziviles Luftfahrzeug" und mit allen folgenden Eigenschaften:

     1. das Flugkörperabwehrsystem für Luftfahrzeuge ist ausschließlich in dem bestimmten „zivilen Luftfahrzeug" funktionsfähig, in das es selbst eingebaut ist und für das eines der folgenden Dokumente ausgestellt wurde:

      a) eine von den Zivilluftfahrtbehörden eines oder mehrerer EU-Mitgliedstaaten oder Teilnehmerstaaten des Wassenaar-Arrangements ausgestellte zivile Musterzulassung oder

      b) ein gleichwertiges, von der Internationalen Zivilluftfahrt-Organisation (ICAO) anerkanntes Dokument;

     2. das Flugkörperabwehrsystem für Luftfahrzeuge beinhaltet einen Schutz, um unbefugten Zugang zur „Software" zu verhindern, und

     3. das Flugkörperabwehrsystem für Luftfahrzeuge beinhaltet einen aktiven Mechanismus, der das System in einen funktionsunfähigen Zustand bringt, sobald es aus dem „zivilen Luftfahrzeug" entfernt wird, in das es eingebaut war.

0005 Feuerleiteinrichtungen, Überwachungs- und Alarmierungsausrüstung sowie verwandte Systeme, Prüf- oder Justierausrüstung und Ausrüstung für Gegenmaßnahmen wie folgt, besonders konstruiert für militärische Zwecke, sowie besonders konstruierte Bestandteile und besonders konstruiertes Zubehör hierfür:

  a) Waffenzielgeräte, die nicht von Unternummer 0001d oder 0002c erfasst werden, Bombenzielrechner, Rohrwaffenrichtgeräte und Waffensteuersysteme;

  b) andere Feuerleiteinrichtungen, Überwachungs- und Alarmierungsausrüstung sowie verwandte Systeme wie folgt:

   1. Zielerfassungs-, Zielzuordnungs-, Zielentfernungsmess-, Zielüberwachungs- oder Zielverfolgungssysteme;

   2. Ortungs-, Erkennungs- oder Identifizierungs-Vorrichtungen;

   3. Datenverknüpfungs-Ausrüstung (data fusion equipment) oder Ausrüstung zur Sensorintegration (sensor integration equipment);

  c) Ausrüstung für Gegenmaßnahmen gegen die von Unternummer 0005a oder 0005b erfasste Ausrüstung;

Anmerkung: Ausrüstung für Gegenmaßnahmen im Sinne der Unternummer 0005c schließt Detektionsausrüstung ein.

d) Prüf- oder Justierausrüstung, besonders konstruiert für die Instandsetzung oder Wartung der von Unternummer 0005a, 0005b oder 0005c erfassten Ausrüstung.

0006 Landfahrzeuge und Bestandteile hierfür wie folgt:

Ergänzende Anmerkung:

Lenk- und Navigationsausrüstung siehe Nummer 0011.

a) Landfahrzeuge und Bestandteile hierfür, besonders konstruiert oder geändert für militärische Zwecke;

Anmerkung 1: Unternummer 0006a schließt ein:

a) Panzer und andere militärische bewaffnete Fahrzeuge und militärische Fahrzeuge, ausgestattet mit Lafetten oder Ausrüstung zum Minenlegen oder zum Starten der von Nummer 0004 erfassten Waffen,

b) gepanzerte Fahrzeuge,

c) amphibische und tiefwatfähige Fahrzeuge,

d) Bergungsfahrzeuge und Fahrzeuge zum Befördern und Schleppen von Munition oder Waffensystemen und zugehörige Ladesysteme,

e) Anhänger.

Anmerkung 2: Die Änderung eines Landfahrzeuges für militärische Zwecke, erfasst von Unternummer 0006a, bedeutet eine bauliche, elektrische oder mechanische Änderung, die ein oder mehrere besonders konstruierte militärische Bestandteile betrifft. Solche Bestandteile schließen ein:

a) Luftreifendecken in beschussfester Spezialbauart,

b) Panzerschutz von wichtigen Teilen (z.B. Kraftstofftanks oder Fahrzeugkabinen),

c) besondere Verstärkungen oder Lafetten für die Aufnahme von Waffen,

d) Tarnbeleuchtung,

e) Mehrfarben-Tarnlackierung des Fahrzeuges.

b) andere Landfahrzeuge und Bestandteile hierfür wie folgt:

1. Fahrzeuge, die nicht von Unternummer 0006a erfasst werden, mit allen folgenden Eigenschaften:

a) Fahrzeuge, die mit metallischen oder nicht-metallischen Werkstoffen oder Bestandteilen hergestellt oder ausgerüstet wurden, um einen ballistischen Schutz größer/gleich der Widerstandsklasse FB 6/BR6 nach DIN EN 1522 bzw. DIN EN 1063 oder „gleichwertige Standards" zu bewirken;

b) Allradantrieb;

c) zulässiges Gesamtgewicht mehr als 4500 kg; und

d) Geländegängigkeit.

2. Bestandteile mit allen folgenden Eigenschaften:

a) besonders konstruiert für von Unternummer 0006b1 erfasste Fahrzeuge und

b) einen ballistischen Schutz größer/gleich der Widerstandsklasse FB 6/BR6 nach DIN EN 1522 bzw. DIN EN 1063 oder „gleichwertige Standards" bewirken.

Ergänzende Anmerkung:
Siehe auch Unternummer 0013a und Teil I B, Nummer 9A991.
Anmerkung 1: Nummer 0006 erfasst nicht die folgenden Fahrzeuge mit Schutz-
panzerung:

    a) zivile Sonderschutzlimousinen,
    b) Werttransporter,
    c) zivile Geländewagen mit einem zulässigen Gesamtgewicht
    von nicht mehr als 4500 kg,
    d) Sport Utility Vehicles (SUV) mit einem zulässigen Gesamtge-
    wicht von nicht mehr als 4500 kg.

Anmerkung 2: Nummer 0006 erfasst nicht Fahrzeuge mit allen folgenden Eigen-
schaften:

    a) vor 1946 hergestellt,
    b) nicht ausgerüstet mit Gütern, die von der Liste für Waffen,
    Munition und Rüstungsmaterial (Teil I A) erfasst sind und
    nach 1945 hergestellt wurden, mit Ausnahme von Reprodukti-
    onen von Originalbauteilen oder Originalzubehör des Fahr-
    zeugs, und
    c) nicht ausgerüstet mit unter den Nummern 0001, 0002 oder
    0004 erfassten Waffen, es sei denn, die Waffen sind unbrauch-
    bar und nicht in der Lage, ein Projektil abzufeuern.

Anmerkung 3: Nummer 0006 erfasst nicht die folgenden militärischen Bestand-
teile:

    a) Gewehr- bzw. Waffenhalterungen,
    b) Tarnnetzhalterungen,
    c) NATO-Kupplungen,
    d) Dachluken, rund mit schwenk- oder klappbarem Deckel.

0007 Chemische Agenzien, „biologische Agenzien", „Reizstoffe", radioaktive
Stoffe, zugehörige Ausrüstung, Bestandteile und Materialien wie folgt:

  a) „biologische Agenzien" oder radioaktive Stoffe ausgewählt oder geändert zur Steigerung der Wirksamkeit bei der Außergefechtsetzung
von Menschen oder Tieren, der Funktionsbeeinträchtigung von Ausrüstung, der Vernichtung von Ernten oder der Schädigung der
Umwelt;

  b) chemische Kampfstoffe einschließlich:

    1. Nervenkampfstoffe:

      a) Alkyl(R_1)phosphonsäure-alkyl(R_2)ester-fluoride (R_1 =
Methyl-, Ethyl-, n-Propyl- oder Isopropyl-) (R_2 = Alkyl- oder
Cycloalkyl, C_n = C_1 bis C_{10}), wie:
Sarin (GB): Methylphosphonsäure-isopropylesterfluorid (CAS-
Nr. 107-44-8) und
Soman (GD): Methylphosphonsäurepinakolylesterfluorid (CAS-
Nr. 96-64-0),

      b) Phosphorsäure-dialkyl(R_1, R_2)amid-cyanid-alkyl (R_3)ester (R_1,
R_2 = Methyl-, Ethyl-, n-Propyl- oder Isopropyl-) (R_3 =
Alkyl- oder Cycloalkyl-, C_n = C_1 bis C_{10}), wie:
Tabun (GA): Phosphorsäuredimethylamid-cyanid-ethylester
(CAS-Nr. 77-81-6),

      c) Alkyl(R_1)thiolphosphonsäure-S-(2-dialkyl(R_3, R_4) amino-
ethyl)-alkyl(R_2) ester (R_2 = H-, Alkyl- oder Cycloalkyl-, C_n =

C_1 bis C_{10}) (R_1, R_3, R_4 = Methyl-, Ethyl-, n-Propyl- oder Iso-propyl-) oder entsprechend alkylierte bzw. protonierte Salze, wie:
VX: Methylthiolphosphonsäure-S-(2-diisopropylaminoethyl)-ethylester (CAS-Nr. 50782-69-9);

2. Hautkampfstoffe:
   a) Schwefelloste, wie:
      1. 2-Chlorethylchlormethylsulfid (CAS-Nr. 2625-76-5),
      2. Bis(2-chlorethyl)-sulfid (CAS-Nr. 505-60-2),
      3. Bis(2-chlorethylthio)-methan (CAS-Nr. 63869-13-6),
      4. 1,2-Bis(2-chlorethylthio)-ethan (CAS-Nr. 3563-36-8),
      5. 1,3-Bis(2-chlorethylthio)-n-propan (CAS-Nr. 63905-10-2),
      6. 1,4-Bis(2-chlorethylthio)-n-butan,
      7. 1,5-Bis(2-chlorethylthio)-n-pentan,
      8. Bis-(2-chlorethylthiomethyl)-ether,
      9. Bis-(2-chlorethylthioethyl)-ether (CAS-Nr. 63918-89-8),
   b) Lewisite, wie:
      1. 2-Chlorvinyldichlorarsin (CAS-Nr. 541-25-3),
      2. Bis(2-chlorvinyl)-chlorarsin (CAS-Nr. 40334-69-8),
      3. Tris(2-chlorvinyl)-arsin (CAS-Nr. 40334-70-1),
   c) Stickstoffloste, wie:
      1. HN1: N-Ethyl-bis(2-chlorethyl)-amin (CAS-Nr. 538-07-8),
      2. HN2: N-Methyl-bis(2-chlorethyl)-amin (CAS-Nr. 51-75-2),
      3. HN3: Tris-(2-chlorethyl)-amin (CAS-Nr. 555-77-1),

3. Psychokampfstoffe, wie:
   a) BZ: 3-Chinuclidinylbenzilat (CAS-Nr. 6581-06-2),

4. Entlaubungsmittel, wie:
   a) Butyl-(2-chlor-4-fluor-phenoxy-)acetat (LNF),
   b) 2,4,5-Trichlorphenoxyessigsäure (CAS-Nr. 93-76-5) gemischt mit 2,4-Dichlorphenoxyessigsäure (CAS-Nr. 94-75-7) (Agent Orange (CAS-Nr. 39277-47-9));

c) Komponenten für Binärkampfstoffe und Schlüsselvorprodukte wie folgt:
   1. Alkyl(Methyl-, Ethyl-, n-Propyl- oder Isopropyl-) phosphonsäure-difluoride wie:
      DF: Methyl-phosphonsäuredifluorid (CAS-Nr. 676-99-3),
   2. Alkyl(R_1)phosphonigsäure-O-2-dialkyl(R_3,R_4) aminoethyl-alkyl(R_2)ester (R_1, R_3, R_4 = Methyl-, Ethyl-, n-Propyl-, Isopro-pyl-) (R_2 = H-, Alkyl- oder Cycloalkyl-, C_n = C_1 bis C_{10}) und entsprechend alkylierte oder protonierte Salze wie:
      QL: Methylphosphonigsäure-O-(2-diisopropylamino-ethyl)-ethyl-ester (CAS-Nr. 57856-11-8),
   3. Chlorsarin: Methylphosphonsäure-isopropylester-chlorid (CAS-Nr. 1445-76-7),
   4. Chlorsoman: Methylphosphonsäure-pinakolylester-chlorid (CAS-Nr. 7040-57-5);

d) „Reizstoffe", chemisch wirksame Komponenten und Kombinationen davon einschließlich:
   1. α-Bromphenylacetonitril (Brombenzylcyanid) (CA) (CAS-Nr. 5798-79-8);

2. [(2-Chlorphenyl)methylen]propandinitril (o-Chlorbenzyliden-malonsäuredinitril) (CS) (CAS-Nr. 2698-41-1);

3. 2-Chlor-1-phenylethanon, Phenylacylchlorid (ω-Chloracetophenon) (CN) (CAS-Nr. 532-27-4);

4. Dibenz-(b,f)-1,4-oxazepin (CR) (CAS-Nr. 257-07-8);

5. 10-Chlor-5,10-dihydrophenarsazin (Phenarsazinchlorid) (Adamsit), (DM) (CAS-Nr. 578-94-9);

6. N-Nonanoylmorpholin (MPA) (CAS-Nr. 5299-64-9);

Anmerkung: Unternummer 0007d erfasst nicht chemisch wirksame Komponenten und Kombinationen davon, gekennzeichnet und abgepackt für die Herstellung von Nahrungsmitteln oder für medizinische Zwecke.

e) Ausrüstung, besonders konstruiert oder geändert für militärische Zwecke, konstruiert oder geändert zum Ausbringen einer der folgenden Materialien oder Agenzien oder eines der folgenden Stoffe und besonders konstruierte Bestandteile hierfür:

1. Materialien oder Agenzien, die von Unternummer 0007a, 0007b oder 0007d erfasst werden, oder

2. chemische Kampfstoffe, gebildet aus Komponenten für Binärkampfstoffe oder Schlüsselvorprodukten, die von Unternummer 0007c erfasst werden;

f) Schutz- und Dekontaminationsausrüstung, besonders konstruiert oder geändert für militärische Zwecke, Bestandteile, und besonders formulierte Mischungen von Chemikalien, wie folgt:

1. Ausrüstung, konstruiert oder geändert zur Abwehr der von Unternummer 0007a, 0007b oder 0007d erfassten Materialien, und besonders konstruierte Bestandteile hierfür;

2. Ausrüstung, konstruiert oder geändert zur Dekontamination von Objekten oder Gelände, kontaminiert mit von Unternummer 0007a oder 0007b erfassten Materialien, und besonders konstruierte Bestandteile hierfür,

3. Mischungen von Chemikalien, besonders entwickelt oder formuliert zur Dekontamination von Objekten oder Gelände, kontaminiert mit von Unternummer 0007a oder 0007b erfassten Materialien;

Anmerkung: Unternummer 0007f1 schließt ein:

> *a) Luftreinigungsanlagen, besonders konstruiert oder hergerichtet zum Filtern von radioaktiven, biologischen oder chemischen Stoffen;*

> *b) Schutzkleidung.*

Ergänzende Anmerkung:
Zivilschutzmasken, Schutzausrüstung und Dekontaminationsausrüstung siehe Nummer 1A004 des Anhangs I der Verordnung (EU) 2021/821 in der jeweils geltenden Fassung.

g) Ausrüstung, besonders konstruiert oder geändert für militärische Zwecke, konstruiert oder geändert zur Feststellung oder Identifizierung der von Unternummer 0007a, 0007b oder 0007d erfassten Materialien, und besonders konstruierte Bestandteile hierfür;

Anmerkung: Unternummer 0007g erfasst nicht Strahlendosimeter für den persönlichen Gebrauch.

h) „Biopolymere", besonders entwickelt oder aufgebaut für die Feststellung oder Identifizierung der von Unternummer 0007b erfassten chemischen Kampfstoffe und spezifische Zellkulturen zu ihrer Herstellung;

i) „Biokatalysatoren" für die Dekontamination und den Abbau chemischer Kampfstoffe und biologische Systeme hierfür, wie folgt:

1. „Biokatalysatoren", besonders entwickelt für die Dekontamination und den Abbau der von Unternummer 0007b erfassten chemischen Kampfstoffe und erzeugt durch gezielte Laborauslese oder genetische Manipulation biologischer Systeme,

2. biologische Systeme die eine spezifische genetische Information zur Herstellung der von Unternummer 0007i1 erfassten „Biokatalysatoren" enthalten, wie folgt:

   a) „Expressions-Vektoren",

   b) Viren,

   c) Zellkulturen.

Anmerkung 1: *Unternummern 0007b und 0007d erfassen nicht:*

    a) *Chlorcyan (CAS-Nr. 506-77-4),*

    b) *Cyanwasserstoffsäure (CAS-Nr. 74-90-8),*

    c) *Chlor (CAS-Nr. 7782-50-5),*

    d) *Carbonylchlorid (Phosgen) (CAS-Nr. 75-44-5),*

    e) *Perchlorameisensäuremethylester (Diphosgen) (CAS-Nr. 503-38-8),*

    f) *nicht belegt,*

    g) *Xylylbromide, ortho: (CAS-Nr. 89-92-9), meta: (CAS-Nr. 620-13-3), para: (CAS-Nr. 104-81-4),*

    h) *Benzylbromid (CAS-Nr. 100-39-0),*

    i) *Benzyliodid (CAS-Nr. 620-05-3),*

    j) *Bromaceton (CAS-Nr. 598-31-2),*

    k) *Bromcyan (CAS-Nr. 506-68-3),*

    l) *Brommethylethylketon (CAS-Nr. 816-40-0),*

    m) *Chloraceton (CAS-Nr. 78-95-5),*

    n) *Iodessigsäureethylester (CAS-Nr. 623-48-3),*

    o) *Iodaceton (CAS-Nr. 3019-04-3),*

    p) *Chlorpikrin (CAS-Nr. 76-06-2).*

Anmerkung 2: *Unternummern 0007h und 0007i2 erfassen nur spezifische Zellkulturen und biologische Systeme. Zellkulturen und biologische Systeme für zivile Zwecke, z.B. für Landwirtschaft, Pharmazie, Medizin, Tierheilkunde, Umwelt, Abfallwirtschaft und Nahrungsmittelindustrie, werden nicht erfasst.*

Anmerkung 3: *Nummer 0007d erfasst nicht „Reizstoffe", einzeln abgepackt für persönliche Selbstverteidigungszwecke.*

Anmerkung 4: *Siehe auch Nummer 1A004 des Anhangs I der Verordnung (EU) 2021/821 in der jeweils geltenden Fassung.*

Anmerkung 5: *Ausgangsstoffe für die Herstellung toxischer Wirkstoffe siehe Nummer 1C350 des Anhangs I der Verordnung (EU) 2021/821 in der jeweils geltenden Fassung.*

Anmerkung 6: *Biologische Wirkstoffe siehe Nummern 1C351 bis 1C354 des Anhangs I der Verordnung (EU) 2021/821 in der jeweils geltenden Fassung.*

Biologische Wirkstoffe werden nur dann von Unternummer 0007a erfasst, wenn sie ausgewählt oder geändert wurden (z.B. Änderung der Reinheit, Lagerbeständigkeit, Virulenz, Verbreitungsmerkmale oder Widerstandsfähigkeit gegen UV-Strahlung), zur Außergefechtsetzung von Menschen und Tieren, der Funktionsbeeinträchtigung von Ausrüstung, der Vernichtung von Ernten oder zur Schädigung der Umwelt.

Soweit sie Kriegswaffeneigenschaften besitzen, ist ihre Ausfuhr nach § 17 oder 18 des Gesetzes über die Kontrolle von Kriegswaffen verboten.

0008 „Energetische Materialien" und zugehörige Stoffe wie folgt:

Ergänzende Anmerkung 1:
Siehe auch Nummer 1C011 des Anhangs I der Verordnung (EU) 2021/821 in der jeweils geltenden Fassung.

Ergänzende Anmerkung 2:
Ladungen und Vorrichtungen siehe Nummer 0004 und Nummer 1A008 des Anhangs I der Verordnung (EU) 2021/821 in der jeweils geltenden Fassung.

Technische Anmerkungen:

1. *„Mischung" im Sinne von Nummer 0008 – mit Ausnahme der Unternummern 0008c11 oder 0008c12 – bedeutet eine Zusammensetzung aus zwei oder mehreren Substanzen, von denen mindestens eine in den Unternummern der Nummer 0008 genannt sein muss.*

2. *Jede Substanz, die von einer Unternummer der Nummer 0008 erfasst wird, bleibt auch dann erfasst, wenn sie für einen anderen als den in der Überschrift zu dieser Unternummer genannten Zweck verwendet wird (z.B. wird TAGN überwiegend als „Explosivstoff" eingesetzt, kann aber auch als Brennstoff oder Oxidationsmittel verwendet werden).*

3. *Partikelgröße im Sinne von Nummer 0008 bedeutet der mittlere Partikeldurchmesser bezogen auf Gewicht oder Volumen. Bei Probenahmen und Bestimmung der Partikelgröße werden internationale oder vergleichbare nationale Standards angewandt.*

a) „Explosivstoffe" wie folgt und ‚Mischungen' daraus:

1.   ADNBF (7-Amino-4,6-dinitrobenzofurazan-1-oxid (CAS-Nr. 97096-78-1), Aminodinitrobenzofuroxan),

2.   BNCP (cis-Bis (5-nitrotetrazolato) tetraminkobalt(III)-perchlorat) (CAS-Nr. 117412-28-9),

3.   CL-14 (5,7-Diamino-4,6-dinitrobenzofurazan-1-oxid (CAS-Nr. 117907-74-1) oder Diaminodinitrobenzofuroxan),

4.   CL-20 (HNIW oder Hexanitrohexaazaisowurtzitan) (CAS-Nr. 135285-90-4), Clathrate von CL-20 (siehe auch Unternummern 0008g3 und g4 für dessen „Vorprodukte"),

5.   CP (2-(5-Cyanotetrazolato) pentaminkobalt(III)-perchlorat) (CAS-Nr. 70247-32-4),

6.   DADE (1,1-Diamino-2,2-dinitroethylen, FOX-7) (CAS-Nr. 145250-81-3),

7.   DATB (Diaminotrinitrobenzol) (CAS-Nr. 1630-08-6),

8.   DDFP (1,4-Dinitrodifurazanopiperazin),

9.   DDPO (2,6-Dinitro-3,5-dinitropyrazin-1-oxid, PZO) (CAS-Nr. 194486-77-6),

10. DIPAM (Diaminohexanitrodiphenyl) (CAS-Nr. 17215-44-0),

11. DNGU (DINGU oder Dinitroglycoluril) (CAS-Nr. 55510-04-8),
12. Furazane wie folgt:
    a) DAAOF (DAAF, DAAFox oder Diaminoazoxyfurazan),
    b) DAAzF (Diaminoazofurazan) (CAS-Nr. 78644-90-3),
13. HMX und HMX-Derivate (siehe auch Unternummer 0008g5 für deren „Vorprodukte") wie folgt:
    a) HMX (Cyclotetramethylentetranitramin oder Oktogen) (CAS-Nr. 2691-41-0),
    b) Difluoramin-Analoge des HMX,
    c) K-55 (2,4,6,8-Tetranitro-2,4,6,8-tetraazabicyclo[3,3,0]octa-non-3 (CAS-Nr. 130256-72-3), Tetranitrosemiglycouril oder keto-bicyclisches HMX),
14. HNAD (Hexanitroadamantan) (CAS-Nr. 143850-71-9),
15. HNS (Hexanitrostilben) (CAS-Nr. 20062-22-0),
16. Imidazole wie folgt:
    a) BNNII (Octahydro-2,5-bis(nitroimino)imidazo-4,5-d-imida-zol),
    b) DNI (2,4-Dinitroimidazol) (CAS-Nr. 5213-49-0),
    c) FDIA (1-Fluor-2,4-dinitroimidazol),
    d) NTDNIA (N-(2-nitrodiazolo)-2,4-dinitroimidazol),
    e) PTIA (1-Pikryl-2,4,5-trinitroimidazol),
17. NTNMH (1-(2-Nitrotriazolo)-2-dinitromethylenhydrazin),
18. NTO (ONTA oder 3-Nitro-1,2,4-triazol-5-on) (CAS-Nr. 932-64-9),
19. Polynitrocubane mit mehr als vier Nitrogruppen,
20. PYX (Pikrylaminodinitropyridin) (CAS-Nr. 38082-89-2),
21. RDX und RDX-Derivate wie folgt:
    a) RDX (Hexogen, Cyclotrimethylentrinitramin) (CAS-Nr. 121-82-4),
    b) Keto-RDX (2,4,6-Trinitro-2,4,6-triazacyclohexanon oder K-6) (CAS-Nr. 115029-35-1),
22. TAGN (Triaminoguanidinnitrat) (CAS-Nr. 4000-16-2),
23. TATB (Triaminotrinitrobenzol) (CAS-Nr. 3058-38-6) (siehe auch Unternummer 0008g7 für dessen „Vorprodukte"),
24. TEDDZ (3,3,7,7-Tetra-bis(difluoramin)octahydro-1,5-dinitro-1,5-diazocin),
25. Tetrazole wie folgt:
    a) NTAT (Nitrotriazol-aminotetrazol),
    b) NTNT (1-N-(2-Nitrotriazolo)-4-nitrotetrazol),
26. Tetryl (Trinitrophenylmethylnitramin) (CAS-Nr. 479-45-8),
27. TNAD (1,4,5,8-Tetranitro-1,4,5,8-tetraazadecalin) (CAS-Nr. 135877-16-6) (siehe auch Unternummer 0008g6 für dessen „Vorprodukte"),
28. TNAZ (1,1,3-Trinitroazetidin) (CAS-Nr. 97645-24-4) (siehe auch Unternummer 0008g2 für dessen „Vorprodukte"),
29. TNGU (Tetranitroglycoluril oder SORGUYL) (CAS-Nr. 55510-03-7),
30. TNP (1,4,5,8-Tetranitro-pyridazino-4,5-d-pyridazin) (CAS-Nr. 229176-04-9),
31. Triazine wie folgt:

    a) DNAM (2-Oxy-4,6-dinitroamino-s-triazin) (CAS-Nr. 19899-80-0),

    b) NNHT (2-Nitroimino-5-nitro-hexahydro-1,3,5-triazin) (CAS-Nr. 130400-13-4),

32. Triazole wie folgt:

    a) 5-Azido-2-nitrotriazol,

    b) ADHTDN (4-Amino-3,5-dihydrazino-1,2,4-triazol-dinitramid) (CAS-Nr. 1614-08-0),

    c) ADNT (1-Amino-3,5-dinitro-1,2,4-triazol),

    d) BDNTA ((Bis-dinitrotriazol)-amin),

    e) DBT (3,3′-Dinitro-5,5-bis-1,2,4-triazol) (CAS-Nr. 30003-46-4),

    f) DNBT (Dinitrobistriazol) (CAS-Nr. 70890-46-9),

    g) nicht belegt,

    h) NTDNT (1-N-(2-Nitrotriazolo)-3,5-dinitrotriazol),

    i) PDNT (1-Pikryl-3,5-dinitrotriazol),

    j) TACOT (Tetranitrobenzotriazolobenzotriazol) (CAS-Nr. 25243-36-1),

33. andere als die von Unternummer 0008a erfassten „Explosivstoffe" und mit einer der folgenden Eigenschaften:

    a) Detonationsgeschwindigkeit größer als 8700 m/s bei maximaler Dichte, oder

    b) Detonationsdruck größer als 34 GPa (340 kbar),

34. nicht belegt,

35. DNAN (2,4-Dinitroanisol) (CAS-Nr. 119-27-7),

36. TEX (4,10-Dinitro-2,6,8,12-tetraoxa-4,10-diazaisowurtzitan),

37. GUDN (Guanylharnstoff-Dinitramid) FOX-12 (CAS-Nr. 217464-38-5)),

38. Tetrazine wie folgt:

    a) BTAT (Bis(2,2,2-trinitroethyl)-3,6-diaminotetrazin),

    b) LAX-112 (3,6-Diamino-1,2,4,5-tetrazine-1,4-dioxid),

39. ionische energetische Materialien mit einem Schmelzpunkt zwischen 343 K (70 °C) und 373 K (100 °C) und einer Detonationsgeschwindigkeit größer als 6800 m/s oder einem Detonationsdruck größer als 18 GPa (180 kbar),

40. BTNEN (Bis(2,2,2-trinitroethyl)-nitramin) (CAS-Nr. 19836-28-3),

41. FTDO (5,6-(3′,4′-Furazano)-1,2,3,4-tetrazin-1,3-dioxid),

42. EDNA (Ethylendinitramin) (CAS-Nr. 505-71-5);

43. TKX-50 (Dihydroxylammonium-5,5′-Bistetrazol-1,1′-diolat).

Anmerkung: Unternummer 0008a schließt ‚Explosivstoff-Co-Kristalle (explosive co-crystals)' ein.

    Technische Anmerkung:

    ‚Explosivstoff-Co-Kristall (explosive co-crystal)' ist ein Feststoff, der aus einer geordneten dreidimensionalen Anordnung von zwei oder mehr Explosivstoffmolekülen besteht, von denen mindestens eines in Unternummer 0008a angegeben ist.

b) „Treibstoffe" wie folgt:

1. alle Feststoff-„Treibstoffe" mit einem theoretisch erreichbaren spezifischen Impuls (bei Standardbedingungen) von mehr als

    a) 240 Sekunden bei nichtmetallischen, nichthalogenierten „Treib-
stoffen",

    b) 250 Sekunden bei nichtmetallischen, halogenierten „Treibstof-
fen" oder

    c) 260 Sekunden bei metallischen „Treibstoffen",

2. nicht belegt,

3. „Treibstoffe" mit einer theoretischen Force größer als 1200 kJ/kg,

4. „Treibstoffe", die eine stabile, gleichförmige Abbrandgeschwindig-
keit von mehr als 38 mm/s unter Standardbedingungen bei 6,89
MPa (68,9 bar) und 294 K (21 °C) (gemessen an einem inhibier-
ten einzelnen Strang) aufweisen,

5. elastomermodifizierte, gegossene, zweibasige „Treibstoffe"
(EMCDB), die bei 233 K (−40 °C) eine Dehnungsfähigkeit von
mehr als 5 % bei größter Beanspruchung aufweisen,

6. andere „Treibstoffe", die von Unternummer 0008a erfasste Substanzen enthalten,

7. „Treibstoffe", soweit nicht anderweitig von der Liste für Waffen,
Munition und Rüstungsmaterial (Teil I A) erfasst, besonders konstruiert für militärische Zwecke;

c) „Pyrotechnika", Brennstoffe und zugehörige Stoffe wie folgt und
‚Mischungen' daraus:

1. „Luftfahrzeug"-Brennstoffe, besonders formuliert für militärische
Zwecke,

    Anmerkung 1: *Unternummer 0008c1 erfasst nicht folgende „Luftfahr-
zeug"-Brennstoffe: JP-4, JP-5 und JP-8.*

    Anmerkung 2: *„Luftfahrzeug"-Brennstoffe, die von Unternummer
0008c1 erfasst werden, sind Fertigprodukte und nicht
deren Einzelkomponenten.*

2. Alan (Aluminiumhydrid) (CAS-Nr. 7784-21-6),

3. Borane wie folgt und Derivate daraus:

    a) Carborane;

    b) Boranhomologe wie folgt:

        1. Decaboran (14) (CAS-Nr. 17702-41-9),

        2. Pentaboran (9) (CAS-Nr. 19624-22-7),

        3. Pentaboran (11) (CAS-Nr. 18433-84-6),

4. Hydrazin und Hydrazin-Derivate wie folgt (siehe auch Unternummern 0008d8 und 0008d9 für oxidierend wirkende Hydrazin-
derivate):

    a) Hydrazin (CAS-Nr. 302-01-2) mit einer Mindestkonzentra-
tion von 70 %,

    b) Monomethylhydrazin (CAS-Nr. 60-34-4),

    c) symmetrisches Dimethylhydrazin (CAS-Nr. 540-73-8),

    d) unsymmetrisches Dimethylhydrazin (CAS-Nr. 57-14-7),

    *Anmerkung: Unternummer 0008c4a erfasst nicht ‚Mischungen' mit
Hydrazin, die für den Korrosionsschutz besonders formuliert sind.*

5. metallische Brennstoffe, Brennstoff‚mischungen' oder „pyrotechnische" ‚Mischungen' in Partikelform (kugelförmig, staubförmig, flo-
ckenförmig oder gemahlen), hergestellt aus Material, das zu mindestens 99 % aus einem der folgenden Materialien besteht:

a) Metalle und ‚Mischungen' daraus wie folgt:
   1. Beryllium (CAS-Nr. 7440-41-7) mit einer Partikelgröße kleiner als 60 μm,
   2. Eisenpulver (CAS-Nr. 7439-89-6) mit einer Partikelgröße kleiner/gleich 3 μm, hergestellt durch Reduktion von Eisenoxid mit Wasserstoff,
b) ‚Mischungen', die einen der folgenden Stoffe enthalten:
   1. Zirkonium (CAS-Nr. 7440-67-7), Magnesium (CAS-Nr. 7439-95-4) und Legierungen dieser Metalle mit Partikelgrößen kleiner als 60 μm oder
   2. Bor (CAS-Nr. 7440-42-8) oder Borcarbid (CAS-Nr. 12069-32-8) mit einer Reinheit größer/gleich 85 % und einer Partikelgröße kleiner als 60 μm,

Anmerkung 1: Unternummer 0008c5 erfasst „Explosivstoffe" und Brennstoffe auch dann, wenn die Metalle und Legierungen in Aluminium, Magnesium, Zirkonium oder Beryllium eingekapselt sind.

Anmerkung 2: Unternummer 0008c5b erfasst metallische Brennstoffe in Partikelform nur, wenn sie mit anderen Stoffen gemischt werden, um eine für militärische Zwecke formulierte ‚Mischung' zu bilden, wie Flüssig„treibstoff"suspensionen (liquid propellant slurries), Fest„treibstoffe" oder „pyrotechnische" ‚Mischungen'.

Anmerkung 3: Unternummer 0008c5b2 erfasst nicht Bor und Borcarbid, das mit Bor-10 angereichert ist (Bor-10-Gehalt größer als 20 Gew.- % des Gesamt-Borgehalts).

6. militärische Materialien, die für die Verwendung in Flammenwerfern oder Brandbomben besonders formulierte Verdicker für Kohlenwasserstoff-Brennstoffe enthalten, wie Metallstearate (z.B. Oktal (CAS-Nr. 637-12-7)) oder -palmitate,

7. Perchlorate, Chlorate und Chromate, die mit Metallpulver oder anderen energiereichen Brennstoffen gemischt sind,

8. kugelförmiges oder kugelähnliches Aluminiumpulver (CAS-Nr. 7429-90-5) mit einer Partikelgröße kleiner/gleich 60 μm und hergestellt aus Material mit einem Aluminiumgehalt von mindestens 99 %,

9. Titansubhydrid (TiH_n) mit einer stöchiometrischen Zusammensetzung n = 0,65–1,68,

10. flüssige Brennstoffe hoher Energiedichte, nicht von Unternummer 0008c1 erfasst, wie folgt:
    a) Brennstoffgemische mit sowohl festen wie flüssigen Bestandteilen (z.B. Borschlamm), mit einer massespezifischen Energiedichte größer/gleich 40 MJ/kg,
    b) andere Brennstoffe hoher Energiedichte und Brennstoffadditive (z.B. Cuban, ionische Lösungen, JP-7, JP-10), mit einer volumenspezifischen Energiedichte größer/gleich 37,5 GJ/m^3, gemessen bei 293 K (20 °C) und Atmosphärendruck (101,325 kPa),

    Anmerkung: Unternummer 0008c10b erfasst nicht raffinierte fossile Brennstoffe, Biobrennstoffe oder Brennstoffe für Triebwerke, zugelassen für die zivile Luftfahrt.

11. „Pyrotechnische" und selbstentzündliche Materialien wie folgt:
    a) „Pyrotechnische" oder selbstentzündliche Materialien besonders formuliert, um die Produktion von Strahlungsenergie in jedem Bereich des Infrarot(IR)-Spektrums zu erhöhen oder zu steuern,
    b) Mischungen von Magnesium, Polyetrafluorethylen (PTFE) und einem Vinylidendifluorid-Hexafluorpropylen-Copolymer (z.B. MTV),

12. Brennstoffgemische, „pyrotechnische" Mischungen oder „energetische Materialien", soweit nicht anderweitig von Nummer 0008 erfasst, mit allen folgenden Eigenschaften:
    a) enthalten mehr als 0,5 % Partikel aus folgenden Materialien:
       1. Aluminium,
       2. Beryllium,
       3. Bor,
       4. Zirkonium,
       5. Magnesium oder
       6. Titan,
    b) von Unternummer 0008c12a erfasste Partikel mit einer Größe kleiner als 200 nm in jeder Richtung und
    c) von Unternummer 0008c12a erfasste Partikel mit einem metallischen Anteil größer/gleich 60 %;
    Anmerkung: Unternummer 0008c12 schließt Thermite ein.
    d) Oxidationsmittel wie folgt und ‚Mischungen' daraus:
       1. ADN (Ammoniumdinitramid oder SR12) (CAS-Nr. 140456-78-6),
       2. AP (Ammoniumperchlorat) (CAS-Nr. 7790-98-9),
       3. Verbindungen, die aus Fluor und einem oder mehreren der folgenden Elemente zusammengesetzt sind:
          a) sonstige Halogene,
          b) Sauerstoff oder
          c) Stickstoff,
          Anmerkung 1: Zur Erfassung von Chlortrifluorid (CAS-Nr. 7790-91-2) siehe Nummer 1C238 des Anhang I der Verordnung (EU) 2021/821 in der jeweils geltenden Fassung.
          Anmerkung 2: Unternummer 0008d3 erfasst nicht Stickstofftrifluorid (CAS-Nr. 7783-54-2) in gasförmigem Zustand.
       4. DNAD (1,3-Dinitro-1,3-diazetidin) (CAS-Nr. 78246-06-7),
       5. HAN (Hydroxylammoniumnitrat) (CAS-Nr. 13465-08-2),
       6. HAP (Hydroxylammoniumperchlorat) (CAS-Nr. 15588-62-2),
       7. HNF (Hydrazinnitroformiat) (CAS-Nr. 20773-28-8),
       8. Hydrazinnitrat (CAS-Nr. 37836-27-4),
       9. Hydrazinperchlorat (CAS-Nr. 27978-54-7),
       10. flüssige Oxidationsmittel, die aus inhibierter rauchender Salpetersäure (IRFNA) (CAS-Nr. 8007-58-7) bestehen oder diesen Stoff enthalten;
       Anmerkung: Unternummer 0008d10 erfasst nicht nicht-inhibierte rauchende Salpetersäure.

e) Binder, Plastifiziermittel, Monomere und Polymere wie folgt:

1. AMMO (Azidomethylmethyloxetan) (CAS-Nr. 90683-29-7) und seine Polymere (siehe auch Unternummer 0008g1 für dessen „Vorprodukte"),

2. BAMO (3,3-Bis(azidomethyl)oxetan) (CAS-Nr. 17607-20-4) und seine Polymere (siehe auch Unternummer 0008g1 für dessen „Vorprodukte"),

3. BDNPA (Bis-(2,2-dinitropropyl)acetal) (CAS-Nr. 5108-69-0),

4. BDNPF (Bis-(2,2-dinitropropyl)formal) (CAS-Nr. 5917-61-3),

5. BTTN (Butantrioltrinitrat) (CAS-Nr. 6659-60-5) (siehe auch Unternummer 0008g8 für dessen „Vorprodukte"),

6. energetisch wirksame Monomere, energetisch wirksame Plastifiziermittel oder energetisch wirksame Polymere, besonders formuliert für militärische Zwecke, und die eine der folgenden Gruppen enthalten:
   a) Nitrogruppen,
   b) Azidogruppen,
   c) Nitratgruppen,
   d) Nitrazagruppen oder
   e) Difluoraminogruppen,

7. FAMAO (3-Difluoraminomethyl-3-azidomethyloxetan) und seine Polymere,

8. FEFO (Bis(2-fluor-2,2-dinitroethyl)formal) (CAS-Nr. 17003-79-1),

9. FPF-1 (Poly-2,2,3,3,4,4-Hexafluorpentan-1,5-diol-formal) (CAS-Nr. 376-90-9),

10. FPF-3 (Poly-2,4,4,5,5,6,6-heptafluor-2-trifluormethyl-3-oxaheptan-1,7-diol-formal),

11. GAP (Glycidylazidpolymer) (CAS-Nr. 143178-24-9) und dessen Derivate,

12. HTPB (hydroxylterminiertes Polybutadien) mit einer Hydroxylfunktionalität größer/gleich 2,2 und kleiner/gleich 2,4, einem Hydroxylwert kleiner als 0,77 meq/g und einer Viskosität bei 303 K (30 °C) kleiner als 47 Poise (CAS-Nr. 69102-90-5),

13. Polyepichlorhydrin mit funktionellen Alkoholgruppen und mit einem Molekulargewicht kleiner als 10 000, wie folgt:
   a) Polyepichlorhydrindiol,
   b) Polyepichlorhydrintriol,

14. NENAs (Nitratoethylnitramin-Verbindungen) (CAS-Nrn. 17096-47-8, 85068-73-1, 82486-83-7, 82486-82-6 und 85954-06-9),

15. PGN (Poly-GLYN, Polyglycidylnitrat oder Poly(nitratomethyloxiran)) (CAS-Nr. 27814-48-8),

16. Poly-NIMMO (Poly(nitratomethylmethyloxetan), Poly-NMMO oder Poly(3-nitratomethyl-3-methyloxetan) (CAS-Nr. 84051-81-0),

17. Polynitroorthocarbonate,

18. TVOPA (1,2,3-Tris[(1,2-bis-difluoramino)ethoxy]propan) (CAS-Nr. 53159-39-0),

19. 4,5-Diazidomethyl-2-methyl-1,2,3-triazol (iso-DAMTR),

20. PNO (Poly(3-nitrato oxetan)),

21. TMETN (Trimethylolethantrinitrat) (CAS-Nr. 3032-55-1);

f) „Additive" wie folgt:
1. basisches Kupfersalicylat (CAS-Nr. 62320-94-9),
2. BHEGA (Bis-(2-hydroxyethyl)glycolamid) (CAS-Nr. 17409-41-5),
3. BNO (Butadiennitriloxid),
4. Ferrocen-Derivate wie folgt:
   a) Butacen (CAS-Nr. 125856-62-4),
   b) Catocen (CAS-Nr. 37206-42-1)(2,2-Bis-ethylferrocenylpropan),
   c) Ferrocencarbonsäuren und Ferrocencarbonsäureester,
   d) n-Butylferrocen (CAS-Nr. 31904-29-7),
   e) andere verwandte polymere Ferrocenderivate, nicht anderweitig von Unternummer 0008f4 erfasst,
   f) Ethylferrocen (CAS-Nr. 1273-89-8),
   g) Propylferrocen,
   h) Pentylferrocen (CAS-Nr. 1274-00-6),
   i) Dicyclopentylferrocen,
   j) Dicyclohexylferrocen,
   k) Diethylferrocen (CAS-Nr. 1273-97-8),
   l) Dipropylferrocen,
   m) Dibutylferrocen (CAS-Nr. 1274-08-4),
   n) Dihexylferrocen (CAS-Nr. 93894-59-8),
   o) Acetylferrocen (CAS-Nr. 1271-55-2)/1,1′-Diacetylferrocen (CAS-Nr. 1273-94-5),
5. Blei-β-resorcylat (CAS-Nr. 20936-32-7) oder Kupfer-β-resorcylat (CAS-Nr. 70983-44-7),
6. Bleicitrat (CAS-Nr. 14450-60-3),
7. Blei-Kupfer-Chelate von Beta-Resorcylat und/oder Salicylate (CAS-Nr. 68411-07-4),
8. Bleimaleat (CAS-Nr. 19136-34-6),
9. Bleisalicylat (CAS-Nr. 15748-73-9),
10. Bleistannat (CAS-Nr. 12036-31-6),
11. MAPO (Tris-1-(2-methyl)aziridinylphosphinoxid) (CAS-Nr. 57-39-6), BOBBA 8 (Bis(2-methylaziridinyl)-2-(2-hydroxypropanoxy)-propylaminophosphinoxid) und andere MAPO-Derivate,
12. Methyl-BAPO (Bis(2-methylaziridinyl)-methylaminophosphinoxid) (CAS-Nr. 85068-72-0),
13. N-Methyl-p-nitroanilin (CAS-Nr. 100-15-2),
14. 3-Nitraza-1,5-pentan-diisocyanat (CAS-Nr. 7046-61-9),
15. metallorganische-Kupplungsreagentien wie folgt:
    a) Titan-IV-2,2-[Bis-2-propenolat-methyl-butanolattris(dioctyl) phosphato] (LICA 12) (CAS-Nr. 103850-22-2),
    b) Titan-IV-((2-Propenolat-1)methyl-n-propenolatomethyl) butanolat-1-tris(dioctyl)-pyrophosphat (KR 3538),
    c) Titan-IV-((2-Propenolat-1)methyl-n-propenolatomethyl) butanolat-1-tris(dioctyl)phosphat,
16. Polycyanodifluoraminoethylenoxid,
17. Bindemittel wie folgt:
    a) 1,1R,1S-Trimesoyl-tris(2-ethylaziridin) (HX-868, BITA) (CAS-Nr. 7722-73-8)

b) polyfunktionelle Aziridinamide mit Isophthal-, Trimesin-, Iso-
cyanur- oder Trimethyladipin-Grundstrukturen, auch mit
einer 2-Methyl- oder 2-Ethyl-Aziridingruppe,

Anmerkung: Unternummer 0008f17b umfasst:

 *a) 1,1H-Isophthaloyl bis(2-methylaziridin) (HX-752)
 (CAS-Nr. 7652-64-4),*

 *b) 2,4,6-Tris(2-ethylaziridin-1-yl)-1,3,5-triazin
 (HX-874) (CAS-Nr. 18924-91-9),*

 *c) 1,1'-Trimethyladipoyl-bis(2-ethylaziridin) (HX-
 877) (CAS-Nr. 71463-62-2);*

18. Propylenimin, 2-Methylaziridin (CAS-Nr. 75-55-8),

19. superfeines Eisenoxid (Fe$_2$O$_3$) (CAS-Nr. 1317-60-8) mit einer
spezifischen Oberfläche größer als 250 m^2/g und einer durchschnittlichen Partikelgröße kleiner/gleich 3,0 nm (CAS-
Nr. 1309-37-1),

20. TEPAN (Tetraethylenpentaminacrylnitril) (CAS-Nr. 68412-45-3),
cyanethylierte Polyamine und ihre Salze,

21. TEPANOL (Tetraethylenpentaminacrylnitrilglycidol) (CAS-
Nr. 68412-46-4), cyanethylierte Polyamin-Addukte mit Glycidol
und ihre Salze,

22. TPB (Triphenylwismut) (CAS-Nr. 603-33-8),

23. TEPB (Tris(ethoxyphenyl)wismut) (CAS-Nr. 90591-48-3);

g) „Vorprodukte" wie folgt:

*Anmerkung: Die Verweise in Unternummer 0008g beziehen sich auf erfasste
„energetische Materialien", die aus diesen Substanzen hergestellt werden.*

1. BCMO (3,3-Bis(chlormethyl)oxetan) (CAS-Nr. 78-71-7) (siehe
auch Unternummern 0008e1 und 0008e2),

2. Dinitroazetidin-t-butylsalz (CAS-Nr. 125735-38-8) (siehe auch
Unternummer 0008a28),

3. Hexabenzylhexaazaisowurtzitan-Derivate, einschließlich HBIW
(Hexabenzylhexaazaisowurtzitan) (CAS-Nr. 124782-15-6) (siehe
auch Unternummer 0008a4) und TAIW (Tetraacetyldibenzylhexaa-
zaisowurtzitan) (CAS-Nr. 182763-60-6) (siehe auch Unternummer
0008a4),

4. nicht belegt,

5. TAT (1,3,5,7-Tetraacetyl-1,3,5,7-tetraazacyclooktan) (CAS-
Nr. 41378-98-7) (siehe auch Unternummer 0008a13),

6. 1,4,5,8-Tetraazadecalin (CAS-Nr. 5409-42-7) (siehe auch Unternummer 0008a27),

7. 1,3,5-Trichlorbenzol (CAS-Nr. 108-70-3) (siehe auch Unternummer 0008a23),

8. 1,2,4-Butantriol (1,2,4-Trihydroxybutan) (CAS-Nr. 3068-00-6)
(siehe auch Unternummer 0008e5),

9. DADN (1,5-Diacetyl-3,7-dinitro-1,3,5,7-tetraazacyclooctan) (siehe
auch Unternummer 0008a13).

h) Pulver und Formteile aus ‚reaktiven Materialien' wie folgt:

1. Pulver aus einem der folgenden Materialien mit einer Partikelgröße kleiner als 250 μm in jeder Richtung und nicht anderweitig
von Nummer 0008 erfasst:

    a) Aluminium,
    b) Niob,
    c) Bor,
    d) Zirkonium,
    e) Magnesium,
    f) Titan,
    g) Tantal,
    h) Wolfram,
    i) Molybdän oder
    j) Hafnium,

2. Formteile, nicht erfasst von Nummern 0003, 0004, 0012 oder 0016, hergestellt aus von Unternummer 0008h1 erfassten Pulvern.

Technische Anmerkung:

1. *'Reaktive Materialien' sind für die Erzeugung einer exothermen Reaktion nur bei hohen Schergeschwindigkeiten und für die Verwendung als Auskleidung oder Gehäuse in Gefechtsköpfen entwickelt.*

2. *Pulver aus 'reaktiven Materialien' werden beispielsweise durch Mahlen in einer Hochenergie-Kugelmühle erzeugt.*

3. *Formteile aus 'reaktiven Materialien' werden beispielsweise durch selektives „Laser"sintern erzeugt.*

Anmerkung 1: Nummer 0008 erfasst die nachstehend aufgeführten Stoffe nur dann, wenn sie als Verbindungen oder Mischungen mit in Unternummer 0008a genannten „energetischen Materialien" oder den in Unternummer 0008c genannten Metallpulvern vorliegen, d.h., sie werden nicht erfasst, wenn sie in reiner Form oder als Mischungen untereinander vorliegen:

    a) *Ammoniumpikrat (CAS-Nr. 131-74-8),*
    b) *Schwarzpulver,*
    c) *Hexanitrodiphenylamin (CAS-Nr. 131-73-7),*
    d) *Difluoramin (HNF2) (CAS-Nr. 10405-27-3),*
    e) *Nitrostärke (CAS-Nr. 9056-38-6),*
    f) *Kaliumnitrat (CAS-Nr. 7757-79-1),*
    g) *Tetranitronaphthalin,*
    h) *Trinitroanisol,*
    i) *Trinitronaphthalin,*
    j) *Trinitroxylol,*
    k) *N-Pyrrolidinon, 1-Methyl-2-pyrrolidinon (CAS-Nr. 872-50-4),*
    l) *Dioctylmaleat (CAS-Nr. 142-16-5),*
    m) *Ethylhexylacrylat (CAS-Nr. 103-11-7),*
    n) *Triethylaluminium (TEA) (CAS-Nr. 97-93-8), Trimethylaluminium (TMA) (CAS-Nr. 75-24-1) und sonstige pyrophore Metallalkyle der Elemente Lithium, Natrium, Magnesium, Zink und Bor sowie Metallaryle derselben Elemente,*
    o) *Nitrozellulose (CAS-Nr. 9004-70-0),*
    p) *Nitroglycerin (oder Glycerinnitrat) (CAS-Nr. 55-63-0),*
    q) *2,4,6-Trinitrotoluol (CAS-Nr. 118-96-7),*
    r) *Ethylendiamindinitrat (CAS-Nr. 20829-66-7),*
    s) *Pentaerythrittetranitrat (CAS-Nr. 78-11-5),*

t)   Bleiazid (CAS-Nr. 13424-46-9), normales Bleistyphnat
     (CAS-Nr. 15245-44-0), basisches Bleistyphnat (CAS-
     Nr. 12403-82-6) und sonstige Anzünder oder Anzündermi-
     schungen, die Azide oder komplexe Azide enthalten,

u)   Triethylenglykoldinitrat (TEGDN) (CAS-Nr. 111-22-8),

v)   2,4,6-Trinitroresorcin (Styphninsäure) (CAS-Nr. 82-71-
     3),

w)   Diethyldiphenylharnstoff (CAS-Nr. 85-98-3), Dimethyldi-
     phenylharnstoff (CAS-Nr. 611-92-7), Methylethyldiphenyl-
     harnstoff (Centralite),

x)   N,N-Diphenylharnstoff (unsymmetrischer Diphenylharnstoff)
     (CAS-Nr. 603-54-3),

y)   Methyl-N,N-diphenylharnstoff (unsymmetrischer Methyldi-
     phenylharnstoff) (CAS-Nr. 13114-72-2),

z)   Ethyl-N,N-diphenylharnstoff (unsymmetrischer Ethyldiphe-
     nylharnstoff) (CAS-Nr. 64544-71-4),

aa) 2-Nitrodiphenylamin (2-NDPA) (CAS-Nr. 119-75-5),

bb) 4-Nitrodiphenylamin (4-NDPA) (CAS-Nr. 836-30-6),

cc) 2,2-Dinitropropanol (CAS-Nr. 918-52-5),

dd) zur Erfassung von Nitroguanidin (NQ) (CAS-Nr. 556-88-
     7) siehe Unternummer 1C011d des Anhang I der Verord-
     nung (EU) 2021/821 in der jeweils geltenden Fassung.

Anmerkung 2:   Nummer 0008 erfasst nicht Ammoniumperchlorat (Unternummer
               0008d2), NTO (Unternummer 0008a18) oder Catocen (Unter-
               nummer 0008f4b) mit allen folgenden Eigenschaften:

     a)   besonders geformt und formuliert für Gaserzeuger für zivile
          Verwendung,

     b)   liegt als Verbindung oder Mischung mit nichtaktiven warmaus-
          härtenden Bindemitteln oder Weichmachern vor und weist
          eine Masse von weniger als 250 g auf,

     c)   der Wirkstoff enthält höchstens 80 Masse-% Ammonium-
          perchlorat (Unternummer 0008d2),

     d)   enthält nicht mehr als 4 g NTO (Unternummer 0008a18)
          und

     e)   enthält nicht mehr als 1 g Catocen (Unternummer 0008f4b).

Anmerkung 3:   Zur Erfassung von Treibladungspulver als Bestandteil von Muni-
               tion siehe Nummer 0003.

0009   Kriegsschiffe (über oder unter Wasser), Marine-Spezialausrüstung, Zube-
       hör, Bestandteile hierfür und andere Überwasserschiffe wie folgt:
       Ergänzende Anmerkung:
       Lenk- und Navigationsausrüstung siehe Nummer 0011.

     a)   Schiffe und Bestandteile, wie folgt:
          1.   Schiffe (über oder unter Wasser), besonders konstruiert oder geän-
               dert für militärische Zwecke, ungeachtet ihres derzeitigen Repara-
               turzustands oder ihrer Betriebsfähigkeit oder ob sie Waffeneinsatz-
               systeme oder Panzerungen enthalten, sowie Schiffskörper oder
               Teile von Schiffskörpern für solche Schiffe, und Bestandteile hier-
               für, besonders konstruiert für militärische Zwecke;
               Anmerkung: Unternummer 0009a1 schließt Fahrzeuge, besonders kons-
                            truiert oder geändert für das Absetzen von Tauchern, ein.

2. Überwasserschiffe, nicht von Unternummer 0009a1 erfasst, mit einer der folgenden fest am Schiff angebrachten oder in das Schiff eingebauten Ausrüstungen:

    a) automatische Waffen, erfasst von Nummer 0001, oder Waffen, die von Nummer 0002, 0004, 0012 oder 0019 erfasst werden, oder ‚Montagen' oder Befestigungspunkte (hard points) für Waffen mit einem Kaliber von größer/gleich 12,7 mm;

    Technische Anmerkung:
    Der Begriff ‚Montagen' bezieht sich auf Lafetten und Verstärkungen der Schiffsstruktur für den Zweck der Installation von Waffen.

    b) Feuerleitsysteme, die von Nummer 0005 erfasst werden;

    c) mit allen folgenden Ausrüstungen:
       1. ‚ABC-Schutz' und
       2. ‚Pre-wet oder Wash-Down-System' konstruiert für Dekontaminationszwecke; oder

    Technische Anmerkungen:
    1. ‚ABC-Schutz' ist ein abgeschlossener Innenraum, der Merkmale aufweist wie eine Überdruckbelüftung, die Trennung der Lüftungssysteme, eine limitierte Anzahl von Lüftungsöffnungen mit ABC-Filtern und eine limitierte Anzahl von Eingängen mit Luftschleusen.
    2. ‚Pre-wet oder Wash-Down System' ist ein Seewassersprühsystem, das zum gleichzeitigen Besprühen der äußeren Aufbauten und Decks eines Schiffes fähig ist.

    d) Aktive Waffenabwehrsysteme (active weapon countermesure systems), die von Unternummern 0004b, 0005c oder 0011a erfasst werden, wenn das Schiff eines der folgenden Merkmale besitzt:
       1. ‚ABC-Schutz',
       2. Rumpf und Aufbauten, besonders konstruiert um den Radarrückstreuquerschnitt zu reduzieren,
       3. Einrichtungen zur Reduzierung der thermischen Signatur (z.B. ein Abgaskühlsystem), ausgenommen solche, die für die Erhöhung des Gesamtwirkungsgrades oder die Verringerung der Umweltbelastung besonders konstruiert sind, oder
       4. eine magnetische Eigenschutzanlage, konstruiert um die magnetische Signatur des gesamten Schiffes zu reduzieren;

b) Motoren und Antriebssysteme, besonders konstruiert für militärische Zwecke, und Bestandteile hierfür, besonders konstruiert für militärische Zwecke, wie folgt:

1. Dieselmotoren, besonders konstruiert für U-Boote,

2. Elektromotoren, besonders konstruiert für U-Boote, mit allen folgenden Eigenschaften:
    a) Leistung größer als 0,75 MW,
    b) schnell umsteuerbar,
    c) flüssigkeitsgekühlt und
    d) vollständig gekapselt,

3. Dieselmotoren mit allen folgenden Eigenschaften:
    a) Leistung größer/gleich 37,3 kW (50 PS) und
    b) ‚nichtmagnetischer' Anteil von mehr als 75 % des Gesamtgewichts;

Technische Anmerkung:
Im Sinne von Unternummer 0009b3 bedeutet ‚nichtmagnetisch' eine Permeabilitätszahl kleiner als 2.

4. ‚außenluftunabhängige Antriebssysteme' (AIP), besonders konstruiert für U-Boote;

Technische Anmerkung:
Ein ‚außenluftunabhängiger Antrieb' (AIP) gestattet es getauchten U-Booten, das Antriebssystem ohne Zugang zu atmosphärischem Sauerstoff für einen längeren Zeitraum zu betreiben, als es sonst mit Batterien möglich wäre. Im Sinne von Unternummer 0009b4 schließt ein ‚außenluftunabhängiger Antrieb' (AIP) nukleare Antriebssysteme nicht ein.

c) Unterwasserortungsgeräte, besonders konstruiert für militärische Zwecke, Steuereinrichtungen hierfür und Bestandteile hierfür, besonders konstruiert für militärische Zwecke;

d) U-Boot- und Torpedonetze;

e) nicht belegt;

f) Schiffskörper-Durchführungen und –Steckverbinder, besonders konstruiert für militärische Zwecke, die das Zusammenwirken mit Ausrüstung außerhalb eines Schiffes ermöglichen, sowie Bestandteile hierfür, besonders konstruiert für militärische Zwecke;

Anmerkung 1: Unternummer 0009f schließt Steckverbinder für Schiffe in Einzelleiter-, Mehrfachleiter-, Koaxial- und Hohlleiterausführung sowie Schiffskörperdurchführungen ein, die jeweils unbeeinflusst bleiben von (eventuellem) Leckwasser von außen und die geforderten Merkmale in Meerestiefen von mehr als 100 m beibehalten, sowie faseroptische Steckverbinder und optische Schiffskörperdurchführungen, besonders konstruiert für den Durchgang von „Laser"strahlen, unabhängig von der Wassertiefe.

Anmerkung 2: Unternummer 0009f umfasst nicht übliche Schiffskörperdurchführungen für Antriebswellen und Ruderschäfte.

g) geräuscharme Lager, mit einem der folgenden Merkmale, Bestandteile hierfür und Ausrüstung, die solche Lager enthalten, besonders konstruiert für militärische Zwecke:

1. aerodynamische/aerostatische Schmierung oder magnetische Aufhängung,

2. aktiv kontrollierte Signaturunterdrückung oder

3. Schwingungsunterdrückung;

h) nukleare Energieerzeugungs- oder Antriebsausrüstung, besonders konstruiert für in Unternummer 0009a genannte Schiffe, sowie besonders für militärische Zwecke konstruierte oder ‚geänderte' Bestandteile.

Technische Anmerkung:
‚Geändert' im Sinne von Unternummer 0009h bedeutet eine bauliche, elektrische, mechanische oder sonstige Änderung, die eine nichtmilitärische Ausrüstung mit militärischen Eigenschaften ausstattet, sodass die Ausrüstung gleichwertig zu einer für militärische Zwecke besonders konstruierten Ausrüstung ist.

Anmerkung: Unternummer 0009h schließt „Kernreaktoren" ein.

0010 „Luftfahrzeuge", „Luftfahrtgerät nach dem Prinzip leichter-als-Luft", „unbemannte Luftfahrzeuge" („UAV"), Triebwerke, „Luftfahrzeug"-Ausrüstung, Zusatzausrüstung und Bestandteile wie folgt, besonders konstruiert oder geändert für militärische Zwecke:

Ergänzende Anmerkung:
Lenk- und Navigationsausrüstung siehe Nummer 0011.

a) bemannte „Luftfahrzeuge" und „Luftfahrtgeräte nach dem Prinzip leichter-als-Luft" sowie besonders konstruierte Bestandteile hierfür;

b) nicht belegt;

c) unbemannte „Luftfahrzeuge" und „Luftfahrtgeräte nach dem Prinzip leichter-als-Luft" sowie zugehörige Ausrüstung wie folgt und besonders konstruierte Bestandteile hierfür:

   1. „UAV", ferngelenkte Flugkörper (remotely piloted air vehicles – RPVs), autonome programmierbare Fahrzeuge und „Luftfahrtgeräte nach dem Prinzip leichter-als-Luft",

   2. Startgeräte, Bergungsausrüstung und unterstützende Bodengeräte,

   3. Ausrüstung für die Steuerung;

d) Triebwerke und besonders konstruierte Bestandteile hierfür;

e) Einrichtungen für die Luftbetankung besonders konstruiert oder geändert für eines der Folgenden und besonders konstruierte Bestandteile hierfür:

   1. „Luftfahrzeuge" erfasst von 0010a oder

   2. unbemannte „Luftfahrzeuge" erfasst von 0010c;

f) Bodengeräte besonders entwickelt für die von Unternummer 0010a erfassten „Luftfahrzeuge" oder für die von Unternummer 0010d erfassten Triebwerke;

   Anmerkung 1: Unternummer 0010f erfasst Ausrüstung zum Druckbetanken und Ausrüstung konstruiert zur Erleichterung von Operationen in begrenzten Abschnitten, einschließlich der an Bord eines Schiffes befindlichen Ausrüstungen.

   Anmerkung 2: Unternummer 0010f erfasst nicht:

      1. Schleppstangen,

      2. Schutzmatten und Abdeckungen,

      3. Leitern, Treppen und Plattformen,

      4. Unterlegkeile, Verankerungen und Verzurrungsausrüstung;

g) Lebenserhaltungsgeräte für die Flugbesatzung, Sicherheitsausrüstung für die Flugbesatzung und andere Einrichtungen für den Notausstieg, die nicht von Unternummer 0010a erfasst werden, besonders konstruiert für die von Unternummer 0010a erfassten „Luftfahrzeuge";

   Anmerkung: Unternummer 0010g erfasst keine Helme für Flugbesatzungen, die nicht mit von der Liste für Waffen, Munition und Rüstungsmaterial (Teil I A) erfasster Ausrüstung ausgestattet sind und keine Montagen oder Halterungen hierfür aufweisen.

   Ergänzende Anmerkung:
   Für Helme siehe auch Nummer 0013c.

h) Fallschirme, Para-Gleiter und zugehörige Ausrüstung, wie folgt und besonders konstruierte Bestandteile hierfür:

   1. Fallschirme soweit nicht anderweitig von der Liste für Waffen, Munition und Rüstungsmaterial (Teil I A) erfasst,

   2. Para-Gleiter,

   3. Ausrüstung, besonders konstruiert für Fallschirmspringer, die aus großer Höhe abspringen (z.B. Anzüge, Spezialhelme, Atemgeräte, Navigationsausrüstung);

i) Geräte für das gesteuerte Entfalten oder automatische Lenksysteme konstruiert für Fallschirmlasten.

Anmerkung 1: Unternummer 0010a erfasst nicht „Luftfahrzeuge" und „Luftfahrtgeräte nach dem Prinzip leichter-als-Luft", oder Varianten dieser „Luftfahrzeuge", besonders konstruiert für militärische Zwecke und mit allen folgenden Eigenschaften:

a) kein Kampfflugzeug oder -hubschrauber,

b) nicht konfiguriert für militärische Verwendung und nicht mit technischen Ausrüstungen oder Zusatzeinrichtungen versehen, die für militärische Zwecke besonders konstruiert oder geändert sind, und

c) von den Zivilluftfahrtbehörden eines oder mehrerer EU-Mitgliedstaaten oder Teilnehmerstaaten des Wassenaar-Arrangements für zivile Verwendung zugelassen.

Anmerkung 2: Unternummer 0010d erfasst nicht:

a) Triebwerke, konstruiert oder geändert für militärische Zwecke, die von den Zivilluftfahrtbehörden eines oder mehrerer EU-Mitgliedstaaten oder Teilnehmerstaaten des Wassenaar-Arrangements für die Verwendung in „zivilen Luftfahrzeugen" zugelassen sind, sowie deren besonders konstruierte Bestandteile,

b) Hubkolbentriebwerke oder deren besonders konstruierte Bestandteile, mit Ausnahme solcher, die für „UAV" besonders konstruiert sind.

Ergänzende Anmerkung:

Siehe jedoch Teil I B Nummer 9A994.

Anmerkung 3: Im Sinne von Unternummer 0010a und 0010d erstreckt sich die Erfassung von besonders konstruierten Bestandteilen und zugehöriger Ausrüstung für nichtmilitärische „Luftfahrzeuge" oder Triebwerke, die für militärische Zwecke geändert sind, nur auf solche militärischen Bestandteile und zugehörige militärische Ausrüstung, die für die Änderung für militärische Zwecke nötig sind.

Anmerkung 4: Im Sinne von Unternummer 0010a schließen militärische Zwecke Folgendes ein: Kampfhandlungen, militärische Aufklärung, militärischer Angriff, militärische Ausbildung, logistische Unterstützung sowie Beförderung und Luftlandung von Truppen oder militärischer Ausrüstung.

Anmerkung 5: Unternummer 0010a erfasst nicht „Luftfahrzeuge" oder „Luftfahrtgeräte nach dem Prinzip leichter-als-Luft", mit allen folgenden Eigenschaften:

a) erstmalig vor 1946 hergestellt,

b) nicht ausgerüstet mit Gütern, die von der Liste für Waffen, Munition und Rüstungsmaterial (Teil I A) erfasst sind, es sei denn, die Güter sind erforderlich, um die Sicherheits- oder Lufttüchtigkeitsstandards der Zivilluftfahrtbehörden eines oder mehrerer EU-Mitgliedstaaten oder Teilnehmerstaaten des Wassenaar-Arrangements zu erfüllen, und

c) nicht ausgerüstet mit Waffen, die von der Liste für Waffen, Munition und Rüstungsmaterial (Teil I A) erfasst sind, es sei

> denn, die Waffen sind unbrauchbar und können nicht wieder
> in einen gebrauchsfähigen Zustand versetzt werden.

Anmerkung 6: Unternummer 0010d erfasst nicht Triebwerke, die erstmalig vor 1946 hergestellt wurden.

0011 Elektronische Ausrüstung, „Raumfahrzeuge" und deren Bestandteile, soweit nicht anderweitig von der Liste für Waffen, Munition und Rüstungsmaterial (Teil I A) erfasst, wie folgt:

a) Elektronische Ausrüstung besonders konstruiert für militärische Zwecke und besonders konstruierte Bestandteile hierfür;

Anmerkung: Unternummer 0011a schließt folgende Ausrüstung ein:

> *a) Ausrüstung für elektronische Gegenmaßnahmen (ECM) und elektronische Schutzmaßnahmen (ECCM), einschließlich elektronischer Ausrüstung zum Stören und Gegenstören, d.h. Geräte, konstruiert, um in Radar- oder Funkgeräten Störsignale oder verfälschende Signale zu erzeugen oder auf andere Weise den Empfang, den Betrieb oder die Wirksamkeit gegnerischer Empfänger einschließlich der Geräte für Gegenmaßnahmen zu stören,*
>
> *b) schnell abstimmbare Röhren (frequency agile tubes),*
>
> *c) elektronische Systeme oder Ausrüstung, konstruiert entweder für die Überwachung und Beobachtung des elektromagnetischen Spektrums für Zwecke des militärischen Nachrichtenwesens bzw. der militärischen Sicherheit oder um derartigen Überwachungs- und Beobachtungsmaßnahmen entgegenzuwirken,*
>
> *d) Ausrüstung für Unterwassergegenmaßnahmen einschließlich akustischer und magnetischer Störung und Täuschung, die in Sonarempfängern Störsignale oder verfälschende Signale erzeugen,*
>
> *e) Geräte zum Schutz der Datenverarbeitung, Datensicherungsgeräte und Geräte zur Sicherung der Datenübertragung und Zeichengabe, die Verschlüsselungsfunktionen verwenden,*
>
> *f) Identifizierungs-, Authentisierungs- und Kennungsladegeräte (keyloader) sowie Schlüsselmanagement-, Schlüsselgenerierungs- und Schlüsselverteilungsausrüstung,*
>
> *g) Lenk- und Navigationsausrüstung,*
>
> *h) digitale Troposcatter-Funkübertragungsausrüstung,*
>
> *i) digitale Demodulatoren, besonders konstruiert für die Fernmelde- oder elektronische Aufklärung,*
>
> *j) „automatisierte Führungs- und Leitsysteme".*

Ergänzende Anmerkung:
„Software" für militärische „Software" Defined Radio (SDR) siehe Nummer 0021.

b) Störausrüstung, konstruiert oder geändert, um den Empfang, den Betrieb oder die Wirksamkeit der von „Satelliten-Navigationssystemen" bereitgestellten Ortungs-, Navigations- oder Zeitdienste zu behindern, und besonders konstruierte Bestandteile hierfür;

c) „Raumfahrzeuge" besonders konstruiert oder geändert für militärische Zwecke und „Raumfahrzeug"-Bestandteile besonders konstruiert für militärische Zwecke.

0012 Waffensysteme mit hoher kinetischer Energie (high velocity kinetic energy weapon systems) und zugehörige Ausrüstung wie folgt sowie besonders konstruierte Bestandteile hierfür:

a) Waffensysteme mit hoher kinetischer Energie besonders konstruiert für die Vernichtung oder Abwehr (Unterbrechung des Einsatzes) eines gegnerischen Objekts;

b) besonders konstruierte Mess- und Auswertungsvorrichtungen sowie Versuchsmodelle einschließlich Diagnoseinstrumentierungen und Diagnoseobjekten für die dynamische Prüfung von Geschossen und Systemen mit hoher kinetischer Energie.

Anmerkung 1: Nummer 0012 schließt folgende Ausrüstung ein, sofern sie besonders konstruiert ist für Waffensysteme mit hoher kinetischer Energie:

a) Startantriebssysteme, die Massen größer als 0,1 g auf Geschwindigkeiten über 1,6 km/s in den Betriebsarten Einzelfeuer oder Schnellfeuer beschleunigen können,

b) Ausrüstung für die Erzeugung von Primärenergie, Elektroschutz (electric armour), Energiespeicherung (z.B. Hochenergie-Speicherkondensatoren), Kontrolle des Wärmehaushalts und Klimatisierung, Schaltvorrichtungen und Ausrüstung für die Handhabung von „Treibstoffen", elektrische Schnittstellen zwischen Stromversorgung, Geschütz und anderen elektrischen Richtfunktionen des Turms,

Ergänzende Anmerkung:

Siehe auch Unternummer 3A001e2 (Hochenergie-Speicherkondensatoren) des Anhangs I der Verordnung (EU) 2021/821 in der jeweils geltenden Fassung.

c) Zielerfassungs-, Zielverfolgungs-, Feuerleitsysteme und Systeme zur Wirkungsermittlung,

d) Zielsuch-, Zielansteuerungssysteme und Systeme zur Umlenkung des Vortriebs (seitliche Beschleunigung) für Geschosse.

Anmerkung 2: Nummer 0012 erfasst Systeme, die eine der folgenden Antriebsarten verwenden:

a) elektromagnetisch,

b) elektrothermisch,

c) Plasmaantrieb,

d) Leichtgasantrieb oder

e) chemisch (sofern in Kombination mit den zu a bis d aufgeführten Antriebsarten verwendet).

Ergänzende Anmerkung:

Waffensysteme, die Unterkalibermunition verwenden oder allein mit chemischem Antrieb arbeiten, und Munition hierfür siehe Nummern 0001, 0002, 0003 und 0004.

0013 Spezialpanzer- oder Schutzausrüstung, Konstruktionen, Bestandteile und Zubehör wie folgt:

a) Metallische oder nichtmetallische Panzerplatten mit einer der folgenden Eigenschaften:

1. hergestellt, um einen militärischen Standard oder eine militärische Spezifikation zu erfüllen, oder

2. geeignet für militärische Zwecke;

Ergänzende Anmerkung:
Körperpanzer-Schutzplatten siehe Unternummer 0013d2.

b) Konstruktionen aus metallischen oder nichtmetallischen Werkstoffen oder Kombinationen hieraus, besonders konstruiert, um militärische Systeme beschussfest zu machen, und besonders konstruierte Bestandteile hierfür;

c) Helme und besonders konstruierte Bestandteile und besonders konstruiertes Zubehör hierfür, wie folgt:

   1. Helme, hergestellt nach militärischen Standards, militärischen Spezifikationen oder vergleichbaren nationalen Normen;

   2. Außenschalen, Innenschalen oder Polsterungen, besonders konstruiert für in Unternummer 0013c1 erfasste Helme;

   3. zusätzliche ballistische Schutzkomponenten, besonders konstruiert für in Unternummer 0013c1 erfasste Helme.

Ergänzende Anmerkung:
Für andere Bestandteile oder Ausrüstung für militärische Helme siehe entsprechenden Eintrag in der Liste für Waffen, Munition und Rüstungsmaterial (Teil I A).

d) Körperpanzer und Schutzkleidung sowie Bestandteile hierfür, wie folgt:

   1. weichballistische Körperpanzer oder Schutzkleidung, hergestellt nach militärischen Standards bzw. Spezifikationen oder hierzu gleichwertigen Anforderungen, und besonders konstruierte Bestandteile hierfür;

   Anmerkung: Für die Zwecke der Unternummer 0013d1 schließen militärische Standards bzw. Spezifikationen mindestens Spezifikationen für den Splitterschutz ein.

   2. hartballistische Körperpanzer-Schutzplatten, die einen ballistischen Schutz größer/gleich Stufe III (NIJ 0101.06, Juli 2008 oder entsprechend „gleichwertige Standards") bewirken.

Anmerkung 1: Unternummer 0013a umfasst auch Panzerplatten in besonders hergestellter Verbundbauweise oder einzelne Panzerplatten aus nur einem Werkstoff, die

    a) einen ballistischen Schutz der Widerstandsklasse FB1/BR1 nach DIN EN 1522 bzw. DIN EN 1063 oder vergleichbare Norm oder besser oder

    b) eine Sprengwirkungshemmung der Widerstandsklasse ER1/ EPR1 nach DIN EN 13541 bzw. DIN EN 13123-1 oder vergleichbare Norm oder besser

   bewirken können.

Anmerkung 2: Unternummer 0013b schließt Werkstoffe ein, die besonders konstruiert sind zur Bildung einer explosions-reaktiven Panzerung oder zum Bau militärischer Unterstände (shelters).

Anmerkung 3: Unternummer 0013c erfasst nicht Helme mit allen folgenden Eigenschaften:

    a) sie wurden erstmalig vor 1970 hergestellt und

    b) sind weder mit in der Liste für Waffen, Munition und Rüstungsmaterial (Teil I A) erfassten Gütern ausgerüstet noch für die Ausrüstung mit derartigen Gütern geändert oder konstruiert.

Anmerkung 4: Unternummern 0013c und 0013d erfassen nicht einzelne Helme, Körperpanzer oder Schutzbekleidung, wenn diese von ihren Benutzern zu deren eigenem persönlichen Schutz mitgeführt werden.

Anmerkung 5: Unternummer 0013c erfasst nur solche besonders für Bombenräumpersonal konstruierte Helme, die besonders für militärische Zwecke konstruiert sind.

Anmerkung 6: Unternummer 0013d1 erfasst nicht Schutzbrillen.

Ergänzende Anmerkung:

Für Laserschutzbrillen siehe Unternummer 0017o.

Ergänzende Anmerkung 1:

Siehe auch Nummer 1A005 des Anhangs I der Verordnung (EU) 2021/821 in der jeweils geltenden Fassung.

Ergänzende Anmerkung 2:

„Faser- oder fadenförmige Materialien", die bei der Herstellung von Körperpanzern verwendet werden, siehe Nummer 1C010 des Anhangs I der Verordnung (EU) 2021/821 in der jeweils geltenden Fassung.

0014 ‚Spezialisierte Ausrüstung für die militärische Ausbildung' oder für die Simulation militärischer Szenare, Simulatoren, besonders konstruiert für die Ausbildung an den unter Nummer 0001 oder 0002 erfassten Waffen, sowie besonders konstruierte Bestandteile und besonders konstruiertes Zubehör hierfür.

Technische Anmerkung:

Der Begriff ‚spezialisierte Ausrüstung für die militärische Ausbildung' schließt militärische Ausführungen von folgender Ausrüstung ein:

a) *Angriffssimulatoren,*

b) *Einsatzflug-Übungsgeräte,*

c) *Radar-Zielübungsgeräte,*

d) *Radar-Zielgeneratoren,*

e) *Feuerleit-Übungsgeräte,*

f) *Übungsgeräte für die U-Boot-Bekämpfung,*

g) *Flugsimulatoren einschließlich der für das Training von Piloten oder Astronauten ausgelegten Zentrifugen,*

h) *Radartrainer,*

i) *Instrumentenflug-Übungsgeräte,*

j) *Navigations-Übungsgeräte,*

k) *Übungsgeräte für den Flugkörperstart,*

l) *Zieldarstellungsgeräte,*

m) *Drohnen,*

n) *Waffen-Übungsgeräte,*

o) *Geräte für Übungen mit unbemannten ‚Luftfahrzeugen",*

p) *bewegliche Übungsgeräte,*

q) *Übungsausrüstung für militärische Bodenoperationen.*

Anmerkung 1: Nummer 0014 schließt Systeme zur Bilderzeugung (image generating) oder zum Dialog mit der Umgebung für Simulatoren ein, sofern sie für militärische Zwecke besonders konstruiert oder geändert sind.

Anmerkung 2: Nummer 0014 erfasst nicht besonders konstruierte Ausrüstung für das Training im Umgang mit Jagd- und Sportwaffen.

0015 Bildausrüstung oder Ausrüstung für Gegenmaßnahmen, besonders konstruiert für militärische Zwecke, wie folgt sowie besonders konstruierte
Bestandteile und besonders konstruiertes Zubehör hierfür:
a) Aufzeichnungsgeräte und Bildverarbeitungsausrüstung;
b) Kameras, fotografische Ausrüstung und Filmverarbeitungsausrüs-
tung;
c) Bildverstärkerausrüstung;
d) Infrarot- oder Wärmebildausrüstung;
e) Kartenbildradar-Sensorausrüstung;
f) Ausrüstung für Gegenmaßnahmen (ECM) und zum Schutz vor
Gegenmaßnahmen (ECCM) für die von den Unternummern 0015a
bis 0015e erfasste Ausrüstung.

> *Anmerkung: Unternummer 0015f schließt Ausrüstung ein, die konstruiert ist
> zur Beeinträchtigung des Betriebs oder der Wirksamkeit militäri-
> scher Bildsysteme oder zur Reduzierung solcher Beeinträchtigun-
> gen auf ein Minimum.*

> *Anmerkung: Nummer 0015 erfasst nicht „Bildverstärkerröhren der ersten Genera-
> tion" oder Ausrüstung, die besonders konstruiert ist für den Einsatz
> von „Bildverstärkerröhren der ersten Generation".*

> *Ergänzende Anmerkung:*
> *Für Waffenzielgeräten mit „Bildverstärkerröhren der ersten Genera-
> tion" siehe Unternummern 0001d, 0002c und 0005a.*

> *Ergänzende Anmerkung:*
> *Siehe auch Unternummern 6A002a2 und 6A002b des Anhangs I der Verord-
> nung (EU) 2021/821 in der jeweils geltenden Fassung.*

0016 Schmiedestücke, Gussstücke und andere unfertige Erzeugnisse, die besonders konstruiert sind für eine der von Nummer 0001, 0002, 0003, 0004,
0006, 0009, 0010, 0012 oder 0019 erfassten Waren.

> *Anmerkung 1: Nummer 0016 erfasst unfertige Erzeugnisse, wenn sie anhand
> von Materialzusammensetzung, Geometrie oder Funktion
> bestimmt werden können.*

> *Anmerkung 2: Nummer 0016 schließt Mischungen von „energetischen Materia-
> lien" ein, die formuliert sind für die Herstellung von Treibla-
> dungspulver. Andere Mischungen von „energetischen Materia-
> lien" siehe Nummer 0008.*

0017 Verschiedene Ausrüstungsgegenstände, Materialien und „Bibliotheken"
wie folgt sowie besonders konstruierte Bestandteile hierfür:
a) Tauch- und Unterwasserschwimmgeräte, besonders konstruiert oder
geändert für militärische Zwecke, wie folgt:
1. unabhängige Kreislauftauchgeräte mit geschlossener und halbge-
schlossener Atemlufterneuerung,
2. Unterwasserschwimmgeräte, besonders konstruiert für die Verwendung mit den von Unternummer 0017a1 erfassten Tauchgeräten;

> *Ergänzende Anmerkung:*
> *Siehe auch Unternummer 8A002q des Anhangs I der Verordnung (EU)
> 2021/821 in der jeweils geltenden Fassung.*

b) Bauausrüstung, besonders konstruiert für militärische Zwecke;
c) Halterungen (fittings), Beschichtungen und Behandlungen für die
Unterdrückung von Signaturen, besonders konstruiert für militärische Zwecke;

d) Ausrüstung für technische Betreuung, besonders konstruiert für den Einsatz in einer Kampfzone;

e) „Roboter", „Roboter" steuerungen und „Roboter"-„Endeffektoren" mit einer der folgenden Eigenschaften:
   1. besonders konstruiert für militärische Zwecke,
   2. ausgestattet mit Mitteln zum Schutz der Hydraulikleitungen gegen Beschädigungen von außen durch umherfliegende Munitionssplitter (z.B. selbstdichtende Leitungen) und konstruiert für die Verwendung von Hydraulikflüssigkeiten mit einem Flammpunkt über 839 K (566 °C) oder
   3. besonders konstruiert oder ausgelegt für einen Einsatz in einer EMP-Umgebung (EMP = elektromagnetischer Impuls);
   Technische Anmerkung:
   Der Begriff elektromagnetischer Impuls bezieht sich nicht auf eine unbeabsichtigte Störbeeinflussung, die durch elektromagnetische Abstrahlung nahe gelegener Ausrüstung (z.B. Maschinenanlagen, Vorrichtungen oder Elektronik) oder Blitzschlag verursacht wird.

f) „Bibliotheken", besonders entwickelt oder geändert für militärische Zwecke in Verbindung mit Systemen, Ausrüstung oder Bestandteilen, die von der Liste für Waffen, Munition und Rüstungsmaterial (Teil I A) erfasst werden bzw. wird;

g) Nukleare Energieerzeugungs- oder Antriebsausrüstung, nicht anderweitig von der Liste für Waffen, Munition und Rüstungsmaterial (Teil I A) erfasst, besonders konstruiert für militärische Zwecke, sowie besonders für militärische Zwecke konstruierte oder ‚geänderte' Bestandteile;
   Anmerkung. Unternummer 0017g schließt „Kernreaktoren" ein.

h) Ausrüstung und Material, beschichtet oder behandelt für die Unterdrückung von Signaturen, besonders konstruiert für militärische Zwecke, nicht anderweitig von der Liste für Waffen, Munition und Rüstungsmaterial (Teil I A) erfasst;
   Anmerkung: Unternummer 0017h erfasst nicht einzelne Erzeugnisse aus vorgenanntem Material einschließlich Bekleidung, wenn diese von ihren Benutzern zu deren eigenem persönlichen Gebrauch mitgeführt werden.

i) Simulatoren, besonders konstruiert für militärische „Kernreaktoren";

j) mobile Werkstätten, besonders konstruiert oder ‚geändert' zur Instandhaltung militärischer Ausrüstung;

k) mobile Stromerzeugeraggregate, besonders konstruiert oder ‚geändert' für militärische Zwecke;

l) intermodale ISO-Container oder abnehmbare Fahrzeugkörper (d.h. Wechselaufbauten), besonders konstruiert oder ‚geändert' für militärische Zwecke;
   Technische Anmerkung:
   ‚Besonders konstruiert für militärische Zwecke' im Sinne von Unternummer 0017l ist die Ausstattung mit einer der folgenden militärspezifischen Eigenschaften:
   a) Schutz gegen EMP (EMP = elektromagnetischer Impuls),
   b) ABC-Schutz,

c) Beschichtung zur Signaturunterdrückung (Infrarot oder Radar) oder
d) ballistischer Schutz.

m) Fähren, nicht anderweitig von der Liste für Waffen, Munition und Rüstungsmaterial (Teil I A) erfasst, Brücken und Pontons, besonders konstruiert für militärische Zwecke;

n) Testmodelle, die besonders konstruiert sind für die „Entwicklung" der von Nummer 0004, 0006, 0009 oder 0010 erfassten Waren;

o) „Laser"schutzausrüstung (z.B. Schutzeinrichtungen für Augen oder Schutzeinrichtungen für Sensoren), besonders konstruiert für militärische Zwecke;

p) „Brennstoffzellen", nicht anderweitig von der Liste für Waffen, Munition und Rüstungsmaterial (Teil I A) erfasst, besonders konstruiert oder ‚geändert' für militärische Zwecke.

Technische Anmerkungen:
1. *nicht belegt.*
2. *‚geändert' im Sinne von Nummer 0017 bedeutet eine bauliche, elektrische, mechanische oder sonstige Änderung, die eine nichtmilitärische Ausrüstung mit militärischen Eigenschaften ausstattet, so dass die Ausrüstung gleichwertig zu einer für militärische Zwecke besonders konstruierten Ausrüstung ist.*

0018 ‚Herstellung'sausrüstung, Umweltprüfeinrichtungen und Bestandteile wie folgt:

a) besonders konstruierte oder geänderte Ausrüstung für die ‚Herstellung' der von der Liste für Waffen, Munition und Rüstungsmaterial (Teil I A) erfassten Waren und besonders konstruierte Bestandteile hierfür;

b) nicht anderweitig erfasste besonders konstruierte Umweltprüfeinrichtungen für die Zulassungs- und Eignungsprüfung der von der Liste für Waffen, Munition und Rüstungsmaterial (Teil I A) erfassten Waren und besonders konstruierte Ausrüstung hierfür.

Technische Anmerkung:
‚Herstellung' im Sinne der Nummer 0018 schließt die Konstruktion, den Test, die Fertigung, die Erprobung und die Prüfung ein.

Anmerkung: Unternummern 0018a und 0018b schließen folgende Ausrüstung ein:

a) *kontinuierlich arbeitende Nitrieranlagen,*
b) *Prüfzentrifugen mit einer der folgenden Eigenschaften:*
   1. *Antrieb durch einen oder mehrere Motoren mit einer Gesamt-nennleistung größer als 298 kW,*
   2. *Nutzlast größer/gleich 113 kg oder*
   3. *Ausübung einer Zentrifugalbeschleunigung von mindestens 8 g auf eine Nutzlast größer/gleich 91 kg (g = Erdbeschleu-nigung [9,81 m/s²]),*
c) *Trockenpressen,*
d) *Schneckenstrangpressen, besonders konstruiert oder geändert für militärische „Explosivstoffe",*
e) *Schneidmaschinen zum Ablängen stranggepresster „Treibstoffe",*
f) *Dragierkessel (Taumelmischer) mit Durchmessern größer/gleich 1,85 m und einem Produktionsvermögen größer als 227 kg,*
g) *Stetigmischer für Fest„treibstoffe",*

h) Strahlmühlen (fluid energy mills) zum Zerkleinern oder Mahlen der Bestandteile von militärischen „Explosivstoffen",

i) Ausrüstung zur Erzeugung von Kugelform mit einheitlicher Partikelgröße bei den in Unternummer 0008c8 aufgeführten Metallpulvern,

j) Konvektionsströmungskonverter (convection current converters) für die Konversion der in Unternummer 0008c3 aufgeführten Stoffe.

0019 Strahlenwaffen-Systeme, zugehörige Ausrüstung, Ausrüstung für Gegenmaßnahmen oder Versuchsmodelle wie folgt und besonders konstruierte Bestandteile hierfür:

a) „Laser"-Systeme, besonders konstruiert für die Vernichtung oder Abwehr (Unterbrechung des Einsatzes) eines gegnerischen Objekts;

b) Teilchenstrahl-Systeme, geeignet für die Vernichtung oder Abwehr (Unterbrechung des Einsatzes) eines gegnerischen Objekts;

c) energiereiche Hochfrequenzsysteme, geeignet für die Vernichtung oder Abwehr (Unterbrechung des Einsatzes) eines gegnerischen Objekts;

d) Ausrüstung, besonders konstruiert für die Entdeckung, Identifizierung oder Abwehr der von Unternummer 0019a, 0019b oder 0019c erfassten Systeme;

e) physische Versuchsmodelle und zugehörige Dokumentation für die von Nummer 0019 erfassten Systeme, Ausrüstung und Bestandteile;

f) „Laser"-Systeme, besonders konstruiert, um eine dauerhafte Erblindung bei einer Beobachtung ohne vergrößernde Optik zu verursachen, d.h. bei einer Beobachtung mit bloßem Auge oder mit korrigierender Sehhilfe.

Anmerkung 1: Von Nummer 0019 erfasste Strahlenwaffensysteme schließen Systeme ein, deren Leistungsfähigkeit bestimmt wird durch den kontrollierten Einsatz von

> a) „Lasern" mit einer Energie, die eine mit herkömmlicher Munition vergleichbare Vernichtungswirkung erreichen,
>
> b) Teilchenbeschleunigern, die einen geladenen oder ungeladenen Strahl mit Vernichtungswirkung aussenden, oder
>
> c) Hochfrequenzsendern mit hoher Impulsenergie oder hoher Durchschnittsenergie, die ein ausreichend starkes Feld erzeugen, um elektronische Schaltungen in einem entfernt liegenden Ziel außer Betrieb zu setzen.

Anmerkung 2: Nummer 0019 schließt folgende Ausrüstung ein, sofern sie besonders konstruiert ist für Strahlenwaffensysteme:

> a) Geräte für die Erzeugung von Primärenergie, Energiespeicher, Schaltvorrichtungen, Geräte für die Energiekonditionierung und Geräte für die Handhabung von Treibstoffen,
>
> b) Zielerfassungs- und Zielverfolgungssysteme,
>
> c) Systeme für die Auswertung der Schadenswirkung, Zerstörung oder Einsatzunterbrechung,
>
> d) Geräte für die Strahllenkung, -ausbreitung und -ausrichtung,
>
> e) Geräte für das rasche Strahlschwenkung zur schnellen Bekämpfung von Mehrfachzielen,
>
> f) anpassungsfähige Optiken oder Phasenkonjugatoren (phase conjugators),

g) *Strominjektoren für negative Wasserstoffionenstrahlen,*

h) *„weltraumgeeignete" Beschleuniger-Bestandteile (accelerator components),*

i) *Ausrüstung für die Zusammenführung von Strahlen negativ geladener Ionen (negative ion beam funnelling equipment),*

j) *Ausrüstung zur Steuerung und Schwenkung eines energiereichen Ionenstrahls,*

k) *„weltraumgeeignete" Folien zur Neutralisierung von negativen Wasserstoffisotopenstrahlen.*

0020 Kryogenische (Tieftemperatur-) und „supraleitende" Ausrüstung wie folgt sowie besonders konstruierte Bestandteile und besonders konstruiertes Zubehör hierfür:

a) Ausrüstung, besonders konstruiert oder ausgelegt für den Einbau in ein militärisches Land-, See-, Luft- oder Raumfahrzeug und fähig, während der Fahrt eine Temperatur kleiner als 103 K (−170 °C) zu erzeugen oder aufrechtzuerhalten;

Anmerkung: Unternummer 0020a schließt mobile Systeme ein, die Zubehör und Bestandteile enthalten oder verwenden, die aus nichtmetallischen oder nicht elektrisch leitenden Werkstoffen, z.B. aus Kunststoffen oder epoxidharzimprägnierten Werkstoffen, hergestellt sind.

b) „supraleitende" elektrische Ausrüstung (rotierende Maschinen oder Transformatoren), besonders konstruiert oder besonders ausgelegt für den Einbau in ein militärisches Land-, See-, Luft- oder Raumfahrzeug und betriebsfähig während der Fahrt.

Anmerkung: Unternummer 0020b erfasst nicht hybride, homopolare Gleichstromgeneratoren mit einem einpoligen, normal ausgelegten Metallanker, der in einem Magnetfeld rotiert, das mit Hilfe „supraleitender" Wicklungen erzeugt wird, vorausgesetzt, dass diese Wicklungen die einzige „supraleitende" Baugruppe im Generator sind.

0021 „Software" wie folgt:

a) „Software", besonders entwickelt oder geändert für:

1. „Entwicklung", „Herstellung", Betrieb oder Instandhaltung von Ausrüstung, die von der Liste für Waffen, Munition und Rüstungsmaterial (Teil I A) erfasst wird,

2. „Entwicklung" oder „Herstellung" von Werkstoffen und Materialien, die von der Liste für Waffen, Munition und Rüstungsmaterial (Teil I A) erfasst werden, oder

3. „Entwicklung", „Herstellung", Betrieb oder Wartung von „Software", die von der Liste für Waffen, Munition und Rüstungsmaterial (Teil I A) erfasst wird;

b) spezifische „Software", nicht erfasst von Unternummer 0021a, wie folgt:

1. „Software", besonders entwickelt für militärische Zwecke und besonders entwickelt für die Modellierung, Simulation oder Auswertung militärischer Waffensysteme,

2. „Software", besonders entwickelt für militärische Zwecke und besonders entwickelt für die Modellierung oder Simulation militärischer Operationsszenarien,

3. „Software" für die Ermittlung der Wirkung konventioneller, atomarer, chemischer oder biologischer Kampfmittel,

4. „Software", besonders entwickelt für militärische Zwecke und besonders entwickelt für Anwendungen im Rahmen von Führungs-, Informations-, Rechner- und Aufklärungssystemen (C^3I oder C^4I);

5. „Software", besonders entwickelt oder geändert für die Durchführung militärischer offensiver Cyberoperationen;

Anmerkung 1: Unternummer 0021b5 schließt „Software" ein, die für die Zerstörung, Beschädigung, Beeinträchtigung oder Störung von in der Liste für Waffen, Munition und Rüstungsmaterial (Teil I A) erfassten Systemen, Ausrüstung oder „Software" entwickelt wurde, sowie entsprechende „Software" für Cyberaufklärung (cyber reconnaissance) und für Cyber-Führungs- und -Leitsysteme (cyber command and control) hierfür.

Anmerkung 2: Unternummer 0021b5 findet keine Anwendung auf „Offenlegung von Sicherheitslücken" oder auf „Reaktion auf Cybervorfälle", die auf nichtmilitärische defensive Cybersicherheitsbereitschaft oder -reaktionsfähigkeit (non-military defensive cybersecurity readiness or response) beschränkt sind.

c) „Software", nicht erfasst von Unternummer 0021a oder 0021b, besonders entwickelt oder geändert, um nicht von der Liste für Waffen, Munition und Rüstungsmaterial (Teil I A) erfasste Ausrüstung zu befähigen, die militärischen Funktionen der von der Liste für Waffen, Munition und Rüstungsmaterial (Teil I A) erfassten Ausrüstung zu erfüllen.

Ergänzende Anmerkung:
Siehe Systeme, Ausrüstung oder Bestandteile, die in der Liste für Waffen, Munition und Rüstungsmaterial (Teil I A) für „Digitalrechner" für allgemeine Zwecke, auf denen von Unternummer 0021c erfasste „Software" installiert ist, erfasst sind.

0022 „Technologie" wie folgt:

a) „Technologie", soweit nicht von Unternummer 0022b erfasst, die für die „Entwicklung", „Herstellung", Betrieb, Aufbau, Wartung (Test), Reparatur, Überholung oder Wiederaufarbeitung der von der Liste für Waffen, Munition und Rüstungsmaterial (Teil I A) erfassten Güter „unverzichtbar" ist;

b) „Technologie" wie folgt:

1. „Technologie", „unverzichtbar" für Konstruktion, Bestandteilmontage, Betrieb, Wartung und Reparatur vollständiger „Herstellungs"anlagen für von der Liste für Waffen, Munition und Rüstungsmaterial (Teil I A) erfassten Waren, auch wenn die Bestandteile dieser „Herstellungs"anlagen nicht erfasst werden;

2. „Technologie", „unverzichtbar" für die „Entwicklung" und „Herstellung" von Handfeuerwaffen, auch wenn sie zur „Herstellung" von Reproduktionen antiker Handfeuerwaffen eingesetzt wird,

3. nicht belegt,

4. nicht belegt,

5. „Technologie", „unverzichtbar" ausschließlich für die Beimischung von „Biokatalysatoren", die von der Unternummer 0007i1 erfasst werden, zu militärischen Trägersubstanzen oder militärischem Material.

Anmerkung 1: *„Technologie", „unverzichtbar" für „Entwicklung", „Herstellung", Betrieb, Aufbau, Wartung (Test), Reparatur, Überholung oder Wiederaufarbeitung von in der Liste für Waffen, Munition und Rüstungsmaterial (Teil I A) erfassten Gütern, bleibt auch dann erfasst, wenn sie für Güter einsetzbar ist, die nicht von der Liste für Waffen, Munition und Rüstungsmaterial (Teil I A) erfasst werden.*

Anmerkung 2: *Nummer 0022 erfasst nicht „Technologie", wie folgt:*

a) *„Technologie", die das unbedingt notwendige Minimum für Aufbau, Betrieb, Wartung (Test) und Reparatur derjenigen Güter darstellt, die nicht erfasst werden oder für die eine Ausfuhrgenehmigung erteilt wurde;*

b) *„Technologie", bei der es sich um „allgemein zugängliche" Informationen, „wissenschaftliche Grundlagenforschung" oder für Patentanmeldungen erforderliche Informationen handelt;*

c) *„Technologie" für die magnetische Induktion zum Dauerantrieb ziviler Transporteinrichtungen.*

B National erfasste Güter.

1E901 „Technologie" entsprechend der Allgemeinen Technologie-Anmerkung, die nicht von den Nummern 1E001 oder 1E101 des Anhangs I der Verordnung (EU) 2021/821 in der jeweils geltenden Fassung erfasst wird, für die „Entwicklung" oder „Herstellung" von Polymethacrylimid-Hartschäumen, wenn das Bestimmungsziel außerhalb des Zollgebiets der Europäischen Union und außerhalb der in Anhang II Abschnitt A Teil 2 der Verordnung (EU) 2021/821 aufgeführten Gebiete liegt.

2B909 Fließdrückmaschinen und Maschinen mit kombinierter Fließdrück- und Drückfunktion, die nicht von Nummer 2B009, 2B109 oder 2B209 des Anhangs I der Verordnung (EU) 2021/821 in der jeweils geltenden Fassung erfasst werden, mit allen folgenden Eigenschaften, sowie besonders konstruierte Bestandteile hierfür:

a) die nach den technischen Beschreibungen des Herstellers mit numerischen Steuerungen, Rechnersteuerungen oder Play-back-Steuerungen ausgerüstet werden können und

b) mit einer Supportkraft größer als 60 kN, wenn das Bestimmungsland Syrien ist.

2B952 Ausrüstung, geeignet zur Handhabung biologischer Stoffe, die nicht von Nummer 2B352 des Anhangs I der Verordnung (EU) 2021/821 in der jeweils geltenden Fassung erfasst wird, wie folgt, wenn das Bestimmungsland Iran, Nordkorea oder Syrien ist:

a) Fermenter, geeignet zur Kultivierung pathogener „Mikroorganismen" oder Viren oder geeignet zur Erzeugung von „Toxinen", ohne Aerosolfreisetzung, mit einer Gesamtkapazität größer/gleich 10 l;

b) Rührwerke für von Unternummer 2B952a erfasste Fermenter.

Technische Anmerkung:

Fermenter schließen Bioreaktoren, Chemostate und kontinuierliche Fermentationssysteme ein.

2B993   Ausrüstung für die Abscheidung von metallischen Auflageschichten auf Substrate für nichtelektronische Anwendungen wie folgt sowie besonders konstruierte Bestandteile und besonders konstruiertes Zubehör hierfür, wenn das Bestimmungsland Iran ist:
   a) Herstellungsausrüstung für die chemische Beschichtung aus der Gasphase (CVD = chemical vapour deposition);
   b) Herstellungsausrüstung für die physikalische Beschichtung aus der Dampfphase (PVD = physical vapour deposition) mittels Elektronenstrahl (EB – PVD);
   c) Herstellungsausrüstung für die Beschichtung mittels induktiver oder ohmscher Aufheizung.

5A902   Überwachungssysteme, Geräte und Bestandteile für IuK (Informations- und Kommunikationstechnik) für öffentliche Netze, die nicht von Nummer 5D001e des Anhangs I der Verordnung (EU) 2021/821 in der jeweils geltenden Fassung erfasst werden, wie folgt, wenn das Bestimmungsziel außerhalb des Zollgebiets der Europäischen Union und außerhalb der in Anhang II Abschnitt A Teil 2 der Verordnung (EU) 2021/821 aufgeführten Gebiete liegt:
   a) Überwachungszentren (Law Enforcement Monitoring Facilities) für Lawful Interception Systeme (LI, z.B. gemäß ETSI ES 201 158, ETSI ES 201 671 oder vergleichbare Normen, Spezifikationen oder Standards) und besonders konstruierte Bestandteile hierfür;
   b) Vorratsdatenspeicherungssysteme oder -geräte für Ereignisdaten (Intercept Related Information IRI, z.B. gemäß ETSI TS 102 656 oder vergleichbare Normen, Spezifikationen oder Standards) und besonders konstruierte Bestandteile hierfür.
   Technische Anmerkung:
   Ereignisdaten schließen Signalisierungsinformationen, Ursprung und Ziel (Telefonnummern, IP oder MAC Adressen etc.), Datum und Dauer sowie geographische Herkunft der Kommunikation ein.
   Anmerkung: 5A902 erfasst keine Systeme oder Geräte, die besonders konstruiert sind für einen der folgenden Zwecke:
      a) Gebührenabrechnung
      b) Datensammlungsfunktionen innerhalb von Netzelementen (z.B. Vermittlungsstelle oder HLR)
      c) Dienstgüte des Netzwerks (Quality of Service – QoS) oder
      d) Nutzerzufriedenheit (Quality of Experience – QoE)
      e) Des Betriebs bei Telekommunikationsunternehmen (Service Provider).

5A911   Basisstationen für digitalen ‚Bündelfunk‘, wenn das Bestimmungsland Sudan oder Südsudan ist.
   Technische Anmerkung:
   ‚Bündelfunk‘ ist ein zellulares Funkübertragungsverfahren mit mobilen Teilnehmern, denen Frequenzbündel zur Kommunikation zugewiesen werden. Digitaler ‚Bündelfunk‘ (z.B. TETRA, Terrestrial Trunked Radio) verwendet digitale Modulationsverfahren.

5D902   „Software“, die nicht von Nummer 5D001e des Anhangs I der Verordnung (EU) 2021/821 in der jeweils geltenden Fassung erfasst wird, wie folgt, wenn das Bestimmungsziel außerhalb des Zollgebiets der Europäischen Union und außerhalb der in Anhang II Abschnitt A Teil 2 der Verordnung (EU) 2021/821 aufgeführten Gebiete liegt:

a) „Software", besonders entwickelt oder geändert für die „Entwicklung", „Herstellung" oder „Verwendung" von in Nummer 5A902 erfassten Einrichtungen, Funktionen oder Leistungsmerkmalen;

b) „Software", besonders entwickelt oder geändert zur Erzielung der von Nummer 5A902 erfassten Eigenschaften, Funktionen oder Leistungsmerkmalen.

5D911 „Software", die besonders entwickelt oder geändert wurde für die „Verwendung" von Ausrüstung, erfasst von Nummer 5A911, wenn das Bestimmungsland Sudan oder Südsudan ist.

5E902 „Technologie", die nicht von Nummer 5E001a des Anhangs I der Verordnung (EU) 2021/821 in der jeweils geltenden Fassung erfasst wird, entsprechend der Allgemeinen Technologie-Anmerkung für die „Entwicklung", „Herstellung" oder „Verwendung" von Einrichtungen, Funktionen oder Leistungsmerkmalen, die von Nummer 5A902 erfasst werden, oder „Software", die von Nummer 5D902 erfasst wird, wenn das Bestimmungsziel außerhalb des Zollgebiets der Europäischen Union und außerhalb der in Anhang II Abschnitt A Teil 2 der Verordnung (EU) 2021/821 aufgeführten Gebiete liegt.

6A908 Radargestützte Navigations- oder Überwachungs-Systeme für den Schiffs- oder Flugverkehr, die nicht von Nummer 6A008 oder 6A108 des Anhangs I der Verordnung (EU) 2021/821 in der jeweils geltenden Fassung erfasst werden, sowie besonders konstruierte Bestandteile hierfür, wenn das Bestimmungsland Iran ist.

6D908 „Software", die besonders entwickelt oder geändert wurde für die „Entwicklung", „Herstellung" oder „Verwendung" der von Nummer 6A908 erfassten Ausrüstung, wenn das Bestimmungsland Iran ist.

9A904 „Raumfahrzeug-" und sonstige Ausrüstung wie folgt:

a) Antennen, konstruiert für die Verwendung im Zusammenhang mit „Raumfahrzeugen", wenn das Bestimmungsziel außerhalb des Zollgebiets der Europäischen Union und außerhalb der in Anhang II Abschnitt A Teil 2 der Verordnung (EG) 2021/821 aufgeführten Gebiete liegt;

b) „Laser"kommunikationsterminals (LCTs, „Laser"-Datenübertragungsstationen), die nicht von Nummer 9A004 des Anhangs I der Verordnung (EU) 2021/821 in der jeweils geltenden Fassung erfasst werden, für die Verwendung im Zusammenhang mit „Raumfahrzeugen", wenn das Bestimmungsziel außerhalb des Zollgebiets der Europäischen Union und außerhalb der in Anhang II Abschnitt A Teil 2 der Verordnung (EU) 2021/821 aufgeführten Gebiete liegt.

Technische Anmerkung:
Nummer 9A904b schließt Güter ein, die in folgenden Zusammenhängen mit „Raumfahrzeugen" Verwendung finden, sowohl am Boden als auch auf „Raumfahrzeugen":
1. Einsatz als Nutzlast für Up- oder Downlink,
2. Kommunikation zwischen „Raumfahrzeugen" oder
3. Nutzung im Zusammenhang mit der Übertragung von Telemetriesignalen.

9A991 Landfahrzeuge, die nicht von der Liste für Waffen, Munition und Rüstungsmaterial (Teil I A) erfasst werden, wie folgt:

a) Tiefladeanhänger und Sattelauflieger mit einer Nutzlast größer als 25 000 kg und kleiner als 70 000 kg oder mit einem oder mehreren militärischen Ausstattungsmerkmalen und geeignet für den Transport der von der Liste für Waffen, Munition und Rüstungsmaterial (Teil I A) Nummer 0006 erfassten Fahrzeuge sowie zu deren Fortbewegung geeignete und mit einem oder mehreren militärischen Ausstattungsmerkmalen versehene Zugmaschinen, wenn das Bestimmungsland Iran, Libyen, Myanmar, Nordkorea, Pakistan, Somalia oder Syrien ist;

Anmerkung: Unter Zugmaschinen im Sinne von Unternummer 9A991a fallen alle Fahrzeuge mit primärer Zugfunktion.

b) Sonstige Lastkraftwagen und geländegängige Fahrzeuge mit einem oder mehreren militärischen Ausstattungsmerkmalen, wenn das Bestimmungsland Iran, Libyen, Myanmar, Nordkorea, Somalia oder Syrien ist.

Anmerkung 1: Militärische Ausstattungsmerkmale im Sinne von Nummer 9A991 schließen ein:
a) Watfähigkeit 1,2 m oder mehr,
b) Gewehr- bzw. Waffenhalterungen,
c) Tarnnetzhalterungen,
d) Dachluken, rund mit schwenk- oder klappbarem Deckel,
e) militärübliche Lackierung,
f) Hakenkupplung für Anhänger in Verbindung mit einer so genannten Nato-Steckdose.

Anmerkung 2: *Nummer 9A991 erfasst nicht Landfahrzeuge, wenn diese von ihren Benutzern zu deren eigenem persönlichen Gebrauch mitgeführt werden.*

9A992 Lastkraftwagen wie folgt:

a) Lastkraftwagen mit Allradantrieb und einer Nutzlast größer als 1000 kg, wenn das Bestimmungsland Nordkorea ist;

b) Lastkraftwagen mit drei Achsen oder mehr und einem zulässigen Gesamtgewicht von mehr als 20 000 kg, wenn das Bestimmungsland Iran oder Syrien ist.

9A993 Hubschrauber, Hubschrauber-Leistungsübertragungssysteme, Gasturbinentriebwerke und Hilfstriebwerke (APUs) für die Verwendung in Hubschraubern sowie besonders konstruierte Bestandteile hierfür, wenn das Bestimmungsland Iran, Kuba, Libyen, Myanmar, Nordkorea oder Syrien ist.

9A994 Luftgekühlte Kolbentriebwerke (Flugmotoren) mit einem Hubraum größer/gleich 100 cm^3 und kleiner/gleich 600 cm^3, geeignet für den Einsatz in unbemannten „Luftfahrzeugen", und besonders konstruierte Bestandteile hierfür, wenn das Bestimmungsland Iran ist.

9D904 „Software", besonders entwickelt oder geändert für die „Entwicklung", „Herstellung" oder „Verwendung" von Gütern, die von Nummer 9A904 erfasst werden, wenn das Bestimmungsland außerhalb des Zollgebiets der Europäischen Union und außerhalb der in Anhang II Abschnitt A Teil 2 der Verordnung (EU) 2021/821 aufgeführten Gebiete liegt.

9E904   „Technologie" entsprechend der Allgemeinen Technologie-
         Anmerkung, die nicht von den Unternummern 5E001b2, 9E001
         und 9E002 des Anhangs I der Verordnung (EU) 2021/821 in der
         jeweils geltenden Fassung erfasst wird, für die „Entwicklung",
         „Herstellung" oder „Verwendung" von Gütern, die von Num-
         mer 9A904 erfasst werden, oder „Software", die von Num-
         mer 9D904 erfasst wird, wenn das Bestimmungsziel außerhalb des
         Zollgebiets der Europäischen Union und außerhalb der in Anhang II
         Abschnitt A Teil 2 der Verordnung (EU) 2021/821 aufgeführten
         Gebiete liegt.

9E991   „Technologie" entsprechend der Allgemeinen Technologie-Anmer-
         kung für die „Entwicklung" oder „Herstellung" der von Num-
         mer 9A993 erfassten Ausrüstung, wenn das Bestimmungsland Iran,
         Kuba, Libyen, Myanmar, Nordkorea oder Syrien ist.

9E992   „Technologie" entsprechend der Allgemeinen Technologie-Anmer-
         kung, die nicht von Nummer 9E101b des Anhangs I der Verordnung
         (EU) 2021/821 in der jeweils geltenden Fassung erfasst wird, für die
         „Herstellung" der von Nummer 9A012 erfassten „unbemannten Luft-
         fahrzeuge" („UAV"), wenn das Bestimmungsziel außerhalb des Zollge-
         biets der Europäischen Union und außerhalb der in Anhang II
         Abschnitt A Teil 2 der Verordnung (EU) 2021/821 aufgeführten
         Gebiete liegt.

Verzeichnis der verwendeten Abkürzungen.
Abkürzungen, für die eine Definition vorliegt, siehe Begriffsbestim-
mungen

AIP.   Außenluftunabhängige Antriebssysteme (Air Independent Propulsion)
C^3I Führung, Information und Aufklärung (command, communications,
          control & intelligence)
C^4I Führung, Information und Aufklärung (command, communications,
          control, computer & intelligence)
CAS   Chemical Abstracts Service
CVD   Chemische Beschichtung aus der Gasphase (chemical vapour deposi-
          tion)
EB-PVD   Physikalische Beschichtung aus der Gasphase durch thermisches Ver-
          dampfen (electron beam physical vapour deposition)
ICAO   Internationale Zivilluftfahrt-Organisation (International Civil Avia-
          tion Organization)
RPV   Ferngesteuerte Flugobjekte (remotely piloted air vehicles)

Begriffsbestimmungen.
Begriffe in ‚einfachen Anführungszeichen' werden in einer Anmerkung zu dem
entsprechenden Eintrag erläutert.
Begriffe in „doppelten Anführungszeichen" werden in folgenden Begriffsbe-
stimmungen erläutert:
Anmerkung: Der Bezug zur Vorbemerkung, zur Nummer des Abschnitts A bzw. des
          Abschnitts B steht in der ersten Klammer nach dem definierten Begriff. Die
          zweite Klammer enthält den englischen Begriff.
„Additive" (0008) (additives): Stoffe, die bei der Zubereitung von Sprengstoffen
verwendet werden, um deren Eigenschaften zu verbessern.

„Allgemein zugänglich" (ASA ATA 0022) (in the public domain): bezieht sich auf „Technologie" oder „Software", die ohne Beschränkung ihrer weiteren Verbreitung erhältlich ist (Copyright-Beschränkungen heben die allgemeine Zugänglichkeit nicht auf).

„Anwenderzugängliche Programmierbarkeit" (DEF) (user accessible programmability): die Möglichkeit für den Anwender, „Programme" einzufügen, zu ändern oder auszutauschen durch andere Maßnahmen als durch
a) eine physikalische Veränderung der Verdrahtung oder von Verbindungen oder
b) das Setzen von Funktionsbedienelementen einschließlich Parametereingaben.

„Automatisierte Führungs- und Leitsysteme" (0011) (Automated Command and Control Systems): Elektronische Systeme zur Eingabe, Verarbeitung und Ausgabe von Information, die wesentlich ist für die effektive Operation der unterstellten Gruppe, des Großverbands, des taktischen Verbands, der Einheit, des Schiffes, der Untereinheit oder des Waffensystems. Dies wird erreicht durch die Nutzung von Computern und anderer spezialisierter Hardware, konstruiert zur Unterstützung der Funktionen einer militärischen Führungs- und Leitorganisation. Die Hauptfunktionen eines automatisierten Führungs- und Leitsystems sind: die effiziente automatische Erfassung, Sammlung, Speicherung und Verarbeitung von Information; die Darstellung der Lage und der Verhältnisse, die die Vorbereitung und Durchführung von Kampfoperationen beeinflussen; operationelle und taktische Berechnungen für die Zuweisung von Ressourcen zwischen den Kampfgruppen oder Elementen für die operative Kräftegliederung oder den Aufmarsch entsprechend der Mission oder dem Stadium der Operation; die Aufbereitung von Daten für die Einschätzung der Situation und für die Entscheidungsfindung zu jedem Zeitpunkt während der Operation oder Schlacht; Computer-Simulation von Operationen.

„Bibliothek" (parametrische technische Datenbank) (0017) (Library (parametric technical database)): eine Sammlung technischer Informationen, deren Nutzung die Leistungsfähigkeit der betreffenden Systeme, Ausrüstung oder Bestandteile erhöhen kann.

„Bildverstärkerröhren der ersten Generation" (0015) (first generation image intensifier tubes): elektrostatisch fokussierende Röhren, die fiberoptische oder gläserne Ein- und Ausgangsfenster oder Multi-Alkali-Fotokathoden (S-20 oder S-25) verwenden, jedoch keine Mikrokanalplatten-Verstärker.

„Biokatalysatoren" (0007 0022) (biocatalysts): ‚Enzyme' oder andere biologische Verbindungen, die spezifische chemische Kampfstoffe binden und deren Abbau beschleunigen.

Anmerkung: ‚Enzyme' (enzymes): „Biokatalysatoren" für spezifische chemische oder biochemische Reaktionen.

„Biologische Agenzien" (0007) (biological agents): Pathogene oder Toxine, ausgewählt oder geändert (z.B. Änderung der Reinheit, Lagerbeständigkeit, Virulenz, Verbreitungsmerkmale oder Widerstandsfähigkeit gegen UV-Strahlung) für die Außergefechtsetzung von Menschen oder Tieren, die Funktionsbeeinträchtigung von Ausrüstung, die Vernichtung von Ernten oder die Schädigung der Umwelt.

„Biopolymere" (0007) (biopolymers): biologische Makromoleküle wie folgt:
a) ‚Enzyme',
b) ‚antiidiotypische Antikörper', ‚monoklonale Antikörper' oder ‚polyklonale Antikörper',
c) besonders entwickelte oder besonders verarbeitete ‚Rezeptoren'.

Anmerkung 1: ‚*Enzyme'* (enzymes): „Biokatalysatoren" für spezifische chemische
oder biochemische Reaktionen.

Anmerkung 2: ‚*Antiidiotypische Antikörper'* (anti-idiotypic antibodies): Antikörper,
die spezifisch an die Antigen-Bindungsstelle anderer Antikörper binden.

Anmerkung 3: ‚*Monoklonale Antikörper'* (monoclonal antibodies): Proteine, die spezifisch an eine Antigen-Bindungsstelle binden und durch einen einzigen
Klon von Zellen erzeugt werden.

Anmerkung 4: ‚*Polyklonale Antikörper'* (polyclonal antibodies): eine Mischung von
Proteinen, die sich an ein bestimmtes Antigen binden und durch mehr
als ein Klon von Zellen erzeugt werden.

Anmerkung 5: ‚*Rezeptoren'* (receptors): biologische makromolekulare Strukturen, die
Liganden bilden können, deren Bindung physiologische Funktionen
beeinflussen.

„Brennstoffzelle" (0017) (fuel cell): eine elektrochemische Einrichtung, die
durch den Verbrauch von Brennstoff aus einer externen Quelle chemische Energie
direkt in elektrischen Gleichstrom umwandelt.

„Digitalrechner" (0021) (digital computer): Geräte, die alle folgenden Operationen in Form einer oder mehrerer diskreter Variablen ausführen können:
a) Daten aufnehmen,
b) Daten oder Befehle in einem festen oder veränderbaren (beschreibbaren) Spei-
cher speichern;
c) Daten durch eine gespeicherte und veränderbare Befehlsfolge verarbeiten und
d) Daten ausgeben.

Anmerkung: *Veränderungen an einer gespeicherten Befehlsfolge schließen den Austausch
von festprogrammierten Speichervorrichtungen mit ein, nicht aber physische
Veränderungen der Verdrahtung oder von Verbindungen.*

„Endeffektoren" (0017) (end-effectors): umfassen Greifer, ‚aktive Werkzeug-
einheiten' und alle anderen Werkzeuge, die am Anschlussflansch am Ende des
„Roboter"-Greifarms bzw. der -Greifarme angebaut sind.

Anmerkung: ‚*Aktive Werkzeugeinheit'* (active tooling unit): eine Einrichtung, die dem
Werkzeug Bewegungskraft, Prozessenergie oder Sensorsignale zuführt.

„Energetische Materialien" (0008) (energetic materials): Substanzen oder
Mischungen, die durch eine chemische Reaktion Energie freisetzen, welche für
die beabsichtigte Verwendung benötigt wird.

„Explosivstoffe", „Pyrotechnika" und „Treibstoffe" sind Untergruppen von
energetischen Materialien.

„Entwicklung" (ATA 0017 0021 0022 1E901 5D902 5E902 6D908 9D904
9E904 9E991) (development): schließt alle Stufen vor der Serienfertigung ein,
z.B. Konstruktion, Forschung, Analyse, Konzepte, Zusammenbau und Test von
Prototypen, Pilotserienpläne, Konstruktionsdaten, Verfahren zur Umsetzung der
Konstruktionsdaten ins Produkt, Konfigurationsplanung, Integrationsplanung,
Layout.

„Explosivstoffe" (0008 0018) (explosives): feste, flüssige oder gasförmige Stoffe
oder Stoffgemische, die erforderlich sind, um bei ihrer Verwendung als Primärla-
dungen, Verstärker- oder Hauptladungen in Gefechtsköpfen, Geschossen und
anderen Einsatzarten Detonationen herbeizuführen.

„Expressions-Vektoren" (0007) (expression vectors): Träger (z.B. Plasmide oder
Viren), die zum Einbringen genetischen Materials in Gastzellen eingesetzt werden.

„Faser- oder fadenförmige Materialien" (0013) (fibrous or filamentary materials): umfassen
a) endlose Einzelfäden (monofilaments),
b) endlose Garne und Faserbündel (rovings),
c) Bänder, Webwaren, regellos geschichtete Matten und Flechtwaren,
d) geschnittene Fasern, Stapelfasern und zusammenhängende Oberflächenvliese,
e) frei gewachsene Mikrokristalle (Whiskers), monokristallin oder polykristallin, in jeder Länge,
f) Pulpe aus aromatischen Polyamiden.

„Gleichwertige Standards" (0006 0013) (equivalent standards): Vergleichbare nationale oder internationale Standards, die von einem oder mehreren EU-Mitgliedstaaten oder Teilnehmerstaaten des Wassenaar-Arrangements anerkannt werden und auf den betreffenden Eintrag anwendbar sind.

„Herstellung" (ATA 0021 0022 1E901 5D902 5E902 6D908 9D904 9E904 9E991) (production): schließt alle Fabrikationsstufen ein, z.B. Fertigungsvorbereitung, Fertigung, Integration, Zusammenbau, Kontrolle, Prüfung (Test), Qualitätssicherung.

„Isolierte lebende Kulturen" (DEF) (isolated live cultures): schließen lebende Kulturen in gefrorener Form und als Trockenpräparat ein.

„Kernreaktor" (0009 0017) (nuclear reactor): ein vollständiger Reaktor, geeignet für den Betrieb mit einer kontrollierten, sich selbst erhaltenden Kernspaltungs-Kettenreaktion. Ein „Kernreaktor" umfasst alle Bauteile im Inneren des Reaktorbehälters oder die mit dem Reaktorbehälter direkt verbundenen Bauteile, die Einrichtungen für die Steuerung des Leistungspegels des Reaktorkerns und die Bestandteile, die üblicherweise das Primärkühlmittel des Reaktorkerns enthalten und damit in unmittelbaren Kontakt kommen oder es steuern.

„Kritische Temperatur (auch als Sprungtemperatur bezeichnet)" (DEF) (critical temperature (or transition temperature)): eines speziellen „supraleitenden" Materials ist die Temperatur, bei der das Material den Widerstand gegen den Gleichstromfluss vollständig verliert.

„Laser" (0009 0019 9A904) (laser): ein Gerät zum Erzeugen von räumlich und zeitlich kohärentem Licht durch Verstärkung mithilfe der stimulierten Emission von Strahlung.

„Luftfahrtgerät nach dem Prinzip leichter-als-Luft" (0010) (lighter-than-air-vehicles): Ballone und „Luftschiffe", deren Auftrieb auf der Verwendung von Heißluft oder Gasen mit einer geringeren Dichte als die der Umgebungsluft, wie zum Beispiel Helium oder Wasserstoff, beruht.

„Luftfahrzeug" (0001 0008 0010 0014 9A994) (aircraft): ein Fluggerät mit feststehenden, schwenkbaren oder rotierenden (Hubschrauber) Tragflächen, mit Kipprotoren oder Kippflügeln.
Anmerkung: Siehe auch „zivile Luftfahrzeuge".

„Luftschiff" (DEF) (airship): bezeichnet ein triebwerkgetriebenes Luftfahrzeug, dessen Auftrieb durch ein Traggas aufrechterhalten wird, das leichter als Luft ist (in der Regel Helium, früher Wasserstoff).

„Mikroorganismen" (2B952) (microorganisms): Bakterien, Viren, Mycoplasma, Rickettsiae, Chlamydiae oder Pilze in natürlicher, adaptierter oder modifizierter Form entweder in Form „isolierter lebender Kulturen" oder als Material, das gezielt mit solchen Kulturen geimpft oder kontaminiert wurde.

„Mikroprogramm" (DEF) (microprogram): eine in einem speziellen Speicherbereich dauerhaft gespeicherte Folge von elementaren Befehlen, deren Ausführung durch das Einbringen des Referenzbefehls in ein Befehlsregister eingeleitet wird.

„Offenlegung von Sicherheitslücken" (0021) (vulnerability disclosure): Vorgang der Ermittlung, Meldung oder Mitteilung einer Sicherheitslücke an Einzelpersonen oder Organisationen oder der Analyse einer Sicherheitslücke mit Einzelpersonen oder Organisationen, die für die Durchführung oder Koordinierung von Maßnahmen zum Zwecke der Behebung der Sicherheitslücke zuständig sind.

„Programm" (DEF) (program): eine Folge von Befehlen zur Ausführung eines Prozesses in einer Form oder umsetzbar in eine Form, die von einem elektronischen Rechner ausführbar ist.

„pyrotechnisch" (0004 0008) (pyrotechnic): siehe „Pyrotechnika".

„Pyrotechnika" (0008) (pyrotechnics): Mischungen aus festen oder flüssigen „Treibstoffen" mit Sauerstoffträgern, die nach dem Anzünden eine energetische chemische Reaktion durchlaufen, um spezifische Zeitverzögerungen oder Wärmemengen, Lärm, Rauch, Nebel, Licht oder Infrarotstrahlung zu erzeugen. Zu den „Pyrotechnika" zählt auch die Untergruppe der Pyrophoren, die keine Sauerstoffträger enthalten, sich an der Luft aber spontan entzünden.

„Raumfahrzeuge" (0011 9A904) (spacecraft): aktive und passive Satelliten und Raumsonden.

„Reaktion auf Cybervorfälle" (0021) (cyber incident response): Vorgang des Austauschs der erforderlichen Informationen über einen Cybersicherheitsvorfall mit Einzelpersonen oder Organisationen, die für die Durchführung oder Koordinierung von Maßnahmen zur Bewältigung des Cybersicherheitsvorfalls zuständig sind.

„Reizstoffe" (0007) (riot control agents): Stoffe, die, unter den zu erwartenden Bedingungen bei einem Einsatz zur Bekämpfung von Unruhen, beim Menschen spontan Reizungen der Sinnesorgane oder Handlungsunfähigkeit verursachende Wirkung hervorrufen, welche innerhalb kurzer Zeit nach Beendigung der Exposition verschwinden.(Tränengase sind eine Untermenge von „Reizstoffen").

„Roboter" (0017) (robot): ein Handhabungssystem, das bahn- oder punktgesteuert sein kann, Sensoren benutzen kann und alle folgenden Eigenschaften aufweist:
a) multifunktional,
b) fähig, Material, Teile, Werkzeuge oder Spezialvorrichtungen durch veränderliche Bewegungen im dreidimensionalen Raum zu positionieren oder auszurichten,
c) mit drei oder mehr Regel- oder Stellantrieben, die Schrittmotoren einschließen können, und
d) mit „anwenderzugänglicher Programmierbarkeit" durch Eingabe-/Wiedergabe-Verfahren (teach/playback) oder durch einen Elektronenrechner, der auch eine speicherprogrammierbare Steuerung sein kann, d.h. ohne mechanischen Eingriff.

Anmerkung: Diese Definition umfasst nicht folgende Geräte:
   1. ausschließlich hand- oder fernsteuerbare Handhabungssysteme,
   2. Handhabungssysteme mit festem Ablauf (Bewegungsautomaten), die mechanisch festgelegte Bewegungen ausführen. Das Programm wird durch feste Anschläge wie Stifte oder Nocken mechanisch begrenzt. Der Bewegungsablauf und die Wahl der Bahnen oder Winkel können mechanisch, elektronisch oder elektrisch nicht geändert werden,

3. *mechanisch gesteuerte Handhabungssysteme mit veränderlichem Ablauf (Bewegungsau'omaten), die mechanisch festgelegte Bewegungen ausführen. Das Programm wird durch feste, aber verstellbare Anschläge wie Stifte und Nocken mechanisch begrenzt. Der Bewegungsablauf und die Wahl der Bahnen oder Winkel sind innerhalb des festgelegten Programmablaufs veränderbar. Veränderungen oder Modifikationen des Programmablaufs (z.B. durch Wechsel von Stiften oder Austausch von Nocken) in einer oder mehreren Bewegungsachsen werden nur durch mechanische Vorgänge ausgeführt,*

4. *nicht antriebsgeregelte Handhabungssysteme mit veränderlichem Ablauf (Bewegungsautomaten), die mechanisch festgelegte Bewegungen ausführen. Das Programm ist veränderbar, der Ablauf erfolgt aber nur nach dem Binärsignal von mechanisch festgelegten elektrischen Binärgeräten oder verstellbaren Anschlägen,*

5. *Regalförderzeuge, die als Handhabungssysteme mit kartesischen Koordinaten bezeichnet werden und als wesentlicher Bestandteil vertikaler Lagereinrichtungen gefertigt und so konstruiert sind, dass sie Lagergut in die Lagereinrichtungen einbringen und aus diesen entnehmen.*

„Satelliten-Navigationssystem" (0011) (satellite navigation system): ein System, das aus Bodenstationen, einer Konstellation von Satelliten und Empfangsgeräten besteht und die Berechnung der Standorte von Empfangsgeräten auf der Grundlage der von den Satelliten empfangenen Signale ermöglicht. Der Begriff schließt weltweite Satelliten-Navigationssysteme und regionale Satelliten-Navigationssysteme ein.

„Software" (ASA 0004 0011 0021 5D902 5D911 6D908 9D904) (software): eine Sammlung eines oder mehrerer „Programme" oder „Mikroprogramme", die auf einem beliebigen greifbaren (Ausdrucks-)Medium fixiert sind.

„Supraleitend" (0020) (superconductive): Materialien (d.h. Metalle, Legierungen oder Verbindungen), die ihren elektrischen Widerstand vollständig verlieren können, d.h., sie können unbegrenzte elektrische Leitfähigkeit erreichen und sehr große elektrische Ströme ohne Joulesche Erwärmung übertragen.

Anmerkung: Der „supraleitende" Zustand eines Materials ist jeweils gekennzeichnet durch eine „kritische Temperatur", ein kritisches Magnetfeld, das eine Funktion der Temperatur ist, und eine kritische Stromdichte, die eine Funktion des Magnetfelds und der Temperatur ist.

„Technologie" (ATA 0022 1E901 5E902 9E904 9E991 9E992) (technology): spezifisches technisches Wissen, das für die „Entwicklung", „Herstellung" oder „Verwendung" eines Produkts nötig ist. Das technische Wissen wird in der Form von ‚technischen Unterlagen' oder ‚technischer Unterstützung' verkörpert.

Anmerkung 1: ‚Technische Unterlagen' (technical data): können verschiedenartig sein, z.B. Blaupausen, Pläne, Diagramme, Modelle, Formeln, Tabellen, Konstruktionspläne und -spezifikationen, Beschreibungen und Anweisungen in Schriftform oder auf anderen Medien aufgezeichnet, wie Magnetplatten, Bänder oder Lesespeicher.

Anmerkung 2: ‚Technische Unterstützung' (technical assistance): kann verschiedenartig sein, z.B. Unterweisung, Vermittlung von Fertigkeiten, Schulung, Arbeitshilfe, Beratungsdienste, und kann auch die Weitergabe von ‚technischen Unterlagen' einbeziehen.

„Toxine" (2B952) (toxins): Toxine in der Form gezielt isolierter Zubereitungen oder Mischungen, unabhängig von ihrer Herstellungsart, mit Ausnahme von Toxinen als Kontaminanten anderer Materialien wie pathologische Präparate, Kulturpflanzen, Lebensmittel oder Mutterkulturen von „Mikroorganismen".

„Treibstoffe" (0008 0012 0018) (propellants): Substanzen oder Mischungen, die durch eine chemische Reaktion mit kontrollierter Abbrandrate große Volumina heißer Gase produzieren, um damit mechanische Arbeit zu verrichten.

„Unbemanntes Luftfahrzeug" („UAV") (0010) (unmanned aerial vehicle [UAV]): Luftfahrzeug, das in der Lage ist, ohne Anwesenheit einer Person an Bord einen Flug zu beginnen und einen kontrollierten Flug beizubehalten und die Navigation durchzuführen.

„Unverzichtbar" (ATA 0022) (required): bezieht sich – auf „Technologie" angewendet – ausschließlich auf den Teil der „Technologie", der besonders dafür verantwortlich ist, dass die erfassten Leistungsmerkmale, Charakteristiken oder Funktionen erreicht oder überschritten werden. Diese „unverzichtbare" „Technologie" kann auch für verschiedenartige Produkte einsetzbar sein.

„Verwendung" (ATA 5D902 5D911 5E902 6D908 9D904 9E904) (use): Betrieb, Aufbau (einschließlich Vor-Ort-Aufbau), Wartung (Test), Reparatur, Überholung, Wiederaufarbeitung.

„Vorprodukte" (0008) (precursors): spezielle Chemikalien, die für die Herstellung von Sprengstoffen verwendet werden.

„Weltraumgeeignet" (0019) (space-qualified): konstruiert, hergestellt oder durch erfolgreiche Prüfung qualifiziert für den Betrieb in Höhen von 100 km über der Erdoberfläche.

Anmerkung: Wenn ein Bestandteil auf Grund technischer Prüfung „weltraumgeeignet" ist, bedeutet dies nicht, das andere Bestandteile der gleichen Fertigung oder der gleichen Modell-Serie „weltraumgeeignet" sind, falls sie nicht im Rahmen einer Einzelprüfung getestet sind.

„Wissenschaftliche Grundlagenforschung" (ATA 0022) (basic scientific research): experimentelle oder theoretische Arbeiten hauptsächlich zur Erlangung von neuen Erkenntnissen über grundlegende Prinzipien von Phänomenen oder Tatsachen, die nicht in erster Linie auf ein spezifisches praktisches Ziel oder einen spezifischen praktischen Zweck gerichtet sind.

„Zivile Luftfahrzeuge" (0004 0010) (civil aircraft): sind solche „Luftfahrzeuge", die mit genauer Bezeichnung in veröffentlichten Zulassungsverzeichnissen der zivilen Luftfahrtbehörden eines oder mehrerer EU-Mitgliedstaaten oder Teilnehmerstaaten des Wassenaar-Arrangements für den zivilen Verkehr auf Inlands- und Auslandsrouten oder für rechtmäßige zivile Privat- oder Geschäftsflüge registriert sind.

Anmerkung: Siehe auch „Luftfahrzeug".

Teil II Waren pflanzlichen Ursprungs

Nr. des Warenverz. für die Außenhandelsstatistik	Warenbezeichnung	Beschränkungsgrund
1	2	3

Abschnitt II
Waren pflanzlichen Ursprungs

Kapitel 7
Gemüse, Pflanzen, Wurzeln und Knollen, die zu Ernährungszwecken verwendet werden

0702 00 00	Tomaten, frisch oder gekühlt	G
ex 0703	Speisezwiebeln, Schalotten, Knoblauch, Porree/Lauch und andere Gemüse der Allium-Arten, frisch oder gekühlt, ausgenommen Speisezwiebeln für Saatzwecke der Unterposition 0703 10 11	G
ex 0704	Kohl, Blumenkohl/Karfiol, Kohlrabi, Wirsingkohl und ähnliche genießbare Kohlarten der Gattung Brassica, frisch oder gekühlt	G
ex 0705	Salate (Lactuca sativa) und Chicorée (Cichorium-Arten), frisch oder gekühlt	G
ex 0706	Karotten und Speisemöhren, Speiserüben, Rote Rüben, Schwarzwurzeln, Knollensellerie, Rettiche und ähnliche genießbare Wurzeln, frisch oder gekühlt	G
0707	Gurken und Cornichons, frisch oder gekühlt	G
ex 0708	Hülsenfrüchte, auch ausgelöst, frisch oder gekühlt	G
ex 0709	Anderes Gemüse, frisch oder gekühlt, ausgenommen Gemüse der Unterpositionen 0709 52 00, 0709 53 00, 0709 55 00, 0709 56 00, 0709 60 91, 0709 60 95, 0709 60 99, 0709 92 10, 0709 92 90, 0709 99 40 und 0709 99 60	G

Kapitel 8
Genießbare Früchte, Schalen von Zitrusfrüchten oder von Melonen

ex 0802	Andere Schalenfrüchte, frisch oder getrocknet, auch ohne Schalen oder enthäutet, ausgenommen Schalenfrüchte der Unterpositionen 0802 11 10, 0802 12 10, 0802 12 90, 0802 22 00, 0802 32 00, 0802 42 00, 0802 51 00, 0802 52 00, 0802 61 00, 0802 62 00, 0802 70 00, 0802 80 00, 0802 91 00, 0802 92 00, 0802 99 10 und 0802 99 90	G
0803 10 10	Mehlbananen, frisch	G
0804 20 10	Feigen, frisch	G
ex 0804 30 00	Ananas, frisch	G
ex 0804 40 00	Avocadofrüchte, frisch	G
ex 0804 50 00	Guaven, Mangofrüchte und Mangostanfrüchte, frisch oder gekühlt	G
ex 0805	Zitrusfrüchte, frisch	G
0806 10 10	Tafeltrauben, frisch	G
0807	Melonen (einschließlich Wassermelonen) und Papaya-Früchte, frisch	G

Nr. des Waren-verz. für die Außenhandels-statistik	Warenbezeichnung	Beschrän-kungs-grund
1	2	3

Abschnitt II
Waren pflanzlichen Ursprungs

0808	Äpfel, Birnen und Quitten, frisch	G
ex 0809	Aprikosen/Marillen, Kirschen, Pfirsiche (einschließlich Brugnolen und Nektarinen), Pflaumen, frisch	G
ex 0810	Andere Früchte, frisch ausgenommen Cranberries (V. macrocarpon) zur Saftherstellung der Unterposition 0810 40 50	G

Kapitel 9
Kaffee, Tee, Mate und Gewürze

ex 0910 99	Thymian, frisch oder gekühlt, weder gemahlen noch sonst zerkleinert	G

Kapitel 12
Ölsamen und ölhaltige Früchte, verschiedene Samen und Früchte, Pflanzen zum Gewerbe- oder Heilgebrauch, Stroh und Futter

ex 1211 90 86	Basilikum, Melisse, Pfefferminze, Origanum vulgare (Dost/Oregano/wilder Majoran), Rosmarin, Salbei, frisch oder gekühlt, weder gemahlen noch sonst zerkleinert	G

Sachregister

Die fetten Zahlen bezeichnen die Paragraphen, die mageren Zahlen die Randnummern.

573

Sachregister

Sachregister

Sachregister

Sachregister

Sachregister

Sachregister